生物信息学数据分析丛书

Understanding Bioinformatics

理解生物信息学

〔英〕M. 泽瓦勒贝 J.O. 鲍姆 著

李亦学 郝 沛 主译

科学出版社

北 京

图字：01-2009-1133 号

内 容 简 介

本书是一本生物信息学专业参考书，共分为7部分：基础知识、序列联配、进化过程、基因组特征、二级结构、蛋白质三级结构、细胞和组织，以及附录和字符表等。每部分由不同章节构成，大多数章节可以被归为应用章节或理论章节。因此在每部分开始时，都有应用章节，描述了特定研究领域较实用的方面。理论章节则紧随其后，解释了其科学、理论基础以及在已有应用中所使用的技术。本书还提供了思维导图、流程图、扩展阅读等其他书不常见的内容，以供读者能够在每一章、每一节开始时对整体内容有所把握，并能够了解更多扩展知识、发展技能的参考文献。

本书适合分子生物学、生物信息学专业及生物医学领域的师生和研究者参考使用。

图书在版编目(CIP)数据

理解生物信息学/（英）泽瓦勒贝（Zvelebil，M.）等著；李亦学，郝沛主译. —北京：科学出版社，2012

书名原文：Understanding Bioinformatics

（生物信息学数据分析丛书）

ISBN 978-7-03-032832-8

Ⅰ.①理… Ⅱ.①泽… ②李… ③郝… Ⅲ.①生物信息论 Ⅳ.①Q811.4

中国版本图书馆 CIP 数据核字（2011）第 239302 号

责任编辑：李 悦 孙 青/责任校对：钟 洋
责任印制：赵 博/封面设计：陈 敬

科学出版社 出版
北京东黄城根北街 16 号
邮政编码：100717
http://www.sciencep.com
北京中石油彩色印刷有限责任公司印刷
科学出版社发行 各地新华书店经销
*
2012 年 1 月第 一 版 开本：787×1092 1/16
2025 年 1 月第十次印刷 印张：38 1/2
字数：1 263 000

定价：168.00 元

（如有印装质量问题，我社负责调换）

译 者 名 单

主 译 李亦学 郝 沛

译 者

第 1 章 李 芸 (yli01@sibs. ac. cn)

第 2 章 李 芸 (yli01@sibs. ac. cn)

第 3 章 叶 琳 (yllilith@gmail. com)

第 4 章 叶 琳 (yllilith@gmail. com)

第 5 章 余 曜 (yuyao84@gmail. com)

第 6 章 许 涛 (xutaoseu@hotmail. com)

第 7 章 李 虹 (lihong@sibs. ac. cn)

第 8 章 叶 琳 (yllilith@gmail. com)

第 9 章 王 振 (zwang01@sibs. ac. cn)

第 10 章 董 潇 (dongxiao@sibs. ac. cn)

第 11 章 平 捷 (pingjie811@gmail. com)

第 12 章 叶 琳 (yllilith@gmail. com)

第 13 章 王靖方 (jfwang8113@gmail. com)

第 14 章 王靖方 (jfwang8113@gmail. com)

第 15 章 俞 辉 (yuhui@sibs. ac. cn)

第 16 章 叶志强 (zqye@scbit. org)

第 17 章 李圆圆 (yyli@scbit. org)

附录 A 叶 琳 (yllilith@gmail. com)

附录 B 李 芸 (yli01@sibs. ac. cn)

附录 C 李 芸 (yli01@sibs. ac. cn)

译者序

作为世界进入信息化时代的重要标志之一，科学数据的积累速度在迅速增加。人类社会最近30年所积累的科学数据总量已经超过了人类5000年发展历史所积累的数据量总和。科学数据的大量积累是重大科学规律发现的基础。海量生物学数据资源的快速查询、深度解读和综合利用已经成为现代生命科学和生物医学发展新的巨大需求。正是这种强大的需求推动了21世纪信息技术和生物技术两大学科在更大的深度和广度上进一步交叉融合，推动新兴科学——生物信息学——真正成为生命科学研究、生物医药技术发展的不可或缺的关键技术和驱动力。现在已经没有人会怀疑，生物医药技术的高速发展需要生物信息学不断提供强有力的帮助和技术支撑。

但是生物信息学的普及和应用总体来看还远远落后于生物学数据的增长，人才极为匮乏。我们急需培养大量的生物信息学专业人才，生物学家也需要对生物信息学有比较深入的理解。但是一直以来，好的生物信息学专业参考书籍和教材的阙如，使得我们在人才培养和学术普及方面缺乏标准，难以取得令人满意的进展。对此，我一直引为遗憾。几年前，科学出版社的编辑找到了我，拿出了Zvelebil博士著述的《理解生物信息学》一书，她们审慎地询问此书是否值得翻译出版。拜读此书，我欣喜地发现，这本书正是我和我的同事们作为生物信息学研究者一直在寻找的“好的”生物信息学专业参考书籍和教材。我立即表示，这本书非常值得翻译和介绍给我国的生物信息学专业领域的学生及研究人员，经过同科学出版社的同志们讨论，马上决定由我的团队主笔翻译此书，交由科学出版社出版。

Zvelebil博士是英国著名的肿瘤生物信息学家。早在1993年就在英国伦敦大学肿瘤研究所创建了生物信息学的研究小组，而那个时候“Bioinformatics”这个英文单词还没有出现在英文词典中。近20年来，她的研究范围纵贯生物信息学的几乎所有领域，并且不断与时俱进。近年来她又十分关注第二代测序技术的发展，不断在新的高通量生物技术相关的生物信息学研究方向上有重要的研究成果产出。这本著作《理解生物信息学》是Zvelebil博士对其多年来从事肿瘤生物信息学研究工作的一个详细总结。在这本书中，她结合自己的研究实践，从肿瘤生物学和计算生物学两个不同的视角出发，令人惊叹地实现了生物和计算的有机融合，给计算生物学注入了生物学的活力，阐明了生物信息学的精髓所在。本书分为7个部分，共有17个章节以及3个附录，涵盖了生物信息学的各个方面，内容丰富全面，系统地阐述了生物信息学的理论、技术与方法，内容涉及生物信息学的发生、发展和前沿与动态。各个章节的选取体现了作者对生物信息学的深刻理解，尤其可贵的是，全书论述深入浅出，使初学者非常易于理解，而这一点却往往为许多生物信息学的专业书籍所忽视。此外，本书同时又提供了拓展阅读的内容，使专业研究者的需求也能得到满足。

非常感谢我的研究团队和同事，没有他们的辛勤劳动，这本书是不可能付梓的，也非常感谢科学出版社的编辑，没有她们的介绍，这本书也可能到今天还只是被淹没在众多英文书籍中的一本专业书籍，作为“阳春白雪”而仅为“小众”所欣赏。

望本书帮助更多的读者了解生物信息学，走近生物信息学！

李亦学

2012.1.10

前　言

在过去15年内，互联网的影响以及不断发展成熟和准确的生物信息技术为生物医学研究所产生数据的分析带来了革命性的进步。我们希望分子生物学及生物医学领域的所有研究者都能进行序列分析相关领域的工作，同时还希望他们能进行蛋白质结构分析，甚至掌握更高级的生物信息学技术。

当我们在20世纪80年代早期开始研究时，由于数据库以及用户友好的应用程序都还没有得到开发且都只能安装在实验室的计算机上，因此所有在现今已被囊括到生物信息学范畴中的技术，其操作都仅局限于专家。到90年代中期，我们已能从互联网上获得很多数据库以及分析程序。那些产生数据的科学家便开始了类似于序列自身联配等的工作。然而，这些数据所需的全面的训练集的产生却稍显延迟。在90年代末期，我们开始将生物信息学技术扩展到大学本科生和研究生水平，并很快意识到我们需要有一本可以起到桥梁作用的教科书。这是因为简单的导论往往将重点放在结果上，几乎不考虑其背后的科学原理，而非常详细的专著则往往着重于阐述一系列技术背后的理论基础，而教科书则能填补两者间的不足。

因此，一方面，我们想要将解释程序方法的材料包括进来，因为我们相信若要进行合理的分析仅仅了解如何使用这些程序，以及它能产生什么类型的结果（和错误!）是不够的。我们还必须对这些程序所使用的技术和所基于的原理有一定的了解。另一方面，我们也希望这本书对生物信息初学者来说是容易理解的，同时我们也意识到即使是较高年级的学生，对某个应用的用途偶尔也只需要一些速览，而并不需要阅读全部基础理论。

为了解决这一明显的两难问题，我们将应用和理论归于不同的章节。在整本书中，我们所写的专门的应用章节为生物信息应用提供一定的实用知识，这部分内容浅显且易于理解。在大多数时候，一个应用章节后往往紧跟着一个理论章节。理论章节解释其程序方法以及背后的科学原理。我们发现这不可避免地造成了两者间小部分内容的重叠，但如果这能让读者自由选择他们能从事哪种水平的生物信息学课题，那对我们来说也只是一个小小的牺牲。

在此我们撰写了一本对任何生物信息学新生来讲都易于理解，且在研究生学习中也能继续使用的书。这本书假设读者对生物学背景都有一定的了解，如基因和蛋白质结构等，而重要的是要知道有更多的类型存在，而不是仅仅记得一年级课本中所提到的几个典型例子。此外，从一定的数学水平来详细描述技术也是需要的，这更适合于较高年级的学生。我们发现很多生物信息学的研究生都有一定的计算机科学和数学基础，他们将在书中发现很多熟悉的算法策略，但在这里这些算法策略却应用在了他们所不熟悉的领域。在他们阅读这本书的时候，将发现要想真正胜任生物信息学的工作，他们还需要一定的生物医学知识。

任何编书的过程似乎都会遇到怎样选择编入书本的内容抉择，生物信息学作为一门学科已经发展到了相当的程度，我们在编写时必须非常小心，不能为了将所有可能的主题都融入本书而降低了其教学价值。我们已经尽可能多地收入了广泛内容，但是仍有一些舍弃。例如，我们没有讲述从单个解码来构建一个核苷酸序列的方法，也没有讲述那些更为专业的基因组注释内容。

最后一章是对发展极快的系统生物学主题的介绍。同样地，我们不得不在包括更多内容和有限的可用篇幅之间作一权衡。但是我们希望这一章能让读者了解它所包括的主题以及它所想要回答的问题。虽然这一章不可能回答每个读者提出的关于系统生物学的问题，但是如果它能促使更多人投身到更深入的研究中，这就已经是一个进步了。

我们想要感谢很多人，他们在本书撰写工作中给予我们很多帮助。若没有他们的热情以及 Matthew Day 的支持，我们是不可能完成的。其中 Matthew Day 在整个过程中指导我们完成了第一份草稿。从第一份草稿到全书的完成，若没有 Chris Dixon、Dom Holdsworth、Jackie Harbor，以及其他来自 Garland Science 的研究者的支持也是不可能实现的，在写书期间他们给了我们很多有价值的建议和鼓励。我们还要感谢 Eleanor Lawrence 将我们的文本整理成型，并感谢 Nigel Orme 为本书制作美妙的插图。我们收到了来自很多其他地方的鼓舞和鼓励，不能一一记述，但还是要感谢我们的学生和阅读我们草稿的人。

最后，我们还要感谢朋友和家人在我们写这本书的时候所付出的艰辛。特别是，Jeremy Baum 想要感谢他的妻子 Hilary 的支持和忍耐，Marketa Zvelebil 想要特别感谢她的母亲 Martin Scurr、Nick Lee 以及与她一起工作的同事。

Marketa Zvelebil
Jeremy O. Baum
2007 年 5 月

给阅读者的短笺

本书的结构

应用章节和理论章节

在组织本书时，经过深思熟虑，我们决定通过两种方式将不同章节组织编排在一起。首先，根据主题将章节组织成 7 个部分。在每一个部分中，又有第二个水平的组织，且这一组织方式稍异于传统的组织方式，即大多数章节可以被划到应用章节或理论章节。在本书设计时，我们希望这本书既易于使想要对生物信息应用有所了解的学生阅读，也易于那些想要知道这些应用如何实现并编写自己的应用的学生阅读。因此在大多数部分开始时，都有应用章节，它描述了特定研究领域较实用的方面，并希望它能起到有用的传单式介绍（hands-on introduction）的效果。理论章节则紧随其后，它解释了其科学、理论基础以及在已有应用中所使用的技术。在获得了一定的运行程序的经验后，读者更需要对这一部分进行阅读。为了真正成为这些技术的专家，你需要阅读并理解这些技术性的方面。每一章的开始页和内容表格都很清楚地提示了这一章是应用章节还是理论章节。

第 1 部分：基础知识

基础知识为本书涉及的关键知识提供了 3 个介绍性章节。前两章包含的内容对具有生物医学背景的人来说应该是非常熟悉的。第 1 章描述了核酸结构以及它们在生命系统中扮演的一些角色，包括对基因组 DNA 如何转录成 mRNA 并随后翻译成蛋白质的简单描述等。第 2 章描述了蛋白质的结构和组织。这两章都只介绍了最基本的信息。从任何角度讲，掌握这些信息都不足以能从事任何严谨的工作。设置这两章的目的是为了提供足够的信息使本书前后连贯。第 3 章从非常初级的水平描述了数据库。很多从事生物医学研究的工作者都有需要分析的大数据集，它们需要以一个方便且可行的方式进行存储。数据库则为这一问题提供了一个完整的解决方案。

第 2 部分：序列联配

序列联配包含 3 章，包括了各种序列分析的内容，所有内容都与相似性鉴定有关。其中，第 4 章是对这方面的实践性介绍，包含不同分析方法可能存在的问题及正确结果的例子。序列分析有很多种不同的技术，第 5 章和第 6 章描述了其中的几种。第 5 章将重点放在两序列联配以及用于数据库搜索的特定方法上，期间描述了很多技术，包括动态规划、后缀树（suffix tree）、哈希（hashing）算法和链式方法（chaining）。第 6 章描述多序列分析涉及的方法，定义常见的模式、定义相关蛋白质组成家族的谱式（profile）以及构建多重联配，本章展示的一个关键技术是隐马尔可夫模型（HMM）。

第 3 部分：进化过程

进化过程展示了用于从一个序列集合获得系统发育树的方法。这些树是序列进化历史的重构，其前提假设是认为它们共享同一个祖先。第 7 章解释了涉及的基本概念，随后展示了不同的方法是如何应用于不同的科学问题的。第 8 章详述涉及的技术以及它们如何与研究进化过程的假设联系起来。

第 4 部分：基因组特征

基因组特征描述解析原始基因组序列数据所需要的分析。虽然当一个基因组序列在研究杂志上发布时，一些初级的分析已经被执行过了，但是通常在这之前也有些可用的但却未分析过的序列。本部分描述了一些用于尝试在序列上定位基因的技术。第 9 章描述了一些可用的程序，展示其结果的复杂性并阐述一些可能的缺陷。第 10 章展示了一个对所用技术的调研，特别是不同的马尔可夫（Markov）模型以及单独每个组分，如核糖体-结合位点的模型是如何能构建出整个基因的模型的。

第 5 部分：二级结构

二级结构由两章构成，着重介绍基于序列（或一级结构）预测二级结构的方法。第 11 章介绍二级结构预测的方法，并讨论了解释预测结果的各种方法和途径。接着，讲述如何处理特殊的二级结构预测问题，如蛋白质的跨膜区、由两个或两个以上的 α 螺旋组成的超螺旋结构、亮氨酸拉链结构和 RNA 二级结构。第 12 章讲述二级结构预测方法的基本原理和细节，从基本概念到深入理解预测技术，如神经网络、马尔可夫模型在此类问题中的应用等。

第 6 部分：蛋白质三级结构

三级结构是第 5 部分内容的延伸，它为蛋白质三级结构和四级结构的预测与建模提供保证。第 13 章为读者介绍了能量函数、最小化以及从头开始预测（*ab initio* prediction）的概念。这一章更详细地介绍了穿线法，并将重点放在蛋白质结构的同源建模，以渐进的方式使读者掌握这些知识，该章的结尾用一个具体例子阐述了这一技术。第 14 章包含了进一步分析结构信息的方法和技术，并描述了结构和功能关系的重要性。这一章告诉我们折叠的预测是怎样帮助我们鉴定功能的，并对配体对接和药物设计进行了介绍。

第 7 部分：细胞和组织

细胞和组织由 3 章组成，较详细地描述了表达分析，并简单介绍了系统生物学。第 15 章介绍了分子蛋白质和基因表达数据的可用技术，向读者展示了从这些实验技术中所能获得的信息，以及这些信息是如何用于进一步分析的。第 16 章展示了第 15 章涉及的一些聚类技术和统计学，这些技术也常用于基因和蛋白质表达分析。第 17 章是一个单独的章节，它描述了系统建模的过程，向读者介绍了系统生物学的基本概念，并展示了这些前景广阔且快速发展的领域在将来可能获得的成果。

附录

本书提供了 3 个附录，将文内主要部分涉及的一些概念进行了扩展介绍，这对好学的以及高级阅读者非常有用。附录 A 介绍概率和贝叶斯分析（Bayesian analysis），附录 B 主要与第 6 部分关联，介绍分子能量函数，而附录 C 则描述了函数优化的技术。

各章的结构

学习效果

每章开篇都有一个学习效果列表，它总结了该章所涉及的主题，可作为一个反馈清单（revision checklist）。

思维导图

每一章都含有一个思维导图，这是本书一个特别的教学特征，它确保每个学生都能看到并记住一些特定应用中所必需的步骤。例如，第 4 章的思维导图，包含了“产生和分析序列联配”这一主题的 4 个主要方面（area）：衡量联配、数据库搜索、联配序列和家族。为清晰起见，每一方面都用不同深浅的黑色标注，并包含所涉及的关键概念。从视觉上帮助读者对这一领域所讨论的材料有一个大致的了解。偶尔地，思维导图的两个独立方面也可能有着重要的关联。例如，BLAST 和 PHI-BLAST 之间就存在一定联系，后者是直接从前者发展而来的，但却具有非常不同的功能，因此，这两者将出现在思维导图两个不同的方面。

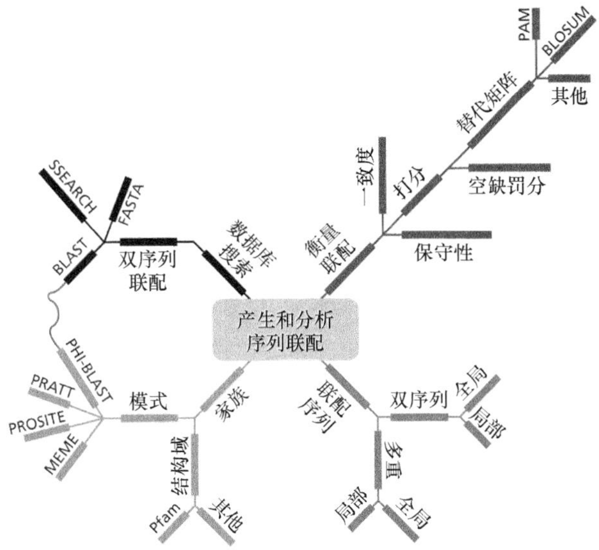

流程图

每一章的每个小节都有一个流程图以帮助读者记忆该小节所涵盖的主题。作为示例，下面给出了第 5 章的一个流程图，其中在本节将要解释的概念用深灰色框标注，且相互间用箭头连接起来。例如，两种主要类型的最优联配：局部和全局将在本章的这一节描述。那些已在之前小节描述过的概念用浅灰色框标注，这样我们就很容易了解本节涉及的主题和已介绍过的主题间的联系。例如，构建联配需要为空缺（gap）打分的方法和为替换（substitution）打分的方法，两者都已经在这一章描述过了。通过这种方式，整章涉及的主要概念以及相互间的关系就能渐渐地被构架出来。

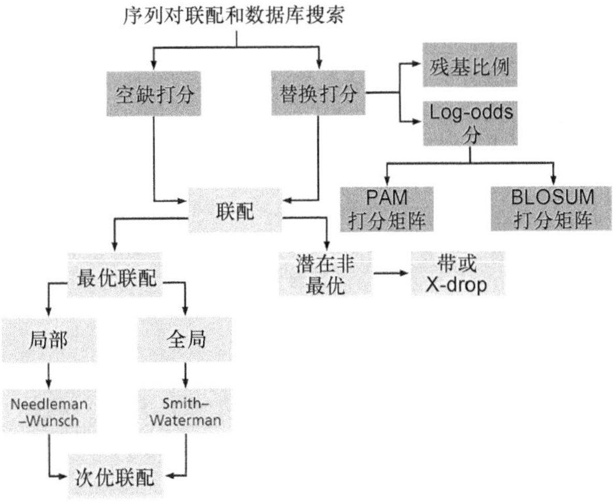

插图

每一章都配有插图。插图的配置是经过充分考虑的，以保证既简单易懂又与本书其他章节保持连贯一致。

图 4.16 便是一个示例。

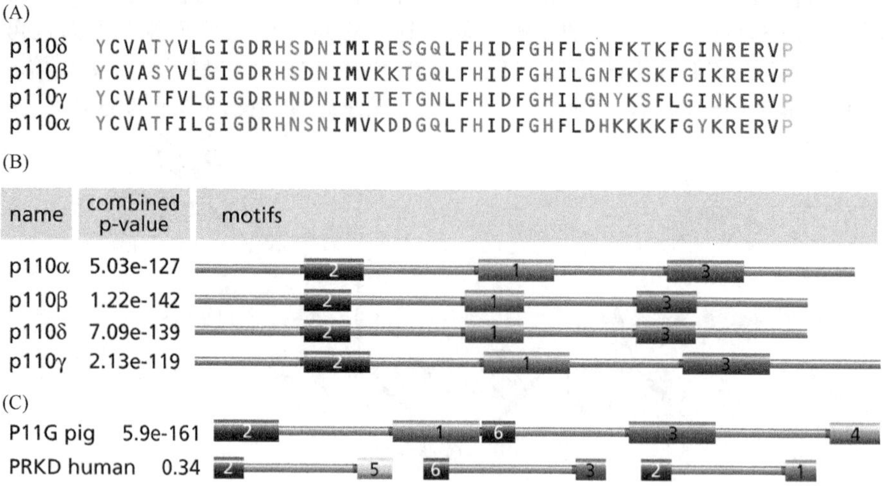

扩展阅读

在这么一个快速发展的学科中，我们不可能在这本有限的书中囊括现有的所有知识，更不用说将来的发展了。因此在每章的结尾我们都列了一些研究文献和专业著作的参考文献以帮助读者进一步扩展知识、发展技能。我们根据不同主题收集文章，使得扩展阅读中每节都与这一章相应小节的内容相对应。我们希望这能帮助阅读者以最快的速度找到他们感兴趣的扩展材料。

字符表

生物信息学需要使用很多符号，对还不了解生物信息的人来说，许多符号都是不熟悉的。为了帮助读者了解本书适用的符号，我们在本书后面给出了引用的每个符号、它的定义以及它在本书最常出现的位置的列表。

名词解释

在文中，所有技术术语在第一次出现时都用黑体显示，且在名词解释中列出其相应的解释。此外，每个在名词解释中的术语都会出现在索引中，这样读者就能很快获得详细介绍这一术语的相应页码。本书设计成可以进行交叉参考，以尽可能帮助读者阅读。

Garland Science 网址

在 Garland Science 的网站提供了许多辅助资源。读者可以免费获得而不需要任何密码。更详细的信息可登录 www.garlandscience.com/gs_textbooks.asp 并点击链接进入 *Understanding Bioinformatics*。

图版

本书所有的英文原图都可以在 Garland Science 网站上下载。插图文件以 .zip 格式保存，其中每个 .zip 文件对应一章。每张图都可以从相应的 .zip 文件中以 .jpg 的格式解压出来。

更多材料

Garland Science 的网站还包括一些与本书主题相关的额外的材料。7 个部分中任何一部分都对应一个 .pdf 文件，它通过一系列与这些章节内容相关的有用的网址链接，能链接到一些的有用的数据库、文件格式定义、免费的程序以及允许数据在线分析的服务器上。此外，在阐述分析方法时所用到的数据也会被提供。这就允许读者对同一数据重新进行分析，重现本书所显示的结果，并尝试其他技术。

致谢名单

Stephen Altschul	National Center for Biotechnology Information, Bethesda, Maryland, USA
Petri Auvinen	Institute of Biotechnology, University of Helsinki, Finland
Joel Bader	Johns Hopkins University, Baltimore, USA
Tim Bailey	University of Queensland, Brisbane, Australia
Alex Bateman	Wellcome Trust Sanger Institute, Cambridge, UK
Meredith Betterton	University of Colorado at Boulder, USA
Andy Brass	University of Manchester, UK
Chris Bystroff	Rensselaer Polytechnic University, Troy, USA
Charlotte Deane	University of Oxford, UK
John Hancock	MRC Mammalian Genetics Unit, Harwell, Oxfordshire, UK
Steve Harris	University of Oxford, UK
Steve Henikoff	Fred Hutchinson Cancer Research Center, Seattle, USA
Jaap Heringa	Free University, Amsterdam, Netherlands
Sudha Iyengar	Case Western Reserve University, Cleveland, USA
Sun Kim	Indiana University Bloomington, USA
Patrice Koehl	University of California Davis, USA
Frank Lebeda	US Army Medical Research Institute of Infectious Diseases, Fort Detrick, Maryland, USA
David Liberles	University of Bergen, Norway
Peter Lockhart	Massey University, Palmerston North, New Zealand
James McInerney	National University of Ireland, Maynooth, Ireland
Nicholas Morris	University of Newcastle, UK
William Pearson	University of Virginia, Charlottesville, USA
Marialuisa Pellegrini-Calace	European Bioinformatics Institute, Cambridge, UK
Mihaela Pertea	University of Maryland, College Park, Maryland, USA
David Robertson	University of Manchester, UK
Rob Russell	EMBL, Heidelberg, Germany
Ravinder Singh	University of Colorado, USA
Deanne Taylor	Brandeis University, Waltham, Massachusetts, USA
Jen Taylor	University of Oxford, UK
Iosif Vaisman	University of North Carolina at Chapel Hill, USA

目　录

第 2 部分 序列联配

第 3 部分 进化过程

第 4 部分 基因组特征

第 6 部分　蛋白质三级结构

第1部分　基础知识

了解一些生物概念对进行任何类型的生物信息学研究都是很重要的。由于大部分的生物信息工作都是分析DNA和蛋白质，因此本书前两章将对其中一些非常重要、并在生物信息学分析中必要的方面进行简要介绍，包括DNA、基因、基因编码蛋白质的方式以及蛋白质结构等。

生物信息学另一个重要的方面就是数据库的使用以及创建。数据库是用于存储、获取及分析数据的场所。因此本书这一部分的第3章将对一些常用的数据库作一简要介绍，读者在阅读本书后续章节之前应对这些数据库有一定的了解。

所有3章都是介绍性的，我们没有对其中任何主题详细介绍。很多书都涉及了这3章的所有主题，因此读者可以参阅这些书籍（书名将在扩展阅读中给出）以获得更多信息。

第1章 核酸的世界

当你读完第1章时，你应该能够：

阐述核酸的化学结构；
解释碱基配对和双链；
解释DNA如何保存遗传信息；
总结mRNA在DNA和蛋白质间的媒介作用；
概述mRNA如何通过核糖体翻译成蛋白质；
概述如何通过结合短核酸片段实现基因控制；
说明真核mRNA在翻译前一般会经历片段（内含子）剪切的过程；
讨论所有生命体如何从一个共同祖先进化而来；
论述如何通过基因DNA序列的变化而产生进化。

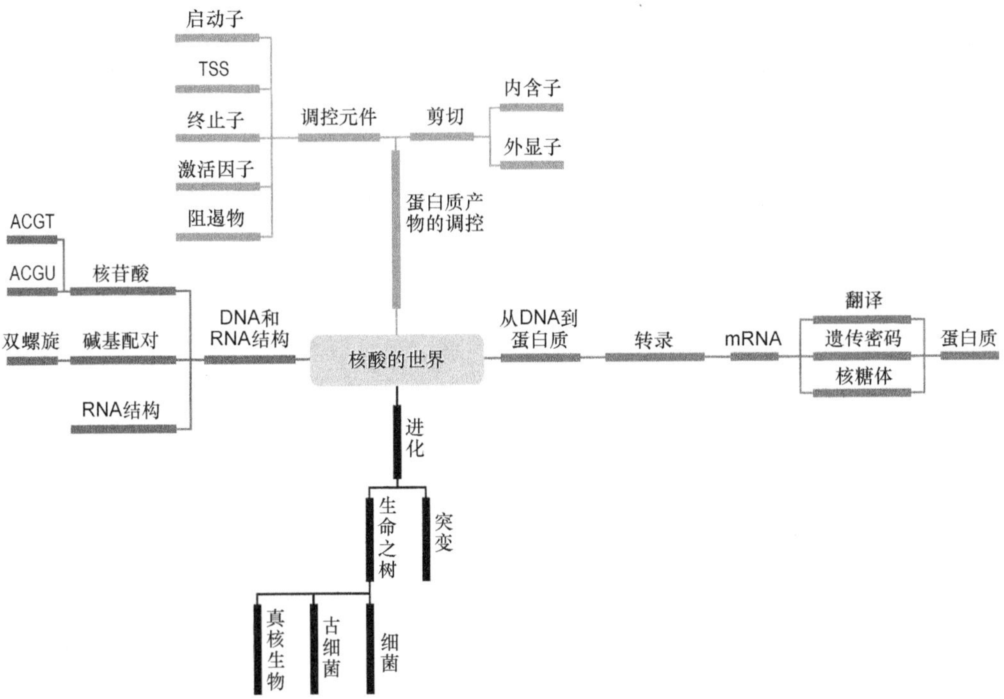

思维导图 1.1　该思维导图罗列了本章所涉及的讨论话题并根据章节将它们归类。希望通过可视的形式帮助读者了解整章的结构，记忆重要内容。

这个星球上，令人惊叹的是，所有生命体的多样性（从最简单的细菌到最大型的哺乳动物）都以线性代码的形式保存于生物细胞内。在数字时代，一场交响音乐会或一场电影中所有细节几乎能准确无误地以二进制代码的形式被数字化记录下来。与此类似，生物体的所有复杂性都被以4种DNA碱基为单位保存和控制着。20世纪，关于DNA、蛋白质与生物多样性之间关系的重大发现引发了遗传学研究的革命。自此开始，人类已积累了大量DNA、RNA和蛋白质序列的信息，以及不同条件下这些分子在细胞中多样性的数据。此类数据的快速增长对我们的分析能力提出了严峻挑战：如何从序列和实验数据中寻找特定模式、如何预测不同分子的结构与功能、分子间如何通过相互作用行使正确的作用等。目前，生物学研究面临的核心问题之一就是如何组织和研究这些信息，并从中得出结论。生物信息学就是应这些需求而产生的一门学科，其主要目标就是希望通过对这些数据的分析来更好地了解生物系统。

生物信息学的主要分析对象是核酸和蛋白质。在本书的前两章，我们将对这两类生物大分子本身，以及它们在生物体繁殖、生物系统维持中所起的互补作用进行概述。其目的是简单地温故一下核酸和蛋白质的基础知识，以便为本书后续生物信息学方法的学习奠定基础。因此，这两章不可能详细介绍细胞和分子生物学的知识。如有需要，读者可通过阅读我们在扩展阅读中推荐的书目进行深入了解。其中所列书目都是细胞和分子生物学领域相当优秀的介绍性教材。此外，其他与书中讨论的生物信息学问题相关的生物学背景知识将以生物学专栏和词汇表的形式给出。

本章将集中讨论核酸——**脱氧核糖核酸（DNA）**和**核糖核酸（RNA）**，以及它们如何编码蛋白质。而蛋白质的结构和功能将在第 2 章中讨论。在这两章中，我们还将讨论 DNA 如何通过突变改变编码信息和功能特性，从而随时间的推移产生生物群体的多样性，并阐述生物信息学在研究这些现象中的重要性。

DNA 的主要功能是存储信息。在所有活体细胞中，从单细胞的细菌到多细胞的植物和动物，遗传信息都是以 DNA 为介质存储的，并通过 DNA 这种化学结构一代代传递下去。所有用于产生和维持新物种的信息都存储在 DNA 中。令人难以置信的是，用于繁殖一个相当复杂物种的个体的信息也只存储于相对少量的 DNA 中，DNA 的集合被称为**基因组（genome）**。对人类来说，大多数细胞只有 46 条染色体，每条染色体拥有一个 DNA 分子。在细胞分裂之前，每个 DNA 分子都复制一次。子细胞得到一份完整的遗传信息。46 个 DNA 分子组成的基本集已能编码人类个体繁殖和维持的所有信息了（由于环境的重要影响和自然-培育的辩论与本书内容没有直接联系，将不作介绍）。

蛋白质是利用 DNA 的编码信息合成的，它指导着生物体赖以维持的各种通路的运作。生物必需的通路，如能量代谢、生物合成、细胞间通信等都是通过蛋白质行使功能的。当然也有少部分关键通路，如蛋白质合成需要 RNA 分子的参与，这些复杂的情况我们暂不作考虑。基因是 DNA 中指导合成特定蛋白质或 RNA 的信息。然而，虽然基因编码遗传信息这一基本原则在所有生物体中都是一致的，但是在不同物种中基因在基因组中的组织情况以及单个基因的结构却存在差异。

从进化的角度看，所有物种间都存在关联，都是从一个或者少数几个原始的祖先进化而来的。进化的历程至今仍在继续。它包括基因组中的可遗传的变异。基因组的改变可以影响其所编码的蛋白质和 RNA 分子，继而改变物种，使其对生存环境的适应性变得更好或更差。通过这种方式，进化选择压力与分子水平的基因组 DNA 紧密地联系在一起。

1.1　DNA 和 RNA 的结构

作为遗传信息的载体，DNA 分子的化学结构相对比较简单，是由 4 种**核苷酸（nucleotide）**单位组成的线性多聚体。这 4 种核苷酸单位结构类似，只在**碱基（base）**的子结构上存在差异（流程图 1.1）。人们往往以为，为了编码足够的信息，应该存在着很多种不同的碱基，但事实上只有 4 种。这也是为什么直到 20 世纪 40 年代 DNA 是遗传信息载体的观点才被认可的原因，这比发现染色体在遗传中的作用晚了很多。虽然化学结构组成简单，但基因组 DNA 分子的长度却没有限制，一个分子甚至能包含百万个各种碱基。DNA 分子上碱基的排列顺序，即**核苷酸序列（nucleotide sequence）**或**碱基序列（base sequence）**，包含了蛋白质合成的编码信息。

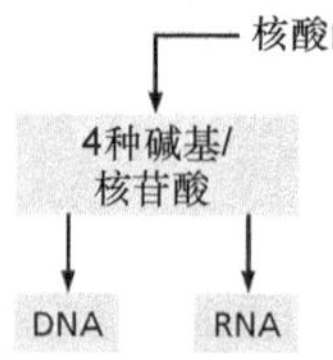

流程图 1.1　本节重点介绍了以下几个概念：DNA 分子和 RNA 分子都是以核苷酸为亚单位组成的。在每个分子中，核苷酸的类型都只有 4 种。但是组成 DNA 分子的 4 种核苷酸和组成 RNA 分子的 4 种核苷酸并不完全相同。

RNA 分子也是线性多聚体，但是比基因组 DNA 分子小很多。大多数的 RNA 分子也只含有 4 种不同类型的碱基。然而，在目前已知的几类 RNA 分子中，却发现有部分 RNA 分子含有很小比例的其他类型的碱基。与 DNA 分子相比，RNA 分子趋向于形成不太规则的三维结构。

DNA 分子是由 4 种不同类型的碱基组成的线性多聚体

核苷酸是 DNA 和 RNA 分子的组成单位，其具有不同的化学形态，但两种化学形态间却存在着相关性。核苷酸由一个含氮碱基、一个五碳糖及一个磷酸基团组成。含氮碱基与五碳糖的1′碳原子相连，磷酸基团与五碳糖的5′碳原子相连（图1.1A）。DNA中的五碳糖为脱氧核糖，RNA中的五碳糖为核糖，两者的区别在于五碳糖2′位置是否有一个羟基。两种类型的核苷酸分别被称为**脱氧核糖核苷酸（deoxyribonucleotide）**和**核糖核苷酸（ribonucleotide）**。除了核糖不同外，核苷酸的另一个区别就是碱基类型的不同，碱基是一个平面的环状结构，分嘌呤和嘧啶两种（图1.1B）。DNA只有4种不同类型的碱基：两种嘌呤——鸟嘌呤（G）和腺嘌呤（A）以及两种嘧啶——胞嘧啶（C）和胸腺嘧啶（T）。大多数的RNA也只含有4种碱基，其中3种与DNA中的碱基相同，但是在RNA中尿嘧啶（U）代替了胸腺嘧啶。

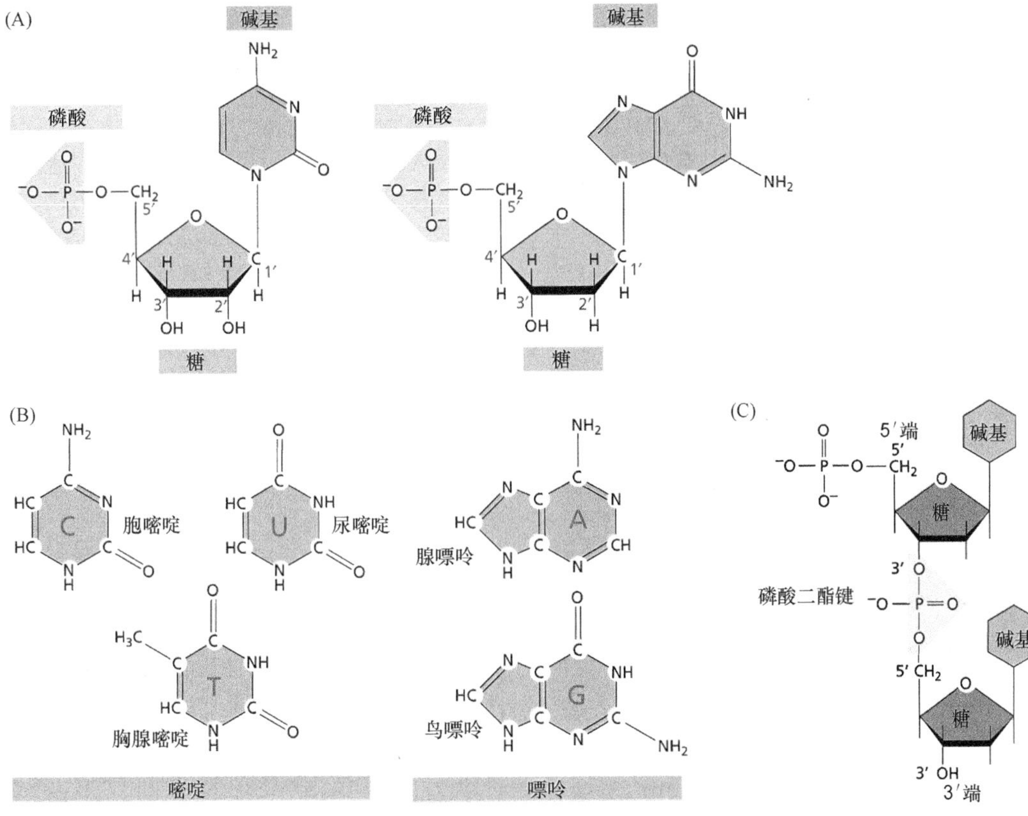

图1.1 DNA和RNA的组成单位。（A）左边为胞嘧啶核苷酸（ribo-CMP），右边为脱氧鸟苷酸（dGMP）。两者都由3个主要部分构成：一个磷酸基团、一个戊糖以及一个含氮碱基。不同类型核苷酸的区别仅在于碱基类型的不同。（B）碱基可以分为两类：嘌呤和嘧啶。嘌呤含有一个含氮六元环和一个含氮五元环，而嘧啶仅含有一个含氮六元环。（C）在DNA分子中，核苷酸单位是通过磷酸基团形成的磷酸二酯键相连接的。

每条核酸链都是核苷酸的线性多聚体，是通过前一个核苷酸的磷酸基团与后一个核苷酸3′碳原子上的羟基间形成磷酸二酯键而形成的长链（图1.1C）。在生物系统中，这一过程是受严格控制的。每条链不是只含有脱氧核糖核苷酸（DNA），就是只含有核糖核苷酸（RNA）。产生的链一端含有一个未成键的自由磷酸基团，称为**5′端（5′end）**，另一端含有一个未成键的自由羟基，称为**3′端（3′end）**。碱基序列或者核苷酸序列就是从5′端到3′端的核苷酸顺序。通常我们用单个字母缩写来表示碱基。书写时从5′端开始，如AGCTTAG。

在活体细胞中，也会发生碱基被修饰的情况。虽然这种情况相当罕见，但研究者对此却很有兴趣。例如，在脊椎动物中，DNA的胞嘧啶会发生甲基化修饰（即增加一个—CH_3基团），从而导致相应基因失活。新近发现的一种被称为**基因组印记（genomic imprinting）**的现象中就涉及了基因失活。在基因组印记中，印记基因在子代中表达与否与该基因是从母亲还是父亲一方遗传过来有关。

在一类被称为 tRNA（本节 1.2）的 RNA 分子中大约有 10%的碱基都发生了修饰作用，并且每种碱基都能发生很多类型的修饰。而这些修饰都与 tRNA的功能有关。

两条互补 DNA 链通过碱基配对形成双螺旋

1953 年，James Watson 和 Francis Crick 依照 Rosalind Franklin 等的工作阐明了 DNA 分子的双螺旋结构，并因此重大发现而获得诺贝尔奖（图 1.2）。在他们的理论中，DNA 分子的两条单链碱基间通过形成氢键相互作用而缠绕在一起。DNA 分子结构预测是早期大分子模型构建的经典案例，是通过结合核苷酸化学组成信息及 DNA X 射线衍射实验数据模拟得到的。其中的 X 射线衍射数据由 Maurice Wilkins 提供，他因此共享了诺贝尔奖（现代蛋白质模型构建方法将在第 13 章中讨论）。

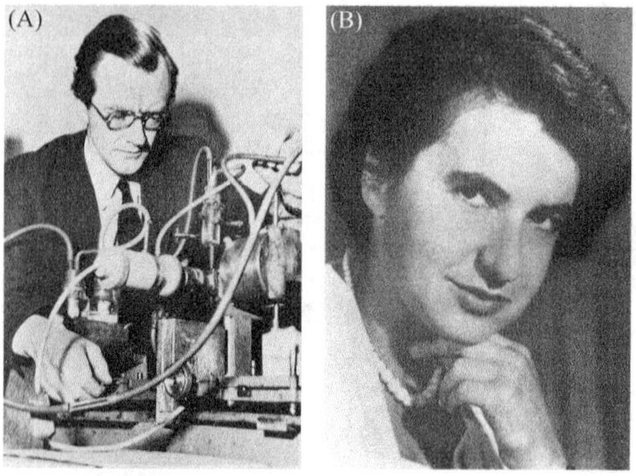

图 1.2　James Watson 和 Francis Crick 对 DNA 结构的诠释受到了本图所示的两位科学家的工作的重要影响。（A）Maurice Wilkins。（B）Rosalind Franklin（感谢 Science Photo Library 提供照片）。

DNA 分子中，所有碱基都处在双链内侧，磷酸和糖在外侧形成骨架（图 1.3A）。Watson 和 Crick 成功的关键在于他们意识到 DNA 分子是双链结构，并且两链间碱基配对符合一定的规则。这个规则被称为 **Watson-Crick 碱基配对（Watson-Crick base-pairing）**，即特定的嘌呤只能跟特定的嘧啶配对：A 与 T 配对，C 与 G 配对。因此，DNA 双螺旋中一条单链的碱基序列同另一条单链的碱基序列**互补（complementary）**。碱基间通过氢键相互作用：T-A 碱基对间形成两个氢键，G-C 碱基对间形成三个氢键（图 1.3B）。根据互补原理，若已知一条 DNA 单链的碱基顺序，我们就能推出另一条单链的碱基顺序了。但需注意的是，DNA 的两条单链是反向平行的，即两链方向相反。因此，与 AAG 互补的序列不是 TTC，而是 CTT（图 1.3A）。

氢键是非共价键，在生物分子中其作用力较共价键弱得多，一般结合能量只有 5～20 kJ/mol。因此，DNA 双螺旋的两条单链能很容易地被分开。在很多生物反应过程中都需要分开双链，如细胞分裂时会发生 DNA 复制的过程，而需要解旋 DNA 后才能复制。双链解旋后，每条单链都能作为模板合成一条新的互补链。这一过程需要 DNA 聚合酶的参与。通过在模板 DNA 序列上移动，DNA 聚合酶能准确地为模板链上的对应碱基找到其匹配的核苷酸，并将这个新进入的核苷酸与前一核苷酸连接，由此形成新的 DNA 链。这样，每个 DNA 双螺旋都能复制产生两个相同的 DNA 分子（图 1.4）。遗传信息也因此能完好无损地通过细胞分裂在代与代之间传递。事实上，DNA 复制远比以上描述的复杂得多，还涉及其他大量蛋白质。我们在这里不作关注，读者只需简单地记住其核心是其结构上的互补性即可。

生物系统中，DNA 最显著的特性之一是其双链互补配对的低错误率。其错误发生率约为每 109 个碱基中发生 1 个。这种特性对保证生物个体基因组能尽可能准确地传递给下一代而言非常重要。与 Watson-Crick 碱基配对相比，虽然许多不同的碱基配对是非优选的，但它们也是可能存在的。碱基配对的能量可用于预测碱基配对的错误发生率。由于 DNA 聚合酶在合成第二条链时受到某些机制，如错配碱基对检测和修复的控制，因此基因组 DNA 的错误发生率往往要比预测的低很多。

DNA 单链可以和互补的 DNA 或 RNA 单链序列配对形成双链 DNA 或 DNA/RNA 杂合体。这一特性通常被称为核酸**杂交（hybridization）**，它是许多重要的分子生物学实验技术的基础。核酸杂交在 DNA **微阵列（microarrays）**（在第 15 章中讲述）、原位杂交以及荧光原位杂交（FISH）等技术中得到应用。DNA 微阵列和原位杂交主要用于检测细胞和组织特定基因的活性。荧光原位杂交主要用于观察基因在染色体上的定位。

RNA 分子通常为单链结构，但在某些情况下可形成碱基配对结构

和 DNA 有所不同，生物系统中几乎所有的 RNA 都为单链结构。这一特性使 RNA 在结构上比 DNA 更具灵活性。某些 RNA 还具有酶活性，催化特定的化学反应。如果能将 RNA 分子回折起来，自身间形成碱基配对，那么从能量角度看，该过程所形成的大量氢键能使碱基的相互作用处于相当稳定的状态。通常，RNA 链上的一些小片段是和附近

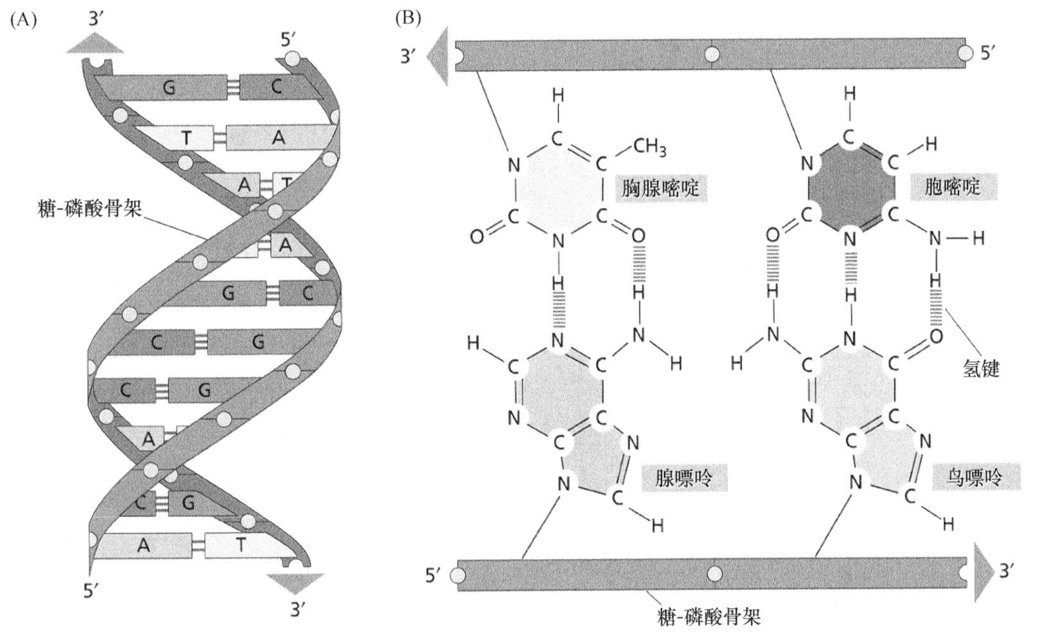

图 1.3 DNA 的双螺旋结构。（A）DNA 在细胞中主要以两链卷曲螺旋的形态存在，通常称为双螺旋。（B）双螺旋的两链通过碱基间的氢键相结合，称为碱基配对。

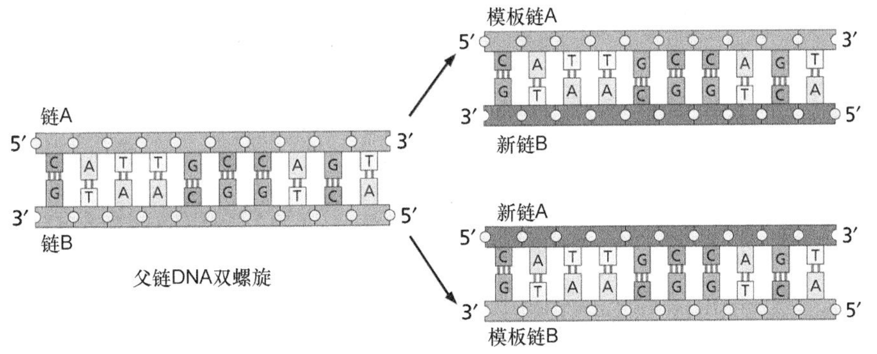

图 1.4 DNA 复制。DNA 是通过如下方式复制自身的：首先 DNA 的双链解开，然后在酶的参与下以旧链为模板各自产生一条互补的新链。

其他片段在序列上正好或几乎完全互补的。两个片段能通过相互作用形成类似 DNA 的双螺旋结构，并在螺旋末端形成未配对的核苷酸环。用于稳定这样的螺旋结构的相互作用通常不是 Watson-Crick 配对。所形成的结构通常被称为 **RNA 二级结构（RNA secondary structure）**，类似于将在第 2.1 节中描述的蛋白质二级结构。

由于存在部分碱基配对，在细胞中所有 RNA 分子都存在着一些三维结构比较稳定的区域。而未配对区域的结构则相对较灵活，不形成任何特定结构。在某些情况下，RNA 能够进一步折叠，将螺旋相互组装起来，形成一个具有刚性结构的分子。对很多 RNA 分子而言，三维结构的形成使 RNA 分子具有一定的功能。图 1.5 给出了一个较为典型的 RNA 三维结构的例子，其中的 RNA 序列有相当部分片段都参与了碱基配对的相互作用。核糖体二级结构和三级结构的预测在本书中将不进行讨论。但在扩展阅读中我们给出了一些介绍性的文献以供参考。除了以上所述的碱基配对相互作用外，RNA 分子中还存在更为复杂的相互作用。例如，图 1.5A 中，位于标签 P4 和 P6 右侧的 4 个碱基形成 2 个独立的碱基配对，而每一对都形成碱基三联体。这种相互作用在很多场合存在，同样还有 4 个碱基共同参与的相互作用。

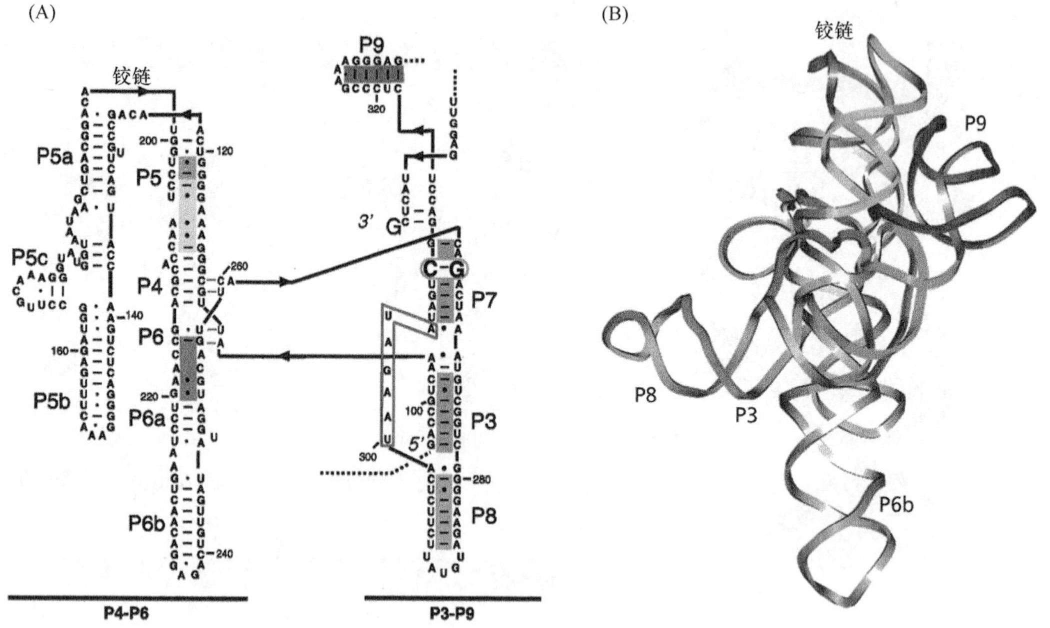

图 1.5 RNA 三维结构示例。本图展示了四膜虫核酶的结构。(A) 展示了其核苷酸序列，包括碱基配对情况以及成环情况。(B) 通过 X 射线晶体学得到的三维结构。该结构图取自 MSD 数据库，编号为 1GRZ (来自文献 B. L. Golden et al., A preorganized active site in the ribozyme, *Science* 282: 259-264, 1998. Reprinted with permission from AAAS)。(见文后彩图)

1.2 DNA、RNA 和蛋白质：中心法则

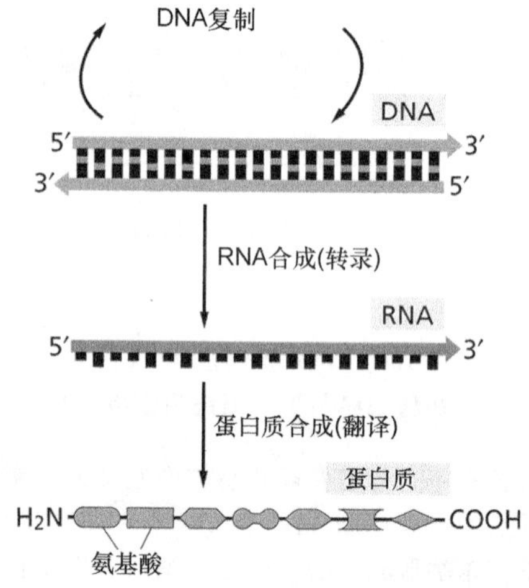

图 1.6 中心法则。本图展示了从 DNA 转录成 RNA (mRNA)，再从 RNA 翻译成蛋白质的基本流程。该过程有很多类型的酶参与。

分子生物学的中心法则概述了 DNA、RNA 以及蛋白质合成间的核心关系。根据这一概念，遗传信息是单方向传递的，DNA 存储的信息通过 RNA 分子翻译成蛋白质 (图 1.6 和流程图 1.2)。虽然在具体参与的过程上稍有差异，但这一基本法则对目前已知的所有生物都成立。蛋白质是生物体内主要的工作部件，在几乎所有核心的生命过程中都发挥了重要作用。然而，不是所有 DNA 遗传信息都会编码成蛋白质，如 RNA 分子也可成为编码的最终产物。同时，对于 DNA 上的某些区域我们迄今都不了解它们是否具有功能或产物。基因组 DNA 编码了生命必需的所有分子。不论是参与几乎所有生物活动的蛋白质 (如酶)，还是行使翻译或转录功能的 RNA，这些都是生命赖以维持所必需的。

例如，产生和维持人类个体所必需的所有信息仅包含在 23 对 DNA 分子中，这些 DNA 分子构成人类基因组的染色体。这些分子是目前已知的最大、最长的分子之一，其中最小的有 4700 万个碱基，最大的有 2.47 亿个碱基。整个人类基因组共有约 30 亿个碱基。即使是细菌基因组，虽然 DNA 分子大小远远低于人类，但也有近几百万个碱基。每个染色体的 DNA 编码几百个至几千个蛋白质，编码的蛋白质数量依染色体而异。每个蛋白质都由一个特定的 DNA 片段编码。简单地说，这个 DNA 片段是编码该蛋白质的基因。在实际应用中，一个**基因**

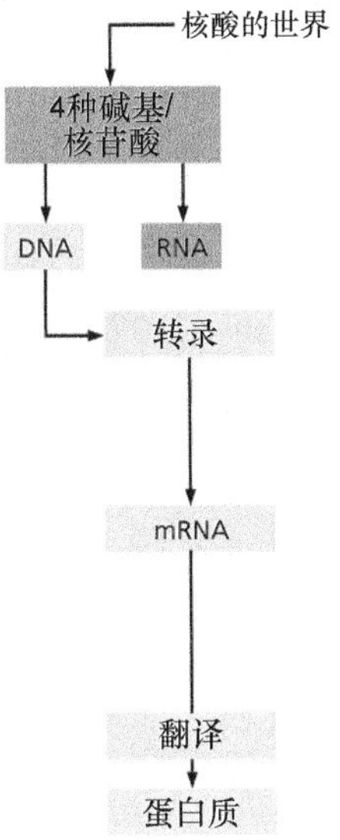

流程图 1.2　DNA 通过转录形成 mRNA，mRNA再进一步翻译形成蛋白质分子，这一过程是本节所介绍的重点。深灰色标注的框中的内容已在前一节介绍过了，而浅灰色背景标注的框中内容则是本节所涉及的概念。其中这两种标注的颜色所表示的意思在整本书中都是通用的。

(gene) 还包括周围控制区的非编码 DNA 片段，这部分内容将在第 1.3 节中讨论。这些片段还参与控制基因处于激活（可产生蛋白质）还是失活状态。

编码蛋白质区域的基因序列以遗传密码的形式携带着蛋白质序列信息。DNA 序列的解码包括两个阶段（图 1.6），分别称为转录和翻译。这两个阶段都涉及了 RNA 分子，如下所述。

DNA 是信息载体，而 RNA 则是信使

DNA 的编码信息通过合成其他分子而表达，它通过特定序列指导 RNA 和蛋白质的形成。正如将在第 2 章中详细描述的，蛋白质是由另一个化学组成单位——**氨基酸（amino acid）**组成的线性多聚体。一个蛋白质由约 20 种不同的氨基酸组成。它们拥有的不同化学特性（图 2.3）使得蛋白质较核酸有更复杂的化学特性及更多样的生化性质。

基因的 DNA 序列决定了蛋白质的氨基酸序列，但是，这一转换并非直接发生。当某个基因收到激活信号后，首先将产生这个基因的一个单链 RNA 拷贝，这一过程称为**转录（transcription）**。除了只有一条链作为模板以及产物为 RNA 而非 DNA 这两点不同外，转录基本类似于 DNA 的复制过程（图 1.7）。RNA 的合成由 RNA 聚合酶催化。与 DNA 聚合酶类似，RNA 聚合酶通过在模板 DNA 上移动，为模板链上的对应碱基找到匹配的核糖核苷酸，并将这个新进入的核糖核苷酸与上一个核糖核苷酸相连，从而形成 RNA 链。由于只有相关的 DNA 区域会转录成 RNA，因此 RNA 分子要比生成它的 DNA 分子小很多。如果说 DNA 装载着很多蛋白质的信息的话，那么 RNA 则只装载了 DNA 上的某一部分信息，通常只对应一个蛋白质。从编码蛋白质的基因转录而成的 RNA 称为**信使 RNA（mRNA）**，它能通过翻译过程指导蛋白质链的合成。关于翻译过程我们将在后续章节详细介绍。若一个基因转录产生 RNA，并且产生的 RNA 指导合成了蛋白质，则我们称这个基因表达了。检查一个或多个细胞中大量基因表达情况可以通过 DNA 或 RNA 表达微阵列实现（第 15 章）。

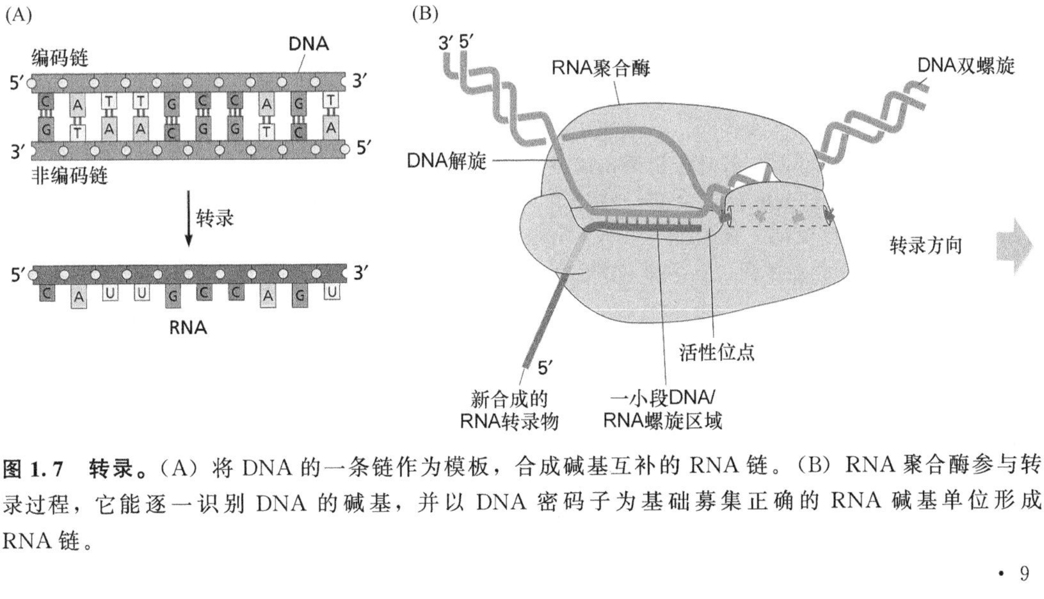

图 1.7　转录。(A) 将 DNA 的一条链作为模板，合成碱基互补的 RNA 链。(B) RNA 聚合酶参与转录过程，它能逐一识别 DNA 的碱基，并以 DNA 密码子为基础募集正确的 RNA 碱基单位形成 RNA 链。

对于任意给定的基因，只有一条DNA链会被转录成RNA。由于RNA必须含有能正确翻译成蛋白质的编码序列，因此作为物理模板用于RNA合成的DNA链本身并不携带有编码序列，称为**非编码链**（**noncoding strand**）、**反编码链**（**anticoding strand**）或**反义链**（**antisense strand**），序列的其他部分，即非模板DNA链有着与信使RNA相同的碱基序列（除了信使RNA中T被U取代外）。这条链被称为编码链或**正义链**（**sense strand**）。此链通常也用作表示其对应的基因。利用遗传密码规则，我们能从正义链碱基序列推测其对应的蛋白质序列。需注意的是，聚合酶转录反编码链的方向是从3′端到5′端。因此mRNA链的生成方向是从5′端到3′端。

虽然对于任何一个基因，只有DNA链上的一个小片段参与了转录过程，但是在DNA链上多个基因序列却允许重叠，即单链或双链的某一位点可以属于编码不同蛋白质的多个基因序列。这种情况在**病毒**（**virus**）中最为常见，从而使很小的病毒基因组能够包含尽可能多的编码信息。基因重叠现象同样也发生在哺乳动物中，目前在人类基因组中已发现774对重叠基因（图1.8）。

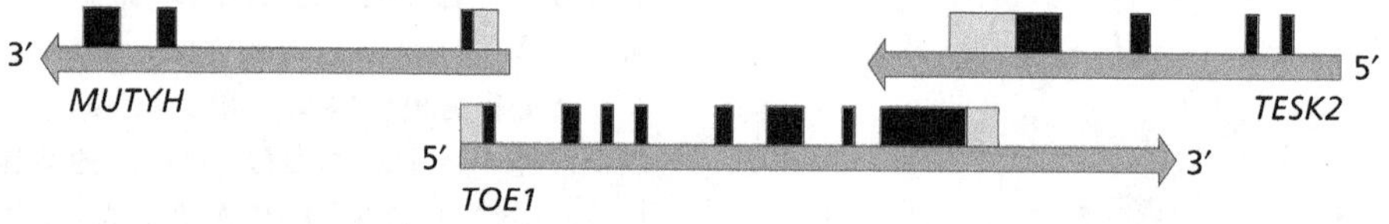

图1.8　基因重叠。本图展示了3个人类基因的重叠情况。黑色框表示的是DNA的蛋白质-编码区（外显子），浅色框则表示非编码区（来自文献V. Veeramachaneni et al. Mammalizan overlapping genes：the compartive perspective，*Genome Res*. 14：280-286，2004）。

基因组DNA序列所包含的信息远不止编码蛋白质序列的部分。还包括其他信息，如控制转录部件必须定位到转录起始位点；给定基因何时开始转录等信息。在任何时刻细胞中只表达其基因组中的几千个基因。为了实现有调控的基因表达，DNA除了编码区外还有用于控制转录的区域。关于调控区我们将在讨论完蛋白质序列编码的具体内容后再作介绍。

信使RNA根据遗传密码翻译产生蛋白质

遗传密码（**genetic code**）是描述DNA或RNA碱基序列和蛋白质氨基酸序列间对应关系的规则。其中需要解决的基本问题是如何只用4种核苷酸碱基确定20种不同的氨基酸。最终人们发现每一个氨基酸都是由3个连续碱基编码的。我们称这种连续三碱基编码单位为**密码子**（**codon**）。通常遗传密码表中给出的遗传密码都是RNA代码。标准遗传密码见表1.1。从表1.1中可以看出遗传密码是**简并**（**degenerate**）的，大多数氨基酸可以由多个密码子编码。密码子的简并性说明，我们能从DNA或RNA序列推测相应的蛋白质序列，但是却不能从蛋白质序列确定唯一的核酸序列。

所有密码子中，有3个密码子不编码任何氨基酸，它们的主要作用是作为蛋白质编码序列的结束信号，通常被称为终止密码子。与蛋白质序列结束信号相比，蛋白质序列的开始信号要复杂得多，不能通过单个密码子控制。多数情况下，蛋白质序列起始于密码子AUG，编码甲硫氨酸。随后，这个最初生成的甲硫氨酸残基通常会从新生蛋白质链上被切除。一般来说，所有的生命都使用相同的遗传密码，但也有一些例外，因此从DNA序列推导氨基酸序列时需注意使用合适的密码子。密码子表可以在很多序列数据库中找到，也可通过美国国家生物技术信息中心（NCBI）的生物分类版找到相关信息。

因为从碱基翻译到氨基酸的过程中三联子间是非重叠的，所以根据所选择的起始碱基的不同，一条核苷酸序列可以有3种可能的翻译途径，我们称每一种为一个阅读框。这3种**阅读框**（**reading frame**）可翻译出3种不同的蛋白质序列（图1.9）。在实际翻译过程中，控制信号将保证只有其中一种阅读框会编码产生蛋白质。通常由于对控制信号的不了解，我们对每条DNA双链都需尝试6种可能的编码途径。通常只有其中一种能产生有功能的蛋白质。多数蛋白质（除显著的例外）至少有100个氨基酸。错误的阅读框往往会提前遇到终止密码子，从而产生很短的翻译片段。例如，当我们用细菌基因组序列预测蛋白质编码序列时，我们只鉴定那些连续编码达到一定长度，且两端有合适的起始信号和终止信号的阅读框。这种阅读框被称为**可读框**（**open reading frame**）或ORF。关于基因预测我们将在第9章、第10章中详细讨论。

表 1.1 标准遗传密码。

5′端	密码子的第二个字母								3′端
	U		C		A		G		
密码子的第一个字母 U	UUU	Phe	UCU	Ser	UAU	Tyr	UGU	Cys	U（密码子的第三个字母）
U	UUC	Phe	UCC	Ser	UAC	Tyr	UGC	Cys	C
U	UUA	Leu	UCA	Ser	UAA	Stop	UGA	Stop	A
U	UUG	Leu	UCG	Ser	UAG	Stop	UGG	Trp	G
C	CUU	Leu	CCU	Pro	CAU	His	CGU	Arg	U
C	CUC	Leu	CCC	Pro	CAC	His	CGC	Arg	C
C	CUA	Leu	CCA	Pro	CAA	Gln	CGA	Arg	A
C	CUG	Leu	CCG	Pro	CAG	Gln	CGG	Arg	G
A	AUU	Ile	ACU	Thr	AAU	Asn	AGU	Ser	U
A	AUC	Ile	ACC	Thr	AAC	Asn	AGC	Ser	C
A	AUA	Ile	ACA	Thr	AAA	Lys	AGA	Arg	A
A	AUG	Met	ACG	Thr	AAG	Lys	AGG	Arg	G
G	GUU	Val	GCU	Ala	GAU	Asp	GGU	Gly	U
G	GUC	Val	GCC	Ala	GAC	Asp	GGC	Gly	C
G	GUA	Val	GCA	Ala	GAA	Glu	GGA	Gly	A
G	GUG	Val	GCG	Ala	GAG	Glu	GGG	Gly	G

注：每个密码子旁边都注释了对应的氨基酸。其中，氨基酸用表 2.1 所示的三字母氨基酸缩写表示。

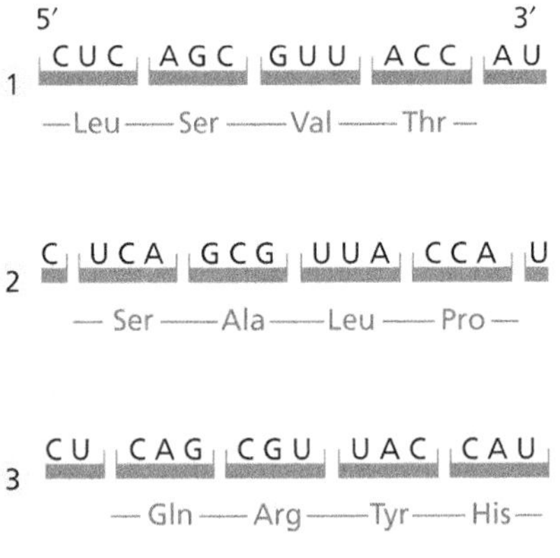

图 1.9 mRNA 链的 3 种阅读框。每个阅读框都从一个氨基酸开始，顺次产生不同的蛋白质序列（来自：B. Alberts et al., Molecular Biology of the Cell, 4th ed. New York: Garland Science, 2002.）。

翻译过程涉及了含 DNA 和 RNA 的核糖体的转移

RNA 在细胞中扮演着很多角色，其中最主要的是参与 DNA 信息转移，以及使用这些信息产生蛋白质。在细胞中主要有 3 类 RNA——信使 RNA (mRNA)、**核糖体 RNA（rRNA）**以及**转运 RNA (tRNA)**。此外还有许多更小的 RNA，它们在细胞内也各自扮演着不同的角色，本书后续章节将涉及其中一部分。前面已述 mRNA 的功能，而 rRNA 和 tRNA则主要参与了 mRNA 翻译和蛋白质合成的过程。

转录产生的 mRNA 通过核糖体形成蛋白质，这一过程称为**翻译（translation）**。核糖体是一类大型的多分子复合体，由 rRNA 和蛋白质组成。核糖体含有两个主要的亚单位复合体，其中一个用于绑定 mRNA（图 1.10A）。氨基酸不能直接识别mRNA的密码子，这一过程需要 tRNA 分子的参与。tRNA 能够和核糖体结合，然后将与 mRNA 密码子对应的氨基酸转移到新生蛋白质链上，使蛋白质链不断延长。这些小的 tRNA 分子一端含有三碱基的**反义密码子（anticodon）**，能够识别 mRNA 上的密码子，另一端则含有氨基酸结合位点，通过特定酶结合对应氨基酸。这个系统是遗传密码的物理基础。虽然每个氨基酸都对应不同 tRNA，但是有些 tRNA 反义密码子能够和几种类似的密码子结合。产生这种灵活性的最常见机制就是 **wobble 碱基配对（wobble base-pairing）**，它涉及了翻译密码子中碱基的修饰。

人类 tRNA 共有 48 种不同的翻译密码子，但是有些物种中反义密码子数量只有 40 种。tRNA 是有特定三维结构的 RNA 分子，其结构与它的功能有关。图 1.11 给出了一个 tRNA 结构的实例。我们将在第 10 章中讨论 tRNA 基因识别。tRNA 分子的广义序列和二级结构见图 10.2。

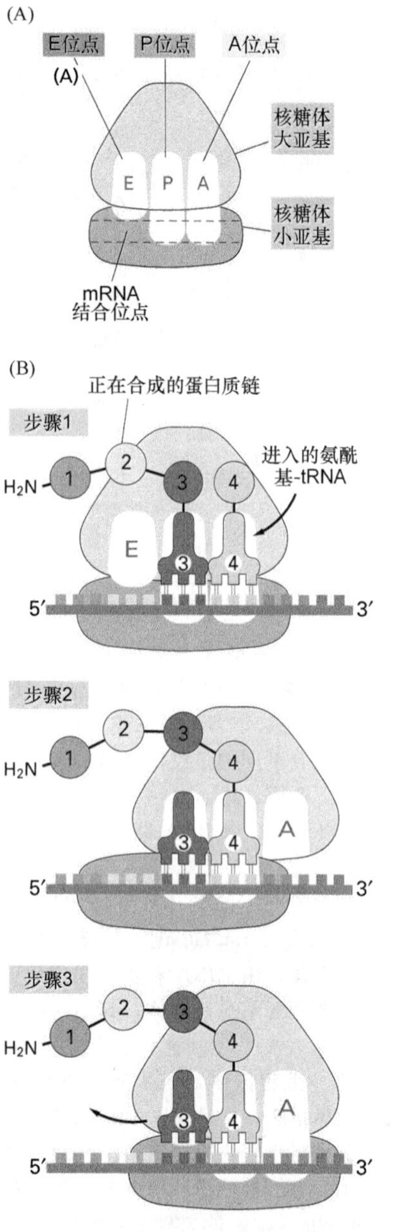

图 1.10　翻译。（A）展示了核糖体结构，包括 mRNA 的结合位点以及 3 种 tRNA 的结合位点。（B）翻译三步骤的简化表示。在该过程中，残基 4 被添加到正在合成的蛋白质链的 C 端。在蛋白质合成过程中，每添加一个残基都需重复上述三步。

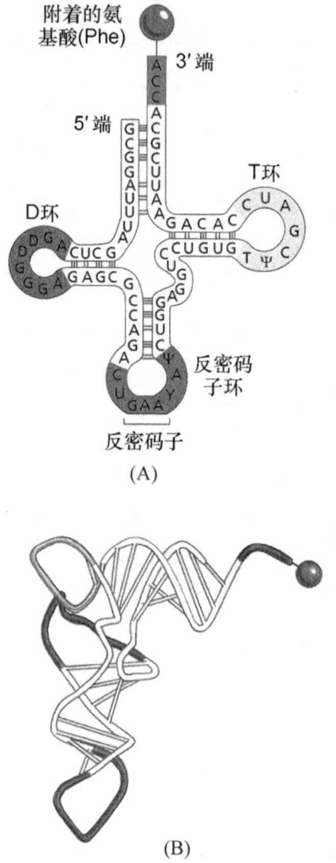

图 1.11　tRNA 分子的结构。（A）显示了 Phe-tRNA 分子中的碱基配对和成环情况。（B）显示了其真实的三维结构，其中不同颜色标注的区域对应（A）图中相同颜色标注的位置。（见文后彩图）

图 1.10B 给出了翻译过程的简化流程图，在此我们不再详述。mRNA 编码从 5′端，即从 mRNA 转录终点开始。这样就能完全按照 DNA 序列上正义链或编码链的顺序从 5′端编码氨基酸序列了。随着翻译的开始，核糖体结合位点渐渐沿 mRNA 向 3′端移动。tRNA 分子和核糖体相连，扮演 mRNA 和新生蛋白质链间的物理连接的角色。核糖体复合体含有将氨基酸连接成蛋白质的酶活性，这种酶活性来源于 rRNA，而非核糖体蛋白质。

1.3　基因结构和基因调控

前面章节对中心法则的讲述侧重于讨论蛋白质序列信息如何存储在基因组内，以及如何从核苷酸转化成氨基酸，却不关心这些过程是如何受到调控的。但在生物体中从核苷酸到氨基酸的转化过程远比上述描述复杂得多。尤其在**真核生物**（**eu-**

karyotes）中，其基因内通常还存在着更复杂的结构，包括非编码区等。非编码区又称为内含子，是指蛋白质编码区之间的区域。这些基因的表达在转换DNA信息到蛋白质时还涉及了一个额外的步骤，称为RNA剪切，即产生的mRNA首先需经修饰切除内含子区域。

许多与DNA序列信息解读相关过程的调控都依赖于DNA上的短信号序列（流程图1.3）。这些信号序列的类型很多，有些信号帮助参与转录和翻译的分子识别起始位点和终止位点，有些信号则用于控制转录是否发生。虽然种类各异，但是信号序列都含有一个**调控元件（regulatory element）**。这种调控序列大多数是特定调控蛋白质的结合位点。通过和调控序列结合，调控蛋白能与DNA相互作用，调节转录、RNA剪切，以及翻译等过程。为了准确解读DNA序列信息，我们首先需对这些信号序列的本质及其作用做一些了解。但是，关于基因调控蛋白的确切作用机制，由于和本书内容无直接关系，我们将不作讨论。这一节，我们将介绍基因调控及基因调控结构的主要内容。

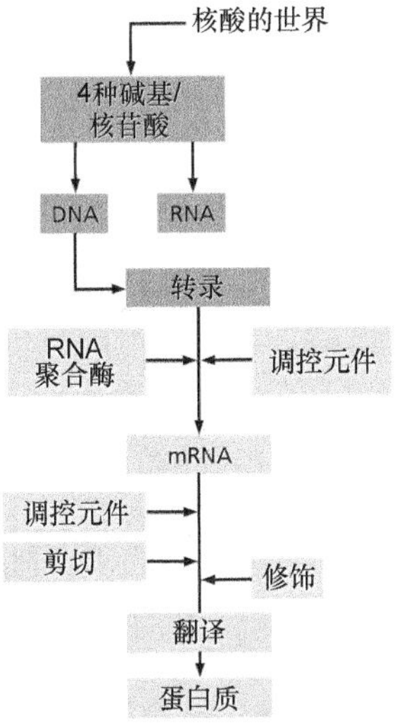

流程图1.3　该节介绍的重点是转录和翻译的过程受到一些明确、成熟的调控机制控制。

所有生物物种可以很清楚地被分为两类——**原核生物（prokaryotes）**和真核生物，这两类生物的翻译和转录过程我们需分开考虑。第1.4节将给出原核生物和真核生物大体特征的描述。首先我们简要回顾一下原核生物和真核生物中非编码调控序列的基本类型以及它们的作用。由于一般情况下原核生物调控区比真核生物简单，我们先以原核生物为模型介绍介导RNA聚合酶绑定和在合适位置起始转录的几种基本信号。

特定的定位序列能和RNA聚合酶结合，并识别转录起始点

在转录起始时，与RNA聚合酶结合的DNA调控区称为**启动子（promoter）**。RNA聚合酶与该区域的结合能力比与DNA序列其他区域的结合能力要强。RNA聚合酶与启动子的结合引发转录起始。同时，除了聚合酶外，转录的激活还需要其他聚合酶结合蛋白的参与。典型的细菌启动子正好位于**转录起始位点（transcription start site，TSS）**之前，并含有两个特征性短序列，或称为模体。这两个特征性短序列在不同基因的启动子上完全或几乎一样。

其中一个模体位于转录起始位点前10个碱基处，通常写为−10，另一个在转录起始位点前约35个碱基处，写为−35（图1.12）。这两个序列是启动子稳定结合RNA聚合酶所必需的。同时，两个模体所处的位置能将RNA聚合酶定位在合适的位置，从而保证转录起始发生在正确的链，并沿正确的方向进行。位于转录起始位点之前的序列一般称为**上游序列（upstream sequence）**。而位于转录起始位点以后的序列称为**下游序列（downstream sequence）**。如果我们将转录的方向想象成一条河流的话，就更容易理解这样的命名了。

从DNA序列中寻找启动子的问题之一是特定保守模序以外区域的序列变化相当大，而且模体本身在基因和基因间也存在着不少差别。我们通常用模体中的**保守序列（consensus sequence）**表示一个模体。保守序列由模体中每个位点出现频率最高的碱基组成。例如，在大肠杆菌中，−10模体的保守序列是TATAAT，−35模体的保守序列是TTGACA。两模体间的间隔序列长度可以为15～19个碱基。需注意的是，虽然聚合酶是和DNA双链结合的，但是保守序列通常用DNA编码序列的碱基表示，而非互补的反义链序列。虽然RNA聚合酶能和许多不同类型序列结合，但是离启动子越近，RNA聚合酶与保守序列的结合性就越强。同时，RNA聚合酶结合越牢固的区域，转录频率也越高。与启动子一样，作为调控位点的序列往往具有序列多样性大这一共同特征，也因此很难识别。

转录终止也受到信号序列的调控。在细菌中，**终止信号（terminator signal）**与启动子的不同之处在于它也会被转录并构成mRNA链的末端。在mRNA中，末端序列产生两个短的互补片段，这两个片段能通过碱基配对形成RNA双链螺旋，其中通常含有至少四五个CG碱基对。在距螺旋5个碱基内，通常至少含有3个连续的U核苷酸（图

1.12)。原核生物末端序列的多样性比启动子序列大，且在基因组注释时往往被省略，详见第 9 章。

除了启动子序列外，很多细菌基因还存在着其他调控序列，包括除 RNA 聚合酶外的其他蛋白质的结合位点。这些蛋白质中有些可促进 RNA 聚合酶的结合效率和准确性，它们被称为**激活因子**（**activator**），而另一些则抑制 RNA 聚合酶与启动子的结合，称为**阻遏物**（**repressor**）。激活因子和阻遏物具有很关键的生物学作用，对转录是否发生及何时发生具有重要的影响。在本书中，由于我们只关心基因如何定位，并不想对其更高层次的调控机制深入讨论，因此这方面的内容将不再赘述。

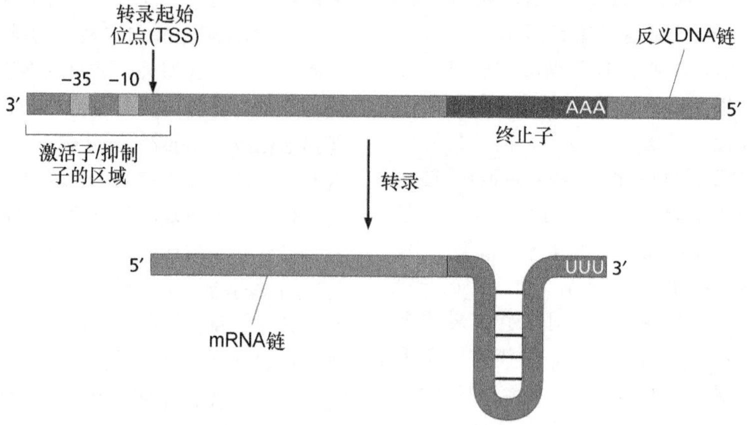

图 1.12　原核生物的转录起始和终止信号。转录的起始信号是与转录酶结合的小段核苷酸序列，转录的终止信号也是小段核苷酸序列，它能形成环结构从而阻止转录器件的继续移动。

真核生物中的转录起始信号远比细菌中复杂得多

在细菌中，所有基因都是通过一种类型的 RNA 聚合酶转录的，但是在真核生物中，参与转录的 RNA 聚合酶有 3 种，每一种转录一类特定的基因。所有编码蛋白质的 mRNA 都是通过 RNA 聚合酶Ⅱ转录的，后续章节中我们将主要关注这一类基因。另两类 RNA 聚合酶主要转录对应 tRNA、rRNA，以及其他类型 RNA 的基因。编码这些 RNA 基因的启动子类型也与由 RNA 聚合酶Ⅱ转录的基因有所不同。

真核生物与细菌的转录起始机制虽然本质上是一致的，但从具体看还存在很多不同之处。其中最显著的不同点可能是在真核生物中起始转录的启动子的多样化程度较大。真核生物的转录起始位点区域包含了一组**核心启动子**（**core promoter**）DNA 序列信号（图 1.13）。它们首先与称为**基本转录起始因子**（**general transcription factor**）的蛋白质复合体结合，转录起始因子结合 DNA 序列后则募集 RNA 聚合酶使其定位到准确的位置并起始转录。由 RNA 聚合酶Ⅱ转录的基因中，最重要的核心启动子序列位于转录起始位点上游约 25 个核苷酸处，称为 **TATA盒**（**TATA box**），其特征是含有 TATA 序列模体。这个启动子序列变化的详细信息参见图 10.12A。但需注意的是，并不是所有真核生物的基因都含有这个信号。与该模体结合的转录因子称为 TATA-结合蛋白（TBP）。除了以上所述的调控信号外，还有其他一些蛋白质也参与了 RNA 聚合酶活性的起始和调节。但是对任一给定的基因，由于其所需的激活信号很少，因此只含有少数的启动信号。在真核生物的基因中，启动子似乎没有统一的模式。与原核生物相比，真核生物转录的另一个不同之处在于真核生物中某些修饰 RNA 聚合酶活性的蛋白质结合位点距启动子的长度可能超过 1000 个碱基。有观点认为，信号序列间的 DNA 环通过绕圈将所有的调控基因的蛋白质聚集在一起形成复合体，从而调节 RNA 聚合酶的活性并决定是否开始转录。

虽然目前我们已经鉴定了 RNA 聚合酶Ⅰ和 RNA 聚合酶Ⅲ介导的转录的终止信号，但 RNA 聚合酶Ⅱ介导的转录的终止信号却仍不清楚，其机制仍有待发现。因为随着转录过程的进行，当 mRNA 转录物中含有 AAUAAA 序列信号时，该序列信号能导致转录物 3′端距这个信号下游 10～30 个碱基处发生剪切，并增加一系列腺苷核苷酸形成新的 3′端。这一过程迅速发生，消除关于参与转录终止的任何信号的信息。正如以上章节所述，在真核生物中，这些产生的初始 mRNA 转录物在翻译前还将被进一步修饰。

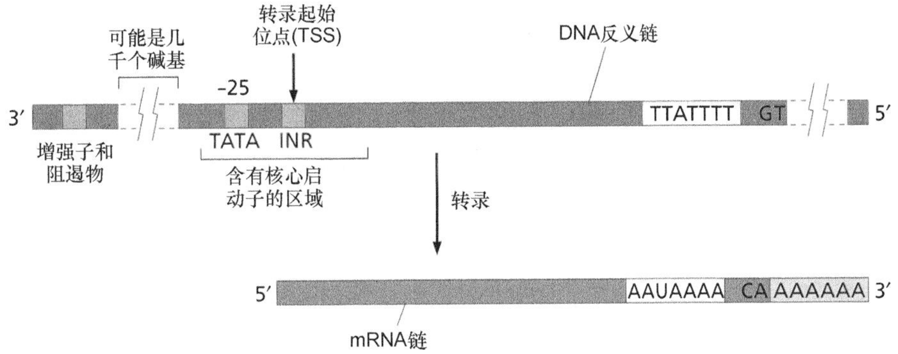

图 1.13 原核生物的转录起始和终止信号。所有的信号都是短片段序列，它们与参与转录这一复杂过程的酶结合。

真核生物 mRNA 转录物在翻译前需经历一系列修饰

真核生物与原核生物转录、修饰的最大区别在于真核生物转录物在翻译前需经历一系列修饰，其中的两种修饰对最终蛋白质产物没有任何影响。第一种修饰发生在转录时，主要是将修饰过的鸟苷核苷酸接到转录物的 5′端，这一修饰称为 **RNA 加帽**（**RNA capping**）。另一种修饰也发生在转录开始时，主要产生转录物的 3′端，其具体过程已在上文描述过。这个修饰过程包括两个独立的步骤：第一步是切除 mRNA 转录物 CA 序列后的片段，第二步是在 3′端重新加上约 200 个腺苷核苷酸，称为**多腺苷酸化**（**polyadenylation**）。

除以上两种修饰外，另一种修饰会对最终的蛋白质产物有很大影响。真核生物与原核生物蛋白质编码 DNA 在结构上最大的不同在于大多数植物和动物基因都插入了很多称为**内含子**（**intron**）的非编码 DNA。我们称蛋白质编码序列中处于内含子间的序列块为**外显子**（**exon**）（图 1.14）。内含子长度差异较大，为 10～100 000 个核苷酸，而外显子的长度则比较均匀，一般为 100～200 个核苷酸，极少有超过 1000 个核苷酸的。大多数真核生物基因中都含有内含子，只是有些基因组中内含子的出现频率较低，如酿酒酵母（*Saccharomyces cerevisiae*）。与真核生物相比，大多数细菌的蛋白质编码基因则正好相反，它们的编码区都是连续的。内含子在原核生物中几乎罕见。

内含子的存在使真核生物的转录和翻译较原核生物多了一个步骤，即 **RNA 剪切**（**RNA splicing**）。转录时，基因首先被完整地转录成 RNA，随后将内含子从转录物中切除，而外显子则重新连接成具有功能的 mRNA。剪切后的 mRNA 将最终翻译成正确的蛋白质序列（图 1.14）。大多数蛋白质编码基因的剪切都是由称为剪切酶的复合体完成的。剪切酶复合体由核内小 RNA（snRNA）以及蛋白质组成，具有剪切和接合 RNA 转录物的酶活性。切除的内含子会形成环形的套索结构，分支点通常处于腺嘌呤碱基处（图 1.14）。这些套索结构随后会被降解。RNA 转录物剪切位点通常含有特定的序列模体，同样，套索结构分支点处通常也含有特定序列模体。然而每个内含子除前两个和最后两个碱基相对比较保守外，序列模体的其他位点碱基可变性都很大。通常这两个位点的碱基分别为 GU 和 AG，见图 1.14，但在一些较为复杂的真核生物中也发现有以 AU 和 AC 作为信号的。以 AU 和 AC 为信号的内含子称为 AT-AC 内含子或 U12 内含子，它们分别是以 DNA 序列和参与剪切的剪切酶命名。在少数罕见的例子中还发现有些内含子 RNA 本身就具有剪切活性。

需要注意的是，蛋白质编码序列需要完整的密码子才能编码蛋白质序列，因而序列长度必须为 3 个碱基的倍数，但是对单独每个内含子却没有这样的要求。密码子可以从衔接上一个内含子的某两个碱基开始，如图 1.14 所示。内含子的这一特性加大了内含子识别的难度，从而使基因预测变得更加复杂。由于这些原因，真核生物基因中外显子的存在使得真核生物基因预测的难度较原核生物基因组大很多，关于这一方面的讨论详见第 9 章、第 10 章。

在 RNA 剪切时，通常所有外显子都会保留下来并连接在一起，但有时 RNA 也会发生**可变剪接**（**alternative splicing**），即只有部分外显子参与连接，从而使一个基因能够产生不同种类的蛋白质。在人类和其他哺乳动物中，可变剪接是非常常见的，这使得基因组能从有限数目的基因中产生更多的蛋白质。

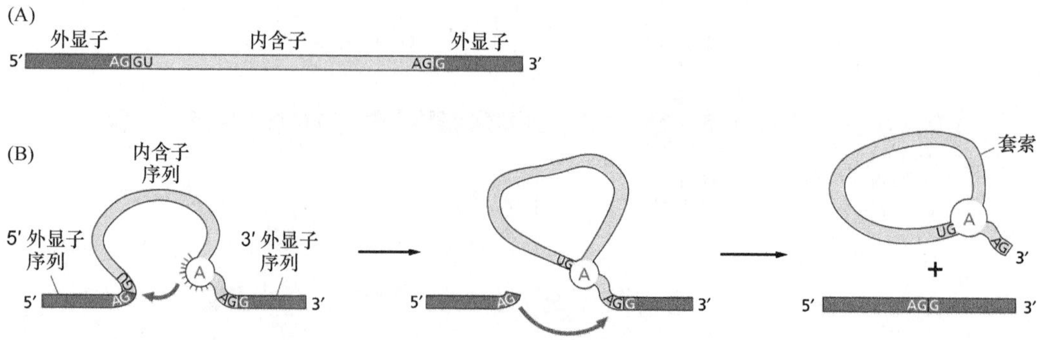

图 1.14　内含子剪切的简单图示。（A）线段表示的 mRNA 前体，其中内含子用浅灰色标注。供体剪切位点在内含子的起始处含有保守的二核苷酸 GU。而受体剪切位点在内含子的末端处含有保守的二核苷酸 AG。（B）内含子的剪切要经过两步：首先会形成一个含有鸟嘌呤（A）的环状结构，称为套索。随后两个外显子结合，并释放内含子。在该例中，内含子出现在密码子 AGG 的内部，这个密码子在外显子结合后才得以形成（B，来源 B. Alberts et al.，*Molecular Biology of the Cell*，4th ed. New York：Garland Science，2002）。

翻译的调控

mRNA 转录物中存在着很多类型的序列模体，包括指示蛋白质编码序列起点、终点的序列，以及 mRNA 与核糖体最初结合的位点。大多数蛋白质编码序列从甲硫氨酸密码子开始，通常为 AUG，并以遗传密码子（图 1.1）中的终止密码子结束。细菌 DNA 的 5′端有一个独特的短序列，称为 **Shine-Dalgarno 序列（Shine-Dalgarno sequence）**。它是核糖体的结合位点，含有典型的保守序列 AGGAGGU，位于翻译起始密码子 AUG 上游几个碱基处。

真核生物中核糖体的结合机制与细菌不同，并不使用 Shine-Dalgarno 序列。真核生物的核糖体含有一个可以和 mRNA 转录物 5′端 7-甲基化鸟苷核苷酸结合的组件，从而将核糖体结合到 mRNA 上。核糖体结合到 mRNA 上后便开始在下游处寻找 AUG 密码子，若遗漏了下游处的第一个 AUG 密码子，那么核糖体将顺延找第二个。与原核生物一样，真核生物中当遇到终止密码子时翻译也随即停止。

细菌还有一种在真核生物中很罕见的基因组织的结构特征，这一特征与核糖体在翻译起始位点附近结合的方式有关。在细菌中，与功能相关的蛋白质编码序列往往聚集在一起形成**操纵子（operon）**（图 1.15）。每个操纵子首先会被转录成一个单独的 mRNA 转录物，然后蛋白质将从这一长分子中分别翻译出来。这种机制的好处是，处于同一操纵子的蛋白质能共享一个调控区域，使用相同的代谢酶。但并不是所有细菌基因都包含在特定操纵子中，许多基因是单独转录的，含有单独的调控区域。

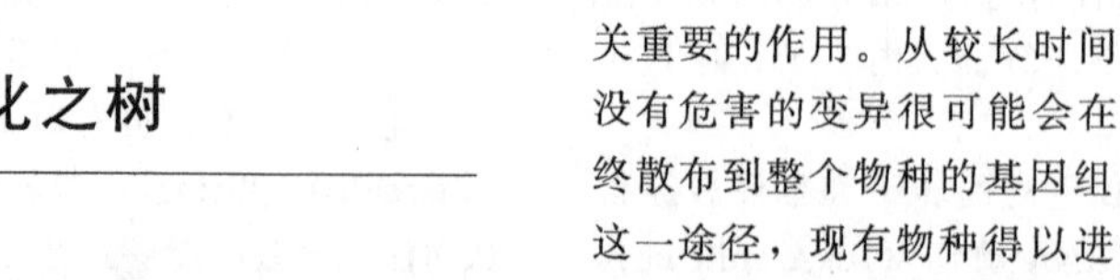

图 1.15　操纵子结构图示。一个 mRNA 分子含有 3 个独立的蛋白质编码区域，在翻译过程中分别产生蛋白质 α、β 和 γ。其中每个编码区含有独立的核糖体结合位点（黑色）。

1.4　生命与进化之树

在 DNA 上，遗传信息的完整性受到了很好的保护，如果没有这些保护，生命也许早就分崩瓦解了。然而，基因组难免会出现一些错误，并且从自然选择和进化的角度看，这种变异的存在还有着至关重要的作用。从较长时间尺度看，某些对携带者没有危害的变异很可能会在种群中扩散开来，并最终散布到整个物种的基因组中（流程图 1.4）。通过这一途径，现有物种得以进化并最终产生全新的物种。目前我们普遍认为现有物种都是由一个共同祖先进化而来的。通常我们用生命树的形式表示现有物种间的进化关系（图 1.16）。在这一节，我们将对生命树的主要分支及基因组上出现的一些修饰和结果作简要描述。

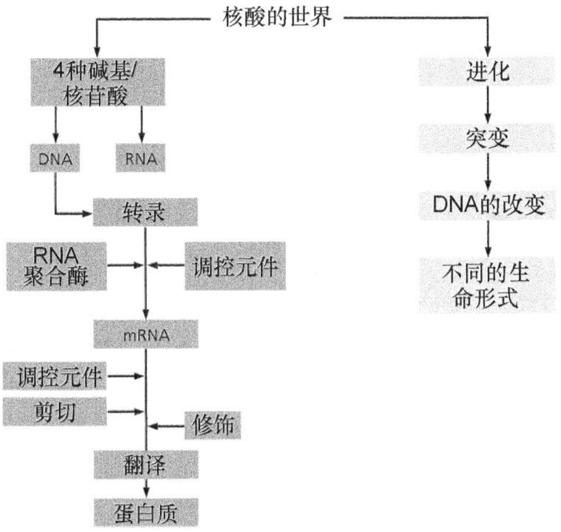

流程图 1.4　本节介绍的重点是：进化过程是通过 DNA 的突变实现的，DNA 突变产生不同的生命形式，而不同的生命形式将受到不同的进化选择压力。

图 1.16　生命之树。进化的分支一直向外延展，看上去很像现实中的树，其中树根就像生命的原始形式，而分支则是分化出来的不同类型的生命形式。

主要生命形式的基本特征

这一节，我们将所有生物分成两大类：原核生物和真核生物。原核生物能进一步分为单细胞细菌和古细菌。而其他所有生物则属于真核生物（图 1.17）。另一类以核苷酸作为遗传信息的生物是病毒。它们的基因组很小，含有编码组成病毒结构的蛋白质的基因。但是病毒的复制需要在其他生物细胞内进行，它能利用宿主细胞的生物机制复制 DNA 并合成蛋白质。病毒的基因组可以是 DNA 也可以是 RNA。虽然病毒基因从 DNA 到 RNA、蛋白质的过程也遵循转录翻译的基本规则，但值得注意的是，有些病毒的基因组有着一些普通细胞基因组所没有的特点，如重叠基因等，这些需要进行仔细地解读。

原核生物是一个庞大的单细胞微生物类群。它们的细胞结构简单，没有细胞核及其他胞内细胞器，如线粒体和叶绿体等。从分类学角度看，原核生物有两个**总界（superkingdom）**（或域）组成，称为细菌和古细菌。从进化角度看，两者的差别很大，其差别程度相当于两者和其他生物间的差别。它们的 DNA 通常以单个环状染色体的形态存在（虽然原核生物中也含有线性染色体）。每个环状染色体包含一个环状 DNA 分子，且染色体不在细胞核内。在生长条件适宜的情况下，原核生物通过简单的细胞分裂迅速繁殖，即每次分裂时复制原有 DNA，从而产生含有完全相同基因信息的新细胞。许多细菌还含有染色体外 DNA，以**质粒（plasmid）**的形态存在。这种小的环状 DNA 携带着额外的基因，并能从上一代传递到下一代。与药物耐受性有关的基因，包括与利用非正常化合物能力有关的基因，以及与致病有关的基因，通常都由质粒所携带。在细菌中，研究最详细的是肠道细菌大肠杆菌（*E. coli*）。许多关于转录和翻译过程的知识都是由此而得到的。

原核生物以外的生物都是真核生物，属于**真核生物域（eukarya）**。所有的动物、植物、真菌、藻类和原生动物都是真核生物。真核生物包括多细胞生物和单细胞生物。单细胞真核生物中，酵母和单细胞水藻，如衣藻（*Chlamydomonas*）等作为模式生物被广泛地应用于遗传学和基因组学的研究。与原核生物相比，真核生物细胞体积更大，也更为复杂。真核生物 DNA 包含在细胞核中，并与组蛋白及其他蛋白质高度组装在一起，形成一系列线性染色体。根据物种的不同，染色体的数目从 2 个到上百个不等。例如，人类体细胞染色体数目为 46 条（即从每个亲本继承 23 条），果蝇为 8 条，牵牛花为 14 条，蝲蛄蟹为 208 条。虽然不同物种间染色体数目差异很大的具体原因还不清楚，但是从已测序的基因组来看，多细胞生物的基因总数差异并不大，其范围一般都为 20 000～30 000 个。

真核生物的细胞是高度组织化的，由不同细胞器行使不同功能。其中有两个细胞器因自身含有基因组而最受关注：**线粒体（mitochondria）**含有参与能量生成的组件，通过有氧呼吸产生能量；**叶绿体（chloroplast）**含有与植物和藻类细胞光合作用有关的组件。对于这两个细胞器的起源，我们认为是它们在进化早期，被真核细胞祖先吞没的原核生物的残骸。因此仍保留着自身的较小的 DNA 基因组——线粒体 DNA（mtDNA）和叶绿体 DNA 及其相应的转录翻译机制。这两个基因组编码着一些线粒体和叶绿体特有的蛋白质，但是这两个细胞器的大多数蛋白质现在都是由真核细胞核内的基因所编码的。

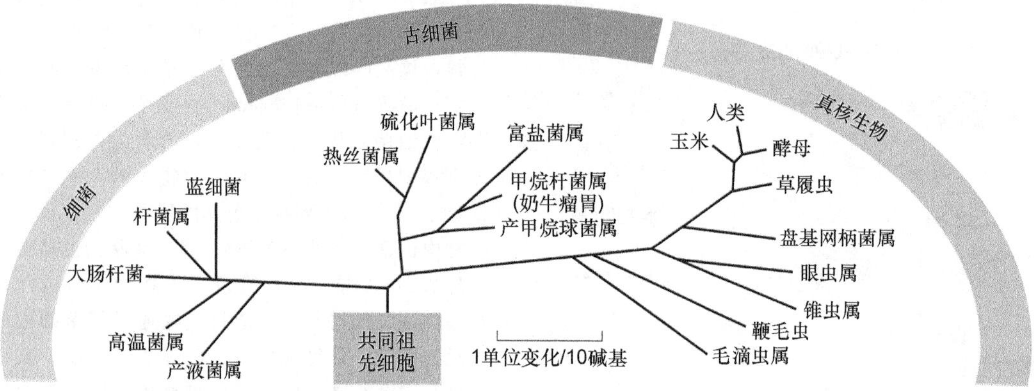

图 1.17 生命之树是基于分子序列分析得到的。值得注意的是多细胞物种都集中在这棵树的一个很小的分支中。

突变可以改变核苷酸序列

在很多情况下，如 DNA 复制时，由于基因组 DNA 处于活性状态，在参与生物过程时很容易受到损伤。这种损伤的范围有时较大，如整个基因的复制，但大多数情况下，DNA 损伤只涉及单个碱基的不正确复制，通常我们称这种损伤为突变。从 DNA 序列受损的部位看，有些突变可能会对编码信息产生重大影响，导致编码蛋白质序列的改变或者调控信号的缺失。虽然突变很可能导致基因失活或者蛋白质功能失调，但是有时这种突变也能给生物带来有利的影响（见专栏 1.1）。有性繁殖的生物中，除非突变影响到的是生殖细胞的 DNA，否则这种突变不会遗传至下一代的基因组中，也就是说非生殖细胞突变只会影响到突变个体本身。在这种情况下，突变个体很可能就要经受突变所带来的不利影响，特别是如果突变导致了细胞生长和分化的失控，如肿瘤发生那样。另一种情况则是突变传递到了下一代，在这种情况下，突变最终将有机会成为物种正常基因组中的一部分。突变的命运，即被保留还是丢失将取决于自然选择的进程，这是进化理论的基石。

专栏 1.1 除了合成蛋白质和 RNA 的基因外，基因组中还有很多其他序列

一个基因组中，不是所有的 DNA 序列都含有有用信息或具有已知功能。通常，我们称不含信息的 DNA 区域为垃圾 DNA。但是，由于对 DNA 序列我们仍有许多未了解的方面，有些现在看来没有信息的区域在将来可能会发现它们也具有相应的功能，所以对垃圾 DNA 这个名词的理解不能从字面上去理解。哺乳动物基因组含有大量垃圾 DNA，它们有些以内含子的形式存在，有的则存在于基因与基因之间。较简单的真核生物的垃圾 DNA 含量较少，而细菌中这种类型的 DNA 的量就更少了。

很多垃圾 DNA 都是以高度重复的 DNA 序列的形式存在的。对于很多高等生物来说，这种类型的 DNA 在整个基因组中占了很大的比重。很多这样的 **DNA 重复（DNA repeat）**是在称为转座子的 DNA 元件的作用下产生的。转座子能够产生自身的一份拷贝，并将其插入基因组的其他位置。转座子既存在于细菌中，也存在于真核生物中。但在哺乳动物中，其含量有大幅增加，且多数 DNA 重复失去了它们原有的功能，成为基因组中没有功能的序列重复。

最后需注意的是，进化过程中 DNA 序列的改变，偶尔也会破坏某个基因表达所需的一些调控序列。在这种情况下，我们称那个失活的基因为**假基因（pseudogene）**。在失活最初，这些假基因和活性基因没有明显的区别，不过随着进化时间的推移，假基因将比活性基因积累更多的突变，最终分化成随机序列。

在不同物种中存在着相似的 DNA 和蛋白质，这种现象是进化的结果。进化使原始祖先分化产生种类多样的生物，也因此使这些生物保留了很多共同点。物种间序列的相似性揭示了突变产生的过程及各种进化力量间的抗衡。这些进化力量的抗衡最终导致只有一小部分突变在进化选择中被保留了下来。由此可见，生物信息学的很多方面都涉及了突变机制的研究，包括序列联配（详见 4.3 节和 5.1 节）、系统发生学分析（详见 7.2 节和 8.1 节）。我们在第 7 章和第 8 章描述系统发生学分析的时候还将利用序列信息重建进化历程。重建过程首先需有一个完备的进化模型，也就是说要先对突变的类型、何时发生、突变的影响，以及它们能否被保留的自然选择过程有一个详细的了解。

总结

这一章，我们简要介绍了核酸及其在生物系统中的作用，重点讲述了核酸在基因组中的作用。当然这部分内容读者也能在其他分子生物学教材中了解到。此外还介绍了单核苷酸在很多其他生物过程中发挥的作用。我们描述了DNA序列是如何编码蛋白质的，简单的序列信号如何控制基因组DNA信息的解读。阅读完本章内容后，初学者已足够理解本书后面涉及的技术，特别是基因检测的内容。但是需注意的是，你也可能会碰到一些与这章介绍的内容不一致的特例（专栏1.2）。例如，在特定情况下，UGA也可能会编码不常见的氨基酸硒代半胱氨酸，而不是作为终止信号。很多物种都有其特殊性，在这种情况下，我们最好寻求专家的建议。

专栏1.2 事实上事情没有这么简单

这一章对核苷酸在存储、解析和传递遗传信息中的关键作用做了一个简要的介绍，许多基因组测序项目以惊人的速度在产生数据，同时在鉴定和描述基因组内的功能模块时，也需要生物信息学的技术，如第9章如第10章所描述的。当我们参与类似项目时，需记住一点，那就是本章及其他章节的内容的描述都具有普遍性，而以后无论我们研究哪个感兴趣的物种，我们都需留心发现一些特定的细节。

此外，在本章中有些即使是基本的概念，我们也没有将它们定义地很好，所以我们还要给读者另一个提示。关于基因和人类基因组，我们将给出两个简单的插图。可变 剪切等过程的存在使其难以在基因的定义上达成一致，而人类基因组则是另一个被证明在定义上很难达成一致的概念。最近研究表明，在人类基因组上，有比我们预期的多得多的变异。如同预期的很多小位点突变一样，研究者发现在不同人之间还存在着数量惊人的大范围差异。这使得如何定义一个完全具有代表性的人类基因组这一问题变得不再那么明确。在扩展阅读中我们列了一些详细解释这些观点的文献。

名词解释

3′end（3′端）：根据习惯定义的核苷酸序列的结束端。

5′end（5′端）：根据习惯定义的核苷酸序列的开始端。

activator（激活因子）：DNA结合蛋白质，它增加了转录起始的速率。

alternative splicing（可变剪接）：发生于前体mRNA中，是一个翻译后过程。前体mRNA含有内含子和外显子。移除一段特定前体mRNA的过程称为RNA剪切。在这个过程中，不同的外显子或被保留或被移除，从而产生具有不同功能的不同产物，这被称为可变剪接。

amino Acid（氨基酸）：一个（残基）含有一个或多个氨基基团（—NH）和一个或多个羧基基团（—COOH）的分子。在蛋白质中有20种标准氨基酸。不同的氨基酸含有相同的主链和不同的侧链。

anticoding strand（反编码链）：见非编码链（noncoding strand）。

anticodon（反义密码子）：一个tRNA分子中的3个核苷酸，能与一个mRNA分子的密码子结合（通过碱基配对）。使mRNA能通过tRNA编码特定氨基酸。

antisense strand（反义链）：见非编码链（noncoding strand）。

base（碱基）：核酸的一种组成单位。DNA含有4种碱基：腺嘌呤、胸腺嘧啶、胞嘧啶和鸟嘌呤。在RNA中，胸腺嘧啶被尿嘧啶所代替。

base sequence（碱基序列）：在一条DNA或RNA长链线性多聚体上的碱基顺序。

chloroplast（叶绿体）：一种细胞器，通常发现于植物中，参与光合作用。

codon（密码子）：一个密码子由3个核苷酸组成。编码氨基酸的密码子有64种。

complementary（互补）：用于描述两条核酸链的碱基序列完全形成沃森-克里克碱基配对（Watson-Crick base-pairing）的情况。此时，两条链可以通过相互作用形成标准DNA双螺旋结构。

consensus sequence（保守序列）：根据序列联配推导出的一个序列，它显示了保守的核苷酸或氨基酸。

core promoter（核心启动子）：启动子是DNA序列上允许基因转录开始的一个区域。核心启动子是启动子中转录所需的最小部分。

degenerate（简并）：用于描述在遗传密码中的

一种现象，即很多氨基酸存在多个可选的密码子。导致的结果是一条给定的蛋白质序列可以用很多不同的DNA序列表示。

deoxyribonucleic acid（DNA）［脱氧核糖核酸（DNA）］：由大量脱氧核糖核苷酸组成的长聚合物分子。DNA通常以双链分子的形式存在，其中两条链通过链间核苷酸的碱基配对结合在一起。

deoxyribonucleotide（脱氧核糖核苷酸）：DNA的核苷酸组成单位。

DNA repeat（DNA重复）：在基因组中出现多次的DNA序列。有些重复较另一些更常发生。虽然已知有些重复与多种疾病有关，但是对它们的功能往往了解甚少。

DNA replication（DNA复制）：利用一条已存在的基因组DNA分子，合成一条相同的DNA分子的过程。在细胞生命形式中，这一过程必须在细胞分裂前发生。

downstream sequence（下游序列）：该术语是指一个特定序列3′端或C端之后的任何东西，通常与特定序列信号有关。这些信号序列与这一特定序列的一些功能相联系。又见上游序列（upstream sequence）。

eukarya（真核）：见真核生物（eukaryotes）。

eukaryotes（真核生物）：单细胞或多细胞的物种，其细胞含有一个独有的膜结合的核。该词的意思是“真核”（true kernel）。

exon（外显子）：基因序列的一个片段。一旦被转录，它将成为mRNA分子的一部分最终翻译组成蛋白质。又见内含子（intron）。

expressed（表达）：用于描述一个基因或蛋白质的形容词，分别指它们被转录或者合成。

gene（基因）：DNA（在一些病毒中是RNA）的一个区域，它编码一个或多个分子产物。

general transcription initiation factor（基本转录起始因子）：与RNA聚合酶一起参与转录起始过程的辅助因子（蛋白质）。

genetic code（遗传密码）：三核苷酸密码子和相应氨基酸或终止信号间的关系。导致蛋白质合成时，tRNA和mRNA在核糖体中发生相互作用。密码子使我们可以将一条蛋白质编码核苷酸序列翻译成相应的蛋白质序列。

genome（基因组）：一个物种的整个遗传蓝图都被编码在它的DNA上（有些病毒的基因组则编码在RNA上）。

genomic imprinting（基因组印记）：基因活性能从亲本传递到子代的过程，特别是基因组DNA上的甲基化模式。

hybridization（杂交）：DNA的两个互补区域间形成碱基配对，已用于很多实验技术，如用于鉴定类似或特别相似的核酸片段的基因表达阵列等。

intron（内含子）：基因序列的一个片段。在转录过程中被转录进入mRNA，在最终mRNA分子翻译成蛋白质之前被切除。又见外显子（exon）。

messenger RNA（mRNA）［信使RNA］：通过转录一个基因产生的RNA，能被翻译成一个蛋白质。

microarray（微阵列）：一个含有已知DNA探针（或其他分子探针）的固体表面阵列，用于鉴定样本中的DNA或检测它们的表达。

mitochondria（线粒体）：参与能量产生的真核生物细胞器，含有自己的基因组DNA。

mutation（突变）：基因组核苷酸序列上的一个改变。

noncoding strand（非编码链）：编码DNA链的互补链。在转录中，作为模板合成mRNA，也被称为反义链或反编码链。

nucleotide（核苷酸）：DNA或RNA的化学组成单位。

nucleotide sequence（核苷酸序列）：在一个DNA或RNA分子中，核苷酸线性多聚体的顺序。

open reading frames or ORF（可读框）：仅由可编码成一个蛋白质的一系列密码子组成的序列片段。

operon（操纵子）：基因组的一个片段，由被单个单元调控的几个连续基因组成。它们被转录成单个mRNA分子，这个mRNA分子能编码几个蛋白质。

plasmids（质粒）：一个独立于细菌基因组的自我复制的环状DNA分子。在正常条件下，它并不是细胞存活所必需的。

polyadenylation（多腺苷酸化）：对核苷酸序列的一个转录后修饰，导致mRNA 3′端被加上一系列腺苷核苷酸。

prokaryote（原核生物）：细胞中不含有一个膜结合的独有的核的物种。

promoter（启动子）：接近转录起始位点（TSS）的序列模序，是转录起始的地方。

reading frame（阅读框）：一条核苷酸序列以一系列三核苷酸（密码子）的形式被读取并产生特定氨基酸。阅读框指定了将读取密码子的序列。不同的阅读框将给出不同的氨基酸产物。

regulatory element（调控元件）：调控转录的元件，包括启动子、反应元件、增强子和沉默子。

repressor（阻遏物）：与DNA特定位点结合的蛋白质，能阻止特定基因的转录。

ribonucleic acid（RNA）［核糖核酸（RNA）］：

两种主要的核酸分子形式之一，另一种为DNA。DNA和RNA间的主要区别在于核酸的糖部分；在DNA中是脱氧核糖，而在RNA中是核糖。

ribonucleotide（核糖核苷酸）：RNA的核苷酸组成单位，由一个核糖及与之相连的碱基（嘌呤或嘧啶）组成。

ribosomal RNA（rRNA）[核糖体RNA（rRNA）]：特定RNA，是核糖体的核心分子。

RNA capping（RNA戴帽）：在正在延伸的RNA转录物上加上5′帽结构。

RNA secondary structure（RNA二级结构）：RNA分子并不以线性肽的形式存在，而是折叠成一个称为二级结构的结构单元。

RNA splicing（RNA剪切）：从新转录得到的RNA中移除内含子，生成成熟mRNA。

sense strand（正义链）：与转录得到的mRNA有相同核苷酸序列的DNA链（除了T被U代替）。

Shine-Dalgarno sequence（Shine-Dalgarno序列）：一个原核生物基因上游与核糖体结合的序列。

superkingdom（or domain）[超界（或域）]：生命的一个主要分类界限，如古细菌、细菌和真核生物。

TATA box（TATA盒）：TATA盒是短核苷酸序列，它与TATA结合蛋白（TBP）结合。其中TATA结合蛋白是起始转录（transcription）所需的一个重要的基本转录因子。

terminator signal（终止信号）：一个核苷酸序列信号，它导致了转录（transcription）的终止。

transcription（转录）：转录是指从基因组DNA产生一个RNA分子的过程。

transcription start site（TSS）［转录起始位点（TSS）］：一个基因序列的转录从5′端开始的位置。

transfer RNA（tRNA）［转运RNA（tRNA）］：参与肽链合成的RNA分子。它是一个包含遗传密码的关键组分，其一端与一个RNA密码子结合，另一端与一个氨基酸结合。

translation（翻译）：解码mRNA密码子并利用它们合成蛋白质的过程，由核糖体催化。

upstream sequence（上游序列）：指一个特定序列5′端或N端之前的任何东西，通常与特定序列列信号有关。这些信号序列与这一特定序列的一些功能相联系。又见下游序列（downstream sequence）。

virus（病毒）：只能在寄主细胞中繁殖的物种，是很多疾病的病因。

Watson-Crick base-pairing（沃森-克里克碱基配对）：在标准双螺旋DNA结构中出现的结构。其中两个碱基——胞嘧啶和鸟嘌呤或者胸腺嘧啶和腺嘌呤通过氢键发生相互作用，且这种相互作用是共面的。在RNA中，腺嘌呤和尿嘧啶配对。

wobble base-pairing（wobble碱基配对）：由于反义密码子第三个碱基能通过不同方式形成氢键，造成单个tRNA具有与多个密码子结合的能力。

扩展阅读

通用文献

Alberts B, Johnson A, Lewis J, Raff M, Roberts K & Walter P (2008) Molecular Biology of the Cell, 5th ed. New York: Garland Science.

Strachan T & Read A (2004) Human Molecular Genetics, 3rd ed. London: Garland Science.

1.1 DNA和RNA的结构

Dahm R (2005) Friedrich Miescher and the discovery of DNA. *Dev. Biol.* 278, 274-288.

Watson JD & Crick FHC (1953) Molecular structure of nucleic acids. *Nature* 171, 737-738.

1.2 DNA，RNA和蛋白质：中心法则

Veeramachaneni V, Makalowski W, Galdzicki M et al. (2004) Mammalian overlapping genes: the comparative perspective. *Genome Res.* 14, 280-286.

1.3 基因结构的调控

Portin P (1993) The concept of the gene: short history and present status. *Q. Rev. Biol.* 68, 173-223.

1.4 生命之树和进化

Kaessmann H & Paaho S (2002) The genetical history of humans and the great apes. *J. Intern. Med.* 251, 1-18.

专栏1.2 事实上事情没有这么简单！

Check E (2005) Patchwork people. *Nature* 437, 1084-1086.

Pearson H (2006) What is a gene? *Nature* 441, 399-401.

第2章　蛋白质结构

当你读完第 2 章时，你应该能够：

讨论蛋白质在功能行使中的重要性；
描述氨基酸是如何组成蛋白质的；
描述氨基酸是如何连接形成蛋白质链的；
解释在大多数蛋白质中二级结构是重复出现的结构；
描述蛋白质链是如何折叠的；
描述蛋白质折叠结构在功能行使时的重要性；
讨论蛋白质复合体通常以一个以上的折叠形式存在。

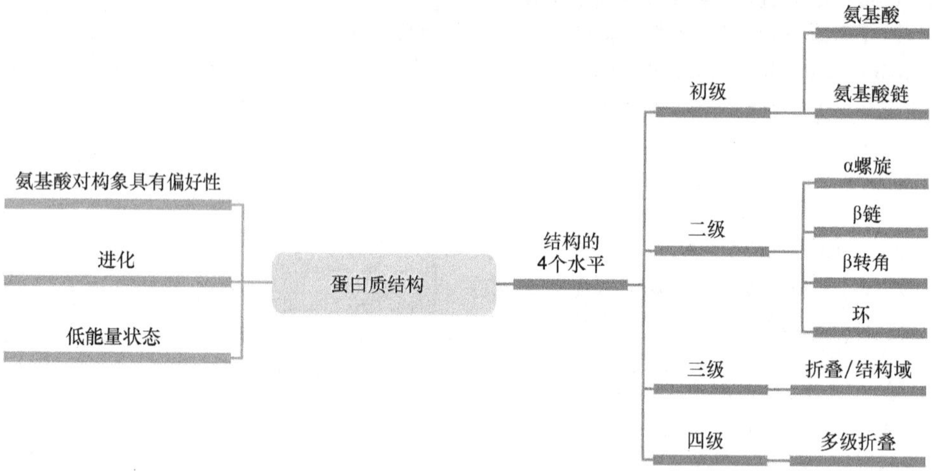

思维导图 2.1　蛋白质结构这部分内容的思维导图。

在生命系统中，如果说有一类分子主宰着生命活动的话，那一定就是蛋白质了。它们负责催化细胞内几乎所有的化学反应（RNA 的作用虽然比较有限，但担当的角色也很重要，参见第 1 章）；调节所有基因的活性；并参与大多数细胞结构的形成。虽然认为生命最初只来源于核苷酸化学，但要使生命体达到现有状态那么复杂的程度，功能类别如此多样的蛋白质是不可或缺的。蛋白质既能担当酶的角色，催化生命活动所需的各种反应，也对生命系统结构的构建起了重要作用，如一些蛋白质参与细胞骨架的形成。蛋白质大小差异很大，有些蛋白质体积很小，而有些却是体积很大的大分子。

正如第 1 章所述，我们可以通过分析基因的 DNA 序列来推断蛋白质产物的氨基酸序列。单从这一方面看，从 20 世纪 80 年代起，基因 DNA 序列数据及全基因组数据的不断积累引领了一场生物学的革命，为**氨基酸序列（amino acid sequence）**的鉴定提供了捷径。生物信息学可以利用这些序列信息寻找相关的蛋白质，并收集其他信息推测未知蛋白质可能的特性，包括蛋白质结构和功能等。了解蛋白质结构与功能之间的联系能使我们对蛋白质如何工作有一个更好的认识，因此研究者纷纷开展实验，研究蛋白质结构的修饰是如何影响其功能的。由于目前上市的药品绝大多数是通过与蛋白质发生相互作用而起作用的，因此结构-功能的研究在新药发现中具有举足轻重的地位。生物信息学则对加速这一进程起到了重要的作用，它能利用计算机模拟这些相互作用，详见第 14 章。

目前已有很多详细讲解蛋白质结构、形态和分类的经典书籍（详见扩展阅读）。本章，我们将介绍蛋白质，并列出与生物信息学有关的一些重要概念。力求以最精简的方式为读者理解后续章节相关的技术和算法做好铺垫。其他相关背景知识在需要时也会在相应章节中给出介绍。

2.1 初级结构和二级结构

蛋白质序列决定了蛋白质折叠所形成的三级结构。蛋白质的折叠包含很多称为二级结构的重复结构单元，我们将在本节讨论这些结构单位（流程图2.1)。蛋白质折叠对蛋白质如何行使功能以及能否正确行使功能有着重要影响，因此研究蛋白质折叠方式和折叠过程既是生物信息学研究的一个重要领域，也是从序列预测蛋白质折叠的一个重要方面。

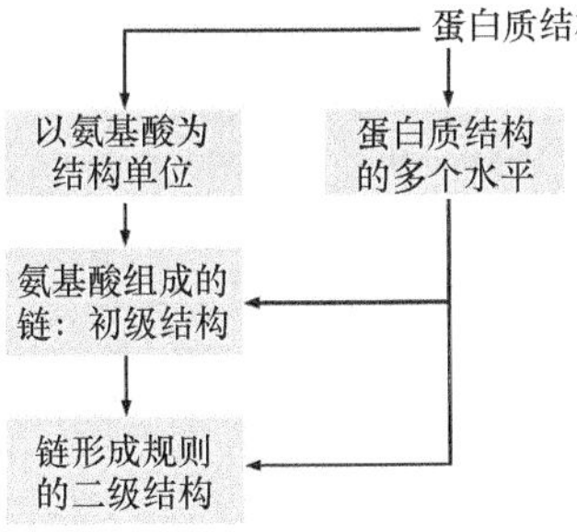

流程图 2.1　本章节介绍的重点如下：蛋白质是氨基酸的线性多聚体，其氨基酸排序称为蛋白质的初级结构，或简称序列。蛋白质能够折叠成有限个规则的三维结构，被称为蛋白质的二级结构。

我们可从多个不同水平考察蛋白质结构

利用X射线结晶学及核磁共振（NMR）等实验技术研究蛋白质结构发现，蛋白质能形成不同的结构单元。总体来说，蛋白质有4个水平的结构（图2.1)：初级结构、二级结构、三级结构和四级构象。**初级结构（primary structure）**是指蛋白质序列，即蛋白质链上的氨基酸类型和顺序。**二级结构（secondary structure）**是指蛋白质第一个水平的折叠，即部分蛋白质链折叠形成一些通用结构，这些通用结构在所有蛋白质中都能找到。**三级结构（tertiary structure）**是指蛋白质在二级结构基础上的进一步折叠，通过将二级结构元素组装在一起形成每个蛋白质特有的三维**构象（conformation）**。许多功能蛋白由一条以上的蛋白质链组成，在这些蛋白质中，每一条链都被称为是这个蛋白质的一个亚基。在多亚基的蛋白质中，亚基间的构成和排列称为**四级构象（quaternary conformation）**。蛋白质链所形成的结构以及具有的功能完全取决于其氨基酸序列。但目前为止，研究者并没有完全了解蛋白质序列的折叠规则，因此还无法单从氨基酸序列出发从头开始（*de novo*）预测蛋白质的结构和功能。如何帮助解决这一难题已成为生物信息学面临的挑战之一。

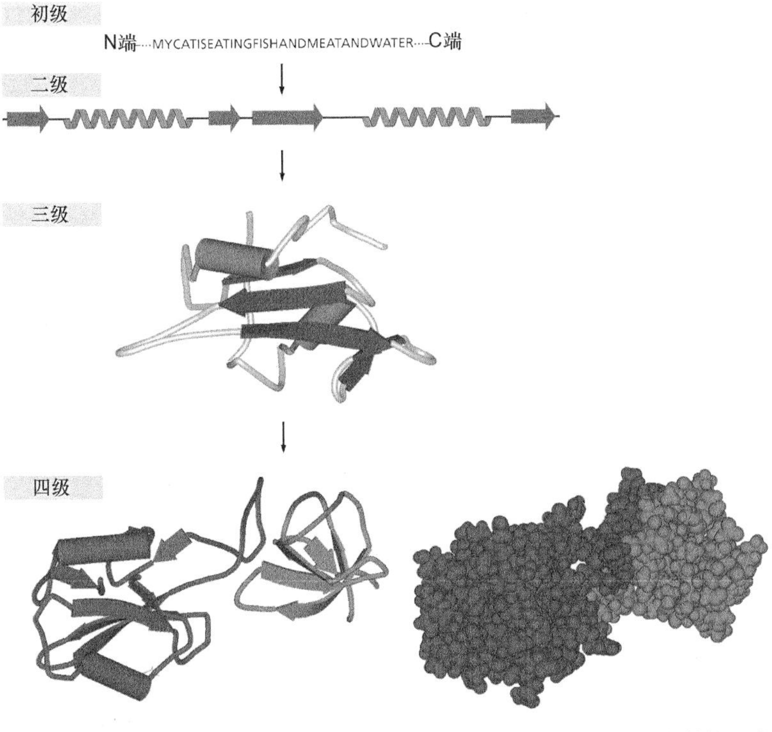

图 2.1　展示了蛋白质的不同水平。从序列（初级结构）到二级结构（含有局部结构元件），再到三级结构（结构元件折叠形成三维结构）。对于含有多亚基的蛋白质复合体，多个三级结构最终还会形成四级结构。

氨基酸是蛋白质的组成单位

蛋白质由 20 种天然氨基酸（表 2.1）及其他一些不常见氨基酸组成。除半胱氨酸和蛋氨酸含有硫（S）外，20 种常见的氨基酸只含有碳（C）、氮（N）、氧（O）和氢（H）。从结构上看，氨基酸由一个共同的**主链**（**main chain**）和一个在不同氨基酸中各异的侧链组成（图 2.2）。侧链与主链碳，即本书所指的 α 碳（C_α）。

表 2.1　20 种氨基酸，根据它们的属性分别标注。本表给出了氨基酸名称、三字母缩写以及单字母缩写。要注意的是，氨基酸的单字母缩写与核苷酸的单字母缩写有部分的重叠，但代表不同的意义。例如，字母 C、G、A 和 T 在 DNA 序列中分别代表胞嘧啶、鸟嘌呤、腺嘌呤和胸腺嘧啶，而在蛋白质序列中则分别代表半胱氨酸、甘氨酸、丙氨酸以及苏氨酸。

氨基酸	三字母缩写	单字母缩写	备注
甘氨酸	Gly	G	侧链只含—H
丙氨酸	Ala	A	
缬氨酸	Val	V	
亮氨酸	Leu	L	
异亮氨酸	Ile	I	
脯氨酸	Pro	P	侧链与 N 成键
苯丙氨酸	Phe	F	
甲硫氨酸	Met	M	
色氨酸	Trp	W	
半胱氨酸	Cys	C	形成二硫键
天冬酰胺	Asn	N	氨基 N 极性
谷氨酰胺	Gln	Q	氨基 N 极性
丝氨酸	Ser	S	—OH 极性
苏氨酸	Thr	T	—OH 极性
酪氨酸	Tyr	Y	—OH 极性
天冬氨酸	Asp	D	
谷氨酸	Glu	E	
组氨酸	His	H	
赖氨酸	Lys	K	
精氨酸	Arg	R	

表 2.1 给出了本书所用的 20 种氨基酸的名称和简写。书写时蛋白质的氨基酸序列通常用单字母缩写表示。在本书中，我们首先介绍区分不同氨基酸的侧链的特性，随后详细介绍负责蛋白质结构基本特征的主链特性。

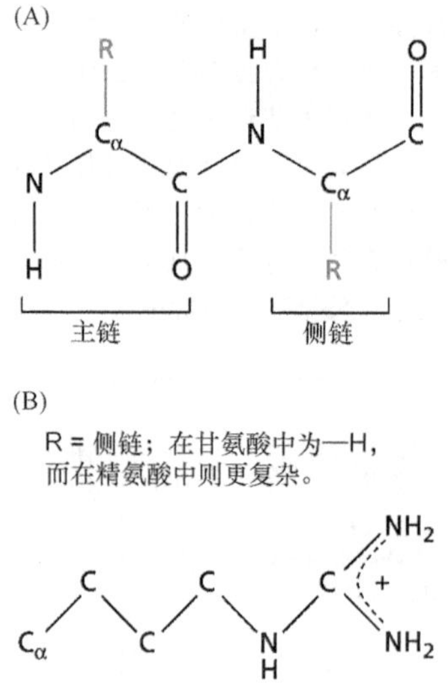

图 2.2　氨基酸图示。（A）显示了两个氨基酸的结构，其中 R 代表侧链，不同氨基酸具有不同的侧链，见图（B）。氨基酸由一个中心 C_α 原子以及与其两侧相连的主链 N 和 C 组成。其中 C 与 O 通过双键相连。图中主链用深色表示，侧链用浅色表示。

侧链决定了氨基酸化学和物理特性的不同

蛋白质的功能特征主要取决于氨基酸的侧链。每一种氨基酸都有特定的化学和物理特性，而这些特性主要由侧链的结构和特性决定。按物理和化学性质分，氨基酸可以分为几个重叠的类。每一类中的氨基酸都共享一些物理和化学性质，如大小、电荷等。氨基酸中最小的是甘氨酸，其侧链只含一个氢原子。这一结构使甘氨酸有其独特的性质，如结构上的灵活性等。脯氨酸则展示了侧链灵活性的另一种极端，它的侧链与主链的氮原子结合，从而形成一个刚性结构（rigid structure）。有些氨基酸的侧链不带电荷，通常具有**疏水**（**hydrophobic**）性（与水的亲和性低，因此常位于蛋白质结构的内部，被亲水氨基酸所包围），其他氨基酸的侧链则带有正电荷或者负电荷，带电氨基酸即极性氨基酸具有**亲水**（**hydrophilic**）性。它们喜欢被水分子包围并与水分子形成相互作用。同时，在蛋白质内部它们通常还有带相反电荷的亲水基团能与其他基团相互作用，如精氨酸的长侧链，其所含的—NH_3^+ 基团（相对）较大且呈碱性（带正电荷）。不同氨基酸侧链详见图 2.3。

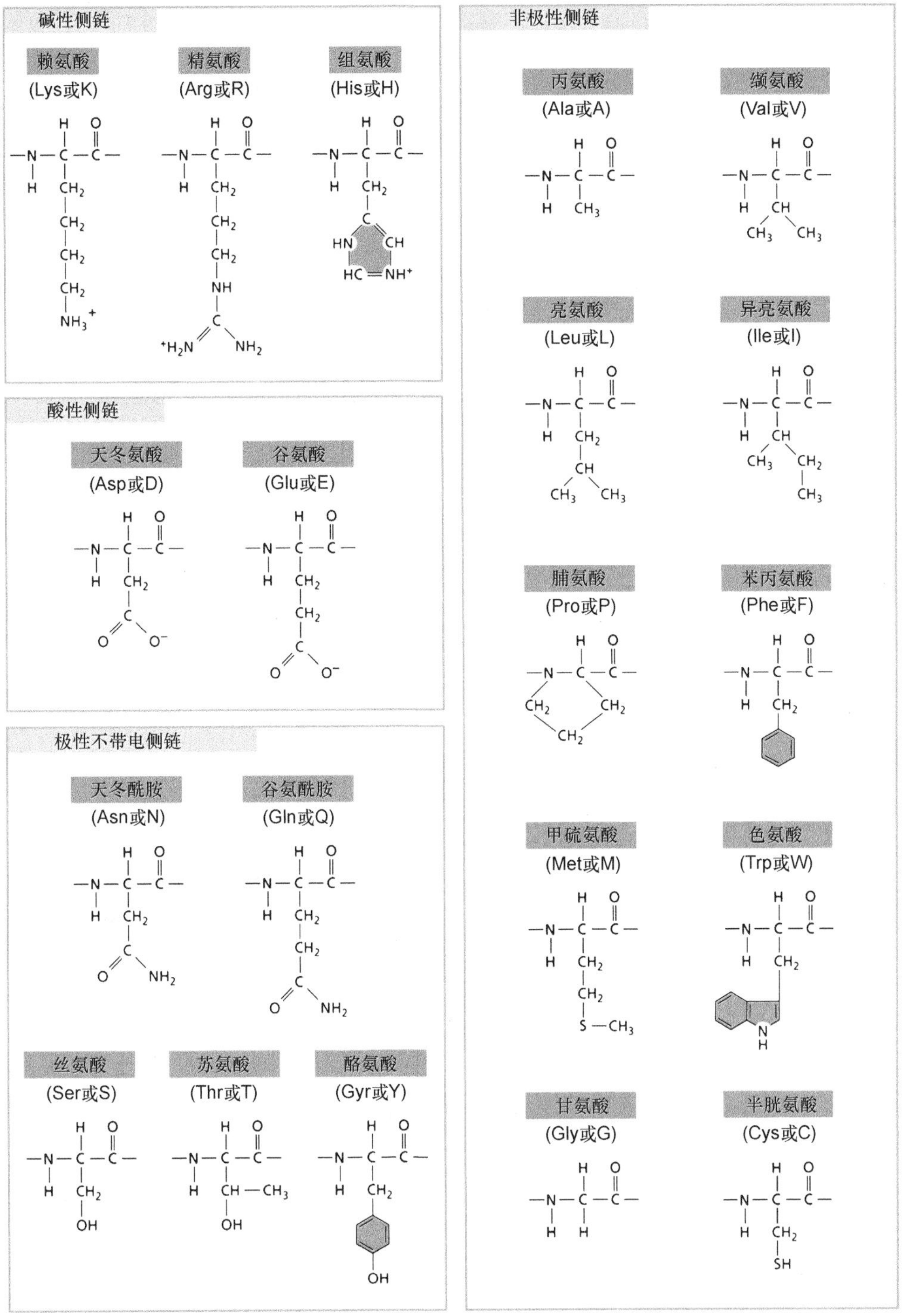

图 2.3　20 种常见氨基酸侧链。根据物理和化学性质，氨基酸可分为以下几类：酸性、碱性、极性不带电和非极性（疏水）。有些氨基酸还有其他的特性，如芳香性（Phe）等（来源：B. Alberts et al.，Molecular Biology of the Cell，4th ed. New York：Garland Science，2002.）。

由于蛋白质可以包含 20 种不同的氨基酸，因此长度为 n 的多肽链将有 20^n 种可能序列，如长度为 250 个氨基酸的多肽链其可能的序列将超过 10^{325} 种。显然，实际存在的序列只是其中的一小部分。通常，序列上很小的修饰就能使蛋白质失去稳定的三维构象，因此，绝大多数可选氨基酸序列是不能形成稳定构象的。

蛋白质链中的氨基酸通过肽键共价连接

蛋白质的初级结构是指线性蛋白质链上的氨基酸序列，它是由氨基酸共价相连组成的。这一线性链通常被称为多肽链。氨基酸间通过肽键相连，肽键的形成是由一个氨基酸骨架的羧基和另一个氨基酸的氨基间发生**缩合反应（condensation reaction）**（丢失一个水分子）实现的（图 2.4）。当氨基酸通过这种方式相连后，肽链中每个单独的氨基酸都被称为一个氨基酸残基。肽键有两个关键特征对决定蛋白质结构起了重要的作用，我们将在这一章对其进行讨论。首先，肽键是一个平面结构，即肽键中的碳原子、氮原子以及羰基氧原子都处在一个平面上，这就限制了绕键旋转的自由度。其次，—NH 基团和—C═O 基团也能形成非共价氢键相互作用，这种相互作用在蛋白质折叠成三维结构时起了重要作用。

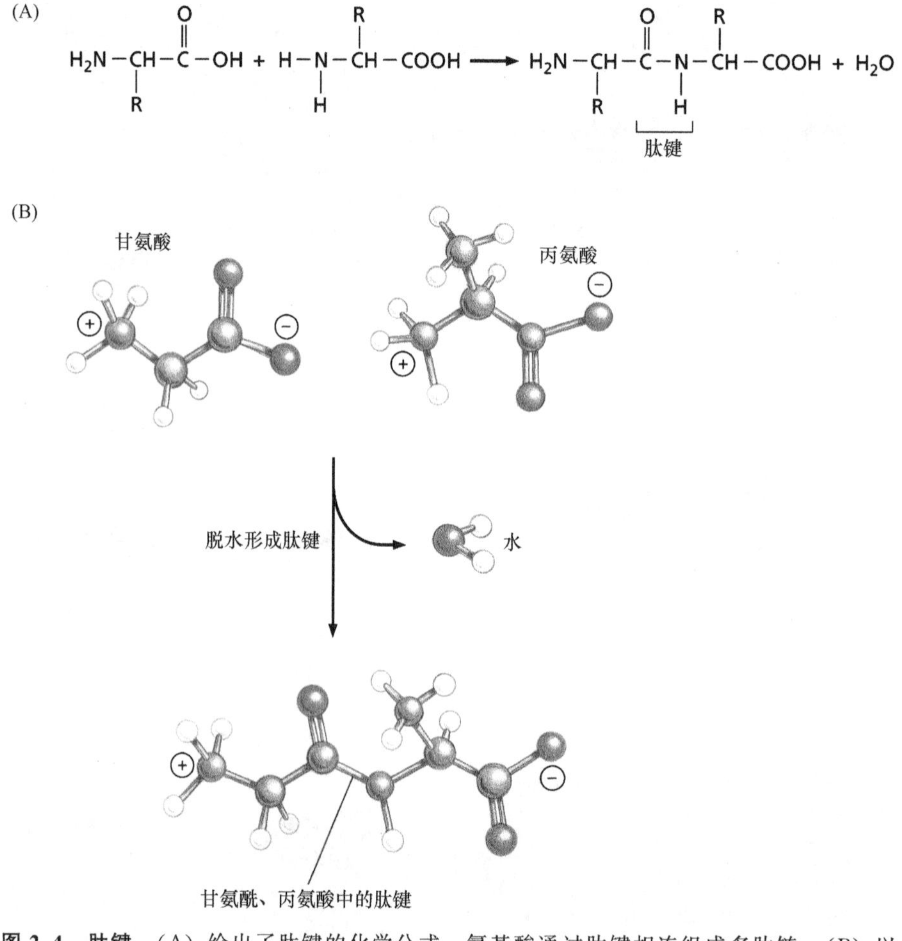

图 2.4　肽键。（A）给出了肽键的化学公式，氨基酸通过肽键相连组成多肽链。（B）以图的形式展示了肽键的结构（B 图来自 B. Alberts et al., *Molecular Biology of the Cell*, 4th ed. New York：Garland Science，2002.）。

肽键及相连的 C_α 原子被称为蛋白质的骨架或主链。多肽的一端含有一个活性氨基，另一端含有一个活性羧基，它们分别被称为**氨基末端（amino terminus）**［或 **N 端（N terminus）**］和**羧基末端（carboxy terminus）**［或 **C 端（C terminus）**］。当 mRNA 翻译合成蛋白质时（见第 1 章），氨基末端首先被合成。因此，在书写蛋白质序列时，我们习惯从 N 端开始以从左至右的方式书写。从 DNA 编码到链序列到 mRNA序列再到蛋白质序列的关系详见图 2.5。

从原则上讲，键任一端的原子都能往任意方向旋转，但由于原子间空间限制，事实情况并不如此。我们用**扭转角（torsion angle）**定义可以绕键旋转的构象，它由 4 个原子确定（图 2.6A）。扭转角的范围通常为−180°～+180°，是指用原子 1 和 2 遮盖原子 3 和 4 所需移动的度数。肽键任一端的基团都能绕键旋转一定角度。但是由于电子共振（离域电子在键内的活动）的影响，使得肽键具有部分双键特征，也使得 C—N 键比预想的要短很多，所以肽键本身是一个平面结构。肽键中的扭转角（通常称为 ω）离平面的角度很少有超过 10°的（图 2.6B）。因此，可以把多肽骨架想象成由 C_α 原子连接而成的平面多肽单元组成的链。在骨架内，每个 C_α 都形成两个单独的键，一个是与氮原子形成的键，另一个是与羟基碳形成的键，这使得每个残基都含有两个扭转角。这两个角就是我们所知的 ϕ（phi）和 ψ（psi）（图 2.6C），它们是肽链灵活性的主要来源，并使蛋白质链得以折叠。虽然原则上，ϕ 和 ψ 能取－180°～＋180°的任意值，但是通常它们的取值范围很有限，并且为了生成蛋白质的重复、规则结构单元，具有特定侧链的残基的扭转角的取值通常具有很强的偏好性。这种偏好性由以下两种方式生成：第一，**位阻现象（steric hindrance）**阻止了特定扭转角组合的出现；第二，多肽基团的氢键结合能力可以有选择地稳定其他一些扭转角。如果连续几个残基都有相同的（ϕ，ψ），则它们将形成规则的重复结构。有些规则结构是通过氢键稳定的，以下我们将讨论其中几种常见的结构。

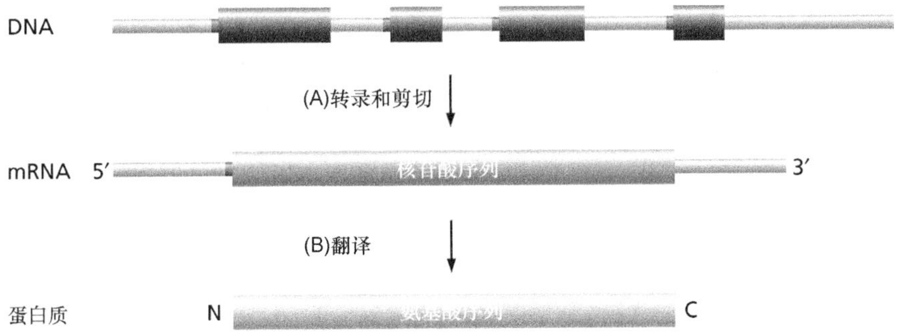

图 2.5　转录和翻译。本图展示了从 DNA 编码链到 mRNA 序列到蛋白质序列的过程。其中 DNA 外显子（深灰色盒子）转录形成 mRNA，mRNA 在其他分子（见第 1 章）的参与下指导蛋白质序列的合成。

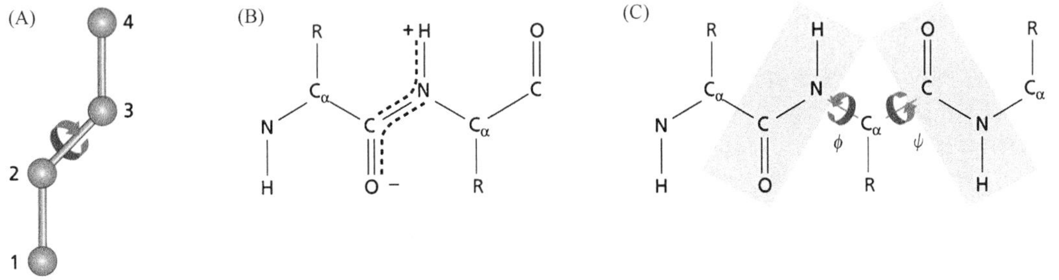

图 2.6　扭转角。（A）原子间的角度是可以计算的，通常称为二面角或扭转角。（B）肽键的角（O—C—N—H 原子）具有部分双键的性质，因此具有刚性。（C）位于肽键侧面的键角具有更大的扭转自由度，称为 phi（ϕ）和 psi（ψ），它们是多肽链构象自由性的主要来源。对有限数量的角度值的偏好产生于空间位阻和氢键。

专栏 2.1　蛋白质原子间的相互作用

蛋白质原子间的相互作用有共价和非共价两种。在共价键中，两个成键原子共享一对电子。非共价相互作用则包括氢键、范德华或静电等相互作用。共价键要比非共价键相互作用强。

原子可以看成是一个有稳定移动的电子云环绕的核。有时，在原子的一端，聚集的电子较另一端多，这就产生了偶极。范德华相互作用则是两个具有相反偶极的原子在距离较近时产生的（图 B2.1），这种相互作用很弱。

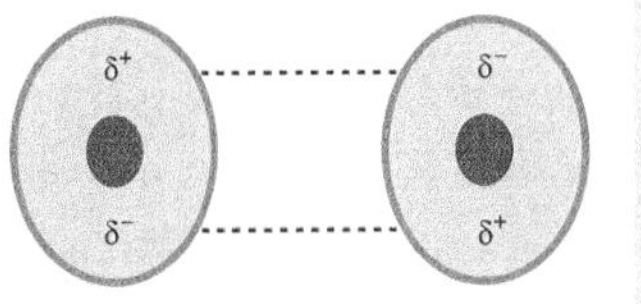

图 B2.1　两个具有相反偶极的原子。

与范德华相互作用力相比，氢键相互作用较强。它发生于与氮原子或氧原子相连的氢原子（供体）和受体原子之间，在蛋白质中受体原子通常是氮原子或氧原子。发生氢键相互作用的两原子间存在较弱的共享电子的现象。

静电相互作用则发生于两个带有相反电荷的基团间。

此外，肽键通常形成称为**反式构象**（***trans* conformation**）的原子构象，这是因为它在热力学上较**顺式构象**（***cis* conformation**）更为有利（图 2.7），产生这种偏好性的原因是顺式构象时，两个邻近侧链（位阻现象）的空间位置会有冲突。由于侧链结构的特殊性，脯氨酸形成顺式构象的频率比其他氨基酸大。

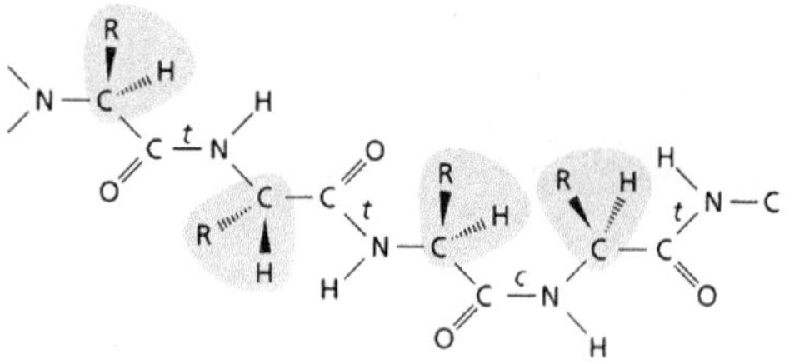

图 2.7　肽键的反式和顺式构象。该图展示了反式构象（t）更常见的原因。顺式（c）构象会导致两侧链原子间的位阻现象（原子撞击）的明显增加。

蛋白质残基最重要的构象特征可能就是（ϕ、ψ）值了。为了展示这一特征，Ramachandran 提出将所有蛋白质结构的残基的（ϕ、ψ）值都画在二维坐标上，然后计算大多数氨基酸所在的（ϕ，ψ）区域（我们认为这一区域的氨基酸构象较有利），以及氨基酸极少出现的（ϕ，ψ）区域（我们认为这一区域的氨基酸构象较不利）。这样的二维图被称为拉氏图（Ramachandran plot），它是估计预测蛋白质结构合理性的一个很有用的工具，详见第 13 章。在拉氏图中，点高度密集的区域对应了蛋白质结构中由氨基酸序列形成的规则结构（α 螺旋，β 折叠）（图 2.8）。

蛋白质的二级结构由 α 螺旋、β 链构成

在天然状态下，形成的规则结构通常是螺旋，它是蛋白质二级结构的一种。螺旋的形成是蛋白质链骨架原子间发生能量有利的氢键相互作用的产物。若某条链的（ϕ，ψ）值具有重复性，且间隔大约为（−60°，−60°），则这条链形成的是一种结构特别

专栏 2.2　共价键

共价键形成于两个共享电子的原子之间。一个原子可形成的键的数目取决于可以共享的这类电子的多少。多数原子间共享单个电子，形成单键。但有些原子也能形成多键，如双键等。共价键可根据键的级数分类，如单键含一个级数为 1 的键；双键含有一个级数为 2 的键。此外还存在级数为非整数的键，这可以通过共振论解释。在蛋白质中，很多键的级数为 1～2（通常用在实线下添加虚线的方式表示），如在肽键和碳环中，共振使它们处于一个平面（图 B2.2）。

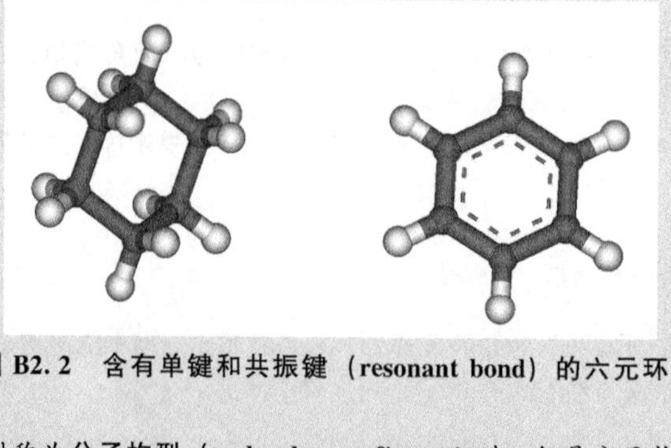

图 B2.2　含有单键和共振键（resonant bond）的六元环。

共价键在分子中的排列称为**分子构型**（**molecular configuration**），但是分子构型不足以定义一个分子的三维结构。单个共价键允许键扭转角的自由转动，不受任何空间位阻的影响。多个键的存在则给键的扭转制造了障碍，这在某些情况下导致了不同构象的形成，如肽键的反式和顺式等构象。

在含单键的环中，每个碳原子含有两个氢。而在含共振键的环中，每个碳原子只含有一个氢，且都处于一个平面上。

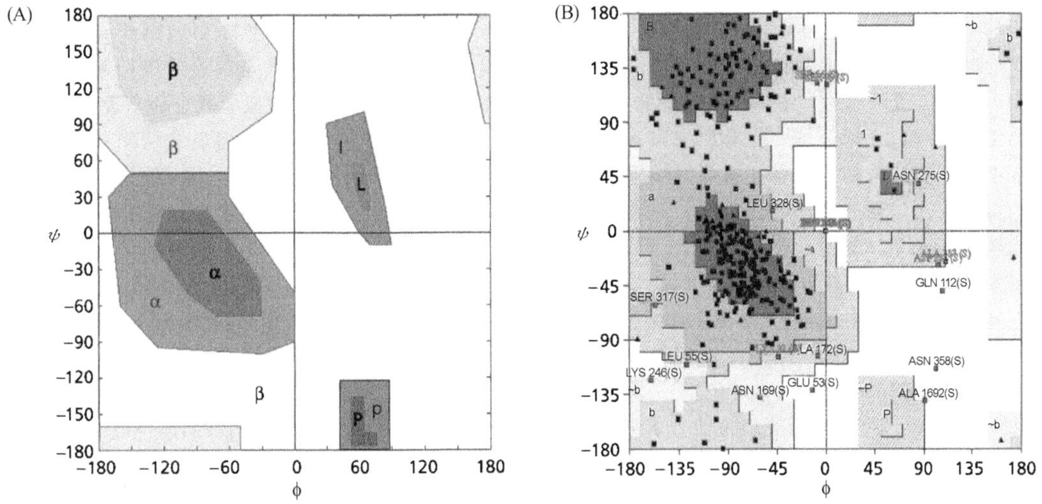

图 2.8　拉氏图。(A) 理想的拉氏图，其中，角 φ 用 x 轴表示，角 ψ 用 y 轴表示。图中黄色区域表示 β 折叠片、规则 α 螺旋、左手螺旋以及 P (p) ε 结构的首选构象，其中最首选的构象处于图中颜色较暗区域。(B) 以一个激酶为模型计算得到的真实拉氏图。一些残基落在了不允许区（无颜色），这些残基可根据残基类型和序列数鉴定。(见文后彩图)

稳定的右手螺旋，我们称为 **α 螺旋 (α-helix)** (图 2.9)。虽然在蛋白质中也存在左手螺旋，但是侧链的相互作用使得其对右手螺旋更有偏好性，因此，在蛋白质中右手螺旋占主导。

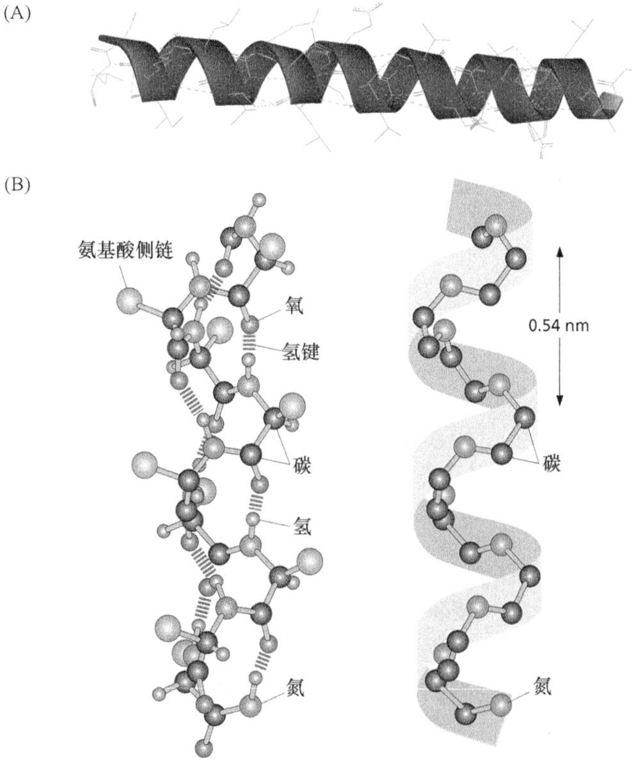

图 2.9　α 螺旋中的氢键。在 α 螺旋中，所有氢键 (H—) 都参与组成同一种二级结构单元。(A) α 螺旋图示。(B) 沿螺旋轴，螺旋结构每 0.54nm (5.4Å) 重复一次，因此我们称 α 螺旋的划分单位是 0.54nm。α 螺旋的每个重复单元含有 3.6 个氨基酸残基。螺旋轴上，残基的间隔为 0.54/3.6 即 0.15nm (1.5Å)；也就是说 α 螺旋中，每增加一个残基，α 螺旋长度增加 0.15nm (1.5Å)。

本书讨论的蛋白质大都由一到多个球状结构域构成，其中大多数 α 螺旋被限定于单个结构域内，这使得它们的长度往往被限制在 2nm 以内。当从蛋白质序列预测二级结构时，谨记这一规则非常有用，详见第 11 章和第 12 章。然而也有研究发现，一些球状蛋白质含有较长的 α 螺旋，这些螺旋能延展于整个结构域中，如流感病毒的血凝素，它含有一个长度超过 100μm 的 α 螺旋。尽管如此，球状蛋白质的大多数 α 螺旋仅有一两个转角的长度。

在 α 螺旋中，肽键平面几乎和螺旋轴平行，且螺旋内的偶极都是对齐的，使得所有的 C＝O 基团都指向 **C 端（C-terminal）**而所有的 N—H 基团都指向 **N 端（N-terminal）**。侧链以螺旋轴为轴心指向外，通常偏向 N 端。α 螺旋中主链的—C＝O 和—NH基团与距离四残基的肽键[O(i) 到 N(i+4)]形成氢键相互作用。在螺旋内，所有能形成氢键的骨架基团都参与了氢键的形成，从而形成规则稳定的结构（图 2.9）。

值得注意的是，球蛋白中的螺旋结构并非完全规则，所以往往很难确定螺旋的确切起止点。并且在有些情况下，氢键形成模式也介于理想模式之间。这为利用生物信息预测蛋白质结构制造了困难，详细讨论请看第 12.1 节。

20 世纪 60 年代，研究者发现了球状蛋白的另一种常见的规则重复结构。它由一组延展的肽链相互平行排列而成，从而允许链间形成有利的氢键。其中每条这种类型的链被称为 **β 链（β-strand）**，由这组 β 链通过氢键作用形成的片状结构为 β 折叠片（图 2.10）。由于 β 链的一面被—NH 基团覆盖，另一面被—C＝O 基团覆盖，因此一个 β 链的两面都能参与氢键的形成，其中一面接受电子，另一面给予电子。这就解释了 β 链是如何形成 β 折叠片的。通常我们用参与 β 折叠片形成的氢键表示对应的 β

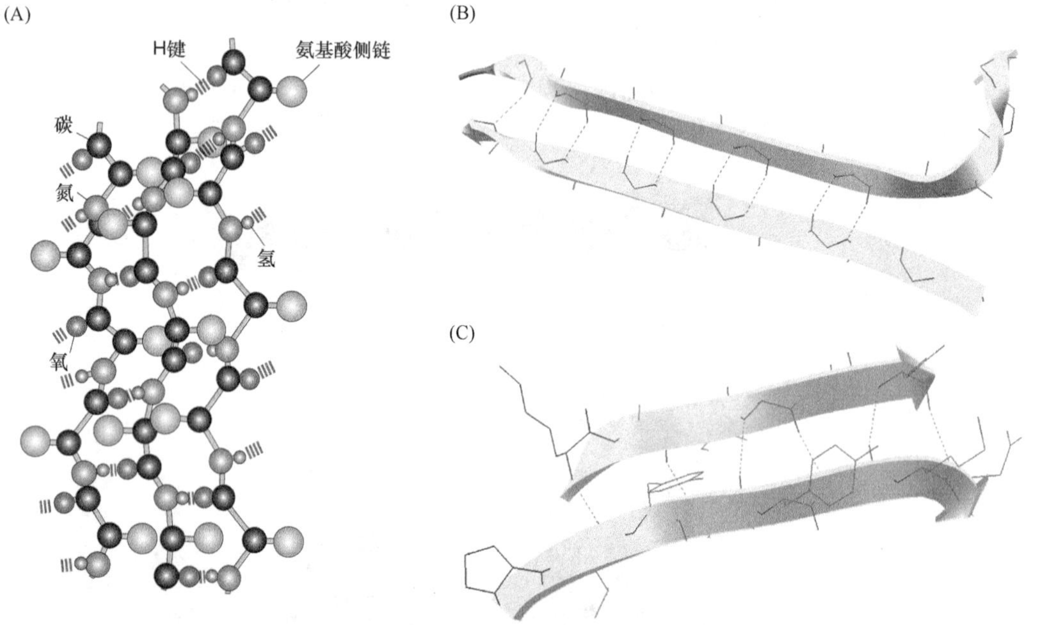

图 2.10 β 折叠片是一组 β 链通过氢键相互作用组成的。β 折叠片既可由一条连续的蛋白质链折叠形成，也可由一条链不同部分的 β 链相互作用形成。与其他规则蛋白质结构一样，β 折叠片的氢键主要存在于骨架基团之间。（A）β 链的两面都可参与氢键的形成。在 β 链中，—NH 基团都处于同一面，而—C＝O 基团则都处于另一面。因此一面是质子的受体，而另一面是质子的供体。这一特性决定了 β 链组成 β 折叠片的方式。在表示 β 折叠片时，通常我们只画出参与 β 折叠片的氢键模式。在平行 β 折叠片中，所有的链都具有同一走向，而在反平行折叠片中，链的走向相反。（B）展示了一个反平行 β 折叠片，其中氢键用红点表示。（C）展示了一个平行 β 折叠片。读者需注意平行和反平行 β 折叠片的氢键模式的特征及区别。通过观察大量球蛋白中的 β 折叠片，我们发现 β 折叠片构象中的（ϕ，ψ）角较 α 螺旋中的更灵活。在理想的 β 链中，（ϕ，ψ）角为（−120°，+120°）。但由于几乎所有 β 链都处于明显弯曲状态，因此实际的（ϕ，ψ）角离理想值有一定偏差。如前文介绍螺旋结构时提到的，实际的球蛋白结构要比理想状态扭曲得多。因此，决定哪个残基在真实 β 链中存在并不简单（见 12.1 节）。

折叠片。一个β折叠片的骨架不可能完全处于同一平面上，它往往形成一个波纹状结构。这是因为当链完全伸展时，虽然骨架可以处在同一平面，但是这样的结构并不是能量有利的构象。β链与α螺旋的一个关键区别在于单个β链中不能形成短程氢键作用，它需要与其他β链形成链间氢键来稳定结构。

在蛋白质结构中已发现了几种不同类型的β折叠片

如上所述，两条β链只有以正确的走向面对面时才能形成氢键。但即使如此，还是有其他两种可能的情况发生：两条相邻的链相互平行（图2.10C），或方向相反（反平行），如图2.10B所示。两者的区别可以很容易的通过定位每条链的N端和C端区别出来。在画β链的结构时，我们通常会画一个从N端指向C端的箭头。在理想形态下，β折叠片中的β链要么全部平行排列，要么全部反平行排列。但这种理想的β折叠片在真实蛋白质中很罕见，通常一个折叠片是平行和反平行β链的混合体。

若从N端开始，标记每个β链在链上出现的顺序，则β链在β折叠片上的序数通常呈明显的随机性。β折叠片通常是扭转的，而不是处在一个平面上。一个连续的β折叠片甚至能形成一个完整的圆柱体。一些细菌外膜上，允许物质穿过的蛋白质孔，即孔蛋白往往是由这种圆柱体构成的。与α螺旋一样，β链一般也被限制在单个球状结构域中，因此长度也很少超过2nm。然而也有发现表明，有些β链组成的β折叠片能伸展至跨越两个或两个以上的结构域。

螺旋和链通过转角、发夹结构和环连接

通常球状蛋白中的50%～80%的残基都可被分类到以上所述的规则结构中。第三类二级结构元素是**β转角（β-turn）**。β转角是一个短的区域，蛋白质链在这个区域完成180°转向，使链自身对折起来（图2.11）。转角常位于如由一条连续的蛋白质链构成的β折叠片的两个相邻β链间等区域。蛋白质结构的剩余部分不太规划，可以简单地认为它们是起连接作用的［**环（loop）**］，允许α螺旋和β链组装起来使其形成蛋白质结构。虽然单从结构角度考虑这种观点不太现实，但若将功能因素也考虑进来就可以理解了。大多数蛋白质的表面（可接触区域）是不规则结构，由于通常含有底物——结合残基或催化残基，因此其表面结构显得尤为重要。例如，磷酸肌醇激酶（phosphoinositol kinases）（将在本书后续章节介绍）的配体结合位点是由表面相对较大的环形成的。由于环的流动性太大，所以在晶体学分析时很难被发现。任何位于两个规则结构间的链都被称为环。在很多情况下，环含有一个（或多个）转角。通常环是没有分类的，但也存在一个重要的特例。在抗体识别过程中，免疫球蛋白利用β折叠片一边的环来识别抗体。很多免疫球蛋白虽然链的折叠相同，但是结构却差异很大。究其原因就是由于环结构的不同，导致它们对亲和性的不同。从对已知结构的观察中发现，环会形成有限数量的结构中的一种［称为正则形态（canonical form）］，因此，在这个特殊的例子中，环可以被分为几类。这种分类在预测蛋白质结构和功能时非常重要。

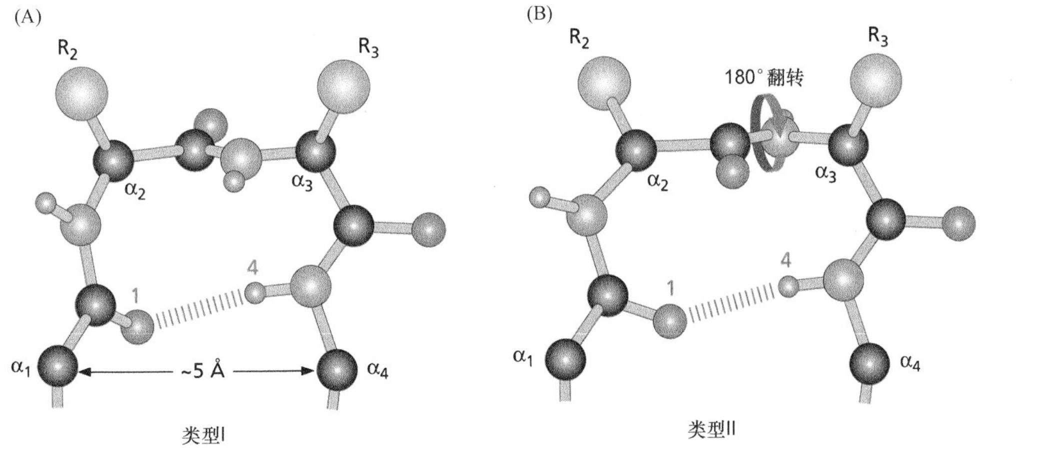

图2.11 转角。两种常见的紧密转角（tight turn）分别为类型Ⅰβ转角和类型Ⅱβ转角。R_3的侧链通常是氢（甘氨酸）。

专栏 2.3 变色龙肽段（chameleon sequence）

在有的蛋白质中，一些短片段氨基酸序列既不形成α螺旋，也不形成β链的构象，这些序列被称为变色龙肽段。最近发现，变色龙肽段的这一能力与疯牛病有一定的关系。与该病有关的朊病毒蛋白能够形成不同类型的稳定构象，在疾病状态中，其结构是螺旋和折叠片的混合体，而在正常状态下，则是由多个螺旋组成。由此可见，对于朊病毒蛋白，局部的序列信息是无法用于预测的。关于二级结构预测的内容，详见图 12.12 和第 12.3 节。

2.2 对生物信息学的启发

从某种程度上讲，生物信息学更关心如何利用蛋白质序列信息预测其二级结构、三级结构、蛋白质功能以及与其他蛋白质的关系。不同二级结构所处化学环境有微小差异，从而导致氨基酸偏好性的产生。此外，氨基酸偏好性通常在蛋白质的特定位置发生，这与它们行使的功能有关，如作为催化残基或稳定整个蛋白质的结构。我们将在后面几节详细讨论这些与结构和功能预测有关的蛋白质的结构信息。

某些氨基酸倾向于形成特定的结构单元

由于氨基酸侧链特征的多样性，特定残基或特定类型残基更倾向于在特定结构单元中被发现。一些残基已被分类，如α螺旋截断点（*α*-helix breaker）[难形成点（poor former）] 或形成点（former）。例如，脯氨酸因为其骨架氮原子已经和自身侧链成键，不能在螺旋中形成氢键相互作用，加上其刚性结构导致的位阻现象，所以它是一个螺旋难形成点（poor helix former）。其他α螺旋难形成点还包括甘氨酸（Gly）和酪氨酸（Tyr）。相反，丙氨酸（Ala）、谷胺酸（Glu）、亮氨酸（Leu）和甲硫氨酸（Met）则是很好的α螺旋形成点。而缬氨酸（Val）、异亮氨酸（Ile）、酪氨酸（Tyr）、半胱氨酸（Cys）、色氨酸（Trp）、苯丙氨酸（Phe）和苏氨酸（Thr）等更倾向存在于β链中。另外，甘氨酸（Gly）、天冬酰胺（Asn）、脯氨酸（Pro）、丝氨酸（Ser）和天冬氨酸（Asp）等则较倾向于在转角片段中出现。这些类型的偏好性是很多蛋白质二级结构预测程序的驱动力量（尤其是早期的结构预测算法），我们将在第 11 章、第 12 章讨论这部分内容。

从进化角度帮助序列分析

由于在进化过程中（第 7 章、第 8 章），大部分信息的传递是保守的，所以蛋白质序列相似性成了研究蛋白质功能和结构的有力工具。拥有共同祖先的蛋白质被称为是**同源（homologous）**的（图 2.12），同源蛋白质可以通过序列联配和数据库搜索等方式（第 4 章、第 5 章）来鉴定。同源蛋白通常具有相似的三维结构，包括相关的活性位点和结合域等。因此，同源蛋白的功能往往也相关，当然并不都这样。在进化过程中，大多数氨基酸的改变都发生在结构或功能不太重要的位置，如环（或多变）区域。如果蛋白质功能也相关，我们就可以推断控制其功能的氨基酸序列在进化过程中具有保守性。这有利于帮助我们研究未知蛋白的功能（流程图 2.2）。

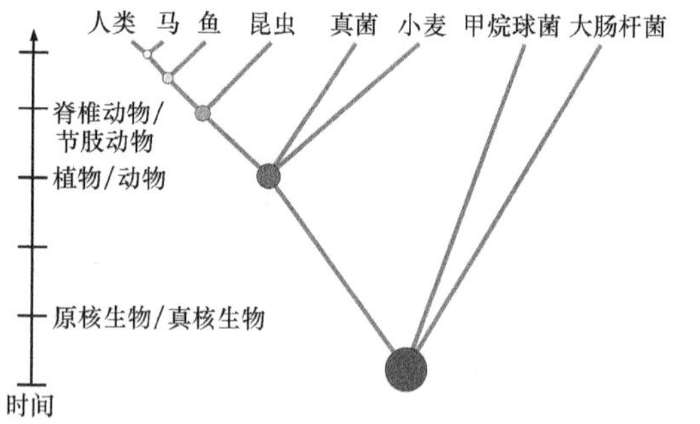

图 2.12 生命之树。该树解释了地球上现存的各种类型生物是如何从共同祖先分化而成的。

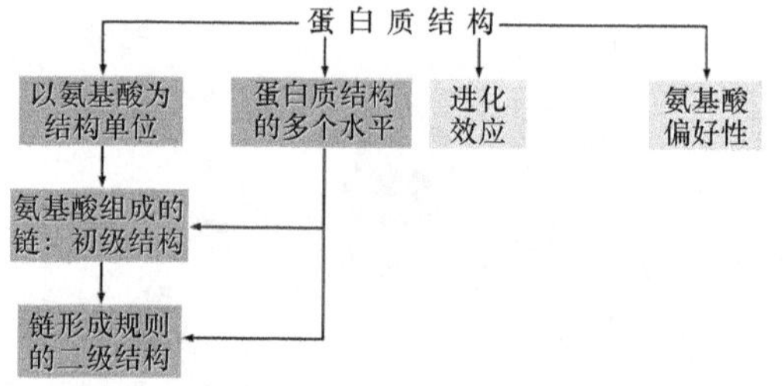

流程图 2.2 本节介绍的重点是：由于蛋白质结构和功能等多种因素，蛋白质序列的每个位点都有相应的氨基酸偏好，这反映了物种受到的进化选择压力。

蛋白质结构的计算和可视化

目前有许多计算机软件都可以读取蛋白质的坐标文件，并将其用可视化的三维结构表示。同时我们还可以对蛋白质进行旋转、特定区域高亮表示以及其他计算操作。其中的一些软件功能非常强大，对我们分析蛋白质的结构特性、分子功能以及分子手动修饰有很大的帮助。这些软件中有些是免费的或者费用很低，如 Chimera、Yasara 以及 Deepview 等。其他一些功能特别强大的程序能够允许用户对分子执行计算密集型修饰，但是它们往往很贵。在阅读本书二级和三级结构预测部分（第 11～14 章）前若能亲自学习这些程序将更有利于对这部分内容的理解。

分子结构的可视化形式很多，如原子水平的空间填充模型（space-filling model）、球棍模型（ball andstick model）、线框模型（wireframe model）［也称棍模型（stick model）或骨架模型（skeletal model）］以及表面模型（surface model）。然而为了力求简洁，**骨架（backbone）或 C_α 模型（C_α model）**和图表（卡通）模型颇受偏爱。这类模型可以在计算机屏幕上显示，同时还可以不同风格和色彩展示。分子模型通常是基于原子坐标文件展示的，这个坐标文件中包含了每个原子的（x，y，z）坐标信息。图 2.13 给出了一些常用的结构表示模型。

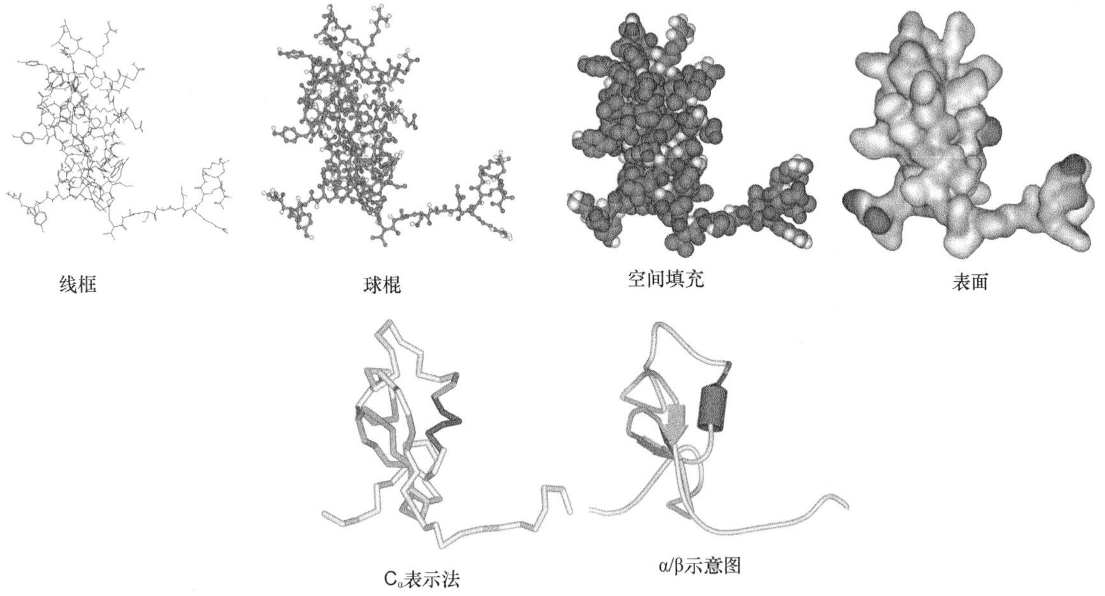

图 2.13　分子表示。分子的表示方法有多种，最简单方法仅使用 C_α 或骨架原子表示一个分子，而空间填充模型则给出了结构中所有的原子。

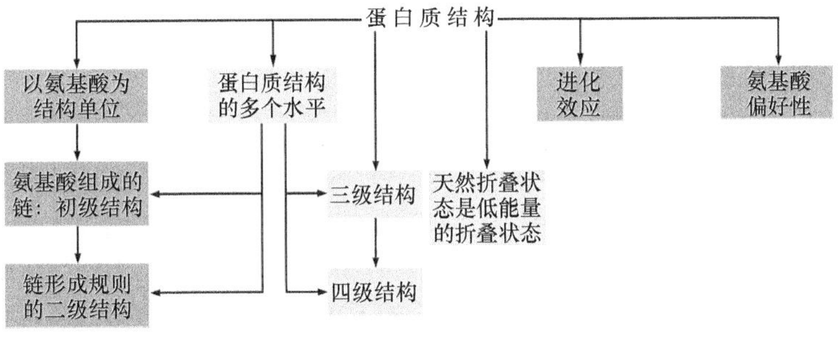

流程图 2.3　该章节介绍的重点是：多数蛋白质处于热力学有利的三维结构。蛋白质通常以多个蛋白质链组成的复合物的形式存在。

2.3　蛋白质通过折叠形成紧凑的结构

α 螺旋等规则结构在大多数**蛋白质折叠（protein fold）**中占主导。现在我们已经知道这些规则结构的形成是蛋白质折叠的第一元素，这就表示它们是蛋白质折叠中最稳定的组件。此外，由于蛋白质的整体结构太过复杂，这些较小且更有序的结构在对蛋白质折叠的理解和分类中也起了重要作用。

大多数蛋白质结构是 α 螺旋和 β 链的复合体。当然也有一些蛋白质纯粹由 α 螺旋或 β 折叠片构成。

蛋白质链自身罕有生物学功能。只有当链折叠形成特定三维结构（然而很小）时蛋白质才具有功能活性。一些蛋白质是酶，能结合其他分子（配体）并催化它们参与的生化反应（图 2.14）。另一些则可以结合其他蛋白质并影响它们的活性，还有些蛋白质能结合 DNA 并调控基因表达。有些蛋白质起纯粹的结构功能，如组成细胞的支架。大量蛋白质能够被释放或分泌出细胞，作为化学信使，通过和另一大类功能蛋白质，即位于细胞表面的受体的结合影响其他细胞的行为。

专栏 2.4　超二级结构

超二级结构是由 α 螺旋和（或）β 链的特定组合形成的折叠元素，常重复出现于整个蛋白质结构中。

图 B2.3 显示了最常出现的集中超二级结构：(A) βαβ 重复；(B) β 回曲；(C) 称为希腊钥匙结构的特殊 β 单元，该结构在反平行折叠片朝自身折回时发生。(D) 以卡通形式展示了含希腊钥匙结构的伽玛 β 晶体蛋白［蛋白质数据银行（PDB），序号 1AMM］。

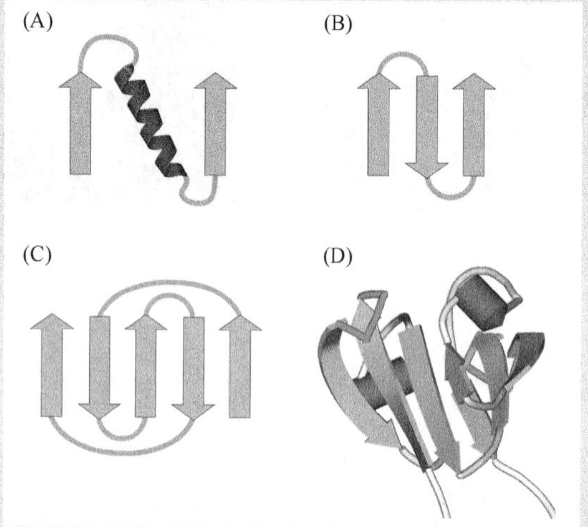

图 B2.3　超二级结构的几个例子。

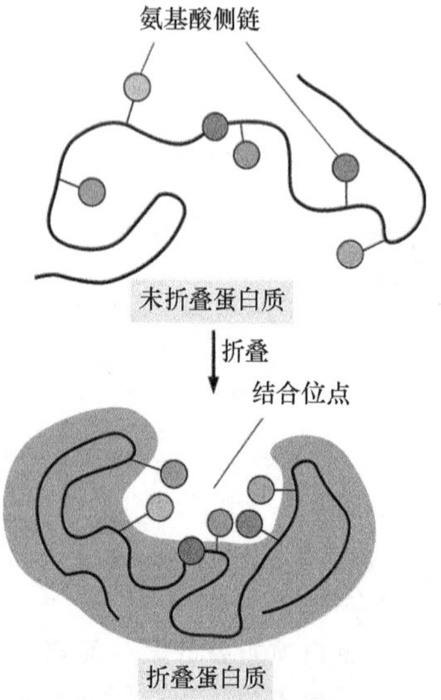

图 2.14　距离较远的残基在折叠结构中也能靠很近。当多肽链（一级结构）折叠成三级结构时，在序列上距离较远的残基也可能靠在一起，共同形成功能单元，如结合/催化位点等。（来源：B. Alberts et al.，Molecular Biology of the Cell，4th ed. New York：Garland Science，2002）。

本书关注的大部分蛋白质是球状蛋白，球状蛋白在折叠后形状近似球形。此外还有另一类主要的蛋白质，即纤维状蛋白，如羊毛和头发的角蛋白以及丝蛋白等。由于球状蛋白或球状单元组成的复合体行使了大部分细胞功能，所以对它们的研究较多。有些球状蛋白是由单条链折叠形成的，而有些球状蛋白则含有多条蛋白质链，每条蛋白质链折叠形成独立的结构单元，我们称每一个这样的结构单元为一个蛋白质**结构域（domain）**。很多蛋白质是由多个不同的结构域组成的，每个结构域具有特定的生活或结合功能。多结构域这种蛋白质结构特征的存在给蛋白质序列的比较以及未知蛋白质中氨基酸序列的解释带来了一定的挑战，详见第 4 章。

蛋白质的三级结构是通过多肽链的路径来定义的

在蛋白质三级结构中，多个二级结构单元组装形成紧凑折叠的物质（mass）。为了简单起见，在讨论时，我们默认一个蛋白质只折叠成一个球状结构域，不过事实上很多蛋白质是由多个结构域通过蛋白质链的延伸连接而成。在多结构域蛋白质中，我们可以认为每个结构域的折叠都是独立于其他结构域的。阅读后续章节时，读者就可以发现，在分析很多生物信息学问题时，研究者都倾向于以结构域为单位比较不同结构域的序列和结构，而不是以整个蛋白质为单位进行研究。结构域可以是任何 50～350 个氨基酸长度的序列。每个结构域的核心主要都由 α 螺旋、β 折叠片或者两者紧密组装而成。蛋白质的三维结构被称为构象。更确切地说，任何给定的折叠的多肽链的空间路径就是一个折叠。

由于蛋白质存在于水溶环境中，其折叠倾向于使亲水区域向外而疏水区域向内。折叠结构通过各种非共价相互作用被稳定，其中以氢键和疏水基团聚集占主导。二级结构可通过多种方式组装在一起，如从平行或反平行的 β 链形成 β 折叠片等。在天然蛋白质中，原子的组装都非常紧凑有效。

由二级结构折叠成结构域的方式比较有限。从一些例子中发现有些蛋白质虽然从序列上看完全不相关却拥有相同的折叠方式。据一些研究者估计自然界蛋白质的折叠方式仅有几千种。目前，已知结构的蛋白质已有 35 000 个，其折叠方式大约可归为 2000 个折叠家族。序列各异的蛋白质其折叠方式却类似，这一事实提示我们可以利用生物信息的手段在相似的折叠上模拟各种蛋白质的结构，详见第 13.2 节。

蛋白质折叠的稳定状态是能量最低的状态

蛋白质链在合成后即刻发生折叠，从热力学角度看其最终接受的折叠形态是使其**自由能**（**free energy**）最低的状态。这一问题将在第 13.1 节以及附录 B 作详细讨论。折叠的蛋白质在所处环境中通常是稳定的，但是从更广的角度看，它又是热力学不稳定的。大多数在温度高于 60℃时便开始解折叠，将蛋白质组装在一起的非共价键由于热能作用而被破坏。解折叠的蛋白质被称为**变性**（**denatured**），变性后的蛋白质便丧失了其功能。在自然界，只有特定的微生物能够在高温下生存。

蛋白质的稳定性是很多效应平衡的结果。首要的影响因素是大量侧链的疏水特性，所以依赖疏水相互作用的结构在远离水环境时会更稳定。其导致的结果是大的疏水基团倾向于聚集在蛋白质内部，而大量极性基团位于蛋白质表面。当然这样解释是过于简单化了，事实上也有很多非极性基团位于表面的，有些还扮演着结合非极性配体等重要角色。

虽然没有疏水效应那么简单，氢键在蛋白质结构中扮演了重要的角色。折叠结构将形成内部氢键，包括主链原子间和一些侧链原子。然而，在解折叠状态下，原子和水形成氢键相互作用。因此，当蛋白质折叠时，所有水介导的氢键都会解开，这对折叠并不有利，但是所有氢键结合的水的释放将在溶剂中产生更多的熵，这对折叠效应具有贡献。

此外，蛋白质残基在折叠时对空间的利用非常有效，有证据表明，蛋白质内部空间利用不高的折叠态往往稳定性不高。

很多蛋白质是由多个亚基组成的

单个折叠的多肽链间能通过相互作用组成蛋白质复合物，即四级结构。寡聚蛋白含有多条多肽链，每条链称为寡聚体的一个亚基或单体。单体组装形成蛋白质的四级结构。含有两个亚基的蛋白质称为二聚体，三个的称为三聚体，四个的称为四聚体，以此类推。亚基的蛋白质序列可以相同也可以不同，前者如二聚体肌肉型肌酸激酶（dimer of muscle creatine kinase）（图 2.15），后者如四聚体血红球蛋白，它含有两个 α 亚基和两个 β 亚基（图 2.16）。四级结构的组装与二级或三级结构类似，都是通过非共价相互作用进行的。然而，四级结构组装时往往含有疏水基团，它们相互作用且不溶于水。通常，四级结构只在蛋白质复合物激活时形成，通常其活性受到精密的调控，且调控涉及了多个亚基。与单个蛋白质结构域相比，蛋白质复合物的建模和预测要困难许多。

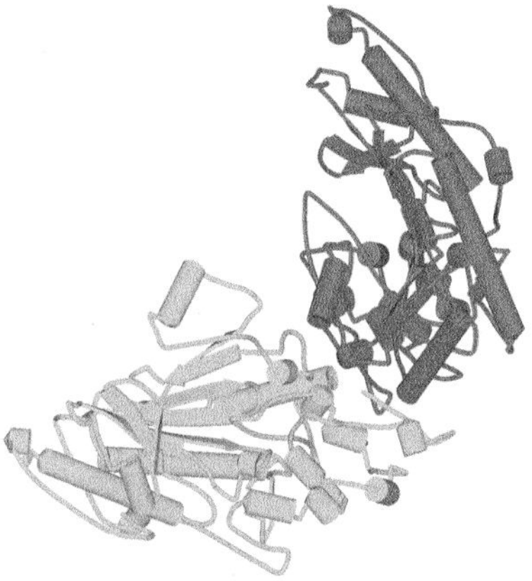

图 2.15　肌酸激酶的四级结构。该结构是由两个具有相似序列和结构的蛋白质亚基组成的复合物，因此称为同源二聚体。

总结

本章介绍了蛋白质结构相关的一些基本概念。蛋白质是由氨基酸组成的线性多聚体，它们具有复

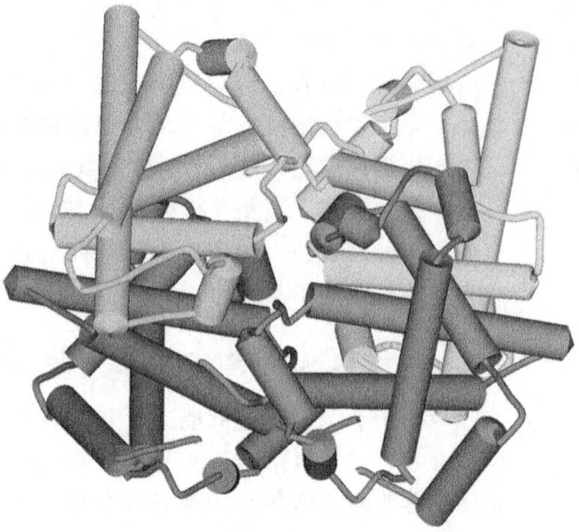

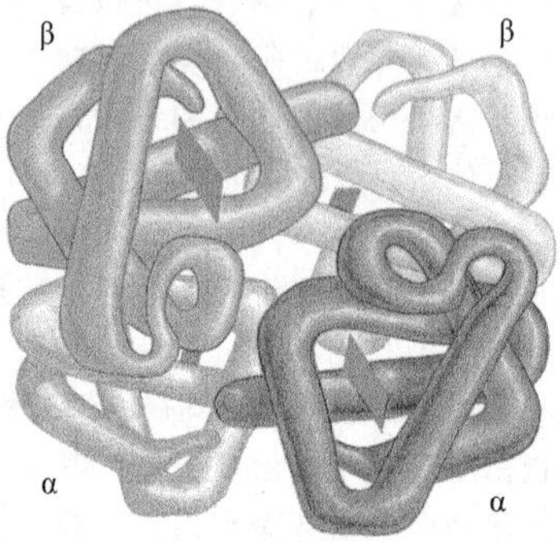

图 2.16 牛脱氧血红蛋白的四级结构是一个异源四聚体。 换句话说，它是由 4 条不同的链折叠而成的。其中两个折叠相同，形成同源二聚体。血红素基团在图中用红色表示（来源：B. Alberts et al., *Molecular Biology of the Cell*, 4th ed. New York: Garland Science, 2002）。（见文后彩图）

杂的结构，而这些结构中则包含了一些更为规则的特征。大的蛋白质含有几个结构域，其中每个结构域都含有一些规则的二级结构。在结构形成的骨架上定位着一些活性基团，它们能够结合配体、携带信息或扮演其他角色，使蛋白质能正常地发挥功能。生物信息学的主要目标之一就是预测分析蛋白质的结构以及结构和功能之间的联系。目前已有很多从蛋白质初级序列信息预测蛋白质二级结构的软件，本书第 11 章、第 12 章将描述这部分内容。关于蛋白质三维结构和四级复合物结构预测的建模方法也已被提出，本书将在第 13 章进行描述。有些蛋白质结构、功能的分析的内容将在第 14 章中讨论。为了提高预测的准确性，同时从蛋白质序列中提取更多有用的信息，我们还可以通过和其他蛋白质联配来寻找同源体。这类研究在讨论蛋白质和核酸序列时都会详细描述，详见本书第 4～8 章。

名词解释

amino aacid sequence（氨基酸序列）：一条蛋白质链上的氨基酸残基顺序，根据定义它起始于 N 端，沿 C 端延伸。

amino terminus（氨基端）［或 N 端（N terminus）］：多肽链的 N 端。蛋白质链的开始，在书写时通常写于左侧。

β-strand（β 链）：在蛋白质中常见的规则结构之一。一个 β 链的骨架通常是完全延展的（这与 α 螺旋不同，α 螺旋的骨架是盘卷成一个螺旋结构的）。

β-turn（β 转角）：在 β 链或 α 螺旋间常见的规则蛋白质二级结构。

backbone or C_α model［骨架或 C_α 模型］：氨基酸间相互连接形成蛋白质链。组成非干扰链的原子被称为骨架原子。每个氨基酸的—N—C_αC(O)—都被贡献来组成骨架。

carboxy terminus（羧基端）［或 C 端（C terminus）］：氨基酸链的 C 端。通常，在书写时肽序列的 C 端写于右侧。

cis conformation（顺式构象）：是指两个特定的化学基团位于一条参照线同一侧的分子构象。其中参照线可能是一个共价键。通常还存在一个或多个能量偏好的可选构象。见反式构象（trans conformation）。

condensation reaction（缩合反应）：从两个或多个反应物形成单个产物的反应，该过程伴随着水的生成。

conformation（构象）：一个特定分子中原子的三维排列。

C-terminal（C 端）：蛋白质链的末端，含有一个自由羧酸基团。

denatured（变性）：通过化学或物理干扰，使蛋白质的非共价相互作用都打断后蛋白质所处的状态。

domain（结构域）：在含三维结构的球状蛋白质中，该术语指结构中某一部分，该部分形成了具有相对子一组织性的单元。它通常由肽链的连续片段组成，在这种情况下，结构域可以独立于该蛋白质其他部分而稳定存在。

free energy（自由能）：系统中能转化为功的总能量。

α-helix（α 螺旋）：在蛋白质中发现的规则（二

级）结构之一。该结构形成一个螺旋，其中单位螺旋由3.6个残基组成。螺旋结构通过骨架上第 i 个残基的羧基氧与第 $i+4$ 个残基的—NH间的氢键相互作用得到稳定。

homologous（homology）（同源的）：若蛋白质或DNA序列是从一个共同祖先得到的，则称它们是同源的。同源性表征了一种进化关系，与相似性不同。

hydrophilic（亲水）：与术语疏水（hydrophobic）相反，亲水指的是极性或带电荷的氨基酸，它们喜欢被其他极性或水原子包围。

hydrophobic（疏水）：对一个分子来说，疏水分子倾向于位于非极性环境中，而不是水环境中。特别地，特定氨基酸喜欢被其他疏水残基包围，而不是水或者其他极性基团。见亲水（hydrophilic）。

loop（环）：β链和α螺旋通过成为卷曲的结构相互连接，也常称为卷曲，但是环通常含有一些有限的结构，而卷曲区域则是没有结构的。

main chain（主链）：见骨架（backbone）。

molecular configuration（分子构型）：一个分子的组分原子间的关系，由分子的共价键所定义。

N-terminus（N端）：蛋白质链的末端，含有一个自由氨基基团。

primary structure（初级结构）：见氨基酸序列（amino acid sequence）。

protein fold（蛋白质折叠）：折叠是指蛋白质序列折叠时三维结构域所接受的拓扑结构。

quaternary conformation（四级构象）：两个或更多相互作用大分子的结构排列。

secondary structure（二级结构）：二级结构是指蛋白质的局部构象。二级结构既有有规则的又有不规则的。规则的构象通过主链原子间的氢键形成。其中最常见的是α螺旋和β链。

steric hindrance（位阻现象）：在同一分子中原子间的斥力相互作用，起因是两个原子靠得太近。

tertiary structure（三级结构）：蛋白质的三维结构。

torsion angle（扭转角）：也被称为二面角（dihedral angle），是指以A—B—C—D的顺序相连的4个原子或由A—B—C与B—C—D定义的两个平面中，A—B键和C—D键之间的角。但蛋白质结构中，扭转角的范围被定义为－180°～＋180°。最常提到的扭转角是沿着骨架上的多肽键之间的扭转角，写成 ψ 和 ϕ。

***trans* conformation（反式构象）**：是指两个原子基团分别位于一条参照线两侧的分子构象。其中参照线既可能是一个共价键，在有些情况下也可能是一个更复杂的刚性结构。见顺式构象（cis conformation）。

扩展阅读

Alberts B, Johnson A, Lewis J, Raff M, Roberts K & Walter P (2008) Molecular Biology of the Cell, 5th ed. New York: Garland Science.

Branden C & Tooze J (1999) Introduction to Protein Structure, 2nd ed. New York: Garland Science.

Lesk AM (2000) Introduction to Protein Architecture. Oxford: Oxford University Press.

Mezei M (1998) Chameleon sequences in the PDB. *Protein Eng* 11, 411-414.

Schulz GE & Schirmer RH (1984) Principles of Protein Structure. New York: Springer Verlag.

第3章　数据库的处理

当你读完第 3 章时，你应该能够：

解释为什么数据库是生物信息学研究的基础；
讨论平面文件怎么成为第一种数据库类型，以及为什么它们仍然在被使用；
展示关系数据库能较好地搜索交叉的表格；
归纳目前存在的许多不同类型的数据库；
解释为什么数据库包含数据和数据的注释；
讨论为什么存在不同类型的数据库；
解释为什么数据质量十分重要；
解释为什么检查数据和人类治疗是必要的。

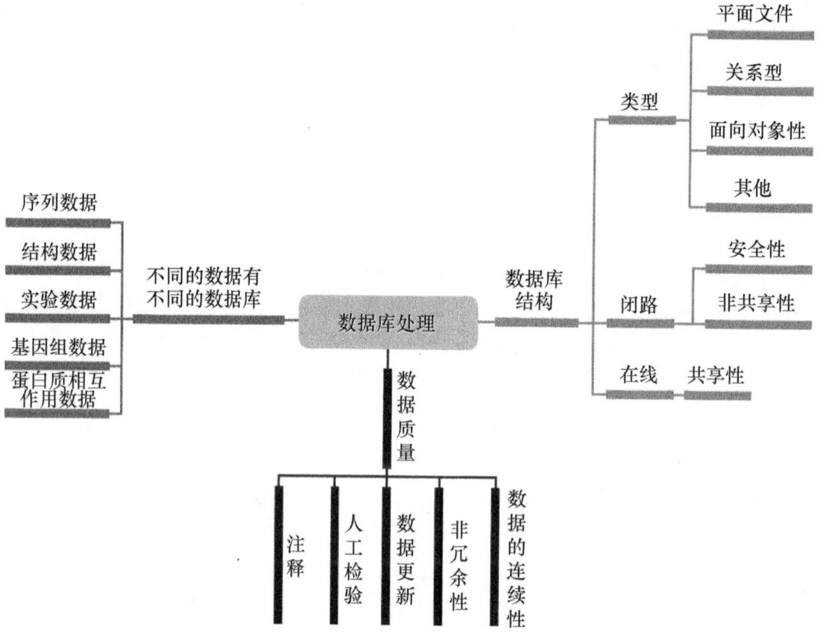

思维导图 3.1　对于理解数据库的常见方面，此示意图十分重要。该思维导图突出了三点：生物信息学家使用的许多不同的数据库、不同的数据库结构，以及比较重要的数据质量。

最早的数据库只是用来简单地收集数据。例如，旧式的作为卡片放在盒子里的目录就是不可计算的数据库，然而如今一个数据库就不仅仅意味着数据收集了。现代数据库仍然存储数据，但它也包含了相当复杂的技术（如 ORACLE）用来结构化地存储数据，并且它也是一个复杂的模型，包括表格和其相应的联系。

数据库包括数据储存、数据储存的方法和架构。它就像一个税收征管办公室，不仅包含了关于人们所付税款的数据，也包含了存储数据的物理手段，以及可以**输入（input）**、访问和分析数据的方法。因而在这里，数据库的架构这个词不仅是指用来存储数据的组织结构，也指为工作人员提供资源来处理数据的设施。

第一个蛋白质序列，即牛胰岛素，由 Frederick Sanger 确定，迄今只不过 50 多年。而在此 10 年后已经有人试图在一个单一的数据库收集所有已知的序列，作为辅助来分析序列之间的相似性。与此同时，开发了提取和分析这些序列的程序，这时也开始了生物信息学的领域，虽然过去的几年中生物信息学并没有被命名为这个名字。

目前记录的核苷酸序列已有成千上万条，同时也有超过 10 万条的蛋白质序列。序列爆炸型地增长使得利用电子数据库的存储和分析数据变得至关重要。同样在生物医学的其他研究领域中，通过新的实验技术手段，如芯片和基因表达的测量，数据也在不断增加中（如分子结构）。在这些领域中对数据库的需求同样也在增加。在密切相关的领域中，许多不同数据库的存在使包括在不同数据库中的相关条目间的交叉参考变得重要。因此，今天大量的数据库可以看作为连接在一起成为的一个大型信息网络，涵盖了生物医学和化学主要的研究领域。

设计数据库的方式有许多种，可以使用信息存储的方式和数据检索与分析的方式。如果只为了使用数据库，我们没有必要理解这些领域中的详细技术，但我们将会介绍一些基本的概念，这些概念将会更有效地帮助利用这些数据资源。

虽然目前有许多不同种类型的数据库，我们将会综述在生物信息学研究最常用的类型。在这里只会提到完整数据库的一小部分，但我们会给感兴趣的读者提供一个较完整的列表，包含了更多没有涉及的数据库。

重要的是我们能够有信心从这些资源中准确地获取数据。为此，在访问任何类型的数据进行进一步分析之前，我们需要理解数据库维护方面的知识。数据质量问题将会在本章的最后一部分进行描述。

3.1 数据库的结构

一个数据库就像一个数据的储藏处，具有特定结构，能够访问和提取数据，在许多情况下它还能辅助数据分析（流程图 3.1）。一般来说，这个数据库结构包括文件或表格，每个文件或表格包括许多**记录（record）**和**域（field）**。图 3.1A 是一个非常简单的数据库表例子，在这种例子中，在一个单页的联系人名单中，有三个记录，每一个分别储存个人信息的详情。对每一个记录，有三个域，姓名、电话和地址。

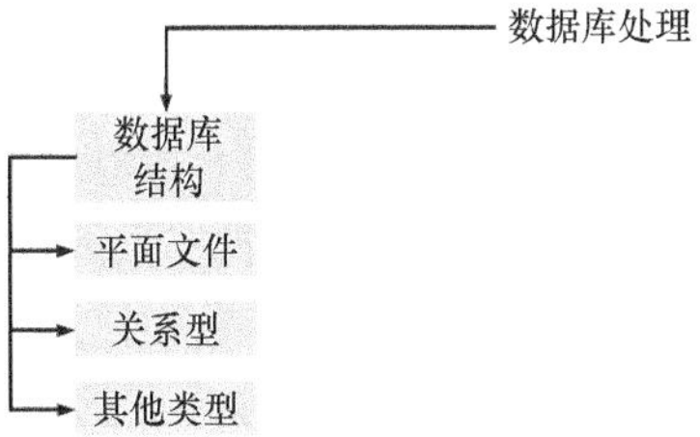

流程图 3.1　在本节中介绍的一个关键概念是，有几个不同形式的电子数据库，每个都有它们各自的优点和缺点。

(A)

NAME	TELEPHONE	ADDRESS
S. Claus	0203 450	The North Pole, Lapland
M. Mouse	0202 453	Disneyworld, Florida
A. Moonman	0104 459	Craterland, The Moon

(B)　GenBank 平面文件格式

```
LOCUS       SCU49845     5028 bp    DNA
DEFINITION  Saccharomyces cerevisiae TCP1-beta gene, partial cds, and
             Axl2p
            (AXL2) and Rev7p (REV7) genes, complete cds.
ACCESSION   U49845
VERSION     U49845.1  GI:1293613
KEYWORDS    .
SOURCE      Saccharomyces cerevisiae (baker's yeast)
  ORGANISM  Saccharomyces cerevisiae
            Eukaryota; Fungi; Ascomycota; Saccharomycotina;
           Saccharomycetes;
            Saccharomycetales; Saccharomycetaceae; Saccharomyces.
```

图 3.1　两个平面文件数据库结构的事例。（A）显示了一个联系人列表，这个平面文件数据库中一个记录包含了个人联系信息，并包含了若干域（在这里有 3 个域），如姓名、电话号码和地址。（B）表明平面文件格式的重要性，至今它仍然在使用，特别是在文字处理计算机语言方面。这是一个从 GenBank 序列数据库中获取的一个平面文件格式的例子。这只是完整记录的一小部分，前面的字段是域的名称。

一个更加复杂的例子：一个基因序列以书面形式存放在档案柜中的数据库，每个物种的基因数据储存在一个单独的文件中。每个文件将包含很多页，每个都含有一个单独的基因的资讯。提供每个基因资料的有关信息将会出现在几个不同的部分，如基因的名称、基因的序列、基因编码的蛋白质名称。所有基因的资料信息部分都会如此。所以，经常使用的页将会以一种标准的格式出现。这种格式的每个部分，称为域，用来记录一个类型的信息。当数据库以电子形式储存时，它们的结构和书面形式有许多相似之处。通常一个单独的计算机文件存储了整个数据库，相当于一个档案柜。电子数据库文件包含表格，表格相当于档案柜中的单独一个的文件。

因此，对每种生物，基因序列数据库可能包含一个独立的表格。每个基因将占据表格中的单独一行，称为一个**记录（record）**，相当于页。每个记录将出现在表格中的不同列中，包含几个不同部分的信息，称为域。一个例子：基因 TCPI-β *Saccharomyces cerevisiae* 的记录的开始部分显示于图 3.1B，此图说明了人类可以像计算机一样读取 GenBank 平面文件格式，域的名称在这里显示在前面。完整的记录非常长，因此，在这里只显示了顶部。

各种不同类型的电子数据库的区别在于它们不同的结构。平面文件格式是一个结构上较简单的数据库例子，而关系数据库是一种更加复杂的、灵活的数据库结构。在下文我们将更详细地讨论这两类数据库。更加现代化的数据库的管理结构包括**面向对象的数据库（object-oriented database）**、**数据仓库（data warehouse）**和**分布式数据库（distributed database）**。在下面我们也会简单地进行介绍。请注意，用来控制一个计算机化数据库所需要的软件称为数据库管理系统或简称为 DBMS。

平面文件数据库以文本文件的方式存储数据

平面文件数据库是数据库最简单的一种格式，其中收集的数据，如核苷酸和氨基酸序列，存储在一个较大的单独的文本文件中，或是一个不同的文本文件组成的集合。该文件包含的记录，一般每行一个记录。它的数据文件是平面的，就像一张纸，与即将要讨论的较为复杂和灵活的模式——**关系数据库（relational database）**不尽相同。

一个常见的平面文件数据库例子是由简单的姓名和地址列表组成。在这个例子中，记录将包括一个较小且固定数量的域，如姓名、地址和电话号码。平面文件数据库可以通过手工创建，如当你在一张纸上写下朋友的姓名、地址和电话号码时，你就已经创建了一个平面文件数据库。然而，这个方法尽管有用，同时也有其局限性：当朋友数量增长时或者朋友的地址变更时，我们就必须更新数据库。其结果是一张纸被填满了，并且许多交叉的域让纸看上去凌乱不堪。因此，利用计算机和计算机程序来控制平面文件格式的数据是较有效的。19 世纪 90 年代，赫尔曼·霍列瑞斯（Herman Hollerith）第一次应用了平面文件数据库：他决定任何美国居民都被编码为一个大约 80 个数字和字母组成的字符串，包括姓名、年龄和其他信息，并且填补了空白部分，使每个人的条目具有相同的长度。这开创了第一次计算机化的人口普查，读卡机可以读取打孔卡片上的编码（图 3.2）。

图 3.2　第一台计算机数据库。19 世纪后期设计了这台计算机，并在 1890 年美国人口普查时第一次使用。霍列瑞斯（Hollerith）开发了一个组合式自动累加的制表机，为垂直式的装置，可以在穿孔卡片的不同地方或域自动进行记录的累加（Science Photo Library）。

如今，先进的管理软件可以组织和维护电子平面文件数据库，这种软件可以很容易地输入数据和使用详细的搜索查询检索数据。然而一般来说，提供给生物学家的数据涉及很多不同的方面，使用更先进的数据库结构可以更有效地储存数据。至今平面文件还在被使用，特别是在数据分配中（图3.1B），因为许多更复杂的数据库结构需要特殊的，往往是昂贵的软件，相反对于平面文件，根据用户的偏好有许多可选择的软件可以读取和分析。

关系数据库广泛应用于存储生物信息

在生物信息学中最常见的数据库类型可能是关系数据库。关系数据库在一些表格中存储数据。如上所述，每个表都包括记录和域（行和列），一般来说，每个表格中的行和列都是不同的。然而，至少有一个共有的域可以把每个表格链接起来，这个域称为**键（key）**。正是这些键区分了关系数据库和平面文件数据库。应当指出的是，并非所有的域都可以作为键，作为键的数据必须是每个记录中独特的。一个关系数据库可以有多个不同域作为键，甚至在同样表格中。数据库的结构往往用键链接不同表格的形式显示。

例如，在图3.3中，显示了一个称为protab1的表格，每一行都包含了一种蛋白质的编号、名称、序列长度和这个蛋白质的物种来源。在这种情况下，关系数据库中protab1表格与其他表格链接的键是蛋白质的编号域。因此这使从其他许多表格中提取相关的数据变得可能。例如，利用这种蛋白质的编号，我们可以从protab1表格中提取蛋白质的名称和序列。通过这种方式，在不同的表格中的信息可以合并。

protab1

蛋白质编号	蛋白质名称	序列长度	物种来源
P1001	Hemoglobin	145	Bovine
P1002	Hemoglobin	136	Ovine
P1003	Eye Lens Protein	234	Human
.....			

protab2

蛋白质编号	蛋白质序列
P1001	MDRTTHGFDLKLLSPRTVNQWLMLALFFGHS…
P1002	MDKTSHGFEIKLLTPKKLQQWLMIAIYFGHT…
P1003	SRTHEEEGKLMQWPPRPLYIALFTEPPYP…
.....	

图3.3　两个表格事例展示了关系数据库的模型。在这种结构中，不同记录由标识符彼此相链接，这个标识符常常被称为主键。还有若干副标识符或副键，它们链接了来自不同表格间的不同数据。任何域只要足够独特就可以成为一个键。

在关系数据库的程序中，一套操作符（operator）可以简单地处理和分析数据。一些操作符具有数学性质（加法、乘法等），一些操作符则侧重于数据处理，如从不同的表格中选择特定类型的数据。通常情况下，操作符处理表格中数据所产生的结果可以显示在一个新的表格中。在刚刚提及的关于蛋白质序列的例子中，结果表格将包含蛋白质的编号、名称和序列。在关系数据库管理系统中，操作符编写的特定的查询语言基于关系代数。较常使用的语言是**结构化查询语言（structured query language，SQL）**，下面的示例显示如何从表格中提取数据（图3.3）。第一个查询是从一个表中简单地提取数据。

Query 1

```
SELECT protein-code,protein-name
FROM protabl
WHERE species-origin='Bovine';
```

SQL命令为大写字母编写（SQL编程通用标准），而这一串较简单的SQL代码意味着是：从一个称为protabl的表格选择所有蛋白质的编号和蛋白质名称，同时物种为牛。第二个查询稍微复杂些，从两个不同的表格中使用的键作为关键要素提取数据。

Query 2

```
SELECT protabl. protein-name, protab2.
protein-sequence
```

FROM protabl,protab2

WI-IERE protabl. protein-code = protab2. protein-code

AND protabl. protein-code='P1002';

在这个例子我们告诉程序在 protabl 表格中搜索和提取所有蛋白质名称在 protab2 表中得到在这两个表中蛋白质代码是 p1002 的所有序列。

这些只是关于基本查询的较简单的例子。当处理复杂的数据库结构——在许多不同的表格中包含许多链接，查询可以变得极其复杂。详细解释如何关系数据库和查询语言超过了本书的范围。感兴趣的读者可以阅读本章的扩展阅读。

XML 的灵活性可以确定定制的数据分类

作为数据和资料存储的一个通用工具，**可扩展标记语言（eXtensible markup Language，XML）**最近几年得到了着重发展。XML 是一个非常强大的用以注释数据的系统。它是许多标记语言的一种，标记语言常用于编写网页，包括超文本标记语言（HTML）和 XHTML 等。事实上 HTML 和 XHTML 是 XML 的子集，虽然它们不是那么强大。

这些语言的主要特征是使用称为标签的标识符，它可以附上部分数据。例如，〈title〉理解生物信息学〈/title〉。虽然这些语言像 HTML 只能使用较小的有限标签集，其中大部分是和格式有关的标签（如〈bold〉表示使用粗体），XML 的机制让其使用任意标签。这使得为专门数据和特定应用制定和传播适当的标签变得可能。例如，〈publisher〉标签可以定义和使用于识别图书出版商。最新版本的许多文字处理应用程序还使用特殊的标签集，使它们能够生成 XML 文件。由于具有设计适当的专门方法用以分类数据的能力，和上文描述的数据库相比，XML 是一个较有吸引力的选择。XML 一个特别有用的新功能是它使用了平面文件格式，这使得 XML 文件非常易于携带和访问。越来越多的生物信息学数据库提供了 XML 格式，虽然它们的主拷贝使用了其他方式（如关系数据库）。

如果有方法可以访问和解释数据的话，XML 或任何其他注释语言标记数据是唯一有用的。Web 浏览器可以解释 HTML 和 XHTML 语言，浏览器发现并利用标签作为格式化和显示数据的指示。针对一些专业的 XML 标签集，已经存在了一些解释程序，如已经提到过的文字处理应用程序。在其他情况下，尤其是在有标签识别数据性质时，一般程序更适合用来提取数据，如果需要进一步的分析的话，可以创建定制的应用程序用以提取分析数据。从一个 XML 文件提取数据非常类似于数据库查询。例如，尽管有关的技术细节可能不尽相同，如果一个 XML 文件和一个数据库同时拥有一个有相同书籍的清单，那么提取/查询所有书名的结果应该是相同的。对于 XML 文件，XML 拥有 XQuery，它的功能相当于 SQL，因此 XQuery 使得从任意资源中提取信息都一样容易。XML 语言不自然地具有数据库应用程序的复杂性，从而使得 XML 文件不一定是种选择方法。但是，由于 XML 语言的优势在于具有较大的灵活性，因此在某些情况下，它们很可能是首选。

一些用于生物数据的其他数据库结构

还有一些其他的数据库模式可用于生物系统，如面向对象模型。面向对象的数据库并不一定需要 SQL 或任何这种专门的数据库编程语言，它可以使用像 Java 或 C++这类程序语言。面向对象的数据库的主要特征是它们的用户界面。它们具有明显的结构，包含了互相之间紧密对应的对象和感兴趣的域上的概念。例如，数据库结构可能有一些细胞对象和包括反映这些生物细胞的构成部分和性质。和上述的经常使用的关系数据库相比，这样一个数据库的用户可以使用他们更熟悉的术语组织查询。但是，一个面向对象的数据库用于存储的信息的实际结构仍可能涉及极小量的表格。假使面向对象的数据库具有表格的话，与关系数据库相比，仍具有显著差异。

另一种形式是分布式数据库，虽然它在一个中央数据库管理系统的控制之下，但是实际的数据库部分（表格）可能储藏在同一地方或任何地方，但可以通过网络连接到多个计算机上。一个分布式数据库的示例是 Reciprocal Net，这是一个供晶体学家存储分子结构有关信息的分布式数据库。中央数据库管理在美国印第安纳大学，但还有其余 19 个参与点，分布在美国、英国及澳大利亚。数据仓库已经克服了非均质性数据问题（见下一节）和数据库间数据管理问题。

数据仓库主要将信息整合入一个数据库中进行存储（图 3.4）。它实际上和分布式数据库模型较为不同。

最大的生物数据库网站，如位于欧洲生物信息研究所（EMBL-EBI）的大分子结构数据库（Macromolecular Structure Database，MSD），由上述模型混合而成。MSD 使用了关系模型，同样也使用了数据仓库模型的结构信息，整合了二级结构、活性位点、配体和从外部数据库获得的信息。

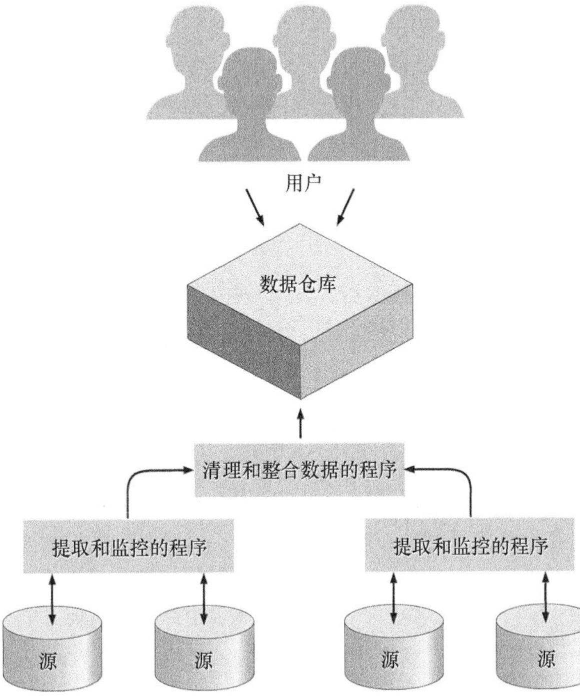

图 3.4　数据仓库的示意图。不同来源的数据经过专门的程序提取，这些程序为了更新通常也监测原始的源。这些数据必须经过清理，检查，输出为相似的格式，以便进一步的整合。最后，数据被存储在一个单一数据库中供用户访问。

数据库可以通过本地访问或通过互联网相互链接

数据库的访问可以是本地的，通常是通过网站上的用户界面程序（如 Java 或通过基于 Web 的接口）。本地存储的数据库具有更快的访问优势，在查询的设计上更灵活、更安全。但是，不仅需要有足够的磁盘空间用以保存一个数据库，而且需要投资时间和金钱用以管理和维护数据库。因此，对于大多数用户，首选是通过互联网来访问外部数据库。目前已经存在很多基于 Web 的形式和接口的生物数据库及其相关数据库的资源，如主要的生物信息数据库、美国国家生物技术信息中心（NCBI）和欧洲生物信息研究所（EMBL-EBI）。

通常很多生物及其相关数据库包含的相关数据和一个感兴趣的话题相关。例如，一种蛋白质在许多不同数据库中，存在着一些相关的条目，包括蛋白质序列、蛋白质结构和基因序列数据。在没有搜集所有数据库的情况下，如果需要单独查询其中某个数据库，可能需要相当长的时间去了解所有已知的系统，并且可能会错过一些信息。但是，几乎所有生物医学领域中的数据库都有一些**链接（link）**到其他一些数据库中的有关条目，使得我们更容易整理所有的信息。不能假设哪个数据库可以拥有所有到其他相关数据库的链接，所以要获得所有信息时仍然需要注意，但这已经节约了大量时间。请注意，一些主要的网站如 NCBI 和 EMBL-EBI，经常增加这些链接，因而对每个数据库来说，其所有版本并不一定具有相同的一组链接。这些链接使得这些数据库成为生物医学研究领域中最强大的资源之一。

3.2　数据库类型

目前大量的数据库，涵盖了各种广泛的科学数据，这些数据实际上存在着大量重复。只发现存在什么数据就是一项十分困难的任务，因为许多数据库是由小型的、独立的团队所建立的并且托管在他们自己的 Web 服务器上。在本节中我们将对现有的数据库作简要的概括（流程图 3.2）。

许多数据库的重要特点是，它们不仅只是存储数据，而这些数据恰是这些数据库创建的理由。例如，主要的蛋白质和核苷酸序列数据库的条目，往往有大量相关但非序列信息。为了解释得更加清晰，在这章的余下部分，我们将使用的名词包括：**数据（data）**，是指数据库条目中的关键信息。例如，序列、结构和表达水平，这些信息是鉴定所需数据要求的最少内容。又如，基因的名称（和物种），其所

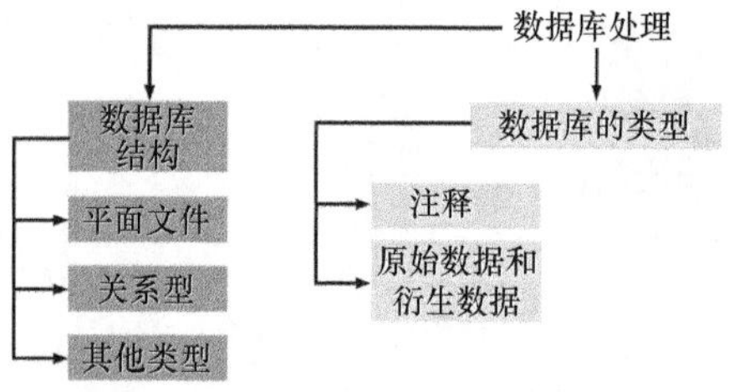

流程图 3.2　本节中介绍的关键概念是大多数生物信息学数据库包含了一些原始数据的分析结果，这些极大地增加了数据库的可用性。

对应的序列也被包括在条目中。所有数据库条目中的其他信息被称为**注释（annotation）**，它包含了一些链接、其他数据库中的相关条目、数据的诠释以及相关的研究引用。首先，我们将简要地介绍数据库注释某些方面的内容。

数据库中不仅仅是数据

数据库条目的最低要求是包括数据、数据的标签（如蛋白质的名称和其来源的生物体）和负责这个条目的作者或递交者。然而，这些条目通常会给出更多的信息，称为注释，包括发表的论文中报告的数据、其他已知事实或解释（如酶反应和它的底物，或基因的结构）和其他数据库中的相关的条目（如果存在序列模序的条目时，给出此条目）。因此，尽管大多数数据库几乎全部集中于某一特定方面（如 DNA 序列、蛋白质的结构与人类遗传性疾病），但这些数据库包含的信息涉及各个相关领域。

当注释列出了其他数据库中的相关条目，数据库通常会给出一个 URI 指示，称为链接，通过链接用户可以快速地搜索浏览许多数据库。这些使得一套数据库成为了一个极其有用的信息资源地，它的功能往往比常见的文献综述来得更为强大。一个成功的数据库搜索会揭示一个感兴趣领域的很多不同方面，并提供原始数据和解释，以及相关的重要研究文献。

除了简单地提供信息，一些数据库以交互式图形的方式显示它们的数据。这使得浏览数据类似于翻阅一本书的各页。有时候对于熟悉数据的一般特征，这是一种最好的方式，同样对于通过某种类型的数据进行搜索，这也是一个较直观的方式。此外，一些数据库还提供了一些可以在线分析它们数据的程序。

原始数据和衍生数据

包含原始数据的数据库和那些包含从原始数据衍生来的二级数据的数据库之间有时会出现区别。在某些情况下，原始数据包括原始的实验结果，如基因表达谱的扫描结果和二维（2D）蛋白质凝胶。在许多情况下，原始数据是一个初步的实验解释，如核苷酸序列。虽然许多蛋白质序列是从核苷酸序列推导而来，但主要的蛋白质序列数据库，如 SWISS-PROT，通常被认为是原始数据来源地。一般来说，除了实验误差外，这些原始数据可以看作是十分可靠的（请注意，特别是在序列数据库中，上述并不适用于可能存在的进一步注释）。

二级数据库的例子是那些涵盖保守的蛋白质序列的模体，或衡量序列相似性和关联性多序列联配的数据库。因为这些数据库只基于目前所有数据，所以当原始数据增加时，在这样的数据库中的一些条目可能被证明为不正确。例如，新的蛋白质序列信息可能意味着目前被认为是完整的保存的模序可能不完全是保守的，或者是只有部分区域保守。如果这样的二级数据库没有定期更新，它们的数据某种程度上存在着质疑。

我们如何定义和链接事物的重要性：本体

每个数据库使用不同的术语描述数据时，数据库中复杂数据的组织，以及来自不同地方的数据合并是很困难的。因此，研究者使用了正式并且清晰的术语规范，定义了术语间的关系，这些被称为**本体论（ontologies）**。本体中定义的具体术语可以在不同的生物领域中重复使用；这可以简化数据的共享和数据有关知识的共享，并有利于计算机程序的分析，如 GOTM 程序，这个程序采用基因本体论来分析和可视化一组基因。

这种广泛使用的基因本体论（GO）是一个合作项目，许多实验室提供了对照词汇，这些词描述了所有的生物体的基因与基因相关的信息（但不包括基因产物）。任何本体的基础是术语。例如，在 GO 中，每个 GO 都有一个编号和名称［如信号转导（signal transduction）］。每个术语在 GO 中还有一到三个副本体：分子功能、细胞组成和生物过程。在数据库间共享词汇（如 GO）的第一步是统一数据库。同样，还有 MGED（基因芯片表达数据）的术语用来描述基因表达实验和序列本体项目（sequence ontology project，SOP），这些术语的目的是界定描述功能的核酸或蛋白质序列，以及多重对位本体（multiple alignment ontology，MAO）的序列。图 3.5 中的图形表示了一部分 MAO 的本体结构。在 MAO 中，序列被置入到一个进化家族的背景下。它提供了大部分多重序列对位和对位方法的标准描述，以及整合了其他有关的数据，如结构或者功能的信息。在最终的分析中，这有利于在最终的分析中涵盖基于保守和进化原则的信息。

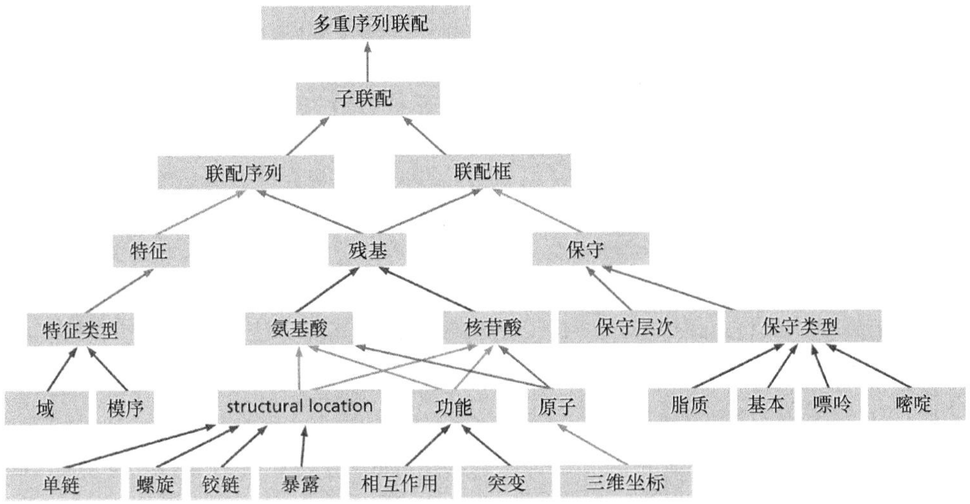

图 3.5 MAO 本体结构一部分的示意图。灰色框中显示的是术语，箭头代表了术语之间的关系。红色箭头表示关系，如一个域是功能类型。绿色箭头表示性质，举例来说，功能是氨基酸的性质。蓝色箭头代表部分，如一个原子是一个氨基酸的组成部分［来源：J. D. Thompson et al., MAO: a multiple alignment ontology for nucleic acid and protein sequences, N. A. R. 33 (13): 4164-4171, 2005, by permission of Oxford University Press.］。(见文后彩图)

3.3 数据库搜索

除了全面的文献和互联网搜索，有一个重要站点可以用来搜索相关的数据库。每年《核酸研究》(*Nucleic Acids Research*，NAR) 的第一卷都会发表一些论文，内容是关于新推出的和已更新的数据库。除了这些刊出的文章，网址还有每年核酸研究上报道的数据库的链接列表。这张列表，称为分子生物学数据库收藏集 (Molecular Biology Database Collection)，截至 2006 年它共收录了 858 个条目，并且这张列表可以从核酸研究的主页上获得。为了了解在生物医学数据库中可获得的广泛资源，在 2006 年的分子生物学数据库收藏集中分了 14 个类别 (图 3.6)。其中一些类别，和本书的其余部分介绍的生物信息分析密切相关，将会在下面进行详细说明 (流程图 3.3)。由于序列数据库可以作为重要的原始数据来源，我们将更详细地讨论这些数据库。

有很多中心得到资助用以为研究机构提供整合环境下众多数据库的接入。主要的数据库中心包括 NCBI (http://www.ncbi.nlm.nih.gov/)、EBI (http://www.ebi.ac.uk) 和 Sanger (http://www.sanger.ac.uk)。它们中的每一个都能链接到 100 多个不同的数据库。而且对于序列、结构和基因组分析来说，每个数据库中心都是一个非常有用的起始点。然而，尽管这些数据库中心包括了大多数主要数据库，它们仍然只是可获得的数据库中的一小部分。而且对于某些特殊的查询，往往有些更专业的数据库，可以提供更好的信息。特别是已经有一些高质量的特定的基因组数据库，这些数据库是了解这个物种的基因或蛋白质的最佳出发点。

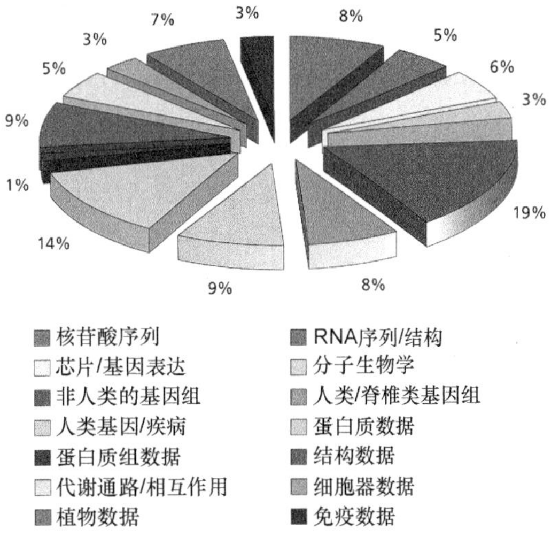

图 3.6 "核酸研究 (NAR) 分子生物学数据库收藏集"网站的数据库分类图。在 2006 年列出了共 858 个数据库，分为 14 大类，其中占数据库较大部分的是基因组 (27%) 和序列 (26%)。(见文后彩图)

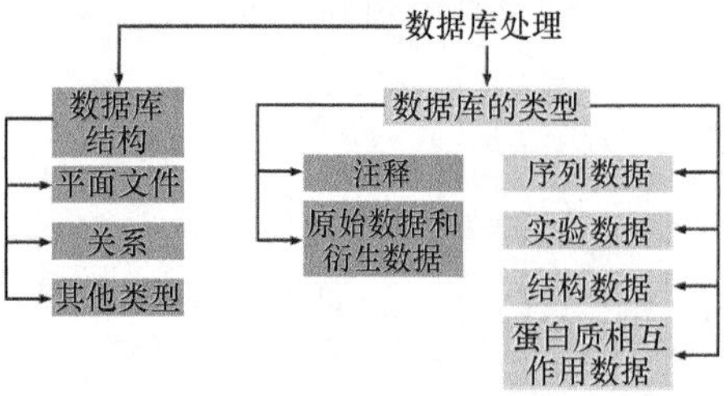

流程图 3.3　本节中介绍的关键概念是，生物信息学数据库可以按照他们包括的数据类型进行分类。

序列数据库

和核苷酸序列有关的数据库（占列出的分子生物学数据库收藏集网站中 858 个中的 8%），包括几大国际组织，如 GenBank 和 EMBL-EBI 的核苷酸序列数据库，涵盖具体的基因信息像内含子、外显子和剪接位点的资源，以及含有模体和转录调节的位点。RNA 特异性数据库，占所有数据库的 5%，除了序列信息数据库拥有最多的是二级结构和其他方面数据。基因组数据库占据了数据库列表中的很大一部分，其中 19%为非人类的，8%是人类的和其他脊椎动物的基因组。

在数据库中储存着许多不同类型的 DNA 序列，包括核苷酸。它们的区别在于不同的获取方式，每种类型提供不同的生物信息，对它们的分析必须区别对待。第一类是原始的基因组序列，代表的是染色体 DNA 序列，这一类的 DNA 序列来源于基因组测序项目，并存入到 GenBank 和特定生物体的 DNA 序列数据库。这些序列包括基因组 DNA 上的所有元件，包括非编码区、内含子和控制区域，以及编码蛋白质和 RNA 的序列。可遇到的第二种类型的 DNA 序列，称为 **cDNA**，是由 mRNA 反转录合成（从 RNA 复制到 DNA）的 DNA 序列。在实验中获得的 mRNA 取决于样品的性质，如细胞或组织的类型，特定的发展阶段、特定的疾病等。这些 cDNA 数据库条目对于一个样本来说，代表了此样本中实际表达的基因。因为 cDNA 合成使用 mRNA 作为模板，所以这些 DNA 序列中没有任何内含子，内含子可能存在于基因上或任何调控序列上，而不会转录到 RNA 的区域（见第 1 章）。第三种在数据库中存在的 DNA 序列，称为**表达序列标签（expressed sequence tag，EST）**。一条 EST 序列是一条 cDNA 序列的一部分。类似于 cDNA 序列，EST 库给出了一个样本表达的很多基因，它们可以用来扫描基因组序列，以帮助识别基因。NCBI 网站建有专门的 EST 数据库，称为 dbEST。

蛋白质序列数据库，形成 NAR 列表上的很大部分（占 14%）。这些数据库包括了主要序列数据库，如 UniProtKB 中较高注释的组件 Swiss-Prot 和 NCBI 的蛋白质数据库，这两个库正在努力搜集所有蛋白质序列信息。这些蛋白质数据库往往从核苷酸序列的原始数据中整理和注释。例如，UniProtKB是由分析 EMBL 数据库中所有核苷酸序列翻译出的蛋白质序列产生的。它由两个组成部分：如上所述的 Swiss-Prot，含有人工整合的注释；以及 TrEMBL，唯一使用计算机注释的库。后者拥有更多的条目，但注释不像 Swiss-Prot 那样精确。

序列数据库往往包含了非常广泛的注释，需要大型团队帮助完成这项密集的任务。以核苷酸序列这个例子来说，它需要确定的典型特征包括可读框、内含子和上游区（见第 1 章），以及所翻译的蛋白质序列。同样，蛋白质序列数据库含有更多关于蛋白质的详细注释，蛋白质的各种性质，包括它们的位置、生物靶点、序列模序、活性位点和结构域（见第 2 章）。对 *LM07* 基因，DNA 序列的部分条目显示于图 3.7，蛋白质序列显示于图 3.8。

二级数据库，如蛋白质序列模块数据库（Block）和蛋白质结构域数据库（Prodom）提供了蛋白质中关于序列或结构模式的信息。在寻找相关蛋白质的进化时，这些信息是非常有用的（见第 4 章和第 6 章）。蛋白质的分类根据的是序列或结构相似性，如类似的活性位点或亚结构。除了一般的 DNA 和蛋白质序列数据库外，还有许多针对特定组的序列数据库。这些专业数据库覆盖了大部分领域，包括重复 DNA 元件、蛋白质模体和特定组别的蛋白质或 RNA 分子。

芯片数据库

芯片数据和**基因表达（gene expression）**数据库占了列表的 6%。与此相反，只有 1%的数据库是关于蛋白质表达的。这些数据库包括数据是二维丙烯酰胺凝胶和其蛋白质表达水平数据，以及胶上的部分或全部点的蛋白质翻译后修饰和质谱鉴定数据。

芯片数据库存放着从芯片实验中获得的数据，往往还提供了数据分析和可视化原始图像的工具。基因表达数据库还包含从其他实验方法收集的表达数据，如基因表达系列分析（serial analysis of gene expression，SAGE）和 EST 序列测定。这种数据库包含了表达数据和大量注释，可视化数据的技术和统计分析程序。斯坦福芯片数据库（Stanford Microarray Database，SMD）就是这样一个资源，它提供了从 7000 多次芯片实验中获得的数据，使用 SMD 站点提供的工具可以查看、下载，并分析这些数据（图 3.9）。另一个重要的芯片数据库是 ArrayExpress，它也存放了大量芯片数据。此外有 ArrayExpress数据仓库储存了从数据库中的子实验中按基因索引的基因表达谱。

```
LOCUS       NM_005358             7235 bp    mRNA    linear   PRI 02-AUG-2006
DEFINITION  Homo sapiens LIM domain 7 (LMO7), mRNA.
ACCESSION   NM_005358
VERSION     NM_005358.4  GI:111119012
KEYWORDS    .
SOURCE      Homo sapiens (human)
…
gene             1..7235
                 /gene="LMO7"
                 /note="synonyms: LOMP, FBX20, FBXO20, KIAA0858"
                 /db_xref="GeneID:4008"
                 /db_xref="HGNC:6646"
                 /db_xref="HPRD:05078"
                 /db_xref="MIM:604362"
CDS              1261..5310
                 /gene="LMO7"
ORIGIN
        1 ggaaagaagt ggaataatta ggaacctagg gtggggtagg gtagcaggac atttcaaaca
       61 ttaatgagca tatgagattc caggtcttgt taaaatgcaa attctgattc agctggtagg
      121 tgaggtctga gattgtgcat ttctaacaag cactcagata atcttaaggc tgttggcccc
      181 agggtcacac ttatagtgat tttctagaac ccagttgggg aagtgaatct tgggcaggag
      241 aaatacacac ctcttgcatt gagtttggag atctcatctg atataacttt ttaagaaaga
      301 aaaataattt tccaaatatc caattgataa gctttcccac taagtggctt tcccactaag
      361 tggctgcgtt atgaaaattg cttcactttg aaacttctgg tcttggtaat atagaatttc
      421 tgtgttctca cagtgcttga ttgagaatat gatattgaga ttatggcata aaatatagtg
      481 gctgtacaaa aaaaaataca ttattaggat ctctaacaat tatgtaaaag tcattgcttc
      541 atgggtagag ctcaaacttt ggtgtgagac ctggttttat tcttggcact tactctgagt
      601 tgtcttaggc aaattaatac cttaagcaaa aatattctca tgtacatttt acatgagaat
      661 tataaatgaa gtacataaag tccagcagtc acaaatgtta tctattatta ccatcgtcct
      721 aagactgcaa tcagctatag tgaaagtagt ctcaaagatt gtttcataaa tcatcagatt
      781 cacctaattt tctaaagaat ttaaataagg agatggaatg aatagattgc atttgtttc
      841 catgcacagg ggaactgtgc atatttcttc tgtgactcgg aaatggttta acttttaaaa
      901 atcccaaaat agctgaagtt agcagacatg caatttacca aggatgattg gaatttttat
      961 ctttcctgta ataatactat acccaagcac actgctcatg aggaaaacat ttttatgtga
     1021 atcttttact cttggggca aagaatgctg tttttctttt tgataactat gtttatagaa
     1081 tctaaatcac cctgagcaat tatttcaaca tctaaagtta ttattaccat tcatgtttca
     1141 tttatagcta tttgaatttt gatgaatttc aatatggtgc tacagtgata gggcaagtgc
     1201 aaataagttc aatatatggg tacggtctaa agctatttta atttttttat tacaactgct
     1261 atgaagaaaa ttaggatatg ccatatttc acgttttaca gttggatgtc ctatgatgtt
     1321 ctcttccaga gaacagagct cggagctctg gaaatttgga ggcaactgat atgtgctcat
     1381 gtctgcatct gtgtgggttg gctgtatctc agggacagag tctgcagcaa aaaagatata
     1441 attttgagga ctgaacaaaa ttcaggaagg actattctca ttaaggcagt aacagagaag
     1501 aattttgaaa caaaagattt tcgagcctct ctagaaaatg gtgttctgct gtgtgatttg
     1561 attaataagc ttaaacctgg cgtcattaag aagatcaata gactgtctac accaatagca
     1621 ggattggata atataaacgt tttcttgaaa gcttgtgaac agattggatt gaaagaagcc
     1681 cagcttttcc atcctggaga tctacaggat ttatcaaatc gagtcactgt caagcaagaa
     1741 gagactgaca ggagagtgaa aaatgttttg ataacattgt actggctggg aagaaaagca
     1801 caaagcaacc cgtactataa tggtccccat cttaatttga aagcgtttga gaatctttta
     1861 ggacaagcac tgacgaaggc actcgaagac tccagcttcc tgaaaagaag tggcagggac
     1921 agtggctacg gtgacatctg gtgtcctgaa cgtggagaat ttcttgctcc tccaaggcac
     1981 cataagagag aagattcctt tgaaagcttg gactctttgg gctcgaggtc attgacaagc
     2041 tgctcctctg atatcacgtt gagaggggg cgtgaaggtt ttgaaagtga cacagattcg
     2101 gaatttacat ttaagatgca ggattataat aaagatgata tgtcgtatcg aaggatttcg
     2161 gctgttgagc caaagactgc gttacccttc aatcgttttt tacccaacaa aagtagacag
     2221 ccatcctatg taccagcacc tctgagaaag aaaaagccag acaaacatga ggataacaga
     2281 agaagttggg caagcccggt ttatacagaa gcagatggaa cattttcaag actctttcaa
     2341 aagatttatg gtgagaatgg gagtaagtcc atgagtgatg tcagcgcaga agatgttcaa
     2401 aacttgcgtc agctgcgtta cgaggagatg cagaaaataa aatcacaatt aaaagaacaa
     2461 gatcagaaat ggcaggatga ccttgcaaaa tggaaagatc gtcgaaaaag ttacacttca
     2521 gatctgcaga agaaaaaaga agagagagaa gaaattgaaa agcaggcact tgagaagtct
     2581 aagagaagct ctaagacgtt taaggaaatg ctgcaggaca gggaatccca aaatcaaaag
     2641 tctacagttc cgtcaagaag gagaatgtat tcttttgatg atgtgctgga ggaaggaaag
     2701 cgaccccta caatgactgt gtcagaagca agttaccaga gtgagagagt agaagagaag
     2761 ggagcaactt atccttcaga aattcccaaa gaagattcta ccacttttgc aaaaagagag
     2821 gaccgtgtaa caactgaaat tcagcttcct tctcaaagtc ctgtggaaga acaaagccca
     2881 gcctctttgt cttctctgcg ttcacggagc acacaaatgg aatcaactcg tgtttcagct
     2941 tctctcccca gaagttaccg gaaaactgat acagtcaggt taacatctgt ggtcacacca
     3001 agaccctttg gctctcagac aaggggaatc tcatcactcc ccagatctta cacgatggat
     3061 gatgcttgga agtataatgg agatgttgaa gacattaaga gaactccaaa caatgtggtc
     3121 agcacccctg caccaagccc ggacgcaagc caactggctt caagcttatc tagccagaaa
     3181 gaggtagcag caacagaaga agatgtgaca aggctgccct ctcctacatc cccttctca
     3241 tctctttccc aagaccaggc tgccacttct aaagccacat tgtcttccac atctggtctt
     3301 gatttaatgt ctgaatctgg agaaggggaa atctccccac aaagagaagt ctcaagatcc
     3361 caggatcagt tcagtgatat gagaatcagc ataaaccaga cgcctgggaa gagtcttgac
     3421 tttgggttta caataaaatg ggatattcct gggatcttcg tagcatcagt tgaagcaggt
     3481 agcccagcag aattttctca gctacaagta gatgatgaaa ttattgctat taacaacacc
     3541 aagttttcat ataacgattc aaaagagtgg gaggaagcca tggctaaggc tcaagaaact
     3601 ggacacctag tgatggatgt gaggcgctat ggaaaggctg gttcacctga aacaaagtgg
     3661 attgatgcaa cttctggaat ttacaactca gaaaaatctt caaatctatc tgtaacaact
     3721 gatttctccg aaagccttca gagttctaat attgaatcca aagaaatcaa tggaattcat
     3781 gatgaaagca atgcttttga atcaaaagca tctgaatcca tttctttgaa aaacttaaaa
     3841 aggcgatcac aatttttga acaaggaagc tctgattcgg tggttcctga tcttccagtt
     3901 ccaaccatca gtgccccgag tcgctgggtg tgggatcaag aggaggagcg gaagcggcag
     3961 gagaggtggc agaaggagca ggaccgccta ctgcaggaaa aatatcaacg tgagcaggag
     4021 aaactgaggg aagagtggca aagggccaaa caggaggcag agagagagaa ttccaagtac
     4081 ttggatgagg aactgatggt cctaagctca aacagcatgt ctctgaccac acgggagccc
     4141 tctcttgcca cctgggaagc tacctggagt gaagggtcca agtcttcaga cagagaagga
     4201 acccgagcag gagaagagga gaggagacag ccacaagagg aagttgttca tgaggaccaa
     4261 ggaaagaagc cgcaggatca gcttgttatt gagagagaga ggaaatggga gcaacagctt
     4321 caggaagagc aagagcaaaa gcggcttcag gctgaggctg aggagcagaa gcgtcctgcg
     4381 gaggagcaga agcgccaggc agagatagag cgggaaacat cagtcagaat ataccagtac
     4441 aggaggcctg ttgattccta tgatatacca aagacagaag aagcatcttc aggttttctt
     4501 cctggtgaca ggaataaatc cagatctact actgaactgg atgattactc cacaaataaa
     4561 aatggaaaca ataaatattt agaccaaatt gggaacatga cctcttcaca gaggagatcc
     4621 aagaaagaac aagtaccatc aggagcagaa ttggagaggc aacaaatcct tcaggaaatg
     4681 aggaagagaa caccccttca caatgacaac agctggatcc gacagcgcag tgccagtgtc
     4741 aacaaagagc ctgttagtct tcctgggatc atgagaagag gcgaatcttt agataacctg
     4801 gactcccccc gatccaattc ttggagacag cctccttggc tcaatcagcc cacaggattc
     4861 tatgcttctt cctctgtgca agactttagt cgcccaccac ctcagctggt gtccacatca
     4921 aaccgtgcct acatgcggaa cccctcctcc agcgtgcccc caccttcagc tggctccgtg
     4981 aagacctcca ccacaggtgt ggccaccaca cagtccccca ccccgagaag ccattcccct
     5041 tcagcttcac agtcaggctc tcagctgcgt aacaggtcag tcagtgggaa gcgcatatgc
     5101 tcctactgca ataacattct gggcaaagga gccgccatga tcatcgagtc cctgggtctt
     5161 tgttatcatt tgcattgttt taagtgtgtt gcctgtgagt gtgacctcgg aggctcttcc
     5221 tcaggagctg aagtcaggat cagaaaccac caactgtact gcaacgactg ctatctcaga
     5281 ttcaaatctg gacggccaac cgccatgtga tgtaagcctc catacgaaag cactgttgca
     5341 gatagaagaa gaggtggttg ctgctcatgt agatctataa atatgtgttg tatgtctttt
     5401 ttgctttttt tttaaaaaaa agaataactt tttttgcctc tttagattac atagaagcat
     5461 tgtagtcttg gtagaaccag tatttttgtt gtttatttat aaggtaattg tgtgtgggga
     5521 aaagtgcagt atttacctgt tgaattcagc atcttgagag cacaagggaa aaaataagaa
     5581 cctacgaata tttttgaggc agataatgat ctagtttgac tttctagtta gtggtgtttt
     5641 gaagagggta ttttattgtt ttttaaaaaa aggttcttaa acattatttg aaatagttaa
     5701 tataaataca taattgcatt tgctctgttt attgtaatgt attctaaatt aatgcagaac
     5761 catatggaaa atttcattaa aatctatccc caaatgtgct ttctgtatcc ttccttctac
     5821 ctattattct gattttaaa aatgcagtta atgtaccatt tatttgcttg atgaagggag
     5881 ctctattttc tttaccagaa atgttgctaa gtaattccca atagaaagct gcttattttc
     5941 attaatgaaa aataaccatg gtttgtatac tagaagtctt cttcagaaac tggtgagcct
     6001 ttctgttcaa ttgcatttgt aaataaactt gctgatgcat ttaacgagtg ggtcgtcttt
     6061 ttcttaggtg tatgtgtctg acctcaggcc ttttagccat atttcagtat gtggcctttt
     6121 ttgatgttat gttttatcca gtagctttac taaggtataa ttgatgtaat aaactgcata
     6181 tatttaaagt gtatactttg acaaattttg acatggtgta taccttcgaa actatgccac
     6241 agtctggatg tgtttactga aacattttaa taaggaagtt tatttttgat aaagttatgt
     6301 ttttggatac aatatatttg tatggtgaga gtgatgaatt gttggatcat ttgatctttt
     6361 actaacccca tgataaaagg agaagacaac agtgagctta gaatatctat aaagcaaaaa
     6421 atgtagtctc ttgtttaaaa aatctggagc gggaatgcaa ggatacaaaa ctttagcatg
     6481 ctttgagcaa aaatttaaac ttactggaat cttttataat aatgtaagtg gaatggagga
     6541 ttctaggaac tgagaactgt attggaatag gttcaaaata tgtaagaaat gctaatgtgg
     6601 gagataaaaa ttttatttag tacttattct gattattatt aaagtaataa tgtgttcctt
     6661 gaggataact tgtcaaatgc cccaaagcat aaagaatata attctgaatc ccaaattcca
     6721 aagacaagaa ctctgtgttt gaattcattc tgcatataat tatttataag tatagattgt
     6781 gaattttcc atgttcttaa aattattttt atctttttc atggttgcat agtgctccat
     6841 tgtttggcct tggtaatatt tagttgataa ttccattact gtgtattttt cacttgtttc
     6901 taagatcaaa cattttaata tgtgcatgtt atatataaat atgtaaattc tgtgatactc
     6961 tatgatcatc tctttcttta tattatttc atagacatga aatagttgct cagagattat
     7021 gcattttaag acactcatag tatatattgc caaagtggtt tccagaaagg cactgctggc
     7081 ttcgactcct ataagcagca cgtgggcttg ttcatctcac tgcatgttta tgaagataca
     7141 gttcttttgc cttgttctct gcctgatgtg tatgcagagg cagccctcaa tatgcagtgg
     7201 ttgaataaat gaatgaagaa accactaaaa aaaaa
```

图 3.7　GenBank 中 DNA 序列文件摘要：关于人类 LIM domain 7 的 DNA 序列。每一行信息的类型都在开始位置用域名注明，同时给出了一些访问和版本本号，包括交叉引用（xref）可以链接至其他数据库中的相关条目。“source”这一行确定了此序列来源于人类（从此行开始省略了一些内容）。从“gene”这行开始到“CDS”这行结束的部分说明了序列上只有从 1261～5310 碱基是蛋白质编码区序列（CDS）。这个文件的最后部分，从“origin”这行开始，是已经被格式化的核苷酸序列。请注意，这里的 GeneID 和芯片数据中的是一致的（图 3.9）。

Note: most headings are clickable, even if they don't appear as links. They link to the user manual or other documents.

Entry information	
Entry name	**LMO7_HUMAN**
Primary accession number	**Q8WWI1**
Secondary accession numbers	O15462 O95346 Q9UKC1 Q9UQM5 Q9Y6A7
Integrated into Swiss-Prot on	March 15, 2004
Sequence was last modified on	March 15, 2004 (Sequence version 2)
Annotations were last modified on	July 25, 2006 (Entry version 39)
Name and origin of the protein	
Protein name	**LIM domain only protein 7**
Synonyms	**LOMP** **F-box only protein 20**
Gene name	**Name:** LMO7 Synonyms: FBX20, FBXO20, KIAA0858
From	Homo sapiens (Human) [TaxID: 9606]
Taxonomy	Eukaryota; Metazoa; Chordata; Craniata; Vertebrata; Euteleostomi; Mammalia; Eutheria; Euarchontoglires; Primates; Haplorrhini; Catarrhini; Hominidae; Homo.

References

[1] NUCLEOTIDE SEQUENCE [MRNA] (ISOFORM 3), AND TISSUE SPECIFICITY.
TISSUE=Brain, and Peripheral blood leukocyte;
DOI=10.1007/s00439-001-0646-6; PubMed=11935316 [NCBI, ExPASy, EBI, Israel, Japan]
Rozenblum E., Vahteristo P., Sandberg T., Bergthorsson J.T., Syrjakoski K., Weaver D., Haraldsson K., Johannsdottir H.K., Vehmanen P., Nigam S., Golberger N., Robbins C., Pak E., Dutra A., Gillander E., Stephan D.A., Bailey-Wilson J., Juo S.-H.H., Kainu T., Kallioniemi O.-P.;
"A genomic map of a 6-Mb region at 13q21-q22 implicated in cancer development: identification and characterization of candidate genes.";
Hum. Genet. 110:111-121(2002).

Key	From	To	Length	Description	FTId
CHAIN	1	1683	1683	LIM domain only protein 7.	PRO_0000075824
DOMAIN	54	168	115	CH.	
DOMAIN	1042	1128	87	PDZ.	
DOMAIN	1612	1678	67	LIM zinc-binding.	

```
        10         20         30         40         50         60
MKKIRICHIF TFYSWMSYDV LFQRTELGAL EIWRQLICAH VCICVGWLYL RDRVCSKKDI

        70         80         90        100        110        120
ILRTEQNSGR TILIKAVTEK NFETKDFRAS LENGVLLCDL INKLKPGVIK KINRLSTPIA

       130        140        150        160        170        180
GLDNINVFLK ACEQIGLKEA QLFHPGDLQD LSNRVTVKQE ETDRRVKNVL ITLYWLGRKA
```

图 3.8 Swiss-Prot 数据库中从蛋白质角度看 LIM domain 7 的条目。如图 3.7 一样，序列在条目的最下方给出（本图只显示了部分内容）。数据库条目的一个主要部分包含了链接到其他表、文件和数据库的注释。例如，在文献部分有链接链到 PubMed 文献数据库，并有这个数据库在全球五大位置的链接，包括美国、欧洲和日本。

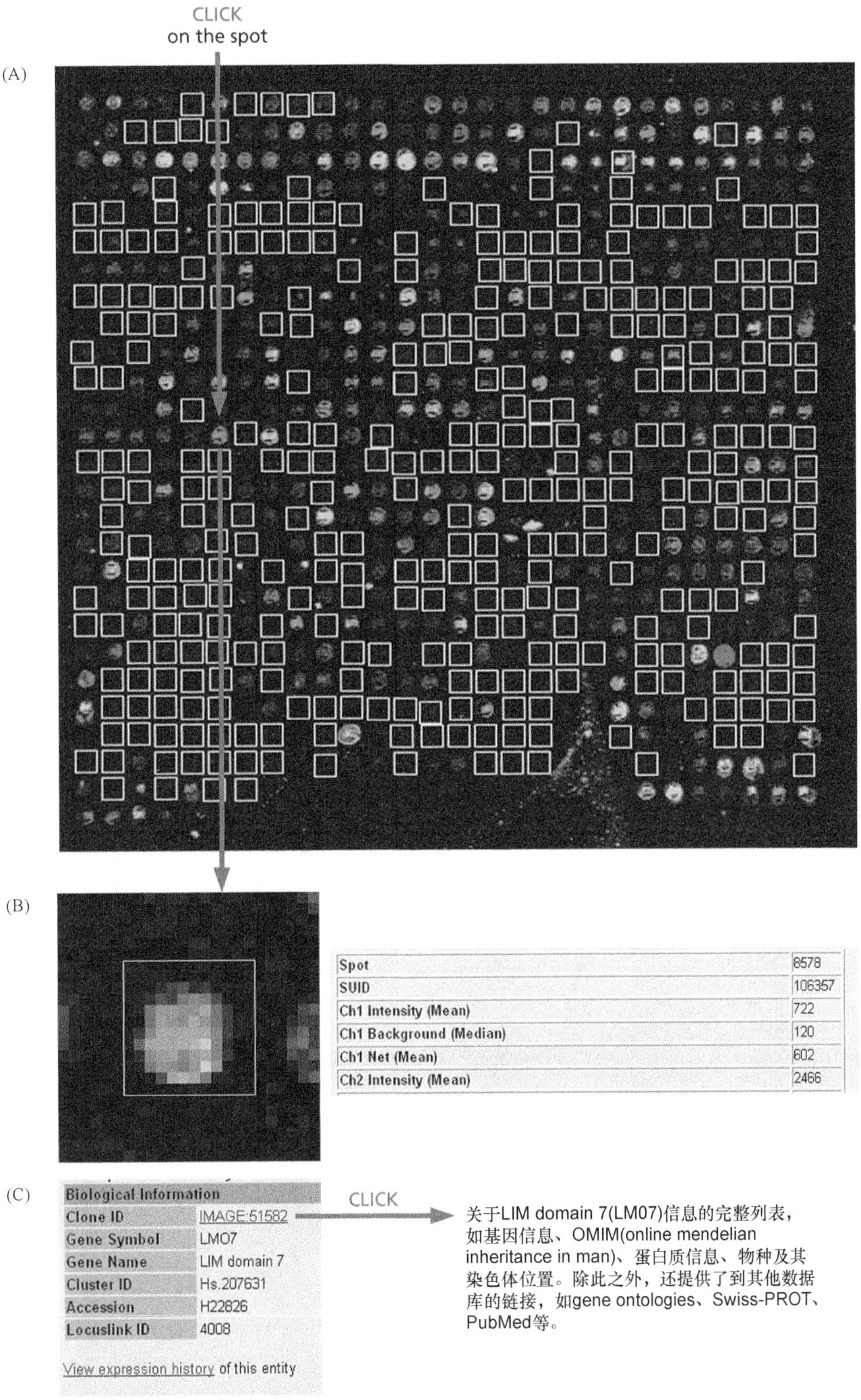

图 3.9 搜索 SMD 芯片数据库返回的大量信息。可以看到完整的芯片图像，也可以放大图像（A）或选择感兴趣的一个点进一步查看。（B）将提供关于此点的更多数据，如这个点的数值信息和生物注释、基因的表达量（LIM domain 7）及链接 ID 。点击 ID 编号（C）给出更多注释和到其他数据库的链接。

蛋白质相互作用数据库

对于大多数蛋白质而言，它们必须与其他分子，包括其他蛋白质相互作用来实现它们的功能。因此蛋白质相互作用数据库对于了解蛋白质功能和建立生物网络，是个十分重要的资源。生物网络也可以在系统生物学中使用（见第 17 章）。有许多可获得的蛋白质相互作用数据库，每个都有其不同的优势和局限。蛋白质相互作用数据库（Database of Interacting Proteins，DIP）只包含蛋白质的相互作用信息，但它采用了严格的标准来评价每个相互作用的可靠性。分子间相互作用数据库（Molecular Interaction Database，MINT）则包含了更多信息，有蛋白质、核酸和脂质间的相互作用。生物分子相互作用网络（Biomolecular Interaction Network，BIND）中描述了蛋白质、DNA 和 RNA 间在原子水平上的相互作用。蛋白质信号传递，转录相互作用和炎症网络（Protein Signaling，Transcriptional Interaction and Inflammation Networks Gateway，pSTIING）是一种基于网络程序的相互作用数据库。pSTIING 整合了蛋白质和蛋白质之间的相互作用、蛋白质和其他分子间的相互作用，以及和转录有关的信息，它的搜索引擎非常强大，允许综合搜索，如可以链接到蛋白质相互作用网络中的疾病类型，还可以整合实验数据（如基因表达实验）到蛋白质网络中。图 3.10 显示了 pSTIING 通路和动态生成的更多相互作用。

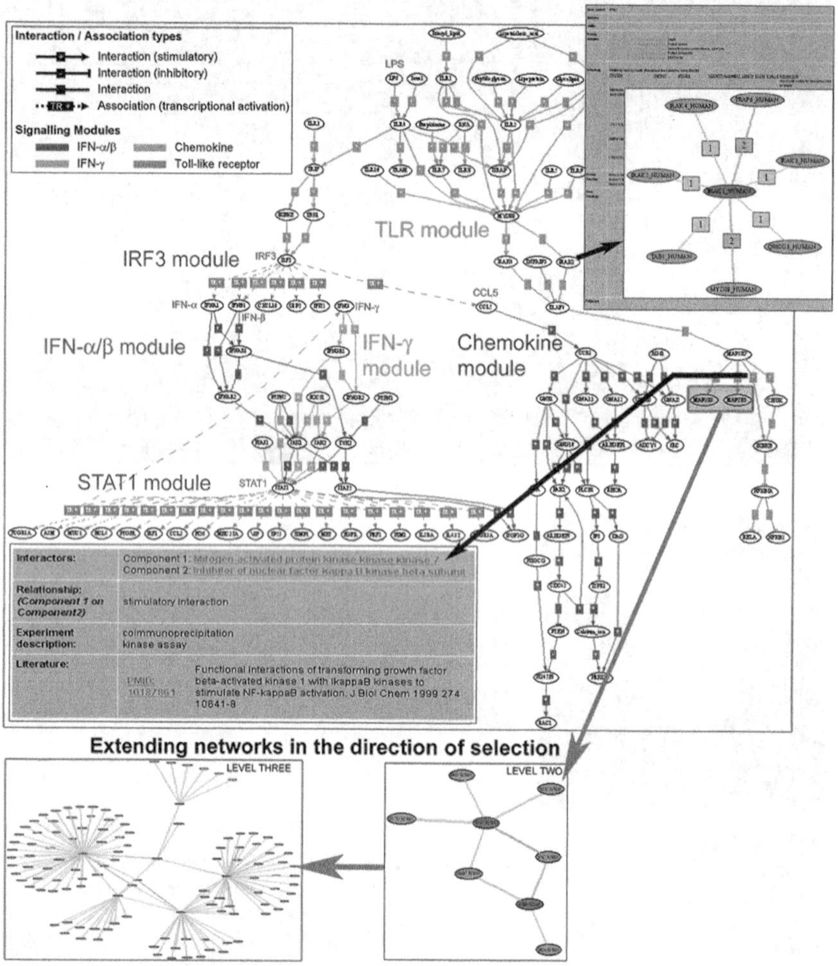

图 3.10　pSTIING 生成的相互作用图。该通路可拆分为功能模块，如趋化因子模块。每个组件节点（蛋白质或基因）由更广泛的信息组成，包括互动的合作伙伴、网域、基因本体、其他同源蛋白，并链接到其他数据库。通过点击节点，可以显示部分或全部的信息，展示更多相互作用和扩展的互动网络。

结构数据库

结构数据库占 2006 年 NAR 列表的 9%，包括小分子、碳水化合物、核酸（DNA 和 RNA）和蛋白质的结构信息。这些研究结果来自于各种实验技术，通常是 X 射线晶体衍射和核磁共振（NMR）。

最广泛使用的数据库是蛋白质结构生物信息学数据库（Structural Bioinformatics Protein Databank，RCSB）及在 EBI 上的大分子结构数据库（Macromolecular Structure Database，MSD）。图 3.11 显示了通过 KCSB 服务器，使用关键词“LIM Domain”全文搜索的结果。这种类型的数据库对于结构分析及同源建模是非常重要的（第 13 章和第 14 章）。蛋白质二级结构数据库的产生是由分析蛋白质结构的折叠和按照这些折叠的保守域进行分类的。这些内容包括在第 14 章中要讨论的 CATH 和 SCOP。

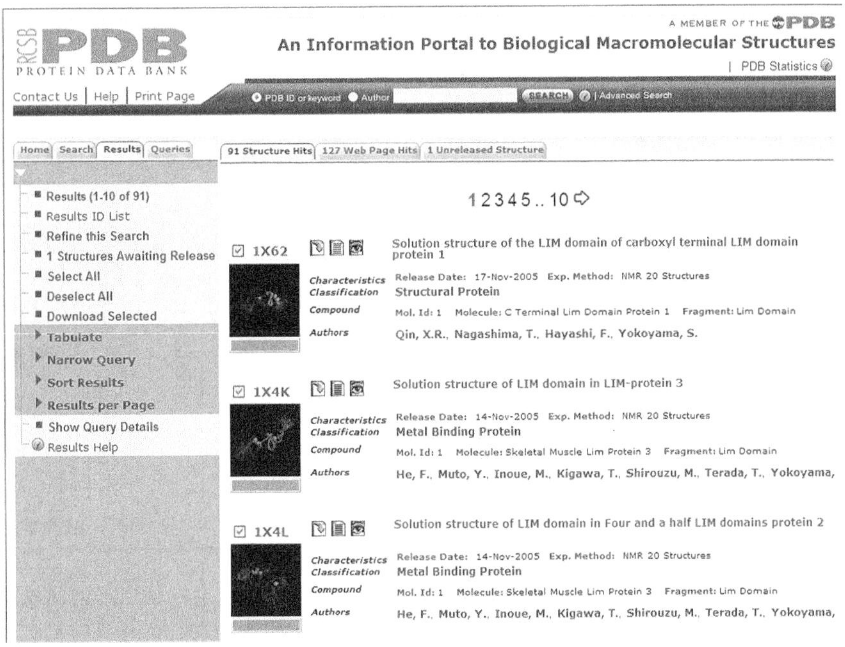

图 3.11　用关键字“LIM domain 7”搜索 RCSB 结构数据库的结果示例。发现了 LIM 结构域蛋白质及相关蛋白质的共 91 个结构，且提供了关于每个结构更详细的链接。

3.4　数据质量

生物信息学数据库最大的一个优势是除了提供基本数据外还常常提供进一步的分析和解释，并有链接到其他数据库中的相关条目。然而，按照不正确数据进行分析有可能导致错误的结论。因此，数据库提供尽可能准确的信息极为重要，最理想的是包括可能出现的错误细节和不确定性（流程图 3.4）。此外，不同方法的分析结果其准确性也不相同，所以需要衡量方法的可靠性。在每个条目注释这些准确性问题，这使得这些生物信息学数据库变得极其有用。在本节中，我们将开始关注数据准确性和如何鉴定其不确定性。在此之后，我们将讨论和分析数据有关的准确性问题。为做到这一点有两个不同的方法：以计算机为基础的分析和人工确认。这两种方法都为保证数据库信息可靠性作出了重要贡献。

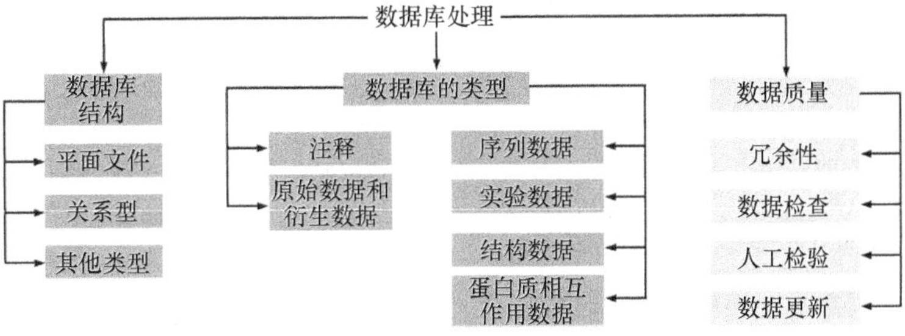

流程图 3.4　本节中介绍的关键概念是在数据库中考虑数据质量的重要性，如何实现和维持高质量的数据。

另一种潜在的复杂性是许多实验方法只适用于完整系统的一小部分。例如，一种酶往往是从细胞中纯化后被研究，或蛋白质结构往往只是作为完整分子的片段被报道。在这些事例中，虽然数据可能是准确的，但是当往回推导完整的细胞系统时需要引起注意的是，该数据库信息必须包含足够的实验细节，或提及发表论文的细节，然后才可能在恰当的背景中正确理解这些信息。

非冗余性对一些应用特别重要

有许多例子中，相同的研究人员或其他人重复进行着类似工作。一个典型的例子发生在生物体基因组测序上，在基因组测序前往往已经测序了一些基因。另一个经常遇到的情况是，克隆测序显示了数据库条目中一段序列的差异，这可能是由于原始测序的错误或是突变的存在。

理想的是数据库包括了已发表的所有工作，但是这会导致许多条目有相同或几乎相同的数据。对于相同数据，这些条目可以说是**冗余的**（**redundant**），因为这些条目对许多应用都提供了相同的信息。在这个例子中，一个典型的应用是在相似数据库序列中查询序列。在大多数情况下，数据有效地存放于一个单独的数据库条目中，涉及所有独立的实验，并小结了所有的单独的数据库条目。这使得研究人员通过读取单一条目就能发现所有信息。在序列数据库中包含在此单一条目中的数据通常由于基因突变或可能存在的实验错误而并非是完全相同的。以这种方式构建的数据库称为**非冗余数据库**（**nonredundant database**），是数据库查询的常见方式。请注意，必须维持冗余数据库和其原始的独立条目，以便在今后发现错误时，产生的修正文件可以用来纠正非冗余数据库，如分类到了错误的物种上。

虽然在同一个数据库的不同条目中已经提出了这个问题，但同样的问题也会出现在已建成的多个数据库中拥有重叠的数据集时。例如，过去有一些蛋白质序列数据库，它们中的每一个都持有一些独特的数据和大量相同的数据。简单地合并这些数据库将会导致大量的冗余数据，必须消除这些冗余才能有效地使用数据库。

自动化方法可用于检查数据的一致性

通常应该可以自动检查数据库条目中数据的一些属性。例如，一个完整定义的 DNA 序列应只包括 4 种碱基——A、T、C、G。但有些时候由于实验在某些位置上不确定该碱基，导致出现了扩展字符集，用以描述了所有可能的不确定性（表 3.1）。在蛋白质序列中也有类似的情况，使用字母 B、Z 和 X 描述一个位点上氨基酸的不确定性。也可以对序列的其他方面进行检查。例如，该序列的长度和分子质量，如果已经被报道过，则应相符合。

表 3.1　用以表示 DNA 序列中不确定的碱基的命名法。

字母	不确定的碱基
M	A 或 C
R	A 或 G
W	A 或 T
S	C 或 G
Y	C 或 T
K	G 或 T
V	A 或 C 或 G
H	A 或 C 或 T
D	A 或 G 或 T
B	C 或 G 或 T
X 或 N	任意碱基

一些数据可以进行更加严格的检查。众所周知在蛋白质结构中发现的结合几何只有几种有限的变化。例如，在主链上连接碳原子和氧原子的双键长度（图 2.2），平均在 0.123nm（1.23Å），标准差为 0.002nm（0.02Å）。在数据库中定义的蛋白质结构是通过相对于一个起源确定其原子坐标，因此数据库中并没有明确说明几何学。然而，对数据库结构中给予的键长很容易计算，并能检查它们是否超过了已知范围。对于所有键长、键角、扭转角度以及手性（见第 2 章）都可以这样完成检查。一些时候，当检测到错误时，确定和纠正原子坐标中的错误是有可能的。在另一些时候，可以注释数据库条目用以描述出现的错误。另一种数据库中的蛋白质结构条目的典型特征是，它们往往缺乏一些特定的原子，甚至整个残基。这是由于采用的实验技术的性质所造成，并经常涉及分子中某些区域活动的自由度。同样，应该在注释中说明这些被丢失的原子。

同样，通过自动检查可以检验数据库条目中的其他数据。例如，一个基因表达实验可以检查在任何条件下对于每个基因是否都赋予了一个表达水平值。对于数据库中出现的交叉引用的其他数据库，可以检查是否存在该数据库和条目。这些类型的自动检查通常只能为人工解决问题提供检测并标注错误。此外，这些自动方法经常不能确定其他更细微的错误。在某些情况下，如向某数据库提交芯片数据时，数据必须符合特定的标准，目的是要包括足够多的实验数据，以便准确地再现这项工作。一个这样的芯片实验数据标准称为 MIAME。MIAME 描述了一种芯片实验所需要的最少信息，目的是可以明确解释实验结果并有可能重现该实验。

随着数据库的数量和规模的扩大，注释也变得更加宽泛，一些潜在问题是电子文本搜索的辨别。经常会遇到同一个词的不同拼写方法以及其他别名。举例来说，一种酶有三四种别名的情况并不少见。因此不通过搜索全部名称或拼写变体可能很难找到所有相关数据库条目。因此已经提出了涉及具体学科的本体来解决这个问题。在数据库中使用本体中的词语，文本搜索可以变得更加有效。可以采用自动化方法用以寻找其他别名并用标准名来替代，以及发现拼写错误。

初步的分析和注释通常是自动化完成的

在新数据库条目中提交的数据越来越多地产生电子形式的实验。在这种情况下，获得数据时也包括重要参数的细节是相对较容易的，这些参数对于以后的注释是非常有用的。这种事例发生在 MSD 分子结构数据库，特别是从晶体衍射学方法所产生的结构。晶体学家报道了其他实验者会感兴趣的细节部分，并包括了称为衍射分辨率和 R 因子这些测量手段，对于整个结构的精确度来说是非常有益的指导。分辨率指出了该工作中测量了多少衍射数据，而 R 因子衡量了结构和实验测量间的相关性。两者都提供了对原子坐标精确度的有效限量。比较常见的做法是当分析一般蛋白质分子几何结构时只选择那些分辨率比阈值高的，如大于 0.2nm（2.0Å）。

考虑到数据的分析已经整合到了数据库中，在许多情况下（序列和分子结构的数据）应用在生物信息学上的分析完全可以自动化完成。我们将在本书的下面章节介绍关于这些技术的细节问题。这种方法的一个例子是对数据库中所有序列的对位排列中相似序列的鉴定。例如，通过使用一种蛋白质序列有可能鉴别它所属于的蛋白质家族及其他可能的功能。这些方法通常包括可以评估结果的显著性的统计分析和应包含在数据库条目中的信息。一个增加分析结果可靠性的方法是降低信息的详细程度。例如，采取只确定一种酶的功能分类而不是试图准确预测它涉及哪些化合物。但是，这可能使信息过于模糊而变得无用。

当单纯使用计算方法在核苷酸序列中确定基因时很有可能会导致错误的分析结果，这一现象经常发生在基因组序列注释的早期阶段。这种方法将在第 9 章和第 10 章中详细描述。有时没有可用来支持预测基因的实验数据。在这种情况下，基因和它们编码的蛋白质往往在数据库中标注为“假设”。特别是真核生物中，目前存在的基因预测方法相对而言还是不够精确，当遇到数据库中的这些条目时仍然需要以相当谨慎的态度对待。在有些情况下可能正确预测基因，但也可能并不存在这种基因，或者在预测的细节中发生了错误，举例来说这将造成不同的蛋白质序列。在基因组测序完成后，实验者往往做大量的实验工作，以试图获得这些假设的基因和蛋白质存在的实验证据。

为了产生高质量的注释经常需要人为干预

虽然以计算机为基础的分析有利于客观地处理所有数据库的条目，但它不能产生较高质量的注释，因为所用的方法并不完美，并且只能依赖于可以电子访问的数据。

与此不同的是，人为注释的数据库可以使用多种形式的数据，如存在于研究论文的数据或者本领域专家的知识。

一个人工检验用于产生高质量注释的例子是 Swiss-Prot 蛋白质序列数据库，目前已经成为 UniProtKB 蛋白质资源的一个组件。但是，产生这种注释非常耗时并且需要专家的意见。例如，UniProtKB 数据库涉及了全世界大量的研究者，他们自愿协助关于一个或多个特定**蛋白质家族（protein families）**的人工注释。到目前为止，这些研究志愿者已经发现 130 多个蛋白质家族。然而，这仍然只是所有数据库条目中的一小部分。

通常人工注释对于有些条目较为有效，这些条目数据或已有较多实验支持，或关联了其他条目。如上所述，这种关系通常是相似性的其中一种。如果对于相关条目，都没有实验证据，人工注释只可能提供有限的信息。

数据库更新和条目注释版本号的重要性

数据库需要定期更新用以反映新信息，不仅只包括了新的条目，而且更新和纠正现有的条目。在域的不断更新中，可能需要主要和次要版本，每年进行主要更新，但每周，甚至每天需要次要更新。独立数据库条目的改变将变少，但重要的是，如果当前条目和较早的拷贝之间存在不同时，能够很容易地辨认。这可以通过使用条目的版本号或者报告最近更改的日期达到这一目的，参见图 3.8 中数据库部分的“条目信息”（entry information）。然而，如果对于一个条目也拥有唯一标识符，固定并使用此标识符可保证两个版本号确实是同一条目。在图3.8中这个标识符称为“主访问号”(primary accession number)。

有时会判断现有的数据库条目是否过时。在大多数情况下这个条目的数据仍将存在于数据库中，但是现在，对不同的条目采用唯一标识符。当前数据库保存着一些过时条目的标识符的记录是十分重要的。这样做的理由是，这一信息和版本记录，有时对于理解为什么重复研究会产生不同的结果具有较大的价值。

对于前面讨论的问题来看真核基因组测序计划是较为重要的极端例子。所采用的实验方法包括将基因组分解成许多重叠的小片段，这些小片段单独测序后，然后使用重叠部分，拼接成为完整的染色体。无论过去还是现在，都有很多这种受资助的项目在得到数据时马上就向公众开放。因此在拼接完整的基因组染色体之前需建造一个数据库存放序列数据。随着项目和拼接的展开，较小的序列逐渐合并成为较长的序列。一些数据库条目因为这些结果而变得过时。直到拼接全部完成，一些特征(如基因)仍无法通过可信的序列碱基数目去鉴定，因此无法知道染色体的真正起始位点。需要非常谨慎地使用适当方法用以识别当前数据库中的特征，这样可以在整个拼接的发展过程中追踪这些特征直至最终状态。

总结

在这一章，我们向读者介绍了数据库的概念和可通过互联网访问的各种公开的数据库。目前已有许多本地架构、拥有高度专业化数据库的网站，以及整合了许多重要数据库成为一个统一网络的大型资源中心，这些中心有利于发现数据间的联系，这也是生物信息学分析的主要方面之一。

我们强调无论是数据还是注释，这两者的精确度都十分重要。数据库的不断更新也同样重要，依赖过时或者不正确数据的分析也将是过时的，而且很可能是不正确的。

数据库往往是生物信息学研究的出发点，在后面的章节中我们将介绍这些研究。这些数据库作为一个强大的工具，可以用于存储、共享和描述数据，以及为了进一步了解和分析提取信息，它们可以被认为是数据储存库和网上图书馆。

最后，为了理解公共数据库中用不同方式呈现的大量数据，建议读者去NAR数据库，点击链接将发现更多的可能性，并让好奇心引导大家进入这些数据库。

名词解释

annotation(注释)：在数据库的条目中，使用注释这个名词表示其他一些信息，这些信息往往是基于主数据和其他相似信息的比较，或对主数据应用预测方法得到的结果。

data warehouse(数据仓库)：一个特殊类型的数据库，允许广泛的和简单的访问。

distributed database(分布式数据库)：由中央数据库管理系统控制，但数据库存储的地方可以分布于相同地点或分散于网络中的多台计算机之间。

eXtensible markup language(XML) [可扩展标记语言(XML)]：对结构化数据或文档一种通用的非常灵活的格式。

field(域)：(数据库)数据的一个单元，它是一个数据库记录的一部分。

input(输入)：(神经网络)神经网络方法中，给输入层单元的数据/信息。

key(键)：索引数据库数据的方法。一个主键表示数据库表中一个记录。

links(链接)：数据库条目中的指针，连接于相同数据库或其他数据库的相关条目。这些可能仅是数据库的条目的标识符，或者可能超链接，可以直接点击获得所需检索的内容。

nonredundant database(非冗余数据库)：一个没有重复条目的数据库。

object-oriented database(面向对象数据库)：用面向对象编程中的对象表示信息的数据库。

ontologies(本体论)：一组对特定领域的描述，使得对多个特定项可以共享同一概念和定义。最常见的本体论之一是基因本体论，它对基因提供了一些可控制的词汇。

protein families(蛋白质家族)：蛋白质家族是一组蛋白质，它们具有相同的祖先蛋白质，在进化分歧中它们仍然在序列和功能方面保留了相似性。

record(记录)：数据库中使用的一个名词，其中一个记录对应于一行。

redundant(冗余)：在数据库中使用的一个名词，它是指在一个数据库存在着多个相同的项，如两个或更多的记录中有一条相同序列。

relational database(关系型数据库)：数据与数据的关系用表的形式组织的数据库。

structured query language(SQL) [结构化查询语言(SQL)]：关系型数据库管理的计算机语言。

扩展阅读

3.1 数据库的结构

Bressan S & Catania B (2006) Introduction to Database Systems. New York: McGraw Hill Higher Education.

Date CJ (1995) An Introduction to Database Systems, 6th ed. Boston: Addison-Wesley.

Kim W (1990) Introduction to Object-Oriented Databases. Cambridge MA: MIT Press.

Riccardi G (2001) Principles of Database Systems with Internet and Java Applications. Boston: Addison-Wesley.

Stein LD (2003) Integrating biological databases. *Nat. Rev. Genet.* 4, 337-345.

3.2 数据库数型

我们如何定义和链接事物的重要性：本体

Ashburner M, Ball CA, Blake JA et al. (2000) The Gene Ontology Consortium. Gene ontology: tool for the unification of biology. *Nat. Genet.* 25, 25-29.

Bard J (2003) Ontologies: Formalising biological knowledge for bioinformatics. *Bioessays* 25, 501-506.

Bard JB & Rhee SY (2004) Ontologies in biology: design, applications and future challenges. *Nat. Rev. Genet.* 5, 213-222.

Gruber TR (1993) A translation approach to portable ontology specification. *Knowledge Acquisition* 5, 199-220.

Thompson JD. Holbrook SR, Katoh K et al. (2005) MAO: a multiple alignment ontology for nucleic acid and protein sequences. *Nucleic Acids Res.* 33, 4164-4171.

Zhang B, Schmoyer D, Kirov S & Snoddy J (2004) GOTree Machine (GOTM): a web-based platform for interpreting sets of interesting genes using Gene Ontology hierarchies. *BMC Bioinformatics* 5, 5: 16.

3.3 数据库搜索

序列数据库

Apweiler R, Bairoch A & Wu CH (2004) Protein sequence databases. *Curr. Opin. Chem. Biol.* 8, 76-80.

Bairoch A, Apweiler R, Wu CH et al. (2005) The Universal Protein Resource (UniProt). *Nucleic Acids Res.* 33, D154-D159.

Benson DA, Karsch-Mizrachi I, Lipman DJ et al. (2005) GenBank. *Nucleic Acids Res.* 33, D34-D38.

Cochrane G, Aldebert P, Althorpe N et al. (2006) EMBL Nucleotide Sequence Database: developments in 2005. *Nucleic Acids Res.* 34, D10-D15.

Wheeler DL, Barrett T, Benson DA et al. (2006) Database resources of the National Center for Biotechnology Information. *Nucleic Acids Res.* 34, D173-D180.

芯片数据库

Brazma A, Sarkans U, Robinson A et al. (2002) Microarray data representation, annotation and storage. *Adv. Biochem. Eng. Biotechnol.* 77, 113-139.

Gollub J, Ball CA, Binkley G et al. (2003) The Stanford Microarray Database: data access and quality assessment tools. *Nucleic Acids Res.* 31, 94-96.

Gollub J, Ball CA & Sherlock G (2006) The Stanford Microarray Database: a user's guide. *Methods Mol. Biol.* 338, 191-208.

Parkinson H, Sarkans U, Shojatalab M et al. (2005) ArrayExpress—a public repository for microarray gene expression data at the EBI. *Nucleic Acids Res.* 33, D553-D555.

蛋白质相互作用数据库

Bader GD, Betel D & Hogue CW (2003) BIND: the Biomolecular Interaction Network Database. *Nucleic Acids Res.* 31, 248-250.

Ng A, Bursteinas B, Gao Q et al. (2006) pSTIING: a 'systems' approach towards integrating signalling pathways, interaction and transcriptional regulatory networks in inflammation and cancer. *Nucleic Acids Res.* 34, D527-D534.

Salwinski L. Miller CS, Smith AJ et al. (2004) The Database of Interacting Proteins: 2004 update. *Nucleic Acids Res.* 32, D449-D451.

Zanzoni A, Montecchi-Palazzi L, Quondam M et al. (2002) MINT: a Molecular INTeraction database. *FEBS Lett.* 513, 135-140.

结构数据库

Berman HM, Westbrook J, Feng Z et al. (2000) The Protein Data Bank. *Nucleic Acids Res.* 28, 235-242.

Berman HM, Henrick K & Nakamura H (2003) Announcing the worldwide Protein Data Bank. *Nat. Struct. Biol.* 10, 980.

Lo Conte L, Brenner SE, Hubbard TJP et al. (2002) SCOP database in 2002: refinements accommodate structural genomics. *Nucleic Acids Res.* 30, 264-267.

Murzin AG, Brenner SE, Hubbard T & Chothia C (1995) SCOP: a structural classification of proteins database for the investigation of sequences and structures. *J. Mol. Biol.* 247, 536-540.

Orengo CA & Thornton JM (2005) Protein families and their evolution—A structural perspective. *Annu. Rev. Biochem.* 74, 867-900.

Pearl FM, Bennett CF, Bray JE et al. (2003) The CATH database: an extended protein family resource for structural and functional genomics. *Nucleic Acids Res.* 31, 452-455.

The Reciprocal Net. http: //www. reciprocalnet. org/

Velankar S, McNeil P, Mittard-Runte V et al. (2005) EMSD: an integrated data resource for bioinformatics.

Nucleic Acids Res. 33，D262-D265.

3.4 数据质量

Ashelford KE，Chuzhanowa NA，Fry JC et al. (2005) At least 1 in 20 16S rRNA sequence records currently held in public repositories is estimated to contain substantial anomalies. *Appl. Environ. Microbiol*. 71，7724-7736.

Gilks WR，Audit B，de Angelis D et al. (2005) Percolation of annotation errors through hierarchically structured protein sequence databases. *Math. Biosci*. 193，223-234.

Weichenberger CX & Sippl MJ (2006) NQ-Flipper: validation and correction of asparagine/giutamine amide rotamers in protein crystal structures. *Bioinformatics* 22，1397-1398.

MIAME

Brazma A，Hingamp P，Quackenbush J et al. (2001) Minimum information about a microarray experiment (MIAME) —toward standards for microarray data. *Nat. Genet*. 29，365-371.

第 2 部分　序列联配

DNA 和蛋白质编码的化学物质可以由一个字母代码来表示，这使得比较不同的 DNA 或蛋白质序列成为可能，同时还有助于确定区域的相似性，这可能会揭露序列之间的功能、结构或进化关系。因此，这是生物信息学分析中非常重要的一个部分，并且往往也是分析新发现的 DNA 或蛋白质序列的第一步。

第 4 章介绍了一些序列联配程序的概念，并说明这些程序是如何工作的。接着在此章的其余部分中集中于介绍联配的实践以及这些方法是如何也可用于搜索数据库或序列模式，从而发现同源性和功能相关的蛋白质的。此章还使用了一些例子来说明序列联配对的有效性。

随后的 2 章则侧重于成对序列和多序列的比对、模式搜索，以及数据库搜索的详细使用方法，并给出在模型中使用的算法步骤。这两章的学习目的是使学生可以开始设计他们自己的算法。

第4章　产生和分析序列联配

当你读完第 4 章时，你应该能够：

通过序列联配判断直系同源性；
描述蛋白质和核酸序列联配的不同用途；
定义联配打分；
做两条序列的联配；
做多条序列的联配；
比较发现局部区域相似性的局部联配技术；
了解用来联配整个序列的全局联配技术；
查找数据库来发现直系同源的序列；
在一条蛋白质序列上查找模式和模体；
通过模式和模体来定位具有相似功能的蛋白质。

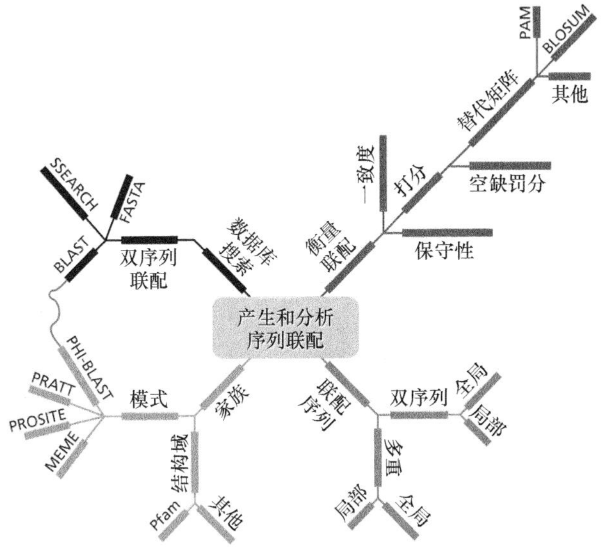

思维导图 4.1　序列分析和联配有关的 4 个主要部分的思维导图。联配序列、数据库搜索、如何衡量序列匹配度以及寻找蛋白质家族。

遗传分析的革命开始于重组 DNA 技术和 20 世纪 70 年代 DNA 测序技术的发明，这场革命在 30 多年后庞大的数据库中填充了各种生物的核酸和蛋白质序列。目前已经完成全基因组测序的包括人、小鼠、黑猩猩、果蝇、线虫、酿酒酵母等，以及众多的细菌、古细菌和病毒。虽然在核酸和蛋白质序列数据库中，如 GeneBank、dbEST、UniProt，存在着上千万的核酸和蛋白质序列，但是大多数蛋白质目前尚不清楚其结构或功能。目前的主要挑战是将序列信息转化为有用的生物知识。

为了更多地了解新确定的序列，首先要做的是序列分析。有许多与此相关的内容，根据序列的来源不同和最终你想要发现什么，这一章中，我们将关注大多数序列分析中的一个关键阶段：不同序列间的联配，其目的是为了发现同源性和比较新序列与数据库中的序列，看看它们之间是否存在相似性。本章将介绍针对通用的联配技术和程序的实际应用、数据库检索以及模式搜索，主要重点是蛋白质序列的联配和分析。第 5 章将介绍双序列联配的理论和程序。第 6 章中介绍核酸和蛋白质序列的多重联配。第 9 和第 10 章介绍基因组 DNA 中检测基因和其他序列特征的技术与程序。

鉴定相似序列有多种应用。用原始的、未定义的基因组 DNA 序列，与数据库中的序列比较，往往能告诉你序列是否可能含有全部或一部分蛋白质编码的基因。相似性搜索可能返回一个已知的基因或基因家族和新序列所具有的较强相似性。这将对新的编码蛋白质的基因和其可能的功能提供第一手的线索。序列相似性也可以帮助预测蛋白质结构（见第 11～14 章）。从不同生物来源的蛋白质或 DNA 的序列之间也可以比较，用以构建系统发育树，也可以追踪物种间或在一个蛋白质家族中它们的进化关系（请参阅第 7 章和第 8 章）。

许多通用的和专业的 DNA 及蛋白质序列数据库，和目前各种生物的全基因组序列数据库（第 3 章）提供了大量的信息。然而，我们需要记住的是，尽管许多新发现的序列和现有数据库中的序列共享了一些或大量相似，但是仍然有很多序列是独一无二的。

4.1 序列联配的原理

设计序列间的比较从来不是轻而易举的，不仅是因为目前存在大量可搜索到的信息，还因为 DNA 和蛋白质序列在进化过程中存在多种方式的改变造成了一定的困难。经过数百万年的突变和选择可以导致从同一祖先基因产生如今序列间巨大的差异。在最初相应位置上的碱基可能由于点突变造成碱基所编码的氨基酸也发生改变。由于插入和删除的发生则会导致序列的长度也将出现变化。更富戏剧性的变化都有可能发生，如两个不同的基因序列的融合。真核基因组中较常见的是基因重复，在许多情况下，突变使其中一个基因副本不再表达，或者即使转录了，也不产生有功能的蛋白质，这种基因称为假基因（专栏 4.1）。在同源搜索中可以找到假基因。

专栏 4.1　基因和假基因

假基因是基因组 DNA 序列已知的蛋白质编码基因的类似序列，但不产生有功能的蛋白质。假设假基因发生基因复制后，当其中一个基因副本发生突变后，此突变将阻止其转录或破坏其蛋白质编码序列。人类基因组估计有多达 2 万个假基因。由于假基因序列已不再受选择压力而维持其蛋白质功能，它通常比功能基因累计了更高的突变率。尽管如此，许多假基因仍保留了和它对应的活性基因间相当大的序列相似性。科学家曾发现过这样一个案例，即假基因转录的 RNA 调控了假基因对应的功能基因的表达。

就表面来看，基因序列和其长度的变化可以有效地掩盖底层的序列相似性。为了揭示这点，需要联配序列寻找它们之间最大的相似之处。本章（第 4.1～4.5 节）上半部分的主要议题是序列比较的关键步骤。联配方法是用于搜索数据库软件工具的核心。在本章的下半部分，我们将介绍一些工具和如何使用这些工具从数据库中获得相似性序列（4.6～4.10 节）。第一个需考虑的步骤见流程图 4.1。

联配是在两个或更多序列的相同区域寻找最大相似性的任务

作为突变的结果，即使是来自两个密切相关物种的同一蛋白质或基因序列也很少是相同的。理想情况下我们希望达到的是，在比较序列时采用这样一种方式，当这些序列来自一个共同的祖先，从同一祖先碱基衍生的碱基或者氨基酸进行联配。相反没有此类信息时，最好的方法是最大化联配区域的相似性。

为了说明这一基本原则，以两个假设的氨基酸序列 THISSEQUENCE 和 HATSEQUENCE 为例。如果我们联配它们，使尽可能多的相同字母对齐，我们会得到：

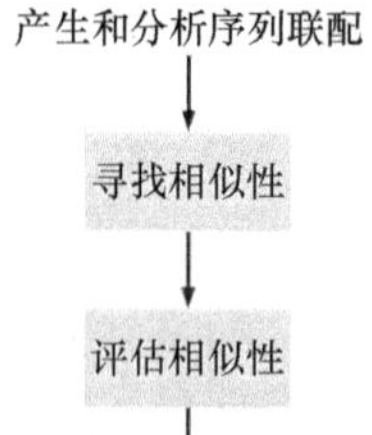

流程图 4.1　开始的四节中介绍的关键概念是，为了评估两个序列间的相似性，必须有此联配的量化度量，这个联配包括两个联配后残基的相似度以及插入和空缺。

T H I S S E Q U E N C E
T H A T S E Q U E N C E

其中输入为有些字母是相同的。正如我们可以很容易地看清楚这样短且相似的序列，这个联配也很明确指出了它们彼此间较强的相似性。

到目前为止一切顺利，但是当序列彼此间变得越来越不同，它们间的比较也变得困难。我们将如何比较两个序列 THATSEQUENCE 和 THISISASEQUENCE，其中一个突变导致原始序列中插入了三个氨基酸——I、S、A。简单地从开始位置排列，我们可以看到存在很多相似性。更微妙的是由于序列长度上的差异，也造成了不匹配位置间虚假的配对。

T H A T S E Q U E N C E
T H I S I S A S E Q U E N C E

为解决这个问题，在一个或两个序列中引入了**"空缺"（gap）**，得以最大限度地保留它们间的相似性。

T H I S I S A — S E Q U E N C E
T H — — — — A T S E Q U E N C E

两条序列间不可能只存在一个联配，尤其是当序列彼此间不太相似时，最好的联配并不总是显而易见的。序列比较和查询数据库方法的核心是算法，算法用以测试生成的每个联配，给它一个定量的分值，并按照预定的标准筛选出不合格的联配。

联配可以揭示序列间的同源性

所有的序列比较方法中根本的问题是认为两个序列之间的相似性是由于偶然产生的，因此没有什么生物学意义，或者认为由于它们是从一个共同祖先序列衍生的，并因此具有同源性。术语"同源"和"相似性"有时可以互换，但它们每个都有其不同的意义。**相似性（similarity）**只是一个描述性的词语，告诉你有关序列表现了一定程度的相似。相比之下，同源具有明显的进化和生物学上的含义。在分子生物学方面，同源通常被定义为由于从一共同祖先而来，具体是指序列或结构上的相似性。同源基因，是指从同一祖先基因产生的基因。在进化史上，由于累计的不同突变，它们在序列上将会发生分化。

由于同源意味着共同的祖先，它也意味着两个同源蛋白具有相同的功能或者结构。如果其中一个蛋白质只知道序列时，同源对于指示蛋白质功能也十分有用。自然选择的行为倾向于接受突变的结果是保持蛋白质的折叠和功能，而那些破坏折叠和功能的突变将被淘汰。但是，相似或相同的联配残基可能仅仅是由于两个序列间相对较近的分歧产生，所以必须小心不要过高估计它们作用的重要性。此外，变异和选择可以产生具有新功能的蛋白质，但在序列上只有相对较少的变化。因此，序列相似性并不总是意味着具有一个共同的功能。

与此相反，有些蛋白质彼此间序列相似度很低，但保留了共同的蛋白质折叠和功能。因此，低序列相似性并不能排除具有相同的功能或同源性。此类事例需要一些额外信息，如结构或生物化学方面的知识，来证明它们之间的真正关系。

序列彼此间也可以存在显著的相似性，但非进化上同源的，**趋同进化（convergent evolution）**能产生了相似的功能（专栏 4.2）。在这种情况下，相同或非常相似的联配残基可以说有重要的功能作用。但是，趋同进化通常不会产生较长长度的相似序列。

专栏 4.2　收敛和发散的演变

趋同进化是在进化过程中，与进化起源无关的器官、蛋白质或 DNA 序列独立获得了相同的结构与功能，这通常反映了对于相似环境和选择性压力的应对。和趋同进化不同的是**趋异进化（divergent evolution）**，指来源于一个共同祖先但产生了不同的结构或序列的过程。例如，昆虫和蝙蝠的翅膀是一个功能上的趋同进化的事例。虽然这两者都是为了适应相同的功能——飞行，但昆虫翅膀和蝙蝠翅膀并非起源于同一祖先结构。

图 B4.1　（A）蝙蝠翅膀（B）蝴蝶翅膀（A，courtesy of Ron Austing/Science Photo Library）。

在分析数据库的搜索结果时必须考虑到所有这些因素。两个序列间的联配，实际上是基于这对残基是从同一祖先碱基进化而来的假说之上。但联配本身并不意味着进化顺序，因此通常没有额外的信息将无法区分同源性和趋同进化这两种选择。序列比较方法必须考虑多种因素，如在进化上发生的突变类型，氨基酸的理化性质上的差异和氨基酸决定蛋白质结构与功能的作用，以及产生的突变被接受或者被淘汰的选择压力。

我们必须考虑负责序列分歧的进化过程，并找到一种方式用于检验联配的拟合度的优劣，此方式包括可实行方案的最重要特点。这些必须是定量的，由此涉及了打分。然后此种**打分方法**（**scoring scheme**）可以被整合到算法中用以产生最佳的联配。最后，必须找到一个方式能区分偶然是好的联配和由于真正的进化关系而产生的联配。

在这一章中我们将会看到，所有的序列比较的计算方法都以某种方式考虑了这些因素。

比较蛋白质序列比核酸序列更容易检测同源性

在大多数情况下，蛋白质序列间的比较相对于DNA序列间的比较更容易展示同源性，有很多原因造成了这种较高的灵敏度。首先，与只有4个字母的DNA序列相比，蛋白质序列有20个字母组成，因此在同一个序列位点上DNA序列提供的信息必然比蛋白质序列少。换言之，任何一个位置上DNA序列发生的匹配可能性更高。因此，可由适当的量化分值来判断相似度。对于联配来说很重要的是，DNA序列的相似度必须远大于蛋白质序列。我们将会在本章后面看到，已经有方法确定进化过程中一个氨基酸可由另外一个氨基酸替代的概率，这提供了额外的信息，胜过于单纯地确定联配分数然后判断同源。

另外，正如我们在第1章中所看到的，遗传密码是冗余的，也就是说，大多数氨基酸有两个或两个以上不同的密码子（表1.1）。这意味着相同的氨基酸序列可以由不同的核酸序列编码。最后，蛋白质复杂的三维结构及其功能，是由氨基酸序列决定的。维持蛋白质功能的重要性，通常使氨基酸序列在进化上比同源DNA序列变化的较少。在这一章中，我们大部分将集中于蛋白质序列分析。

不过许多情况下，必须使用DNA序列进行比较：在寻找启动和其他调控序列时，或全基因组中的比较。DNA序列的联配在一定程度上也作为基因鉴定的一部分（请参阅第9章和第10章）。

4.2 联配分值

一个联配的质量是通过给予一个量化的分值来衡量的

两个同源序列常常不同到使一个正确的或最佳的联配在目视观查下并不显著。此外，目前大量可用于相似性研究的序列迫使我们现在使用自动化的计算方法来判断联配的质量，至少是一个初步筛选。

因为两个序列间可能有多种不同方式进行联配，包括插入空缺，用以增加匹配的位置数目，对于任何给定的一对序列如何客观决定哪个联配是最佳的，在实践过程中，这是通过对整体相似性的每个可能产生的联配计算一个数值或**分值**（**score**）达到的，这样可以按一定顺序评估联配。

然后，我们工作的基础是，和随机选择的序列联配比较，相关序列的联配将给予一个较高分值。理想情况下，正确的联配给予了一个较高分值。给予最高分值的联配称为**最优联配**（**optimal alignment**），而其他得到较低分值的联配通常被称为**次优联配**（**suboptimal alignment**）。目前还没有打分方法可以完美地模拟进化过程，进化相当复杂且不可能用实际的建模方法描绘。这暗示了最高得分的联配不一定是正确的，相反，正确的联配也不一定有最高的分值。然而本章中介绍的目前普遍使用的打分方法，一般较可靠，并且只要适当且谨慎地对待结果并考虑生物学上的合理性，大多数情况下这些方法是较为有用的。理论上，打分方法既可以衡量相似性也可以衡量差异性，前者最高分值是相似度高的，后者则是最低的。

量化两个序列间的相似性的最简单的方法是百分数

一致度（**identity**）描述了在每个位点上两条或两条以上的序列的实际相似程度，通过计算排列完的序列上相同的碱基或氨基酸数目衡量。一致度是一个客观的度量，有明确的定义。**百分数**（**percentage**）或**一致度比例**（**percent identity**）由相同匹配的数目除以总排列位点数目再乘以100获得。例如，THATSEQUENCE / THISISASEQUENCE间的比较是，前页给出的是能够实现的最好的联配，一致度比例为68.75%（包括空缺总长为16个位点，其中11个能匹配上）。

有人可能会认为，完全无关的序列间的联配将得到一个为零的一致度比例。但是，由于核酸序列只有4个不同的核苷酸，蛋白质序列上也只有20种不同的氨基酸，所以对于任何排列后的序列中在一些位点上有相同残基匹配的概念非常小但并非是不可能的。因为蛋白质序列上往往有上百个残基而核酸序列中有上千个，无关序列预计会在几个位点上发生匹配。序列的长度问题：相较于很短的联配，在较长的联配中30%的一致度不太可能偶然出现。严格的统计学方法已经衡量了联配的显著性差异，这些将在第5.4节中联系数据库检索一起讨论。

基于一致度的点图可以可视化地评价相似性

点阵或**点图**（**dot-plot**）是比较序列相似图形中最简单的方法之一，可同时用于核酸和蛋白质序列。要比较两个序列 X 和 Y，垂直写出第一条序列，一行代表序列中每个残基，横排另一条序列，一列代表每个残基。X 的每个残基和 Y 的每个残基进行比较（行到列的比较），当两个残基相当时在那里放置一个点。最简单的打分系统中，相同的残基为 1 分，不相同的残基为 0 分，所有得分为 1 的地方都放置一点。例如，如果我们比较 THISSEQUENCE / THISISASEQUENCE 这对序列，然后得到如图 4.1 所示的一个简单的点图。形成对角线的深灰色色点，代表匹配上的残基。分布于对角线两侧的浅灰色色点是在序列的其他位点上找到的相同残基。对角线上由几个单元格打断的地方则是插入了空缺。

在确定蛋白质或核酸序列中内部重复时，点图可以是较有用的。然而，背景噪声会影响点图。通常会使用一个过滤器区分由背景噪声产生的点图形与具有显著性的点图形。最广泛使用的筛选过程是使用重叠且固定长度的窗口，并要求比较能达到最低的一致度比，加和此窗口的比值，因此当对角线具有一定长度时才能避免被过滤。图 4.2 显示了两个相同 SH2 序列的点图（专栏 4.3）。

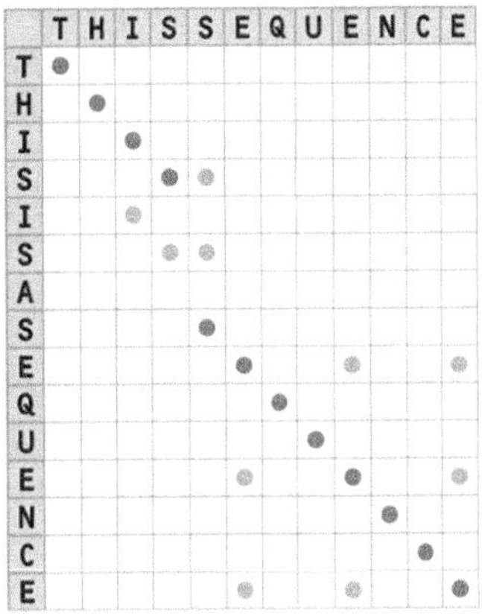

图 4.1　点图说明。 THISSEQUENCE / THISISASEQUENCE 的点图矩阵的事例，其中深灰色的点代表的是真实的相同残基对的匹配引起的一致度，浅灰色的点代表的是由于噪声产生的一致度，即随机匹配上的相同残基对。

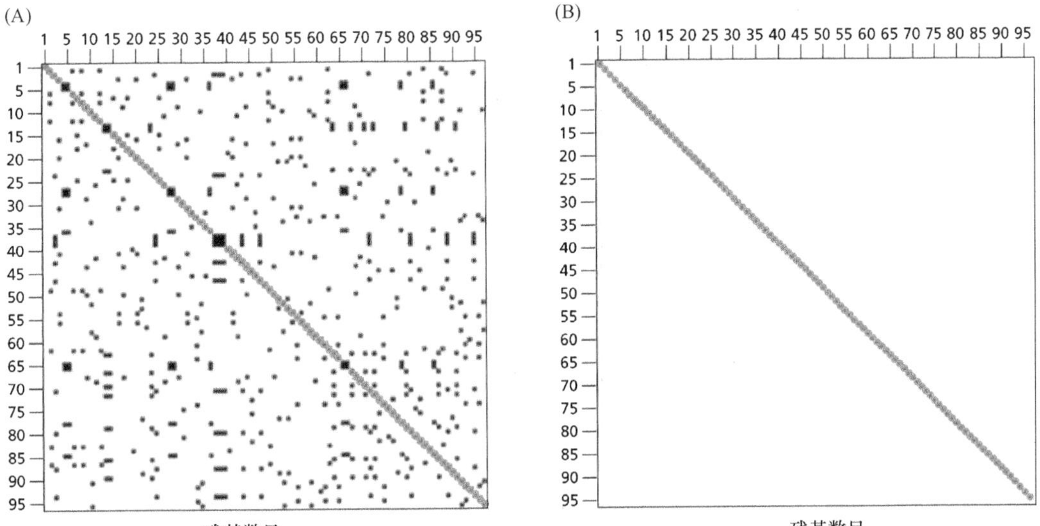

图 4.2　SH2 序列自身比较的两种点图。（A）未经过滤的点图（窗口长度为 1 个残基）。这两条序列间的一致度显示为不间断的对角线。尽管如此，仍然存在背景噪声。（B）相同序列的比较点图，它的窗口长度设置为 10 个残基，每个窗口的最小一致度比设置为 3。所有的背景噪声都被移除，只留下一致度对角线。

专栏 4.3

SH2 或 src-homology 2 domain 是一个大约有 100 个残基的较小结构域，许多和哺乳动物细胞内信号转导有关的蛋白质都能发现此结构域。它的得名来自于蛋白酪氨酸激酶 Src，在此蛋白质上第一次发现了它。它是信号转导蛋白中蛋白质相互作用的许多结构域中的其中之一，信号转导蛋白辨认和结合其他蛋白质的特定功能，并帮助了信号的传递。SH2 结构域特异性结合蛋白质上的磷酸酪氨酸，通过蛋白酪氨酸激酶对特定肽的模体上的酪氨酸残基进行磷酸化，也就是在磷酸基团上进行共价修饰。这种类型的激酶通常和细胞表面受体的部分或者和细胞表面受体相关，它应胞外信号而激活。SH2 结构域上的磷酸酪氨酸结合位点有两个口袋。一个是保守的，并结合磷酸酪氨酸残基（pY），另一个在不同的 SH2 结构域序列上更多变，它结合位于 pY 下游的残基，从而在蛋白质相互作用上具有特异性。由于 SH2 结构域在细胞内信号转导上的作用，对于许多重要的疾病，包括癌症和骨质疏松症，它是一个潜在药物靶标作用。

图 B4.2 SH2 结构域带状图。

图 4.2A 窗口长度为 1，也就是指，分别考虑每个残基。虽然对角线表明了匹配上的相同残基是清晰且不间断的，但当两个相同序列间比较时，由于大多数类型的氨基酸在序列中不只出现一次，仍然会存在一定量的但不影响结果的背景噪声。图 4.2B 显示了 10 个残基，并为每个窗口的最低分数设置为 3。现在看到的只有主对角线，代表相同序列中一对一的匹配。

大多数点图软件提供了一个默认的窗口长度，这对于初步分析来说足够了。但是，根据你想搜索的内容，你可通过改变窗口长度利用它发挥更大的作用。可以设置窗口长度。例如，比较编码序列时设置为外显子的长度，又在寻找蛋白质中的结构模体时，设置为二级结构的平均长度。当搜索内部重复时，重复片段的长度可减弱背景噪声。此外，对相同和不同的残基打分可以不使用 0 和 1，而使用其他值，且分值也可以根据所涉及的残基类型采用不同值。

图 4.3 说明了如何使用点图来确定一个序列中的重复。它显示了乳腺癌易感基因 *BRCA2* 编码的蛋白质 BRCA2 的两种点图计算。这种蛋白质包含 8 个长度约为 39 个氨基酸的短序列重复，称为 BRC 重复（专栏 4.4）。图 4.3A 显示了一个包含两个 BRC 重复的 BRCA2 区域其自身比较的无过滤版本。背景噪声非常大，以至于很难选择出重复。图 4.3B 显示了经过高度过滤后相同比较的点图，在此图可看到对角线。此为一致度，其中高亮标记了序列与自身的联配，且现在也能辨别出其他两段点，代表了内部的 BRC 重复。

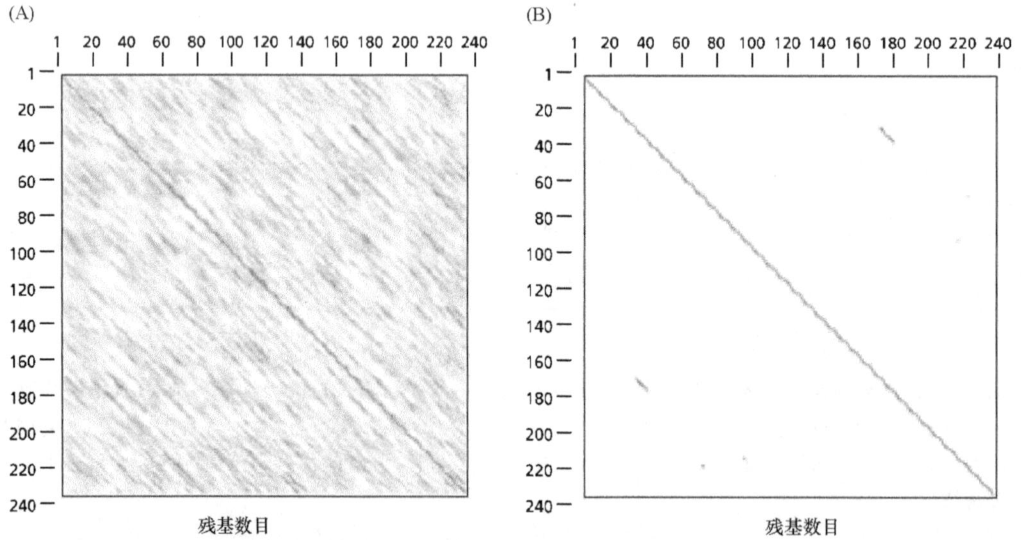

图 4.3 两种关于乳腺癌易感基因的蛋白质 BRCA2 的点图，此蛋白质包含短小的 BRCA2 重复。（A）未经过滤的自我比较的部分人类 BRCA2 序列的点图，其中包含两个 BRCA2 重复（序列上第一个和第二个 BRCA 重复）。背景噪声非常强以至于很难选择出重复。（B）0 窗口长度设置为 30，最低分设置为 5 的相同点图。除了一致度对角线还有两条明显的对角线，代表了两个内部的 BRCA2 重复。

专栏 4.4　乳腺癌易感基因 *BRCA1* 和 *BRCA2*

1994 年在 17 号染色体上的 *BRCA1* 基因和 1995 年在 13 号染色体上的 *BRCA2* 基因被确定了两种将增加乳腺癌易感性的基因。和其他给定年龄但没有突变的人相比较，任何一位 *BRCA1* 或 *BRCA2* 基因有突变的妇女患乳腺癌、卵巢癌的风险会增加。BRCA1 和 BRCA2 蛋白质结构上并不相关，它们的正常作用是与一种对 DNA 双链断裂的修复十分重要的蛋白质 RAD51 作用。*BRCA1* 或 *BRCA2* 上的基因突变部分阻碍了此修复机制，会导致比正常 DNA 修复有更多的错误，突变率的增加最终导致更大的肿瘤风险。蛋白质 BRCA2 有一个 39 个氨基酸组成的重复，称为 BRC 重复。Pfam 数据库在 BRCA2 中定义了 8 个 BRC 重复，其中 6 个是高度保守，并且参与结合 RAD51（图 B4.3）。

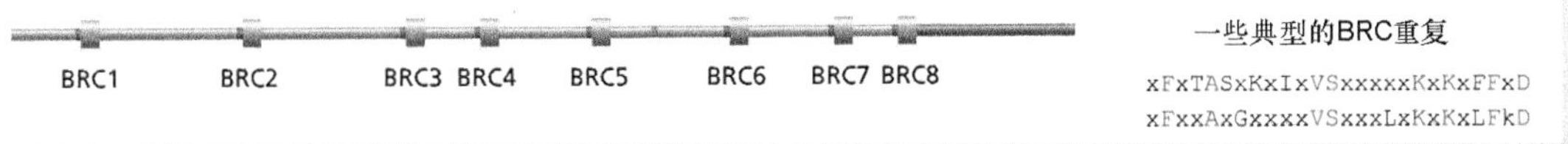

图 B4.3　Pfam 数据库中定义的 BRCA2 蛋白质中的 BRC 重复。

真正的匹配不必相同

虽然一致度比是最容易得到的联配分值，并且对于快速评估联配质量较有用，但它还是一个比较粗略的度量，并且未能给出两个序列间相似度的全局概况，特别是对于蛋白质序列。举例来说，简单地给予相同的得分为 1，不同的为 0，则忽略了涉及的氨基酸类型的重要性。尤其在两条相关序列上，相同功能位点存在的某些不同氨基酸很可能代表真正的匹配。这主要是因为某些氨基酸，它们的物理或化学属性彼此间密切相似（图 2.3），因此可以在功能上互相替代。突变可将一个氨基酸替换为另一个具有类似理化性质的氨基酸，因此这种变化更有可能在进化过程中被接受。具有类似性质的氨基酸对经常代表真正的匹配，并不是随机发生的。

考虑这些因素的最简单的方法是对这样类似的氨基酸对进行计数，这个值称为**相似百分比（percent similarity）**。在下面的序列示例中，重新排列后的序列考虑到了相似性和一致度。因为异亮氨酸（I）和丙氨酸（A）都是疏水性的，而丝氨酸（S）和苏氨酸（T）则都在其侧链为—OH 基团，带有极性。

T H I S I S A S E Q U E N C E
T H A T — — — S E Q U E N C E

并不是所有相似氨基酸对都可能这样匹配，但较普遍使用的是更为复杂的评估相似性的方法。在这些方法中，每对氨基酸在进化过程中发生相关变化的概率将被赋予一个数值。在这样的打分方法中，相同的氨基酸对赋予最高分，然后，具有相似性质的氨基酸对（如异亮氨酸和亮氨酸）比那些具有完全不同性质的氨基酸对（如异亮氨酸和赖氨酸）被赋予一个相对高的分值，后者很少在已知的同源蛋白质序列位置上被发现。

在打分方法中也可以添加氨基酸的其他性质用以达到更高的精确性。例如，应该考虑涉及的残基类型。许多半胱氨酸残基是高度保守的。因为它们对于形成二硫键结构具有重要作用，色氨酸残基通常是蛋白质疏水核心的重要组成部分。为了模拟这种情况，可以根据不同类型，给予匹配的残基以不同分值。例如，半胱氨酸和色氨酸对被指定了特别高的分值。用这种方法武予氨基酸对以不同的分值，由计算每个位点的分值可得出**总联配分值（overall alignment score）**。

目前大多数使用的蛋白质序列的打分联配方法，衡量了进化关系和偶然性这两者的可能性。这种评估理论将在 5.1 节中进一步解释。用这种方法计算，一对序列拥有越高的联配分数，就越有可能是同源的。

理想情况下，只要简单地查看两条序列的最优联配分值，就将有可能判断它们是否同源。但这远比想象的来得更加困难，因为分值的显著性取决于该序列的长度、氨基酸组成和相比较序列的数目，我们将在后面的章节讨论这个议题。

相似性的概念和一致度相比，与核苷酸序列的比较的相关性较低，特别是产生联配时。嘌呤往往发生变异成嘌呤（A↔G）和嘧啶发生变异成嘧啶（C↔T）。这些信息可以用来帮助构建系统发育树（见第 7.2 节和第 8.1 节），但对于序列联配没有什么帮助。在联配核苷酸序列时，打分方法几乎总是比较简单的。

例如，在数据库搜索程序 FASTA 中（将在后面的第 5.3 节中讨论），匹配的碱基对加 5 分，错配的减去 4 分，这一评分对 DNA 数据库搜索较为有效。这个更简单的打分方法确实实用，部分是如果在序列间存在着显著的同源性时，会产生较高的一致度比，因为和 20 种氨基酸相比只有 4 个碱基。

最低一致度比可以被接受为具有显著性

最低一致度比为多少，才可以被合理地接受为显著性？布克哈德·罗斯特（Burkhard Rost）分析了100多万个蛋白质序列对的联配，这些蛋白质的结构信息可获得用于寻找一致度什么时候不再可信的一个截止度。低于此的联配，在衡量同源性时将不被认为是可靠的。他发现，90%的序列对的一致度在序列总长中达到或超过30%时为结构相似的蛋白质。由于序列和结构上的相似性，通常可以确信这两个序列的同源性，因此，一般30%的同源性就作为初步推定同源性的阈值。但是，当序列一致度低于25%时，罗斯特发现，只有10%的序列对代表了结构相似性。20%～30%序列一致度，被称为**模糊地带**（**twilight zone**），在那里可能存在同源性，但在缺乏其他证据时不能较可信地假定同源。更低的序列同源性（<20%）称为**午夜区**（**midnight zone**）。

对于打分联配有许多不同的方法

一个联配分数的功能是为两条序列的不同或相似程度提供一个数值。目前大部分程序衡量的是相似性，在这种情况下，得分最高的是最佳的。一些程序，特别是应用于产生系统发育树（第7章和第8章）的，通常使用相关序列间差异，称为**距离**（**distance**），在这种情况下最密切相关的序列联配将给予最低分，不同物种的两条同源序列的度量被称为**遗传距离**（**genetic distance**）或**进化距离**（**evolutionary distance**）。

没有任何先验的理由说残基联配分值不能是负值，如代表特别不相似的联配。事实上，一些流行的技术要求分数可以是负值，最常用的方法对一对残基有正负两个方面的分数。打分方法必须代表一个联配的这两个显著特征：一方面，它们必须反映每个残基对的相似程度，也就是两者都起源于假定的共同祖先序列相同残基的可能性；另一方面，它们必须评估插入空缺的有效性。我们在这里将分别描述量化这两项特征的方法，尽管事实上两者是一起使用得出最终得分的。首先我们必须实行的方法是为一对排列后的残基评估相似度。

4.3 替代矩阵

使用替代矩阵对每个排列后的序列位点分配一个单独的值

对于蛋白质序列联配，按照**替代矩阵**（**substitution matrix**）给每对氨基酸对都分配一个值，替代矩阵定义了所有可能的残基对的值。目前已使用了各种类型的替代矩阵。有些是基于理论上的考虑，例如，一种氨基酸转变为另一种氨基酸所需要的变异次数，或者是它们间相似的物理化学性质。但是，最成功的是使用了在进化过程中发生的数据，并基于来源于不同物种，已充分研究的大量同源蛋白质的联配分析数据。

选择要使用替代矩阵并非轻而易举，因为没有一个对所有情况都正确的打分方法。在相似序列中存在着广泛的变异，相似度比从几点到近乎百分之百不等。有时，我们可能需要对密切相关的序列进行对比和打分，但也可能需要可靠地确定较遥远的关系。在第一种情况下，则打分方法应该偏向于对完全匹配和高度保守的替代给予较高值。在第二种情况下，则应该优先倾向于更广范围的替代。

大部分氨基酸序列的打分方法使用20×20替代矩阵，代表在蛋白质中发现的20种氨基酸。每个矩阵单元分配的一个分值代表了一对氨基酸通过同源在相同位置上发生替代的概率，以及由于随机发生替代的概率比较的相似性。我们将在下面说明最重要的打分矩阵，以及关于什么时候使用哪个矩阵的一般性指导。关于这些打分方法更全面的理论将在5.1节讨论。

当完成联配时，用替代矩阵给每对氨基酸打分。加和这些分数得到联配的总分（S）。例如，使用BLOSUM-62矩阵（图4.4A），我们会对下面的联配例子打分（本例中的“U”代表着未知残基，也就是通过测序技术无法确定的残基，因此没有得分）。

Seq1：	T	H	I	S	S	E	Q	U	E	N	C	E
Seq2：	T	H	A	T	S	E	Q	U	E	N	C	E
评分：	5	8	−1	1	4	5	5	0	5	6	9	5

因此，联配的总分S等于52。BLOSUM矩阵的详细描述如下。

PAM替代矩阵使用密切相关的蛋白质序列集的替代频率

一个经常使用的替代矩阵是基于同源蛋白质的联配中观测到的氨基酸替代频率。20世纪60年代和70年代，由Margaret Dayhoff和她的同事首次开发了这些矩阵，并发现这些矩阵优于已有的只使用氨基酸相似理化性质的替代矩阵，这些矩阵用真实的数据模拟进化过程。用于生成这些矩阵的序列都非常相似，从而可以作出较可信的联配。此外，因为在一个位点上不大可能会发生一次以上的变异，高度相似表示在很短的时间内，只是由于一个突变事件造成的一个联配位点上氨基酸差异的较高概率。一个用于蛋白质序列的系统发育树（7.1 节），可以推导出曾发生过的突变。从这棵树上，研究者可以通过序列集合中各种类型的氨基酸的出现次数计算变异速率。

从这些比值有可能计算出在较长进化时期内任何一个氨基酸变异成其他氨基酸的概率。最后的替代分值矩阵是一个变异概率的对数矩阵。将概率转换为对数，使得最后的联配分值的计算可以通过加和所有排列后氨基酸对的独立分值，而不是把所有的概率值相乘。

有许多这样的矩阵，每个矩阵对应一个特定的**可接受突变（accepted mutation）**量。可接受突变是指在序列中已保留的突变。PAM 单位衡量了这个量，其中 PAM 代表可接受的点突变（每 100 个残基中可接受的点突变），这些矩阵一般称为 **PAM 矩阵（PAM matrix）**。较为常用的一种替代矩阵，PAM 250，这个矩阵是指平均 100 个残基上固定会发生 250 次突变；也就是说，很多残基都发生过一次以上的突变。此矩阵称为 PAM250。这种变化数量是接近于检测遥远关系的极限。其他矩阵，如 PAM120 矩阵，对应的是较小量的突变（图 4.4B）。

目前使用的 PAM 矩阵，也称为 Dayhoff 突变数据矩阵（MDM），最初于 1978 年创建。最近发展的矩阵使用了更新、更大的数据集。例如，PET91 矩阵，代表了新一代的 Dayhoff 矩阵。

BLOSUM 替代矩阵使用了局部高度保守区域序列的突变数据

BLOSUM 矩阵（BLOSUM matrix）是另一种很常用的氨基酸替代矩阵，它的基础是实际替代的数据。在 20 世纪 90 年代初，利用局部多重联配，而不是全局联配，相比于 Dayhoff 矩阵更晚得到了此矩阵。第一，分析蛋白质序列数据库 SWISS-PROT 中高度保守的较短区域。根据相似性聚类序列，如果序列的一致度比超过一个指定的阈值，则聚类在一起。在聚类中计算所有可能的氨基酸对的替代频率（没有构建系统发育进化树），并用以计算 BLOSUM（BLOck SUbstitution Matrix）分值。各种 BLOSUM 矩阵，使用了不同的一致度比的阈值用以聚类相似序列。例如，常用 BLOSUM-62 矩阵使用的阈值为 62%一致度比（图 4.4）。

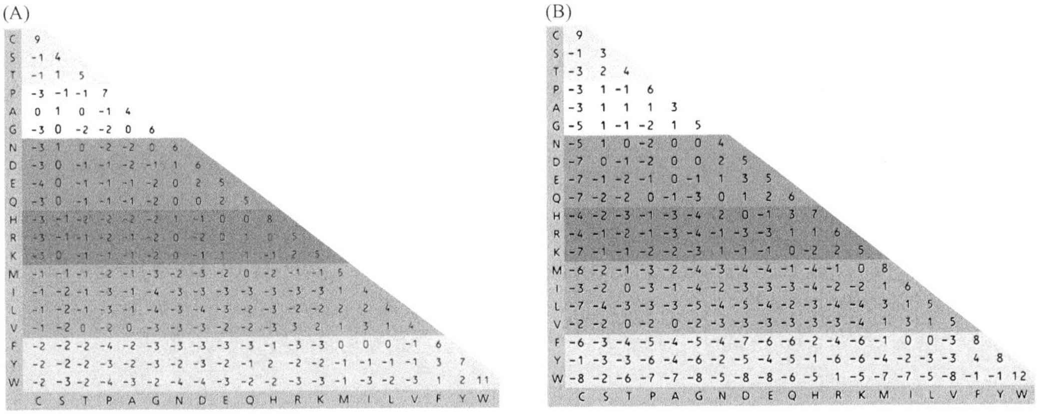

图 4.4 氨基酸替代打分矩阵。（A）BLOSUM-62 矩阵和（B）的 PAM120 替代矩阵。每个单元代表一个残基和另一个配对的分值（行×列），如在第 5.1 节中讨论的，在半位给出了这些值。彩色阴影表示不同的理化性质的残基（见图 2.3）：小型的极性为黄色；小型的非极性为白色；极性或酸性为红色；基本的为蓝色；大型的疏水性为绿色；芳香性的为橙色。（见文后彩图）

替代矩阵的选择取决于要解决的问题

由于有许多得分矩阵，因此很难知道使用哪一个。在一组矩阵中，如 PAM 或 BLOSUM 系列，不同的矩阵（如 PAM250 与 PAM120 或 BLOSUM-50 与 BLOSUM-80）适合于不同类型的问题。PAM 矩阵的数字表示进化距离，而 BLOSUM 矩阵数字表示一致度比。当联配序列预计关系较远时，像 PAM250 和 BLOSUM-50 是较可取的。PAM120 和 BLOSUM-80 用于更密切相关的序列较合适。

一些矩阵的创建使用了额外信息，如 STR 矩阵，包括已知的蛋白质结构的信息。即使序列联配本身不具有显著性，由于蛋白质结构比序列更保守，可以使用这种方法比较关系较远的蛋白质。

为了较好的处理一些特殊情况，研究者设计了一些打分矩阵。例如，矩阵 SLIM（ScoreMatrix Leading to Intra-Membrane）和 PHAT（（Predicted Hydrophobic and Transmembrane Matrix）是专为膜

蛋白设计的，它们的氨基酸组成和可接受突变的选择压和水溶性蛋白不同。2006 年，在称为 AALINDEX 的数据库列表中收录了 94 个矩阵，这些矩阵可在 GenomeNet 中被搜索到。

选择合适的矩阵时，除了考虑距离的进化程度，还要考虑联配的序列长度是否保持一致。在搜索序列数据库使用一个查询序列时，这尤其重要，因为评估的分值的显著性，需要考虑到序列的长度：序列越短，分值需要越高以达到判定的显著性。短序列需要使用较短的进化时间尺度的矩阵，如 PAM40 或 BLOSUM-80。100 个残基或以上的序列可以使用更长的进化时间尺度（如 PAM250 和 BLOSUM-50）。在第 5.4 节中更详细讨论了一个分值的显著性取决于联配的序列长度的原因。

4.4 插入空缺

在序列插入空缺以达到和另一条序列的相似度最大，需要罚分制度

从祖先序列分化后由于插入和删除［**插入缺失 (indels)**］同源序列往往具有不同的长度。为了实现尽可能多的正确匹配，在处理同源序列间的联配时，通常是在序列中插入空缺。为了显示出插入或删除的发生，在匹配序列中有一个字母或连续的字母时，在另一条序列中插入空缺（通常用连字符表示）用以达到更好的匹配。

必须明智地引入空缺：简单地插入大量的空缺强迫两个序列匹配将不能反映真实的情况，且会产生一个毫无意义的联配。若要限制引入的空缺，联配程序则使用**空缺罚分 (gap penalty)**：每引入一个空缺，在分值中扣去罚分，降低整体的联配分值。结构分析表明，在序列结构上很少会发生插入和删除，并且插入倾向于几个残基而不是一个单独的残基。在打分计划中包括了这一信息，对延长已有的空缺［**空缺延长罚分 (gap extension penalty)**］比引入一个新的空缺赋予一个较小的罚分。因此最理想的联配是返回最高分，它的引入空缺数最小。

在不同的联配程序中空缺罚分也不同，因此用户必须决定使用什么空缺罚分。应该记住的是，插入一个空缺必须能改善联配的质量，并因此使联配有最大匹配值。如果空缺罚分设置较高，那么在联配中将插入较少的空缺，因为加入空缺将大幅度降低最大匹配值。如果设置一个较低空缺罚分，那么会插入更多和更大的空缺。

因此，如果你搜索序列时采用严格匹配，空缺罚分应设置的较高。这往往会检索非常相近序列的一个或多个局部区域。如果你在相关较远的序列中搜索它们间的相似性，应设置较低的空缺罚分。请注意，不同的空缺罚分值适合于不同的替代矩阵。我们建议开始最好是使用已报道过表现较好的矩阵和空缺罚分的组合。

在一些联配程序中，空缺分值取决于和该空缺对应的残基的种类。某些类型的残基可能比其他的更保守，因为它们的侧链在决定结构或功能时更具重要性。一个例子是色氨酸，与色氨酸联配的空缺和甘氨酸联配的空缺相比较会减去一个更高的罚分。最好是采用正在使用的程序的默认值，然后提高或降低罚分来获得理想的联配。但是，尽可能保持较低的空缺数量。图 4.5 显示了 phosphatidylinositol-3-OH 激酶序列（来自牛肌醇 3-激酶 p110α）和 AMP（cAMP）依赖的**蛋白激酶 (protein kinase)** 序列间的联配（专栏 4.5），它们互相间的相似度很有限。

专栏 4.5　蛋白激酶和磷酸化激酶

磷酸化是最常见的迅速改变蛋白质活性的方法之一。磷酸化蛋白质的酶称为蛋白激酶，它在蛋白质的特定氨基酸残基上加入磷酸基团。大多数酶，如依赖 cAMP 的蛋白激酶，对丝氨酸或苏氨酸残基进行磷酸化，而其他一些则对酪氨酸残基。蛋白质的磷酸化作用，可通过磷蛋白磷酸酶逆转，它可以特定的去除磷酸基团。由于蛋白激酶对细胞活动和行为上有重要的调控作用，一般来说它的活性是被严格控制的。例如，依赖 cAMP 的蛋白激酶的激活是通过结合一个细胞内第二信使 cAMP，cAMP 是专门产生、作用于细胞表面受体上用以应对多种细胞外信号。磷脂酰肌醇-3-羟基激酶（肌醇 3-激酶）磷酸化细胞膜表面上的肌醇磷脂，在肌醇环上 3 位处添加一个磷酸基团。这个家族的其他成员，肌醇 4-激酶磷酸化肌醇环的第 4 位。然后磷酸化的脂类特异性地结合并激活其他蛋白质，如蛋白激酶，启动细胞内信号转导级联。肌醇 3-激酶参与发起胰岛素控制糖代谢的途径。除了激酶结构域上，肌醇 3-激酶和蛋白激酶在序列上很少存在相似性。

在第一个联配中（图 4.5A）空缺罚分设置的很高，因此程序插入了尽可能少的空缺。发现插入的空缺都在序列末端，通常，除非在末端的氨基酸之间有很明显的关系，末端的空缺不计入罚分。在第二个联配中（图 4.5B）设置了较低的空缺罚分，结果是插入了更多的空缺而匹配的氨基酸数量也增加

```
(A)
Bovine PI-3Kinase p110a          LNWENPDIMSELLFQNNEIIFKNGDDLRQDMLTLQIIRIMENIWQNQGLDLRMLPYGCLSIGDCVGLIEVVRNSHTIMQIQCKGGLKGAL
cAMP-dependent protein kinase    --WENPAQNTAHLDQFERIKTLGTGSFGRVMLVKHMETGNHYAMKILDKQKVVKLKQIEHTLNEKRILQAVNFPFLVKLEFSFKDNSNLY

Bovine PI-3Kinase p110a          QFNSHTLHQWLKDKNKGEIYDAAIDLFTRSCAGYCVATFILGIGDRHNSNIMVKDDGQLFHIDFGHFLDHKKKKFGYKRERVPFVLTQDF
cAMP-dependent protein kinase    MVMEYVPGGEMFSHLRRIGRFSEPHARFYAAQIVLTFEYLHSLDLIYRDLKPENLLIDQQGYIQVTDFGFAKRVKGRTWXLCGTPEYLAP

Bovine PI-3Kinase p110a          LIVISKGAQECTKTREFERFQEMCYKAYLAIRQHANLFINLFSMMLGSGMPELQSFDDIAYIRKTLALDKTEQEALEYFMKQMNDAHHGG
cAMP-dependent protein kinase    EIILSKGYNKAVDWWALGVLIYEMAAGYPPFFADQPIQIYEKIVSGKVRFPSHFSSDLKDLLRNLLQVDLTKRFGNLKNGVNDIKNHKWF

Bovine PI-3Kinase p110a          WTTKMDWIFHTIKQHALN-----------------------------------
cAMP-dependent protein kinase    ATTDWIAIYQRKVEAPFIPKFKGPGDTSNFDDYEEEEIRVXINEKCGKEFSEF
(B)
Bovine PI-3Kinase p110a          LNWENPDIMSELLFQNNEIIFKNGDDLRQDMLTLQIIRIMENIWQNQGLDLRMLPYGCLSIGDCVGLIEVVRNSHTIMQIQCKGGLKGAL
cAMP-dependent protein kinase    ?-WENPAQNTAHLDQFERIKTLGTGSFGRVMLVKHM--ETGNHYAMKILDKQKV-VKLKQIEHTLNEKRILQAVNFPFLVKLEFSFKDN-

Bovine PI-3Kinase p110a          QFNSHTLHQWLKDKNKGEIYDAAIDLFTRSCAGYCVATFILGIGDRHNSNIMVKD-DGQLFHIDFGHFLDHKKKKFGYKRERVPFVL--T
cAMP-dependent protein kinase    -SNLYMVMEYVPGGEMFSHLRR-IGRFSEPHARFYAAQIVLTFEYLHSLDLIYRDLKPENLLIDQQGYIQVTDFGFAKRVKGRTWXLCGT

Bovine PI-3Kinase p110a          QDFL---IVISKGAQECTKTREFERF-QEMC--YKAYLAIRQHANLFINLFSMMLGSGMPELQSFDDIAYIRKTLALDKTEQEALEYFMK
cAMP-dependent protein kinase    PEYLAPEIILSKGYNKAVDWWALGVLIYEMAAGYPPFFA-DQPIQIYEKIVSGKVRF--PSHFSSDLKDLLRNLLQVDLTKR--FGNLKN

Bovine PI-3Kinase p110a          QMNDAHHGGWTTKMDWI-----------------------FHTIKQHAL----N----------
cAMP-dependent protein kinase    GVNDIKNHKWFATTDWIAIYQRKVEAPFIPKFKGPGDTSNFDDYEEEEIRVXINEKCGKEFSEF
```

图 4.5　肌醇 3-激酶 p110α 和依赖 cAMP 的蛋白激酶间的双序列联配。请注意，蛋白激酶序列比 p110α 序列长很多。(A) 在联配中设置了非常高的空缺罚分。因此，只在开始和结束的序列处插入空缺。此联配的一致度比为 10%。(B) 此联配的空缺罚分较低。插入了更多的空缺以最大限度地增加匹配的残基数量。尤其明显的是在羧基末端区的天冬酰胺 (N) 残基对。此联配的一致度比为 18%。浅灰色块代表相同的氨基酸。

了（浅灰色表示为一致）。虽然在联配上有更多匹配上的残基和较低的空缺罚分，但这并不意味着次联配更准确。如上所示的联配，如果在序列上的同源性较低，必须使用一些专业知识，如活性位点的残基，用来决定这个联配是否是准确的。

动态规划算法可以决定引入最优空缺

实践上，联配序列几乎总是要在序列间插入空缺。寻找有空缺的最优联配的最显著的方法是产生所有可能的有空缺联配和其得分，然后选择得分最高的联配。但是这将极耗费时间，例如，对只有 100 个残基的序列将需要产生约 1075 个联配。只有在开发**动态规划算法（dynamic programming algorithms）**时在联配中引入空缺才变得可行，因此这可以避免不必要地产生大量非最优的联配。因为“动态规划”依赖于联配的序列，只有当它运行时（换言之动态地）才能反映建立此算法的精确性。

第一个在序列比较中使用动态规划的算法由 S. B. 德勒曼（S. B. Needleman）和 C. D. 文施（C. D. Wunsch）1970 年发表。他们的技术目前仍然是许多联配和序列搜索方法的核心。在他们的方法中，不论空缺的长短，都有相应的罚分值，更新的方法使用更为复杂的空缺罚分。实际的空缺分值，根据使用的不同类型的打分矩阵而不同。一个始终遵循的原则是，空缺彼此间不能联配。

Needleman-Wunsch 类型的算法的基本概念是，进行比较的基础是在两条序列间所有可能的氨基酸对可以进行比较。所有可能的配对是代表一个二维矩阵，其中一条序列在纵轴中，另一条沿着横轴。在配对中所有可能的比较是通过数组对每个评分。其原理和算法的方法将在第 5.2 节中详细描述。一般做法是从氨基端或羧基端开始进行联配，在每一步得到最高分的联配，排除所有其他可能的联配。

4.5　联配类型

对于不同情况采用不同类型的联配

在前面几节所描述的一般原则可以用来产生不同类型的联配（流程图 4.2）。两个密切相关的同源序列，一般其长度大致相同，因此它们的联配将覆盖整个序列范围。这称为**全局联配（global alignment）**，当你想比较或寻找整条序列间都密切相关的序列，全局联配通常是较恰当的方法。

另外，有许多情况下，只有序列的部分是相关的。一个简单的示例：两个蛋白质，都包括两种结构域，它们的氨基酸序列中只有一个结构域是相关的，另一个结构域完全无关。在这种情况下，唯一有意义的联配是对共享结构域的一个**局部联配（local alignment）**。只看全局联配，不能揭示序列间有限但是十分重要的相似性。这是一个多结构域的蛋白质间的比较的事例，如肌醇 3-激酶，它包括一些串联的蛋白质结构域（图 4.6）。因此可用局部联配程序检测这种蛋白质的共享结构域。

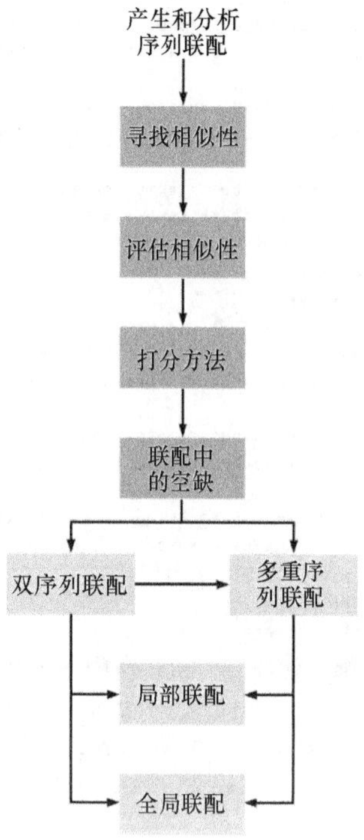

流程图 4.2　本节所介绍的关键概念是，有几种不同类型的序列联配，对某个特定问题，其中之一会是最适合的。

当在序列数据库中，采用未知蛋白质的序列查询搜索时，在初期，局部联配是一个非常有用的工具。一旦使用局部联配发现与序列高度相似的区域，可使用全局联配对序列上剩余的不太相似的区域进行联配。局部联配发现特定的结构点也是一个很好的工具，这些结构点来自于序列模式和模体。

一种广泛使用的局部联配算法是 Smith-Waterman 算法，它是 Needleman-Wunsch 算法的改进。和 Needleman-Wunsch 算法在整体上考虑序列不同，Smith-Waterman 算法比较所有可能长度的片段并选择优化那些相似性的片段。所使用的打分矩阵必须同时包括正值和负值，并且只考虑总分值为正的联配。因此，如果在特定的步骤延长联配时，任何可能的联配都有一个真值，则排除所有之前的联配，而新的联配被认为从该点开始。这使算法对精确匹配和不匹配的打分和空缺罚分十分敏感。第 5.2 节详细描述了该算法。

图 4.7 显示了牛肌醇 3-激酶 p110α 和依赖 cAMP 的蛋白激酶（cAMP-dependent protein kinase）完整的蛋白质序列的全局和局部联配，使用了基于 Web 的程序 ALLIGN（全局）和 LALIGN（局部）。虽然这些蛋白质在核心激酶的催化结构域有结构同源性，但很少有序列同源性。图 4.7A 显

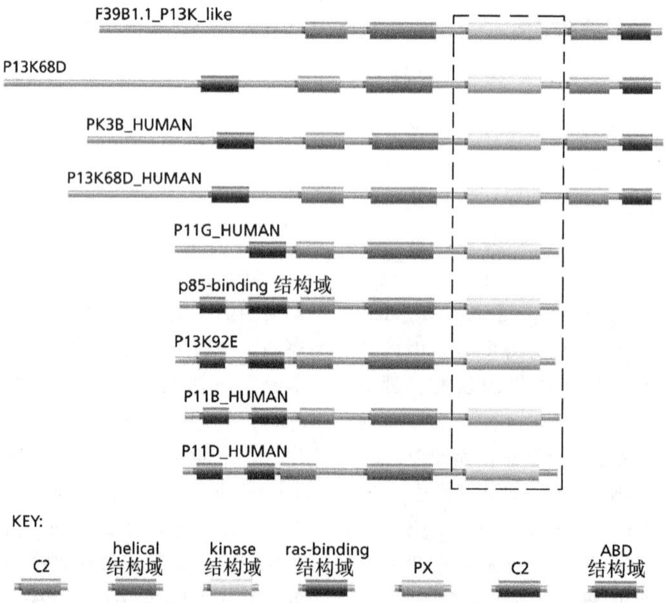

图 4.6　肌醇 3-激酶是一个多结构域的蛋白质。在这里显示了 Pfam 数据库中搜索肌醇 3-激酶 p110α 的催化结构域（虚线框）的一个可能的输出。此图还显示包含了肌醇 3-激酶和相关的肌醇 4-激酶的蛋白质家族的完整的结构域，肌醇 4-激酶催化肌醇磷脂的肌醇环的第 4 位上的磷酸化。其他条带代表其他结构域和它们的分布。

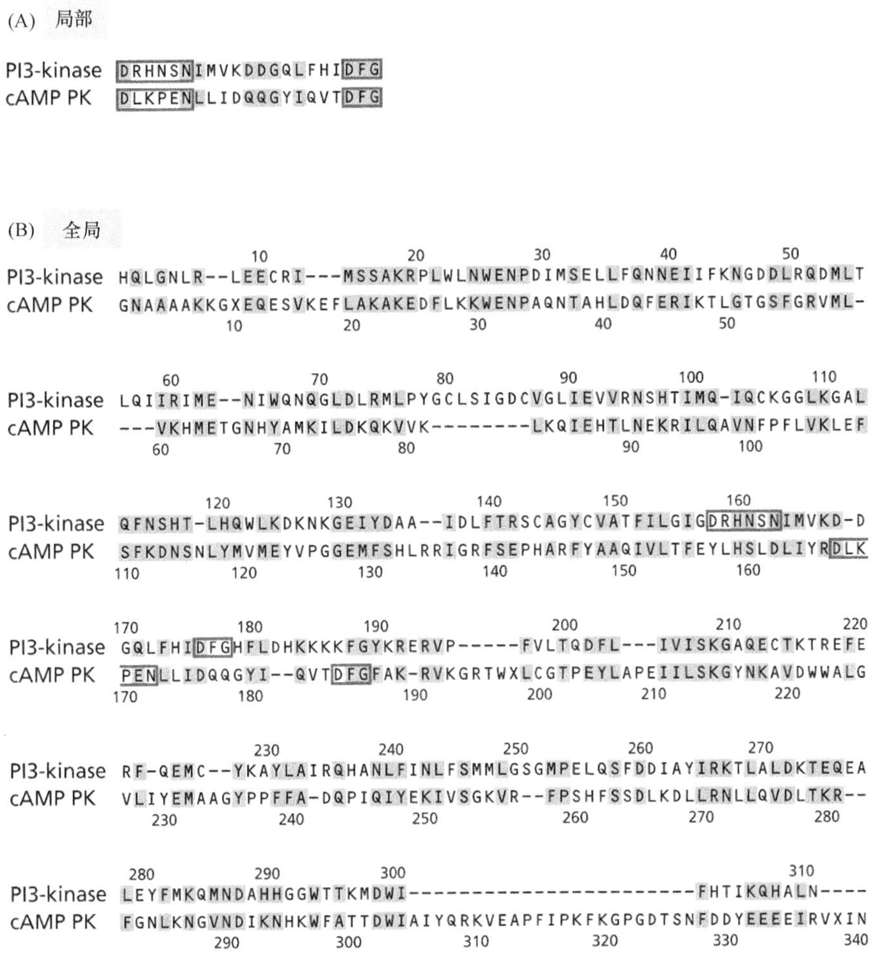

图 4.7　局部和全局联配。 图 4.5 显示了肌醇 3-激酶 p110α 和依赖 cAMP 的蛋白激酶（cAMP PK）的完整序列间的比较。（A）使用程序 LALIGN（FASTA 软件包的一个组件）的局部联配，匹配了一个激酶结构域上较短的保守区域包含了短小保守区域 DLKPEN 序列上的重要功能残基 D 和 N 和几乎所有的激酶中都共同的 DFG 重复。（B）由于整体较低的序列相似性，这两条序列的标准全局联配使用 ClustalW 没有匹配上重要功能残基每个序列的框中）。绿色块代表相同的氨基酸；灰色块代表相似的氨基酸。（见文后彩图）

示，在催化域的联配中，除已联配的 5 个区域外，发现了一个重要的保守区域。这一区域参与催化，并包含了有 3 个残基的模体 DFG，这在许多激酶中都是保守的。图 4.7B 表明，在这种情况下，全局联配无法识别这一区域。这两个序列间的同源性比例非常低（17.8%），正好在序列联配的午夜区。

对于全局和局部联配，目前存在的**双序列联配方法（pairwise alignment）**，只是两个序列间的联配，而**多重联配（multiple alignment）**其中有两个以上的序列互相之间进行联配。在本章的这一部分，我们主要用双序列联配例子，说明联配的打分和质量评估的一般原则。多重联配引入了关于联配计算问题的另一层面。在第 6 章将详细讨论该理论，但在这里将说明几个基本点。

多重序列联配能同时比较一些相似序列

多重联配是可以用来寻找特定蛋白质家族的模式，建立系统发育进化树，发现新序列和现有蛋白质家族之间的同源性，并帮助预测新序列的二级和三级结构，在第 11～14 章我们将看到更详细的描述。

一般来说，对于相似性，多序列联配会比双序列联配给予一个更可靠的评估。其原因是，在一个双序列联配中的模糊性，往往在和更多的序列进行比较后得到解决。多重联配比双序列联配提供了更多关于氨基酸位点的信息，如整体相似性和进化关系。这在使用序列比较方法构建系统分类发育树时尤其重要。多重联配在整个联配后在序列上证明序列保守性特别有用。这种多条序列共有的保守性可以说明哪些氨基酸对于功能或者对于蛋白质折叠的结构完整性来说十分重要。

有几种不同的技术可构造多重联配

许多方法可产生成多重联配。其中之一是动态规划方法的扩展，因此，和一对序列间采用二维矩阵不同，n 个蛋白质序列的联配使用了 n 维矩阵。不过，这局限于过大的计算需求，下面讨论的例子都没有使用这项技术。

其他方法，当使用动态规划法联配一对序列时，使用其他技术合并这些联配成为一个多重联配。树或多重联配的阶层方法被广泛使用，如多重序列联配程序 ClustalW。这个方法首先两两比较所有的序列，然后对这些两两联配数据进行**聚类分析（cluster analysis）**，按照它们的相似性顺序产生的阶层序列（图 4.8A）。阶层性是一个简单的系统发育树，并经常被称为**引导树（guide tree）**。多重联配的建立是在引导树的基础上初步联配大多数相似对，然后联配其他序列对直到所有的序列都已联配（图 4.8B）。但是这种方法有个问题，在最初的联配后就无法纠正任何错误，即使后来添加了其他新序列。例如，巴顿（Barton）和斯滕伯格（Sternberg）程序中的重复或随机抽样步骤可以避免这种困难（见第 6 章）。

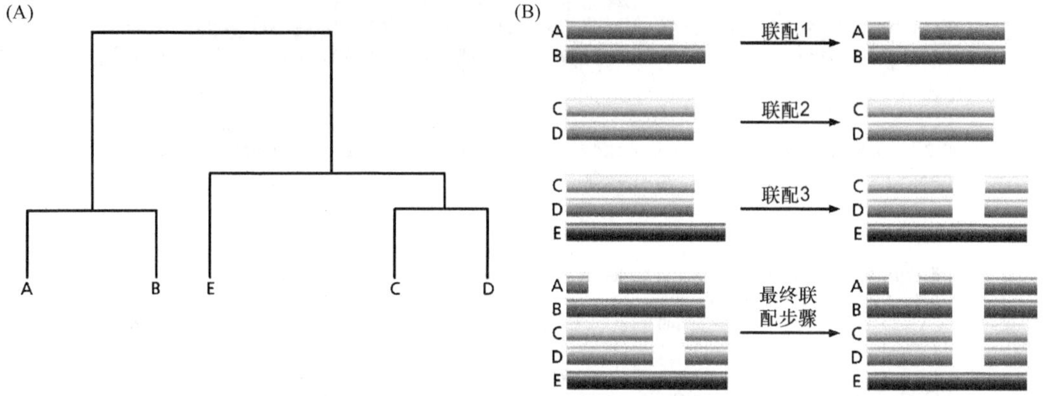

图 4.8　序列 A、B、C、D 和 E 间多序列联配的构树方法。首先是在所有可能的序列对间进行双序列联配，也就是 AB 间、AC 间、AD 间和其他等，以确定它们间的相对相似性（在此未显示）。(A) 在联配后运行聚类分析，按照它们彼此间相似性在树上排序。(B) 在下一步中，尽可能匹配最相似的序列对。然后联配下一个的最接近序列。重复此步骤联配完所有序列。

建立多重联配的其他方法包括片段法、保守法和**分治法（divide-and-conquer method）**。在分治法的联配中，首先切割该序列以降低要联配的序列长度，然后联配切割后的序列，最后它们合并成为一个多重联配（图 4.9）。最初，在适当剪切位点，接近于序列的中点，每个序列被切分为两部分。重复进行此过程，直到序列比预定长度短为止，预定长度是分治法中设置的一个参数。因此，联配一个较长的序列家庭的问题将分解为几个较短的联配任务。然后联配这些片段，最后获得原始序列的多重联配。

多重联配可以提高低相似性序列联配的精确度

在上面我们举例局部和全局联配中所用的同样蛋白质，依赖 cAMP 的蛋白激酶和肌醇 3-激酶，这次将用来说明改进多重联配可以联配低相似性序列。图 4.10A 显示了蛋白激酶和肌醇 3-激酶的双序列联配的一部分。活性位点区域和 DFG 模体并没有对在一起。图 4.10B 显示了 5 条不同的肌醇 3-激酶序列和蛋白激酶序列使用 ClustalW 默认设置的多重联配结果。多重联配的效果来自于增加肌醇 3-激酶的保守残基的权重，产生的联配在激酶结构域区域表现较好。

ClustalW 可以对 DNA 和蛋白质序列进行全局联配

如前面简述的，ClustalW 采用了多重联配的树方法。使用的默认设置，该程序易于使用，并可以通过一些网站访问它。要使用此程序，必须收集一些序列，这些序列可以从数据库中搜索获得，无论蛋白质或 DNA 序列都可以使用。可以在对话框中剪切并粘贴序列，使用默认设置（如空缺罚分和打分矩阵），你可以立即运行程序。如果需要，你也可以更改所有的设置。

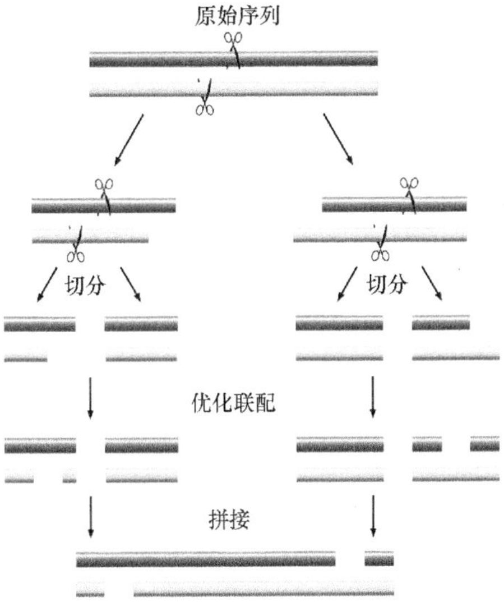

图 4.9　多重联配的分治法。需要联配的序列被分为两个区域，然后分为 4 个区域，依此类推，直到认为所有的片段足够短小以进行准确的最优联配。然后联配这些片段，在最后一步中，拼接所有片段的联配形成一个最终的多重联配。

通过合并一些局部联配可以构建多重联配

DIALIGN 是一个由布克哈德·摩根斯坦（Burkhard Morgenstern）和他的同事最近开发的多序列比较方法。标准的联配程序，如 ClustalW，在同一时间比较一对残基给予空缺罚分，反之，DIALIGN 通过比较整个没有空缺片段中的几个残基构建双序列联配和多重联配。从一对等长的无空缺片段构建联配，这对片段称为对角线，因为在其双序列比较矩阵中它们显示为对角线。在对角线上片段的长度不等。许多对角线是重叠的，因此程序必须找到一个组合可以合并成为一个连续的联配（见第 6.5 节）。由于片段中没有空缺，因此不需要使用空缺罚分参数。每个对角线给予的权重反映了两个片段间的相似程度。一个联配的整体评分，是所有对角线权重的总和，且程序会发现有最高分值的联配。可以设置阈值，使得只有在对角线的权重大于阈值才会考虑这一对角线，因此低相似性的区域将被忽略。由于 DIALIGN 是局部联配方法，它可能无法联配整条序列，并可能在联配残基片段中夹杂一些未联配片段。

图 4.11 显示了 5 个 SH2 结构域序列的联配，分别是使用 ClustalW、DIALIGN、分治法（DCA）和 BaliBase 上的结构和功能联配相比较，BaliBase 上的联配可认为是精确的。所有三种方法都在一定程度上不能插入一个空缺然后正确地联配第一个螺旋的残基。ClustalW 在这一区域上略差，它切分了该螺旋，不过它在 FLVR 区域重要结合位点第二个核心区的保守性上做的较好。在联配最后一个螺旋时，DCA 法不如 ClustalW 或 DIALIGN。但是，所有的联配程序总体上表现较好并且有用，它们往往能在给与额外信息的基础上，产生非常接近于正确的联配，如 BALiBase 中的联配。

一旦获得了令人满意的联配，现在在网络有很多程序提供查看、分析，甚至编辑联配结果，如 AMAS（analyze multiply aligned sequences）、CINEMA（colour interactive editor for multiple alignments）和 ESPript（easy sequencing in postscript）。

```
(A) p110α        TFILGIGDRHNSNIMVKDDG-QLFHIDFGHFLDHKKKKFGYKRERVPFVLT--QDFLIVI 142
    cAMP-kinase  QIVLTFEYLHSLDLIYRDLKPENLLIDQQGYIQVTDFGFAKRVKGRTWXLCGTPEYLAPE 179

(B) p110β        SYVLGIG----------DRHSDNINVKKTGQLFHIDFGHILGNFKSKFGIKRERVPFILT 136
    p110δ        TYVLGIG----------DRHSDNIMIRESGQLFHIDFGHFLGNFKTKFGINRERVPFILT 136
    p110α        TFILGIG----------DRHNSNIMVKDDGQLFHIDFGHFLDHKKKKFGYKRERVPFVLT 135
    p110γ        TFVLGIG----------DRHNDNIMITETGNLFHIDFGHILGNYKSFLGINKERVPFVLT 135
    p110_dicti   TYVLGIG----------DRHNDNLMVTKGGRLFHIDFGHFLGNYKKKFGFKRERAPFVFT 135
    cAMP-kinase  QIVLTFEYLHSLDLIYRDLKPENLLIDQQGYIQVTDFGFAKRVKGRTWXLCG--TPEYLA 177
```

图 4.10　5 条肌醇 3-激酶 p110α 的催化结构域序列的部分和一条依赖 cAMP 的蛋白激酶序列间的双序列联配和多重序列联配。（A）肌醇 3-激酶 p110α 和蛋白激酶的双序列联配没有匹配上重要的活性位点和 DFG 模体（为浅灰色）。（B）蛋白激酶和 5 条肌醇 3-激酶（它们整体上存在相当大的同源性）的多重联配，匹配上了最佳的保守区域。在这里，所有序列上 DFG 模体和重要残基 N 和 D（为浅灰色）正确地匹配了。此外，显然 G（为浅灰色）是完全保守的（相同的），而三个残基在理化性质上是保守的（为深灰色）。

(A) structural/functional alignment from BAliBase

```
1csy   SHEKMPWFHGKISREESEQIVLIGSKTNGKFLIRARD--NNGSYALCLLHEGKVLHYRIDKDKTGKLSIPEGK-KFDTLWQLVEHYSYKA------DGLLRVL-TVPCQK
1gri   EMKPHPWFFGKIPRAKAEEML-SKQRHDGAFLIRESES-APGDFSLSVKFGNDVQHFKVLRDGAGKYFL-WVV-KFNSLNELVDYHRSTS-VSRNQQIFLRDIEQVPQQ-
1aya   ---MRRWFHPNITGVEAENLLLTRG-VDGSFLARPSKS-NPGDFTLSVRRNGAVTHIKIQN--TGDYYDLYGGEKFATLAELVQYYMEHHGQLKEKNGDVIEL-KYPLN-
2pna   -LQDAEWYWGDISREEVNEKLRDT--ADGTFLVRDASTKMHGDYTLTLRKGGNNKLIKIFH-RDGKYGFSDPL-TFNSVVELINHYRNES-LAQYNPKLDVKL-LYPVS-
1bfi   HHDEKTWNVGSSNRNKAENLLRGK--RDGTFLVRESS--KQGCYACSVVVDGEVKHCVINKTATG-YGFAEPYNLYSSLKELVLHYQHTS-LVQHNDSLNVTL-AYPVYA
```

(B) DIALIGN multiple sequence alignment

```
1csy   SHEKMPWFHGKISREESEQIVLIGSKT-NGKFLIRAR-DN--NGSYALCLLHEGKVLHYRIDKDKTGKLSIPEGKK-FDTLWQLVEHYSYKA-------DGLLRVLT-VPCQK
1gri   EMKPHPWFFGKIPRAKAEEML--SKQRHDGAFLIRESESA--PGDFSLSVKFGNDVQHFKVLRDGAGKYFLWVV-K-FNSLNELVDYHRST--SVSRNQQIFLRDIEQVPQQ-
1aya   M---RRWFHPNITGVEAENLLLTRGV--DGSFLARPSKSN--PGDFTLSVRRNGAVTHIKIQNTGDYYDLYG-GEK-FATLAELVQYYMEHHGQLKEKNGDV-IELK-YPLN-
2pna   LQDAE-WYWGDISREEVNEKL--RDTA-DGTFLVRDA-STKMHGDYTLTLRKGGNNKLIKIFHRDGKYGFSD-PLT-FNSVVELINHYRNE--SLAQYNPKLDVKLL-YPVS-
1bfi   HHDEKTWNVGSSNRNKAENLL--RGKR-DGTFLVRES-SK--QGCYACSVVVDGEVKHCVINKTATGYGFAE-PYNLYSSLKELVLHYQHT--SLVQHNDSLNVTLA-YPVYA
```

(C) ClustalW multiple sequence alignment

```
1csy   SHEKMPWFHGKISREESEQIVLIGSKTNGKFLIRARDN--NGSYALCLLHEGKVLHYRIDKDKTGKLSIPEGKKFD-TLWQLVEHYSYK------ADGLLRVLTVPCQK
1gri   EMKPHPWFFGKIPRAKAEE-MLSKQRHDGAFLIRESES-APGDFSLSVKFGNDVQHFKVLRDGAGKY-FLWVVKFN-SLNELVDYHRSTS-VSRNQQIFLRDIEQVPQQ
1aya   ---MRRWFHPNITGVEAEN-LLLTRGVDGSFLARPSKS-NPGDFTLSVRRNGAVTHIKIQNT-GDYYDLYGGEKFA-TLAELVQYYMEHHGQLKEKNGDVIELKYPLN-
2pna   -LQDAEWYWGDISREEVN--EKLRDTADGTFLVRDASTKMHGDYTLTLRKGGNNKLIKIFHR-DGKYGFSDPLTFN-SVVELINHYRNES-LAQYNPKLDVKLLYPVS-
1bfi   HHDEKTWNVGSSNRNKAE--NLLRGKRDGTFLVRESSK--QGCYACSVVVDGEVKHCVINKT-ATGYGFAEPYNLYSSLKELVLHYQHTS-LVQHNDSLNVTLAYPVYA
```

(D) divide-and-conquer multiple sequence alignment

```
1csy   SHEKMPWFHGKISREESEQIVLIGSKTNGKFLIRA-RDNN-GSYALCLLHEGKVLHYRIDKDKTGKLSIPEGKK-FDTLWQLVEHY-SY----KADGLLRV-L-TVPCQK
1gri   EMKPHPWFFGKIPRAKAEEMLS-KQRHDGAFLIRE-SESAPGDFSLSVKFGNDVQHFKVLRDGAGK-YFLWVVK-FNSLNELVDYH-RSTSVSRNQQIFLRDIEQVPQQ-
1aya   ---MRRWFHPNITGVEAENLLL-TRGVDGSFLARP-SKSNPGDFTLSVRRNGAVTHIKIQNTGDYY-DLYGGEK-FATLAELVQYYMEHHGQLKEKNGDVIEL-KYPLN-
2pna   -LQDAEWYWGDISREEVNEKL--RDTADGTFLVRDASTKMHGDYTLTLRKGGNNKLIKIFHRDGKY-GFSDPLT-FNSVVELINHY-RNESLAQYNPKLDVKL-LYPVS-
1bfi   HHDEKTWNVGSSNRNKAENLL--RGKRDGTFLVRE-SSKQ-GCYACSVVVDGEVKHCVINKTATGY-GFAEPYNLYSSLKELVLHY-QHTSLVQHNDSLNVTL-AYPVYA
```

图 4.11 已知结构的联配在序列联配检查中十分有用。(A) 按照 5 个 SH2 结构域在 BAliBase 中的序列/结构联配，它们的序列多重联配。α 螺旋显示为红色，β 链为黄色。(B) 由 DIALIGN 获得的相同序列的多重联配。(C) 由 ClustalW 获得的多重联配。(D) 由分治法获得多重联配。在各个算法的性能间没有多少区别（全部使用默认设置运行），尽管一些联配程序破化了二级结构上的元素，图上用虚线表示。列在结构域左侧的名字来自于蛋白质数据库（PDB）。（见文后彩图）

增加新信息可以改进联配

两条或两条以上的序列的联配的改进可以通过加入一些专业知识（如一条或更多序列已知的结构性质）。例如，如果其中的一个要联配的蛋白质序列的结构是已知的，则对已知二级结构的区域的罚分可增加，如 α 螺旋或 β 链，因为在这些区域上很少发生插入或删除。这将意味着在这些区域将很少甚至不引入空缺。另外，在环区可以降低空缺罚分，因为在此区域中会有插入和删除。

很多时候，在自动联配程序后又采用人工调整后的结果会好很多。例如，如果某个残基，已知其结构、功能或结合的配体，那么这些残基的联配可能需要人工调整。

4.6 检索数据库

目前在分子生物学的几乎每个分支上，序列数据库检索都发挥着作用，而且对于了解从基因组项目中获得序列数据十分关键。例如，人们可能希望用 DNA 序列搜索数据库发现并确定一个新基因组的基因。当已知一个蛋白质序列时，通过数据库搜索，用于鉴定其潜在功能。有时，人们想找到基因组中的一个特殊的蛋白质的基因，可以通过搜索同源蛋白序列或 DNA 序列获得。

现在我们讨论的搜索序列数据库实际上是搜索相似于查询序列的序列或用我们向数据库提交的序列搜索（流程图 4.3）。当在数据库使用一个新确定

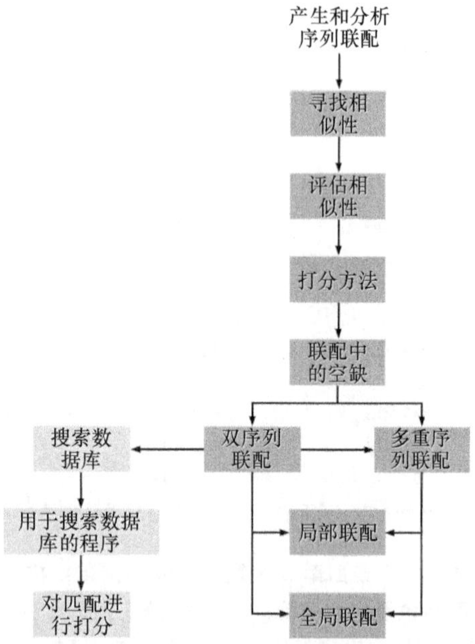

流程图 4.3 在这里和下面部分将引入的关键概念是一些程序，它们解决了在数据库搜索和查询序列相类似序列的问题，还包括需要注意取得的联配分值的统计学上显著性。

的 DNA 或蛋白质序列搜索一个数据库时，通常无法预期相似性是存在于整个查询序列上或仅仅是一部分，同样也没有人知道，匹配是在数据库序列全长上或仅仅是部分。因此，一开始需要寻找查询序列和数据库中序列间的局部联配。数据库中得到最高分的序列可以作为候选，作进一步分析。

数据库搜索必须敏感度高，以便于检验较远的同源性，避免**假阴性（false-negative）**搜索，或者更具体地说是排除掉由于偶然才具有相似性的无关序列［**假阳性（false-positive）**干扰］。这不是一个容易实现的平衡，必须小心检验搜索结果。一般来说，无法从肉眼观察联配决定数据库中序列和查询序列是否是真正的同源序列。然而，打分统计分析提供了有用的度量来估计 hit 的有效性。数据库搜索的一个重要方面是需要正确地解释数据库检索，这将在本章后面讨论，并在第 5.4 节更详细地说明。

已开发了快速而准确的搜索算法

目前序列数据库都非常庞大，而且每天都在增加。这意味着，用查询序列联配数据库中序列需要大量的计算机资源。过去，这超过了现有的计算能力，因此需要大力发展迅速而又准确的联配方法。目前几乎所有使用中的数据库搜索程序都是前面所讨论过的严谨方法的改进。就某种意义上来说，Needleman-Wunsch 和 Smith-Waterman 方法是严谨的，给予它们打分方法时肯定可以在两条序列中找到一个最高得分的联配。在数据库搜索时共同使用的两个程序为 FASTA 和 BLAST。只有在数据库条目有部分序列和查询序列足够相似时，FASTA 和 BLAST 才会使用动态规划法。这些方法发现这些条目是种纯粹的探索方法，也就是非严格的。

FASTA 格式是一个基于较短的相同片段匹配的快速的数据库搜索方法

FASTA 格式是一种流行的数据库搜索程序，它丧失了一些灵敏性增加搜索速度。它采用 **k 元组（k-tuples）**加速搜索进程，*k* 元组是 *k* 个连续残基的短片段。蛋白质搜索中 *k* 可以等于 1 或 2，而 6 是一个 DNA 的典型值。程序在查询序列中创造了一个所有可能的 k 元组的辞典。每个条目包含一列数字，描述了 k 元组在查询序列中的位置。这称为**散列（hashing）**，在第 5.3 节中将描述它背后的理论。因此，对每个搜索序列的 k 元组，FASTA 只有查询字典找出它是否存在于查询序列中。但是灵敏度会由此降低，因为会忽略一个只有部分匹配的 k 元组（如 DNA 的 AC 到 AG）。因此，虽然采用 k 元组的长度、速度增加了，但灵敏度会下降。

所有 FASTA 方法的第一步是确定所有可能的 k 元组对：它们可被认为是一些点图上的对角线。第二步，使用一个打分矩阵，如上面所介绍的一些，重新对这些对角线的联配打分。在这一步，延长 k 元组区域并不包含空缺，只保留那些分数超过一定阈值的对角线。第三步，该程序检查是否有一些最高分的对角线可以组合在一起。最后，使用动态规划法对得分最高的搜索序列和查询序列进行联配。最终联配分值在数据库条目中的排名并报道了最高分的集合。

BLAST 的基础在于发现非常相似的短片段

BLAST（基本局部联配搜索工具）或 Wu-BLAST（BLAST 的一个版本，由华盛顿大学圣路易斯开发）是使用最广泛的数据库搜索程序组件之一。它依赖于寻找核心相似性，这是由一个预设的窗口大小［称为“词”（word）］所定义，这个窗口有一定的最低匹配密度（用于 DNA），或者氨基酸的相似度分值超过一定阈值（用于蛋白质）。请注意，这些氨基酸的文字匹配（word-match）不仅只包括一致度，还有采用一个标准的替代矩阵的打分分值。第一步，在每个数据库序列中定位所有合适的匹配。随后，延长不含空缺的匹配，并在此基础上排名数据库中序列。然后对得分最高的序列使用动态规划，以获得最终的联配和分值。运行 BLAST 和 Wu-BLAST 可以使用或不使用空缺。BLAST 的空缺设置，通常是默认的，报道最佳的局部联配，并适合于大多数程序。无论是 FASTA 还是 BLAST 方法都将在第 5.3 节中的详细描述。

对不同的问题采用不同版本的 BLAST 和 FASTA

有许多搜索算法可以用于搜索核酸或蛋白质序列，甚至可以使用核酸序列搜索蛋白质序列数据库，反之亦然。但是，你需要对所需类型的搜索选择正确的程序。在 BLAST 中，如可以选择其中的 blastp，使用氨基酸序列查询蛋白质序列数据库；blastn，使用核苷酸序列查询核苷酸序列数据库；blastx，使用核苷酸序列翻译后的所有可读框查询蛋白质序列数据库；tblastn，使用蛋白质序列查询所有核苷酸序列数据库动态翻译后的可读框；最后，tblastx，使用核苷酸序列的 6 种可能的翻译查询核苷酸序列数据库中的 6 种可读框翻译。FASTA 的组件也有类似的搜索程序（表 4.1）。

表 4.1 FASTA 软件包内各种算法的用途说明。高亮标记了和 BLAST 软件包内等同的程序。fasta 中 ktup 参数定义了一个 k 元组的长度，这在第 5.3 节中将解释。

程序	描述	对应的 BLAST
fasta	在蛋白质数据库中比较蛋白质，或在 DNA 数据库中比较 DNA。对蛋白质，默认的 ktup=2（ktup=1 是比较敏感的），而 DNA 的默认值为 6；4 或 3 更为敏感。在短的 DNA 片段上使用 1	blastp/blastn
ssearch	使用 Smith-Waterman 算法，可以在蛋白质数据库中搜索蛋白质，或在 DNA 数据库中搜索 DNA。在搜索蛋白质序列时比 fasta 更敏感	
fastx/fasy	在蛋白质数据库中比较 DNA。DNA 翻译成三种可读框。fasty 比 fastx 速度慢但是效果好。使用它看 DNA 是否编码蛋白质	blastx
tfastx/tfasta	蛋白质和 DNA 数据库相比较。主要用于识别 EST 序列。优于 fastx，因为在蛋白质比较中比 DNA 敏感	tblastn（tblastx 比较所有翻译后的 DNA 和翻译后的 DNA 数据库）
fastf	混合肽序列（如由 Edman 降解获得的）和蛋白质数据库相比较	
tfastf	混合肽序列和 DNA 序列数据库相比较	

PSI-BLAST 基于配置文件的数据库搜索

现已开发了 BLAST 的变种，如 PSI-BLAST（position-specific iterative BLAST）。

这个程序组件应用某一特定蛋白质家族的功能特征，在蛋白质序列数据库中找到相关序列，并可以找到一些相关序列，这些序列的相似性太远以至于直接使用 BLAST 搜索不到。在 PSI-BLAST 中，从最初的 BLAST 搜索中返回的最高分的联配中构建了**配置文件（profile）**，或者序列集的**位点特异性打分矩阵（position-specific scoring matrix，PSSM）**（见第 6.1 节）。通过计算此联配中每个位点的新得分，建立了 PSSM。对特定位置上高度保守的残基指定一个较高的正值，而对这个位置上其他残基指定一个较高的负分。在整个联配中保守性较弱的位点上的残基给予的分值接近于零。产生的配置文件用以替换其后的 BLAST 搜索中的替代矩阵。这个过程重复多次，每次搜索中产生的结果不断用于更新配置文件。这种类型的迭代搜索使灵敏性增加，并在蛋白质折叠辨认程序中取得了很好的效果，如 3D-PSSM（见第 13 章）。

目前关于找到相关更远的同源序列和发现已知的家族间的关联的方法正在探索研究中。这些方法包括，如使用**中间序列（intermediate sequence）**，即序列存在于一个以上的家族中。假设我们向数据库中提交一个未知序列 A，在显著性结果中会有一个蛋白质称为中间蛋白质。随即，我们向同一个数据库中提交一个未知序列 B，同样也返回了一个具有显著性分值的中间蛋白质。那么，尤其是当发现多个这样的中间序列时，我们可以推论序列 A 和 B 同源，因为它们所属的家族相关。通过自动化的应用程序可以方便地实现这样的设想。

SSEARCH 是一个严格的联配方法

尽管有计算上的要求，人们还是开发了一些程序使用了严格的方法来检索数据库。SSEARCH 是一个基于 Smith-Waterman 算法的搜索程序，因此它的速度比 BLAST 或 FASTA 都慢。SSEARCH 在查询序列和数据库间对相似性执行一个严格的搜索。其他基于 Smith-Waterman 算法的搜索程序也被开发出，并且随着计算机计算能力的增加变得更加流行。

4.7 搜索核酸或蛋白质序列

可直接使用或翻译后的 DNA 或 RNA 序列

一般来说，核酸序列搜索比蛋白质序列搜索更难处理和分析。然而，大多数原始数据以核酸序列的形式存在。如果你有一个未翻译的 DNA 或 RNA 序列，你想知道这个 DNA 是否编码一种蛋白质，可以使用 fasta、ssearch、blastn（表 4.1）去搜索 EST（表达序列标签）或者 EMBL、nr（非冗余）数据库或特异的物种基因组 EST 数据库，如 ESTRodent。结果很可能会很混乱，在结果中会发现很多部分序列的匹配。许多返回的序列也是未知序列。使用 fastx/fasty（或者 blastx）更简单的搜索，将翻译 DNA 两条链的所有三种可读框，共 6 个翻译，并在所选择的蛋白质数据库中搜索。在第 9 章中将详细介绍关于处理DNA序列的例子。

必须测试数据库的匹配质量，以确保其不可能是偶然发生

联配的优劣程度和数据库搜索的可信度有多高？在进一步使用结果之前必须回答这些重要问题。选择每个报道的联配的基础是其得分。我们需要知道的是，分值是否大于一个我们预期的联配，此联配是序列和一个随机（无关的）序列间的联配。然而，在分值和序列相似性的显著性两者之间有着一个复杂的关系。举例来说，因为每对联配后的残基都对分值有贡献，假设存在同等程序的相似性时，较长的序列将会有更高的分值。

如果产生的大量随机序列与查询序列联配，由此产生的联配分值将遵循一个特殊的分布。因为我们总是选择最高得分的联配，分布将和极值分布有关（见第5.4节）。通过应用这种分布，就可能估计两条随机序列间联配的分值大于或等于 S 的概率。这通常称为**期望值（expectation value）**或 ***E* 值（*E*-value）**，应用于数据库搜索结果的排序。

程序BLAST和FASTA计算的 E 值，是至少为 S 分的联配的数目，S 是指偶然搜索有 n 条序列的完整数据库中所预期的值。这些 E 值的范围可以为 $0\sim n$。例如，偶然，你期望在数据库中找到三条序列的联配，它的 E 值等于或小于3.0，因此一个3.0的 E 值是指数据库序列和查询序列不相关。相当密切相关的序列的 E 值往往非常小，10～20或以下，而这些分值清楚地表明了数据库序列和查询序列间的显著相似性。但是，我们需要知道多大的 E 值仍然可以可靠地表示显著的序列相似性。重要的是我们需要记住，E 值取决于序列的长度和数据库中的序列数目以及联配的分值。

一般来说，E 值越小，联配则越佳，且一致度比越高，查询序列和数据库序列间相似性的显著性评估则越可靠。默认的 E 值的阈值设置为0.01或0.001。不过，大多数程序允许用户设置 E 值的阈值，超过此阈值的匹配将不包括在输出中。

为了测试新的或现有的序列联配程序和它们的打分方法，你可以比较程序获得的联配和在已知结构特征或生物功能基础上精心构建的联配。有些数据库存有这样的精确联配后的序列，如BAliBase。

选择一个适当的 E 值的阈值有助于限制数据库搜索

为了说明在网上可进行的一些序列搜索，联配和分析，我们将使用两个例子：一个是肌醇激酶的催化域，另一个是蛋白质相互作用结构域SH2。在BAliBase中可获得SH2结构域家族的结构信息和准确的联配。

人类 *Syk* 酪氨酸激酶羧基端SH2结构域（human *Syk* tyrosine kinase carboxy-terminal SH2 domain）是第一个查询序列。在Swiss-Port数据库中采用BLAST的蛋白质搜索找到了比默认 E 值低的149条序列。所有这些都和SH2结构域相关，需要处理这些大量信息。所有的 E 值都非常低，这表明所有的结果都具有显著性。这是一种结果超载的情况。在此事例中，降低 E 值的阈值没有效果，因为所有的结果都远远小于所使用的阈值。

为了减少大量的hit，可以搜索数据的一个子集。例如，只在数据库中最新的序列［即“月(month)”选项，也就是上个月递交的］或一个特定的基因组数据库。在过去一个月公布的序列中搜索出8条序列，都具有显著性分值，其中3条是尚未确定的。在果蝇基因组数据搜索中产生3条序列，这三条都是未知的。注意到一个匹配上SH2的区域（果蝇3R染色体臂的一部分），用此序列通过SWISS-Prot查找，发现一条高度显著的hit，大鼠蛋白质的SH2结构域。因此，我们可以发现一个以前未知的含有SH2结构域的果蝇序列。

这个例子说明了使用一个较好代表性的家族通过数据库的检索，并说明了可能会出现的问题。我们现在看一个不具有很好代表性的家族，肌醇3-激酶。

首先，使用BLAST，E 值的阈值设置为1，用肌醇3-激酶p110α的催化结构域蛋白质序列，在SWISS-Prot数据库中检索，发现了32条序列。在这种列表中，有3条几乎相同的p110α的亚型，它们的 E 值为0.0，即取得这样一个随机序列匹配的概率为零。只有一个匹配并不具有显著性：核苷二磷酸还原酶（ribonucleoside-diphosphate reductase）的 E 值为0.59（图4.12A）。从它的功能上看，这显然是一个不同的酶，但是这个既是还原酶也是激酶的酶反应涉及一个核苷酸，这可能导致一些序列间的一些较低相似性。需要进一步和更彻底地检查任何这样的偶然结果。如果我们重新运行搜索，设置截至的 E 值为0.01（建议的设置）就只会返回显著性结果。

采用BLAST搜索序列子集，如只在那些在一个月内发布的序列，发现两个hit：一个是同源的肌醇3-激酶，一个是具有显著 E 值肌醇4-激酶，另一个是一个拟南芥蛋白质，atRad3的一个片段，它的 E 值在显著性的边缘。在搜索输出显示的匹配序列长度（图4.12B）中，和匹配的肌醇4-激酶长度，图上为玫红色，相比较，肌醇3-激酶片段似乎过于短以至于很难引起关注。因为这个原因，现在对这个hit可以重新归类为不具有显著性。

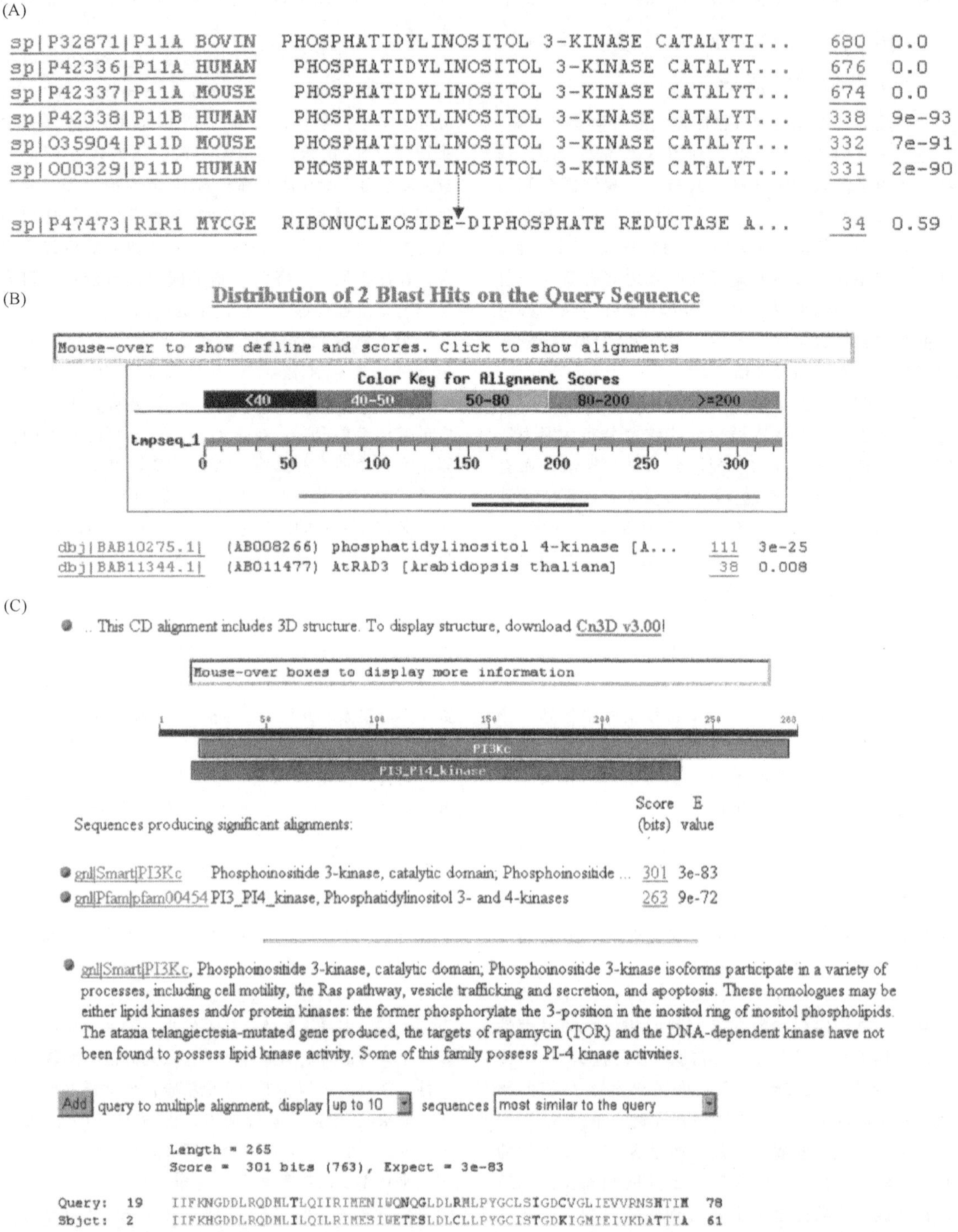

图 4.12 在 SWISS-Prot 蛋白质序列数据库中，使用 BLAST，查询序列为肌醇 3-激酶 p110α 的搜索结果。（A）标准 BLAST 搜索的输出。每一行报告一个独立的数据库序列。倒数第二列给出联配分值，最后一列是 *E* 值。在箭头之前的 hit 具有显著性，而箭头下的 hit 不具有显著性。（B）在一个月内的新序列中的 BLAST 搜索，使用了和（A）中相同的查询序列，发现只有两个匹配。一个是肌醇 4-激酶，它和查询序列的联配最一致（玫红色线）。另外一个则只有很小的区域联配（黑线）且它的分值在边缘处。（C）保守结构域数据库（Conserved Domain Database ，CDD）中输出的搜索。（见文后彩图）

另一个 BLAST 检索服务器中可获得的有用选项是一个保守结构域数据库（Conserved Domain Database，CDD）条目的并发检索。图 4.12C 显示选择这个选项的肌醇 3-激酶序列的结果。蛋白质往往包含多个结构域，CD 搜索程序能在蛋白质序列中识别潜在的结构域。CDD 包括了来自于 SMART 与 Pfam 蛋白质家族数据库的结构域。为了确定蛋白质序列中保守的结构域，CD 方法使用 BLAST 算法，其中查询序列的匹配采用从保守的结构域联配中得到的 PSSM。显示的匹配是查询序列和代表性的结构域序列间的双序列联配或多重联配。

在 SWISS-Prot 中，用 FASTA 搜索 p110α 序列，使用默认设置（k 元组=2）产生了 36 个 hit，其中 8 个不具有显著性分值（图 4.13）。在这 8 个中，BLAST 也发现了核苷二磷酸还原酶。虽然这两个 FASTA 和 BLAST 报告中的 *E* 值，实际值是不同的，这反映了使用方法间的细微差别。在 SWISS-Prot 数据库中采用默认设置，使用 SSEARCH 搜索发现了 29 个显著性的 hit。SEARCH 是一个更严格的方法，它发现的 hit 比 BLAST 或 FASTA 发现的要少。

```
the best scores are:                                                   E(86391)
SW:P11A BOVIN P32871 PHOSPHATIDYLINOSITOL 3-KINAS  (1068) 2228 493 1.2e-138
SW:P11A HUMAN P42336 PHOSPHATIDYLINOSITOL 3-KINAS  (1068) 2216 490 7.4e-138
SW:P11A MOUSE P42337 PHOSPHATIDYLINOSITOL 3-KINAS  (1068) 2204 488 4.5e-137
SW:P11B HUMAN P42338 PHOSPHATIDYLINOSITOL 3-KINAS  (1070) 1126 254 1.1e-66

                              ↓ other sequences

SW:ESR1 YEAST P38111 ESR1 PROTEIN.                 (2368)  144  41    0.028
SW:PRA2 USTMA P31303 PHEROMONE RECEPTOR 2.         ( 346)  116  35     0.35
SW:TEL1 YEAST P38110 TELOMER LENGTH REGULATION PR  (2787)  127  37     0.42
SW:YA51 METJA Q58451 HYPOTHETICAL PROTEIN MJ1051.  ( 513)  112  34     0.91
SW:RIR1 MYCGE P47473 RIBONUCLEOSIDE-DIPHOSPHATE R  ( 721)  106  33        3
SW:YAY1 SCHPO Q10209 HYPOTHETICAL 44.8 KDA PROTEI  ( 392)   99  31      5.1
SW:PAFA CAVPO P70683 PLATELET-ACTIVATING FACTOR A  ( 436)   96  30      8.8
SW:KC47 ORYSA P29620 CDC2+/CDC28-RELATED PROTEIN   ( 424)   95  30      9.9
```

图 4.13　SWISS-Prot 蛋白质数据库中使用 FASTA，查询序列为肌醇 3-激酶 p110α 搜索的输出结果。得到 36 个 hit。其中 8 个没有显著性分值（箭头以下）。BLAST 也发现了其中的一个核苷二磷酸还原酶。FASTA 中的 *E* 值和 BLAST 中的不同。

低复杂度区域可以将同源性搜索复杂化

复杂化序列相似性搜索的许多特征之一是蛋白质序列中出现的**低复杂度区域（low-complexity region）**。这个区域的氨基酸组成具有偏向性，往往是脯氨酸和一些酸性氨基酸。在某些情况下，自我比较的点图（见第 65 页图 4.2）可确定蛋白质序列中的低复杂区域。不同蛋白质在这种区域的联配能达到较高分值，不过这具有误导性，且掩盖了具有生物学意义的 hit。在构建联配时，最好是排除低复杂度区域。默认情况下，BLAST 程序将过滤查询序列的低复杂度区域。在 BLAST 的输出文件中，X 标志的区域已被过滤掉（对蛋白质使用 SEG 和对 DNA 使用 DUST）（专栏 5.2）。

图 4.14A 是人类朊蛋白前体（human prion protein precursor，Prp）自我比较的点图，此蛋白质是在有神经退行性疾病的人类大脑中发现的一种异常形式，如克雅氏病（Creutzfeldt-Jakob disease，CJD）和库鲁病（kuru）（专栏 4.6）。它有几个低复杂度区域，可以看到深色的对角线（除了主要的一致度对角线）和有序的深色阴影区域。图 4.14B 显示了人类朊蛋白的同源性搜索。在查询序列中过滤出大量低复杂度区域（字符串 X 表示）。在 SWISS-Prot 中用 BLAST 搜索人类朊蛋白，开启过滤，共有 40 个 hit，都是朊蛋白。图上显示了其中一条与查询序列间的联配。当关闭过滤时，hit 的数量上升至 220，其中大部分不具有同源性。

有时，一些人特别想研究低复杂度区域。例如，认为蛋白质编码基因的扩增可能和微管蛋白和肌动蛋白基因簇这些区域相关。BLAST 中的选项使你可以选择这些区域研究。

不同的数据库可以用来解决具体问题

在一定程度上，选择要搜索的数据库取决于网站上提供了哪些数据库，和网站上面运行的搜索算法。大多数的网站包含一些最流行的数据库，如 GenBank 中的 DNA 序列，SWISS-Prot 中的注释蛋白序列，TrEMBL 和 EMBL 中 DNA 序列数据库的翻译，以及 PDB、蛋白质结构与序列数据库（见第 3 章）。有些网站还提供了访问表达序列标签（EST）的数据库（如 dbEST）和一些全测序基因组的基因组序列数据库。

在一般情况下，第一步应该是运行一个通用的蛋白质或核酸序列数据库。你还可以在 PDB 上搜索，看看你的查询序列是否有已知结构的同源。运行更具体的搜索可以回答一些具体问题。例如，如果有人怀疑，查询序列属于一个免疫系统蛋白质家族，则可以在 Kabat 数据库上运行搜索，此数据库包含了和免疫相关的序列。如果序列来自于小鼠，你可能想知道在大鼠、果蝇或人类基因组中是否存在它的同源，因此，应该搜索那些包含适合物种的序列数据库。你还需要检查你所搜索的数据库是否是最新的，一些站点，如 NCBI 和 EBI，它们是定期更新的。

如果你没有找到查询序列的匹配，但这并不意味着在数据库中不存在着同源，只是因为相似性太弱以至于现有的技术检测不到。目前技术仍在不断改善，序列数据量也在不断增加，因此你应该定期重新提交您的序列。

许多其他序列相关数据库，可以有效地进行搜索和提供一些补充信息。例如，结构注释序列（sequences annotated by structure，SAS）服务器搜集了一些程序和数据，它可以通过使用搜索 PDB 上注释序列的结果得到的结构特征，用来帮助确定蛋白质序列。已知结构序列上的残基按照所选择的结构属性，如残基相似性，用颜色注明，然后可以使用 Web 浏览器显示。SAS 将运行 FASTA 对查询序列和 PDB 数据库中序列进行联配，返回一个所有 hit 的多重联配。每个 hit 都注释了其结构和功能特征。可以使用这些信息注释未知的蛋白质序列。提供了进一步的链接到单独 PDB 的文件。数据库，如 Clusters of Orthologous Groups（COG）和 UniGene 可以帮助基因的发现、基因测绘项目和大规模表达分析。一些站点，如 Ensembl 的许多不同的真核基因组注释和相关的有用信息为基因搜索提供了方便的访问。

(A)

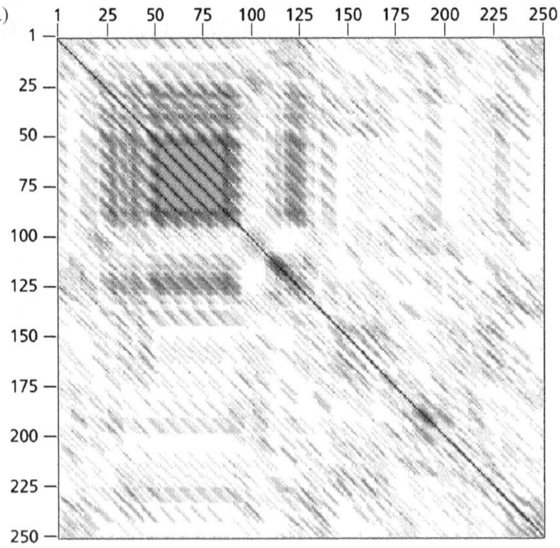

(B)

```
>sp[P04156]PRIO HUMAN  MAJOR PRION PROTEIN PRECURSOR (PRP) (PRP27-30) (PRP33-35C) (ASCR)
          Length = 253

Score =  312 bits (792), Expect = 5e-85
Identities = 154/236 (65%), Positives = 154/236 (65%)

Query: 64  MANLGCWMLVLFVATWSDLGLCKKRPKPGGWNTGGSRYPGQGSPGGNRYXXXXXXXXXXX 123
            MANLGCWMLVLFVATWSDLGLCKKRPKPGGWNTGGSRYPGQGSPGGNRY
Sbjct: 1   MANLGCWMLVLFVATWSDLGLCKKRPKPGGWNTGGSRYPGQGSPGGNRYPPQGGGGWGQP 60

Query: 124 XXXXXXXXXXXXXXXXXXXXXXXXXXXXXXXXXXTHSQWNKPSKPKTNMKHMXXXXXXXX 183
            XXXXXXXXXXXXXXXXXXXXXXXXXXXXXXXXXXTHSQWNKPSKPKTNMKHM
Sbjct: 1   HGGGWGQPHGGGWGQPHGGGWGQPHGGGWGQGGGTHSQWNKPSKPKTNMKHMAGAAAAGA 120

Query: 184 XXXXXXXXXXXXXXXRPIIHFGSDYEDRYYRENMHRYPNQVYYRPMDEYSNQNNFVHDCV 243
                           RPIIHFGSDYEDRYYRENMHRYPNQVYYRPMDEYSNQNNFVHDCV
Sbjct: 121 VVGGLGGYMLGSAMSRPIIHFGSDYEDRYYRENMHRYPNQVYYRPMDEYSNQNNFVHDCV 180

Query: 244 NITIKQHXXXXXXXXXXXXXXDVKMMERVVEQMCITQYERESQAYYQRGSSMVLFS 299
            NITIKQH              DVKMMERVVEQMCITQYERESQAYYQRGSSMVLFS
Sbjct: 181 NITIKQHTVTTTTKGENFTETDVKMMERVVEQMCITQYERESQAYYQRGSSMVLFS 236
```

图 4.14　低复杂度区域序列的处理。（A）人类朊病毒前体蛋白（PrP）的自我比较的点图中，低复杂度区域十分显著。一致度对角线两边的黑色对角线和有序深色阴影区域表示了这些低复杂度区域。（B）朊蛋白的数据库搜索结果，通过程序 SEG 过滤了序列中的低复杂度区域，用 X 作标记（联配的最上一行中）。

专栏 4.6　朊蛋白：蛋白质可以以不同的构象存在

羊的瘙痒病、牛的牛海绵状脑病（BSE）和克雅氏病（CJD）、致命性家族性失眠症和人类的库鲁病是罕见的、致命的、传染性的神经退化性疾病，一般被称为传染性海绵状脑病，这些疾病对于大脑产生致命的伤害。它们可能会零星出现，或作为一个缺陷基因遗传的后果，它也可以通过受感染的物质传播。在 20 世纪 50 年代和 60 年代，库鲁病在巴布亚新几内亚的东部高地的人群中是种相对比较常见的疾病。发现它的产生是由于食用死亡亲属大脑的风俗造成的，而最近才出现的，变种克雅氏病（疯牛病），被认为是由于人食用了感染了疯牛病的肉类产品引起的。

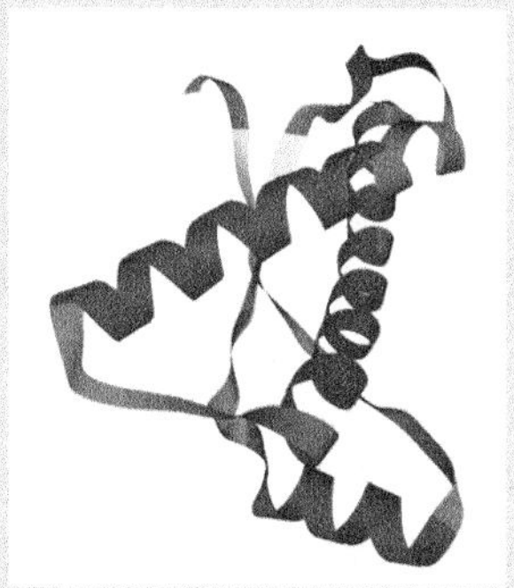

图 B4.4　朊蛋白的正常形式 PrP^{c} 的一个缎带结构示图。

一种传染性蛋白质朊蛋白被认为是海绵状脑病的病原体，而不是 DNA 或 RNA 病毒。朊蛋白具有正常蛋白质的性质，能转换成另一种稳定的构象，这种构象和疾病相关，虽然目前尚未充分理解朊病毒引起细胞死亡和神经退行性疾病的机制。朊蛋白（PrP^{c}）的正常构型是一个结构单体，包含分布在细胞表面的 α 螺旋，而不正常形式（PrP^{Sc}）主要有 β 折叠，并有聚集成群的趋势。PrP^{Sc} 本身似乎能诱发 PrP^{c} 到 PrP^{Sc} 的转换。朊蛋白是一个亚稳态蛋白质的例子，相同或相似的序列可以以不同的稳定结构形式存在。

4.8　蛋白质序列模体或模式

如果一个未知序列和已知功能的序列的相似性仅限于几个关键的残基，使用 BLAST 或 FASTA 在通用的序列数据库，如 GenBank、dbEST 或 SWISS-PROT 进行标准联配搜索，将无法发现这种关系。现在需要的方法是搜索短序列模式的出现或**模体（motifs）**（流程图 4.4）。模体，一般来说，是序列联配中一些保守元素，它是由较短的连续残基或者更分散的模式组成。功能上相关的序列将共享一个相似分布的模式，由关键的功能性的残基组成，但这些残基并不一定是连续的。举例来说，保守的氨基酸残基组成的一个酶的活性位点，这些残基在蛋白质序列上相互之间相距很远，但是仍然可识别出模式，因为它们被强制在特定的空间构象中聚集在一起形成三级结构上的活性位点。

和模式搜索有关的有三种方式。使用模式搜索查询序列（从模式数据库），可帮助发现功能活性。使用特定的模式搜索序列数据库，如确定在一个基因组中多少基因产物具有特定的功能。最后，我们可能要为一组选定的序列定义一个新的特定模式。

在新序列的搜索中，对整个数据库进行搜索且可以使用专业知识，如同源蛋白的已知功能，用以推断新序列的功能。相反，当使用新模式和模体搜索数据库时，需要在一开始就建立专业知识，用以确定特定的功能或任何其他的理化性质。

模式和模体搜索主要使用于蛋白质序列，而不

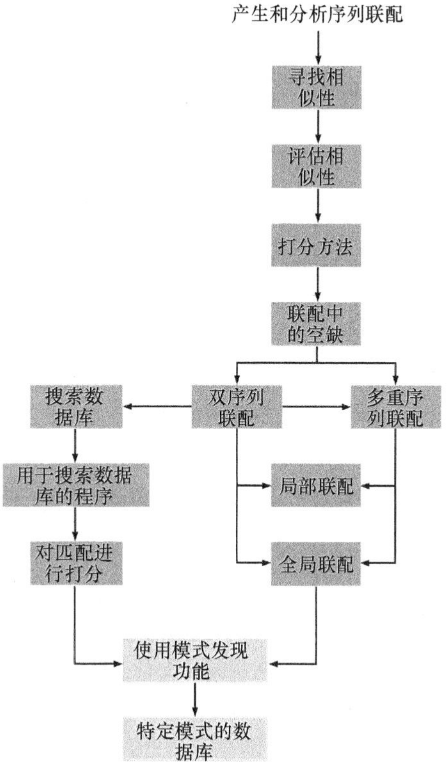

流程图 4.4　在此和以下两个部分引入的重要概念是序列模式对于确定蛋白质的功能十分有用，且特定的模式数据库和搜索程序可以帮助发现查询序列中的模式。

是核苷酸序列，因为在辨别真正的显著性 hit 时，更多不同的氨基酸使蛋白质的模式更显著。此外，许

多模式识别生物功能，而这是在蛋白质水平下所介导的。但是，特别的是在DNA和基因组序列分析中搜索模体是较有用的（请参阅第9章和第10章）。

建立数据库的模式需要专业知识

模式或模体的建立是蛋白质家族最重要的特征，人们投入了大量时间和精力建立模式和模体数据库，使得人们可以搜索未知序列。最重要的步骤之一是仔细挑选用于定义模式的序列。如果这些序列不拥有你希望定义模式的相同的生物性质，在这之后你几乎肯定会遇到问题。因此，对所有使用的序列都需要功能上或者明确同源性的实验证据。

已建成的一些模式数据库需要大量的人工数据检查。这非常耗时，但却是必要的，提取模式的任务是十分复杂的，需要依赖和序列有关的结构或功能方面的专业知识。例如，分析蛋白质结构的X光衍射可以区分酶的活性位点或调控结合位点所涉及的功能性残基，并可以产生一个初步的模式。通过对具有相同结构或功能蛋白质家族的其他成员进行多重序列联配可以精简这种模式。如果没有结构性的数据，单独评估较短的相似性区域的多重序列联配，或同时结合生物化学和细胞功能的实验数据，也可用于提取模式。

建立一个模式或模体最简单的方法是一致法，它使用全局多序列联配中最相似的区域构造模式。相同的残基（或有限的残基的子集）占据了联配中这些位点，通过指定在每个位置上允许的残基，使用它们定义这些位点上的模式。使用评分表可以产生更复杂的模式，以评估匹配上氨基酸的相似性。在这种情况下，不仅仅只是定义所要求的模式。例如，在给定的位置上谷氨酸或天门冬氨酸，而是在此位置上不同的残基将和分值相关联。

BLOCKS数据库包含自动编译的保守蛋白质序列的多重联配的较短序列模块

序列模体也可以通过一些特定序列集的多重联配自动定义。序列模块是无空缺的蛋白质序列片段的多重联配，对应了高度保守的蛋白质区域。通过寻找在PROSITE数据库中记录的蛋白质序列的最高度保守的区域自动编译为BLOCKS数据库中的序列模块。然后这些序列模块和SWISS-Prot数据库校准，以获取一个匹配分布概率的衡量标准。校准的序列模块组成了BLOCKS数据库，可以在上面搜索新的序列。可以向BLOCKS数据库提交蛋白质和DNA序列（自动翻译成蛋白质序列）。BLOCKS网站，除了提供BLOCKS数据库，将联配你的序列，并自动设计一个序列模块，你可以使用此序列模块搜索SWISS-Prot。从你的序列产生的序列模块，并以此序列模块进行搜索可以找到相似性很薄弱的序列，但尽管相似性弱，它们仍然功能上相关。在寻找一个未知的序列的功能的线索时，产生的模式和（或）序列模块也是一个有用的方法。

另一个程序，将分析一系列程序的相似性，并对MEME（multiple expectation maximization for motif elicitation）发现的每个模式产生一个模体。MEME通过位点依赖的概率矩阵辨识模体。矩阵将给出模式上每个可能位点上会出现字母的概率。单独的MEME模体并不包含空缺，因此程序将包含空缺的模式分割成两个或更多独立的模体。

该程序采用用户提供的DNA或蛋白质序列，并创造了一些模体。用户可以选择MEME将产生的模体数量。MEME通过统计技术来选择最佳宽度、出现次数和每个模体的描述（见第6.6节）。由MEME发现的模体也可以采用BLOCKS格式，以便如下所描述的进行进一步分析。

如果我们向BLOCKS程序提交肌醇3-激酶p110α序列和4条同源序列，它将创建6个具有很高的相似性的独立序列模块。图4.15A显示了一个序列模块，它包含了肌醇3-激酶的催化和ATP结合的重要的残基。大量占据整个位点的字母，代表了在多重序列联配中的一致度（关于这个序列的代表将在第6.1节中进一步描述）。BLOCKS程序在肌醇3-激酶中发现了SCAGY、DRH和DFG模体，它们构成了保守区域的一部分。如果提交更多的关系较远的序列，很少的残基会形成有大量残基且高度保守的区域，如图4.15B所示的31个序列间的联配。

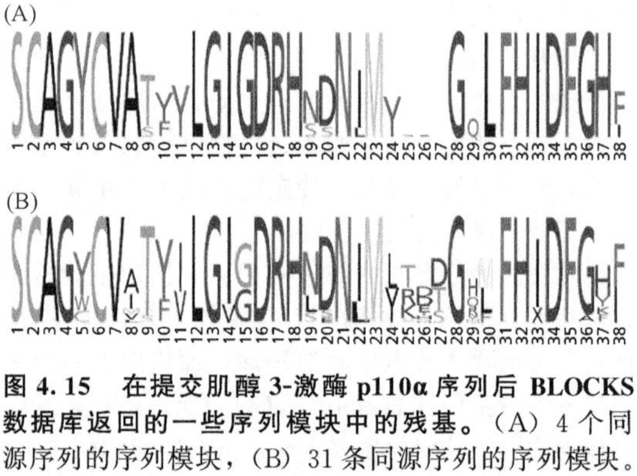

图4.15 在提交肌醇3-激酶p110α序列后BLOCKS数据库返回的一些序列模块中的残基。（A）4个同源序列的序列模块，（B）31条同源序列的序列模块。这些图示称为标志，并使用位点特异的打分矩阵计算得到。此序列模块包含了活性位点氨基酸和DFG激酶模体。字母的大小表示保守的程度，颜色表示残基的不同物理化学性质：酸性为红色；基本为蓝色；小且极性的为白色；天冬酰胺和谷氨酰胺为绿色；含硫氨基酸为黄色；疏水的为黑色；脯氨酸为紫色；甘氨酸为灰色；芳香的为橙色。（见文后彩图）

使用程序 LAMA（local alignment of multiple alignments）向数据库搜索提交这 6 个序列模块，这个程序比较蛋白质序列相互间的多重联配。此程序搜索 BLOCKS 数据库，PRINTS 数据库（见下文），或你自己的目标数据，查看是否存在相似的序列模块或模式。这是一个敏感的搜索技术，可以检测蛋白质家族间的关系较弱的序列。BLOCKS 数据库的 LAMA 搜索已确定了 7 个序列模块，其中 3 个具有显著性：它们都标记为肌醇 3-激酶/肌醇 4-激酶。

也可以向在线核苷酸或蛋白质序列数据库上的 MAST（motif alignment and search tool）搜索提交该模块。MAST 是一个模体搜索程序，模体是高度保守的区域或序列模块。在这里，我们向 SWISS-Prot 上的 MAST 搜索提交了 6 个肌醇 3-激酶序列模块（使用这个程序，你需要有一个电子邮件地址来接收结果）。发现 24 个序列有显著性分值，所有肌醇 3-激酶序列的得分高于肌醇 4-激酶。

MEME，模体产生程序提交相同的一组肌醇 3-激酶 p110α 序列。设置产生的模体数目为 6（和 BLOCKS 中找到的数目相同）。得分最高的模体（图 4.16A）描述了和上面所描述的 BLOCK 的模体相类似的残基（图 4.15）。MEME 模体在 SCAGY 模体的结尾（Y）处开始，包含活性位点 D、N 和 DFG 残基，并比 BLOCKS 模体稍微扩展了少许。MEME 程序的一个优点是它生成一个图包含了所有模体信息的小结（图 4.16B）。这说明了在全部序列上的模体互相间的位置（只显示了三个清晰的）。通过 SWISS-Prot 提交 MEME 模体搜索找到了 21 个匹配。有显著性得分的都是肌醇 3-激酶和肌醇 4-激酶。显著性分值通常匹配了多数甚至全部提交上的模体。但是，较低的分值也可以是有意义的，如果只有部分模体匹配的话，可以发现较遥远的关系。

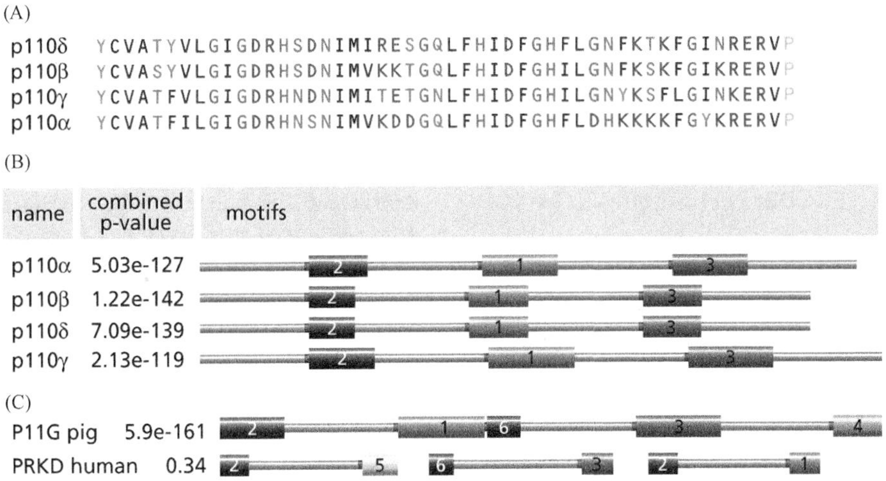

图 4.16 MEME 产生的模体。（A）得分最高的模式按照氨基酸侧链的理化性质，用不同颜色标记：深蓝色为残基 ACFILVM；绿色为残基 NQST；玫红色为残基 DE；红色为残基 KR；粉红色为残基 H；橙色为残基 G；黄色为残基 P；浅蓝色为残基 Y。（B）模体信息的小结，每个模体由不同彩色块表示。色块上的数字给出了模体取得的得分位置。浅蓝色块，1 号，包含了（A）中描述的模体。序列的 p 值衡量了序列和所有模体匹配的强度。（C）示意图说明了如何降低模体匹配的得分仍然能找到有意义的且为真的同源。序列模块间的距离没有实际意义。（见文后彩图）

例如，使用肌醇 3-激酶的模体搜索发现依赖 DNA 的蛋白激酶的催化亚基（PRKD），它与肌醇 3-激酶拥有相同的激酶活性。匹配了 6 个模体中的 4 个（图 4.16C），有些是依赖 DNA 的蛋白激酶中的重复片段。通过序列数据库中的较简单序列的联配搜索可能不会返回这种类型的关系，但是在这种情况下，在 SWISS-Prot 中使用 blastp 用 p110α 搜索匹配上了 PRKD，它的分值可以被认为是具有显著性的，FASTA 搜索给出了一个边缘分数。

4.9 使用模式和模体搜索

可以在 PROSITE 数据库中搜索蛋白质的模式和模体

PROSITE 数据库是从蛋白质序列中提取出的模式和模体的汇编，也是蛋白质家族检测的汇编。

可以使用未知的蛋白质序列检索该数据库，以获取一个 hit 的列表，含有可能的模式或蛋白质指纹。也可以使用 PROSITE 模式创建一个你自己的模式，并可以用它搜索其他序列数据库。一个 PROSITE 模式的语法包含间隔着字符的氨基酸残基，这些字符注释了模式的规则（如残基间的距离或其他一些规则等）（表 4.2）。例如，可以从 BLOCKS 示例中使用的 31 个序列人工地创建一个激酶活性位点的模式，从保守的 DRH 开始，到非常保守的区域 DFG。

表 4.2　在序列数据库检索 PROSITE 蛋白质模式所使用的各种代码

代码	解释	事例的解释	事例
One-letter codes	标准氨基酸		G-L-L-M-S-A-D-F-F-F
-	所有的位点必须用-分开		G-L-L-M-S-A-D-F-F-F
X	任意氨基酸	第二位允许任何氨基酸	G-X-L-M-S-A-D-F-F-F
[]	两个或更多可能的氨基酸	第二位允许 L 或 I	G-[LI]-L-M-S-A-D-F-F-F
{}	不允许的氨基酸	第六位不允许 R 或 K	G-[LI]-L-M-S-A-{RK}-F-F-F
(*n*) *n*=number	在括号后的数字表示氨基酸的重复次数	F 重复了3次	G-[LI]-L-M-S-A-{RK}-F(3)
(*n*,*m*)	范围：只允许 X	第一个到第三个位置上允许任意氨基酸(X)	G-[LI]-L-M-S-A-{RK}-X(1,3)
<	序列氨基端的模式		
>	序列羧基端的模式		

D-R-[KH]-X-[DE]-N-[IL]-[MILV](2)-X(3)-G-X-[LI]-X(3)-D-F-G

在 ScanProsite 网页中输入此模式，并在 SWISS-Prot 蛋白质数据库中运行得到 92 个 hit；都是肌醇 3-(4-) 激酶或蛋白激酶。如果另一方面，我们向 PROSITE 数据库提交肌醇 3-激酶 p110α 序列的催化结构域扫描，看看是否存在现有的模式，检索返回肌醇 3-激酶和肌醇 4-激酶的特征序列。这给我们肌醇 3-激酶/肌醇 4-激酶家族的一个更具体的搜索指纹，但并没有告诉我们，这种激酶家族也和蛋白激酶家族类似。此指纹的模式是

(1) [LIVMFAC]-K-X(1,3)-[DEA]-[DE]-[LIVMC]-R-Q-[DE]-X(4)-Q

(2) [GS]-X-[AV]-X(3)-[LIVM]-X(2)-[FYH]-[LIVM](2)-X-[LIVMF]-X-D-R-H-X(2)-N

第二个指纹模式在其右端（下划线）包含了我们从扫描 SWISS-Prot 创建的一个激酶模式的开始。模式 1 和模式 2 包含了在肌醇 3-激酶/肌醇 4-激酶家族的保守区域，此区域是我们创造模式的氨基酸末端。

基于模式的 PHI-BLAST 程序同时搜索同源性和模体匹配

BLAST 程序中也有一个版本，在查询序列中使用模式作为模体。PHI-BLAST (Pattern Hit Initiated BLAST) 使用了表 4.2 所示的 PROSITE 模式语法用以描述查询蛋白质的模体。用户可以自己生成模式，而不需要使用 PROSITE 数据库中特定的模式。PHI-BLAST 搜索序列不仅包含指定查询的序列模式，也在指定模式的附近搜索查询序列的同源序列。由于 PHI-BLAST 利用同源性和模体匹配，它通常过滤掉一些模体随机发生的序列。在 NCBI Web 服务器上，PHI-BLAST 整合了 PSI-BLAST，使用 PHI-BLAST 结果能连续地在一个或多个 PSI-BLAST 数据库中检索。

可以使用 PRATT 从多条序列产生模式

可以使用 PRATT 程序从保守的，未联配的蛋白质序列中提取模式。使用了 PROSITE 语法描述这些模式。PRATT 的优点是它不要求序列中有关可能存在模式的信息。图 4.17 显示了肌醇 3-激酶 p110α 家族的结果。图 4.17 中所示的模式包含了 DFG 模体，在第二个 PROSITE 模式中高亮标出了此模体。

PRINTS 数据库包括了指纹图谱，描述一个蛋白质家族的一些保守模体

PRINTS 数据库是下一代的模式数据库，它包含的指纹图谱，描述了一个蛋白质家族的一些保守模体。无论是在单独的序列上或是在数据库中，使用指纹图谱都可以预测类似模体的发生。通过迭代扫描

OWL 综合序列数据库可以完善指纹图谱，OWL 是一个综合的非冗余数据库，它的来源包括 SWISS-Prot、NBRF/PIR 蛋白质序列数据库中提取的序列，GenBank 的翻译后序列和 PDB 结构数据库。

一个复杂的或多个模体的指纹图谱包含了一些来自不同类型的多重联配的模体。由于处理了所有指纹图谱的元素，很容易鉴别出真正的家族成员；只处理指纹图谱的一部分，可能只能确定亚家族成员。用肌醇 3-激酶序列搜索 PRINTS 数据库，没有发现统计上具有显著性的结果。

```
PRATT output :

   p110-a:    qlfhi DFGHFLDhkKkkFGykRERVPFVLTqDFLiViskGaQE ctktr
   p110-b:    qlfhi DFGHILGnfKskFGikRERVPFILTyDFIhViqqGkTG ntekf
   p110-d:    qlfhi DFGHFLGnfKtkFGinRERVPFILTyDFVhViqqGkTN nsekf
   p110-g:    nlfhi DFGHILGnyKsfLGinKERVPFVLTpDFLfVm--GtSG kktsp

D-F-G-H-[FI]-L-[DG]-x(2)-K-x(2)-[FL]-G-x(2)-[KR]-E-R-V-P-F-[IV]-L-T-x-D-F-[ILV]-x-V-x(1,3)-G-x-[QST]-[EGN]
```

图 4.17 PRATT 模式搜索。已向 PRATT 提交的肌醇 3-激酶序列的 4 种类型的序列（a、b、c、d）用以从一个多重联配中自动创建类似于 PROSITE 的模式。此图显示了联配的序列模块和 PRATT 产生的 PROSITE 模式区域，包含了 DEF 模体。

Pfam 数据库定义了蛋白质家族的表达谱

Pfam 是蛋白质家族采用比 PROSITE 模式语法允许的更为复杂的方法来描述一个蛋白质家族的汇集。它收藏了蛋白质结构域或保守区域的多重序列联配。使用基于隐马尔可夫模型（HMM）的表达谱（见第 6.2 节），描述这些 Pfam 家族和建立多重联配。搜索 Pfam 数据库包括在每个 HMM 表达谱中扫描查询序列。使用这些方法，即使序列同源性较弱，往往也可以分配一个新蛋白质到一个蛋白质家族中。Pfam 包括了较高比例的胞外蛋白质的结构域。相比之下，PROSITE 则偏重于收集细胞内的蛋白质的结构域，虽然有一些重叠，这些蛋白质涉及信号转导、DNA 修复、细胞周期调控与凋亡。Pfam 数据库搜索使用户能够看到一个匹配好的家族的多重联配，观看蛋白质结构域的组织（图 4.6），通过点击框内区域可以链接到其他数据库中并查看已知的蛋白质结构。

使用肌醇 3-激酶 p110α 催化域序列搜索 Pfam 会找到肌醇 3-激酶/肌醇 4-激酶家族。然后，您可以取得已用来定义家族的多重联配并获得整个家族的结构域结构图（点击结构域将会显示详细信息的另一网页）。图 4.6 显示了交互图的快照；虚线框区是催化结构域，此结构域是用以搜索的依据。

在这里只描述了最常用的模式和表达谱数据库，在发布者的网页上给出了其他链接。

4.10 模式和蛋白质功能

可以搜索蛋白质上特定的功能位点

除了较简单的序列比较还有一些其他技术可以识别功能蛋白质序列上的功能位点。相对于以上讨论的方法，这些方法往往涵盖了十分广泛的生物功能，这些技术通常在程序中可获得，这些程序只能预测一个特定的功能位点。

例如，环境外的信号转导到细胞内，在那里它们诱导生化级联反应称为信号转导通路。这些将导致细胞分裂、增殖和分化，并且如果没有正常地调控将会导致癌症。在信号转导中，细胞成分的化学修饰往往发生在瞬间。这些途径中的关键修饰之一是添加和移除磷酸基团。通过 NetPhos 服务器可以预测对这些修饰敏感的位点，NetPhos 服务器利用神经网络方法预测真核蛋白中的丝氨酸、苏氨酸和酪氨酸的磷酸化位点。PROSITE 中的模式还描述了用于磷酸化的位点和其他翻译后修饰的位点，但特定程序，如 NetPhos 的预测将更为准确。

序列比较不是唯一分析蛋白质序列的途径

除了序列比较和联配方法，有许多其他分析蛋白质序列的方法用以发现可能功能特性。当你在数据库中查找同源并希望进一步分析，或者当你没有发现任何相似的序列同源性，而没有其他突破口时，这些技术都是有用的。氨基酸的理化性质，如极性，对于结构和功能特征是较有用的指标（见第 2 章）。在网站上有些可用的程序可以绘制疏水性的图谱，预测埋藏的残基比例，一些二级结构预测（见第 11 章和第 12 章）和可见性比例。ProtScale 是一个易于使用的网站，允许描绘上述许多蛋白质特性。

疏水性聚类分析（HCA）是一种依赖序列上 α 螺旋的蛋白质序列比较法，比较了序列上 α 螺旋的长度、形状、疏水残基聚类的位置。比较序列相似性非常低的可能的蛋白质功能时，疏水性聚类分析是较有用的。它也可以用来联配蛋白质序列。HCA通过在线工具drawhca产生的模式可以与任何一个感兴趣的其他序列进行比较。已证明HCA比较的有效性在于它能够把重点放在形成球状蛋白的疏水核心的残基上。图4.18显示了使用程序drawhca产生的朊病毒蛋白的模式。

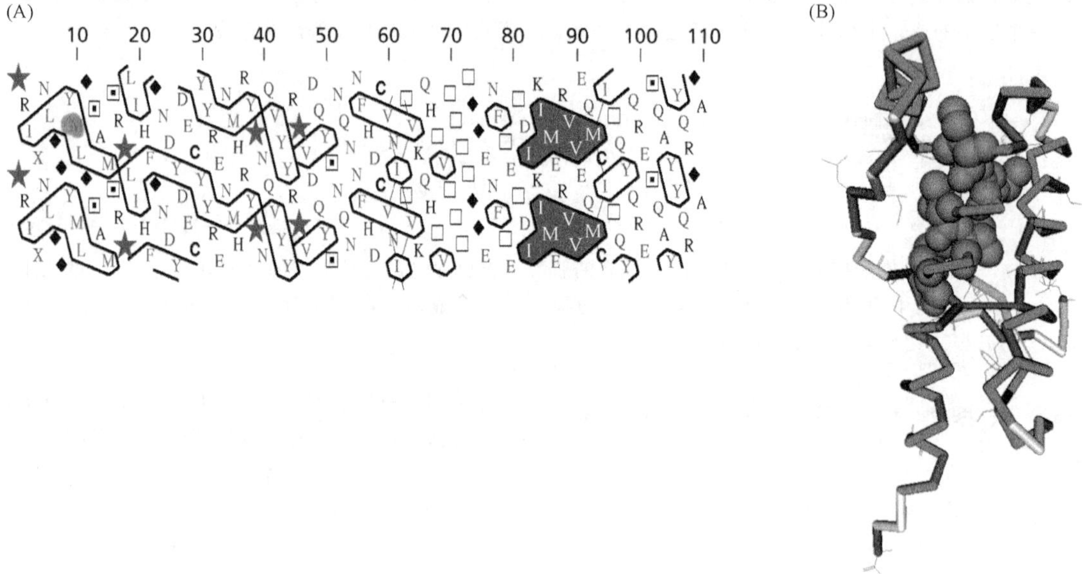

图4.18 （A）使用drawhca，朊蛋白的疏水聚类分析。疏水残基为绿色，酸性为红色，基础的为蓝色。星号代表脯氨酸，钻石型代表甘氨酸，方框代表苏氨酸，带点的框代表丝氨酸。相同类型的残基倾向于聚集在一起，形成疏水性或极性膜。其中一个显示为玫红色。（B）相同蛋白质的X射线结构，相同的残基用玫红色表示，如X射线结构所示，HCA发现的膜形成了蛋白质内部的疏水核心。（见文后彩图）

有时通过序列分析也可以得到蛋白质在细胞中可能的位置信息。膜蛋白和细胞器内的蛋白质，如内质网和核，包含和它们定位有关的内部序列模体。大多数分泌蛋白质，如其他进入内质网蛋白排序途径的蛋白质，载有它们新合成的信号序列（专栏4.7）。通过寻找在蛋白质序列的氨X基末端，疏水区域后的一个基本区域，程序的PSORT模块预测了信号序列的存在。基于疏水性区域长度和它的峰值，以及氨基端的净电荷可计算分值。一个较高的正值评分表示这个蛋白质包含一个信号序列的可能性很高。在第11～14章描述了更多用以推导结构和功能的分析蛋白质序列的方法。

专栏4.7　蛋白质定位信号

在胞质内的核糖体合成的蛋白质，特别是在真核细胞中，有众多的最终目的地：细胞膜、特定的细胞器或从细胞分泌。蛋白质内部的定位信号帮助其自身引导到它的目的地，而通过它们的序列特征往往可以发现它们的目的地。通过内质网（ER）的分泌或传递到细胞膜和其他一些细胞器排列蛋白质，这些蛋白质通常在氨基末端有一典型的信号序列。它和ER膜上的运输器械相互作用，这些运输器械将蛋白质从ER膜上转运入管腔。通常信号序列随后会被移除。信号序列的特点是氨基末端的基本区域和中央疏水区，这些特征可以用来预测信号序列的存在。

总结

比较不同的DNA或蛋白质序列发现序列相似性和进化同源性的这一过程称为序列联配。这涉及排列两个或多个序列的方法，优化序列间的相似性，并可以衡量它们间的匹配程度。使用联配可以发现已知基因或蛋白质和新的未鉴定序列间的序列相似性，联配也是一些程序的基础，如BLAST和FASTA，这些程序用于搜索序列数据库。序列相似性可以帮助预测蛋白质的结构和功能。比较来自不同的生物的蛋白质或DNA的序列可以构建系统发育树，这可以追溯物种间或在蛋白质家族内的进化关系。

一个联配上的匹配程度的度量是通过给予联配一个数值，可以通过很多方法实现这一目的。最简单的方法是一致度比，只计算相同的匹配残基的数目，但是对关系较远的序列不能选择这种相对粗糙的评分。其他蛋白质序列的打分方法考虑到的是给定类型的氨基酸在进化过程中相互替代的可能性，这些方法分配给每对氨基酸的分值，然后加和这些数值得到联配的分值。概率是从参考替代矩阵而来，参考矩阵的编译来自于分析已知的同源蛋白联配。因为在进化过程中两个序列分化时，经常发生插入或删除，必须在序列上插入空缺以最大限度地匹配，且由打分方法为每个空缺减去一个罚分。由于有 20 种氨基酸，而只有 4 种不同的核苷酸，通过蛋白质序列联配和通过核酸序列的联配相比较更容易发现同源性，因为不大可能发生偶然的匹配。

有几种不同类型的联配。全局联配估计整个序列的相似性，而局部联配在较短的区域寻找相似性。当比较多结构域蛋白质但它们可能只有一个共享的结构域时，局部联配尤其有用。多重联配同时比较一系列相似的序列，并且，在检测相互间同源性较远的蛋白质时，和双序列联配比较，它更加准确和强大。

许多程序设计并包含了自动联配和评分的算法。在联配打分后，还需要测试该分值的显著性，以确定其偶然出现的可能性。需要考虑的因素，如联配长度和数据库中的序列总数。数据库搜索程序，如 BLAST 和 FASTA，自动评估了潜在的匹配并给予一个显著性值，*E* 值。

在数据库中搜索，通过寻找较短的保守序列模体或者不连续的残基模式以发现相似结构或功能的蛋白质。这很可能与功能特征相关，如活性位点、结合位点或结构特征。当一个蛋白质家族有足够成员已被测序时，可以得到总结了最典型的序列特征的典型家族表达谱，可使用此表达谱寻找更多的家族成员。还可以扩大数据库检索包括可用的结构信息。当同源性序列上分歧较多，以至于它们的序列相似性不再能被检测到，但整体上仍然保持了序列相似性时，结构信息对于寻找同源性较为有用。

名词解释

accepted mutation（可接受突变）：基因组核苷酸序列上的突变被留存并传给下一代。

BLOSUM matrix（BLOSUM 矩阵）：用于蛋白质序列的一个氨基酸替代矩阵。第 5.1 节中会介绍其产生和性质。

cluster analysis（聚类分析）：根据一些共同的特性，将观测数据组织或聚类称为一些有意义的组的过程。

convergent evolution（趋同进化）：并不密切相关的生物体中独立进化形成的相似特征性。例如，在不同动物中能够飞行的翅膀，有昆虫、蝙蝠等。由趋同进化产生的结构称为同功。

distance（距离）：一个测度或不同分值（见进化距离和序列数据相关的例子）。

divide-and-conquer method（分治法）：在序列联配算法中可以使用的一个特定方法，它将原问题分割为更小的问题，独立解决之，然后合并为原问题的解。

dot-plot（点图）：用于比较两条序列的一个方法，用二维矩阵的两边表示两条序列，其中矩阵元素的值都与两个残基的相似性分值相关。通常给予一个相同的残基为一个非零的分值，由一个点表示。因此在图中相似序列的片段在图中表示为点形成的对角线。

dynamic programming algorithms（动态规划算法）：对一类优化问题的一种有效的解决方法。在生物信息中，这一技术使用一个二维矩阵，常用于对蛋白质序列或核苷酸序列间计算最优（最高分值）联配。

expectation value（期望值）：在一对序列中，当递交一条序列（查询序列）在序列数据库中作同源搜索时，估计序列联配的一种统计测度。*E* 值越小，则序列和查询序列相关的概率越高。

expected score（期望分值）：见期望值。

***E*-value（*E* 值）**：见期望值。

false negative（假阴性）：（序列分析）遗漏的同源序列数据库搜索，因为设置的匹配标准过高或同源序列的距离较远。

false positive（假阳性）：（序列分析）在数据库搜索中报告为和查询序列相类似的序列，但实际上是不相关的序列。

gap extension penalty（空缺延长罚分）：当加入一个空缺至已存在的空缺时的罚分，使得大于一个残基不能对齐或者和空缺对齐。

gap penalty（空缺罚分）：在一条序列的残基间引入一个空缺使得这条序列能与第二条序列的相似残基对齐，引入空缺的一个数值罚分（分值）称为空缺罚分。

gap（空缺）：序列联配中的一个位置，在此位置上一条序列没有残基，且在联配中其他相关序列在其他序列上存在着删除或插入。

genetic distance（遗传距离）：（序列）由进化得

到的序列间相似性的一个测度。

global alignment（全局联配）：包括整条核苷酸或氨基酸序列的序列联配。见局部联配。

guide tree（引导树）：在一些多重序列联配方法中使用引导树用以确定在多重联配中添加序列的顺序。从双序列联配中计算得到序列间的距离从而得到引导树。

hashing（散列）：对数据产生一些值（散列）。散列是从文本字符串产生的数值，在许多情况下，使得分析字符串更迅速。

identity（一致度）：（序列联配）在序列联配中，指两条序列联配后相同的残基数目。

indels（插入缺失）一个缩写，代表在一条序列或结构和其相关序列中的插入和删除。

intermediate sequence（中间序列）：连接两条相关但是进化上分歧序列的蛋白质序列。如果两条同源序列的分歧度较高使得直接比较并不能显示其同源性，和这两条序列都是同源序列的一条中间序列可以用来检测这两条序列间的序列同源性。

k-tuples（k 元组）：在 FAST 程序中用以创建一个散列的字（短序列片段）。k 在字中指氨基酸/核苷酸的数量。

local alignment（局部联配）：核苷酸或氨基酸序列的最相似性区域上的序列联配，不考虑序列上的其他元素。见全局联配。

low-complexity region（低复杂度区域）：低复杂度区域是相对简单的结构的序列片段，经常只由几个不同类型的碱基或氨基酸组成。在数据库搜索中，经常从蛋白质序列中移除这些序列，因为它们会产生一些误导的结果。

midnight zone（午夜区）：在序列比较中，蛋白质序列的一致度水平无法检测到结构相似性。

motifs（模体）：在蛋白质上结构或序列上保守的元素，和特定的功能相关。

multiple alignment（多重联配）：大于两条的核苷酸或者蛋白质序列间的联配。

optimal alignment（最优联配）：由联配程序从许多可能的序列联配中得到的具有最高分值的联配称为最优联配。基于突变矩阵和空缺罚分，使用打分系统计算得到分值。

overall alignment score（总联配分值）：对整个联配的精确度的一个测度。

pairwise alignment（双序列联配）：两条核苷酸或者蛋白质序列间的联配。

PAM matrix（PAM 矩阵）：用于蛋白质序列的一个氨基酸替代矩阵。第 5.1 节中会介绍其产生和性质。

percent similarity（相似百分比）：在联配后序列中具有相似物理化学性质的残基的比例。

percentage/percent identity（百分数/一致度比例）：在联配后序列上相同残基的百分比值。

position-specific scoring matrix（PSSM）（位点特异性打分矩阵）：对序列联配的一个打分方法，它在序列上对不同位点使用特定的分值。通常把蛋白质序列和结构域家族进行联配。具体内容见第 6.1 节。

profile（配置文件）：见位点特异性打分矩阵。

protein kinase（蛋白激酶）：催化磷酸化的酶。

score（分值）：不同方法用不同方式获得的一个测度，其目的是关联至预测值、可信度或显著性。有许多种不同类型的分值。

scoring scheme/matrice［打分方法/矩阵（序列联配）］：联配两条核苷酸或者氨基酸残基时，所应用的一个数值表，代表了所得分值。这些分值是用来计算序列比较方法中的联配分值。

similarity（相似性）：（序列相似性）联配中序列关系的一个测度。相似性的衡量是基于相同或相关氨基酸的匹配位置。

suboptimal alignment（次优联配）：分值非常接近于最优联配的一个联配。如果实现中允许和最优联配有重叠，这一联配区域可能有一种可能的联配。如果实现中禁止和最优联配有重叠，其他次优联配将发现不同的具有相似性的序列区域。

substitution matrix（替代矩阵）：包含一个残基变异到另一个的突变频率信息的一个矩阵。广泛使用的替代矩阵有 PAM 和 BLOSUM 矩阵，这些矩阵是由统计分析观测突变而得到的。

twilight zone（模糊地带）：当在蛋白质序列联配中百分比一致度低于 25%时，除非序列非常长，此联配不能表明序列是相关的。这一区域经常被称为模糊地带。

扩展阅读

4.1 序列联配的原理

Bignall G，Micklem G，Stratton MR et al.（1997）The BRC repeats are conserved in mammalian BRCA2 proteins. *Hum. Mol. Genet.* 6，53-58.

Brenner SE，Chothia C & Hubbard TJP（1998）Assessing sequence comparison methods with reliable structurally identified distant evolutionary relationships. *Proc. Natl Acad. Sci. USA* 95，6073-6078.

Durbin R，Eddy S，Krogh A & Mitchiso NG（1998）Biological Sequence Analysis. Cambridge：Cambridge University Press.

Higgins D & Taylor W（eds）（2000）Bioinformatics. Sequence，

Structure and Databanks, chapters 3-5, 7. Oxford: Oxford University Press.

Shivji MKK, Davies OR, Savill JM et al. (2006) A region of human BRCA2 containing multiple BRC repeats promotes RAD51-mediated strand exchange. *Nucleic Acids Res*. 34, 4000-4011.

4.2 联配分值

模糊地带和午夜区

Doolittle RF (1986) of URFs and ORFs: A Primer on How to Analyze Derived Amino Acid Sequences. Mill Valley, CA: University Science Books.

Doolittle RF (1994) Convergent evolution: the need to be explicit. *Trends Biochem*. *Sci*. 19, 15-18.

Rost B (1999) Twilight zone of protein sequence alignments. *Protein Eng*. 12, 85-94.

4.3 替代矩阵

Dayhoff MO, Schwartz RM & Orcutt BC (1978) A model of evolutionary change in proteins. In Atlas of Protein Sequence and Structure (MO Dayhoff ed.), vol. 5, suppl. 3, pp. 345-352. Washington, DC: National Biomedical Research Foundation.

Henikoff S & Henikoff JG (1992) Amino acid substitution matrices from protein blocks. *Proc*. *Natl Acad*. *Sci*. *USA* 89, 10915-10919.

4.4 插入空缺

Goonesekere NCW & Lee B (2004) Frequency of gaps observed in a structurally aligned protein pair database suggests a simple gap penalty function. *Nucleic Acids Res*. 32, 2838-2843.

4.5 联配类型

Gotoh O (1982) An improved algorithm for matching biological sequences. *J*. *Mol*. *Biol*. 162, 705-708.

Needleman SB & Wunsch CD (1970) A general method applicable to the search for similarities in the amino acid sequence of two proteins. *J*. *Mol*. *Biol*. 48, 443-453.

Smith TF & Waterman MS (1981) Identification of common molecular subsequences. *J*. *Mol*. *Biol*. 147, 195-197.

ClustalW

Higgins DW, Thompson JD & Gibson TJ (1996) Using CLUSTAL for multiple sequence alignments. *Methods Enzymol*. 266, 383-402.

DIALIGN

Morgenstern B (1999) DIALIGN 2: improvement of the segment-to-segment approach to multiple sequence alignment. *Bioinformatics* 15, 211-218.

Morgenstern B, Frech K, Dress A & Werner T (1998) DIALIGN: finding local similarities by multiple sequence alignment. *Bioinformatics* 14, 290-294.

4.6 检索数据库

BLAST

Altschul SF, Gish W, Miller W et al. (1990) Basic Local Alignment Search Tool. *J*. *Mol*. *Biol*. 215, 403-410.

FASTA

Pearson WR & Lipman DJ (1988) Improved tools for biological sequence comparison. *Proc*. *Natl*. *Acad*. *Sci*. *USA* 85, 2444-2448.

PSI-BLAST

Altschul SF, Madden TL, Schäffer AA et al. (1997) Gapped BLAST and PSI-BLAST: a new generation of protein database search programs. *Nucleic Acids Res*. 25, 3389-3402.

4.8 蛋白质序列模体或模式

MEME

Bailey TL & Elkan C (1995) Unsupervised learning of multiple motifs in biopolymers using expectation maximization. *Mach*. *Learn*. 21, 51-80.

4.9 使用模式和模体搜索

MOTIF

Smith HO, Annau TM & Chandrasegaran S (1990) Finding sequence motifs in groups of functionally related proteins. *Proc*. *Natl Acad*. *Sci*. *USA* 87, 826-830.

PRATT

Jonassen I (1997) Efficient discovery of conserved patterns using a pattern graph. *Comput*. *Appl*. *Biosci*. 13, 509-522.

Jonassen I, Collins JF & Higgins DG (1995) Finding flexible patterns in unaligned protein sequences. *Protein Sci*. 4, 1587-1595.

4.10 模式和蛋白质功能

HCA

Lemesle-Varloot L, Henrissat B, Gaboriaud C et al. (1990) Hydrophobic cluster analysis: procedures to derive structural and functional information from 2-D-representation of protein sequences. *Biochimie* 72, 555-574.

第 5 章　序列比对及数据库搜索

当你读完第 5 章时，你应该能够：

比较不同的打分模型；
基于给定类型总结出最好的序列比对技术；
寻找减少计算资源消耗的方案；
使用索引技术加快数据库搜索；
评价常用数据库搜索程序的相似性；
总结 DNA 和蛋白质序列数据比对技术；
低复杂性序列识别；
基于打分情况鉴定限制的联配结果；
总结包括全基因组序列的联配技术。

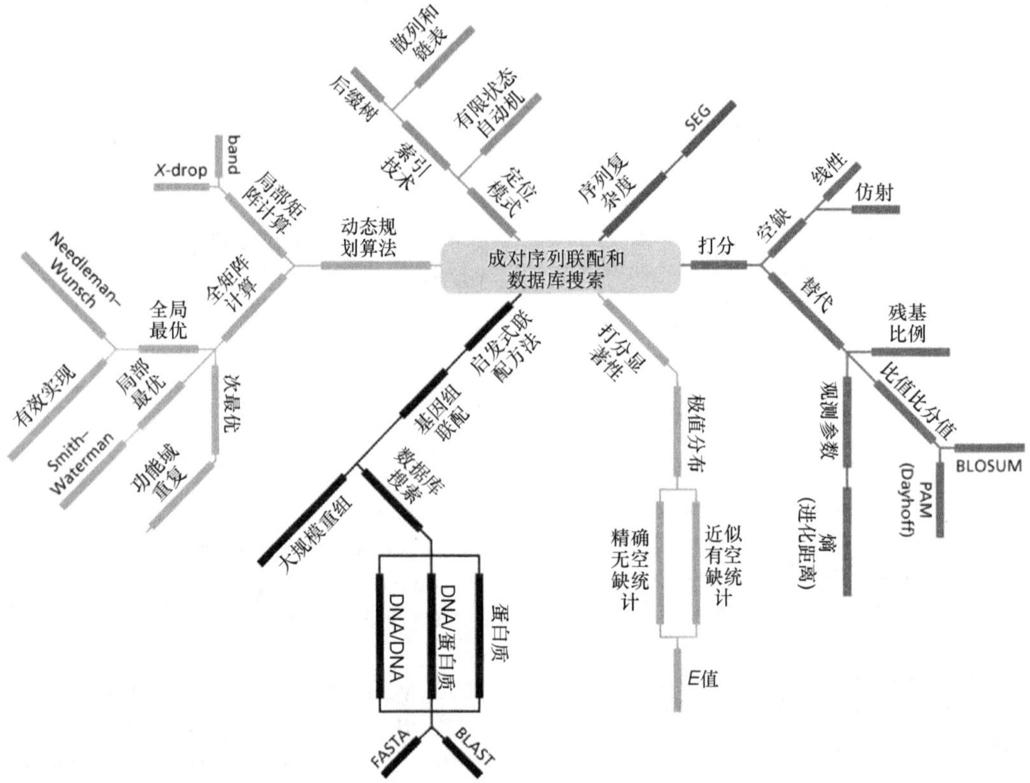

思维导图 5.1　双序列比对和数据库搜索理论的思维导图。

同源序列及其最佳联配的识别是生物信息学的最根本的任务之一。正如我们将会在其他许多章节看到的，如果在生物信息领域里不涉及这些技术的课题是极其罕见的。第 4 章大部分内容涉及序列比较和联配等方面。在本章中我们将集中比较这些方法和技术，以及它们背后的科学问题，我们的注意力主要会集中在成对序列的联配，多序列联配及识别模式的问题将在第 6 章讨论。

给定两个序列，并允许存在插入的情况下，如第 4.4 节所述，可以构造很多种的联配结果。其中，有一个最优的联配结果，可在理想的情况下完全确定序列之间的匹配关系。然后，将有许多不同的联配结果，包含不同程度的错误，严重误导对结果的判断。此外，由于任何两个序列都可以进行联配，甚至没有相似性，也可能会误导结果。因此，序列比对所有有用的方法，不仅要能进行序列联配，而且要能对它们的显著性进行评估。

序列比对和对序列比对进行评价都需要一种打分方法。正如第 4 章中讨论的，在进行序列联配打分的过程中，需要从进化的角度进行考虑。如果序列比对方案是准确的，所有有意义的联配结果都应该有一个较优的分值，及相对其他选择它们有比较高的打分。第 5.1 节给出了一个较好的打分方法。

然而可选的联配结果很多，需要一种有效的方法根据打分结果判断它们的正确性。幸运地是，很多算法被开发出来用于根据打分模型鉴定两条序列比对的最优联配结果。这些方法将在第 5.4 节中详细讨论，应该指出的是，比对结果比较的重点在于突出其生物学意义，而不只是计算机科学方面的考量。由于只有小片段的基因，对于蛋白质序列进行联配，目前的比对方法完全能在普通计算机上实现。在数据库中针对某一序列搜索联配结果时，常使用近似搜索算法以提高搜索效率。第 5.3 节将讨论该内容。

寻找一对序列比对最佳的打分仍无法保证该联配具有生物学意义。必须有一种方法去区分由偶尔情况得到的联配结果和具有实际进化意义的结果之间的直接差别。第 5.4 节讨论了鉴定比对结果显著性方法背后所涉及的一些概念。

对大量完整基因组序列测序的完成增加了对长序列比对的需求，如全基因组比对或全染色体比对。如 5.5 节所述，这些应用需要大量的方法和技术，增加搜索的速度，并减少数据存储的需求。此外，这些序列的大规模比对需要不断开发新的算法。

5.1 替换矩阵和打分

正如第 4 章所讨论的，比对打分的目的是提供一个比较两序列相似性的量度，从而使人们有可能迅速区分许多有着微妙不同的任意两个序列的联配结果。打分计划包含两个独立的要素：①对联配的碱基的打分；②对于存在插入或缺失的序列进行评估。对于蛋白质序列比对，参照替换矩阵（详见 4.3 节）用于给每一个联配的碱基赋值。插入缺失（indels）的存在，使得在联配的过程中考虑序列缺失成为必要，并且这样的缺失同样应该被赋予具体的分值。序列联配的分值 S 等于单位联配碱基的分值的总和。关于多重序列联配的具体方法将在 6.1 节和 6.4 节中详细阐述。

可能有人认为：使用会引起最少的氨基酸变化次数的核苷酸变化的模式来描述残基的替换概率是一个相对而言最为直接的方法。然而，由于大部分进化选择发生在蛋白质水平，所以氨基酸水平和核苷酸水平的变异的评估会产生偏差。因此，需要发生变化的碱基个数不能作为衡量替换概率的似然性的量度。目前使用的替换概率矩阵是基于表现具体蛋白质的进化多变性的多重序列比对部分氨基酸替换的频率。这样获得的替换频率包含了进化偏好性。

以下将讨论两种方法，它们被用于产生多重序列比对中使用的替换矩阵。有两种常用的替换概率矩阵：PAM 和 BLOSUM 矩阵。这两种矩阵都基于即将讨论的概率模型。序列联配中打分模型的关键概念见流程图 5.1。

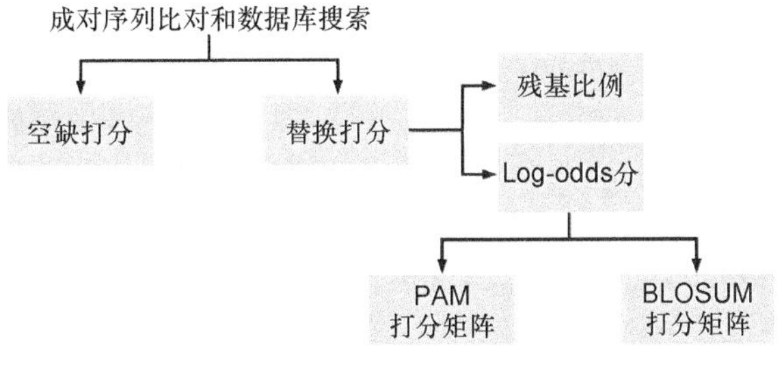

流程图 5.1　本章介绍的关键概念是：假如基于进化概念对两序列进行数值化的联配，则可以进行有意义的比较。有很多种方法可以实现，能得到不同的打分体系，包括对插入和缺失的考虑。

联配分值用于衡量公共进化祖先的似然性

联配打分方法的理论基础是简单的概率统计模型。有两种模型适用于 DNA 和蛋白质序列：随机模型和非随机（进化）模型。通过为每种模型中得到的部分联配结果出现的概率构建统计量，可以评估哪一种模型更适用于具体的联配情况。

在随机模型中，不考虑进化过程；也不存在任何可能导致相似性变化的结构或功能过程。所有的序列都被认为是从给定的残基库中通过随机选择得到的，该序列中的每一个位置上碱基出现的频率完全独立于其他的位置。因此对于一条蛋白质序列而言，假如类型为 a 的氨基酸在氨基酸库中出现的比率是 p_a，这体现了在蛋白质中氨基酸的出现概率。

另外，在非随机模型中，假设序列是相互关联的，换句话来说即考虑了某些进化过程对序列的影响。因此，同一序列中不同的残基之间可能有很高的连锁性。个别残基出现的频率不依赖于残基库中它们存在的比率，而依赖于在它们的共同祖先序列中，相同位置的残基的频率；也就是说，需要联配的两条序列都是由进化得到的。在这个模型下，联配得到的一对残基分别是 a 和 b，记作 $q_{a,b}$。$q_{a,b}$ 的实际值依赖于进化过程中的特性。

假设在一次联配中，某一位置的两个残基分别是 a 和 b。随机模型中给出该情况出现的概率为 $p_a p_b$，基于这两个残基的出现是彼此独立的假设。在非概率模型中，该情况发生的概率是 $q_{a,b}$。这两个模型可以通过比较两种概率值的比值进行比较，称为**比值比（odds ratio）**，即 $q_{a,b}/p_a p_b$。假如该比值大于 1（即 $q_{a,b} > p_a p_b$），则非随机模型更有可能将这样的残基联配起来。然后，需要一个单一模型来解释完整的序列联配，所以单个被联配起来的序列对必须组合起来考虑。

实际上，序列中相邻的残基之间往往有一定的关联。例如，它们可能都存在于一个疏水的结构中，如穿膜的螺旋结构（见第 2 章）。这样的关联在这些模型中都被忽视了，所以联配过程中的每一个残基都被视为独立的残基。在该情况下，不同碱基的比值比可以相乘得到总的联配序列的比值比。

$$\prod_u \left(\frac{q_{a,b}}{p_a p_b}\right)_u \tag{5.1}$$

式中，该结果为联配中所有位置 u 的总和。

实际中更多的情况下会考虑加和的结果，而不是乘积，尤其是当总数较小的时候。这个可以通过对比值比的加和得到。S 值是对联配中所有位置的综合打分：

$$S = \sum_u \log\left(\frac{q_{a,b}}{p_a p_b}\right)_u = \sum_u (S_{a,b})_u \tag{5.2}$$

式中，$S_{a,b}$ 为和联配结果中残基 a、b 有关联的分值（既是**替换矩阵 substitution matrix** 中的元素）。正的 $S_{a,b}$ 值表示这两个碱基被联配起来的概率大于在随机情况下的概率。反之亦然。S 由与随机情况相比在非随机情况下得到的联配模型的相对似然估计的。然后，正如本章后面的内容将要阐述的，一个正的 S 值并不一定能有效地验证联配的统计学显著性。对于给定的序列，S 值将有一个分布，该分布将被用于检验结果的显著性水平。

从这个讨论中读者可能会发现 $S_{a,b}$ 将会既有正值又会有负值。事实上并不完全是这样的，由于 $q_{a,b}/p_a p_b$ 可以乘以一个常数。乘以一个常数 X 会导致 $S_{a,b}$ 的值上加上一个 $\log(X)$。这将使得 $S_{a,b}$ 值成为一个正值。对于长度为 L 的联配，S 值将受到 $L \times \log(X)$ 的偏移。相似的，所有的 $S_{a,b}$ 值也可以乘以一个常数。在这两种情况下，相同长度的联配打分会受到相同的偏移，使得它们之间相对可比。然而，下面将讨论的局部方式的联配将涉及不同长度的序列联配结果的比较，这样的情况下，加上一个为常数的 $\log(X)$，将对相对分值产生影响。

注意式（5.2）中描述的替换矩阵和比值比之间的关系，即使在替换矩阵和相关参考内容并无任何理论联系的情况下也会存在。第一，注意两个残基联配打分的**期望分值（expected score）**可以描述为

$$E(s_{a,b}) = \sum_{a,b} p_a p_b S_{a,b} \tag{5.3}$$

假如它是负值，并且至少有一个正值，原则上我们可以在给定 $S_{a,b}$ 和 p_a 的情况下，先用相反的方法求出 $q_{a,b}$。该方法并不完全是非常直接的，有兴趣的读者可以参考本章末的扩展阅读。

PAM（MDM）替代打分矩阵用于探索蛋白质进化起源

正如我们在 4.3 节中看到的，一个常用的蛋白序列矩阵是**点突变矩阵（point accepted mutation, PAM）**，也称为**变异数据矩阵（mutation data matrix, MDM）**，该研究结果来自 Margaret Dayhoff 等关于蛋白质家族多序列比对的研究，包括细胞色素 c，α、β 球蛋白，胰岛素 A 和 B 链，以及铁氧化还原蛋白等序列。

变异数据矩阵的研究会受到多种因素的影响，包括：蛋白质组成的影响，不同蛋白质家族的突变速率不同的影响，以及序列长度的影响。去除这些偏好性的第一步是计算每次联配过程中，每一个氨基酸残基突变的概率。这被定义为联配中该残基类型的出现频率打分乘以每一百个联配位置中可能出现突变的总的个数。下面将论述突变的个数是如何计算的。每一种残基类型的分值被综合起来给出联配中所有的残基类型的总分。某个特定的残基类型 a 的突变能力被定义为所有 a 类型的残基发生突变的个数和 a 类型残基的总数之间的比值。通常以丙氨酸作为标准，称之为**相对突变率（relative mutability）** m_a。一部分的残基相对应丙氨酸有较高的突变率，但是更多的相对比较保守，尤其是半胱氨酸和色氨

酸。这些残基的突变概率近似为丙氨酸的 1/50。

每次联配过程中的系统发育树是根据如下方法构建的：推断每一个内部节点上最有可能的祖先序列，然后基此假设所有的序列都是从该祖先序列突变而来的。所有观测到的替代率都表示在一个 A 矩阵中，根据残基的类型得到的**可接受的点突变矩阵（accepted point mutation matrix）**（图 5.1）。假设残基 a 突变成残基 b 的概率等于残基 b 突变成残基 a 的概率，因此所有观测到的突变表型都是双向的。哪个残基发生了突变并不是确定的，所有的概率都被平等的对待，部分突变被考虑进了替代率矩阵。这个矩阵中的元素的值由 Dayhoff 1978 年的数据集中提到，包含了 1572 种观测到的替换关系，但是即使如此仍有 35 钟类型没有被观测到，如色氨酸（W）到丙氨酸（A）。这是由于只使用了高度保守的序列，数据集较小。

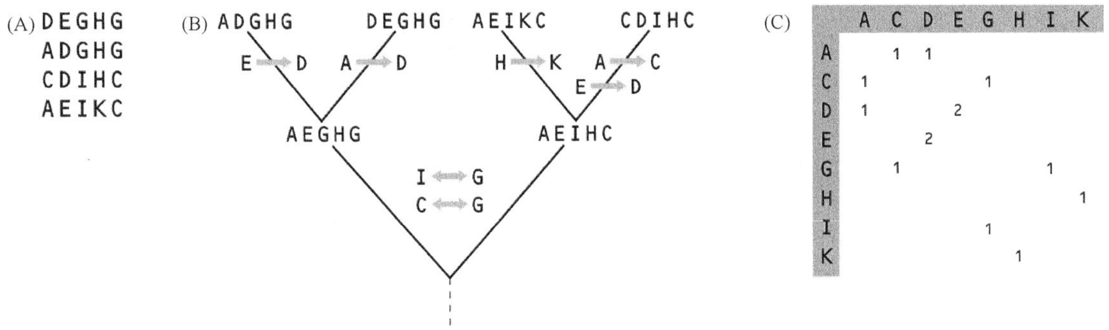

图 5.1　PAM/MDM 氨基酸替换打分矩阵中点突变的鉴定。（A）蛋白质序列中可能发现部分联配片段用于得到 Dayhoff PAM 矩阵。（B）从联配得到的系统发育树。请注意，该树给出了最少的可以解释进化过程的突变的个数，但是不一定能代表完整的进化过程。详细内容见第 7 和第 8 章。（C）从树中得到的点突变矩阵。请注意，所有的突变率都假设能双向的发生，因此也是双向的计算。

基于这个信息可以定义出一个**突变概率矩阵（mutation probability matrix）*M***。矩阵中的每个元素 $M_{a,b}$ 给出了在给定的进化时间的前提下，b 类型的残基被 a 类型的残基替代的概率。b 类型的残基有一个似然比 m_b。残基 b 突变成残基 a 的概率可以从 *PAM* 矩阵中得到（图 5.1C）。当 a 不等于 b 时，M 可以描述为

$$M_{a,b} = \frac{\Lambda m_b A_{a,b}}{\sum_a A_{a,b}} \tag{5.4}$$

式中，Λ 为一个常数，计入 m_b 的比例常数，和为指定的进化时间的部分。注意由于 m_b 的相对残基突变率 $\boldsymbol{M}$ 矩阵不是对称的。矩阵中的对角线元素没有残基突变率：

$$M_{b,b} = 1 - \Lambda m_b \tag{5.5}$$

注意所有的非对角线元素 $M_{a,b}$，包括从 b 型的残基突变成另一种类型，或是 $M_{b,b}$ 的概率的总和是 1，这也是概率矩阵的要求。

在由 $\boldsymbol{M}$ 表示的进化突变率下，平均组成的序列中不发生变化的氨基酸的百分比可以用如下方法计算：

$$100\sum_b f_b M_{b,b} = 100\sum_b f_b(1 - \Lambda m_b) \tag{5.6}$$

式中，f_b 为在平均情况下 b 类型的残基出现的频率的近似值。事实上，f_b 是标准化以后 b 类型的残基的出现率，既总的值是 1，并且是根据序列突变率加权后得到的残基组合。Λ 值被用于确定未突变的残基的百分比。假如设定 Λ 的值为 99，矩阵就表示了 1PAM 的进化突变（每 100 个残基 1 个可接受的突变）

根据 Dayhoff 的进化模型，为了得到高百分比的突变概率模型，1-PAM 矩阵乘以它本身。这是由于假设进化过程是一个马尔可夫过程（对马尔可夫过程的详细描述请见 10.3 节）。假如 1-PAM 矩阵平方之后，得到 2-PAM 矩阵；立方以后，得到 3-PAM 矩阵；以此类推。对应的进化时间是 1-PAM 矩阵假设的进化时间的 2 倍和 3 倍。相似的，250-PAM 矩阵是 1-PAM 矩阵 250 次方后得到的。

这些矩阵告诉我们有多少次突变发生了，而不是发生突变了的氨基酸的比例：有些可能突变了多次，另一些可能一次也没有。对于每一个这样的矩阵，式（5.6）给出了符合 PAM 矩阵假定的进化距离的情况下，和初始序列一致的残基占序列总残基数的百分比。该百分比并不会随时间的变化而线性降低（图 5.2）。

到此，我们得到了一个概率矩阵，而不是一个打分矩阵。正如先前提到的，这样的一个分值应该包含从随机和非随机模型中得到的概率的比值。矩阵 M 给出了假如两序列相关，从 b 类型的残基突变到 a 类型的残基的概率。假如突变不是随机的，从最初的 M 得到打分矩阵的公式可以描述为

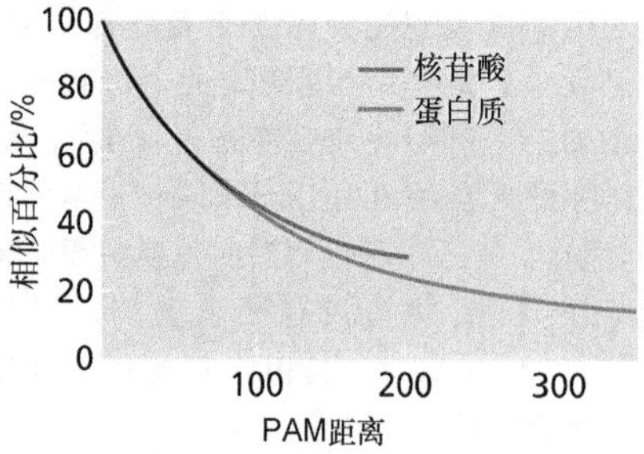

图 5.2　PAM 中的进化距离和序列对中相似百分比的关系。这说明了进化模型预测了距离较远的序列之间的相关性。

$$S_{a,b} = 10\log_{10}\left(\frac{M_{a,b}}{f_a}\right) \tag{5.7}$$

该矩阵是一个对称的矩阵。复合打分矩阵 s 一般被命名为 PAMn，其中 n 是从概率矩阵 M 得到的每 100 个残基的单点突变的个数。确切的调整因子和对数底一定程度上是随机的，并常常取一个可以给出整数分值的值。在图 4.4B 中展示了 PAM120 矩阵，调整因子使用了 $2\log_2$，替代 $10\log_{10}$，这样分值就是以每半个字节为单位（见附录 A）。

1991 年时 PAM 矩阵的研究工作缺乏足够的数据支持，将该方法应用于大数据集的分析后，得到了 PET91 矩阵，这是 PAM250 矩阵的一个升级版（图 5.3）。该矩阵描述了当 2 个色氨酸（W）残基联配时（得到分值为 15），相对于联配 2 个丙氨酸（A）残基（得分只有 2）有明显的不同，该差异比使用 PAM120 得到的大得多（图 4.4B）。这表明了 PET91 矩阵假设了更长的进化周期。

	C	S	T	P	A	G	N	D	E	Q	H	R	K	M	I	L	V	F	Y	W
C	11																			
S	1	2																		
T	-1	1	2																	
P	-2	1	1	6																
A	-1	1	2	1	2															
G	-1	1	-1	-1	1	5														
N	-1	1	1	-1	0	0	3													
D	-3	0	-1	-2	0	1	2	5												
E	-4	-1	-1	-2	-1	0	1	4	5											
Q	-3	-1	-1	0	-1	-1	0	1	2	5										
H	0	-1	-1	0	-2	-2	1	0	0	2	6									
R	-1	-1	-1	-1	-1	0	0	-1	0	2	2	5								
K	-3	-1	-1	-2	-1	-1	1	0	1	2	1	4	5							
M	-2	-1	0	-2	-1	-3	-2	-3	-3	-2	-2	-2	-2	6						
I	-2	-1	1	-2	0	-3	-2	-3	-3	-3	-3	-3	-3	3	4					
L	-3	-2	-1	0	-1	-4	-3	-4	-4	-2	-2	-3	-3	3	2	5				
V	-2	-1	0	-1	1	-2	-2	-2	-2	-3	-3	-3	-3	2	4	2	4			
F	0	-2	-2	-3	-3	-5	-3	-5	-5	-4	0	-4	-5	0	0	2	0	8		
Y	2	-1	-3	-3	-3	-4	-1	-2	-4	-2	4	-2	-3	-2	-2	-1	-3	5	9	
W	1	-3	-4	-4	-4	-2	-5	-5	-5	-3	-3	0	-3	-3	-4	-2	-3	-1	0	15

图 5.3　PAM250 替换矩阵的 PET91 版本。相同残基匹配的分值为浅灰色；非相同残基的正分值为深灰色。后者说明残疾对在联配序列中发生替换的概率相对较高。

BLOSUM 矩阵用于寻找保守的蛋白质区域

BLOCKS 数据库包含大量保守蛋白序列无间隙的多重比对联配数据，由 Steven 和 Jorja Henikoff 完成，于 1991 年公布（见 4.8 节）。这些联配中包括关联较远的序列，这样在同一个位置上不同的替代残基都可以被观测到。BLOCKS 数据库很快就被认识到是一个提供了替代残基参考资料的有效资源。由此发展出了 BLOSUM 替代打分矩阵。

有两种方法可以从数据分析比较中得到 PAM 矩阵。首先，BLOCKS 联配数据用于生成 BLOSUM 矩阵，包括其中相似度比较低的序列也被考虑了进来，这些序列的相似度比 Dayhoff 使用的要低，但是它们的进化同源性可以通过中间序列得到验证。此外，这些联配数据并没有被用于构建进化树，而只是简单的相互比较。

直接比较联配残基并不足以模拟真实的残基替换过程，因为在真实的进化过程中序列来自它们的共同祖先序列，而不是相互之间。虽然如此，由于大量的序列变异，精确的构建一棵进化树变得非常困难。然而，如果联配的结果是正确的，联配中的残基将和它们的进化历史有密切的关系，因此它们的联配中包含了关于残基替换过程如何发生的有用信息。另一个争论的重点在于，序列联配进化分析的目标并不一定是重构进化历史，而只是简单地比较它们之间的关系，找到显著的相似性。生成BLOSUM矩阵的初衷是找到一个打分的体系，用于鉴定蛋白质序列之间保守的区域。

研究联配的区域过程关键的方向之一是对序列进行加权以减少数据的偏好性。这是非常有必要的，因为蛋白质种类和来自不同物种的原因，这些数据库中的序列数据可能存在严重的偏好性；也就是说很多相似的序列被收集在该数据库中。加权的过程包括把相似性极高的序列聚类，由于聚类过程使用不同的参数 C 会产生很多不同的矩阵。相似性大于 C 值的序列都会聚到一起，替代的统计在两组聚类得到的类之间进行，而非在类的内部。权重由类中的序列的数量决定。对于一个有 N 条序列的类来说，每一条序列获得了 $1/N$ 的权重。加权体系被用于得到含有不同 C 值的替换矩阵。例如，当 $C=62\%$时，这些矩阵被命名为 BLOSUM-62。所有被用于获得 Dayhoff 矩阵的序列都聚到 $C<85\%$ 的类中，包括一些比 BLOSUM 中更相似的序列。

替换数据的获得被展示在图 5.4A 中的联配例子中，其中 $C=50\%$，会得到 BLOSUM-50 矩阵。其中有三个序列类，分别包括 4 条、2 条和 1 条序列，它们分别得到的权重为 1/4、1/2 和 1。这些权重被用于统计观测到的联配的碱基，以得到加权的频率 $f_{a,b}$。观测到的联配上的碱基类型 a 和 b 的概率（$q_{a,b}$），可以由如下公式得到：

$$q_{a,b}=\frac{f_{a,b}}{\sum\limits_{1\leqslant b\leqslant a}^{20} f_{a,b}} \tag{5.8}$$

注意这个过程中没有考虑残基 a 或 b 是从哪个序列中来的，因此 $f_{a,b}$ 和 $f_{b,a}$ 是相等的，而且 $q_{a,b}$ 和 $q_{b,a}$ 也是相等的。

假设计算天冬酰胺（N）和谷氨酸（Q）之间的 $q_{a,b}$，只发生于图 5.4A 中的第五列。假如 $C=62\%$，那么所有的序列类都将只包含一条序列，所有的序列都有权重 1（没有任何两条序列之间的相似性大于 60%）。在这样的情况下，有 21 个不同的类之间的比较对（7×6/2），因此 21 对联配残基出现在同一联配列中。计算得，有 12 个 QN、3 个 QQ 和 6 个 NN 对，共计 21 个对。由于所有的序列联配的权重都是 1，它们在计算过程中没有实际的影响。由于有 5 列联配的列，总的可能的联配对［式（5.8）中的分母］为 105。从这些数据中可以计算得到 $q_{a,b}$，正如在图 5.4B 中列出的那样。注意假如其他的列中包含 N 和 Q，它们也需要被包含在计算过程中，正如：

$$f_{Q,N}=\left(\frac{1}{4}\times\frac{1}{2}\right)+\left(\frac{3}{4}\times\frac{1}{2}\right)+\left(\frac{3}{4}\times 1\right)+\left(\frac{1}{2}\times 1\right)=\frac{14}{8} \tag{5.9}$$

(A)

	1	2	3	4	5
1	A	T	C	K	Q
2	A	T	C	R	N
3	A	S	C	K	N
4	S	S	C	R	N
5	S	D	C	E	Q
6	S	E	C	E	N
7	T	E	C	R	Q

(B)

	q_{QN}	q_{NN}	q_{QQ}	p_N	p_Q
C=62%	0.114	0.057	0.029	0.114	0.086
C=50%	0.117	0.025	0.058	0.084	0.117
C=40%	–	–	–	–	–

图 5.4　BLOSUM 氨基酸替换率打分矩阵的衍生。（A）无空缺联配的实例。该例子中相似性小于50%的序列会聚集到一起。对这个例子来说，虽然序列 1 和 4 只有 20%的相似性，它们属于一类，都与序列 2 有 60%的相似性。相似的聚类结果被用于得到 BLOSUM-50 矩阵。假如一样的数据被用于构建 BLOSUM-62 矩阵，这些序列并不会聚到一起，因为没有任何两条序列的相似性高于 60%。（B）$q_{a,b}$ 和 p_a 的值表示天冬氨酸和谷氨酸残基。$C=40\%$，所有的序列都属于同一类，由于 $q_{a,b}$ 和 p_a 的值度量类内联配的统计值，它们不能用于该例子。

式中，第一项是最高层类中的 Q 残基和第二层类中的 N 残基；第二项是最高层中的 N 残基和第二层类中的 Q 残基；第三项是第三层类中的 Q 残基；第四项是其他类中的 N 残基。$f_{N,N}$ 和 $f_{Q,Q}$ 的等价值分别为 3/8 和 7/8。用 $f_{a,b}$ 除以 15（数据中加权后所有联配对的总数，每个联配位置为 3）得到 $q_{a,b}$，如图 5.4B 中所示。$f_{N,N}$ 和 $f_{Q,Q}$ 的值从 $C=50\%$ 到 $C=62\%$ 中有所不同。注意 $C=40\%$ 时，只有一个类，由于每一条序列都至少和其他序列有 40% 的相似性。因此没有能计算相互之间的残基替换的分值。这例子展示了 C 值是如何影响替换矩阵的生产的。

残基对的分值是通过 log-odd 值方法得到的，正如之前描述的那样。对于随机的情况下两种类型的残基 a 和 b 被联配到一起的概率由 $e_{a,b}$ 表示，由加权的序列组成得到；背景残基出现的频率 p_a 定义如下：

$$p_a = q_{a,a} + \sum_{a \neq b} \frac{q_{a,b}}{2} \qquad (5.10)$$

图 5.4B 中展示了 C 的选择是如何影响这些计算的。对于相同的残基而言，$e_{a,a}$ 就是 p_a^2，而对于不相同的残基而言，$e_{a,b}$ 就是 $p_a p_b$，因为有两种方法可选择两个不同的残基。BLOSUM 矩阵是根据使用的每一个的数据信息定义的，因此该公式可以描述成如下的形式：

$$S_{a,b} = \log_2\left(\frac{q_{a,b}}{e_{a,b}}\right) \qquad (5.11)$$

这些矩阵中最常用的是 BLOSUM-62 矩阵，如图 5.5 中展示。

	C	S	T	P	A	G	N	D	E	Q	H	R	K	M	I	L	V	F	Y	W
C	9																			
S	-1	4																		
T	-1	1	5																	
P	-3	-1	-1	7																
A	0	1	0	-1	4															
G	-3	0	-2	-2	0	6														
N	-3	1	0	-2	-2	0	6													
D	-3	0	-1	-1	-2	-1	1	6												
E	-4	0	-1	-1	-1	-2	0	2	5											
Q	-3	0	-1	-1	-1	-2	0	0	2	5										
H	-3	-1	-2	-2	-2	-2	1	-1	0	0	8									
R	-3	-1	-1	-2	-1	-2	0	-2	0	1	0	5								
K	-3	0	-1	-1	-1	-2	0	-1	1	1	-1	2	5							
M	-1	-1	-1	-2	-1	-3	-2	-3	-2	0	-2	-1	-1	5						
I	-1	-2	-1	-3	-1	-4	-3	-3	-3	-3	-3	-3	-3	1	4					
L	-1	-2	-1	-3	-1	-4	-3	-4	-3	-2	-3	-2	-2	2	2	4				
V	-1	-2	0	-2	0	-3	-3	-3	-2	-2	-3	-3	-2	1	3	1	4			
F	-2	-2	-2	-4	-2	-3	-3	-3	-3	-3	-1	-3	-3	0	0	0	-1	6		
Y	-2	-2	-2	-3	-2	-3	-2	-3	-2	-1	2	-2	-2	-1	-1	-1	-1	3	7	
W	-2	-3	-2	-4	-3	-2	-4	-4	-3	-2	-2	-3	-3	-1	-3	-2	-3	1	2	11

图 5.5 BLOSUM-62 替换率矩阵。相同残基匹配的分值为浅灰色；非相同残基的正分值为深灰色。后者说明残基对在参考联配序列中发生替换的概率相对较高。

用于核苷酸联配的打分矩阵需由相似的方式得到

上文中已经介绍了用于蛋白质序列联配的打分矩阵的获得方法，并附以具体的实例说明。相似的方法也可以用于构建针对核苷酸联配的打分矩阵，虽然一般来讲会用一些更简单的模型，如＋5 表示匹配上，－4 表示未匹配上。除了个别的例外情况，如 16S rRNA 和重复序列，直到最近为止大部分被研究的序列都属于编码区序列，这种情况下它们更有利于蛋白质序列的联配。当进行大规模序列比对、多基因序列、全基因组序列比对时，这些将发生变化。

据报道，从人和小鼠基因组片段联配中得到了矩阵（图 5.6）。由不同 G+C 含量的片段中得到了不同的矩阵，一般认为 G+C 含量会影响残基替换率。这与基于进化距离得到的 PAM 矩阵和 BLOSUM 矩阵是截然不同的。这些矩阵获得的方式和 BLOSUM 矩阵较为类似。然而，在处理 DNA 序列时有一些需要留意的差别。DNA 序列的任何联配都意味着互补链的联配。因此，每一个观察到的 T/C联配都意味着一个额外的 A/G 联配。

(A)

	A	C	G	T
A	67	-96	-20	-117
C	-96	100	-79	-20
G	-20	-79	100	-96
T	-117	-20	-96	67

(B)

	A	C	G	T
A	91	-114	-31	-123
C	-114	100	-125	-31
G	-31	-125	100	-114
T	-123	-31	-114	91

(C)

	A	C	G	T
A	100	-123	-28	-109
C	-123	91	-140	-28
G	-28	-140	91	-123
T	-109	-28	-123	100

图 5.6 三个核苷酸替换率矩阵，有 Chiaromonte 和其同事提出。每一个矩阵都是通过分析人和小鼠不同 G+C 含量的基因组区域后得到的。(A) 从 CFTR 区域得到，G+C 含量大于 37%。(B) 从 HOXD 区域得到，G+C 含量大于 47%。(C) 从人类 19pter 区域得到，G+C 含量大于 53%。每个矩阵中最大元素的值为 100。

替换打分矩阵必须适用于特定的联配问题

有很多其他的替换率打分矩阵。一些是基于联配序列分析的方法，另一些使用了其他的数据集。有些适用于特殊的情况，如跨膜蛋白质的序列联配。可以通过三个方面比较这些矩阵：第一，不同残基类型的相对打分模式；第二，实际的分值；第三，这些矩阵的用途。

分值的聚类分析可以被用来考察这些矩阵在不同氨基酸情况下是否有差异。例如，有的矩阵可能受到残基大小的影响较大，另一个可能受残基极性的影响。这些将会影响我们对进化原动力来源的新的认识，或是找到在分析过程中使用不同序列得到矩阵的过程中可能存在的缺陷。但是这很难有助于在构建联配关系的时候决定如何选择更有用的序列。

和大部分氨基酸替换矩阵类似，PAM 和 BLOSUM 矩阵包含了正值和负值，平均值为负。实际的分值可以综合在两个实际使用的量度中。和非随机模型相比，随机模型中的**相对熵（relative entropy，H）**可以定义为

$$H=\sum_{a,b}q_{a,b}S_{a,b}=\sum_{a,b}q_{a,b}\log\left[\frac{q_{a,b}}{p_a p_b}\right] \tag{5.12}$$

$S_{a,b}$的分值加和，由 $q_{a,b}$得到权重，而 H 是随机模型和非随机模型相比在每一个联配位置上平均可获得信息的量度，该值总是为正（详见附录 A）。图 5.7 展示了对于不同的 PAM 和 BLOSUM 矩阵，H 值的变化情况。可以得到一个显著的分值的最短联配部分依赖于使用的打分模型的相对 H 值，本章将在后续内容中进行讨论。另一个量度是期望值，由式 (5.3) 定义。该值一般情况下（并非必须）是负值，如对 BLOSUM-62 来说是 −0.52。这些量度被认为会和联配长度一起影响联配的分值。

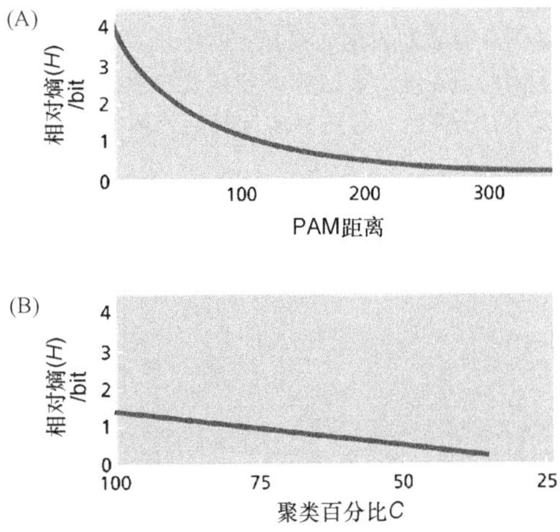

图 5.7 两种不同的替换率矩阵的相对熵曲线图。(A) 根据 PAM 距离 (Altschul，1991 年提出) 得到的 PAM 矩阵。(B) 根据百分比阈值 C 得到的 BLOSUM 矩阵 (Henikoff 和 Henikoff，1992 年提出)。

可能比较不同的矩阵最好的方法是应用于实际数据中。可以使用两种标准：①在搜索数据库的时候是否能发现相关的序列；②已经单独联配时的准确率。在进行有意义的比较时有很多潜在的困难，包括数据集的选择和有空缺时的罚分。虽然，有些矩阵在特殊情况下表现良好，在大部分普通情况下哪些矩阵是通用的还是未知的，尤其是当空缺罚分的影响较为重要的时候。

插入空缺的打分相对替换而言使用了更为启发式的方法

插入和缺失是进化过程中常见的事件，需要一

个打分系统来评价它们对联配造成的影响。最简单的方法是当残基联配到任何一个空缺的位点时进行一次罚分；可以描述为一个罚分公式 $g=-E$，其中 E 是正值。假如有 n 长度的空缺，线性的罚分被定义为

$$g(n_{\text{gap}})=-n_{\text{gap}}E \tag{5.13}$$

一般情况下，并不考虑空缺的残基的类型可能造成的影响，虽然要考虑空缺的残基的类型并不是一个困难的工作。观测到的更长空缺可以用一个更高的罚分来模拟，**开放式空缺罚分 GOP（gap opening penalty）**，记作 I；一个较低的罚分可以用来扩展一个既有的空缺，**扩展空缺罚分 GEP（gap extension penalty）**，记作 E。由此引出了一个对于 n 个残基的空缺的**仿射缺失罚分（affine gap penalty）**公式：

$$g(n_{\text{gap}})=-I-(n_{\text{gap}}-1)E \tag{5.14}$$

由此可以得到另一公式：

$$g(n_{\text{gap}})=-I-n_{\text{gap}}E \tag{5.15}$$

空缺的参数需要慎重的选择，对于不同的替换矩阵有不同的适用值。无法很好地优化这些值将严重影响整个打分系统。这将在本章的后续内容中通过实例说明。有些矩阵似乎对空缺罚分参数并不敏感。事实上，优化是比较长的过程，大部分的研究人员使用前人报告过的优化参数的组合。对于蛋白质联配而言一个典型的优化参数的范围是：I 为 7～15；E 为 0.5～2。

5.2　动态规划算法

对于很多已知的序列对而言，假如允许存在缺失，在决定最佳打分联配结果时有很多种需要被考虑的可能性。例如，长度为 1000 的序列有将近 10^{600} 种不同的联配方式。已知序列的长度和数量，遍历所有的序列联配的可能性是不现实的。虽然如此，有一类算法可以在一些不同的限制条件下有效的遍历全长的联配序列。它们被称为动态规划算法，能有效的避免部分不需要的联配结果，这些结果被认为是非最优的结果。有若干参数的使用会得到不同的联配结果，正如流程图 5.2 中所展示的那样。

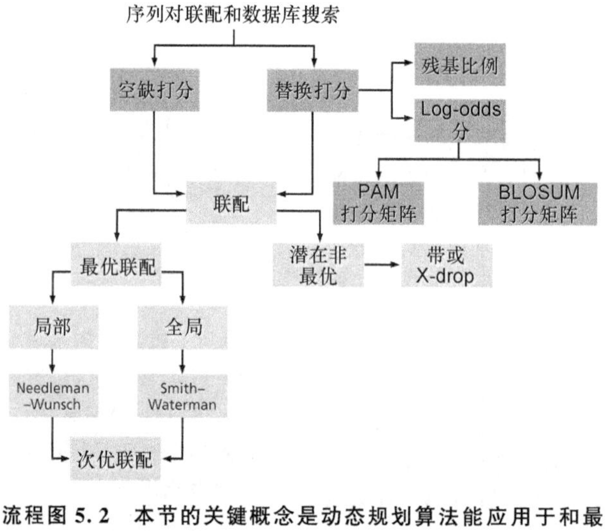

流程图 5.2　本节的关键概念是动态规划算法能应用于和最优联配相关的多个问题。

动态规划算法的关键部分是问题可以被划分成许多小的组成。考虑如下的联配：

$$X_1\cdots X_uX_{u+1}\cdots X_vX_{v+1}\cdots X_L$$

$$Y_1\cdots Y_uY_{u+1}\cdots Y_vY_{v+1}\cdots Y_L$$

其中 u、v 等都表示了联配中序列上的具体位置，而不是残基的类型。所以，X_u、Y_u 等可以表示相应的残基或是空缺。联配可以分成三个部分，从序列的位置标记开始，$1\rightarrow u, u+1\rightarrow v$，以及 $v+1\rightarrow L$。因为个别位置的分值被加到了一起，整个联配的分值是这三个部分分值的总和；也就是说，它们对打分的贡献是彼此独立的。因此，全局联配的最优化问题可以被简化成较小的片段联配过程中的最优化问题。这里的一个推论是：全局最优的联配结果中不会包含部分非最优的联配。

从较短的子序列开始，如每天序列的第一个残基，最优的联配很容易找到，允许存在空缺的情况。然后，更多的残基可以加入到该联配中。在每一步过程中，之前找到的最佳联配结果会不断的被加入进来，所以只有最新得到的联配分值需要被进一步考虑。稍后的具体实例将进一步解释这个过程。在这个

过程中，最优的全局联配可从序列的一端开始直到结束。由于两条序列联配的结果会包含联配到的残基对，可以用一个矩阵来方便的表示这些，每一行表示联配中的一条序列，每一列表示另一条序列。

直到获得最优的全局联配结果，才能说所有的残基都被考虑到了联配的过程中。所有可能的联配方式都需要被考虑，否则就无法得到最优的联配结果。这并不像看上去那样无法做到。

Saul Needleman 和 Christian Wunsch 于 1970 年发表了关于最优规划算法的应用。此后又有很多对该算法的改进陆续发表，部分内容将在下文中进一步讨论。进行这样的改进一般有三个常见的出发点。第一，全局和部分联配需要一些不同的算法。第二，不这么常见的，特殊的空缺罚分和最优化参数的不同，导致人们去研究新的算法。第三，尤其在过去，算法的计算要求限制了该算法的一些应用。例如，一个标准的应用中计算基本要求是对于长度为 m 和 n 的序列，需要 mn 的运算空间。一些新的算法能显著的降低对计算资源的要求。

使用改进后的 Needleman-Wunsch 算法构建全局最优联配

我将通过如何找到最优的全局联配来介绍动态规划算法。Needleman 和 Wunsch 首先提出了这样的方法，但是我们将介绍的并非他们最初设计的算法模型，因为新发展出的算法能达到一样的目的，但是速度上要快得多。这里的问题是要将两条序列 $x(x_1x_2x_3\cdots x_m)$ 和 $y(y_1y_2y_3\cdots y_m)$ 进行联配，找到具有最优分值的联配，涵盖 x 和 y 中的所有残基。这个分值被认为是一个相似性的度量标准，所以我们要得到的是最高的分值。此外，这个分值还能表示进化距离（参见第 4.2 节），在这样的情况下我们希望得到的是最小的分值，在算法中使用的“max”将被“min”替代。

这个问题的关键是该联配过程中子序列的最优分值矩阵 S。这个矩阵有（$m+1$）行，标记为 $0\rightarrow m$；有（$n+1$）列，标记为 $0\rightarrow n$。行对应于序列 x 的残基，而列对应于序列 y 的残基（图 5.8）。我们将用一个例子来演示如何联配序列 x=THISLINE 和序列 y=ISALIGNED，使用 BLOSUM-62 矩阵作为打分矩阵（图 5.5）。由于这两条序列较短，它们可以通过手工进行联配，所以我们能看到最优的联配如下：

```
T H I S — L I — N E —
    | |   | |   | |
— — I S A L I G N E D
```

假如与替换矩阵值相比空缺罚分被设的非常高的话，联配可能无法得到一个最优的值；在这样的情况下可能存在一个很有争议的问题：这些参数的选择是否适用于该联配问题。图 5.8 中所展示的矩阵中，$S_{i,j}$ 被用于存放分值，这些分值是 x 序列中到 x_i 为止，y 序列中到 y_j 为止的所有残基联配后总的分值。序列（$x_1x_2x_3\cdots x_i$）和序列（$y_1y_2y_3\cdots y_j$），其中 $i<m$，$j<n$，被称为子序列。列 $S_{i,0}$ 和行 $S_{0,j}$ 分别对应于第一个 i 或是 j 残基有相同数量的空缺的联配。因此，元素 $S_{0,3}$ 表示子序列 $y_1y_2y_3$ 有 3 个长度的空缺的情况下联配得到的分值。

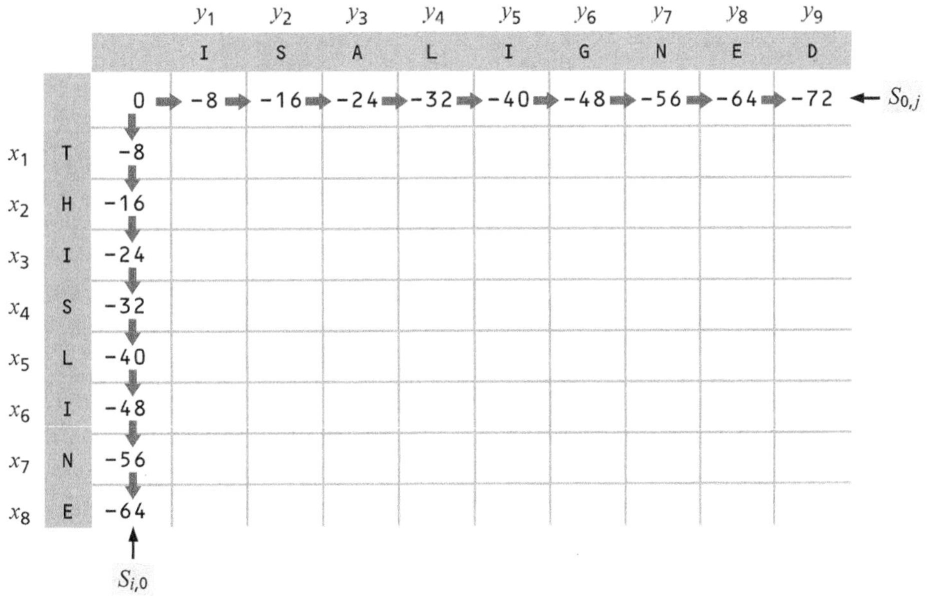

图 5.8　动态规划矩阵最初阶段找到两个序列 THISLINE 和 ISALIGNED 最佳的全局联配。 矩阵填充初始阶段只依赖于线性空缺罚分，由式（5.13）定义，E 设置为－8。

为了填满这个矩阵，必须从联配每一条序列的起始位置开始；也就是说最左上角的矩阵。我们当然也能从序列的终止位置开始，也就是矩阵的最右下角，但是矩阵必须被标记为 $1\rightarrow m+1$ 和 $1\rightarrow n+1$。元素 $S_{i,0}$ 和 $S_{0,j}$ 很容易被填入，因为只有一个可能的联配。$S_{i,0}$ 表示：

$$\begin{matrix} a_1 & a_2 & a_3 & \cdots & a_i \\ - & - & - & \cdots & - \end{matrix}$$

对于 n 个残基的空缺而言，我们采用一个线性的罚分标准：$-8n$，给出 $S_{i,0}$ 和 $S_{0,j}$ 的分值分别为 $-8i$ 和 $-8j$。这个值被插入到矩阵中，正如图 5.8 中显示的那样。

矩阵中其他的元素都能根据简单的规则填写完整，可以理解为每次往联配的结果中添加一个残基。简单来说对于每次加入的位置，只有三种选择，一对两条序列都有的残基对，两条序列中任意一条序列在该位置有空缺。这三种情况可以被表示为

$$\begin{matrix} \cdots x_i & \cdots - & \cdots x_i \\ \cdots y_j & \cdots y_j & \cdots - \end{matrix}$$

和这些相关的分值为别是 $S(x_i, y_j)$，g 和 g。$S(x_i, y_j)$ 的值由替换矩阵中 $S_{a,b}$ 的值得到，a 表示 x_i 位置上 a 类型的残基，b 表示 y_j 位置上 b 类型的残基。

考虑到 $S_{1,1}$ 元素的进化，出现在联配中唯一的残基是 x_1 和 y_1。三种可能中左边的一种只能从 $S_{0,0}$ 开始，由于其他的联配中已经含有了这两种残基中的至少一种。中间的可能性只有发生在 $S_{1,0}$，因为要求其中包含 x_1 但是不包含 y_1。相似的最右边的可能性只能发生在 $S_{0,1}$ 的情况下。这三种情况会得到如下的分值：

$$\begin{aligned} &S_{0,0} + s(x_1, y_1) = 0 + s(I, T) = 0 - 1 = -1 \\ &S_{1,0} + g = -8 - 8 = -16 \qquad (5.16) \\ &S_{0,1} + g = -8 - 8 = -16 \end{aligned}$$

式中，$s(1,\mathrm{T})$ 由图 5.5 中得到。其他的值是显而易见的。因此图 5.9 中，$S_{1,1} = -1$。因为 $S_{1,1}$ 是从 $S_{0,0}$ 得到的，图中用箭头表示它们的关联。

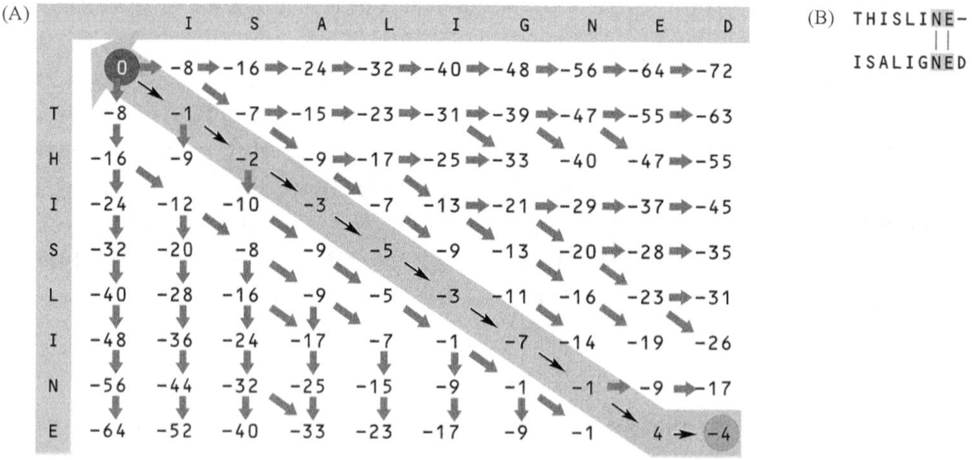

图 5.9　动态规划矩阵（由图 5.8 开始）寻找两个序列 THISLINE 和 ISALIGNED 最佳的全局联配。（A）使用 BLOSUM-62 矩阵和线性罚分得到的完整矩阵，由式（5.13）定义，E 设置为 -8。黑色箭头表示最优联配过程中回溯的方向。（B）由上述计算得到的最优联配，分值为 -4。

相同的方法可以被用来构建矩阵中的任何一个元素，根据如下的公式：

$$S_{i,j} = \max\begin{cases} S_{i-1,j-1} + s(x_i, y_j) \\ S_{i-1,j} + g \\ S_{i,j-1} - g \end{cases} \qquad (5.17)$$

最大值（max）说明我们用了一个相似性的分值。图 5.10 展示了在矩阵格式中式（5.17）的表示形式。注意三种选择中多余一种给出相同的最优分值是可能的，这样的情况下所有的方向都会有箭头表示。该例子中完成后的矩阵表示在图 5.9A 中。注意这个算法中的步数与产物序列的长度成比例。

我们可以使用每个元素中衍生得到的信息获得实际的全局联配，这样得到最优分值的过程称为**追溯（traceback）**。从 $S_{m,n}$ 开始，我们跟随箭头的方向遍历全部的矩阵。因此，从序列的开始位置填满矩阵的所有元素，我们将序列的结束位点作为联配的终止点。在每一步中，我们都可以根据式（5.17）决定选择三种联配情况的其中一种，并将其加入我们的联配结果中。假如 $S_{i,j}$ 有一条从 $S_{i-1,j-1}$ 而来的斜线箭头，这意味着该位点的联配将包含 x_i 和 y_j 的联配。垂直的箭头表示在 x 序列上的一个缺失和 y 序列上的一个残基的联配，对水平箭头而言也是一样。回溯的箭头包含了最优全局联配的结果，如图 5.9A 中黑色所示。在手工回溯的时候，必须十

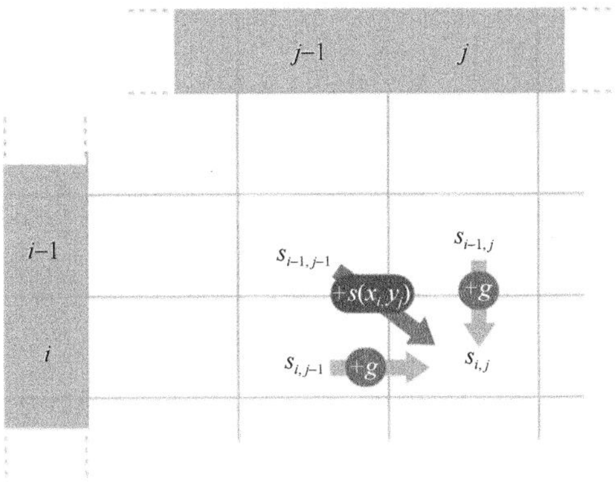

图 5.10　展示应用式（5.17）计算动态规划算法矩阵的元素。只有一小部分矩阵元素被展示，因为只有这部分对元素的计算有直接的贡献。

分小心以防犯错，尤其是使用残基 x_{i-1} 和 y_{j-1} 替代 x_i 和 y_j 的时候。

回溯的信息常常被有效的存储在计算程序中，如使用 3 个 bit 表示每个矩阵元素中有三种可能性。假如一个 bit 设为 0，该路径没有被使用；该值为 1 表示一条直接的路径。每一种方案都允许简单的存储所有的信息，并用于分析得到联配路径。

注意可能有多种最佳的联配结果，假如在回溯的过程中多个位点发生了分值相同的路径可供选择。该算法无法区分这些可能的联配哪个是正确的，虽然可能有的更符合实际情况。这往往是根据分子结构和功能的知识进行判断的。大部分的程序都只会得到一种联配的结果。

由回溯得到的联配结果在图 5.9B 中展示。该结果并不是我们期望的，期望的结果中不含有空缺。Y 序列中的残基 D 被联配到了一个缺失位点，因为两条序列的长度不同。我们可以简单的理解这个结果，假如在我们使用的 BLOSUM-62 矩阵中将空缺罚分设为 8。矩阵中最差的替换值是－4，显著的比空缺罚分低。此外，大部分相同残基的分值仅为 4 或 5。这意味着假如我们设置一个较高的空缺罚分，使用该打分矩阵空缺不会在最优的联配结果中体现出来。在这些情况下，假如不同长度的序列存在，并且存在有高分值的色氨酸或是半胱氨酸残基，缺失可能会发生。

假如我们使用一个线性的罚分规则 $g(n_{gap}) = -4n_{gap}$，如图 5.11 所示，结果会发生变化，这样将得到我们期望的最优联配。因为该空缺罚分并不如之前的严格，于是更容易引入空缺，导致一个不同的联配结果和不同的分值。在这个例子中，发现了额外的 4 个空缺，其中 2 个发生在序列中间。总的联配分值是 7，但是这个联配分值是－13，有 8 分空缺罚分。

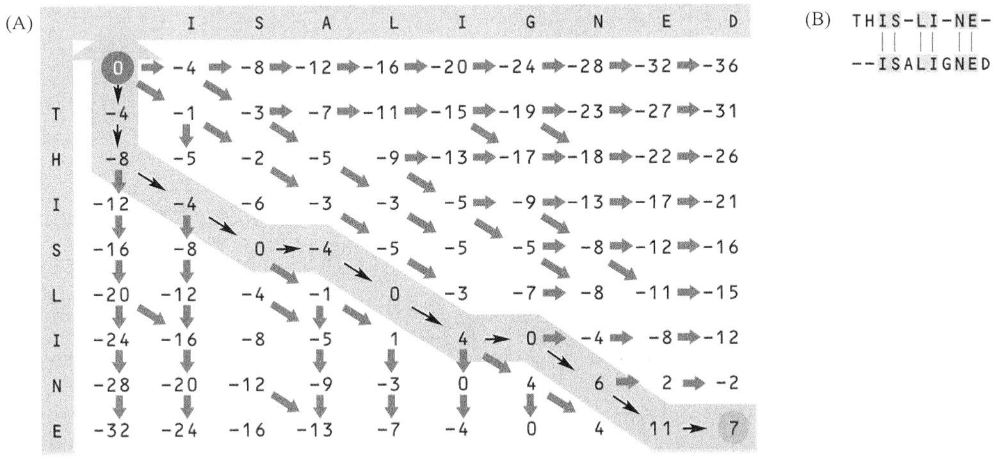

图 5.11　两序列（图 5.9）最优全局联配，除去空缺打分的变化。线性空缺罚分，由式（5.13）定义，*E* 设置为－4。（A）使用 BLOSUM-62 打分矩阵得到的完整联配矩阵。（B）最优联配结果，分值为－4。

这个例子显示为了适应使用的替换矩阵而设置空缺罚分的需求。然而，在选择这些参数的时候必须十分小心。因为这些参数依赖于所联配的序列的特性。在对不同长度的序列进行联配时可能需要用到不同的最优化参数，同时该参数也依赖于序列的相似性（图 4.5 展示了一个特殊的例子）。

该算法的一个简单变形允许序列在没有罚分的情况下在联配的末端相互重叠，这被称为**半全局联配（semiglobal alignment）**。在这样的情况下，对不同长度的序列联配时能得到更好的联配结果。我们可以用 0 来替代空缺罚分的分值，用于矩阵中的 $S_{i,0}$ 和 $S_{0,j}$。其他的值是事先算好的［见式（5.17）］。然而，这样不是从 $S_{m,n}$ 开始回溯，而是从最底下的一行或是最右边的一列中分数最高的点开始。如图 5.12 所示，空缺罚分被设为 $g(n_{\text{gap}}) = -8n_{\text{gap}}$。注意这样就得到了期望的联配结果，即使空缺罚分被设置的很好。改进以后的算法给出了如 $g(n_{\text{gap}}) = -4n_{\text{gap}}$ 一样最优的联配结果。

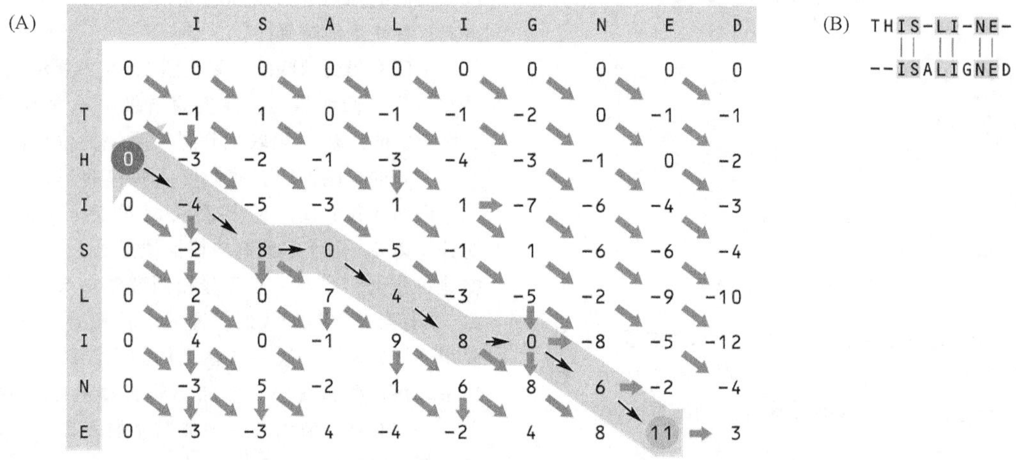

图 5.12　两序列（图 5.9）最优半全局联配。此例中末端的空缺无罚分。(A) 使用 BLOSUM-62 打分矩阵得到的完整联配矩阵，线性空缺罚分，E 设置为 -8，由式（5.13）定义。(B) 最优联配结果，分值为 11。

上述的算法适用于线性的联配罚分，如 $g(n_{\text{gap}}) = -n_{\text{gap}}E$。假如我们希望区分从开始部分出现的空缺和由已有空缺延长的新空缺，我们可以使用这样的罚分模型：$g(n_{\text{gap}}) = -I-(n_{\text{gap}}-1)E$，这个与已有的算法稍有不同。问题并不是简单地确定我们是否知道缺失是发生在序列起始的位置还是已有序列的延长。在之前的算法中，$S_{i,j}$ 的确定在不知道联配的具体细节的情况下（包括 $S_{i-1,j}$, $S_{i-1,j-1}$ 和 $S_{i,j-1}$）是不能做到的。现在我们需要知道这些联配是否以缺失结尾，这意味着需要知道衍生过程的细节，包括 $S_{i-2,j}$ 和 $S_{i,j-2}$。

考虑到使用空缺罚分的一般情况，只是简单的写成包含空缺长度 n 的公式；现在，对于任何矩阵元素 $S_{i,j}$，需要考虑到通过一个空缺的插入得到的元素的可能性。这些情况在图 5.13 中展示。该算法可以被改进为

$$S_{i,j} = \max\begin{cases} S_{i-1,j-1} + s(x_i, y_j) \\ [S_{i-n,j} + g(n_{\text{gap1}})]_{1\leqslant n\leqslant i} \\ [S_{i,j-n} + g(n_{\text{gap2}})]_{1\leqslant n\leqslant j} \end{cases} \quad (5.18)$$

该算法现在有长度为 mn^2 的步长，其中 m 和 n 是序列的长度，并且 $n>m$。由于每个矩阵的元素需要和 n 个对象比较判断空缺，该算法的计算量需求比之前的有明显增加。然而，当我们使用特定的空缺罚分模型时［如式（5.14）］，可以重构其中的元素，在 mn 的步长次数内得到完全的矩阵。我们将定义 $V_{i,j}$ 为

$$V_{i,j} = \max\{S_{i-n,j} + g(n_{\text{gap1}})\}_{1\leqslant n\leqslant i} \quad (5.19)$$

其中：

$$V_{i,j} = \max\begin{cases} S_{i-1,j} + g(1) \\ [S_{i-n_{\text{gap1}},j} + g(n_{\text{gap1}})]_{2\leqslant n_{\text{gap1}}\leqslant i} \end{cases} \quad (5.20)$$

$$V_{i,j} = \max\begin{cases} S_{i-1,j} + g(1) \\ [S_{i-n_{\text{gap1}},j} + g(n_{\text{gap1}}+1)]_{1\leqslant n_{\text{gap1}}\leqslant i-1} \end{cases} \quad (5.21)$$

$$V_{i,j} = \max\begin{cases} S_{i-1,j} - 1 \\ [S_{i-n_{\text{gap1}},j} + g(n_{\text{gap1}}) - E]_{1\leqslant n_{\text{gap1}}\leqslant i-1} \end{cases} \quad (5.22)$$

但是式（5.19）减去 $i-1$，我们能看到：

$$V_{i-1,j} = \max\{S_{i-n_{\text{gap1}}-1,j} + g(n_{\text{gap1}})\}_{1\leqslant n_{\text{gap1}}\leqslant i-1} \quad (5.23)$$

因此

$$V_{i,j} = \max\begin{cases} S_{i-1,j} - I \\ V_{i-1,j} - E \end{cases} \quad (5.24)$$

因此我们得到一个循环用于计算 $V_{i,j}$ 元素，包括联配 x 序列中的残基和 y 序列中的空缺。这个可以从 $V_{i,j} = S_{0,j} - I$ 开始计算［式（5.19）中 $i=1$］。用相似的方式我们可以定义 $W_{i,j}$，包括联配序列 y 的残基和序列 x 的空缺：

$$W_{i,j} = \max\begin{cases} S_{i,j-1} - I \\ W_{i,j-1} - E \end{cases} \quad (5.25)$$

这个可以从 $W_{i,1} = S_{i,0} - I$ 开始计算。式（5.24）和式（5.25）可以被替换到式（5.18）中给出快速算法（mn 的步长）：

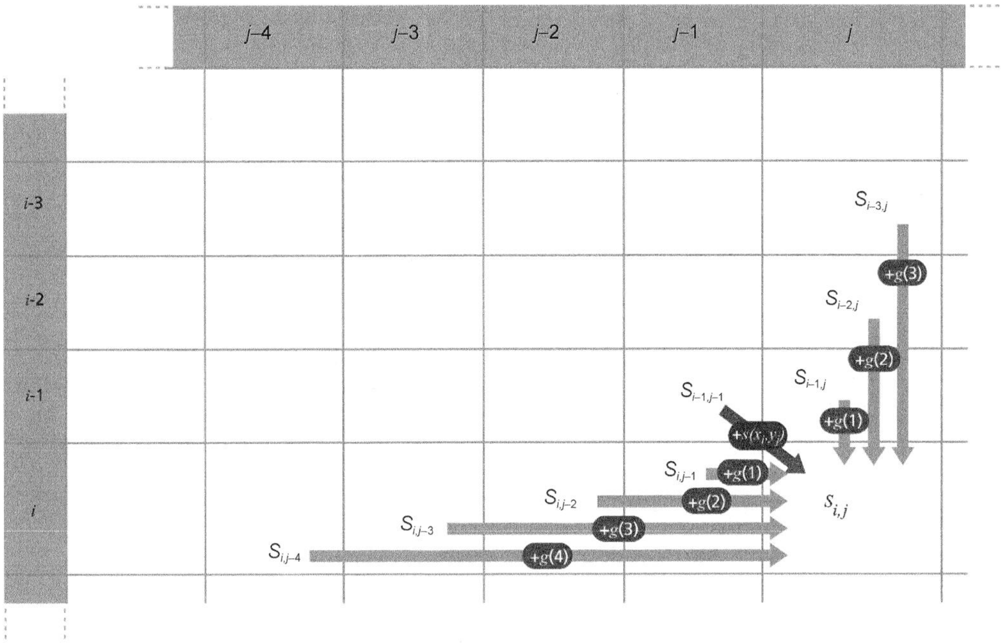

图 5.13　展示在有空缺罚分的情况下联配分值矩阵计算中一些可能的路径。所有可能的空缺的大小都要被遍历，$S_{i,j}$ 被选为这些概率的最大值。

$$S_{i,j} = \max\begin{cases} S_{i-1,j-1} + s(x_i, y_i) \\ V_{i,j} \\ W_{i,j} \end{cases} \tag{5.26}$$

需要注意的是 Needleman 和 Wunsch 最初的算法中和这里描述的内容，在一些细节的处理上有所差异。他们的方法较慢（需要更多的计算步骤），目前很少被使用。他们的计算步骤如图 5.14 中展示的那样。注意矩阵中路径的解释和我们之前描述的略有不同（请参考图 5.14 的详细说明部分）。

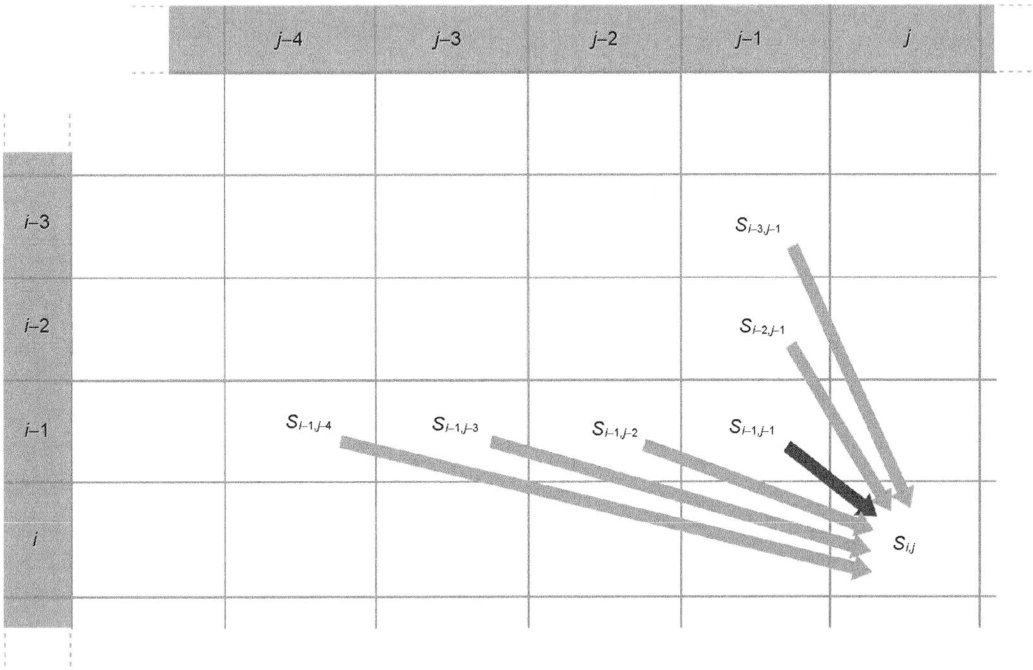

图 5.14　展示在使用原始 Needleman 和 Wunsch 算法下联配分值矩阵计算中一些可能的路径。所有可能的空缺的大小都要被遍历，$S_{i,j}$ 被选为这些概率的最大值。

对动态规划算法的简单改进就能用于局部序列联配

我们一般并不想得到一条序列和另一条序列完整的联配。例如，蛋白质一般只有一个功能域，这样的情况下我们希望找个关于这个区域的高分联配区域，这被称为是局部联配（见 4.5 节）。在全局联配中，这些区域往往只能得到有限的联配分值。局部联配会鉴定出这样的结构而忽视一些较弱的联配结构。

事实上稍作修改就可以使用一个如之前描述非常类似的动态规划算法进行局部序列联配。Smith 和 Waterman 第一个提出了该方法。然而需要注意的是，这里给出的算法需要一个相似度打分体系，该体系拥有对随机的联配结果有一个期望的负分，而对高度详细的序列有正分。大部分常用的替换矩阵都能适用于这样的情况。全局联配方法没有这样的限制，替换矩阵中的分值都可以是正值。在这样的体系下，联配的分值随着联配序列的增长会不停的增加，而不考虑相似性的变异，因此最终我们得到的将是较长的随机联配结果，而不是较短的高相似性片段。

全局联配和局部联配相比，最核心的区别是无论何时当最优局部联配分值为零或负值时，该结果将被拒绝，矩阵的元素会被设为零。该系统必须对联配到的相似性残基给出一个正的分值。我们希望在值得考虑的联配中找到至少一个能匹配上的结果，因此我们能确信存在一些正的联配分值。另一个算法上的差别是我们将从最高分的元素开始回溯，无论它出现在哪里。

额外的情况下矩阵的元素意味着 $S_{i,0}$ 和 $S_{0,j}$ 的值被设为了 0，正如在全局联配中没有空缺罚分的情况。普通情况下带有空缺罚分的矩阵元 $S_{i,j}$ 的公式可以表示为带有 $g(n_{\text{gap}})$ 的形式：

$$S_{i,j}=\max\begin{cases}S_{i-1,j-1}+s(x_i,y_i)\\ \left[S_{i-n_{\text{gap1}},j}+g(n_{\text{gap1}})\right]_{1\leqslant n_{\text{gap1}}\leqslant i}\\ \left[S_{i,j-n_{\text{gap2}}}+g(n_{\text{gap2}})\right]_{1\leqslant n_{\text{gap2}}\leqslant j}\\ 0\end{cases} \tag{5.27}$$

和式（5.18）相比，唯一的不同是包含一个 0 元素。如上一样的修改也可以应用于式（5.13）中给出的线性罚分模型和式（5.14）中给出的罚分模型。

图 5.15 和图 5.16 展示了我们在例子中得到的最优局部联配过程，拥有两个线性罚分模型 $g=-8n$ 和 $-4n$。这两种方法最后都移除了序列末端的差异序列部分。在第一种方法下，较高的空缺罚分强制要求 S 和 A 残基联配到一些，而不是引入一个缺失。较低的空缺罚分在这样的情况下改善了结果，给出了我们希望的局部联配。

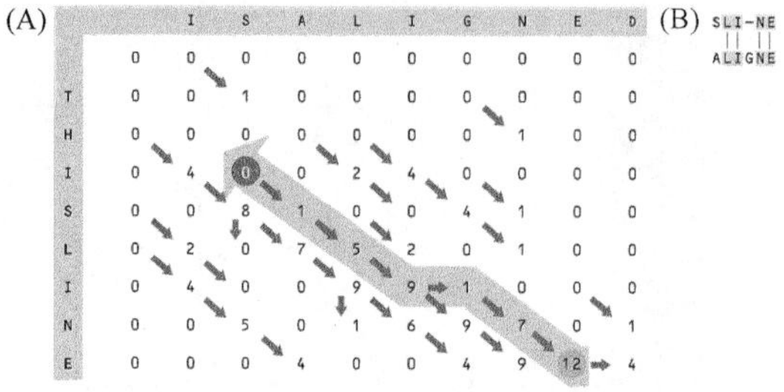

图 5.15　动态规划算法计算两序列 THISLINE 和 ISALIGNED 的最优全局联配。（A）使用 BLOSUM-62 矩阵，由式（5.13）定义的线性罚分，*E* 设置为 −8 得到的全矩阵。（B）由最高得分元素定义得到的最优联配，分值为 12。

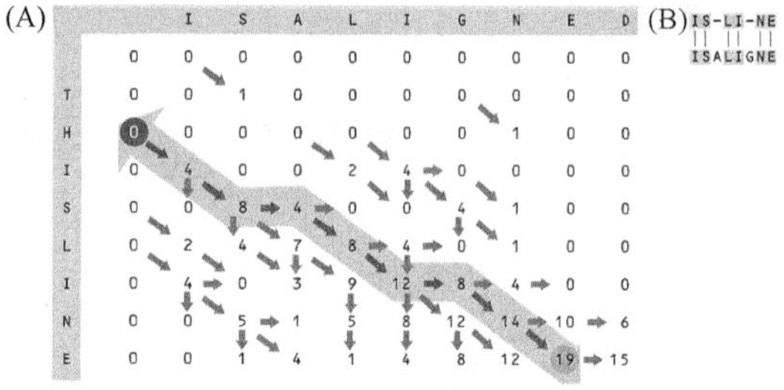

图 5.16　与图 5.15 相同的最优局部联配计算，线性罚分，*E* 设置为 −4。（A）使用 BLOSUM-62 矩阵，得到的全矩阵。（B）由最高得分元素定义得到的最优联配，分值为 19。

有时能找到其他高分值的局部联配结果也是很有意思，如序列中存在着重复片段。这种情况下往往会出现多个最优局部联配结果，而不仅仅是一个，它们之间可能只有非常小的分值差异。会存在和已有的最优联配序列有高度的重复，然后会有（如果存在的话）局部联配给出的结果以外的信息。更有趣的是这些次优联配序列，它们往往和最优序列有很大的不同。一般来讲，它们的差异是由不同的联配上的残基对定义的。

有一种有效的方式被提出用于找到不同的次优联配序列。存在这样的联配序列，该序列中联配到的残基没有在其他任何的次优联配结果中找到。这样的联配方式在有些情况下非常的实用，如联配具有多个功能域的蛋白质。有时一对蛋白质拥有两个或是更多的功能域，但是它们的相似性很高。这样的情况下得到每一个功能域单独的局部联配序列比较重要，但是只有其中一个会给出最优的分值，其他作为次优联配结果。该方法从计算最优局部联配序列开始。然后，保证任何新的联配结果不会和已经联配上的残基有任何的重合，把这个起始路径上的矩阵元素都置零是非常必要的（图 5.17）。随后，该矩阵的元素（包括其中的零元素）都需要重新计算。假如我们重新计算该矩阵，只有一些最优局部联配附近相对较少的元素会得到新的分值。这个技术高效率的核心是识别这些改变的元素只受到它们右边和下边元素的影响（图 5.13）。从零元素开始计算矩阵的一行，直到一个元素被发现它的值和原始计算结果相比没有改变，它将得到一个新的值。这一行以后的元素也不会被改变，于是计算可以进入下一行。用这种方式会通过最少的步长得到新的矩阵。次优局部联配结果可以通过找到最高的矩阵元素得到。其他的次优局部联配可以通过重复这样的过程得到，把所有之前涉及的元素置零。对于仿射空缺罚分，矩阵 $\boldsymbol{V}$ 和 $\boldsymbol{W}$ 中的联配元素也可以被强制置零，并必须在一行的计算结束前保持不变。

如图 5.17 的例子中展示的，第一个次优的局部联配结果由线性罚分模型 $g=-4n$ 得到；也就是说，是继图 5.16 以后的内容。最优联配中所有的矩阵元素都用黑体表示，这些元素是需要被重新计算的。只有 27 个元素需要被重新计算，所有这些都是最优联配结果元素以下和左边的元素。假如我们不对非变化的矩阵元素进行监督，我们将计算 54 个元素。

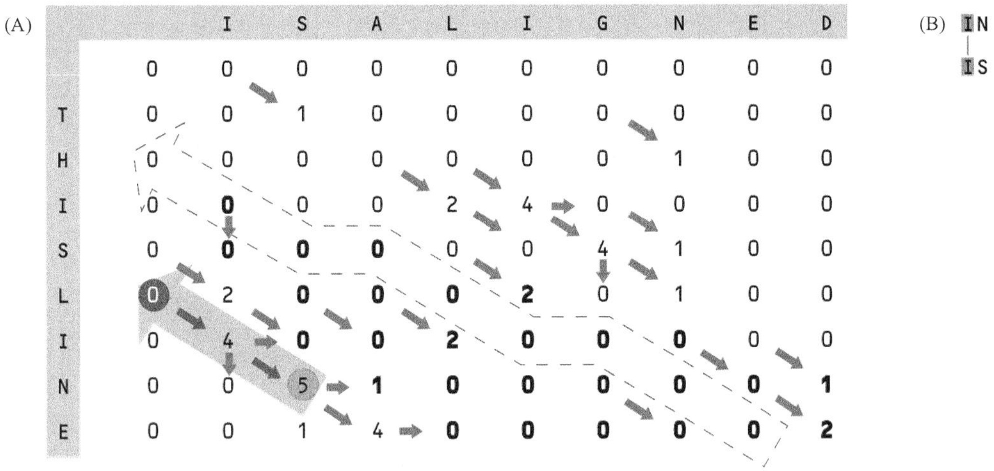

图 5.17　动态规划算法计算过程，延续图 5.16 的计算，找到最好的次优局部联配。（A）使用 BLOSUM-62 矩阵，对序列 THISLINE 和 ISALIGNED 联配得到的全矩阵。使用线性空缺罚分，E 设置为－4。最优局部联配中矩阵元素被设为“0”，并用黑体表示。矩阵元素中相对图 5.16A 有变化的也用黑体表示，向最优联配的右下延伸。（B）最好的次优联配，由全矩阵中最高得分原始定义，分值为 5。

专栏 5.1　通过抛弃中间计算结果节省空间

这一章中，提出了进行序列联配需要的步骤，但是没有对程序中具体的编程方式进行讨论。这些细节不是本书的重点，虽然这个对于工具的有效开发和使用是十分重要的。补充阅读材料中有关计算机技术的文献中对编程方面的内容有更为详细的讨论。但是，我们会简单的讨论下这些算法实现过程中的小窍门，以便在有限资源的情况下更好地使用这些算法。

至今为止讨论的所有算法都要计算完整的 $\boldsymbol{S}$ 矩阵，默认情况下，假定所有的矩阵都必须被存储，用于回溯的分析。假如用于比较的序列的长度有数千个残基，这个矩阵可以很容易在当前的计算机上被存储。但是，我们经常需要处理长得多的序列，尤其是在处理核苷酸序列数据时，如全基因组的序列。对于这样的序列来说，存储完整的矩阵是不可能的，有时候需要数个 G 的内存。没有一个更好的策略，有限的资源会阻止我们使用动态规划算法来处理这样的数据。但是，有一种方法可以解决这个问题，只需要存储矩阵的两行。请注意，未来的计算仍然需要恢复这些数据，这里提到的基础算法只是提供最优的联配分值。

这个算法的关键是所有元素的计算只需要当前的行和之前的一行数据［图 5.10 和式（5.17），式（5.26）］；我们也可以选择列来进行分析。两行会被标记为 $R_{0,j}$ 和 $R_{1,j}$。这里使用的打分体系会包含式（5.13）中的线性空缺罚分，但是也可以使用仿射缺失罚分。为了完成上述过程也可以使用其他的处理方法，如末端缺失等。

计算步骤如下。第一，根据特定的算法对第 0 行进行初始化。对于 Needleman-Wunsch 来说，使用线性罚分，这意味着 $R_{0,j}=-jE$，$j=0\rightarrow m$。对第 0 行，$R_{1,0}$设置为$-E$。这个和之前所述的全矩阵初始化方法相同。我们现在对序列 x 的每一个残基进行计算，从 x_i 到 x_m，计算所有的行元素 $R_{1,j}$，每一序列都等于全矩阵中的第 i 行。这些元素用标记 j 表示，对应于序列 y 的 y_j 残基。因此 $R_{0,j}$行的元素对应于矩阵元素 $S_{i-1,j}$，$R_{i,j}$对应于 $S_{i,j}$。其他 $R_{1,j}$的元素根据式（15.17）予以赋值。

$$R_{1,j}=\max\begin{cases}R_{0,j-1}+s(x_i,y_j)\\ R_{0,j}-E\\ R_{1,j-1}-E\end{cases}\tag{B5.1}$$

当所有的 $R_{1,j}$元素都被计算后，所有的 $R_{1,j}$元素的值都被转换成 $R_{0,j}$，现在将代表矩阵行 1。在特定的算法中，会用到指针，这样这一步几乎不花多少计算时间。对于第 0 列，$R_{1,0}$被设置为$-2E$，或是需要的边界值，$R_{1,j}$元素现在代表矩阵的行 2。对于其他的列，$R_{1,j}$如之前那样赋值。这样保持反复复写，保持计算的连续进行。

有些特定的值需要被存储，根据不同类型的联配情况会有所差别。因此对于基础的 Needleman-Wunsch 方法，只有 $R_{m,n}$需要被存储，而对于 Smith-Waterman 算法需要存储最高分值的元素，相关的 i，j 的值。这个存储需要短序列 2 倍的长度。因为这个技术只存储 2 行数据，它使得使用动态规划算法对微生物基因组进行联配变得可能。

然后，节省内存空间也是有代价的，回溯的过程相对使用全矩阵存储的方式来说要复杂很多。现在回溯的过程将包含很多的计算步骤，所以全联配的回溯将会花费较多的时间。本章中该技术的各种版本涉及了各种各样的联配问题。在过去的几年中，人们做了很多努力来使得这个算法能更有效的应用于全基因组的联配。第 5.5 节中讨论了更多算法的细节和在全基因组联配中的实际应用。和之前描述的不同，该节中讨论的算法都包含了近似的成分，但它们都能很好地应用于各种类型的问题。

不计算完整的矩阵，牺牲精确度提高时间效率

高分局部联配结果显示显著的序列相似性往往没有很多的插入或缺少。全局联配可能包含大规模的插入，如一整个功能域插入一个序列中，但是这样的情况仅仅是偶尔发生的。就矩阵而言，这意味着这些联配主要需要考虑对角线元素。这使得人们试图通过计算对角线附近特定的元素来达到提高联配计算时间效率的目的。必须注意的是这样的方式并不能保证得到最优的联配结果。

有两种方法设定和联配结果相关的对角线元素。一种假设两条序列在全局水平都有一定的相似性，使用 $S_{i,i}$为对角线元素。另一种，尤其是在数据库搜索时，使用无空缺的高分局部联配结果中得到的对角线元素，我们将在后面具体讨论该方法。

有两种方式限制从中心对角线触发的矩阵的覆盖率。一种假设两条序列中插入的位点的最大差异被定义为 M_{ins}，该算法可以简单的被定义为在中心元素的任意一边都只包含 M_{ins}个对角线元素的形式，即是说共计（$2M_{\text{ins}}+1$）个元素。数据库搜索程序 FASTA（见 4.6 节和下文）使用了该技术，尤其对于核酸序列，M_{ins}被设定为 15。另一种限制矩阵元素的方法中，根据当前的序列搜索得到的最高分值限制了搜索过程的继续。数据库搜索软件 BLAST 使用了这个 X-drop 的方法（见 4.6 节和下文），监控当前最好的分值。当沿着一行计算元素的分值时，当某个元素预置了一个小于最高值的值 X 时，计算过程将停止，计算将从下一行继续开始。较大的 X 值会导致重新计算的数据中有更多的元素，这样的情况下更有可能得到真实的最优联配结果。

X-drop 算法用于计算长度分别为 m 和 n 的序列 x 和序列 y。矩阵中的反对角线元素每次轮流计算。第 d 个反对角线元素被定义为 $d=i+j$。只有一个受限的第 d 个反对角线会被评估，定义为变量 i_L 和 i_U，如图 5.18 所示。当前最好的联配分值被存储于变量 S_{best}中。

在有些情况下，正如 5.3 节中描述的数据库搜索方法那样，这个算法也是从元素 $S_{i0,j0}$开始的，这些位点是由初期的全局联配结果中鉴定到的。在这个例子中 S_{best}的初始值被设定为 $S_{i0,j0}$的值，且其他变量被初始化为 $d=i_0+j_0$ 以及 $i_L=i_U=i_0$。另一种形式是，该算法从元素 $S_{0,0}$ 开始，该值拥有零值，因此 S_{best}的初始值为零，d、i_L 和 i_U 也同样。使用这样的初始值，计算方法如下一段所述。

每个反对角线元素都轮流计算。我们将描述从较小的 d 值到较大的 d 值的计算过程。根据不同的 d 算法需要改进的部分也将在下文中讨论。假如存在反对角线元素需要计算，x_i 残基根据递增的 i 的值进行计

算，i 从 i_L 到 i_U+1。对于每一个 i 的值，相对的 j 值都能通过公式 $j=d-i$ 得到。这定义了该情况下的矩阵元素 $S_{i,d-i}$。它们的初始值正如之前描述的，如式（5.17）中使用了线性空缺罚分时得到的值。

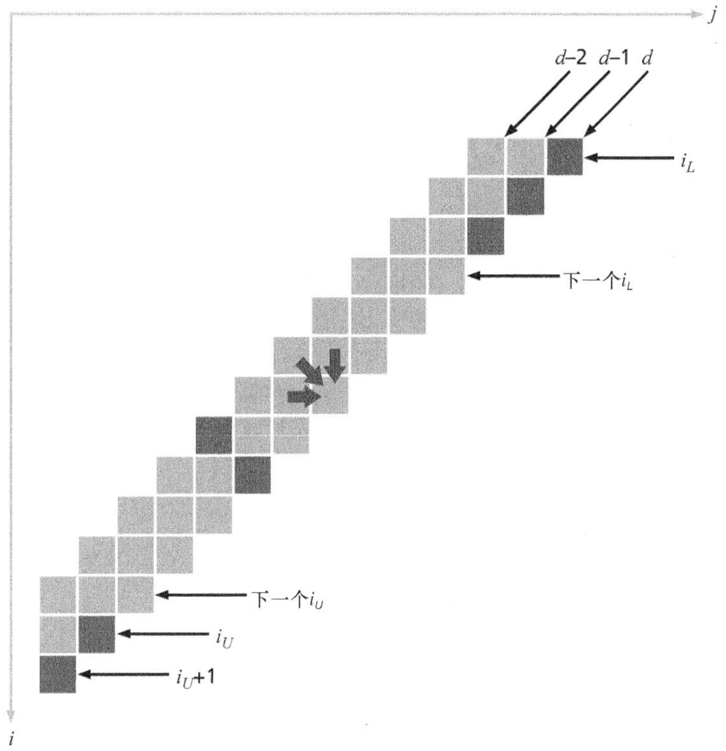

图 5.18 X-drop 方法，处理有 $d=i+j$ 索引的反对角线元素。深灰色的框是低于当前最好分值 X 的元素，因此被设置成负无穷。用于决定分值的三种可能的路径由粗箭头表示（引自 Z. Zhang 等的著作）。

在初始化了反对角线元素的值以后，需要检查任意一个元素中的数值是否对最优值有贡献，即 S_{best} 的值。然后反对角线的值用于鉴定任何落在当前最优值 S_{best} 以下的元素。所有的比预设的值低的元素都被置为负无穷，这样它们对以后的联配过程没有影响。

下一步中，i_L 和 i_U 将被重新决定。i_L 被设定为在选中的当前反对角线元素中最小的 i，如 $S_{i,j}$ 不等于负无穷时。i_U 被设定为在选中的当前反对角线元素中最大的 i，如 $S_{i,j}$ 不等于负无穷时。有时这将导致下一个反对角线元素中定义的区域更小，如图 5.18 中展示的那样。当反对角线区域的边界元素没有负无穷值时，该区域必须被去除。这个去除是基于计算了未来的反对角线元素的值以后决定的，或是被限制到额外元素的预设值。假如 $i_U+1<i_L$，在选定的区域中没有矩阵元素，计算结束。否则，下一个反对角线元素，第 $d+1$ 个将被计算。

假如计算的过程中从元素 $S_{i0,j0}$ 开始，而不是 $S_{0,0}$，必须反向进行回溯序列的开始位点。注意正向和反向搜索最优联配序列的过程并没有显著的不同。有些必须要注意的修改，然后，元素 $S_{i,j}$ 限制依赖于元素 $S_{i+1,j+1}$、$S_{i+1,j}$ 和 $S_{i,j+1}$ 的值。每一个矩阵元素 $S_{i,j}$ 的值和联配的开始残基 x_i、y_j 和结束残基 x_u，y_v 有关。全部的联配可以通过两次回溯得到，一次正向的回溯，一次反向的回溯，都以 $S_{i0,j0}$ 结束。图 5.19 展示了一个使用上述方法得到的矩阵元素的真实计算过程。

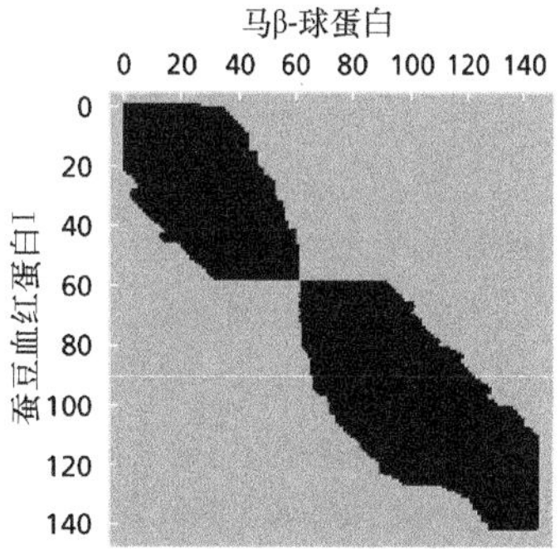

图 5.19 使用 X-drop 方法在 BLAST 程序中计算的矩阵元素，对马 β-球蛋白和蚕豆血红蛋白的联配。X 的值设置为 40，使用 BLOSUM-62 矩阵，仿射线性罚分为 $-10-n_{gap}$。

5.3 索引技术和近似算法

序列数据库大小的大幅度增加，和它们的日常更新使得一般研究者能通过访问这些数据库获得所需的数据。这使得人们更容易搜寻数据，但相似的搜索需求都集中在少数的机器上。即使计算机的资源多年来大大增加了，但上述全矩阵动态规划的方法仍不适合在数据库搜索普遍使用。

开发替代程序的数量越来越多，虽然有罚分，但它们不能保证找到得分最高的联配。它们成功的关键是使用**索引技术（indexing technique）**寻找可能的局部高得分联配。这些初步的局部联配得到延伸，延伸的过程将受到一定的限制，最终序列比对的分值，该分值用于对所有在数据库根据与查询序列存在相似性的序列进行排序。在大多数实现中，改进的动态规划算法被用来研究最佳得分序列，并产生最后的得分和联配。

在下面的部分，我们将仔细研究两个主要方法，也是两个最广泛使用的程序：BLAST 和 FASTA。这些方法都从考虑较短的序列开始，称之为“words”、“k-tuples”或“k-mers”。“k-tuples”（如 FASTA 使用）仅仅是残基 k 查询序列中的一段。“k-mers”（如 BLAST 使用）是残基 k 查询序列中的一段，并与 k 残基联配且分值在阈值（T）以上的至少一次。术语“word”更普遍使用，任何有若干残基组成的短的子序列都可以称为“word”。两种方法的初步步骤找到高得分无空缺局部联配，在 BLAST 中称为**高分联配片段（high-scoring segment pair，HSP）**，其中得分最高的为对一个给定序列的**最大部分片段对（maximal segment pair，MSP）**。流程图 5.3 给出了在本节所述的步骤的大纲。

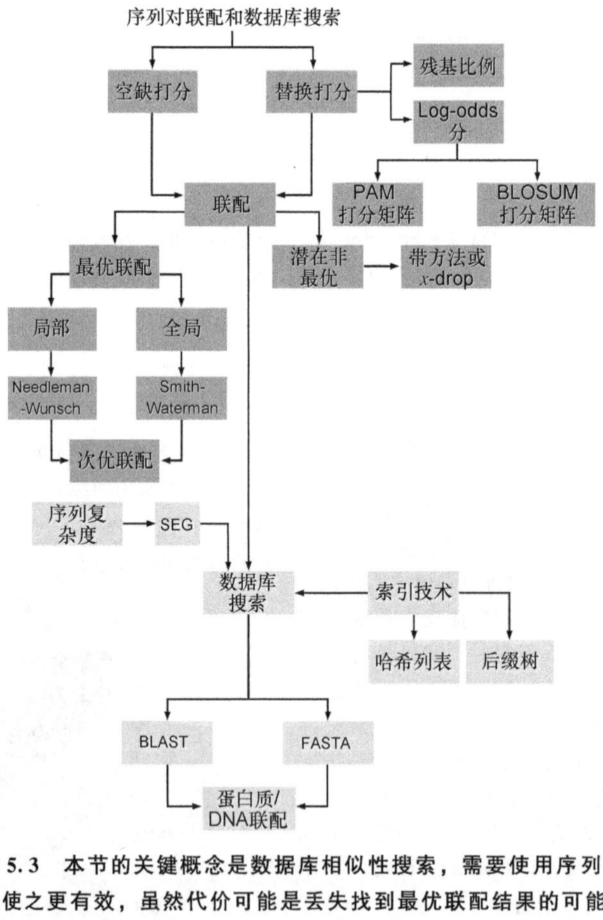

流程图 5.3　本节的关键概念是数据库相似性搜索，需要使用序列对联配的方法使之更有效，虽然代价可能是丢失找到最优联配结果的可能。

后缀树定位和独特及重复序列的位置

其中一种索引方法使用被称为**后缀树（suffix tree）**的技术。这项技术的一个变种是在BLAST中使用的程序。这里给出的例子将是一种核苷酸序列，因为一个例子使用现实的蛋白质序列将过于复杂。

考虑了一个核苷酸序列 ATCCGAGGATATCGA $，其中 $ 用来识别序列的结束，这是一个短重复序列，如 AT 的重复。后缀树是一种代表重复序列的形式，以减少这些完整描述所需的空间。此外，该树的形式可以非常容易地找到特定的序列和重复序列。

后缀（suffix）是指最短子序列在一个特殊位置，是独特的、完整的序列，因此可以用来明确确定这一位置。例如，在上面的序列第三个位置上是 C。由于在整个序列中，标签位置为 3 的残基 C 不是十分独特，然而，包括下一个残基 CC，我们发现了一个独特的子序列，在位置 3 的后缀是 CC。

图 5.20 给出了该示例的后缀树，看着它，你可以很容易看到最长的重复是三个连续的 ATC 和 CGA，分别出现在位置（1，11）和（4，13）。这项技术的效率可能不那么明显，因为这个序列是比较短。虽然更长的序列往往后缀会更长，它们也往往有更多的重复，以构造更有效的树。

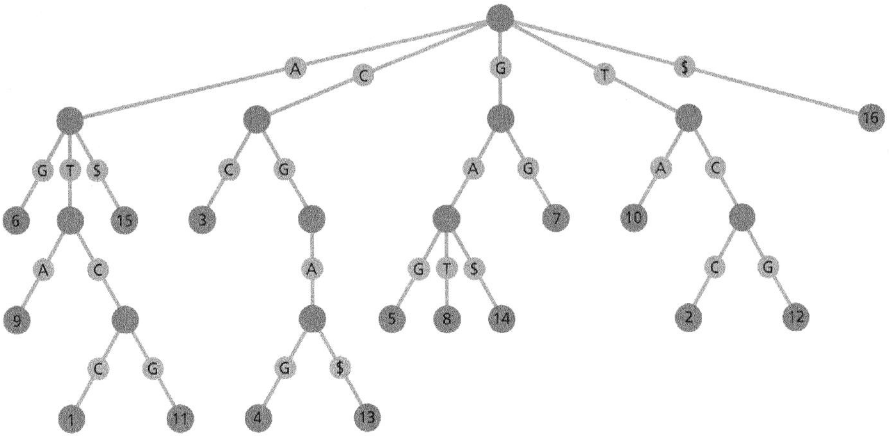

图 5.20　序列 ATCCGAGGATATCGA $ 的后缀树。有多种方法可以展示和标记后缀树，通常都会标记整个后缀树，但是这里使用这样的表格，因为这样能很好的和有限状态自动机接轨（图 5.23）。编号的末端节点（叶节点）对应于编号的序列残基。因此 6 表示第六个位置的，该残基为 A。位置 6 的后缀为 AG。所有的后缀位置都根据它们序列的 5′端氨基酸聚类，所有的后缀都从 G 开始进行聚类。

构建树非常简单。首先，在序列中的所有位置根据它们的基本类型分组；对蛋白质序列而言这将是氨基酸残基的类型。这些组对应的根节点的第一行，然后重新按照下列第二排节点的碱基分组。此过程继续进行，一组停止时，只包含一个序列的位置。对于一个长度为 L 的序列，这种方法需要以下几个步骤，需要的步长为 $L\log L$，其效率较高，是已知的被使用的较多的方法。

散列索引是一种技术，列出了所有 k 的起始位置元组（k-tuples）

散列的基本目的是要建立一个对所有 k 的起始位置列表中出现的元组查询序列。如果我们后来想找到一个特定的 k 元组序列中出现的位置，我们只需看看这一列表。此过程被 FASTA 使用。

开始构建列表之前，我们需要为每个 k 元组创建一个代码。假设我们处理核苷酸序列时，k 元组的长度为 3。因为有 4 种可能的残基，有 4^3（=64）个可能的 k 元组，在这种情况下，我们可以很容易使这些数字代码。首先，给每个碱基编号从 0 到 3，如 A=0 分，C=1 分，G=2 分和 T=3 分，任何 3 元组也可以根据公式指定一个号码。

$$c_i = e(x_i)4^2 + e(x_{i+1})4^1 + e(x_{i+2})4^0 \quad (5.28)$$

例如，三联核苷酸 AAA、CAA、ACA 和 AAC 将被派往数字 0、16、4 和 1。c_i 为 0～63（4^3-1）。作为一个例子，序列 TAAAAC TCTAAC 有 10 三联核苷酸，起始位置分别从 C_1 到 C_{10}，分别得到 48、0、0、1、7、31、55、28、48 和 1。在蛋白质序列的情况下，氨基酸编号为 0～19，不是用 4 这个指数，将使用 20。

如果有问题的序列的长度为 L，将有（$L-k+1$）的 k 元组，将被编码到的 c 值。因为我们最终是要寻找特定的 k 元组，这意味着寻找特定的 c 值，我们需要对 c_i 进行数字排序。基于上述的例子，序列将会是 c_2、c_3、c_4、c_{10}、c_5、c_8、c_6、c_1、c_9、c_7。有很多数值算法的教科书，给予有效排序的具体方法，所以它们不会在这里进行讨论（见扩展阅读）。

对于每个不同的 k 元组，我们需要知道它是否会发生，如果是，在哪一个残基位置开始。有几种这样做的方法，其中一个特别有效的一个是**链式方**

法（**chaining**）。对于长度 L 的序列，要求两个数组：数组 a，长度和可能的不同的 k 元组的长度相同（核苷酸为 4）；数组 b，长度为 $L-k+1$。元素 a_i 表示首次出现第 i 个元组的第一个碱基的位置，或一个值，该标志表示存在的情况。假设该指针是碱基 x。在这种情况下，b_j 表示一个指向 x_k，是第 i 个元组的第二个实例元组的第一个残基，否则一个值表示没有第二个实例。如果有一个 x_k 在 b_j 中，那么 b_k 将包含第 i 个 k 元组的另一个实例的信息。

例如，序列 TAAAACTCTAAC 的头 8 个元素 ***a*** 将为（2，4，0，0，0，0，0，5），0 表示特殊的三联元组不存在。元素 ***b*** 为（9，3，0，10，0，0，0，0）。这包含三个指针，因为有 3 个三联元组的存在。可以看到没有一个三联元组出现了 2 次以上，因为 ***b*** 中这些指针包含 0。散列和链接技术被用于 FASTA 软件，我们会在下文继续讨论。

FASTA 算法使用哈希算法和快速链接进行数据库搜索

William Pearson 和他的同事们开发了一系列的软件，用于实现快速、准确的蛋白质和核酸的数据库检索及蛋白质和核苷酸序列查询。它们是基于一个非常快的启发式算法，有 4 个不同的步骤，独立地应用于每个数据库。在第一步中，确定局部无缺失的路径的 k 元组位于何处。然后这些使用标准打分方法计分，只有得分最高的区域被保留，并随机加入到一个单一的联配序列中，得到初始的评分结果。这个分数是用来对数据库序列排序的。在最后一步，得分最高的序列根据动态规划进行联配。根据该程序的参数选择，这只能使用全矩阵的区域，包括含有原始联配序列。我们现在更详细的介绍一些步骤。

FASTA 算法从启动的哈希表和链接查询序列开始。一个参数 ktup，给出哈希数组中 k 元组的大小，通常设置为 2 个蛋白质氨基酸和 6 个核苷酸碱基。请注意，这些值产生不同的 400 个和 4096 个可能的 k 元组。由于该程序将搜索两个序列共用的 k 元组，参数值较小使搜索更敏感。但是，这通常只适用于相关较远的序列，基于家族背景的搜索（见第 4.6 节和第 6.1 节）将会使得算法更加敏感。

下面，我们使用假设的数字 a 和 b，完成上一段描述的链接阵列的计算过程。对于每个数据库条目，连续的 k 元组是针对这些数组搜索的，查明两个序列一致的 k 元组。由于这些路线都是无缺失的，它们位于对齐矩阵对角线（图 5.11）。我们希望发现这些对角线上有很多这样的 k 元组排列在其上。

在详细描述搜索算法以前，了解一下表示联配矩阵的方式是很有帮助的。例如，第 5.2 节中提到的矩阵，联配矩阵对角线往右递减。假如两条序列各有 m 个和 n 个残基。m 序列中有（$m-k$）个 k 元组，将会有（$n+m-2k+1$）个对角线元素，可以被标记为 d_{k-m} 到 d_{n-k}（图 5.21）。

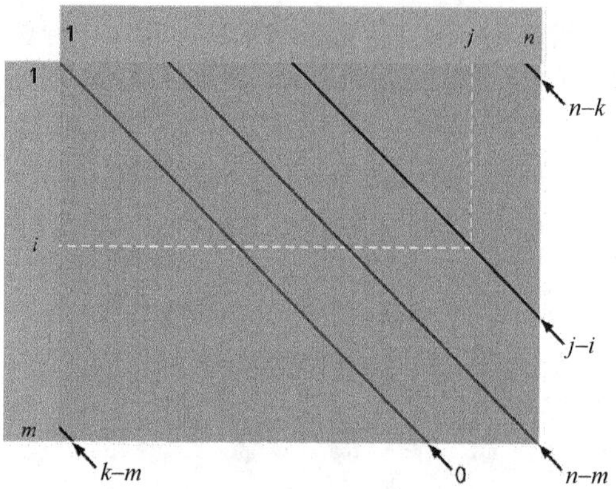

图 5.21　矩阵对角线 d_{j-i} 的标记的定义。使用长度为 k 的片段，这样，每行每列的最后（$k-1$）个元素不好被填充。因此该矩阵对角线从 $k-m$ 到 $n-k$。

有了这个对角线标识，如果相同的 k 元组位于查询序列的位置 i，在数据库序列位置 j，这 k 元组将位于对角线 d_{j-i}。该链接阵列能够方便地确定所有相同的 k 元组，以及它们所在的对角线。所有这些一致的 k 元组给出相同的（正）分数。我们只需要考虑这些一致的 k 元组与完成得分的对角线之间剩余的残基。这些可以得到与其长度 l 成正比的罚分 $g(l)$。使用这些分数，可以找到一个简单的算法，得到得分最高的对角线地方区域。有关 Smith-Waterman 算法，由于只有匹配的残基，它简单得多（快捷）。

联配矩阵的每个对角线得到一个分值。假设这个分值是 s_{j-i}，匹配最好的 k 元组位于这个对角线的 j_0 位置。搜索数据库中的序列，另一个 k 元组在 d_{j-i}。这个对角线的分值为

$$s_{j-i} = s + \max\begin{cases} s_{j-1} + g(l) \\ 0 \end{cases} \qquad (5.29)$$

l 的值是使用 j_0 计算的。j_0 根据现有的 j 值进行更新。注意式（5.27）中的 0 值，表示这是一个局部联配方法。得分最高的局部联配的结果被记录下来，这样可以找到多余一个同样的对角线区域。图 5.22A 中给出了这一步骤的实例。

这个算法目前实现的方案在每一对序列中鉴定到 10 个得分最高的无空缺的联配，并用于后续的分析。得到这些联配的结果，还没有涉及保守性替换的发生（对于氨基酸序列而言），或比 k 元组更短的片段。我们现在通过使用诸如 PAM250 的替换矩阵

对其中重新打分来解决这些问题，这样会得到更合理的分值。对于核酸序列而言，匹配和空缺分别有默认的分值+5和-4，如图5.22B中展示的那样。

该程序的每一个版本（FASTP用于蛋白质序列，FASTN用于核酸序列）都根据得分最高的局部联配对所有数据库序列进行排序，这个分被记做“init1”。最新的FASTA版本中第一次把最高得分的联配结合到单一的更长的联配中，该算法使用了一种简单的动态规划算法。该技术的打分体系是基于单一联配得分和不同区域间的空缺罚分得到的。最后得到的联配分值记做“initn”，被用于对数据库序列进行初始化的排序，如图5.22C中展示的那样。

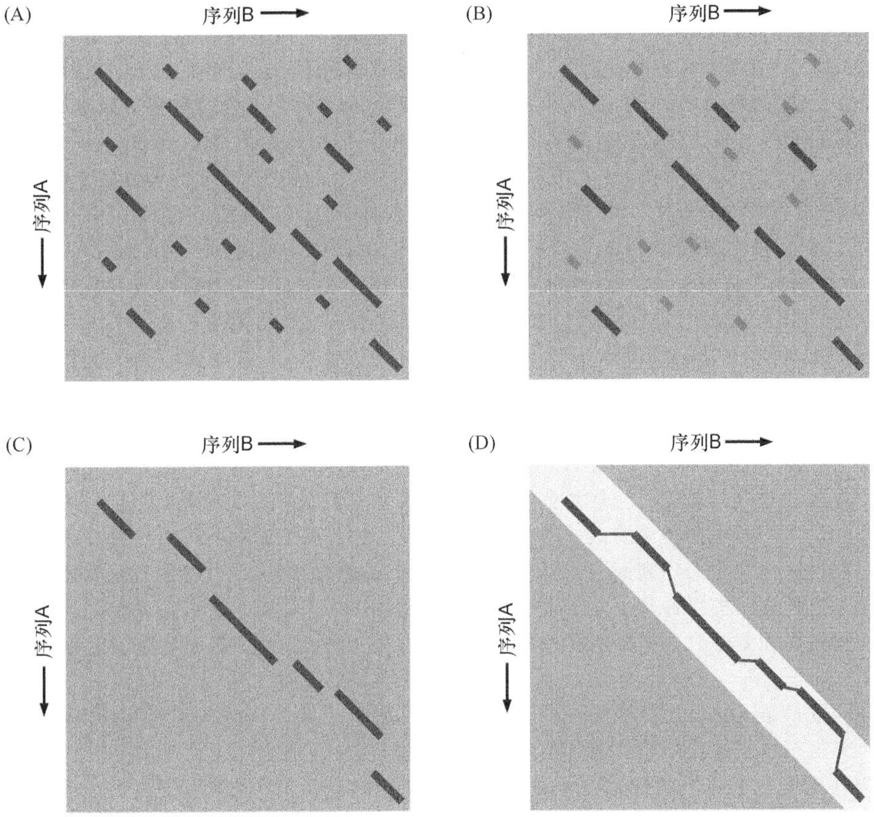

图5.22 FASTA方法搜索数据库的4个步骤。（A）对应数据库序列，所有无空缺局部联配结果被展示。（B）10个最高得分的联配被计入PAM250矩阵。（C）试图把这些无空缺的联配结果拼接到一起，允许存在空缺。（D）使用动态规划算法延展联配，得到最终的结果和分值。

最后的一步，合适的高分数据库序列被进一步用Smith-Waterman局部联配方案进行处理，产生出最终的联配结果和分值，这样将把空缺引入最理想的路线。在大多数情况下，旧版本的该程序使用带算法的版本，在初始联配结果上是近似一致的。一般来说，16bp的带宽被使用，但在1元组索引的蛋白质序列比对的情况下，使用32bp带宽，这个过程见图5.22D。在后来的版本中，如FASTA3，蛋白质序列的所有路线，使用全矩阵Smith-Waterman算法的默认方法。对于核苷酸序列的默认仍是使用带全矩阵法，对于长序列是非常耗时的。

由此产生的联配评分（opt）用于最后的排序，但排序本身是根据估计的分数的显著性得到的。这是基于如极值分布等理论得到的，在最后部分讨论。分数的显著性包括序列长度以及分数，因此，排序列结果可以根据opt直接得到。默认情况下，FASTA报告的路线是由Smith-Waterman算法得到的，因此可能含有空缺。

通过限制在初步查找中搜索无空缺的完美匹配，用一种简单的方法把它们放到一起，并利用所得的评分筛选出非常不同的数据库序列，FASTA可以直接应用Smith-Waterman算法方法，实现在相当大的数据库中的快速搜索。此外，完成这样的步骤损失的灵敏度非常小。

BLAST算法利用了有限状态自动机

在有查询序列的情况下，评估一个数据库中序列联配的情况，需要知道它的得分相对于随机预期的意义。事实证明，很难得出一个计算其重要意义的理论。在联配的过程中引入空缺被证明是一个主要因素。1990 年，Samuel Karlin 和他的同事开发了一个针对无空缺联配打分的评估理论。BLAST 程序被设计成利用由局部无空缺联配得到的模糊的显著性分值来判断。

由于这个原因，原计划没有考虑空缺，并对每对序列报告了一个或多个局部无空缺的联配结果。随后版本的 BLAST，在无空缺初步检索后，允许出现空缺的情况，这样最新的 BLAST 能给出最终的局部有空缺联配的结果。在这方面，最新的 BLAST 类似于 FASTA。

BLAST 的初始阶段使用的短单词为标示在数据库中搜索序列。它在两个方面不同于 FASTA。首先，FASTA 仅查找与查询的 k 元组相同的片段。另外，BLAST，搜索得分超过一定阈值（I）的 k 基体。这些一致的 k 基体不必完全相同。其次，FASTA 使用散列和链接，以帮助快速识别 k 元组。BLAST 使用**有限状态自动机（finite-state automata，FSA）**为基础的方法，以达到同样的目的。这样的时间投入是和序列的长度呈线性比例的。自动机被设计成能够识别输入字符串的特定模式。这些模式可能更复杂，相对一个特定的序列而言，可以涵盖更广范围。通常这种自动机报告其中一个或更多的存在模式，可能包括位置信息，根据所排放的具体数据情况而有所不同。

对于任何可能的输入，自动机的每一个状态有明确的相位，相位可以是转到一个新的状态和得到新的符号。对于新标记的一个关键相位不接受它，意味着输入字符串将被拒绝。有些自动机是从一个特定的状态开始阅读一个新字符串，在这种情况下拒绝也可作为回到这个状态的一种方式。图 5.23 显示了这样一个有限状态自动机的例子，其中拒绝的相位出现后（记为$¶_1$ 和$¶_2$）回到状态 0。

正如**隐马尔可夫模型（hidden Markov model，HMM）**将会在下面的章节中详细讨论（特别是第 6.2 节和第 9.3 节）的。值得指出的是，相对于 HMM，FSA 模式中的过程为非概率模式，每个输入的符号有确定性的结果。

与 FASTA 不同，在 BLAST 所有阶段计算分数使用如 BLOSUM- 62 的替代率矩阵［即它不使用式(5.29) 中的简单识别方式］。

对于每个查询序列，对应三基体的所有可能的三基体，若得到了比 T 更大的分值，都会被找到。然后此列表用于数据库扫描寻找所有可能的类似区域。一个典型的 T 值为 14，在早期的 BLAST 版本中，使用 BLOSUM-62 矩阵，这意味着平均评分每残基为 4 分。这意味着，三基体只包含丙氨酸、异亮氨酸、亮氨酸、丝氨酸、缬氨酸，否则无法达到阈值（图 5.5），因为它们的最高得分为 4（有的算法实现允许确切三基体，如某些情况下，使用确定的三肽）。事实上，BLOSUM-62 矩阵有大量的负分数，最高可能得分的 11（2 色氨酸残基联配），意味着所有的可能三基体都比较类似，如果与查询用的三基体不相同的话。如果 T 提高，可能的三基体数量也缩减了，它们会更接近查询用的三基体。即使三基体包括有高分的残基，如半胱氨酸和组氨酸，也将是这样的情况。例如，如果 $T=19$，只要 CHH、CHY 和 CYH 的评分足够高，对应查询序列三基体 CHH，使用 BLOSUM-62 矩阵。

对于蛋白质序列有 $20^3=8000$ 个可能不同的三基体，以及一个 n 残基的查询蛋白会有（$n-2$）个三基体。每个可能的三基体必须与查询的序列三基体的位置对应。默认的参数选择可导致约 50 字符，得到数以万计的潜在的数以千计的 k 基体。

对于核苷酸序列，11 个字的大小经常使用，这些查询词只有精确的匹配才是允许的。在这种情况下，所使用的搜寻单词列表与 FASTA 中相似。

回到我们比对不同的 k 基体的例子中，给出一组 k 基体的列表，可得到有限状态自动机，假如数据库序列作为输入进入自动机，所有可能的匹配都会作为输出得到。有限状态自动机可以用一个例子来很好的说明，图 5.23 展示了上述的 CHH 三基体的例子。图 5.23 假设只有 3 种三基体 CHH、CHY 和 CYH 会被搜索。

该自动机在启动状态 0 开始。该数据库序列输入到自动机，每次一残基。从状态 0 达到 1，需要一个 C，因为所有需要的三基体从 C 始，但是，所有在状态 0，但不是 C（记作～C）的对象认为是一个从 0 到它自身转换的过渡因素（表现在图 5.23 左边弯曲箭头）。事实上，任何输入的结果都是一个明确的过渡，所以这是为什么称为**确定性有限状态自动机（deterministic finite-state automaton）**。

从状态 1，H 输入导致状态 2，并只能这样到达，要求输入序列 CH。同样，状态 3 只能由输入序列 CY 达成。因此，我们正逐步建立所需的三基体，在某种程度上类似于后缀树（图 5.20）。如果在状态 1 输入的是 C 则发生一个回转型，回到状态 1，第二个 C 可以视为启动另一个三基体的元素。所有其他输入给予过渡回到状态 0，从那里开始搜索一遍下一个输入。

从状态 2 和 3，尽管输入是 C，会转换到状态 0。这样的输入导致三基体的输出，只有当输入序列包含相关三基体的时候，这样的转换才会出现。因

	输入	输出
¶1:	~CHY	none
	H	CHH
	Y	CHY
¶2:	~CH	none
	H	CYH

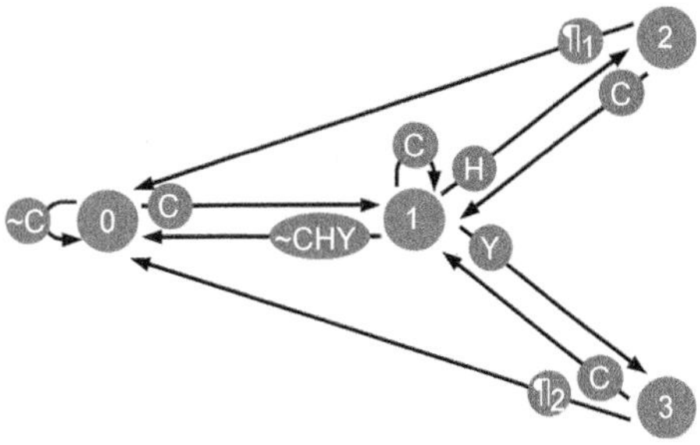

图 5.23 有限状态自动机可以用于搜索输入序列中三基体 CHH、CHY 和 CYH 的实例。输入的起始状态是 0。一个会造成状态转换的输入由一个箭头表示。状态 2 到 1 的变化伴随着输入 C。标记～表示“not”，因此～CHY 表示除了 C、H 或 Y 的输入。状态 2→0、3→0 伴随着很多不同的输入。其他的转换不会造成一次输出。这个例子里的输出是输入中匹配的三基体。

此，假如序列是 CHCYHC，被查询的状态将是 0121301，当有输出 CYH 时状态会转换到 0。因此，鉴定到了该三基体。在 BLAST 算法中，不存储三基体序列，如同 FASTA 中的第一步那样，两条序列被保存，并用于下一步的分析。这个过程的例子见图 5.24。

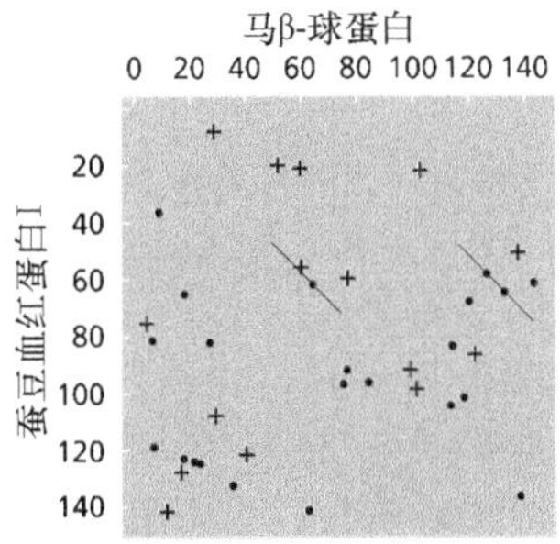

图 5.24 马 β-球蛋白和豆红血球蛋白的 BLAST 比对。符号“+”表示当 $T=13$ 时的 15 个匹配，正如在原始的 BLAST 程序中使用的。所有的 15 个匹配都被期望给出一个无空缺的 HSP。符号“•”表示当 $T=11$ 时有 22 个残基的匹配，大多数当前的 BLAST 程序都如此设置。在这所有 37 个匹配中，存在 2 个 40 个残基以内的同样对角线元素的对，只有这 2 个被延展了，如图中的线所显示的。左手边的给出了最高无空缺的 HSP 分值，在图 5.19 中被延展成一个无空缺的联配。

在实际情况下，需要找到数千个 k 基体，一个自动机的图是非常大的，有许多交叉转换。当输入是此种情况时，需要重新启动一个新的初始残基的搜索，过渡到可重复使用的状态，尽管可能得到失败的 k 基体。例如，如果一个状态通过输入 ABCD 达成了，但没有预期的 k 基体，包含 ABCDE 序列，然后输入 E 将导致一个只能通过的 BCDE、CDE、DE 或是 E 输入得到状态转移，否则将返回状态 0。这些转变会根据得到的顺序被考虑，设法保留尽可能多的信息。这些过渡选择仅仅依赖 k 基体，所以可以在得到列表时根据固定的转换来构造。使用这种方法，所有适当的高得分的 k 基体之间的查询和数据库序列都可以列出。

BLAST 的原始版本，所有 k 基体匹配得分 T 以上，双向无空缺。这种扩展无空缺局部联配称为高得分段对（HSP）。评分标准被监测，当得分下降到既定的阈值时，扩展被终止。这个程序尝试允许 HSP 含有相似性较低的地区。对于蛋白质序列，一个典型的阈值为 20。有可能是最好的得分 HSP 有足够的得分较低的内部区域，延长过程将停止过早，但参数设置尝试最大限度地减少发生这种情况的可能性。得分最高的区域（MSP，最大区域序列对）是用于一些统计检测的，在本章的最后部分讨论。在有些情况下，多个 HSP 的分数可能高于某些阈值，在这种情况下，两个或两个以上 HSP 的分值可能被用于决定显著性。BLAST 报告的该路线可以是相对全序列来说较短的，并没有试图将进一步扩展，假如使用空缺的话。

新版本的 BLAST，采取不同的方法从起始位点产生联配序列，被称为二次命中方法。从这个前提出发，任何显著的联配可能至少有两个高得分的 k 元组匹配相同的路线矩阵对角线。因此，最初的匹配是搜索到对同一个对角线彼此距离一定范围内（一般为 40 残基）的序列对。得分的阈值 T 对应于 k 基体，较低，如用 BLOSUM-62 矩阵打分，对于蛋白质序列而言，阈值是 11，生产更多的 k 基体，因此得到更多初步命中（图 5.24）。然而，只有一小部分符合二次命中条件的配对基体才会出现在同一对角线上。只有第二次匹配被延长（无空缺地）的情况下才会发生上述过程，正如旧版本的 BLAST。X_u 参数在获得延长使用，如上面所述。无空缺的延展必须生产出 1 个超过阈值 S_g 的 HSP，如果它不被丢弃的话。S_g 被设置成使得大约 2% 的序列数据库将有更大的评分的 HSP。

超过 S_g 评分联配，用于有空缺联配计算的种子。这是开始从中心最高得分 11 基体的 HSP 开始的。前进式和后退式，矩阵都会被填满，如 5.2 节中描述的那样，计算每个元素直到 X_g 的值低于当前的最高联配分数。保留目前得分最高的路线。这样将计算量减至最低，没有限制路线矩阵到某个预定水平。对于数据库序列产生只有一个空缺的联配，它的评分是用来决定显著性的，如 5.4 节中讨论的那样。

包含空缺匹配的 BLAST 程序的参数设置会使得它的时间是无空缺查询的 3 倍左右，甚至更敏感。这是通过有效的减少延展的数目得到的。有空缺的延展的花费大约是无空缺的 500 倍。

直接比较核酸序列和蛋白质序列，需要对 BLAST 和 FASTA 进行特殊的调整

有几种情况，核苷酸序列和蛋白质序列的比较是必要的。大多数蛋白质的数据库往往是无冗余的，只包含高度可靠的序列（即轻微变种，假设基因被去除）。在分析新的序列时，可通过对蛋白质序列的比较得到一个更显著的相似性的结果。因此，新的核苷酸序列，往往和蛋白质序列数据库进行比对。相反，有的时候你也会想在大量基因组序列中寻找同源蛋白。

在这种情况下出现两个新问题。首先，核苷酸序列翻译成蛋白质时，有 6 个不同的可读框的选择，因此对每个核苷酸序列有 6 个不同的潜在的蛋白质序列需要进行审查。其次，插入或删除错误，可能出现在当前的核苷酸序列。这可能导致实际蛋白质序列出现在不同的序列可读框中，这种情况称为**移码（frameshift）**。前面所描述的比较蛋白质与蛋白质或核苷酸算法，需要修改，以应对这些新的因素。

在 BLAST 程序中，这两个程序 blastx 和 tblastx 允许搜索不同的可读框，但都不允许移码。除了 20 种可能的氨基酸，可能有一些终止密码子存在，默认情况下，联配氨基酸于一终止密码子的分值，被定为替代矩阵中的最低分，虽然其他计分方案也是可能的。这两种程序都把核酸序列转换成蛋白质序列，然后严格按照标准蛋白质 BLAST 搜索。唯一不同的是查询序列可读框的使用情况的报告。

FASTA 格式程序套件包含 4 个与此问题有关的程序。两种（tfastx 和 tfasty）是使用蛋白质序列搜索核苷酸数据库，其他（fastx 和 fasty）则是根据核酸序列查询蛋白质数据库。所有这些项目都可以一定程度上解释一些移码的情况，以及替代可读框，因此，原则上，比 blastx 更有效的生成适当的路线。然后，在特定情况下 blastx 仍然非常有用，所有这些项目都在数据库中进行搜索。

fastx 和 tfastx 程序使用了一种算法，只允许核苷酸插入和删除。一个被错误地给出的残基的可能性是不考虑的。例如，一个 A 的位置应该是一个 T。核苷酸序列被翻译成 6 个可读框，每 3 个正在考虑的作为一次联配查询。

这 3 个可读框中的每一个都在单独的矩阵中被研究。然后，在每一步，2 个矩阵之间的移动都是需要被考虑的。因此，这个算法可以从矩阵元素 $S_{i-1,j-1}$ 得到矩阵元素 $S_{i,j}$（同一可读框），或是从 $T_{i-1,j-1}$ 到 $U_{i,j}$（不同的可读框）。其他的元素（$i-1$，j 和 i，$j-1$）也可能是新的（i，j）元素的来源。任何矩阵之间的移动都会造成一次额外的罚分——移码罚分。当序列确定是比较准确的情况下，可以把移码罚分设置的比较高，用于防止发生过多的移码联配，通常情况下它的设置比开放空缺罚分要略高一些。该算法的详细内容不会在此处讨论，但是一个序列的例子会给出，用于诠释移码的作用。

考虑如下的短序列和可读框 3 中向前的翻译：

	ACCAGAGCCAACT
可读框 1	T R A N
可读框 2	P E P T
可读框 3	Q S Q

这些翻译被放在每一个三联密码子的中间位置，这样 T 被放在 ACC 中间的 C 的位置下。考虑所有这些可能的移动，包括移码，从一个矩阵的位置 2 转移到另一个矩阵的位置 3。这意味着 TR、PE 和 QS 的联配已经被考虑进来了，接下来我们考虑加入 A、P 或 Q，分别代表可读框 1、可读框 2 或可读框 3。当翻译回核酸序列，序列可能的解释为

1→2(AGA)*G*(CCA)

1→3(AGA)*GC*(CAA)

2→1(GA(**G**)CC)或(GAG)*CC*(AAC)

2→3(GAG)*C*(CAA)

3→1(A(**GC**)C)或(AGC)*C*(AAC)

3→2(AG(**C**)CA)或(AGC)*CA*(ACT)

其中括号中为三联密码子。有些碱基在翻译的过程中被忽略了（空缺），用斜体标识，那些被两个连续的三联密码子公用的碱基用黑体标识。一次序列被写成［A（***GC***）C］表示（AGC)(GCC)。相似的（AGC）***CA***（ACT）缩写为（AGC)(ACT)。注意插入和缺失仅仅在三联密码子的边缘发生；这就是说，序列 ACGT 只能解释为 ACG 或 CGT，而不

是 ACT 或 AGT。

fasty 和 tfasty 允许在核苷酸序列中存在更多种类差错匹配。任何两个、三个或四个连续碱基可以解释为一个密码子，其中只有选择并不涉及插入缺失。在每种情况下，错误的碱基都被考虑了。一个修改密码子的罚分计划是结合 BLOSUM-50 的氨基酸联配得分找到最好的密码子；如果 INDELS 是涉及其中的，它们也招致罚分。请注意，在这种情况下，如同允许 ACGT 解释为上述所有 4 种碱基，碱基对的变化也被考虑了。如果碱基的变化和移码没有足够的罚分，几乎任何一对的序列都可以高分联配。通常，这些都设置为开发空缺罚分的两倍。

专栏 5.2　有时有些事情还不够复杂

很多蛋白质序列和核酸序列都包含一些低复杂度的区域，或称为简单序列。包括蛋白质中出现的连续相同的氨基酸，重复的短序列，较长的 DNA 序列重复（见专栏 1.1）。据估计数据库中一半的序列存在这样的区域。假如对这样的序列进行联配，会得到没有实际意义的结果，因为无关的序列会包含低复杂度区域。这也会导致数据库搜索时的问题，因为它们是非随机的，违反了基于统计学显著性进行计算的假设（见第 5.4 节）。正确的定义这样的区域很重要，防止它们使数据库搜索的结果产生偏好性。很多数据库都对这样的序列进行表决，方便数据库搜索，这样经常需要找到查询序列中这样的区域。

这些简单序列有 3 个不同的特征可以区分。精确的重复序列有明确的模式定义。它们可以很短，如 ATT；并且经常在一个区域内重复，如 ATTCATTGCATTATT。假如有一个明显的重复片段，如 ATTATTATTATT这样的三氨基酸重复，就被称为是周期性重复。此外，模式和周期性重复都可以有错误，重复不一定要是精确的。我们要讨论的最后一个特性是组成的复杂性，这个是序列组成偏好性的量度。

一般情况下，长度为 L 的序列由 N_{type} 种可能的元件（N_{type} 对氨基酸来说是 20，对核苷酸来说是 4），在一种组合中第 a 个元件可能出现 n_a 次。普通复杂性状态向量由一组 n_a 的数构成，而不管具体的组成方式。因此核酸序列 ATA 和 CAC 都由相同的向量表示 {2，1，0，0}。含有次组合，长度为 L 的不同的序列的个数如下：

$$\frac{L!}{\prod_{a=1}^{N_{type}} n_a!} \tag{B5.2}$$

（L! 称为 L 的阶乘，等于 $L\times(L-1)\times(L-2)\cdots 3\times 2\times 1$，因此 4! $=4\times3\times2\times1=24$，定义 0! $=1$）因此 n_a 从 0 变化到 L，总和是 L。这些 n_a 的个数记作 r_c，r_c 的总和是 N_{type}。给出复杂性状态向量的不同的组合的个数为

$$\frac{N_{type}!}{\prod_{c=0}^{L} r_c!} \tag{B5.3}$$

因此对于不同的复杂性向量来说总的不同的序列的个数为

$$\frac{L!}{\prod_{a=1}^{N_{type}} n_a!} \times \frac{N_{type}}{\prod_{c=0}^{L} r_c!} \tag{B5.4}$$

拥有越多的不同复杂度的序列，序列的复杂度越高。

例如，考虑一个 5 个核苷酸的序列 ATTAT。这个序列的组成可以描述为 {T_3，A_2，C_0，G_0}，碱基的顺序根据它们的丰度得到。有 10 种序列可能有这样的组合：AATTT、ATATT、ATTAT、ATTTA、TAATT、TATAT、TATTA、TTAAT、TTATA 和 TTTAA。注意这是5! /（3! 2!）。现在要考虑有多少种可能的组合，把组合的基数定义为 3：2：0：0。共有 12 种：A_3C_2、A_3G_2、A_3T_2、C_3A_2、C_3G_2、C_3T_2、G_3A_2、G_3C_2、G_3T_2、T_3A_2、T_3C_2 和 T_3G_2。注意这是4! /（2! 1! 1!）。因此一般情况下，这样的组合共有 10×12=120 种不同的 DNA 序列。相对地，复杂性向量为 {5，0，0，0} 的序列只有 4 种 DNA 序列[(5!/5!)/(4!/(3!1!))]，状态是 {2，2，1，0} 的有 360 种。

有多种程序可以用来区分简单的序列区域。我们只讨论其中的一种，SEG 程序。SEG 在确定序列区域的复杂度时有两个步骤。组合复杂度 I_{SEG}，用于对每一个序列的复杂度进行度量，已知组合，该量被定义为

$$I_{SEG} = \frac{1}{L}\log N_{type}\left(\frac{L!}{\prod_{a=1}^{N_{type}} n_a!}\right) \quad (B5.5)$$

例如，对 5 个核苷酸的序列来说，I_{SEG}可以从 0 {5，0，0，0} 到～1.92 {2，1，1，1}。SEG 方法的第一步，更有效的计算方法被用于搜索序列。L 长度的窗口被定义为

$$I'_{SEG} = -\sum_{a=1}^{N_{type}} \frac{n_a}{L}\left(\log_2 \frac{n_a}{L}\right) \quad (B5.6)$$

小于给定的 I_{SEG}的阈值。对于较大的 L 来说这 2 个值近似相等。

第二步，SEG 确定每一个最初的低复杂度区域的子序列，假设所有的残基相等，这些组合必须有最低的出现概率。该概率计算公式如下：

$$P_{SEG} = \frac{1}{N_{type}^{L}}\left(\frac{L!}{\prod_{a=1}^{N_{type}} n_a!}\right)\left(\frac{N_{type}!}{\prod_{c=0}^{L} r_c!}\right) \quad (B5.7)$$

综合第一项，这个值可以在不同窗口大小间比较。

SEG 的不同版本被设计用于搜索不同的周期性重复序列，适用于不同的情况。例如，一些有低复杂度的区域，短重复序列，表明了非全局的结构。由于这些序列倾向于比较精确的重复，SEG 是一个很有效的工具。DUST 是适用于 DNA 序列的同类型工具。还有一些别的程序用来搜索特殊的重复序列，如基因组上的 DNA 重复，通常由一些小的重复序列数据库定义。

5.4 联配分值的显著性

这一节中，我们将研究如何决定最优联配的分值是否是显著的高于两个无关序列联配的预期分值（流程图 5.4）。这并不是得到显著性的唯一途径，但是它可能是目前能获得的最灵敏的方法了。另一个较为简单的方法，观察相同的和相似的残基的比例（见 4.2 节）远不如这个方法来的准确。

如果联配得分是服从正态分布的，即高斯分布，那么它们的均值和标准差就能让我们来计算给出的分值被观测到的概率。但实际情况并非如此简单，由于得分是在数据库搜索以后得到的最优联配结果；它是部分联配对得到的最好的分值。这就意味着，这些分值往往都来自于分布的末端。

最优联配得分的统计值仅仅是从无空缺的联配结果中模糊的得到的，这些分值往往服从一些极值的分布。按这样的理论，精确的计算无空缺的局部联配得分的数值分布是可能的。对于有空缺的局部联配而言，只能近似的得到得分的统计分布。无缺失和有空缺的局部联配都被发现有相似的分布，但是它们的参数不同。

在相似讨论得分分布的实际例子之前，需要指出两个关于得分的基础概念。第一，我们可以询问需要多少信息来确定两条序列联配中的位点。一般来讲这样的信息是按字节（bit）来计的，可以被表示成是或否。例如，标识 0～255 需 8 位二进制数值（如 0 或 1），即 $\log_2 256$。对于长度是 m 的序列，我们需要区分 m 从可能的联配起始位点，一般来讲需要 $\log_2 m$ 个字节的信息量。假如序列联配到一个 n 个残基的序列，在 n 长度的序列上联配的起始位置需要 $\log_2 n$ 个字节的信息来表示。因此这个联配需要总共 $\log_2 m+\log_2 m=\log_2(mn)$ 个字节的信息量来确定两条序列的联配起始位点。

在进行数据库搜索的过程中，假如 m 是查询序列的长度，n 是数据库中序列的总长。考虑一个有 100 000 000个残基的蛋白质序列数据库，平均的序列长度是 250，需要近似 35 位的分值来定义最优联配序列对的位置。

另一个基础概念是它们如何根据联配长度的不同而改变。Waterman 称对全局有空缺联配而言，分值随着序列长度的增加呈线性增长。对局部有空缺联配而言，要复杂一些，取决于所使用的替换矩阵的属性。假如给定替换矩阵［式（5.3)］情况下随机联配的序列对的分值是正的，局部最优联配分值会随着序列长度的增加呈线性增长。然后，如果希望的值是负的，对大部分氨基酸替换矩阵而言是常见的，最优局部联配分值会呈对数增长，即当序列长度为 n 时，增长为 $\log n$。假设我们使用如此随序列长度对数增长的参数。联配分值需要被校正，然后用于判断它们是否具有显著性。

最优无空缺局部联配得分的分布严格来自第一维。数据库搜索仅仅包含进一步对应最高联配得分的序列的分析。通过提交需要考虑的分析量，可以证明最优无空缺局部联配得分服从 Gumbel 极值分布。使用上述定义的 m 和 n，分布的峰值为

$$U = \frac{\ln(Kmn)}{\lambda} \qquad (5.30)$$

式中，K 和 λ 为常数，取决于使用的打分矩阵和序列的组成。λ 是替换矩阵的尺度参数，并且是如下方程的唯一正解。

$$\sum_{a,b} P_a P_b e^{s_{a,b}\lambda} = 1 \qquad (5.31)$$

总和是所有类型的 a 和 b，p_a 和 p_b 表示 5.1 节中定义的残基出现的频率，$S_{a,b}$是替换分值。联配得分 S 小于 x 的概率，由如下公式给出：

$$P(S < x) = \exp(-e^{-\lambda(x-U)}) \qquad (5.32)$$

其中得分至少是 x 的补充概率，为

$$P(S \geqslant x) = 1 - \exp(-e^{-\lambda(x-U)}) \qquad (5.33)$$

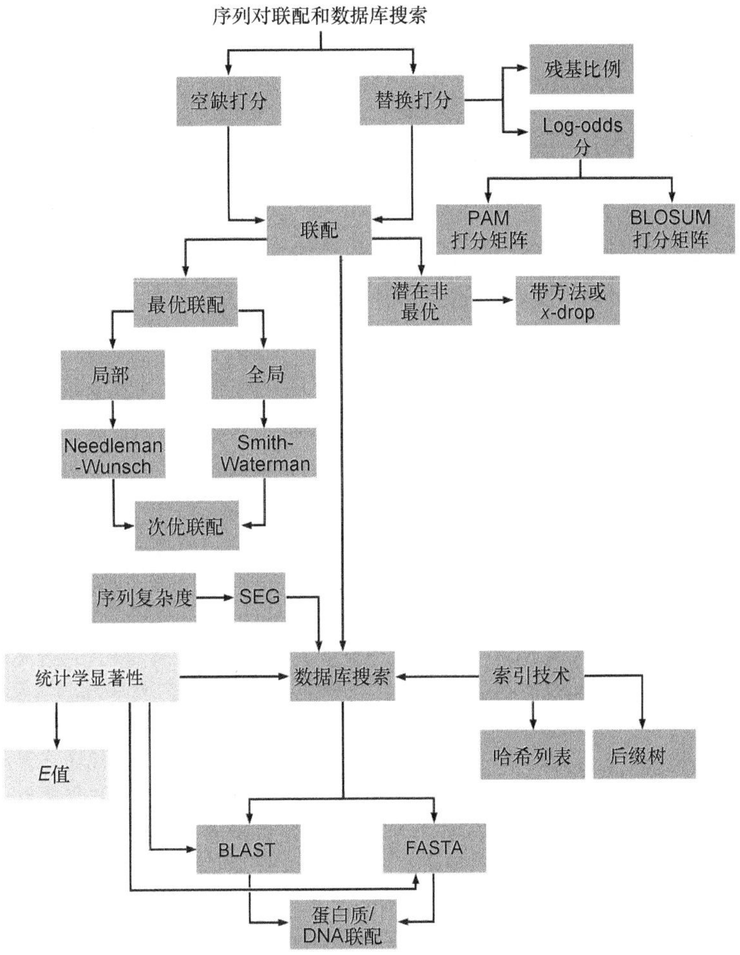

流程图 5.4　本节的关键概念是当比较查询序列和数据库序列的最优联配结果时，必须小心的评估它们的显著性，因为即使是最好的数据库搜索结果也可能没有任何意义。

代替 U 我们得到联配得分 S 大于 x 的概率公式：

$$P(S \geqslant x) = 1 - \exp(-Kmne^{-\lambda x}) \qquad (5.34)$$

极值分布如图 5.25 所示。我们感兴趣的是数值较高的尾部的分值。注意它减少的速度比低值区域慢得多，即这个分布是非对称的，偏高值区的分布。在我们估计给定分值的显著性的过程中得到正确的分布是极其重要的。一般来讲，假如 $P(S \geqslant x)$ 小于 0.01，联配的显著性水平为 1%。这个水平的阈值的选择取决于特定的问题，在 4.7 节中有详细讨论。

式 (5.34) 用于计算 K 和 λ，在给定替换矩阵和序列数据库组成的情况下。最初的 BLAST 版本（无空缺）使用该方法估计数据库搜索中得到的联配结果的显著性。

有空缺局部联配的统计可以按相似的算法进行

对于有空缺的局部联配而言，实际数据库搜索的考察显示最优联配的分值也服从一个极值分布。然而，在这种情况下，没有严格的理论提供参数 λ 和 K。这些可以通过研究特定的值示例数据库检索进行评估（包括空缺罚分）。但是请注意，它们将依赖于数据库的序列组成，因此参数化的过程应该是按实际的数据库搜索进行。BLAST 和 FASTA 算法都使用这些方法来获得分数的显著性。

BLAST 和 FASTA 软件都会出个 E 值，与 $P(S \geqslant x)$ 相关。P 值的计算与查询序列长度和数据库的序列有关，为 0～1。E 值能通过乘以序列数据库中序列个数得到。因此，如果在数据库中有 D 条序列，E 值的范围为 0～D。

E 值是数据库中与预计将超过分数线的查询序列不相关的序列的条数。因此当数据库中的随机序列都能得到这样的分值时，该 E 值并不显著。E 值能当作表明联配评分显著性的指示器，这个实际问题在 4.7 节中讨论。

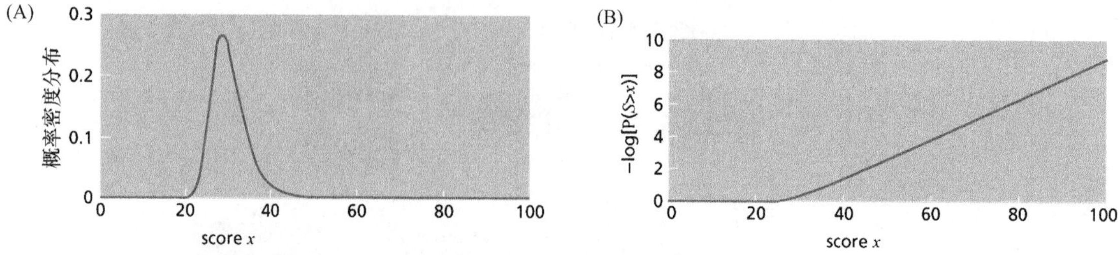

图 5.25 最优联配得分的极值分布。(A) λ 和 K 分别为 0.286 和 0.055 时的分布，两条都是 245 个残基的序列，使用 BLOSUM-62 矩阵，仿射线性罚分，空缺和延长罚分为 −12 和 −1。(B) 给出 A 中观察到的分值 S 的概率，纵坐标上的 y 值表示概率 10^{-y}。

5.5 联配全基因组序列

随着更多不同物种的基因组序列已成为可用的，也包括不同的菌株，有几个原因想要将整个基因组序列进行联配。这样的联配可以协助基因预测，因为如果它们在物种之间是保守的，这将清楚地显示在联配结果中。此外，其他高保守的区域能显示其他序列的功能。基因组进化的研究需要全局一致，来确定可能已发生的大规模重排。虽然原则上在 5.2 节提出的动态规划方法可用，但所涉及的序列的长度使对计算机时间和磁盘空间的要求大增，令研究人员望而却步。正如数据库搜索，其他技术的使用也不能保证找到最佳得分路线。

当联配两个完整的基因组序列时，出现的问题有别于上述两个蛋白质联配或简单的数据库搜索中涉及的内容。对于完整的基因组，联配问题更复杂，因为基因间的区域可能会受到高突变率的影响，此外，可能发生大规模的重排。局部可能存在类似的部分，但由不同的地区分开。因此，不像 BLAST 和 FASTA 的方法，序列联配延长的线路不足以确定一个单一的位置。解决的办法是修改将基因组锚定到具体位置的索引技术。这个主题和其他主题的相关性如流程图 5.5 所示。

第二个问题是将这些锚联系在一起，形成联配的框架，用这样的方式来找出大规模重组。

这两个问题都需要复杂的解决方案，在这里只简要概述。这一领域仍处于快速发展阶段，有重大进步的新技术还没有出现。

另一个涉及完整基因组序列的应用程序是将其联配到许多更小的核苷酸序列。这些可从多种来源得到，包括在组装的各个阶段相关物种的序列。特别是后者的任务，可以引起上面提到的问题。

有效索引和扫描全基因组序列对高等生物序列比对至关重要

BLAST 和 FASTA 都使用索引技术，加快数据库的检索，都索引查询序列。对于基因组的联配，现在对完整的基因组序列构建索引是可以实现的，只要有足够的计算机资源内存来存储整个索引。相对于一般的单基因序列数据库检索，这需要认真的规划数据存储。如果索引比现有的计算机内存大，所需的时间可能增加 4 倍或更多。如果将后缀树用于索引，那么高效率技术的空间要求是与序列的长度成正比的。哈希方法需要按照长度存储序列的 k 元组。然而，所需的空间往往由于定义了最常见的 k 元组而大大减少。哈希方法往往也减少索引的大小，仅考虑不重叠的 k 元组，即残基 $1 \rightarrow k, k+1 \rightarrow 2k$ 等。

该指数是用来在两序列中识别相同的 k 元组。由于所涉及的序列很长，k 元组会比上面讨论的数据库搜索中的或随机序列中发现的长。期望的匹配长度取决于 k 元组和联配序列的相似性百分比，在 BLAT 程序包（类似 BLAST 的联配工具）的研发过程中被充分研究。SSAHA 程序使用 10～15 个残基序列的 k 元组，后缀树方法使用长度为 20～50 个残基的序列。

一个已被证明是特别有效的技术是间隔种子方法。当搜索使用上述长度的 k 元组，所有 k 元组的

k 位置进行了比较。

研究人员认为，基因组联配中不存在用于种子的匹配的探针序列。在该 PatternHunter 程序的开发中发现延伸 19 个残基时使用 12 个残基的模式是更有效的。

这 19 位置可以表示为 1110100110010101111，其中 1 表明匹配的位置，0 表示无关，被忽略的位置。在更高版本的 BLASTZ 中进行了改进，允许 12 个位置中的任何一个联配到残基 A 和 G 或 C 和 T，而其他 11 位点需要完美的匹配。

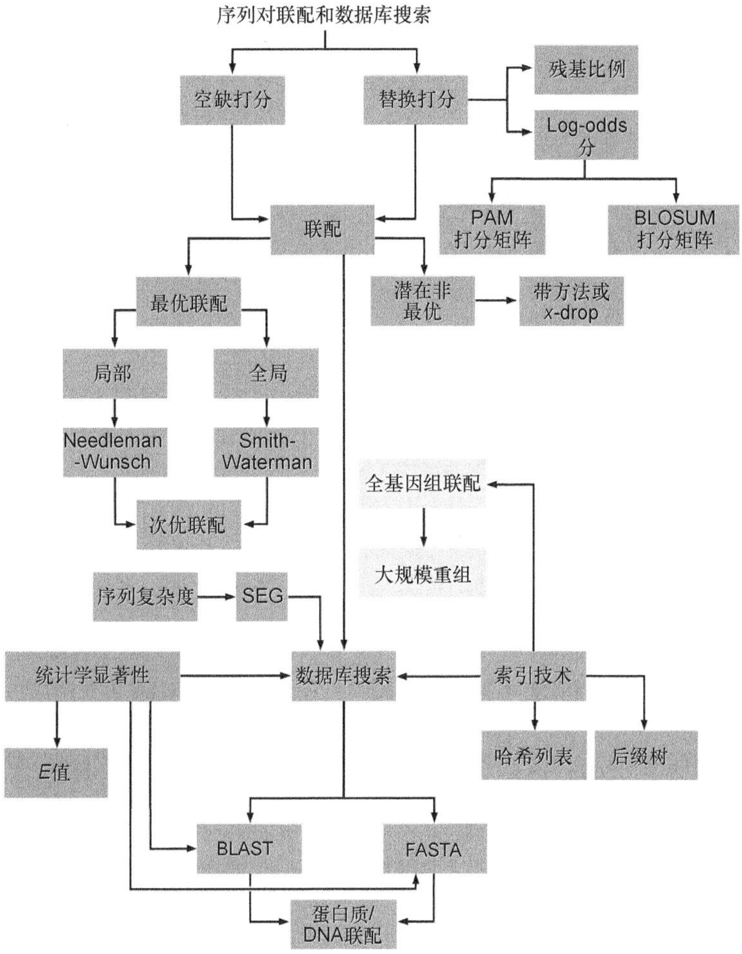

流程图 5.5　本节的关键概念是当联配特别长的序列时，需要进行适当的调整使得序列联配更为有效。本节也讨论了在长序列联配的过程中常发现序列重组的问题，需要在联配算法中予以考虑。

密切关联的物种基因组之间复杂进化关系需要创新的联配算法

许多锚点必须确定两个基因组序列，每个最初作为匹配的 k 元组通常由一无间隙的形式延续，在 FASTA 和 BLAST 程序中也一样。原来的 MUMmer 方法是只包括在不同的序列中都存在的独特的 k 元组，即 k 元组在每个序列只出现一次。大多数方法（包括 MUMmer2）不那么严格，包括在一个序列上出现几次的 k 元组。因此，能找到很多匹配，其中一些是不正确的。

相对于数据库的检索方法，这些方法只需要选择一个锚点，然后使用动态规划扩展，对基因组序列的联配，需要一组锚点，跨越整个基因组，确定真正的同源片段。这一步通常与 FASTA 的第三步是相似的（图 5.22C），涉及动态规划，每个锚点和潜在的空缺给予评分。锚点不得重叠，必须沿着序列排列。

此外，对一些大规模的顺序可能发生重排，由于它们共同的祖先的序被联配到一起。因此，无法通过我们上面讨论的联配的显著性来判断是否得到了正确的联配。图 5.26 展示了一些共同重排的例子，图 10.21 展示了一个真正的例子，联配小鼠和大鼠相应的染色体。大多数现有的程序不能自动鉴定大规模的重排，从而不能正确进行整体联配。一个例外是 SLAGAN（shuffle-limited area global alignment of nucleotides）程序，该程序试图找出重组。上述 FASTA 型的步骤要求每个连续锚定位置，沿序列连续发生。然而，任何造成序列翻转的重排（图 5.26C）将导致连续锚定位置，并且两种匹配模式的序列顺序可能是相反的。SLAGAN 只要求锚定位置在一条序列上顺序排列。进一步是确定这些区域包含锚点是一个局部联配序列的逆转段。每个区域得到一个联配区域。图 5.27 展示了一个成功应用该方法的实例。

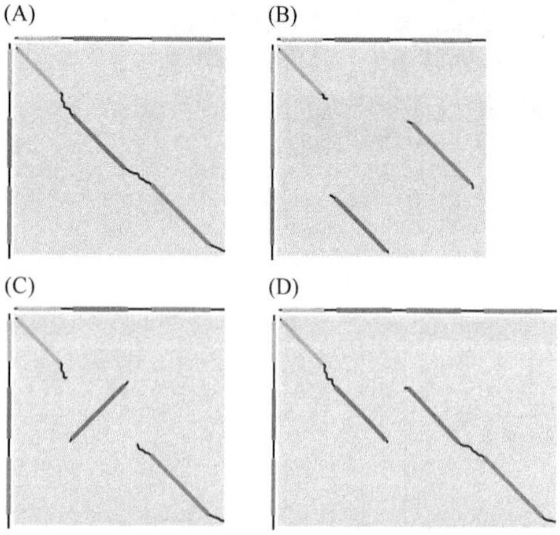

图 5.26　两条长核苷酸序列直接可能的关系。（A）两条序列彼此相似，有 3 个显著有高同源性的区域。在目前得到的公共祖先的前提下，在进化过程中，该序列没有发生任何的重组。(B) 发生了一次转座，改变了红色和蓝色区域的顺序。(C) 红色区域发生了一次翻转。(D) 红色区域发生了一次倍增。黑色的线表示主区域以外被联配到的片段。(见文后彩图)

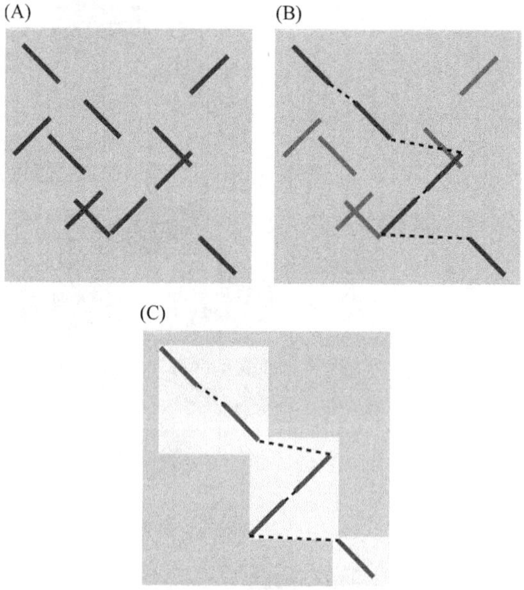

图 5.27　SLAGAN 方法的应用实例。（A）对两序列进行联配得到的潜在锚点。（B）鉴定到的锚点的路径。锚点的位置按垂直序列的顺序排列，但不能保证水平方向的一致性，由于存在大规模的重组。（C）被鉴定到局部一致的区域。每一区域确定唯一的最优联配。

在所有的方法中，这些方法为了确定的同源片段延展，经常使用标准技术，但在序列边界，常辨别不出相似序列。这些衍生的联配方法通常被非联配的片段隔开。

总结

在本章的第一部分，我们研究了各专门算法推导，这是用自动化的方法对两个序列进行联配。这种算法是必要的，因为如果允许插入，两条序列可以有很多不同的联配方式。在一个算法可以应用前，要制订一个打分的体系，这样可以分别在各自的匹配中对质量排序。打分体系涉及两个不同的部分：对每一对联配残基的评分，其中评估了这种替换在进化过程中发生的可能性，以及添加在进化过程中还发生插入或空缺的罚分。第一评分在参考替换矩阵的基础上得到，这些替换矩阵是在长期对多序列的联配研究过程中总结得到的。给予的空缺罚分有个更直接的基础，基于重组能力（替代和空缺）打分体系，重现参考序列的联配。

自动化构建和空缺匹配只有与动态规划算法结合才成为可能，为探索所有可能的路线，提供了手段。动态规划的实质是从一个个残基的局部最优联配构建的最优联配，这样，非最优的局部联配也能得到有效识别和丢弃。该技术确保了最佳联配（S）的鉴定。很多不同的体系被发展了出来。在动态规划算法中只有轻微的变化，将联配从全局改成局部，或鉴定重复或不理想联配。因此，同样的技术，可以用来回答序列相似性和相关性等几个不同的问题。

动态规划方法的问题是，尽管它们的效率高，但是对电脑的内存也有很高的要求，并取决于执行的时间。计算速度已不再是一个严重的障碍，但计算机内存不足的问题仍然存在，特别是有很多很长的序列的时候，包括整个基因组的比较和分析。动态规划方法的一些基本修改被提出，以减少内存和时间要求。一个减少内存消耗的方法是不存储完整的矩阵，而只是两行所需的计算。但是，从这样的结果中便利联配结果，相比存储所有联配路径的情况，需要的计算时间长得多。通过只计算有效的矩阵区域，既节省了空间又节省了时间，虽然冒着无法找到正确的最佳联配的风险。

通常序列分析的第一步是检索数据库所有相关序列。这类搜查取决于将查询序列对数据库中的所有序列进行成对联配，但由于这个任务的规模，快速近似方法，通常用于制造这种搜索。两个常用的搜索程序，BLAST 和 FASTA，使索引后缀树等技术，定位数据库序列中的短序列是否和查询序列高度相似或相同。然后联配算法企图延长这些序列，局部无空缺的联配将被打分，这个分值被用来识别数据库序列中是否存在相似的序列。这个过程大大快于采用全矩阵动态规划算法查询每一个数据库序列。这两种技术恢复到更精确的方法得到得分最高的序列，以确定最佳局部联配和得分，但这只是做一个数据库条目的一小部分。

有些情况下有必要将蛋白质序列和核苷酸序列进行联配。在这种情况下一种解决方案是简单地把核苷酸序列翻译成所有可能的可读框，然后用蛋白质进行联配。但是，这种方法在处理有错误的序列时效果很不好。动态规划方法可修改，使用三个矩阵以克服这个问题，每个可能可读框在特定链方向上，在一定的规则下从一个移动到另一个。这样，一个最佳的联配路线可以生成，使用一个以上的可读框，同时发现序列错误。

在数据库搜索时的另一个问题，发生在低复杂度序列的区域，这可能导致无关的序列得到较高的联配得分。这些区域可以通过鉴定重复的模式或基于它们的组成来确定。

为了确定两个同源序列，重要的是要知道联配评分的统计意义。在序列比对时，统计分析是非常困难的；实际上有空缺联配的理论尚未得到充分发展。这种困难的部分原因是，联配总是报告最好的分值。不能期望这些将服从正态分布，而是服从一种极值分布。此外，分值也取决于评分体系中所使用的序列结构和长度及搜索的数据库的大小。对于没有缺失的联配，可以得到这样的公式，允许分值被转换为可以衡量显著性的概率的形式。

该章的最后一节处理长序列的联配，如对整个基因组的。动态规划算法的直接应用往往不可行，因为缺乏计算机资源。通过使用和数据搜索程序类似的索引技术，这个困难是可以克服的。但是，有显著差异，这导致索引被应用于基因组序列，而不是查询序列，并寻找比数据库搜索中得到的更长的相似性序列。然而，往往有另外一个问题，因为经常有大规模的基因重排，即使在较短的进化时间内。为了克服这一点，必须确定局部联配路线，然后整合局部联配结果得到一个全局联配。动态规划算法可以完成这一步，它允许部分序列颠倒和转座。

名词解释

accepted mutation（被接受的突变）：基因组核酸序列上的突变，并且是稳定的能传代的。

affine gap penalty（仿射空缺罚分）：仿射空缺使用长度相关和长度无关的方法对插入和空缺进行罚分。普通缺失罚分对每个空缺设定固定的罚分。仿射空缺罚分引入延展空缺的概念，而不认为其是一个新的空缺。

chaining（链式方法）：通过构建推论从可获得的数据中得到更多的数据。

deterministic finite-state automaton（确定性有限状态自动机）：这是一个引入有限种状态和一系列状态之间的转化关系的模型。在系统中的每个实例会存在于一种状态下，并能转换到另一种状态。使用的转化是通过非随机的方法选择的，和系统数据有关。

expectation value（期望值，*E* 值）：当一条序列被提交到序列数据库进行相似性搜索时，用于描述一对序列联配结果的显著性参数。*E* 值越小，该联配越有可能是一个正值的相似序列。

expected score（期望分值）：见 expectation value。

finite-state automata（FSA）（有限状态自动机）：本书内，一个接受输入并通过改变现有状态到一个新状态来给出相应的模型系统，状态的选择来自有限的状态集。

frameshift（阅读框移码）：mRNA 的可读框中的变化，往往是单核苷酸的插入或缺失导致的，会导致下游蛋白质产物的变化。

gap extension penalty（空缺延长罚分）：当已有的缺失旁出现新的缺失得到的罚分，这样会有更多的残基联配到缺失位置。

gap opening penalty（空缺打开罚分）：在联配过

程中对起始的缺失进行罚分。

gap penalty（空缺罚分）：在联配相似序列的过程中，将两条序列进行比较，对一个缺失位置引入数值化的罚分。

hidden Markov model（HMM）（隐马尔可夫模型）：概率方法，能用于分析生物序列和其他序列数据，本书中用于联配和二级结构预测等问题。

high-scoring segment pairs（HSP）（高分联配对）：在BLAST序列数据库搜索中用到，用于描述短的无空缺的序列联配对，具有较高的分值用于鉴别为两条序列的显著联配。

indexing technique（索引技术）：一系列的方法，构造一个数据序列中特定的位置的索引。很多情况下，使用这样的索引会导致显著的快速的分析。

maximal segment pair（MSP）（最大联配片段对）：在BLAST序列数据库搜索中用到，用于描述短的无空缺的具有高分的序列联配，可能用于完整序列联配的起始。

mutation probability matrix（突变概率矩阵）：根据给定时间内核酸/蛋白质突变的概率得到的联配打分矩阵。

odds ratio（比值比）：两种状态出现的比率的比值，给出了不同的模型出现的简单易算的量度。

relative entropy（先对熵）：信息熵，给出两个概率分布之间的距离的量度。

relative mutability：每个氨基酸变化的个数除以出现的次数和它经历的突变的次数。

semiglobal alignment（半全局联配）：两条序列的最优打分联配，其中一条是完整的序列，另一条只有部分序列。无法完整联配的序列的部分不计入分值。

substitution matrix（替换矩阵）：一个包含残基突变的信息的矩阵。广泛使用的替换矩阵包括PAM和BLOSUM矩阵，通过统计可观测到的突变数据分析后得到。

suffix（后缀）：序列或数据字符串的最后片段，包括末端。

suffix tree（后缀树）：一个可用于有效搜索子字符串的序列。

traceback（回溯）：动态规划算法的第二部分。这一步，最好的联配通过如下的回溯方法得到，回溯从定义联配的末端的元素开始。回溯箭头说明三种矩阵元素中哪一种被用于决定矩阵元素的分值。

X-drop method（X丢失方法）：动态规划算法中的一个技术，能更快的完成计算，不计算比当前的最优分值低X的矩阵元素。

扩展阅读

5.1 替换矩阵和打分

PAM（MDM）替换打分矩阵被设计用于寻找蛋白质的进化起源

Altschul SF（1991）Amino acid substitution matrices from an information theoretic perspective. *J. Mol. Biol.* 219，555-565.

Dayhoff MO，Schwartz RM & Orcutt BC（1978）A model of evolutionary change in proteins. In Atlas of Protein Sequence and Structure，vol 5 suppl 3（MO Dayhoff ed.），pp 345-352. Washington，DC：National Biomedical Research Foundation.

Jones DT，Taylor WR & Thornton JM（1992）The rapid generation of mutation data matrices from protein sequences. *Comput. Appl. Biosci.* 8，275-282.（*The PET91 version of PAM matrices.*）

Yu Y-K，Wootton JC & Altshul SF (2003) The compositional adjustment of amino acid substitution matrices. Proc. Natl Acad. Sci. USA 100，15688-15693. See appendix for deriving target frequencies.

BLOSUM矩阵被设计用于找到蛋白质的保守区域

Henikoff S & Henikoff JG（1992）Amino acid substitution matrices from protein blocks. *Proc. Natl Acad. Sci. USA* 89，10915-10919.

核酸序列打分矩阵能用相拟的方法得到

Chiaromonte F，Yap VB & Miller W（2002）Scoring pairwise genomic sequence alignments. *Pac. Symp. Biocomput.* 7，115-126.

替换打分矩阵必须对应用特定的联配问题来使用

Altschul SF（1991）Amino acid substitution matrices from an information theoretic perspective. *J. Mol. Biol.* 219，555-565.

May ACW（1999）Towards more meaningful hierarchical classification of amino acid scoring matrices. *Protein. Eng.* 12，707-712.（*A comparative study of substitution matrices in terms of the way they group amino acids.*）

Yu Y-K & Altschul SF（2005）The construction of amino acid substitution matrices for the comparison of proteins with non-standard compositions. *Bioinformatics* 21，902-911.

Yu Y-K，Wootton JC & Atschul SF（2003）The compositional adjustments of amnio acid substitution matrices. *Proc. Natl Acad. Sci USA* 100，15688-15693.

相对于替换来说缺失被用一种更具启发式的方法进行打分

Goonesekere NCW & Lee B（2004）Frequency of gaps observed in a structurally aligned protein pair database suggests a simple gap penalty function. *Nucleic Acids Res.* 32，2838-2843.（*This recent paper on scoring gaps for protein sequences includes a good listing of older work.*）

5.2 动态规划算法

Waterman MS (1995) Introduction to Computational Biology: Maps, Sequences and Genomes, chapter 9. London: Chapman & Hall. (*A more computational presentation of dynamic programming alignment algorithms.*)

使用 Needleman-Wunsch 算法的一个更有效的变种来构建全局联配

Gotoh O (1982) An improved algorithm for matching biological sequences. *J. Mol. Biol.* 162, 705-708.

Needleman SB & Wunsch CD (1970) A general method applicable to the search for similarities in the amino acid sequence of two proteins. *J. Mol. Biol.* 48, 443-453.

通过对动态规划算法的微笑改进完成局部和次优联配

Smith TF & Waterman MS (1981) Identification of common molecular subsequences. *J. Mol. Biol.* 147, 195-197.

Waterman MS & Eggert M (1987) A new algorithm for best subsequence alignments with application to tRNA-tRNA comparisons. *J. Mol. Biol.* 197, 723-728.

不计算完整的矩阵能有效的节约时间但会损失精度

Zhang Z, Berman P & Miller W (1998) Alignments without low-scoring regions, *J. Comput. Biol.* 5, 197-210.

Zhang Z, Scwartz S, Wagner L & Miller W (2000) A greedy algorithm for aligning DNA sequences, *J. Comput. Biol.* 7 (1-2), 203-214.

5.3 索引技术和近似算法

后缀树能定位重复和独特序列的位置：哈希是一种能列出所有 k 元组位置的索引技术

Gusfield D (1997) Algorithms on Strings, Trees and Sequences: Computer Science and Computational Biology. Cambridge: Cambridge University Press.

Waterman MS (1995) Introduction to Computational Biology: Maps, Sequences and Genomes, chapter 8. London: Chapman & Hall.

FASTA 算法使用哈希和链式技术用于快速数据库搜索：BLAST 算法使用有限状态自动机

Altschul SF, Gish W, Miller W et al. (1990) Basic Local Alignment Search Tool. *J. Mol. Biol.* 215, 403-410. (*The original BLAST paper.*)

Altschul SF, Madden TL, Schäffer AA et al. (1997) Gapped BLAST and PSI-BLAST: a new generation of protein database search programs. *Nucleic Acids Res.* 25, 3389-3402.

Pearson WR & Lipman DJ (1988) Improved tools for biological sequence comparison. *Proc. Natl Acad. Sci. USA* 85, 2444-2448. (*The original FASTA paper.*)

Pearson WR, Wood T, Zhang Z & Miller W (1997) Comparison of DNA sequences with protein sequences. *Genomics* 46, 24-36. (*fastx, fasty.*)

专栏 5.2 有时有些事情还不够复杂

Morgulis A, Gertz EM, Schäffer AA & Agarwala R (2006) A fast and symmetric DUST implementation to mask lowcomplexity DNA sequences. *J. Comput. Biol.* 13, 1028-1040.

Wootton JC & Federhen S (1996) Analysis of compositionally biased regions in sequence databases. *Methods Enzymol.* 266, 554-571 (*SEG.*)

5.4 联配分值的显著性

Altshul SF & Gish W (1996) Local alignment statistics. *Methods Enzymol.* 266, 460-480.

Mott R (2000) Accurate formula for P-values of gapped local sequence and profile alignments. *J. Mol. Biol.* 300, 649-659.

Waterman MS (1995) Introduction to Computational Biology: Maps, Sequences and Genomes, chapter 11, London: Chapman & Hall.

5.5 联配全基因组序列

Brudno M, Malde S, Poliakov A et al. (2003) Glocal alignment: finding rearrangements during alignment. *Bioinformatics* 19 (suppl. 1), i54-i62. *SLAGAN.*

Delcher AL, Kasif S, Fleischmann RD et al. (1999) Alignment of whole genomes. *Nucleic Acids Res.* 27, 2369-2376, *MUMmer.*

Delcher AL, Phillippy A, Carlton J & Salzberg SL (2002) Fast algorithms for large-scale genome alignment and comparison. *Nucleic Acids Res.* 30, 2478-2483. *MUMmer 2.* Kent WJ (2002) BLAT—the BLAST-like alignment tool. *Genome Res.* 12, 656-664.

Ma B, Tromp J & Li M (2002) PatternHunter: faster and more sensitive homology search. *Bioinformatics* 18, 440-445.

Ning Z, Cox AJ & Mullikin JC (2001) SSAHA: A fast search method for large DNA databases. *Genome Res.* 11, 1725-1729.

Schwartz S, Kent WJ, Smit A et al. (2003) Human-mouse alignments with BLASTZ. *Genome Res.* 13, 103-107.

第6章　模式、序列和多序列比对

当你读完第 6 章时，你应该能够：

解释如何产生位置特异性分数矩阵（PSSM）；
描述解决数据缺失的方法；
对比用于序列比对和序列的打分方法；
解释图形化的序列和模式注释；
解释如何产生序列的 HMM；
解释序列与序列以及其他谱的比对；
学习多重比对；
发现序列模式；
讨论模式的统计打分统计。

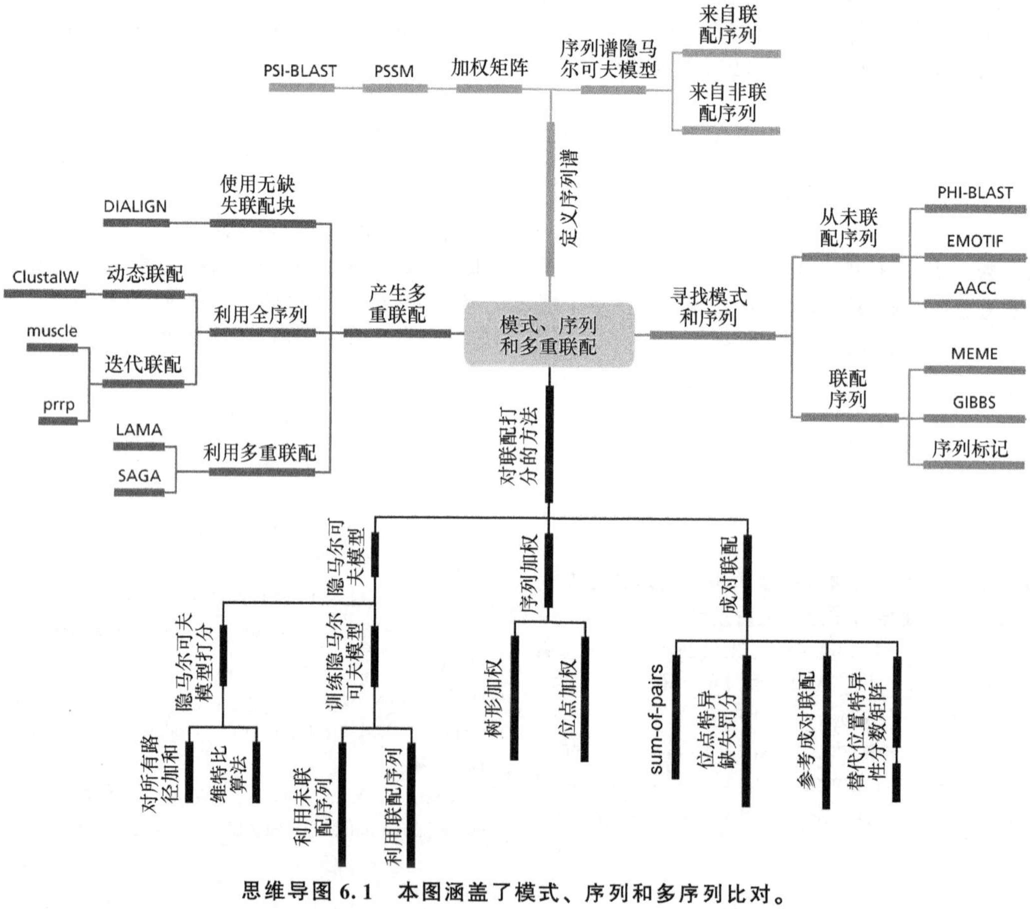

思维导图 6.1　本图涵盖了模式、序列和多序列比对。

数据库中，大多数的蛋白质序列彼此之间都有显著的相似性，这样的相似性可以利用第 4 章和第 5 章的方法判定。对这些序列做仔细的比较，可以揭示特定位置的特定残基所起相应作用的信息。残基保守性的类型和程度可以提升我们对蛋白质功能和结构相互作用的理解。更为重要的是，与共同祖先相关的序列对揭示自祖先以来的进化历史有重要作用。取得这样信息的方法在第 7 章和第 8 章中有描述。所有用于蛋白质序列分析的方法都依赖于一个多序列联配或由所有已知序列构建序列谱的过程。

本章的主要目标是描述用以解决这一问题的各种不同方法在理论基础上的差异。

另外，在短序列中发现了很多和特殊的功能相关的例子，它们通常表现出高保守性，如丝氨酸蛋白酶活动。这些模式现在都用于基于纯序列的功能预测。本章的最后部分将讨论发现此类模式的方法，包括利用不需要序列比对的方法。

因为序列在多序列比对中的广泛应用及其在一定程度上的代表作用，本章的第一部分将讲述产生序列的方法。多序列比较有多种方式可以用于产生寻找相似序列的特定打分制。位置特异性分数矩阵（PSSM）在打分匹配时考虑了比对中的位置信息，是一种很有效的办法。使用 PSSM 的程序包括用于查找序列数据库的位置特定迭代 BLAST（PSI-BLAST）和用于查找比对数据库的 LAMA。

然后我们将讨论隐马尔可夫模型（HMM），特别是利用序列 HMM 来定义一个蛋白质家族的序列。序列可以被用于查找其他家族成员，HMM 基于合理的概率模型，并用于多种多序列比对和序列程序。和 PSSM 不同，HMM 不需要序列比对，可以在不做前期比对的情况下产生对一个家族相关的序列的描述。序列家族之间的关系可以通过比对序列发现，这也是发现同源性最敏感的方法。

多数多序列比对的方法是基于对 5.2 节双序列动态规划方法修改的。在这些方法中，比对是建立在每次增加一条序列的基础上的。和双序列比对一样，序列比对的吻合度是根据打分获得的，而总的多序列比对的质量也可以量化测试。这里使用的打分制和双序列比对的方法有很多相似之处，但我们可以看到，其他的打分制也适用于此，不同的方法可以针对建立比对所需的特定要求。

有多种和成对动态规划有很大不同的多序列联配方法。在本章的后面部分，我们将看到使用所有序列同时建立比对的方法。

本章的最后部分将关注共同的序列模式在多种比对中的检测方法，以及识别未比对序列中的模式。这些方法已被用于建立如 PROSITE 这样的数据库，该数据库可以帮助我们基于特定序列预测蛋白质功能。

6.1 序列和序列标记

在第 5 章中，我们提到一些可以用于两序列间比对的方法。通常情况下许多相似的序列都来自于一个共同的祖先序列。从经验上来看，这些序列会在相同的区域具有相似的特性，如可能有相似折叠及残基保守性的蛋白质序列。一个常见的问题是将一条序列和一组这样的相似序列做比对。与将新序列和这组序列中的一条序列做比对不同，这里最好采用找到总体特征的代表，然后将新序列和这一代表做比对的方法。这样的代表就被称为序列，在本章中我们将考虑序列建立以及用于新序列的双序列比对（流程图 6.1）的方法。

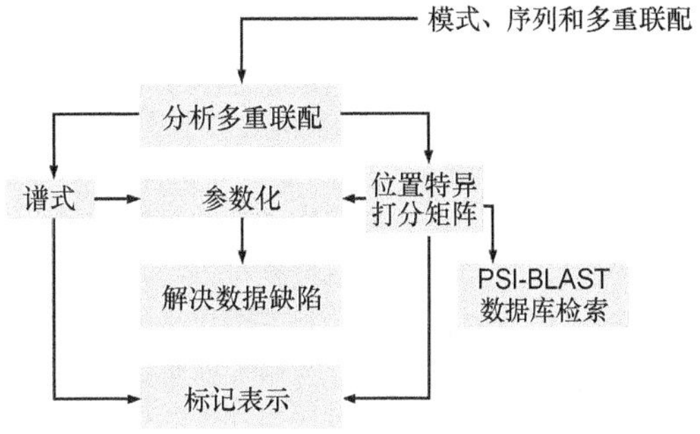

流程图 6.1　本节提出的主要论点是多序列比对的分析可以表明每个比对位点的特定偏好，这就可以作为序列的定义。序列可以用于定义一个打分机制，如可以用于寻找更进一步的序列样本位置特异性分数矩阵（PSSM）；或者可以用图形的形式表现出来。

序列可以建立在一种可以利用 5.2 节中提到的动态规划方法比对序列的模式上。建立这样的序列的一个重要问题是通常缺少进行参数化的数据。一系列的技术被用于克服这样的问题。下面我们就将简单考察 PSI-BLAST 程序如何利用这些技术。最后，我们将展示一个利用图示反映残基的序列位置偏好性的方法。

位置特异性分数矩阵是得分矩阵的扩展

在第 5 章中讨论的所有方法都使用了一个与环境变量无关的针对 a 型残基和 b 型残基比对得分矩阵；也就是说，这两个残基类型的比对得分 $s_{a,b}$ 总是一样的。在 5.2 节中这个得分被记作 $s(x_i, y_i)$，其中 x_i 代表序列 x 的第 i 位置的残基。同样的，在第 5 章中讨论的空缺罚分也没有考虑这些间隙（gap）在序列中的位置。我们可以把以一般打分制进行的数据库检索看作仅包含用于产生替换得分矩阵的主要进化特征的信息进行的序列搜索。

数据库检索的通常方法之一是在所有已知序列中查找和目标序列同一家族的成员。换句话说，就是查找和目标序列特定区域（通常是全长区域）匹配的序列。家族中的序列差异通常会导致在利用单序列做匹配的时候不能发现所有家族成员。一个可以用于检测潜在的丢失序列的方法是利用不同的家族成员进行多次检索，希望所有成员至少在检索中能有一次被检测到。像这样，初次序列查询获得一些用于后续检索的家族样本，再将其中发现的新序列用于进一步的查询的方法被称为**迭代查询（iterated sequence search，ISS）**。

另一种更有效检测所有家族成员的方法是考虑在每个匹配位点上残基的偏好性。这个信息是由比对获得的初始家族成员得到的，如第一次数据库检索中获得的序列。在打分中，通过在打分矩阵中对每个比对位点作独立的打分来表现这些位点的偏好性。这样的方法通常被称为位置特异性分数矩阵（position-specific scoring matrices，PSSM），尽管这个术语是相对不带位置特异性空缺罚分而言的。这一序列和 PSSM 矩阵的匹配完全可以利用 5.2 节中用于两个序列比对的动态规划算法生成，但是对每个不同列要做不同的打分。我们下面将讨论一些可以用于获得谱式的办法，包括用于克服缺少数据带来的问题。

为了产生 PSSM，需要有和某一共同的参考序列匹配的一组序列。有两类这样匹配信息的资源：数据库检索结果或者多序列比对。在第一种情况下，共同的参考序列是和每个数据库条目联配的查询序列。在多序列比对中的共同参考序列比较难定义，但是所有的序列都将其他序列作为参考序列。两种方法都可用于定义每个联配位点的偏好性。给出的得分必须代表该位点的偏好。如果联配仅包含几条序列，它就无法定义每个联配位点准确偏好。这个问题可以用几个相关的方法解决。决定 PSSM 的另一个方面是数据都需要比较权重。

假设我们有一个 N_{seq} 个序列 L_{aln} 个位点的比对；也就是 L_{aln} 匹配列。PSSM 的匹配也有 L_{aln} 列，每列有 20 行（对于蛋白质序列）。每行对应一个氨基酸类型。图 11.24 显示了一个 PSSM 的例子，这里利用匹配改进对二级结构的预测。但是，要注意这里的 PSSM 已经被转置过，所以 20 行转置为 20 列。可以利用一两个额外列作为位置依赖空位的罚分参数（一个只有 20 行的 PSSM 表示在所有的序列位置使用相同的罚分参数）。分配给 PSSM 的值依据 5.1 节中讨论的替代矩阵的加权得到，如 BLOSUM-45，我们将 a 和 b 型残基比对的矩阵元素记作 $S_{a,b}$，将 PSSM 的列 u 和行 a（残基类型 a）记作 $m_{u,a}$。

PSSM 的产生可以基于每个匹配位点的残基类型的平均得分。例如，如果一个特定的匹配列包含了一个完全保守的酪氨酸残基，将来自另外一个序列的残基和这个位置比对的得分和我们处理一个酪氨酸残基的结果是一致的。PSSM 中该列的元素就是和酪氨酸相关的 $S_{a,b}$ 元素；也就是说对于行（残基类型）a 它们是 $S_{a,Y}$，利用一个字符缩写代表氨基酸的密码子。如果该列的残基偏好恰好对酪氨酸和色氨酸一样，那么 PSSM 的每个 a 列的得分都为 $(S_{a,Y}+S_{a,W})/2$。概括地说，如果列 u 中有 $n_{u,b}$ 个类型的 b 残基，构成该列的比例为 $f_{u,b}$，也就是说，

$$f_{u,b}=\frac{n_{u,b}}{N_{seq}} \tag{6.1}$$

那么对于行 a 和列 u 的得分可以表示为

$$m_{u,a}=\sum_{\substack{\text{residue}\\ \text{type } b}} f_{u,b}s_{a,b} \tag{6.2}$$

如果一个匹配列中的残基类型是高度保守的，这可能说明它给予了偏好的残基更多的支持，因为很少出现的残基类型可能是在这个位置无偏好的。相比使用比例 $f_{a,b}$，更推荐使用下面的对数形式：

$$m_{u,a}=\sum_{\substack{\text{residue}\\ \text{type } b}} \frac{\ln(1-f'_{u,b})}{\ln(1/(N_{seq}+1))}s_{a,b} \tag{6.3}$$

$f'_{u,b}$ 和 $f_{u,b}$ 由式（6.1）定义，分母是 $(N_{seq}+1)$ 而不是 N_{seq}（这是防止只包含单一类型残基的匹配列的分子成为 $-\infty$）。这样对数比值的范围值和 $f_{u,b}$ 一样为 0～1，但是在较小部分出现的残基相对不重要。

尽管刚才描述的两个方法都已在建立 PSSM 时成功运用，但两者都不属于 5.1 节特别适合于比对打分的对数优势比形式。我们定义 a 型残基在 PSSM 中第 u 列出现的概率为 $q_{u,a}$，而在其他任何位点任意（包括和 PSSM 序列家族无关的）序列出现的概率为 p_a。$q_{u,a}$ 是 5.1 节中 $q_{a,b}$ 的 PSSM 等价形式，表示 a 型和 b 型两个残基作为有意义的比对的一部分时的概率。PSSM 元素的对数可能性形式可以表示为：

$$m_{u,a}=\log\frac{q_{u,a}}{p_a} \tag{6.4}$$

如果有足够的序列数据，$q_{u,a}$ 可以由 $f_{u,a}$ 根据式（6.1）定义。P_a 由数据库组成分析来获得。

因为 PSSM 通常用于在数据库寻找序列家族的其他成员，和第 5.4 节中 BLAST 和 FASTA 查询中情况一样，理解打分的统计信息就显得十分重要。如前所述，每个替代矩阵都具有一个对统计量有重要影响的 λ 值。下面是 a 型和 b 型残基的对数可能性替代矩阵的一般公式：

$$q_{a,b}=p_ap_be^{\lambda s_{a,b}} \tag{6.5}$$

[将此式与式（5.31）做比较，式（5.31）出现于对联配显著性打分的讨论中] 式（6.5）可以表述为如下形式：

$$s_{a,b}=\frac{\ln(q_{a,b}/p_ap_b)}{\lambda} \tag{6.6}$$

由类比可知，式（6.4）的另外一个形式是

$$m_{u,a}=\frac{\log(q_{u,a}/p_a)}{\lambda} \tag{6.7}$$

λ 值可以用于控制得分统计。这是一个得分的简单度量因子，所以可以忽略。然而，这个获得 PSSM

值的方法已经用于下面的 PSI-BLAST 方法，λ 参数用于依据需要选择性地调节打分。

如果考虑位点空缺罚分，打分矩阵可以依据二级结构单元的位置来给出对这些单元间空缺的罚分。另一个方法是用一个对第 u 列的间隙罚分位点特异乘数，这样对于在这一列上一个长度为 n 间隔的间隙罚分为

$$gu(n_{\text{gap}}) = g'_u[-I-(n_{\text{gap}}-1)E] \qquad (6.8)$$

式中，I 和 E 分别是间隙开放和扩展罚分［参考式（5.14）］。g'_u 的确定首先要根据包含第 u 列的最长的空位和替换矩阵中最高可能得分。这些值用于调整 g'_u 使得这个针对最长间隙的罚分和替代矩阵里最大的得分一样。

到目前为止，我们将比对中的每个序列做了相同的处理。最佳的 PSSM 会无偏好地最大限度地表现序列家族多样性。然而，部分家族序列最有可能偏向某一特定的子集，因此，我们必须对有差异的序列加以权重，而对非常相似的序列减少其权重。我们将对比两种序列权重安排方法，一种方法对一个序列的所有残基施以相同权重，另一种方法对每个比对列都施以不同的权重。

一些 PSSM 采用了 Peter Sibbald 和 Patrick Argos 对序列的加权方法。在此方法中，权重依据一种迭代关系赋予各个序列。序列权重初始化为 0。随机比对序列由随机抽取联配序列在特定位点的残基（包括空缺 gap）产生。对每个随机序列最接近的序列或者是接近程度一致的序列做标记，并将权重 1 平均赋予这些位点。这些序列的权重通过标准化使和为 1。继续产生其他的随机序列，直到序列权重收敛。

这种基于位点的序列加权方法依据多序列比对安排权重。用于分配权重的基础单元不是全序列而是单个的配对列。对每一列，记录存在的差异残基数目。如果有 m 个不同的残基，每个残基都要加以 $1/m$ 的权重。然后对于每个残基类型，记录在该位点有此类型残基的序列数量。如果有 n 个序列有这样的残基，加权值将平均分配到每个成员。也就是说，权重变为 $1/mn$。这些权重可以作为每一列的序列权重，而对所有的比对残基来说，加权总值始终是 1。如果有需要，一个序列的总体权重，可以由增加某些列的权重再由列数做归一化的方法获得，这样序列的总体权值依然是 1。图 6.1 给了一个简单例子，解释了这样的加权策略。

如果序列 x 的 u 列权重为 w_u^x（包括了比对列之间没有差异的情况），上面的公式可以表示为

$$f''_{u,b} = \frac{\sum\limits_{\text{sequences } x} w_u^x \delta_{u,b}^x}{\sum\limits_{\text{sequences } x} w_u^x} \qquad (6.9)$$

12345	Weight
HSAPL	0.280
HTADV	0.171
HTAEV	0.171
HTGLI	0.188
HTGVI	0.188

图 6.1　对 Henikoff 和 Henikoff 的基于位置的序列加权方法的解释。这里有 5 个序列，每个序列都有 5 个残基长度。第 1 列只有 H 型的残基，但总共出现了 5 次，所以每个组氨酸都有 1/5 的权重。第 5 列有 5 个不同的残基类型，每个类型都加权 1/5。但这样的加权不能区别这两种情况，两条序列权重上没有任何偏向性。在第二列，有两个残基类型（S 和 T），每个类型都会给予初始权重 1/2。因为 S 型只有一个，它被赋予权重 1/2。而这 4 个 T 型残基，每个都有 1/8 的权重值。在对每个残基赋予权重值之后，序列权重等于所有残基权重总和除以列的数量。结果序列权重在右边的列中展示。

如果序列 x 在 u 列有残基 b 则 $\delta_{u,b}^x$ 值为 1，若为其他残基则取 0。注意前面讨论的加权方法都不需要式（6.9）中分母的总和，因为它们都将没列的权值的总和化为 1。

解决构建 PSSM 时数据缺失问题的方法

前面提到的利用**对数概率（log-odds）**方法计算 PSSM 元素 $m_{u,a}$ 的公式都存在这样的问题，如果任何的残基类型没有在 u 列中出现，那么在该列中对该类型的残基的比对得分将始终是 $-\infty$。因此，没有一个和该 PSSM 比对的序列可以和该位置的该类型残基做比对。尽管这样的方法可能对完全保守和功能重要区域而言是合适的，但即使在极端的情况下，这样的条件依然是过于苛刻的（通常情况下我们希望使用 PSSM 和任何编码相关但没有功能的序列都做比对）。进一步说，在特定列缺少特定的残基类型情况下产生的 PSSM 更有可能表明序列的比对数据的缺失而不是序列的真实偏向性。这样的情况在拟合序列模型时十分常见，下面我们将介绍现有的一系列解决方案。

式（6.4）和式（6.7）中的 p_a 值并没有导致上文提到的 $-\infty$ 值的出现，它们的估计也不会受到缺失数据的影响。这个问题完全和 $q_{u,a}$ 相关，并且总是由于缺失数据而产生的（这种情况的一个例外是一种罕见的完全保守残基，但这是一种极端罕见的状态）。所有解决这些问题的方法都可以包含序列加权，但是这会使得整个公式更加复杂，为了简单考

虑我们不打算在这里使用它们。要建立 $q_{u,a}$ 应该从式（6.1）的 $f_{u,a}$ 开始。

一个克服缺失数据的问题的简单方法是假定每个比对位点的每个残基的至少出现一次。这样可以对所有残基以及列采用相同的处理，在这样的情况下式（6.1）可以修改为

$$q_{u,a} = \frac{n_{u,a} + 1}{N_{seq} + 20} \tag{6.10}$$

这里 PSSM 有 20 行（即没有位点依赖的空位参数）。注意分母部分（$N_{seq}+20$）就等于分子上 20 个不同类型的加和。对于所有可能的 a 的 $q_{u,a}$ 之和总是等于 1，因为每个序列必须在 u 列出现。包含额外观察的则意味着 $q_{u,a}$ 不会为 0 也不可能达到 1。就好比我们增加了每列中 20 个残基中的有效数据，这样的额外数据通常称为**假计数（Pseudocouts）**。

我们很容易发现可以有更严谨的办法根据我们对序列属性的了解来增加假计数。我们知道蛋白质的氨基酸构成不是统一的，如我们在 5.1 节讨论的 a 型的产生的频率 p_a。这个概念可以合并到公式中得到：

$$q_{u,a} = \frac{n_{u,a} + \beta p_a}{N_{seq} + \beta} \tag{6.11}$$

参数 β 是一个决定比对中假计数总数的简单比例参数。引入 β 的好处在于我们可以方便地修改假计数和真实数据的相对权重。当有许多数据（N_{seq} 很大）就几乎不需要假计数，且 β 必须比 N_{seq} 小很多。但当只有少量数据时，β 要比 N_{seq} 大。有一个简单的公式，即让 β 和 $\sqrt{N_{seq}}$ 相等，尽管这会导致 β 对于较小值的 N_{seq} 过小，对于大数据值的 N_{seq}，式（6.11）接近于我们期望的 $q_{u,s}=f_{u,a}$。通常一个额外的参数 α 用于加权观察到的数据，以 $f_{u,a}$ 代替 $n_{u,a}$ 简化公式的表现形式：

$$q_{u,a} = \frac{\alpha f_{u,a} + \beta p_a}{\alpha + \beta} \tag{6.12}$$

在缺少任何数据的情况下，假计数可以完全决定 PSSM 的值。在贝叶斯分析中，假计数代表了**先验分布（Prior distribution）**，表现了我们引入数据前对该系统的先验知识（这也可以看作我们对于问题的偏见）。参见附录 A 对贝叶斯分析的讨论。

我们可以依据式（6.11）和式（6.12）改进假计数分布，因为由数据产生的替代矩阵包含了一个相对原数据更加精确的分布。由定义可知，对数概率替代矩阵在它们中包含了残基联配的相关概率，因为这些序列是相关的，而不是随机联配的。这些特点由 ab 类型的残基的公式 $q_{a,b}/p_a p_b$ 体现。

$$\frac{q_{a,b}}{p_a p_b} = e^{\lambda s_{a,b}} \tag{6.13}$$

如果 u 列包含了 $f_{u,a}$ 比例的 b 型残基，发现一个 a 型残基和这列联配的概率可由该比例表示 $f_{a,b} q_{a,b}/p_a p_b$。对所有 b 型残基增加这些信息就可以依据现有残基得到一个 a 型残基和 u 列联配的总体概率。因为 a 型残基以背景频率 p_a 出现，这个总和需要和 p_a 相乘来得到一个 a 型残基的替代假计数。因此 a 型残基数量的公式可表示为

$$g_{u,a} = p_a \sum_{\substack{\text{residue} \\ \text{types } b}} \frac{f_{u,b} q_{a,b}}{p_a p_b} = \sum_{\substack{\text{residue} \\ \text{types } b}} \frac{f_{u,b}}{p_b} q_{a,b} \tag{6.14}$$

注意因为总和，$g_{u,a}$ 始终不为 0。如果用于产生替代矩阵的中间结果可知，公式 $q_{a,b}/p_a p_b$ 的值也可得。如果不可以得到中间结果，式（6.14）的值也可以通过式（6.13）由替代矩阵的得分 $s_{a,b}$ 获得，但这样的数据精度会稍受影响。将 p_a 由式（6.14）替代后我们可以得到改进的 $q_{u,a}$

$$q_{u,a} = \frac{\alpha f_{u,a} + \beta g_{u,a}}{\alpha + \beta} \tag{6.15}$$

α 的一个可能值是 $N_{seq}-1$。如果 PSSM 元素 $m_{u,a}$ 由式（6.7）产生，那么在只有一条序列的情况下该 α 会使 $m_{u,a}$ 等于替代矩阵的元素 $S_{a,b}$［参见式（6.13）］。β 值控制当有效数据很少时 PSSM 对替代矩阵的偏向性。在 PSI-BLAST（见下文）默认值为 10。

由替代得分矩阵产生的假计数使用了一种更真实的先验分布。然而，到目前为止讨论的所有方法都有量化不准确的问题。只有一个联配列中不同氨基酸的相对频率影响 PSSM 的值。所有的由观察单一的完全保守氨基酸得到的 PSSM 列都会有相同的值，而不体现联配中包含的序列的数量差异。显然，对于有大量序列属于联配的情况，出现的异型残基应当给以更多的罚分。另一个不准确的特性是没有考虑一个残基在不同环境下的差异。在这些方法中任何两个联配类型的概率在所有条件下都是相同的。然而，众所周知联配列通常表现出对有相同特性的小残基样本的偏好，如电荷数、大小、极性。在实际中，联配概率会由于这些偏向性而对同一残基类型产生不同的值。将亮氨酸和某一列联配会因为该列包含一个完全保守的亮氨酸或不含有而产生不同。

利用 **Dirichlet 混合（Dirichlet mixture）** 克服目前所提到的方法的短处是可行的，另一个更精确的描述是 **Dirichlet 密度分布（Dirichlet distribution densities）** 的混合。Dirichlet 分布常作为贝叶斯分析的先验分布，该分布中的每个观察值都是取自一个有限概率集中。在我们讨论的问题中，20 种氨基酸组成了观测集，每个 Dirichlet 密度描述了一个可能在联配列中出现的特定的残基组成。Dirichlet 混合是一种多系数密度的线性组合，系数代表了它们出现的概率。因此这些系数的总和为 1。一组密度和混合参数已由 Kimmen Sjolander 和他的同事们依据蛋白质多序

列比对的数据库 BLOCKS 进行了拟合。拟合的具体过程超出了本书的讨论范围，包括了最大似然（maxium likelyhood）和最大期望（EM）方法。关于这个方法的更多信息请参考延展阅读。

图 6.2 显示了一个由 BLOCKS 数据库产生的 9 元素 Dirichlet 混合。第 i 个 Dirichlet 密度成分标记为 Blocks9.i，并有一个线性混合参数（在 BLOCKS 数据中产生的可能性）c_i。氨基酸每个密度组分的分布由每列的数字决定，对每个 a 型残基标记为 $\beta_{i,a}$。注意每个 $\beta_{i,a}$ 的加和不为 1，所以 a 型残基在密度 i 的频率定义为 $\beta_{i,a}/\beta_i$。密度成分可以用于分析残基的偏好性。在 BLOCKS 数据库中所有真实蛋白序列都由一个不一致的残基组成，等价于前面公式的背景组成 p_a，残基成分的偏好由成分的频率相对背景频率的值来衡量。这样的偏好在图 6.2 的底部显示，所有的残基超过两倍的背景频率。例如，第一组分偏好于小的中性残基；第二组分偏向芳香残基。第九组分有最大的混合参数，也就是 BLOCKS 里最普遍的组分。它是组成成分里最接近背景频率的部分，并且偏向于高度保守的个别残基，如色氨酸和脯氨酸。其他 Dirichlet 混合已经被用于代表氨基酸联配，包括一个和 20 个组分的联配，该 mixture 相对 BLOCKS9 是一个改进。

	Blocks9.1	Blocks9.2	Blocks9.3	Blocks9.4	Blocks9.5	Blocks9.6	Blocks9.7	Blocks9.8	Blocks9.9
c_i	0.182962	0.057607	0.089823	0.079297	0.083183	0.091122	0.115962	0.066040	0.234006
A	0.270671	0.021465	0.561459	0.070143	0.041103	0.115607	0.093461	0.452171	0.005193
C	0.039848	0.010300	0.045448	0.011140	0.014794	0.037381	0.004737	0.114613	0.004039
D	0.017576	0.011741	0.438366	0.019479	0.005610	0.012414	0.387252	0.062460	0.006722
E	0.016415	0.010883	0.764167	0.094657	0.010216	0.018179	0.347841	0.115702	0.006121
F	0.014268	0.385651	0.087364	0.013162	0.153602	0.051778	0.010822	0.284246	0.003468
G	0.131916	0.016416	0.259114	0.048038	0.007797	0.017255	0.105877	0.140204	0.016931
H	0.012391	0.076196	0.214940	0.077000	0.007175	0.004911	0.049776	0.100358	0.003647
I	0.022599	0.035329	0.145928	0.032939	0.299635	0.796882	0.014963	0.550230	0.002184
K	0.020358	0.013921	0.762204	0.576639	0.010849	0.017074	0.094276	0.143995	0.005019
L	0.030727	0.093517	0.247320	0.072293	0.999446	0.285858	0.027761	0.700649	0.005990
M	0.015315	0.022034	0.118662	0.028240	0.210189	0.075811	0.010040	0.276580	0.001473
N	0.048298	0.028593	0.441564	0.080372	0.006127	0.014548	0.187869	0.118569	0.004158
P	0.053803	0.013086	0.174822	0.037661	0.013021	0.015092	0.050018	0.097470	0.009055
Q	0.020662	0.023011	0.530840	0.185037	0.019798	0.011382	0.110039	0.126673	0.003630
R	0.023612	0.018866	0.465529	0.506783	0.014509	0.012696	0.038668	0.143634	0.006583
S	0.216147	0.029156	0.583402	0.073732	0.012049	0.027535	0.119471	0.278983	0.003172
T	0.147226	0.018153	0.445586	0.071587	0.035799	0.088333	0.065802	0.358482	0.003690
V	0.065438	0.036100	0.227050	0.042532	0.180085	0.944340	0.025430	0.661750	0.002967
W	0.003758	0.071770	0.029510	0.011254	0.012744	0.004373	0.003215	0.061533	0.002772
Y	0.009621	0.419641	0.121090	0.028723	0.026466	0.016741	0.018742	0.199373	0.002686
β_i	1.180650	1.355830	6.664360	2.081410	2.081010	2.568190	1.766060	4.987680	0.099500
	AST	FHWY	EQ	KQR	ILM	IV	DEN	M	GPW

图 6.2 由 BLOCKS 联配数据库产生的 9 元素 Dirichlet 混合。各元素标记为 Blocks9.1 到 Blocks9.9，它们的混合参数 c_i 由第一列给出。其余列给出每个氨基酸在各个组分的分布（未经标准化的）。一个组分里的出现概率超过背景频率 2 倍的氨基酸用浅灰色标出，并在最后一行总结。因此 Blocks9.4 到 Blocks9.1 分别主要包含了正电荷和负电荷的残基。通过依据参数 c_i 给这些成员分布加权的方法可以由该联合分布预测总体上氨基酸组成。(Data K. Sjolander, K. Karlus, M. Brown et al. Dirichlet mixture: a method for improved detection of weak but significant protein sequence homology. *Comput. Appl. Biosci.* 12: 327-345, 1996.)。

Dirichlet 混合密度是一个比普通的假计数更复杂的应用，因为对于每个联配列其权重要被依次分配到每个组分上。在 u 列中残基 a 型的联配以下式表示：

$$q_{u,a} = \sum_{\substack{\text{Dirichlet} \\ \text{components } i}} P(\vec{\beta}_i \mid \vec{n}_u, \theta) \frac{n_{u,a} + \beta_{i,a}}{N_{seq} + \beta_i} \tag{6.16}$$

式中，$P(\vec{\beta}_i \mid \vec{n}_u, \theta)$ 为在第 u 个联配列的概率向量为 $\vec{n}_u$ 的情况下，有残基参数向量 $\vec{\beta}_i$ 的第 i 个 Dirichlet 元素后验概率（该公式的定义见附录 A）。θ 代表了 Dirichlet 混合密度参数。式（6.16）是第 i 个 Dirichlet 成分的权重，可以和式（6.11）比较。

通过一定的代数操作，可以产生一个 $q'_{u,a}$ 的有效形式，该形式可以归一化为 1 来获得 $q_{u,a}$。公式如下：

$$q'_{u,a} = \sum_{\substack{\text{Dirichlet} \\ \text{components } i}} c_i \frac{B(\vec{n}_u + \vec{\beta}_i)}{B(\vec{\beta}_i)} \left(\frac{n_{u,a} + \beta_{i,a}}{N_{seq} + \beta_i} \right) \tag{6.17}$$

Micture 参数 c_i 清晰地包含其中，而 B 方程是 Beta 方程，由数学上我们熟悉的 Gamma 方程（Γ）定义：

$$B(\vec{n}_u + \vec{\beta}_i) = \frac{\prod_{\substack{\text{residue} \\ \text{type } b}} \Gamma(n_{u,b} + \beta_{i,b})}{\Gamma(N_{seq} + \beta_i)} \tag{6.18}$$

因此观察到的一列中的残基数目可以和 Dirichlet 混合密度里成员的参数结合来得到一个对 $q_{u,a}$ 改进形式。

图 6.3 比较了其他一些用于解决数据缺乏问题的方法，作为两种情况的一个例子。在一种情况下只有一个序列存在于数据中，亮氨酸残基位于有兴趣的列中。在另一种情况下，10 个序列都在该位点有亮氨酸。该列的组成在这两种情况下是一致的，但显然当有 10 个序列存在的时候信息要比只有一个序列存在时多。图 6.3 显示了这些不同的方法如何组合这些信息，显然 Dirichlet 方法要优于其他方案。

PSI-BLAST 是一个序列数据库检索程序

如果仔细构建 PSSM，它可以成为一个非常敏感的数据库检索工具，要找到一个蛋白质序列的远亲家族成员并不能通过标准序列搜索完成。基于这个原因，Steven Altshchul 和同事决定以提高他们的 BLAST 的数据库搜索方法的能力以包含 PSSM。他们创造了位置特定迭代 BLAST（position-specific iterated BLAST，PSI-BLAST），且该算法非常成功。

PSI-BLAST 的数据库检索包含了一些步骤。第一步通常涉及执行一个利用 BLOSUM-62 替代矩阵做单个序列的标准数据库 BLAST 搜索。随后会产生一个初步的相关序列结果。这些序列必须满足 BLAST 评分给出的 E 值小于预定阈值，该阈值往往相当严格以确保只有真正显著的匹配被选定（见 5.4 节）。这些显著匹配的联配和查询序列被用来构建 PSSM。随后以变化的 BLAST 程序通过该 PSSM

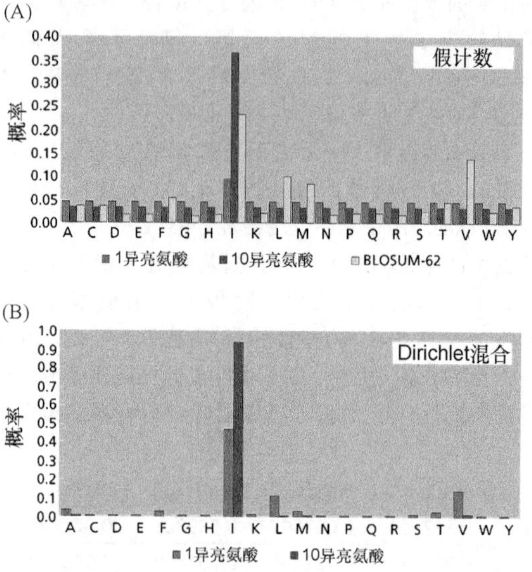

图 6.3 根据一些处理数据缺乏问题的方法得到的对氨基酸的概率估计。该图显示了当数据中仅含有异亮氨酸的一个保守位点的情况下得到的结果。这里考虑了两种情况，观察该位点 1 个或 10 个残基。(A) 用 BLOSUM-62 矩阵以及式（6.3）得到的结果和依靠假计数方法对每个观察到的氨基酸频率加 1［式（6.10）］的方法的比较。可见式（6.3）仅对观察到的组成敏感。(B) 由 Sjolander 等的 9 元素 Dirichlet 混合密度得到的结果（图 6.2）。（见文后彩图）

对数据库扫描以找出有较小型 E 值的新序列。如果第二次搜索发现一些新的相关序列，这些序列就用来更新 PSSM。完善的 PSSM 和数据库检索连续循环，直到没有新的序列被找到。

显然，在 E 值阈值是一个关键参数。如果过大，和同源检索一样，假阳性序列（即初始查询无关序列）将包含其中。这将导致 PSSM 失效，在最后的循环中将最有可能引起的假阳性序列的比例升高。如果阈值太小，可能确定一些远亲相关序列，或将需要许多搜索循环来找到它们。一个常用使用 E 值阈值为 0.001，虽然这可能仍然在造成 PSSM 一些情况下失效。

我们这里将主要关注 PSI-BLAST 中如何构建 PSSM。PSSM 被限定于那些和查询序列中一个残基联配的那些残基。这排除了数据库中对那些和查询序列中插入联配的残基。因此 PSSM 将和查询序列长度相等。但 PSSM 构建过程中没有考虑消除空缺的问题，常用的空缺罚分在利用 PSSM 查询的时候也要使用。因此，空缺的处理和 BLAST 中完全一致，也就是说没有位置特异性。

对于任何给定的联配列，只有那些确实含有联配残基的序列才列作考虑，所以比对过程中序列的数量随列变化（图 6.4）。每条序列利用基于位点的序列加权方法加权（图 6.1），通过一些小的修改而将间隔作为另一类残基类型，并忽略所有完全保守的残基。最终的加权频率在式（6.14）和式（6.15）中运用，再代入式（6.7）获得 PSSM 参数。α 的值不是 $N_{seq}-1$ 而是 $N'-1$，N_{seq} 表示序列的数目，N' 是列中观察到的不同残基类型的数量，包括了间隔，因此取值范围为 1～21。最初的 PSI-BLAST 使用标准的替代矩阵以及式（6.13），但最近的版本采用了公式 $q_{a,b}/p_a p_b$ 的值。

比例参数 λ 是由选择的替代矩阵得到的。空缺罚分（gap penalty）即标准的 BLAST 和该替代矩阵共同使用时的罚分。这使得同一矩阵的 PSSM 的得分统计和标准 BLAST 一样。尽管这个理论没有派生到实际序列的比对，但在对实际序列的比对中已经证实了这个结果。相应的，由于 PSI-BLAST 得分显著性的评判是可行的，那么我们也可以确知哪个新序列可以用于 PSSM 的重计算。和其他序列查询方法相比（表 6.1），这个方法是十分有效的。进一步修正 λ，可以改进准确性。在最精确的 PSI-BLAST 版本中也有所应用。参数的修改依据序列中组成偏向性造成的打分统计的背离程度进行。

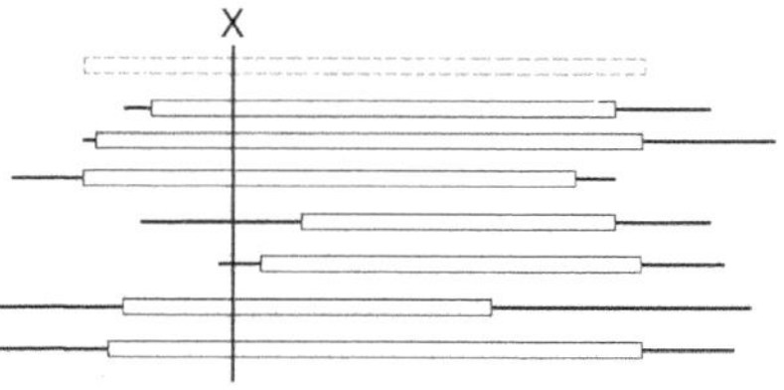

图 6.4　对 PSI-BLAST 利用成对序列比对进行数据库检索构建 PSSM 的解释。查询序列（顶端虚线序列）的 BLAST 局部比对表示为矩形。在查询序列的每个残基位置，一个 PSSM 由那些 BLAST 比对包含该位置的序列组成。因此，在位点 X 由于只有 6 条序列（包括原序列）有局部联配，所以只有 6 个残基参与构建 PSSM。

表 6.1　PSI-BLAST 与其他发现显著相似序列方法的比较

蛋白质家族	SWISS-PROT id	Smith-Waterman	Gapped BLAST	PSI-BLAST
Interferon α	P05013	53	53	53
Serine protease	P00762	275	275	286
Serine protease inhibitor	P01008	108	108	111
Glutathione transferase	P14942	83	81	142
Ras	P01111	255	252	375
Globin	P02232	28	28	623

来自每个样本家族的蛋白质序列（定名为 SWISS-PROT 序列数据库中的 protein i. d.）利用三种方法中的一个提交到查询中。结果将报告每个查询算法中找到该蛋白质家族的序列数目。Smith-Waterman 算法使用如 5.2 节中的全矩阵动态算法来确定最佳得分。带间隔 BLAST 使用第 5.3 节描述的方法，速度更快但是不能保证找到最佳的联配。在所有的情况中，除了 Ras 家族和 Smith-Waterman 有一样好的效果。PSI-BLAST 算法相对其他两种算法效果好得多，特别是在三个样本的情况下，也就是说它具有更好的同源性检索能力。在第一步中，首先运算带间隔 BLAST。所以它总是报告至少同样多的相同序列。仅在 interferon α 的情况下它没有找到更多的序列（数据来自 Altschul 等，1997 表格 3 的数据）。

将序列表现为序列标记

PSSM 的打分参数对于获得联配是有帮助的，但不能很好的显示特定位点残基的偏好性或保守性。这个残基信息是很有意义的，因为它可能表示了蛋白质家族的关键功能位点。一个合适的图像表示会使这些关键残基的鉴别更简单。解决这个问题的一个方法是使用信息学，并建立称为**序列标记（logo）**的图表。

在任何一个 PSSM 中列 u 残基类型 a 会以频率 $f_{u,a}$ 出现。该位置的熵（不确定性参见附录 A）可定义为

$$H_u = -\sum_a f_{u,a} \log_2 f_{u,a} \tag{6.19}$$

即对所有类型残基求和，熵的单位是 bit。如果仅有一个残基出现在该位点，所有的值都是 0，且 H_u 也为 0，也就是说不存在不确定性。当所有的残基以相同的频率出现时，H_u 取最大值为 $\log_2 20$。在 I_u 位置出现的 pattern 的信息可表示为

$$I_u = \log_2 20 - H_u \tag{6.20}$$

因此一个具有完全保守残基的位点将具有最大的信息值。

实际上这些公式需要细微的修正。第一，平均氨基酸组成不可能是一致的，该组成的熵应代替 $\log_2 20$。同样的我们也必须考虑小样本情况，否则将导致对信息量的低估（如果仅有两个序列，H_u 不可能超

过$\log_2 2$)。对于这些修正的详细说明请见扩展阅读。

Thomas Schenider 和 Michael Stephens 用这种信息度量来产生了一种简单的图，不仅表示了每个位点的信息，同样也表示了残基以及它们的贡献度。一个残基的贡献度是由 $f_{u,a}I_u$ 来定义的。每个位置残基由对应的单个字母表示，以高度代表贡献度。在图 6.5 中给出一个例子，这些标记是一种对序列很好的图形化总结，尽管它们还不能处理可变插入的问题。同样的方法也可以用于核苷酸序列，在第 10 章中我们将详细讨论。

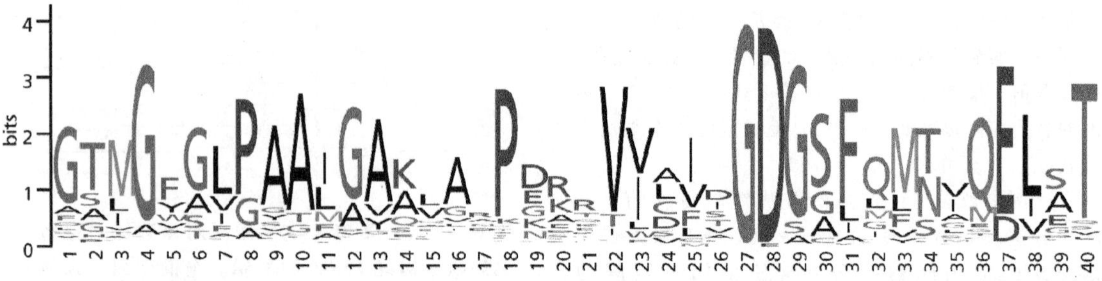

图 6.5　蛋白质序列联配标志的例子，由 BLOCKS 数据库获得。这一区块 IPB000399E，由 186 条 TDP (thymine diphosphate) 结合蛋白质序列联配构成。这一序列区域同样在 PROSITE 中出现（条目 PS00187），注释为 TPP (thiamine pyrophosphate)，结合模式[LIVMF]-[GSA]-x(5)-P-x(4)-[LIVMFYW]-x-[LIVMF]-x-G-D-[GSA]-[GSAC](表 4.2 中关于 PROSITE 的概念)。需要注意的是，该模式只在 186 条序列中的 44 条发现，联配结果如上图。该模式中保守的 proline 是在第 18 列，而 G-D-[GSA]在第 27～29 列（数据来自 http://weblogo.berkeley.edu)。

6.2　谱式隐马尔可夫模型

在 5.3 节我们看到有限自动机如何可以用于发现一些特殊的子序列或者序列内的字符串（图 5.23)。自动机模型必须对字符串做特定的设计。模型涉及多个状态，并且在一个时间内只能有一个状态存在，状态之间只有一组有限的转化路径。以此处为例，模型的输出（序列）为每次一个残基。这个概念可以扩展而建立适用许多其他序列识别模型的应用。这些更为复杂的模型修改的一个重要的方面是引入状态转换的概率和从状态输出的概率。这里要说到的这类模型被称为隐马尔可夫模型（流程图 6.2)。HMM 可以依据许多不同的任务进行设计，序列比对只是其中之一。在这一节我们将学习针对将序列联配到序列设计的 HMM。HMM 建立各种生物信息领域模型的通用方法，它在其他方面的应用可在本书的其余章节见到，如在第 10 章中的基因识别和 12.5 节的跨膜双链识别。

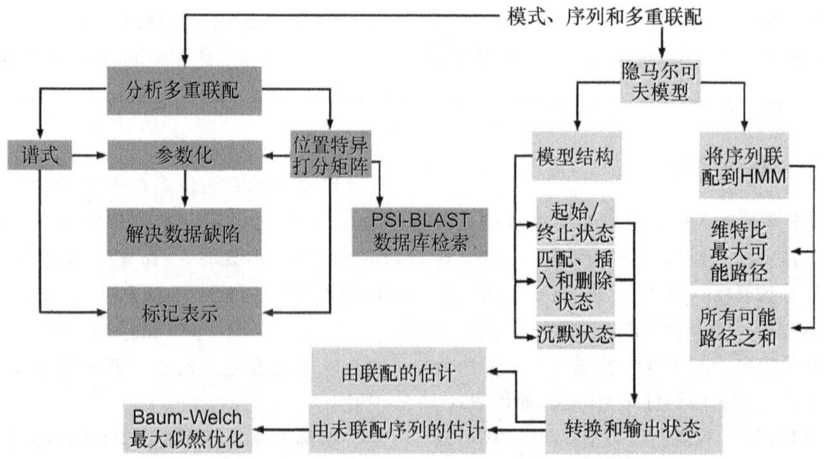

流程图 6.2　该节的首要概念是可以建立一类隐马尔可夫模型（HMM）代表序列的模型，并定义了一些通过寻找序列模式建立模型的方法。

HMM 由一组**状态**（state）定义，每个状态只有有限的状态**转换**（transition）到其他状态，也只有有限数量的**输出**（emission）。每个状态间的每个转换有一个固定的概率，该值与之前出现的状态是独立的。该属性决定了这是一类**马尔可夫模型**（Markov model）。每个在此考虑的模型都有一个初始状态和终止状态，任何由**初始状态**（start state）通向**终止状态**（end state）的**路径**（path）都会产生一个序列。如下所述，模型中有许多路径可以产生相同的序列，且序列的第 i 个残基可以由一些状态中的任意一个产生。序列本身没有任何关于残基由哪个状态产生的信息。这就是该模型所谓的的隐藏模式。

可以定义一个包含多序列比对中信息的 HMM 来作为 PSSM 的替代。结论模型通常称为**谱式 HMM**（profile HMM）。谱式 HMM 可以视为一个比 PSSM 更为严格的模型，特别是因为在插入和删除处理上的位点依赖性。许多 HMM 使用者强调 HMM 有一个合理的理论基础，在此基础上可以对比对结果做相似度的准确估量。这对于搜索序列家族的新成员是十分有效的。通常希望模型在对是否包含远亲关系成员时作出精确的统计分析。

本节开始于对 HMM 特征的简单概述。每个联配位点都已有一个标准的结构，是包括多个不同的状态以及一个转换的有限子集。其他一些模型结构上要求允许联配中不完全匹配或不仅仅匹配该模式的序列也包含其中。此后，可以定义模型参数，并建立在多序列比对下确定这些参数值的方法。任何通过该模型的通路以及相关的产生序列可以依据转换和序列产生的概率定义一个概率值。对于双向序列比对，有许多可行的联配方式，通路，而通常我们仅关注最有效的联配方式。这可以通过将 5.2 节中的动态规划方法运用到分型 HMM 中来实现。然而，分型马尔可夫模型可以通过许多不同状态的不同路径产生相同的比对结果。这和之前提到的动态规划模型不一样，动态规划模型中特定的比对只可由特定的路径产生。下面将讨论产生最大可能序列的方法，由此可以估计一个残基产生的最大可能性状态。本节的最后部分将揭示分型马尔可夫模型应当如何利用未联配的序列设置参数。

用于序列比对的 HMM 的基本结构

这里所有讨论的 HMM 都由一系列的可相互转化的状态组成。举例来说，所谓状态就是某个残基和比对中某个位置（列）的碱基匹配。这个状态可能通过一个确定了直接连接方向的转换和下个联配位点的匹配状态联系起来。所有的转换有一个相关的可能性，因此对所有的可到达到其他状态的转换，其概率和为 1。显然必会有一个转换发生于其中一个状态，当然该转换也可能直接转换回原状态。在这里讨论的 HMM 状态中唯一不具有该属性的就是终止状态，因为当到达终止状态时 HMM 就终止了，状态不再发生转换。达到一个状态的所有转换发生的概率的和不必为 1，也就是说一些状态更有可能到达。

HMM 的一个状态可能输出一个残基，因此模型中一个经过一系列状态的路径可以定义一个一个序列的比对。路径上残基输出的顺序必然和查询序列相对应。总体来说，任何输出残基的状态可以输出任何类型的残基，并定义了每种残基输出的可能性。总的输出的概率为 1。模型中并非所有的状态都要输出残基，不输出残基的状态被称为**沉默状态**（silent state）。

应当注意 HMM 和图 5.23 中的有限自动机是有显著区别的。在后者中，序列在由一个状态到另一个状态的转换中产生，转换通过这些残基标记。而在 HMM 中，输出产生于状态到达时，而转换本身并没有直接和查询序列相关联。更进一步说，有限自动机中转换相关联的消耗不一定与概率关联，而且通过这样模型的路径不具有概率上的解释。

查询序列的下个残基和参考序列的比对结果有三种可能的结果。第一，查询序列可能和参考序列的下个残基匹配。第二，它可能和参考序列的一个插入相对应。第三，查询序列的残基可能和参考序列的后几个位置相对应，表明了查询序列中的空缺。谱式 HMM 包含了一组和每个比对位点对应的三状态单元构成这些转换模型。对于第 u 个比对位置，匹配、删除、插入状态为 M_u、D_u 和 I_u（图 6.6）。删除状态是一种沉默状态，因为它不产生任何序列内的残基。

在所有的谱式 HMM 中（图 6.6A），M_u、D_u 和 I_u 都可以有一些转换状态。若插入状态的输出（emit）代表了残基插入在第 u 位置之后，则在 M_u 和 I_u 之间有一个转换关系。在许多模型中，也有 D_u 和 I_u 之间的转换，尽管有相当一部分模型忽略了它，因为这些转换即使存在其概率也是相当低的，对应的也是低得分的通路。另外，它们代表的联配可以通过 HMM 中其他状态的转换表示。另外，由 I_u 到其自身的转换允许在和 $u+1$ 位置进行联配前插入多个残基（比对只严格由匹配状态产生）。

一些转换连接了状态 u 和状态 $u+1$，均位于 u 到 $u+1$ 的前向（图 6.6B）。M_{u+1} 和 D_{u+1} 状态可以从三个 u 位置状态中的任何一个转换得到。这意味着有一个联系后续缺失状态的路径，对应一个大的

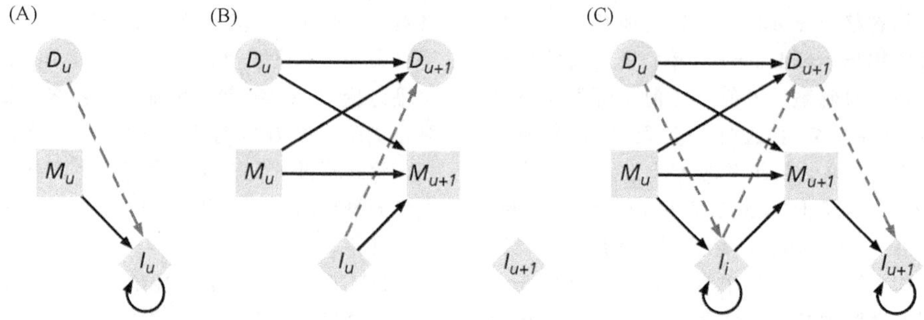

图 6.6 谱式 HMM 的重复结构。（A）一个和位置 u 相关的分型 HMM 中三个状态的转换。匹配、插入和删除状态通过 M_w、I_w 和 D_w 分别标记。注意虚线箭头的转换，在通常的模型中不会包含。（B）和位置 u 及 $u+1$ 关联的 HMM 中三状态的转换，同样虚线箭头转换常在模型中忽略。（C）完整的模型，由前两个模型综合得到。

缺失（deletion）。插入状态只有通过同一位置的匹配和删除状态转换得到。I_u 到 I_{u+1} 的转换是不存在的，因为这样的转换意味着它们之间的匹配状态不存在，所以应当加入 D_{u+1} 状态。然而，应当注意到的是 I_u 到 D_{u+1} 的状态通常是被忽略的，原因与前面 D_u 到 I_u 中的情况相同。由 u 到 $u+1$ 位置的完整转换和所有状态见图 6.6C。

如上所述，除了状态间的转化外，HMM 同样有从状态的输出。匹配和插入状态都输出一个残基，删除状态不输出。我们再看之前 5.1 节讨论的替代矩阵，归纳起来有两类序列比对基本模型：随机和非随机（也就是相关）模型。如果 HMM 的查询序列中有一个插入，从定义上说包含的残基是和 HMM 中的残基信息不相关的。插入状态的输出概率通常由 5.1 节中定义的基本残基概率 p_a 决定。相对而言，由匹配状态输出的残基是相关的，所以输出概率依赖于多序列比对。它们和前面讨论的 PSSM 最接近，同样随比对位置的不同而变化。

但和前门讨论的 PSSM 不同的是，PSSM 由和查询序列一样多位点构成，而 HMM 的结构和等价的 PSSM 相比不是那么直接。首先，和 PSSM 相比，分型 HMM 可以由一组为联配的序列得到。在这种情况下，匹配状态的数量常常设置为用于定义序列谱的序列的平均长度，这样做可以最大程度地减少插入和删除状态。然而，使用其他一些模型也是十分有效的，它们常可产生更好的结果。HMM 程序 SAM 检测存在的 HMM 来定义有较少序列使用的匹配状态，以及有较多序列使用的插入状态，然后相应地在 HMM 中删除或加入位点。寻找其他模型结果的过程通常被称为**模型手术（model surgery）**。当我们需要将一个 HMM 匹配到一个多序列比对时需要另一种方法，通常在比对列中有相比一些特定片段有更多空缺的列被认为是插入，其他列可作为匹配状态。

模型中每个转换和输出都是需要定义的变量。在基本的 HMM 结构中，每个联配位点都有 9 或 7 个转换（图 6.6C）。如果所有的插入状态都有相同的输出，他们可以由残基组成预估或定义为 20 个参数。匹配状态的输出概率在每个比对位点都是不一致的，每个都需要 20 个参数。忽略插入状态输出，每个比对位点总共有 29 个参数，因此一个具有 100 个匹配位点以及相关状态、转换和输出的分型 HMM 有几千个参数。这是一个重要的结果，通常需要许多序列数据来产生这样规模的 HMM 的一组合适参数。

这种可以输出序列的模型路径，可以看作将每个残基分配到一个特定的 HMM 位置（对应特定的匹配位置）或插入一个特定位置（对应特定的插入位置）。当比较几个序列的匹配时，同一匹配位置输出的来自不同序列的残基可认为是相互匹配的。然而，由相同插入状态输出的残基并不能确定为匹配的，即使它们出现在联配的同一列之中。

至此我们仅仅讨论了和查询序列相关区域比对有关的分型 HMM 部分的状态（如分型 HMM 代表的结构域）。HMM 必须包含特别的区段来处理比对的开始和终止部分。另外，一些包含了针对查询序列同时包含相关和无关结构域特征设计 HMM，如其他一些没有在此 HMM 中建模的结构域。这样的 HMM 模型和总体的比对是相对的。其他设计的 HMM 允许序列片段的重复，甚至是一个完整的结构域。我们将考察一些常见情况中 HMM 的这些属性。

这里讨论的所有的谱式 HMM 需要在模型的起始个终止时声明。图 6.7A 显示了一个包含了起始和终止状态的分型 HMM。起始状态不输出任何残基，也没有到自身的转换，但有三个到其他状态的转换。所有通过 HMM 的路径起始于此。到 M_1 的转换将在查询序列的氨基终止残基和分型 HMM 的第一个位点匹配时产生。如果查询序列在该氨基终止位置有额外的残基，这些残基将由 I_0 状态输出。最后，如果第一位点残基在查询序列中不存在，则转换将由起始到 D_1。图 6.7A 中显示的终止状态有三个带终止属性位点的状态可转换得到，并且不输出残基也没有从它自身为起点的转换。所有的通过 HMM 的路径都在这个状态终止。在所示的模型中，查询序列中任何谱式（profile）后的额外残基都将由最后一个插入状态输出。图 6.7B 举例显示了 4 个匹配状态的输出概率。对每个状态这些概率的和为 1，且每个联配位点都有特定的残基偏好性。例如，M_1 代表了一个高保守的脯氨酸，而 M_3 代表了一个小极化残基。插入状态输出概率在此处没有显示出来，但通常所有的插入状态的值都相等且和所有的氨基酸组成是相关的。

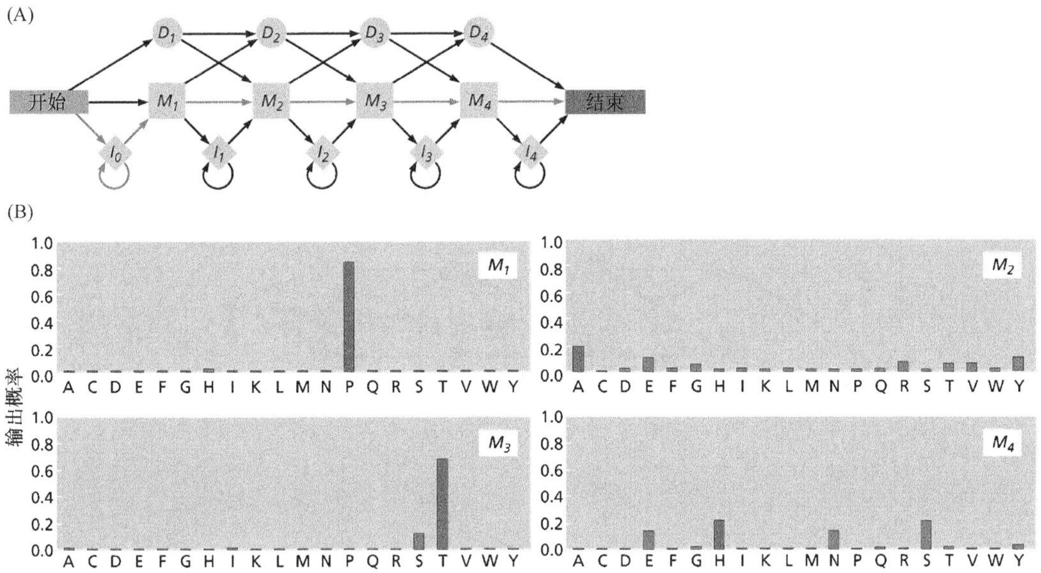

图 6.7　一个完整的文件 HMM 模型，有开始和结束的状态和 4 个匹配状态。因为状态 I_0 和 I_4 的存在，使 profile 可以在任何更大的序列中出现。（A）状态和可能转换的组织方式。请注意每个模型中的转换概率一般会有一个不同的值。一个通过模型的可能路径由蓝色的转换箭头标识出来，该路径产生一个在氨基端有两个或更多残基的序列，随后是没有插入的 profile，紧接着的是羧基端。（B）4 个匹配状态的输出概率。忽略从 I_0 状态的残基输出，序列 PATH 具有最大概率被输出，但许多其他序列几乎有相同的输出可能，如 PETS。请注意每个状态的输出概率总和为 1。（见文后彩图）

所有这里的模型代表了一种和待比对查询序列相对的特征。我们必须允许查询序列完全和特征无关。在目前讨论的模型中，这样的一个无关序列可以由经过许多删除和插入的路径输出。应当注意的是只有由匹配状态输出的序列可以认为和分型 HMM 是联配的，并且无关序列会和分型 HMM 以很低的概率或对数概率得分发生联配。和在数据库检索中一样，无关序列通常会以这些量化的得分分辨而不是对比对本身做一种定性的检验。

另一种可能状态会在查询序列比 profile 长时发生，也就是有无关序列片段存在。起始和终止的插入状态可以代表任何无关的旁侧序列，使得局部序列比对可行。然而图 6.7 的模型不是完全和 Smith-Waterman 局部联配（见 5.2 节）等价的，因为序列通过 HMM 的路径仍然包含了所有的序列位点。对一部分 profile 的联配会包含一条通过许多删除状态的通路，如果模型依据全长的序列参数化后这样的情况必然会以很低的概率发生。一个更为实例化的局部联配模型如图 6.8A 所示。这包含了两个新的沉默状态，这包含了两个和所有匹配状态连接新的沉默状态，同时他们也和两个插入状态链接。该插入状态建立了查询序列中旁侧序列的模型。这些沉默状态不是必需的，但它们减少了模型中需要转换的数量，使参数化变得更为简便。没有它们，起始和终止状态将需要连接所有的匹配状态来处理旁侧序列缺失的状况。图 6.6C 的虚线箭头转换在模型中是缺失的。

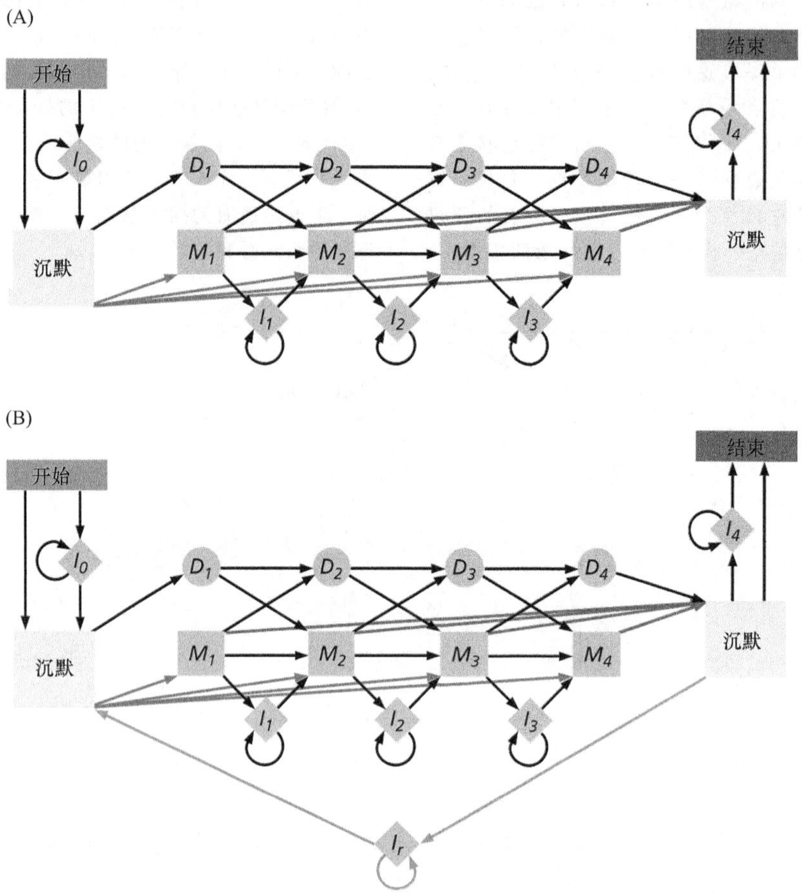

图 6.8　用于局部联配和重复局部联配的完整谱式 HMM 模型。（A）适用于局部联配的谱式 HMM 模型，包括存在只是查询序列中部分谱式的情况。请注意两个沉默状态，以及相对图 6.7 在 I_0 和 I_4 状态区域的结构变化。I_0 状态表示先于谱式的所有序列，而 I_4 代表了所有在其后的序列。蓝色和红色转换连接沉默状态到所有匹配状态，只允许谱式的一部分包括在路径内。（B）由另一个连接两个沉默状态的插状态（I_r）放大的同一个 HMM，且允许谱式在路径上重复。（见文后彩图）

尽管图 6.7 和图 6.8 中的插入状态 I_0 和 I_4 可以由任何不属于 profile 旁侧序列片段建模，但我们需要更进一步的设计来对这样的区域建立模型。例如，如果使用简单的插入状态，至少有一个残基要在序列终止时输出，而这可以通过建立更复杂的模型来避免。在 SAM 程序中，这样的结构被称为**自由插入模块（free insertion modules，FIM）**，它除了插入状态外还包含了一个删除状态。删除状态为 FIM 的入口，由两状态的任意一个都可以作为出口。这允许在旁侧序列中不出现残基。删除状态有一个到 FIM 插入状态的转换，插入状态有一个到自身的转换，而两者都有 FIM 的出口。

如前所述，每个状态的概率总和为 1，序列 HMM 中的所有的转换和输出将影响序列的总体概率或得分。这在旁侧序列中并不要求如此，因为它只是和我们感兴趣的谱式相关的区域。这些旁侧区域的贡献可以由减弱概率的限制，来使得 FIM 删除到 FIM 插入状态以及所有转换出 FIM 的状态的概率为 1。旁侧序列对打分的唯一遗留影响来自于输出残基，但通常设这一事件的概率为 0，也就是一个随机模型。这样输出残基对打分就不会构成影响。

HMM 还可以通过将图 6.8A 中的沉默状态连接在一起使得 profile 的重复可行并进一步增强其功能。连接的转换是通过插入状态（图 6.8B），更准确地说是通过一个 FIM 来模拟任何的插入序列，且必须回到某个状态使得该状态具有到所有谱式的匹配状态的转换。这是用于 HMMER2 的模型，但也和用于其他 HMM 包的模型相近。

和基本的 HMM 结构相关的最后一个问题是模型状态的数量以及转换结构对通过 HMM 的路径长度分布有一个非常重要的影响。这可以通过一些简单的 HMM 来理解，如图 6.9 所示。图 6.9 所示的通过模型的所有路径必须至少穿过输出状态 1、2 和 3 一次，每个状态都会输出一个残基。因此，该 HMM 可以模拟的最小序列长度是三个残基长度，进一步说，状态 1、2 和 3 有相同的转换概率。应此，任何对于有 L 个残基的序列将包含三个概率为 t 的转换（由开始到终止状态变换）以及$(L-3)$ 个概率为$(1-t)$ 的转换。因此任何输出 L 个残基的路径的概率为 $t^2(1-t)^{L-3}$。然而，有许多有相同可能的不同路径可以输出 L 个残基。我们需要知道有多少路径，以计算这个生产的 L-残基序列模型概率。第一，要注意的是每个路径必须由一个从起始状态到匹配状态 1 的转换开始。因此，路径只会在后面的$(L-1)$ 个转换中发生不同，其中有$(L-3)$ 个转换会产生相同的匹配状态（1 到 1、2 到 2、3 到 3）。路径只会在这剩余$(L-1)$个转换中的$(L-3)$个的顺序上不同。综合分析告诉我们有：

$$^{L-1}C_{L-3}=\frac{(L-1)!}{(L-3)!2!} \tag{6.21}$$

个不同的排列以及路径。这些有相同的概率，在这个模型中一个有长度为 L 的路径的概率是$^{L-1}C_{L-3}t^3(1-t)^{L-3}$。对于一个有 N 个匹配状态的一般模型，长度为 L 的路径的概率为

$$^{L-1}C_{L-N}t^N(1-t)^{L-N} = \frac{(L-1)!}{(L-N)!(N-1)!}t^N(1-t)^{L-N} \tag{6.22}$$

这个分布在图 6.10 中以不同的 t 值和状态数 N 显示了出来。这对于 HMM 的效力是有很大影响的，因为模型应当在理想情况下有和它代表的序列相同的长度分布。如果 t 足够小，最可能的路径长度可以非常长，但这样的模型在实际的蛋白序列问题中并不存在。

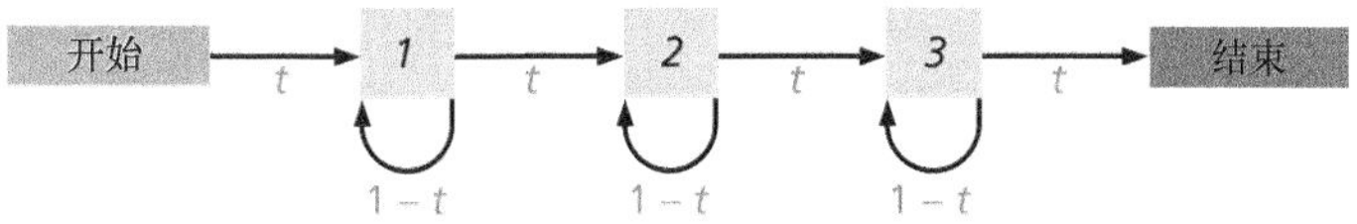

图 6.9　一个用于讨论 HMM 模型长度依赖的简单的 HMM。起始和终了状态之间有三个匹配状态。由于没有插入和删除状态，所有的匹配状态必须在各条路径中包含一次。

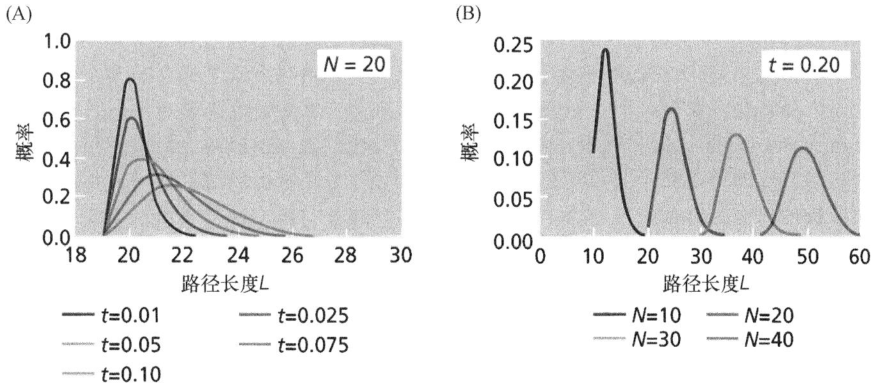

图 6.10　图 6.9 所示的简单 HMM 长度分布。（A）对于一个有 20 个匹配的模型，路径长度为 L 取不同值时到达同一个匹配状态的概率。（B）模型中包含不同数目的匹配时长度为 L 的路径的概率，转换概率 t 为 0.20。（见文后彩图）

利用联配序列建立 HMM 参数

谱式 HMM 的结构和参数可以由一组蛋白序列推断。这些序列可能已经是多序列联配中的一部分或者它们暂时还没有联配，而等待 HMM 来完成联配工作。这里我们将讨论利用联配来做参数，而将未联配的情况放在后面讨论。

要利用一个多序列联配来对谱式 HMM 参数化，我们首先要决定哪个联配位点对应相应的 HMM 匹配状态，以及哪个位点应当被视作插入状态。一个不包含间隔的联配列应当作为一个匹配状态，一个有多个间隔的列应当作为插入状态，但它们的中间状态需要仔细考虑。通常我们设置一个间隔比例来决定是作为插入状态还是匹配状态。需要注意的是有一些更细致的参数化方法可以在参数化的同时查找最佳列分配（见扩展阅读）。

给出一组已知通过谱式 HMM 路径的序列，参数化原则上是直接的。所有 HMM 的状态除了终止状态，都有一些由该状态到其他状态的转换（在一些情况下包含了循环到自身的转换）。每个状态的这

些转换的总体概率的和必须为 1，所以这些转换中的必须有一个发生（FIM 中那样的例外情况我们在这里忽略）。对于 u 状态到 v 状态的转换可以写作 t（u，v）。w 状态到 u 状态转换（包括到 u 自身的）联系的总和可表示为

$$\sum_{w} t(u,w) = 1 \tag{6.23}$$

如果用于参数化的路径中包含 $m_{u,v}$ 个 u 到 v 的转换，那么模型的转换概率可以定义为

$$t(u,v) = \frac{m_{u,v}}{\sum_{w} m_{u,w}} \tag{6.24}$$

每个匹配状态的输出概率可以由相似的方法获得。残基 a 由第 u 匹配状态 M_u 输出的概率 $e_{M_u}(a)$ 对所有类型残基的概率和为 1。如果参数化数据包含了 $n_{M_u,a}$ 个由匹配状态 M_u 输出的残基 a（可由观察对应匹配状态 M_u 的联配列中 a 残基的产生数量来获得），那么模型的输出概率可以表示为

$$e_{M_u}(a) = \frac{m_{M_u,a}}{\sum_{b} n_{M_u,b}} \tag{6.25}$$

分子部分对所有 b 型残基加和。插入状态输出概率 $e_{I_u}(a)$ 不是由这样的方法定义出来的。插入状态的模型是一个随机模型，所以其概率通常由选择数据集中总体氨基酸组成来定义。即

$$e_{I_u}(a) = p_a \tag{6.26}$$

然而，实际操作中参数化要比这复杂许多，因为总是有数据的缺失情况存在。如果有不足数量的序列用于参数化，$n_{M_u,a}$ 和 $m_{u,v}$ 将会是 0 或者更小的值，那么在建立概率时得到的结果就十分不可信。特别是在处理输出参数的时候这样的情况更为严重。对于蛋白序列 HMM 至少需要 20 个序列才能观察每个可能匹配状态的输出，但需要更多的序列才可以建立有效的输出概率。如果没有观察到转换或输出状态，这就会到达 t（u，v）或者针对这些情况将 e_{Mu}（a）设置为 0。利用 0 概率将导致 HMM 无法准确地联配这些存在这些情况序列，因为这些情况在模型中不存在了。一个对特定残基在给定匹配状态输出概率为 0 的 HMM 无法将在该位点具有残基的序列联配。它只可将该残基插入在此位置之前或之后，在这种情况下它和联配是不同的。即使存在一个相对大量的序列数据，参数化问题依然常常发生在高保守残基和序列片段上。

这个问题和之前讨论的 PSSM 参数化中的上下文问题是一致的。在输出概率问题中解决方法十分类似。之前对于 $q_{u,a}$ 的公式也适用于此处，所以式（6.10）的等价形式为

$$e_{M_u}(a) = \frac{n_{M_u,a} + 1}{\sum_{b} n_{M_u,b} + 20} \tag{6.27}$$

其他的假计数方法也可以用于此处，推导公式形式可参考之前 PSSM 参数公式。

利用谱式 HMM 给序列打分：最大可能路径以及所有路径的总和

假设有一个参数化的谱式 HMM，任何通过该模型的已知路径都会以一定概率输出一个序列。这个路径可能是该路径上所有转移以及输出概率。另一方面这个路径定义了输出序列如何与模型相匹配。由匹配状态输出的残基可以联配到谱式上对应的位置。在插入状态输出的残基不应当作为联配的，但插入的位置是可以确定的。通常序列是特定的，而我们希望找到谱式 HMM 的相对的联配和得分。

在一个 HMM 中可以有多条路径输出相同的序列，每个都和谱有一个不同的联配。这个和一个序列与其他序列的许多可能联配的情形相似。在这许多路径中，只有一些或者只有一个是最有可能的，相应于动态规划中最佳得分联配。然而，序列由该 HMM 输出的概率是由所有路径的概率和给出的。从这一点上说与动态规划是不相同的。

已经有一些方法可以计算最大可能路径和总可能性，这两种方法和 5.2 节中提到的动态规则方法有很多一致性。利用概率是以计算经验做基础的，因为实际情况下该值都会非常小。这个技术问题可以利用计算对数值来避免。但是对数概率得分（不同模型的概率比值的对数值）更为有效，使用一个和 5.1 节中类似的随机模型，这样的模型更方便分析并建立对得分的显著性的估量。这一关于一个 L 残基序列的随机模型是由 L 型 p_a（残基组成频率）的乘积得到的。若有 L 个输出概率，每个特定状态 u 输出概率为 $e_u(a)$，将它们都除以 p_a，那么输出型将包含所有的随机模型而转换类型 $t(u, v)$ 将保持不变。因此下面的方程将包含 $\ln[e_u(a)/p_a]$ 以及 $\ln[t(u, v)]$ 的形式，u 和 v 在这里代表了模型的状态，而 a 是残基输出状态。

我们将首先计算路径中的最大可能距离，这可以利用**维特比算法（Viterbi algorithm）**。用与图 6.7 中显示非常相似的谱式 HMM 来表示，除了在匹配状态 M，丢失 D，以及插入状态 I。这些状态与之前描述的基本类型 HMM 结构是一致的。在类型位点 u，这些状态将被标记为 M_u、I_u 和 D_u。应此由 M_u 到 M_{u+1} 的转换概率标记为 $t(M_u, M_{u+1})$。起始和终止状态将相应地被标记为“Start”和“End”。然而该公式将只表示规则重复序列。构成起始和终止状态的公式是这里表示的公式的修正。如果查询或者输出序列 x 是 L 残基长度并标

记为 $x_1x_2x_3\cdots x_L$，而残基 x_i 由插入状态 I_u 输出概率可以写为 $e_{I_u}(x_i)$。

维特比（Viterbi）算法中，在示范点和一个给定的数额输出序列顺序。记录必须保持最高的概率或最佳对数优势比评分，例如，在状态 D_u，当序列已经达到并且包含残基 x_i 已输出，最高的概率将写为 $V_{D_u}(x_i)$，而最好的 log-odds 得分将被记作 $V_{D_u}(x_i)$。请注意，此计算方法相当于一边长度和在 HMM 的状态数目相等，而另一边的长度与查询或输出序列长度相等的一个动态规划矩阵。

维特比（Viterbi）算法和动态规划算法类似，开始于非常短小的输出，包括了只含很少量 HMM 状态的路径。所以最佳路径可能性以及 log-odds 得分可以计算出来，之后的计算就基于此。计算通常使用可以使得路径开始于没有输出序列的特定状态的初始数值。例如，在对图 6.7A 模型的概率计算中可以记任意状态 u 的开始状态为 $V_{\text{Start}}(0)=1$，$V_u(0)=0$。对任意的状态 u，log-odds 等式为 $V_{\text{Start}}(0)=0$，$V_u(0)=-\infty$。这样可以使得所有的路径都开始与Start状态。

算法中的关键步骤是依据存在连接的第 $u-1$ 个的状态来推断第 u 个状态。下面的公式表示了在图 6.7A 中间部分基本序列 HMM 模型。我们将假设插入状态输出概率已经由残基类型 a 的氨基酸组成 p_a 给出，下面的公式中将以 p_{x_i} 代表在位置 x_i 输出的参加类型的输出概率。

概率计算的公式表示为

$$v_{M_u}(x_i)=e_{M_u}(x_i)\max\begin{cases}v_{M_{u-1}}(x_{i-1})t(M_{u-1},M_u)\\v_{I_{u-1}}(x_{i-1})t(I_{u-1},M_u)\\v_{D_{u-1}}(x_{i-1})t(D_{u-1},M_u)\end{cases}$$

$$v_{I_u}(x_i)=p_{x_i}\max\begin{cases}V_{M_u}(x_{i-1})t(M_u,I_u)\\v_{I_u}(x_{i-1})t(I_u,I_u)\end{cases}$$

$$v_{D_u}(x_i)=\max\begin{cases}v_{M_{u-1}}(x_i)t(M_{u-1},D_u)\\v_{D_{u-1}}(x_i)t(D_{u-1},D_u)\end{cases}\tag{6.28}$$

请注意，其他方面的转型，如在图 6.6C 虚线显示的，也可能发生在其他一些谱式 HMM 中。这将导致相应额外转换的情形。为了追溯确定路径，一个记录必须保持选择公式中包含最大值的状态。因为计算的原因对数的概率是经常使用的，这样可以将乘法替换为加法。例如：

$$\log v_{M_u}(x_i)=\log e_{M_u}(x_i)+\max\begin{cases}\log v_{M_{u-1}}(x_{i-1})+\log t(M_{u-1},M_u)\\\log v_{I_{u-1}}(x_{i-1})+\log t(I_{u-1},M_u)\\\log v_{D_{u-1}}(x_{i-1})+\log t(D_{u-1},M_u)\end{cases}$$

$$\log v_{I_u}(x_i)=\log p_{x_i}+\max\begin{cases}\log v_{M_u}(x_{i-1})+\log t(M_u,I_u)\\\log v_{I_u}(x_{i-1})+\log t(I_u,I_u)\end{cases}$$

$$\log v_{D_u}(x_i)=\max\begin{cases}\log v_{M_{u-1}}(x_i)+\log t(M_{u-1},D_u)\\\log v_{D_{u-1}}(x_i)+\log t(D_{u-1},D_u)\end{cases}\tag{6.29}$$

利用一个和插入状态输出一样的 **0 模型（null model）**［式（6.26）］，我们可以获得一个 log-odds 得分。使用图 6.6C 的 HMM 模型，我们可以获得 log-odds 得分如下：

$$V_{M_u}(x_i)=\log\left(\frac{e_{M_u}(x_i)}{p_{x_i}}\right)+\max\begin{cases}V_{M_{u-1}}(x_{i-1})+\log t(M_{u-1},M_u)\\V_{I_{u-1}}(x_{i-1})+\log t(I_{u-1},M_u)\\V_{D_{u-1}}(x_{i-1})+\log t(D_{u-1},M_u)\end{cases}$$

$$V_{I_u}(x_i)=\max\begin{cases}V_{M_u}(x_{i-1})+\log t(M_u,I_u)\\V_{I_u}(x_{i-1})+\log t(I_u,I_u)\\V_{D_u}(x_{i-1})+\log(D_u,I_u)\end{cases}$$

$$V_{D_u}(x_I)=\max\begin{cases}V_{M_{u-1}}(x_i)+\log t(M_{u-1},D_u)\\V_{I_{u-1}}(x_i)+\log t(I_{u-1},D_u)\\V_{D_{u-1}}(x_i)+\log t(D_{u-1},D_u)\end{cases}\tag{6.30}$$

为了和之前的公式比较，这里的公式适用于在图 6.6C 中显示的基本的序列 HMM 单元，所有 9 种可能转换都列在公式（6.30）中。只有匹配状态 M_u 的公式包含了一个输出状态应为删除状态 D_u 不产生输出，而插入状态 I_u 输出在除以 0 模型后变为 0。需要注意的是输出残基可以由查询序列检测得到，而且必须是序列 x 的下一个残基。

这个计算终止依赖于终止状态附近的模型精确细节。如果终止状态被称为 End，而 $V_{End_u}(x_i)$ 代表该路径上的 log-odds 值。因为这个状态不输出一个残基，这最后一个公式将缺少输出状态。

和该算法类似的一些算法可以计算输出查询序列的所有路径的总体概率或者总体 log-odds 得分。主要的区别在于该算法中没有寻找三个变量中的最大值，而将三个变量求和。然而，这两种方法之间有着显著的差异，因为准确的概率必须由计算得知，而不可以以 log-odds 得分代替。这个方法被称为**前向算法（forward algorithm）**，因为它由 HMM 的起始状态开始逐步进入终了状态。在状态 M_u，当序列达到且包含的残基 X_i 已经被输出时，总体概率可以记作 $f_{M_u}(X_i)$，总体的 log-odds 得分记作 $F_{M_u}(X_i)$。该起始状态和前述一致。模仿式（6.28）我们得到：

$$
\begin{aligned}
f_{M_u}(x_i) &= e_{M_u}(x_i)[f_{M_{u-1}}(x_{i-1})t(M_{u-1},M_u) \\
&\quad + f_{I_{u-1}}(x_{i-1})t(I_{u-1},M_u) \\
&\quad + f_{D_{u-1}}(x_{i-1})t(D_{u-1},M_u)] \\
f_{I_u}(x_i) &= p_{x_i}[f_{M_u}(x_{i-1})t(M_u,I_u) \\
&\quad + f_{I_{u-1}}(x_{i-1})t(I_{u-1},I_u)] \\
f_{D_u}(x_i) &= [f_{M_{u-1}}(x_i)t(M_{u-1},D_u) \\
&\quad + f_{D_{u-1}}(x_i)t(D_{u-1},D_u)]
\end{aligned} \tag{6.31}
$$

Log-odds 得分的公式可以由式（6.30）得到：

$$
\begin{aligned}
F_{M_u}(x_i) &= \log\left(\frac{e_{M_u}(x_i)}{p_{x_i}}\right) + \log[t(M_{u-1},M_u)e^{F_{M_{u-1}}(x_{i-1})} \\
&\quad + t(I_{u-1},M_u)e^{F_{I_{u-1}}(x_{i-1})} \\
&\quad + t(D_{u-1},M_u)e^{F_{D_{u-1}}(x_{i-1})}] \\
F_{I_u}(x_i) &= \log[t(M_u,I_u)e^{F_{M_u}(x_{i-1})} \\
&\quad + t(I_u,I_u)e^{F_{I_u}(x_{i-1})} \\
&\quad + t(D_u,I_u)e^{F_{D_u}(x_{i-1})}] \\
F_{D_u}(x_i) &= \log[t(M_{u-1},D_u)e^{F_{M_{u-1}}(x_i)} \\
&\quad + t(I_{u-1},D_u)e^{F_{I_{u-1}}(x_i)} \\
&\quad + t(D_{u-1},D_u)e^{F_{D_{u-1}}(x_i)}]
\end{aligned} \tag{6.32}
$$

和在 Viterbi 算法中一样，$F_{End}(x_i)$可以作为通过该 HMM 中一个可能路径得到查询序列总体的 log-odds 得分。同样在这里的 End 状态也不输出残基，所以该公式缺少输出公式。

另一个推荐的等价算法是采用由终止状态到起始状态的方法。该方法被称为**后向算法（backward algorithm）**，并定义概念 b 和 B 唯一对应于 f 和 F。我们在此唯一感兴趣的是之后要使用到的 b 的概率。由状态 M_u 起始且输出残基 x_i 的情况下，序列 x_{i+1} 到 x_L 的输出概率可以写作 $b_{Mu}(x_i)$。对所有状态 u 的起始状态是 $b_u(x_L)=t(u,\ End)$，这样对于所有直接可以连接到终止状态的状态将不会产生 0 值。相似的，依据式（6.28）和式（6.31），利用图 6.7A 的 HMM 模型我们可以得到：

$$
\begin{aligned}
b_{M_u}(x_i) &= t(M_u,M_{u+1})e_{M_{u+1}}(x_{i+1})b_{M_{u+1}}(x_{i+1}) \\
&\quad + t(M_u,I_u)e_{I_u}(x_{i+1})b_{I_u}(x_{i+1}) \\
&\quad + t(M_u,D_{u+1})b_{D_{u+1}}(x_i) \\
b_{I_u}(x_i) &= t(I_u,M_{u+1})e_{M_{u+1}}(x_{i+1})b_{M_{u+1}}(x_{i+1}) \\
&\quad + t(I_u,I_u)e_{I_u}(x_{i+1})b_{I_u}(x_{i+1}) \\
b_{D_u}(x_i) &= t(D_u,M_{u+1})e_{M_{u+1}}(x_{i+1})b_{M_{u+1}}(x_{i+1}) \\
&\quad + t(D_u,D_{u+1})b_{D_{u+1}}(x_i)
\end{aligned} \tag{6.33}
$$

注意这里 $f_u(x_i)$是通过一条终止状态 w，起始状态为 i 时获得 x 的概率。相似的，$b_u(x_i)$是在第 u 个时间状态已经输出第 i 个残基时获得序列 x 的第$(i+1)$个残基到终止位点的概率。同样需要注意的是，$f_{End}(x_L)=b_{Start}(0)=P(x)$，代表了由该 HMM 获得整个序列 x 的概率。

利用未联配序列评估 HMM 参数

回到用于参数化的序列没有联配的状况，我们必须首先决定匹配状态的数量。这些序列（称为训练序列）应该依据一个共同的序列区域来选择，或许只是完整序列的一小部分。匹配状态的数量应该依据共同区域的期望特征来确定，即在大多数序列中有多少联配列可能包含残基而不是空位。

需要一组起始参数，可以依据下面所述迭代而逐步逼近。这一组参数将直接影响后面完整参数组的质量。因此，Dirichlet 条件常用于获得第一个参数。另一方面，因为对于建立最佳参数集有一些普遍的问题，因此建议建立一组起始参数并每次尝试一个。

一些算法可以用于获得 HMM 参数。Pierre Baldi 建议使用最大似然方法来计算，最佳的参数产生于斜率下降的位置。更多该方法的细节可以参考扩展阅读，一些关键的概念在附录 C 中将作讨论。

我们这里讨论的方法是 **Baum-Welch 最大期望（Baum-Welch expectation maximization）**算法。最主要的概念是设法估计在使用训练序列时每个转换和输出发生的数目。这些值可以由在使用该参数时的 HMM 的条件下，将产生该序列的所有可能路径加和的方法得到。该方法是用前向和后向算法（一个更快但准确性较低的方法，其仅适用最高得分的路径；也就是说，Viterbi 路径）。估计后的转换和输出序列用于产生一个优化的参数集合。这个训练序列随后重新由新生的参数继续做之前的估计工作。这个方法是最大期望（expectation maximization，EM）方法（见扩展阅读）的一个例子，且包含了迭代修正的参数值，因此由该 HMM 获得序列的可能性将随着迭代而提高。

首先，注意到 $f_u(x_i)t(u,v)e_v(x_{i+1})b_v(x_{i+1})$ 是所有通过状态 u 和 v 的路径输出序列 x 的可能性之和，在 v 状态的输出为 x_{i+1}。由此，由状态 u 到状态 v 的转换概率与输出 x_{i+1} 相关，由下式给出：

$$
\frac{f_u(x_i)t(u,v)e_v(x_{i+1})b_v(x_{i+1})}{P(x)} \tag{6.34}
$$

式中，$P(x)$ 是通过任何路径获得序列 x 的概率[如上所述，$P(x)$ 的值可以由前向或后向算法得到]。通过将所有序列位置 i 的值和所有训练序列式（6.34）的值的和相加，我们可以得到训练集 $m_{u,v}$ 的转换的数值。对于在图 6.6C 中所示允许额外转换的模型，我们得到的几个公式为

$$m_{M_u,M_{u+1}} = \sum_{\text{seqs } x}\left[\frac{1}{P(\boldsymbol{x})}\sum_i f_{M_u}(x_i)t(M_u,M_{u+1})e_{M_{u+1}}(x_{i+1})b_{M_{u+1}}(x_{i+1})\right]$$

$$m_{I_u,M_{u+1}} = \sum_{\text{seqs } x}\left[\frac{1}{P(\boldsymbol{x})}\sum_i f_{I_u}(x_i)t(I_u,M_{u+1})e_{M_{u+1}}(x_{i+1})b_{M_{u+1}}(x_{i+1})\right]$$

$$m_{D_u,M_{u+1}} = \sum_{\text{seqs } x}\left[\frac{1}{P(\boldsymbol{x})}\sum_i f_{D_u}(x_i)t(D_u,M_{u+1})e_{M_{u+1}}(x_{i+1})b_{M_{u+1}}(x_{i+1})\right]$$

$$m_{M_u,I_u} = \sum_{\text{seqs } x}\left[\frac{1}{P(\boldsymbol{x})}\sum_i f_{M_u}(x_i)t(M_u,I_u)q_{x_{i+1}}b_{I_u}(x_{i+1})\right]$$

$$m_{I_u,I_u} = \sum_{\text{seqs } x}\left[\frac{1}{P(\boldsymbol{x})}\sum_i f_{I_u}(x_i)t(I_u,I_u)q_{x_{i+1}}b_{I_u}(x_{i+1})\right]$$

$$m_{D_u,I_u} = \sum_{\text{seqs } x}\left[\frac{1}{P(\boldsymbol{x})}\sum_i f_{D_u}(x_i)t(D_u,I_u)q_{x_{i+1}}b_{I_u}(x_{i+1})\right]$$

$$m_{M_u,D_{u+1}} = \sum_{\text{seqs } x}\left[\frac{1}{P(\boldsymbol{x})}\sum_i f_{M_u}(x_{i+1})t(M_u,D_{u+1})b_{D_{u+1}}(x_{i+1})\right]$$

$$m_{I_u,D_{u+1}} = \sum_{\text{seqs } x}\left[\frac{1}{P(\boldsymbol{x})}\sum_i f_{I_u}(x_{i+1})t(I_u,D_{u+1})b_{D_{u+1}}(x_{i+1})\right]$$

$$m_{D_u,D_{u+1}} = \sum_{\text{seqs } x}\left[\frac{1}{P(\boldsymbol{x})}\sum_i f_{D_u}(x_{i+1})t(D_u,D_{u+1})b_{D_{u+1}}(x_{i+1})\right] \tag{6.35}$$

以同样的逻辑，若限制路径为在状态 M_u 的输出残基为类型 a（这里指的是序列 x 中的任意一种残基类型 a），我们得到如下公式：

$$n_{M_u,a} = \sum_{\text{seqs } x}\left[\frac{1}{P(\boldsymbol{x})}\sum_{i|x_i=a} f_{M_u}(x_i)b_{M_u}(x_i)\right] \tag{6.36}$$

对应序列上所有 a 型残基的和。插入状态输出概率 I_u 也可以依据上式构建相似的形式。

该过程起始于对转换和输出的粗糙假设。这些值可以通过式（6.35）、式（6.36）以及式（6.27），或者在 6.1 节中用来解决数据缺失的其他方法，来获得一个新的参数集合。改进的参数可以使得序列的输出可能性更高。获得所有训练序列的可能性等于所有序列 x 的 $P(x)$之积。通常我们使用对数相似度，也就是对每个序列的 $F_{End}(x_L)$ 之和。这个方法多次重复使用可以改进 HMM 的参数，直到训练数据的对数相似度不再有任何的改进。在从不同的位置重复以上的过程就可以得到最佳的参数，而该 HMM 可以认为是已经参数化的。

到目前为止我们还没有考虑对训练序列的加权，尽管我们可能期望某些序列在参数化中能起更大的作用。第 6.1 节序列加权方法仅用于联配序列所以在此处并不适用，除非参数化很差的 HMM 用于计算联配（联配每个序列到谱式 HMM 不能被称为建立一个真实的联配，尽管结果在形式上是相似的。然而输出可以用相同的方法来计算得到序列的权重）。多数的谱式 HMM 过程依据训练序列的 log-odds 得分对它们做加权。这些权重通常在每次迭代过程中都会修正。

6.3 序列联配

目前依据序列建立 PSSM 和谱式 HMM 的方法已经非常完善，另一方面还有一些可以为不同蛋白质家族或蛋白质家族供该类模型的数据库也已经建立了。利用这些模型的序列联配来查找远亲同源基因也是常用的方法。最新的发现表明，通过联配两个 PSSM 或者谱式 HMM 可以更有效地发现远距离同源基因以及这些蛋白质家族的进化联系（流程图 6.3）（通常家族间被认为是不存在进化关系的）。有一些方法可以用于处理这样的分析。

利用联配比较两个 PSSM

对两个 PSSM 的联配不可以用标准的联配方法。想象有两个需要联配的列，分别来自不同的 PSSM。没有任何一列代表了一段残基或者残基的混合，但两者都是联配打分。没有一个直接的方法来将它们放在一起产生一个可以适用于联配算法的打分。解决这个问题的方法是比较两个联配列的得分的相似程度。

程序 LAMA（local alignement of multiple alignments）解决了该类问题的最简单形式，也就是在 PSSM 的联配中不允许出现空格的状况。假设有两个 PSSM A 和 B 分别包含元素 $M^A_{u,a}$ 和 $m^E_{v,a}$ 对应于 u 列和 v 列的残基类型 a。多种方法可以用于度量这两列的相似程度。LAMA 采用**皮尔森相关系数（Pearson correlation coefficient）** r_{A_u,B_v} 定义如下：

$$r_{A_u,B_v} = \frac{\sum_a (m^A_{u,a}-\overline{m}^A_u)(m^B_{v,a}-\overline{m}^B_v)}{\sqrt{\sum_a (m^A_{u,a}-\overline{m}^A_u)^2 \sum_a (m^B_{v,a}-\overline{m}^B_v)^2}} \tag{6.37}$$

式中，$\overline{m}^A_u$ 和 $\overline{m}^B_v$ 分别是两个 PSSM 列的均值，而总和是针对所有 a 型残基的。r_{A_u,B_v} 的值从 1（代表完全

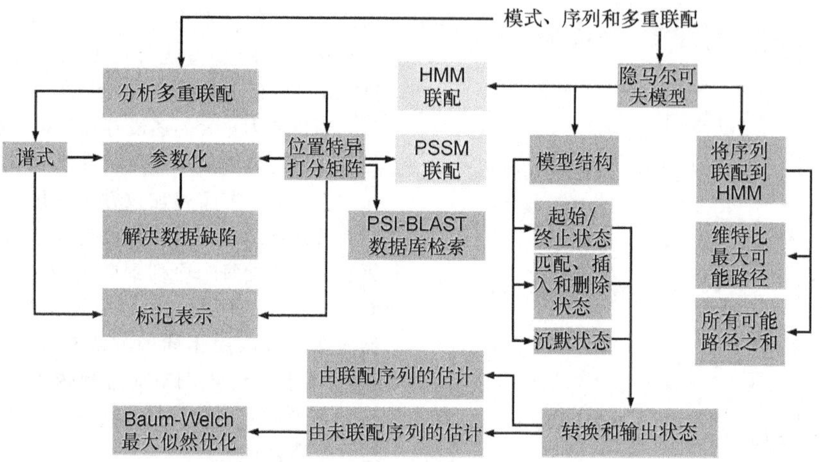

流程图 6.3　该节提到的主要概念是用于联配两个序列的方法。有了相关蛋白质序列的层次结构，两个序列可以通过联配来发现它们的共同祖先序列。

一致的列）～－1。在随机联配测试中可以发现平均列得分只是略微偏向负值（－0.05）。对两个 PSSM 的联配得分定义为所有联配列的 r_{A_u,B_v} 的和。

因为在联配两个 PSSM 的时候不允许 gap 的出现，所有的可能联配都可以依据将一个 PSSM 和另一个逐一比对来获得，这里允许在每个 PSSM 的任意一端出现重复。最高得分的联配可以作为两个家族的最佳联配。

现在唯一存在的困难是估计给出得分的显著性。得分和较短 PSSM 的长度成比例关系，但这很容易修正。为了评估得分的分布，PSSM 的列被多次打乱，记录每次可能的匹配得分（打乱操作是为了保留 PSSM 的总体残基组成）。假设是正态统计，则可以用于评估得分分布的均值和标准差。用这样的方法最高得分联配可以分配一个 z 值（z-value，相对均值的标准差数值），也就有了一个统计的显著性。尽管没有任何分析的理论基础，但是在实践中这样做是十分有效的，并且任何联配的 z 得分高于 5.6 的都被称为显著的。当一个显著的联配被发现，r_{A_u,B_v} 值的图像可以帮助我们找到那些所包含的蛋白质家族有相似残基的列（图 6.11）。

Gloan Yona 和 Michael Levitt 建立另一种联配多个 PSSM 的方法，称为 prof _ sim。这个方法允许在 PSSM 中插入间隙并使用 Smith-Waterman 局域联配方法（Smith-Waterman local alignment）。这个方法是用了初始序列联配来定义每列中的氨基酸分布，而没有使用 PSSM 的得分数据。这些分布在每个 PSSM 的一个列中只做一次比较，得到的得分可用于

```
(A)  OXDA_FUSSO   319   LDDETWIVHNYGHSGWGYQGSYGCAENVVQLVD   351
     OXDD_BOVIN   294   DSRRLPVVHHYGHGSGGIAMHWGTALEATRLVN   326
     OXDA_HUMAN   299   GPSNTEVIHNYGHGGYGLTIHWGCALEAAKLFG   331
     OXDA_MOUSE   297   GSSSAEVIHNYGHGGYGLTIHWGCAMEAANLFG   329
     OXDA_PIG     299   GSSNTEVIHNYGHGGYGLTIHWGCALEVAKLFG   331
     OXDA_RABIT   299   GPSKTEVIHNYGHGGYGLTIHWGCALEAAKLFG   331

     DHSA_BACSU   229   GEFIQIHPTAIPGDDKLRLMSESARGEGGRVWT   261
     DHSA_ECOLI   234   QDMEMWQFHPTGIAGAGVLVTEGCRGEGGYLLN   266
     FRDA_WOLSU   249   GNMEAVQFHPTPLFPSGILLTEGCRGDGGILRR   281
     DHSA_BOVIN   289   QDLEFVQFHPTGIYGAGCLITEGCRGEGGILIN   321
     DHSA_RICPR   238   QDMEFVQFHPTGIYGAGCLITEGARGEGGYLVN   270
     DHSA_YEAST   279   QDLEFVQFHPSGIYGSGCLITEGARGEGGFLVN   311
     FRDA_ECOLI   224   RDMEFVQYHPTGLPGSGILMTEGCRGEGGILVN   256
     FRDA_PROVU   225   RDMEFVQYHPTGLPGSGILMTEGCRGEGGILVN   257
```

图 6.11　LAMA 利用 PSSM 对两个蛋白质家族联配的说明。（A）上部的蛋白质家族联配是一组 D-amino oxidase flavoenzymes，BLOCK 数据库编号 BL00677D。下部是一组 succinate dehydrogenase 以及 fumarate reductase 酶的联配，BLOCKS 数据库编号为 BL00504D。这些序列通过它们的 SWISS-PROT 标记标明。每个联配的高度保守位点有彩色的背景，绿色表示一致性，黄色表示高度保守的联配列。联配后得到的高度保守的残基由红色字符表示。（B）LAMA 联配列打分 r_{A_u,B_v}［式（6.37）］的图示。该图示做了比例调整以使得得分的柱状对应 A 部分相对列的得分（改编自 S. Pietrokovski，Searching database of conserved sequence regions by aligning protein multiple-alignments，N. A. R 24:3836-3845,1996）。（见文后彩图）

(B)

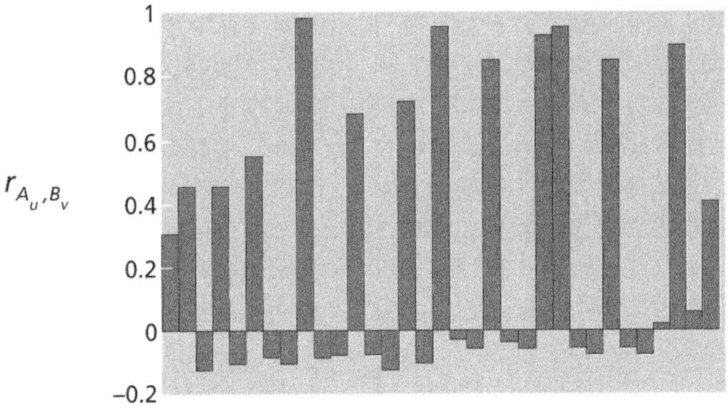

图 6.11（续）

估计两个分布的相似性和与平均分布的差异性。

然而，另一种方法随后建立起来，这种方法被称为 COMPASS（COmparison of Multiple Protein alignments with Assessment of Statistical Significance），该法也使用包含间隔的局域联配的方法。主要的差异在于和 prof _ sim 相比，每列的残基分布是利用序列权重和假计数采用和 PSI-BLASR 计算得到的，相似的办法［见式（6.14）和式（6.15）］，只是在此处空位被作为另一种残基类型。列比较使用的是和 log-odds 相关的方法。因为利用了 BLAST 和 PSI-BLAST 相似的方法，COMPASS 得分可以转换成 E-values，使得得分的估计更为简便和合理。

联配谱式 HMM

我们将讨论的第一个方法被称为 COACH（COinparison of Alignments by Constructing IIMM），它可用于将两个联配的一个首先简化为一个谱式 HMM 然后相互联配。这个 HMM 定义了联配列和 HMM 状态的等价性。然后利用一个修正的维特比方法可以用于找到最大可能路径组合，这组路径可以得到另一个联配（每个序列路径的概率必须相乘来得到总体的联配概率）。该算法的细节可以参考扩展阅读。这些路径可以用于建立两个联配间的联配。这个方法相对基于 PSSM 的好处是空位得分是和位置相关的。

Johannes Soding 的 HHsearch 方法将两个谱式 HMM 联配起来并可以识别非常远距离的同源序列。该方法是用 Viterbi 算法的变化形式来寻找两个 HMM 联配的最佳 log-odds 得分。对于算法的细节，可以参考扩展阅读。联配两个 HMM 的例子如图 6.12A 所示。两个 HMM 输出相同的序列 $x_1x_2x_3x_4x_5x_6$，但

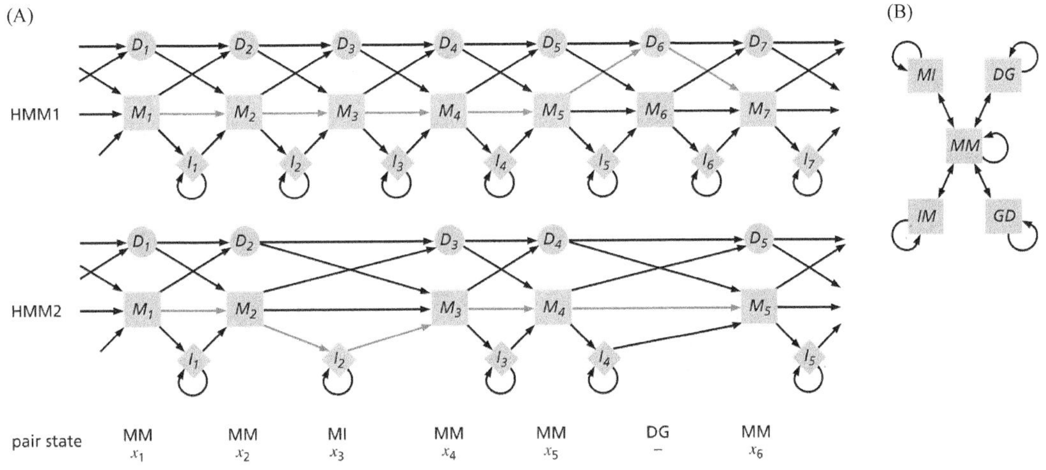

图 6.12　一个利用 HHsearch 联配两个 HMM 的例子。（A）两个 HMM 在一个区域联配并各自输出一个 6 残基序列。HMM2 有一个插入残基（状态 I_2）与 HMM1 的 M_3 状态输出的残基联配。需要注意的是 HMM1 的位置 6 在 HMM2 中没有等价部分，所以它的删除状态 D6 和 HMM2 中的一个插入的空位联配。该联配对应一条通过成对状态模型［如图（B）所示］的路径。该路径的成对状态显示于（A）的底部，对应的输出序列也表示于此（改编自 J soding，protein homology detection by HMM-HMM comparison，*Bioinformatics* 21：951-960，2005.）。

在（这个例子中）两个 HMM 使用了不同的路径。每个 HMM 的状态联配并标记在图中。例如，两个联配的状态标记为 MM。除了通常针对匹配插入和删除状态的方法，空格状态 G 也可以处理。输出状态（M 和 I）只可以联配到彼此；相同的限制也存在于沉默状态 D 和 G。依据原则 II 和 DD 联配状态对是可以产生的，但忽略它们使得模型和计算更易于处理，而且在获得有效联配上没有任何困难。图 6.12B 显示了可能的联配状态对并且允许它们之间的转换。其他转换也是可行的，但这些转换因为和忽略图 6.6 中红色的转换一致的原因而被忽略了。对于真实相关的 HMM 状态对和转换很少可以忽略。两个 HMM 的二级结构也需要作一些考虑，因为蛋白质折叠要比序列的保守性强很多。

图 6.12 所示的例子不是十分有意义的，因为序列的详细信息已经被忽略了。一个解决这个问题的方法是将两个 HMM 联配但包含一个标记，代表了每个匹配状态的输出概率（图 6.13）。

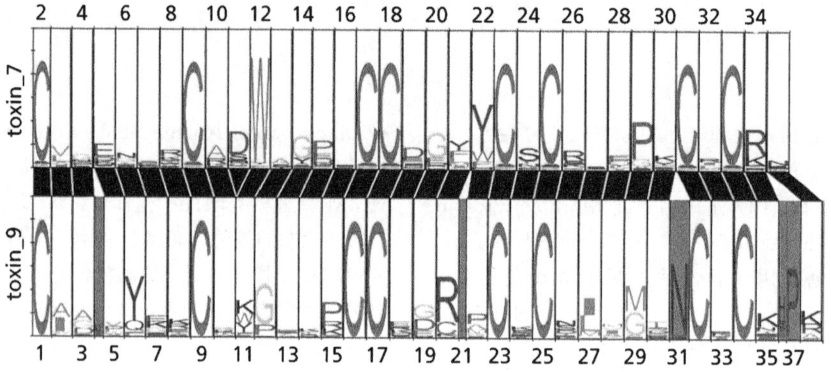

图 6.13 两个 HMM 联配时利用标记来注释不同残基类型在不同状态输出概率的可视化例子。上半部分的 HMM 属于 toxin _ 7 家族，下面的 HMM 是 toxin _ 9 家族，两个 HMM 都由 Pfam 数据库获得。在 Cysteine 残基模式是显著相似的，同样两个 HMM 也有显著的差异。例如，toxin _ 9 在位置 6 有较高可能出现 tyrosine 而 toxin _ 7 的位置 12 较易出现 tryptophan（由 B. Schuster-Bockler and A. Bateman，Visualizing profile-profile alignment：pariwise HMM logos，*Bioinformatics* 21（12）：2912-2913，2005，Oxford University Press 授权）。

6.4 利用序列递增（gradual sequence addition）的多序列比对

当一些列的相关序列已经识别时，如通过第 4.6 节的数据库检索方法或者使用 PSI-BLAST 方法，通常建立一个包含所有序列的多序列联配（流程图 6.4）。多序列比对较 profile 对于比较相似序列更为有效，因为它们将所有的序列一起联配，而不是用一个序列家族的普适代表。如果存在子序列组有额外的共同特性，而并没有在序列组中出现，这样的特性在利用 profile 的时候就会丢失。这里所述的多重比对方法应该可以识别并分析这样的特性。profile 方法仅在定义并分离了子模块之后。识别这样的子模块可以导致建立一个新的 profile 用于搜索其他序列。利用一个数据库检索里的 profile 是当前寻找远距离同源序列、最有效的方法。另外，数据库包含了特殊子家族序列的 profiles。

要建立一个多序列联配只需要简单地将一个数据库里对参考序列检索得到的每个成对联配层叠在一起。较好的情况是，这个方法可以找到一些保守的区域。然而这个方法没有考虑序列对间的直接联配而不利用查询，因此不太可能该处一个最佳的多序列联配。实际上，成对联配方法可以通过于其他相似序列的多序列联配改进。这种情况在图 4.10A 中显示，该图显示了一个 PI3 激酶 p110α 和一个与之没有活跃位点联配的蛋白激酶的成对联配。图 4.10B 显示了一个同样的蛋白激酶和一组 PI3 激酶的多序列联配；多序列联配成功将功能重要的残基联配起来。

在 5.2 节的成对动态算法可以依据替代得分矩阵（substitution scoring matrix）以及一个空位打分方法产生两个序列的最高得分联配。可以修正该算法来找到超过两个序列间的最佳联配。这将在下面的一个章节中做简单的讨论，但这个方法对计算机内存和时间的消耗过大而显得不实用。事实上有许多其他的多序列联配方法已经建立，但没有一个方法可以找到最佳联配但仍然可以依据有限的数据找到一个好的联配。该类方法的主要探索通过逐渐建立

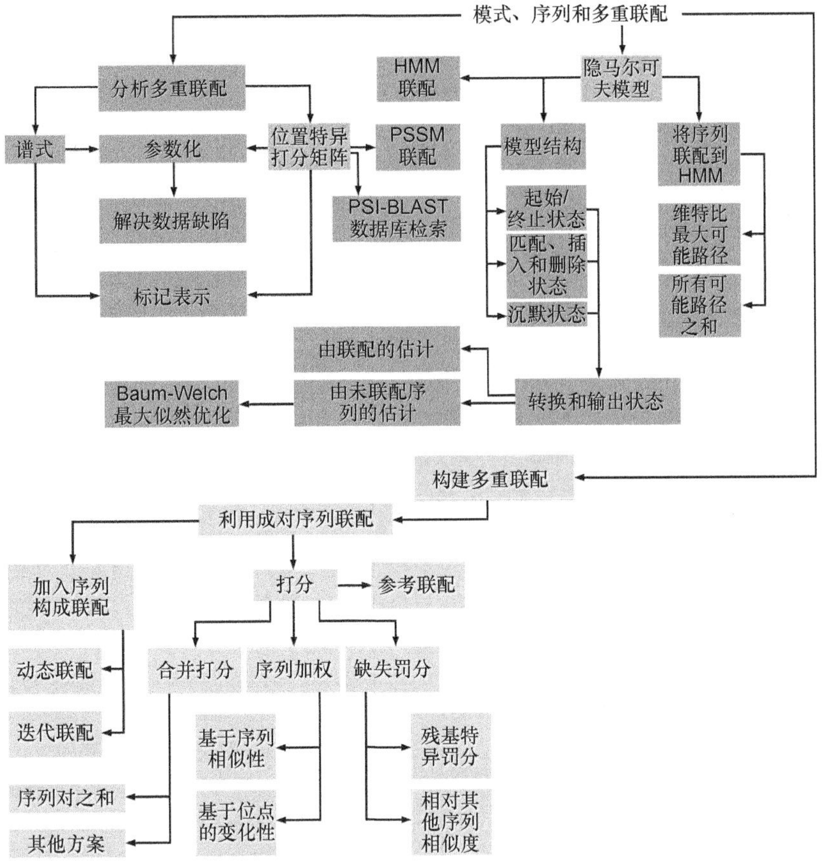

流程图 6.4　本节介绍的关节概念是多序列联配可以由一系列高度关联的不同的方法完成，此类方法都基于成对序列联配方法。

的方法来产生一个多序列联配，每次加入一条序列。通常可以称为**渐进对比（progressive alignment）**，尽管同样的方法也在后面说到的迭代联配的起始阶段使用过。

当多重比对通过逐步增加序列的方法建立起来，它们加入的顺序就在是否能成功建立联配上起非常重要的作用。一系列方法可以用于确定这样的顺序，下面将逐一讨论。确立顺序以后，准确的多序列联配就可以建立起来。尽管一些方法是用5.1节中讨论的打分机制，但它们经常加上一些修正方案来改进方法。例如，许多方法使用不同序列的加权，更进一步可以考虑空缺（gap）打分。其他方法是用非常不同的打分机制，机制的排列将在下面回顾。该章节的最终部分将考察建立多序列比对时使用打分和添加序列的顺序的一些方面。

序列添加的顺序是基于评估合并联配错误可能性而决定的

动态规划方法，如5.2节出现的正对上下文或者成对联配的Smith-Waterman或者Needleman-Wunsch方法可以扩展到同时联配超过两个序列。然而结果算法是依据现有的计算方法是不可行的，除非限制到6～10个中等长度（200～300残基）的序列。这是因为产生的矩阵将产生和序列长度一样的维数，所以要将一个包含6个序列的举证存储起来也要消耗大约60 000GB的内存（每个矩阵单元1byte）。即使使用一个线性空缺罚分方法（见5.1节）一个矩阵元素的计算结果也将需要考虑所有可能和序列匹配的空位和残基的组合；对于N_{seq}长度的序列也就是$2^{N_{seq}}-1$种。实际上，即使上面提到的特定限制是用于修正动态规划算法，限制矩阵到那些最有可能包含最佳联配的区域。见扩展阅读的关于使用该类修正算法的引文部分。即使有目前最高的计算资源，这些方法也在处理上百条序列的时候显得不实际，因而需要使用一些新的算法。多数这类算法是基于建立逐渐增加序列的一个多序列比对方法，下面将作讨论。

一组相关的序列，其中一些会和平均状况更相似，而另一些相对差异要大一些。那些更为相似的序列可以有更高的联配可信度，意味着一个高比例的残基将可能联配到它们的真实一致的其他序列中来。相比较而言，有更多变化的序列可以给予置信度，这样的序列可以给出更多联配差异。**中间联配过程（intermediate alignment）**（一个更多序列需要加入其中的联配）中产生的错误之处可以在进一步构建多联配过程中产生进一步的错误。这很大程度上因为中间的联配过程的结果在后续加入的时候是固定的。因此，可以尽最大可能减慢可能包含错误单元的序列的加入。

需要注意的是，一些多序列联配程序在所有序列加入后就给出联配，因此这些在程序在这些错误上就很值得怀疑。一些方法试图回避这些潜在问题，一些采用将多联配中序列移除或者将序列集分成多个子集然后再将它们联配在一起。这些和其他一些相关的技术被称为**迭代联配（iterative alignment）**，将在本章节后面的部分讨论。

对于加入序列顺序所有可能的问题都将在下面的例子中做讨论。如果两个序列 GG 和 DGG 要联配到参考序列 DGD，而 GG 是第一个联配序列，那么

```
D—G—D
  |
  G—G
```

和

```
D—G—D
  |
G—G
```

将在大多数打分规则下有相似的得分。然而，给出第三个序列 DGG，联配第二个序列那么-GG 的联配肯定会更合适。

```
D—G—D
  |
  G—G
  |
D—G—G
```

但是如果第一组两个序列已经按照第二个结构联配，那么利用渐进式联配的方法就不会得到这个更好的联配结果。这样的方法常被称为贪婪算法，因为一旦方法确定了一个中间的联配结果，它将继续使用即使有更好的联配。

多数联配方法通过分析每个序列对来得到彼此相似度度量来处理这类问题。当然，为了得到两个序列之间一个非常精确的相似性度量需要和多序列联配中准确地联配，但在这里要达到这样的目的是不可能的。多数方法是用这个度量来构建一个系统发生树，在这里常称为向导树（guide tree），利用这个树来引导构建多序列联配的顺序。在上面的例子中，使用的多数度量都可以产生一个向导树来表明 DGD 和 DGG 应该首先联配，然后才是 GG。就像显示中的那样，这将导致一个较好的联配。对于向导树的完整解释在后面会提到。

一些多联配的程序，包括 ClustalW 和 T-Coffee，都可以对每个序列对做 Neddleman-Wunsch 全局联配，并且从这些联配中获得构建向导树的度量。为了精确考虑，这个度量通常是进化距离，也就是不相似程度的度量，在 8.1 节中我们将讨论。最简单的进化距离度量是每两个联配残基间联配位点的比例。然而，获得两个序列间一个准确的进化距离并不容易，有很多公式已经提出，这也将在第 8 章做讨论。

当需要联配的序列数量非常大，Needleman-Wunsch 联配所有序列对将耗费大量的时间。因此一些更快但利用更多近似的算法被相继提出。MUSCLE 和 MAFFT 算法都可用基于两个序列共同包含的 k-mer（一组 k 个残基的片段）的数量。这个方法的好处是两个序列不需要联配。通常情况下只使用六聚物，并且包括 20 种不同的氨基酸，而这些氨基酸依据它们的物理化学性质划分。度量的标准包括了像在两个序列中不一致的六聚体片段这样的属性。

ProbCons 方法和前面讲到的方法不同在于每个序列对都通过一对 HMM（和 Needleman-Wunsch 联配一样的 HMM）联配。因为 HMM 的概率特质，该方法可以定义一个对联配准确性的估计。这个估计量可以通过以一个和 UPGMA 类似的方法产生一个向导树。

另一个包含 HMM 的方法是 SATCHMO。每个序列都产生一个独自的谱式 HMM，而这里使用的相似度量是一个序列在另一个序列的谱式 HMM 的平均得分，反之亦然。根据这个度量最相似的序列首先联配起来。然而 SATCHMO 方法不使用向导树，后面将介绍多序列联配构建的方法。

产生相似度量和向导树的计算时间和空间问题将决定多序列联配程序，除非我们选择最有效的算法。关于 MUSCLE 的论文讨论了这个问题，并且比较了不太精确但更为有效的算法，如用于 Needleman-Wunsch 和邻近连接（neighbor-joining）k-mers 与 UPGMA 方法。在该例中偶然发现的更快算法最终发展为一种更精确的多序列联配，但这个结果可能对其他的工作并不适用。

例如，用于产生向导树的成对联配信息通常不用于更进一步地进行多重联配，如下面提到的例外情况，包括那些适应 COFFEE 方法（consistency based objective function for alignrnent evaluation）打分系统以及一些利用向导树支路长度序列加权的办法。ProbCons 方法使用了成对 HMM 联配的方法来

得到的称为质量匹配得分的数量关系，该关系可以用于多序列联配的打分策略，这将在后面将进一步讨论。

许多不同的打分策略用于建立多序列联配

多数早期序列联配程序使用与第 4 章和第 5 章使用的成对联配以及数据库检索相关的打分策略。其中最为复杂的可能是 ClustalW 中使用的，下面将作讨论。最近一系列其他打分方法被运用其中，有一些在下面的讨论中也将提到。

和第 5.2 节的成对联配相似的是，我们需要一个多序列比对质量的量化得分。在成对联配中，使用的得分是基于进化距离的度量以及一个和在此处一样适用的原理。假设所有的参与联配的序列都由相同的祖先进化而来（通常情况下如此)，它们的进化关系可以用**系统发生树（phylogenetictree）**的方法描述出来，如图 6.14A 所示。然而，我们在构建联配的时候不知道这些关系。作为一个中间期的度量，我们可以设如图 6.14B 和 6.14C 的一对序列。基于这些我们需要提出一种用于对联配进行打分的方法。然而，尽管多序列联配的打分必须考虑所有序列，我们只需要处理那些包含成对联配整合的打分算法。这就是说类似第 4.3 节和第 5.1 节用于成对联配打分的 PAM 和 BLOSUM 的替代矩阵可以用于此。

星形树（star tree）可以通过如下方法构建：任意选择一个序列作为中心点，然后将之与其他所有序列打分，而其他序列之间不作直接打分。这个方法，事实上，用于结合通过查询序列作为模板搜索数据库得到的结果。对于高度相似的序列这个方法可以产生一个合理的联配（不一定是最好的)，但当序列间的相似百分比低，通过这个方法得到的多序列联配结果将很不好。

在多数的多序列联配中，选择一个中心节点通常没有合理性（不像在数据库检索中）所以星型树方法不是十分合适。最常用的打分方法是**“对和法”（sum-of-pairs）**或者称为 **SP 法**（图 6.14C)。它包括了对每对可能联配序列的打分以及所有得分的加和。

SP 法用于对联配打分时，所有的序列不应当认为是完全彼此相互独立或同等有效的，而应该加权来考虑这些因素。一个极端情况是，两个完全一致的序列相比其中任意一条序列不会产生任何额外信息，所以它们应当给予较低的权重。相反的，两个差异非常大的序列将给出许多特定位点的可能可变残基所以应该加以更高权重。

我们现在将讨论一些基于序列系统发生树分支长度的简单加权方法。多序列联配程序 ClustalW 使用这样的方法，也在由一组序列构建一个新的多序列联配和将某条序列加入一个已经存在的序列联配时给予有差异的权重。当产生一个新的联配时，权重将由向导树决定。为了获得一个序列的权重，需要分析每个序列到树根部的路径。在路径上的每个分支对序列权重的贡献等于它的长度除以与该分支共有祖先节点的序列数目（图 6.15)。当两个非常相似的序列产生时，它们的共同祖先节点就非常近，所以多数它们到树根节点的路径是共有的，而且它们的权重也将显著减半，就像在图 6.15 中的 B 和 C 一样。

当我们将序列加入到一个已经存在的联配中时，权重的分配将有所不同。在这种情况下，联配中一个几乎完全一致的序列应当给予更高权重，因为新序列应当有几乎一致的联配结果。为了达到这目的，成对联配被用于计算新序列和已经在联配中的序列间的距离。新的权重可以简单定义为（1-distance)。在 ClustalW 中，此权重再乘以由树（图 6.15）得到的原始权重作为加入序列的最终权重。我们注意到

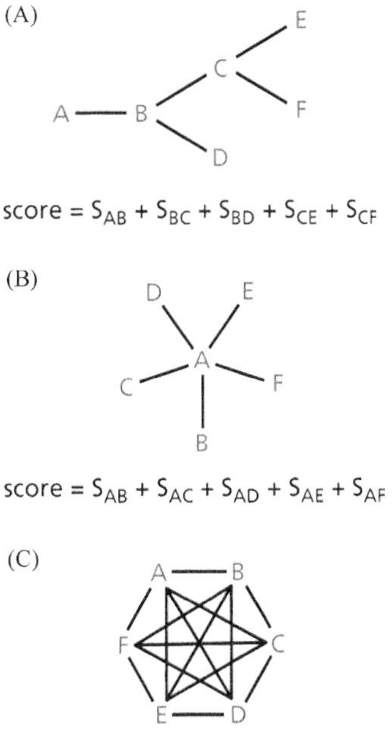

(A) $score = S_{AB} + S_{BC} + S_{BD} + S_{CE} + S_{CF}$

(B) $score = S_{AB} + S_{AC} + S_{AD} + S_{AE} + S_{AF}$

(C) $score = S_{AB} + S_{AC} + S_{AD} + S_{AE} + S_{AF} + S_{BC} + S_{BD} + S_{BE} + S_{BF} + S_{CD} + S_{CE} + S_{CF} + S_{DE} + S_{DF} + S_{EF}$

图 6.14　一些可行的基于成对联配得分的多序列联配一般打分机制。针对六条序列（A-F）的处理，有三种不同的方法展示其中。（A）部分展示了系统发生树的方法。（B）星形方法。（C）“对和法”。公式中 S_{AB} 是序列 A 和 B 的联配得分，其他同样如此。

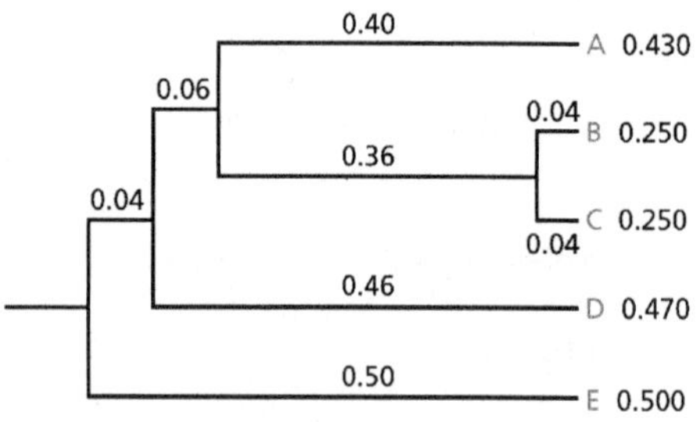

图 6.15　对 ClustalW 中构建多序列联配是序列权重算法的图示。5 个序列 A-E 依据它们的两两联配得分构建的树关联起来，分支长度如本图所示。序列权重，标记于对应序列的右侧，是由序列到树根节点（树的左端点）分支长度的加和，每个分支长度要除以到根节点的路径中包含该分支的序列数目。例如，A 序列的权重是 0.4＋(0.06/3)＋(0.04/4)。

有一些其他方法可获得序列权重，许多方法不使用树。一些这样的方法将在第 6.1 节中讨论。

如果两个蛋白质序列的联配是有生物学意义的，这些序列也将有一个高度相似的蛋白质结构。对于有相同蛋白质折叠的两个结构，多数的二级结构单元应该保持一个固定的核心部分。当然，也可以有一些额外的二级结构单元，以及少数的重组单元。然而，相关结构间需要考虑的首要差异是连接二级结构单元的多肽链环大小会发生变化。这在序列联配中将表现为序列环上长度不同的间隔，如间隔容易出现在对应暴露于溶液的蛋白结构的区域。

许多已知的蛋白质结构已经进行了关于环状区域内是否有对某些残基偏好性的研究。已有实验尝试比较有空缺插入的残基以及插入序列的残基的物理化学性质。两者有一些残基的偏好性，但它们的偏好性和那些在二级结构单元中找到的有显著不同。对于可溶解的球蛋白，功能域偏好于疏水残基而不是 indels 区域（插入和丢失序列），因为环形区域通常代表蛋白质结构暴露在溶液中的部分。对于膜蛋白，偏好性可能有所不同，但膜蛋白结构目前知道得还比较少。

程序 ClustalW 使用一种**对残基特异间隔开放罚分因子（residue-specific gap opening penalty factors）**的度量（见 5.1 节）。实际该程序中对仿射空缺罚分的计算包含了对一组初始默认值的复杂修改。在推导空缺开放罚分的过程中，操作上要考虑序列的长度、序列相似性以及平均错配得分，同样也要考虑间隔在中间联配中的位置顺序（部分联配产生于完整多序列联配的过程中）。这个算法的一个目标是将空位集中到一个相同的联配列中，依靠提升已知空缺两侧空缺罚分来可以部分实现。该方法是专门的，但显得非常有效。在图 6.16 中显示了空缺中变化产生影响的联配例子。

上面的讨论显示了对基于成对比较打分算法的多序列联配的打分方法。另一种考虑是利用所有序列对的成对联配作为打分算法的基础。成对联配的数据组作为参考库。当对一个多序列联配打分的时候，其中两个单独序列的联配将和库中同等的成对联配做比较。得分将依据两序列成对联配的一致性给予，换句话说出现同样联配的频率。基于此法的打分称为 COFFEE。

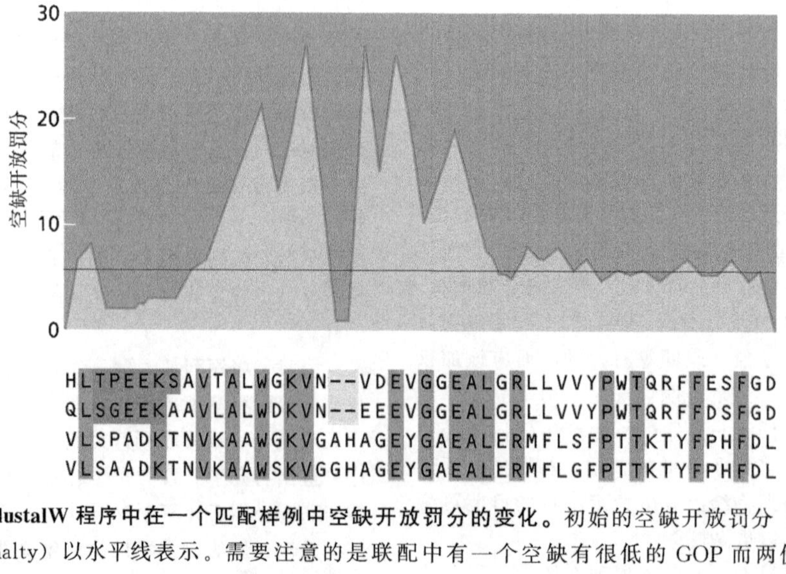

图 6.16　ClustalW 程序中在一个匹配样例中空缺开放罚分的变化。初始的空缺开放罚分（GOP，gap opening penalty）以水平线表示。需要注意的是联配中有一个空缺有很低的 GOP 而两侧有很高的 GOP。其他部分的 GOP 是由于红色表示的两个亲水延伸造成的（改编自 D. G. Higgins et al.，Methods in *Enzymology* 288，1996.）。（见文后彩图）

序列 x 和 y 的联配可以从多联配中抽出并定义为 $A(x, y)$。这个联配的长度至少包含某个序列中一个残基的位点数目，定义为 $|A(\boldsymbol{x}, \boldsymbol{y})|$。当仅把每个位点和给定的成对联配进行比较时，同一对序列的 $R(\boldsymbol{x}, \boldsymbol{y})$ 得分可以由参考库获得。相同联配的数量 $n_{ident}[R(\boldsymbol{x}, \boldsymbol{y}), A(\boldsymbol{x}, \boldsymbol{y})]$ 由序列对 $R(\boldsymbol{x}, \boldsymbol{y})$ 和 $A(\boldsymbol{x}, \boldsymbol{y})$ 得到。参考库内的成对联配 $R(\boldsymbol{x}, \boldsymbol{y})$ 可以赋予一个权重 $w_{R(\boldsymbol{x},\boldsymbol{y})}$ 来作为联配质量的衡量标准。分配到每个库联配的权重是依据这一特定联配的两个序列相似百分比。一个包含 N_{seq} 的序列的联配的总得分 S 由下式给出：

$$S = \frac{\sum_{x<y}^{N_{\text{seq}}} \sum_{\text{Lib}} w_{R(x,y)} n_{\text{ident}} [R(\boldsymbol{x},\boldsymbol{y}), A(\boldsymbol{x},\boldsymbol{y})]}{\sum_{x<y}^{N_{\text{seq}}} \sum_{\text{Lib}} w_{R(\boldsymbol{x},\boldsymbol{y})} |A(\boldsymbol{x},\boldsymbol{y})|} \tag{6.38}$$

$\sum_{\text{Lib}}$ 为全参考联配库内的所有包含 $\boldsymbol{x}$ 和 $\boldsymbol{y}$ 序列的联配。

T-Coffee 联配程序使用基于 COFFEE 算法的打分策略。参考联配文库内联配的每对残基都分配一个得分用于多序列联配中的打分。首先，得分是分配到特定成对联配的权重（相似百分比）。这个得分随后根据与其他联配文库中同等联配区域保持一致的联配区域作修改，这个方法被称为文库扩展（library extension），并依据如图 6.17 所示所有可能的中间序列构建。当计算序列 x 和 y 的文库扩展时，x 和 z 的联配以及 y 与 z 的联配也需要考虑在其中，z 是所有其他文库中的序列。在所有三个序列对中都保持联配一致的残基得到最高的权重，以这样的方法每个残基可以在每个文库联配中分配一个唯一的权重。这些权重随后由 T-Coffee 调用构建多序列联配。

参考成对序列联配的文库可能包含一对序列超过一个的联配。其余的这些联配可能产生于不同的联配方法（如全局或局部联配），或利用不同的替代举证，或 gap 打分。也可能是包含了基于结构联配序列联配，也就是被称为 3D-Coffee 的方法。

SATCHMO 程序使用 COACH 算法来对两个联配单元作联配（这两个联配单元可以包含单个序列也可以包含中间联配单元）。这在前一章节（6.3 节）已经提过，并且用到了由某个联配的 profile HMM 参数化过程中得到 HMM 得分。这样的得分依据其他联配中每个序列在 profile HMM 的路径作加和。就像前面提到的，ProbCons 利用匹配质量得分（match-quality score）来对多序列联配打分。这是对两条序列中两个给定残基联配的可能性的度量，其中也对含有该对序列的其他联配做了考虑。该度量由用于构建向导树的成对 HMM 联配计算中派生得到。这些得分受到两个残基在成对联配中一致性保持如何的影响。为了阐明一致性这个概念，我们可以假设有两个残基 x_i 和 y_j 在 $(\boldsymbol{x}, \boldsymbol{y})$ 成对联配中联配，那么如果 x_i 也和残基 a_k 在 $(\boldsymbol{x}, \boldsymbol{z})$ 联配对中联配，且联配是一致的，那么 y_j 也将和 z_k 在 $(\boldsymbol{y}, \boldsymbol{z})$ 中联配。

多序列联配是利用向导树以及谱式方法构建的，且可能进一步改进

有一些方法可以依据向导树和打分机制，构建多序列联配。有一些方法采用了选择动态规划或者 HMM 联配的方法，并加上了提高联配准确联配速度的办法。有一些方法则采用了对序列迭代重复联配来提高多重联配的精确度。

逐步联配的主要思想是每次加入一条序列，利用中间联配构成最终的联配。利用这样一步步的构建过程，三种不同类型的联配可能发生：一个序列和一个序列的联配，一个序列和一个中间联配的联配，以及两个中间联配结果的联配。当在虽有的过程中使用一个中间联配，对中间联配的唯一可行的修正是增加 gaps 数量。这些 gap 必须加入到中间联配所有序列的统一位置（图 6.18）。显然，在中间联配这样的限制下构建的多序列联配将依赖于序列加入的顺序，如前所述这通常由向导树决定。

向导树内每个内部节点对应一个该节点以下所有序列的中间联配（图 6.19）。这些中间联配是逐步构建的，所以第一步包含了许多对序列。但如联配的过程，中间联配将互相间或和其他序列再作联配。

一对序列的联配通常就采用 5.2 节中所提的方法。当产生一个包含中间联配的总体联配（combined alignment）时，我们需要考虑打分方法。最简单但通常最不准确的方法包括了寻找序列的最大得分序列对，每条序列来自一个中间联配，将它们作为一个模板来构建总联配。然而，多数当前使用的技术是利用前面提到的谱式联配方法。

类似 ClustalW 的程序利用动态规划算法和考虑所有序列的“对和法”打分算法。在每一步中，所有序列对的打分必须都考虑在内，需要注意的是任何在其中加入的空缺都必须在相关中间联配的所有序列的相同位点同时加入（图 6.18）。如果采用简单的算法，这将需要许多的计算量。这种缺点是可以克服的，因为它可以利用谱式重新安排计算使得其更高效。

我们将考虑两个中间联配的联配，如 A 和 B，分别包含 n_A 和 n_B 个序列。第 u 列的第 x 个序列的残基 A 将标记为 x_u^A。假设我们要利用一个线性空缺罚分而不区别空缺的开放和扩展。在这样的状况下，

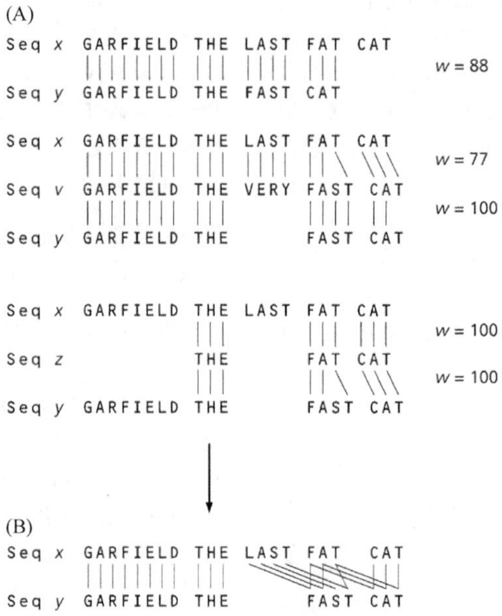

图 6.17　COFFEE 打分方法中使用的文库扩展过程，用于对单个参考成对联配中联配残基分配权重。序列 x 和 y 的三种可能的联配在本图中显示（A）：由序列 x 和 y 的直接联配获得的，由 x 与 v 联配，然后再由 v 和 y 联配获得的；以及有 x 与 z 联配再将 z 与 y 联配。每个序列右侧的初始的权重 w 是和较短序列的相似百分比有关的。（B）这些联配结合起来产生一个关于序列 x 和 y 的联配。在 x 和 y 的直接联配中，第一个残基 x_1，y_1 在两个序列中都是甘氨酸（G），权重为 88。当 x 和 y 通过 v 作联配时，G 在这三个序列间都匹配。加入扩展文库的权重是前面权重和两个新联配中两个权重最小那个的加和（如 G 在序列 x 和 y 的权重为 77＋88）。没有更多信息可以从 x 和 y 通过 z 的联配中的第一个残基 G 中得到，因此它对 x_1 和 y_1 的联配不会产生任何影响（引自 C. Notredame，D. G. Higgins and J. Heringa，T-Coffee：a novel method for fast and accurate multiple sequence alignment，*J. Mol. Biol.* 302：205-217，2000.）。

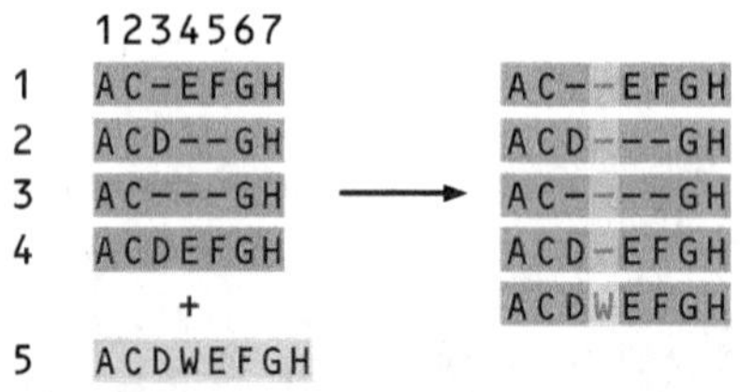

图 6.18　对由空缺造成的打分问题的解释。序列 5 加入到中间联配 1～4 需要一个空缺加入到第 3 个位点。相应的序列 4 有一个新的空缺，以一个空缺开放罚分。而其他三个序列都需要一个空缺扩展罚分的加入。

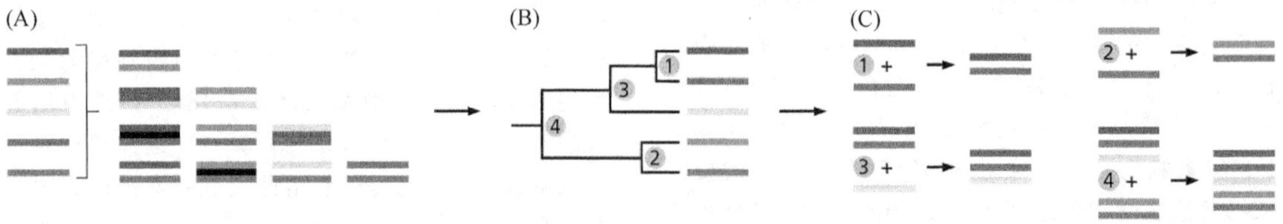

图 6.19　一个典型渐进联配技术步骤的结构解释。（A）构建初始成对联配并打分，寻找彼此最相似的序列。不同的灰度表明联配序列相似程度的不同，由白色到黑色，逐步表明了低相似度和高相似度。（B）利用（A）中得到的相似得分构建向导树。数字 1～4 表明了树的序号，相应于中间和最终的联配。（C）每个标记的树节点对应构建完整的联配时的一个步骤，即通过由和节点关联的序列构建中间联配。

每个中间联配将作为一个单一的联配来对待，且该中间联配为组成它的序列的平均。从任何给定的联配中间联配 A 的列 u，我们可以得到残基 a 的出现概率 $f^A_{u,a}$。这些频率可以用于获得将一个残基 b 和该列联配的得分，如下式：

$$m^A_{u,b} = \sum_{\substack{\text{residue}\\ \text{types } a}} f^A_{u,a} s_{a,b} \tag{6.39}$$

式中，$s_{a,b}$ 为替代举证的一个元素，式（6.39）是对所有可能残基类型的求和。和式（6.2）比较，可以得知 $m^A_{u,b}$ 构成的集合即为联配谱式。

总得分 S_{A_u,B_v} 或者称为中间联配 A 和列 u 的联配以及列 v 和中间联配 B 的联配可以写作不同的形式：

$$\begin{aligned} S_{A_u,B_v} &= \sum_{x \in A \text{ seqs}}^{n_A} \sum_{y \in B \text{ seqs}}^{n_B} s(x^A_u, y^B_v) \\ &= \sum_{x \in A \text{ seqs}}^{n_A} m^B_{v,x^A_u} = \sum_{y \in B \text{ seqs}}^{n_B} m^A_{u,y^B_v} \\ &= \sum_{\substack{\text{residue}\\ \text{types } a}} m^A_{u,a} f^B_{v,a} = \sum_{\substack{\text{residue}\\ \text{types } a}} m^B_{u,a} f^A_{v,a} \end{aligned} \tag{6.40}$$

依据每个中间联配的序列数量相对于可能残基类型的数目，我么可以选择其中一个方程得到最佳的效率。ProbCons 利用一个非常相似的方法来做逐步联配。式（6.40）内的公式 $s(x^A_u,\ y^B_v)$ 是替代矩阵的一般单元。联配 A 和 B 的组合可以利用动态规划算法计算得到 S_{A_u,B_v}。

如果使用 affine gap 得分则这些公式必须修正。在图 6.18 中的联配表明了最空缺开放和扩展的区别。显示的中间联配（序列 1～4）需要一个在残基 D 后的插入来满足额外新序列 5 中的残基 W。对于序列 4 来说这相当于一个空缺开放，而对于其他来说是一个空缺扩展。

与使用一个标准的成对或谱式联配算法这样对长序列需要很多时间的算法不同，一些程序使用非常快速的算法来指明最佳联配中的对角元素（如无间隙的片段）。一旦对角元素被识别出来，动态规划算法可以用于缩小到对角线的一个有限的区域，而不是计算整体的动态规划矩阵。目前最准确的一个方法是由 Kazutaka Katoh 和他的同事构建的 MAFFT（multiple alignment using fast Fourier transform），该算法中即利用了这样的方法。为了加速联配的步骤，一个快速傅里叶算法（fast Fourier transform，FFT）方法被用于寻找主要序列相似的区域。对于傅里叶变换，序列通过残基的一般物理化学性质来表现。这个方法明显快过 ClustalW 或者 T-Coffee 方法（当然这也是应为在获得向导树上使用的方法不同导致的）并且成功地用于联配几千个序列。MUSCLE 也可以找到对角元素，利用基于 k-mers 的技术，但在那种情况下这个方法将导致最终联配准确性的降低且对速度的提升作用不大，所以不是常用的程序。MAFFT 同样给出更准确的联配以及完整的动态规划矩阵计算。

上面提到的渐近算法利用一个向导树来定义构建一个多序列联配时序列导入的顺序，序列一旦加入则就被固定了。一些方法尝试通过允许部分元素的序列重联配到存在的联配中去。Geoff Barton 和 Michael Sternberg 提出了最直接的办法，即一旦初始多序列联配产生，每个序列都要依次移除并重联配到剩余的联配中。当序列重联配后，所有关于它之前如何与其他序列联配的细节都被移除。这个过程持续直至不再发生改变。

当只有一小部分序列需要联配的时候，一些深度查询是可行的。对于 N_{seq} 长度的序列来说，有 $2^{Nseq-1}-1$ 个不同的方式来分割序列到不同的两个组中（图 6.20A）。可以通过重联配这些组并选择最佳得分联配对的方法来从原始联配结果中找到较好的结果。这个方法可以一直重复到没有可以修改的地方。当有太多序列时，该方法可以用于考虑一些较小的中间联配，或者选择一个分割的随机子集。较少这样的查询的一个合理方法是限制这里的分割为向导树中显示的那些（图 6.20B）。

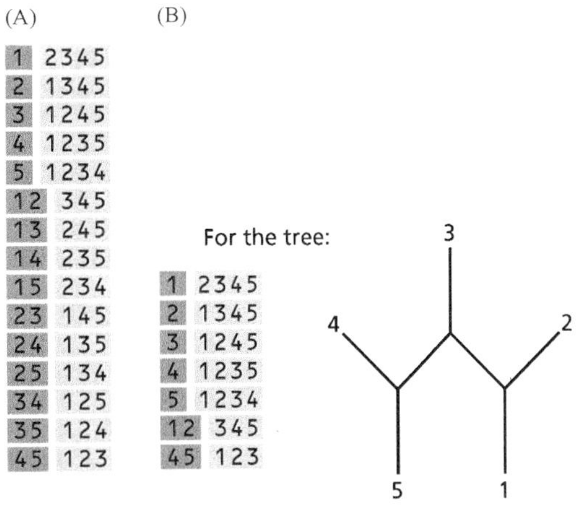

图 6.20 迭代联配方法中需要重联配和打分的 5 个序列（1～5）联配的列表。（A）一些迭代联配方法包括了所有可能的重联配；也就是所有可能的序列子集的唯一组合。每一行代表了一个深灰色联配序列和浅灰色联配重联配构成完整的联配，保持了深灰色和浅灰色联配固定（如图 6.18 所示）。（B）一个只包含了向导树中分割的迭代联配方法（见第 7.1 节关于分割的定义）。在两个例子中，最佳得分新联配可以作为下一轮重联配的起始位置。这个过程结束于没有更多可以改进打分或者给定循环次数已经结束的时候。

在程序 prrp 中，Osamu Gotoh 加入了一个更高级别的迭代来处理加权序列的对和打分（weighted-sequence sum-of-pairs scoring）。因为加权是由一个初始的序列联配得到的，这将在利用新的多序列联配重新评价权重以及产生新的联配时保持一致性。这个程序也尝试发现可靠性更高的联配区域，因此可以认为是局部最佳。将这些放在迭代过程之外考虑有效地减少了联配的序列长度而且使得程序更高效。

6.5 其他获得多序列联配的方法

在前一章节中，我们展示了基于逐步加入序列到渐进多联配的方法构建的多序列联配。这里我们要讨论另外两种方法（流程图 6.5）。第一个是程序 DIALIGN，该程序关注于短的无间隔序列的联配，由这个完整的联配就可以构建起来。第二个是 SAGA 的流程图，使用一个基因算法技术来最优化完整的联配且总是将所有序列考虑在内。

多序列联配程序 DIALIGN 联配无间隙的区段

在 5.3 节中我们说到了查找无间隙的局部联配的方法，这个方法在 FASTA 和 BLAST 的数据库检索中也被用到，可以产生有效的成对联配。这个 DIALIGN 多序列联配方法的基本概念就是完整的联配可以由这样成对序列的局部联配构建起来。DIALIGN 的名字是由无空格的联配在动态规划矩阵中呈现对角线的分布（图 4.3，展示了对角线），我们将这样的联配在这里称为**对角元素（diagnoals）**。该方法的独特之处在于对不构成对角元素的序列区域不考虑作为最终联配的一部分考虑。为了做比较，我们之前提到通过插入状态输出的残基不能作为已经联配上的残基。在构建最终联配的过程中包含了两个状态。首先所有可能的序列对做联配来决定所有对角元素的集合，并给每个对角元素分配权重。这些结果就可以构建成一个多序列联配，依据权重降序对同样的对角线元素加和。由于低得分的对角元素常常不包含于初始构建的联配，该程序可以迭代开发所有其他的未联配的区域来在任何时刻包含它们。

每对序列间所有可能的对角元素都被考虑在内。对于长度为 l 残基的对角元素 D，得分 s 可以由将标准替代矩阵联配中每个位点的得分加和而得到。该方法的两个要点是每个对角元素都有一个相关的权重，而且不同长度的对角元素间的相互比较是有意义的。为了获得每个对角元素的权重，我们将两个同样长度的随机序列作为需要考虑的序列。我们可以计算这些随机序列中任一长度为 l 的对角元素有至少得分为 s 的概率 $P(l, s)$。对角元的权重由下式给出：$w(D) = -\log(P(l, s))$ 和平均得分接近的对角元素的权重近似为 0。如果在加权方法中加入对长度的考虑，不同长度的对角元素就可作比较了。这对下个阶段的联配是必需的。到目前为止讨论的成对加权方法忽略了有生物学意义的多序列联配的一个重要方面。它们应包含在一些序列内保守的区域。在分开的两两联配中，这些区域会以固定形式构成对解元素。这样的对角元素集对于正确的多序列联配固然是重要组成部分，所以对这些元素的加权可以有偏好性。为了达到这个目的，每对对角元素都需检查重叠情况。这些重叠部分本身即为对角元素，应加权。重叠部分的权重被迭加到原有权重之上。构成两对角元素新的权重。加权具体算法比较复杂，但其基本思想与 COFFEE 打分方法类似（见图 6.17）。这样，加权就会侧重于有重叠的对角元素。

对角元素必须和彼此保持一致（图 6.21）。下面解释这个概念，如果在两个对角元素中的残基列在一起且元素对依据序列排序，如果另一个序列的残基也同时保持这样的顺序，那么这两个对角元素就是一致的。一个更进一步的条件是没有残基在列表中出现超过一次，这将意味着它联配到另一个序列的两个残基上。

一旦所有可能的序列对已经经过检查，大量的对角元素可以用于构建多序列联配。我们依据对角元素的权重的顺序开始选择。总体来说，不是所有的对角元素都可以使用，因为它们不会构成一个单一稳定集（图 6.21A 和图 6.21C）。有必要找到一个对角元素的稳固子集。每次将另一个对角元素加入考虑，它必须经过检验以保证它是和其他已选择的序列保持一致。

一旦所有的对角线都经过了加入渐进联配的考虑，一些序列区域可能依然是未联配的。这些区域现在可以按对重联配来产生一组可用于加入现存联配的新对角元素。通常只有两个这样的迭代可以用于产生这样的最终联配。任何未包含到由于构建联配的对角元素的残基都被当作未联配的序列（图 6.21B）。

逐渐增多的序列信息要求多序列联配处理很大的序列组。在 5.5 节中已经讨论过处理这些问题的一些方法。Michael Brudno 和他的同事发现 DIALIGN 对这样的任务来说速度过慢，因此他们开发了 CHAOS（Chains Of Seeds）算法来快速发现这些

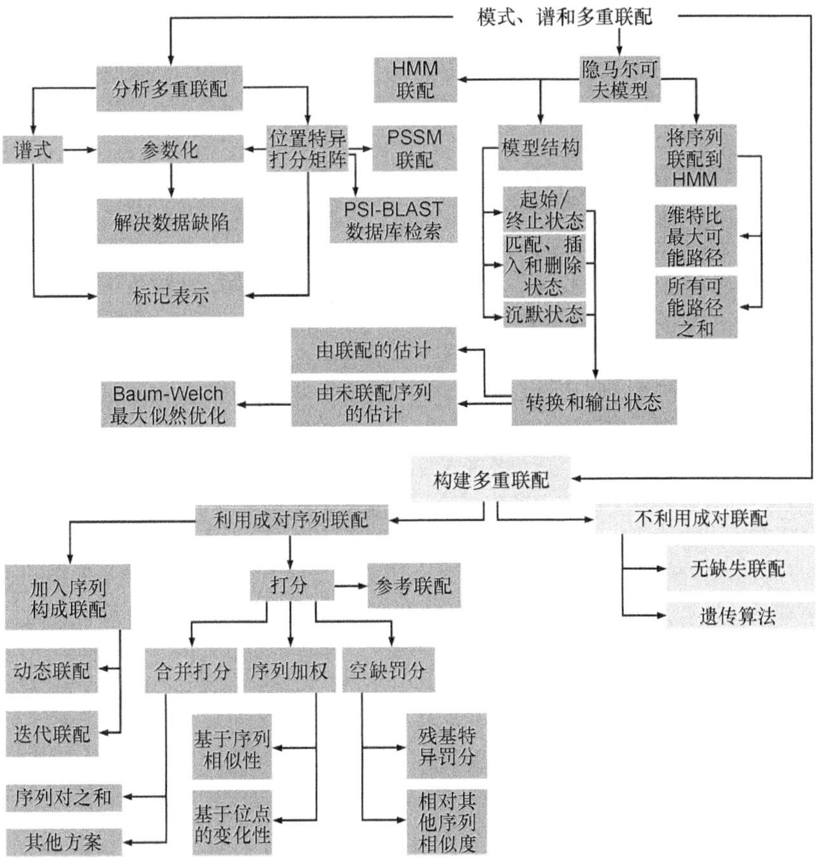

流程图 6.5　本节中关键概念是介绍有可能不涉及建立在任何阶段的两两序列联配的方法也能获得多序列比对。

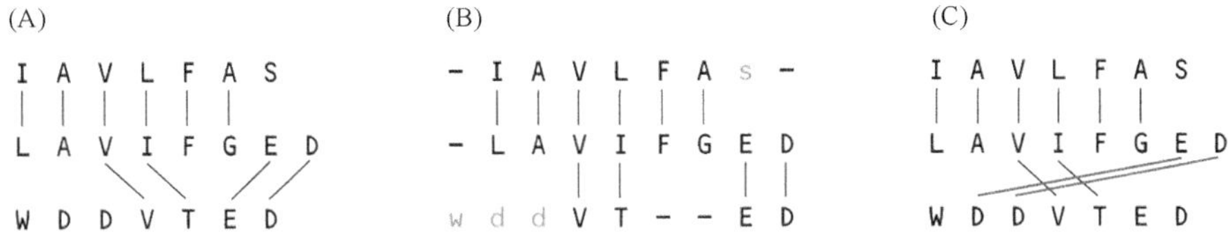

图 6.21　在 DIALIGN 方法中的对角线应用，以及一致集的概念。(A) 所示的三条对角线都彼此一致，也就可以推导出如 B 图的可能联配。(B) 包含了可能没有出现在联配中的残基（因此也是未联配的）以未加黑字体显示。(C) 同样三条序列的另一组对角线，但加粗的对角线和其他两条不一致。三条对角线不能一起表示一个联配。

无歧义的短序列局部联配（种子），这些种子可以让序列分割为小区域。DIALIGM 可以剩余的小区域快速地联配起来，组合过程可以在几个小时内处理三个 1Mb 的序列。

利用遗传算法的 SAGA 多序列联配方法

Cedric Notredame 和 Desmond Higgins 利用了一个完全不同的方法来解决多序列联配问题，并提出了一个**遗传算法（genetic algorithm）**来找到最佳的联配。在他们称为 SAGA（Sequence Alignment by Genetic Algorithm）的方法中，一组可能联配的集合依据一组规则修改来形成一个新的集合。这组联配被称为**一代（generation）**，在它的通常实现中每代有 100 个联配。几百个相继的代可能在最终联配的过程中产生联配。相应的世代可以逐步改进联配得分直到一个最佳得分。

三个基本过程用于构建下个世代。首先选择当前联配代的子集来传递到下面的一代。然后这个联配的子集可以用于构建一个下一代新的成员。一个重要的最终步骤是保证所有的联配都是不同的，因为 SAGA 不允许任何代中的任何重复。这些过程将在下面详细讨论。

一旦构成一个新的世代，就要对这个世代做相应的打分。每个多序列联配可以用前文所述的方法来打分。然而SAGA字在打分方法上的显示比较少，允许多数其他的方法，可以使用上面提到的COFFEE打分公式。

在一代中的每个多序列联配都做了打分以后，下一步要做的是选择可以保留到下一代的子集。联配可以依据它们的得分直接选择可以保留的联配：最高得分的联配作保留。典型的，半数的新世代由保留的前一代组成而另一半是产生于修正增殖(breeding)。这个修正过程利用1～2个保留的联配来构建一个新的联配。不是所有的保留联配都会用于增殖过程（breeding process），然而当一些联配使用多于一次。则保留的联配将分配一个期望繁殖数目（EO），通常是0～2。这个数字是基于联配得分的，更高的得分将有更多的子代。以和联配对应的EO成比例的概率随机选择联配序列产生下一世代。如果一个联配被选作产生下一世代，它的EO就在随后的一代中减去1。

繁殖包括了选择一个（有的时候是两个）亲代联配并依据一个称为操纵子的随机选择算法修正它们。SAGA有22个不同的操纵子，刚开始都有相同的被选到的可能。用于SAGA的操纵子可以被分为需要两个亲代作为输入并选择两个更优打分子代中较好那个的方法以及选择一个亲代并产生一个单独的子代的方法。

这个过程的一个例子如图6.22中所示。交叉操纵子（crossover operator）包含了两个联配且结合了两个子代的各一部分。它可以用两种不同的方法结合子代，被称为合一法（uniform）（图6.22A）和一点法（one point）（图6.22B)。合一法可以查找两个联配中和两个亲代一致的列然后交换它们之间的区域。在一点法中，首先在一个亲代中随机选择一个位点，并依据这个位点将联配分割为两个部分，保留所有的联配列。另一个亲代则依据同样的方法对每个序列做划分，且插入gap来修复有缺口的列。由不同亲代得到的两个部分现在可以结合在一起，构成两个子代，保留其中得分较好的那个。这两个方法中，合一法是在产生子代中最有效的方法。

空缺插入操纵子（gap insertion operator）是单亲本操纵子的一个例子，在图6.23中给出。在这个例子中由亲代构建了一个粗糙的系统发生树，且在这个树中选择了一个分割。一个随机长度的空位插入到所有一个支中所有序列同一个随机选出的位点上。另一分支上的序列可以在附近位置得到相同长度的gap。

其他操纵子以随机或部分最优的方式移动小的残基模块或者gaps，而另一组操纵子则缺少局部最优的联配。其中的一些操纵子可以由局部最优化获得好的子代，但没有随机操纵子这个过程将限制在局部最小值（local minima）上。这两种类型的操纵子都对于SAGA的有效工作意义重大。

最终作为新一代的子代是那些和已经存在的联配不重复的联配。因为不同的操纵子在产生子代的过程中效率不同，随机选择的操纵子的加权需要经过修正以有效产生子代。一旦一个新的子代完成，它就可以打分并与前面一代做比较。当在一定数目的世代内，打分不能再做修改的时候这个过程就结束了。

所有这些需要对第一代联配序列的初始构建。对此，可以通过将每个序列都由氨基终端偏离几个残基的简单过程来满足。偏移通常达到序列长度的1/4。每个第一世代成员都遵循这个过程以保证没有联配的重复。

一旦认为某一轮的计算是收敛的，最佳打分多序列联配可以作为最终结果。然而有许多最后世代的其他联配也可能包含了有用的信息。其他高得分的联配可以作为一些区域的候选联配，而且它们中一致额度部分可以作为对一般特性准确性的度量。

6.6 序列模式发现

到目前为止，我们考虑的联配和profiles或者是包含了完整的蛋白质序列（在局部联配的例子中），或者是一个子区域，如一个完整的蛋白质功能域（见5.4节中对打分显著性的讨论）。然而，对大数量相关序列的多序列联配表明高度保守性更倾向于在短序列中产生。这些序列通常在稳定蛋白质的重要结构特性上有显著的作用，或者动态地参与蛋白质功能作用。这些短区域通常在寻找或确认和其他蛋白质家族差异很大的潜在蛋白质家族时候有很大作用，因为在这样的情况下全局联配的得分通常对于确认家族的分配来说太低。

对于这样的预测目的，理想的序列模式只会在一个特定的蛋白质家族或子家族内出现，或者只出现在有特定功能的序列内。这样的模式通常对蛋白质功能都有很高的预测值。如果一个模式的特异性过高，许多该家族的序列或者感兴趣的功能的序列将被忽略因为它们的等价区域将在定义的模式上有微小的差异。这样的序列通常称为该模式的**假阴性（false negatives）**序列。另一个极端模式是可以找到所有需要的序列但代价是也找到

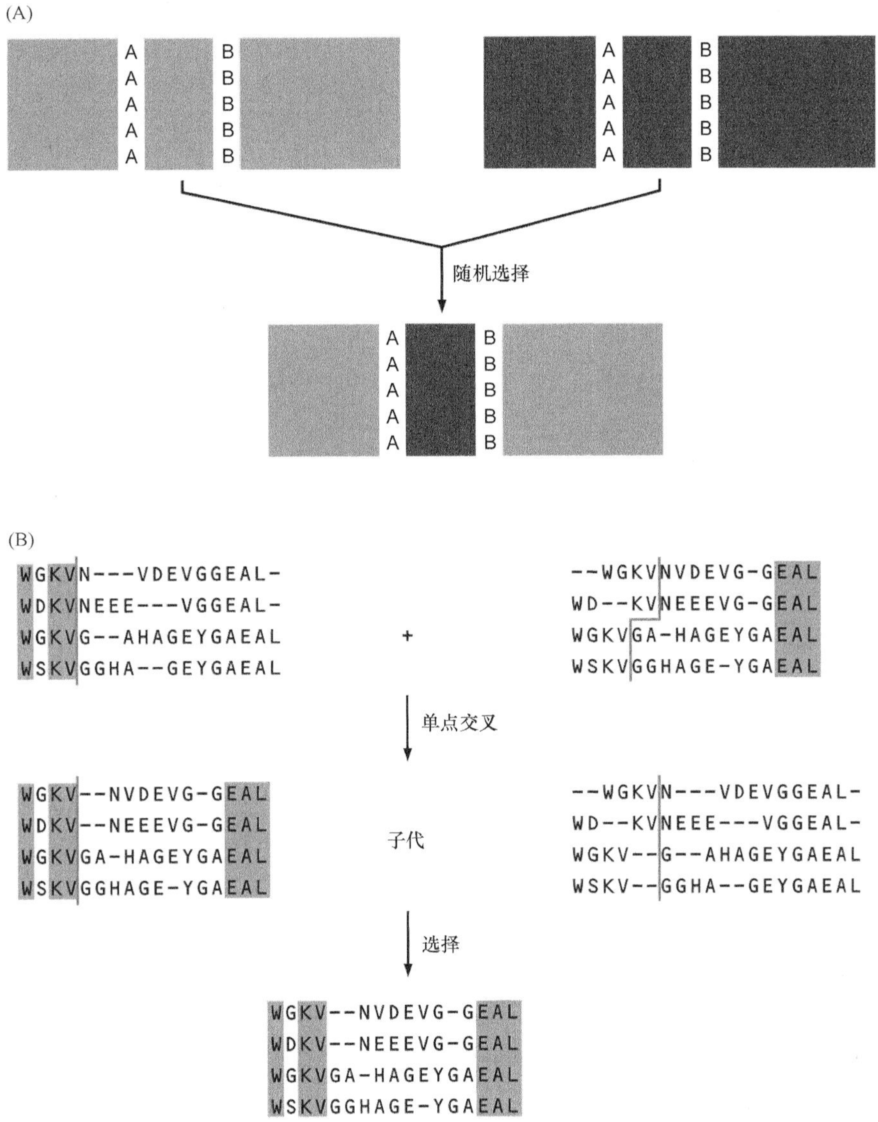

图 6.22　对 SAGA 中交叉操作子的说明，以及它产生下一代的两种方法。（A）一致交叉操作因子。以深灰色和浅灰色表示两个亲代联配在列 A 和 B 上保持一致。这说明列 A 和 B 在两个联配上是一致的，所以中心区域对应每条序列同样残基。一个子代联配通过随机选择来自亲代三个颜色区块产生。（B）单点交叉操作子。该例中是左边的部分是一个亲代的联配。可以通过两个联配列之间直接分割为两个的部分。另一个亲代可以通过将序列在同样的位置分割的方法分割为两个部分。两个可选联配的子代可以依据较高的得分者来选择（B 图由 C. Notredame and D. G. Higgins，SAGA：sequence alignment by genetic algorithm，*N. A. R.* 24:1515-1524，1996. 改编得到）。

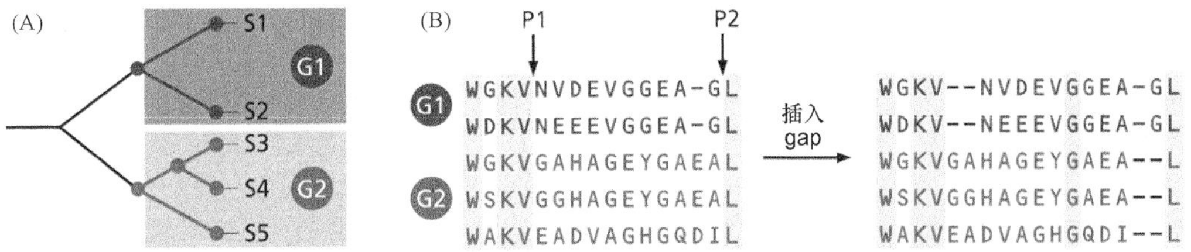

图 6.23　对于 SAGA 联配算法中空缺插入操作子的解释。给定两组序列（G1 和 G2），一个粗糙的系统发生树由亲代联配构建产生（A）并随机分割为 2 个子树。（B）在联配中随机按抽取 2 个位点（P1 和 P2），并将一个随机长度的间隔（本例中长度为 2）插入 G1 序列组的 P1 位点，一条同样长度的间隔插入到 G2 中的位点 P2。

许多**假阳性（false positives）**序列（有该模式的序列并不属于该家族）。几乎没有模式是适合寻找所有的序列而不导致其他问题的。

这里我们将简单讨论一下相关的几种方法，高度保守的序列模式可以通过一组序列发现（流程图6.6）。该技术分为两个独立的分支。第一类方法将之前产生的多序列联配做分析以寻找保守的模式。另一类方法是寻找一个特定模式的所有序列，这会产生一个基于该模式的部分多序列联配第一类方法应当寻找任何出现的模式，而不考虑它的形式。第二类方法需要依据完整的模式集合来寻找，因此需要更多的计算资源，但是优势在于不依赖于联配的准确性。另外，一些第二类方法可以在定位同一个序列内的重复模式。然而用于寻找的模式必然有其不完整性，也就导致了在序列中不能发现某个模式的可能。

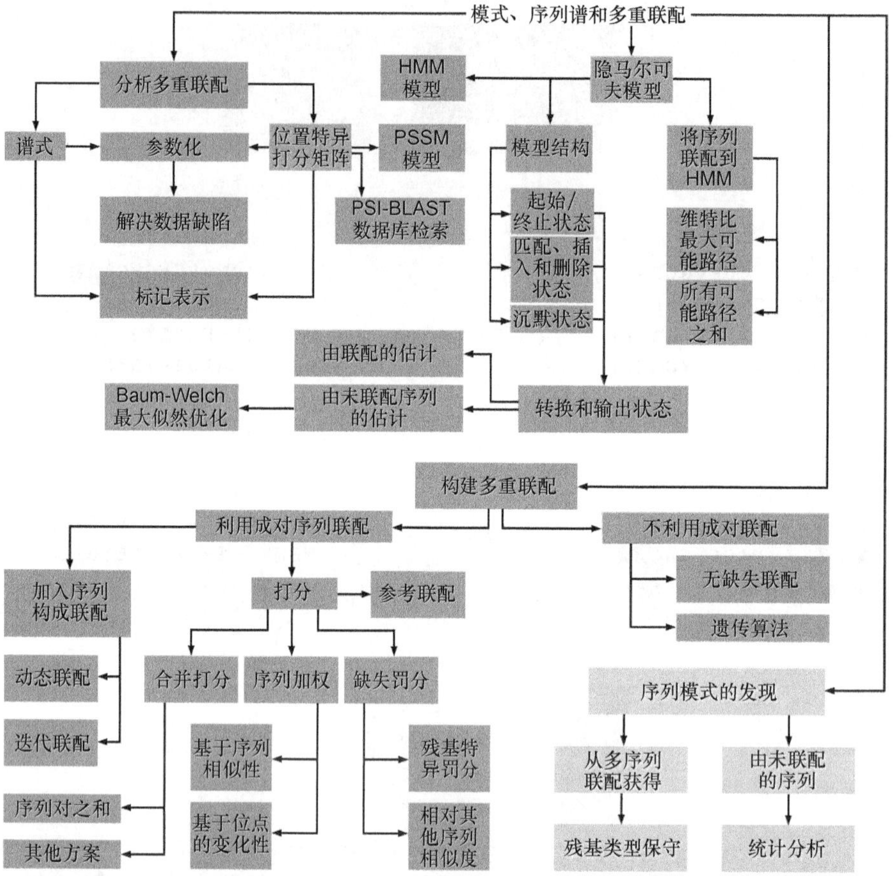

流程图 6.6　该节中重要的概念是存在一系列方法可以标示频繁出现的序列，即使序列之前并没有参与联配。

在详细讨论这些方法以前，有必要简单看一下模式应当如何描述。在第6.1节中，我们给出了基于信息理论的图标表示。这个方法对短序列模式的分析和profile的分析有一样的效果。一个logo的例子如图6.5所示。另一种我们将讨论的对模式的描述在文本中给出了定义模式的方法，因此这个方法被大多数的程序所运用。

有用的模式通常被认为拥有高度保守区域，而这些区域仅由有限数量的几种残基构成。这样就不易出现和基本序列很不一致的序列，这也可以用来表示插入的变化，因此是描述序列模式的好方法。三个连续的保守残基可表示为如GYT，也可写作G-Y-T，以区分三个位点，若几个残基可在某个位点出现，可记作［YMF］，整条序列可记作G-［YWF］-T。需要注意的是，这里没有关于残基偏好的信息。因此，图6.5的标记位置27-29可以写作[G]-[DE]-[GSA]。这一结构加上少量扩展就可定义许多PROSITE数据条（表4.2）。

最后，需要注意的是在该类算法方面有两个独立的任务，只有其中一个在本章节会做讨论。我们将调查一些用于辨别序列模式的方法。通常，和构建一个利用该算法的模式寻找程序一样，还需要提供

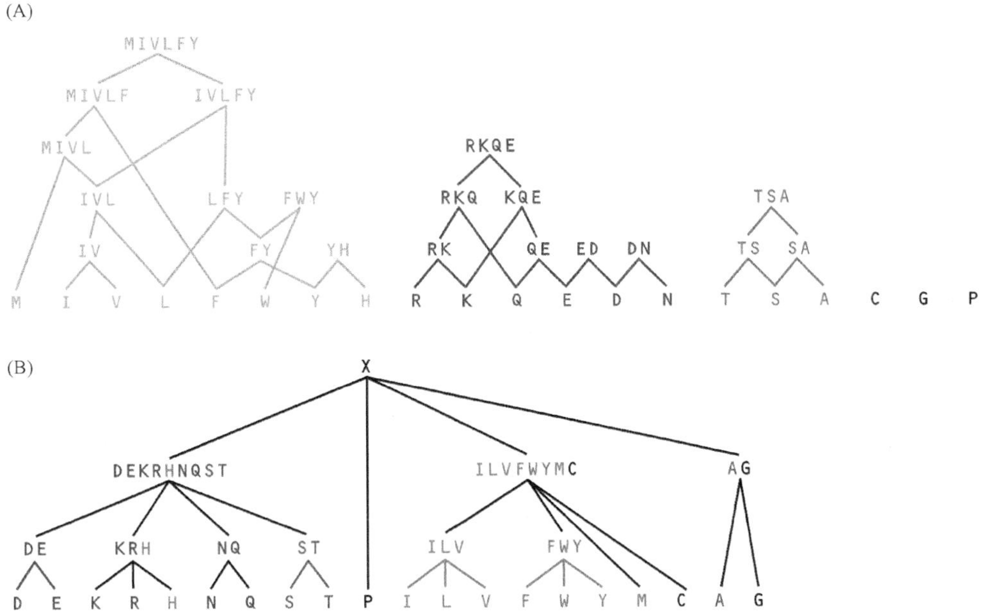

图 6.24 在查找序列过程中，用于联配中保守残基类型确定的氨基酸残基分组方法。(A) 在 eMOTIE 中使用的方法 (B) 在 AACC 中使用的方法。残基字符颜色的标记采用了和 A 中一样的方法，方便比较两种分组方法。(见文后彩图)

一个互补程序来定位其他序列中这些模式的位置。例如，MAST 算法会查找由 MEME 发现的模式，Gibbs 的搜索也完成一样的工作。关于模式查找的例子在 4.8 节和 4.10 节有详细描述。

在多序列联配中查找模式：eMOTIF 和 AACC

由两个多序列联配的数据库的分析，Craig Nevill-Manning 和他的同事定义了一系列的氨基酸为**取代组 (substitution group)**。这一组内包含了可以替代其他残基的单元，但另一方面，一组残基只能很少对另一组残基做替换。总共有 20 个这样的集合在两个数据库内相同，这组集合可以用于 eMOTIF 的程序。这 20 个替代组在图 6.24A 中显示。需注意的是，另有 20 个单个残基需要考虑，加上之前的一共组成 40 个组。

eMOTIF 分析在一个多序列联配中的各个位点，这些可以作为所有观察到的残基的单个替代组的简单定义。如果这 20 个组内没有一个完整的覆盖，这个位点就对所有的残基上都做一个标记（在讨论 MOTIF 时记作“.”）。在每个位置，我们可以定义正规组，也就是那些对初始组的定义。

eMOTIF 通过选择不同位置的所有正规组来检测了所有可定义的组。对于每个这样的模式，通过该类型给出一个家族覆盖的定义，包含它的序列数量就可以获得了（在一些情况下，缺少完整的覆盖仍将得到可以区分识别的蛋白质家族子集的有效模式）。一个较低的限制是依据包含该模式的序列的百分比来定义的，默认的是 30%。这样可以减少需要考查的模式数量，加速了算法且可以限制假阴性的数量。每个模式随机出现的概率是由在一个大序列数据库中观察到的残基频率定义的。依据这点就可以直接预测在数据库检索中假阴性的数量。那些预测中在同一个覆盖水平上可以带来更少假阳性的结果都是我们所期望的。

提升由序列模式寻找需求序列能力的方法需要用到一些结合的模式。首先，要定义与一个子序列集合有高度特异性的模式。这些模式随后需要排除，而获得另一个与余下序列自己有高特异性的模式。依靠这样的方法，就可以找到一组模式，这些模式可以高读准确地分辨序列成员。通常这些模式可以分隔这些序列为有生物显著性的子家族。

Randal Smith 和 Temple Smith 开发了另一种同样运用联配序列的模式驱动方法。该技术被称为氨基酸类型覆盖 (amino acid class covering, AACC)，它使用另一种残基分组方法，如图 6.24B 所示，该方法是本章前面提到的逐步联配技术改进。这些序列通过向导树分配并初始化成对联配。在每个阶段，一点联配由动态规划获得，这两个序列就可以合并为一个。如果一个位点有确定的残基，或者来自同一分组的残基，在每个序列中它就可以以该残基或该残基组替代。如果残基或组有不同，包含两个残基的最小组可以代表该位置。依靠这样的方法，向导树的内部节点就可以分配一个代表较低水平的单一序列。当达到根节点时候，它的序列将包含和所有序列一样的模式。

这个方法是非常直接的，但相比 eMOTIF 有两个主要的不足。首先，除非所有的序列包含非常相似的模式，没有序列可以找到。一条较远距离上相关的序列将防止 AACC 报告一个由所有其他序列共享的模式。其次，因为没有对模式相似性在随机情况下出现可能的研究，很有可能报道的模式包含了很多假阳性的数据检索结果。

序列中共有模式的概率查询：Gibbs 和 MEME

在一个已经存在的多序列联配中寻找模式相对比较快也表简单，但是如果在联配中有错误就不可能在之后的寻找中修正。所以尽管寻找对于一个给定模式下未联配的序列在计算能力上更强，基于这个方法的技术就需要进一步研究。一个限制可能的模式数量的方法是只考虑在短的序列边界上的模式。这将充分减少这方面的问题，因而很成熟的技术可以通过和那些在查找变化长度的模式中使用的方法类比运用。

Gibbs 程序查找一组包含 N_{seq} 条序列中长度为 W 的模式。它使用一个概率模式，区别于背景残基（也就是那些不存在于模式中的）和模式中在特定位点的残基。该模型有（$W+1$）个不同的偏好残基分布（也就是残基概率），W 个对应于每个模式的位点有（在第 u 个模式位点的残基类型 a 被定义为 $q_{u,a}$），还有一个对应对于背景（p_a）。后者一组是可以适用于任何在该模式中未指明的位置的概率。最终的 Gibbs 元素是每个模式起始点在每个序列的位置：x_s 对应第 x 个序列。

在该方法的基本形式中假设了每个序列中的模式只出现一次。如果一些序列不包含该模式，就将减少发现它的可能性，但实际上这个方法相当稳定。可以通过修正来允许一些阴性结果的出现。该模型可以进一步来找到每个序列内同一模式的拷贝，并同时发现几个模式。这些更复杂的模型将不在这里做讨论，除了要说明的的是模式的数量必须进一步说明。

查询由一个固定的长度为 W 的模式以及一组随机位置开始，这意味这其实的模式是完全随机的。一条序列 y 随机选定，然后通过一定的方法来改进它由 y_s 定义的模式位点。首先新值 $q_{u,a}$ 由其余（$N_{seq}-1$）个序列通过下式得到

$$q_{u,a}=\frac{n_{u,a}+\beta p_a}{N_{\mathrm{seq}}-1+\beta} \tag{6.41}$$

式中，$n_{u,a}$ 是由参数 x_s 在其他（$N_{seq}-1$）条序列内残基 a 在模式 u 位置找到的次数。假计数和残基频率 p_a 在整个数据集中成比例，且加权值为 β，在标准的应用中应当选择值 $\sqrt{N}$［和式（6.11）比较］。背景序列频率 p_a 在相同的假计数下相类似的方法获得。利用这些值，任何开始于序列 y 内第 i 个残基长度为 W 的残基是否在模式内的概率可以计算得到。是该模式的可能性通过 $q_{u,a}$ 来获得 Q_{y_i}，不是该模式的可能性由 p_a 获得 p_{y_i}。然后对每个位点 y_i 加权 $w_{y_i}=Q_{y_i}/P_{y_i}$，然后归一化这些值使得它们在整条序列上的加和为 1。新的 y_s 以随机变量 w_{y_i} 给出的概率随机选择获得。这对于一个和其他序列模式相似的区域内的序列有偏好性。该方法迭代多次（接近 $100N_{seq}$）直到收敛。当几个 x_s 准确地定位一个模式，w_{y_i} 将更符合正确的初始残基。另外，x_s 将延序列随机检查直到发现发现模式，也就将带来大量的迭代过程。仅利用以上过程，模型将依赖于和该模式正确匹配的序列，但由正确的模式转换来的 W 个残基的读窗只可以包含其中的一部分。为了解决这个问题，在多次迭代后找到了另一种寻找新的 x_s 的做法。所有的 x_s 都向上游或下游移动 t 个残基的位置，t 的最大值为 T。在每个 t 值下计算一个对应的 w_{y_i}，并和其他 $2T+1$ 个值做标准化处理，并利用随机选择来获得新的 x_s。

至此，我们将模式的长度 W 作为一个固定值处理。我们当然可以给 W 赋予不同的值并多次运行程序。Gibbs 可以依据模型每个参数的信息量来估计每个 W 的值。这可以建立对模式宽度的客观估计，在每个模型参数上都会有最大的信息量。

MEME 程序利用了很多和 Gibbs 相似的概念，如残基概率，但是利用了 EM（最大似然）方法（参考扩展阅读）。在 Gibbs 里 x_s 表示模式在长度为 L_x 的序列 x 中的位置，每个序列的位置 i 可以作为一个长 W 的模式开始位置的概率与 w'_{x_i} 是模式起始位置的概率成比例。这和 Gibbs 中的 w_{y_i} 是不一样的，后面将做说明。

MEME 中的一个参数是序列中一个模式可能出现的次数，N_{exp}。这使得 MEME 可以处理很多负样本，也就是 N_{exp} 小于 N_{seq} 并依据 N_{exp} 个估计的发生情况来定义模式。同样的参数也可以用于在一个序列中有多个模式产生的情况。

MEME 系统性地利用了序列中每个长度为 W 的子序列来构建对模式残基的初始估计 $q_{u,a}$。对式（6.41）做修正，将假计数的值由 Dirichlet 分布获得。利用这个方法，获得起始位置在序列 x 的 i 位置长度为 W 的序列作为模式 w'_{x_i} 的概率可以利用 $q_{u,a}$ 的乘积得到。和 w_{y_i} 类比，w'_{x_i} 必须做归一化，

但在此例中在所有序列中 w'_{x_i} 的和为 N_{exp}。

对于 w'_{x_i} 还需要一些其他的修正。首先，由于它们代表了概率，它们必须介于 0 到 1 之间。其次，长的重复模式，如 AAAAAA 将导致许多对应的 w'_{x_i} 的值接近 1，而实际上它们都代表了童谣的模式。为了回避这个问题，限制所有 W 相应的位点之 w'_{x_i} 加和为 1。由此 w'_{x_i} 和 $q_{u,a}$ 可以重新估计，而这可以用于计算给定数据下模型的 log 近似值。这是最大期望优化法（EM）的一个例子，可以通过迭代收敛，在该例子中对于 $q_{u,a}$ 是可以忽略热变化。

MEME 对序列中每个长度 W 的子序列做一次 EM 迭代，并找到最大似然度的模型。该模型通过迭代达到收敛，最大的 w'_{x_i} 将预测模式的出现，由渐进 $q_{u,a}$ 的表示。这些模式可以通过给位点加权 $(1-w'_{x_i})$ 依概率消除然后在对其他模式做定位。依据这个方法，MEME 可以在同样的数据集合上发现多个的模式。MEME 以不同的 W 值通过重新开始算法以及模式扩展步骤来查找不同长度的模式。该扩展步骤尝试加入（或移除）在模体周围的列。一个目标方程近似模体的 E-value 可以用于选择最佳的模体。该方程考虑模体的宽度，模体出现的次数，以及模体包含的信息，同样也包含了训练集合的大小。

在上一节所描述的方法，会发现这种模式有几个在很短的高度保守序列残基。在许多情况下，已发现有一些高度保守的残基存在于模式中，但这些残基通过很少或无残基的偏好的位点分隔，并且高度保守的位点是整个模式片段少数。这可能在一些方法中导致问题，如吉布斯以及 MEME 方法通过减少模式和背景之间的区别。下面介绍的方法专门设计用以搜索这种模式。

该 MOTIF 程序搜索类似 X-x_1- Y-x_2-Z 的模式，其中 X，Y 和 Z 是特别残基，而 x_1，x_2 是为特指的中间序列片段，长度介于 0 和一些指定的最大值（通常为 20）。这种模式通常被称为三模式，或者 d 模式，因为那里有 d 个位点存在单一的残基情况，包括片段中第一个和最后一个残基。搜索是局限于试验，由于在实践中可能不同的模式有非常大的数目。例如，给定 20 个氨基酸，就有可能存在不同的 180 万种可能的包含最多 15 个残基干扰衍生的 3 模式。

MOTIF 扫描序列查找 3 种模式，在非常大的数组上打分。注意的重点是发现这些模式中出现比依据一个统计模型预期多的那些。超过 3 个保守基序的模体将导致产生数个 3-模式。例如，A-B-C-D 的模式将被视作 A-B-C，A-.-C-D，A-B-.-D 和 B-C-D。其中一些在分析对应每个 3-模式的实例数量数据之前被筛选出来，通过该测试的一个 3-模式用于联配在该位置上可能有该模式的序列，根据观察到的 3 模式联配。一个位于该模式的中心大小为 30～55 残基区域需要严格重新联配（不允许插入）。最后该模式的定义是找到的所有列都只包含完全保守的残基，且有超过一半的序列在该位点有相同的残基，另外所有的位点依据 PAM250 举证的成对加和得分均值是正数。

MOTIF 使用非常低效的技术，因为需要查找模式的序列通常包含远少于可能的模式数目。如果方法被用来定位在 12 个序列中每个 250 残留长的模式，每条序列会有（250－10 ＋1），也就是 241 个不同长度 10 的子序列。总共将有 2892 分序列。对于较长的模式，这个数字缓慢下降。对于多达 8 个干预残基的 2 模式，有 3600 个 10 个残基长的不同的 2 模式。如上所述，3 模式的数量相对大很多。从计算的角度来看，因此相对于寻找有一组模式的序列，更有效的办法是发现子序列的共同模式。

给出各种可能的模式，这仍很难做到高效。PRATT 方法也许是目前为止最好的方法。它足以有效检索达 50 残基长的模式，包含多达 10 个指定位置。其他位点完全不确定，且连各个特定位点之间的距离是不可变的。模式必须发生在一个序列中出现小于规定的次数。所有这些模式是根据它们的信息内容衡量的。这将确保该模式中包含指定残基者优先。否则，更一般的模式可能会更经常地发现且给予它们更大的显著性。

试图找出这些位点的之前未定义的残基偏好可以进一步细化得分最高的模式。此外，模式中羧基端之后的位点通过分析设法将其扩展。允许的残基组合在 eMOTIF 和 WCC 中有所限制，但它们充分依据用户的控制，是一个用户定义列表。

总结

本章涉及对一组相关序列集加以分析并创建一个多联配或查明的主要共同特征的许多方法，也包括短保守模式。它还讨论了序列集通过联配它们的联配或序列来做比较的方法。

多序列比对分析可通过分析来确定在任何位点的保守程度。这就带来了序列和位置特异得分矩阵的概念。这些工具可用于在数据库搜索中发现相关序列，因为它们代表一个序列家族的一般特征，而不只是一个单一的序列。PSI的- BLAST 的数据库检索方法是可以用这些方法最强大的之一。

代表一个序列家族属性更为复杂的方法是使用序列隐马尔可夫模型。这些模型是基于健全的概率原则，并能以一个固定的方法代表插入和删除。然而这是有代价的，隐马尔可夫模型需要大量参数指定。但是，HMM 的也许是代表一个蛋白质家族最敏感的可行方式。

一旦序列的集合序列可得，无论以 PSSM 或序列 HMM 模型的形式，它都可以用来进一步寻找相关序列，或与其他序列进行比较，探讨蛋白质家族之间的关系。

许多构建多序列联配技术已经被提出了。大部分都是和在第 4 章和第 5 章中介绍的技术成对联配密切相关的，并利用动态规划作为其基本步骤。其他的方法也已被提出，包括 HMM 的使用。也有一些更复杂的打分方法，因为蛋白质结构被假定为相关的，也就可以预测序列区域插入和保守。大多数多序列联配技术都需要选择在其中添加序列的顺序。有些构建联配的方法只对这个顺序作一次尝试，而其他更广泛的搜索以找到最佳联配。有几个不基于成对联配的方法已被提出，其中两个给出如下：基于序列块和基于遗传算法。

如果多序列联配中有非常高度保守的区域，就可以比较容易提出一个序列模式作为蛋白质家族成员的有效指标。然而通常模式不易发现，有方法被提出来寻找这些模式。一些通过分析多序列联配，但在复杂的情况下，这些方法可能包含了错误而掩盖了模式。最好的模式查找方法不需要联配并可以搜索很复杂的模式，包括可变长度插入模式和部分保守位点。

名词解释

backward algorithm（后向算法）：获得输出一特定序列的所有可能隐马尔可夫模型路径的对数比率得分总值的方法，也用于 Baum-Welch 最大期望方法。

Dirchlet distribution density（Dirchlet 分布密度）：一个和多项式分布共轭的统计分布，因此适于代表生物序列的缺失数据。

Dirchlet mixture（Dirchlet 混合）：为获取序列 HMM 的参数时 Dirchlet 分布密度的线性组合，包括了不同序列位置的氨基酸偏好。

gap extension penalty（空缺扩展罚分）：对一个已经存在的缺失增加缺失时的罚分，也就会有超过一个残基联配或者不联配到缺失上。

gap opening penalty（空缺开放罚分）：对联配中一个序列以缺失开始的罚分。

gap penalty（空缺罚分）：在联配相同的残基时，相对另一个序列在序列残基间出现缺失的罚分（打分）。

gap（空缺）：序列联配中一个序列上没有残基的出现的位点，且依据其他序列联配在该位置中有插入或者删除。

generation（世代）：（遗传算法）在遗传算法中，这是一组代表问题可能解决办法的对象，如在多序列联配中。也常和一系列规则共同作用来获得一组可能包含对该问题更好解决办法的后续世代。

genetic algorithm（遗传算法）：尝试解决随机过程的计算方法，包括模拟进化和适者生存的过程。

global alignment（全局联配）：在所有提交的核苷酸或氨基酸序列上做的序列联配。参考局部联配（local alignment）。

guide tree（向导树）：向导树用于在一些多序列联配方法中确定序列加入的顺序。向导树由成对联配中序列的距离得到。

hidden Markov model（隐马尔可夫模型）：可以用于分析生物序列以及其他相应数据的概率方法，见本书在序列联配和二级结构预测的应用。

intermediate alignment（中间联配）：渐进式构建多序列联配时对子序列的联配。

iterated sequence search，ISS（迭代序列查询）：利用初始联配的正则表达查找序列数据库，并以此查找更远距离相关的序列。

local alignment（局部联配）：对氨基酸或者核苷酸序列最相似区域的联配而不考虑序列的其他区域。见全局联配（global alignment）。

multiple alignment（多序列联配）：对两个以上氨基酸序列或核苷酸序列的联配。

null model（无效模型）：在以对数比例打分的序列 HMM 中这是蛋白质序列家族的一种模型，并达标和序列无关的序列。无效模型的选择对序列 HMM 的效果有很大影响。

optimal alignment（最佳联配）：两条序列的最佳联配是由联配程序得到的许多可能联配中得分最高者。该得分利用基于变异矩阵或者空缺罚分的打分方法得到。

pairwise alignment（成对联配）：两条核苷酸和蛋白质序列的联配。

position-specific scoring matrix，PSSM（位点特异打分矩阵）：一种用于序列联配的打分方法，对序列上的每个位点打分。通常用于联配蛋白质序列来便是一个功能域家族。详见6.1节。

profile HMM（谱式HMM）：一种隐马尔可夫模型，代表了一组序列的共同特性并且可以用于进一步联配序列。

profile（谱式）：见位点特异打分矩阵（PSSM）。

pseudocount（假计数）：一种不存在的数据，通常加入到真实数据中来克服真实数据缺失的问题。加入这样的数据是有风险的，它们可能造成结果失真，所以需要要小心使用。

score（打分）：用一些不同方法从不同角度获得的度量，常常和预测数据，置信度或者显著度有关系。有很多不同的打分。

sensitivity（敏感性）：（用于预测方法）预测中阳性数目和真实阳性数目的比值。

silent state（沉默状态）：在隐马尔可夫模型中不输出残基的状态。

suboptimal alignment（次级联配）：一个和最佳联配有很相近的得分的联配。实例中如果和最佳联配有交叉，该区域即为有多个可能联配方式的区域。实例中没有和最佳联配或者其他次级联配有交叉的情况说明相似序列的可变区域。

substitution matrix（替代举证）：一个包含从一个残基到另一个残基转换频率的矩阵。广泛使用的替代矩阵包括由统计分析突变数据得到的PAM和BLOSUM矩阵。

sum-of-pairs，SP（对和）：一种用于多序列联配的特殊算法，它给每个可能的联配对和赋以一个打分然后将它们加和得到。

viterbi algorithm（维特比算法）：一种取得隐马尔可夫模型输出序列最大可能路径（得分最高者）的方法。

扩展阅读

在这一领域的论文数量巨大，因此需要谨慎选择这里介绍的用法。我们试图覆盖技术的应用范围和理论但没有详尽列出的所有技术变体和实现。更完整的介绍将具体领域由下列文献给出：

该领域的文章十分广泛，因此不列论文都需要仔细选择。我们试图包含应用和理论技术而不能穷尽所有部分。对特殊领域更全面的描述可参考：

Durbin R，Eddy S，Krogh A & Mitchison G（1998）Biological Sequence Analysis. Cambridge：Cambridge University Press.

Gotoh O（1999）Multiple Sequence Alignment：Algorithms and Applications. *Adv. Biophys.* 36，159-206.

Higgins D & Taylor WR（eds）（2000）Bioinformatics. Sequence，Structure and Databanks. Oxford：Oxford University Press.（*Especially Chapters* 3，4，5，& 7.）

6.1　序列和序列标记

Altschul SF，Carroll RJ & Lipman DJ（1989）Weights for data related by a tree. *J. Mol. Biol.* 207，647-653.

Altschul SF，Madden TL，Schäffer AA et al.（1997）Gapped BLAST and PSI-BLAST：a new generation of protein database search programs. *Nucleic Acids Res.* 25，3389-3402.

Gribskov M，McLachlan AD & Eisenberg D（1987）Profile analysis：Detection of distantly related proteins. *Proc. Natl Acad. Sci. USA* 84，4355-4358.

Henikoff S & Henikoff JG（1994）Position-based sequence weights. *J. Mol. Biol.* 243，574-578.

Henikoff S & Henikoff JG（1997）Embedding strategies for effective use of information from multiple sequence alignments. *Protein Sci.* 6，698-705.

Luthy R，Xenarios I & Bucher P（1994）Improving the sensitivity of the sequence profile method. *Protain Sci.* 3，139-146.

Schäffer AA，Aravind L，Madden TL et al.（2001）Improving the accuracy of PSI-BLAST protein database searches with compositions-based statistics and other refinements. *Nucleic Acids Res.* 29，2994-3005.

Schneider TD & Stephens RM（1990）Sequence logos：a new way to display consensus sequences. *Nucleic Acids Res.* 18，6097-6100.

Schneider TD，Stormo GD，Gold L & Ehrenfeucht A（1986）Information content of binding sites on nucleotide sequences. *J. Mol. Biol.* 188，415-431.

Sibbald PR & Argos P（1990）Weighting aligned protein or nucleic acid sequences to correct for unequal representation. *J. Mol. Biol.* 216，813-818.

Sjölander K，Karplus K，Brown M et al.（1996）Dirichlet mixtures：a method for improved detection of weak but significant protein sequence homology. *Comput. Appl. Biosci.* 12，327-345.

Tatusov RL，Altschul SF & Koonin EV（1994）Detection of conserved segments in proteins：Iterative scanning of sequence databases with alignment blocks. *Proc. Natl Acad. Sci. USA* 91，12091-12095.

6.2　谱式隐马尔可夫模型（Profile Hidden Markov Modeis）

Baldi P，Chauvin Y，Hunkapiller T & McClure MA（1994）Hidden Markov models of biological primary sequence information. *Proc. Natl Acad. Sci. USA* 91，1059-1063.

Barrett C，Hughey R & Karplus K（1997）Scoring hidden Markov models. *Comput. Appl. Biosci.* 13，191-199.

Eddy SR（1998）Profile hidden Markov models. *Bioinformatics* 14，755-763.

Karchin R & Hughey R (1998) Weighting hidden Markov models for maximum discrimination. *Bioinformatics* 14, 772-782.

Holmes I & Bruno WJ (2001) Evolutionary HMMs: a Bayesian approach to multiple alignment. *Bioinformatics* 17, 803-820.

Qian B & Goldstein RA (2003) Detecting distant homologs using phylogenetic tree-based HMMs. *Proteins* 52, 446-453.

6.3 序列联配

Edgar RC & Sjölander K (2004) COACH: profile-profile alignment of protein families using hidden Markov models. *Bioinformatics* 20, 1309-1318.

Pietrokovski S (1996) Searching databases of conserved sequence regions by aligning protein multiple-alignments. *Nucleic Acids Res*. 24, 3836-3845. (*LAMA*)

Sadreyev R & Grishin N (2003) COMPASS: A tool for comparison of multiple protein alignments with assessment of statistical significance. *J. Mol. Biol*. 326, 317-336.

Schuster-Bockler B & Bateman A (2005) Visualizing profile-profile alignment: pairwise HMM logos. *Bioinformatics* 21, 2912-2913.

Söding J (2005) Protein homology detection by HMM-HMM comparison. *Bioinformatics* 21, 951-960 (HHsearch).

Wang G & Dunbrack RL (2004) Scoring profile-to-profile sequence alignments. *Protein Sci*. 13, 1612-1626.

Yona G & Levitt M (2002) Within the twilight zone: A sensitive profile-profile comparison tool based on information theory. *J. Mol. Biol*. 315, 1257-1275. (prof_sin)

6.4 利用序列递增的多序列比对

Brudno M, Chapman M, Göttgens B et al. (2003) Fast and sensitive multiple alignment of large genomic sequences. *BMC Bioinformatics* 4, 66-77. (*CHAOS and DIALIGN*)

Chenna R, Sugawara H, Koike T et al. (2003) Multiple sequence alignment with the Clustal series of programs. *Nucleic Acids Res*. 31, 3497-3500.

Do CB, Mahabhashyam MSP, Brudno M & Batzoglou S (2005) ProbCons: Probabilistic consistency-based multiple sequence alignment. *Genome Res*. 15, 330-340.

Edgar RC (2004) MUSCLE: multiple sequence alignment with high accuracy and high throughput. *Nucleic Acids Res*. 32, 1792-1797.

Edgar RC (2004) MUSCLE: a multiple sequence alignment with reduced time and space complexity. *BMC Bioinformatics* 5, 113.

Gupta SK, Kececioglu J & Schäffer AA (1995) Improving the practical space and time efficiency of the shortestpaths approach to sum-of-pairs multiple sequence alignment. *J. Comput. Biol*. 2, 459-472. (*MSA*)

Higgins DW, Thompson JD & Gibson TJ (1996) Using CLUSTAL for multiple sequence alignments. *Methods Enzymol*. 266, 383-402. (*ClustalW*)

Katoh K, Misawa K, Kuma K & Miyata T (2002) MAFFT: a novel method for rapid multiple sequence alignment based on fast Fourier transform. *Nucleic Acids Res*. 30, 3059-3066.

Katoh K, Kuma K, Toh H & Miyata T (2005) MAFFT version 5: improvement in accuracy of multiple sequence alignment. *Nucleic Acids Res*. 33, 511-518.

Notredame C, Holm L & Higgins DG (1998) COFFEE: an objective function for multiple sequence alignments. *Bioinformatics* 14, 407-422.

Notredame C, Higgins DG & Herringa J (2000) T-Coffee: A novel method for fast and accurate multiple sequence alignment. *J. Mol. Biol*. 302, 205-217.

O'Sullivan O, Suhre K, Abergel C et al. (2004) 3DCoffee: Combining protein sequences and structures within multiple sequence alignments. *J. Mol. Biol*. 340, 385-395.

Thompson JD, Higgins DW & Gibson TJ (1994) CLUSTALW: improving the sensitivity of progressive multiple sequence alignment through sequence weighting, position-specific gap penalties and weight matrix choice. *Nucleic Acids Res*. 22, 4673-4680.

6.5 其他获得多序列联配的方法

Morgenstern B (1999) DIALIGN 2: Improvement of the segment-to-segment approach to multiple sequence alignment. *Bioinformatics* 15, 211-218.

Morgenstern B, Frech K, Dress A & Werner T (1998) DIALIGN: Finding local similarities by multiple sequence alignment. *Bioinformatics* 14, 290-294.

Notredame C &, Higgins DG (1996) SAGA: sequence alignment by genetic algorithm. *Nucleic Acids Res*. 24, 1515-1524.

6.6 序列模式发现

Bailey TL & Elkan C (1995) Unsupervised learning of multiple motifs in biopolymers using expectation maximization. *Machine Learning* 21, 51-83. (*MEME*)

Jonassen I (1997) Efficient discovery of conserved patterns using a pattern graph. *Comput. Appl. Biosci*. 13, 509-522.

Jonassen I, Collins JF & Higgins DH (1995) Finding flexible patterns in unaligned protein sequences. *Protein Sci*. 4, 1587-1595. (*PRATT*)

Lawrence CE, Altschul SF, Boguski MS et al. (1993) Detecting subtle sequence signals: a Gibbs sampling strategy for multiple alignment. *Science* 262, 208-214. (*Gibbs*)

Nevill-Manning CG, Wu TD & Brutlag DL (1998) Highly specific protein sequence motifs for genome analysis. *Proc. Natl Acad. Sci. USA* 95, 5865-5871. (*EMOTIF*)

Smith RF & Smith TF (1990) Automatic generation of primary sequence patterns from sets of related protein se-

quences. *Proc. Natl Acad. Sci. USA* 87, 118-122. (*AACC*)
Smith HO, Annau TM & Chandrasegaran S (1990) Finding sequence motifs in groups of functionally related proteins. *Proc. Natl Acad. Sci. USA* 87, 826-830. (*MOTIF*)
Mizuguchi K, Deane CM, Blundell TL & Overington JP (1998) HOMSTRAD: a database of protein structure alignments for homologous families. *Protein Sci.* 7, 2469-2471.
Raghava GPS, Searle SMJ, Audley PC et al. (2003) OXBench: A benchmark for evaluation of protein multiple sequence aligment accuracy. *BMC Bioinformatics* 4, 47-70.
Thompson JD, Plewniak F & Poch O (1999) A comprehensive comparison of multiple sequence alignment programs. *Nucleic Acids Res.* 27, 2682-2690. (*BAliBASE*)
Thompson JD, Plewniak F & Poch O (1999) BAliBASE: a benchmark alignment database for the evaluation of multiple alignment programs. *Bioinformatics* 15, 87-88. (*BAliBASE*)

第3部分　进化过程

进化是生命的一个重要过程。引起进化的变化通常在遗传序列上以突变的形式发生，当变化的影响明显时，会在蛋白质水平观察到。但情况往往不是这样，因为某些遗传水平的突变并不改变蛋白质编码，一些重要的突变并没有发生在蛋白质编码区域。

本书的这部分由两章组成：第7章偏向应用，而第7章讲理论。第7章解释重构基因或蛋白质序列进化历史的基本思想，举例说明方法如何被应用于各种科学问题。第8章则给出了进化分析中涉及的技术细节。

第7章　重现进化历史

当你读完第 7 章时，你应该能够：

讨论序列变异的进化基础；
说明系统发生树如何表示进化历史；
概述基本的系统发生树结构；
说明基因重复对构建系统发生树的影响；
总结从序列比对构建系统发生树的方法；
选择一个进化模型用于序列的系统发育分析；
叙述构建系统发生树的实例；
检验系统发生树特征的可信度；
根据系统发育分析提出功能。

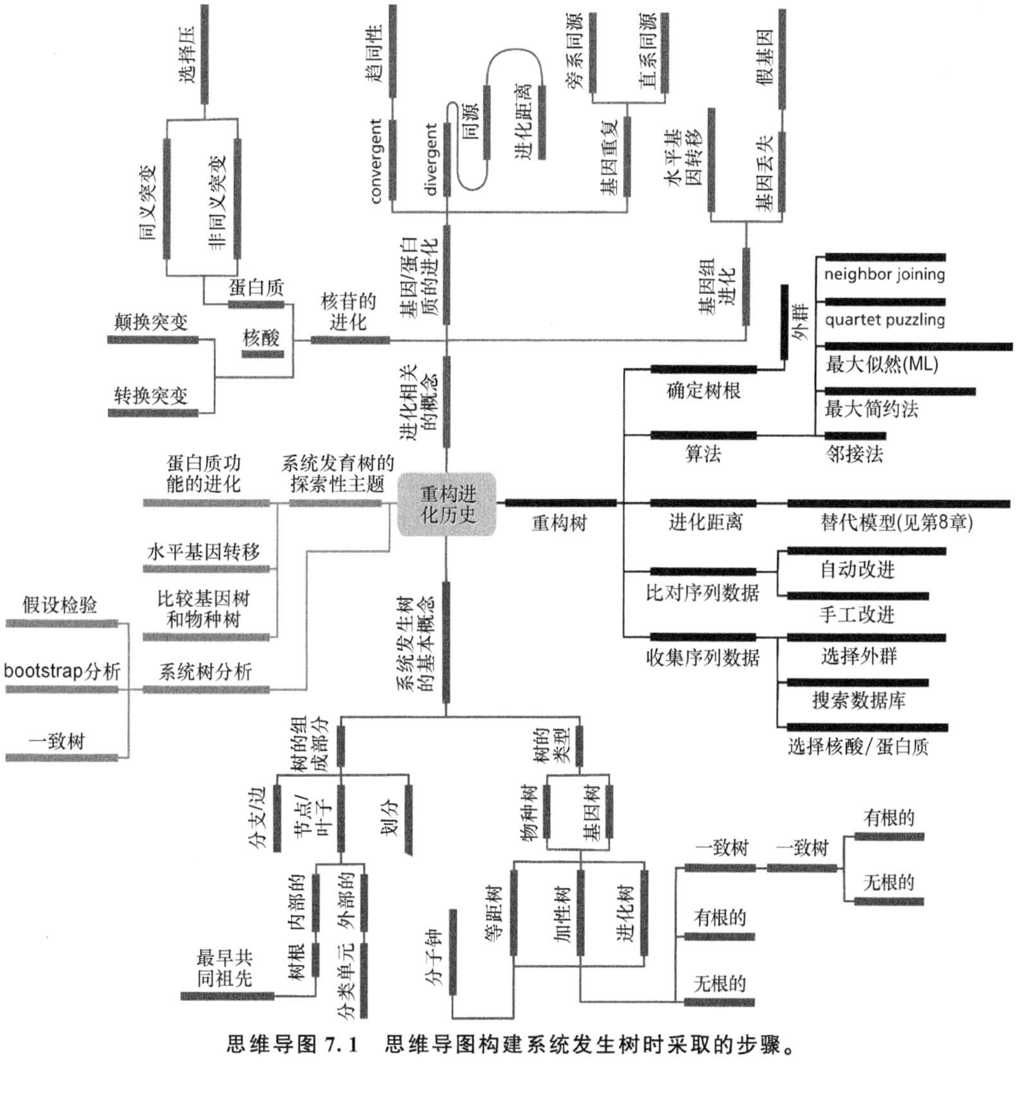

思维导图 7.1　思维导图构建系统发生树时采取的步骤。

当一组联配的序列如第 4 章和第 6 章描述的那样彼此显著相似时，通常可以认为这组序列从一个共同的祖先序列进化而来。在这种情况下，序列联配将含有这些序列进化历史的痕迹。经过对多重序列联配的复杂分析有可能推断进化历史。在本章和后面的章节中，我们将描述重现进化历史的方法，并用之研究现有序列间的进化关系。

这种类型的分析能用于许多不同的问题。通过研究不同物种的有共同祖先和共同功能的序列——**直系同源序列**（**orthologous sequence**）或者**直系同源**（**ortholog**），能够研究物种间的序列进化关系。将这些结果与普遍认可的物种分类树比较会十分有用，因为它们可能来自不同的数据。另外，研究单个蛋白质家族的一组序列能够推测功能的进化，如酶的活性。为了检查假设的祖先基因和它们产物的分子属性，发展了重建祖先序列的技术。但这方面的系统发育分析在本书讲述范围之外，感兴趣的读者在阅读完本章后可参考其他的书籍。

本章我们将讲述如何从一组序列的多重联配重建进化历史，以及如何用一个名为**系统发生树**（**phylogenetic tree**）的图形结构来表示进化历史。我们从树的类型和特征开始描述，并讲述怎么解释这些树。我们期望重现的进化历史将包括许多不同类型的变异事件，我们也将讨论这些不同类型的变异在进化上对序列变化的重要性。在分析中通常需要做些简化，以限定可能的进化历史。理解这些限制有助于弄清楚可以探索的问题和推理答案的方法。

在第 4 章和第 6 章，我们根据序列彼此间的相似程度分析序列间的关系。当我们用进化的观念分析序列时，感兴趣的是序列间的差异，并需要量化和打分这些差异，通常总结成进化距离或遗传距离。在量化进化过程中发生的变化并得到进化距离之前，需要一个简单的进化模型作为框架。有各种各样的模型被提出，许多模型都强调所用的假设和参数。突变事件发生在核苷酸水平，因此大多数模型反映核苷酸水平的变化。也有些蛋白质进化模型，从氨基酸变化的角度考虑进化，如 PAM 矩阵（见 5.1 节）。

已有许多不同的从多重序列联配重建序列进化历史的方法。这些方法分为两种：直接用序列联配；利用进化距离。在本章中，我们着眼于选择进化模型和构树方法的实用性，以及所选模型的合理性；细节的算法描述和理论依据将在第 8 章讨论。

一条序列与其他序列、一个物种与其他物种之间的真实关系是一个历史事件，由过去的进化过程固定而成。无论用任何类型的数据，我们都可以期望重现真实的进化树。但正如我们看到的，使用的数据、分子进化模型、构树方法都会给结果带来差异。

7.1 系统发生树的结构和解释

系统发生树表示法的目的是总结一个重建的进化历史的关键特征。即使多重序列联配明确地记录了所发生的每个变异（如我们所知的，这种情况很少出现），但仍然需要一个更容易理解的方式去表示它们。在本节中，我们将介绍不同类型的系统发生树并说明如何解释这些树。我们也将定义这个领域中使用的许多术语。在本节的最后，将描述一些分析树特征的可靠性和不确定性的方法（思维导图 7.1）。

系统发生树重建进化关系

系统发生树是一种图表，为重建对象之间的进化关系提出假说——这组对象提供了构树的数据。在系统发育学说中，这些对象是基因或蛋白质的序列数据，将其称为**分类单元**（**taxa 或 operational taxonomic unit，OTU**）。当不同物种的直系同源序列被用于确定物种之间的关系时，会用物种名标记分类单元，这样的树称为**物种树**（**species tree**），以区别于确定大基因家族内基因或蛋白质关系的树。物种树也可以由序列之外的其他数据构建。例如，传统分类学中所用的形态学特征，DNA 上出现的某些限制性酶切位点，以及基因组上一组特殊基因的顺序。通常这样的数据可以用与序列数据大体相似的方式来处理，但限制在定性的差异而不是定量的差异。当分析一个系统发生树时，应非常注意这个树是由什么样的信息产生的。正如本章后面会细节讨论的一样，一组相关基因的进化历史通常会由于所选的物种而不同。

流程图 7.1 刻画了系统发生树的基本特征，用虚构的鸟类物种作为研究对象或分类单元。这些物种之间由线连接，称为**分支**（**branch**）或**边**（**edge**），表示物种间的进化关系。树的**外部节点**（**external node**）或**叶子节点**（**leave**）所表示的物种或者是还没有进化成新物种的现有物种，或者是没有任何后代的灭绝物种。更准确地应该说用来生成树的数据集缺少这样的后代物种，因为这个数据集很可能没有包括所有相关的物种。树的分支不直接连接任何的外部节点，而是通过**内部节点**（**internal node**）连接。内部节点是假设的进化过程中发生的**祖先状态**（**ancestral state**）。例如，在鸟的系统发生树上，内部分支节点表示产生两个后代分歧物种的**物种形成事件**（**speciation event**）。同样，当用序列数据来构建

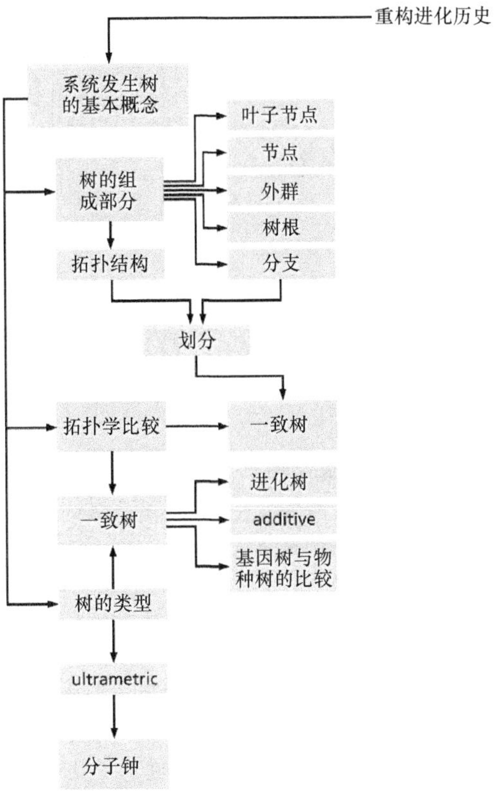

流程图 7.1　这部分主要介绍的是系统发生树的几种不同类型，这些树能表示一组序列的进化历史，其中某些树比其他树传达了更多的定量信息。

物种树时，每个物种由一条序列表示，内部节点就代表祖先序列，这些祖先序列在物种形成后分歧成现有的序列。但是，表示基因或蛋白家族的树里，可能包括同一个物种的几条序列，分支节点也能代表基因组上发生的基因重复事件，在基因重复后同一物种的两个拷贝基因发生了分歧。在后面我们会回到这个重要的问题上。

在正常的进化过程中，一个给定的分类单元从一个祖先进化而来，如果它没有灭绝，可能分歧成两个单独的后代分类单元。这样的结果是，系统发生树的任何内部节点理论上都应该有三个分支：一个是祖先，另两个是后代。这种分支模式称为**两分叉**（**bifurcating 或 dichotomous**）。还没产生后代的外部节点仅和它们的祖先单元之间有一个连接。不服从这个规则的进化事件非常少。两个物种能融合成一个物种，如真核细胞祖先和原核生物共生，原核生物最终成为线粒体和叶绿体（见 1.4 节）。此外，一个单独的种群可能同时产生三个或更多不同的新物种。如果所有的内部节点有三个分支，这个树被称为**全解析树**（**fully resolved**），意味着它为所有的物种形成或基因重复事件都假定了一个位置。一个部分**解析树**（**partially resolved tree**）至少会有一个内部节点有四个或更多的分支，有时称为**多叉的**（**multifurcating or polytomous**）。

树可能是无根的（图 7.1A）或者是有根的（图 7.1B）。**有根树**（**rooted tree**）表示从**最早共同祖先**（**last common ancestor**），即由**根**（**root**）开始，随着时间的连续分支事件引起的一组相关物种的分歧。另一方面，**无根树**（**unrooted tree**）表示分类单元之间的进化关系，但不鉴别最早共同祖先。对一个有根树来说，沿着每个分支的进化方向是确定的。反之，对无根树，并不清楚内部分支的祖先物种是从哪里进化而来的。

有两个进一步的描述系统发生树的方法，即**树的拓扑结构**（**tree topology**）或树的分支方式、分支长度。某种类型的树并不定义分支长度，因此普遍更感兴趣的是拓扑结构（见专栏 7.1）。即使序列的个数很少，也可能存在许多有不同拓扑结构的树。对进化过程中假设要发生的主要事件，如物种分化和基因复制，每个拓扑结构表示一种可能的进化历史，这不同于任何有其他拓扑结构的树。差异大多发生在进化事件的顺序和祖先鉴别上。重建系统发生树的主要任务是从众多候选的拓扑结构中找到能最好描述数据进化过程的结构。

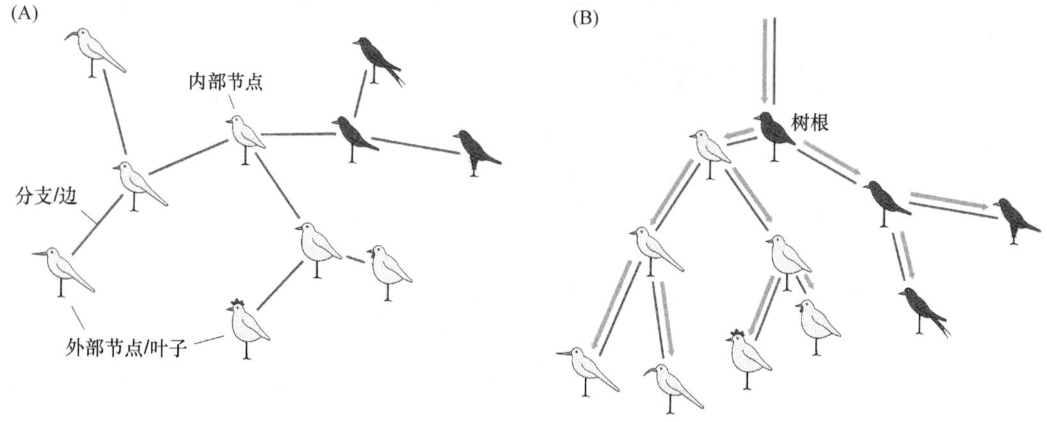

图 7.1　无根的和有根的系统发生树。这些树重现了 6 个虚构的现存鸟类物种的进化历史，每个物种被显示在树支的最外端，即外部节点或叶子。叶子节点上的鸟类物种来自于构树所用的数据。这些数据可以是形态学数据或序列数据。内部节点上的鸟类是预测的（重构的）外部祖先物种。(A) 一个全解析的无根树。这个树从每个内部节点相连的有三个分支，一个连接到祖先，另两个连接到后代。然而，沿着内部分支的的进化方向，即祖先物种的进化，仍然是不确定的。因此根据这样的树我们不能区分浅灰色鸟是否从黑色鸟进化而来，反之也一样。(B) 同样一组现存物种的全解析的有根树。现在被标记为“树根”的黑色鸟能被看作是所有浅灰色鸟和黑色鸟的最早共同祖先。从树根鸟朝上的线表示它的祖先的可能位置。有根树中，从根到叶子节点的时间是很清楚的（用浅色箭头表示），也知道物种进化自哪个物种。因此，浅灰色鸟是从一个黑色鸟进化而来。除了 (B) 图树根周围的区域，这两个树在物种关系上是一致的，提供了同样的信息。在空间上排列分支是困难的，但分支的连接情况和长度完全地包括了系统发生树中的信息。

专栏 7.1　树的拓扑结构

树的拓扑结构是构成树结构分支的组成方式。一个特别的树拓扑结构被定义为树中节点间的特殊连接。在这样相当抽象的水平，需要考虑两种不同类型的树拓扑结构：一种鉴定树上某类群的明确位置（叶子节点上会标记类群）；另一种只是用分支结构连接，没有标记叶子节点。从 N 个现存类群构建的树（一个 N-类群树）将有 N 个叶子节点和 N 个外部分支。对于无根树，全解析的 N-类群树将有 $N-3$ 个内部分支和 $N-2$ 个内部节点。同样，在有根树中分别是 $N-2$ 和 $N-1$ 个。对给定个数的类群，有许多可选的非标记的树拓扑结构，每个结构能被许多不同的方式标记。某些重构树的方法几乎需要抽样所有可能的树，这要求用有效的方法做抽样。用同样个数的类群，有根树比无根树有更多的拓扑结构。随着类群个数的增加，可能的拓扑结构的个数增加的非常快［见式 (8.33)］；10 个类群的拓扑结构个数将会超过 100 万。这些可能发生的拓扑结构中或许只有很少一部分能很好地表示数据。

除了根的有无，有三种基本的表示树的方式。图 7.2A 表示一个有根的**进化分支树（cladogram）**，展示了分类单元之间的家系关系，但是没有任何时间和分歧程度。这种类型的树，只定义了树的拓扑结构，分支长度是没有意义的。进化分支树简单的告诉我们四个分类单元——四种鸟，从一个共同的祖先开始最初进化成两个后代，一个是浅灰色鸟的共同祖先，另一个是黑色鸟的共同祖先。画树的时候分支长度有所不同，浅灰色的鸟看上去比黑色的鸟分歧更大，但注意这只是艺术效果，分支长度没有任何科学依据。与图 7.1 不同，树上没有标识祖先而只有分支是呈现树的常用方式，祖先仅由内部节点暗示。大多数的构树方法不明确地预测祖先状态的任何属性，所以没有放在内部节点上的有用的数据。用序列来构树的技术通常能提供更多的定量信息，因此进化分支树在序列分析里很少用到。

图 7.2B 是用图 7.2A 的原始数据得到的**加性树（additive tree）**，分支长度是进化的定量度量，如长度和发生的变异个数成比例。这里显示的树是有根的，但无根树也可以这样做。任何两个分类单元间的进化距离由连接它们的分支长度的总和表示。这个树包括了图 7.2A 中的所有信息，但也告诉我们

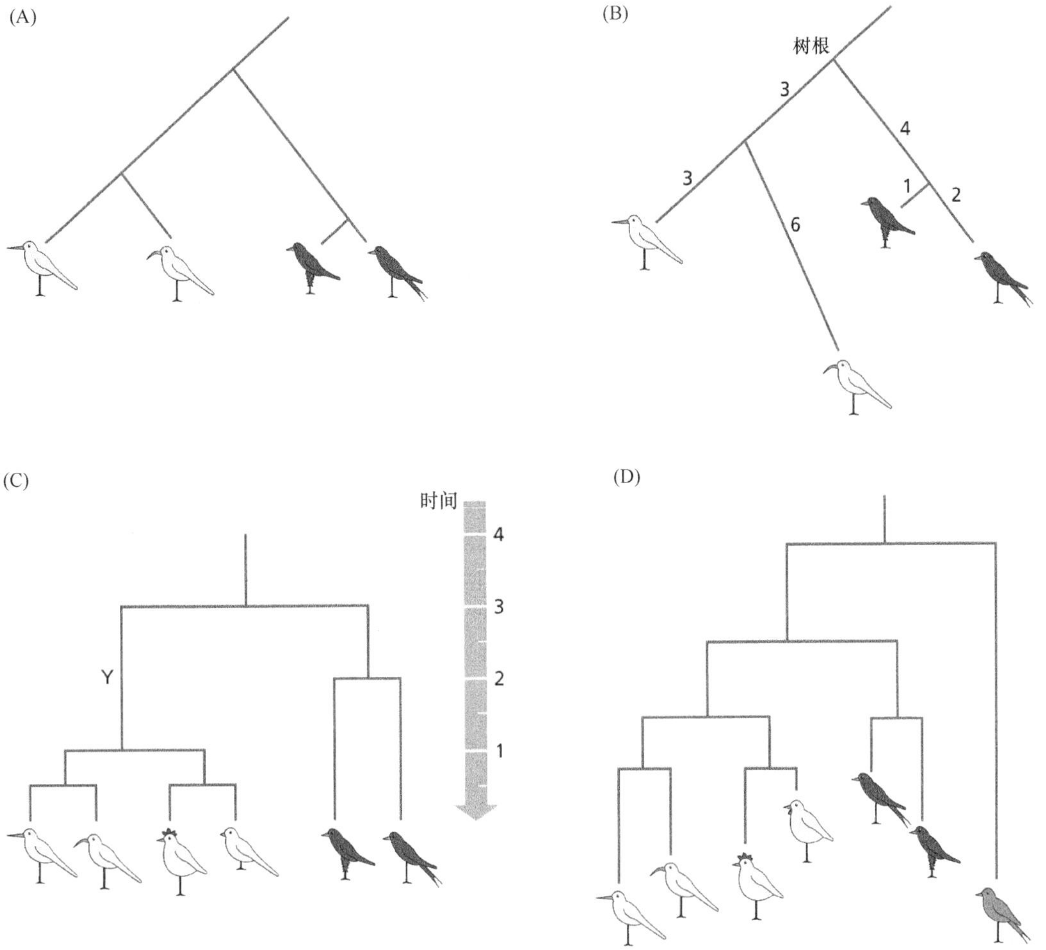

图 7.2 4个不同的有根系统发生树，展示树类型的多样性。（A）分支长度没有意义的进化树。（B）用分支长度度量进化分歧的加性树。分支长度的单位是任意的，与每位点的变异个数成比例。据此，我们可以看出两个浅灰色鸟之间的进化距离（3＋6＝9）是两个黑色鸟间进化距离（1＋2＝3）的三倍。（C）一个等距树，有加性树的属性，此外还假设所有分支有同样的恒定变异速率。这个例子中树右边的刻度与时间和每位点的变异个数成比例。这个树是图 7.1B 所示树的等距版本。（D）图 7.1B 中同样物种的加性树，增加一个远距离的相关外群数据作为树根（深灰色鸟）。注意这个树的外部节点到树根的距离是不同的。

浅灰色鸟的共同祖先比黑色鸟的共同祖先在进化距离上更接近树根。我们没有分支上变异速率相关的信息，因此单独从这个树，我们不能肯定地判断黑色鸟比浅灰色鸟在更晚的时间从它们的祖先分歧出来。树根到黑色鸟祖先的进化可能比树根到浅灰色鸟祖先的进化以更快的速率发生。如果这个假设成立，在浅灰色鸟从它们的祖先进化出来之前，黑色鸟可能已经发生分歧了。在加性树上尽管我们不能确定地断言进化事件发生的相对时间，但通过累加分支长度可能对相对进化分歧做出有意义的比较。

图 7.2C 展示的是一个**等距树**（**ultrametric tree**），除了有加性树的属性外，它假设所有分支有同样的常数变异速率。这个性质常被称为**分子钟**（**molecular clock**），因为从这样的树我们可以大体上度量进化事件的实际发生时间。所有的等距树都有一个树根，树的一个轴直接与时间成比例。在我们的描述中，这是一个竖轴，底部表示当前，而顶部是最早的共同祖先。图 7.2C 上的水平线没有意义，只是简单的用它们来展示树以达到视觉上的美观。注意从共同祖先到它的所有后代的进化距离是一样的，这个现象在加性树上很少见。

但序列数据通常并不符合分子钟。不符合分子钟的序列进化可能是多种原因引起的，包括由于选择压力的变化、物种形态结构和代谢变化的约束而导致的变异速率的变化。如果用一个等距树来表示这样的数据，可能导致错误的树拓扑结构和分支长度。对这种情况，用加性树将会更准确。不像有根的等距树，加性树通常缺少树根。当需要有根树的时候，确定树根位置的最精确方法是在数据集中引入一组同源序列，这些序列的物种或基因与当前研究的主要物种或基因相对较远。这称为**外群**（**outgroup**），而相对更接近的物种被称为内群。图 7.2D 是用 7.2C 中同样数据构建的加性树，添加了深灰色鸟作为外群。这样在外群和其他分类单元之间就可以确定树根的位置了。如果数据集里没有外群，也有其他方法确定树根的位置，在后面会提到这些方法。但是，这些方法的可信度稍低些。

有许多不同的方式来画树，以表示分类单元间的关系。例如，图 7.2D 中表示的，加性树可以用类似等距树的方式来画。正如等距树中那样，这种表示方法只有一个轴度量进化事件，这个轴与变异事件成比例，而不是与时间成比例；另外一个轴只是用于更清楚的可视化。通常情况下，没有常数的分子钟，从树根到叶子节点的距离并不相同。

一个树有许多画法来表示同样的信息。例如，对一个**子树**（**subtree**），可以在连接该子树与树的其他部分的内部分支上，对子树做映射。在图 7.2C 的分支 Y 处，对浅灰色鸟的子树做映射，将置换与黑色鸟相邻的浅灰色鸟。但是，只要树的分支长度和连通性不变，树仍表示同样的意义。这样的映射通常用于改变某个分类单元的位置以便更清楚地表示一个点。

基于序列的系统发生树的主要目的是为了表示物种间的进化关系（图 7.3A），或不同物种的同源基因或蛋白质的家族成员间的关系（图 7.3B），意识到这两者间的区别是很重要的。一个基因家族树刻画了祖先基因在基因组中复制和产生不同基因子家族的方式，以及同一物种内或物种之间这些拷贝在进化过程中是怎样分歧的。在基因家族树上，某些分支点表示同物种内的基因复制事件，而另一些表示物种形成事件。

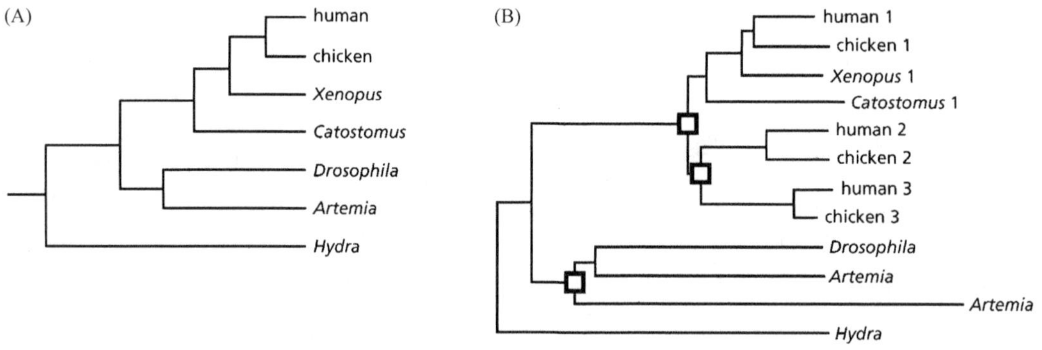

图 7.3　物种树和基因树的例子。（A）表示 6 个真核生物进化关系的一个物种树，用一个原核生物（*Hydra*）作为外群来确定树根。*Xenopus* 是一种青蛙，*Catostomus* 是一种鱼，*Drosophila* 是一种果蝇，*Artemia* 是一种虾。（B）图（A）中物种的 Na^+-K^+ 离子泵膜蛋白家族成员的基因树。某些物种中只知道该家族的一个成员，如 *Hydra* 和 *Xenopus*；但在其他物种中有 3 个成员，如人和鸡。节点上的小正方形表示基因复制，在 7.2 节将更详细地讨论基因复制（改编自：N. Iwabe et al. Evolution of gene families and relationship with organismal evolution: rapid divergence of tissue-specific genes in the early evolution of chordates. *Mol. Biol. Evol.* 13：483-493，1996）。

用几种方式描述树的拓扑结构

某些构树方法能产生几个可选的树，这些树似乎能同样好地反映数据。当用不同的方法、模型或参数来分析同一数据时，也可能出现多个可选的树。最后，当用两套或更多套数据重构进化历史，并比较结果时，也会产生多个树，如来自同一组物种的不同基因。因此在描述树的拓扑结构的时候，我们需要一个能比较不同树的拓扑结构的描述方法。

树的图形表示法便于人的可视化理解，但却不便于其他操作，如比较。为了用计算机可读的格式总结树的基本信息，一个方法就是将树细分或拆分成子组的集合。树中每个分支连接两个节点，如果移走了这个分支，树就被分成了两部分。这样的分割被称为**划分**（**split 或 partition**），一个树包括与分支个数同样多的划分。注意每个划分有两个组，共同组成了整棵树，因此只需要一组就可以定义另一组。我们对移走外部分支而形成的划分并不感兴趣，因为同一套分类单元的每个可能的树都会产生这类划分。由内部节点引起的划分能确定一套分类单元的共同起源，因此我们对这种划分更感兴趣。图7.4A显示了一个由8个哺乳动物连接的树。移走标记X的分支，可以看出海狮和海豹形成了一组，不同于其他动物。图7.4B给出了这个树的所有内部分支划分。一个有 N 个分类单元的全解析的无根树有 $N-3$ 个划分，同样的有根树有 $N-2$ 个划分。

(A)

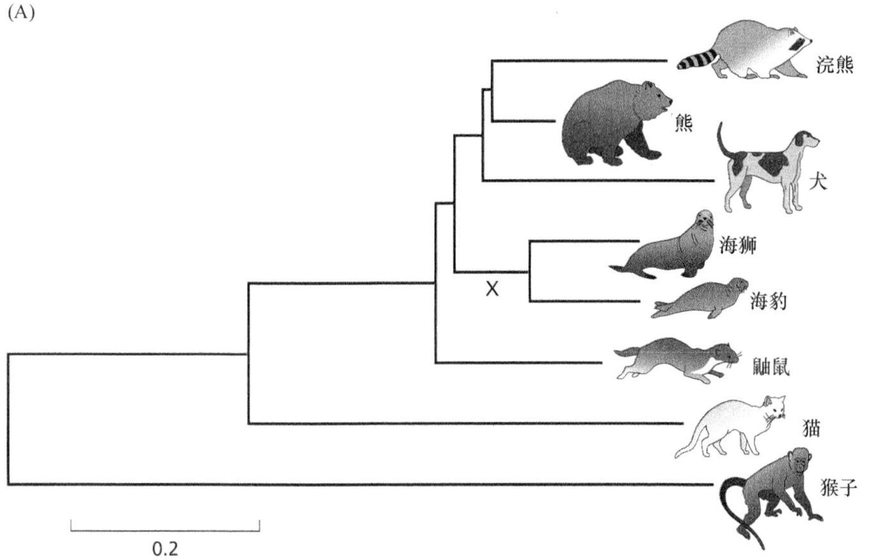

(B)

浣熊	熊	犬	海狮	海豹	鼬鼠	猫	猴子
*	*						
*	*	*					
			*	*			
*	*	*	*	*			
*	*	*	*	*	*		

图7.4　一个树能被表示成一组划分。（A）用8个哺乳动物的虚拟数据构建的一个无根的加性树。水平线表示进化变化的信息；垂直线只是为了视觉上更清楚。这样画是对无根树的常见描述，好像树的根部在两个最远分离物种的距离中点，即总线长度最长的两个物种。注意，由于树是无根的，连接猴子和树其他部分的分支不是一个内部分支。因此，猴子到它最近内部节点的进化距离是由图中最左侧垂直线连接的两条水平线的长度的总和。刻度条描述了分支长度，在这个例子里也表示了每位点0.2变异的遗传距离。（B）显示了图（A）所示树的所有可能的内部分支划分。表格的列表示物种，行对应于划分。每次划分会产生两个子组，一组用*标识，其他的为空白。每次划分得到能够组成整棵树的两个子组，因此用一个子组就可以定义另一个。

当计算一个有根树的划分时，两组分类单元中的一组通常是**单系起源（monophyletic）**，这个组包括了划分分支末端内部节点所示的祖先的所有后代，离树根的距离更远。有时也会发现传统分类在一起的某些物种组并不是单系起源的，表明分类方案需要修订。在本章后面讨论的16S RNA产生的物种树上，我们会看到这种情况。

一个树的所有划分可用**Newick或New Hampshire格式（Newick或New Hampshire format）**写成计算机可读的方式。每个划分被写成一个括起来的分类单元列表，如（sea_lion，seal）（注意用带下划线的字符“sea_lion”，而不用“sea lion”，这样计算机就不会误解成两个叫“sea”和“lion”的物种了）。一个完整的树能用与每个划分相似的方式来描述。图7.4A可写成((raccoon，bear)，((sea_lion，seal)，((monkey，cat)，weasel))，dog)；所有可能的划分用圆括号括起的组来表示。Newick格式结尾处的分号（;）表示树的结束。假定同一个树通过映射内部分支有多种图形表示方式，要确定两个树只在美学上不同是很困难的。事实上，大多数树可以用许多不同的方式表示，用 Newick 格式以不同的顺序列出划分。但是这种格式是计算机可读的，使比较树变得更容易。这个格式还能加入分支长度等更多信息，这样树就可以写作((raccoon：0.20，bear：0.07)：0.01，((sea _ lion：0.12，seal：0.12)：0.08，((monkey：1.00，cat：0.47)：0.20，weasel：0.18)：0.02)：0.03，dog：0.25)；冒号后面是分支距离。如果你不习惯这种格式，会不容易看出距离所指的是哪个分支，但看图 7.4A 应该会清楚些。

一致树和可信树报告拓扑结构的比较结果

正如上面提到的，可能存在一组树，它们能同样反映数据。这些树在拓扑结构和分支长度上可能不同。拓扑结构上的差异暗示着物种形成和（或）基因重复事件的不一致，量化这些不确定性是重要的。拓扑比较方法是基于一组树的特定划分出现的频率，使这一问题相对简单。有两种不同的情况证明这样的分析是有用的，这两种情况对待树的方式不同。由同一套数据用几个不同的构树方法得到的树，或由几个不同的数据集用同样的方法得到的树，这些树在分析中都可以同等看待。在这种情况下，能用一系列技术或数据分析发现对某个拓扑结构的支持。但是，对由某个数据集用某个构树方法建立的树，分析并不能指出对特别拓扑特征的支持程度。**bootstrap 分析（bootstrap analysis）**利用同一数据集的不同抽样来重复构树，以估计这种支持。这个技术在专栏中有更细节的讨论。在这种情况下比较树的拓扑结构，以实际数据构建的树为标准，比较由抽样数据产生的其他树。

当用 bootstrap 时，从原始数据产生的所有观察到的子树都被列出，从抽样数据产生的每个 bootstrap 树都被检查，看是否有同样的子树。包括每个子树的 bootstrap 树的百分比，或在一个子树列表里报告，或以数字的方式展示在树上。在图 7.4A 的树的所有内部分支上加入 bootstrap 百分比，展示在图 7.5A 中。有时，为了帮助可视化，会移走所有的 bootstrap 支持度不高的内部分支。这样的树称为**可信树（condensed tree）**，如果有支持度差的分支，当它们被移走时，树将有多叉的内部节点。在图 7.5A 显示的例子里，如果 bootstrap 支持度小于 60%的所有分支都被移走，浣熊、熊、犬、海狮与海豹的共同祖先都从同一内部节点分歧而来（图 7.5B）。这表示数据对浣熊、熊、狗、海豹或海狮的物种形成事件没有高的支持度。

(A)

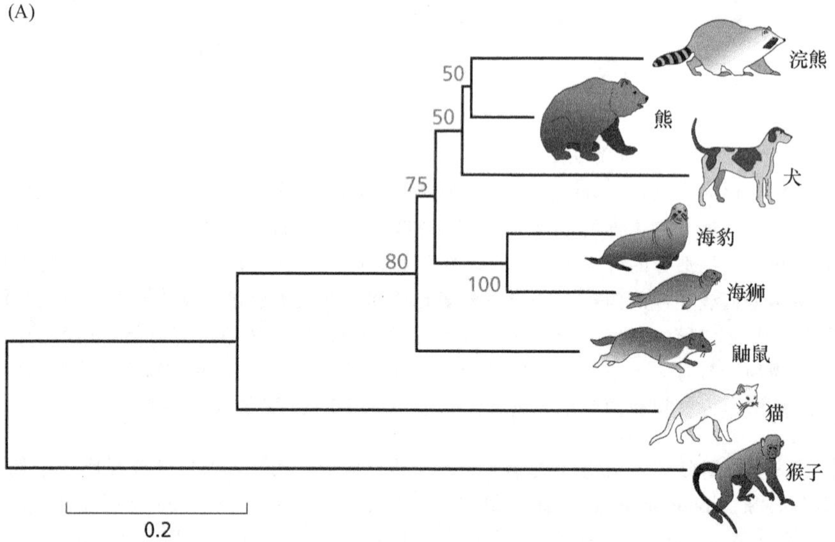

图 7.5 可信树，显示了用 bootstrap 过程得到的支持度很高的特征。bootstrap 为每个分支指派一个值，暗示它们关联的划分是否被数据很好地支持。（A）给图 7.4 所示树上的每个内部分支一个数字，表示这些分支在 bootstrap 测试中出现的百分比。（B）去掉 bootstrap 值小于 60%的内部分支，得到一个可信树。这个过程产生了多叉的节点。注意分支长度不再有意义了，所有的线长仅是为了美观。

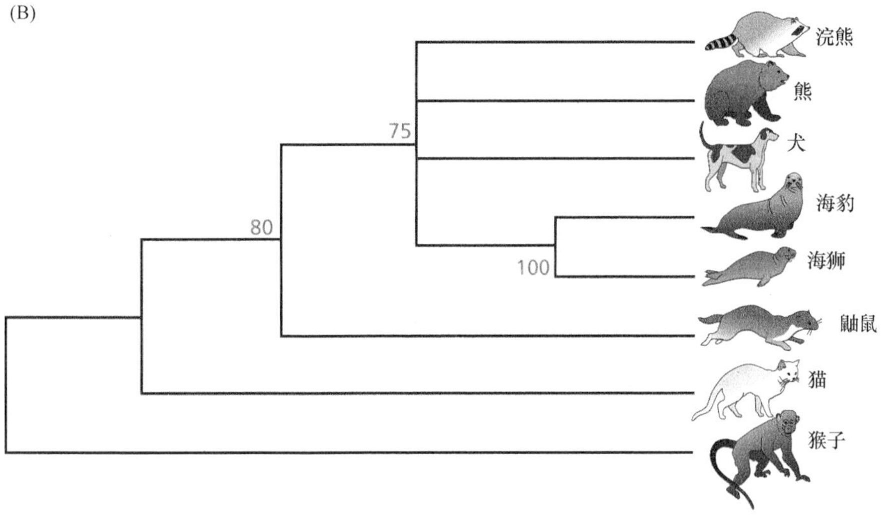

图 7.5（续）

当同一数据产生了多个同等支持的树时，发现一个有高频特征的树是有用的。这样的特征称为**一致性特征（consensus feature）**。当从不同的数据获得多个树，期望揭示本质上同样的进化历史时，这样的做法也是有用的。用几个不同的基因推断一组物种间的关系，就属于这样的情况。从不同基因构建的树可能不同，但我们至少能发现所有树或某些树共有的特征。例如，某些序列内部关系的细节在不同的树中不同，但它们经常被分在一个组里，这个组是最有信息的特征。总结这些信息的一个有用方式是计算一个**一致树（consensus tree）**，只留下共同发生的拓扑特征（图 7.6）。用来生成一致树的树不一定需要用同样的进化模型或构树方法生成。尽管看上去像可信树，但一致树是不同的。一致树所忽略的特征在某些个别树里可能有强的支持。但是强的支持度只限于产生这些特征的少数数据、模型和方法。

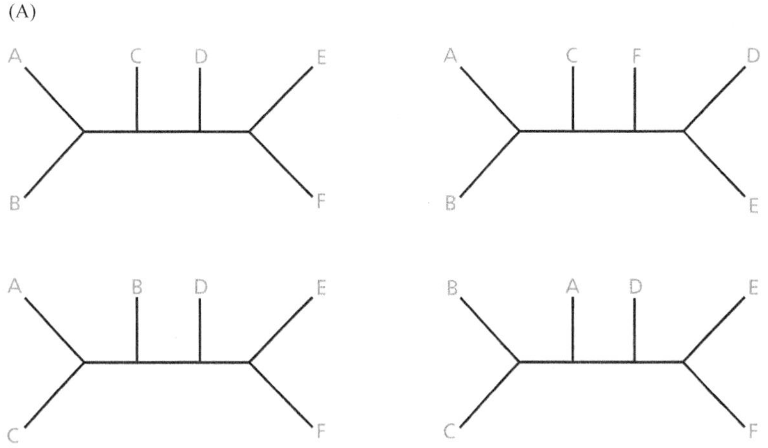

图 7.6　一致树，显示了树之间一致的特征。假设（A）中的 4 个树被同等强度的支持，它们可以用（B）中的严格一致树表示。（B）中只保留了发生在所有树中的划分：即（A，B，C）和（D，E，F）。（C）4 个树的多数一致树（60％和 50％）。划分（A，B）仅在 50％的树中有，因此在 60％一致树中没有出现，但（E，F）发生在 75％的树中。划分（A，B）可以被包括在 50％一致树中。

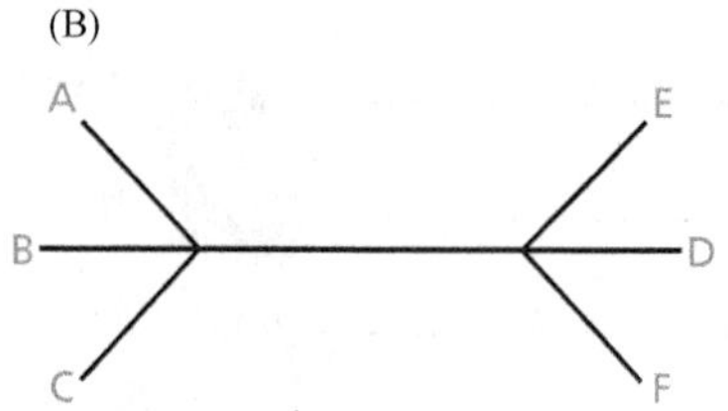

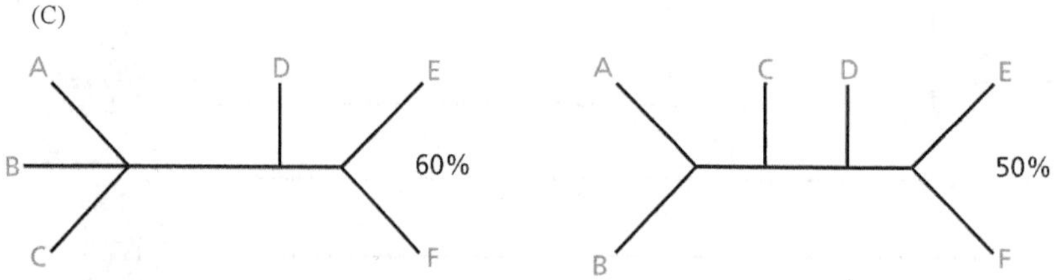

图 7.6（续）

有许多产生一致树的方法，其中有两个特别常用。**严格的一致树（strict consensus tree）**只包括所有树共有的拓朴特征，是被所有树完全支持的。因此，对树之间的任何分支模式冲突，将相关的序列放在同一节点，即树有多分叉节点（图 7.6B）。**多数一致树（majority-rule consensus tree）**在删除分支前，允许树在一定程度上的不一致。一个 X%的多数一致树将包括任何至少在 X%个树里发生的分支模式，这些是主要的模式（图 7.6C）。在这种情况下，会获得强支持度的特征。以图 7.6A 中的树为列，经常观察到划分（A，B，C），因此是相对可信的。还没有已建立的方法可以确定一致树的分支长度。

7.2 分子进化及其结果

为了建立 DNA 或蛋白质序列数据的进化历史，我们需要理解分子进化的某些原则，体会生物因素对分子进化的制约。达尔文的自然选择进化观念集中在物种为了适应性而进化变化的结果：存活并用产生后代的方式传递基因给下一代的能力。适应性依赖于物种的整体属性，因此在 DNA 序列水平的变化将受约束于它对蛋白质表达和功能的影响、对细胞属性和整个物种表型与行为的影响。因为我们用的序列是在进化过程中留下来的，数据本身将反映进化过程。在基于序列的系统发生树构建过程中，主要关心的是发生在基因组 DNA 上的变化，及它们对氨基酸序列的影响。我们应该首先看影响一个或少数几个核苷酸的变化，然后看基因重复和丢失等事件。最后，我们将简要地探讨发生在染色体或整个基因组尺度上的进化变化（流程图 7.2）。

大多数相关序列有许多变异了几次的位置

从一套同源序列构建系统发生树比从进化过程中由两个条件的序列构树更容易。首先，序列的所有变异在所有时间以一个恒定的变异速率进化；其次，序列只分歧到缓和的程度，每个位置最多发生一个变异。如果后一个条件是真的，一旦序列被精确地对齐，从对齐的不一致碱基就可以观察到所有的变异事件，并假定变异是从一个碱基变到另一个碱基。如果第一个条件也满足，两条对齐序列之间的差异数目将直接与它们从最目前的共同祖先分歧的时间成比例。在这种情况下重构系统发生树，不会有问题。

实际上，这样的条件通常不能满足。正如我们在 5.1 节中提到的，在当前序列彼此互相分歧的长期时间里，许多序列位置已经变异了几次。即使看上去保守的碱基，也可能是在过去突变成另一个碱基，然后又突变回到原来的碱基；任何这样发生的突变在序列比对中都是不可探测到的。从序列比对估计进化距离的最简单方式是计算对齐位置不一致的比例，获得一个名为 ***p* 距离（*p*-distance）**的度量。然而由于可能发生重复的变异，这个 p 距离几乎常常低估了实际发生的变异个数（图 7.7），需要修正以改进估计的进化距离。

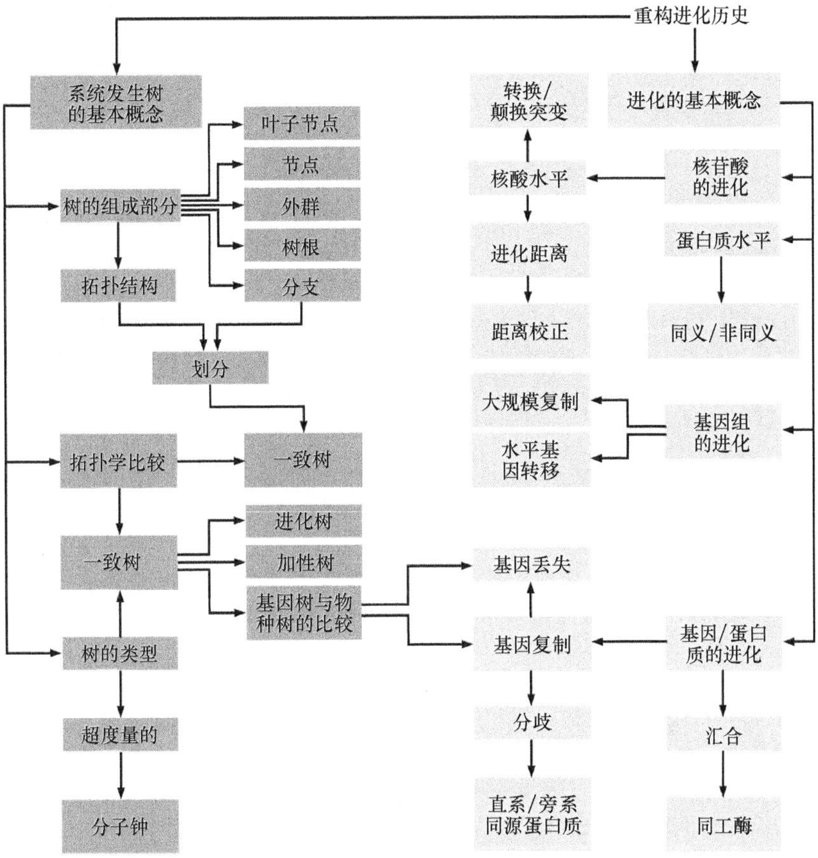

流程图 7.2　这部分主要介绍的是在基因进化时期有许多不同的过程，因此进化历史可能变得非常复杂。

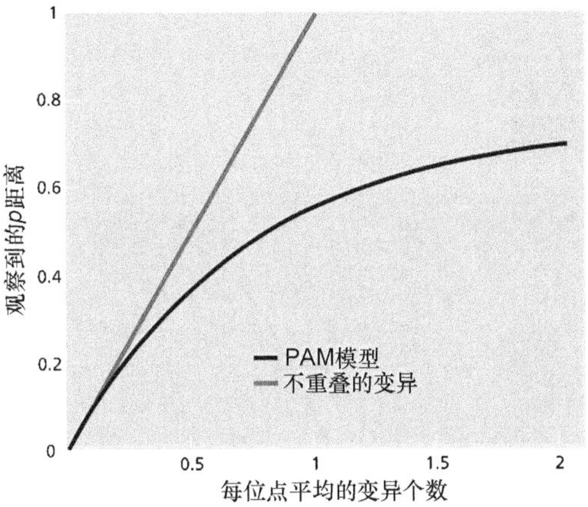

图 7.7　由于有重叠的变异，观察到的变异个数通常是显著的少于实际的变异个数。直线表示在每个位点最多仅发生一个变异时观察到的 p 距离，即序列比对中不一致的位点的比例。曲线表示比对中观察到的 p 距离与每个位点平均变异个数的关系，由 5.1 节中描述的 PAM 模型计算得到。这可与图 5.2 比较，图 5.2 展示了不同 PAM 距离下的一致位点的比例。可以看出，除了变异个数非常小，其他序列比对中观察到的不一致位点的比例通常低估了实际发生的变异个数。

系统发生树的构建需要实际发生的变异个数，为了获得准确的结果，需要一种更正这个错误的方法。在构建进化树上，提出了各种进化模型用于预测多变异的量和每个位置的实际变异速率。反映某序列上某个特定位置碱基的相对变异速率的进化特征可以被整合入模型。从一个进化模型出发，可以用公式对序列比对中直接观察到的变异个数做**距离修正（distance correction）**，期望能将序列对齐中的观察距离转换为更接近正确的进化距离的值。某些构树方法依赖于能直接应用到数据的距离修正公式，而另一些可以直接使用模型，不需要明确地定义修正公式。这样的模型细节及其应用在本节后面描述，在 8.1 节会有更多技术方面的讲述。

可接受突变速率对所有类型的碱基替换通常是不相同的

用来系统发生分析的进化模型为序列比对的每个位置定义碱基变异速率和替换偏好性。最简单的模型假定所有的速率一样，不随时间改变，没有替换偏好性，但是也有不需要这些假设的更复杂的模型。为了采用适当的模型，理解它们的限制和假设的准确程度是很重要的。大多数保留在 DNA 上的突变是在 DNA 复制过程中由于未矫正的错误而发生的。一个突变在基因种群中保留或立即消失，依赖于许多因素。对蛋白质编码序列，这些因素包括突变是否影响氨基酸序列，由蛋白质编码序列在各个位置发生突变导致的氨基酸改变对蛋白质功能有什么影响等。如果变化的蛋白质改变了功能或丧失功能，这可能影响到细胞功能从而影响整个物种。所有这些影响的后果使突变速率和替换偏好性在基因组的每个位置可能都不同。为了变得更复杂，变异偏好性也可能随着时间变化，因为物种在不同的时间可能不得不在不同的进化压力下进化。

尽管分子进化模型不能充分地定义在物种水平的更复杂的突变效果，但这些模型至少已经用公式考虑了某些情况。由于 DNA 的结构（图 1.3），如果一个嘌呤碱基在突变时被替换成另一个嘌呤碱基，或嘧啶被替换成嘧啶，结构的变化将会很小。这样的突变称为**转换突变（transition）**。嘌呤变成嘧啶，或嘧啶变成嘌呤的突变就称为**颠换突变（transversion）**（图 7.8A）。在同一进化模型中包括的因素是转换突变通常比颠换突变更常发生（图 7.8B），尽管产生颠换突变的方式是产生转换突变的两倍。观察到的转换突变对颠换突变的相对偏好性，被称为**转换/颠换比（transition/transversion ratio）**，记作 R，定义为被研究序列在进化过程中每个颠换对应的转换个数。R 值指的是进化过程中被接受的突变，可能与由于化学和物理机制导致的初始比率非常不同。如果图 7.8A 中显示的所有突变都是同等可能的，R 值为 1/2。但是，通常观察到是大于等于 4 的值，表明在那样的情况下有一些进化压为显著地促成了转换突变。实际中，R 在不同的序列间变化非常显著。因此如果进化模型需要 R 值，则必须从所用的数据中获得。从序列比对计算 R 值可能不是想象的那么直接，见专栏中的解释。

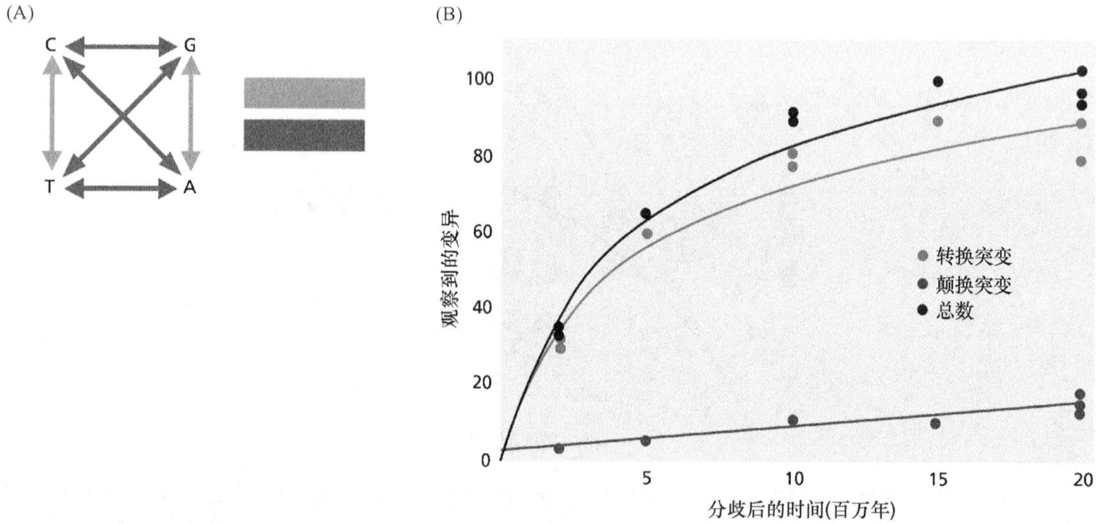

图 7.8　转换和颠换突变。（A）核酸的 4 个碱基间可能的转换（浅灰色）和颠换（深灰色）。注意产生颠换的方式是转换的两倍。（B）哺乳动物牛亚科的细胞色素 c 氧化酶亚型 2（COII）的基因序列，比对好后观察到的转换突变、颠换突变和总变异的个数（数据来自 L. L. Janacek et al. Mitochondrial gene sequences and the molecular systematics of the Arteriodactyl subfamily Bovinae. *Mol. Phylogenet. Evol.* 6：107-119，1996.）。

密码子不同位置有不同的突变速率

在蛋白质编码序列里影响突变接受速率的另一个因素是突变对氨基酸序列的影响，因此潜在的对蛋白质功能的影响。不改变编码氨基酸的核苷酸变异被称为**同义突变**（**synonymous mutation**），从标准遗传密码子（表 1.1）上可以直观地看出大多数发生在密码子第三位置上的突变是同义的。这些突变一般被认为是中性的，没有影响。一个例外是 tRNA 识别新密码子与最初的密码子显著不同，因此潜在地影响翻译的速率。当一个核苷酸改变编码的氨基酸时，这种改变被称为**非同义突变**（**nonsynonymous**）。蛋白质产物将有不同的序列，因此可能有不同的属性。例如，它可能没有功能，或效果较差，或更稳定。功能是否会被影响则依赖于变化发生在蛋白质链的什么位置或氨基酸替换是什么类型的。虽然完全失去功能可能是不益的，其他更微妙的变化是否是不益的、有益的或中性的将依赖于当时施加在物种上的进化压。专栏 7.2 讨论了保留在物种中的同义突变和非同义突变的相对似然。

专栏 7.2　选择压对观察到的同义和非同义突变频率的影响

发生在物种中的一个突变，将被保留变成物种基因库中普通的一个突变，或者很快地被丢失掉。突变的命运将依赖于当时物种的选择压，以及该突变是否能显著地改变物种的适应性。在缺少选择压时，突变会通过一系列的随机事件保留下来或丢失，即随机遗传漂变。如果一个突变为物种带来优势，正选择将增加它保留的可能性。反之，对物种不利的突变由于负选择将最可能被丢掉。中性进化理论表明绝大多数突变实际上都不会遭受强的选择。

给定两个比对好的蛋白质编码序列，原则上是可能确定它们从共同祖先进化过程中所受选择的类型的。如果我们忽略翻译过程中任何可能的影响，同义突变将不影响物种的适应性，因此不被选择或反对。因此，蛋白质编码基因中同义突变的比例将作为能测量的非同义突变的基准，这个比值能确定基因是遭受正选择还是负选择。如果蛋白质的非同义突变更多，在选择压下突变可能被保留。因此中性进化中观察到的非同义突变比期望的多，暗示着基因受正选择。如果突变减少了蛋白质的适应能力，在选择压下它可能被丢掉。负选择将导致比期望值更少的非同义突变，表明突变被强烈地反对，序列会保守。

有许多计算同义和非同义突变的方法。下面的例子来自 Masatoshi Nei 和 Takashi Gojobori。假设一个序列比对对齐了两个密码子 CAG（Gln）和 CGC（Arg）。如果假定两个观察到的碱基变化发生自两个个别的事件，没有其他的变异：从 CAG（Gln）进化到 CGC（Arg），或从 CGC 进化到 CAG，可能由两种路径之一产生（图 B7.1）。第一个路径有两个非同义突变，而第二个路径的第二次变化是同义的，因此仅有一个非同义变化。我们不能区分这两种可能性，两个对齐的密码子被计为有 1.5 个非同义突变和 0.5 个同义突变（计算每种路径的突变个数总和，并除以路径的个数）。如果一个路径在某个阶段包括一个终止密码子，计算时将忽略整个路径。为一致的或仅有一个碱基不同的对齐密码子计算突变；对三个碱基都不相同的密码子需考虑所有 6 种可能的路径。加和整个比对过程中的所有这些值，得到同义差异（S_d）和非同义差异（N_d）的总数。

如果想找出一个个别基因进化时的选择类型，也要计算突变的个数，必须估计可能的同义和非同义突变的个数。这要考虑两个序列的每个密码子。3 个密码子位置的任意位置都可能突变成任 3 个碱基，则每个密码子能突变成 9 种可能的有单个变异的密码子。在图 B7.2 所给的例子中，9 种可能的突变中有一个会产生终止密码子，因此忽略这个突变。分别考虑每个密码子位置。第一位 3 个突变都是非同义突变，总体来说是一个可能的非同义突变位点。用类似的方法，第三位是一个可能的同义突变位点。第二位仅考虑排除终止密码子后的两个突变，也是一个可能的非同义突变位点。一个密码子可能突变位点的个数是 3，这个例子中是两个非同义和一个同义的。用这种方式，可为每个密码子指派可能的同义（S）和非同义（N）突变位点的个数，两个序列的平均值作为位点的总数。

根据这个分析，从同义位点观察到的同义突变的比例的最简单估计是 $p_S = S_d/S$，对非同义突变是 $p_N = N_d/N$。但是，这些值忽略了同一位点通常有多个变异的事实，因此它们被低估了。同样地，距离校正可以被用于这些值。在 Nei-Gojobori 方法中，用 8.1 节中描述的 Jukes-Cantor 模型计算每位点的同义替代：

$$d_S = \frac{3}{4}\ln\left(1 - \frac{4}{3}p_S\right) \quad \text{(B7.1)}$$

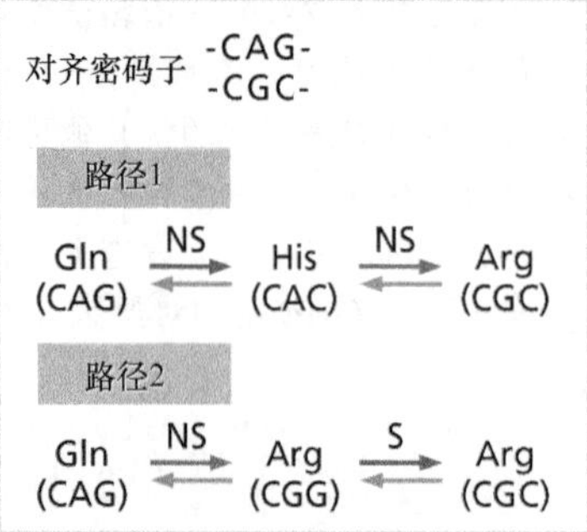

图 B7.1　连接对齐密码子 CAG 和 CGC 的两种可能的突变路径。路径包括几个步骤，每次是一个单碱基的改变。转换和颠换的颜色如图 7.8 所示，被分为同义（S）和非同义突变（NS）。

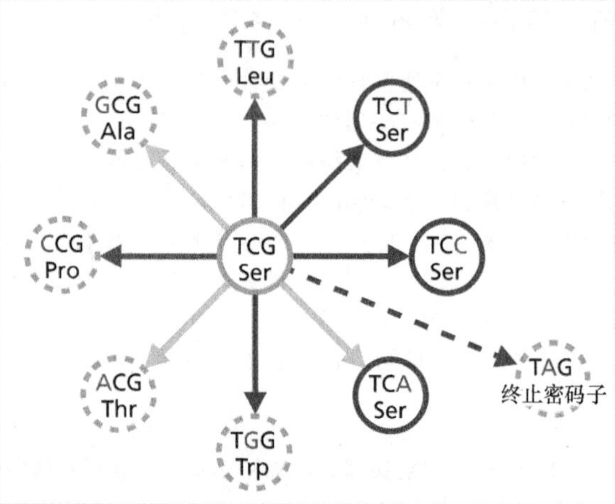

图 B7.2　TCG 密码子的 9 种可能的单碱基突变。突变为转换（浅灰色）或颠换（深灰色），同义（粗体圈）或非同义（虚线圈）。一个可能的变异（虚线）导致了终止密码子 TAG（改编自 Goldman & Yang，1994 的图 1）。

和非同义替代：$d_N = -\frac{3}{4}\ln\left(1-\frac{4}{3}p_N\right)$　　(B7.2)

d_S 和 d_N 有时也分别称为 K_s 和 K_a。

为了决定两条序列进化中是否发生了正选择，必须用统计检验判断 d_N 是否显著高于 d_S。涉及估计这些值的不确定性（变异）的内容不在本书讨论的范围内（见扩展阅读）。有一些可估值的方法包括：某些考虑转换/颠换突变的偏好性，而其他的依靠更复杂的技术，如似然值（见扩展阅读）。

d_S 的一个有趣应用产生于确定同义突变命运时选择最小参与的假设。当大规模的基因复制事件发生多次时，可用来区分基因组中的几组重复基因。两组基因 d_S 值的不同应该能表示分歧后的时间，该技术在拟南芥中确实找到了两个在不同事件的主要的基因复制事件（图 B7.3）。

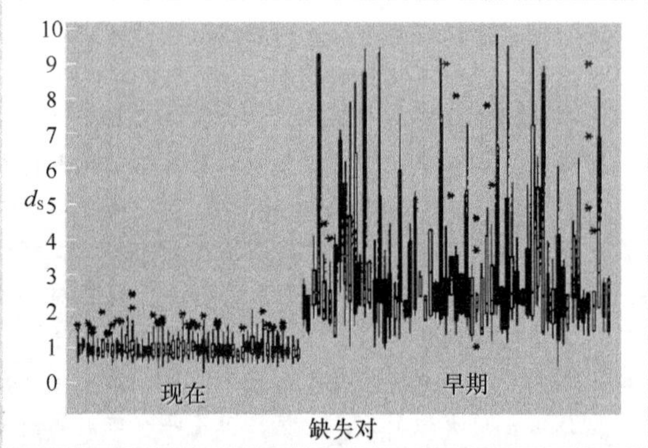

图 B7.3　通过检查同义突变发现拟南芥中至少有两个不同时期的大规模复制事件。每列表示来自复制的一对序列片段（block）的 d_S 值。序列片段至少共有 6 个复制的基因。序列片段（每对基因一个）显示了 d_S 值的范围（用＊表示更极端的值）。有一序列片段的值相似约为 1，可以假设它们来自于一次相对近的基因复制。另一组的 d_S 更大，表明存在更大的序列分歧，因此可能来自于一个或多个早期的复制事件（改编自 G. Blanc，K. Hokamp and K. H. Wolfe，A recent polyploidy superimposed on older large-scale duplications in the Arabidopsis genome，*Genome Res*. 13：137-144，2003）。

由于密码子第三位置的核苷酸替代通常是同义的，因此在这些位点接受的变异速率认为比第一和第二位置更高，这在序列数据上已经被检验。几乎所有的密码子第三位置的突变都是同义的，也表明了**偏好的变异压力**（**biased mutation pressure**）。一个细菌基因组的绝大部分由蛋白质编码序列组成（相对于真核生物），当这样的基因组有非常高或非常低的 GC 含量时，这样的偏向性必须在密码子的使用内被调节。检查许多细菌基因组中密码子中 3 个位置的 GC 含量，证实了第三个位置对这种压力表现出相当大的灵活性（图 7.9）。

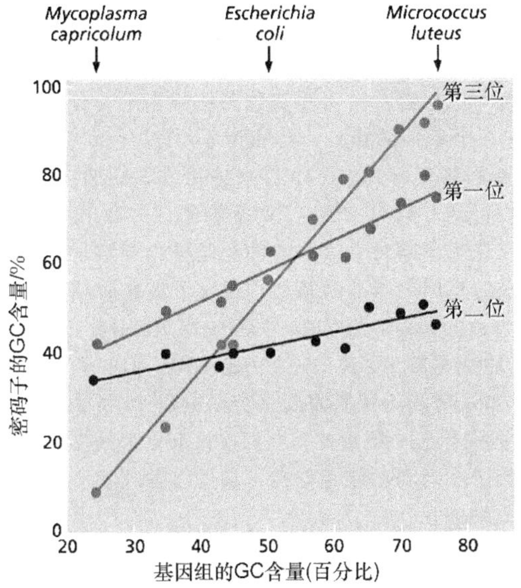

图 7.9　比较不同细菌中密码子的 GC 含量的百分比。 每条线上的点表示 11 个细菌在密码子位置上的 GC 百分比，对应于基因组的总体 GC 含量。尽管密码子的 3 个位置在某种程度上都适应于基因组的组成偏好性，但第三位匹配程度最好。在某些细菌的密码子的第三位，甚至导致了比基因组更极端的 GC 百分比。数据来自于对每个物种基因的大规模抽样，但该分析最好是在整个基因组上执行（改编自 Muto and S. Osawa，The guanine and cytosine content of genomic DNA and bacterial evolution，*Proc. Natl Acad. Sci. USA* 84：116-119，1987.）。

现有的进化模型能在不同位点提供不同的变异速率，通常用 Gamma 更正（见第 8.1 节）。如果数据集跨越长的进化时间尺度，则许多密码子第三位置可能经历了多个变异，展现出几乎随机的碱基含量。对这种情况，在进一步分析之前从数据中移走密码子的第三位置是有用的。

只应该用直系同源基因构建物种系统发生树

当从一组序列构建系统发生树时，主要的假设是它们来自同一个祖先序列，即它们是同源的。正如我们将要了解到的，有不同形式的同源，某些同源更适合于特殊种类的系统发生分析。同源基因可由多种不同的生物学过程产生。物种形成就是一种方式，会导致两个同源基因分布到不同的世系。以这种方式产生的同源基因对被称为直系同源的或直系同源基因。正式的直系同源基因定义是最近共同祖先发生在一个物种形成事件之前的一对基因（图 7.10）。基因的功能在每个新物种里都是需要的，因此可能是保守的，一般认为一对直系同源基因在各自的物种中有同样的或几乎一致的生物化学功能。实际上，直系同源基因常指的是这样更严格的方式，即在不同物种中同源且执行同样功能的基因。注意第一种定义认为直系同源基因最可能有同样的功能，但不要求它们有同样的功能。

另一种形成同源基因的方式是**基因重复**（**gene duplication**），一个基因能在同一基因组中重复的过程。基因重复被认为是进化中的一个主要过程，某种程度上发生在所有基因组被研究的物种中。由基因重复事件产生的一对基因被称为**旁系同源**（**paralogous**）的或**旁系同源基因**（**paralog**），其正式定义为最近共同祖先发生在一个基因重复事件之前的一对基因（图 7.10B）。这些重复基因能通过进化发生分歧，产生新的功能。偶尔，额外的基因也能进化出供物种使用的新功能，进化压将保护这个新基因。也有可能，两个基因进化成不同的功能，一起完成原有基因的必需功能和可能的新功能。这种分歧产生新蛋白质功能的细节机制备受关注，但这在本书范围之外，可参考扩展阅读。图 7.10 刻画了典型的一系列事件，能产生两个物种中的一组同源基因，某些是直系同源，某些是已获得新功能的旁系同源。

因为重复后的初始时期只需要一个基因，其中一个基因通常会由于变异而失去功能，而不是进化成其他的功能。非功能基因可能由失去控制的序列而产生，致使不能产生蛋白质产物，或蛋白质序列发生变化而使蛋白质失活。变异到不再产生蛋白质产物的基因被称为**假基因**（**pseudogene**）。通常这些假基因将稳定地积累变异，直到不再能检测到它们，整个过程被称为**基因丢失**（**gene loss**）。

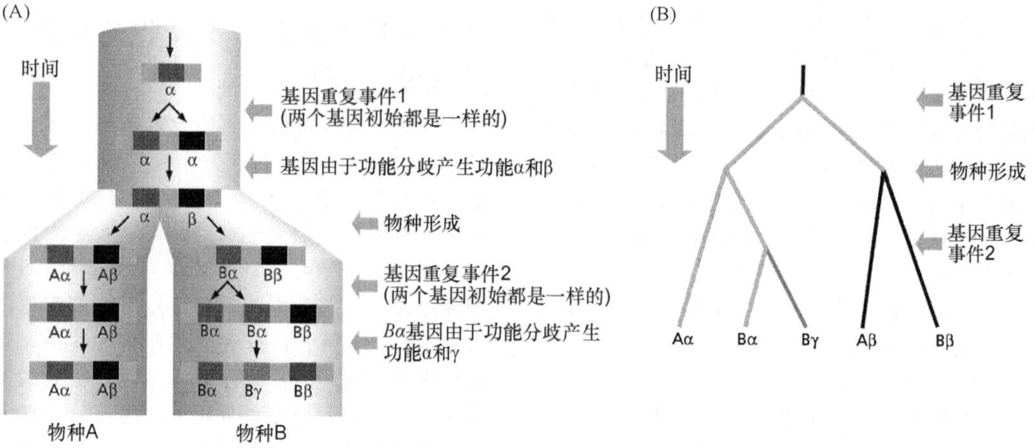

图 7.10　一个基因的进化历史，有两次单独的重复事件。(A) 物种树用浅灰色圆柱体表示，分支点(节点)表示物种形成事件。在祖先物种中，一个基因有一个单独的拷贝，功能为 α(浅灰色)。在某时，基因组中发生了基因重复事件，产生了两个同样的基因拷贝，其中一个后来进化成不同的功能，用 β 表示(黑色)。它们是旁系同源基因。后来发生了物种形成事件，产生了两个物种(A 和 B)，都包括基因 α 和 β。基因 Bα(在物种 B 中)随后发生了另一次重复事件，进一步的分歧进化导致了基因 Bα 和 Bγ，后者有新的功能 α 和 γ。Bα 基因的功能与原来的基因仍然非常相似。但这个进化时期结束后，两个物种里的所有的 5 个基因都是同源的，有 3 个直系同源对：Aβ/Bβ，Aα/Bα 和 Aα/Bγ。Bα 和 Bγ 是旁系同源，任何其他的组合被认为是直系同源对。注意尽管 Aα 和 Bγ 的功能不同，但它们是直系同源。因此如果想要研究一个特定功能产物的进化，如 α 功能，我们需要区分 Aα/Bα 对和 Aα/Bγ 对。这可用序列相似性来做，由于 Aα 和 Bα 几乎在一致的进化压力下进化，它们应该有更大的序列相似性。指派功能相似的直系同源很容易发生错误，这依赖于序列和功能相似性，是否已发现了所有的相关序列。(B) 这些基因的系统发生树，这里用进化分支图表示。

没有基因重复也能发生基因丢失。发生基因丢失可能使基因树或物种树看上去非常不同(图 7.11)。为了更清楚地发现物种形成、基因重复事件和基因丢失事件，人们试图组合基因树和物种树。这样的树被称为**协调树(reconciled tree)**，作为一个示例，图 7.12 给出了图 7.3 中树的协调树。

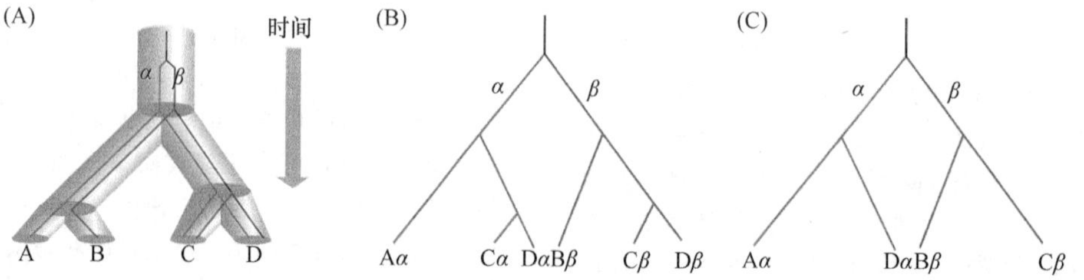

图 7.11　基因丢失和缺失基因数据给系统发生树造成的影响。(A) 用圆柱形表示物种 A、B、C、D 的系统发生树。圆柱的分支点(节点)表示物种形成事件。一个基因家族的进化历史由圆柱里的线表示。共同祖先基因的重复产生了同源基因 α 和 β。在所有物种中的基因 α 是直系同源，基因 β 也是这样。由于基因丢失，物种 A 中基因 β 被丢掉了，物种 B 中的基因 α 也是这样。物种 C 和 D 中同时有基因 α 和 β。(B) α 和 β 的基因树，反映了(A)中所示的进化历史。(C) 如果不知道 Cα 和 Dβ，只用 4 个基因产生的基因树。根据这个树可能得到错误的结论，物种 A 比 B 更接近于 D。仅基于这个树，不能发现基因重复事件，所有的 4 个基因都被认为是直系同源的。

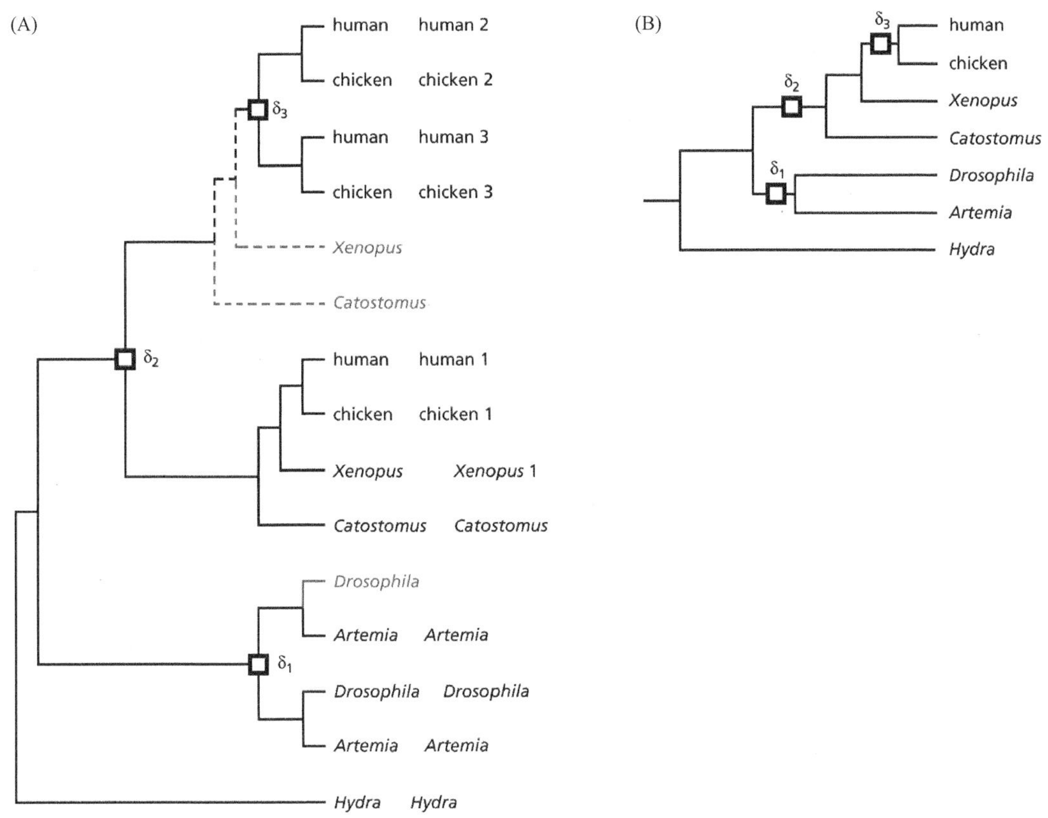

图 7.12　协调树和相应的物种树的例子。(A) 是组合图 7.3 中两个树的信息得到的协调树，针对一组选择的真核生物的 Na^+-K^+ 泵膜蛋白家族。发现了 3 个基因丢失，在图中用虚线表示。根据图 7.3 所示树上的标记，每个外部节点被先标记上物种，然后标记上蛋白质。有 3 个基因重复事件，用标记为 δ_1、δ_2 和 δ_3 的方框表示。(B) 是相应的物种树。重复事件被放在它们发生的分支上（A 来自于 Charleston，1997 的图 8）。

正如在图 7.10B 中看到的，只有直系同源基因能够发现物种形成时间，旁系同源基因产生基因重复事件。因此，理想的物种系统发生树应该只用直系同源序列构建。但是区分直系同源和旁系同源通常不那么容易。除了序列相似性之外，最好的鉴定直系同源基因的方法是功能的一致性。但是基因功能的实验证据通常是不充分的，因此我们通常不得不求助于序列相似性。用这种方式鉴定直系同源的一个方法是用一大组潜在功能的同源序列来构建系统发生树。正如在图 7.3 和图 7.12 中看到的，这样的树有助于区分基因重复事件（形成旁系同源）和物种形成事件（形成直系同源）。但是为了这样目的的系统发生树构建有时是不实际的。某些蛋白质家族和超家族由上千个同源序列组成。用所有这样的序列构树，如果可行的话，只可能用最不复杂的方法，而且结果没有多大的置信度。这个过程对计算机资源也是十分苛求的。目前最容易和最快速地鉴定旁系同源和直系同源的方法并不需要产生系统发生树，而是用 COG（直系同源簇聚类）和 KOG（真核直系同源簇）方法（见专栏 7.3）。

尽管直系同源通常有同样的功能，但不是所有有相同或类似功能的蛋白质都是直系同源，它们可能甚至不是同源。正如第 4 章中讨论的，不相关的非同源基因的序列一致性常常非常有限，但这样的基因有时可能由于趋同进化产生同等的功能。趋同进化在酶中有最好的体现，例如，非同源的丝氨酸蛋白酶、糜蛋白酶和枯草杆菌蛋白酶，独立进化出了同样的催化机制（图 7.13）。这样功能相似但不相关的酶被称为**同工酶**（**analogous enzyme**）。有相似三维折叠但没有共同进化祖先的两个蛋白质也称为类似蛋白质。两条由于趋同进化相似的序列由于没有共同的祖先，因此不应一起被用于同一系统发生树。不是由于同源的序列相似性常被称为**趋同性**（**homoplasy**）。趋同进化只是趋同性的一种原因，平行进化和进化逆转是其他原因（参考扩展阅读）。

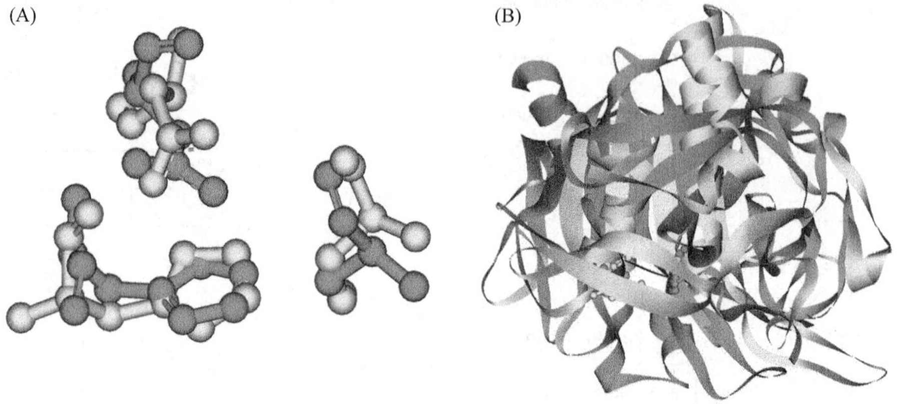

图 7.13　丝氨酸蛋白酶、糜蛋白酶和枯草杆菌蛋白酶独立地进化成同样的催化三分子。（A）糜蛋白酶（黄色）和枯草杆菌蛋白酶（绿色）的活性位点中，有组氨酸、天冬氨酸和丝氨酸组成的重叠的催化三分子。它们几乎严格的相同，使这两个酶非常可能有相同的催化机制。（B）重叠这两个蛋白质的催化三分子，比较蛋白质的整个折叠结构，蛋白质折叠却完全地不相关，因此两个蛋白质没有共同祖先（PDB 数据库中的实体 1AB9 和 1CSE）。（见文后彩图）

专栏 7.3　通过 COG 和 KOG 识别旁系同源和直系同源

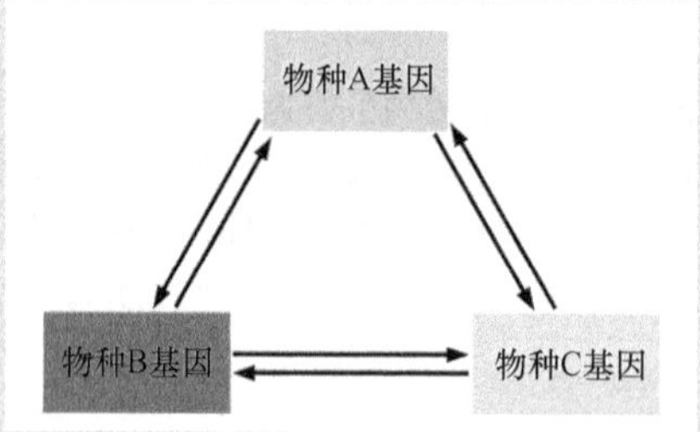

图 B7.4　COG 的最简单的类型。箭头起始位置的基因为查询基因，箭头终止位置的基因所在的基因组为被搜索的对象，每个箭头表示 BLAST 的最佳匹配（BeT）。如果 3 个物种的所有 3 个基因互为 BeT，3 个基因就形成了一个 COG。COG 可能有更复杂的 BeT 组合方式，尤其当物种更多时。更细节的描述见扩展阅读。

COG（直系同源簇的聚类）和 KOG 数据库（真核生物直系同源簇）是通过对 BLAST 匹配的仔细分析构建的。首先，屏蔽掉复杂性低的序列区域和常常发生的功能域，以避免假匹配，并提高统计打分分析的似然值（E 值）（详细的说明见第 4 章和第 5 章）。比较一个基因组的所有基因序列与另一个基因组的所有序列，记录每个基因的打分最高的 BLAST 匹配（BeT），对所有可能的基因对重复以上过程。

两个物种分歧之后，如果一个基因组里某基因与另一个基因的 BLAST 匹配值高于该基因与其他基因组的 BeT，就可以认为它们是基因重复产生的旁系同源基因。直系同源基因是来自不同物种的互为 BeT 的一组基因，最简单的 COG 用 3 个基因组的基因组成一个三角形（图 B7.4）。这个方法正确地找到了图 7.11B 例子中的直系同源和旁系同源基因。通过仔细地分析这样的 BeT 关系，可以建立大量基因组的直系同源的聚类。在图 7.11B 的例子中，应该有与树的 α 和 β 部分联系的两个 COG。

基因丢失会带来问题，因为剩下的旁系同源基因可能提供误导性的 BeT 关系，导致两个 COG 被组合。比较图 7.11 中的物种 A 和 B 就有可能发生这种情况。用序列相似性模式检查原始的 COG，有时可能发现两个正确的 COG。一个 COG 或 KOG 中的所有序列被认为是有相关的功能，因此该方法能用于预测基因和蛋白质的功能。

图 7.14 展示了鸡、人、河豚鱼的基因组上基因的直系同源和同源关系。用来定义这些关系的方法是基于基因组内搜索的 BLAST 分值。这个方法发现一个核心同时在 3 个物种中的直系同源集合，它们也可能有保守的功能。用直系同源基因预测功能依赖于分歧之后该功能在进化时期是保守的。原则上，这个假设是可以用专栏 7.2 中所讨论的同义和非同义突变的统计量来检验的。如果观察到非同义突变比例（d_N）比同义突变比例（d_S）更大，则暗示着选择保持功能。

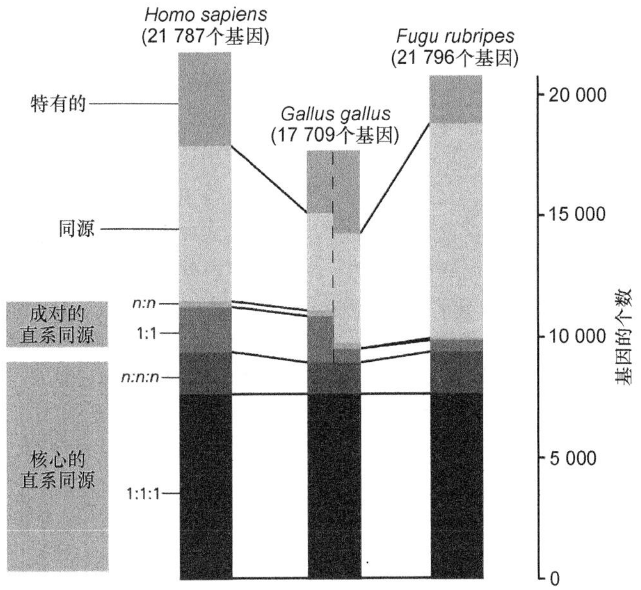

图 7.14　人（*Homo sapiens*）、鸡（*Gallus gallus*）和河豚（*Fugu rubripes*）基因组中直系同源、同源和特有基因的个数。在 3 个物种中都有一个拷贝的直系同源基因，在柱状图上用黑色表示并标记上1∶1∶1；深灰色并被标上 *n*∶*n*∶*n* 的基因是 3 个物种都有的直系同源基因，至少在一个物种中被复制。这两组是 3 个物种的核心的直系同源基因。仅在两个物种中出现的直系同源（和复制的直系同源）被标记为成对的直系同源，用 1∶1 或（*n*∶*n*）表示，颜色为浅灰色。能通过成对比较发现，但直系同源关系不清楚的同源基因，用黄色表示。特有的基因用灰色表示（获得 Macmillan 出版有限公司的许可转载：*Nature*432：695-716，International Chicken Genome Sequencing Consortium，Sequence and comparative analysis of the chicken genome provide unique perspectives on ertebrate evolution，2004）。

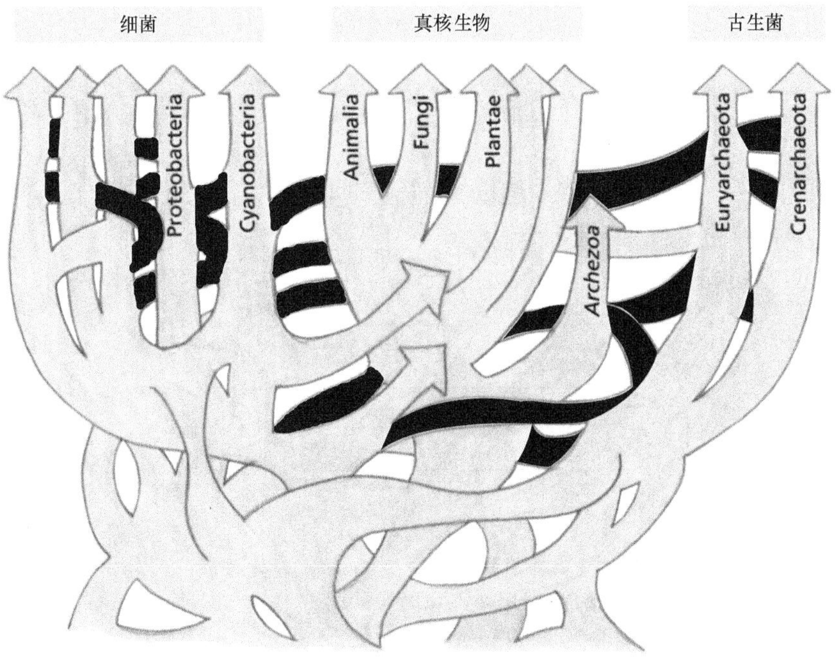

图 7.15　生命之树的草图，包含相当多的水平基因转移（HGT）。区别于正常的基因垂直传播，HGT 用黄色阴影表示。该树不能很精确地被解释，但真核生物在最早进化之后就几乎不被 HGT 影响，古生菌和细菌却一直遭受 HGT（改编自：W. F. Doolittle，Phylogenetic classification and the universal tree *Science* 284：2124-2128，1999）。

基因重复事件通常产生两个接近的相关基因，但是如果重复事件发生在一个基因内部，它们也能产生一个更长的蛋白质序列。通过点图或对齐序列自身(见第4.2节)，应该可以检测到这个现象，将揭示两个区域之间的显著相似性。注意用于系统发生分析的一组序列应该是来自祖先序列的同等区域。如果正在研究物种的进化而不是基因的进化，基因重复和基因丢失事件将引起相当大的困难。解决这个问题的一种方法是检查3个或更多个不同的基因，寻找被大多数树支持的进化历史。另一种方法是努力将分析限制在那些看上去在过去的进化中没有发生重复事件的基因上。

另一个可能混淆系统发生分析的进化事件是**水平基因转移**（**horizontal gene transfer，HGT**）过程，也称为**横向基因转移**（**lateral gene transfer，LGT**）。这个事件显著地不同于目前为止讨论的所有其他事件，它涉及一个物种的基因被转移到另一个物种：用“水平”这个词对比于从双亲传到后代的垂直传播。很长一段时间里人们认为水平转移事件不会发生在真核生物中，但在人类基因组中却发现了病毒基因。尽管如此，水平转移更常发生在细菌和古细菌中。当进化历史中没有水平转移时，系统发生树的大量分支和真实的树相似，分支之间保持分开。如果正确地发现了水平转移事件，它们在系统发生树上将表现为重新连接的分支。值得注意的是，尽管研究者在水平转移事件事实发生的程度上有所争论，但所有物种的系统发生树看上去将像图7.15。

在水平转移后的短时间内，捐赠物种和接受物种的基因序列将会非常相似。这样的基因对称为**异向同源**（**xenologous**）基因。如果这样的基因包含在标准的系统发生分析中，在系统发生树上来自接受物种的基因与捐赠物种的基因会比实际情况要近(图7.16)。但是，证明发生了水平转移通常是非常困难的。如果这两个物种在基因组水平有非常不同的碱基组成比例，就可能推论出一个新近水平转移的方向，对这一话题的适当讨论超出了本书范围，读者可以参考扩展阅读。

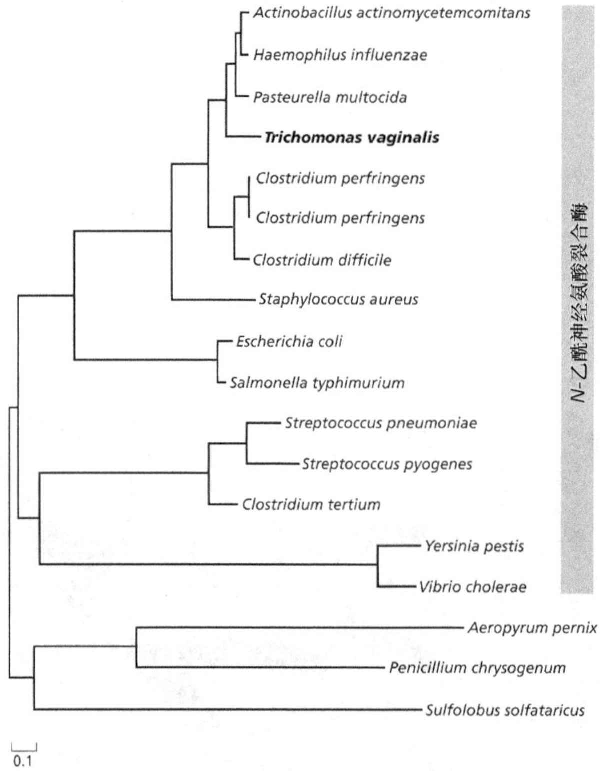

图7.16 *N*-乙酰神经氨酸裂合酶从细菌到真核生物 *Trichomonas vaginalis* 的水平基因转移的证据。如果忽略一个长为24残基的N端序列，*Trichomonas* 的序列与细菌（*Actinobacillus* 和 *Haemophilus*）的序列在氨基酸水平有80%的一致性。树底部的3条序列是同一蛋白质超家族的不同酶，被用作外群来确定树根。这个树为基因从细菌到 *Trichomonas* 的水平转移提供了强有力的证据。同时这也是一个不寻常的事件，在一定程度上可以用 *Trichomonas* 的生活方式解释（改编自 A. P. de Koning et al. Lateral gene transfer and metabolic adaptation in the human parasite *Trichomonas vaginalis*. *Mol. Biol. Evol.* 17：1769-1773，2000）。

基因组大区域变化是常见的

一旦有了基因组序列，人们可能希望从不同的物种发现等价区域是个相对容易的任务［所谓的同线（syntenic）区域，以同样的顺序包括相关的基因］，从而发现直系同源基因。但是，在基因组上发现了许多比单个基因更大尺度的变化。发生过整个染色体，甚至是整个基因组的复制。另外，染色体被划分成小的片段，然后重连成新的染色体，有时这些片段按顺序排列或反向排列（图 10.22）。考虑到对基因组完整性和物种存活的潜在危险，这样重排的频率是相当高的。大规模重排的一种结果是即使在相关的物种里直系同源基因常常不在同等的位置上，尽管它们常能保持一个相似的局部环境。因此完整的基因组序列不能如期望的那样帮助发现直系同源基因。

7.3 系统发生树构建

现在我们将用两个例子探讨系统发生树的构建方式。第一个是强调核苷酸数据和物种间的进化关系。第二个是利用一个蛋白质超家族的一组序列，调查如何用生成的树检查超家族内蛋白质的进化历史，并预测未知的超家族成员的功能（流程图 7.3）。

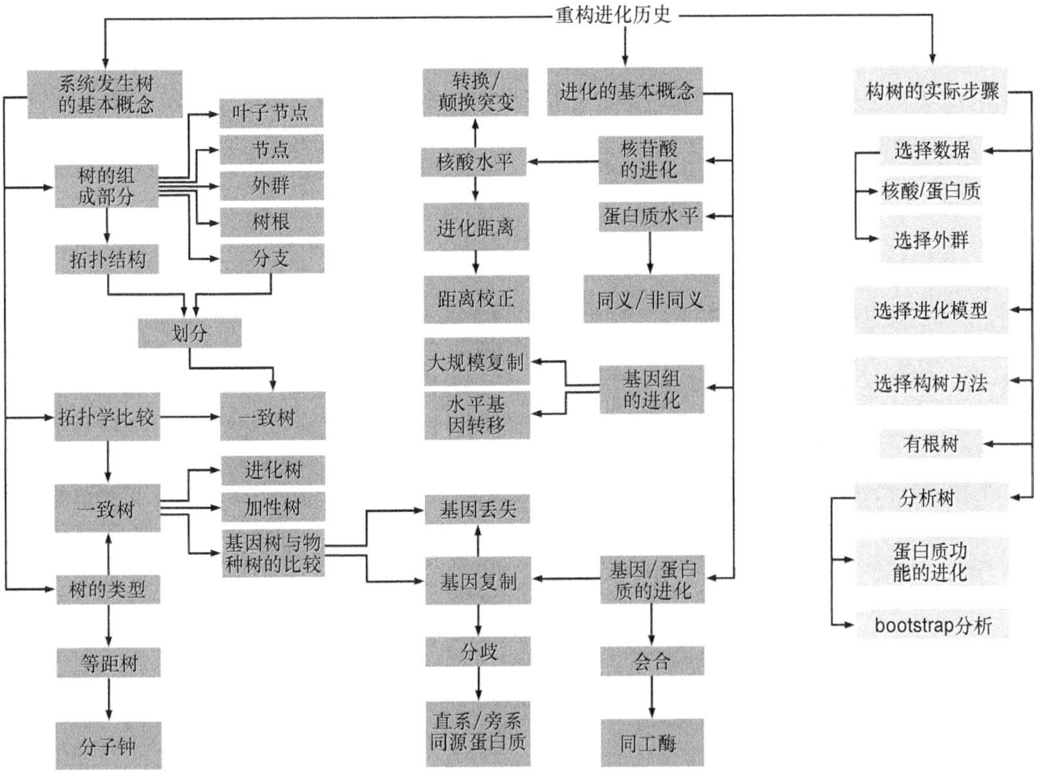

流程图 7.3　这节介绍了系统发生树构建中的两个示例问题，以展示构树的过程，怎么证明参数的选择，以及可以得到和测试的结论的类型。

核糖体小亚基 rRNA 序列非常适用于重建物种的进化

如果想要重构物种的进化历史，说明不同物种分歧的地方，在选择数据时需要非常小心。理想的数据是在每个物种中都有且在一个物种基因组中只出现一次的区域。这避免了任何潜在的对拓扑结构的错误指派。这个区域里没有或有很少的水平转移，也是至关重要的。这个序列片段的变化速率应足够快以区分接近的相关物种，但不能太快，以免远距离的相关物种不能被可信的对齐。原则上，在物种之间同时存在某些高度保守区域和更可变的区域的序列，可以满足这些矛盾的需求。当比较两个接近的相关物种时，高度保守的区域不能提供任何信息（它们将会完全相同），但是快速变化的区域会提供有用的数据。相反地，当比较两个远距离的相关物种的数据时，快速变化的区域将几乎完全的不相似，但更保守的区域将存在有用的变化。

核糖体小亚基 rRNA 的 DNA 序列（在原核生物中称为 16S RNA）已经被认为是进行此类分析的一种最好的基因组片段，尽管在某些基因组上它们有几个拷贝。这个序列是 Carl Woese 工作的基础，他原创性地提出了原核生物由两个非常不同的域组成，因此所有的物种应该被分成 3 个域：细菌、古细菌和真核（见 1.4 节）。这个工作依赖于从非常远距离的相关物种正确地对齐序列的能力。现在 16S RNA 序列也是发现新细菌的一种标准方法的基础。另外，还发现了少量的适用于区分物种间进化关系的蛋白质编码序列，某些对研究特定的物种非常有用。已经被用于细菌研究的包括：酶，如 DNA 旋转酶 GyrA 和 GyrB；伴侣素家族基因，如 *Hsp60*。目前正在进行的一个项目是发现每个已知物种的一组唯一的序列。对动物王国，这个项目建议用细胞色素 c 氧化酶的一个 648 个碱基对的片段，细胞色素 c 氧化酶是有氧呼吸相关的线粒体机器的一个组成成分，在所有动物中都存在。

在下面的例子中，我们将用 16S RNA 序列构建变形杆菌纲的 38 个细菌物种的系统发生树。Bergey 在 2001 年将变形杆菌纲分成了 5 类：Alphaproteobacteria、Betaproteobacteria、Gammaproteobacteria、Deltaproteobacteria 和 Epsilonproteobacteria，与之比较我们将判断重构树是否合理。我们的 38 个变形杆菌在这 5 类中都有分布。

在开始分析之前必须做 4 个决策，即用什么数据，用什么方法，用什么进化模型，以及执行什么检验来评估对特殊的树特征的预测稳健性。前面我们已经解释了为什么用 16S RNA。尽管在早期考虑对树特征的可能检验是明智之举，但决策与其他选择之间几乎是独立的，因此我们将延迟这个讨论直到产生了某些树。

构树方法的选择在某种程度上依赖于数据集的大小和质量

为了从多重序列比对重构系统发生树，提出了各种各样的算法。这些方法可以分为两个大的组：从每对对齐的序列产生一个距离度量，然后用这些距离获得树；直接用多重序列比对，在每个对齐的位置上同时评估所有的序列，分别对待每个位点。在每组里发展了许多不同的方法，对初学者来说是潜在的易混淆的问题。几乎所有的方法都有免费软件，并能运行在几乎任何类型的计算机上，也有一些极好的商业软件。某些应用作为一个单一的程序运行（如 MEGA3），不同的方法作为不同的菜单选择；其他的如 PHYLIP 是一组程序，每个都可以执行一种方法。

在本章提到的和在第 8.2 节中将会讨论的常用的基于距离的方法是**不加权组平均法（unweighted pair-group method using arithmetic average，UPGMA）**和邻接法（NJ）。这些都会生成一个单独的定义了分支长度的树。从进化距离获得分支长度的其他方法是**最小二乘法（least-square）**和 Fitch-Margoliash 法，在 8.4 节中也将讨论。UPGMA 假设序列以一个恒定的速率进化（分子钟假设），并生成有根等距树，所有序列到最近共同祖先的距离相同，NJ 法属于**最小进化法（minimum evolution method）**，生成加性树。它来自于一个假设：呈现当前数据的最合适树是那些有最小进化量的树，进化量由树的总分支长度来度量。**最大简约法（maximum parsimony）**也涉及**最小进化（minimum evolution）**原则，但是直接基于序列比对，最小化重构系统发生树需要的变异个数。**最大似然法（maximum likelihood，ML）**假定一个给定的进化模型，估计树拓扑结构产生观察数据的似然值，并将产生最大似然值的拓扑结构作为对进化历史的最适当假设。**贝叶斯方法（Bayesian methed）**是这种统计方法的进一步延伸，它试图引入树拓扑结构的似然值。表 7.1 列出了一些已有的方法，并给出了基本的分类。方法的进一步细节和背后的假设将在 8.4 节中描述。某些非距离方法，如 ML 和贝叶斯方法，声称其产生结果的统计基础比其他方法更强大，如最大简约法，当有充分的资源时肯定优于基于距离的方法。但是，已经知道所有的方法在特定情况下都会给出不正确的结果，每个方法都有它的支持者和批评者。

表 7.1　常用系统发生树构建方法的一些特点，以及执行这些方法的常用程序

方法名	序列比对到距离的转化	得到的树类型	通常得到一个单独的树	树的分数	测试规定的树	常用的执行程序
不加权组平均法	是	等距树	是	否	否	Neighbor*，MEGA3
邻接法（NJ）	是	无根的，加性树	是	否	否	Neighbor*，MEGA3
Fitch-Margoliash 法	是	无根的，加性树	是	否	否	Fitch*
最小进化法	是	无根的，加性树	否	是	是	MEGA3
Quartet puzzling 法	否	无根的，加性树	否	是	是	Tree-Puzzle

续表

方法名	序列比对到距离的转化	得到的树类型	通常得到一个单独的树	树的分数	测试规定的树	常用的执行程序
最大简约法	否	无根的，加性树/cladogram†	否	是	是	DNApars*，Protapars*，MEGA3
最大似然法	否	无根的，加性树	否	是	是	DNAml*，Proml*，HyPhy，PHYML
贝叶斯法	否	无根的，加性树	否	是	是	MrBayes

某些方法比其他方法需要更大的计算量，对大数据集可能是不可行的。尽管最大似然法等正在改进算法使它们的应用更可行，但大数据集只能用距离法分析。另外，可用大数据集的一个子集做初步分析，以评估合适的模型和参数，或应用距离法检查那些更复杂方法的某些特殊要求。

一般来说，对用距离产生一个单独树的技术来说，尽管它们中的大多数方法直接用序列比对打分并报告许多个能最好呈现数据的树，但它们也能被用于评估用户指定的树的拓扑结构。后者允许用这些技术比较不同的树中对数据的特殊假设，并得到一个对序列数据不同拟合程度的定量测量。这些考虑也会影响到方法的选择。

正如我们看到的，尽管这里分析的数据不管用什么方法都给出了相当类似的系统发生树，但树之间的差异可能导致显著不同的结论。判断所用的方法和获得的结果是非常必要的，最大似然法和贝叶斯方法等技术比邻接法等其他方法提供了更多的支持。我们将用最大似然法构建 16S RNA 树。我们选择 PHYML 程序，因为它是已有的执行最快的程序之一，而且有脚本使选择进化模型更容易。

在使用这些方法时必需选择一个进化模型

已有许多不同的进化模型，表 7.2 总结了最常用的方法。最简单的方法是假设序列位点之间有少量变化或没有变化，并忽略碱基变异偏好性。如果数据的实际进化历史比这种方法描述的更复杂，它们应该会执行的很差。另一个极端的模型试图允许许多可能的变异。这些更复杂的模型包括更多的参数，原则上能拟合在大范围的进化条件下产生的数据。应该注意几乎所有的已知构树方法假定在系统发生树的所有分支上用同样的模型和同样的模型参数。进化模型可能被两种不同的方式应用。从序列比对提取距离的方法，用模型将序列比对中观察到的百分比差异转化成更精确（正确）的进化距离。在重构树的过程中不再用到模型。相反地，直接用于序列比对的技术在构树的所有阶段都用到进化模型。

表 7.2　被用于系统发生分析的分子进化模型

模型名字	碱基组成	不同的转换/颠换突变率	所有的转换突变率是一样的	所有的颠换突变率是一样的	参考文献
JC (JC69)	1：1：1：1	否	是	是	Jukes and Cantor (1969)
Felsenstein 81 (F81)	Variable	否	是	是	Felsenstein (1981)
K2P (K80)	1：1：1：1	是	是	是	Kimura (1980)
HKY85	Variable	是	否	否	Hasegawa et al. (1985)
Tamura-Nei (TN)	Variable	是	否	是	Tamura and Nei (1993)
K3P (K81)	Variable	是	否	是	Kimura (1981)
SYM	1：1：1：1	是	否	否	Zharkikh (1994)
REV (GTR)	Variable	是	否	否	Rodriguez et al. (1990)

某些方法所用的进化距离及任何方法产生的分支长度都测量了每个位点的核苷酸或氨基酸替代的平均个数。从序列比对得到的未更正的 p 距离是有差异位点的简单百分比。当这个距离小时，如每个位点有 0.1 的替代，这是真实进化距离的合理精确测量。但是，一个未更正的距离将隐藏某些在同一位点的多个替代，因此低估真实的进化距离（图 7.7）。进化模型能用于距离更正，用如 8.1 节中的等式，根据未更正的 p 距离给出一个更正的距离 d。距离更正的一些例子展示在图 7.17 中。

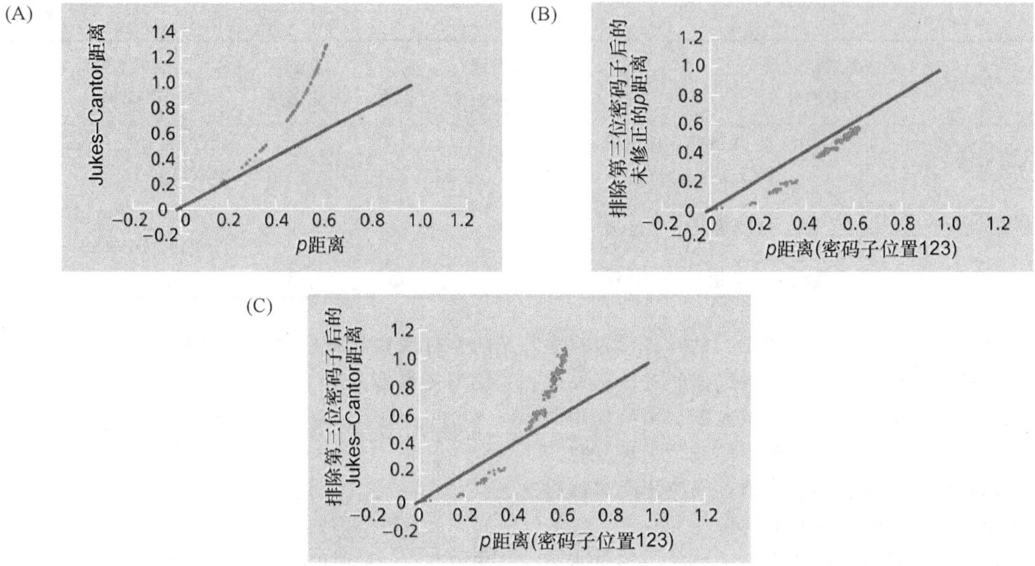

图 7.17　对 p 距离修正的一些例子，以及它们的效果。在所有的 3 个图中，横轴是比较的一对物种中碱基有差异的对齐位置的比例（为修正的 p 距离）。每个浅灰色的点表示取自于多重比对的一个成对的比较。纵轴表示修正后的距离。在所有图中，未修正距离相对它自己的图用黑色线表示。（A）标准的 Jukes-Cantor（JC）修正，修正的距离（浅灰色点）通常比 p 距离大。（B）用密码子的所有位置计算的未修正 p 距离，与仅用密码子的前两个位置计算的未修正 p 距离。在密码子第三位的突变常常是同义的，所以它们相对前两位的变异以更快的速度积累。结果，在充分长的进化时期后，这些位置上可能没有系统发生的信号。在这样的情况下，建议最好忽略密码子的第三位。对小的未修正的 p 距离，这些修正后的距离非常的小，因为大多数可接受的突变发生在密码子的第三位。由于第三位的任何改变都被忽略了，因此这些修正的距离通常比未修正的值小。在 p 距离更大时，这两个值高度相关，因此这个技术可能导致非常相似的树。一个获得精确的大进化距离的可选方案是使用蛋白质序列，仍然修正蛋白质序列的 p 距离。（C）对忽视第三位密码子的 p 距离，应用 JC 修正的结果。这样的修正导致距离的较大变化，可能产生非常不同的系统发生树。但是，如本章后面所讨论的，对特殊的数据集距离修正可能不是必需的，因此应非常仔细地选择修正方法。

不管选择的模型，它将有一个或多个参数的值需要指定。可能需要的参数包括转换/颠换突变的比率 R、碱基组成、指定不同位置变异速率变化的参数。许多参数值可以从分析序列比对决定，这通常是产生树的程序的默认值。在这方面，最大似然法和贝叶斯方法有一个好处，因为它们能伴随着树来拟合参数，同时获得最好的树和参数。

选择进化模型的一种明智方法是试几个不同的模型，并选择最好拟合数据的树。但这是有问题的。对距离模型，如邻近法，没有清晰的方式去衡量吻合度，因为这样的方法在计算距离后不用进化模型。因此，只能靠寻找数据和模型产生的树在内部分类距离上的不一致来判断模型的效果。这种情形对那些只从序列比对出发的方法更容易，因为模型和结果树有清楚的相关性。对最大似然和贝叶斯方法尤其正确，可以给每个树一个分值，因此能比较发现最好的模型。用于判断某模型产生的树何时会显著地好于另一模型产生树的统计基础在本书范围之外，对它们的真实价值也有一些争论。但是，除了个人喜好和偏见之外，这些统计技术是目前能严格选择模型的唯一方式。

已经提出了比较两个进化模型的一种方式，称为**等级似然比检验（hierarchical likelihood ratio test, hLRT）**，能用于一个模型嵌套另一个的情况。如果一个模型有更多的参数从而比另一个模型更灵活，后者嵌套在前者中，限制参数的特定值就可能把复杂的模型转换成简单的模型。合适的例子是 JC 和 F81（由 Joseph Felsenstein 在 1981 年提出），后者由前者加上可变的碱基组成；JC 和 Kimura-2-parameter（K2P），后者是前者加上颠换/转换突变比（表 7.2）。在这种方法中，两个模型都应该用同样的树拓扑结构评定。对每个进化模型依次用 ML 方法，发现与观察序列有最高似然值的树分支长度。这两个似然值能用 hLRT 比较，hLRT 是一种基于两个模型的似然值和参数个数之间差异的卡方检验。图 7.18 概述了选择一种模型的过程。

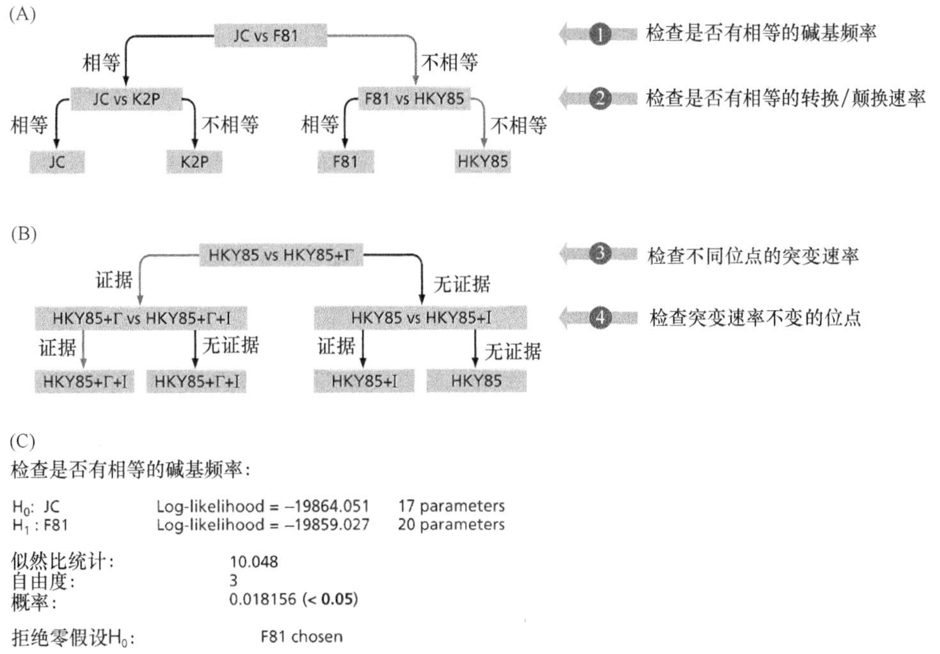

图 7.18 等级似然比检验（hLRT）的示例，用于决定合适的进化模型。用 HyPhy 程序分析 10 个 16S RNA 序列的数据集，得到图中的值。(A) 最初的检验评价 16S RNA 的数据是否需要一个包括不相等碱基组成的进化模型，是否允许不同的转换/颠换速率。执行了一系列的 hLRT 模型比较。第一个模型检验 Jukes-Cantor (JC) 和 Felsenstein 81 (F81)。根据这个检验的输出，用于后续突变速率检验的模型将不相同。如果检验的结果是碱基组成频率不相等（浅灰色箭头），放弃 JC 模型，比较 F81 和 HKY85 看转换/颠换的突变速率是否不同。HKY85 是 Kimura 两参数模型的延伸，考虑序列的 GC 百分比。HKY85 模型最好地拟合了数据。(B) 用 hLRT 比较 HKY85 和 HKY85＋Γ，HKY85＋Γ 整合了 Gamma 分布考虑不同位点的突变速率。最终，HKY85＋Γ＋1（它也包含一些突变速率不变的位点）被选作最合适的模型。注意实际上会做更多的模型和检验。(C) 第一个检验的结果，包括树的对数拟然值、模型中参数的个数、统计检验值和结论。在这个例子中，结论是数据的碱基频率显著不同，因此拒绝了 JC 模型。

使用 hLRT 有些问题，特别是包含某些模型是困难的，因为需要模型被嵌套。同时，为了在许多模型中做决定，需要几个检验，导致了决定检验顺序和显著性水平的问题。此外，也提出了两个其他的模型，都基于树的最大似然期望值的统计分析，并考虑进化模型所用的参数的个数。**Akaike 信息量准则（Akaike information criterion，AIC）**定义为 $-2\ln L_i + 2p_i$，其中 L_i 是用进化模型 i 得到的最优树的最大似然值，计算过程中有 p_i 个参数。这 p_i 个参数不只是模型 i 的，也包括树的变量，一般一个有 N 个分类单元的全解析无根树有 $N-3$ 个分支长度。**贝叶斯信息量准则（Bayesian information criterion，BIC）**依赖于数据集的大小 N 和 p_i，定义为 $-2\ln L_i + p_i\ln(N)$。但是，在上下文中很难定义数据集大小 N 的精确意义，它有可能是对齐位置的总数和可变对齐位置的个数。不论用哪个，在大多数的系统发生研究中，有更多参数的模型在 BIC 中应该比 AIC 中罚分的更多。这些方法不要求进化模型被嵌套，相对于 hLRT 也不要求在所有的计算中用同样的树拓扑结构。AIC 衡量给定模型对数据的支持，用 AIC 分析是直接的；有最小 AIC 的模型被认为是最合适的。AIC 在此模型两个单位内的任何模型也被看作是数据支持的，高于 7 个单位的模型对数据有较低水平的支持。此外的其他模型不被支持。用 BIC 分析也是类似的。我们将用 AIC 方法为 16S RNA 数据选择一个进化模型。注意有证据表明，当简单的模型能产生更好的树时，这些方法倾向于支持更复杂的模型。在这个领域需要更多的研究以建立这些方法的可用性。

所有的系统发生分析必须以精确的多序列比对开始

为了构建 16S RNA 的系统发生树，需要它们的多重序列比对。核糖体数据库计划（RDP 数据库）

包括了 16S RNA 序列的精确的多重序列比对数据，用网页接口链接到数据库，我们能选择一组物种并下载其多重序列比对数据。序列比对是系统发生分析的出发点，它的精确性对整个过程至关紧要。RDP 数据库覆盖了非常广泛的物种，且某些 16S RNA 序列包括大量的插入，因此在序列比对的许多不同位置都有大量的空位。下载的序列比对比序列的实际长度要大很多。整个数据库的多重序列比对有 40 000 多个位置，但所选序列的小子集中对齐的碱基只占 2500 个位置。因此去除所有的仅包括空位的列是有用的。这样的工具几乎在每个程序中都有，能可视化序列比对。

16S RNA 序列的一个小数据集的系统发生分析

基于 AIC 方法选择一个进化模型的过程，由一个免费的名为 MrAIC 的脚本执行。用 16S RNA 的序列，这个脚本和 PHYML 程序能产生许多不同模型的 AIC 值。本例中所用的数据集足够小，可全部用于 AIC 分析，但其他的数据集可能需要选择一个子集。有最好支持度的模型是 REV+Γ，**通用时间可逆模型（general time-reversible model）**（也称为 GTR 或 REV），其位点变异速率有一个额外的 Gamma 分布模型。正如 AIC 值所定义的，在最好支持模型的两个单位内，3 个进化模型有显著的支持度。也有些其他资源用于这种探索研究，包括一个名为 ModelTest 的程序，能够基于从任何程序独立获得的似然值执行 hLRT 和 AIC 分析。HyPhy 程序比 PHYML 更慢，但能做更完整的分析，因为它能计算 ML 树，也能用 AIC，用 hlRT 做嵌套模型检验。这个数据集的 10-序列子集的 HyPhy 结果显示在表 7.3 中，进一步支持了用 REV+Γ。仅用子集的原因完全是由于 HyPhy 程序对计算的更高需求。

表 7.3 用于选择最优进化模型的数据，将用于对 16S RNA 数据集的进一步工作中

模型	参数的个数	对数斯然值（ln L）	AIC
JC	17	−19 864.051	39 762.103
F81	20	−19 859.027	39758.054
HKY85	21	−19 779.596	39 601.191
HKY85+I	22	−19 602.542	39249.084
HKY85+Γ	22	−19 462.357	38 968.715
HKY81+Γ+1	23	−19 456.705	38 959.411
REV+Γ	26	−19 426.581	38 905.161

用 REV+Γ 进化模型，PHYML 程序从我们的数据生成了一个无根的最大似然系统发生树。图 7.19 中展示了这个最大似然树的 3 种形式。如果目前正式的物种分类反映了真实的进化历史，所有的 5 类应该是单系起源的。也就是说，类的成员应该形成一个仅包括它们自己和它们共同祖先的一组。PHYML 报告的无根树（图 7.19A）显示了 3 个单系起源类——Alphaproteobacteria（绿色）、Betaproteobacteria（蓝色）和 Epsilonproteobacteria（黄色）。但是根据这个树，Gammaproteobacteria（红色）和 Deltaproteobacteria（洋红色）不是单系起源的，而是分别与 Betaproteobacteria 和 Epsilonproteobacteri 形成了单系分支（clades）。事实上，在系统发生研究中，Gammaproteobacteria（红色）常常被发现与 Betaproteobacteria 形成进化枝，有人提议这两者应该组成一个新的名为 Chromatibacteria 的物种分类。

大多数可视化树的程序允许用户为一个无根树选择一个树根。从其他的系统发生进行研究，系统发生树的根通常考虑放在 Deltaproteobacteria/Epsilonproteobacteria 和其他类之间（图 7.19B），或放在 Epsilonproteobacteria 和其他类之间。另一种不太可靠的选择树根的方法是找到最远相关物种的路线中点，在本例中是 *Buchnera aphidicola* 和 *Campylobacter jejuni*，这样就产生了图 7.19C 中所示的树。

有根的最大似然树在叶子到树根的距离上有相当大的变化，用分支长度表示。从这我们可以想象用假设分子钟的 UPGMA 方法构建树应该会导致一个显著不同的树。图 7.20 显示了两个有根的等距树，用 UPGMA 和 JC 矫正距离进化模型构建。这两个树在距离更正上对对齐空位的处理方式不同。图 7.20A 中的树忽略了任何包括空位的对齐位置，即使在这个位置 38 条序列中只有 1 条序列有空位。每次计算两条序列间的距离，这意味着任两条序列可能有一些对齐序列片段由于在其他序列中有空位

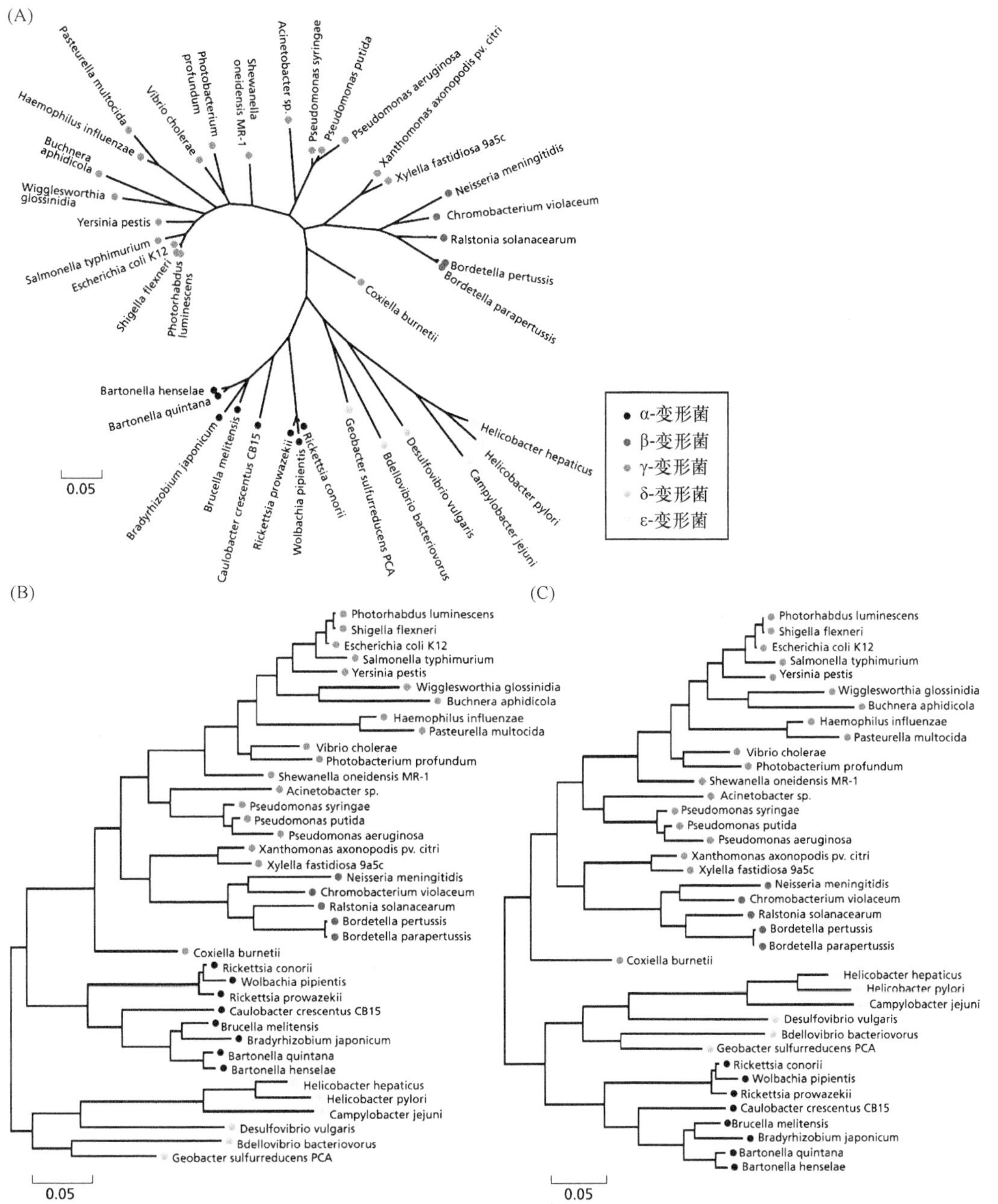

图 7.19　16S RNA 数据的最大似然树，用 REV+Γ 模型由程序 PHYML 计算得到。（A）程序最初产生的无根树。根据 Bergey 细菌分类法用颜色标记不同的类群：绿色，α-变形菌；蓝色，β-变形菌；红色，γ-变形菌；紫红色，δ-变形菌；黄色，ε-变形菌。这种情况下，必须手动指定树根。（B）同样的树并选择了树根，因此 δ-变形菌和 ε-变形菌最早从其他类分歧而来。（C）同样的树，但树根定在树中相距最远的两个类群的中点。（见文后彩图）

而被忽略了。图 7.20B 中的树在计算距离时仅忽略在特别的序列对中有空位的位置，因此用了更多的序列数据。有利于两种处理空位方法的争论，两种方法都可能是有用的。完全删除的方法潜在的忽略了有用的数据，但它能避免由于使用仅在物种的一个子集中发生且其进化与序列的其他部分显著不同的区域而产生的误导性结果。这些 UPGMA 树与图 7.19 中更准确的树在几个地方有不同，因此在这个例子中不可能说哪种删除方法的结果更差。例如，与图 7.19 比较，图 7.20A 中的 Betaproteobacteria 似乎以不同的方式

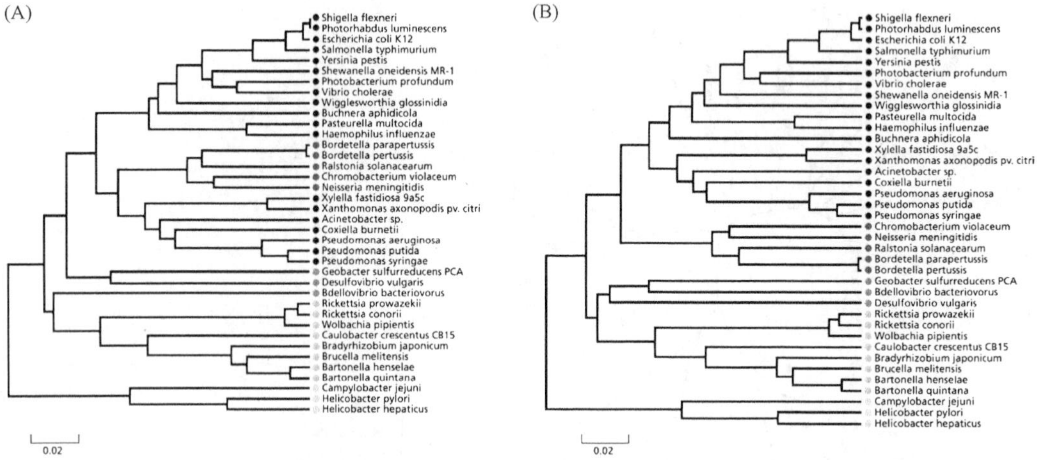

图 7.20　用 JC 模型得到的 16S RNA 数据集的 UPGMA 树，采用了两种不同的距离校正方式。 （A）忽略任何序列有空位的对齐位置。（B）仅忽略在两比较序列对中有空位的位置。类群的颜色标记见图 7.19。（见文后彩图）

从 Gammaproteobacteria 进化。但是这两个树都与图 7.20B 中的不同，图 7.20B 中所有的 5 类都是单系起源的。如果树和以前存在的分类是物种进化历史的精确呈现，则图 7.20B 是期望出现的树。

知道数据对树的某些特征的支持强度也是有用的。拓扑结构的可靠性可以用 bootstrap 检验（图 7.5）。图 7.21 是图 7.20A 的一个可信树。在这种情况下，我们已经去除了 bootstrap 值小于 75％的分支，得到一个在置信范围内的 5 个分类都是单系起源的树。因此 bootstrap 检验能对从树中得到的结论的可靠信给出某些暗示。事实上 bootstrap 值是保守的，5％显著水平将出现稍微小于 95％的分支值。应该注意，给定进化模型和构树方法，bootstrap 测量的是数据内对某个分支的支持度。bootstrap 值不表示改变模型或方法后这些特征的健壮性。

在这个例子中，我们有用其他研究的信息产生的有根树，或是用 UPGMA 方法产生的有根树。这种情况下，没有其他的可选方法，因为我们的数据中不包括相对偏远物种的任何序列（也称为外群）（图 7.2D）。当需要获得一个精确的有根树时，应该包括这样的外群。树根能被定位于外群和其他物种之间。

这个小的研究表明，虽然用非常不同的进化模型和重构树的方法，选择模型和重构方法可能导致显著差异的结果树，进而导致不同的结论。即使是用最细心构建的单个树去推论物种间的进化关系，都应该万分小心。在任何情况下，用 bootstrap 等检验评估树拓扑结果的可靠性都是非常重要的。另外，在分类研究中，比较由同一组物种的不同基因生成的树也是有用的。对某些物种，某些基因很可能以不寻常的方式进化，当比较树的时候这是显而易见的。

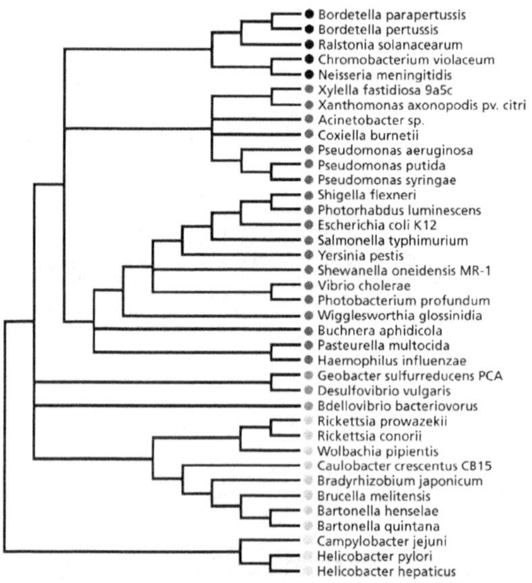

图 7.21　由 bootstrap 分析得到的图 7.20 所示 UPGMA 树的可信树。 去掉了 bootstrap 值小于 75％的分支。类群的颜色标记见图 7.19。（见文后彩图）

为酶家族建立基因树有助于发现酶功能的进化

随着已知序列数目的增加，许多相似的或有相关功能的序列被分为同源的家族和**超家族**（**superfamily**）（见专栏 7.4）。在第二个例子中，我们将为一个大的酶超家族中的一小部分选择的序列建立一个树。注意蛋白质家族数据库一般单独地分类蛋白质的功能域。这个例子中用到的蛋白质都包括 3 个功能域，因此在某些数据库中将会属于 3 个记录。

在这个例子中，我们应该说明系统发生分析对超家族相关的两个常见问题的作用。第一个是预测仅知道序列的超家族成员的功能。原则上，这可以由多重序列比对或序列模式搜索完成（见第 4 章和第 6 章），但通常需要从一系列物种的超家族成员重构的系统发生树以及确定的直系同源的帮助，正如前面所讨论的那样。第二个问题是仅对酶超家族的，如何说明超家族内部酶功能的进化。这个问题只能由系统发生分析完成。

专栏 7.4　蛋白质家族和超家族

一个基因或蛋白质家族一般被定义为一组密切相关的基本上有同样功能的同源序列。注意这里说的功能通常是仅指生物化学功能；以酶为例，同一家族的蛋白质将催化同一化学反应，有相同的催化机制，底物也很相似。例如，乙酰乳酸合成酶（ALS）家族包括用辅因子硫胺素＝磷酸（TDP）的酶。同源的家族被归类为超家族。因为组成超家族的蛋白质家族会有不同的（但通常相关的）功能，超家族的成员之间是同源的，但可能互相有不同的功能。例如，ALS 蛋白质家族所在的一个超家族的所有成员绑定并用 TDP，但不是所有的成员都用额外的辅因子黄素腺嘌呤＝核苷酸（FAD），它们催化的反应相关但又不同。许多蛋白质由两个或更多不同的功能域组成，蛋白质家族数据库通常将单独的功能域分类到功能域家族。当在 14.1 节我们考虑蛋白质结构预测时，将会更细致地讨论蛋白质功能域，以及它们与蛋白质结构分类的关系。

我们看到的所有酶超家族都用辅因子硫胺素二磷酸（thiamine diphosphate，TDP），别名硫胺素焦磷酸（thiamine pyrophosphate，TPP）。某些家族也用辅因子黄素腺嘌呤二核苷酸（flavin adenine dinucleotide，FAD），在少数情况下，FAD 不参与反应，但为了酶的活性它必须被绑定。我们已经从各种家族中选择了酶用于构树，应该可能了解到关于这些酶的属性的进化，系统发生分析能告诉我们什么。超家族的进化应该包括产生或失去 FAD 绑定位点（或两者都有），这样的事件还可能不止一次，正确的重构系统发生树将揭示这段历史。这个分析中所包括的许多细菌的酶已经被实验研究过，清楚地知道其催化功能和所用的辅因子。另外，几个家族的代表性结构也知道。所有测定的蛋白质有同样的蛋白质折叠，但不是都绑定 FAD。这些实验数据在分析系统重构的结果时将非常有用。

在这个超家族的数百条序列中，我们从 enterobacteria（肠道细菌，如大肠杆菌、沙门氏菌及类似物种）中选择了一个序列子集，enterobacteria 是 Gammaproteobacteria 的一个子组。某些序列只是远相关的，会引起序列比对的问题，也没有好的实验描述；这些序列不包括在我们的研究中。在分析的时候整个超家族有 8 个实验测定的结构，某些是酵母的序列而不是细菌的序列，但我们包括相应的 8 个序列。总共用了 37 个序列。由于下面讨论的原因，没有尝试引入外群。

第一个任务是获得一个准确的多重序列比对。在核苷酸序列数据上同义和非同义突变是可见的，因此通常用核苷酸序列执行系统发生分析会更好。一种例外的情况是序列相关性太远，有大量的突变导致了差的系统发生信号。在这种情况下，能用氨基酸序列。但是，对齐编码蛋白质的核苷酸序列比对齐蛋白质序列更困难，因为不能识别密码子的存在。正如上文所讨论的，密码子在这样序列的进化过程中起了非常重要的角色。一般地，这样核苷酸序列的比对应该仅包括整个密码子的插入或删除。在我们的例子中由于所有的数据都是编码蛋白质的，因此理想的序列比对过程是将核苷酸序列翻译成蛋白质，对齐蛋白质序列，然后在生成树之前将序列比对结果重新翻译回核苷酸序列。有许多程序方便地执行这个共同需要的过程，包括免费程序 BioEdit 和 MEGA3。最终的结果是核苷酸序列的一个精确的多重序列比对，如果需要可以容易地重翻译成蛋白质。任何额外的信息，如蛋白质结构和功能保守的氨基酸，都应该被引入使序列比对尽可能的准确，这可通过手工调整来实现。

正如这里所用的一个大的超家族的完整的进化历史最好分几步来研究，初始地探究那些密切相关的序列的进化。一旦更好地理解了超家族的不同部分，就能试图把整个图片放在一起。因为我们已经选择了一组非常相关的序列，我们的数据集缺少清晰的外群，不能合理地发现一个树根。缺少树根将限制得到的结论。

一旦产生了一个多重序列比对，用基于距离的方法生产树是容易的，可任意选择模型和参数。这个方法能用于非常初步地看看数据，但是有明显的缺点，即可能会产生误导。图 7.22 展示了一个无根

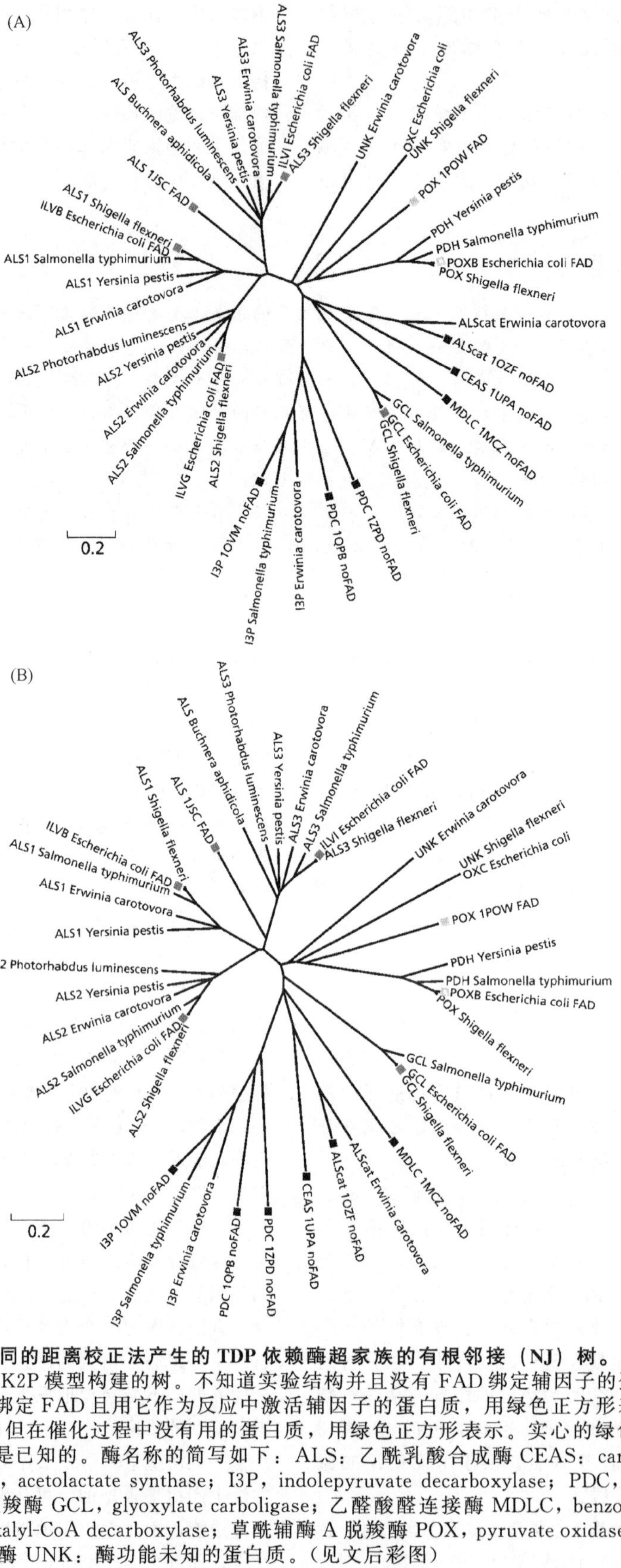

图 7.22 用两种不同的距离校正法产生的 TDP 依赖酶超家族的有根邻接（NJ）树。（A）用 JC 模型构建的树。（B）用 K2P 模型构建的树。不知道实验结构并且没有 FAD 绑定辅因子的蛋白质用红色正方形表示。已知能绑定 FAD 且用它作为反应中激活辅因子的蛋白质，用绿色正方形表示。用橙色表示已知能绑定 FAD 但在催化过程中没有用的蛋白质，用绿色正方形表示。实心的绿色和橙色正方形表示蛋白质的结构是已知的。酶名称的简写如下：ALS：乙酰乳酸合成酶 CEAS：carboxymethylarginine synthase；ILV，acetolactate synthase；I3P，indolepyruvate decarboxylase；PDC，pyruvate decarboxylase；丙酮酸脱羧酶 GCL，glyoxylate carboligase；乙醛酸醛连接酶 MDLC，benzoylformate decarboxylase；OXC，oxalyl-CoA decarboxylase；草酰辅酶 A 脱羧酶 POX，pyruvate oxidase；丙酮酸氧化酶 PDH：丙酮酸脱氢酶 UNK：酶功能未知的蛋白质。（见文后彩图）

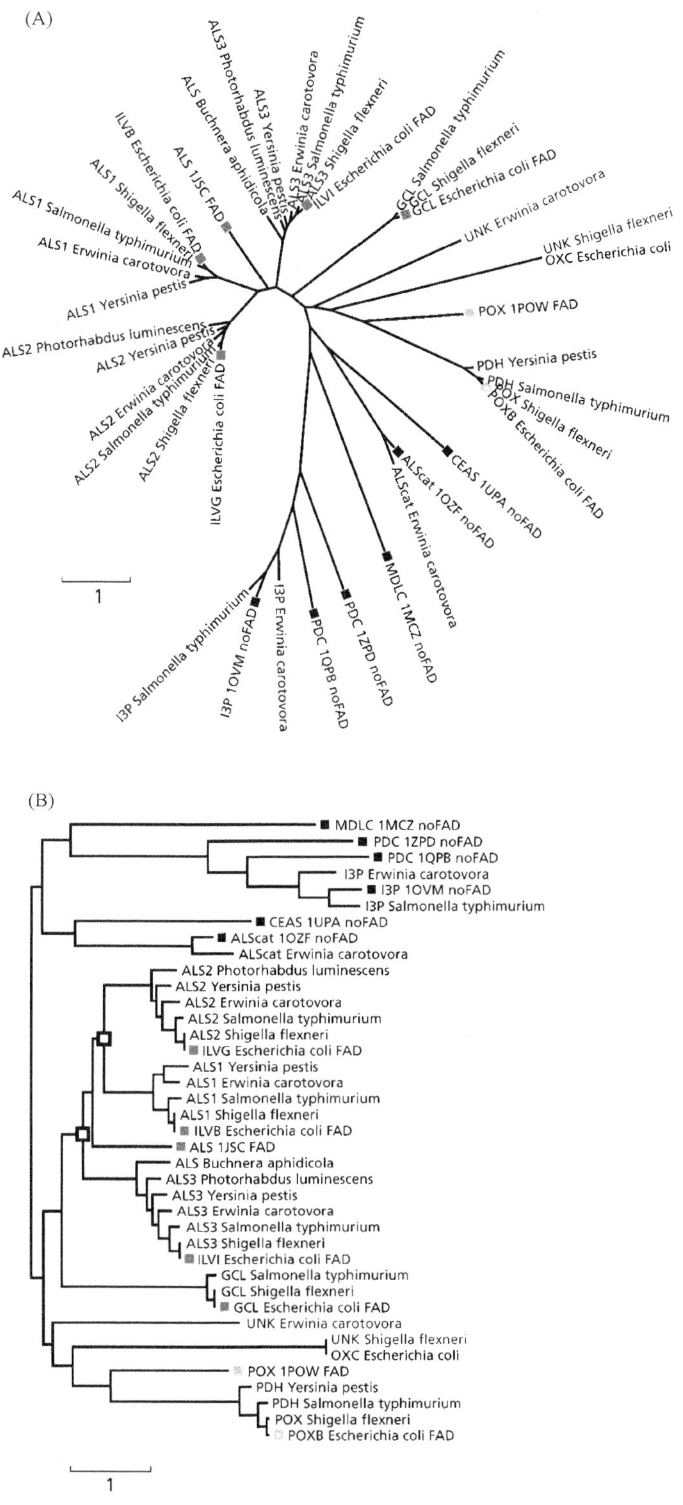

图 7.23　用 REV+Γ+1 模型得到的 TDP 依赖酶超家族的最大似然树（ML）。序列数据库中的两个蛋白质被注释为 UNK，表明它们的功能还不知道，或是由序列分析提供的。在图中标识这两个蛋白质，并在文中讨论了它们的功能。（A）无根树，酶的简写见图 7.22。如图 7.22 的图例中描述的那样，彩色正方形表示结构和辅因子的信息。（B）同样的树，树根所在的分支能区分绑定 FAD 的蛋白质（绿色和橙色正方形）和不绑定 FAD 的蛋白质（红色正方形）。（见文后彩图）

树，用邻近法和两个简单的进化模型产生：JC 和 K2P。看单独的聚类，许多特征在两个树中是保守的。例如，都包括 3 个相关的聚类，分开乙酰乳酸合成酶序列 ALS1、ALS2 和 ALS3。但是，K2P 树（图 7.22B）在已知的不绑定 FAD 的蛋白质（红色标签）和绑定 FAD 的蛋白质（橙色和绿色标签）之间有一个分隔。这个分隔在 JC 树上没有（图 7.22A)。由于我们不能确定的指派一个树根，因此不能确定这些蛋白质的最早共同祖先绑定或不绑定 FAD。无论是哪种情况，JC 树呈现的进化历史比 K2P 树需要潜在/实际 FAD 绑定位点的更复杂的进化。

用 16S RNA 例子中同样的方法，用 PHYML 和 AIC 获得的合适的进化模型是 REV，位点突变速率为 Gamma 分布，这次也包括一个用于完全保守（不变）的位点的参数（REV+Γ+I)。用这个模型和重构树的最大似然法，获得了图 7.23A 中的树。从 FAD 绑定位点进化的角度，这个树显示了比 NJ 树更简单的进化，因为所有的 3 个聚类（红色、橙色和绿色）都是单系同源的。这可能是更喜欢这个树的一种直观原因，但选择模型的方法和最大似然的使用是更喜欢这个树而不喜欢图 7.22 的正确基础。

现在这个树能用于预测两个序列的蛋白质功能，这两个序列来自 Shigella flexneri 和 Erwinia carotovora（图 7.23A 中突出显示），以前没有指派的功能。Shigella 序列与大肠杆菌的 OXC（草酰辅酶 A 脱羧酶）非常接近，几乎将有同样的生物化学功能。Erwinia 序列也在树的那个区域，但它和任何实验测定功能的蛋白质都不是非常相似。尽管它离乙醛酸醛连接酶（GCL）聚类也不远，但从它的位置看，它可能与 OXC 或丙酮酸氧化酶（POX）的功能类似。这种类型的分析被叫做**系统发育基因组学（phylogenomics）**，由于现有的大量基因组序列都没有功能相关的实验数据，系统发育基因组学变得越来越重要。

如果树沿着分隔绑定 FAD 和不绑定 FAD 的蛋白质的分支是有根的（图 7.22B)，可以清楚地看到乙酰乳酸合成酶 ALS1、ALS2 和 ALS3 聚类来自发生在物种分歧之前的两个基因复制事件。注意（允许一些基因丢失）每个聚类有几乎一致的物种拓扑结构。从分支的顺序，可以看出第一个复制事件产生了 *ALS3* 基因世系，另一个世系随后复制得到 *ALS1* 和 *ALS2*。可以忽略树这部分的 ALS 1JSC 序列，因为这个蛋白质是酵母的蛋白质，作为超家族这部分已知的最近结构而被引入。从数据库中检查更多的序列表明 *ALS* 基因的复制似乎只发生在肠道细菌里，因此是在肠道细菌与其他 Gammaproteobacteria 发生分歧之后。

这里我们将不再继续这个研究，但是有一些明显的继续研究的方法。首先，可以比较树表示的假设，如图 7.22 和图 7.23，了解 FAD 绑定酶的不同组是单系起源的可靠程度。这用最大似然法是很容易做的，因为大多数的 ML 程序允许用户输入它们自己的树拓扑结构。其次，可以检查超家族的其他区域，了解它们更多的进化历史。最后，可以尝试通过仔细的选择和序列比对构建一个超家族完整的进化树。用这样的方式，可能揭示进化历史，改进相关序列的功能预测。

总结

系统发生树反映了一组物种或一组同源基因的进化历史，由同源序列多重序列比对中包含的信息构建。它们建立在一般的假设上，两个序列相互越相似它们将越密切相关。因此一组已有的同源序列的进化可以用一个分支树的形式表示，底部是假设的共同祖先序列，分支顶端是现存序列，内部节点上是中间的假色祖先。

选择序列是重要的，由所需树的类型来决定。如果要构建一个反映一组物种间进化历史的精确的树，选择代表每个物种的序列应该是直系同源序列，且不包括那些可能由水平转移获得的基因。相反，基因家族树可以包括任何的能被准确对齐的同源序列。树可以是无根或有根的。为了获得一个树根，需要一个或一组已知的序列，它们离真实感兴趣的序列较远，但又足够相关可以做序列比对。在所有情况下，都有必要以最可能的多重序列比对开始，对编码蛋白质的区域意味着不用核苷酸序列。但是，由于核苷酸序列包含着进化历史，以一组核苷酸序列开始是非常常见的，将它们转换成编码蛋白的序列用于做序列比对，然后将比对结果转换回核苷酸序列用于实际构树。

有各种构树的方法和算法。一些直接从多重序列比对开始，而另一些用比对的每对序列计算的进化距离。距离法倾向于生成一个单独的树，而其他的方法通常产生一组树，为了选择最可能正确的树，必须用额外的技术比较和评估。在所有的情况下，这些方法需要与一个简化的分子进化模型一起使用，用于考虑序列进化上的某些约束，而且不是所有的进化历史在序列比对中都能看到。一般地，不同的方法和模型将产生不同的树，因此对数据做出最好的选择是很重要的。假定不同的方法得出不同的树，不是所有的树特征都被数据同等好的支持，应该仔细考虑生成树的方法没有过多地解释系统发生树。

名词解释

additive tree（加性树）：分支长度是进化的定量度量，任意两个分类单元间的进化距离由连接它们的分支长度的总和表示。可以是有根树，也可以是无根树。

Akaike information criterion（AIC）（Akaike 信息量准则）：定义为$-2\ln L_i+2p_i$，其中L_i是用进化模型i得到的最优树的最大似然值，计算过程中有p_i个参数。

analogous enzymes（同工酶）：功能相似但序列不相关的酶。

ancestral state（祖先状态）：指生物特征在祖先中的状态。

Bayesian information criterion（BIC）（贝叶斯信息量准则）：依赖于数据集的大小N和p_i，定义为$-2\ln L_i+p_i\ln(N)$。

Bayesian method（贝叶斯方法）：比最大似然法更近了一步，包括树拓扑结构的似然值。

biased mutation pressure（偏好的变异压力）：密码子第三位置的核苷酸替代通常是同义的，在这些位点接受的变异速率比第一和第二位置更高。

bifurcating 或 dichotomous（两分叉）：系统发生树的任何内部节点理论上都应该有三个分支：一个是祖先，另两个是后代。这种分支模式称为两分叉。

bootstrap analysis（bootstrap 分析）：利用同一数据集的不同抽样来重复构树，以估计对拓扑特征的支持度。

branche（分支）或 edge（边）：系统发生树上物种之间的连线。

clade（单系分支）：一个分类单元及其所有后代组成的一组分类单元。

cladogram（进化分支图，进化树）：一个有根的进化分支树，展示了分类单元之间的家系关系，但是没有任何时间和分歧程度。

condensed tree（可信树）：移走所有 bootstrap 支持度不高的内部分支后得到的树。

consensus features（一致特征）：多个树或某些树的共有特征。

consensus tree（一致树）：只保留多个树或某些树的共有特征而得到的树。

distance correction（距离修正）：将序列对齐中的观察距离转换为更接近正确的进化距离的值。

external node（外部节点）或 leave（叶子节点）：系统发生树中还没有进化成新物种的现有物种，或者是没有任何后代的灭绝物种。

fully resolved（全解析树）：树的所有的内部节点有 3 个分支，意味着它为所有的物种形成或基因重复事件都假定了一个位置。

gene duplication（基因重复）：一个基因在同一基因组中重复的过程。

gene loss（基因丢失）：假基因将稳定地积累变异直到不再能检测到它们，这整个过程称为基因丢失。

general time-reversible model（普通时间可逆性模型）：允许各种碱基替换比率，并且可以由特定碱基组成的一种构建核苷酸序列演化的模型。

hierarchical likelihood ratio test（hLRT）（等级似然比检验）：比较两个进化模型的一种方式。能用于一个模型嵌套另一个的情况。如果一个模型有更多的参数从而比另一个模型更灵活，后者嵌套在前者中，限制参数的特定值就可能把复杂的模型转换成简单的模型。

homoplasy（趋同性）：非同源序列产生的序列相似性。

horizontal gene transfer（HGT）（水平基因转移）或 lateral gene transfer（LGT）（横向基因转移）：一个物种的基因被转移到另一个物种，用“水平”这个词对比于从双亲传到后代的垂直传播。

internal node（内部节点）：假设的进化过程中发生的祖先状态。

last common ancestor（最早共同祖先）：指两个或多个物种/序列在进化史上距离现在最近的祖先物种或序列。

least-squares（最小二乘法）：一种数学优化技术，它通过最小化误差的平方和来估计参数。

majority-rule consensus tree（多数一致树）：允许树在一定程度上的不一致。一个$X\%$的多数一致树将包括任何至少在$X\%$个树里发生的分支模式，这些是主要的模式。

maximum likelihood（ML）（最大似然）：假定一个给定的进化模型，估计树拓扑结构产生观察数据的似然值，并将产生最大似然值的拓扑结构作为对进化历史的最适当假设。

maximum parsimony（最大简约法）：基于序列比对，最小化重构系统发生树需要的变异个数。

minimum evolution method（最小进化法）：呈现当前数据的最合适树是那些有最小进化量的树，进化量由树的总分支长度来度量。

minimum evolution（最小进化）：见 minimum

evolution method。

molecular clock（分子钟）：假设所有分支有同样的常数的变异速率。

monophyletic（单系起源）：单系起源的一组分类单元中，包括了它们最近共同祖先的所有后代。

multifurcating or polytomous（多叉的）：树至少有一个内部节点含有 4 个或更多的分支。

negative (or purifying) selection（负选择或净化选择）：是指群体中出现有害基因时，携带该基因的个体会因为生存力降低而从群体中淘汰。负选择将导致比期望值更少的非同义突变，表明突变被强烈地反对，序列会保守。

Newick or New Hampshire format（Newick 或 New Hampshire 格式）：一种用以表示树所有划分的计算机可读的方式，每个划分被写成一个括起来的分类单元列表。

nonsynonymous（非同义突变）：一个核苷酸改变编码的氨基酸时，这种改变称为非同义突变。

operational taxonomic units (OTU)（分类单元）：一种类群（如生物、序列等），其数据被用来重建进化树。

ortholog sequence（直系同源序列）或 ortholog（直系同源）：不同物种中有共同祖先和共同功能的序列。

outgroup（外群）：与当前研究的主要物种或基因相对较远的一组同源序列。

paralogous（旁系同源）：由基因重复事件产生的一对基因。

paralog（旁系同源基因）：见 paralogous。

partially resolved tree（部分解析树）：系统发生树的分支模式是多叉的。

***p*-distance（*p*-距离）**：计算序列对齐位置上不一致的比例，是估计进化距离的最简单方式。

phylogenetic tree（系统发生树）：表明有共同祖先的各物种相互间演化关系的树。

phylogenomics（系统发育基因组学）：系统发育学和基因组学的交叉学科，用基因组数据重构系统发生树研究进化历史。

positive selection（正选择）：当一个群体中出现能够提高个体生存力的突变时，具有该基因的个体将比其他个体留下更多的子代，而突变基因最终在整个群体中扩散。这种选择被称为正选择。

pseudogenes（假基因）：变异到不再产生蛋白质产物的基因。

reconciled tree（协调树）：将基因树的节点映射到物种树的分支和节点上。

rooted tree（有根树）：从最早共同祖先（last common ancestor），即根（root）开始，随着时间的连续分支事件引起的一组相关物种的分歧。

root（根）：所有分类单元的最早共同祖先。

speciation event（物种形成事件）：产生两个后代分歧物种的事件。

species tree（物种树）：当不同物种的直系同源序列被用于确定物种之间的关系时，会用物种名标记分类单元。这样的树称为物种树。

split 或 partition（划分）：将树细分或拆分成子组的集合。树中每个分支连接两个节点，如果移走了这个分支，树就被分成了两部分。这样的分割称为 split 或 partition。

strict consensus tree（严格的一致树）：只包括在所有树中出现的特征，是完全支持的。

superfamily（超家族）：同源的家族被归类为超家族。组成超家族的蛋白质家族会有不同的（但通常是相关的）功能，超家族的成员之间是同源的，但可能互相有不同的功能。

synonymous mutation（同义突变）：不改变编码氨基酸的核苷酸变异。

syntenic（同线性）：不同物种的等价区域。

transition/transversion ratio（转换/颠换比）：观察到的转换突变对颠换突变的相对偏好性，写作 R，定义为被研究序列在进化过程中每个颠换对应的转换的个数。

transition（转换突变）：如果一个嘌呤碱基在突变时被替换成另一个嘌呤碱基，或嘧啶被替换成嘧啶，结构的变化将会很小。称为转换突变。

transversion（颠换突变）：嘌呤变成嘧啶，或嘧啶变成嘌呤的突变。

tree topology（树的拓扑结构）：树的的分支方式，各类群相互连接的形式。

ultrametric tree（等距树）：除了有加性树的属性外，它假设所有分支有同样的常数的变异速率。等距树都有一个树根，树的一个轴直接和时间成比例。

unrooted trees（无根树）：表示分类单元之间的进化关系，但不鉴别最早共同祖先。

unweighted pair-group method using arithmetic averages (UPGMA)（不加权组平均法）：假设序列以一个恒定的速率进化（分子钟假设），并生成有根分家树，所有序列到最近共同祖先的距离相同。

xenologous（异向同源）：不同物种间水平转移产生的基因。

扩展阅读

综合的关于进化模型的理论背景和构树的若干技术

的进一步信息，见第 8 章和其中的参考文献。

在这个领域已经有许多书，下面的几本书条理特别清晰。

Felsenstein J (2004) Inferring Phylogenies. Sunderland, MA: Sinauer.

Nei M & Kumar S (2000) Molecular Evolution and Phylogenetics. New York: Oxford University Press.

7.1 系统发生树的结构与解释

系统发生树重构进化关系

Gaucher EA, Thomson JM, Burgan MF & Benner SA (2003) Inferring the palaeoenvironment of ancient bacteria on the basis of resurrected proteins. *Nature* 425, 285-288.

描述树拓扑结构的几种方式

Maddison DR, Swofford DL & Maddison WP (1997) NEXUS: An extensible file format for systematic information. *Syst. Biol.* 46, 590-621.

NHX (New Hampshire Extended) http://www.phylogenomics.us/forester/NHX.html

一致树和可信树给出了树拓扑结构的比较结果

Iwabe N, Kuma K & Miyata T (1996) Evolution of gene families and relationship with organismal evolution: rapid divergence of tissue-specific genes in the early evolution of chordates. *Mol. Biol. Evol.* 13, 483-493.

Page RDM & Charleston MA (1997) From gene to organismal phylogeny: reconciled trees and the gene/species tree problem. *Mol. Phylogenet Evol.* 7, 231-240.

7.2 分子进化及其结果

各种类型碱基替换的可接受突变率通常是不同的

Janacek LL, Honeycutt RL, Adkins RM & Davis SK (1996) Mitochondrial gene sequences and the molecular systematics of the Arteriodactyl subfamily Bovinae. *Mol. Phylogenet. Evol.* 6, 107-119.

Nei M & Kumar S (2000) Molecular Evolution and Phylogenetics, chapter 4. New York: Oxford University Press.

密码子的不同位置有不同的突变率

Nei M & Gojobori T (1986) Simple methods for estimating the numbers of synonymous and nonsynomymous nucleotide substitutions. *Mol. Biol. Evol.* 3, 418-426.

Muto A & Osawa S (1987) The guanine and cytosine content of genomic DNA and bacterial evolution. *Proc. Natl Acad. Sci. USA* 84, 116-119.

Goldman N & Yang Z (1994) A codon-based model of nucleotide substitution for protein-coding DNA sequences. *Mol. Biol. Evol.* 11, 725-736.

Yang Z (2002) Inference of selection from multiple sequence alignments. *Curr. Opin. Genet. Dev.* 12, 688-694.

只有直系同源基因被用于构建物种的系统发生树

Brown JR (2003) Ancient horizontal gene transfer. *Nat. Rev. Genet.* 4, 121-132.

Cannon SB & Young ND (2003) OrthoParaMap: distinguishing orthologs from paralogs by integrating comparative genome data and gene phylogenies. *BMC Bioinformatics* 4, 35.

Doolittle WF (1999) Phylogenetic classification and the universal tree. *Science* 284, 2124-2128.

Fitch WM (2000) Homology: a personal view on some of the problems. *Trends Genet.* 16, 227-231.

Galperin MY, Walker DR & Koonin EV (1998) Analogous enzymes: independent inventions in enzyme evolution. *Genome Res.* 8, 779-790.

International Chicken Genome Sequencing Consortium (2004) Sequence and comparative analysis of the chicken genome provide unique perspectives on vertebrate evolution. *Nature* 432, 695-716.

de Koning AP, Brinkman FSL, Jones SJM & Keeling PJ (2000) Lateral gene transfer and metabolic adaptation in the human parasite *Trichomonas vaginalis*. *Mol. Biol. Evol.* 17, 1769-1773.

Loftus B, Anderson I, Davies R et al. (2005) The genome of the protist parasite *Entamoeba histolytica*. *Nature* 433, 865-868.

Ragan MA (2001) Detection of lateral gene transfer among microbial genomes. *Curr. Opin. Genet. Dev.* 11, 620-626.

Ridley M (2004) Evolution, 3rd ed, . pp 427-430. Oxford: Blackwell.

Tatusov RL, Koonin EV & Lipman DJ (1997) A genomic perspective on protein families. *Science* 278, 631-637.

Tatusov RL, Fedorova ND, Jackson JD, et al. (2003) The COG database: an updated version includes eukaryotes. *BMC Bioinformatics* 4, 41.

影响基因组大片区域的较大改变出乎意料的普遍

Blanc G, Hokamp K & Wolfe KH (2003) A recent polyploidy superimposed on older large-scale duplications in the Arabidopsis genome. *Genome Res.* 13, 137-144.

Blanc G & Wolfe KH (2004) Functional divergence of duplicated genes formed by polyploidy during Arabidopsis evolution. *Plant Cell* 16, 1679-1691.

Lynch M & Katju V (2004) The altered evolutionary trajectories of gene duplicates. *Trends Genet.* 20, 544-549.

7.3 系统发生树构建

核糖体小亚基 rRNA 的序列很适合用于重构物种的进化

Cole JR, Chai B, Farris RJ et al. (2005) The Ribosomal Database Project (RDP-II): sequences and tools for highthroughput rRNA analysis. *Nucleic Acids Res.* 33, D294-D296.

Consortium for the Barcode of Life. http://www.barcoding.si.edu/

Woese C (1998) The universal ancestor. *Proc. Natl Acad. Sci. USA* 95, 6854-6859.

构树方法的选择一定程度上依赖于数据集的大小和质量

Jones M & Blaxter M (2005) Animal roots and shoots.

Nature 434, 1076-1077.

必须要选择一个进化模型

Felsenstein J (1981) Evolutionary trees from DNA sequences: a maximum likelihood approach. *J. Mol. Evol.* 17, 368-376.

Felsenstein J (2004) Inferring Phylogenies, chapter 19. Sunderland, MA: Sinauer.

Hasegawa M, Kishino H & Yano T (1985) Dating of the human-ape splitting by a molecular clock of mitchondrial DNA. *J. Mol. Evol.* 22, 160-174.

Jukes TH & Cantor C (1969) Evolution of protein molecules. In Mammalian Protein Metabolism (MN Munro, ed.) pp 21-132. New York: Academic Press.

Kimura M (1980) A simple model for estimating evolutionary rates of base substitutions through comparative studies of nucleotide sequences. *J. Mol. Evol.* 16, 111-120.

Kimura M (1981) Estimation of evolutionary distances between homologous nucleotide sequences. *Proc. Natl Acad. Sci. USA* 78, 454-458.

Nei M & Kumar S (2000) Molecular Evolution and Phylogenetics, pp. 154-158. New York: Oxford University Press. (*Expresses reservations about the use of AICs.*)

Posada D & Buckley TR (2004) Model selection and model averaging in phylogenetics: advantages of Aikaike Information Criterion and Bayesian approaches over likelihood ratio tests. *Syst. Biol.* 53, 793-808.

Rodriguez F, Oliver JF, Marin A & Medina JR (1990) The general stochastic model of nucleotide substitutions. *J. Theor. Biol.* 142, 485-501.

Tamura K & Nei M (1993) Estimation of the number of nucleotide substitutions in the control region of mitochondrial DNA in humans and chimpanzees. *Mol. Biol. Evol.* 10, 512-526.

Zharkikh A (1994) Estimation of evolutionary distances between nucleotide sequences. *J. Mol. Evol.* 39, 315-329.

16S RNA 序列小数据集的系统发生分析

Garrity GM (Editor-in-Chief) (2001) Bergey's Manual of Systematic Bacteriology, 2nd ed. New York: Springer-Verlag.

Taxonomy resources including numerous references at NCBI Taxonomy Website. http://www.ncbi.nlm.nih.gov/Taxonomy/taxonomyhome.html/

建立一个酶家族的基因树有助于说明酶功能的进化

Eisen JA (1998) Phylogenomics: improving functional predictions for uncharacterised genes by evolutionary analysis. *Genome Res.* 8, 163-167.

Naumoff DG, Xu Y, Glansdorff N & Labedan B (2004) Retrieving sequences of enzymes experimentally characterized but erroneously annotated: the case of the putrescine carbamoyltransferase. *BMC Bioinformatics* 5, 52.

Sjölander K (2004) Phylogenomic inference of protein molecular function: advances and challenges. *Bioinformatics* 20, 170-179.

第 8 章　构建系统发生树

当你读完第 8 章时，你应该能够：

描述从联配序列中估计进化距离的模型；
描述用于估计特定突变的时间依赖性概率的模型；
使用序列间的进化距离重建系统发生树；
比较用于产生拓扑结构的方法；
直接使用联配重建系统发生树；
评估用于计算分枝长度的方法；
用于比较不同树的拓扑结构的评估方法；
展示评估不同树特征的可靠性的数量化方法。

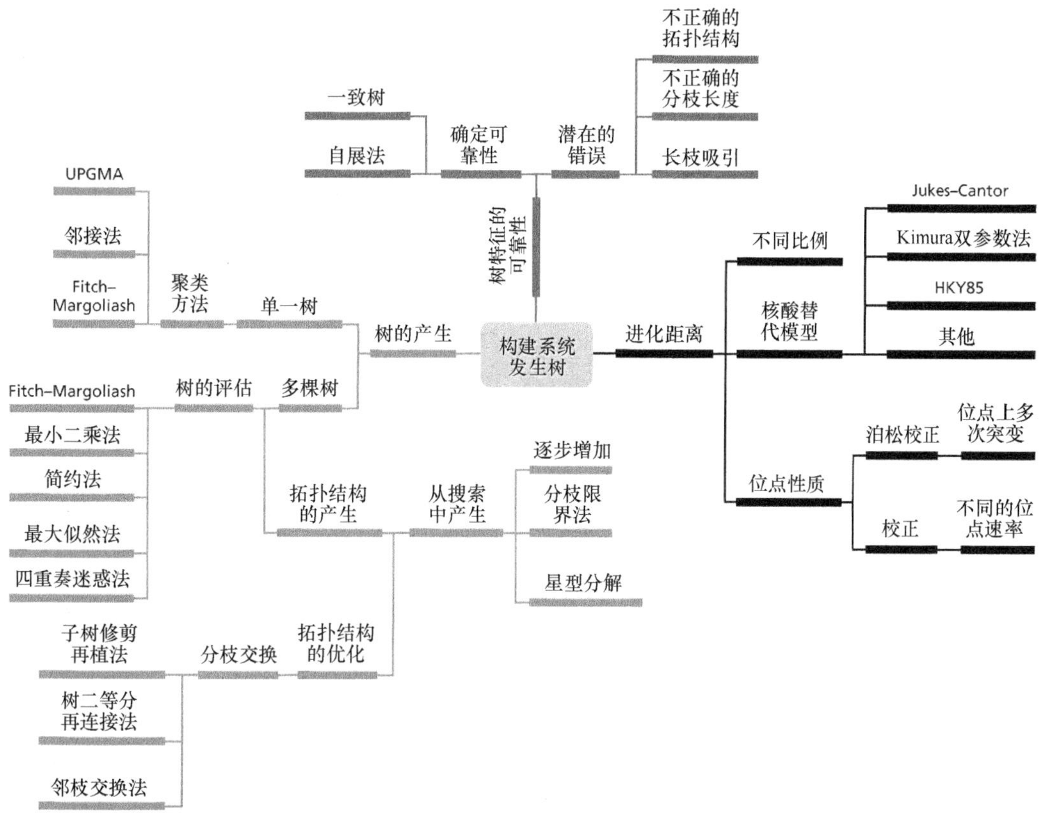

思维导图 8.1　此思维导图表示了构建系统发生树中所涉及的技术。包括产生树、进化距离的计算和树的可信度。

本章论述了用序列联配排列数据以重建系统发生树的算法和技术的理论基础。这些技术大多是基于分子进化的特定模型，第 7 章中已经简要介绍了这些模型。在距离构树方法中，使用的模型是用来估计序列间的进化距离，这些距离成为产生树的原始数据，随之产生了重建进化史的系统发生树。其他的构树方法直接使用序列联配数据和特定的进化模型。我们将会看到，后面这些方法探索了多种不同树的拓扑结构并产生了几种可能存在的树。所有的非距离方法都有一个共同的能力，能给任何树拓扑评分，我们将回顾这些评分的多样化功能。最后，我们将讨论几种方法，用这些方法得到的树来检验给定的特征是否正确。7.1 节描述了进化树的基本类型和术语，7.2 节介绍了关于分子进化的一些关键概念。在这里我们假定：本章中的所有讨论都假设用于分析的联配排列是同源序列联配。

8.1 进化模型和进化距离的计算

可靠的序列联配分析表明了一些主导突变产生的基本规则，突变(over time)导致了 DNA 序列上的变化（见 7.2 节）。所有构树方法中使用的分子进化模型中都已整合了上述观察（流程图 8.1）。我们这一章的重点将是基因而不是蛋白质序列，大多数讨论的突变和进化模型主要是和核苷酸序列相关。不过，用于氨基酸序列进化的方案和 5.1 节中描述的 PAM 评分矩阵十分相似。非常简单的模型就可以较轻易地概括核苷酸序列进化的某些特征，采用实际可行的方法整合证明是非常困难的，且经常被忽略。在描述了目前较多使用的一些简单的模型后，我们将简要讨论，目前建模中存在的一些不恰当的特征。

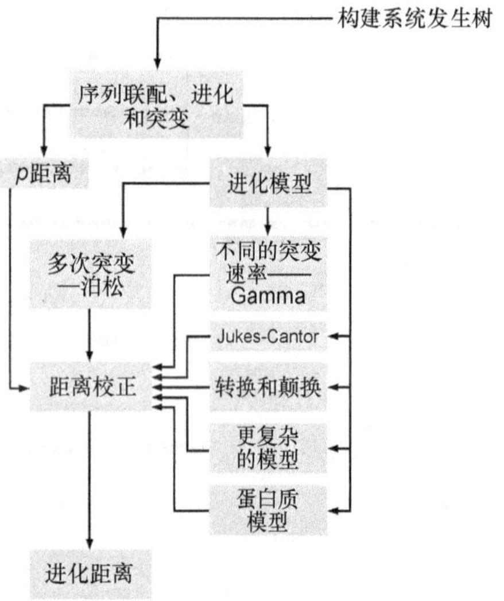

流程图 8.1　在本节引入了两个关键概念。首先，在一个联配中通常需要修正观察到的序列差异，以使它们进化距离上线性依赖。其次，已提出了一些替代方法，但往往和序列进化模型相关。

一个简单但不精确衡量进化距离的是 p 距离

正如第 7 章中的解释，两个序列之间的进化距离是估计这些序列从共同的祖先分化后发生突变的数目。最简单的，不切实际的进化距离的测度是联配差异的分数，也就是，在两条联配后序列有不同碱基位点的观察分数。如果两个序列的联配包含 L 个位点（不计算其中一条序列的空缺位点），其中 D 个位点不同，则**联配差异的比例值（fractional alignment difference）**，通常 p 距离为

$$p = \frac{D}{L} \tag{8.1}$$

式（8.1）是一个进化距离，但也可以作为一个位点发生变异的概率估计，在后面的一些讨论会用到这种方式。

正如在第 7.2 节解释的，这种测度通常对于严肃认真的工作来说太不精确了。对于缓慢的突变速度和（或）短期进化的时间，很少观测到序列差异。因此，对于经常用于重建系统发生树的相对较短的序列，在序列间存在大量的统计波动，导致估计 p 距离时可能发生较大误差。更经常遇到的情况是，在较长的进化时间上，许多位点上不止发生了一次突变。因此，观察到的差异是对于已经在该段时间发生的变异总数的一个低估，而这些总数正是我们用于构建系统发育进化树的。最后，并非所有物种以相同的速度进化，并且同一物种的所有基因也不一样，因为它们在不同的时间段内经历着不同的进化压力。在足够长的时间内可能偶然出现平均，但并不表示这是必然的。为了考虑 p 距离中这些误差的来源，需要通过应用一个更复杂的进化模型修改进化距离的测度。

Poisson 校正距离考虑了同一位点上的多次突变

假设同一位点上的突变概率遵循 Poisson 分布，在每个时间单位每个位点上以相同的变异速度 r 进行，可以推导出一个简单的 p 距离的校正。过了一段时间 t，平均每个位点的平均突变数目将是 rt。式 $e^{-rt}\ (rt)^n/n!$ 给出了给定位点和时间 t 上的突变概率。我们要得出一个公式，关于观察到的变异位点（p 距离）和实际发生的位点之间的分数，实际发生的变异数目无法从数据中测量。

考虑两个序列在时间 t 时发生分歧。假设突变符合 Poisson 分布，每条序列的位点上没有发生突变的概率由 e^{-rt} 给出。因此，没有序列在那个位点发生突变的概率表示为 e^{-2rt}。我们还假设以下这种情况不会发生，一个位点上发生了几次突变导致两条序列相同，如在相同的序列位点发生了相同的突变。在这种情况下，此概率可以等同于相同位点的观察分数，为（$1-p$），其中 p 为 p 距离。

因为每个序列都从共同的祖先独立地进化而来，它们彼此的进化距离 $2rt$，我们写为 d。这种进化距离 d 衡量了每个发生突变位点上的平均突变数目，而不是从分歧开始的时间。从而可推导公式

$$1-p=e^{-d} \tag{8.2}$$

从式（8.2）我们可推导出 **Poisson 校正距离（Poisson corrected distance）**

$$d_p=-\ln(1-p) \tag{8.3}$$

这种修正的进化距离 d_p，从 $p>2.5$ 时开始和 p 距离出现显著的偏离（图 8.1）。

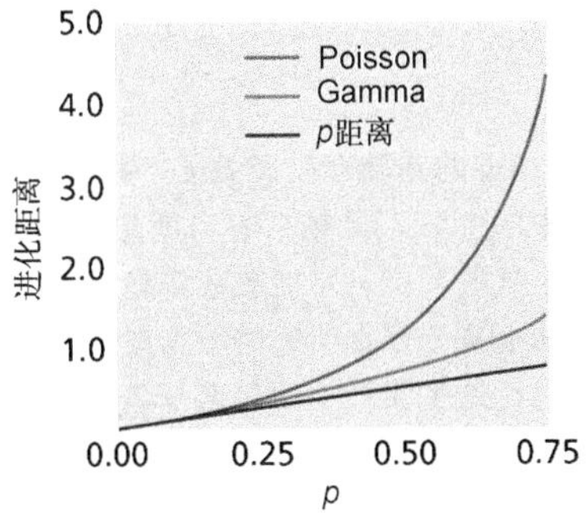

图 8.1　3 种估计序列间的进化距离方法的比较。式（8.1）中的 p 是指 p 距离（不同联配残基的分数），分别应用了 Poisson 分布值 d_p［式（8.3）］和 Gamma d_r［式（8.4）］校正获得的值和 p 距离比较的绘制图。Gamma 距离中使用的 $\alpha=0.70$（图 8.2）。纵轴给出的校正距离，特别是 Gamma 距离，和 p 的相差较大。p 值低于 0.2 时校正的影响效果很小。

Gamma 校正距离考虑了不同的序列位点上突变速率的差异

另一种证明存在疑问的假设是，序列上的不同位置有相同的突变速度，也就是说，假设只有一个值 r，将适用于整个序列。对于蛋白质编码序列和其他功能序列，这与事实不符。1971 年，Thomas Uzzell 和 Kendall Corbin 报道了 **Gamma 分布（Γ）**，能有效地模拟真实的突变速率的变化。通过一个决定了位点变异的参数 a，可以得出这种分布（图 8.2）。利用这点，有可能得出一个修正距离，称为 Gamma 距离 d_Γ

$$d_\Gamma=a[(1-p)^{-1/a}-1] \tag{8.4}$$

式中，p 是指 p 距离；a 值是从真实的蛋白质序列估计而来，它的范围为 0.2～3.5。Gamma 距离和 p 距离的差异在 $p<0.2$ 时并不显著（图 8.1），不过 p 值更大时，则出现了明显分歧。

Jukes-Cantor 模型再现了核苷酸序列进化的一些基本特征

目前为止这种突变模型的描述不包括任何有关序列化学性质的信息，这表示它可以直接应用到核苷酸和蛋白质序列。有些进化模型的建立是针对核

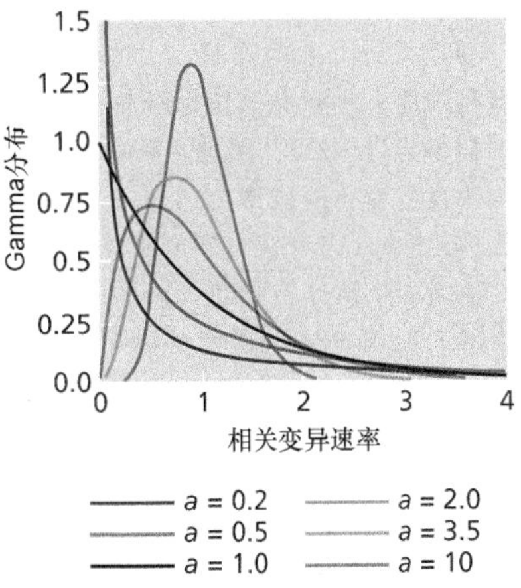

图 8.2　Gamma 分布模型在不同的序列位点有相应的变异速度。Gamma 分布有一个参数 α，对参数 α 进行调整后使 α 有一个平均值 1。在 α 具有一个较大值时，分布趋近于所有位点拥有相同的变异速率的情况。当 α 的值较低时，变异速率有较大差异。对于蛋白质序列数据 α 的范围经常估计为 0.2～3.5。

苷酸序列。这种类型的一个最简单的模型是由 Thomas Jukes 和 Charles Cantor 提出的。此模型提出了一些假设，在大多数情况下是不正确的，但是，尽管这样仍然可证明此模型的有效性。它的简单性使我们能够推导出两条序列间进化距离的公式。在后面我们将描述一些更复杂的模型，它们给出了相同的结果，但确没有经过证明。

在 Jukes-Cantor（JC）模型中假设所有位点是独立的，并拥有相同的突变速率。此外，假定了单位时间内以同样的速度发生所有可能的核苷酸替换。可以用如下的一个矩阵表示替代速率：

$$\begin{array}{c} \\ A \\ C \\ G \\ T \end{array}\begin{array}{c} \begin{array}{cccc} A & C & G & T \end{array} \\ \begin{pmatrix} -3\alpha & \alpha & \alpha & \alpha \\ \alpha & -3\alpha & \alpha & \alpha \\ \alpha & \alpha & -3\alpha & \alpha \\ \alpha & \alpha & \alpha & -3\alpha \end{pmatrix} \end{array} \tag{8.5}$$

式中，矩阵的行和列代表所示的 4 种不同的碱基。突变发生于从第 i 行到第 j 列。每行的总和为零，表示位点数量（即序列长度）保持不变。此外，每列的总和为零，表示每个碱基的数量（即碱基的组成）保持不变。

假设一个祖先序列从时间 t 开始分歧为两个相关序列。在时间 t 后，两个序列间相同位点的比值为 $q(t)$，不同序列位点的比值为 $p(t)$，使 $p(t)+q(t)=1$。我们可以计算出在时间 $t+1$ 后，相同位点的比例值可以写作 $q(t+1)$。如果我们用 α 限制（α 通常非常小，因此在比较中可以忽略 α^2），则在时间

$t+1$ 时要获得相同位点的方法只有两种。因为在时间 t 和 $t+1$ 间，位点上的碱基以 α 的概率变异为其他 3 种碱基中的一种，在这段时间内位点上没有发生突变的概率为$(1-3\alpha)$。因此，一对相同残基在这段时间内不发生变异的概率为$(1-3\alpha)^2$，忽略 α^2 可以近似为$(1-6\alpha)$。因为在时间 t 内相同位点的概率为 $q(t)$，我们可以预计在时间 $t+1$ 内概率$(1-6\alpha)q(t)$维持不变。时间 $t+1$ 取得完全相同的位点的其他方法是，如果联配的残基在时间 t 时不同，但要一个发生的变异和另一个的变异相同的概率是$p(t)$。在那段时期中，一个碱基变异为其他 3 个碱基中的一个的概率是 α，但其中只有一个碱基和另一条联配序列的碱基一致。另一条序列上这个位点不可以有突变，正如已经讨论过的，这个概率是$(1-3\alpha)$。此外，这一事件的发生有两种相同的方法，取决于两个联配碱基的突变。从而在时间 t 和 $t+1$ 间发生此类事件的可能性为 $2\alpha(1-3\alpha)\ p(t)$。忽略 α^2，则为 $2\alpha p(t)$。因此，在时间 $t+1$ 时相同位点的概率 $q(t+1)$为

$$q(t+1)=(1-6\alpha)q(t)+2\alpha p(t) \qquad (8.6)$$

式（8.6）可以用来估计 q（t）对于时间 t 的导数［撤换 $p(t)=1-q(t)$］

$$\frac{\mathrm{d}q(t)}{\mathrm{d}t}=q(t+1)-q(t)=2\alpha-8\alpha\, q(t) \qquad (8.7)$$

可以代入式（9.7）很容易地求证：

$$q(t)=\frac{1}{4}(1+3e^{-8\alpha t}) \qquad (8.8)$$

式中，条件为时间 $t=0$ 时两条序列所有对应位点都是相同的［$q(0)=1$］。请注意，时间无限长时 $q\infty=1/4$，所以即使联配不相关的核苷酸序列时，这个模型也至少会预测出 25%的一致度。最后，每条序列上的每个位点在时间 t 内的突变概率预计为 $3\alpha t$。在任何时候，每个位点上都是一个特定的碱基，这个碱基将以 α 的速度变异为其他 3 种碱基中的一种。因此，在此模型中两条序列间的进化距离是 $6\alpha t$。移项式（8.8），用 p 表示可以获得此校正距离(d_{JC})

$$d_{JC}=-\frac{3}{4}\ln\left(1-\frac{4}{3}p\right) \qquad (8.9)$$

要获得一个校正距离的值，可以简单地用 p 替代联配中不同位点的观察比例数。这种尝试说明了同一位点上多次突变比 Poisson 校正的更复杂，但是在式（8.3）和式（8.9）间有明显的相似性。

更复杂的模型区分不同类型突变的相对频率

在 JC 模型的基础上已经做了一些改进，在这里只讨论其中的少数。虽然很容易断定以前是更真实的模型，但这些并不一定能更有效地表示实际数据。它们的成功取决于根据研究的数据集的实际进化史，在 7.3 节中讨论了实践中如何选择最好的模型。

一种 JC 模型的改进包括转换和颠换速率的区分，正如 7.2 节所描述的和图 7.8 所示的那样。为了区分转换和颠换的不同速率，对它们分别给予了不同的值 α 和 β。如果这是唯一对 JC 模型作出的改进，由此产生的此模型称为 Kimura 双参数（K2P）模型，速率矩阵为

$$\begin{array}{c} \\ \mathrm{A} \\ \mathrm{C} \\ \mathrm{G} \\ \mathrm{T} \end{array}\begin{array}{c} \begin{array}{cccc} \mathrm{A} & \mathrm{C} & \mathrm{G} & \mathrm{T} \end{array} \\ \begin{pmatrix} -2\beta-\alpha & \beta & \alpha & \beta \\ \beta & -2\beta-\alpha & \beta & \alpha \\ \alpha & \beta & -2\beta-\alpha & \beta \\ \beta & \alpha & \beta & -2\beta-\alpha \end{pmatrix} \end{array} \qquad (8.10)$$

此模型产生了一个校正距离 d_{K2P}，给出：

$$d_{K2P}=-\frac{1}{2}\ln(1-2P-Q)-\frac{1}{4}\ln(1-2Q) \qquad (8.11)$$

式中，P 和 Q 分别是联配位点上两个碱基的转换或颠换突变的观察分数。这些值是从真实的联配数据中获得。注意 p 距离或 p，等于 $P+Q$。转换-颠换比率，通常写作 R，在 K2P 模型中定义为 $\alpha/2\beta$。正如在专栏 8.1 中解释的，R 可以从数据中获得，但为了应用由上述公式定义的校正距离时则不需要 R。

专栏 8.1　计算转换/颠换速率比 R

计算转换/颠换速率比 R 有十分充分的理由。并非所有的进化模型都包括这种突变的偏好，且如果可以分析序列数据的话，将有助于检测已经发生了这种突变倾向的信号。这将有助于选择一个适当模型，并给出需要的参数值。最简单的包括转换/颠换速率比的进化模型是 Kimura 双参数（K2P）模型，我们将集中讨论应用该模型作为校正距离，这不需要 R 值，因为校正公式并没有直接涉及此参数［式（8.11）］。

给出两条核苷酸序列的联配，很容易辨认那些位点上发生的两个联配碱基间的转换或颠换变异。在联配中这两种类型的位点的比例在式（8.1）中分别称为 P 和 Q。在模型需要转换/颠换速率比 R 时，可以在模型中使用比例值 P/Q 作为 R 的值，如 K2P 模型，但实际上，在这里将解释这通常是该参数的一个较差估计。

回想一下，在K2P模型使用了实际转换率(α)和颠换率(β)[式（8.10)] 其中给出了R。然而，K2P模型分析中的校正距离单独使用了P和Q来表示，因为它们是直接从序列联配中观察得来的。当使用P/Q作为R的一个估计时会有一个问题，我们将使用同等于JC模型［式（8.8)］的K2P模型的公式，如上所定义的P和Q将随时间t变化，即

$$P(t)=\frac{1}{4}\left(1-2e^{-1(\alpha+\beta)t}+e^{-8\beta t}\right) \tag{B8.1}$$

和

$$Q(t)=\frac{1}{2}\left(1-e^{-8\beta t}\right) \tag{B8.2}$$

使用这些公式，我们可以计算P、Q和R的预期值，并且它们的值随时间变化（图B8.1)。请注意，对无限长的分化时间，不考虑α和β的绝对或相对值，P将趋于1/4，Q将趋于1/2，剩余的1/4是两条序列间的相同位点。因此，在这个模型中，对于高度分化的序列，不论实际的转换/颠换的偏好性，P/Q的值将总是接近于1/2。较短的分歧时间从这些公式中能给出P和Q的估计值，揭示了基本突变偏好性，但在图B8.1中看到，仅测量最近的分歧序列给出的R的估计值将最接近真实值。然而，密切相关的序列上少数突变可能使这样的估计变得非常不可靠，除非能获得较长序列，这样才能观察突变的统计。

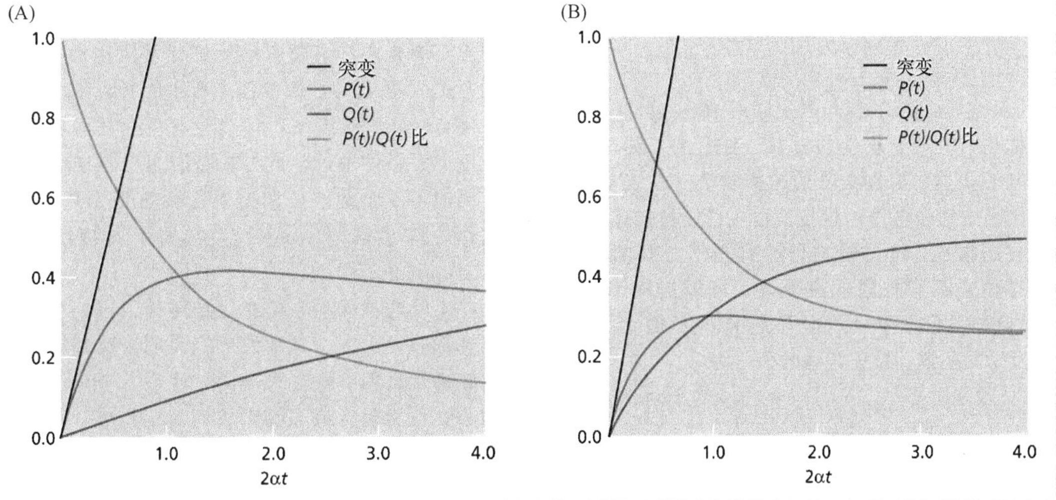

图B8.1　证明使用P/Q值不适合作为转换/颠换速率比R的估计的一个例子。假设完整的Kimura双参数模型。根据K2P模型对$2\alpha t$绘制序列联配上的期望位点，是转换突变（蓝线）或颠换突变（粉红色）在两个联配碱基间发生的转换，$2\alpha t$是从分歧时间t开始两个序列上每个位点实际发生转换总数。使用了两种不同的R值来计算这些曲线：(A) $R=10$和（B) $R=2$。黑线代表了两条序列上所有位点实际发生的突变总数。绿色曲线显示了$P(t)/Q(t)$比值是一个可能的R值估计，它有一小部分可以作为R的正确值。绿色曲线上值1表示在这点上$P(t)/Q(t)$给出了正确的值；值0.8表明，只有80%的是正确值等。在比P/Q时，当只有极少数突变时，P/Q比值才是唯一接近于正确R的值。(图文后彩图)

通过重新排列式（B8.1）和式（B8.2)，可以得出下面的公式用以估计R:

$$R_{K2P}=\frac{-\ln(1-2P-Q)}{\ln(1-2Q)}-\frac{1}{2} \tag{B8.3}$$

假设有足够的序列数据获得良好的抽样统计时，这个公式总是能可靠地估计R。

然而，即使式（B8.3）一直受到批评。R的计算值只涉及选择的两个序列。当分析一个真实的数据集时，针对多重联配中每对序列这个值可能不同。一种可能的解决方案是使用最大似然法估计一个最佳R的值。这个方法可以对所有的数据同步进行，并与其他模型参数的优化和树的重建同时运行（见扩展阅读)。

目前为止考虑的 JC 模型和 K2P 模型都预测 4 种碱基的组成是 1∶1∶1∶1。这几乎不可能是真实情况：多细胞真核生物的平均基因组 GC 含量为 40%，细菌则表现出广泛的差异，采用气相色谱测定的 GC 含量为 25%～74%（图 7.9）。考虑到特定的碱基组成 $\pi_A:\pi_C:\pi_G:\pi_T$ 可以很容易地修改速率矩阵。应用到 K2P 模型中，这种改进称为 HKYDS（M. Hasegawa，H. Kishino 和 T. Yano，他们的模型在 1985 年发表），矩阵为

$$\begin{array}{c} \\ A \\ C \\ G \\ T \end{array}\begin{array}{c} \begin{array}{cccc} \quad A & \quad\quad C & \quad\quad G & \quad\quad T \end{array} \\ \begin{pmatrix} (-2\beta-\alpha)\pi_A & \beta\pi_C & \alpha\pi_G & \beta\pi_T \\ \beta\pi_A & (-2\beta-\alpha)\pi_C & \beta\pi_G & \alpha\pi_T \\ \alpha\pi_A & \beta\pi_C & (-2\beta-\alpha)\pi_G & \beta\pi_T \\ \beta\pi_A & \alpha\pi_C & \beta\pi_G & (-2\beta-\alpha)\pi_T \end{pmatrix} \end{array} \quad (8.12)$$

已经提出了一些更复杂的模型，更多的，甚至全部的碱基替代类型都有自己的速率常数。在表 7.2 选择列出了一些较常用的模型，很多已经被描述过了。然而应当指出，这些模型仍然有些不正确的假设，即所有位点都有相同的突变率。可以应用 Gamma 分布帮助克服这一问题。如果是用于 JC 模型（JC+Γ 模型）的参数，校正距离的公式为

$$d_{JC+\Gamma} = \frac{3}{4}a\left[\left(1-\frac{4}{3}p\right)^{-1/a}-1\right] \quad (8.13)$$

进化树的重建方法存在着两种使用进化模型的方式。对于一些方法，得到并在联配数据中应用距离公式，如式（8.9）、式（8.11）和式（8.13），用以获得校正的进化距离。其他方法使用如式（8.8），计算沿特定长度的分支上所发生的突变概率。

对于后者的这些方法，必须指定模型中的参数的值，如 α、β 和碱基组成。虽然许多构建进化树的程序允许用户指定参数，但程序可能从研究数据中计算参数的值也是常见的。这些参数的其中之一，转换颠换速率比 R 的估计在专栏 8.1 中讨论，说明在许多情况下计算这些量并不困难，但也不是轻而易举的。

在进化模型中存在的一种很常见的假设是由于突变，序列位点的行为相同且独立。几乎没有序列片段是真正随机的，但是，因为它们几乎无一例外的在位点上表现出一些突变的相关性。这特别是在编码蛋白质的基因中，DNA 指定功能的 RNA，如 tRNA 和 rRNA，识别和结合调控基因和其他蛋白质的序列。所有这些经受了进化压，为了保存序列上重要的功能部分，从而在这些不同位点上显示了和序列其余部分不同的突变率。

就它们的性质而言，这些相关性是具有序列特异性的，因此不使模型具有序列特异性也不能在进化模型中适当地包括这些相关性。一个部分解决方案是在模型中包括一种方法，对具有相似进化性质的序列模块指定序列位点，如突变速率，此方法的一个过程是指定序列模块的边界。这种方法的一个例子是在 Gamma 校正中结合使用隐马尔可夫模型，此方法由 Joseph Felsenstein 和 Gary Churchill 提出（见扩展阅读）。

在 DNA 序列上存在核苷酸的偏好

如果序列是真正随机的，4 种碱基发生的期望频率值是相同的。考虑到 GC 和 AT 碱基对间不同的热稳定性差异，人们可能预计到碱基的偏好性，但这些都是简单地对温度的依赖。事实上，真实的情况更为复杂，如同所示的细菌基因组的 GC 含量的范围（图 7.9）。并非图上所示的所有细菌都生活在完全一样的温度下，但也没有生存在极度高温或极度低温条件下的。此外，基因组上不同区域也有不同的 GC 含量，在人类中这显然是个重要特征，这称为**等值区（isochore）**，它的不同特性将在第 10.4 节讨论。

不管这种碱基组成变化是何种原因，在模型中实现都非常困难。详细的研究表明，碱基组成的变化在进化过程中的方式不同，使每一个系统发生树的分支可能会显示不同组成的变化趋势。所有上面讨论的模型使用了固定且常见的碱基组成。已提出了某些方法用以解决这一问题，但这些方法还没有得到广泛的应用（见扩展阅读）。

蛋白质序列的进化模型和用于序列联配的替代矩阵密切相关

迄今为止的讨论集中于核苷酸序列，尽管一些概率，如 Poisson 校正，可以很容易地应用于蛋白质序列。任何蛋白质进化的模型都将和上述提及的模型有许多相似之处，但有一个 20 × 20 速率矩阵代表 20 种不同的氨基酸。蛋白质模型和 JC 核苷酸模型相关的是所有可能的变异只有一个速度，可以很容易地对这些突变进行分析，以产生一个距离校正公式

$$d_{JCprot} = -\frac{19}{20}\ln\left(1-\frac{20}{19}p\right) \quad (8.14)$$

式中，p 为两个蛋白质序列中完全相同的位点的比例数。

现在常见的做法是使用实验矩阵，这些矩阵是基于第 4 章和第 5 章中描述的替代打分方法。特别

是，PAM 矩阵应用到进化模型中。其中一个最流行的系统发育研究的蛋白质矩阵是由 David Jones、Willie Taylor 和 Janet Thornton 在 PAM 矩阵上作出的改进。这些模型的开发考虑了数据集特定的氨基酸组成（见扩展阅读）。

8.2 产生系统发生树

用于重建系统发生树有两种主要的技术。聚类方法逐步构建树，从一小部分序列开始，并在每步中逐渐增加一条序列。这些方法的输出结果是一棵树尝试重建序列之间的进化关系（流程图 8.2）。第二种方法，产生了许多不同拓扑结构的树，并且检测每棵树寻找最优的或者按照特定标准的最优。首先我们将讨论聚类方法，其次是其他技术。

聚类方法基于进化距离产生一个系统发育树

聚类方法的优势在于它们的速度和强度，以及它们能对大量序列，甚至上千条，重建系统发生树。在此相反，许多搜索树的拓扑结构的技术无法处理超过 100 条的序列。但是聚类方法的优点也伴随着缺点，即没有一个相关的衡量方法说产生的树怎么样才是适合数据的，因此不容易用替代树（如使用同样的技术重建树，但采用不同的校正距离）作比较。所以，不大可能通过比较一个特定树的拓扑结构从而认为是此方法产生的树最优，进而检验进化假说。但拓扑结构搜索方法则不是这样，这是它们的强项。

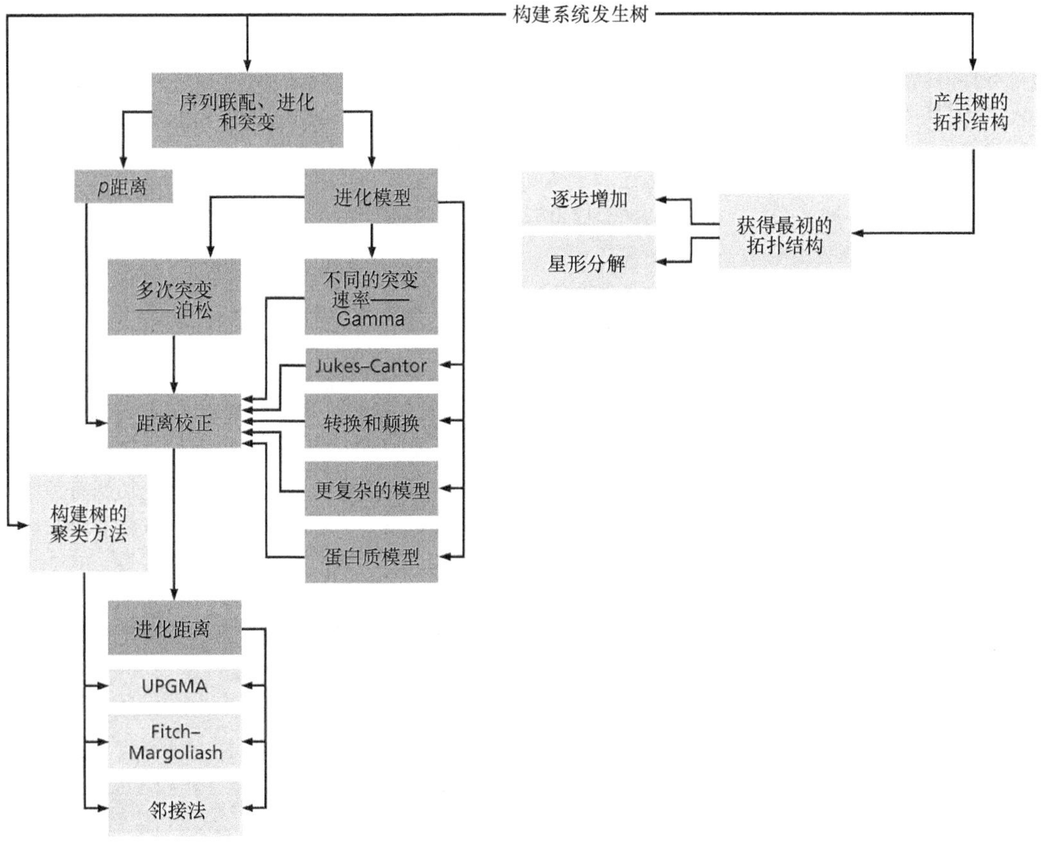

流程图 8.2　本节所介绍的关键概念是有多种使用进化距离数据的方式，用以产生成一棵代表重建历史的树。

对一些序列，大多数聚类方法重建的系统发生树是基于序列两两间的进化距离。

这些距离的推导将涉及到应用一个距离公式，如式（8.9）、式（8.11）或式（8.13），这些公式使用一些基本测度（如 p 距离），这些测度来源于联配和一些事前指定的参数，或者也可依赖自数据（如在专栏 8.1 描述中的转换/颠换速率比 R）。

获得进化距离是相当简单的，但也存在着潜在问题。首先，联配可能存在着一些错误，导致不正确的距离。其次，在进化模型中的一些假设（如在所有位点以相同速率变异）可能不适用于使用在特定的数据集中。因此，使用的校正进化距离公式可能是不恰当的，并可能导致在距离中发生错误。需要注意最重要的一点是，用进化距离法构建树数据集与距离完成的几乎肯定不会是前后一致的，因为这种方法生成的距离有其局限性，即使该模型准确地反映了序列数据的进化。这是因为此公式只在序列无限长时是准确的。这些限制意味着人们往往不能完全重建进化距离，即使采用同一模型产生的测试序列。因此，任何重建的树，几乎不会正确地重现所有距离。

UPGMA 方法假定一个恒定的分子钟，并产生一个等距树

我们研究的第一种距离方法是 UPGMA 方法，它的应用十分简单，但缺点在于它假定了一个恒定的分子钟。它是最古老的方法之一，在 1958 年由 Robert Sokal 和 Charles Michener 提出。此名字 UPGMA 是一种算术平均的不加权的组队法，是用于描述它所使用的技术。假设以恒定速率进化对一个序列数据集有重要的影响，直到现在，这些序列都和一个相同的进化时间点相关，因此这暗示了自最后的共同祖先开始，相同数量的替代会在每个序列上发生。因此，对所有后代来说，进化树从任何节点到任何叶的距离都是相同的。这种方法产生的树是有根的和超度量的（图 7.2C），所有的叶到根的距离是相同的。

假定拥有最短进化距离的两条序列是最后才发生分歧的，因此这两条序列必须出现在树中的最近的内部节点。此外，它们的分支必须等长，它们距离的一半也必须等长。这是构建树的一个开始。该方法必须重建树中所有的内部节点，每一步重建一个内部节点。

序列聚集为集合然后构建树，每个集合定义为一个刚加入的新节点的所有后代。最初，认为所有序列是它们自己的集合。在每个阶段，由最短的进化距离的两个集合组合成一个新的集合。当所有的序列都属于一个相同的集合，此集合的节点是树的根时，树也就完成了。

两个集合间的距离定义如下。考虑对 N 条序列构建树，并假设在某个阶段集合 X 包含 N_x 条序列，Y 包含 N_y 条序列。最初，每个集合将仅包含一条序列。集合 X 和集合 Y 的进化距离（d_{XY}）定义为其组成的序列间的距离的算术平均数，

$$d_{XY}=\frac{1}{N_X N_Y}\sum_{i\in X,j\in Y} d_{ij} \tag{8.15}$$

式中，i 标记了集合 X 中的所有序列；j 标记了集合 Y 中的所有序列；d_{ij} 为序列 i 和序列 j 间的距离。两个集合 X 和 Y 合并成为一个新的集合 Z 时，有一个有效的计算方法可以得出其他集合，如 W 到新集合的距离。可以使用现有的集合和集合间的距离，而无需使用组成集合的序列间的距离定义新的距离，使用公式

$$d_{ZW}=\frac{N_X d_{XW}+N_Y d_{YW}}{N_X+N_Y} \tag{8.16}$$

这种方法应用非常简单，并可以用来建造一个较大序列集的树。这种方法在图 8.3 中通过 6 条序列显示出来。第一个步骤，发现序列 A 和 D 是最近的（$d_{AD}=1$），然后合并 A，D，在高度为 1/2（$=d_{AD}/2$）处创造一个集合 V（和节点）（图 8.3A）。之后计算 V 到其他序列的距离，最接近的对是 E 和 V，合并 E 和 V，在高度为 1 处（$=d_{EW}/2$）产生集合 W（图 8.3B）。继续以这种方式进行，获得最终的树（图 8.3E）。

如果被分析的数据并没有在分子钟的条件下进化，但是，通过 UPGMA 方法产生的树可能存在着严重的错误。不过，可以事先测试数据集是否与方法兼容。对于数据集合适的超度量树，对 3 个序列的集合 A、B 和 C，3 个距离 d_{AB}、d_{AC} 和 d_{BC}，3 个距离一律相等或 2 个相等，第三个是距离最短的。这是图 8.3 中数据集的情况。

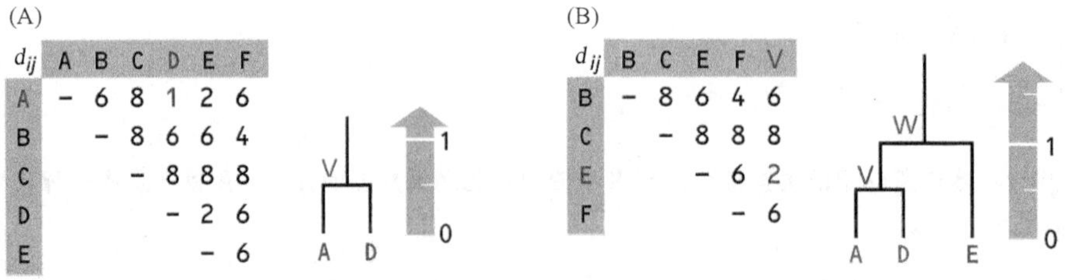

图 8.3　对序列 A 到 F，使用 UPGMA 方法重建系统发生树的工作流程。（A）最初始的进化距离（d_{ij}）矩阵（左）显示了序列 A 和 D 是最接近的。选择 A 和 D 在第一步产生内部节点 V（右）。进化距离用灰色箭头表示。（B）包括节点 V（左）的距离矩阵，由此可以推断，V 和 E 是最近的，由此产生了内部节点 W（右）。（C，D）随后的步骤是确定节点 X、Y 和 Z，并产生最后树（E）。

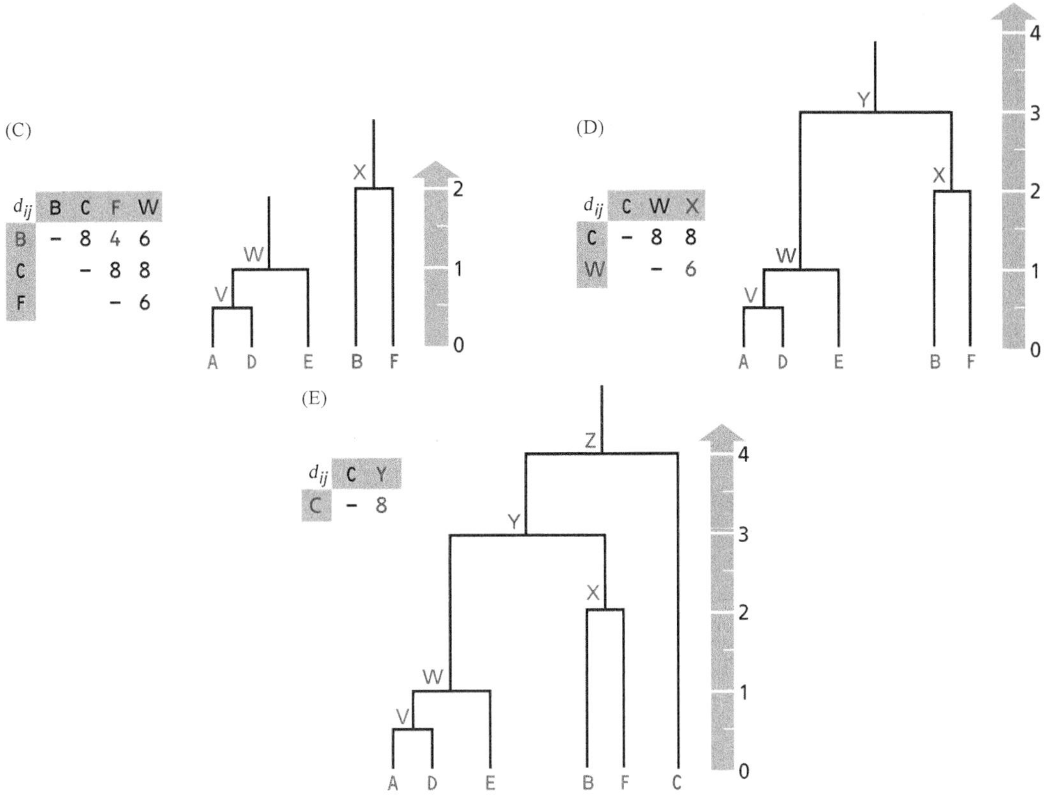

图 8.3（续）

Fiteh-Margoliash 方法产生一个无根的加性树

我们现在看看其他一些方法，它们不假设突变速率不变，但假设距离是加性的。Fiteh -Margoliash 方法基于一个如图 8.4 所示的三叶树分析。在叶 A、B 和 C 间的距离 d_{ij} 按照分枝长度计算公式得到

$$d_{AB} = b_1 + b_2$$
$$d_{AC} = b_1 + b_3$$
$$d_{BC} = b_2 + b_3 \quad (8.17)$$

这是完全进化叶和共同的内部距离的分枝长度估计

$$b_1 = \frac{1}{2}(d_{AB} + d_{AC} - d_{BC})$$

$$b_2 = \frac{1}{2}(d_{AB} + d_{BC} - d_{AC})$$

$$b_3 = \frac{1}{2}(d_{AC} + d_{BC} - d_{AB}) \quad (8.18)$$

这是完全基于进化距离的分枝长度估计。

采用类似于 UPGMA 方法所使用的方式可以逐步产生超过 3 片叶的树。每一个阶段定义 3 个集合，所有的序列都属于其中的一个集合。集合间距离是通过（和 UPGMA 中一样）简单地计算不同集合中序列间距离的算术平均值定义的［式（8.15）］。在每一个步骤的开始，我们有一个清单，尚未建立树的序列和分别代表增长中的树的每部分（如果有多个）的集合。计算所有这些序列间和集合间的距离，选择两个最接近的相关的序列（那些具有最短距离的）作为三叶树的最初的两个集合。定义第三个集合包含了剩余的序列，而且计算到其他两个集合间的距离。使用上面的公式，然后我们可以确定从第三个集合到其他两个集合的分枝长度，和连接它们位置的内部节点（图 8.4）。然后合并这两个集合成为一个单独集合，再次简单地使用平均数确定这个集合到其他序列间的距离。现在少了一个纳入到增

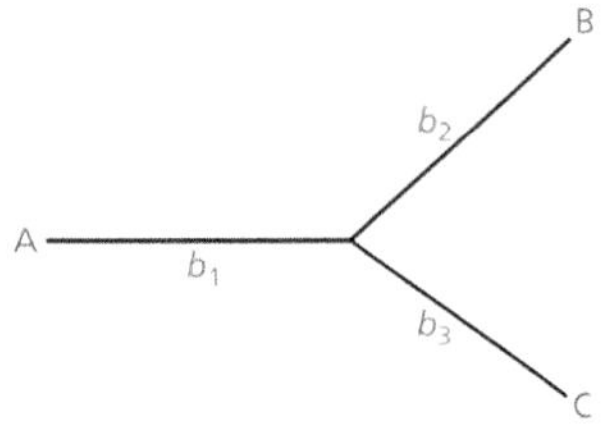

图 8.4　Fitch-Margoliash 方法的公式［式（8.18）］产生的一个较小的树。 通过分枝 B_1、B_2 和 B_3，叶 A、B 和 C 都连接到一个相同的内部节点。当 3 个叶和共同的内部节点间的路径上有其他内部节点时，使用同样的公式，b_i 被解释为路径上的所有分枝长度的总和。

长中的树的序列（集合）。通过重复这些步骤，这种技术能够以类似于 UPGMA 的方式产生一棵树。由于选择最接近的集合对的方法和 UPGMA 相同，这两种方法从数据集中产生树的拓扑结构是相同的。产生的树的不同点是分枝长度，UPGMA 树是超度量的，而 Fitch-Margoliash 树是加性的。

Fitch-Margoliash 方法的一个样例如图 8.5 所示，这也说明了在内部节点间寻找分枝长度的额外的复杂性。这个例子也说明了该方法的弱点在于直接使用进化距离选择最接近的序列。如果沿着不同的分枝上有不同的进化速度，两条最接近的序列用于测量得到的进化距离可能不是真正的相邻序列。图 8.5 的数据序列 A 和 C 上发生的这种情况，当使用下面提及的邻接法分析相同的数据时，也证明了上述情况。在这种情况下，导致了分枝长度为负。真正的进化历史不可能产生一种分枝长度为负的树，因此这显然方法造成的错误。此外，产生的树完全不能重现序列间的距离。许多情况下速率变化不大，不能产生这样的效果，在这种情况下，此方法有能力重建一棵正确的树。Fitch-Margoliash 方法的另一个应用是计算任何给定拓扑结构的树的分枝长度，在比较不同树时这是非常有用的，我们将在 8.4 节中看到这一内容。

邻接法：此方法涉及最小进化的概念

邻接（NJ）法由 Naruya Saitou 和 Masatoshi Nei

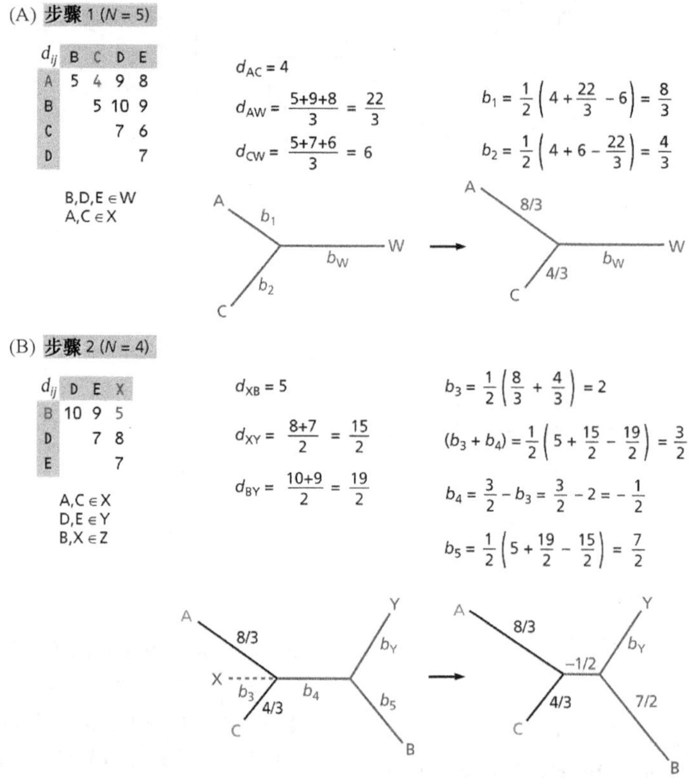

图 8.5　采用 Fitch-Margoliash 方法对 5 条序列重建一棵系统发生树的样例（$N = 5$） 每一步中，三叶树等同于图 8.4，显示为红色的左手树。（A）在第一步中，使用最短的距离找出两个集合（A，C）合并它们创建下一个内部节点。定义临时集合 W 为除了 A 和 C 以外的所有集合，并且计算 W 分别到 A 和 C 的距离。使用式（8.18）计算 A 和 C 到连接它们的内部节点的分枝长度。（B）在第二步中，合并 A 和 C 到集合 X，并计算 X 到其他集合间的距离。找到 B 和 X 后，它们作为下一个用来合并用以创建集合 Y，临时集合 Y 包含了所有其他序列。X 是到新内部节点的距离是 b_3，内部节点间的距离为 b_4，计算得到的分枝长度 b_4 是负数，这显然不是真实的。不过，在后面的计算中，此枝长和其他同样的方式地处理。（C）合并序列 A、B 和 C 到集合 Z，在最后一步加入序列 D 和 E 到树中。（D）最后的数的枝长为负数，并且与原始的距离数据不相符。表格列出了推定距离 Δ_{ij}——测量了树本身的距离，它的误差为 e_{ij} 这棵树的拓扑结构是错误的，后面使用的邻接法更清晰地证明了它的错误（图 8.7），这时使用的邻接法能够成功地重现正确的树。（D）从树和误差 e_{ij} 来推定距离矩阵 Δ_{ij}。

(C) 步骤 3 ($N=3$)

d_{ij}	E	Z
D	7	26/3
E		23/3

A,B,C $\in$ Z

$d_{DE}=7$

$d_{DZ}=\frac{26}{3}$

$d_{EZ}=\frac{23}{3}$

$$(b_6+b_7)=\frac{1}{2}\left(\frac{26}{3}+\frac{23}{3}-7\right)=\frac{14}{3}$$

$$b_6=\frac{1}{3}\left(\left[\frac{8}{3}-\frac{1}{2}\right]+\frac{7}{2}+\left[\frac{4}{3}-\frac{1}{2}\right]\right)=\frac{13}{6}$$

$$b_7=\frac{14}{3}-b_6=\frac{14}{3}-\frac{13}{6}=\frac{5}{2}$$

$$b_8=\frac{1}{2}\left(7+\frac{26}{3}-\frac{23}{3}\right)=4$$

$$b_9=\frac{1}{2}\left(7+\frac{23}{3}-\frac{26}{3}\right)=3$$

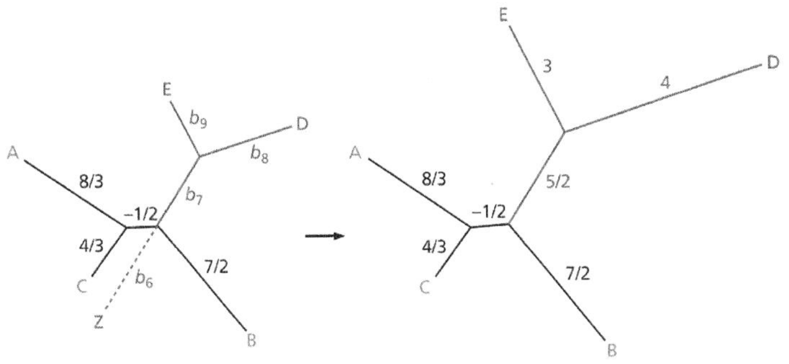

(D) 从树和误差e_{ij}来推定距离矩阵Δ_{ij}

Δ_{ij}	B	C	D	E
A	5.7	4.0	8.7	7.7
B		5.3	10.0	9.0
C			7.3	6.3
D				7.0

e_{ij}	B	C	D	E
A	2/3	0	−1/3	−1/3
B		1/3	0	0
C			1/3	1/3
D				0

图 8.5（续）

于 1987 年提出，此方法并不假设所有序列随着时间的推移都有恒定的进化速率，所以就像 Fitch-Margoliash 方法那样，它比 UPGMA 方法更普遍适用。该方法的基础是最小进化的概念，即真正的树将是那些分枝长度和 S 最短的。这有它的思想来源：用于解释数据的任何模型应尽可能的简单，进化等同于一个和数据相一致的模型，它拥有尽可能少的突变事件。正如我们在本章后面将讨论的简约法，其他一些采用最小进化理论的应用需要计算许多不同树拓扑结构，从这些树中选择具有最小 S 值。邻接法是一种简单的近似法，但是却对一个大型数据集建立系统发生树很有效。产生的树是无根且加性的，假定这个性质来自于构建它的公式。

在系统发生树中的相邻序列被定义为是只由一个其他节点分开的一对节点。正如上文所述的方法，在方法的每一步找出一对节点对，使用这对节点逐步建立一棵树。在每一步中发现一对集合作为相邻集合的方式和 Fitch-Margoliash 方法和 UPGMA 方法不同，由此可能产生不同的拓扑结构。正如示例所示，该方法用来确定相邻的方式比使用 Fitch-Margoliash 方法更为有效，因此这一方法对具有不同进化速率的数据更有效。此方法最好的解释是：从一个相同节点产生的所有序列开始，并逐步区分相邻序列的节点。

为了推导出邻接法的公式，考虑有 N 条序列，标记为 1～N。图 8.6 中的两棵树说明了邻接法的一个步骤。图 8.6A 中的树是星状树，所有序列直接连接到一个单独的祖先序列节点 X。图 8.6B 显示了一个密切相关的树，在树中的相邻序列 1 和序列 2 在节点 X 用另一个节点 Y 分离开。请注意，因为这些树是无根树，沿连接 X 和 Y 的分枝长进化方向目前尚不清楚。对序列 i 和 j，两条序列间的距离写作 d_{ij}。在叶 e 和叶 f 间（或节点）树的枝长称为 b_{ef}，如图 8.6A 的星状树的总枝长 S 由下面的公式给出：

$$S=\sum_{i=1}^{N}b_{iX}=\frac{1}{N-1}\sum_{i<j}^{N}d_{ij} \tag{8.19}$$

其中第二个等式遵循树能正确重现 d_{ij} 的假设。

(A) (B)

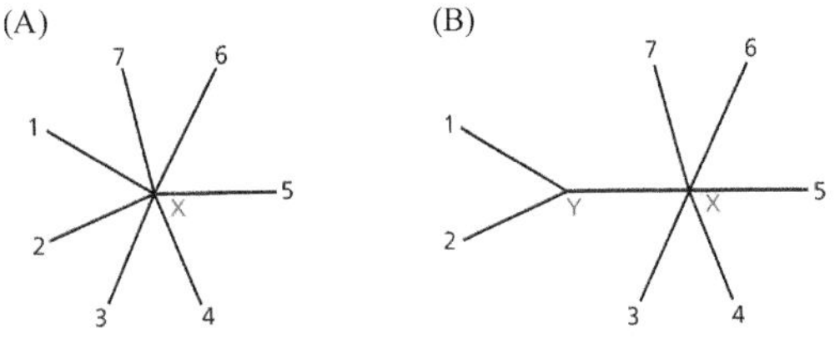

图 8.6　邻接法的第一步。（A）邻接法开始的情况，一颗星状树，其中的所有序列直接连接到一个内部节点 X，没有内部枝长。（B）已确定序列 1 和序列 2 作为第一对最接近的相邻序列后，它们从内部节点 X 到内部节点 Y 由一个内部枝长分隔。此方法计算了从序列 1 和序列 2 到内部节点 Y 的距离，完成了该步骤。

图 8.6 的树的总分枝长度，其中序列 1 和序列 2 已经从中央节点 X 到内部节点 X 删除，给出：

$$S_{12} = b_{1Y} + b_{2Y} + b_{XY} + \sum_{i=3}^{N} b_{iX} \qquad (8.20)$$

它需要转换为使用序列距离 d。为了进行这个转换，首先应当指出 3 个等价公式。第一个，式（8.20）的最后一项相当于 $N=N-2$ 时的式（8.19）；第二个为 $b_{1y}+b_{2y}=b_{12}$；第三个为

$$b_{XY} = \frac{1}{2(N-2)}\sum_{i=3}^{N}(d_{1i}+d_{2i}) - \frac{1}{2}(b_{1Y}+b_{2Y}) - 2\sum_{i=3}^{N} b_{iX} \qquad (8.21)$$

进行适当的替代我们获得

$$S_{12} = \frac{1}{2(N-2)}\sum_{i=3}^{N}(d_{1i}+d_{2i}) + \frac{d_{12}}{2} + \frac{1}{N-3}\sum_{3\leqslant i<j}^{N} d_{ij} - \frac{1}{N-2}\sum_{i=3}^{N} b_{iX} \qquad (8.22)$$

剩余的最后一项使用式（8.19）转换得到 d_{ij} 的和，与倒数第二项合并后得到

$$S_{12} = \frac{1}{2(N-2)}\sum_{i=3}^{N}(d_{1i}+d_{2i}) + \frac{1}{N-2}\sum_{3\leqslant i<j}^{N} d_{ij} + \frac{d_{12}}{2} \qquad (8.23)$$

如果我们定义以下条件可以简化：

$$U_1 = \sum_{i=1}^{N} d_{1i} \qquad (8.24)$$

$$U_2 = \sum_{i=1}^{N} d_{2i} \qquad (8.25)$$

和

$$d_{sum} = \sum_{i<j}^{N} d_{ij} \qquad (8.26)$$

替代和移项得到

$$S_{12} = \frac{2d_{sum} - U_1 - U_2}{2(N-2)} + \frac{d_{12}}{2} \qquad (8.27)$$

每个序列对 i 和 j，如果从如图 8.6B 所示的星状树的节点分离，对序列 1 和序列 2 会产生一棵分枝总长为 S_{ij} 的树。根据最小进化理论，应选择总枝长 S_{ij} 为最小的树。注意数据集中的所有序列对的进化距离之和，d_{sum} 对于此研究数据来说是个恒定值，并不依赖于特定的序列 i 和序列 j，在这种情况下，最小进化理论等同于找到 d_{ij} 的值为最小序列对，d_{ij} 由以下定义

$$\delta_{ij} = d_{ij} - \frac{U_i + U_j}{N-2} \qquad (8.28)$$

一旦已经找到一对距离值为最小，则必须重新计算它到新节点 Y 的距离（图 8.6B）。图 8.6B 的树中，以下等式包含：

$$b_{1Y} = \frac{1}{2}\left(d_{12} + \frac{\sum_{i=3}^{N} d_{1i} - \sum_{i=3}^{N} d_{2i}}{N-2}\right)$$

$$= \frac{1}{2}\left(d_{12} + \frac{U_1 - U_2}{N-2}\right) \qquad (8.29)$$

因此，一旦从计算 δ_{ij} 得到了相邻序列 i 和序列 j，可以加入新节点 Y 到树中，使得

$$b_{iY} = \frac{1}{2}\left(d_{ij} + \frac{U_i - U_j}{N-2}\right) \qquad (8.30)$$

和

$$b_{jY} = d_{ij} - b_{iY} \qquad (8.31)$$

我们现在需要 Y 到其他序列的距离，从图 8.6B 中看出可以很容易地计算 k

$$d_{Yk} = \frac{1}{2}(d_{ik} + d_{jk} - d_{ij}) \qquad (8.32)$$

式（8.32）恰好等价于 Fitch-Margoliash 方法的式（8.18）。要添加更多的节点，现在我们重复这一过程，首先从形成的星状树开始，通过移除序列 i 和序列 j，使剩余的星状树有一个节点 Y 作为一个新的叶（即从图 8.6B 省略 1 和 2）。请注意，每一步中公式中的 N 值都减少 1。在图 8.7 中显示了邻接法的一个样例。在这个例子中的数据和图 8.5 的 Fitch-Margoliash 方法使用的数据是一致的，且邻接法在重建正确树的拓扑和距离上更为成功。特别是正确地确定了相邻序列 A 和 B（相对于 A 和 C），产生的树没有负的分枝长度，恰好重现了给定的距离数据。

一些邻接法的变种，使用校正距离的方差估计得出的加权距离。对于许多进化模型，可以推导出用以估计方差的公式，使用方差作为距离的置信度的测度，并可以转换为权重。关于加权邻接法的两个例子是 weighbor 和 BIONJ 方法（见扩展阅读）。

通常使用逐步增加和星形分解方法用以产生一棵起始树用于进一步的探索，这不是最终树

另外两种更普遍的方法，也经常被用来产生一棵起始树以用于进一步的探索。它们和目前为止讨论的方法有许多不同之处，因为它们不一定使用进化距离来构建树。即使对一个较小数据集也有大量可能的树的拓扑结构，这些方法搜索替代的拓扑结构，往往总是从一个初始的树开始，并搜索一些类似的树的拓扑结构，而不是搜索每一棵可能的树。邻接法被经常用来提供初始树，但还存在着一些替代方法，这里我们将讨论两种：**逐步增加**（**stepwise addition**）和**星形分解**（**star decomposition**）。与邻接法一样，可以使用这些方法以简单地产生一棵没有进一步优化的树。然而，这种情况是很少发生的。

(A) 步骤 1 ($N = 5$)

	d_{ij} B	C	D	E	U_i	$3\delta_{ij}$ B	C	D	E	
A	5	4	9	8	26	−40	−36	−32	−32	A
B		5	10	9	29		−36	−32	−32	B
C			7	6	22			−34	−34	C
D				7	33				−42	D
E					30					E

D and E are neighbors through internal node W with $d_{DW} = \frac{1}{2}\left(7 + \frac{33-30}{3}\right) = 4$ and $d_{EW} = 7 - 4 = 3$.

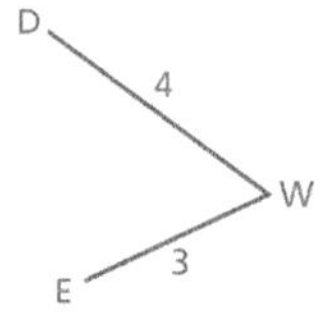

(B) 步骤 2 ($N = 4$)

	d_{ij} B	C	W	U_i	$2\delta_{ij}$ B	C	W	
A	5	4	5	14	−20	−18	−18	A
B		5	6	16		−18	−18	B
C			3	12			−20	C
W				14				W

C and W are neighbors through internal node X with $d_{CX} = \frac{1}{2}\left(3 + \frac{12-14}{2}\right) = 1$ and $d_{WX} = 3 - 1 = 2$.

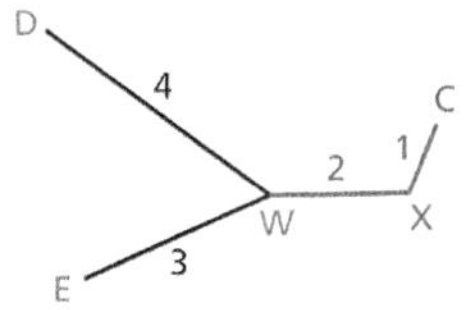

(C) 步骤 3 ($N = 3$)

	d_{ij} B	X	U_i	δ_{ij} B	X	
A	5	3	8	−12	−12	A
B		4	9		−12	B
X			7			X

Three alternatives (of which here we choose one of the two with an internal node):
A and X are neighbors through internal node Y with $d_{AY} = 2$ and $d_{XY} = 1$ or
B and X are neighbors through internal node Y with $d_{BY} = 3$ and $d_{XY} = 1$.
Whichever is chosen, the remaining distance d_{AY} or d_{BY} will be found in the next d_{ij} matrix.

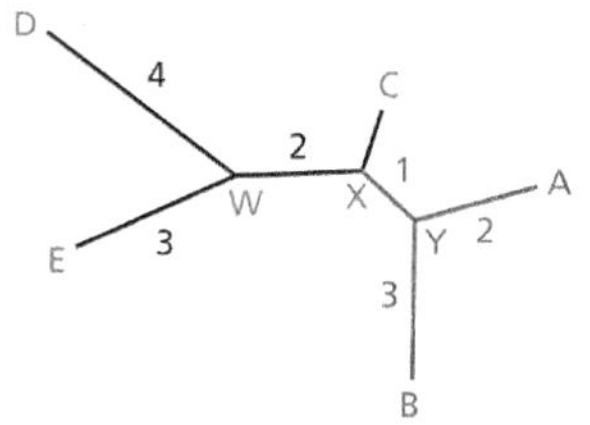

图 8.7 对 5 条序列使用邻接法重建系统发生树的一个示例（$N = 5$）。这个例子使用了图 8.5 中相同的 5 条序列。每一步，使用式（8.24）和式（8.28），转换进化距离 d_{ij} 为 δ_{ij}。列出了（$N-2$）δ_{ij} 的值使整个流程更加清晰。每一步发现拥有最小 δ_{izj} 值（至少为正数）一对集合，合并产生下一个集合。最终的树和原始数据在物种间的距离上基本吻合。最后的树是类群间距离的原始数据的整合。树的拓扑结构不同于图 8.5 中的 Fitch-Margoliash 方法产生的树。

从最初的3条序列的树中逐步增加，每次增加一条序列。每次增加，使用了在8.4节中将描述的优化函数对树进行评估，将返回一棵拥有最优分值的树的拓扑结构。在这两种方法和星形分解法中，可以使用很多不同函数用来获得最优值，如总的分枝长度、总的变异数目或者给一个指定进化模型产生一个特定树的可能性。对使用的函数值，我们将使用符号 S。

每次加入一条序列，它被加入到树上每个可能的分枝上，并保留拥有最优值 S 的新树用在后续步骤中。该方法存在着几种变种，它们的不同在于如何选择要加入的下一条序列。序列可以采用任何顺序简单地加入，但这不会产生一棵令人满意的树。另外，也可以检查一对序列的一些随机排列，并从中选择最佳的树。这可能是最佳的方法，虽然它很费时，因为它在所有的分枝上尝试所有的剩余序列，并选择这些树中的最优树。

这种星形分解法的开始是所有序列都连接到一个相同的内部节点X，如上面所讨论的邻接法（图8.6）。和以前一样，选择两条序列，并通过它们自己的内部节点合并在一起。对于邻接法，该函数被优化为 S_{12}，但在这种情况下，使用其他函数评估那些下一步要脱离X节点的序列。检测所有可能的对，并保留具有最优值 S 的树。每次执行下一个步骤时，另外两条序列或其他内部节点和节点X合并，创建另一个新的内部节点，直到节点X只有3个分枝。每次只保留具有最优值 S 的树。

8.3 产生多种树的拓扑结构

与前面讨论过的技术不同，我们在本章描述的其他构建树的算法，包括两个过程：第一步产生多个可能的树的拓扑结构；在随后的步骤中对这些树进行评估以获得分枝长度和最优的测度。产生拓扑结构原则上是和评估相分离的，但在许多情况下，计算最优测度同时是构建树的过程，并且最优测度在构建过程中作为一个反馈可以用以排除掉一些拓扑结构。在本节中将描述构建树拓扑结构的算法（流程图8.3），并在8.4节中更详细地讨论评估过程。然而，我们确实需要在这里引入两个用于评估树的重要概念：最大简约法和最大似然法。最大简约树的评估是通过寻找一棵树，它使用了尽可能少的突变数用以重建系统发育关系。最大似然法则评估可比较的树，使用的标准是最有可能正确地表示数据。所有在这里讨论的构建树的方法都需要一个初始的拓扑结构，可以通过8.2节中讨论的方法获得它，如邻接法、逐步增加法或星形分解法。在这里我们将主要讨论无根树的产生，因为这是实践中最经常遇到的一种情况。通常需要一棵有根树，分别从整体的拓扑结构和分枝长度确定根。将在本节的最后讨论用于确定根的方法。

N 条序列的一棵只有分叉节点的无根树，有 $(2N-3)$ 个分枝。对于3条或更多序列，给出无根树 T_N 的数量

$$T_N = 1 \cdot 3 \cdot 5 \cdots (2N-5) = \frac{(2N-5)!}{2^{N-3}(N-3)!} \tag{8.33}$$

随着序列的增加，这个数字的增加也很快。对于5条序列将有10棵不同的树，但对10条序列将有2 027 025棵树。对 N 条序列，会有 T_{N+1} 棵不同的有根树。即使对很少的序列，彻底搜索所有可能的树的拓扑结构显然是不切实际的，因此已提出了一些方法用以限制搜索，但是希望包括所有有关的树的拓扑结构。

这些方法使用的最优测度的符号是 S，正如在8.2节中指出的，对使用的不同类型的测度，S 也定性的不同。例如，简约法中，它与总的分枝长度或突变总数相关；最大似然法，它是给定模型的特定树的可能性。前一种情况下，S 将是最小的，后者则将是最大的。对于目前的讨论，这是我们所需要知道的关于 S 的内容。

分枝限界法大大提高了搜索树的拓扑结构的效率

由于一个只有3条序列的树的拓扑结构，通过选择任意3条序列，我们可以生成一棵具有正确的拓扑结构的部分树。在现有的部分树上每次用所有可能的方式增加一条序列，产生所有可能的无根树。即使只有少数的序列，如果产生所有可能的树的拓扑结构，这些结构会迅整增加，以至于在创建这些结构时就需要使用测度 S 对它们进行评估，因为不可能同时存储这些大量产生的结构。

一般来说，我们只关心那些 S 具有极端值的树（最高或最低按适用的不同评估方法的要求）。根据估计 S 的方式，可获得一捷径从而可以提高了搜索效率。这种技术被称为**分枝限界法**（**branch-and-bound**），确定不具有合适 S 值的树的拓扑结构。最大简约法的情况下，我们可以利用这一事实，当在部分树中加入另一条序列时，核苷酸替换总数将不能再减少。因此，最大简约法也是如此，如果部分树比已知的完成树拥有更多的突变，则在部分树上进一步加入分枝将不可能产生一棵最优树。如果一个记录保持目前为止找到的最佳的具有长度为 S_m 的完整树，我们可以发现这些终点情况并停止搜索

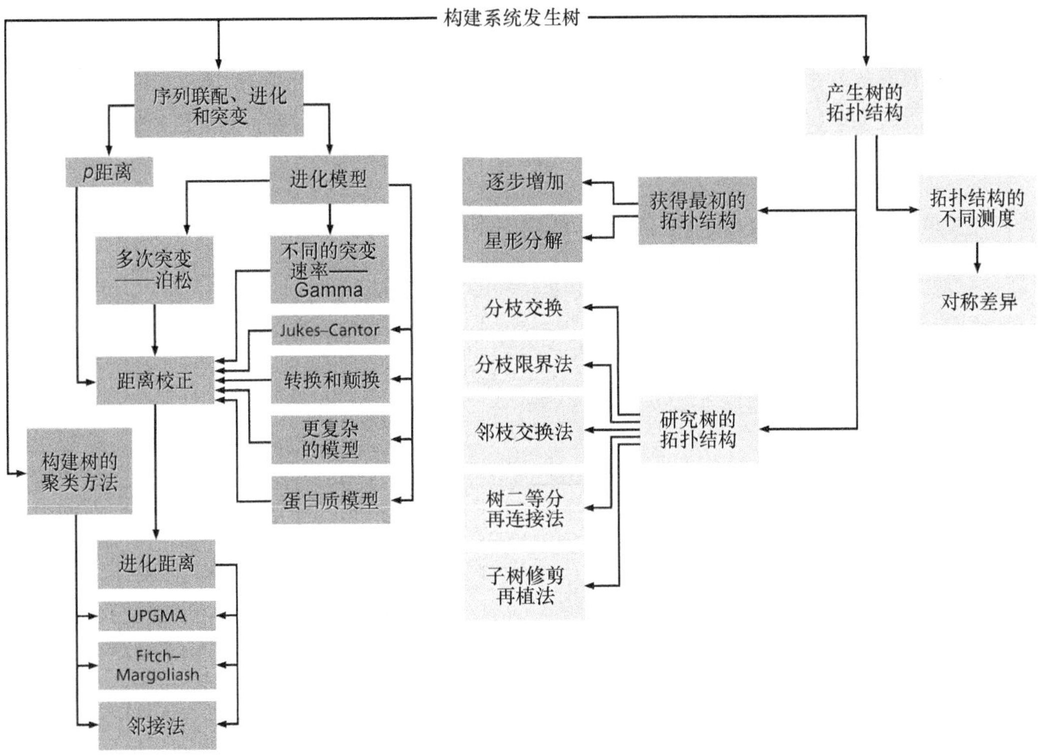

流程图 8.3　本节所介绍的关键概念是，已经提出了一些技术，可以基于一棵树的改进而生成一些树。这些技术可联合树的打分产生用于找出具有最优分值的树的方法。

相关的树。这样，分枝限界方法对一棵树的拓扑结构执行了完整搜索，在这个意义上的研究中没有忽略相关的树。然而，所有的树木具有的 S 值都相当接近于 S_m，可能存储这些树用于进一步的分析中。

分枝限界技术可以得益于明智地选择这些序列被添加的顺序。例如，对起始的 3 条序列的树的选择可以通过计算所有这些树的分枝长度并从中挑选一棵具有最大替代数的树（在简约情况下）。这将产生一棵有 3 条最不同的序列的树，即使对这些序列，这棵树仍然是其中最简约的树。然后添加第 4 条序列到这棵树，在所有可能的拓扑结构中搜索所有剩余的序列，并再次选择拓扑结构，使这棵最大简约树拥有最多的替代数。重复进行直到加入了所有序列并产生了一棵完整的树。这与上面讨论的许多方法不同，不是首先选择最密切相关的序列。

他们的理由是这种顺序将迅速产生具有许多替代数的树。一旦部分树的 S 值接近于目前的最优树的 S 值，次优的部分树的值往往超过 S_m，并可以排除更多分枝的加入。如果产生的一个新的完整的树拥有一个比 S_m 更小的 S 值，这棵树将成为当前新的最优树，同时也对 S_m 作相应的更新。

可以通过对一个现存树做一系列细小的变化以优化树拓扑结构

当有许多序列时，即使利用分值限界的优势，完全搜索所有可能的树拓扑结构也将变得不切实际。这种情况下，可以产生一棵次优的完整树，用作下一步搜索类似树的拓扑结构的起点。我们将讨论的这些方法，包括对现存的树做较小的调整，看按照标准 S 它是否具有更好的值，然而，对 S 有局部极值，可以防止我们寻找具有全局最优 S 的树（关于在其他情况下寻找全局最低标准的问题的讨论见附录 C）。

基于树的 S 值，对它们进行比较一样，对于两棵不同树的拓扑结构间的差异有一个量化测度是很有用的，这种差异是独立于分枝长度的。其中一个测度，称为**对称差异**（**symmetric difference**），将在专栏 8.2 中描述。

专栏 8.2　衡量两棵树的不同点

如果对相同数据，有两棵代表不同进化关系的树，使用一个定量的测度衡量两者的不同是十分有用的。如果两棵树具有相同的拓扑结构，可以比较分枝长度看它们的不同。但是，如果两棵树具有不同的拓扑结构，分枝长度将不会给出差异的一个完整测度。这时，所需要的是一个量化的拓扑结构测度。

两个树的拓扑结构的差异可以通过使用分割进行定量（图 B8.2；7.2 节）。使用它们之间不同的分割数目定义两棵树间的拓扑结构的距离，这称为**对称差异或 Robinson-Fouls 差异（symmetric or Robinson-Fouls difference）**。对 N 条序列的无根树，有 $N-3$ 个内部节点，因此两棵树间不同的分割数目的范围为 0～2（$N-3$）。图 B8.2 中显示的例子，使用了 8 条序列构建树，因此将可能有 10 个不同的分割。产生的不同分割的数目除以总的分割数目（在这里是 10）得出关于差异的更清晰的一个测度。

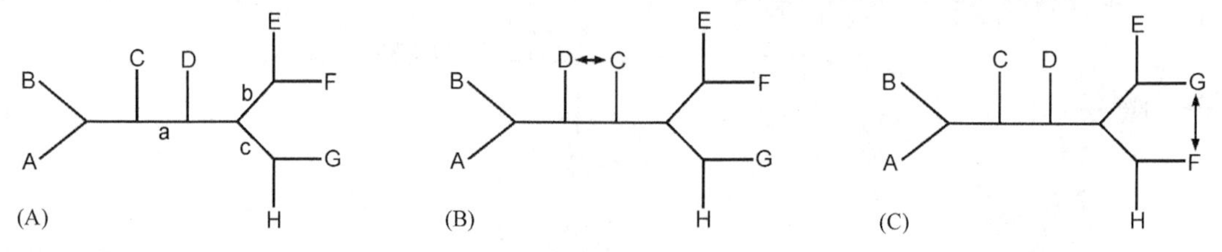

图 B8.2　由同样的数据构成不同的 3 棵树，用以说明树的拓扑结构的差异可以以对称差异的形式计算。计算对称差异作为切割的数目，这是两棵树间的不同点。(A) A～H8 条序列的一棵树，标记了 3 个内部节点 a、b 和 c。(B) 与 (A) 树比较，如箭头所指，互换了节点 C 和节点 D。(C) 相对 (A) 树，交换了节点 F 和节点 G，(A) 和 (B) 间的对称差异为 2，因为对枝长 a 它们有不同的分割——(A，B，C) (D，E，F，G，H) 和 (A，B，D) (C，E，F，G，H)。树 (C) 到树 (A) 的距离是 4，因为对分枝 b 和 c 有替代分割，到树 (B) 的距离是 6，因为对分枝 a、b 和 c 有替代分割。

不同分割的数目是等同于基本操作的最小数目，在基本操作中合并或切分节点，需要这些操作用以转换一个拓扑结构到另一个。已经提出了距离的一个替代定义：**子树修剪再植法（subtree pruning and regrafting，SPR）**和**树二等分再连接法（tree bisection and reconnection，TBR）**这些分枝交换法用以修改树，衡量这些方法需要的最少操作次数（见扩展阅读）。

一种在树上进行细小调整的方法是交换分枝的顺序，称为**分枝交换（branch swapping）**。有 3 种主要的分枝交换技术。

① **邻枝交换法（nearest-neighbor interchange method，NNI）**从起始树开始创建了具有对称差异为 2 的改进树。任何分叉树的内部分枝将有 4 个相邻节点（图 8.8），每一个都可以代表一条序列或一个子树。不改变这 4 个节点，对这一分枝可能将有 3 种不同的拓扑结构，其中之一是在初始树。在 NNI 方法中，产生并检验其他两个内部分枝的拓扑结构，看是否存在最优的 S 值。通常检验所有的（$N-3$）个内部分枝，并产生 2（$N-3$）棵替代树。当发现新的最佳树时，它成为下一个初始树。这种技术很容易应用但只会在树上作微小的变化，因此对局部极值较敏感。通过改变几个内部分枝可以延伸这项技术，以作出更大的修改，这些修改也可能会解决这些问题。继续搜索，经过预先指定数量的尝试，直到 S 值没有再进行进一步的改善，并且获得了 S 值。

② **子树修剪再植法（subtree pruning and regrafting，SPR）**在拓扑结构上产生了更剧烈的变化。它剪切当前树的一个分枝产生两个子树（图 8.9）。然后使用切除子树，将这些子树重新添加到其他子树上。搜索添加是在其他所有可能的子树的分枝上进行的。这种方法在每一步都比 NNI 法产生了更多的新树，事实上，这个数目正比于分枝数目的平方。

③ 树二等分再连接法（tree bisection and reconnection，TBR）和 SPR 有关，但是分枝的切除是从子树上移除的，通过连接来自 2 个子数的任意 2 个分枝，重新组合它们。这将产生更多新的树。如前所述，使用新的最优树作为下面的步骤中的起始树。这两种方法，SPR 和 TDR，产生的树比邻枝交换法产生的具有更大的变化，所以对于搜索全局最优树

的效果可能更好。

要了解可能会出现在优化过程中的实际问题，我们必须设想一个标准 S。给出一个拓扑距离的测度，如对称距离（见专栏 8.2），根据这个测度，我们现在可以想象一棵树的空间构想（图 8.10）。这个空间将有一个区域，其中的一棵树将比周围树拥有一个更理想的 S 值，并且这棵树将显示在图 8.10 的最高峰上。但不幸的是，大多数情况下将会有多个这样的地区，这说明这一区域的最优树可能只是局部最优的。但是，我们正在寻找的是全局最优树，但是。分枝交换法使我们能够搜索这一区域，但每一步只能移动一个较小的距离。

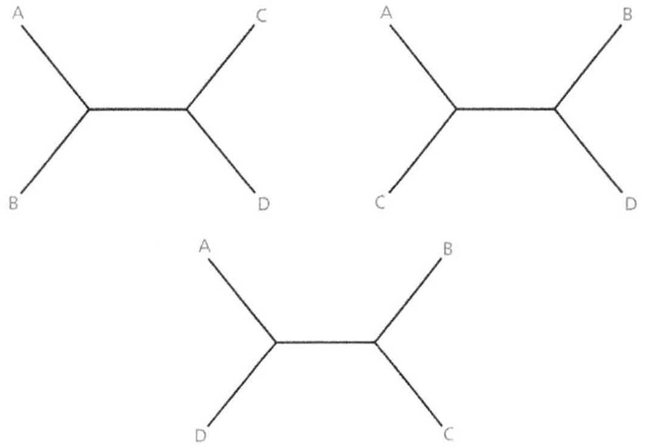

图 8.8　系统发生树的内部节点周围的基本结构。每一个这样的分枝将有 4 个相邻节点，这些节点是个别序列或子树。对这个分枝有 3 种不同的拓扑结构。

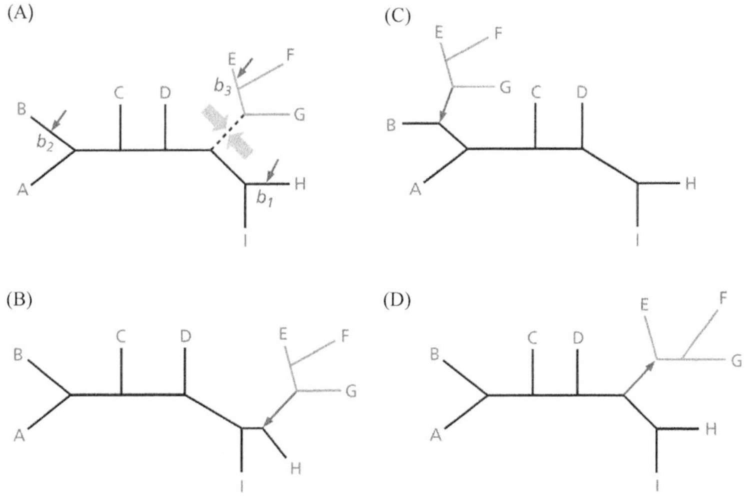

图 8.9　一个子树修剪再植法（SPR）的例子。（A）初始树有 9 条序列，分别标记为 A～I。在粗箭头所指的位置处分割树的分枝，创造了一个较大的子树和一个较小的拥有类群 E、**F** 和 G 的子树。（B）在这个树上，外部节点 b、已被替换为类群 H，然后创建了一个新的节点。这棵树和树 A 间的对称差异（见专栏 8.2）为 2。（C）在这棵树上，置子树于外部节点 b，相邻于类群 B。这棵树和树 A 间的对称差异为 6。（D）对较大和较小的子树 E、F 和 G，在其原始的位置上重新连接它们，但这次在分枝 b 上，E 和 B 之间处创建了一个新的内部节点。这棵树和树 A 间的对称差异为 2。一般来说，初始树和新树间的对称差异依赖于许多因素，树的尺寸、分切和再置子树的位置。

如果这一步的尺寸小于需要从一个局部最优树移动到一组最近的此优树的步伐，搜索将无法跳出这个区域，并且将不会找到全局最优树。两个简单的方法可以帮助我们避免这种情况。我们可以设置尺寸更大的步子，虽然这使得寻找最优树更困难。或者，我们可以使用不同的初始树执行多次搜索，希望其中至少有一个将产生最优树。对其他优化问题，附录 C 中将提出更详细的关于这种多重的极小

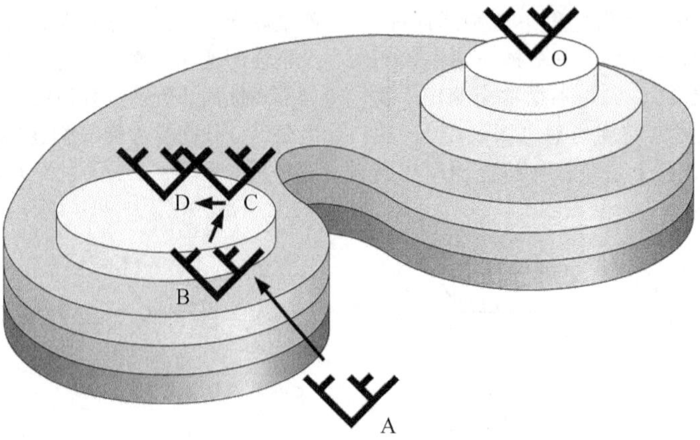

图 8.10 标准 *S* 的一个假想的地形面。 在这种情况下，最能描述数据的树将是拥有最高的 *S* 值。在地形上有几个极大值。本章中描述的用以优化 *S* 值的方法以小步在地形上移动，沿着路径，如从树 A 到树 D。如果它们找到了树 D，大多数方法将终止，而不会继续找树 O，而这才是一棵更适合的树。

值问题。但是，与关于树和附录里所讨论的例子不同，在这里只能在有限的步骤中改变树的拓扑结构。

搜索多个不同的树拓扑结构的构建树方法，经常对几棵树只给出一个近似的最优 *S* 值，这对分别报告这些树很有利，但是对获得一致树而言是更有用的，一致树说明了那些高度保守的树的特征，因此这可能被认为是较可靠的（图 7.6）。一致树不是唯一评估和表示替代或不确定的树的拓扑结构的途径，也已经开发了使用网络而不是树的方法。评估数据如何支持特定树的方法将在 8.5 节中讨论。

寻找根给出了系统发生树在时间上的方向

许多在本章讨论的关于产生无根树的方法，通常是想知道根的根源，从而可以分配所有的分枝一个时间上的方向。有多种产生根的方法，但它们都涉及了一些不确切的假设，当可能获得根时，通常建议不要定义根。一个可以在任意树上定义根的方法是任意选择具有最遥远关系的两条序列间的中点。但是，这是非常投机的，并不推荐这样做。

产生有根树最常用的方法是将一些已知序列设置为一个外类群，即序列相和其他所有序列的关系较遥远（图 7.2D）。最好是使用多个外类群序列，并看到它们是否聚集在一起，并且可以尝试使用仍然比较接近于其他序列的外类群。这种方法被经常使用，但仍然需要注意。如果是外类群序列与主体序列的关系非常遥远，一个准确的序列联配可能有问题，此外，连接外类群到树的其他部分的分枝长度可能会导致树的拓扑结构上的错误，这是作为**长枝吸引（long-branch attraction）**现象的结果，将在 8.5 节中讨论。

产生有根树的另一个建议是基于检测基因重复的技术。这种方法的起源在于尝试创建调和树，这其中合并物种和基因的系统发育关系（图 7.12）。正如 7.2 节中讨论的，基因重复和其他进化事件可能导致基因的系统发育和基因来自的物种系统发育不同。已经提出了一些方法用以调和这种差异；它们是基于确定一个统一的系统发育关系，包括需要用以解释数据的最少基因重复和基因损失。可以应用同样的概念于有根树。如果目前的系统发育历史上出现了基因复制，使用最大限度地减少重复的数量的要求可以搜索到根。由 Christian Zlnasek 和 Sean Eddy 提出的**物种重复假设（speciation duplication inference，SDI）**就是这样的一种方法，以及在数据集中存在着基因重复数据。

进化研究中的一个重要问题是解答所有已知生命的根——最终的共同祖先和导致生命领域主要分化的进化事件，如真核生物。在专栏 8.3 将简要地讨论这一领域，因为它所涉及的问题和提出解决办法通常和正常的系统发育分析中所遇到的不同。

专栏 8.3　追溯系统发生树的根源

产生一棵系统发生树并没有困难，如果选择的序列足够多是可以产生一个有意义的联配。但是，当使用不同的基因时，发现树的拓扑结构的显著改变是较为常见的。假定联配是正确的，那么对于这样的不同有两个关键的原因。

第一个原因，在生命的进化史中，存在着较多的基因水平转移（HGT），如果使用了这些基因，将导致了一些物种出现在树上不该出现的位置上（图 7.16）。进化中较早的阶段有迹象表明发生过这么多的基因转移，发现较深的进化联系几乎变得不可能。发现和功能有关的基因例如在转录和翻译中处理遗传信息的，将给出一个更连续的树，可能的原因是这些基因经历了较少的基因转移。

对于不同的树的拓扑结构的第二个原因是由于两个不同基因组的合并造成的，这种现象称为基因组融合。类似的例子是假设原始的真核细胞和原核生物之间存在共生，导致了真核细胞中含有线粒体和叶绿体。还有一个假设，即真核细胞本身，是从两个不同的原核生物融合而产生的。如果是这样，不同的真核基因将有一个或多个这些原核生物的起源，因此将发现按照使用构建系统发生树的不同的基因，这些真核细胞作为一个组会有不同的起源。

在本章中提及的标准的树的构建技术将无法模拟这些进化过程，并会产生一棵不正确的树。对树进行详细的分析可以发现基因水平转移（图 7.16），但是在树上发现基因组融合时，两个祖先将会结合形成后代。James Lake 和 Maria Rivera 提出了一个方法称为条件重建法，可以产生类似的树，并提出了生命环取代一个根（图 B8.3）。虽然真核细胞基因组融合起源说被很好接受了，但是还不知道提出的这一关于生命圈的概念是否能被接受。

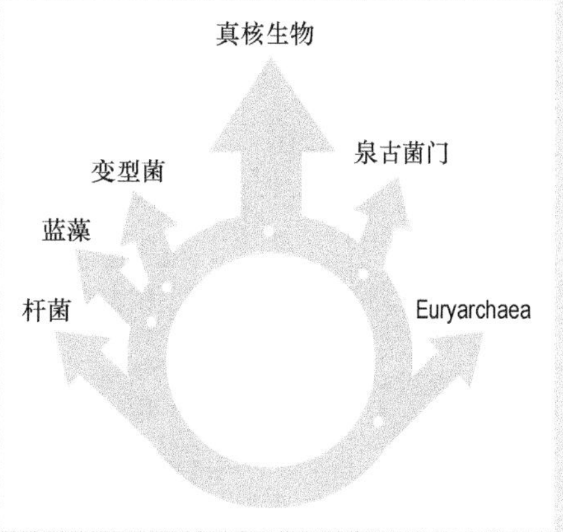

图 B8.3　生命圈的一个草拟示意图。根据这一示意图，真核生物是从现存的一个细菌系谱——变形菌的祖先（也可能是变形细菌和蓝藻的共同祖先）和一个古细菌系谱——Eocyta（泉古菌门）的祖先发生基因融合而产生的。假设细菌祖先提供了真核细胞的可操作的遗传部件（氨基酸的生物合成，能量产生等涉及的基因和结构），而 Eocyte 提供了信息部件（涉及基因转录、翻译和相关的过程的基因）（收录自 M. C. Rivera and J. A. Lake，The ring of life provides evidence for a genome fusion origin of eukaryotes，Nature 431：152-155，2004.）。

8.4　评价树的拓扑结构

产生的每棵树的拓扑结构必须进行评估，看看是否和数据一致。有许多这样的方法，其中每个量化了数据和树间的一致性，通过应用重建系统发育有关的数学函数，如估计突变的数目（流程图 8.4）。正如前面的部分，符号 S 代表这些函数的值。在最大简约法中，最优值是 S 值的最小值，而其他一些方法是最大值。S 值的优化有两个独立的步骤。首先，对每个给定的树的拓扑结构，发现它们的最优的 S 值。这项工作将涉及分枝长度的计算，除了简约法，它计算了总的分枝长度。第二步，按照树的 S 值对树进行排名。如果有几个树被确定为相关的，因为它们的 S 值都接近于最优值 S，它可以帮助建立一棵一致树（图 7.6）。

一组方法使用了序列间的进化距离作为优化函数的基础。这些距离是和前面所描述的技术相同，通过应用进化模型中发展出的公式获得这些距离。但是，与这些技术如 UPGMA 和邻接法不同的是，这里采用的方法可以对提交的任意树的拓扑结构进行打分，还可以找出一些相同的或几乎一样的拓扑结构的替代。描述了这些基于距离的方法后，我们将讨论一些技术，它们直接使用序列联配用于评估树。

可使用基于进化距离的函数以评价树

当使用涉及进化距离的函数用于优化树的拓扑结构时，对特定树计算分枝长度时，优化参数，但这一函数不一定和用来比较不同的树的函数相同。例如，可以采用最小二乘的进化距离计算

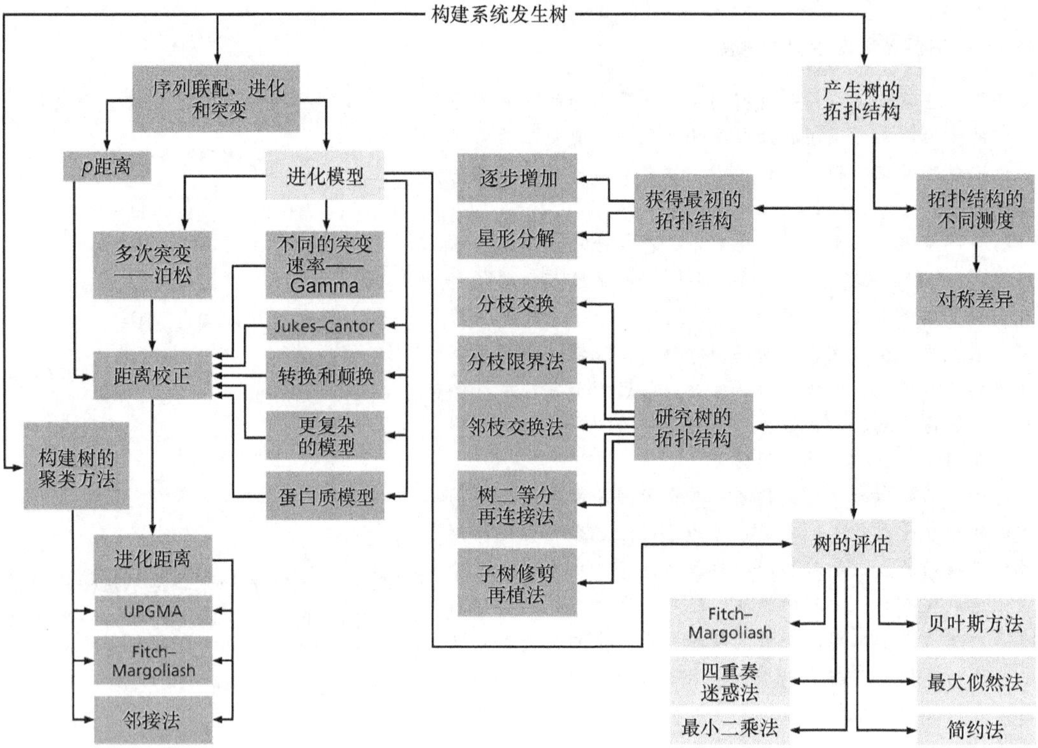

流程图 8.4　本节提出了一些不同技术，基于序列数据集上的进化信息，可使用这些技术对树的拓扑结构指定一个得分。

分枝长度，但是必须按照树的总枝长对树进行比较。我们将首先解释给定树的拓扑结构得到分枝长度的一些方法，然后再看看用于比较拓扑结构的一些函数。

使用如图 8.5 中的 Fitch-Margoliash 方法计算一个特定树的拓扑结构的分枝长度，只要解决树的所有内部节点，使它们都有 3 个分支。从一个指定的拓扑结构每次选择一个节点，可以使用式（8.18）计算分枝长度，从而重建树。原理上，在应用邻接法可以采用同等方式。

当计算分枝长度时，可以使用另一种方法，从分析序列联配，使用最小二乘法拟合方法，得到一个最适合的距离。其目的是最大限度地减少树中的错误的函数。此标准的形式为

$$S=\sum_{i<j} w_{ij}(d_{ij}-\Delta_{ij})^m \qquad (8.34)$$

式中，d_{ij} 为序列 i 和 j 间的距离，从联配中计算得到；Δ_{ij} 为从树中计算得到的序列距离有时称为**推定距离（patristic distances）**，且 m 是整数，通常为 2。虽然不经常使用权重 W_{ij}（总是给予值 1），但它是距离 d_{ij} 的一个函数。有时使用 d_{ij} 的倒数，这说明误差和数据的不确定性和距离成正比。

最小二乘法可以确定所有分枝长度，同时通过使用代数矩阵代数，尽管这项技术的计算量很大。假设我们有图 8.11 给出的树，且假设树上的节点 i 和 j 间的距离 Δ_{ij} 未必是准确的从序列联配获得的进化距离 d_{ij}。那么任何序列对 i 和 j 都有一个与图 8.11的情况一样的推定距离，可以写作：

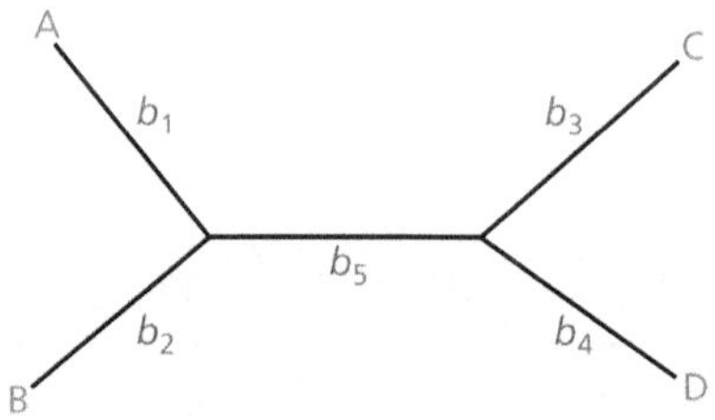

图 8.11　样例中的使用最小二乘法的系统发生树用式（8.35）得到了推定距离和原理，可以使用这些原理以确定分枝 b_1 到 b_6 的长度。

$$\begin{aligned}
\Delta_{AB} &= b_1+b_2\\
\Delta_{AC} &= b_1+b_3+b_5\\
\Delta_{AD} &= b_1+b_4+b_5\\
\Delta_{BC} &= b_2+b_3+b_5\\
\Delta_{BD} &= b_2+b_4+b_5\\
\Delta_{CD} &= b_3+b_4
\end{aligned} \qquad (8.35)$$

这可以写成矩阵符号

$$\Delta = \boldsymbol{T}\boldsymbol{b} \tag{8.36}$$

式中，Δ 和 $\boldsymbol{b}$ 是列向量；Δ 有 6 个元素，按上面所述的顺序，$\boldsymbol{b}$ 有 5 个元素，按 b_1 到 b_5 的顺序；$\boldsymbol{T}$ 为矩阵，包含了树的拓扑结构，定义为

$$T = \begin{bmatrix} 1 & 1 & 0 & 0 & 0 \\ 1 & 0 & 1 & 0 & 1 \\ 1 & 0 & 0 & 1 & 1 \\ 0 & 1 & 1 & 0 & 1 \\ 0 & 1 & 0 & 1 & 1 \\ 0 & 0 & 1 & 1 & 0 \end{bmatrix} \tag{8.37}$$

我们希望 Δ_{ij} 上没有错误，因此当包括权重时，也有

$$w_{ij}(d_{ij} - \Delta_{ij}) = 0 \tag{8.38}$$

对所有序列 i 和 j，也可以使用向量和矩阵表示

$$w(\boldsymbol{d} - \Delta) = \boldsymbol{w}(\boldsymbol{d} - \boldsymbol{T}\boldsymbol{b}) = 0 \tag{8.39}$$

式中，$\boldsymbol{d}$ 是一个列向量，等价于 $\boldsymbol{\Delta}$，但包括从联配中获得的距离；$\boldsymbol{w}$ 是一个只有对角元素非零的方阵，在这种情况下

$$w = \begin{bmatrix} w_{AB} & 0 & 0 & 0 & 0 & \\ 0 & w_{AC} & 0 & 0 & 0 & 0 \\ 0 & 0 & w_{AD} & 0 & 0 & 0 \\ 0 & 0 & 0 & w_{BC} & 0 & 0 \\ 0 & 0 & 0 & 0 & w_{BD} & 0 \\ 0 & 0 & 0 & 0 & 0 & w_{CD} \end{bmatrix} \tag{8.40}$$

对枝长要获得最小二乘估计的公式必须解 b。使用标准的矩阵代数的技术，我们首先乘以通过转置矩阵 T^{T}（元素，$t_{ij}^{\mathrm{T}} = t_{ji}$）。

$$\boldsymbol{T}^{\mathrm{T}}\boldsymbol{w}\,\boldsymbol{d} - T^{\mathrm{T}}\boldsymbol{w}\,\boldsymbol{T}\boldsymbol{b} = 0 \tag{8.41}$$

由于 $\boldsymbol{T}^{\mathrm{T}}\boldsymbol{w}\boldsymbol{T}$ 为平方，我们现在可以得到它的倒数，因此得到的解

$$\boldsymbol{b} = (\boldsymbol{T}\boldsymbol{w}\boldsymbol{T}^{\mathrm{T}})^{-1}(\boldsymbol{T}^{\mathrm{T}}\boldsymbol{w}\,\boldsymbol{d}) \tag{8.42}$$

对大量的拓扑结构使用最小二乘矩阵方法需要大量的计算机资源，有更简单和快捷的方式。在这里将说明其中之一，但其他一些由 David Bryant 和 Peter waddell 解释或引用（见扩展阅读）。为了全面解决树，确定任何特定分枝的长度都需涉及两个非常相似的公式，一个对于内部分枝，以及一个对于外部分枝。不需要创建和颠倒矩阵 T，就可以写出这些公式，而且大大加快了计算进程。对于内部分枝，树简化为一个有 4 个序列的集合，如图 8.12 所示。标记为集合 W、X、Y 和 Z，定义距离 $\boldsymbol{d}_{YZ}$ 为所有的内部集合距离的算术平均数。集合分别有 nw、nx、ny 和 nz 条序列，我们有

$$d_{YZ} = \frac{\sum\limits_{i \in Y, j \in Z} d_{ij}}{n_Y n_Z} \tag{8.43}$$

注意，这个和由 UPGMA 在式（8.15）中定义的集合距离等同。内部枝长 b_{int} 可以表示为

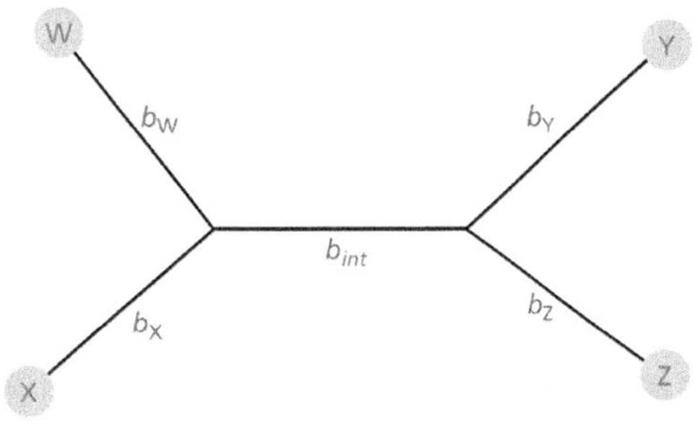

图 8.12　集合 W、X、Y 和 Z 的树的结构用以说明 Bryant 和 Waddell 的最小二乘法集合为圆，代表了一条或多条序列，所有的序列都属于这 4 个集合。

$$b_{\mathrm{int}} = \frac{1}{2}[\gamma(d_{WY} + d_{XZ}) + (1-\gamma)(d_{XY} + d_{WZ}) - d_{WX} - d_{YZ}] \tag{8.44}$$

其中

$$\gamma = \frac{(nXnY + nWnZ)}{(nW + nX)(nY + nZ)} \tag{8.45}$$

对于外部分枝，对集合 W 的分枝长度由下式给出

$$b_W = \frac{1}{2}(d_{WX} + d_{WY} - d_{XY}) \tag{8.46}$$

与 Fitch-Margoliash 方法的式（8.18）几乎一致。

目前为止在这章描述的方法对一棵树给定的拓扑结构确定其分枝长度。这是评估一棵树的拓扑结构的第一步。然而，当比较树时不一定基于它们的计算对树进行排名。在进化距离的基础上，两个不同的概念已经被应用于处理树的评估问题。最小进化法试图找出总枝长度为最小的树，因为需要具有最小变异的树解释数据。它使用的标准

$$S = \sum_i b_i \tag{8.47}$$

式中，b_i 是树的分枝的长度和对所有分枝的求和，也就是说，S 是所有分枝的总长。在一些情况下，公式中使用了每个分枝的长度。这是因为正确的树（假设数据包括的进化数据是正确联配的）应该不会有负数的分枝长度，但实际上式（8.47）会出现这种负数情况。最优树的是 S 值为最小的树，尽管一些树可能有接近这一最优值的 S 值。请注意，邻接法和最小进化理论密切相关［比较式（8.47）和式（8.19）］。

评估树的分枝长度的第二种方法涉及运用最小二乘思想，试图减少从树和数据上测到的进化距离间的差异。所采用的标准是以前所显示的式（8.34），使用 S 值排名不同树的拓扑结构，用以发现和数据进化距离最一致的树。原始的 Fitch-Margoliash 方法在这一阶段使用了平方反比加权用以比

较替代的拓扑结构，它们的分枝长度已经被确定了，正如在 8.2 节中描述的。

加权简约法寻找具有突变最少的树

树的简约评估法和以前讨论过的计算方法不同，因为它使用了实际的序列联配，而不是距离测度。虽然大多数简约方法使用的是核苷酸序列，但已经有一些改进使此技术也能应用于蛋白质序列。简约法的背后一个思想是让基于一个尽可能简单的进化历史给出一棵树，在这种情况下等同于对产生观测序列所需的最小突变。该方法的原理类似于最小进化法和邻接法。不使用进化模型的简约法将在第 8.1 节中描述，因此对关系较远的序列间可能会存在低估突变数目的一个潜在风险，因为在某一位点上一个单一的突变事件将作为首选，除非数据对多次突变能提供明确证据。对突变进行加权是可能的，因此并不同等地看待所有的突变。我们将首先讨论**非加权简约法（unweighted parsimony）**，其次是加权简约法需要的不同技术。

简约法在每个位置上（位点）中的多重联配被认为是分离的。对于给定的树拓扑结构，我们必须确定对那个位点所需变异的最小数目，用以重现观测数据。对拓扑结构上的所有位点的测度是 S，它是用来比较不同拓扑结构；具有最小 S 值的树作为期望树。此方法的一个不寻常的特点是，它没有必要为计算突变数量而计算分枝长度。分枝长度的计算方法可应用于只是最优树。

第一阶段是区分**信息位点（informative site）**，这可以帮助区分替代的拓扑结构和其他位点。非信息位点，不考虑树的拓扑结构，需要相同的最小数目突变。例如，因为它们是完全保守（**不变位点 invariable site**），或者因为只有一个碱基（或氨基酸残基）在联配中存在不止一次（**单一位点 singleton site**）。单一位点并具有信息性，因为，不论树的拓扑结构，每个独特的碱基或残基都只需要一个单一的替代。一旦确定了信息位点，我们需要确定用以重现数据所需变异的最小数目。这种情况下，对有根树联配无根树更容易进行，因为根是为了计算，而任意指定的。幸运的是可以这样做，因为，最小突变数目和根的位点无关是相同的。仅使用任意根于这些计算中。

在加权简约法中所有突变均给予一个相同的权重。可以使用一个简单的方法，称为 Fitch 算法，计算序列上的一个给定的位置在祖先的内部节点的变化的最小数量，此算法逐渐从叶序列移回到根。这被称为**后序法（post order traversal）**。在每个节点，指定一些碱基；除非在序列位点上存在不确定性，每个叶上才会指定一个碱基。如果一个内部节点的两个直接后代序列在它们的集合上有些共同的碱基，这些碱基也会被指定到祖先节点上。如果两个直接后代序列没有共同的碱基，那么这两条序列的所有碱基会被指定到内部节点上。每次后代序列上不再有共同的碱基，必须发生了一次变异，且添加突变次数到树中。

这一过程如图 8.13 中显示的 6 条序列的一棵树，在叶上显示了在特定的联配位置中的碱基。因此，在图中，节点 V 的直接后代序列在给定的位置有 C 和 T。按照 post-order traversal 法，C 和 T 被指定到节点 V；计算一次变异。类似地，节点 X 被指定了 A 和 T，记入另一次变异。进一步往回进行，节点 Y 的后代序列是 V 和 X，可以被指定为 T，是 V 和 X 间的共同碱基。对构建每棵树的拓扑结构时对每一个联配位点都进行这样的过程。可以采用一种简单的方法对所有的联配位点计算变异得到一棵树的 S 值。按照 S 值，可以排名拥有不同拓扑结构的树。

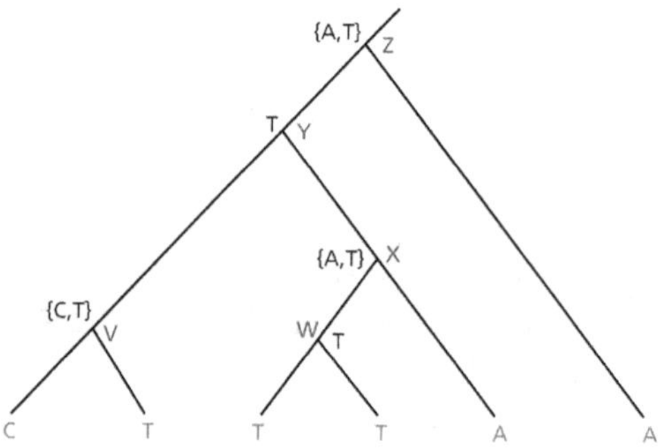

图 8.13　在一个有 6 条序列的树上使用后序法用以确定祖先节点的状态的一个样例。 显示了每条序列的一个特定的联配位点的碱基，在此位置有碱基 T 和两个 A，一个 C。节点 V 被指定了可能的碱基对 {C，T}，因为子节点不再有任何相同的碱基，因此指定的碱基必须包括指定到每个子节点的所有碱基。内部节点 Y 只被指定了碱基 T，因为 T 是子节点 V 和 X 的共同碱基。这棵树的总突变次数为 3。

虽然这种方法准确地计算了突变的最少数量，但它没有给出计算分枝长度所需的信息。原来，每个内部节点被指定的一些碱基不是一个可能发生的最小突变数量的完整列表。要获得一个拥有内部节点被指定的可能碱基的完整列表，这是确定分枝长度的一个先决条件，需要两个计算步骤。第一个是上面提及的后序法修改后的版本，计算突变和搜集有关于可能的节点指定的信息。第二步，处理树的根到叶，获得所有可能一致的内部节点指定。

在修改的第一步中，按照指定 F(j)，每个内部节点 i，对它的所有直接后代序列或子节点 j，都被指定了两个碱基 F(i) 和 H(i)。我们计算子节点 F (j)的每个碱基 k 的数目得到了 $n_i(k)$。例如，如果有两个子节点的碱基指定为 {A，C} 和 {C}，那么 $n_i(\mathrm{A}) = 1$，$n_i(\mathrm{C}) = 2$，$n_i(\mathrm{G}) = n_i(\mathrm{T}) = 0$。F($i$)被指定到拥有最大 n_i 值得所有可能的碱基，在这种情况下为 {C}。第二个集合 H(i) 被指定到其 n_i 仅次于最大值的所有碱基，在这种情况下H(i)={A}。此外，在这个过程中，成本 $S(i)$ 被指定到每个节点，这是树的节点 i 的所有后代的成本。使用公式计算成本 $S(i)$

$$S(i) = \Big[\sum_{\text{descendants } j}(S(j)+1)\Big] - \max_{k=A,C,G,T}[n_i(k)] \tag{8.48}$$

计算的初始阶段，叶（也就是目前的序列）被指定 $S(j) = 0$，且它们的集合 F(j) 仅仅是它们序列位点上的碱基。图 8.14 中给出了一个样例，使用了图 8.13中相同的树。如图 8.14B 中显示的，创建的集合 F 和使用上面讨论的简单技术得到的指定是一致的，且显示在图 8.13 中。树的根部的 S 值为 3 是整棵树的成本，且和事例中显示和后序法计算得到相同。

(A)

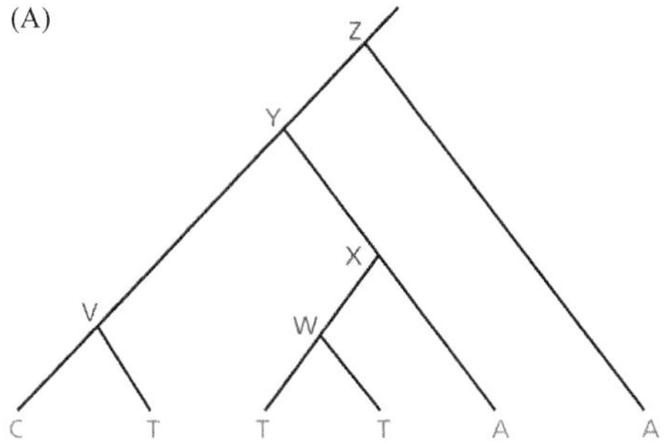

(B) 第一步(按照表格的顺序从叶到根进行计算)

内部节点	n_i(A)	n_i(C)	n_i(G)	n_i(T)	F(i)	H(i)	S(i)
V	0	1	0	1	{C,T}	{A,G}	1
W	0	0	0	2	{T}	{ }	0
X	1	0	0	1	{A,T}	{C,G}	1
Y	1	1	0	2	{T}	{A,C}	2
Z	1	0	0	1	{A,T}	{C,G}	3

(C) 第二步

父节点	父节点的指定	子节点的指定集合	注解	子节点的指定集合	注解
Z	T	Y = {T}	T∈F(Y)		
Z	A	Y = {A,T}	A∈H(Y)		
Y	T	X = {T}	T∈F(X)	V = {T}	T∈F(V)
Y	A	X = {A}	A∈F(X)	V = {A,C,T}	A∈H(V)
X	T	W = {T}	T∈F(W)		
X	A	W = {T}	A∉F(W)∪H(W)		

(D) 替代的指定集合的小结

	V	W	X	Y	Z
1	T	T	T	T	T
2	T	T	T	T	A
3	A	T	A	A	A
4	C	T	A	A	A
5	T	T	A	A	A

图 8.14　使用非加权简约法建立的树的内部节点的所有可能的状态，发现这些状态的技术的一个事例。 (A) 图 8.13 中的树。(B) 第一步，如正文中所述，从所有的叶到根，每个内部节点被指定了碱基 F (i) 和 H (i)。(C) 第二步，从根到叶更新内部节点的指定。(D) 对所有内部节点指定的所有可能碱基结合的小结。

第二步包括从树的根开始，到叶的一个过程。每个可能的指定［来自 F(i)］的碱基 k 到一个父节点 i，对一个子节点 j 可以给出一个或多个可能的指定。如果碱基 k 是在集合 F(j)中，节点 j 也被指定了这一碱基（如图 8.14C 中的第三行）。如果碱基 k 不在 F(i)而在 H(j)中，那么节点 j 可能的碱基结合包括了集合 F(j)中所有的碱基且包括碱基 k（如图 8.14C 中的第二行）。如果碱基 k 既不在 F(i)也不在 H(j)中，那么节点 j 被指定 F(i)中的所有碱基（如图 8.14C 的第六行）。这产生了对所有内部节点的指定，每个指定都有成本 S，如图 8.14 中的例子。为了看到这种技术比图 8.13 中的方法能恢复更多的指定，注起始节点 Y 只被指定了一个碱基 T。现在，在这种情况下，节点 Z 被指定了碱基 A，Y 被指定了一组新的节点 {A，T}，作为可能的指定 A 在节点 Y 出现的结果。

图 8.14D 给出了所有可能的内部节点的指定。从图 8.13 中，我们可以很容易地发现集合 1 和 2，但是其他的特别是集合 3，将不会被发现。当计算分支长度，考虑一切可能的突变模式时，尤其重要的是拥有所有这些集合。第二步如果省略从根到叶的工作，我们只能确定最大简约树的拓扑结构，但不能确定实际的分枝长度。计算分枝长度时，必须考虑每个替代的指定集合的突变位置。如果存在着替代（如图 8.14D)，指定给一个分枝的突变数量通常被视为是所有这些的平均值。单一的非信息位点也必须包括在分枝长度的计算中，因为它们只是在比较不同的拓扑结构是非信息的。

使用简约法可以采用不同的方式对突变作加权

非加权简约法，按照标准 S，使用一棵树需要的总的核苷酸替代数目。但是，并不是所有的突变都是相等的，给予一个加权将可能产生一个更好的效果。非加权简约法中，核苷酸总的替代数的加权是平均的（图 8.15A），而在加权简约法中，不同的替代给予了不同的值，反映了如转换/颠换的偏好（图 8.15B）。由于转换通常比颠换具有更大的速度，因此可能在长期的进化史上，发生的足够多的转换将使其失去任何清晰的系统进化信号。因此，已有人提出，最好这样分析此类数据，转换的权重为 0，

(A)

	A	C	G	T
A	-	1	1	1
C	1	-	1	1
G	1	1	-	1
T	1	1	1	-

(B)

	A	C	G	T
A	-	1	2*R*	1
C	1	-	1	2*R*
G	2*R*	1	-	1
T	1	2*R*	1	-

图 8.15　使用最大简约法用以区分不同类型突变的权重矩阵。（A）在非加权简约法中，矩阵中所有核苷酸替代的权重都是相同的。（B）对矩阵使用转换/颠换速率比，因子 R 进行了加权，R 代表了转换和颠换的比值（见专栏 8.1）。

所以只计算颠换（颠换简约法）即可。不同的形式的加权是对联配中不同位点进行加权。例如，在蛋白质编码序列中，不同的密码子位置给予了不同的权重。如果蛋白质序列也正在研究中，观察到的突变是在氨基酸水平上，并可以对应一个、两个或 3 个核苷酸的突变。已经提出了加权计划用以尝试解释这种情况。

当使用权重时，应该使用 **Sankoff 算法（Sankoff algorithm）** 用于评估最大简约法。该算法是动态规划法的一种形式，在 5.2 节双序列联配中介绍了这种技术。正如第 5 章中的动态规划法，在计算中有两个阶段。第一个是计算树的最少的总突变数目（相当于序列联配分值），第二个是回溯，以确定所有可能节点的指定，然后是分枝长度（相当于确定 5.2 节中所描述的实际的联配）。该算法的初始阶段，是一个后序法。按顺序考虑每个节点上的每个可能的碱基。对于每一个这样的碱基，计算尽可能低的突变以获得观测的后代叶。这一成本 S 是突变的计数的权重。计算依赖于每个特定突变的成本（权重），这里表示为 w_{ij}，为一个突变从碱基 i 变化到碱基 j。此 w_{ij} 值不一定是独立于联配位点的，但这不会为了简便而显示为符号。每个内部节点是一个祖先节点的两个子节点，在 3 个节点分别计算的成本为 S_a、S_{d1} 和 S_{d2}。当碱基 i 被指定到祖先节点时，祖先节点上的最小成本被确定为 $S_a(i)$。可以从子节点的值中计算得到

$$S_a(i) = \min_{j=\mathrm{A,C,G,T}}[w_{ij} + S_{d1}(j)] + \min_{k=\mathrm{A,C,G,T}}[w_{ik} + S_{d2}(k)] \quad (8.49)$$

必须考虑所有可能的碱基指定：也就是在任何子节点的任何可能的碱基都有可能在祖先节点上出现。必须在树的叶处开始计算，那里的碱基指定是明确的，然后可以计算连接的内部节点，随后是回到根处的节点。在叶处，观测碱基的成本应该被指定为 0，并且所有其他可能性无限制地消耗，使得所有后续的计算只使用它们成本估计的观测碱基。对给定的祖先节点指定产生具有一个最小成本的两个子节点的所有指定，必须为后续的计算存储此指定。在图 8.16 中，使用了 Sankoff 方法对前面使用其他简约法进行的计算再重新进行了一次。在这种情况下，所以的权重都被指定为 1，因此结果应该和前面的相同，因此可以对所有的方法进行比较。给出了内部节点的 4 个碱基指定的成本，也给出了对此分值贡献的碱基对的列表。对于列出的一个碱基对 ab，如得出的树上所示，左边的子节点的指定为 a，左边的子节点为 b。

一旦计算了所有的成本，回到了根，通过最小分值给出了和联配位点相关的分值和树的拓扑结构，在这种情况下对根处的碱基 A 或 T 给出了值 3。可以使用追溯过程得到内部节点上可能的碱基指定集合，其次是不同指定的贡献。这些在图 8.16 中都标记为浅灰色。如果遵循这一过程，将会重建在图 8.14D列出的所有集合，因此，该方法与以前的结果完全一致。

可以使用最大似然法用以评估树

某个特定的进化历史的发生的概率可以用一棵特定的树表示，通过假设一个特定的进化模型可以计算出这棵树。这称为模型的似然性（见附录 A）。该树具有最大似然性，也就是最高的概率假设模型，将会被预测为正确的树。如果此模型合理地表示了已经发生的进化过程，那么这个模型应该是。按照特定的树的拓扑结构和分枝长度以及一个特定的进化模型，定义似然性。在这一讨论中，我们将假定该模型使用的为时间可逆，所有在本章和第 7 章中讨论了模型的一个性质。时间可逆模型给出相同的可能性而不顾对于一个分枝所假定的时间方向，因此，在计算中根的位置并不重要。

我们会首先看到如何计算一棵树的似然性，使

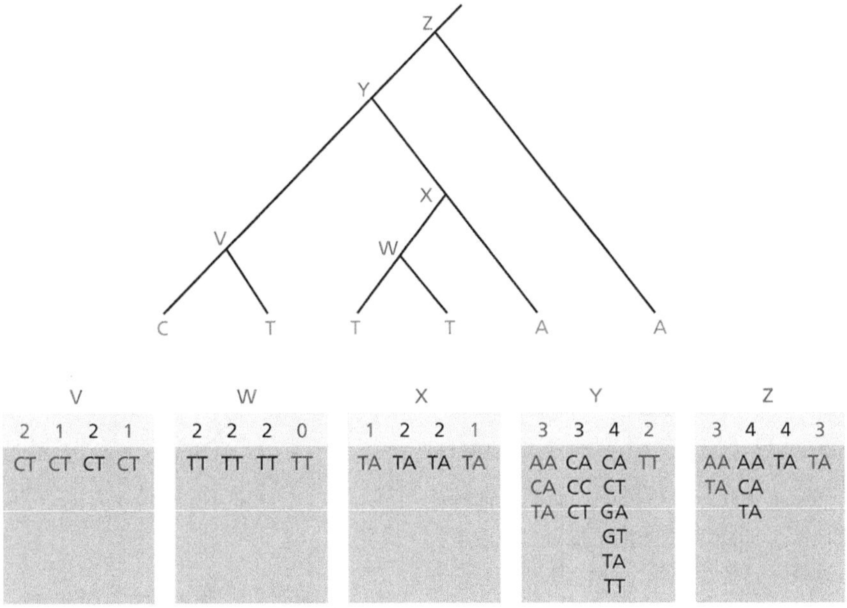

图 8.16　对加权简约法应用 Sankoff 算法。应用此算法到图 8.13 和图 8.14 中相同的树上。注意，虽然使用了不同的权重，但在这种情况下，所有的权重都为 1，因此产生的结果和图 8.13 和图 8.14 中的相同。在 5 个内部节点 V 到 Z（按此顺序计算），对 4 个可能的碱基（A，C，G，T）按顺序给予一个分值。下面每个碱基是给出分值的每个子节点中碱基组合的列表。当绘制树时，该碱基的组合显示于两个子节点上的碱基，左边碱基对应着树上的左边的节点。那么对节点 Y，如果被指定为 A，且它的分值为 3，从而节点 V 将会被指定 A，C 或 T，节点 X 被指定为 A。这些碱基组合和第 5.2 节中的动态规划中的追溯箭头等同。所有这些分值和饱含在追溯中的碱基组合标记为浅灰色。如果探索所有可能的追溯选项，可以大致地重现图 8.14D 中的表格。

用图 8.17 的例子。这是一个 4 个叶的树，每个节点分别标记为 1～4，这些叶上的为观察序列，但内部节点 Y 和 Z 是未知的祖先序列。对这些叶的概率分别计算，计算中还依赖于树的拓扑结构（T）。分别考虑每个分枝，并且在时间 t 内，碱基 i 在任何位点突变到碱基 j 的概率写作为 P（$j \mid i$，t）。这种精确的数学形式将取决于使用何种进化模型。在 JC 模型中，突变速率参数为 α 的情况下，我们有

$$P(j \mid i,t) = \begin{cases} \dfrac{1}{4}(1+3e^{-4\alpha t})\text{for} j = i \\ \dfrac{1}{4}(1-e^{-4\alpha t})\text{for} j \neq i \end{cases} \qquad (8.50)$$

请注意，式（8.50）和式（8.8）的不同在于是 $e^{-4\alpha t}$ 而不是 $e^{-8\alpha t}$，因为式（8.50）提到了两条序列是同时进化的。

与简约法一样，我们考虑了序列数据本身，并依次查看每个联配位点，无视有空缺的位点。另一个与简约法共同的特点是在计算中使用指定的或临时的树的节点作为根。由式（8.51）给出了具体碱

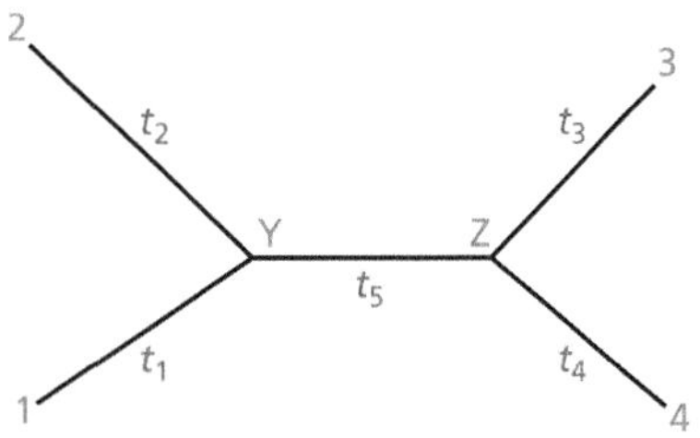

图 8.17　最大似然法构建的系统发生树。枝被标为 t_i，和其他图中标示的 bi 不同，因为这里枝长是作为公式中的进化时间。

基 x_Y 和 x_Z，发生在拓扑结构为 T，分枝长度为 t_i 的树的内部节点 Y 和 Z 的一个特定序列位置的可能性（图 8.17）

$$\begin{aligned} &\text{P}(x_1, x_2, x_3, x_4, x_Y, x_Z \mid T, t_1, t_2, t_3, t_4, t_5) = \\ &q_{x_Y}\text{P}(x_1 \mid x_Y, t_1)\text{P}(x_2 \mid x_Y, t_2)\text{P}(x_Z \mid x_Y, t_5) \\ &\qquad \text{P}(x_3 \mid x_Z, t_3)\text{P}(x_4 \mid x_Z, t_4) \end{aligned} \qquad (8.51)$$

式中，q_{x_Y} 是内部节点 Y（这里作为根）的碱基的概

率（其中简单的假设与正在考虑中的序列组成有关，也就是，这些 q_a，等同于 5.1 节中的序列组成）。假定每个分枝都独立地进化，因此它们的概率可以相乘。

内部节点 Y 和 Z 在第 i 个位置上可以有任何可能的碱基，这点必须加以考虑。通过考虑在 x_Y 和 x_Z 上所有可能的碱基（残基），可以得到观测序列 $x_1 \sim x_4$ 的似然性 L_i

$$L_i = \sum_{x_Y = A,C,G,T} q_{x_Y} P(x_1 \mid x_Y, t_1) P(x_2 \mid x_Y, t_2) \left[\sum_{x_Z = A,C,G,T} P(x_Z \mid x_Y, t_5) P(x_3 \mid x_Z, t_3) P(x_4 \mid x_Z, t_4) \right] \quad (8.52)$$

请注意，在每个节点，这些替代的碱基间的可能性是相互排斥的，因此可以对它们进行加和。考虑所有的位点，通过乘以这些个别项，我们可以得到总的似然性，或者可以利用对数，我们能得到

$$\ln L = \sum_i \ln L_i \quad (8.53)$$

其中此总和是对所有的序列位置 i。请注意，节点 Z 同样可以被用来作为根，也将会得到同样的结果。

对于一个给定的树的拓扑结构，我们仍然需要通过改变一些可获得参数找到一个拥有最大似然性的树。这些参数的优化包括分枝长度和根据使用的进化模型指定参数。例如，在 Jukes-Cantor 模型中的替代率 α。关于似然性公式的每一项参数的偏导数很容易得到，这些可以使用在标准函数最小化路程，用于获取最佳的参数值和最大似然性。

如前所述，进行一个树的拓扑结构的搜索，对每棵树计算它的最大似然性 L。与简约法一样，可能会有类似的 L 值得几棵树，这些树可能被认为是相关的，其中一些能产生一棵保守树。

作为该方法的一个例子，利用 Jukes-Cantor 进化模型，对 4 条序列的每一个碱基确定一个最大似然树（两条是 A 和其他两条是 C），约束条件为所有 5 个 0 分枝都具有相同的长度 t（虽不合实际，但在这里是较有用的简化）。假设该碱基的组成为所有 4 个碱基均等，即各占 25%。两种可能的树拓扑结构显示于图 8.18。这个问题只需要确定一个参数，即分枝长度。

由于序列只有一个碱基长度，一个位点，式(8.52) 中的每个 P 项用式 (8.50) 中的取代，得到了一棵树的似然性。对节点 Y 和 Z 考虑所有可能的碱基，给出了公式中的 16 个不同项。假定目前存在的所有碱基都是相等的，即 $q_A = q_C = q_G = q_T = 1/4$。因为所有的分枝长度相等，则在公式中只有两项是不同的：E 是节点和相同碱基间分枝长度为 $3\alpha t$ 的概率（其中 α 是 JC 模型中的速率参数，t 是时间）

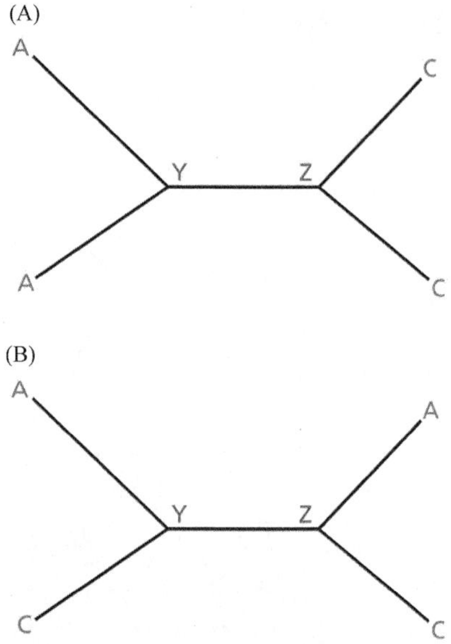

图 8.18　使用最大似然法对 4 条序列，其碱基组成为（A、A、C 和 C），产生两棵可能的树。请注意，所有 5 个分枝长度被限制为相等的（这是不符合实际的）。

$$E = \frac{1}{4}(1 + 3e^{-4\alpha t}) \quad (8.54)$$

D 是在节点和不同碱基间的分枝长度为 $3\alpha t$ 的概率

$$D = \frac{1}{4}(1 - e^{-4\alpha t}) \quad (8.55)$$

对于图 8.18A 中的树，如果节点 Y 和 Z 分别有碱基 A 和 C，则 4 个分枝在末端会有相同碱基，此末端定为 E，合并 Y 和 Z 会有一个 D 端。对这种特定碱基和拓扑结构的选择的似然性可以通过 $1/4E^4D$ 给出，其中 1/4 来自于 q_A 项。用一个类似的方式，树上所有的碱基选择的似然性可以通过下式给出

$$L_I = \frac{1}{4}(E^4 D + 2E^3 D^2 + 4E^2 D^3 + 2ED^4 + 7D^5) \quad (8.56)$$

式中，第一项是从碱基选择（A，C），第二项是碱基选择｛（A，A）（C，C)｝，其中第一个是在节点 Y，第二个是节点 Z。图 8.18B 中的树来自公式

$$L_{II} = \frac{1}{4}(2E^3 D^2 + 2E^2 D^3 + 10ED^4 + 2D^5) \quad (8.57)$$

现在第一项来自碱基选择｛（A，A) and（C，C)）｝，第二项来自{（A，C) and（C，A)｝。

为了预测分枝长度和树的拓扑结构，我们需要知道最大的似然性，在这个简单的例子中，通过绘制这些不同参数（图 8.19），我们可以从中决定最

大似然性。显然，比较图 8.19A 和图 8.19B 中的曲线，最优树（即具有最大 L 值）将是如图 8.18A 所示的拓扑结构，它的 αt 约为 0.103，给出的分枝长度约为 $3\alpha t=0.31$。请注意，虽然这棵树的似然性是由式（8.56）的第一项得到，其他在节点 Y 和 Z 处有不同碱基的树也贡献了总数的 1/6。图 8.19B 显示的拓扑结构永远不会到达最优树的似然值的一半，因此这个拓扑结构会被舍弃。

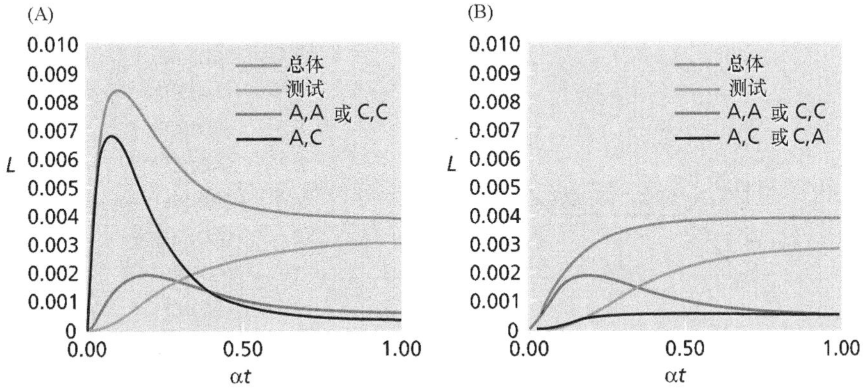

图 8.19 最大似然性 L 和图 8.18 中的两棵树的一些组成部分的变化。（A，B）为总似然性 L 的点图（浅蓝色）和图 8.18A 和 8.18B 中的树所选定的部分分别作的点图，其中 α 是 JC 模型中的速率参数，t 是时间。这些分别对应于式（8.56）和式（8.57）。从总的中已经分离出了两个部分。当节点 Y 和 Z 的碱基都是 A 或者 C 时，即标有“A，A 或 C，C”（红色）是似然性部分。当节点 Y 的碱基为 A 且节点 Z 的碱基为 C 时，（A）中的部分“A，C”（黑色）是似然性部分。在（B）中，黑线既包括此树和也包括节点 Y 的碱基为 C，节点 Z 的碱基为 A 的树。似然性的其他部分显示为黄色线。（见文后彩图）

在实际情况下，只会报告得分最高的拓扑结构，这个简单的例子允许我们查看个别分枝的贡献并且更好地理解模型。对图 8.18A 中的树的节点 Y 和 Z，它们分配的主要碱基选择为（A，C），对这个简单问题，我们可能会猜中这个选择。在足够长的时间才能发生许多突变（接近于 1），最终对节点 Y 和 Z 所有的碱基选择变得相同，在一个内部节点产生任何一个碱基。在较长的时间中，树基本上变得随机而难以区分。图 8.19 证实了这点，并表明对两种拓扑结构总的似然性收敛于一个相同的值。

此演示的目的是展示对最大似然法计算的科学本质的认识。在这里省略了实际算法的细节，因为这个超越了本书的范围。然而，如果没有一个有效的算法，此方法将是不切实际的，因为需要大量的计算能力。进一步了解在最大似然法上已经作出的算法发展，可见扩展阅读。改进包括关注于拓扑结构采样效率以及优化分枝长度的计算算法。

四重奏迷惑（quartet-puzzling）方法在标准执行中也包括了最大似然法

最大似然法在计算上的要求限制了它的应用，由此提出了**四重奏迷惑（quartet-puzzling）**方法。四重奏是从树上选出的 4 个类群的集合。每一棵四重奏树将包含图 8.8 所示的 3 个拓扑结构的其中之一。如果所有四重奏的树的拓扑结构是已知的，它有可能重建一棵正确完整的树。利用四重奏的性质以确定完整的树的拓扑结构。

3 个步骤中第一步是产生所有可能的四重奏亚树的数据，对每个四重奏考虑所有的 3 个可能的拓扑结构。使用最大似然法从这 3 棵树中确定最优树。实际上，虽然在下一步中只使用可能替代中的其中之一，但这种方法试图为拓扑结构缺失一个明确的偏好。下一步只需要四重奏的拓扑结构，并包括产生一棵完整的树。以这样的方式每次添加分类群，用以最大程度地减少冗余树和四重奏树上的分割间的不一致，这是四重奏迷惑法的过程，其结果是树的拓扑结构通常依赖于加入到树中的类群顺序。为了克服这种偏差，以不同顺序加入类群到树中，确定了许多不同的树。在最后一步，将这些树归纳成为一致树。

这种方法的一个示例显示于使用 6 个类群的图 8.20。从数据中重建的正确树见图 8.20A。它有 15 种可能的四重奏树，其分割是由最大似然列分析获得的，并列于图 8.20B 中。随机选择其中之一作为起始点。我们将使用四重奏 1（AD）（BC），并重建一棵完整的树。在此树上需要进一步添加两个类群，一般应以随机顺序选择。在这里，我们将先加入 E 然后是 F。

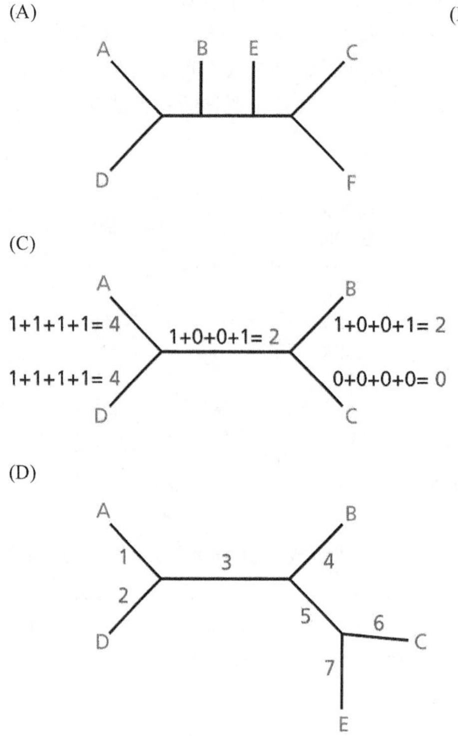

(B)

四重奏	分割	注释
1	(AD)(BC)	–
2	(AB)(CE)	+E
3	(AB)(CF)	+F
4	(AD)(BE)	+E
5	(AD)(BF)	+F
6	(AB)(EF)	+EF
7	(AD)(CE)	+E
8	(AD)(CF)	+F
9	(AE)(CF)	+EF
10	(AD)(EF)	+EF
11	(BD)(CE)	+E
12	(BD)(CF)	+F
13	(BE)(CF)	+EF
14	(BD)(EF)	+EF
15	(CF)(DE)	+EF

图 8.20 使用四重奏迷惑法重建树的一个示例。（A）从数据重建的正确的树的拓扑结构。（B）这棵树的四重奏分割的一个列表，每个都带有注释指出那些不在 ABCD 四重奏上的类群，四重奏 ABCD 是被用做构建树的起点。实际情况中，使用最大似然法从数据中确定分割，且将会包括一些错误以及会有一些没有完全解决的分割。（C）拥有类群 A～D 的起始树，显示了用以确定类群 E 位置的分枝权重。（D）加入类群 E 的树，分枝按照文中讨论的进行了编号。

四重奏涉及有关分类 A-E 的信息，这些并不包括在初始树上。这些四重奏是图 8.20B 中的 2、4、7 和 11。对于每一个四重奏我们考虑在起始树的每个可能的分枝加入 E。每在起始树的分枝上添加 E，将产生一个和四重奏不同的分割，该分枝的罚分值为 1。如果给出了正确的四重奏的分割，该分枝则没有罚分。对四重奏加入罚分，并且罚分值最低的分枝被选择作为树上加入 E 的位点。在罚分值相等的情况下，分枝是从最优分枝中随机挑选的。图 8.20C 显示了其过程中，产生了图 8.20D 中的树。

现在要做的就是加入类群 F。使用了相同的技术加入 F，现在已包括所有的四重奏，其中有 F 和其他 3 个类群 A-E。其中的 10 个，如图 8.20B 上所示。如图 8.20D 编号为 1～4 的分枝的罚分显然是不受偏好的。由于四重奏 9、13 和 15，对分枝 6（正确的）偏好超过分枝 5 和 7。每一个分枝罚分 5 和 7，而不是分枝 6，在分枝 5、6 和 7 处分别产生 3、0 和 3 的罚分结果。在这个例子中四重奏分割是一致的，产生了一个明确的结果，并且和物种添加顺序无关。然而，数据错误将会导致一些不一致的地方，且不同的最终拓扑结构依赖于添加物种的顺序。

贝叶斯方法也可用于重建系统发生树

最大似然法通过计算概率计算最优树用以表示数据，它假设进化模型（假设 H）产生数据 D，写作 P（D1H）。这是模型的可能性。不同的是，贝叶斯方法，包括统计分析，基于先验假设计算一个给定的模型已经发生的概率（见附录 A，介绍了贝叶斯方法的关键概念）。在这种情况下，假设模型实际上不是简单的 8.1 节中定义和讨论的进化模型，但是也包括树的拓扑结构。上述讨论的似然法计算并不包括物种和基因重复事件引起的节点分歧，清楚地认识到这点后，必须以其他方式涵盖这些节点分歧。所以必须以其他方式将此包括在内。理想情况下，我们对给定数据将知道模型的后验概率，写作 P（HID），并从中选择一个具有最高概率的模型。如附录 A 所示，计算这样的量我们需要一个关于模型先验概率的估计，其中包括了树的拓扑结构。

目前对树的拓扑结构没有一个公认的先验概率，为了应用贝叶斯方法，存在着许多不同方面需要说明，如在一段时间上形态事件的分布。这个话题所涉及的问题与本书中的其他部分非常不同，有兴趣的读者可以到扩展阅读中寻找详细内容。因为缺乏清楚的证据表示之前使用的先验概率是真实的，因此已经存在了一些对贝叶斯方法的质疑。另一个问题是，该方法最终需要计算模型的后验概率，但是由于公式的性质，这种计算是非常困难的。它需要计算（原理上）所有可能的树拓扑结构的加权平均数。一种名为**马尔可夫链蒙特卡罗法**（**Markov chain Monte Carlo，MCMC**）的方法用于实现这一目的。从本质上讲，该方法运行了成千上万个循环，每个循环都包括两个步骤。第一个步骤是试图改变模型，通常是树的拓扑结构。使用一个涉及到模型先验概率的分布以及计算的似然性 P（D1H）的检验，可以接受或拒绝这种变化。目前的树——如果改变被拒绝，则是无变化的树，然后被包括到第二步中的树集合用于计算上面提及的平均数。通常情况下，因为每个循环只对拓扑结构进行相对较小的改变，连续步骤中的树是高度相关的。最初的树可将能会和最优的拓扑结构非常不同，它可能需要几百次甚至成千次循环计算才能变为最优树。这些早期的树不能真正代表数据，应该在平均过程中加以忽略。通常在平均运行阶段有数以万计的循环，但这个数字取决于许多因素，包括数据集的规模和拓扑结构变化步骤的性质。

前面描述的贝叶斯方法与最大似然性一起应用将是最准确的构建树的方法，并将越来越受欢迎。它的结果通常是报告产生不同树之间的小结，从而能通过运行一个自展法分析获得一些关于它们共同特征的可信度的迹象，自展法将在下一节中讨论。

8.5 评估树的特征和比较树的可靠性

如果可以获得足够的计算机资源，在大部分情况下，可以应用本章中描述的任何技术到任何数据集中用以产生一个多个系统发生树。使用校正进化距离是最有可能失败的。例如，如果对 JC 模型使用式（8.9），并遇到两条联配的核苷酸序列有 75%以上的碱基差异。使用这个等式的对数展开可以克服这一问题。但是，即使对拓扑结构彻底搜索后发现的最优树，也不一定在所有细节上都是正确的，并需要进行进一步测试用以检验树特征的可靠性。使用本章所讨论的方法，从真实数据产生的大多数树将包括一些特征，一些在数据中表现的非常明显和可靠，而另外一些特征则没有很好的支持，并可能是谬误的。重要的是对不同树的特征能够估计这些根据的强度，将在下面讨论这些方法（流程图 8.5）。

简要地考虑为什么产生了不正确的树的原因将是有益的。使用的方法可能涉及进化模型的假设和数据不相符，或者是因为不正确的参数，或者因为是模型过于简单。另外，数据本身也能导致问题，如果没有足够的序列或者存在着不一致或错误。高度变化的突变率也会导致问题的产生。许多方法对于特定的进化特征较敏感，可以导致在树上发生特定类型的错误。其中之一是长枝吸引。

需要进一步分析的另一种情况是，报告了一些次优树的产生。在这种情况下，即使每棵树都有一个分值，如最大简约法中的突变数量，这个分数不容易转化为在数据中对替代数的一个相对支持的测度。因此需要一些方法，能评估树的支持度。可以应用同样的技术于检验两个或更多的替代的树拓扑结构间的竞争假设。

即使是完善的数据和方法也会出现长枝吸引的问题

随着使用数据的增多，人们希望所有方法将使确定一棵正确的树变得更加容易，一般来说确实是这样。但是至少有一个例外，即通常被称为**长枝吸引**（**Felsenstein zone**），产生了一棵和数据不相符的树。这种潜在的问题涉及树中一些分枝的长度远远超出其他分枝，如图 8.21 所显示的树。

这个例子包括 4 条序列，其正确的系统发生树显示在图 8.21A。使用简约法，我们可以很容易看到这种方法如何会产生一棵如图 8.21B 所示的不正确树，其中两个长枝是相邻的。两个较短的分枝被假定在序列 S 和序列 R 的大多数位点上足够短，没有发生突变且序列具有相同的碱基序列。使用简约法，如果在那个位点的碱基在这两个长枝序列（P 和 Q）和短枝是不同的，但是彼此间相同，一个位点只会是信息位点，并且被包含在分析中。否则，这个位点将是一个单一位点。但是，在这种情况下，最大简约法将提出相邻的是两个长枝，然后将产生图 8.21B 的树。同样的问题也出现在其他一些产生系统发生树的方法中。在实际数据中出现这个问题是很难确定的，虽然一些情况下它会被怀疑。

可以检验内部分枝测试树的拓扑结构

当检查系统发生树特征的可靠性时，评估分割的准确性尤其重要，这些分割是鉴别进化事件的关键，如它们是何时分化的。类似的方法可以分为两类。一些方法在给定的置信区间范围内搜索分枝长度，通常是为了查看此范围内是否存在零，在这种情况下，相关的分割可能得不到较好的支持。一种替代方法，bootstrap 检验技术（见专栏 8.4），包括产生一系列树所并寻找树的片段查看其中是否存在相同的分割。

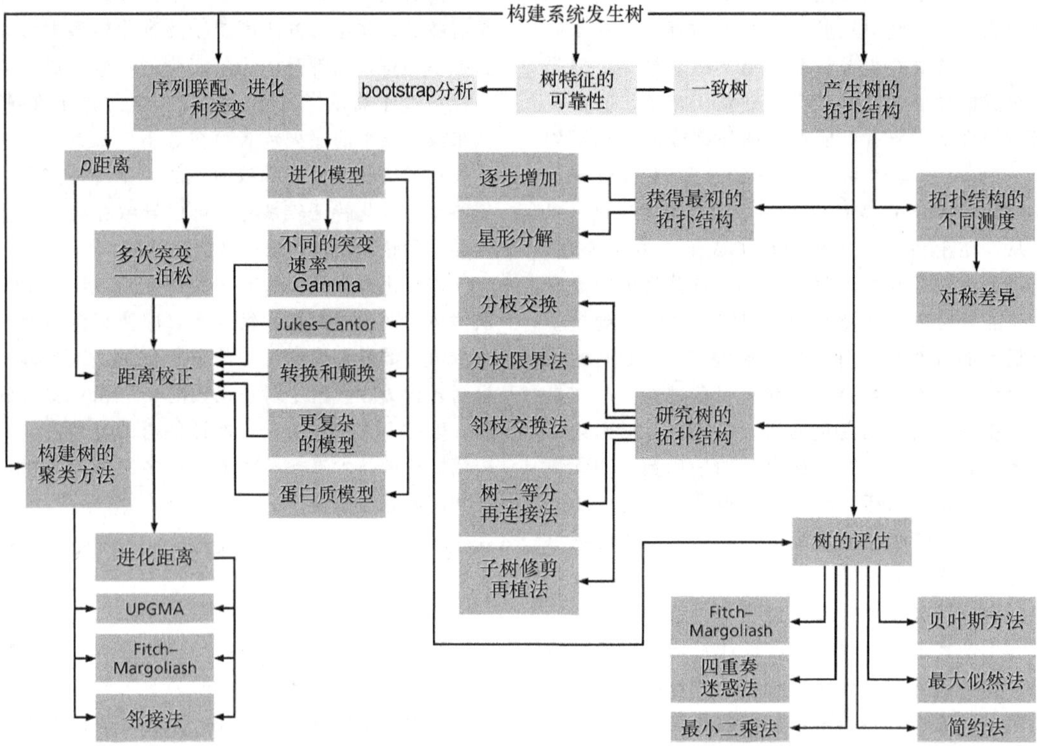

流程图 8.5　本节所介绍的关键概念是，对系统发生树的特征进行评估，检查它们对数据的支持程度。

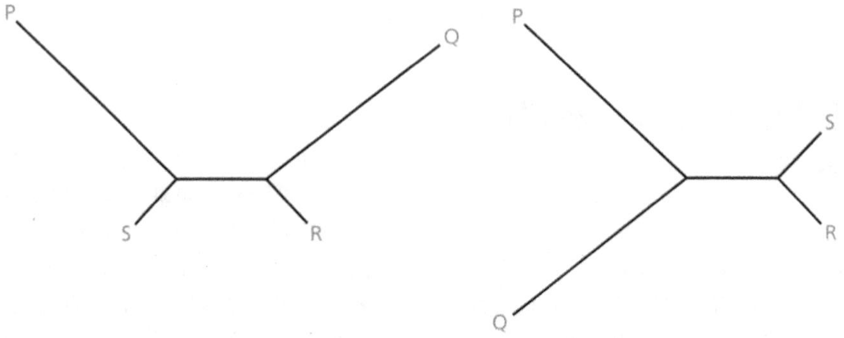

(A)　　(B)

图 8.21　两棵树显示了长枝吸引的潜在问题。在树上当一些分枝的长度比其他枝更大时，最大简约法可能会错误地构建一棵树的拓扑结构。在这种情况下，图 A 是真正的树，最大简约法将总是偏好图 B 中的树。要知道为什么会出现这种情况，可以考虑在序列 R 和序列 S 上的一个位点具有碱基 X。除非这个位点上的碱基不是 X，且序列 P 和序列 Q 上的相同碱基会是一个非信息位点。但是，如果此位点上不是 X，简约法会认为图 B 中的树是首选。

专栏 8.4 自展法

除了应用一种方法到一组数据获取结果外，我们经常希望有一个可能的变异或对该结果的不确定性的估计。在某些情况下有可能获得更多的数据，如通过应用更多的测度，但往往在加入序列数据的情况下，加入更多的测度并不是一个选项。可以加入更多的新序列，但对于一个新加入的序列，没有一个重复测度的实际等效物。1979 年，Bradley Efron 提出了一个他称为 **bootstrap 分析（bootstrap analysis）**的方法，此方法使用原始数据集产生一个对结果变异的估计。

该方法是非常简单的，但通常也是非常有效的。如果我们知道从数据得到的真实分布，我们可以从中计算得到感兴趣的任何性质。这项技术的关键是假设原始数据集是从真实的但未知的分布中以无偏的方式采样得到。通过从原始数据中采样可以得到一个新的数据集。如果正确地采集了样本，这也将是真实分布的无偏的采集样本，并可以用来估计性质的变化。通常，在新的数据集上运行在原始数据集上进行过的相同分析。通常会创建并分析几百个新的数据集——自展复制。

要生成无偏的复制数据集，从原始数据中选择一个简单的随机数据点，使每一个能选择到的数据点概率相等。如果在原始数据集中有 N 个数据点，自展法会选择 N 个复制数据点。选择进程中一个重要特征是，每次选择都是来自于完整的原始数据中。有些数据点将不会被选择为复制，而其他一些将被选中多次。这称为重复采样。

关于这一方法存在着很多变种。刚才所说的技术是非参数自展法。它的一个不利方面是在原始数据中存在的偏移会重新出现在复制数据中。在最好的情况下，可以使用另一种称为参数自展法的替代方法。在这种情况下，使用拟合原始数据的模型（这里为系统进化树和进化模型）用于产生复制数据集。然后按照以前的方式重新分析这些数据集。但是，如果拟合模型与实际存在着比较严重的错误，那这些错误会向传递给复制数据。

正常的 bootstrap 检验方法产生了大量具有潜在不同拓扑结构的树。这些通常是在拓扑结构的基础上的分析，忽视了分枝长度。在新的树搜索原始树上的每个分割，而且在树的这一部分指出发生的比例。这个百分比是用来表示了分割的可靠性。不过，我们可以发现，95%的置信区间和 95%的自展树上的分割之间存在着差异。一般情况下，对于分割，自展值是低估的。已经提出了更复杂的方法，这些方法中目前最佳的可能是约持平（approximately unbiased，AU 近似无偏?）方法（对于这一问题的详细讨论见扩展阅读）。

已经发展了一些分析方法用于计算分枝长度的标准差，这些分枝长度是从一些基于距离的方法所取得的，通常比产生所需的树需要更多的计算。如果假设这些方法中分枝长度的估计服从于正态分布，可以使用一个简单的 z 试验（见 16.4 节）用以确定一个给定的置信区间的长度可能范围。如果长度范围包括零长度，则有关分割将被分配到相对较低的可信度。

提出了一个步骤，可以用来获取分枝长度标准差的数值估计，称为**内部分枝 bootstrap 检验（bootstrap interior branch test）**，它包括从原始树中抽样产生一个新的数据集，然后从使用新数据的同一棵树拓扑结构获取分枝长度。请注意，分析复制数据和原始数据集不完全一致，因为只分析从原始数据产生的树的拓扑结构。采用这样的方法，获得了对每个分枝长度的样本分布。可以使用这些用以估计内部分枝为非零的可信度。对于覆盖数据的进化周期，提出了进一步的检验，检查是否存在着一个恒定的分子钟（进化速率）（见扩展阅读）。

用于比较两棵或两棵以上的树的检验方法

有许多关于特定物种群的进化起源的竞争性假说。如果两棵树的产生是基于它们两个相互竞争的假设上，那么前面描述的一些方法可用于评分这两棵树。然而，在给予每棵树的基础上如何评价它们的相对比重不是能立即显示的，如计算它们的似然度。第 7.3 节中描述的这种似然性比检验，由于这两种树具有相同的自由度，当选择的进化模型不能应用在这里时，因此使用 chisquared 检验法比较它们时不会有自由度。

对于这个问题的一个解决方案是称为位点成对检验（paired-site test）。这些检验的基础是检测每个序列位点是否支持给出的树。如果两棵树得到同样的较高支持，在每个位点的相对支持的测度应该对所有位点平均到零。对这种位点分布的支持，已经提出了多种统计检验。例如，RELL 方法，不是对分布的性质提出假设，而是使用自展法用以估计结果的置信度。

当比较两棵以上的树时，类似的问题可能会出现。可以分别对每对树进行分析，如使用 RELL 方法，但也存在着一些严重问题如多重测试等。一个建议的解决方案，在很大程度上与 RELL 测试相同，在 SH 测试中，实际分布使用自举法采样。这仍是个十分棘手的问题，但是，这些方法仍然不能直接被适用。

总结

这一章，我们提出了许多关于从序列数据推导系统树的理论和技术。所有的解释都需要一个进化模型，在这里已提出了一些。最简单的模型显然是不正确的，如假设在所有序列位点替代都以相同的速度发生。但是，这些模型看上去涵盖了足够的事实从而允许可以使用它们进行一些有用的分析。构建树的方法中，使用的序列数据主要以两种形式存在，联配本身上个别位点或进化距离的估计。在后一种情况下，应用一个进化模型只需要校正距离公式。

最快和最简单的产生树技术得到一棵树。这些可能是有用的，甚至是相当准确的，并且可以处理大量的序列。更复杂的方法涉及使用特定的准则优化很多不同树的拓扑结构。有很多方法可以产生树的拓扑结构，有些甚至是在探索的可能的拓扑结构的范围时更有效。然而，在进化过程中的一些罕见的事件，如基因融合需要考虑非正常的拓扑结构。简约法试图找出所有已经发生的突变，但是不使用进化模型。不同的是，最大似然法使用了由这些模型提供的突变的概率用以估计最可能代表数据的进化历史，四重奏迷惑方法和贝叶斯方法也类似地使用这种方式。

现有大量可获得的不同技术，但迄今没有任何一项表现出明显的优势，而且研究界还存在着关于它们相对表现的许多争议。一些技术最多只能分析几十个序列，不能严格地搜索所有树的拓扑结构。此外，对于树的一些特征时，决定其统计可信度仍然有一些困难。尽管有一些问题，但是仍然存在着一些方法试图表明了某些树的特征的可靠性，此外，有人提出了一些检验用以比较两棵或更多的树，为它们的数据提供支持，这其中最常用的是自展法。

名词解释

bootstrap interior branch test（内部分枝 bootstrap 检验）：一项技术，用于获得从一系列数据得到的一棵系统发生树的分枝长度的估计。

branch swapping（分枝交换）：通过交换树上部分检索不同树的拓扑结构的一类方法的统称。

branch-and-bound（分枝限界法）：通过保存在每一个时刻找到的局部最优解的得到全局最优解的一种计算机方法。任何时候，用以获得一个解决方案的不同的方法，这些方法中的采样可以作为最佳的而被保持，则不再搜索其他的方法。

Felsenstein zone（Felsenstein 区）：系统发生树的重建中，存在着一些较长的分枝，一些重建方法倾向于支持一种不正确的拓扑结构，长分枝彼此连接在一起。发生这种情况的树的这一区域就称为 Felsenstein zone。

fractional alignment difference（联配差异的比例值）：从序列联配中具有不同碱基或残基的位点计算得到的未修正的距离比值。

Gamma distance（Gamma 距离）：两条序列间的进化距离，涉及了对不同序列位点上不同的变异速率的一个校正。

Gamma distribution（Gamma 分布）：基于 Gamma 函数的一个标准的概率分布，在一些进化模型中使用它对不同序列位点的变异速率进行建模。

informative site（信息位点）：在系统发育重建的简约法中，这一名词指，联配位置上观测碱基对不同的树的拓扑结构存在了一种偏好性。使用这样的联配位点用以鉴别数据是否支持树的拓扑结构。

invariable site（不变位点）：在应用于序列数据的系统发生树方法中，这个名词指所有序列具有相同碱基或残基的那些联配位置。在多重联配中，这些位置通常指完全保守的位点。

isochores A（等值区）：基因组上一个较大 DNA 片段（>300kb），具有相同的碱基组成。例如，一个富含 A 和 T 的 DNA 区域。

long-branch attraction（长枝吸引）：见 Felsenstein zone。

Markov chain Monte Carlo, MCMC（马尔可夫链蒙特卡罗法）：用抽样计算复杂积分的一项计算技术，通常当前的抽样点在上一个抽样点作微小的移动，抽样点是通过马尔可夫过程得到，从而形成一个马尔可夫链。

nearest-neighbor interchange method（邻枝交换法）：通过从一个已存在的树上搜索产生一棵新的树的一种重建系统发生树的方法。

patristic distances（推定距离）：两个物种或序列（类群）的路径的分枝长度的和的一个距离。

Poisson corrected distance（Poisson 校正距离）：

两条序列间的进化距离，考虑了相同序列位点上的多重替代。

post order traversal（后序法）：在系统发生树的重建中，通过简约法的一项技术，最初通过递归处理所有子树，然后处理树的根部，从而处理了树的所有节点。

Sankoff algorithm（Sankoff 算法）：由 David Sankoff 提出的动态规划算法，在本书中介绍了其中的两种，一种是用于预测 RNA 结构，另一种用于简约法预重建系统发生树。

singleton site（单一位点）：在简约法中使用的一个名词，用于描述一个联配位置，其中只有一条序列和其他序列有不同的碱基或残基。这样的位点不能区分不同树的拓扑结构，但是它对于估计分枝长度则有作用。

speciation duplication inference，SDI（物种重复假设）：基于基因重复和物种，用于确定一个系统发生树的根的方法。

star decomposition（星形分解）：一种重建系统发生树的方法，它开始于连接至所有叶的一个单独的内部节点，然后通过移除一对叶或者一个叶和一个内部节点创建一个新的内部节点，这一过程持续至树只包括有分支的节点为止。

stepwise addition（逐步增加）：用于产生系统发生树的一种技术，一次加入一个数据，逐步增加外部节点的数量产生一棵更大的树，直到树上拥有了所有的数据后终止。

symmetric difference（对称差异）：两棵树的拓扑结构间差异的一种测度，它的定义使用了两棵树中的一棵的分割的数目。

unweighted parsimony（非加权简约法）：一种重建系统发生树的方法，其中对不同的树使用的分值是突变的数目，这一数目需被提取用以从树中产生数据。

扩展阅读

Felsenstein J（2004）Inferring Phylogenies. Sunderland，MA：Sinauer.

Hillis DM，Moritz C & Mable BK（eds）（1996）Molecular Systematics. Sunderland，MA：Sinauer.

Li WH（1997）Molecular Evolution. Sunderland，MA：Sinauer.

Methods in Enzymology vol 183（1990）and vol 266（1996）.（*Contain several important papers.*）

Nei M & Kumar S（2000）Molecular Evolution and Phylogenetics. Oxford：Oxford University Press.

8.1 进化模型和进化距离的计算

Gamma 校正距离考虑了不同的序列位点上突变速率的差异

Felsenstein J & Churchill GA（1996）A hidden Markov model approach to variation among sites in rate of evolution. *Mol. Biol. Evol.* 13，93-104.

Uzzell T & Corbin KW（1971）Fitting discrete probability distributions to evolutionary events. *Science* 172，1089-1096.

更复杂的模型区分不同类型突变的相对频率

Wakeley J（1996）The excess of transitions among nucleotide substitutions：new methods of estimating transition bias underscore its significance. *Trends Ecol. Evol.* 11，158-163.

在 DNA 序列上存在核苷酸的偏好

Foster PF（2004）Modeling compositional heterogeneity. *Syst. Biol.* 53，485-495.

蛋白质序列的进化模型和用于序列联配的替代矩阵密切相关

Felsenstein J（2004）Inferring Phylogenies，chapter 14. Sunderland，MA：Sinauer.

Goldman N & Whelan S（2002）A novel use of equilibrium frequencies in models of sequence evolution. *Mol. Biol. Evol.* 19，1821-1831.

8.2 产生系统发生树

UPGMA 方法假定一个恒定的分子钟，并产生一个等距树

Sneath PHA & Sokal RR（1973）Numerical Taxonomy. San Francisco：Freeman.

Fitech-Margoliash 方法产生一个无根的加性树

Fitch WM & Margoliash E（1967）Construction of phylogenetic trees. *Science* 155，279-284.

邻接法：此方法涉及最小进化的概念

Bruno WJ，Socci ND & Halpern AL（2000）Weighted neighbor-joining：a likelihood-based approach to distance-based phylogeny reconstruction. *Mol. Biol. Evol.* 17，189-197.

Gascuel O（1997）BIONJ：an improved version of the NJ algorithm based on a simple model of sequence data. *Mol. Biol. Evol.* 14，685-695.

Saitou N & Nei M（1987）The neighbor-joining method：a new method for reconstructing phylogenetic trees. *Mol. Biol. Evol.* 4，406-425.

8.3 产生多种树的拓扑结构

可以通过对一个现存树做一系列细小的变化以优化树拓扑结构

Allen BL & Steel M（2001）Subtree transfer operations and their induced metrics on evolutionary trees. *Ann. Combinatorics* 5，1-15.

Felsenstein J（2004）Inferring Phylogenies，chapter 20. Sunderland，MA：Sinauer.

寻找根给出了系统发生树在时间上的方向

Lake JA & Rivera MC（2004）Deriving the genomic tree of life

in the presence of horizontal gene transfer: conditioned reconstruction. *Mol. Biol. Evol.* 21, 681-690.

Rivera MC & Lake JA (2004) The ring of life provides evidence for a genome fusion origin of eukaryotes. *Nature* 431, 152-155.

Stechmann A & Cavalier-Smith T (2003) The root of the eukaryotic tree pinpointed. *Curr. Biol.* 13, R665-R666.

Wolf YI, Rogozin IB, Grishin NV & Koonin EV (2002) Genome trees and the tree of life. *Trends Genet.* 18, 472-479.

Zmasek CM & Eddy SR (2001) A simple algorithm to infer gene duplication and speciation events on a gene tree. *Bioinformatics* 17, 821-828.

8.4 评价树的拓扑结构

可使用基于进化距离的函数以评价树

Bryant D & Waddell P (1998) Rapid evaluation of least squares and minimum evolution criteria on phylogenetic trees. *Mol. Biol. Evol.* 15, 1346-1359.

可以使用最大似然法用以评价树

Felsenstein J (2004) Inferring Phylogenies, chapter 16. Sunderland, MA: Sinauer.

Guindon S & Gascuel O (2003) A simple, fast, and accurate algorithm to estimate large phylogenies by maximum likelihood. *Syst. Biol.* 52, 696-704.

Stamatakis A, Ludwig T & Meier H (2005) RAxML-III: a fast program for maximum likelihood-based inference of large phylogenetic trees. *Bioinformatics* 21, 456-463.

四重奏迷惑方法在标准执行中也包括最大拟然法

Strimmer K & von Haeseler A (1996) Quartet puzzling: a quartet maximum likelihood method for reconstructing tree topologies. *Mol. Biol. Evol.* 13, 964-969.

Strimmer K, Goldman N & von Haeseler A (1997) Bayesian probabitities and quartet puzzling. *Mol. Biol. Evol.* 14, 210-211.

贝叶斯方法也可用于重建系统发生树

Felsenstein J (2004) Inferring Phylogenies, chapter 18. Sinauer, Sunderland, MA.

Holder M & Lewis PO (2003) Phylogeny estimation: traditional and Bayesian approaches. *Nat. Rev. Genet.* 4, 275-284.

8.5 评估树的特征和比较树的可靠性

即使是完善的数据和方法也会出现长枝吸引的问题

Hendy MD & Penny D (1989) A framework for the quantitative study of evolutionary trees. *Syst. Zool.* 38, 297-309.

可以检验内部分枝测试树的拓扑结构

Efron B (1979) Bootstrap methods: another look at the jackknife. *Ann. Stat.* 7, 1-26.

Efron B (1985) Bootstrap confidence intervals for a class of parametric problems. *Biometrika* 72, 45-58.

用于比较两棵或两棵以上的树的检验方法

Felsenstein J (2004) Inferring Phylogenies, chapters 19-21. Sunderland, MA: Sinauer.

Kishino H, Mayata T & Hasegawa M (1990) Maximumlikelihood inference of protein phylogeny and the origin of chloroplasts. *J. Mol. Evol.* 31, 151-160. (RELL).

Nei M & Kumar S (2000) Molecular Evolution and Phylogenetics, chapters 9 and 10. Oxford: Oxford University Press.

Shimodaira H (2002) An approximately unbiased test of phylogenetic tree selection. *Syst. Biol.* 51, 492-508.

Sitnikova T (1996) Bootstrap method of interior-branch test for phylogenetic trees. *Mol. Biol. Evol.* 13, 605-611.

第 4 部分　基因组特征

所有的生物体，从最简单到最复杂的，其信息都蕴涵在基因组之中。理解一个物种的全基因组和它每一部分的作用可以提高我们对生命活动的认识。最近，已经有许多物种的全基因组完成了测序和图谱绘制。计算机技术在基因组拼接和分析中都起到了重要作用。比较基因组也为进化和医学研究提供了重要信息。

本部分包含简介、应用以及详细理论共两章。第 9 章介绍了在基因组序列中定位、预测和注释基因时最容易获得的技术，也说明了一些预测结果可能的复杂性。第 10 章讨论了基因检测和基因组注释的主要方法，并且介绍了如何将单个组分（如核糖体结合位点）组合为整个基因模型。

第9章　揭示基因组特征

当你读完第9章时，你应该能够：

鉴定具有非蛋白基因特征的区域；
讨论同源性怎样帮助预测基因；
解释为什么原核基因预测一般比较容易；
寻找单个基因组分（例如外显子）；
鉴定剪接位点；
描述启动子预测程序成功率的不同；
比较衡量预测准确率的方法；
在基因组预测中使用实验和预测结果。

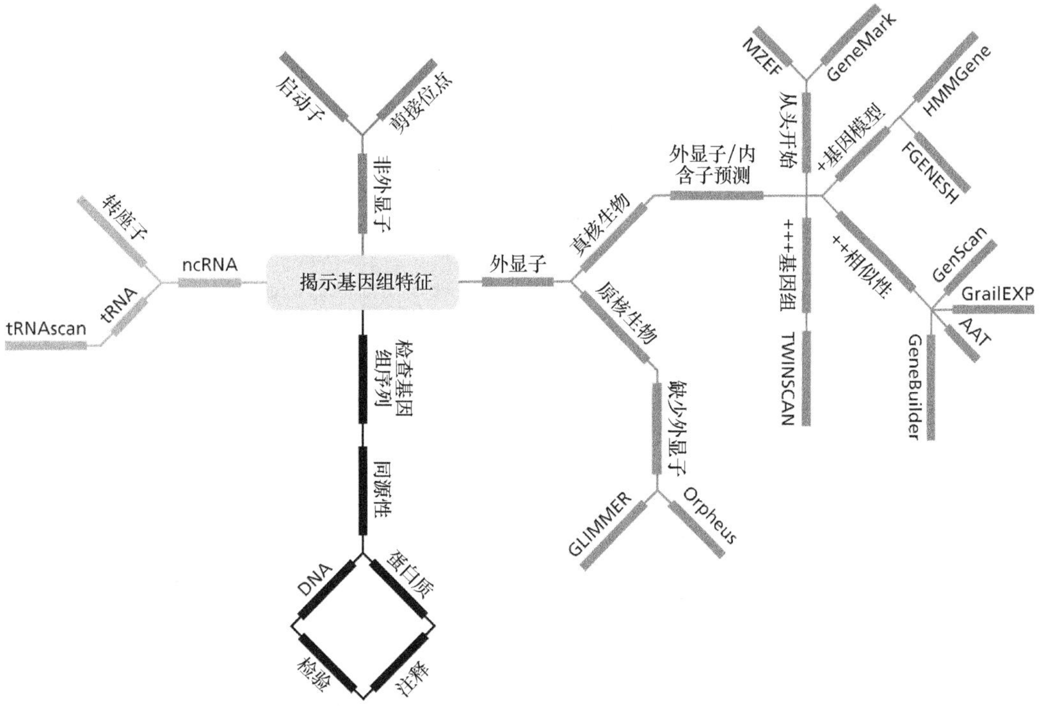

思维导图9.1　这幅图可以帮助读者记忆从DNA序列中预测基因时可以采取的步骤。

本章将介绍一些常用的在线基因预测程序的使用方法。基因预测的需求从最早的核酸测序实验开始就产生了。技术的进步使人类基因组计划得以迅速完成，同时也产生了更多长度达数百万碱基的序列。为了跟得上测序速度，获得一种能自动准确地识别序列中功能元件的分析方法就显得尤为重要了。在本章中，我们将从实用性的角度介绍这些方法，而在第10章将讨论基因预测所依赖的基本概念和技术。

本章我们的讨论将仅限于如何识别基因和其调控区域，以及如何获得相关蛋白质的序列。这仅仅是对核酸序列中发现基因并进行分析的开始，最后还需参照本书其他章节所介绍的许多技术。例如，可以参照第4章的方法鉴定蛋白质的同源序列，并从保守的序列模式中获得蛋白质的功能信息。以此为基础，还可以开展更进一步的分析。例如，运用第7章的方法研究进化关系，或者利用第11章、第13章和第14章的技术确定蛋白质的结构和功能。最后，第15章介绍的表达研究对于证实预测结果也有很大帮助。例如，确认预测的mRNA确实是有表达的。

本章的讨论从鉴定原核生物的 tRNA 和基因开始。这两个领域都比较成熟，已建立了具有较高准确率的方法。接着我们将讨论鉴定真核基因和其调控区域的方法。因为真核生物的基因结构更加复杂，所以虽然已经提出了许多不同的方法，但它们只有适中的准确率。这个研究领域仍然很活跃，本章只介绍了其中的一部分成果。在阅读本章之前，建议读者先复习第 1 章中基因的基本结构特征和它们的调控方式。

9.1 基因组序列的初步分析

正如第 1 章所介绍的，编码蛋白质的 DNA 区域首先被转录为信使 RNA，然后再翻译为蛋白质。在翻译过程中，由三联体核苷酸密码子决定哪一种氨基酸被加入到正在被合成的蛋白质链中。它们也决定了翻译的起始和终止位置。可以被翻译为蛋白质的 DNA 区域被称为可读框（open reading frame，ORF）。每一段 DNA 链都有 6 个可能的开放阅读框，其中每个方向上有 3 个。一个特定的可读框决定了该序列编码的氨基酸序列，而且在大多数情况下，一个基因只会按一种阅读框翻译。ORF 会以终止密码子结束，并通常以甲硫氨酸密码子开始（见 1.2 节和表 1.1）。因此，在 DNA 上寻找蛋白编码区域的常用方法就是搜寻基因组序列上的 ORF。在原核基因组上检测 ORF 是相对比较容易的，因为在甲硫氨酸密码子和终止密码子之间的蛋白质编码区不会被非编码的内含子间隔开。因此，原核生物 ORF 的鉴定方法就是寻找一段连续的用于编码氨基酸的密码子区域，并且这段区域要分别以起始密码子和终止密码子起止。鉴定到的 ORF 越长，它是真实的蛋白质编码序列的可能性就越大。

在真核生物中存在内含子，这些内含子将编码序列分成若干外显子，使问题变得更加复杂（见 1.3 节）。诸如内含子的 DNA 非蛋白质编码区，通常只有很短的氨基酸密码子序列，并包含很多终止密码子。内含子可能很多，也可能很长，甚至远长于外显子序列。因此，不仅需要预测整个基因，也要预测每个外显子的起止位置。我们可以通过一段较长的氨基酸密码子序列来识别外显子。另外，在每个内含子的起止位置都有剪接位点，它们含有的特征序列也有助于预测。但是，许多真核基因还可以通过多种剪接方式来产生不同的蛋白质，这更加大了预测的复杂度。

除了编码序列，基因还常常含有转录起始位点和核心启动子区域（图 1.12 和图 1.13）。许多基因在核心启动子上游还有更长的启动子区域，有时可延长至上游 200bp。核心启动子位于转录起始位点 40bp 以内，通常都可以被识别并用来鉴定 ORF。真核基因通常都有自己的上游启动子，但在原核生物中，通常是几个基因排列为一个转录单位——操纵子，它们只有一个启动子区域和一个转录起始位点（图 1.15）。

一段基因组区域通常只有一项功能。这项功能可以是编码一个蛋白质，一个 tRNA（或其他功能 RNA），一个转座子，以及其他一些遗传元件。“一段序列对应一项功能”原则的一个主要例外是病毒基因组，它可以在一段序列上使用两种不同的阅读框来编码不同的蛋白质，但在其他基因组中两个阅读框只能存在很少的重叠。

将整个基因组序列分割开来简化基因检测

许多基因分析程序不能够一次处理数兆的碱基序列。因此，首先应将整个基因组分割为若干较小的片段（流程图 9.1），特别是对于真核生物的分析。在 GC 含量显著不同的区域，分割方式应进行调整，因为许多基因预测程序会根据不同的 GC 含量使用不同的参数。在实际操作中，通常先用程序脚本将序列自动分割为若干可以处理的片段，然后对每一个片段进行基因预测。虽然整个基因组注释流程给人的感觉是一按按钮就可以完成全基因组分析，但它实际上包含了许多不同的分析程序，将它们的结果连接起来才能得到最终的结果。在基于 Web 的预测中，往往缺少这些连接程序，用户必须使用他们自己的基因组分割方法。但是原核基因组远小于真核基因组，它们通常就不需要进行分割。

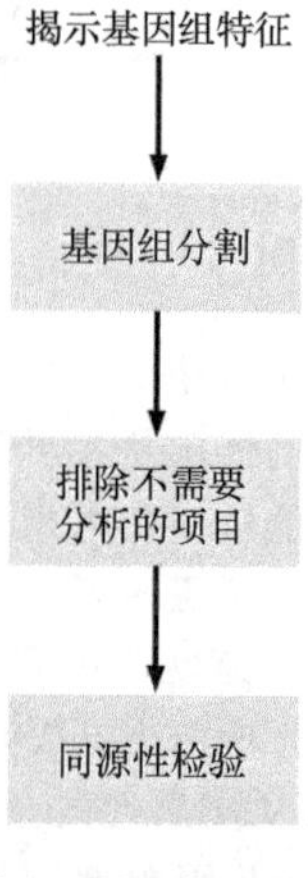

流程图 9.1 在运用更详细的基因检测方法之前，这一节首先探讨大致的步骤。

结构 RNA 基因和重复序列在进一步分析中可以排除

非编码蛋白质的功能 RNA 基因常被称为**非编码 RNA（noncoding RNA，ncRNA）**基因。鉴定非编码 RNA 基因和重复序列往往比鉴定蛋白质基因更容易。因此，在分析基因组序列时首先鉴定这些非蛋白质编码区是有益的。

我们将会以 *E. coli* 的 tRNA 基因为例来说明如何鉴定非编码 RNA。正如 10.1 节将讨论的，所有的 tRNA 都有一个基于碱基配对的高度保守的结构（图 1.5）。对这种结构的认识将有助于对序列的解读。现已有了可以定位 tRNA 基因的 Web 程序。图 9.1A 展示的 *E. coli* 基因组注释中，各种氨基酸的 tRNA 基因用绿色的方框标出，其中 $tRNA^{Val}$ 的基因和 $tRNA^{Lys}$ 的基因 *lysW* 以序列突出地显示。在预测 *E. coli* 的 tRNA 基因时，将含有蛋白质 ORF 和 tRNA 基因的序列片段提交给一个专门的程序 tRNAscan，它将正确挑选出编码 tRNA 的基因，给出它们携带的氨基酸类型，

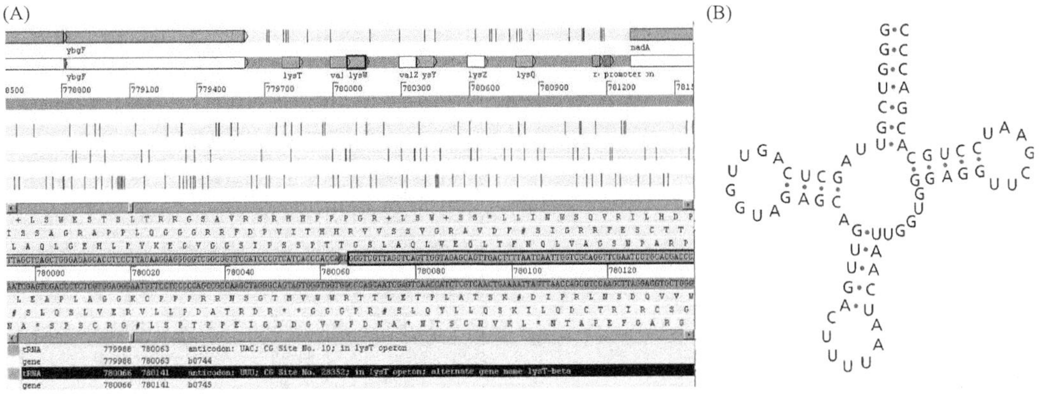

图 9.1 详细的 tRNA 编码区图示以及 tRNA 分子的二级结构。（A）基因组序列中的一个 tRNA 基因（lysW）。该 tRNA 基因的序列显示在图的右下方，用灰色背景和粗黑色边框标出。它以 GGGTCGTT…开始。这条序列的更详细描述可以在图 9.3 的图例中找到。（B）lysW tRNA 二级结构的系统图示。这条序列始于最上方的螺旋，即用 RNA 形式表示为 GGGUCGUU…

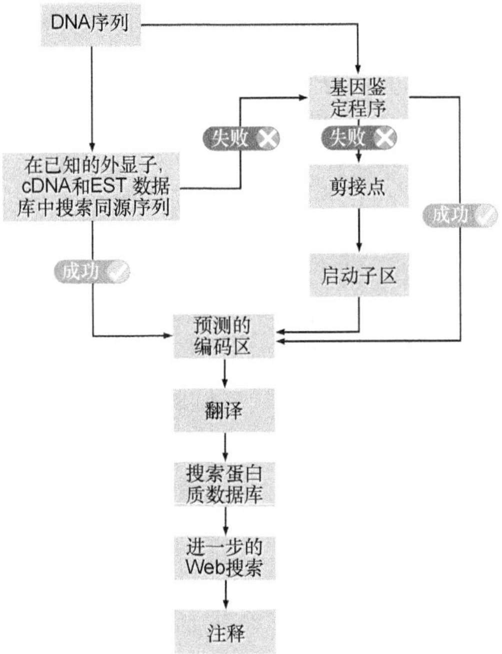

图 9.2 鉴定和注释基因序列的一个流程图。第一步是进行同源性搜索。如果没有找到同源基因，就必须使用预测程序。两种方法都可用于验证预测结果。

并产生它们的二级结构图（图 9.1B）。重复序列可以用 SEG 等软件鉴定，见 4.7 节的讨论和专栏 5.2。

同源性可以用于原核和真核基因的鉴定

图 9.2 展示了在鉴定和注释新基因组序列时可以采用的一个流程。新的 DNA 序列可以提交给许多数据库进行同源性搜索。目前许多原核生物已经完成了全基因组测序，因此同源性搜索是新基因预测的有力工具。例如，可以将新测序的细菌基因组与原核基因组数据库进行同源性搜索。预计原核基因组中会有超过半数的基因可以通过同源性搜索得到鉴定。数据库搜索和同源序列比对可参考第 4～6 章。如果一个未知序列匹配到了显著相似的序列，特别是蛋白质及其他具有已知功能的序列，就可以断定这个未知序列是一个同源基因，并且很可能也具有相似的功能。

对于真核生物，因为蛋白质序列会对应到 DNA 序列中被间隔的外显子上，同源性搜索会更加复杂。一个有用的策略是利用表达序列数据库，即通过 EST 鉴定编码蛋白基因（见专栏 9.1）。

专栏 9.1　表达序列标签

表达序列标签（expressed sequence tag，EST）是位于互补 DNA（cDNA）3′端非编码区（UTR）中的短序列。5′端也可以产生 EST，但 3′端的 EST 在物种间的保守性较小，因为它们趋向于形成 UTR 的一部分。EST 是完整基因的一小部分（通常为 200～500 个核苷酸），但它们可以用于鉴定未知基因并将其定位在基因组上。可以将 EST 作为杂交探针来获得基因组序列上相应的基因。现已有许多 EST 数据库，如 dbEST，它是 NCBI GenBank 的 EST 部分。这些数据库会及时更新其中的 EST 注释。

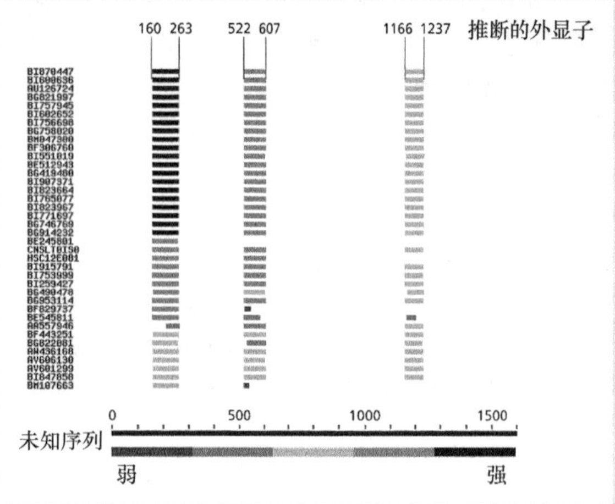

图 B9.1　将 PISSRLE 的含有 3 个外显子（5～7）的 DNA 序列与 EST 数据库进行同源性搜索。搜索找到了 3 个连贯的匹配区，它们正好对应于 3 个外显子。不同的颜色代表了匹配的强度。

当将一条基因组序列与一条 EST 序列联配时，cDNA 的联配区可以揭示基因的内含子—外显子结构。图 B9.1 显示了一条含有 3 个外显子（160-263、524-605 和 1164-1236）的 DNA 片段，我们将它提交给人类 EST 数据库进行 BLAST 搜索。我们立即可以发现有 3 个 EST 片段可以与这条未知序列有很好的匹配。这三个片段与真实的外显子正好吻合。同源性搜索结果中的颜色代表匹配的相似性强度，从最强的（最可能正确的匹配）到最弱的（可能不是正确的匹配）。

如果通过几个 EST 数据库搜索都没有得到显著性的匹配，则这条基因组序列只能通过基因预测程序进行鉴定了。如果能预测到基因，可以将它翻译为蛋白质序列进行验证。但如果预测不到基因，还需要对它进行进一步分析，如通过预测剪接点和启动子来发现外显子。预测的外显子必须要翻译为蛋白质，这将有助于验证预测的正确性，并有利于进一步注释和分析。

9.2　原核基因组中的基因预测

虽然原核生物中也可能存在内含子，但它们为数极少，因此在下面的讨论中可以忽略它们。虽然在本章中我们不会讨论它们的鉴定，但也应当注意到它们的存在。

原核生物的启动子区域已有很好的定义，因此，在没有内含子时，基因的起始和终止位置都比较容易确定。由于原核基因结构比较简单，已经产生了许多非常成功的原核基因预测技术。它们利用功能信号序列来鉴定基因，如核糖体结合位点，结束翻译的终止密码子，以及其他能很好确定的特征序列。

我们用一段大约 4000bp 的 *E. coli* 基因组区域来说明原核生物的基因预测（流程图 9.2）。图 9.3 显示了这段区域的注释，其中蓝色的条带代表蛋白质编码基因，它们用基因名标出（如 *tolQ*）。虽然在这幅图中没有展示，但实际上每一个基因都有同源

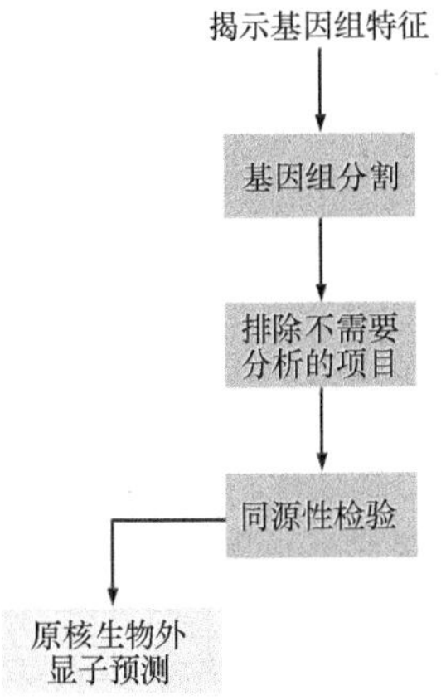

流程图 9.2　在本节中讨论原核基因预测中一些实用的技术。

性和功能预测信息。"所有注释"行中浅绿色的条带代表 tRNA 基因的位置（见 9.1 节）。在这幅图的下方（详细信息部分），深绿色的碱基序列是 *pal* 基因启动子的碱基序列，它位于转录起始位置上游－35bp 位置处（本章稍后我们将会详细讨论启动子预测）。在这上游是 *tolB* 基因的结尾，它用终止密码子 TGA 来结束翻译。这里的一个明显特征是 *pal* 基因与 *tolB* 基因的结尾是重叠的（这可能会为预测程序带来问题）。在 *pal* 基因的开始处有密码子 ATG（编码甲硫氨酸 M）作为翻译的起始。

由于原核基因组相对较小，可以将整个基因组作为一条序列来分析。表 9.1 列出了部分现已全部测序的原核基因组。

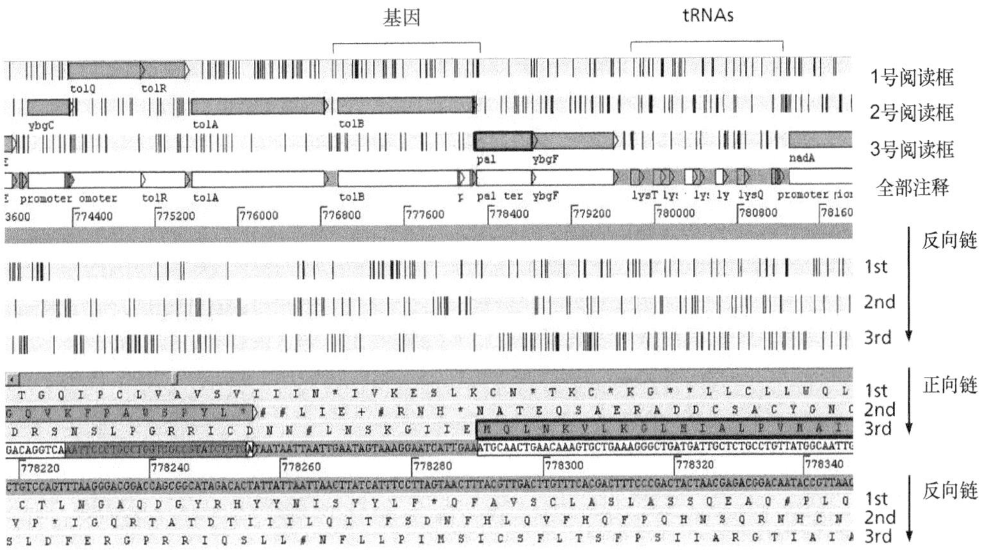

图 9.3　基因组注释。一段充分注释的 *E. coli* 基因组片段，在这里用程序 Artemis 来展示。在图的上半部分有一个显示碱基数目的标尺（从 773 800～782 800）。标尺的上方和下方分别是对 5′→3′链和 3′→5′链注释的总结行。在基因组的这个区域所有的注释都集中于 5′→3′链。总结行的上下 3 行是不同的阅读框，其中每一个终止密码子都用一条竖直的黑线表示。蛋白编码基因（蓝色方框）中间不含有终止密码子。tRNA 基因用绿色的方框表示。图的下半部分给出了同样的信息，只是用翻译后的蛋白质序列展示，并且这里所用的尺度更精细（碱基为 778 218～778 362）。所有的阅读框都经过了翻译，其中着色的方框表示的是与图的上半部分匹配的阅读框。图中显示了 *tolB* 基因的结尾区也是 *pal* 基因的起始区。深绿色的方框表示在 *pal* 基因上游鉴定到的启动子。（见文后彩图）

现已有许多预测程序，并在许多研究小组中得到了广泛应用。但即使是在原核生物中也存在一些物种特异性的特征，如密码子使用偏倚。因此最好选用适合于所研究物种的程序。近年来最流行的程序是 ORPHEUS 和 GLIMMER（将在 10.3 节讨论）。它们不是 Web 程序，可以下载并在 UNIX 系统下运行。一些基因预测程序既适用于原核生物，也适用于真核生物，例如，Grail 就包含了 *E. coli* 的基因特征作为其数据集。但是这些程序很少被专门做原核基因组分析的研究小组所采用。正如我们将要介绍的，短序列片段可以直接提交给 Web 程序来鉴定所有的 ORF。然后这些 ORF 可以在数据库中搜索其同源序列。这在效率上通常不如前面提到的全基因组分析程序，但对于小规模分析是完全适用的。

表 9.1 已知原核基因组的几个例子。在本书写作时，18 个古细菌，141 个真细菌，124 个噬菌体和约 850 个病毒基因组已完成了全基因组测序。与人类基因组（24 条染色体全长 3 140 575 727bp）相比，古细菌和真细菌的基因组相对较小，而噬菌体和病毒基因组就更小了。

古细菌	长度（bp）
Aeropyrum pernix	1 669 695
Halobacterium sp. NRC-1	2 014 239
Methanococcus maripaludis	1 661 137
Pyrococcus abyssi	1 765 118
Pyrococcus furiosus DSM 3638	1 908 256
Thermoplasma acidophilum	1 564 906
Thermoplasma volcanium	1 584 804
真细菌	
Chlamydophila pneumoniae	1 229 853
Enterococcus faecalis V583	3 218 031
Escherichia coli CFT073	5 231 428
Escherichia coli K12	4 639 221
Helicobacter hepaticus ATCC 51449	1 799 146
Helicobacter pylori 26695	1 667 867
Listeria innocua Clip 11262	3 011 208
Pseudomonas aeruginosa PAO1	6 264 403
Salmonella enterica	6 264 403
subsp. enterica serovar Typhi	4 809 037
噬菌体	
Alteromonas phage PM2	10 079
Bacillus phage GA-1	21 129
Bacteriophage 71	41 708
Bacteriophage 933W	61 670
病毒	
Abelson murine leukemia virus	5 894
Acute bee paralysis virus	9 491
African swine fever virus	170 101
Avian sarcoma virus	3 718
Bovine leukemia virus	8 419

9.3 真核基因组中的基因预测

与原核生物相比，真核生物中的基因预测是一项更为复杂的任务（流程图 9.3）。为了鉴定真核基因组中的蛋白质编码基因，还需要考虑更多的因素。这包括基因组许多区域中的低基因密度以及更为复杂的基因结构。这将在 10.4 节中有详细介绍。在真核基因中，需要通过对外显子和剪接位点的联合预测来定位外显子和内含子。然后还要将这些预测的外显子翻译为整个蛋白质来检查它是否与已知的功能蛋白具有同源性。图 9.4 显示了一个真核基因的结构以及它表达的蛋白质。在某些真核基因组中只有极少数基因含有内含子，如出芽酵母（*Saccharomyces cerevisiae*）。此时，在初步的分析中只需要使用原核基因预测软件就足够了。同源性搜索可以用于确认预测结果。

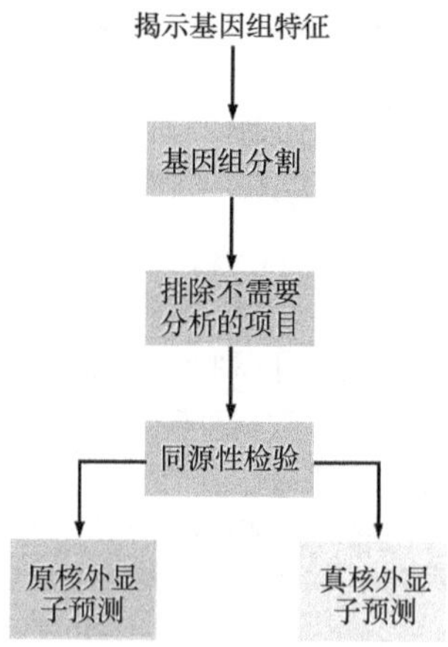

流程图 9.3 在本节我们将讨论真核基因预测的各种不同方法。

外显子和内含子的预测程序使用了多种方法

已有许多方法来预测 DNA 的外显子区域。大多数 Web 程序会整合其中的两种或更多，如数据库相似性搜索和统计模式识别。我们将会用两个真核基因序列为例来说明一些程序的使用。这两个例子是人类乙醛脱氢酶基因 *ALDH10* 的 1 号和 2 号外显子，以及人类激酶基因 *CDK10* 的 5 号和 7 号外显子（见专栏 9.2）。当程序中有可选的参数时，对这两个例子我们都使用默认参数。我们在每个基因中选取的这些特定的外显子包含了外显子的不同类型。基因中不仅可能包含由内含子间隔开的内部外显子（如 *CDK10* 的外显子 5、6、7），也可能包含初始外

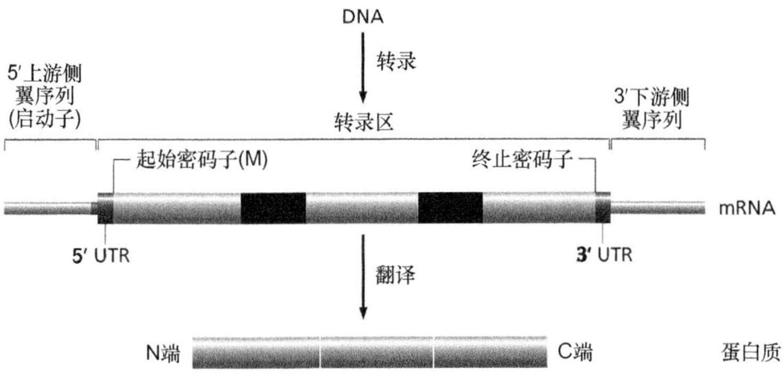

图 9.4 从真核基因到蛋白质。这里显示了转录后的 mRNA 的基因结构，其中浅灰色代表外显子，黑色代表内含子。翻译从启动子区域开始。启动子区域可以在基因的上游或下游，它也包含了增强或抑制基因转录的序列元件。内含子不具有编码功能，在转录后会被剪除。基因的每一端都有非翻译区（UTR），它们对成熟 mRNA 的形成有特别的作用。成熟 mRNA 由核糖体翻译为蛋白质。

显子（如 *ALDH10* 的外显子 1）和终止外显子。初始和终止外显子较难准确检测，因为它们的一端将包含信号序列。这些信号序列用于起始或终止转录和翻译，并且不容易预测。

基因预测必须要保持正确的阅读框

在预测外显子时，必须要记住它们会被剪接到一起，组成一个具有统一阅读框的完整蛋白质序列。因为一个遗传密码子包含 3 个碱基，而剪接位点可能处于密码子中间，所以在剪接位点处保持正确的阅读框是十分重要的，否则接下来的外显子将会以完全错误的方式来翻译。虽然这个问题很容易理解，但在实际操作中它会比预想的更为复杂。每一个预测的外显子都包括两个性质：起始位点和长度。若对这两个性质的预测有误，其对该外显子和下一个外显子产生的效应由表 9.2 给出。图 9.5 进一步比较了由实验确定的和程序预测的 *ADLH10* 的前两个外显子区域。

专栏 9.2 待预测的两条不同基因序列

本章例子中使用的两条序列是人类 *ALDH10* 基因（编码脂肪醛脱氢酶）的 1 号和 2 号外显子，以及人类 *CDK10* 基因（编码周期蛋白依赖激酶，以前称作 PISSLRE，Swiss-Prot ID：CDK10 _ Human）的 5 号和 7 号外显子。*CDK10* 蛋白质与其他周期蛋白依赖激酶也有一定的关系，它在某些癌症中起着重要的作用。由于这个基因在数据库中有许多同源基因，因此在训练预测程序时很可能会选择到它或它的同源基因，这就使它成了本章中一个很好的例子。完整的激酶基因包含了由大的内含子间隔开的 14 个外显子（图 B9.2A）。外显子由浅灰色背景标出，大的内含子散布于外显子片段之间。起始密码子 ATG 位于外显子第 12 个核苷酸之后（由方框标出）。

ALDH10 编码一种脂肪醛脱氢酶。整个蛋白编码区包含 10 个外显子（图 B9.2B）。选取 1 号和 2 号外显子的目的是说明预测第一个外显子的困难性，特别是当它不仅是蛋白编码片段时。在数据库中 *ALDH10* 是一个相对较新收录的基因，因此大多数预测程序在它们的训练数据集中并不包含这个基因。

```
.. .. .. .. .. .. .. .. .. .. .. .. .. .. .. .. .. .. .. .. .. ..
cgatccaagg agcccagcgc ctagggcgga cccgcgggag cgtctattga gtaaccgttg
ttataggaga cgaagcccgg gaaggagctt tcgcgcctgc gccgcggggc cgtccgcgtc
tgcgcctgcg cgcaagagag gcgggg                 at ggcggagcca gatctggagt   EXON 1
gcgagcagat ccgtctgaag tgtattcgta aggagggctt cttcacggtg cctccggaac
acagggtgcg cggggtgcca cccgggcagc tctgcccgcc tcgctagcgg cactgcccgg
ctgggtctgg ggagcctcgt gtcgcgctgc cgcgccgagg cttccggcac gggcgggaac
gacagtccca gagttccccg cggcgggggc ggaagccggg gcggggcggg ctcaggaccc
ccgacagccg gtccctggag atctgagggg ccggggcggg ctcagggatg cttcgcgccc
gcggagagac gggcccggga cttgggaaga gcaggctccg ggatccagct cgggcgctgc
tgggttcagc gcccgagctg ggctttgcag gctgagccgc gagccacttg tttgtgggga
gaatttacac ccgcgacgag ttcgagcttg aaggctcccg ctgggcttgg gctgcatgga
gcggggtcca gcgctgctgg cggcttcacg cgaaccctgg gcgcgtccct tgcggaggtg
ccggtgcctc cctctgccgg cttcacgcga accctgggcg tcccttgcgg aggtgccggt
gcctccctct gcagagacca ggagagagcc tctgggcgtg tgggcggtgt tgcccaggtg
cacggctggt gggggtggag agccctgaac tttggccgct ggtttgtgtt tttaactgct
ggctggtgct ctgagaggcc aagccacgtg ttcagtaaga atcattaaca gatcgtggct
cgggcaggct gctgcagctg ggaaccctga gcttttagta actccacagg ggcagcagag
tcaggcctca gccgaatttg tgcttccaac tctgcctagc tgtcacccac ctgtggataa
tgaagttcct gtggcagata ctggaggccc cggagcacct gcagcacgat gcacttgacc
tgtgcagagg gtcagaggta ccagtcaggg tgagcctgca gggggatgac aacaggagcc
acactttact catccagacg tgcagcaggc gctcaccgcg ttgagagccg tgtgctggac
tctggggtga agtagtgagt tggcctttcc tttttgttg tttttttgag acagggtcta
gcgctctcgc ccaggctgga atgcagtggc gtgatcacgg ctcagtgcat cgtcagcctc
ctgggctcaa gtgatcttcc tgcctcggcc tcccaagtgc tggaattaca ggcgtgagcc   EXON 2
accgccccca gcctggcctg gcatttcttt gagttcagga agtgtgacaa ggatttggac
acccagaaat aagcgtgtcg agaagagcac aagcagagga tgtgagaagg . .. .. ..
.. .. .. .. .. .. .. .. .. .. .. .. .. .. .. .. .. .. .. .. .. ..
.. .. .. .. .. .. .. .. .. .. .. .. .. .gtttca gctgggacga tgccggagtg   EXON 3
tgaaggagtt tgagaagctg aaccgcattg gagagggtac ctacggcatt gtgtgtgatg
.. .. .. .. .. .. .. .. .. .. .. .. .. .. .. .. .. .. .. .. .. ..
.atcgggccc gggacaccca gacagatgag attgtcgcac tgaagaaggt gcggatggac   EXON 4
aaggagaagg atg .. .. .. .. .. .. .. .. .. .. .. .. .. .. .. .. ..
.. .. .. .. .. .. .. .. .. .. .. .. .. .. .. .. .. .. .. .. ..cag
gcatccccat cagcagcttg cgggagatca cgctgctgct ccgcctgcgt catccgaaca   EXON 5
tcgtggagct gaaggaggtg gttgtgggga accacctgga gag .. .. .. .. .. ..
.. .. .. .. .. .. .. .. .. .. .. .. .. .. .. .. .. .. .. .. .. ..
catcttcctg gtgatgggtt actgtgagca ggacctggcc agcctcctgg agaatatgcc   EXON 6
aacacccttc tcggaggctc ag.. .. .. .. .. .. .. .. .. .. .. .. .. ..
.. .. .. .. .. .. .. .. .. .. .. .. .. .. .. .. .. .. .. .. .. ..
gtcaagtgca tcgtgctgca ggtgctccgg ggcctccagt atctgcacag gaacttcatt   EXON 7
atccacag .. .. .. .. .. .. .. .. .. .. .. .. .. .. .. .. .. .. ..
.. .. .. .. .. .. .. .. .. .. .. .. .. .. .. .. .. .. .. .. .. ..
cagggacctgaag gtttccaact tgctcatgac cgacaagggt tgtgtgaaga cag. ..   EXON 8
.. .. .. .. .. .. .. .. .. .. .. .. .. .. .. .. .. .. .. .. ..cag
cggatttcgg cctggcccgg gcctatggtg tcccagtaaa gccaatgacc cccaaggtgg   EXON 9
tcactctctg. .. .. .. .. .. .. .. .. .. .. .. .. .. .. .. .. .. ..
.. .. .. .. .. .. .. .. .. .. .. .. .. .. .. .. .. .. .. .. .. ..
gtaccgagcc cctgaactgc tgttgggaac caccacgcag accaccagca tcgacatgtg   EXON 10
.. .. .. .. .. .. .. .. .. .. .. .. .. .. .. .. .. .. .. .. .. ..
ggctgtgggc tgcatactgg ccgagctgct ggcgcacagg cctcttctcc ccggcacttc
cgagatccac cagatcgact tgatcgtgca gctgctgggc acgcccagtg agaacatctg   EXON 11
gccg. .. .. .. .. .. .. .. .. .. .. .. .. .. .. .. .. .. .. .. ..
.. .. .. .. .. .. .. .. .. .. .. .. .. .. .. .. .. .. .. .. .. ..
ggctttcca agctgccact ggtcggccag tacagcctcc ggaagcagcc ctacaacaac   EXON 12
ctgaagcaca agttcccatg gctgtcggag gccgggctgc gcctgctgca cttcctgttc
atgtacgacc ctaagaaaag.. .. .. .. .. .. .. .. .. .. .. .. .. .. ..
.. .. .. .. .. .. .. .. .. .. .. .. .. .. .. .. .. .. .. .. .. ..
ggcgacggcc ggggactgcc tggagagctc ctatttcaag gagaagcccc tac. .. ..   EXON 13
.. .. .. .. .. .. .. .. .. .. .. .. .. .. .. .. .. .. .. .. .. ..
cctgtgagcc ggagctcatg ccgacctttc cccaccaccg caacaagcgg gccgccccag   EXON 14
ccacctccga gggccagagc aagcgctgta aaccctg. .. .. .. .. .. .. .. ..
```

图 B9.2A PISSRLE（*CDK10* 基因）的 DNA 序列。外显子用浅灰色背景标记，大的内含子散布在外显子片段之间。起始密码子 ATG 位于外显子第 12 个核苷酸之后（用方框标记）。只有第一个内含子显示了全序列。

图 B9.2B *ALDH10* 基因的示意图，其中外显子用深灰色表示。

表 9.2　外显子预测中的错误对翻译后的蛋白质可能产生的影响。“外显子长度”列中“不正确，正确的阅读框”指虽然外显子的长度是错误的，但它含有的碱基数可以使下一个外显子保持正确的阅读框。

外显子起始	外显子长度	对该外显子翻译的影响	对下一个外显子翻译的影响
	正确	正确	正确
正确	不正确，正确的阅读框	正确，但会增减碱基	正确（可能除了第一个残基）
	不正确，错误的阅读框	正确，但会增减碱基	不正确
	正确	正确，但会增减碱基	正确（可能除了第一个残基）
不正确，正确的阅读框	不正确，正确的阅读框	正确，但会增减碱基	正确（可能除了第一个残基）
	不正确，错误的阅读框	正确，但会增减碱基	不正确
	正确	不正确	不正确
不正确，错误的阅读框	不正确，正确的阅读框	不正确	不正确
	不正确，错误的阅读框	不正确	可能正确（如果两次阅读框偏移能抵消）

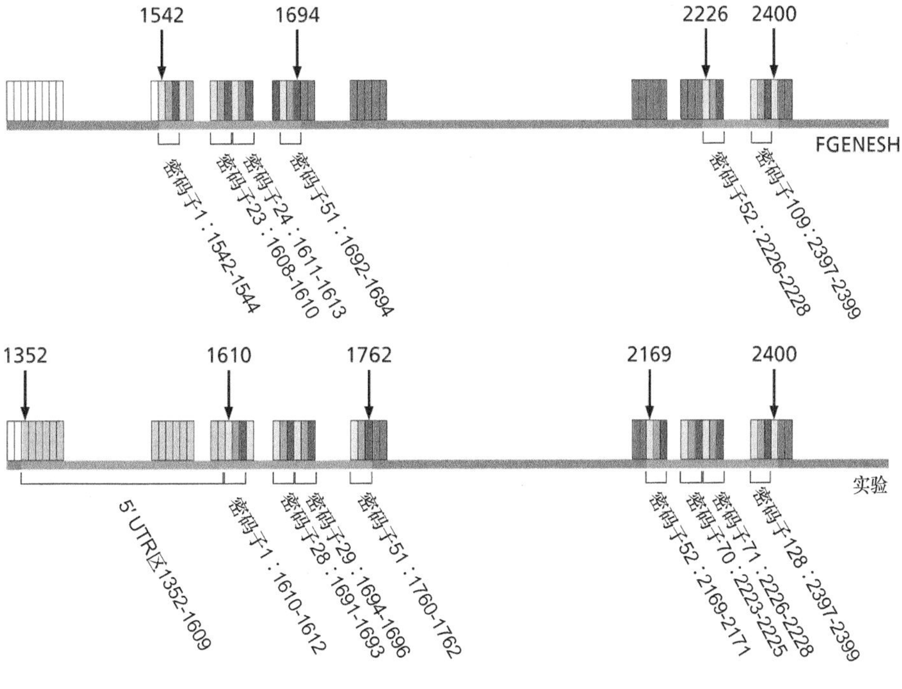

图 9.5　比较 FGENESH 预测的和实验确定的 *ALDH10* 基因的前两个外显子。外显子用绿色条带表示，内含子和基因内区域用蓝色条带表示。单个碱基用窄的竖直方框表示。5′-UTR 区域用浅灰色碱基表示，内含子用深灰色碱基表示。3 个阅读框用黄色，橘红色和红色来表示其连续的蛋白编码碱基。碱基位置由表 9.4 给出并标注在条带上方。由 FGENESH 预测的和由实验给出的剪接位点位置用带数字的箭头标出。FGENESH 没有给出对 5′-UTR 的预测，对 1 号外显子起始位置的预测也不正确。与实验结果比较，这将导致一个错误的阅读框。结果是，预测的 24 号密码子在下游比真实情况多出了 1 个碱基。但是，预测的 1 号外显子的长度与真实的 1 号外显子的蛋白编码区的长度相等，所以在两种情况下第一个内含子都起始于 51 号密码子之后，并且第二个外显子都以 1 号阅读框开始。FGENESH 没有正确预测 2 号外显子的 5′端，但由于它开始于真实情况下游 57 个碱基处（即 3 的倍数），预测的密码子将会与实验数据吻合，即预测的 52-109 号密码子将等同于实验确认的 71～128 号密码子。（见文后彩图）

这类问题可以通过将单个预测的外显子翻译为蛋白质并进行数据库搜索验证来避免。编码区可在 5′→3′或 3′→5′两个方向上各通过 3 个不同的阅读框翻译。最适合数据库搜索的候选蛋白质应当在序列中包含最少的终止密码子。图 9.6 是激酶基因预测的外显子 5、6 和 7。在翻译预测的外显子为 5 时，有两种

(A)

```
aaaaaaaaaa aatgcttatt ggggtcgccc cagttctccc tgaggtgggg cactgcagc
acctgctatc aggtgttcgt gaagcccaag agtggctggg gttggggctt ccccgccat
tcactggggt ggggctcgct gaggccacct ccctcccCAG GCATCCCCAT AGCAGCTTG
CGGGAGATCA CGCTGCTGCT CCGCCTGCGT CATCCGAACA TCGTGGAGCT AAGGAGGTG   外显子5
GTTGTGGGGA ACCACCTGGA GAGgtacgtg gtctcctggt ctgcacattg gccctaggg
agcatgtgtc ttgggctaga ggtgttgcac agagcgagga ctgagtgtca tgggcatga
ggttgtcaga gaagagatga ccccacctca ccgcctggct cagcccattg ctgaggggg
acacaggttg tcctgcccat gtcccctcct gcagcagggg aggctccact ccacccctt
aggagaaggc cggagagtgg catgcatctt ctgtttcttc cagCATCTTC TGGTGATGG
GTTACTGTGA GCAGGACCTG GCCAGCCTCC TGGAGAATAT GCCAACACCC TCTCGGAGG   外显子6
CTCAGgtgcg tggcagaggg gcctggggtg ggggaatggg cttcatgggc cttgtggtg
cacatttata acgaaacagg gcacttgggg acttgaagag ctgctgctgc tctgcctcc
acctcccagt gtttcagcga gcttcagtga ggtggaattc ctgtggtggg gcatctgct
gggagcgggc agccccaggg ccgagagcct tatgagggca ctggtttcct ggctgttgg   外显子7
gagcaggcag ccccgggct gagagccttc tgagggcact ggtttcctgg ctgctggga
gcggggagcc ctgggcggag agccttctga gggcactggt tttctgggct atgggagag
tgcagccccc ggggccaaga gccttgtgag ggcactggtt tcctgggctg tgggagcgt
gcagcccccg gggccgagag ccttctgagg gcactggttt cctgggctat gggactgct
agtcctgctg gccagtgtgg gtgtggcagg gcccagctgg gcttccctgc ggctcaccc
tgactggtac ctctgaccct ctgcacagGT CAAGTGCATC GTGCTGCAGG GCTCCGGGG
CCTCCAGTAT CTGCACAGGA ACTTCATTAT CCACAGgtgg gtgacagcta gcagagttg
gaagcacaaa ttcggctgag gcctgactct gctgcccctg tggagttact aaagctcag
gggttcccag ctgcagcagc ctgcccgctg ctcgcactcc atttgtgttt tttctaaaa
tagagaaggg gtctctctgt gttgcccagg ctggtctcac acacttgggg tcaagtgat
ccacccacct tggcctccca aagtgctggg attacaggtg ggagccacca acccgggca
tgcactccga tttttaaaag gtccaaacat caacagcatg taagagttaa ggaaaaaaa
aaataataaa gatactacgc cgggcacagt ggctcacgcc tgt
```

(B)

```
5'→3'阅读框3
CLLGSPQFSLRWGTAAPAIRCSStop
SPRVAGVGASPPFTGVGLAEATSLPR
HPHSSLREITLLLRLRHPNIVELRRW
LWGTTWR
3'→5'阅读框3
LQVVPHNHLLSSTMFGStopRRRSS
SVISRKLLWGCLGREVASASPTPVN
GGEAPTPATLGLHEHLIAGAAVPHL
RENWGDPNKH
```

(C)

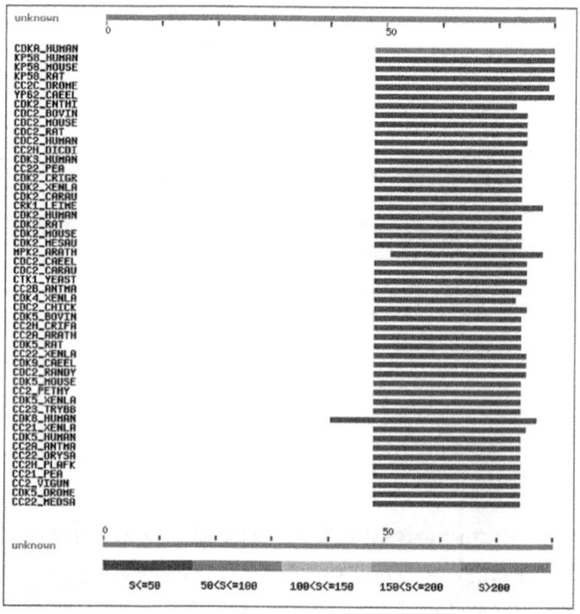

(D)

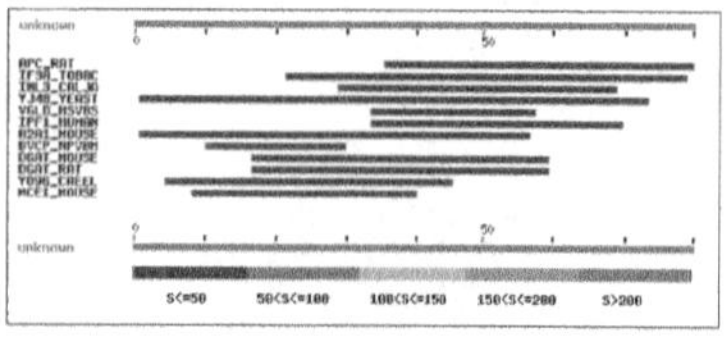

图 9.6 基因预测。由 Genie 预测的 *CDK10* 基因的 5 号和 7 号外显子（绿色），它们的翻译产物，以及在 Swiss-Prot 数据库的搜索结果。(A) 由图 B9.2A 给出的真实外显子用大写字母表示。大多数预测程序会在第一个外显子中搜索起始密码子 ATG（红色）。5 号外显子可以正确匹配到许多同源蛋白质的同一区域 (C)。蓝色的线条代表低置信度的匹配。真实外显子的正确翻译（由图 9.15 给出）在 (B) 中用黄色标记。5 号外显子的不正确翻译（3′→5′）也显示在 (B) 中。当不正确的翻译产物被提交给 Swiss-Prot 数据库进行搜索时，结果给出的匹配均不在同一区域并来自不同类型的蛋白质（见方框 D）。7 号外显子没有得到正确鉴定，其翻译产物包括两个没有终止密码子的片段。将这些翻译后的片段用 BLAST 搜索时，它们只能找到低同源性的匹配，并且分别来自于一个柑橘病毒蛋白和一个假设的蛋白。(见文后彩图)

翻译方式只包含一个终止密码子（其他翻译方式会包含更多密码子），一种在 5′→3′方向而另一种在 3′→5′方向。当把这两种蛋白质序列提交给 Swiss-Prot 数据库进行搜索时，只有按 5′→3′ 方向翻译的产物可以匹配到其同源蛋白质。按 3′→5′方向翻译的产物可以匹配到各种不同的蛋白质，且它们都不具有明显的同源性。因此，我们认为 5′→3′ 方向的翻译是最可能正确的。同一基因的不同外显子可以按照不同的阅读框翻译。

另一个问题是图 9.7 中表示的预测起始密码子的正确位置（见下面 FGENESH 的预测）。在真核基因中第一个被转录的 ATG 并不总是翻译起始位点（更多细节参考 10.6 节）。在这个例子中已由实验证实第二个 ATG 才是翻译起始位点，第一个外显子包含一个 250bp 的 5′-UTR。在目前的程序中，UTR 区都不能得到很好的预测。

```
tttaaaggg aggagcgggc tggaggggaa agagggagaa catggtcatt actgaatcca      60
cacattgcac aaatagaaaa aggaacaggc aggggaatag tcaattatgt atttgcctcc    120
tgctgtgtaa atcagcactt cagtaagata aggtgaggac agagcagcta cctgtgggga    180
catttaacct tttatctgta gctatctgct tagggacata gagaaaggca gnttcttgca    240
tgactcagct ttttgcttaa tttttttcctt ttggcatatg aattgagctc ccacgngntt    300
ttggttggtt ttgggcataa gtggagagtt caattggggc cagggccccg agttattttc    360
ttttcacaaa tataccottt agagttcaga ggaaaggctg ggattagagc cttctttgag    420
cactattcat ggattacatg agggagtngc tgtgaaaaga gggccccgga ctaagccctg    480
ggcacctgaa caagtgagag gtcaggaagg ggagaaaaat ccagcaaagg aaccccagag    540
gacccggcca gtagctaaaa agaaaagtgc ggaagagtgc agggaaatgg taaagaaaag    600
aaagctttcc acaagacagg accgatcagc tgagccaact gctgctgagt acagtgatga    660
gagctgaagt ctctcgcccg aaaggcaata aggcgggagg gggaaacctg agggcagcgg    720
gttctctctt gggagcggga acacggaacc atgggcagcg aggcaaatgc agcctgggga    780
gaagctctga gtaacggacg tgcgaggatg atgcttgtgc aagaaggaaa tgaccgctgt    840
cccggctccg cgggagacga accccggctt cccgccctca gggactagct ctccagggaa    900
ctgggacggt cagtgccggt cgaggcagct cctcgctgaa ggaaggagca ggggacaggg    960
aacggaatgg ggagcgctag cccccaacta cgtccatctg gccatgtttg aagagccana   1020
aaatggagga gggaacccct agagcgtgcc agacggagac tgctctccgt ngcagtcggg   1080
gcgcttccgg cagggcgccn actcccagcc gagcgccctc cgcctgctcc tccaggattc   1140
ctcttcgccc tttctggggc cgccccgggg cgctctcagn aggatggcca acaccttccc   1200
tccatcccta caccccgccg cccccctgccc gtggccgcgc tcggctcccg cactgctcac   1260
tccacccccct acatcccagc ccgctgccag agccggggag agggcggggg ccgcgtgggc   1320
gagaccgtga acagcggctg tcacgtgggc cgcccaggcc aataggggtg aggctttggg   1380
tccagctcag tcctcccccg gcgcctccga ctggcagtgg gactcagcgg gcgtggaggt   1440
cgcggctgag cgagcgagcc ctgggcgagt gaattgtggc tgtgggttga cggtggagac   1500
acccccccgga gggaggcgga gggaagggag gcgaggcctg cacctgcatg cttcccgcct   1560
cccactcccc agcgcccccg gaccgtgcag ttctctgcag gaccaggccA TGGAGCTCGA   1620
AGTCCGGCGG GTCCGACAGG CGTTCCTGTC CGGCCGGTCG CGACCTCTGC GGTTTCGGCT   1680
GCAGCAGCTG GAGGCCCTGC GGAGGATGGT GCAGGAGCGC GAGAAGGATA TCCTGACGGC   1740
CATCGCCGCC GACCTGTGCA AGgtancacg cgtgcggcgg ggtgtgggga aactggcccc   1800
cgccgngcac ttgtggactg gagtcttcgg ctgggttttg tttttgcttt tacatttngg   1860
attactccac cactgggagt atgatctcca gcgatacaga taaagccaaa gttcccgcag   1920
actttccagg tcctctagca ctcagaaggg catatgttac ctagcttctg tggttccttt   1980
tctgtatatt agagaattag caagccctta ccagggcgtg aagggtgcaa aaggagtctg   2040
aatggcaaac agctagtctg ataatgccag ttgttgtcac tacaggtgta cctggtnnnt   2100
gttctgacat tnagggccaa gtgtatcata cttacnctgn aagnttaact gtgattctct   2160
tataacagAG TGAATTCAAT GTGTACAGTC AGGAAGTCAT TACTGTCCTT GGGGAAATTG   2220
ATTTTATGCT TGAGAATCTT CCTGAATGGG TTACTGCTAA ACCAGTTAAG AAGAACGTGC   2280
TCACCATGCT GGATGAGGCC TATATTCAGC CACAGCCTCT GGGAGTGGTG CTGATAATCG   2340
GAGCTTGGAA TTACCCCTTC GTTCTCACCA TTCAGCCACT GATAGGAGCC ATCGCTGCAG   2400
gtctggttgc caccttatgt ctatatacct ttttagggag gcttattttc tcatattaat   2460
tggnattaag gatagtggct aattaaatac atttacttgg tgatttgcct ttgtttacac   2520
caccagtgta ctggaattca tacatccata cata
```

图 9.7　与 *CDK10* 不同，在 *ALDH10* 基因中，翻译并不开始于 1 号外显子的第一个 ATG 密码子(方框)。已由实验证明第二个 ATG 密码子（大写黑体）才是真正的初始密码子。它位于第一个 ATG 密码子下游 62bp 处，所以如果第一个 ATG 密码子被误认为是翻译起始位点，将会导致错误的阅读框。实验证实的外显子由浅灰色标记，被翻译的碱基用大写字母表示。注意这条序列对应于图 9.5 下方的序列。

有些程序只利用查询序列和外显子模型来预测外显子

现在我们介绍两种利用查询序列的性质鉴定外显子的方法。这两种方法都不利用多外显子的基因结构，并且不考虑 UTR 区域。它们是真正的从头开始的方法，即不使用基因和基因产物的任何已知的先验知识。

程序 MZEF 专门用于预测内部的蛋白编码外显子。一个潜在的内部外显子开始于前一个内含子 3′剪接位点的 AG，然后是 ORF，最后以下一个内含子 5′剪接位点的 GT 结束。它采用一定的统计方法分析序列模式，使外显子可以和其他 DNA 序列区别开来。对大量已知的外显子序列进行统计分析可以发现一些反复出现的序列特征。例如，某些六核苷酸序列更趋向于出现在外显子中，它们被称为 hexamer 或者**密码子对**（**condon-pairs, dicodons**）（见 10.2 节和 10.3 节）。可以对观察到的外显子计算密码子的偏好性得分。另外，利用5′和3′剪接位点的偏好性统计也可以对这类区域进行打分。这个程序可以计算9个判别变量的分值（表9.3）。当已知的外显子和内含子的分值被描绘在坐标系中时，它们将会被分到图像不同的区域中。当把一条未知序列提交给程序时，它也会以类似的方法被打分和作图。如果其分值落在外显子区域中，该序列就被判定为外显子，否则为内含子。这个程序基于二次判别分析，详细讨论见10.5节和图10.16。

表9.3　外显子预测程序MZEF中使用的分值

分值	计算方法
外显子长度	实际长度（bp）的 $\log_{10}$ 值
内含子-外显子转换	（3′剪接位点左边54bp窗口中内含子hexamer的频率偏好性）-（3′剪接位点右边54bp窗口中外显子hexamer的频率偏好性）
分支位点分值	3′剪接位点－54～－3bp窗口中分支位点的最大得分
3′剪接位点分值	基于3′位点侧翼的特征
外显子分值	在－24～3bp窗口中，真实3′剪接位点相对于非3′剪接位点所具有的位点特异性triplet的频率偏好性
链的分值	正向链相对于反向链所具有的hexamer的频率偏好性
阅读框分值	在阅读框 i 中外显子相对于内含子所具有的阅读框特异性的hexamer频率偏好性
5′剪接位点分值	基于5′位点侧翼的特征
外显子-内含子转换	（5′剪接位点左边54bp窗口中外显子hexamer的频率偏好性）-（5′剪接位点右边54bp窗口中内含子hexamer的频率偏好性）

在默认情况下，最短的ORF设为18bp，最长的ORF设为999bp。因为模式植物拟南芥（*Arabidopsis thaliana*）（见专栏9.3）可能含有非常长的ORF，该物种的默认最大值被设为2000bp。

专栏9.3　拟南芥（*Arabidopsis thaliana*）：一种模式植物

拟南芥是一种小的开花植物，在植物生物学研究中它已被广泛地用作模式生物。拟南芥是十字花科的成员，这个科也包含了许多栽培植物，如白菜和萝卜。在遗传学和分子生物学的基础研究中，拟南芥有很多优点，如植株小，生长周期短，容易培养以及众多的突变系等。它的基因组（114.5Mb，总大小为125Mb）已于2000年进行了测序，一共包含5条染色体。

图B9.3　拟南芥（感谢A. Davis，Bioimaging JIC）。

基因预测算法GeneMark使用了非齐次马尔可夫模型（inhomogeneous Markov Chain，IMC），它是HMM模型的改进（参考第10章）。与MZEF类似，它也基于对短核苷酸序列的统计分析，只是长度增加为8bp。本质上，GeneMark利用极大似然法将DNA序列分成编码区和非编码区。它适用于原核生物和真核生物，我们将在10.3节讨论它在原核基因预测中的应用。它是少数几个为原核基因预测而设计，但对真核序列分析也很有帮助的程序之一。

我们把上面例子中的基因 *ADLH10* 和 *CDK10* 输入这两个程序，结果分别列在表9.4和表9.5中。在表9.5中，我们可以看到激酶基因的外显子5、6

和 7 可以被 MZEE 精确地定位。在 *ALDH10* 基因中，MZEF 预测的一个外显子位于实际外显子的蛋白编码区以内（表 9.4）。虽然在理论上 MZEF 预测内部外显子的成功率会高于预测起始外显子的成功率，但在这个例子中它并没有检测到第二个外显子。GeneMark 正确地预测了激酶基因的 5 号外显子，但将外显子 6 和 7 稍微预测得长了一点。因为 6 号外显子多预测出了 22bp（不是 3bp 的倍数），如果我们用预测的外显子来建立全长蛋白质序列，外显子 7 将处于错误的开放阅读框中（图 9.8）。如果多出的长度可以被 3 整除，接下来的外显子就可以正确地翻译。

表 9.4　比较对人类 *ALDH10* 基因中外显子 1，2 的预测结果。数字表示核苷酸位置。“实验”行表示真实的外显子边界。背景色是根据预测程序的主要类型设定的。最下面一行是表中所有程序预测的平均结果。

程序	外显子 1	外显子
实验	**1352—1762**	**2169—2400**
MZEF	1601—1762	—
GeneMark	16101—1762	2169—2400
HMMGene	1610—1762	2169—2400
FGENESH	1542—1694	2226—2400
GenScan	1610—1762	2169—2400
GrailEXP	1601—1762	2169—2459
AAT	1607—1762	2169—2459
GeneBuilder	1601—1783	2169—2400
GeneWalker（Gene 1）	—	2226—2400
GeneWalker（Gene 2）	1601—1762	2086—2148
TWINSCAN	1610—1762	2169—2400
平均预测	**1596—1759**	**2169—2400**

表 9.5　比较对人类周期依赖蛋白激酶基因 *CDK10* 的外显子 5，6，7 的预测结果。

程序	外显子 5	外显子 6	外显子 7	备注
实验	**161—263**	**524—605**	**1169—1236**	
MZEF	161—263	524—605	1169—1236	需要选择物种
GeneMark	161—263	524—627	1164—1266	需要仔细选择物种
HMMGene	161—263	524—605	1169—1279	
FGENESH	167—269	530—611	1175—1242	
GenScan	161—263	524—605	1169—1236	翻译预测的基因
GrailEXP	161—263	524—605	1169—1236	预测为内部外显子，全部正确
AAT	161—263	524—605	1169—1279	用数据库搜索
GeneBuilder	161—263	524—605	1169—1236	翻译预测的基因
GeneWalker	161—263	524—605	1133—1156	需要注册，只能处理人类基因
TWINSCAN	161—263	524—605	1169—1236	

注：这里得到了很好的预测结果，但原因是例子中所用的序列在数据库中有许多同源序列，它们很可能会出现在预测程序的训练集中。这里的例子只是用于说明怎样使用这些方法，而不是测试它们的准确率，即使有些程序比其他程序效果更好。

```
(A)
MAEPDLECEQIRLKCIRKEGFFTVPPEHRLGRCRSVKEFEKLNRIGEGTYGIVYRARDTQTDEIVALKKVR
MDKEKDGIPISSLREITLLLRLRHPNIVELKEVVVGNHLESIFLVMGYCEQDLASLLENMPTPFSEAQVKC
IVLQVLRGLQYLHRNFIIHRDLKVSNLLMTDKGCVKTADFGLARAYGVPVKPMTPKVVTLWYRAPELLLGT
TTQTTSIDMWAVGCILAELLAHRPLLPGTSEIHQIDLIVQLLGTPSENIWPGFSKLPLVGQYSLRKQPYNN
LKHKFPWLSEAGLRLLHFLFMYDPKKRATAGDCLESSYFKEKPLPCEPELMPTFPHHRNKRAAPATSEGGQS
KRCKP

(B) GeneMark预测

5'——→3' 阅读框3
I P I S S L R E I T L L L R L R H P N I V E L K E V V V G N H L E ‖ S I
F L V M G Y C E Q D L A S L L E N M P T P F S E A Q V R G R G A W ‖ D R
S S A S C C R C S G A S S I C T G T S L S T G G Stop Q L G R V G S ‖

(C) FGENESH预测

5'——→3' 阅读框3
I S S L R E I T L L L R L R H P N I V E L K E V V V G N H L E R Y ‖ V L
V M G Y C E Q D L A S L L E N M P T P F S E A Q V R ‖ C I V L Q V L R G
L Q Y L H R N F I I H R W

(D) GeneWalker预测

5'——→3' 阅读框3
I P I S S L R E I T L L L R L R H P N I V E L K E V V V G N H L E ‖ S I
F L V M G Y C E Q D L A S L L E N M P T P F S E A Q ‖ A H P D W Y L
Stop
```

图 9.8　预测程序可导致错误阅读框的一种方式。（A）图是 *CDK10* 基因的正确翻译方式，它包括一系列外显子。外显子 5、6、7 分别用红色、蓝色和绿色表示。三种程序对 5～7 号外显子的预测结果显示在（B）到（D）中。在翻译后的蛋白质中，预测的外显子用“||”符号间隔开，正确翻译的部分按照图（A）的方式着色。当预测的外显子在 3′端比真实情况要长时，多出的残基用黑色加下划线的字母表示。FGENESH 对所有 3 个外显子都给出了正确的阅读框，虽然它在起止位点上仍有错误。GeneMark，由于它的预测扩展了 6 号外显子并且扩展部分不被 3 整除，结果 7 号外显子将获得错误的阅读框。GeneWalker 也产生了类似的错误，只是其结果提前给出了终止密码子。（见文后彩图）

对于 *ALDH10*，GeneMark 正确地识别出了第一个外显子的编码区和整个第二个外显子。另外，它也将这两个外显子分别鉴定为起始和内部外显子（表 9.4）。第一个外显子的长度也保持了第二个外显子的正确阅读框。

另一种与 MZEF 类似的方法 FirstEF 专门用于预测起始外显子。这弥补了大多数基因预测程序只能鉴定蛋白编码区而丢失了 UTR 区的缺陷。在 *ALDH10* 序列上运行时，FirstEF 将第一个外显子预测为 1437～1762bp。这仍丢失了部分 UTR，但已经是这里列出的最好结果了。它并不能预测哪一个 ATG 密码子是翻译起始位点。

有些程序只利用查询序列和基因模型来预测外显子

我们将用两个使用 HMM 方法的程序来说明如何利用基因模型和查询序列来预测整个基因。这两个程序是 HMMGene 和 FGENESH，它们的差异在于鉴定到的基因组分和其相对权重不同。

利用 HMM 模型，HMMGene 可以预测整个基因，也可以在一条序列中预测若干完整的基因和基因片段。HMMGene 也可用于预测剪接位点以及起始和终止密码子。如果序列的某些部分是已知的，如可以和 EST、蛋白质、重复元件相匹配，这些区域可先被锁定为编码区和非编码区，程序将在这些约束条件下寻找最优的基因结构。注意这些基于序列相似性的约束条件必须通过其他程序获得。

FGENESH 是一组使用相近预测算法的程序之一，这些程序包括 FGENES、FGENESH 和 FGENESH＋。FGENES 本质上是基于模式和动态规划的基因预测器。FGENESH 与之类似，但是采用了 HMM 方法，FGENESH＋还加入了序列相似性。FGENESH 是基于对不同序列模式的识别，如外显子，启动子，以及常常出现在真核蛋白编码基因 3′末尾的多聚腺苷酸序列。利用动态规划算法，它可以找到这些模式在所给序列上的最优组合并创建一组基因模型。它在水稻基因组中的应用见专栏 9.4。

专栏 9.4 FGENESH 和水稻基因组

水稻是世界上最重要的农作物之一，全球有相当大一部分人口以之为食。FGENESH 是用来预测和注释水稻基因组的程序之一。它被证明是很成功的，共预测了有起始和终止外显子的基因 53 398 个。

预测的质量用碱基水平的特异性和敏感性来衡量（见 9.6 节）。结果表明，相比预测的假阳性，假阴性更成为一个问题。换句话说，比起将某段序列错误地标记为外显子，FGENESH 更可能忽略正确的外显子。外显子水平的特异性和敏感性要更差一些，这说明它虽然正确检测到了基因的存在，但没能准确预测外显子-内含子边界。

然后，预测的基因通过与拟南芥基因组相比较得到其中一些基因的注释。预测的拟南芥基因中有 80.6%在水稻中有同源基因，但预测的水稻基因中只有 50%在拟南芥中有同源基因。

图 B9.4 开花水稻（感谢 A. Davis，Bioimaging JIC）。

HMMGene 正确地预测了激酶基因 5 号和 6 号外显子的位置，但是 7 号外显子稍微被预测的过长了一点（表 9.5）。过长的 43bp（不被 3 整除）对于接下来的外显子会有影响（表 9.2）。对于 *ALDH10* 的两个外显子，HMMGene 的预测结果同 GeneMark。

FGENESH 预测的 3 个激酶外显子比它们的真实位置都稍微向下游偏了一点（都偏移了 6bp），但是它们均维持了正确的阅读框。每一个外显子的前 2 个氨基酸将会丢失，而 3′端会增加 2 个额外的氨基酸（图 9.8C）。对于 *ALDH10* 的 2 个外显子，FGENESH 都给出了错误的预测长度，但是它们的碱基含量倍数（multiple of base content，MBC）均得到了正确的保持（图 9.5）。预测的第一个外显子刚好开始于一个 ATG 的上游，但这并不是实验确认的翻译起始位点。将这两个预测的外显子结合起来按所有可能的阅读框翻译时，以这个 ATG 为起始密码子的 ORF 保持了第二个外显子正确的阅读框。将这条预测的蛋白质进行数据库搜索，会发现它与 *ALDH10* 的同源基因有高计分匹配，但仅限于这条序列的第二部分（图 9.9）。这部分对应于得到

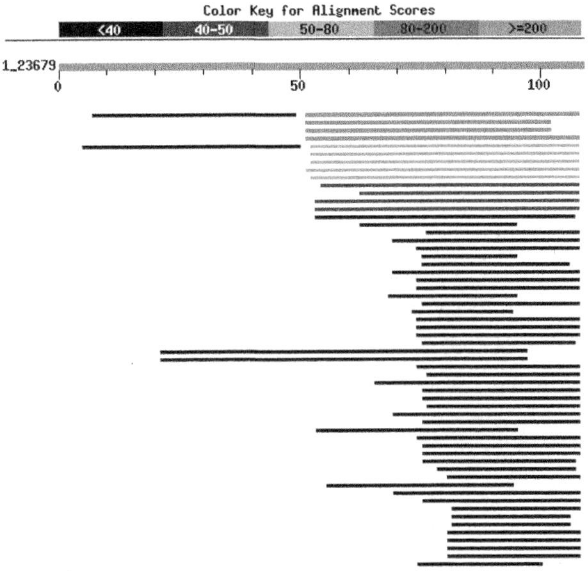

图 9.9 预测错误的外显子的组合。对于 *ALDH10* 基因的两个外显子，FGENESH 都给出了错误的长度预测，但它们的碱基含量倍数（MBC）都得到了正确的保持（图 9.5）。第一个外显子的起始位置被错误地预测在一个 ATG 密码子的上游（图 9.5），这将导致第一个外显子处于错误的阅读框之中。但是，如果预测的编码区域按所有可能的阅读框翻译并进行数据库搜索，有时可能会找到正确的蛋白质产物。例如，若按照第二个外显子能得到正确翻译的阅读框创建查询序列，这里列出了搜索结果。可以发现，它能够在数据库中找到具有显著计分的匹配，但匹配只局限在正确翻译的区域。

正确翻译的第二个外显子。但是，由于开始于一个错误的ATG密码子，因此第一个外显子没能得到正确的翻译但找到高计分的同源片段。这个错误可由两种方法来纠正。一种方法是发掘其他的ATG密码子，在这个例子中只有一种可替代的ATG，它就是正确的翻译起始位点。第二种方法是利用同源基因的等位区域来鉴定*ALDH10*DNA序列中相似的蛋白质编码区。

可以利用基因模型和序列相似性来预测基因

正如上面在FGENESH的例子中所介绍的，已知的基因序列在预测新基因时是非常有用的。许多序列数据库可以用来增强“从头开始”的预测。对于一些物种，数据库收集的由实验确认的EST和cDNA可以用来鉴定蛋白质编码区，内含子甚至可变剪接。虽然我们希望发现完全匹配的序列，但实验技术（特别是对于EST）中显著的测序误差常常会造成一定的模糊性。当查询序列所属的物种没有数据库时，使用其他物种的同源序列仍会有一定帮助。

程序GenScan（见10.5节）是基于人类基因组序列的一种概率模型。这种模型模拟人类基因的一般结构和组成特征，如常见的启动子元件、外显子、内含子和剪接位点。它忽略了少量基因才具有的特殊特征，而只包含了普遍出现的特征，如启动子的TATA框序列。有关GenScan使用的基因模型的具体情况可参考图10.19。这个模型虽然是为人类基因设计的，但通过选择合适的参数它也可以运用于任何真核DNA。GenScan可以预测一条序列中的多个基因，也可以预测不完整的基因。它会分析DNA的两条链，因此可以预测其中任何一条链上的基因。

GrailEXP综合了模式识别和EST序列相似性搜索来预测DNA序列中可能的蛋白质编码区。得到的结果会通过**神经网络方法（neural network method）**计算似然值来评价其准确率。GrailEXP是一个具有多种用途的软件包，它可以用于定位EST/mRNA，某些类型的启动子、多聚腺苷酸位点、CpG岛和重复序列元件。

AAT（Analysis and Annotation Tool）网站提供了将数据库搜索用于基因预测的工具。它最适合人类基因组序列，因为其有关基因序列的统计量是来自人类DNA的。本质上，它通过将查询的DNA序列分别与cDNA数据库（GAP2程序）和蛋白质数据库（NAP程序）进行比较来鉴定其中的基因，然后预测程序会将这些结果整合起来。该方法被称为GSA2的基因定位算法，使用了与MZEF程序类似的方法计算外显子的统计值。

GeneBuilder使用几种方法来预测DNA中的功能位点和编码区，然后将它们与蛋白质和EST数据库搜索结合起来。基因结构模型通过动态规划来获得（见5.2节）。有许多参数可用于调整分析。设定外显子和蛋白质序列不同的同源性水平可用于改进预测的准确性。

GeneBuilder有两种选项：预测外显子和基因。基因选项用于预测整个基因模式，而外显子选项用于挑选出具有最优计分的外显子。我们在这两种模式下对激酶和*ALDH10*基因进行分析。在基因选项下在*ALDH10*中仅预测到一个外显子，它覆盖1号外显子的蛋白质编码段并处于正确的阅读框之中。而在外显子选项下则预测出了7个可能的外显子。其中4个在外显子1之前，第五和第六个预测的外显子覆盖了外显子1的蛋白质编码区，第七个预测的外显子正确地鉴定到了外显子2（表9.4和下面的讨论）。在基因模式下，GeneBuilder正确鉴定到了激酶基因的3个外显子（表9.5）。但在外显子模式下它预测了5个外显子，并且都不正确。

GeneWalker是日本科学技术公司（Japan Science and Technology Corporation）开发的一个基于Web的程序。它通过分析诸如TATA框之类的信号序列在人类DNA序列中定位外显子。另外，它通过相似性搜索来寻找具有外显子特异性的序列片段，如起始和终止密码子，5′和3′剪接位点等。对每一个核苷酸，它都会计算其编码可能性（coding potential，CP），并在此基础上进行局部片段的统计分析。CP给出了该核苷酸在一段编码区中的似然值。

接下来，GeneWalker预测可能的启动子，外显子和终止区等，然后将这些信息综合起来成为对整个序列的全局分析。GeneWalker的Web查看器给出了全局预测和程序产生的其他信息，如可能的信号序列，起始和终止密码子，剪接位点等。

对于激酶基因的5、6和7号外显子以上程序都给出了正确的预测，除了AAT和GeneWalker对7号外显子预测不准以外。AAT预测的7号外显子超出下游了43bp，但其他均正确。Gene Walker预测的是一段很短的外显子（24bp），并处于真实的7号外显子的上游（图9.8D）。

对于*ALDH10*的起始外显子，这些程序得到的结果并不相同，但它们都恰好位于实际翻译起始位点的上游。除了GeneBuilder之外的所有程序都正确地预测了第一个外显子的 3′ 剪接位点。GeneBuilder 多预测了 21bp，从而造成了预测的蛋白质中多出了 7 个氨基酸。所有的程序都正确预测了第一个外显子的阅读框，并且除了 GeneBuilder 以外均正确预测了第二个外显子的起始位点。GenScan 和 GeneBuilder 正确地预测了第二个外显子，但是 AAT 和 GrailEXP 在 3′端多预测出了 59bp。这不仅将产生额外的 19 个氨基酸，还会影响第三个外显子的阅读框。GeneWalker 从 *ALDH10* 的 DNA 序列中预测出了两种可能的基因（表 9.4）。第一种基因只有一个外显子，它包含了真实的 2 号外显子（2226～2400）并与 FGENESH 的预测相同。GeneWalker 预测的第二种基因包括 3 个外显子：其中第一个位于真实的 1 号外显子的上游（1136～1144），第二个覆盖了 1 号外显子的编码区（表 9.4），第三个（2086～2148）恰好位于真实的 2 号外显子的上游（2169～2400）。

相关物种的基因组可以用来帮助基因预测

据估计目前具有功能的序列占人类基因组的 5%～10%，它们在进化中会很保守，而其他序列则不会。当然这也有例外，如非编码 DNA（也常称为垃圾 DNA）的某些超过 200bp 片段在一些真核生物中就具有很好的保守性，如**转座子（transposons）**等。以前认为转座子的功能是完全自私的，但最近的研究表明转座子可以通过引入新的剪接位点来改变 DNA 编码的方式（见专栏 9.5）。这项成果推动了对这些元件功能的研究。

专栏 9.5 转座子和重复序列

转座子（有时被称为跳跃基因或自私 DNA）是可以移动到基因组其他位置的 DNA 片段。在这个过程中，它们可以产生突变，或者增减基因组中的 DNA 含量。

第一个转座子是 20 世纪 40 年代由 Barbara McClintock 发现的。她在玉米（*Zea mays*）中发现，转座子可以导致许多不同寻常的基因突变。她因为这项发现在 1983 年获得诺贝尔奖。

人类基因组中高度重复的序列元件之一是 Alu 元件，它是一类转座子的遗迹。这类转座子被称为逆转座子，它来源于 RNA。HIV-1——AIDS 的病因和其他人类的逆转录病毒与逆转座子有着类似的行为。它们先将其 RNA 复制为 DNA，再将这段 DNA 插入到宿主细胞的 DNA 中。Alu 元件在内含子中是很常见的，其中一些可以被剪接体识别并被剪接为 mRNA。通过这样的方式，它可以形成一个新的外显子并被转录到新的蛋白质产物中去。由于可变剪接不仅可以形成新的 mRNA，也可以保存原来的 mRNA，自然选择可以在不丢失原来蛋白质的前提下筛选新的蛋白质（图 B9.5）。

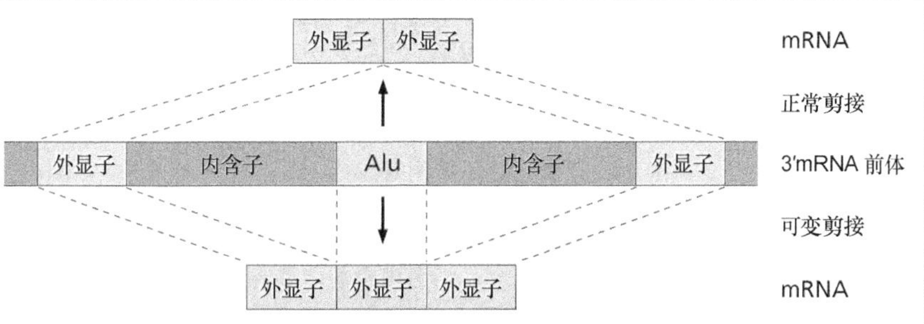

图 B9.5 内含子中的 Alu 元件，它可以被剪接为 mRNA 并产生新的外显子（摘自 J. W. Kimball, http://users.rcn.com/jkimball.ma.ultranet/BiologyPages/T/Transposons.html）。

当比较两个相关物种的基因组时，如果它们的等位区域显示出相似性，则可以暗示该序列片段是具有功能的。例如，外显子和启动子比内含子会表现出更大的相似性。最近的许多预测程序利用这个原理来提高基因预测的准确性。注意这种方法不仅需要两个基因组序列，还要求待预测的基因在这两个基因组中都是存在的。TWINSCAN 就是这种类型的程序，在这里我们用它来预测 *CDK10* 和 *ALDH10* 基因。我们用人类和小鼠的基因组来做预测。结果是，激酶的外显子都得到了正确预测，并且被鉴定为内部基因。TWINSCAN 也成功地预测了 *ALDH10* 中 1 号外显子的编码区和 2 号外显子，并且 1 号外显子被鉴定为起始外显子。

我们选择本章介绍的这些预测程序的原因是，

它们比较容易获得并代表了不同的基因预测原理。由于这些程序的算法和参数可能有所改变，而且数据库每天都在更新，所以在本书出版后这里给出的有些结果可能无法重复。注意这些结果仅用来作为一般原理的示例，不能用作判定某种方法优劣的标准。更多更好的程序也逐渐被开发出来，它们常常有更友好的用户界面。

9.4 剪接位点的预测

全面描述一个真核基因需要知道它的剪接结构，即 RNA 如何被剪切掉外显子并被连接为连续的编码序列（流程图 9.4）。剪接位点定义为内含子-外显子边界。上面讨论的一些外显子预测程序可以利用剪接位点信息来帮助定位外显子。但也有一些程序专门用于识别剪接位点。另外，我们也想知道剪接点位于外显子的哪一个末端，即判断该位点是外显子-内含子（供体）还是内含子-外显子（受体）边界（图 9.10）。

有关剪接位点信号序列的例子见图 10.11。供体和受体这两种情况的主要信号都是双核苷酸，另外在内含子侧还常有较弱的扩展信号序列。但是如果我们仅仅根据双核苷酸来鉴定剪接位点也会导致许多不符合实际的假阳性预测。鉴于此，许多更复杂的鉴定方法也被设计出来了，如多层次神经网络（见 12.4 节的讨论），决策树以及位点特异性的寡聚核苷酸计数等。

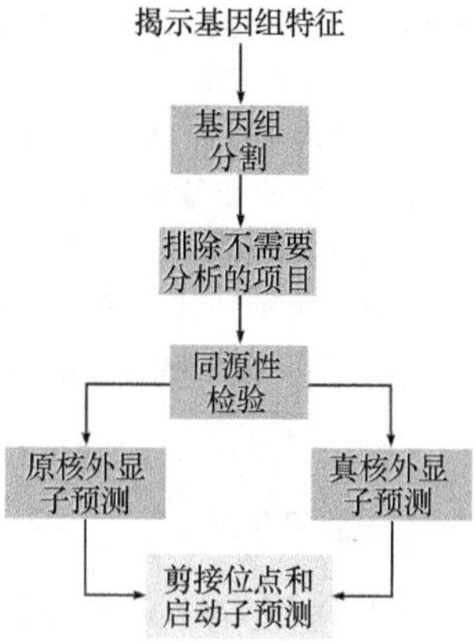

流程图 9.4　在这一节和下面几节，我们将讨论剪接位点和启动子预测的一些实用的方法。

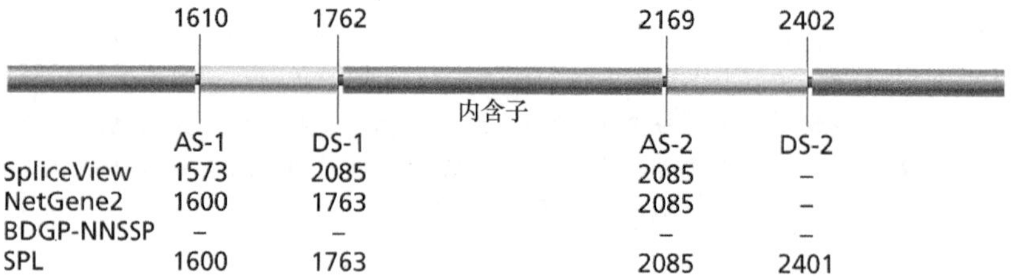

图 9.10　受体和供体（分别用 AS，DS 表示），内含子-外显子和外显子-内含子边界的示意图。上面的数字给出了 *ALDH10* 基因 1 号和 2 号外显子的真实位置，而下面的数字给出了预测的位置。预测的剪接位点必须具备合理的分数，并符合表 9.3 给出的外显子预测标准。“—”表示没有找到合理的预测。

剪接位点可以由专门的程序独立地鉴定

我们用 4 种剪接位点识别程序来对 *ALDH10* 基因序列作预测，结果显示在图 9.10 中。特别说明的是，程序 SpliceView 有一个界面友好的交互式分析工具（图 9.11）。它以柱状图来显示预测的区域，用户可以只查看高于选定阈值之上的剪接位点（在图 9.11 中仅选择了最佳的位点）。每一个位点的确切位置也可以交互式查询。

9.5 启动子区域的预测

上面许多外显子预测程序的结果也包含了转录起始位点（TSS）周围的核心启动子的位置信息。另外也有一些程序专门用来预测启动子的位置和其他信号。除了 TSS 以外，它们也可以预测基因表达的调控区。对启动子的独立预测可以帮助我们获得有关实验中基因的表达信息。

启动子是 DNA 上结合 RNA 聚合酶和其他转录因子以开启下游基因转录的区域。对于原核基因和由 RNA 聚合酶Ⅱ转录的真核基因而言，核心启动子通常距转录起始位点上游一小段距离。核心启动子的序列模式已有了比较好的定义，真核生物启动子数据库（EPD）收集了与 RNA 聚合酶Ⅱ相关的启动子。但在真核基因中，还有许多额外的，长达数千碱基对的扩展启动子区域。它们包含了许多其他调控蛋白的结合位点，可以用来决定基因在何时何

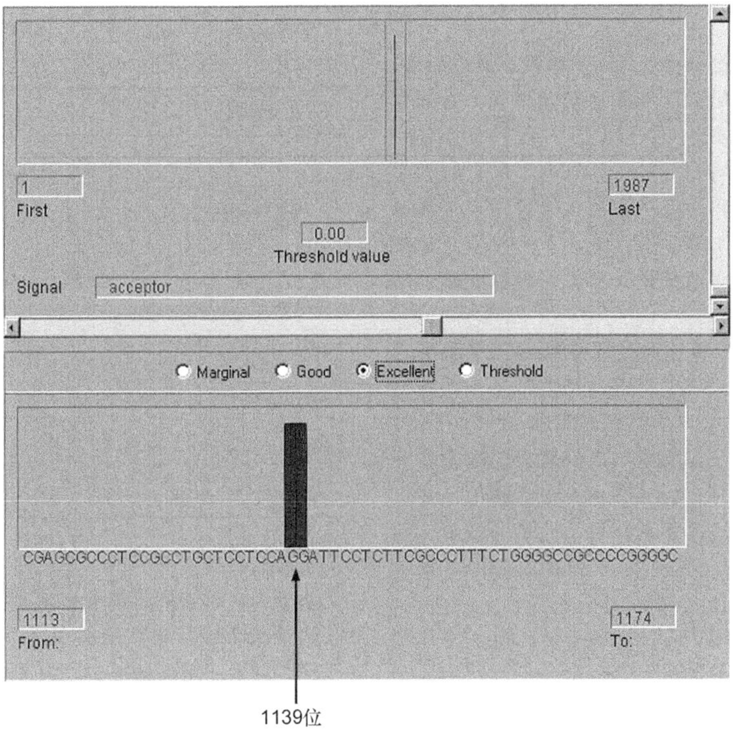

图 9.11 程序 SpliceView 交互式界面的截屏。

地被开启。

原核启动子有较好定义的基序

在诸如 *E. coli* 之类的原核生物中，RNA 聚合酶含有两个部分：核心酶和 σ 因子（sigma factor）。σ 因子对于启动子序列的识别有重要作用。有几种不同的 σ 因子，每一种识别启动子的不同部分的核苷酸序列。

对 *E. coli* 启动子的比较揭示出 4 种保守的序列模式，它们可以用来鉴定绝大多数原核生物的启动子：相对转录起始位点 −10bp 处的 TATAAT 片段（Pribnow 框）；位于 −35bp 处的 TTGACA 框；有一定保守性的转录起始位点；以及 TTGACA 框前面的富含 AT 的区域。这些保守的模式可以用于预测启动子区域。它们与真核基因的核心启动子是相似的，只是一致序列和位置稍微有些不同。另外，有些原核启动子位于基因上游数百碱基对处，它们参与调控特定的基因和基因簇，这可以形成一个基因表达系统，如外界刺激（如温度）就可以导致一组基因的同时表达。

真核启动子一般要比原核启动子复杂

真核基因的启动子是更加难于预测的，特别是某些真核基因表达的调控区距转录起始位点达数千碱基对。另外，调控区既可能在基因上游，也有可能在基因下游。因此，定位一个基因所有的调控区不是一个简单的问题。但是，与 RNA 聚合酶 Ⅱ 相关的启动子已经有了较好的定义。这类启动子参与调控了大多数蛋白质编码基因。另外，真核启动子可能包括多个元件和调控区，它们可以与多种转录因子相结合并常常处于不同的区域中。

已经开发了许多方法用于预测启动子区。其中一些用来识别由 RNA 聚合酶 Ⅱ 结合的核心启动子区域，如 TATA 框、CAAT 框和转录起始区（Inr）。其他一些扩展的方法还寻找基因的其他调控模体。

有许多启动子的在线预测工具

这一部分将简要地描述一些网上可用的启动子预测程序。其中一些方法对原核生物和真核生物是类似的，它们使用打分和权重矩阵搜索启动子特异性的序列片段，如原核中的 Pribnow 框。但值得注意的是，对于不同种类的生物必须使用不同的矩阵。我们将在 10.5 节中详细讨论运用权重矩阵预测真核启动子的原理。例如，FunSiteP 算法通过权重矩阵定位转录因子可能的结合区域。除了给出启动子的预测位置以外，通过检测不同类型的结合位点，这个程序还预测该启动子属于 EPD 中定义的哪一类，该信息由 FunSiteP 输出文件的最后一列给出。例如，数字 6.1.5 就对应于 EPD 中一类调控蛋白的启动子。

神经网络方法也被用于启动子预测。通过训练，神经网络可以区分启动子和非启动子序列。为伯克利 *Drosophila* 基因组计划（BDGP）设计的 NNPP（神经网络启动子预测）算法（见 10.5 节）通过时间延迟的神经网络和特定序列模式的识别来预测启动子（详见图 10.14 的细节）。Promoter 2.0 算法使用感知器神经网络和遗传算法来优化神经网络中的权重。

TSSG 和 TSSW 算法通过线性判别来预测潜在的转录起始位点（TSS）。它们的预测是基于功能模体的特征和启动子位点的寡聚核苷酸组成。TSSG 和 TSSW 的区别在于启动子位点的组成模型是基于不同的启动子数据库。CorePromoter 也利用了基于人类核心启动子序列的判别分析，只是采用了二项式判别（图 10.16）。它与 9.3 节描述的 MZEF 程序在概念上是类似的。

启动子预测程序 ProScan 基于对启动子特异性结合位点在非启动子区出现的概率分析。这些位点在启动子和非启动子区域出现的概率密度之比可以从实验数据中计算出来，然后这些比值用来构建一个称为启动子识别谱的打分谱。ProScan 使用这个打分谱，并结合 TATA 框的 Phillipe Bucher 加权计分矩阵（图 10.12）来区分启动子和非启动子区。这个程序只利用了灵长类物种的数据来估计其参数，因此不太适用于其他物种。

正如 10.5 节显示的那样，寡聚核苷酸在启动子区域相对于基因组其他区域呈现出偏态分布。程序 PromoterInspector 利用它来鉴定启动子的位置。这可以通过在 DNA 序列上移动一个滑窗来对序列组分进行归类。可以将许多这样的寡聚核苷酸分布联合起来预测启动子的位置，但是它并不能鉴定启动子处于哪条链。

启动子预测结果并不十分清晰

以上讨论的启动子预测方法在 Web 上都可以获得，我们用它们来测试我们例子中的 *ALDH10* 序列（另一个激酶的例子中不含有启动子序列），结果在表 9.6 中给出。只要预测的启动子在实验确定的转录起始位点的 5′上游 200 bp 和 3′下游 100 bp 之间，我们就认为它是正确的。表 9.6 列出的都是具有最优计分的预测。只有 TSSW、ProScan 和 PromoterInspector 的结果落在了我们定义的正确区间。FunSiteP 共预测了 14 个可能的启动子位点，它们都落在正确的区间中，但它们的计分都不高。

表 9.6 *ALDH10* 序列的启动子预测比较。数字表示预测的核苷酸起始位点。实验确定的转录起始位点（TSS）在表头显示。

启动子预测	TSS 1416
BDGP-NNPP	444—494
GorePromoter	1034
TSSG	0
TSSW	1372
ProScan	1078—1328
FunSitep	14 sites
Promoter 2.0	800 & 1200
PromoterInspector	1205—1400

虽然在这个例子中一些程序并没有找到正确的启动子区，但它们不能被轻易忽视。所有的方法都有优点和缺点，它们可能更适用于其他某些 DNA 序列。对于一条新的基因组序列，应当尝试一系列的方法，并取一致的预测作为最佳结果。

虽然启动子预测对于基因鉴定并不是必需的，但潜在的启动子可用于基因表达实验的分析。具有相似表达情况的基因或蛋白质可能是受相同的调控蛋白调节的。为了证明这个假设，可以预测待分析基因的启动子并检验它们的相似性。相似的启动子区就可能意味着共调控。如编码鞭毛等的操纵子（细菌中的多个相邻基因组成的单个转录单位）可以在病原性上体现出来。病原体细菌的毒性因子，如毒素和侵袭素，可以由原核基因组上的特定区域编码，这些区域被称为“毒力岛”。例如，在 Salmonella 中就发现了十多个毒力岛。

类似地，如果有一组蛋白质是共表达的，那么我们可以先鉴定这些蛋白质，将它们反转录成 DNA，然后定位它们的基因，分析其上游相似的启动子序列。这对原核生物是一种特别有效的方法，因为它们的启动子区是比较容易确定的。但真核生物的启动子区就不容易确定，我们需要寻找上游序列中相似的模式。

9.6 证实预测结果

对于预测结果的确认和准确率评估是很重要的。在这部分中我们先描述如何衡量一个具体程序的预测准确性。这不仅能为编程人员提供有用的信息，也可以让用户对他们选择的方法中声明的准确性有一个大概的了解。接下来，我们看一看如何利用基因产物来确认一个正确预测的基因（流程图 9.5）。

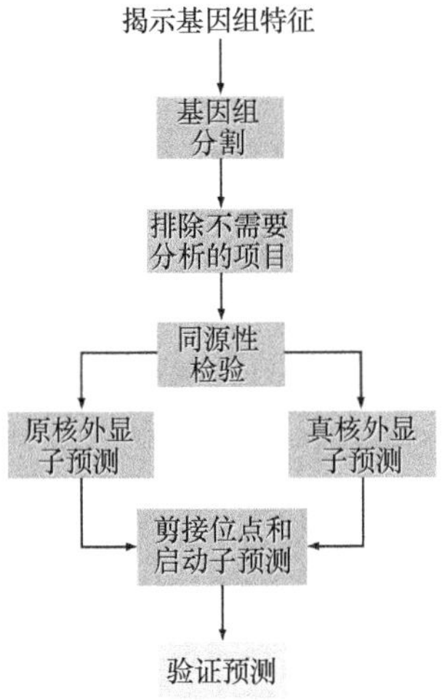

流程图 9.5　在本节中我们讨论检验基因和调控序列预测准确性的一些方法。

有多种计算基因预测准确率的方法

预测程序的作者常常会给出许多准确率数值，我们至少对它们应当有一个大概的了解。对于程序开发者来说，能够计算可以与其他程序相比较的准确性指标是很重要的，特别是在考虑基因组序列的自动注释时。这是因为，用户不能检查自动注释中的中间步骤，而大规模的自动预测使用户检查变得更加困难。

外显子预测的准确性可以从 3 个水平上来衡量：编码核苷酸（碱基水平）、外显子结构（外显子水平）和蛋白质产物（蛋白质水平）。在核苷酸水平，每个核苷酸的预测结果都可以分为真阳性（*TP*），真阴性（*TN*），假阳性（*FP*），假阴性（*FN*），见专栏 10.11。图 9.12 显示了在核酸水平这些术语代表的意义。它们通过将预测的编码区（和非编码区）与真实的情况相比较来衡量每个核苷酸的预测准确性。总的结果由敏感性（sensitivity，*Sn*）和特异性（specificity，*Sp*）给出。

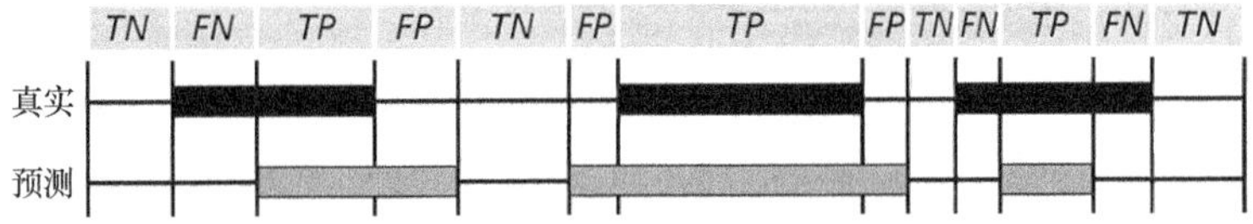

图 9.12　定义预测准确性的多种方法。图中表示了真阴性（*TN*），真阳性（*TP*），假阴性（*FN*）和假阳性（*FP*）的意义，它们是基于预测基因和真实基因的重叠情况而定义的。当真实的外显子（黑色）和预测的外显子（浅灰色）之间的重叠部分大于或等于一个特定阀值时，该预测结果就被认为是正确的。图中也显示了一个正确定位的外显子的一部分可能没有预测准确。例如，它在两端可能会被预测得过短或过长，或者是总长度短于真实的外显子。

在外显子水平，预测的准确性取决于外显子的确切起止位点。这里，*Sn* 是真实外显子中得到正确预测的比例，而 *Sp* 是预测的外显子中真实外显子的比例。在蛋白质序列水平，预测的准确性可以由预测的基因产物和真实的基因产物之间的相似度百分比来衡量。但是，这还依赖于对正确阅读框的预测（见 9.3 节）。

文献和 Web 网站通常引用 *Sn* 和 *Sp* 来描述特定外显子预测程序的准确性，但在本章中我们主要不使用这些数值而是通过翻译产物来定性地描述预测的准确性。这是因为，本章主要是从用户的角度考虑的。用户预测的是未知的序列，根本无法计算 *Sn*、*Sp* 和类似的数值。但是用户应当知晓这些数值的含义，以后的程序开发人员也应当计算这些指标来评估一个程序对已知基因的预测结果。

翻译预测的外显子可以证实预测的准确性

检验外显子预测的最可靠办法是检测得到的蛋白质序列与数据库中已有的蛋白质序列的同源性。任何预测的外显子必须被翻译为蛋白质序列来证实预测的正确性。使用 Web 上可以获得的程序翻译外显子，将这些肽段连接为蛋白质序列，并用序列搜索程序将其与蛋白质数据库进行比对。例如，程序 BLASTX 可以将核酸序列按所有可能的 6 个阅读框翻译，然后自动将翻译产物与一个蛋白质数据库比较。图 9.13 显示了对一个正确的外显子翻译产物进行搜索的结果。所有显著的联配都位于相同的序列区域，与测试蛋白相匹配的就是其同源蛋白。任何 DNA 序列在理论上都可以在两个方向上（5′→3′ 和 3′→5′）各按 3 种不同的阅读框翻译，因此为了检测编码序列是否位于互补链上，我们对这两个方向都必须考虑。

(A)

外显子	方向	阅读框	翻译后的氨基酸序列
1	5'3'	3	MAEPDLECEQIRLKCIRKEGFFTVPPEHR
2	5'3'	?	
3	5'3'	3	LGRCRSVKEFEKLNRIGEGTYGIV
4	5'3'	3	RARDTQTDEIVALKKVRMDKEKD
5	5'3'	3	RHPHSSLREITLLLRLRHPNIVELRRWLWGTTWR
6	5'3'	2	IFLVMGYCEQDLASLLENMPTPFSEAQ
7	5'3'	1	VKCIVLQVLRGLQYLHRNFIIH
8	5'3'	2	RDLKVSNLLMTDKGCVKT
9	5'3'	3	ADFGLARAYGVPVKPMTPKVVTL
10	5'3'	2	YRAPELLLGTTTQTTSIDM
11	5'3'	2	WAVGCILAELLAHRPLLPGTSEIHQIDLIVQLLGTPSENIWP
12	5'3'	1	GFSKLPLVGQYSLRKQPYNNLKHKFPWLSEAGLRLLHFLFMYDPKK
13	5'3'	2	RATAGDCLESSYFKEKPLR
14	5'3'	3	PCEPELMPTFPHHRNKRAAPATSEGQSKRCKP

BLAST搜索

(B)

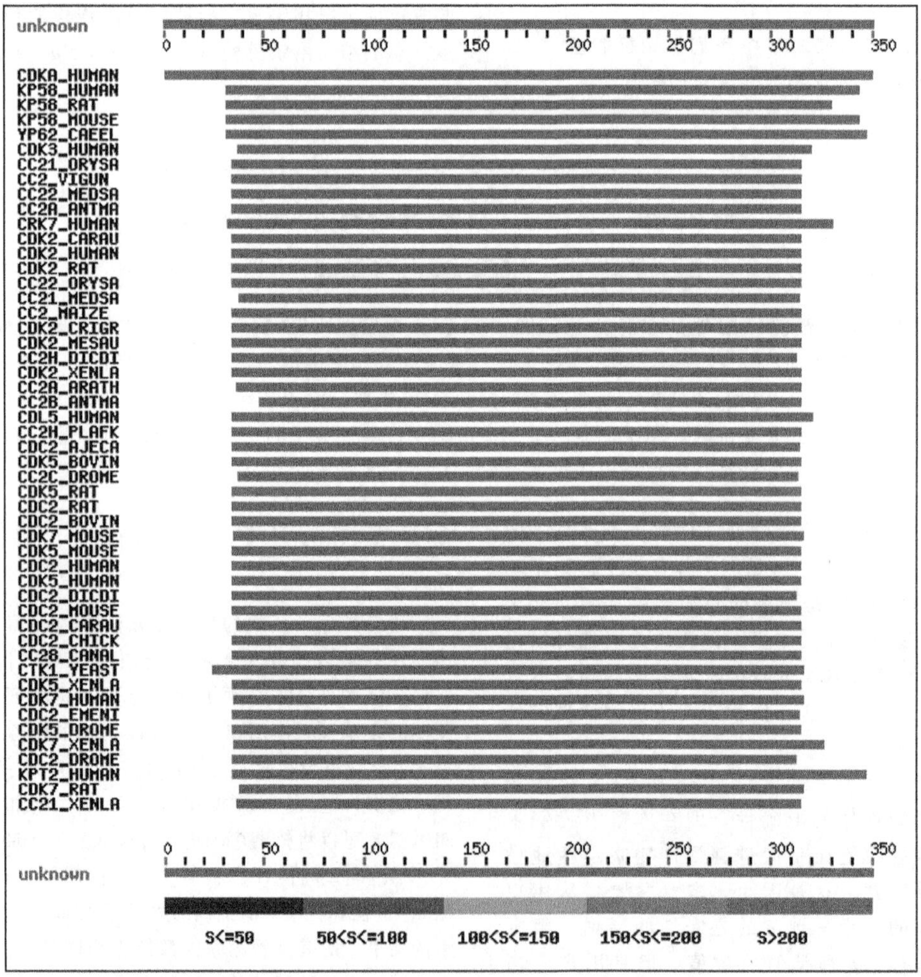

图 9.13 *CDK10* 翻译产物的搜索。（A）表中给出了 *CDK10* 的外显子的翻译结果，同时列出了翻译方向和阅读框。（B）图中显示了将剪接后的翻译产物提交给 Swiss-Prot 数据库进行 BLAST 搜索的结果。所有的联配都是显著的，它们都是 CDK 激酶类似的蛋白质。

构建蛋白质和鉴定同源基因

当预测了启动子，可能的内含子，外显子和剪接位点后，我们需要将这些结果联合起来预测表达的蛋白质序列。一个有用的经验是将最常出现的预测作为最佳预测（如对 *ALDH10* 的 1 号外显子取 1610 或者 1601～1762），或者是当各个程序结果差别不大时取它们的平均和一致预测。从 *ALDH10* 的结果来看，一致预测给出 1 号外显子从 1610～1759 位，2 号外显子从 2169～ 2400 位，可能的启动子在 1289 位左右。与实验的结果相比较，这是一个相当好的预测，但是我们原则上还不知道它表达的蛋白质的序列和功能，以及预测的外显子是否正确。

下一步是将预测的外显子提交给翻译程序。翻译时应当取所有 3 个阅读框并考虑两个方向（5′→3′和 3′→5′）。可以执行 6 种翻译的简单易用的程序可以从 ExPASy 站点上找到，而 TRANSLATOR 可以从 JustBio 站点上找到。图 9.14 显示了从 5′→3′方向按 3 号阅读框翻译 *ALDH10* 中预测的第一个外显子，我们使用的是 ExPASy 的翻译器。翻译完成后，将含有最少终止密码子的翻译序列提交给数据库搜索程序，这里我们采用的是默认的 BLAST 程序。我们将按阅读框 3 翻译的序列与 Swiss-Prot 数据库进行 BLAST 搜索，具有最高计分的匹配正是正确的蛋白质（ALDH）以及它的同源基因（图 9.14）。

```
atggagctcgaagtccggcgggtccgacaggcgttcctgtccggccggtcgcgacctctgcggtttcggc
tgcagcagctggaggccctgcggaggatggtgcaggagcgcgagaaggatatcctgacggc
```

↓ 翻译(5′ ⟶ 3′阅读框3)

```
A MetELEVRRVRQAFLSGRSRPLRFRLQQLEALRRMetVQEREKDILT
```

↓ BLAST (Swiss-Prot)

```
DHA4_HUMAN  (ALDH10)   Fatty aldehyde dehydrogenase    5e-19
DHA4_RAT    (ALDH4)    Fatty aldehyde dehydrogenase    2e-15
DHA4_MOUSE  (ALDH4)    Fatty aldehyde dehydrogenase    6e-14
DHAP_HUMAN  (ALDH3A1)  Aldehyde dehydrogenase          2e-09
DHAP_RAT    (ALDH3A1)  Aldehyde dehydrogenase50        4e-07
DHAP_MOUSE  (ALDH3A1)  Aldehyde dehydrogenase          4e-07
DHA7_HUMAN  (ALDH3B1)  Aldehyde dehydrogenase          4e-04
```

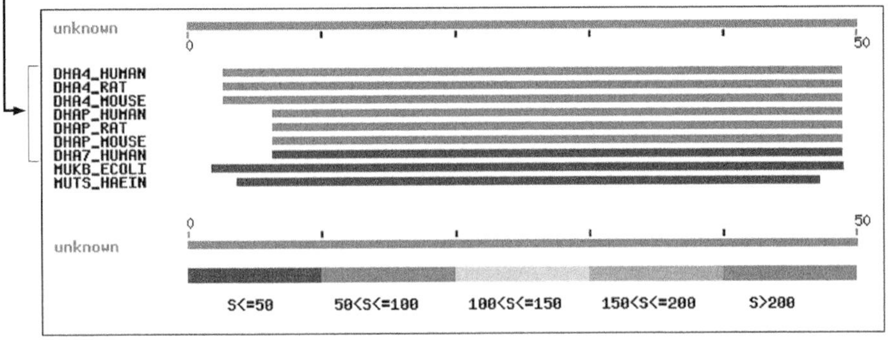

图 9.14　*ALDH10* 的翻译和搜索。将预测的 1 号外显子的 DNA 序列进行翻译，这里只列出了正确的翻译结果。然后将翻译后的蛋白质提交给蛋白质数据库进行同源性搜索（在这里是用 BLAST 搜索 Swiss-Prot 数据库）。图中显示了具有最佳得分的匹配。

这样从一段未知的 DNA 中，我们推知至少预测的 1 号外显子可能是正确的，而这个基因极有可能是脂肪醛脱氢酶家族的一个成员。现在我们可以利用同源蛋白的序列来描述出外显子的确切位置，这可以通过程序 GeneWise 将同源的蛋白质序列与我们 *ALDH10* 的 DNA 序列进行比对来实现。GeneWise 允许将 DNA 序列与蛋白质序列进行比较。这种基于同源性的比对使得我们可以同时获得对基因结构（外显子和内含子）的预测。GeneWise 使用基因预测模型和蛋白质结构域的 HMM 来做到这一点。

我们选择将大鼠的同源基因与我们的目标 *AL-*

DH10 序列相比较。现在外显子可以得到精确定位——1 号外显子从 1610～1762 位，2 号外显子从 2169～2400 位。将包含 10 个外显子的 *ALDH10* 整条 DNA 序列（7709 bp）与大鼠的同源蛋白比较可以得到一幅完整的外显子-内含子图像（图 9.15）。这种分析的准确性取决于所考虑的基因与 BLAST 找到的同源基因之间的相似程度。因此，如果能找到的唯一同源基因是 *E. coli* 的三甲基甘氨醛脱氢酶，那么 GeneWise 将不能得到正确的外显子。将这个 *E. coli* 的蛋白质与人类 *ALDH10* 的外显子 1，2 比较，我们发现在 2301～2402 区域有一个潜在的外显子，虽然它确实位于真实 2 号外显子的 3′端，但却不能给出与脂肪醛脱氢酶比较时那样清晰的结果。

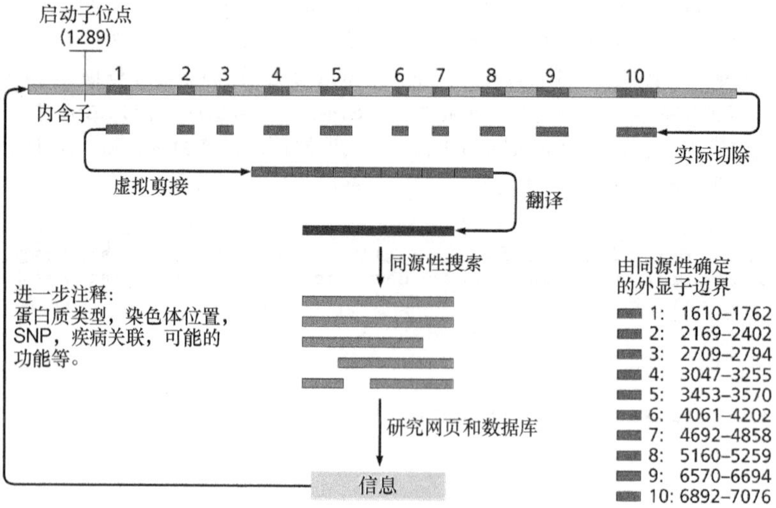

图 9.15 基因注释。对 *ALDH10* DNA 序列的基因结构注释，以及在获得基因结构后，为得到更多注释可采取的步骤（如单核苷酸多态性 SNP、染色体位置等）。

真核基因预测与确认的一个典型步骤可参考表 9.7。

表 9.7 真核基因预测的典型步骤

1	将 DNA 序列提交给外显子预测程序
2	取平均或一致的预测结果
3	将预测的外显子按所有的阅读框和方向翻译为蛋白质序列
4	取最少或没有终止密码子的翻译方式
5	用翻译后的片段搜索蛋白质数据库
6	如果发现有匹配，在 GeneWise 中用同源蛋白质确定外显子边界
7	对其他外显子重复这一过程
8	注释，并将外显子剪接得到推定的蛋白质序列

9.7 基因组注释

当预测完基因后，接下来应当确定其编码蛋白质的功能。显然，第 4 章讨论的序列分析是一种获得基因功能的方法，虽然它也是鉴定外显子（基因）的一个步骤。如果对一条序列进行数据库搜索能找到显著的匹配，我们就有相当的把握推测它们具有相似的功能和其他性质。但对目前所有的基因组而言，许多基因产物不能进行这样的分析，因此我们还需要其他的步骤（无论如何，相似性可能只局限于蛋白质的一部分，如单个结构域）。在大多数情况下，鉴定功能的唯一可靠办法是进行进一步实验。因此，在测序完成后还有大量的工作是干扰这个基因来检测其表型。表型可能用一些粗糙的特征来描述，如细胞大小，但通常要依据与野生型不同的基因表达水平。实验方法也可以证明该基因与其他已知功能基因的调控关系。这些方法可以在多个水平上描述基因功能。

基因组注释是基因组分析中的最后一步

基因组并不仅仅是基因，完整的基因组注释必须包含所有的方面（流程图 9.6）。我们已经讨论过 tRNA 基因的定位，还需要定位 rRNA 基因。另外，我们还可能对一些有功能的重复序列感兴趣。任何基因组都有相当一部分的重复序列。重复序列主要有 3 种类型：局部重复（串连重复和简单序列重复）、散布重复序列家族（主要是转座元件和反转座基因）以及大片段重复（基因组片段的扩增）。重复序列是如此之多以至于能对它们很好地注释本身就是一个重要的问题。有一些基于 Web 的程序可用于鉴定基因组中的重复序列，RECON 和 RepeatMaster 是其中较好的代表，这两个程序都依赖于序列比对。

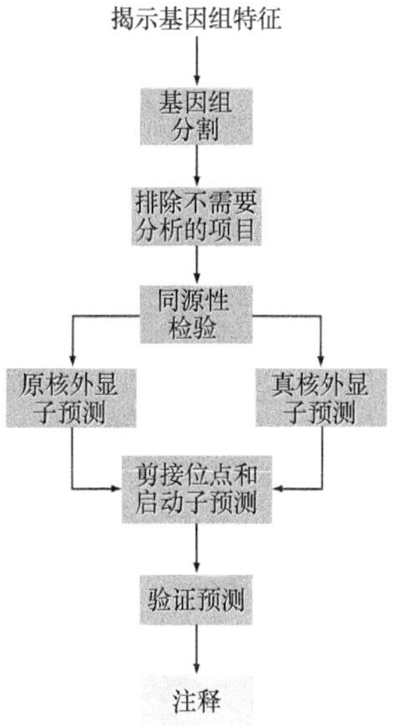

流程图 9.6　在本节中我们将讨论基因组注释技术，补充本章介绍的预测方法。

除此之外，还有一些基因组特征包含若干个基因，如操纵子和毒力岛。还有一些其他的基因表现出新近的水平转移。鉴定这些特征的方法已经超出了本书的范围。

另外，生物通路信息也有助于基因和基因组注释，特别是在后期需要对初期鉴定的许多推测蛋白质进行注释时。它们是预测的基因产物，但还没有功能信息，因而可能是真实的 ORF，也可能是错误的预测。其中有一些在多个物种中都很保守，表明它们可能是真实的 ORF。基因组中有相当大一部分基因在注释中都会被归为推测的基因，如在 *Neisseria meningtidis* 中有约 50% 的 ORF 的功能是未知的。将一个新基因组与一个已有较好注释和功能定义的基因组（如 *E. coli* 等）进行比较可以帮助我们分析特定的通路［如从 KEGG（Kyoto Encyclopedia of Genes and Genomes）获得的通路］，并鉴定其中缺失的成员。这些缺失的成员可能意味着在新基因组中并没有等价的蛋白质，也可能意味着它正是某个推测的蛋白质（图 9.16）。图 9.16A 是一般的糖异生通路，而图 9.16B 则是人类（*Homo sapiens*）中的这条通路；绿色的方框是在人类基因组中鉴定到的与该通路相关的酶，其中我们突出了 *ALDH10*。图 9.16C 和 9.16D 分别是 *Bifidobacterium longum*（BL）和 *Neisseria meningtidis*（NM）中的同一条通路，但前者具有 *ALDH10* 酶而后者不具有。因此，这条通路的信息既可以用于鉴定 *B. longum* 中的相关基因产物（如 *ALDH10*），也可以用于探究在 *N. meningtidis* 中是否存在类似于 *ALDH10* 的酶。对未知 ORF 更仔细的研究可以确定通路中缺失的成员。

GO (gene ontology) 提供了一套基因注释的标准词汇表

基因组注释中很重要一点是认识到 gene ontology 的重要性（见 3.2 节）。在这里，gene ontology 是指一套描述基因所有可能功能的标准化术语，它们可以在 Gene Ontology Consortium 的网站上找到。在可能的地方应当尽量使用这些术语，因为它们可以使得进一步的分析更加方便，例如，在寻找相似功能的基因时。为了方便注释信息的交流，还应当使用一种统一的描述语言，如 GFF 格式（general feature format）。

在注释一个基因组时，比较（和交换）研究小组间的结果也是相当重要的。目前，大量有价值的信息被分散在众多未整合的网站和数据库之中。最近，有许多科学机构协调起来建立了注释系统联合会［如人类基因组计划联合会（Human Genome Project Consortium)］。一种新的交换注释信息的系统 DAS (distributed annotation system) 也被建立起来，它允许从不同的数据库中整合数据。它工作于层次结构上，其中每一层包含了特定的注释数据。第三方服务器都由单个注释者（或研究小组）控制，但整个系统以一种统一的数据交换标准——DAS-XML 为基础。来自多个服务器的信息通过 DAS 客户端程序整合为单一的视图（图 9.17）。

我们用 *ALDH10* 的 DNA 序列作为一个例子，因为在前几节的分析中我们已经对它的外显子、内含子和启动子的位置有了一定程度的了解。外显子通过剪接组成统一的编码序列，然后再翻译为蛋白质。在前面通过数据库搜索我们已得知该蛋白质与脂肪醛脱氢酶同源，因此，通过 DAS 服务器和其他网页来推测其功能应该是可能的。

例如，通过在 Swiss-Prot 的网页进行 BLAST 搜索我们发现这个基因可以导致一种严重的疾病——Sjogren-Larsson 综合征（见专栏 9.6）。我们可以用 MIM 网站和相关链接来查询其变异等位基因的频率和效应。有利于进一步分析的网站还包括加利福尼亚大学的基因组浏览器（UCSC Genome Browser）、Gene Ontology 联合会（Gene Ontology Consortium），以及 Ensemble 网站。

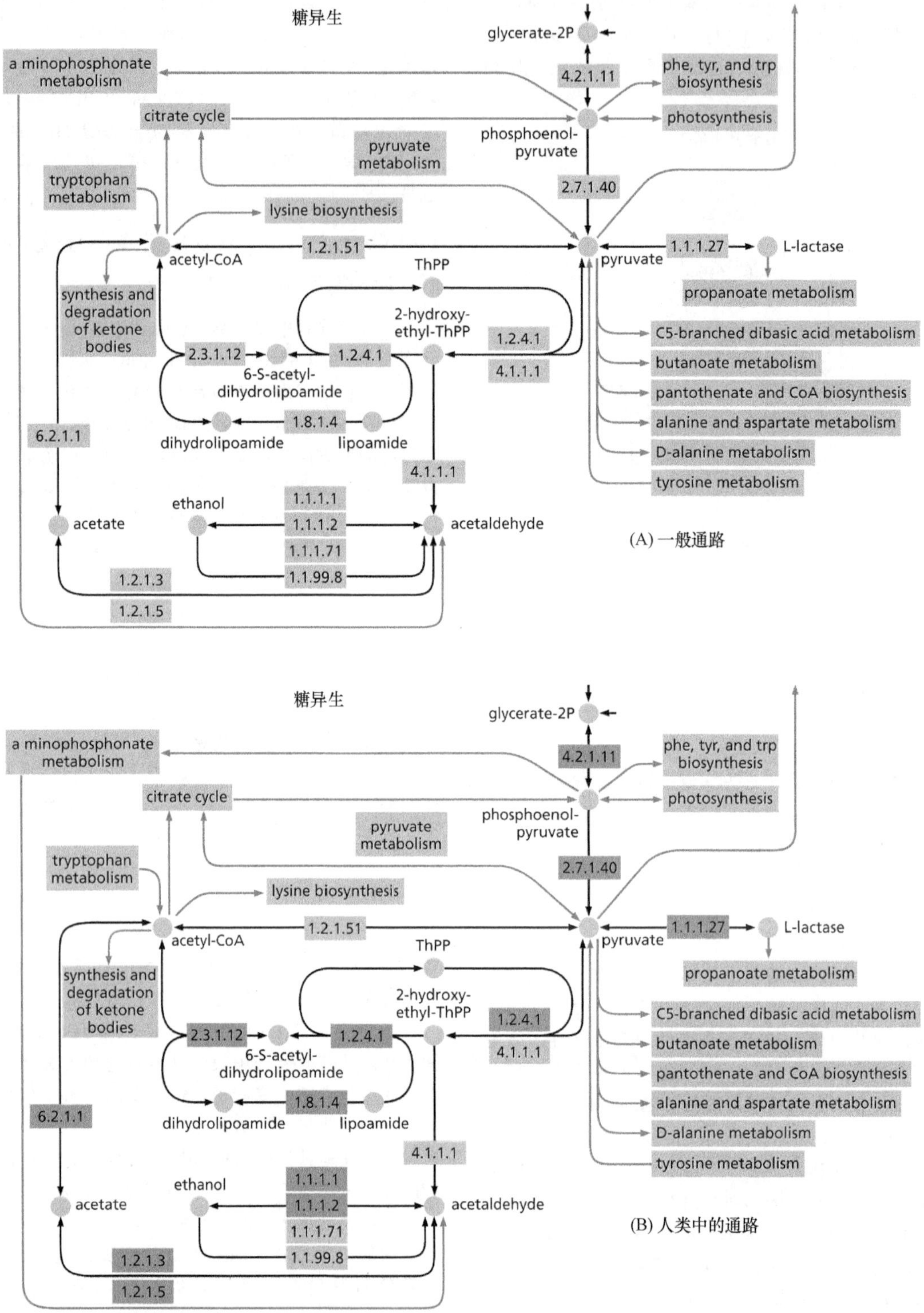

图 9.16　糖异生通路。(A) 参与这条通路的所有可能的分子。因为这幅图与物种无关，所有分子都未着色。(B) 人类中的糖异生通路。绿色的方框表示在人类中鉴定到的参与该通路的蛋白质。方框中的数字给出了 EC（酶家族）号。(C) 在 *Bifidobacterium longum* 和 (D) *Neisseria meningtidis* 中相似的通路。

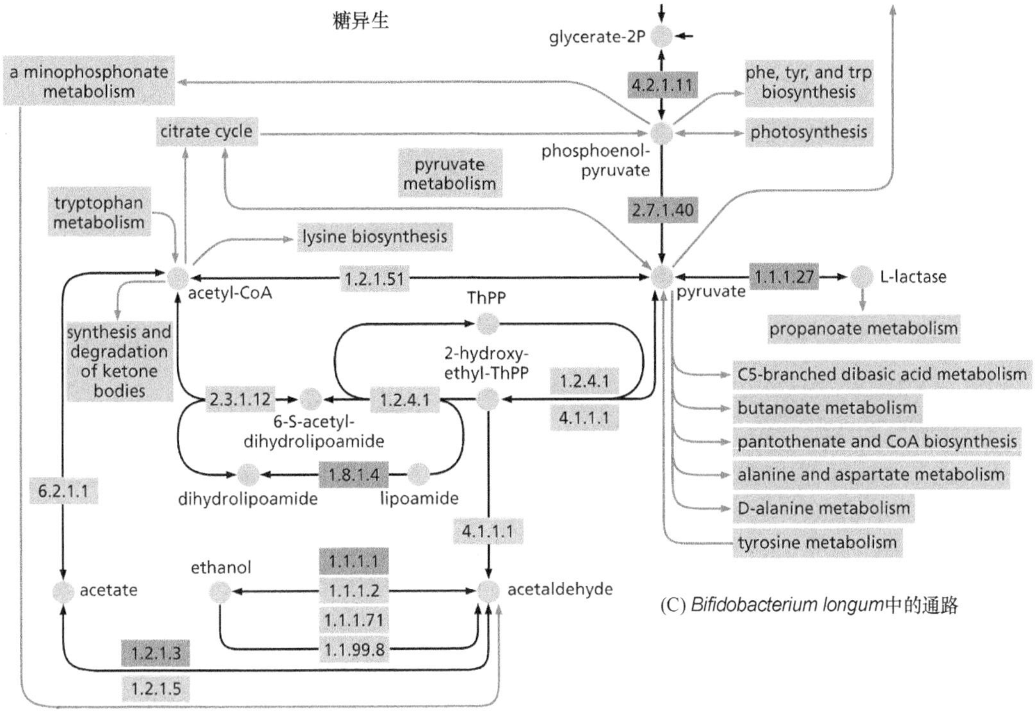

(C) *Bifidobacterium longum*中的通路

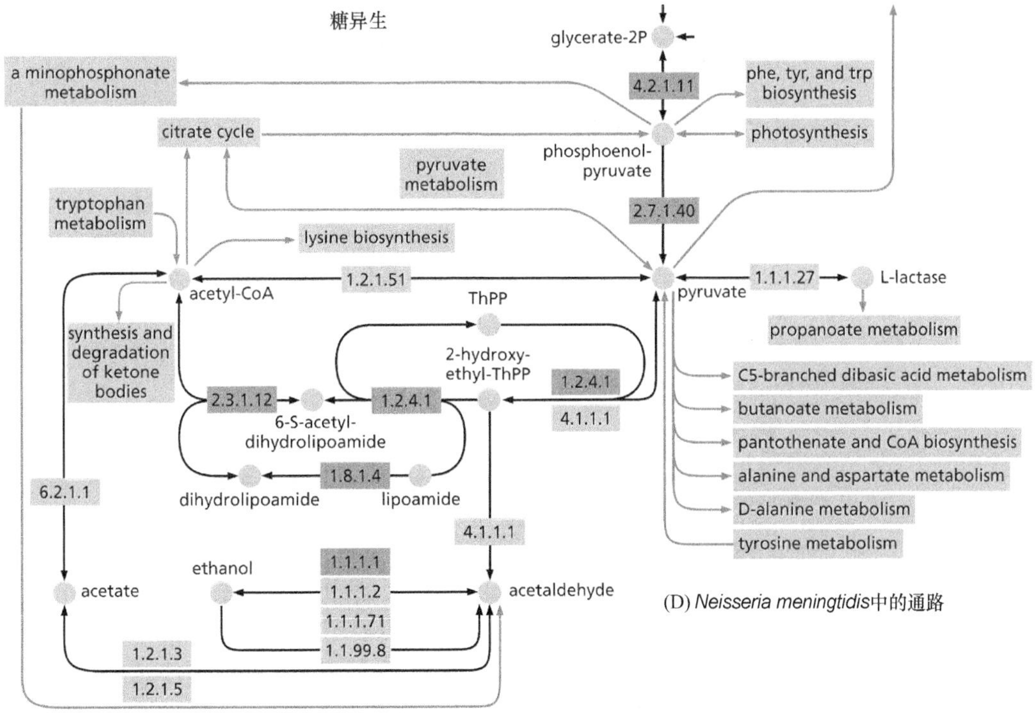

(D) *Neisseria meningtidis*中的通路

图 9.16（续）

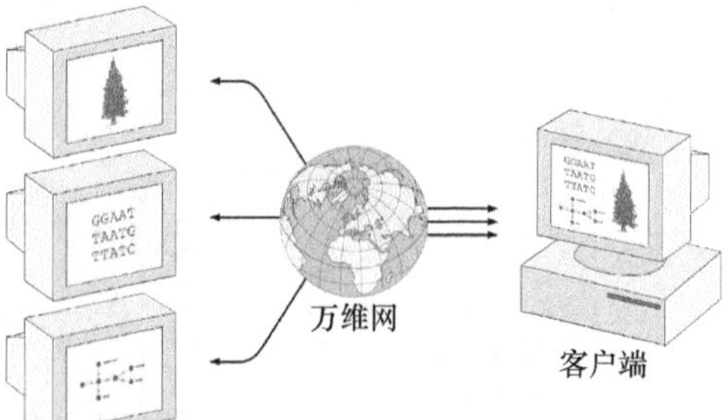

图 9.17　DAS 的基本架构。参考序列（华盛顿大学基因组中心序列数据库）的注释由各个服务器提供。客户端可以从多个服务器（如 Ensemble 和 Pathways）上获取数据并自动整合为单一的视图。

专栏 9.6　Sjogren-Larsson 综合征

Sjogren-Larsson 综合征也称为鱼鳞癣、痉挛性和智力缺陷综合征。这是一种具有 3 个特征的遗传病：鱼鳞癣（厚的鱼鳞状皮肤）、痉挛性截瘫（腿部痉挛）和智力缺陷（智力发育迟滞）。与 Sjogren-Larsson 综合征相关的基因缺陷位于 17 号染色体（17p11.2）。这个突变是隐性的，即一个人如果只携带突变基因的一个拷贝则并不会致病。但是，如果两个这样的携带者结婚，他们的每个小孩携带两个缺陷基因并患 Sjogren-Larsson 综合征的概率就变为 0.25。该基因的突变会导致脂肪醛脱氢酶 10（FALDH10）的缺陷，因而该综合征是由 FALDH10 缺陷引起的。

Sjogren-Larsson 综合征是由 Torsten Sjogren（1896～1974）报道的。他是位于斯德哥尔摩的卡罗林斯卡医院（Karolinska Hospital）的精神病学教授，也是现代精神病学和遗传医学的先驱。Sjogren-Larsson 综合征也被称为 SLS；其他一些专业代称是：脂肪醇：NAD^+ 氧化还原酶缺陷（FAO 缺陷），脂肪醛脱氢酶缺陷（FALDH 缺陷），以及脂肪醛脱氢酶 10 缺陷（FALDH10 缺陷）。

若要了解更多信息，可在 ExPASy 网站上搜索 *ALDH10*，然后点击到 MIM 数据库的链接。

一旦确定了基因产物（如 *ALDH10*），我们就可以在 UCSC 基因组浏览器中用它的名字来搜索人类基因组。用 *ALDH10* 检索，我们发现它位于 17 号染色体，并且一个交互式的图形界面提供了进一步的汇总信息（图 9.18）。点击其中一个链接会出现有更详细信息的网页。基因组浏览器还提供了到在线人类孟德尔遗传（Online Mendelian Inheritance in Man，OMIM）和 GeneCards 的链接，前者提供了人类基因和遗传疾病的目录，而后者给出了到更多网站的链接并汇总了它们的信息。我们可以访问这些链接来进一步研究该基因产物，获得其功能和医学方面的更多信息。

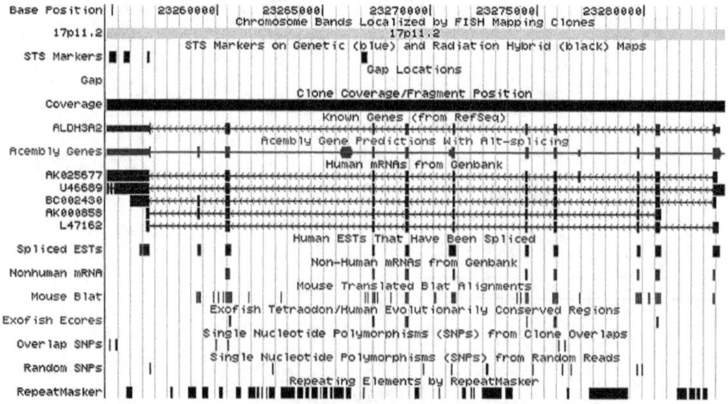

图 9.18　基因组浏览器交互式窗口的截屏。从其他许多数据库和网站得到的信息被汇总到一个视图中。点击其中任何一项信息都可以查看更详细的描述。

9.8 大基因组比较

虽然讨论全基因组比较的细节已经超出了本章的范围，但它使用的许多方法与部分基因组的比较是相似的。许多新出现的方法可以进行全基因组比对（见 5.5 节），并且也可以进行全基因组和部分基因组的注释。可以通过 Web 访问的两个这样的工具是 LAGAN 和 Multi-LAGAN。这些方法允许对较大的基因组进行全局联配，能对具有较远同源性的编码外显子进行正确联配，如对人类和鸡的序列。LAGAN 首先产生序列间的局部联配，然后由这些局部联配构建一个初步的全局图谱，最后通过 Needleman-Wunsch 算法（见 5.2 节和 5.5 节）在该图谱上挑选最优的全局联配（图 9.19）。联配完成后，

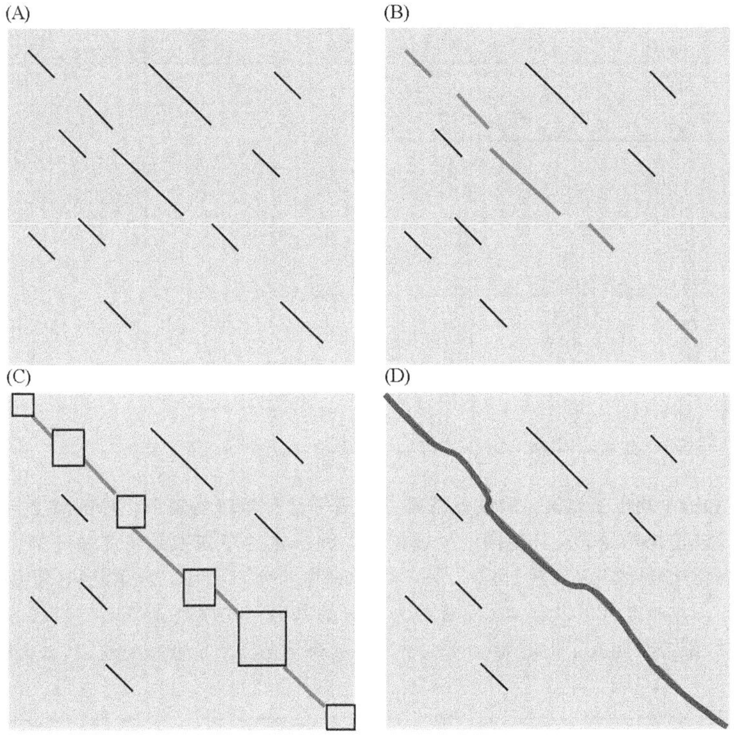

图 9.19 LAGAN 的示意图。 首先，LAGAN 产生两条序列的局部联配（A）并对每个联配片段赋予一定的权重。然后，它将两个相邻的局部联配连接起来（B）。最后，它在局部联配周围一定的限制区域中（用方框标出）用 Needleman-Wunsch 算法计算最优的全局联配（C）。图（D）显示了最后的结果。

可以用程序 VISTA 注释和呈现联配的序列。为了在该程序中展示注释信息，用户应当提供序列文件以及对其中至少一条序列的注释文件。图 9.20 显示了人类全长的 *ALDH10* 基因与小鼠序列的联配情况。其中比对的同源部分在图像上用峰来表示，这里也展示了人类基因中外显子的注释。因此，一旦我们鉴定了 *ALDH10* 基因，我们可以用序列比对来证实它；我们也可以在其他物种中鉴定和预测相同的基因。

VISTA 服务器包含了许多用于基因组比较的程序和数据库。这些程序可以让用户联配来自不同物种中的序列，将指定的序列与拼接好的基因组相比较（图 9.21）。用户还可以考虑序列间的系统发育关系并通过图形界面来观察结果。但是，VISTA 服务器最多只能处理 20kb 长度的序列。

总结

在本章中我们讨论了如何分析未经注释的 DNA 序列，发现其中可能存在的蛋白质编码区并鉴定其编码产物。首先 DNA 序列应当被提交给 DNA 或 EST 数据库进行同源性搜索，因为如果该 DNA 序列或它的近缘基因已经经过了测序和分析，我们立即就可以对它获得快速和全面的认识。不太远缘的同源序列也可以提供基因结构和功能的线索。但是，如果没有发现显著的匹配，接下来就是尝试预测该 DNA 的外显子-内含子结构。预测的外显子经过翻

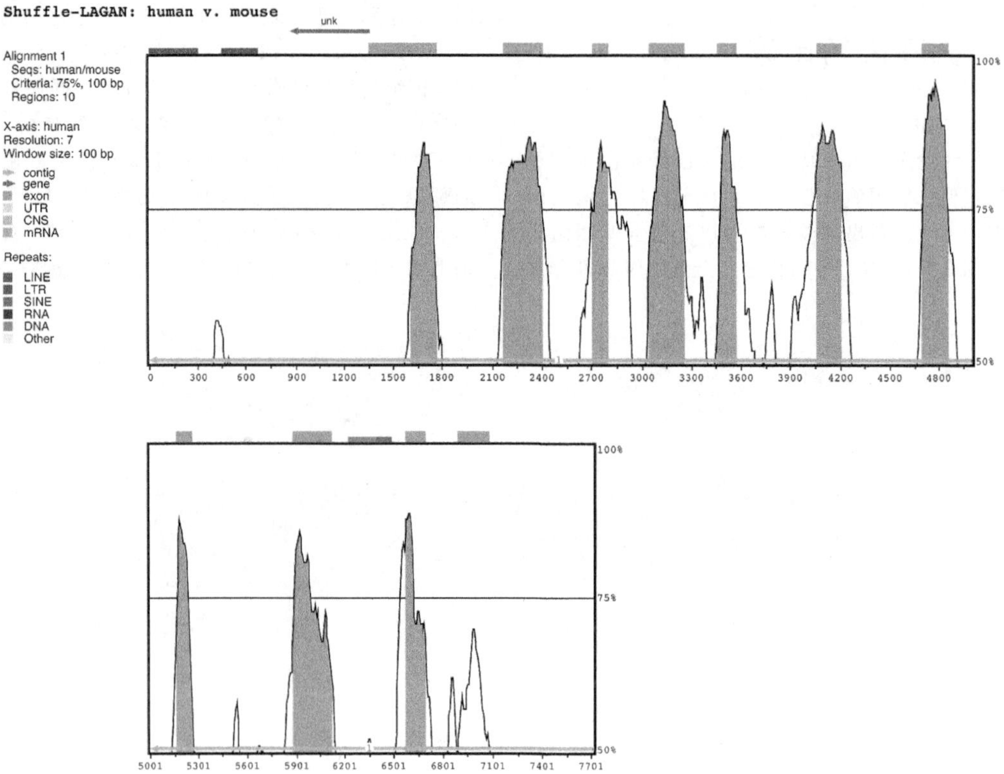

图 9.20　用 VISTA 输出 LAGAN 的联配结果，外显子部分用蓝色表示。峰的高度与序列相似度有关。我们可以发现外显子及其周围的区域在人类和小鼠的序列中是高度保守的。另外一些注释也可以可视化地展示，这包括 UTR、保守的非编码序列（CNS）、mRNA、重叠群（contig）和基因。例如，在左上方可以看到一个标注为 *unk* 的基因（在序列条带上方由细的深灰色箭头标出），在倒数第二个外显子上游有一个由绿色条带表示的 SINE 重复序列。（见文后彩图）

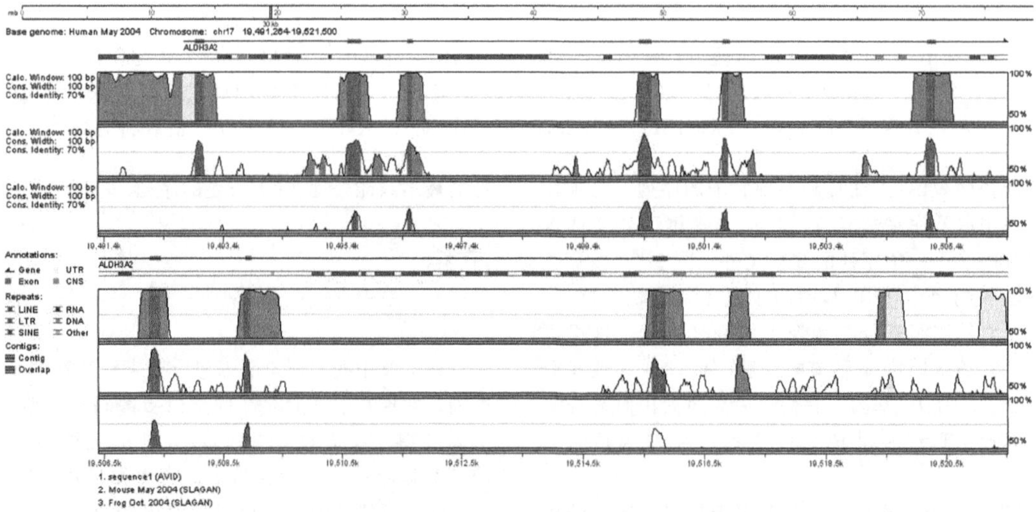

图 9.21　人类 *ALDH10* 序列与小鼠和蛙中的同源序列的比较，由 VISTA 服务器展示。我们可以看到所有的外显子在较近缘的小鼠中都是存在的，但是第一个和最后一个外显子在蛙中已经缺失了。外显子用深蓝色表示，UTR 用浅蓝色表示，保守的非编码序列（CNS）用粉红色表示。（见文后彩图）

译再提交给蛋白质数据库进行同源性搜索。如果能在这个层次发现显著的匹配，我们不仅能够更加准确地注释这段 DNA 序列，还往往能获得基因产物功能和亚细胞定位的线索。经过一系列翻译和搜索，我们就可能获得相对准确的内含子-外显子位点图谱。预测和翻译后的外显子可以连接起来形成推测的蛋白质序列，它可以进一步按照本章和第 10 章介绍的方法进行分析。

名词解释

condon-pair：见 dicodon。

dicodon（双密码子）：指基因预测算法中使用的六核苷酸片段。

neural network method（神经网络方法）：一种模拟大脑神经元结构的机器学习算法。它由结点构成，结点用于接受，处理和传递信号。

noncoding RNA (ncRNA) genes（非编码 RNA 基因）：不编码蛋白质的 RNA。

open reading frames, ORF（可读框）：一段只含有蛋白编码密码子的 DNA 片段。

sensitivity（敏感性）：（用于预测算法）把真阳性预测为阳性的比例。

specificity（特异性）：（用于预测算法）通常指把真阴性预测为阴性的比例。但是在某些基因预测算法中，它被定义为对真阳性正确预测的比例。

transposons（转座子）：可以在同一基因组中从一个位置移动到另一个位置的 DNA 片段。

扩展阅读

9.1 基因组序列的初步分析

DNA 到蛋白质这一过程的综述可参考：

Alberts B, Johnson A, Lewis J, Raff M, Roberts K & Walter P (2008) Molecular Biology of the Cell, 5th ed. New York: Garland Science.

9.2 原核基因组中的基因预测

Frishman D, Mironov A & Gelfand M (1999) Starts of bacterial genes: estimating the reliability of computer predictions. *Gene* 234, 257-265.

Wolf YI, Rogozin IB, Kondrashov AS & Koonin EV (2001) Genome alignment, evolution of prokaryotic genome organization, and prediction of gene function using genomic context. *Genome Res*. 11, 356-372.

9.3 真核基因组中的基因预测

Borodovsky M & McIninch J (1993) GenMark: Parallel gene recognition for both DNA strands. *Comput. Chem*. 17, 123-134.

Burge CB & Karlin S (1998) Finding the genes in genomic DNA. *Curr. Opin. Struct. Biol*. 8, 346-354.

Claverie J-M (1997) Computational methods for the identification of genes in vertebrate genomic sequences. *Hum. Mol. Genet*. 6, 1735-1744.

Dong S & Searls DB (1994) Gene structure prediction by linguistic methods. *Genomics* 23, 540-551.

Fickett J (1996) Finding genes by computer: The state of the art. *Trends Genet*. 12, 316-320.

Fickett JW & Hatzigeorgiou AB (1997) Eukaryotic promoter recognition *Genome Res*. 7, 861-878.

Larizza A, Makalowski W, Pesole G & Saccone C (2002) Evolutionary dynamics of mammalian mRNA untranslated regions by comparative analysis of orthologous human, artiodactyl and rodent gene pairs. *Comput. Chem*. 24, 479-490.

Makalowski W (2000) Genomic scrap yard: How genomes utilize all that junk. *Gene* 259, 61-67.

Makarov V (2002) Computer programs for eukaryotic gene prediction. *Brief. Bioinform*. 3, 195-199.

Marcotte EM (2000) Computational genetics: Finding protein function by nonhomology methods. *Curr. Opin. Struct. Biol*. 10, 359-365.

Milanesi L, D'Angelo D & Rogozin IB (1999) Genebuilder: interactive *in silico* prediction of gene structure. *Bioinformatics* 15, 612-621.

Solovyev VV, Salamov AA & Lawrence CB (1994) Predicting internal exons by oligonucleotide composition and discriminant anslysis of spliceable open reading frames. *Nucleic Acids Res*. 22, 5156-5163.

Zhang MQ (1997) Identification of protein coding regions in the human genome based on quadratic discriminant analysis. *Proc. Natl Acad. Sci. USA* 94, 565-568.

Zhang MQ (2002) Computational prediction of eukaryotic protein-coding genes. *Nat. Rev. Genet*. 3, 698-709.

9.4 剪接位点的预测

Nakata K, Kanehisa M & DeLisi C (1985) Prediction of splice junctions in mRNA sequences. *Nucleic Acids Res*. 13, 5327-5340.

9.5 启动子区域的预测

Bucher P (1990) Weight matrix descriptions of four eukaryotic RNA polymerase II promoter elements derived from 502 unrelated promoter sequences. *J. Mol. Biol*. 212, 563-578.

Hacker J & Kaper JB (2000) Pathogenicity islands and the evolution of microbes. *Annu. Rev. Microbiol*. 54, 641-679.

Scherf M, Klingenhoff A & Werner T (2000) Highly specific localization of promoter regions in large genomic sequences by Promoter Inspector: A novel context analysis approach. *J. Mol. Biol*. 297, 599-606.

9.6 证实预测结果

Bajic V (2000) Comparing the success of different prediction software in sequence analysis: a review. *Brief. Bioinform.* 1, 214-228.

Baldi P, Brunak S, Chauvin Y et al. (2000). Assessing the accuracy of predicition algorithms for classification: an overview. *Bioinformatics* 16, 412-424.

Burset M & Guigó R (1996) Evaluation of gene structure prediction programs. *Genomics* 34, 353-357.

Rogic S, Mackworth AK & Ouellette FB (2001) Evaluation of gene-finding programs on mammalian sequences. *Genome Res.* 11, 817-832.

9.7 基因组注释

Burge C & Karlin S (1997) Prediction of complete gene structures in human genomic DNA. *J. Mol. Biol.* 268, 78-94.

Domingues FS, Koppensteiner WA & Sippl MJ (2000) The role of protein structure in genomics. *FEBS Lett.* 476, 98-102.

Teichmann SA, Murzin AG & Chothia C (2001) Determination of protein function, evolution and interaction by structural genomics. *Curr. Opin. Struct. Biol.* 11, 354-363.

9.8 大基因组比较

Brudno M, Do CB, Cooper GM et al. (2003) LAGAN and Multi-LAGAN: Efficient tools for large-scale multiple alignment of genomic DNA. *Genome Res.* 13, 721-731.

Frazer KA, Pachter L, Poliakov A et al. (2004) VISTA: computational tools for comparative genomics. *Nucleic Acids Res.* 32, W273-W279.

Mayor C, Brudno M, Schwartz JR et al. (2000) VISTA: Visualizing global DNA sequence alignments of arbitrary length. *Bioinformatics* 16, 1046.

专栏 9.5

McClintock B (1950) The origin and behavior of mutable loci in maize. *Proc. Natl Acad. Sci. USA* 36, 344-355.

McClintock B (1956) Controlling elements and the gene. *Cold Spring Harb. Symp. Quant. Biol.* 21, 197-216.

第10章　基因检测和基因组注释理论章节

当你读完第10章时，你应该能够：

描述检测tRNA基因的方法；

展示如何从繁复的信号中鉴别蛋白编码区域；

解释为什么原核生物基因检测比真核容易；

描述转录与翻译元件的结合如何常留下可以检测的序列信息；

解释如何利用不相关的技术来鉴定基因组分；

展示基因模型（gene model）是由基因组分组合而成的；

描述为什么拼接位点预测着重于排出假阳性上；

讨论比较基因组如何帮助解释基因预测中不明确的问题。

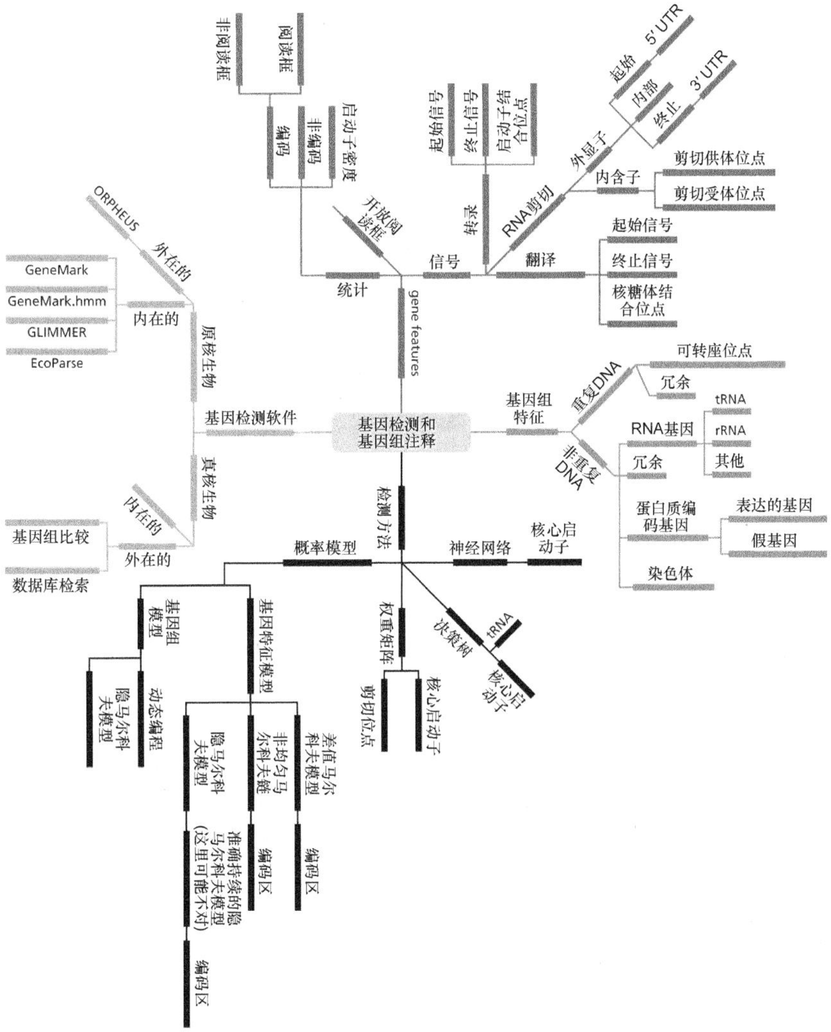

思维导图10.1　该思维图展示了基因预测与注释的理论及应用。

随着越来越多的全基因组序列被检测出来，我们需要详细分析这些非常长的 DNA 序列，并从中鉴别蛋白质编码区域和其他遗传因子。经常会有一些可用的实验数据来帮助完成这个工作，如先前标定特征（characterized）的基因序列和基因产物序列，以及 EST 序列。EST 数据，应该与基因组来源于相同的生物体，可以与序列比对从而识别基因的翻译区域。已报道的基因序列和基因产物序列也可以用来比对，甚至其他物种的同源序列对于识别基因组中的同源基因也是有用的。然而，利用以上方法分析出的基因并不完整，而且无论如何，其他基因组的特点如重复和控制序列无法体现出。为了得到基因组的全面描述，人们建立了解释序列的自动且精确的方法，并用来定义基因、功能 RNA 分子、重复和控制区域，以及描述基因产物。这一整套过程称之为**注释（annotation）**，经常与测序和序列组装并行运行（图 10.1）。

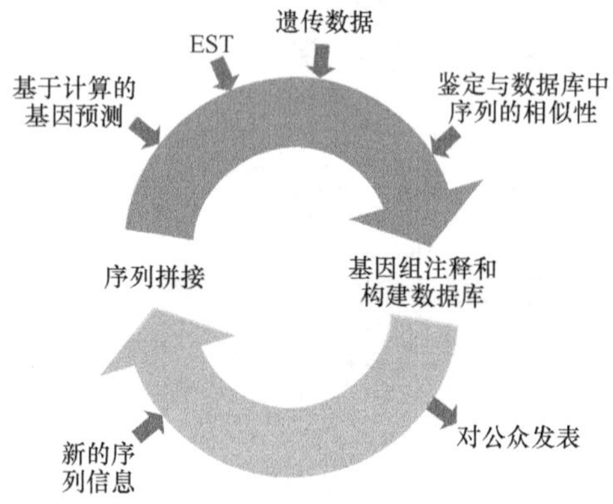

图 10.1　强调基因组测序中主要计算分析步骤的基本方案。构造和注释基因组的过程往往是循环的，在将整个序列拼接好之前就已开始。该图过于简单，省略了很多细节，但展示了这里所介绍的基于计算的基因预测方法是如何整合到整个过程中的。注意，在几个点上都需要添加实验数据，有新的序列数据、EST 和遗传数据。最后一个是指该基因被破坏或者突变后的影响。建立数据库的过程是指在注释完成后建立物种特异性数据库或者标准数据库，如 EMBL 和 UniProt 中的相关条目。

至今，大多数的基因注释项目被限定在了主要的测序实验室。对于细菌基因组，这些大团队仅需要两、三个月的时间，就可以完成从测序到产生可发表的注释和分析的工作。较为高等生物的基因组分析起来并不那么直接，人类基因组注释想达到原核注释的水平还需要时间。另外，许多已注释的细菌基因组容易获得而且这类序列测序起来十分便捷，促进了许多新研究出现，特别是通过比较基因组来发掘株间差异以及分析高度相关的物种间进化。这些进展使得基因组注释更为常见，并使之摆脱主要实验室的范畴。

这个章节将详细介绍部分典型的基因检测和基因组注释算法。基因预测程序和一些相似算法的应用在第 9 章里已经作了介绍。基因组注释算法大多比较复杂，常常有几个相互独立的元素结合而成，如神经网络（neural nets）、隐马尔可夫模型（hidden Markov models，HMM）和决策树（decision trees）。在本章中，我们仅介绍部分这样的算法。神经网络将在 12.4 节二级结构预测（secondary structure prediction）中详细介绍，本章中只作概括介绍。基因组注释中用到的 HMM 比 6.2 节序列联配（sequence alignment）中介绍的更为复杂，但利用了相同的原理，这里只是概论。其他类型的算法将作详细介绍。

因为真核生物与原核生物基因组注释在生物特征和实用方面都有明显差异，两者将分别考虑，开始先讨论在原核生物中的情况。而在这两种情况中，注释的任务都可以分为两步。第一步，将基因和其他功能元件在基因组序列中的位置标注出来；第二步，确认基因产物可能的性质，特别是其生化与细胞功能。有的注释工具可以用来完成两个步骤。本章中对第二步的介绍较少，因为它涉及应用本书其他章节中介绍的技术，如第 4 章中的序列相似性（sequence similarity）。在阅读本章之前，建议你先阅读一下第 1 章，尤其是 1.3 节，以熟悉基因结构的种种细节［包括控制元件（control element）］以及功能性 RNA 分子。下面介绍的许多算法，将利用已知的一致序列和 RNA 二级结构来检测这些特征。

判断原核生物的基因看起来相对简单，因为 ORF 容易定位。如果我们检验所有大于或等于最小基因长度的 ORF，那么可以包含所有的基因。然而，当寻找短序列基因的时候，这样的过程会产生很多假阳性，即预测到的基因并不是真实的基因，也并不能表达。可能有许多原因导致 ORF 并不表达，一般来说，并不与起始转录的调控序列相关。基因表达实验提供了一些关于错误基因预测的证据，那些推断出的基因并不能在任何条件下或是任何生命状态下表达。然而，这样的实验需要大量时间且并没有很好的结果，因此，我们将更多的注意力放在了减少预测错误率的工作上来。

因为基因表达的调控发生在几个阶段，每个阶段都有相应的信号在序列里体现，算法效率的提高可以通过注意序列中每个已知的信号，建立一个复杂的基因模型来实现。首先介绍检测每个单独元素的方法，然后再讨论蛋白编码基因模型。指定 RNA（specifying RNA）的基因在调控方面有显著差异，然而由于它们有高度相似性，其他方法可以用来将其定位。

真核生物基因组的情况更为复杂，对其分析要十分谨慎，否则在 ORF 预测中会导致极其大量的假阳性。这是由于在真核生物中，一个蛋白质往往是由多个外显子编码，有例子表明存在很短的外显子只编码十几个残基。另外，在真核生物基因组的某些区域中，蛋白质编码区域仅占极小的一部分。因此，要考虑短 ORF 是外显子的可能，但是可能会在并没有基因的区域中发现很多 ORF。

真核生物基因较原核而言包括更多结构［如内含子与外显子及其剪切位点，较长且更复杂的启动子区域，以及 3′端 poly（A）］。然而，这些信号往往并不容易区分和检测。例如，启动子和增强子的上游信号就十分难以检测，部分由于在真核生物中其位置可能与转录起始位置相距很远（往往在上游几千碱基对处），同时也因为会涉及相当数量不同分子。此外，正如前面所述，由于真核生物基因组更大且基因的比例非常小，编码 ORF 的长度相对原核生物更难检测。发展准确鉴定真核生物基因单独结构组分或者将其结合而试图准确预测基因的方法是活跃的研究领域。在本章中，我们只能对常规方法进行总结并介绍某些目前尚在研究的模型。

在高效的原核基因组中，几乎整条序列都是基因的一部分。而即使对于这样的基因组，也并没有发现基因的大规模重叠。以上结论在病毒基因组中有例外，因为其衣壳只能包被少量序列，那么这些序列会极其高效。在原核生物中，基因小规模重叠是很常见的，预测软件可以成功应对这样的问题。

蛋白质编码基因中，重复序列是极其罕见的。因此，一般而言在分析一个新的基因组序列时，第一步就是确定重复序列，这些重复序列在以后的蛋白质编码基因分析中就可以被去掉。第二步往往是鉴定和排除转录功能 RNA 分子的序列。这是因为通过序列相似性可以将其确定。

鉴定基因的方法可以分为两类，一类是不利用已知序列的，有时称之为**内在（intrinsic）**方法，而另一类是利用数据库中已知序列的相似性，有时称之为**外在（extrinsic）**方法。在理论上，前一种方法可以检测任何新基因（指那些没有发现相似序列的基因），因为一个物种中有 20％的基因在其他物种中找不到相似基因也是正常的。可能到了位于整个进化树（tree of life）上各位置上很多物中的基因组清楚了以后，这类方法就不再那么重要了。

另外一个最近的方法革新是利用两个或者更多相近物种，如大鼠和小鼠基因组上的等价区域。如果两条序列足够相似，那么将有益于鉴定这样的保守区域，而且该区域可能还会有一定功能。这种方法给出利用两序列进化关系的成功例子。

10.1 利用决策树检测功能 RNA 分子

无论基因组是原核还是真核，一类重要的基因需要在讨论基因检测方法之前定位。这类基因是并不翻译为蛋白质的基因，如 rRNA 和 tRNA（流程图 10.1）。rRNA 序列有明显的特征且十分保守，其鉴定方法并不复杂，这里就不再冗述。tRNA 基因有很多（细菌基因组中有多于 50 个，在更大的基因组中会有更多）。知道了物种的 tRNA 基因，就可以知道该物种利用哪些密码子，当以后检测蛋白编码基因时，这些信息是有价值的。tRNA 的检测方法十分复杂，但现有方法足以解决这个问题。在这里详细介绍的方法在 tRNAscan 的软件中已经实现，它也是最常用的检测原核蛋白质基因组的软件之一。由于假阳性的问题，这个方法不能在真核生物中应用，但 tRNAscan-SE（在后面将简要介绍）软件对真核生物检测有足够准确性。

利用 tRNAscan 算法检测 tRNA 基因

tRNA 分子有高度保守的结构，该结构由许多短双螺旋骨干和短环组成，形成一个四叶式立体交叉的结构（图 10.2）。利用大量已知 tRNA 序列进行联配分析，可以发现其中有典型且保守的序列和结构，用来建立针对鉴定 tRNA 的算法。该算法有一系列步骤，每个步骤都是鉴定 tRNA 序列或结构中独有的元素，如保守的碱基或者碱基对（图

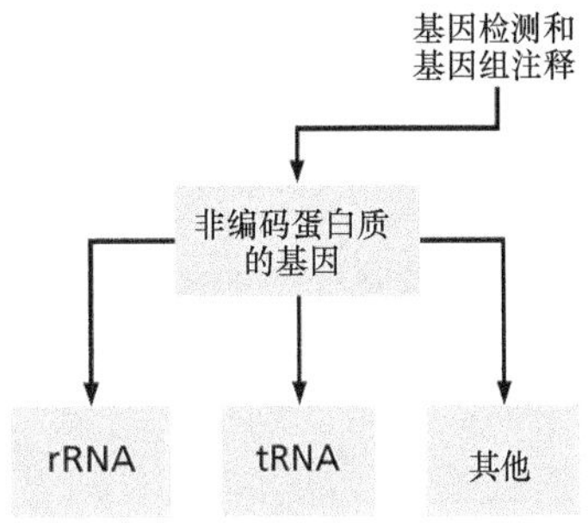

流程图 10.1 本节中介绍的关键是用于检定基因组中功能 RNA 分子的特定方法。

10.3)。该算法是**决策树（decision tree）**的一种简单形式，即在每一步中，被检序列需要通过一项检测。

通常，决策树并不考虑当前步骤结果而执行更多步骤，但在这种情况下，如果有一个步骤没有通过，就可以终止检测。除了算法中每个步骤的基本检测以外，对匹配很好的序列还有记录，如从 4 个期望不变的碱基中检测到 3 个，而至少要检测到 2 个。另外对序列严格通过每步骤的比例也由记录，记为 SG。详细的步骤请见图 10.3。最后的步骤是依据 SG 值判断是否是 tRNA 基因。

这种方法在预测 tRNA 基因时十分有效，可以准确鉴定其中的 97.5%。估算认为，在 300 万碱基中该算法会有一个预测错误，也就是说在一个细菌基因组中仅有一个假阳性。

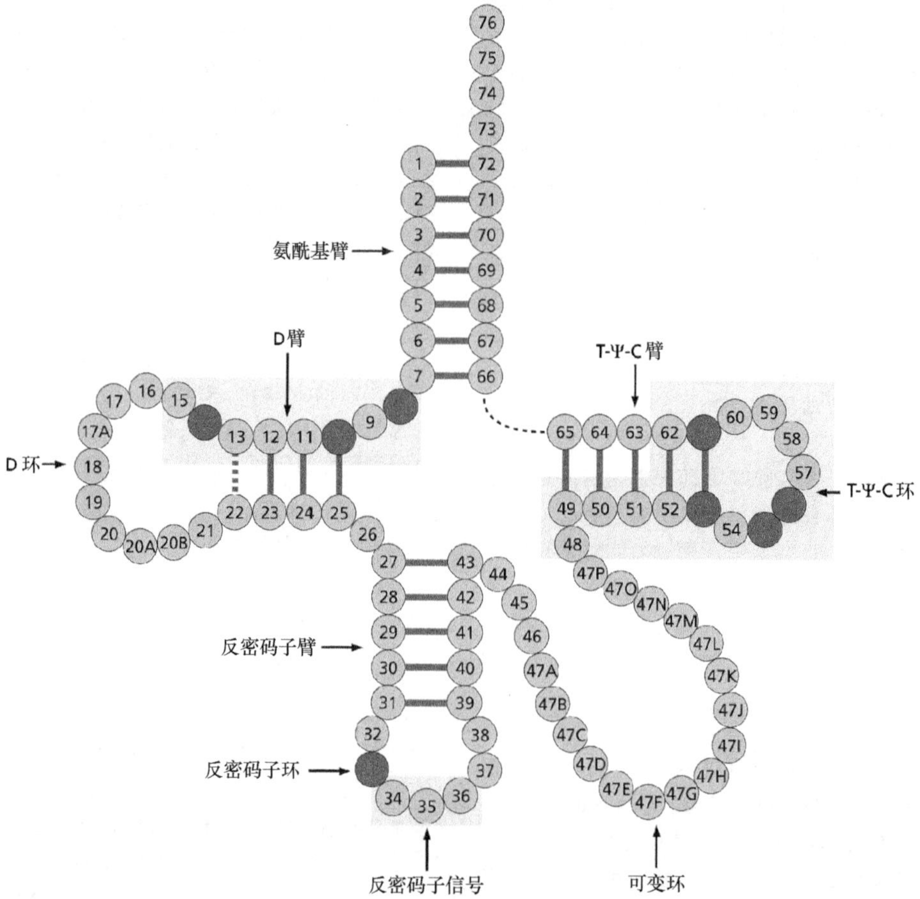

图 10.2 tRNA 分子的四叶草式结构，并展示 tRNAscan 检测中所需的特征。将碱基编号，以允许插入，如在可变环（variable loop）发生的。图中标出了 tRNAscan 算法（图 10.3）中所涉及结构的不同部分，其中包括以深灰色标出的关键不可变碱基和碱基对，这些位点有较高的保守度（引自 G. A. Fichant and C. Burks, Identifying potential tRNA genes in genomic DNA sequences, *J. Mol. Biol.* 220: 659-671, 1991）。

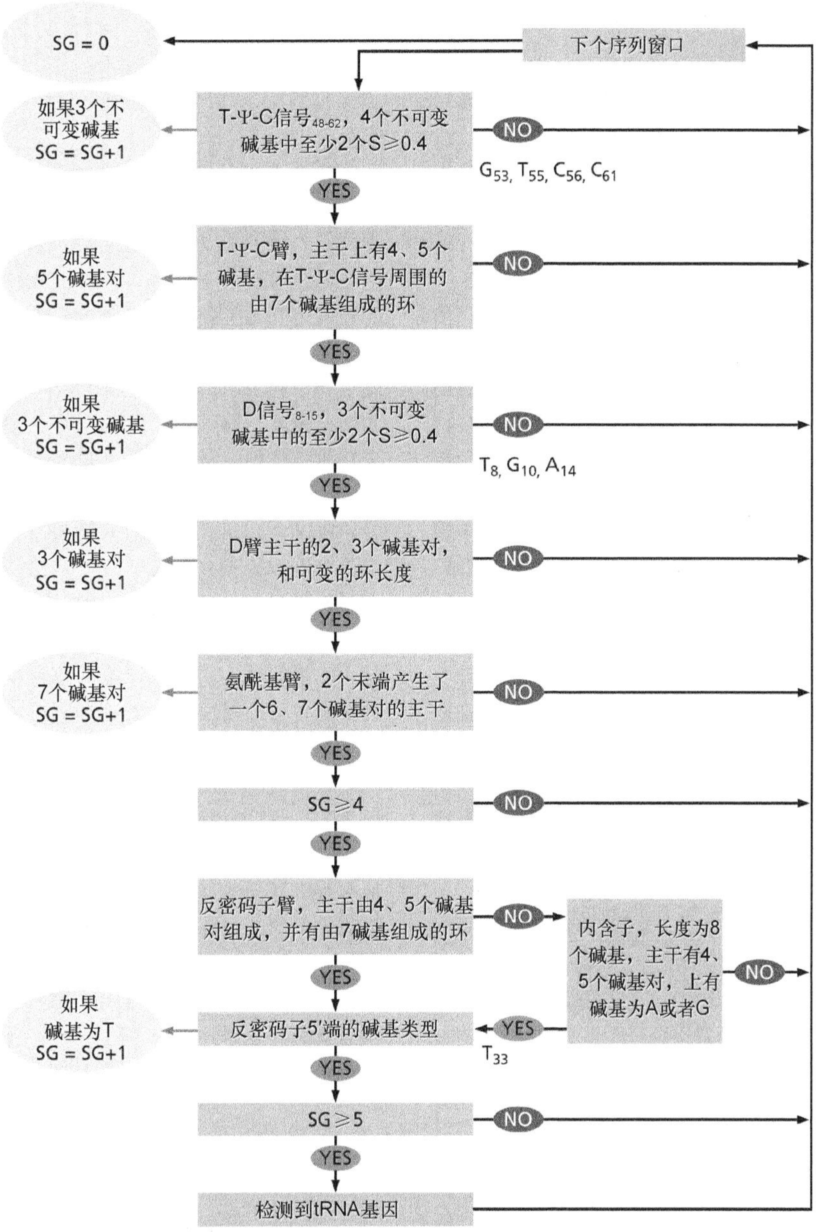

图 10.3 tRNAscan 算法的步骤。这是个含有额外打分 SG 的决策树，分值 SG 允许在此对 tRNA 序列时一定程度的放宽约束。碱基编码和分子结构由图 10.2 给出。注意，算法在 DNA 中是指胸腺嘧啶，在 tRNA 是指尿嘧啶。通过对频率矩阵打分的两步可以鉴定 T-Ψ-C 和 D 信号（频率矩阵记录了信号中每个位置各碱基出现的频率）。在这两步中用到的分值 S 是观测值的和与除不可变碱基外每个位点最高频率的比例。如果分值 S 等于或者大于 0.4，那么认为该信号是存在的。那些不可变的碱基被列在需要它们的步骤旁边（引自 G. A. Fichant and C. Burks，Identifying potential tRNA genes in genomic DNA sequences，*J. Mol. Biol.* 220：659-671，1991）。

检测真核生物基因组中的 tRNA 基因

tRNAscan 的错误率经估算为 300 万碱基中会有一个，也就是说在病毒基因组的鉴定中很少出现错误。然而对于检测真核生物中的 tRNA 基因而言，这个假阳性率太高了，如对人的基因组预测会产生 1000 个假阳性（这几乎相当于真正 tRNA 基因的数量）。为了解决这个问题，Todd Lowe 和 Sean Eddy 提出了一个更复杂的算法，称为 tRNAscan-SE。

tRNAscan-SE 结合了几个 tRNA 预测软件，使之成为一个高准确性的预测软件。其中每个软件利用了完全不同的 tRNA 基因预测方法，其中包括前面讲过的 tRNAscan，利用了在特定相关距离下寻找特定保守碱基的方法。另外还利用 Angelo Pavesi 等所开发的寻找调控 RNA 聚合酶Ⅲ（RNA polymerase Ⅲ）相关序列的方法，其中 RNA 聚合酶Ⅲ负责 tRNA 基因转录。第三种采用的方法由 Sean Eddy 和 Richard Durbin 建立，该方法是 tRNA 序列和二级结构的协同变异模型（一种改进的 HMM 模型），它在 3 个中最为准确，但是要全面检测高等生物的基因组却需要过多时间。3 种方法各有利弊，前两种可以高效地找出所有 tRNA 基因，同时伴有过多假阳性，将两者结合然后再通过决策树引入协同变异模型就可以成功找出几乎所有假阳性预测。这样的话，假阳性率就可以控制在 1500 万碱基分之一以下。

10.2 原核生物基因检测中有用的特征

早期基因检测中常采用细菌基因为模型，很大程度上是由于有大量可靠的数据。现在已经知道很多细菌基因的完整序列，而且其基因往往密度较高，很少有基因间的非编码区域。由于细菌基因简单的结构，使其成为原核生物基因预测的成功工具。

在讲述基因预测软件的背景概念和意义之前，有必要先指出一些琐碎的问题。例如，可以轻易枚举基因组内所有潜在 ORF（potential ORF），以及所有可能的蛋白质产物（潜在的 ORF 是指所有以起始密码为开始延伸至第一个终止密码间的序列）。如果目的在于利用分子质量大小鉴定蛋白质（如蛋白质组学中利用质谱作为鉴定工具；见 15.2 节）那么如上列表就足够了，尽管其包含了很多并不存在的蛋白质。值得注意的是，真正的基因并不一定从潜在的 ORF 起始处开始，而是有可能在下游的另一个起始密码处开始。这样的问题似乎有些难度，但对于蛋白质组的研究来说，只要列出所有起始密码和可能的蛋白质就可以了。ORF 越长，那么它是基因的可能性就越大，因为越长其中间出现随即终止密码的可能就越大。因此，检测原核生物基因的一个关键就是区分较短的潜在 ORF，150bp 或者更短的，是否是基因。

这种情况带来的结果是，在允许一定假阳性的情况下，基因检测算法可以实现很高的检出率。换言之，这些方法也包含检测错误的 ORF。应该注意是这些所列出的高成功率（甚至大于 98%）并不是算法优劣的最好评价，而假阳性率对算法的评价更有效，但并不经常给出（见专栏 10.1）。其原因很简单：在少数物种的样品中，我们已经可以确认一些全长的真基因，但却不能从潜在新基因中区分出假阳性。这点在本章的后面会详细讨论。

专栏 10.1 从核酸水平估计基因预测准确性

预测程序的作者们经常会报告一个数字，以表示其程序预测的准确性，那么有必要了解一下这个数字的含义。计算程序的准确性十分重要，使得用于同一目的的程序间可以进行比较，特别是可以对那些在新基因组序列中预测基因的主要方法进行比较。

在基因预测领域，准确度可以从 3 个不同层次表示：①编码核苷酸（碱基水平）；②外显子结构（外显子水平）；③蛋白质产物（蛋白质水平）。其中第二个部分只与真核生物有关，将在专栏 10.3 中进行讨论。这里我们将检验其中第一个，即碱基水平的准确度。Moises Burset 和 Roderic Guigo 曾经详细讨论过这个问题，我们将展示他们的分析和定义，这也是该领域中被广泛接受的。

图 B10.1 展示了 4 种比较真基因和预测基因的方式。每个碱基都由预测程序指出是否位于基因中，与真正属于基因的部分进行比较。先假设这些碱基都是正确预测得到的，那些在基因内部的标记为一个真阳性（TP），那些预测为非基因且不是真正基因的碱基标记为一个真阴性（TN）。现在来关注那些没有被正确预测碱基，那些被错误标记为基因，但并不在基因中的部分记为假阳性（FP），而那些没有预测出的基因位点标记为假阴性（FN）。一般来说，对碱基的预测是将其分为编码或者非编码的部分，但该分析可以被扩展到包括基因的非编码区域，或者序列的其他任何功能区域。

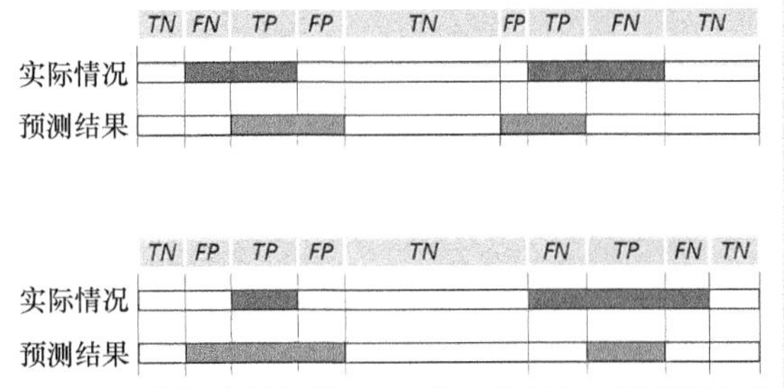

图 B10.1　从碱基水平比较真正的基因和预测得到的基因。深灰色条框是原核生物真正基因或者真核生物真正外显子的部分。浅灰色条框是预测得到的原核生物基因或者真核生物外显子。那么序列的各个部分可以分为真阳性（*TP*）、真阴性（*TN*）、假阳性（*FP*）或者假阴性（*FN*）。预测的准确性可由式（B10.1）和式（B10.2）定义的词语。

预测得到的真正基因部分与所有基因的总和之比被称为敏感性（*Sn*），定义为

$$Sn = \frac{TP}{TP + FN} \tag{B10.1}$$

这也可以被解释为，正确预测真正基因的可能性。预测得到的真正基因部分与所有预测为基因的部分之比被称为特异性（*Sp*），定义为

$$Sp = \frac{TP}{TP + FP} \tag{B10.2}$$

这也可以被解释为，被预测为基因的核苷酸真正是基因的可能性。

注意到最后一个关于特异性定义与与其他领域中的定义不同：

$$Sp_{\text{standard}} = \frac{TN}{TN + FP} \tag{B10.3}$$

这是因为在真核生物中，位于基因中核苷酸的比例十分低，因此 *TN* 十分大，那么一般领域中所用方程的结果并不能够提供足够的信息。如果一个程序预测人类基因组中没有基因，那么对于一般定义得到的特异性而言，其特异性值非常高，这样的特异性定义在基因预测中没有用。

当利用这两个值对基因预测软件进行评价的时候需要小心，因为就像前面特异性的一般定义而言，极端的结果可能会有错误导向。例如，如果全部序列被预测为是一个基因，那么就有 $Sn=1.0$，而 *Sp* 却可能很小。但如果只有少数碱基被预测为基因之内，而所有的碱基都在基因中，那么 *Sp* 为 1.0，但 *Sn* 却很小。Burset 和 Guigo 提出利用近似相关系数（approximate correlation coefficient，*AC*）来简单克服这个问题。其定义为

$$AC = 2 \times ACP - 1 \tag{B10.4}$$

式中，*ACP*（平均条件概率）定义为

$$ACP = \frac{1}{4}\left[\frac{TP}{TP+FN} + \frac{TP}{TP+FP} + \frac{TN}{TN+FP} + \frac{TN}{TN+FN}\right] \tag{B10.5}$$

注意 *ACP* 的前两项是敏感性和特异性，第三项为一般定义的特异性。*AC* 取值为−1～1，与常见的相关系数相似。利用标准的 Pearson 相关系数，可以得到几乎相同结果，但对于预测和实际序列都不包含基因的情况，会出现问题。*AC* 对于上述情况并没有问题。

转录和翻译原件与核算序列的相互作用，以及蛋白质编码序列的限制，提供了基于序列检测基因的一些特征（流程图 10.2）。有些部分在 1.3 节里面已经做了讨论。几乎所有基因检测方法利用了一个或者多个这样的序列特征。因为以上原因，同时又由于第 1 章中提到了这些方法需要一个更为技术性的评价，因此这里仅对其做简要综述。

基因的最基本特征是由起始密码子开始（ATG，编码为甲硫氨酸），以终止密码子为结束（TAA、TAG 或 TGA 中的一个）。与惯例一致，我们给出的密码子是通常意义下的编码链或 sense DNA 链，它与其转录成的 RNA 序列相同：mRNA 中起始密码子为 AUG。如果是检索其他序列，要注意区分两条 DNA 链。需要注意的是在标准的密码

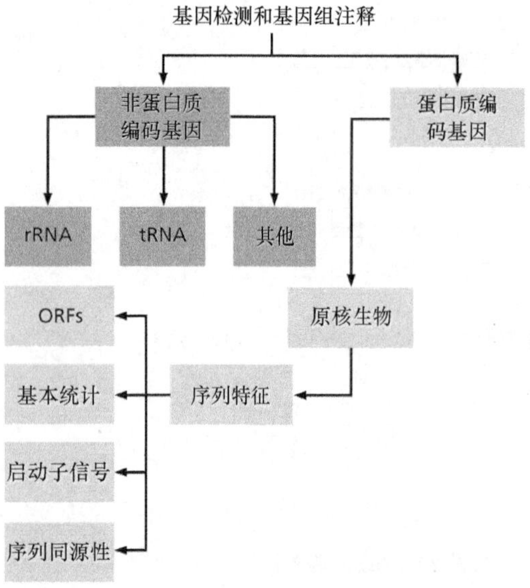

流程图 10.2 本节介绍的关键概念是：原核生物基因有特定特征和信号，这些特征和信号可以用于在无间断序列中鉴定基因。

子之外也会有例外。例如，*E. coli* 的起始密码子中 GTG 占 9%，而 TTG 占 0.5%（图 10.4），在很多线粒体中（植物线粒体除外），TGA 被翻译为色氨酸而不是“终止”。当确定了数据的遗传编码，剩下要做的就是找到那些大于最小长度的 ORF。

一个 ORF 只能有一个终止密码子，其位置在 3′ 端。因此，从统计上来看，不同密码子在编码区域和非编码区域的频率有差异，可以作为基因检测的特征之一。密码子频率还同时受到所编码蛋白质的氨基酸组成以及 tRNA 活性差异所影响。对已知基因的检验证实了以上假设，编码阅读框、其他阅读框和非编码区域三者的密码子频率是不同的。上面说的非编码区域是指在任何阅读框中都不包含基因的区域。图 10.5 展示了在 4 种真核生物中观测到的基因与非编码区序列频率的差异。基因序列这样的特征，应用时更多考虑核苷酸六聚体（hexanucleotides）的频率分布，6 个连续的核苷酸系列，也被称为双密码子（dicodon），因为这样做较考虑单一密码子更为显著。

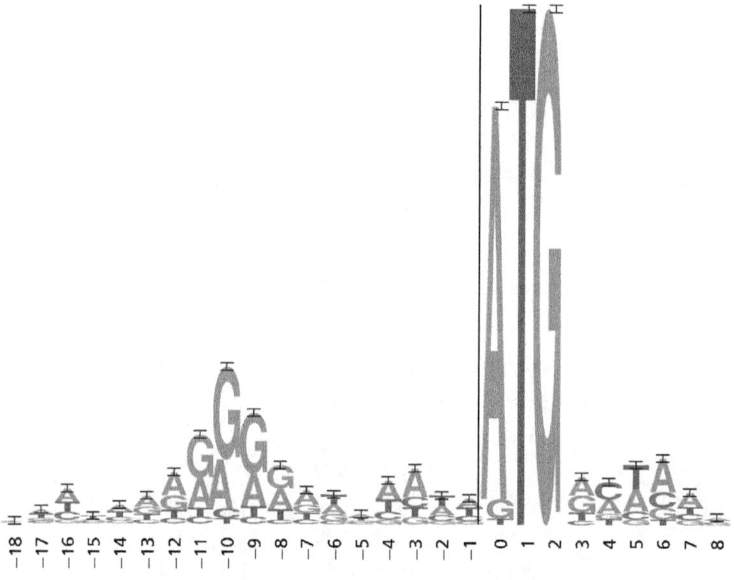

图 10.4 *E. coli* 基因中核糖体结合位点和启示密码子的 logo（logo 的定义见 6.1 节）。将 149 条序列的起始密码子进行联配。注意位于－10 位置的核糖体结合位点（RBS）和起始密码子间的碱基数目并不固定，因此 RBS 的信号可能比这里展示的要强一些，因为这些位点没有被准确地叠置。位于位置 1 和 2 的碱基是十分保守的，分别是 T 和 G。但是对于位点 0，虽然大部分位点的观测结构都是碱基 A，但另外 G 和很少一部分 T 也存在。因此*E. coli* 中一小部分的起始密码子为 TTG（引自于 T. D. Schneider and R. M. Stephens，Secquence logos：a new way to display consensus sequences，*N. A. R.* 18（20）：6097-6100，1990，by permission of Oxford University Press.）。

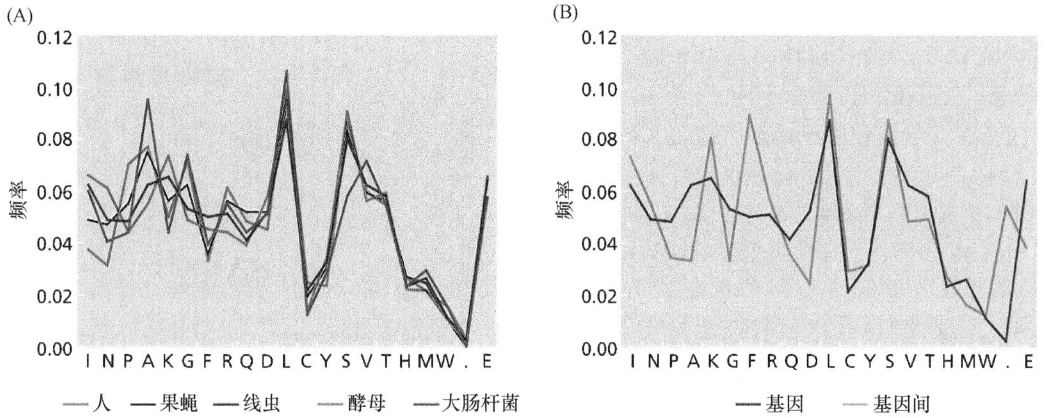

图 10.5 基因中与基因间 DNA 不同氨基酸密码子出现的频率。图中利用单字符来表示氨基酸，终止密码子用点表示。(A) 展示了人类、果蝇、线虫、酵母和大肠杆菌中不同氨基酸密码子出现频率的比较。图中按频率差异大小进行排序，左端差异最大。(B) 展示了线虫基因与基因间氨基酸密码子出现的频率。很明显的一部分氨基酸密码子在编码和非编码区域出现的频率不同（引自 N. Echols et al., Comprehensive analysis of amino acid and nucleotide composition in eukaryotic genomes, comparing genes and pseudogenes, *N.A.R.* 30：2515-2523，2002）。

如图 1.12 中所展示的，原核生物基因有 3 个显著的序列特点：在编码区 5′端有两个启动子特异性序列，在 3′端有一个终止翻译的终止密码子。1.3 节中给出了符合以上特征的序列，而在不同物种中，有可能有所差异，那么就要谨慎利用待分析物种的相关信息。另外值得注意的是原核生物基因常常聚集在操作子（operon）中（图 1.15），其中一个启动子涉及一簇独立的蛋白编码序列。

原核生物基因检测中用到的另一个特性是：即使经历了长时间进化序列间的相似性还是十分显著。尽管哺乳动物和细菌在相当长的时间以前就从共同祖先那里分离，但人们还是常常对其蛋白质序列进行相似性分析（见第 4 章和第 5 章）。因此，基因检测的一种方法就是将序列与其他物种中已知基因的序列相比较。利用蛋白序列作这样的分析更为高效。

10.3 原核生物基因检测的算法

当细菌的第一条序列被发现以后，出现了很多基因检测方法（流程图 10.3）。开始的一些方法比较基础，因为并不知道前面所提到的识别序列或是密码子统计分布。当了解更多信息以后，基因检测算法便利用了这些信息。我们将检验目前最成功的 3 种算法：GeneMark 及其后续 GeneMark. hmm、GLIMMER、ORPHEUS。虽然并不能涵盖目前所有的方法，但它们代表了已发表的主要算法。另外我们还会简要介绍 EcoParse 方法中用到的模型，由于这是个 HMM 模型，其基本算法在 6.2 节中已经作了介绍。

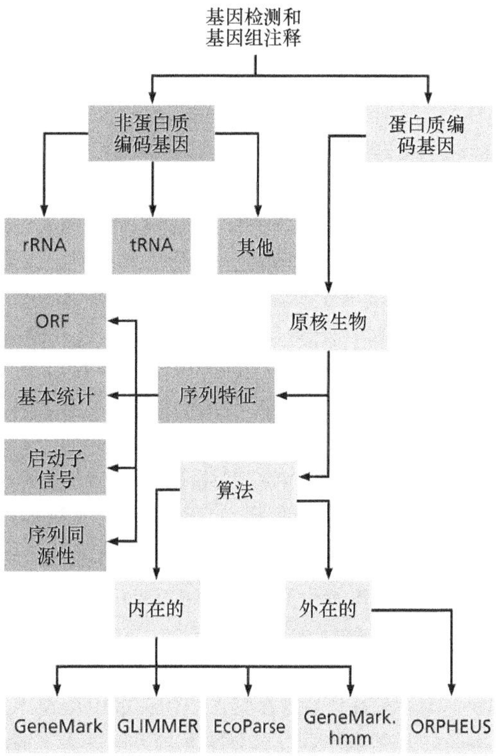

流程图 10.3 在本节中用于检测原核生物基因特征的方法。

GeneMark 利用了非均匀马尔可夫链（inhomogeneous Markov chains）和双密码子（dicodon）统计

GeneMark 利用**马尔可夫链（Markov chain）**模型来描述编码区域和非编码阅读区的统计。该方法利用了双密码子统计来鉴别编码区域。假设对于分析某序列 x，其对应的第 i 个位置的碱基记作 x_i。马尔可夫链利用 5 个一起的次序，即 $P(a \mid x_1x_2x_3x_4x_5)$，来表明序列 x 第六个位点密码子出现的可能，假设 a 是序列 x 中前 5 个碱基 $x_1x_2x_3x_4x_5$ 所给出的概率，那么第一个双密码子的出现的可能是 $x_1x_2x_3x_4x_5a$。这样的定义应用在左右可能的五聚体（pentamer）$b_1b_2b_3b_4b_5$ 中。其数值可通过分析训练数据（training data）获得，训练数据包括了准确已知编码区域的数列组成。当有了足够多的数据可以用于统计时，那么需要用假数（见 6.1 节）了，由以下方程给出：

$$P(a \mid b_1b_2b_3b_4b_5) = \frac{n_{b_1b_2b_3b_4b_5a}}{\sum\limits_{a=A,C,G,T} n_{b_1b_2b_3b_4b_5a}} \quad (10.1)$$

式中，$n_{b_1b_2b_3b_4b_5a}$ 是在训练数据中 $b_1b_2b_3b_4b_5a$ 出现的次数。这是训练数据的最大似然估计。

GeneMark 假设每个阅读框中双密码子统计都有所差异，因此由其自己的模型概率。这些分别标记为 $P_1(a \mid b_1b_2b_3b_4b_5)$、$P_2(a \mid b_1b_2b_3b_4b_5)$ 等，其中第一个编码阅读框记为 1，其他阅读框依顺序标记为 2 和 3，在互补链上对应的阅读框为 4-6。注意到 1～3 阅读框是有密码子位置上五聚体的最后一个碱基确定的，因此 b_5 是 P_i 中密码子的第 i 个位置，阅读框 4～6 中取相同的方法。假设不编码蛋白质的序列区域在这 6 个框中有相似的密码子统计分布，因此它们有一套相似的参数记为 $P_{nc}(a \mid b_1b_2b_3b_4b_5)$。这样所有参数的组合形成 7 个不同模型，用于估计所有不同编码或者不编码序列组合的似然性，如果是编码的话还要考察阅读框的情况。

在翻译好的阅读框 3 中，获得序列 $\boldsymbol{x} = x_1x_2x_3x_4x_5x_6x_7x_8x_9$ 的概率由下面方程给出：

$$\begin{aligned} P(x \mid 3) = {} & P_2(x_1x_2x_3x_4x_5)P_2(x_6 \mid x_1x_2x_3x_4x_5) \\ & P_3(\boldsymbol{x}_7 \mid x_2x_3x_4x_5x_6) \qquad (10.2) \\ & \times P_1(x_8 \mid x_3x_4x_5x_6x_7)P_2(x_9 \mid x_4x_5x_6x_7x_8) \end{aligned}$$

其中，第一个符号是指在第二个阅读框中出现序列 $x_1x_2x_3x_4x_5$ 的概率，最后会导致 x_9，即序列 x 的最后一个碱基，也是阅读框 3 的开始。注意到连续 $P_1(a \mid \ldots)$、$P_2(a \mid \ldots)$ 和 $P_3(a \mid \ldots)$ 的循环组合。这样的模型被称为有周期性的、阶段性的或者非均匀马尔可夫模型（图 10.6）。分编码区模型是均匀马尔可夫模型（homogeneous Markov model）。在互补区域获得序列 $\boldsymbol{x}$ 的概率同样可以由 $P_4(a \mid \ldots)$、$P_5(a \mid \ldots)$ 和 $P_6(a \mid \ldots)$ 的循环所得。

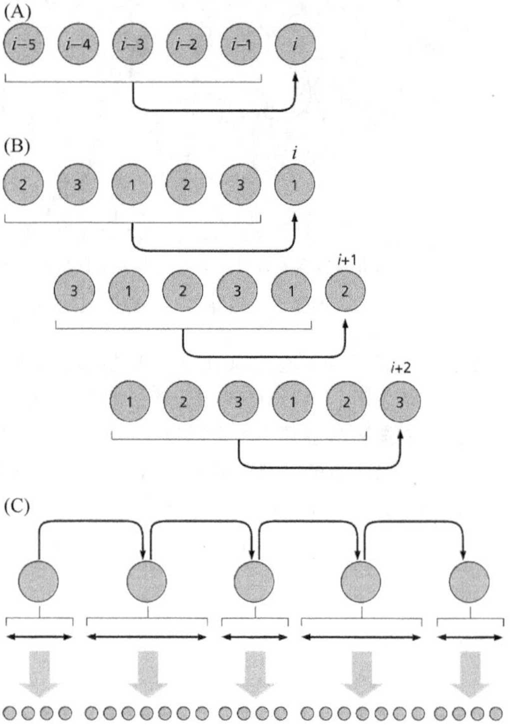

图 10.6 用于产出核酸序列 3 种不同类型马尔可夫模型的结构。（A）展示了同质的五序列马尔可夫模型，其中 5 个状态 $i-5$ 到 $i-1$ 会产生状态 i。每个状态对应一个碱基。（B）展示了 3 个周期性的马尔可夫模型，每个模拟了不同的 DNA 阅读框。每个模型都与（A）中所示相同，除了其中概率是依于碱基在密码子中的位置而决定的。每个状态都有在密码子中碱基出现的位置标记。例如，最上面的模型（形成在密码子第一位的状态 i）含有密码子位置 2 的第一个碱基。（C）展示了隐半马尔可夫模型。最上面一行的圆圈在这里代表序列的特征，如外显子或者基因间区域。这些有特异的碱基长度分布，在这里是指概率分布。长度由中间一行的双箭头表示。在注释了一个序列特征之后，该模型移动到下个序列特征，模型的移动由最上方的肩头所示（引自 C. B. Burge and S. Karlin, Finding the genes in genomic DNA, Curr. Opin. Struct. Biol. 8：346-354，1998）。

我们最终的目的是得到序列 x 在编码阅读框 3 中的可能性，记为 $P(3 \mid x)$，即给定 x 时模型 3 的概率。利用贝叶斯方程（Bayes formula）（见附录 A）我们可以得到：

$$P(3 \mid \boldsymbol{x}) = \frac{P(\boldsymbol{x} \mid 3)P(3)}{P(\boldsymbol{x} \mid nc)P(nc) + \sum_{m=1}^{6} P(\boldsymbol{x} \mid m)P(m)} \tag{10.3}$$

式中，P(3)和P(nc)是 a 在编码框3和非编码模型中分别的先验概率（priori probabilities）；m 是阅读框的索引。等式给出了每个模型的可能性。

在GeneMark中假设，P（nc），也就是分编码区域的先验概率（priori probablity），等于1/2，而P（1）到P（6）等于1/12。以12个步长，将96个核苷酸的滑动窗口（sliding windows）打分。如果 $P(i \mid x)$，当 $i=1-6$ 超过了选定的范围，那么这个窗口被预测为编码阅读窗口 i。注意到GeneMark认为一个阅读框只有一个基因，因此不允许基因重叠。这存在潜在的问题，然而细菌基因组包含很多基因的小重叠。最终预测基因的边界为阅读框中的起始密码子和终止密码子。GeneMark不能准确预测起始密码子，而是报告一些包含5′端的窗口，其中可能包含多个ATG密码子。

大肠杆菌基因可以根据其密码子用途不同分为3个大类。大部分基因被分为第一类。第二类的表达量非常高，第三类基因策划成分上有所差异，可能是由于来自基因水平转移所造成的（见7.2节）。利用第一类基因中得到的参数预测第三类基因时却并不准确。而利用第三类基因得到的参数虽然能提高预测水平，但对其他基因预测的情况却不好。因此利用恰当的数据集评估所需参数是很重要的，同样存在问题的是即使对于同一个物种，利用一个模型来描述所有基因也并不准确。

GLIMMER利用了编码概率的差值马尔可夫模型

GLIMMER程序也利用马尔可夫模型预测基因，但其模型与GeneMark有所差异，称为差值马尔可夫模型（interpolated Markov model）。在双密码子中利用的五阶马尔可夫模型需要包含很多训练序列的数据库。因为每个双密码子需要出现足够多的次数才能得到恰当的参数。GeneMark中每个fifth-order的马尔可夫模型会产生4096种可能的双密码子组合，其中包括出现重复物聚体的概率。实际上，有的六聚体出现的概率并不高，而许多寡聚体（oligomer）可能更常见，甚至在出现的概率可能使其在更高阶模型中应用。GLIMMER程序尝试通过根据模型在训练集中的强弱来创建马尔可夫模型。

为了使方法更为自动化和客观，GLIMMER从所需注释序列中自己选择训练数据。其选择不与其他较长ORF重叠的长ORF。例如，在最初报道分析 *Haemophilus influenzae* 基因组时，选择500bp长的ORF。其目的在于这样的选择很有可能选中了真基因。如果序列GC含量较高（GC富集），那么可能需要更长的ORF。人为干涉训练集中的ORF也是可以的，如可以添加那些可以信的过的基因。

利用训练集，GLMMER产生了从零阶到八阶的马尔可夫模型。在每个阶段，对于每段亚序列（如五阶中的五聚体），都进行打分。如果在训练数据中有至少400个数据，那么参数选择就如式(10.1)。如果只有少量数据，那么结果值将根据其与低阶模型的比较值进行加权。假设在计算 i 阶模型的参数时，序列 $x_{j-i}x_{j-i+1}\cdots x_{j-1}$ 并没有出现足够多的次数。那么将所得到的下一个碱基对 x_j 的可能性与利用 $i-1$ 阶模型利用序列 $x_{j-i+1}x_{j-i+2}\cdots x_{j-1}$ 所得的可能性进行卡方检验比较。该检验依据了观察到的数量，如果检验表明与低阶模型中的概率一致，那么 i 阶模型的德权重设为0。如果卡方检验认为两模型间存在显著差异，那么 i 阶中参数的权重将由卡方检验的可信度和观察到的数量来确定。

因此得出的差值马尔可夫模型可能涉及所有模型阶（order）的加权和。然而，当如果观察到了某个高阶序列达到400次以上，那么加权便会忽略其他所有较低阶的情况。由于所观察到的真实数据，选择的时候更容易选取该高阶模型。对于长度大于某一最小值的所有ORF，整个序列的打分并不根据一个固定窗口得到，取而代之，就像在GeneMark中那样，打分时所有6个阅读框都被考虑了。如果正确阅读框的模型（换言之，阅读况包括起始密码子和终止密码子）得分高于一个设定的值，那么假设其能通过关于基因重叠的最终监测，则认为该ORF是一个基因。

在GLIMMER中，可以给出下一碱基出现概率的亚序列被称为背景字符串（context string），它们说明该碱基是存在的。至今为止所提及的马尔可夫模型都利用紧邻下一碱基之前的亚序列作为背景字符串，但这并不是必需的。最后一个版本的GLIMMER利用了如作者所说的差值背景模型。在这种情况下，背景字符串（从0～8bp长的）并不一定先于后面的碱基。该模型利用与分布相关所需碱基（the following base）前的8个碱基。

如果两个ORF得分较高，但却有所重叠，那么需要看一个ORF是否可以由另一个ORF的重叠区域所导致，以及其长度。因为选择起始位置上游的一个密码子可能会导致重叠，其标定预测的基因要长于真实的基因，GLIMMER尝试找到使得重叠ORF区域较少的起始端。如果没有找到更合适的起始端，较短的那个 ORF，认为其可能是非编码的区域。GLIMMER 仔细检验两个预测基因的重叠，选择一套可以达到特定允许最大范围的 ORF 组合。

对于细菌基因组，GLIMMER 是非常有效的自动基因预测方法。它一般可以准确预测 95%甚至更高的基因，且假阳性和假阴性相对很少，尽管其没有利用更多的信息，如核糖体结合位点或者已知基因的相似性。很多错误是由于该程序有意忽略过短基因所导致的（双密码子对短 ORF 统计并不能提供很好的置信度）。GLIMMER 的成功说明基于碱基的统计结果提供很强的信号。

ORPHEUS 利用了同源性、密码子统计和核糖体结合位点

ORPHEUS 尝试利用到目前为止所介绍的方法还忽视的信息。最关键的差异之一是 ORPHEUS 利用数据库来帮助寻找已确定的推断基因（putative gene），因此是个外在方法。利用一系列初始基因来定义对于某物种的密码子统计结果，因此利用的是密码子，而不是双密码子。利用这些基因为基础，由唯一起始密码子构成的 ORF 定义了核糖体结合位点（RBS）的打分矩阵，这个矩阵用来确定 ORF 起始位置的 5′端。

ORPHEUS 首先做的是利用已知蛋白质的序列相似性确定一组初始的高置信度基因。理想情况下，需要确定该数据库仅包括那些非常可靠的蛋白质。通过以往基因注释工程所得的许多假设蛋白也在数据库中，迟早会发现其中有些是错误的。把关联分析的区域扩大到最近的起始和终止密码子，这样的 ORF 可以用来确定密码子的统计结果。

对在 ORF 中每个密码子 $x_i x_{i+1} x_{i+2}$ 所出现的频率 $f(x_i x_{i+1} x_{i+2})$ 都进行了统计，同时对全基因组中碱基（频率记为 q_A、q_C、q_G 和 q_T）的组成也进行了统计。密码子的频率被转换为 $\log[f(x_i x_{i+1} x_{i+2})]$。$\log[f(x_i x_{i+1} x_{i+2})]$的均值是依据基因组组成的，由下面等式给出：

$$\mu = \sum_{\text{codon}} q_{x_i} q_{x_{i+1}} q_{x_{i+2}} \log[f(x_i x_{i+1} x_{i+2})] \quad (10.4)$$

式中，加和是指对所有在这个高置信度 ORF 中的密码子。$\log[f(x_i x_{i+1} x_{i+2})]$的方差由以下方程定义：

$$\sigma^2 = \sum_{\text{codom}} q_{x_i} q_{x_{i+1}} q_{x_{i+2}} \{\log[f(x_i x_{i+1} x_{i+2})] - \mu\}^2 \quad (10.5)$$

式中，加和与前面相同。

有了这些数量关系，可以定义计算关系，并基于通过序列相似度定义好的 ORF 来检测那些没有覆盖到的 ORF 区域。序列段 $x_m \cdots x_{m+3n-1}$ 的标准编码潜能，从 x_m 开始的第 n 个密码子，定义为

$$R(x_m \cdots x_{m+3n-1}) = \frac{Q(x_m \cdots x_{m+3n-1}) - \mu n}{\sigma \sqrt{n}} \quad (10.6)$$

式中，$Q(x_m \cdots x_{m+3n-1})$为编码潜能（coding potential），定义为 n 个 $\log[f(x_i x_{i+1} x_{i+2})]$ 的和，其中每个都是序列中的一个密码子。如果 $\log[f(x_i x_{i+1} x_{i+2})]$的值遵循高斯分布（Gaussian distribution），这个方程表明区域的密码子频率较均值的标准偏差。该方程同时考虑到序列长度，允许其对不同序列长度的检测进行比较。

R 的值由 ORF 阅读框所取定，同样也可以决定其他阅读框的值，$R(x_{m-1} \cdots x_{m+3n-2})$和 $R(x_{m+1} \cdots x_{m+3n})$。如果 $R(x_m \cdots x_{m+3n-1})$的值超过另外两个阅读框的值，那么就称为编码质量（coding quality）$\Omega(x_m \cdots x_{m+3n-1})$。如果 $\Omega(x_m \cdots x_{m+3n-1})$超过了所给定的阈值（而且序列长度超过最小的值，较为典型的是 100 个密码子），那么该序列则定义为一个备选 ORF。则有更高编码潜能 Q 的那个 ORF 被选取做深入分析。

在该步骤中，尝试将 ORF 向 5′端方向扩展。ATG、GTG 和 TTG 都被认为是可能的起始密码子（图 10.4）。它们不与其他 ORF 重叠超过 6 个碱基也是扩展的前提。因为加入更多部分，那么 ORF 从 x_{start} 开始到随后的 99 个碱基，其编码质量 $\Omega(x_{\text{start}} \cdots x_{\text{start}+98})$ 可能会超过第二个阈值。

某些候选 ORF 可能只有一个起始密码子，而且有小于 30 个碱基的上游 ORF。这样的 ORF 有比较可靠的 5′端，现在用来定义 RBS 权重矩阵。这会涉及起始密码子上游 20 个碱基的联配。Shine-Dalgarno 序列（见 1.3 节）并不一定在所有与起始密码子相同距离的情况下发生，定义得分的方法包括定位每个序列的信号和在每个位点碱基的表现。并采用迭代方法来找出每个序列中的形式以及获得权重矩阵。

当制订好 RBS 打分策略（RBS scoring scheme）之后，那么则进一步确定那些 5′端有多个可能的 ORF 起始位点。如果 RBS 得分没有超过阈值，那么就考虑另外一个可能的起始密码子。利用这样的方法，可以确定没有同源序列的 ORF，并包括可能的转录起始信号。

人们经常发现在早期研究中，短 ORF 可能比有重叠的长 ORF 有更高的编码潜能，并拒绝了后者。为了解决这个问题，最初的检测不考虑短于 2000 碱基的 ORF。当确定了较长的 ORF，会进行再一次检测，逐渐降低 ORF 的最低取长。在每步中，已经有 ORF 占据的区域就不再赋予新的 ORF。这样就避免了 ORF 之间的高度重叠。

GeneMark. hmm 利用精确状态持续隐马尔可夫模型

最初的 GeneMark 方法利用核苷酸统计的结果定位可能的 ORF，但只能在序列窗口操作，不能进一步分析基因边界。在构建改良的方法 GeneMark. hmm 中，马尔可夫模型转变为关于基因结构的隐马尔可夫模型（hidden Markov model）。

在该工作中的 HMM 与 6.2 节中提到的不同，称为**半马尔可夫模型（semi-Markov model）**、**持续 HMM（HMM with duration）**或者**精确状态持续 HMM（explicit state duration HMM）**。正如第 6 章中所提到的，这类 HMM 提供了输出序列长度的典型分布，该分布与模型中状态的多少以及各状态间转移概率相关。图 6.10 中有相关例子。在 GeneMark. hmm 中，模型中的一种状态可以产生很多不同基因。这些基因长度有差异，其分布也不一定由图 6.10 中给出的分布所解释。在 profile HMM 中，大多（所有）基因在长度上有相同的轮廓长度（profile length）。例如，球蛋白结构域在长度上并没有很多差异。可以将这种长度分布加入 HMM 中，而不对 6.2 节的算法做太多改动。

具体的内容在这里不做介绍，但基本的原理是详述长度分布从而可以用来做取样分析。在进入每个 HMM 状态时，首先要做的是利用其长度分布确定这次特定访问的期限（the duration for that particular visit），如特定基因的长度。模型继续利用状态发射概率（state emission probability）来在转换到模型下一个状态前发射以上数量的碱基（图 10.6C）。在 GeneMark. hmm 中，发射概率（emission probability）从非均匀马尔可夫模型中得到，前面已经做了介绍。状态持续（state duration）是从关于大肠杆菌的研究中得到的编码区域和非编码区域长度分布，并拟合为简单的理论分布，使其易于整合入模型中去（图 10.7）。

隐马尔可夫模型的结构在图 10.8 中给出。两条链由其自己的状态给出，对典型的基因与非典型基因做了区分。这些对应了大肠杆菌中前面所提到的基因的不同类型，非典型基因是指那些有不同密码子统计结果的基因，可能是因为它们来自于近期的基因水平转移。该模型包括了从起始密码子到终止密码子准确状态。并有一个避免两条链中重叠基因的结构，实际上，非编码状态至少持续一个碱基。序列扩散（emission）路径利用 Viterbi 方法给出，对 6.2 节中的方法有所修正，说明了一个准确持续的状态。

因为在细菌基因组中小规模基因重叠十分常见，便添加了一个基于 RBS 信息确定 5′端的步骤。在 GeneMark. hmm 中，RBS 定义为 5 个核苷酸的概率矩阵，该矩阵是基于 325 个在 GenBank 中注释好的大肠杆菌基因。这个矩阵有一段保守序列 AGGAG，我们用其来寻找 HMM 预测所得到的基因的上游可选起始密码子位点。这些起始密码子有对于 5′端高得分的 RBS，它们可能会引起部分基因小重叠。

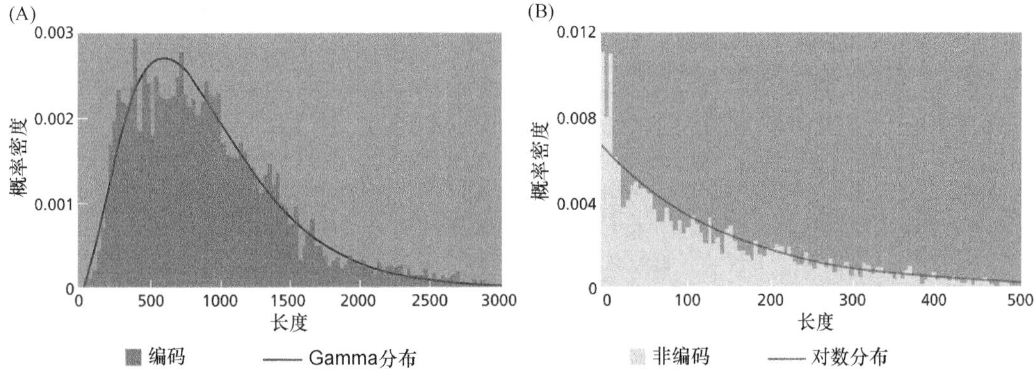

图 10.7　*E. coli* 序列蛋白质编码（A）和非编码（B）部分的长度概率密度分布。利用直方图展示了实际的数值。利用一个简单的代数分布可以对其拟合（对于蛋白质编码区域而言是 Gamma 分布，非编码区域为指数分布），说明实验观测到的复杂长度分布可以通过简单方式展示。长度是由碱基个数给出的（引自 A. V. Lukashin and M. Borodovsky，GeneMark. hmm：new solution for gene finding，*N. A. R.* 26：1107-1115，1998）。

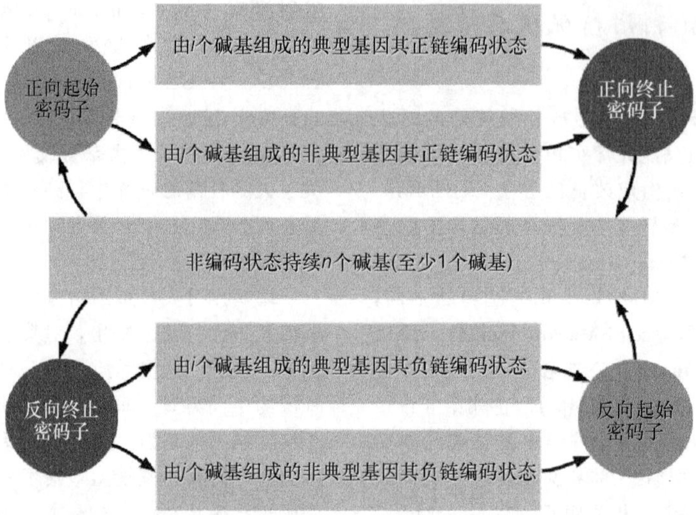

图 10.8 GeneMark. hmm 中所用 HMM 的常见结构，图中展示了独立的状态。5 个主要状态（方框）中每个都有特异的长度分布，其特异的代数分布由图 10.7 中展示的数据给出。这里给出了平均的持续时间，表示正负链的状态有其特有的分布。注意到对于负链其状态的顺序与正链相反。这个模型不仅能预测基因，也可以指出该基因是否典型。

该方法在确定基因 5′端时也遇到了问题，而且也很难正确判断有大规模重叠的基因。当利用大肠杆菌之外的 10 个细菌基因组做测试时，可以正确预测 75%的基因，而且至少可以准确预测大约 95%基因的 3′端。(这些比例是由公共数据库中基因注释得到的；是除了实验数据以外最好的注释)。另外，还预测了大约 10%的新基因。这些新基因的状态并不好确定，尽管它们其中某些与其他数据库中的序列有相似性，也可能最终被确定为假阳性。

EcoParse 是一个 HMM 基因模型

上面所描述的方法是最为准确的，但是并没有涵盖所有的方法。为了更为全面，这里再多介绍一种方法，该方法利用隐马尔可夫模型来检验核苷酸序列中的基因。与以往介绍的方法有所差异的是，它允许序列中的潜在错误。因为其他方法使用较为广泛，特别是在确定参数时较为容易，该方法在目前并没有得到广泛应用，但在理论上它与其他方法有竞争最佳方法的能力。这里介绍的模型是利用大肠杆菌序列做的，但也可以利用其他物种的序列确定参数。其利用序列潜在错误的可能不能很好与现在许多基因组工程中的准确标准关联。然而，在将来，把某些组分用于细菌群体的混合研究时，该方法可能更有用（见专栏 10.2）。

专栏 10.2 迅速测定多个基因组

至今为止几乎所有基因组项目包括对特定物种特定 DNA 链基因组的仔细测序，并花费大量精力避免其他 DNA 的污染。这一点十分重要，因为测序时需要将序列打断为许多小片段，因为目前的测序技术只能应付特定长度的核酸。在真正测序步骤之前，许多项目会仔细鉴别这些小片段精确位于基因组的哪些位置。这需要大量额外的工作将基因组划分。其理由是从小片段难以直接将整个基因组正确拼接。而其他物种基因组所带来的污染会加重问题。

鸟枪法测序成功地表明，实际上，并不需要花费那么大的精力。鸟枪法测序的主要概念为，上述忧虑并没有经过证实，利用适当算法可以将短序列拼接为整个基因组，而并不需要这些短序列的位置。该方法是 Celera 的人类基因组工程中采取的方法。

后续的研究表明（至少对于较小的细菌基因组），鸟枪法测序拼接的结果更为稳定，甚至可以应付混合的不同基因组。J. Craig Venter 和他的同事们研究了马尾藻海（Sargasso Sea）表层海水中微生物群落，这是该方法强有力的证实。在以上研究中样品内包含了大约 1800 个不同基因组，且其含量也不尽相同。虽然对部分基因组可以以高准确性和三倍甚至更高覆盖率来测序（如重复测序），这并不适用于大多数序列。在这种情况下，那些没有很好覆盖到的序列中重复度较高的基因被预测为在细菌中有较多同源序列。然而，像 EcoParse 允许较低水平测序错误（在密码子模型中允许插入和缺失）的方法在上述情况下会比较有利。

HMM 模型与 6.2 节中讨论的序列联配模型很相似，有联配、插入和缺失状态。61 个非终止密码子都有其自己的模型，图 10.9A 展示了基本模型。转移箭头的粗细表明转移概率的差异，而插入和缺失是十分罕见的，但并不是绝对不存在的。在理论上，这使得模型允许序列的错误，到目前为止所介绍的其他方法并没有考虑这一点。扩散概率（emission probablity）十分简单，在每个联配状态中仅有一个碱基有非零概率（即概率为 1）。所有 61 个氨基酸编码密码子模型起始和结束在同一个中心沉默状态（central silent state）（图 10.9B），从这种状态下转移的概率与大肠杆菌中密码子的使用相关。中心状态从非编码区域的基因间状态通过起始密码子模型转换而成，而最终到达终止密码子模型。起始密码子和终止密码子模型不允许插入和缺失，并依据大肠杆菌中观察到的出现率给出其扩散概率。例如，起始密码子模型产生了 A、G 和 T 在第一个碱基中的比例，见图 10.4。我们还检测了很多不同的基因间模型。以允许基因间序列长度的差异，在这部分模型中有显著的插入状态概率。在理论上，还描述了 TATA box 和其他序列信号，尽管可能还有很多模糊的信号没有被发现。模型的参数则利用大肠杆菌序列拟合。

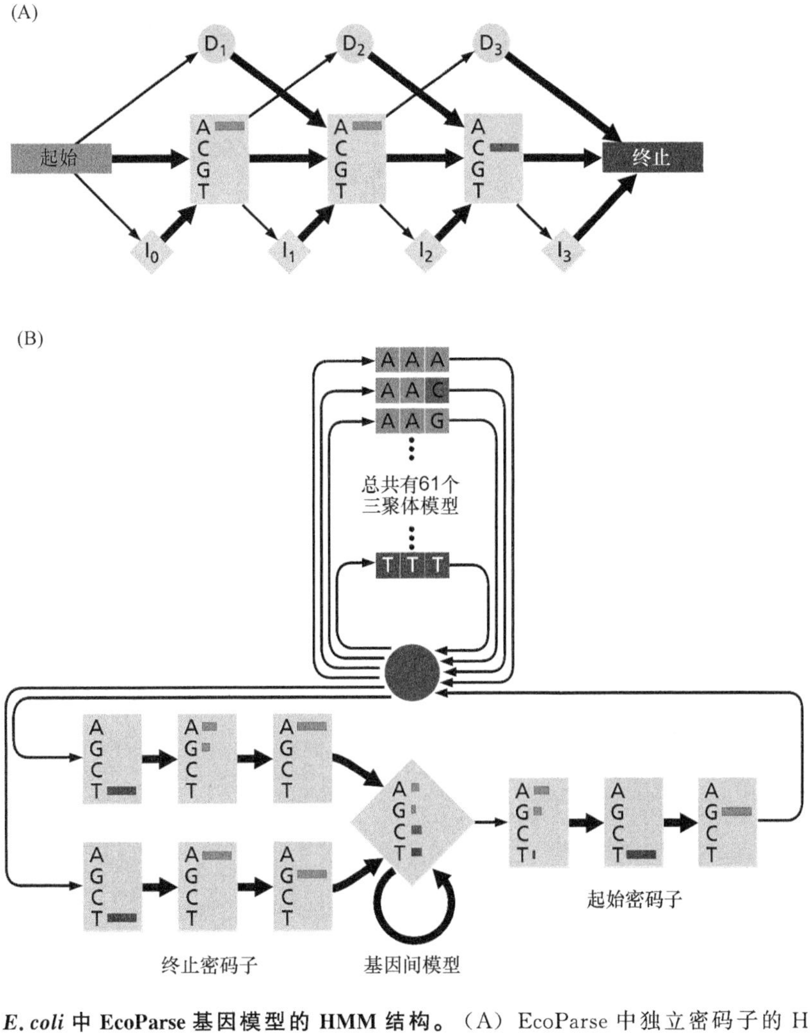

图 10.9 *E. coli* 中 EcoParse 基因模型的 HMM 结构。（A）EcoParse 中独立密码子的 HMM 结构（在这个例子中为“AAC”）。图中箭头表明了状态转移，其粗细程度表明概率。注意到较图 6.7 中的 HMM 模型而言，其状态转移较少。其中展示了 4 个碱基出现的概率。每个状态只有一个出现概率非零，在其后用条框表示。（B）EcoParse 中完整的 HMM 模型，其中包括了密码子模型和简略展示的基因间模型。基因间模型与密码子模型有相同的基本结构。注意起始密码子第一个状态的碱基概率是由图 10.4 中展示的数据得到的。

10.4 真核生物基因检测中用到的特征

我们换一个思路来介绍真核生物基因检测的方法，不再孤立地介绍每个程序，而是关注于真核生物基因的典型用于预测的特征（流程图 10.4），并在每个小标题下介绍多种不同方法。这是因为在原核生物基因预测方面，少部分基因检测程序占据了整个领域，并且有很多相似特征；而在真核生物基因预测方面，更为多样性。该多样性可能是由于缺乏能够准确和完整预测基因的软件（见第 9 章）。我们首先将讨论检测基因组分的方法，之后再论述将这些方法结合预测完整基因的办法。最后我们介绍利用数据库中序列相似性辅助基因检测和注释的方法。重点在于展示不同方法所涉及的内容，而不是详述这种方法。

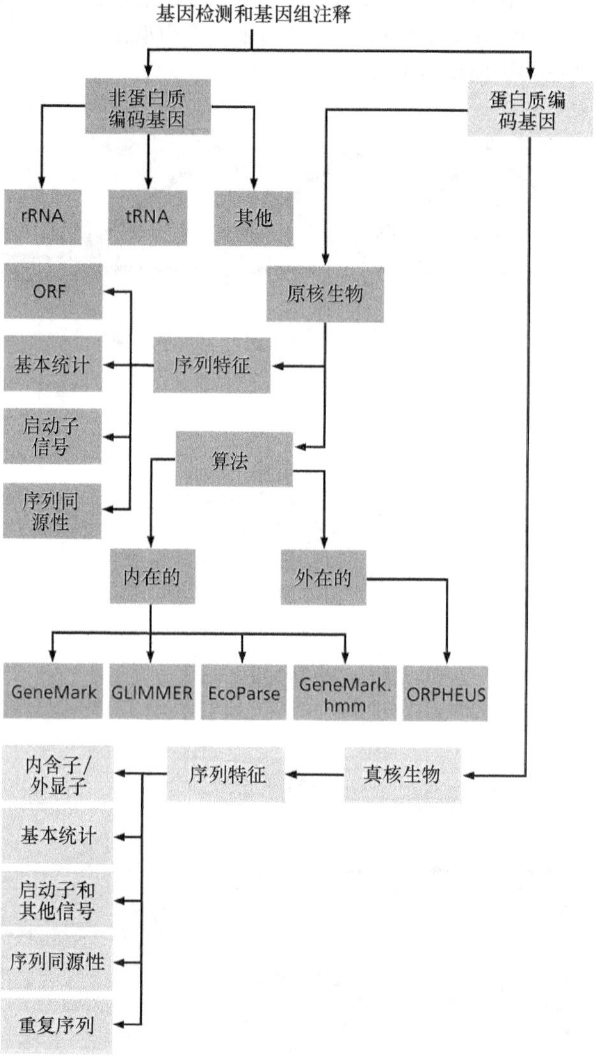

流程图 10.4 本节中所介绍的关键概念为真核生物基因有确定的特征和信号，可以用于在未经注释的序列中鉴别基因。

真核生物基因与原核生物基因的差异

很多可以用于检测原核生物中基因的原则也可以在真核生物中应用。例如，真核生物基因组编码区也有不同于非编码区的碱基统计（base statistics）结果，这点就与原核生物相同。另外，尽管信号不同，但也有等价的转录翻译的起始和终止信号。检测 tRNA 分子与细菌中的检测一样比较简单。然而，就像前面所讲到的，真核生物有较大的基因组，需要基因检测系统有更低的假阳性率。

基因结构的一个关键差异使得真核基因检测更为困难：在大量基因中都有内含子成分。从而真核生物蛋白质编码区域（外显子）长度平均来说小于原核生物，碱基统计的结果较为不理想，使得基因检测更为困难。而且，相对于原核生物，其 ORF 会以终止密码子结束，真核生物并没有这个特点，而有可能是一个外显子-内含子剪切位点（splice site）。这些剪切位点并没有很强的信号，使其检测有所困难。

另外一个问题也会带来麻烦，那就是真核生物基因组中大部分区域的基因密度显著低于原核生物。在大肠杆菌中，平均每 1100 个碱基中就会有一个基因单独坐落在一个 ORF 中。而在脊椎动物中，30kb 中平均只有 6 个外显子，基因间的序列可以非常多。然而，这仅仅是一个过渡的简化，因为真核生物基因组中往往含有 GC 含量不一样的区域，称为等值区（isochore）。等值区与基因密度的高低相关。在细菌中就已发现 GC 含量较高的区域会有较高基因密度，而 GC 含量最低的区域在每百万碱基（megabase）中较正常区域少 1/10 的基因。利用这个知识，我们可以知道在哪里寻找基因，而且大约可以找到多少基因。另外，有些程序对不同 GC 水平有不同的参数选择。

高等生物基因组中有大范围不含基因的区域，被称为垃圾 DNA（junk DNA）。许多这些垃圾 DNA 中含有重复序列，因此检测真核生物基因时，第一步往往是利用 RepeatMasker 程序检测这些重复序列。同时可以初步检测 RNA 基因，因为功能区域很少重叠，从而将这些相当多区域从蛋白质编码区域中排除。

内含子、外显子和剪切位点

图 10.10 中给出了内含子和其他不同类别外显子的长度分布。与图 10.7 中大肠杆菌的数据比较，外显子平均长度短于原核生物基因。其结果导致真核生物的编码区域更难识别。而且，相对于原核生物中起始和终止密码子标定了编码区域的范围，大

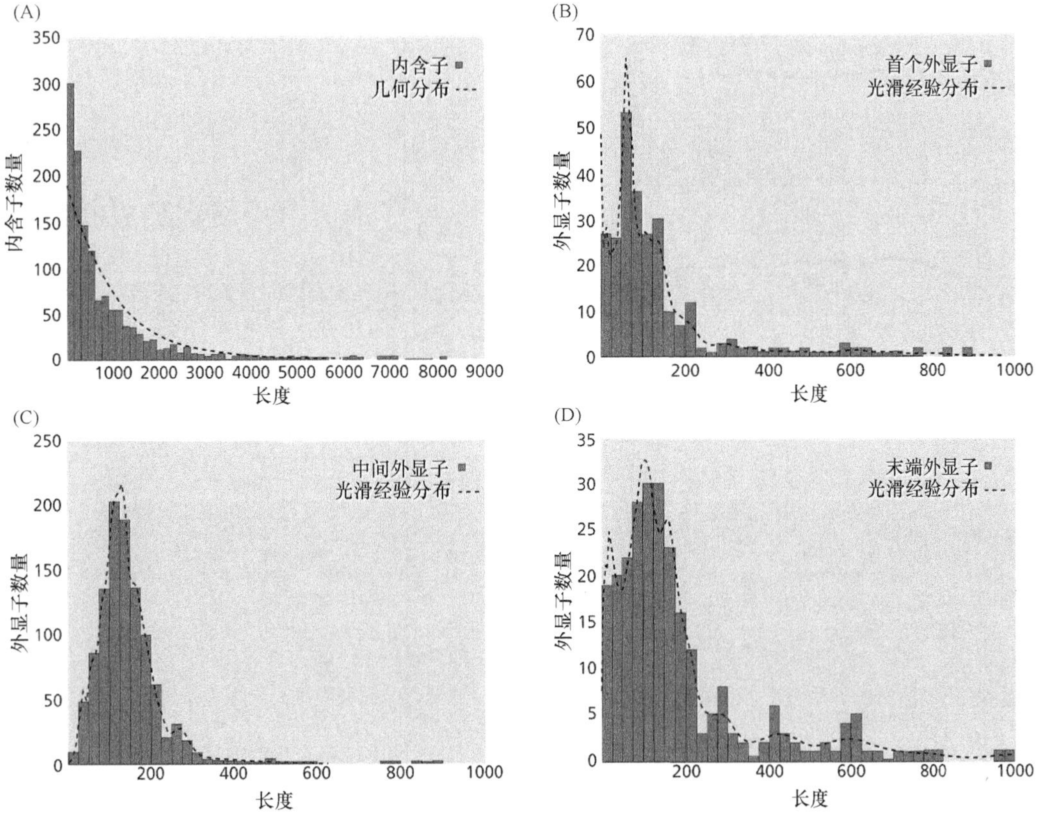

图 10.10 人类基因组中内含子和外显子的长度分布。 利用碱基个数标记了（A）内含子、（B）首个外显子、（C）中间外显子和（D）末端外显子的长度。内含子长度分布符合指数分布，外显子数据则利用光滑经验分布拟合。注意这些数据是在揭示人类完整基因组之前得出的，可能对于完整基因组，其分布于这里所示有所差异。特别是对于首个和末端外显子，因为这里的数据不足（引自 C. Burge and S. Karlin, Prediction of complete gene structures in human genomic DNA, *J. Mol. Biol.* 268：78-94，1997）。

部分外显子是由剪切位点标定的。实际上，外显子并不与原核生物中ORF的概念相等价，因为外显子同时可能包括5′端或3′端不翻译区域（UTR），而且第一个外显子不包括任何编码序列的情况也并不是不常见的。使得结果更糟糕的是，内含子-外显子交界处剪切信号之间的差异是很大的（图10.11），不容易准确定位。因为真核生物基因结构较原核生物更为复杂，真核生物基因检测模型也要更复杂。除了要检测单独的元件，它们必须允许在每个基因中外显子的数量有所不同。

为了避免潜在的混淆，值得注意的是许多基因检测领域的人将编码区域统称为外显子（exon）。而严格来说，这样叫并不对，因为第一个和最后一个外显子都包括一些不翻译的区域。此外，第一个和最后一个外显子可以不包含任何编码区域。其原因在于，实际上真核生物与原核生物的RNA翻译机制有所不同。如图10.4所示，原核生物RBS与起始密码子十分接近。而与之不同的是，真核生物基因可能与转录和翻译起始位点有相当距离而且并没有可以识别的核糖体结合序列。使问题更为复杂的是，已经证实转录开始位点并不一定以mRNA的ATG密码子作为开始。

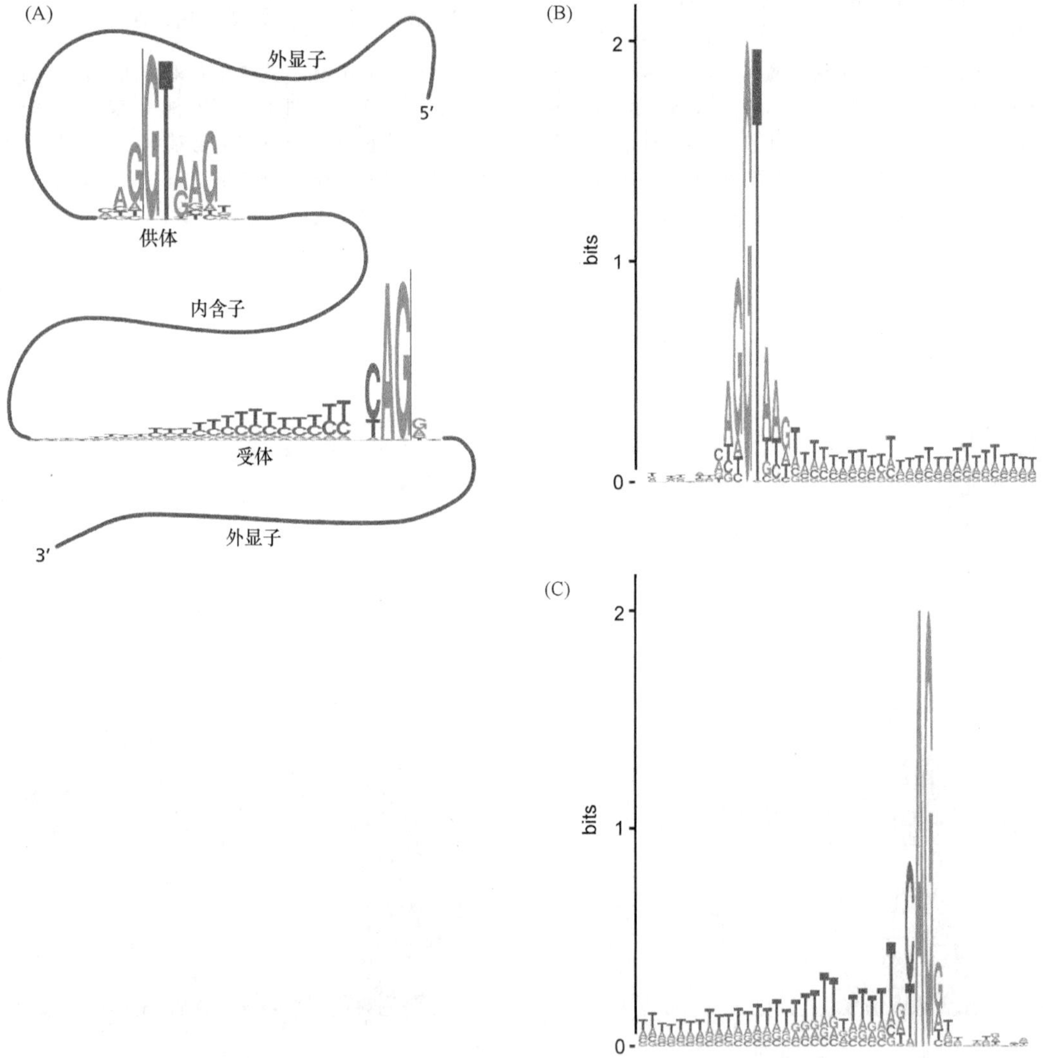

图10.11　由序列logo给出的内含子剪切位点序列保守程度。（A）人类供体和受体位点的logo。注意到受体位点上游倾向于C和T剪辑，在其相对位置为双核苷酸信号，AG。在AG上游的两碱基位置没有碱基偏好。拟南芥中供体（B）和受体（C）位点对应的序列logo，在剪切位点的内含子一边表现出更高序列保守度。注意这些特征是由对完整序列的分析得到的（A，courtesy of T. D. Schneider. B&C，from S. M. Hebsgaard et al.，Splice site prediction in Arabidopsis thaliana pre-mRNA by combining local and global sequence information，*N. A. R.* 24 (17)：3439-3452，1996，by permission of Oxford University Press.）。

当从真核生物基因组中由预测基因转为预测蛋白质时会有困难产生，而在原核生物中却很容易解决。对特定基因而言，其 RNA 内含子的剪切并不完全相同［称为可变剪切（alternative splicing）的现象］外显子有时候也会从 mRNA 中切除而并不翻译。可变剪切使得一个基因会产生两个或者多个蛋白质，称为**剪切变异体（splice variants）**。一个著名的例子是，在 B 型淋巴细胞中产生膜结合免疫球蛋白的基因在 B 型淋巴细胞分化为浆细胞后转而产生同一个免疫球蛋白的分泌形态（抗体）。因此真核生物的剪切位点通过仅内含子-外显子基本结构所解释并不容易，还需要基因所产生的蛋白质的详细知识。现在，唯一可以知道剪切变异体的方法是将整个序列与 EST 数据库所比较（见专栏 9.1），依靠实验数据，而不是预测。

这些因素使得利用同源染色体和数据库在鉴定真核生物基因中得到足够重视。蛋白质序列相似性、cDNA 和 EST 数据库除了经常被用于定位和确定基因以外，EST 数据库对于确定内含子位置和剪切变异体十分有用。

转录因子的启动子序列和结合位点

另外一个真核生物基因结构和原核生物的差异在于真核生物中基因上游区域序列信号同时在组成和位置上都有较多变化。真核生物基因表达控制更为复杂，而且可以由许多基因区域的 DNA 结合分子所影响。这会导致在转录起始位点附近更大区域范围内有更多潜在的启动子结合信号。

一个值得注意的特征是，基因表达是受严格控制的，已经知道有的基因由于高表达会有害（如生长因子的基因）所以表达水平很低。TATA 盒是许多真核生物蛋白质编码基因的特征启动子（图 1.13），上述低表达基因有时缺少 TATA 盒。因此，如果缺失特定起始启动子信号，如 TATA 盒，这并不代表这里没有基因或者基因并不表达。这会使得在检测和解释时有更多问题出现。

到目前为止，就像后面将要讨论的，这些特征在真核生物基因检测中并不十分有效，尽管并不清楚这是由于信号较弱或是目前缺少真实信号的知识所导致的。虽然前面讲述了许多真核生物和原核生物基因的差异，然而对于真核生物基因检测有用的信号检测方法对于原核生物也是很好用的。

10.5　预测真核生物基因信号

正如上面所讲述的，真核生物基因组中有很多不同的序列信号可以用于基因预测（流程图 10.5）。这些信号较原核生物的更容易变化，它们经常缺失（或者是没有被检测到），启动子和其他调控系统结合区域可以与转录位点距离较远。因此，在真核生物中检测这些信号一般来说更为困难。尽管这些信号在真核生物和原核生物中都有，但它们的序列有不同的倾向性，且定位时要利用不同方法。在本节中将讲述一些方法，从而展示很多途径可以利用。

检测核心启动子结合信号是很多真核生物基因预测方法的关键元素

真核生物基因中缺失核糖体结合位点意味着我们应该检测转录起始位点（TSS），从而确定 mRNA 的 5′端。这需要关于核心启动子位点，结合一般转录起始位点因子和 RNA 聚合酶的相关知识，寻找这些位点的方法将在此进行讨论。另外，仍然在真核生物基因的启动子区域中还有其他大量保守位点，这些保守位点与特定的基因调控蛋白相结合，并在很多基因中都已发现。这些位点一般是通过相近的方法所找到的。

真核生物中，基因转录起始的调控十分复杂，有不同的序列信号出现。如 1.3 节所述，在真核生物中转录涉及 3 类 RNA 聚合酶。大部分蛋白质编码基因是由 RNA 聚合酶Ⅱ所转录的，它们有相似的核心启动子序列，其中包括 TATA 盒。TATA 盒与常用转录因子 TFⅡD 结合，并在其上组装包括 RNA 聚合酶Ⅱ在内的转录复合物。然而，大约有 30％的蛋白质编码基因不含有 TATA 盒。另外，TATA 盒相对于 TSS 的位置也是多变的。这样的规律，同样适用于其他核心启动子序列，因此现在利用同一个真核生物核心转录子信号进行模型预测，其结果并不能涵盖绝大多数已知基因。由于这个原因，许多基因检测程序没有将启动子预测整合在内，而且这些上游序列信号常常是被分开研究的（见 9.5 节）。

构造启动子信号模型的第一步是收集实验证实的可以结合转录起始复合物的启动子序列，以及检测这些序列的相似程度。在第 6 章中，介绍了序列模式（sequence pattern）的检测方法，下面将介绍的与之很相似，很多是位点特异打分矩阵（position-specific scoring matrice，PSSM）和 logos 的变型（见 6.1 节和 6.3 节）。这里将介绍两类关键的方法：一类目的在于确定启动子信号的准确位置；另一类只是确定包括 TSS 在内的一片区域。

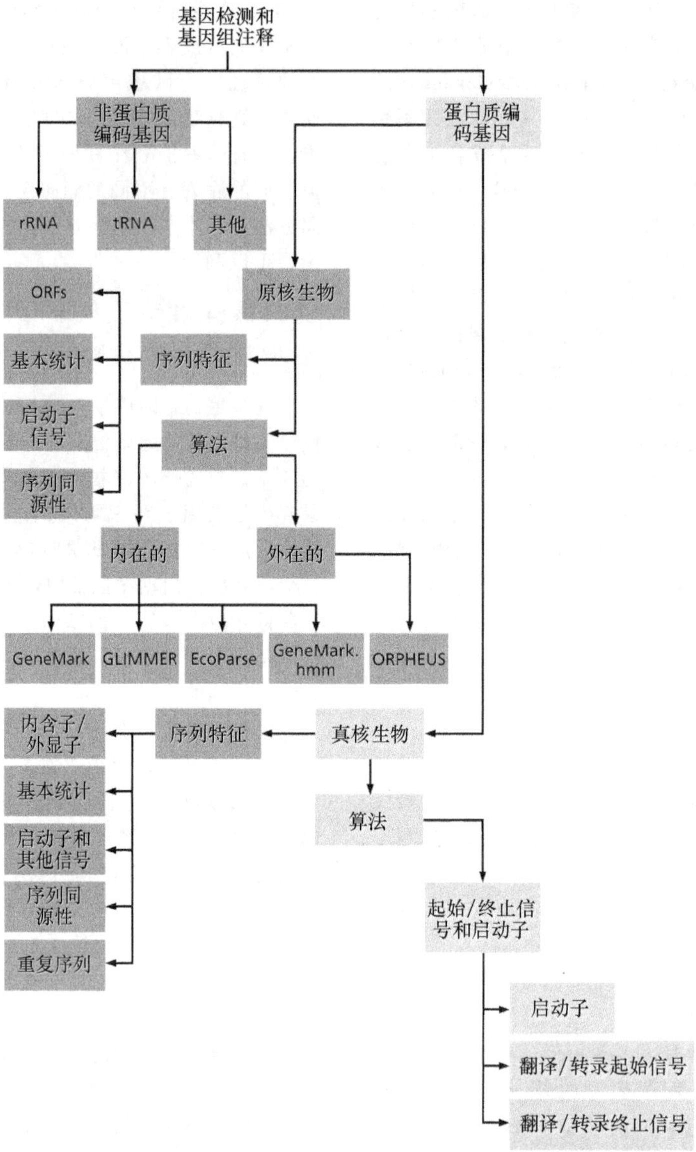

流程图 10.5　本节中用于检测真核生物基因中调控转录和翻译的信号。

为了定位核心启动子序列信号而设计的一类模型

1990 年，Philippe Bucher 推导出了确定 4 个相互分离的 RNA 聚合酶Ⅱ启动子原件的加权矩阵，这 4 个原件分别为：TATA 盒、cap 信号或启动子 (Inr)、CCAAT 盒和 GC 盒。利用超过 500 条联配好的真核生物序列，在位点 u 出现不同碱基 a 的权重由下面方程得出：

$$w_u(a) = \ln\left(\frac{n_u(a)}{e_u(a)} + \frac{c}{100}\right) + c_u \qquad (10.7)$$

式中，$n_u(a)$为在联配序列中，碱基 a 在位点 u 出现的次数；$e_u(a)$为碱基 a 在位点 u 期望出现的次数；c 是一个较小的数字（一般取 2），以避免在特定位点没有出现碱基 a 时所产生的数字问题；c_u 是调整的常数使最大的 $w_u(a)$值为零。$e_u(a)$的值是由参考对照中采用单核苷酸还是双核苷酸所决定的。在前者情况下，值与位点 u 无关，反映了序列的碱基组成；在后者关注于观察到的碱基 a 的偏好是否是前面特定碱基的延续，或者在后面是否有特定碱基跟随。

在这个研究中利用的序列应经过十分细致的挑选，以保证所获得的信息可靠且无偏。其中只包括那些转录起始位点由实验所证实，且被认为是利用

RNA 聚合酶Ⅱ的序列。符合上述条件的序列还需经过进一步筛选，去除那些在 TSS 上游区域有显著序列相似性的序列。

值得注意的是，为获得权重矩阵所做的序列不可以用第 5 章或者第 6 章中的方法做联配。这是因为所关注的序列是短 DNA 序列，有很高的可能性它们将凑巧相似。而且，由于它们代表了结合序列，因此在模式内的间隙插入是不适当的。因为这些原因，研究人员建立了一种特殊方法依据模式的定义和权重矩阵将联配优化。这个方法的关键特征在于产生与背景相关启动子序列的最佳信号。

TATA 盒信号 15 个碱基的权重在图 10.12A 中给出，同时给出的还有碱基出现的频率和可以认定为 TATA 盒的临界值。图 10.12B 中给出了 TSS 的位点信号频率分布，TATA 盒常见于 TSS 区域上游的第 20～36 个碱基（是从第二个 T 算起；图 10.12B 的位点 0）。尽管信号序列（由权重定义）在某些序列中在其他位点出现，但其背景出现值低，这样的 TATA 序列很有特色，也是好的启动子信号。在图 10.12C 和 10.12D 中，给出了对于 8 个碱基间隙信号的等价的数据。这样的对于实验获得 TSS（1～5 个下游碱基）的数据其分布很狭窄，但有较高的背景频率，无疑其原因部分在于序列较短而发生偶然相同的可能性就更大。不幸的是，即使是低背景的 TATA Box 矩阵也不能避免假阳性出现，且常常以每千个碱基序列就会有一个的高概率出现。

TATA 盒和 cap 信号在脊椎动物和非脊椎动物中都有，而 CCAAT 盒和 GC 盒只有脊椎动物中有。尽管两者分别有 12 个和 14 个碱基长，且有非常保守的位点，但两者都有很高的背景噪音。CCAAT 盒和 GC 盒的另外一个特点是它们到 TSS 的距离变化很大。其距离可以达到 150 个碱基；这也就是说，即使检测到了信号，TSS 的位置仍然不能确定。

(A)

		序列位置														
		−3	−2	−1	0	1	2	3	4	5	6	7	8	9	10	11
观测到的碱基	A	61	16	352	3	354	268	360	222	155	56	83	82	82	68	77
	C	145	46	0	10	0	0	3	2	44	135	147	127	118	107	101
	G	152	18	2	2	5	0	20	44	157	150	128	128	128	139	140
	T	31	309	35	374	30	121	6	121	33	48	31	52	61	75	71
权重矩阵	A	−1.02	−3.05	0.00	−4.61	0.00	0.00	0.00	0.00	−0.01	−0.94	−0.54	−0.48	−0.48	−0.74	−0.62
	C	−0.28	−2.06	−5.22	−3.49	−5.17	−4.63	−4.12	−3.74	−1.13	−0.05	0.00	−0.05	−0.11	−0.28	−0.40
	G	0.00	−2.74	−4.38	−4.61	−3.77	−4.73	−2.65	−1.50	0.00	0.00	−0.09	0.00	0.00	0.00	0.00
	T	−1.68	0.00	−2.28	0.00	−2.34	−0.52	−3.65	−0.37	−1.40	−0.97	−1.40	−0.82	−0.66	−0.54	−0.61
综合结果		G/C	T	A	T	A	A/T	A	A/T	G/A	G/C	C/G	G/C	G/C	G/C	G/C

(B)

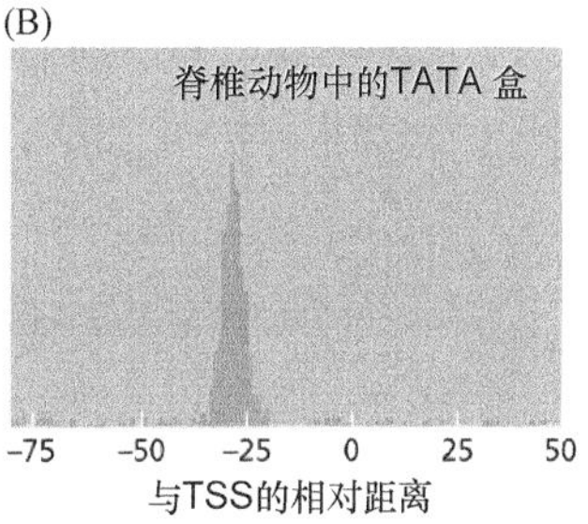

(C)

		序列位置							
		−2	−1	0	1	2	3	4	5
观测到的碱基	A	49	0	288	26	77	67	45	50
	C	48	303	0	81	95	118	85	96
	G	69	0	0	116	0	46	73	56
	T	137	0	15	80	131	72	100	101
权重矩阵	A	−1.14	−5.26	0.00	−1.51	−0.65	−0.55	−0.91	−0.82
	C	−1.16	0.00	−5.21	−0.41	−0.45	0.00	−0.29	−0.18
	G	−0.75	−5.26	−5.21	0.00	−4.56	−0.86	−0.38	−0.65
	T	0.00	−5.26	−2.74	−0.29	0.00	−0.36	0.00	0.00
综合结果		T	C	A					

(D)

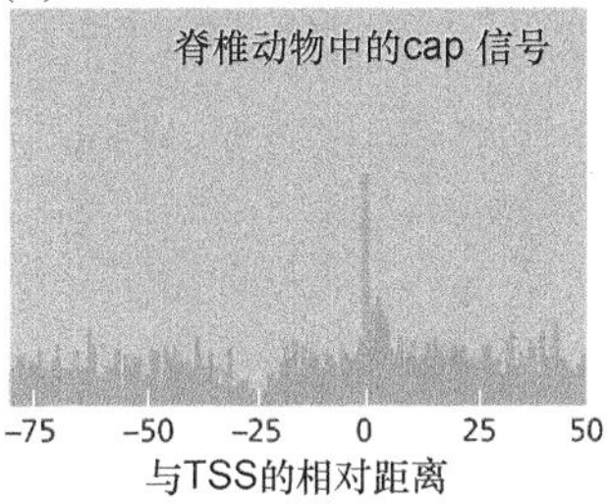

图 10.12　脊椎动物 TATA 盒和 cap 信号的核苷酸位点特异性。（A）TATA 盒从－3～＋11 位置的观测得到的碱基特异性以及根据它们得到的权重矩阵（位点“0”是指序列中第二个 T 的位置）。每一列底部简单列出了该位置的碱基偏好。该权重矩阵给予 TATA 盒的碱基偏好予以打分。如果该位点是 TATA 盒的话，那么所有 15 个位点分值之和必须大于－8.16。（B）在测试数据中利用（A）中所示权重矩阵检测到的 TATA 盒的分布。横坐标指该位点与转录起始位置相距的碱基数目。（C）cap 信号从－2～＋5 位置观测到的碱基频率，以及其权重矩阵。该权重矩阵对 cap 信号的偏好予以打分。该分值如果超过－3.75，那么该位点就为一个 cap 信号。（D）利用（C）中所示权重矩阵对一个训练数据集进行打分所得 cap 信号的分布。横坐标表示该位点与转录起始位点相距的碱基数目分布，位点 0 明显的高峰与期望的结果相同（引自 P. Bucher，Weight matrix description of four eukaryotic RNA polymerase Ⅱ promoter elements derived from 502 unrelated promoter sequences，*J. Mol. Biol.* 212：563-578，1990）。

在 GenScan（一种基于 HMM 的基因检测程序，在下面将更详细地讨论）中，启动子检测原件利用了 Bucher's TATA 盒和 cap 信号。为了避免错过那些没有 TATA 盒的基因，有两种可能性该模型是允许的。它们分别为包含 TATA 盒和 cap 信号的14～20 个碱基（随机）序列，或者是 40 个碱基的随机序列（图 10.13）。这种方法被认为是十分基础的，其中如果没有 TATA 盒的话，就没有其他信号可供搜寻。这只是很大算法中的一部分，仅有有限的资源可以利用，且极其缺乏对生物学机制的理解阻碍了建立更为具体有效的模型。

NNPP（Neural Network for Promoter Prediction）程序在预测启动子时利用了与 GeneScan 十分相似的模型，也就是距离可变碱基个数的 TATA 盒和 Inr（initiator）信号。而在这种情况下，利用神经网络模型来识别潜在的启动子（图 10.14）。

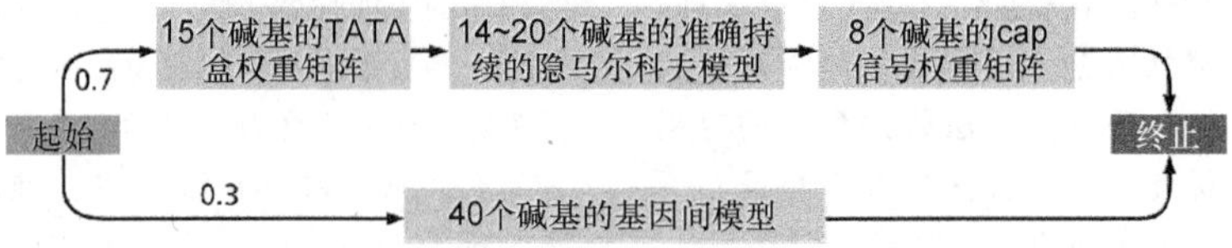

图 10.13　GenSca 中启动子预测的方法，图中展示了两条可选且互补的途径。利用图 10.12 中权重矩阵鉴定 TATA 盒和 cap 信号。两者间序列的长度可以为 14～20。另外一种可能是该区域为一个 40 个碱基的不含任何序列信号的区域。后面模型出现的概率为 0.3，而 TATA 盒和 cap 信号通路出现的概率为 0.7。

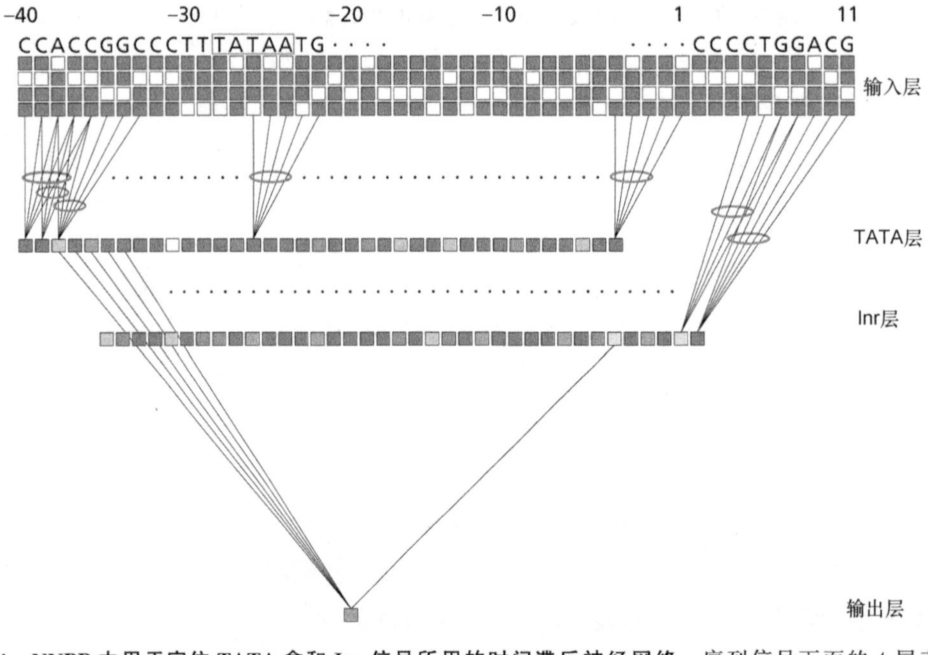

图 10.14　NNPP 中用于定位 TATA 盒和 Inr 信号所用的时间滞后神经网络。序列信号下面的 4 层表示输入层单元和并通过简单方式编码序列。每个位点的值为 0 或者 1 代表碱基在序列中的位置，依据其值对每个单元标记颜色；灰色表示 0 而白色表示 1。在两个隐藏层（TATA 和 Inr 层）中的每个单元位点获得从 15 个保守碱基的输入。每个隐藏层单元集合由椭圆形表示，为了使图简洁，这里只展示了其中一小部分。输入层单元与隐藏层单元间的连线表示其关联，同样这里只展示了部分。这些关联有所权重，因此每个关联可以影响隐含层分值的分布。所有隐含单元对输出层中一个单元的分值给出一个分布。如果这个输出单元的值超过特定临界值，那么该包含 51 个碱基的窗口中就包括一个 TATA 盒和 Inr 信号，但没有给出其精确位置。如果输出层的值小于临界值，那么该窗口中则不包含信号。就像图中框所指示的，图中序列包含一个 TATA 盒信号，但包含 Inr 信号（引自 M. G. Reese，Computational prediction of gene structure and regulation in the genome of Drosophila melanogaster，PhD Thesis，University of Hohenheim，2000）。

下面将简述神经网络模型的关键特点，以明确它们的用途。神经网络模型的构造和训练方法将在 12.4 节中所介绍，12.4 节中其应用在于二级结构预测。模型由分层次的单元组成，一般来说，一个单元只与其他层次上的单元相交流（communicate），该交流包括将一个值传送给一个或者多个其他单元。

一个单元所送出的值由所有其接收的值所决定。例如，当所有接收值的总和达到一定量的时候才释放一个信号。另外，单元间的连接是有权重的。其中输入层（input layer）依据序列最小窗口来释放信号（在实际应用中是基于对序列性质的预测）。另外一个关键层是输出层，输出层（output layer）往往只含有少数几个单元（经常只有一个）。输出层释放的信号往往范围为 0～1，表征了序列窗口（sequence window）或中心碱基（central residue/base）的预测结果。往往在这两层之间还有其他层，称为隐藏层（hidden layer），隐藏层会调节输入层释放的信号且辅助将其转化为输出预测。神经网络模型需要经过一个数据集的训练，以确定模型中所有的权重和临界值。

这样典型的 NNPP 神经网络有一套隐藏单元（hidden unit）用以检测 TATA 盒和另一套隐藏单元以检测 Inr 信号，其中利用的是时间滞后的神经网络（TDNN）。每个序列位点由 4 个输入单元表示，每个单元表示一种碱基，输入层中有 51 个碱基。每个 TATA 盒隐藏单元有 15 个保守碱基的输入组成，而 Inr 信号的隐藏单元同样有 15 个保守碱基的输入层。然而，TATA 盒隐藏单元所检测的序列区域（位于输入层的上游末端）和与之等价的 Inr 隐藏单元所检测的区域有所不同（位于输入层的下游末端）。TATA 盒隐藏单元和 Inr 隐藏单元利用的加权策略是相似的。所有隐藏单元为一个输出单元提供支持，输出单元所给的信号用于确定预测结果。利用提供模型训练的数据是由一个管理人员仔细注释好的。这种方法与 GenScan 中的 HMM 的一个差异在于，一般来说，NNPP 方法并不提供 TATA 盒和 Inr 信号的准确位置，而只是报告说在 51 个碱基组成的窗口中找到了两者。这种方法整合进了一个称为 Genie 的完整基因预测包。

另外一个利用神经网络模型预测启动子的程序是 Grail，类似于 GenScan，它也是一个完整的基因预测包。在这种情况下，该方法不再利用神经网络来扫描序列，而是利用能鉴别由 Bucher 提出的 4 个元素的矩阵来进行扫描。在给定的序列窗口中，寻找这些元素的数量，对其打分以及确定某些特定元素间的距离，以上 3 点的结果都用作神经网络的输入（图 10.15），窗口中碱基的 GC 含量也作为输入之一。这样的神经网络会产生一个对启动子可能性的打分，并同时参考编码区 5′端和 3′端的预测结果来定为启动子。

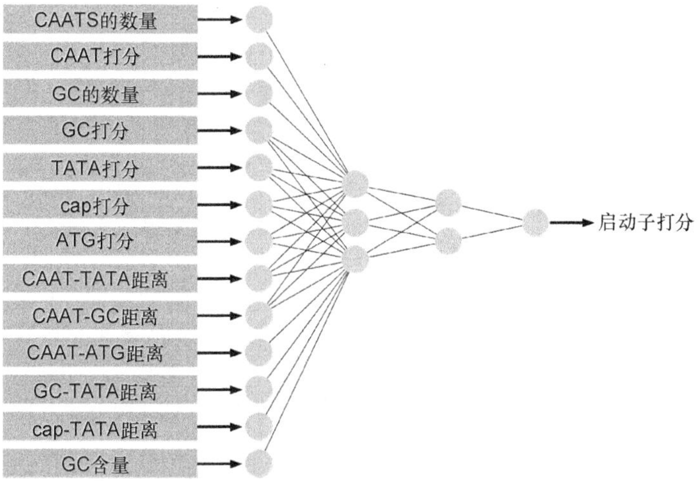

图 10.15　Grail 用于预测 RNA 聚合酶Ⅱ启动子的神经网络。许多变量，如 TATA 盒信号的权重矩阵和一些简单度量，如 GC 含量和信号见距离，被用于对神经网络中输入层单元赋值。经过两个隐藏层，到达输出等，从而预测 RNA 聚合酶Ⅱ启动子是否在序列窗口中出现（引自 E. C. Uberbacher，Y. Xu and R. J. Mural，Discovering and understanding genes in human DNA Sequence using GRAIL，*Methods in Enzymology* 266：259-281，1996）。

除了许多基因中有核心启动子外，还有大量转录因子会结合到基因的上游并调节基因转录活性。在真核生物中，这些结合位点常分布于 TSS 的 500 个碱基中，虽然也有相当一部分分布在较远的位置，且调节位点多位于 TSS 的下游。研究人员编译了很多数据库列出已知的转录因子结合位点。

ProScan（PROMOTER SCAN）算法尝试利用这些信号来辅助确定启动子位置。该方法的原理是识别在TSS上游区域包含这些信号的区域，另外还利用Bucher矩阵定位TATA盒。通过一个区分非启动子序列和启动子序列两条链的序列训练集，确定推测的转录因子结合位点的位置。对于一个序列窗口（标准形式是250个碱基）做上述预测后，将其转化为密度进行表示（每个碱基出现位点的个数）。一个启动子识别profile由向前和向后启动子序列与非启动子序列密度的比例，每个转录因子信号给出该profile的一个独立成分（为避免数字问题，将profile的分值设定为50，使得在非启动子序列中没有位点涌现出来，而且没有有密度权重为0.001的启动子序列被指定）。利用这种方法，将TSS上游或下游序列的倾向性定量。当预测一个查询序列的启动子位点时，将利用同于序列长度的窗口，且利用profile密度对所有识别出的转录因子信号进行打分。另外，还将利用Bucher矩阵对窗口3′端的50个碱基预测TATA盒，如果找到的话就打30分。利用一个临界分值来确定该窗口是否含有启动子。当利用较高的临界分值时，只能预测出50%～60%的启动子，而假阳性率为每15～25kb中会有一个。利用较低临界分值时，可以预测出80%的启动子，但假阳性率为每2590个碱基中就有一个；当考虑到真核生物的基因长度时，这表示大部分的预测结构都是错的。

利用序列一般性质预测启动子区域可以去掉相当数量的假阳性结论

很多假阳性产生的原因在于常常是在真核生物基因组中寻找短序列信号，而这么短序列很有可能是偶然因素引起的。通过修正参数以减少假阳性并不能解决这个问题，而每次该预测很少有正确结论。为了避免这个困难，很多方法尝试通过包括启动子一个较大区域的序列一般性质将其预测出。事实上，准确定位这样的一个较大区域也是有意义的，因为利用这样的区域可以将基因组划分成一个个基因，从而辅助解决基因预测中的普遍困难。

由Gordon Hutchinson设计的PromFind程序就是一个解决该问题的方法。它依据了在启动子、编码区域和非编码区域中所观测到的六聚碱基（hexamer）出现的频率。利用$D_1(b_1b_2b_3b_4b_5b_6)$可以比较出启动子与非编码区域的比例，其计算如下：

$$D_1(b_1b_2b_3b_4b_5b_6) = \frac{f_{\text{promoter}}(b_1b_2b_3b_4b_5b_6)}{f_{\text{promoter}}(b_1b_2b_3b_4b_5b_6)+f_{\text{noncoding}}(b_1b_2b_3b_4b_5b_6)} \quad (10.8)$$

式中，$f_{\text{promoter}}(b_1b_2b_3b_4b_5b_6)$是在启动子中所观察到六聚碱基$b_1b_2b_3b_4b_5b_6$出现的频率。同样的可以用$D_2(b_1b_2b_3b_4b_5b_6)$来表示该六聚碱基在启动子与编码区域出现的比例。这两个参数可以在0～1变化，如果值较高的话则说明该六聚碱基在启动子中出现的比率较高。某些特定的六聚碱基因为在启动子中有已知的模式所以$D_1(b_1b_2b_3b_4b_5b_6)$最高，如TATAAA和许多包括CpG双核酸的六聚碱基。为了进行预测，将对包含300个碱基的窗口进行一系列预测，首先计算其$D_1(b_1b_2b_3b_4b_5b_6)$和$D_2(b_1b_2b_3b_4b_5b_6)$值，接下去将窗口向后挪动10个碱基并同样计算两个值，然后再将窗口向后挪动并计算，依次循环下去。如果两个值都超过预先确定的临界值时，就预测该窗口中有用最高$D_1(b_1b_2b_3b_4b_5b_6)$的部分为启动子区域。这是一个十分简单而成功的识别启动子的算法。

由Matthias Scherf和其同事利用与PromFind相关的方法开发了PromoterInspector程序，该程序也是利用特殊的短序列将区域分类。与之不同的是，PromoterInspector并不是寻找六聚碱基，而是寻找由更一般的形式A-N_1-B或者A-N_1-B-N_2-C构成的核算序列，其中A、B和C是较短的特定序列（3～5个碱基长），N1和N2是任意的短序列（最多6个碱基）。例如，序列ACTNNCCG（其中N是任意碱基）就是一个上述序列的例子。与PromFind类似，该方法利用了100个碱基组成的窗口，窗口向后挪动的步长为4个碱基。例如，如果有连续24个窗口，那么该区域有192个碱基。最先用于检测启动子的区域平均有270个碱基长。该方法并不预测strand，因此TSS可能在预测结果的任意端出现。从仅有的几个与其他方法的比较中可以看出，该方法预测的到的启动子较少，而同时也显著减少了假阳性出现的可能。PromoterInspector的结果在9.5节中已给出。

由Uwe Ohler及其同事开发的McPromoter，可以预测300个碱基包含启动子的序列，其3′端还包括50个碱基的TSS。该预测基于与GLIMMER相似的差值马尔可夫模型；也就是说它是依靠于启动子区域所独有的密码子统计结果（coding statistics）。在这种情况下，检测序列被分为启动子、内含子和编码区域3类，并对每一类都生成一个差值马尔可夫模型。这种方法能有效区分启动子和编码区，但难以将启动子和内含子进行区分。虽然研究人员注意到了这个困难，但依然无法解决该方法会产生大量假阳性的问题。

我们介绍的最后一种启动子预测方法是CorePromoter，该方法是基于判别函数的。就此而论，判别函数是序列区域许多性质的数量组合，这些性质的值是可以区分的，如启动子和内含子。在典型的情况下，该方程包含这些性质的线性和二次关系。图10.16A中给出了二次判别式方程的基本原理。利用该方法检测对于相关区域的30个或者45个碱基窗口中的五聚体的频率。选择五聚体而不是六聚体的原因在于较少的数据就可以达到准确的统计结果。利用TSS周围标记为 w_i 的11个窗口可以定义变量（图10.16B）。窗口 w_i 中核心五聚体的分值定义如下：

$$S_i(b_1b_2b_3b_4b_5) = \frac{f_i(b_1b_2b_3b_4b_5)}{f_i(b_1b_2b_3b_4b_5) + f_{av}(b_1b_2b_3b_4b_5)} \tag{10.9}$$

式中，$f_i(b_1b_2b_3b_4b_5)$是窗口中 $b_1b_2b_3b_4b_5$ 出现的频率；$f_{av}(b_1b_2b_3b_4b_5)$是 $f_{i-1}(b_1b_2b_3b_4b_5)$和 $f_{i+1}(b_1b_2b_3b_4b_5)$的平均值。利用基于窗口 w_4 到 w_7 的线性判别模型在TSS时达到最大值，但同时会有很多假信号。一个较大的模型会有显著更少的假阳性，而且受窗口位置和大小的影响也更小。

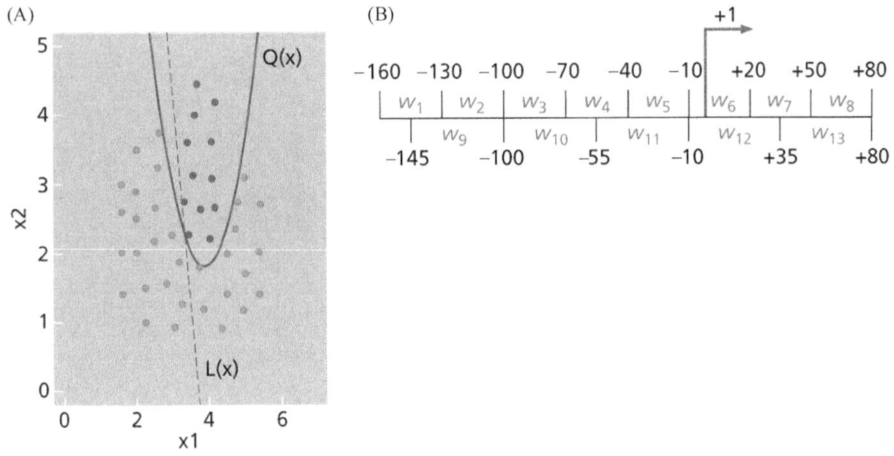

图10.16 线性与二次判别式分析（分别是LDA和QDA）原理示意图以及它们在转录起始位点定位中的应用。（A）对于样本（在本文中指序列，但理论上可以对于任何样本）中每个成分测量其两个性质x1和x2。在这种情况下是属于两类中的一个。在本文中，所测量的性质为碱基统计结果，分组为是否属于蛋白质编码区域。对这些性质进行作图，并利用深色点和浅色点区分两个组，可以发现不同组的点位于图的不同区域（仅对于与分组相关的特定性质时，该方法才好用）。在幸运的情况下可以找到一个合适的直线[L(x)]或者二次曲线［Q(x)］可以将该图分为两个区域，每个区域对应于样本的不同分组。在这里，仅有二次曲线可以做到这一点。当知道了该曲线，那么未知样本中成员的分组就可以推测得到。通过对x1和x2值对应于二次曲线的位置可以得到分组情况。（B）CorePromoter方法中预测转录起始位点（TSS）位置的部分方法，涉及在TSS（位于+1位置）周围区域的QDA。对于图中标记为 w_1～w_{13} 的13个窗口（序列区域）测量其碱基统计结果。利用二次判别式方程计算其值并用于预测在240个碱基的区域中是否包括一个TSS（A，adapted from M. Q. Zhang，Identification of protein coding regions in the human genome by quadratic discriminant analysis，*Proc. Natl. Acad. Sci. U. S. A.* 94：565-568，1997）。

预测真核生物转录和翻译起始位点

尽管外显子区域通常是由密码子统计结果所定义的，且检测编码区域的方法与原核生物中的检测方法差异也不太大，然而定义翻译的5′端却仍有困难。真核生物基因中没有定义核糖体结合位点，因为核糖体仅简单地与mRNA 5′端结合，然后顺着mRNA向后滑动，直到碰到合适的转录起始位点。研究人员发现ATG起始密码子区域会影响翻译效率，可能是由该区域与核糖体结合强度造成的，很多例子表明，翻译会从mRNA 5′端的第二个或者第三个ATG密码子开始。GenScan利用12个碱基的权重矩阵，来检测合适的翻译起始位点，该位点往往是出现在第7～9位置的ATG密码子。对于某些基因定位起始密码子的位置会有问题，因为这些序列好像被设计成阻碍简单翻译的样子。例如，生长因子和转录因子很多都是这样的基因，其产物应该受到严格控制。

预测转录起始位点需要识别一些核心启动子，特别是cap（Inr）和TATA盒信号。cap信号在转录起始位点出现。如果可以确定TATA盒，那么转录起始位点将位于其下有的20～36碱基处。然而，正如上面所讲述的，不是所有的基因都有这些信号，且这些信号也很难被检测到。因为预测基因产物往往不需要知道转录起始位点的位置，大部分程序对其并不作预测。

转录和翻译终止信号给出基因完整定义

像原核生物中一样，真核生物翻译终止信号就是简单的3个终止密码子之一，因此在编码区域很容易被识别出来。转录终止密码是一个聚腺苷酸化（polyadenylation）信号，其序列为AATAAA。GenScan利用了一个标准的权重矩阵对其进行模拟。在Grail中，矩阵延伸至上游6碱基和下游59碱基处。很多方法并不试图确定mRNA的3′端，而只是关注于基因的蛋白编码区域。

10.6 预测外显子和内含子

由于真核生物基因的蛋白编码区域中夹杂着非编码内含子，用于原核生物的相对简单的ORF鉴定方法需要经过修正。对于某些足够长的外显子，一些基本的方法仍在使用，但这还需要与鉴定剪切位点的方法进行整合才能确定其范围（流程图10.6）。

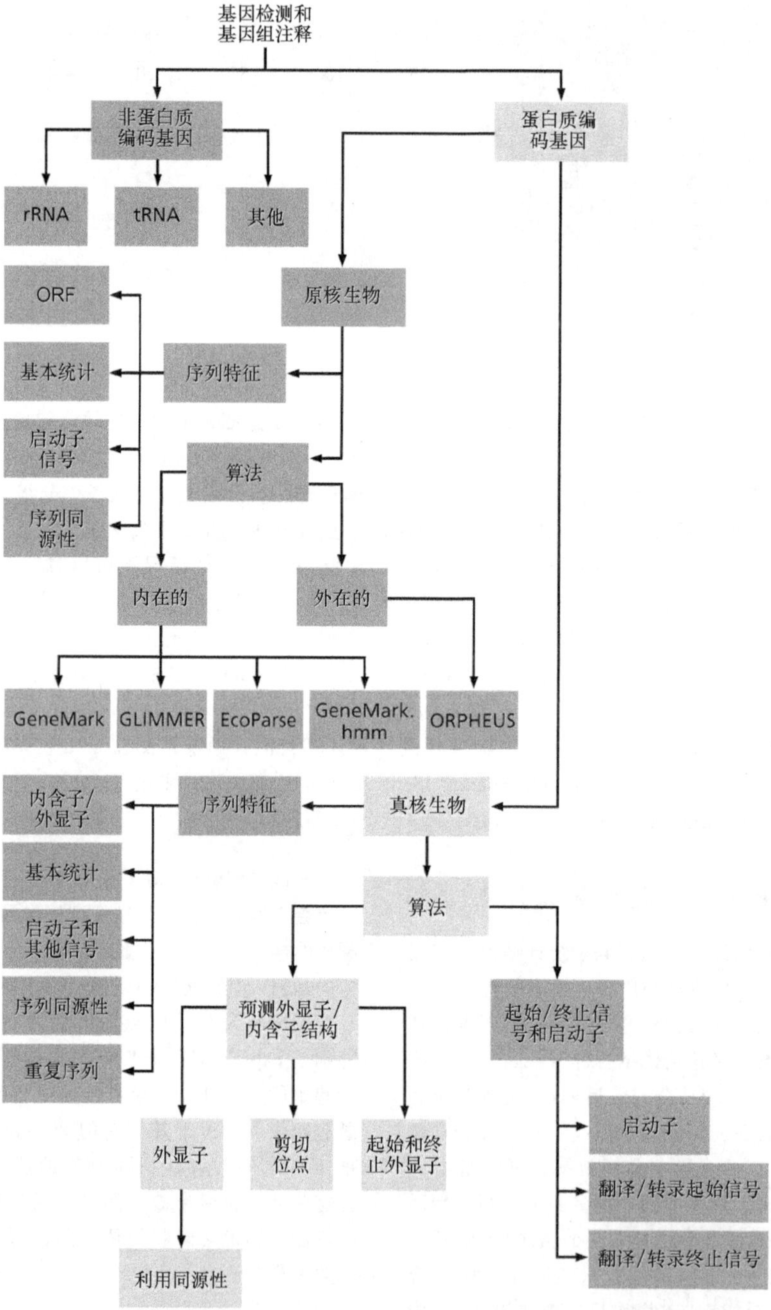

流程图10.6　在本节中用于预测真核生物基因内含子/外显子结构的方法。

由于剪切位点信号并没有很好定义，因此对其定位仍是研究人员关注的内容，并建立了很多方法。在这点上，目前仍需要明显的突破以辅助基因预测。需要注意到，研究人员已经发现可变剪切位点不像当初刚发现时认为的是个别现象，而是十分普遍的，而缺乏明确定义，在其定位上会造成很大困难。

定位起始和末位的外显子时还会遇到另外一个困难，因为它们可能会包含非编码成分（5′UTR 和 3′ UTR 区域）。研究人员专门设计了针对这样外显子的预测方法。

可以利用普遍序列性质（general sequence property）来识别

真核生物基因内部内含子和外显子都以剪切位点为界，在 RNA 转录过程中，内含子会被剪切掉，外显子的部分会被黏合到一起。这些剪切位点有不同序列信号。有的方法可以在没有内含子和外显子信息的情况下预测剪切位点，而有的方法可以在不知道剪切位点的情况下预测内含子和外显子（见 9.3 节和 9.4 节中的例子和其结果）。前面的方法关注于剪切位点，将在后面的小节中介绍。在本节中，我们将检验后者方法，其中有些会涉及蛋白质编码区域的碱基统计性质。需要注意到，这些基因的结构会导致基于内含子和外显子的预测，而不是基于单个碱基的，准确性定义不同（见专栏 10.3）。

专栏 10.3　外显子水平基因预测准确性的描述

如专栏 10.1 中所述，有必要对基因预测方法的准确性进行量化评价。大多数真核生物基因外显子结构使这个问题更为复杂。例如，需要了解一个方法是可以准确预测一个基因中的部分外显子或者是能不是很准确得预测所有外显子。对于新的方法而言，这些描述信息也很重要，它们是该方法能否值得关注的评价标准。在专栏 10.1 种，描述了基于独立碱基的准确性测量标准。这里我们要从外显子水平进行评价。像前面一样，我们展示 Moises Burset 和 Roderic Guigo 的方法。

在外显子水平，确定是否能准确预测外显子取决于对外显子起始和终止位点的预测。真正外显子的数据用符号 AE 表示，预测得到的外显子用符号 PE 表示。对于本例而言，可以将预测结果分为 4 类。正确的外显子（总数由 CE 表示）是指那些正确预测的结果，如准确预测了剪切位点。缺失的外显子（ME）是指于预测得到外显子没有重叠的真实外显子。错误的外显子（WE）是指那些于真实外显子没有重叠的预测得到的外显子。最后，不对那些两者有所重叠但没有预测到准确位置的区域计数（需要注意有其他一些描述方法还会对有一端准确预测剪切位点的进行计数）。

在该领域中有两种描述敏感性和特异性的方法，两种方法都有用处。敏感性的定义如下：

$$Sn_1 = \frac{CE}{AE} \text{ and } Sn_2 = \frac{ME}{AE} \qquad \text{(B10.6)}$$

特异性的定义如下：

$$Sp_1 = \frac{CE}{PE} \text{ and } Sp_2 = \frac{WE}{PE} \qquad \text{(B10.7)}$$

在某些情况下，对编码和非编码区域的预测就是延续了原核生物中的方法，也就是利用双密码子的统计结果来区分编码区域的阅读框。注意首个和最后一个外显子包括 5′-UTR 和 3′-UTR，会有非编码的统计结果出现，从而使分析更为复杂。另外使问题复杂化的是，外显子多比原核生物 ORF 平均长度短，甚至有可能少于 10 个碱基。基于碱基统计的方法不能识别出这些非常短的外显子。而最短内含子的长度是在 50 个碱基左右，根据物种不同略有差异。

在我们已经介绍过的方法中，像前面所述原核生物中的预测一样，GenScan 利用双密码子统计结果识别真核编码区域，在 GenScan 中有所差异的是，它利用了 HMM 的准确状态描述观测到的实际外显子长度分布（图 10.10）。潜在外显子的长度由该分布给出，其序列组成的概率是由双密码子统计结果提供的。

神经网络同样可以用来预测编码区域，如 Grail 和 NetPlantGene 中就是利用了该模型。NetPlantGene 正如其名称就是专门用于植物的，该程序利用了 6 个独立的网络，并取这 6 个网络的平均结果为最终预测结果。其中 4 个网络有 804 个输入单元，代表了 201 个碱基（每个位点由 4 个单元表示，每个单元为一个可能的碱基），并连接到一个隐含层的 15 个单元中，这 15 个单元为 1 个输出层单元提供信号。这 4 个网络在初始权重上有所差别，通过数据训练最后得到的权重也是不同的。另外两个网络有对应于 101～251 个碱基的输入层。这 6 个网络的输出值都为 0～1，表征了其中心碱基（输入的窗口序列）是否是蛋白质编码区的一部分。通过检索提交的序列可以产生其中哪些区域是蛋白质编码区域的预测结果。最终预测结果是基于这 6 个相对独立值的平均。预测值大于 0.5 就表明该位点是编码碱基，而小于则说明不是。图 10.17 的上面部分给出了 NetPlantGene 预测结果的例子。

真核生物与原核生物完全不同的一个方面是，其转录好的 RNA 中外显子必须剪切连接到一起才能产生蛋白质编码序列。这表明外显子的阅读框必须连续，也就是说要在一个阅读框中。这个问题必须整合进基因预测程序中。例如，某个外显子结束于编码位点 2，下一个外显子的第一个碱基必须位于位点 3。在实践中，这意味着外显子会由它们所利用的 3 个阅读框不同而有差异。可能利用图 9.5 和图 9.8 的例子会有助于理解。在开始预测外显子时，这一点并不用考虑，但当预测完整基因的时候这一点必须解释清楚。预测完整基因的内容将在 10.7 节中介绍。

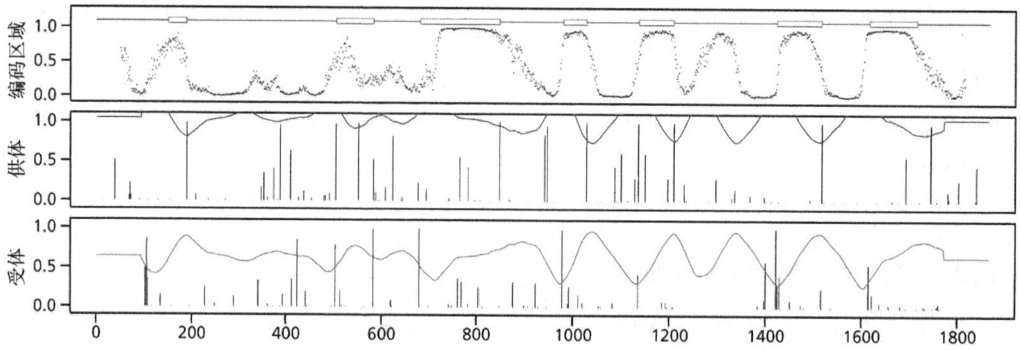

图 10.17 NetPlantGene 对 *A. thaliana Rha*1 基因序列预测的结果。最上面的图展示了编码预测网络的打分，上面的水平线是真实外显子和内含子的分布，其中绿色条框是正确的外显子，蓝色的是内含子，基因间的部分为红色（碱基数目在图的下部标出）。7 个外显子中的 6 个都正确预测出来。但是第二个外显子没有准确预测出，而且碱基 1250～1350 的位置预测结果也不正确。下面两张图是剪切供体和受体位点的预测结果。不同的临界值用红线和绿线分别标出。如文中所述，红色的预测结果是被否定的。依据文中所述对 cyan 预测分值进行修饰。最终 12 个位点中有 11 个正确预测出，并伴有 5 个假阳性。注意合适的临界值可以帮助修正位于 1134 位置的的剪切受体位点和 1135 位置的供体位点。在位点 1250～1350，没有预测出合适的剪切位点，因此最终的预测结果是（正确的）在该区域没有外显子（From S. M. Hebsgaard et al., Splice site prediction in Arabidopsis thaliana pre-mRNA by combining local and global sequence information, *N. A. R.* 24 (17)：3439-3452，1996，by permission of Oxford University Press.）。（见文后彩图）

剪切位点预测

下面介绍剪切位点预测，大部分内含子起始（如有 5′端）于 RNA 的 GU 双碱基（DNA 中为 GT）处，被称之为**剪切供位（donor splice site）**。内含子的 3′端（**剪切受位，acceptor splice site**）大多为 AG 双碱基。确定所有出现的 AG 和 GT 可以提供所有可能的剪切位点，然而每找到一个正确位点会同时有 30～100 个假阳性位点。就像对于启动子的预测一样，这个问题必须利用周围序列的性质将假阴性率下降到一个可控的水平。图 10.11A 展示了人类内含子剪切供体和受体的序列标识，以及图 10.11B 和图 10.11C 中展示了拟南芥中的相应标识。下面展示的方法忽略了少数 U12 类型内含子（见 1.3 节）；这是一个可以接受的近似，因为这样类型的内含子占总量的比例远不到 1%。

可以通过序列模式与碱基统计相结合预测剪切位点

SplicerPredictor 方法基于剪切位点附近序列及位点两侧碱基组成差异进行预测。模型之后的概念是序列因子的变化会影响剪切效率，因此剪切依概率 P_{splice} 发生，而且可以由以下方程表示：

$$\ln \frac{P_{splice}}{1-P_{splice}} = \alpha + \beta\Delta_{U} + \gamma\Delta_{GC} + W_{signal} \quad (10.10)$$

式中，α、β 和 γ 为利用训练数据可以得到的系数；Δ_U/Δ_{GC} 是初始转录 RNA 中保守双碱基的 50 个上游碱基和 50 个下游碱基中 U/GC 含量的差异；W_{signal} 是在该双碱基上游 3 个和下游 4 个碱基的度量。W_{signal} 可以由基于各位点观测到碱基出现频率所得的标准加权矩阵所表示，或者在位点 i 出现碱基 a 的权重可以利用其他参数表示。任何位点的 P_{splice} 如果高于特定临界值，就认为该位点是剪切位点。注意这里考虑到序列中所有 GU 和 AG 双碱基，但也只考虑了这两个，因此会错过其他罕见剪切位点（<1%）。

在得出最后模型时，首先将某些概念忽略，评估这些概念的重要性，尤其是会减少多少假阳性。如果将临界值设定为预测所有已知剪切位点（如不允许出现假阴性结果），W_{signal} 自己只会减少一半假阳性，剩余大约每一个正确预测同时会伴有 15 个错误；加上碱基组成（Δ_U 和 Δ_{GC}）时又会减少一半。如果临界值设定为可以错过5%的剪切位点（即灵敏性为95%），那么假阳性结果会减少，最少每个正确会伴有两个错误。为了提高这点，需要将剪切位点分类。对于剪切供体位点，将有GGU序列（大约占80%）与其他区分，剩余的供体位点称为HGU（H代表非G）。对于受体位点，两个类别为CAG（大约占70%）和DAG（D表示非C）。这样做会使得预测有一些改善，特别是在预测受体位点时，但对于95%灵敏度的预测，假阳性数量依然多于正确预测的数量。该方法起初是专门为植物设计的，在植物中内含子富含U（T）而外显子富含GC。

更进一步，这个方法是利用剪切位点一定包含一对供体位点和受体位点的事实所构建的，而在剪切位点附近可能还有其他因素会给出一个高分预测值。这需要包括对内含子长度分布建模的思路，在植物的例子中内含子约为600个碱基长，有95%已知的植物内含子符合这个结论。因此这个方法便利用观测到的双碱基频率和一个贝叶斯统计模型来代替上面所讲的 P_{splice} 分值。

GenScan将加权矩阵和决策树整合以定位剪切位点

GenScan利用更为复杂的加权矩阵预测剪切供位，该方案称为最大依赖分解（maximal dependence decomposition，MDD），试图基于信号中各位点的独立性提高预测能力。因为信号是呈单元起作用的，并与剪切体（spliceosome）的Ul snRNA部分相结合，所以单独位点并不是绝对相互独立的，可能会有补偿变化，从而使得位点间有很强相关性。利用一组供体位点的测试集，通过卡方检验可以得到该相关性，并可以识别出那些与其他位点相关性最高的位点。再将测试集分为两部分：一部分是在该位点有相同碱基的供位，而另一部分是剩余的供位。重复以上步骤直至最后得到的数据集无法再产生新的数据集且找不到新的关联为止。最后的结果是一组供位集的集合，再依据其中每一个供位集产生一个相应的加权矩阵，再利用决策树的办法确定对于给定序列应用哪个矩阵（图10.18）。GenScan并没有这种模型来预测受体位点，因为数据中缺乏所需的相关性。

(A)

序列位置

		−3	−2	−1	+1	+2	+3	+4	+5	+6
观测到的碱基	A%	33	60	8	0	0	49	71	6	15
	C%	37	13	4	0	0	3	7	5	19
	G%	18	14	81	100	0	45	12	84	20
	U%	12	13	7	0	100	3	9	5	46
	综合结果	A/C	A	G	G	U	A/G	A	G	U

(B)

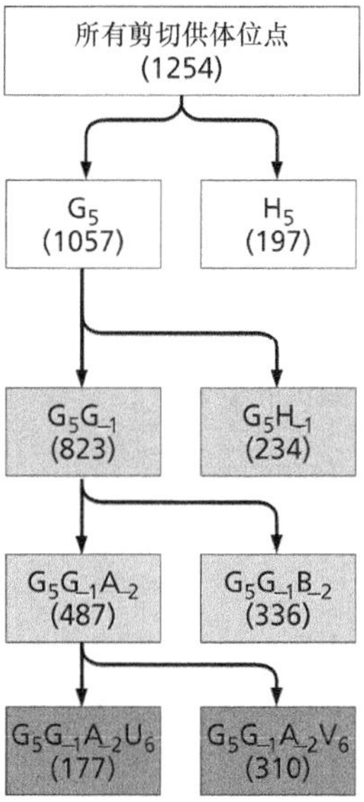

位点	A%	C%	G%	U%
−3	33	36	19	13
−2	56	15	15	15
−1	9	4	78	9
+3	44	3	51	3
+4	75	4	13	9
+6	14	18	19	49
−3	34	37	18	11
−2	59	10	15	16
+3	40	4	53	3
+4	70	4	16	10
+6	17	21	21	42
−3	37	42	18	3
+3	39	5	51	5
+4	62	5	22	11
+6	19	20	25	36
−3	32	40	23	5
+3	27	4	59	10
+4	51	5	25	19

位点	A%	C%	G%	U%
−3	35	44	16	6
−2	85	4	7	5
−1	2	1	97	0
+3	81	3	15	2
+4	51	28	9	12
+6	22	20	30	28
−3	29	31	21	18
−2	43	30	17	11
+3	56	0	43	0
+4	93	2	3	3
+6	5	10	10	76
−3	29	30	18	23
+3	42	1	56	1
+4	80	4	8	8
+6	14	21	16	49
−3	39	43	15	2
+3	46	6	46	3
+4	69	5	20	7

图10.18 利用GenScan预测方法中的最大依赖分解方法分析1254个供体位点。（A）与剪切位点不同相关位置的总结。GU双核苷酸位于位置+1和+2，剪切位点位于−1和+1。注意到位置+1和+2在该数据集中没有变化。（B）展示了序列依据最大依赖分解方法的分类。分组的命名依据它们中固定的碱基；因此 $G_5G_{-1}A_{-2}$ 组指G位于−1和5位置，A位于位置−2。H代表非G，B表示非A，以及V表示非U。每个组中序列的数目在组名后面的括号中给出。每组中不同位置的碱基频率在旁边给出。注意在某些组中有些位点的剪辑组成差异很大，如 H_5 和 G_5 中−2和+3位置。用于分组的碱基在其亚组中总是保守的，并予以加亮表示（引自 *J. Mol. Biol.*，268，C. Burge and S. Karlin，Prediction of complete gene structures in human genomic DNA，78-94，1997，with permission from Elsevier.）。

GeneSplicer 利用一阶马尔可夫链预测剪切位点

GeneSplicer 程序向 GenScan 一样利用 MDD 方法对剪切位点分类。不一样的是该方法并不对每个供位集确定一个加权矩阵，而利用的是一阶马尔可夫链。这样可以表征每个碱基和其前一个碱基的相关程度。其参数选择与 GLIMMER 编码区预测方法相似。供体位点由 16 个碱基的窗口表示，而受体位点由 29 个碱基的窗口表示。利用真假剪切位点模型的 log-odds 分值差异，可以对序列打分，假剪切位点是通过那些已知不包含剪切位点的序列得到的。另外，利用二阶马尔可夫模型建立简单的编码和非编码模型。这些模型给出密码子中由前面两个碱基得出的后一个碱基的概率。这种二阶模型是 10.3 节中所讲五阶模型（fifth-order）的简单变化，同样可以用于区分编码和非编码区域。

将这些模型放到一起，在序列位点 j 的剪切供位分值由以下等式给出：

$$S_{\mathrm{donor}}(j)=S_{\mathrm{signal}}(j,16)+(S_{\mathrm{code}}(j-80)-S_{\mathrm{noncode}}(j-80))+(S_{\mathrm{noncode}}(j+1)-S_{\mathrm{code}}(j+1)) \quad (10.11)$$

同样对于剪切受位：

$$S_{\mathrm{acceptor}}(j)=S_{\mathrm{signal}}(j,29)+(S_{\mathrm{noncode}}(j-80)-S_{\mathrm{code}}(j-80))+(S_{\mathrm{code}}(j+1)-S_{\mathrm{noncode}}(j+1)) \quad (10.12)$$

式中，$S_{\mathrm{signal}}(j,n)$是由 MDD 和一阶马尔可夫模型得到的分数；$S_{\mathrm{code}}(j)$和 $S_{\mathrm{noncode}}(j)$是由分别预测编码和非编码区域的二阶马尔可夫模型得到的，这些模型从位点 j 起始，延续 80 个碱基。利用临界值可以确定预测对象是否是剪切位点。这种模型常在真位点附近还给出假阳性预测，但假阳性位点得分交真位点低。将预测得到的剪切位点附近 60 个碱基内分值较低的位点去除，可以除去错误预测。

NetPlantGene 整合内含子和外显子的神经网络模型以预测剪切位点

在本章早些时候关于编码区预测部分中提到的 NetPlantGene 也可以预测剪切位点。它利用神经网络模型打分，并对由此得到的位点进行广泛过滤以减少假阳性预测。剪切供体位点由 10 个网络的集合所模拟，每一个网络中含有 23 个碱基的输入层（每个碱基由 4 个单位表示，图 10.14），一个包含 10 个单元的隐含层和一个单一单元的输出层。这 10 个网络从不同位点起始，对其输出结果（0～1）去均值以得到最后分数。相似的，利用 10 个网络对受体位点打分，与前面不同的是，这 10 个网络中有 61 个碱基输入窗口和 15 个隐含层单元。与用于编码区预测的神经网络相比，在剪切位点预测时，区分是否是剪切位点的临界值在训练中有变化，以达到 95%灵敏度。

为了提高预测能力，该方法认为剪切位点预测应与编码区预测结合，因为剪切位点应位于编码区边缘。NetPlantGene 中用于预测编码区域的一系列神经网络对每个碱基是否是编码区域都有对应打分。利用 crude 数值逼近（crude numerical approximation）的方法对编码区分数渐变进行计算，其结果用于矫正剪切位点预测的临界值上（图 10.17）。修正的结果是对于编码区边界的位置需要降低临界值。

基于实验观测可以进一步进行矫正。研究人员发现错误预测的剪切位点往往位于对于该区域是否是编码区预测结果较为强（输出层预测结果接近 1 或 0）的区域里。确定有这样结果的编码和非编码区域，并去除其中包含的由预测所得的剪切位点，可以成功减少 10%的假阳性且并不会错去掉一个正确预测结果。另外，在真正受体位点下游临近区域还会有其他位点，这些位点平时是没有活性的，但当真位点中断后，这些位点就获得活性。因此，该模型拒绝在一个受体位点下游的 20 个碱基范围内的其他受体位点，可以较少另外 10%的假阳性。相似的，预测得到的供体位点往往聚集到一起，因此一个较强的供体位点信号周围 15 个碱基的其他预测所得供体位点也被去除。总之，在几乎不去掉真值的情况下，可以成功去除 65%假阳性预测。进一步对打分的修正包括识别排除可变剪切，供体和受体交替排列于基因上，而且有已知的内含子和外显子长度分布。对分值的矫正用于去掉那些使预测所得的外显子或者内含子长度超出已知的范围的结果。

其他特征可能也可以用于剪切位点预测

到目前为止很少利用外显子和内含子的长度分布进行预测。另外一个没有提及的关于剪切的分子生物学特征是内含子中分枝（branch point）位点，该位点是有显著功能的序列（见 1.14 节）。在没有利用以上这些特征的时候，可以在没有假阳性的情况下预测出 57%的供体位点和 21%的受体位点。即使达到 95%灵敏度时，NetPlantGene 产生的假阳性数量也是足够少的，使之成为很有用的方法。

一少部分方法，如 GenScan，试图利用分支位点（见 1.3 节中关于内含子结构的总结和分支位点的功能）作为一种辅助的序列信号辅助预测。然而，该信号十分弱，以至于不能提供足够的信息，因此许多方法彻底忽视了该信号。为了说明该信号的强弱，研究人员在拟南芥中搜索该信号，结果发现它仅有 7 个碱基长，在其上面有两个位点包含多余 1 bit 信息，一个是保守的腺嘌呤碱基。

利用特定方法识别起始和终止外显子

上面介绍的将外显子预测与剪切位点预测相结合的方法假设整个外显子都编码蛋白。这个假设只是对中间位置的外显子适用，而在 5′端和 3′端的基因含有不翻译的区域（有一些例子表明不翻译区域可能会延伸至一些内部的外显子中）。检测这些非编码外显子也十分重要，但是由于它们有不同特征，需要利用不同方法对其检测。Zhang 的小组着重关注于这个问题，利用二次判别式的方法对其进行分析，如内部外显子预测程序 MZEF。该程序基于寡核苷酸统计结果，利用决策树和判别式检测潜在的剪切供体位点、CpG 区域和启动子区域，从而寻找首个外显子（FirstEF）。预测末端外显子的程序 JTEF 也同样利用判别式方程，尝试定位剪切位点、末端密码子及 poly(A)信号。

利用数据库中的同源区域可以定义外显子

到目前为止已经介绍的方法都没有尝试利用数据库中已知的序列信息来辅助预测基因。利用可靠的数据库，通过寻找同源序列的方法非常有助于鉴别基因，如果同时知道 mRNA 相关的序列，那么对鉴定外显子或内含子结构也会起到很大帮助。

一些不同的方法可以整合同源信息以预测基因。可以将已预测到的外显子在数据库中搜寻相关蛋白，从而辅助在数据库中寻找其他同源蛋白。相似的，利用 EST 和 cDNA 同源性也可以确认外显子预测结果。虽然理论上可以通过标准序列联配的程序，但研究人员发现利用专门设计的程序更有利于研究。这些程序将对应于内含子的大块缝隙和双核苷酸剪切位点信号考虑进来。

当利用同一个生物的 EST 或 cDNA 信息分析该生物基因组时，尽管在基因功能和蛋白质都不清楚的情况下，它们也可以帮助识别基因及其外显子结构。EST 数据库对于提供可变剪切信息也有所帮助，而可变剪切位点是比较难鉴别的。两个相似蛋白质是来自于同一个基因的不同剪切，还是来自于两个源于基因多拷贝产生的两个基因，这一点并不容易区分。

也可以利用相似的序列信息来预测基因，虽然这种方法往往更多用于鉴别特定家族的基因，而在定位新序列中的基因时这种方法用得较少。例如，利用特定蛋白家族的代表基因可以鉴定许多（甚至全部）在该基因组中的其他蛋白质家族成员。一般来说，在基因预测方案中往往利用适合的打分方法将同源信息整合在其中。

许多 *ab initio* 基因预测程序经过修正以将实验所得基因序列的同源性予以考虑。经过修正的 GenScan 允许通过 BLAST 搜索到的内容提供额外帮助。由于 GenScan 是基于概率的（是 HMM），因此也许将 BLAST 的搜索结果转换为概率形式。这并不困难，如可以利用 E-value 的方法（见 4.7 节和 5.4 节），而需要注意的是我们这里讨论的概率与数据库检索中提到的概率不同。另外需要注意的是 BLAST 的结果也可能不对。总之，研究人员将 GenScan 对特定基因特征预测的概率修正，添加进 BLAST 得到或者没能得到结果。最后所得方法称为 GenomeScan。

10.7 完整真核生物基因模型

当基因的各个独立元件都预测出以后，可以将其整合在一起预测完整基因结构。许多程序将这些独立元件进行组合给出了多种多样的预测结果，从而可以建立基因结构的手工操作流程（流程图 10.7）。在有额外实验数据的时候，利用如上方法获得基因的完整结构是很有效的，但对于一个一般的方法而言该方法并不适用，因为其中很多部分的数据并不完整。

许多已写好的程序对独立基因元件进行预测然后将其自动整合为基因预测。早期许多程序对提交序列只预测其中的一个基因，而新一点的程序就没有这个限制。许多程序利用一两种常用技术将元件整合为一个基因：隐马尔可夫模型或者动态规划（分别见 6.2 节和 5.2 节）。这些方法的具体应用在不同程序中有所不同，我们将通过两个程序，GenScan 和 GAZE 来介绍这些方法的一般特征。注意即使对于 Grail 这类利用神经网络预测基因元件的程序，在执行这一步时也不能用神经网络。许多程序利用能阻止基因重叠的模型。尽管这点在真核生物基因中微不足道，但在 WormBase 数据库中，*Caenorhabditis elegans* 只有 2%的基因在其他基因的内含子中，被称为**巢式基因（nested gene）**。

GenScan 利用 HMM（图 10.19），并同时考虑正链和负链 DNA。注意到负链上基因元件的顺序是与正链相反的。这个复杂的模型利用几个不同的独立亚模型鉴别每个元件。其中许多亚模型我们前面都已讨论过。例如，预测剪切供体的 MDD 和预测编码区域的准确状态转移 HMM。这些亚模型的关键特征是它们为 HMM 提供概率打分结果，这些结果可以代表各个元件。完整基因模型需要连续的外显子以

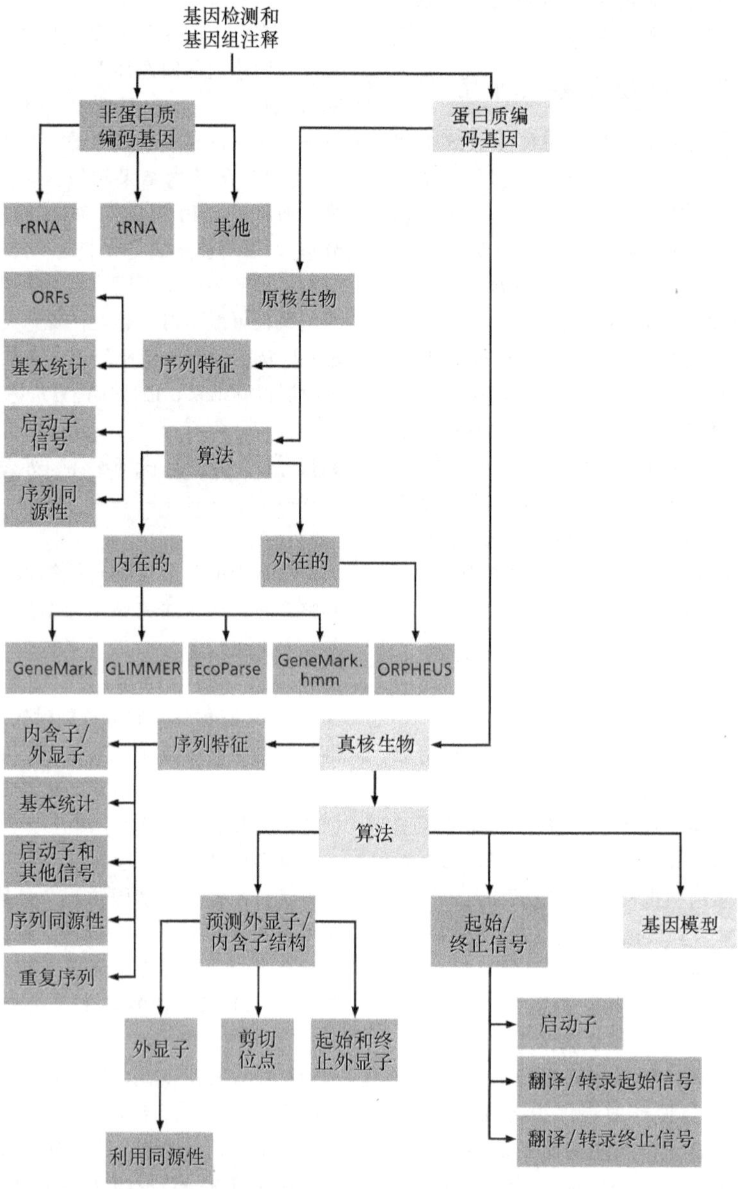

流程图 10.7　本节表述了完整的真核生物基因模型。

保持阅读框，且可以预测输入序列中的多个基因。然而，该方法不能检测重叠基因。

GAZE 程序利用动态编程（dynamic programming）的方法将整个基因的不同成分整合。在这种看问题的方法下，一个基因被视为一个由已定义顺序的特征所组成的序列，而每个特征都可以通过分值表征。将在未知序列中预测得到的特征联配入基因模型，并给出最高得分的的基因。程序被设计为只需要独立元件预测的概率分值，因此该程序可以利用任何给出这样分值的程序输出结果。这些独立元件可以通过标准 General Feature Format（GFF）格式写成的文件由 GAZE 读取，该文件中的每个预测都需要有个分值与之对应。为了使该动态编程方法工作，以上分值必须与序列可能成为的成分（包括基因间区域）相对应。基因间区域、内含子和外显子的分值可以通过以观察到的长度分布得到，它们可以由 GAZE 来定义，并于其他预测一起从 GFF 文件中读取。

GAZE 系统在原理上十分灵活，它可以利用许多不同的基因模型。这些模型是在另外一个独立的文件中定义的，并由 markup language XML 写成。因此可以通过编辑这个文件，非常便捷地改变基因模型。GAZE 读取这个模型文件，然后利用动态编程的方法确定通过该模型的最佳路径，从而得到给定

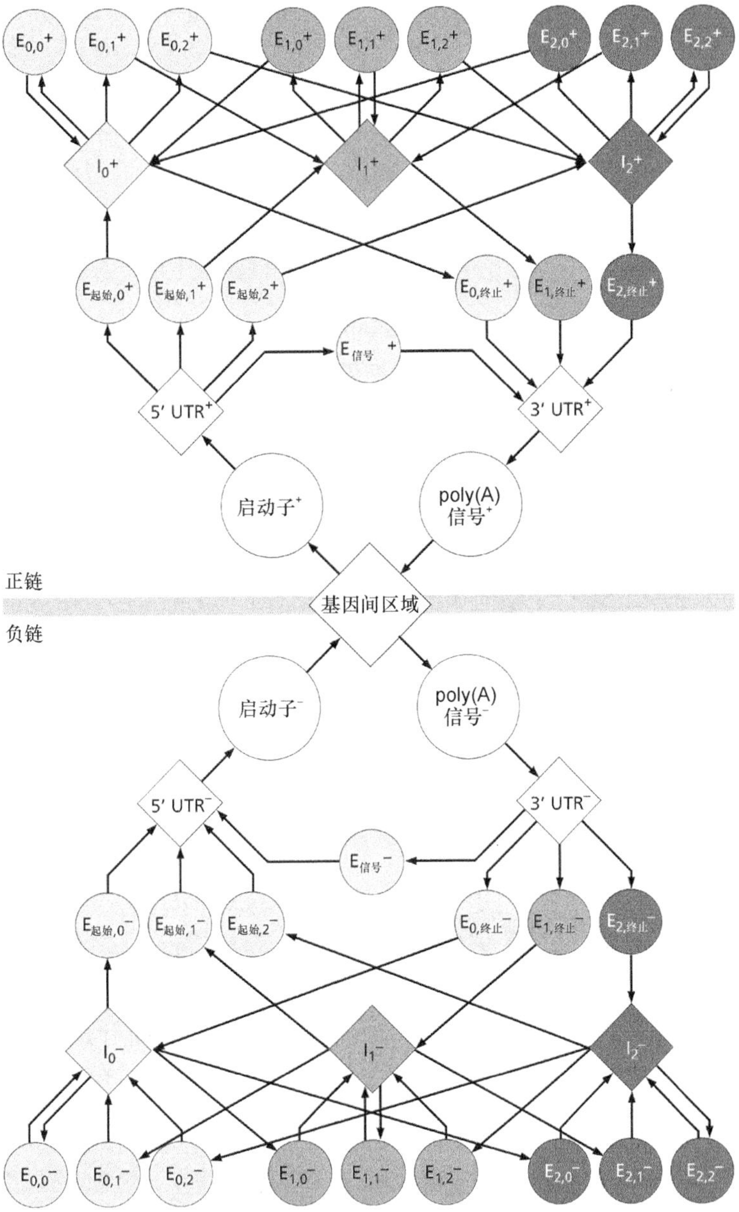

图 10.19 GenScan 中 HMM 模型结构简图。从一个方向对序列进行扫描（利用前导链或者称为＋链）。从基因间的区域开始，在正链上以启动子起始然后出现 poly（A）信号的区域为基因，对于负链基因末端先出现 poly（A）信号，之后再出现启动子。无论是对于同链还是两条链，该模型都不允许基因间的重叠。外显子阶段必须持续，并以下标 0、1、2 表示。外显子的不同阶段以不同颜色表示，内含子的颜色由其后续外显子确定（后续被定义为从 5′→4′的方向）。$E^{+}_{0,1}$是一个正链上基因的外显子，以 0 阶段开始（即上一个外显子以完整密码子结束），并以密码子的第一个碱基结束。之后的那个外显子必须以阶段 1 为开始，如 $E^{+}_{1,2}$或者 $E^{+}_{1,终止}$。对于负链而言也是一样的，除了因为在负链所以外显子是以相反顺序出现的，$E^{-}_{0,1}$需以（当扫描正链时）完整密码子结束，如 $E^{-}_{2,0}$或者 $E^{-}_{起始,0}$。该模型中的每个部分自己也是一个模型，有的也有相当的复杂度。其中启动子信号在图 10.13 中进行了描述。外显子模型包括剪切位点，如图 10.18 中的受体模型和蛋白质编码区域。蛋白质编码模型与图 10.6B 中所述模型相似。外显子和内含子模型利用的是精确状态持续的 HMM 以产生已知的长度变化（图 10.10）单外显子基因由 $E_{信号}$模型给出。如图 10.6A 所述，内含子和基因间区域由同源五序列马尔可夫模型模拟。总之该模型可以鉴定两条链上的许多基因（引自 C. Burge and S. Karlin，Prediction of complete gene structures in human genomic DNA，*J. Mol. Biol.* 268：78-94，1997）。

序列的最佳基因结构。图 10.20 给出了一个双链多基因模型。与图 10.19 给出的 GeneScan 模型相比较，该模型明确给出了剪切位点的位置，使之看起来与 GeneScan 看起来有所不同，但它们却是完全等价的。

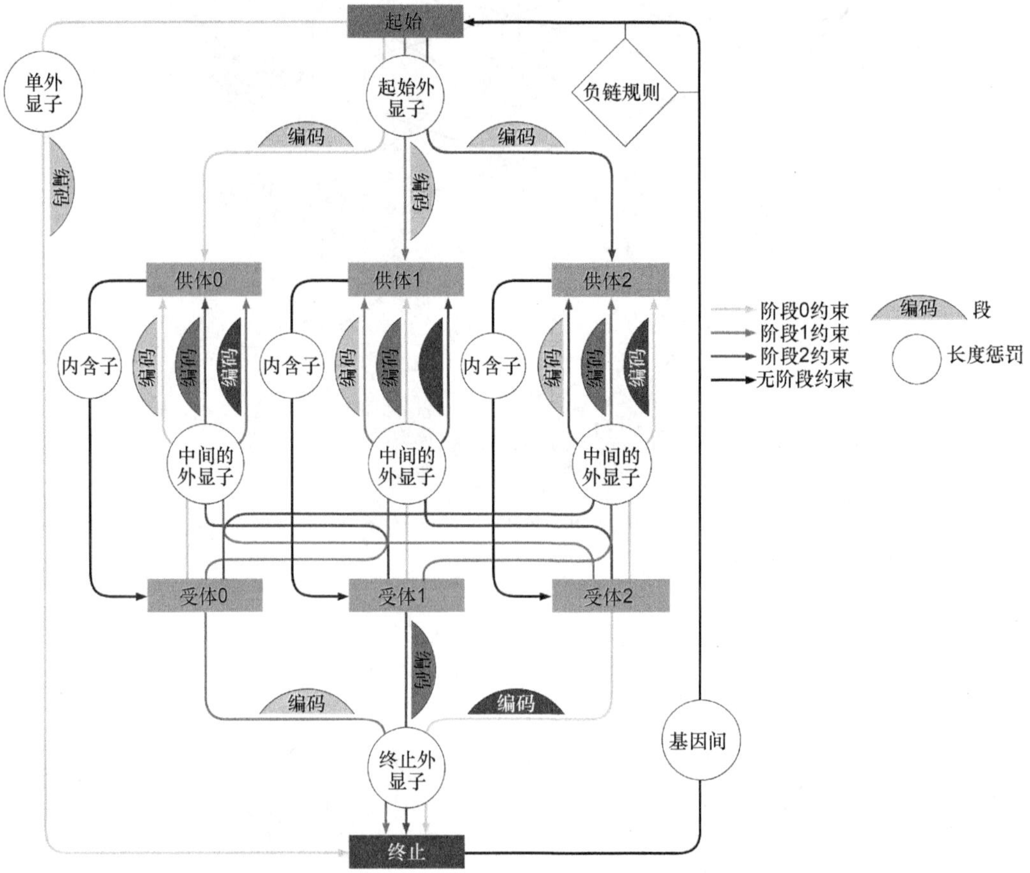

图 10.20 GAZE 中 HMM 模型结构简图。这是与图 10.19 GenScan 的等价模型。这种模型基于动态编程的方法，因此对于每个阶段而言，其后一段序列区域的不同注释结果需要有打分。长方形中的特征利用 GAZE 中的权重矩阵打分，尽管也可以整合其他方法。蛋白质编码和非编码区域（以白色圆圈表示）的打分是基于它们相对于已知长度分布的长度，被称为长度罚分。蛋白质编码区域由另外一个分值，与编码可能性相关。外显子的阶段用与 GenScan 中相同的方法保持，且编码部分用相同颜色表示。像 GenScan 中一样，该模型对于负链上的基因有等价的结构，这里仅以右上角的框图表示。该模型可以预测双链上的许多基因（引自 K. L. Howe，T. Chothia and R. Durin，GAZE：a generic framework for the integration of gene-prediction data by dynamic programming，*Genome Res*. 12：1418-1427，2002）。

10.8 预测独立基因之余

除了识别所有蛋白质编码区域基因的位置和其他序列特征以外（流程图 10.8），还有很多其他内容需要注释。最基本的注释需要包括分析所有预测得到的蛋白质产物，该预测可基于第 4 章中所介绍的序列分析进行。另外，还需要包括针对某个序列区域的实验数据。更进一步的分析可以包括与其他物种基因组的比较。这可以通过将两个基因组或者其中部分区域进行序列联配，并比较其特征得到。基因组注释的这些方面在下文中将作简要介绍。最后，本节中将讨论当获取进一步实验数据以后，需要对多少注释内容进行修正的问题（可能基于预测的基因和基因产物）。

功能注释

当将所有基因预测出以后，需要进一步确定编码蛋白质的功能。预测基因功能最显而易见的方法就是进行序列分析。如果编码蛋白质的序列与数据库中的蛋白质有一个或多个显著的对应，则有理由预测其功能与检索到的蛋白质是相似的。大部分基因产物可以通过该方法预测功能，尽管这样预测的功能并不像真实分析中所需要的那样特异。例如，预测一个基因产物为激酶是有用的，然而如果并不知道其底物和表达控制，该物种中这个基因的真正功能相对而言并没有确定。另外，至今已测序的基因组有相当一部分（10％甚至更多），其真实功能与以上预测结果并不相符，在相当多的例子中，相似性仅是蛋白质的一部分，如一个单一的结构域。

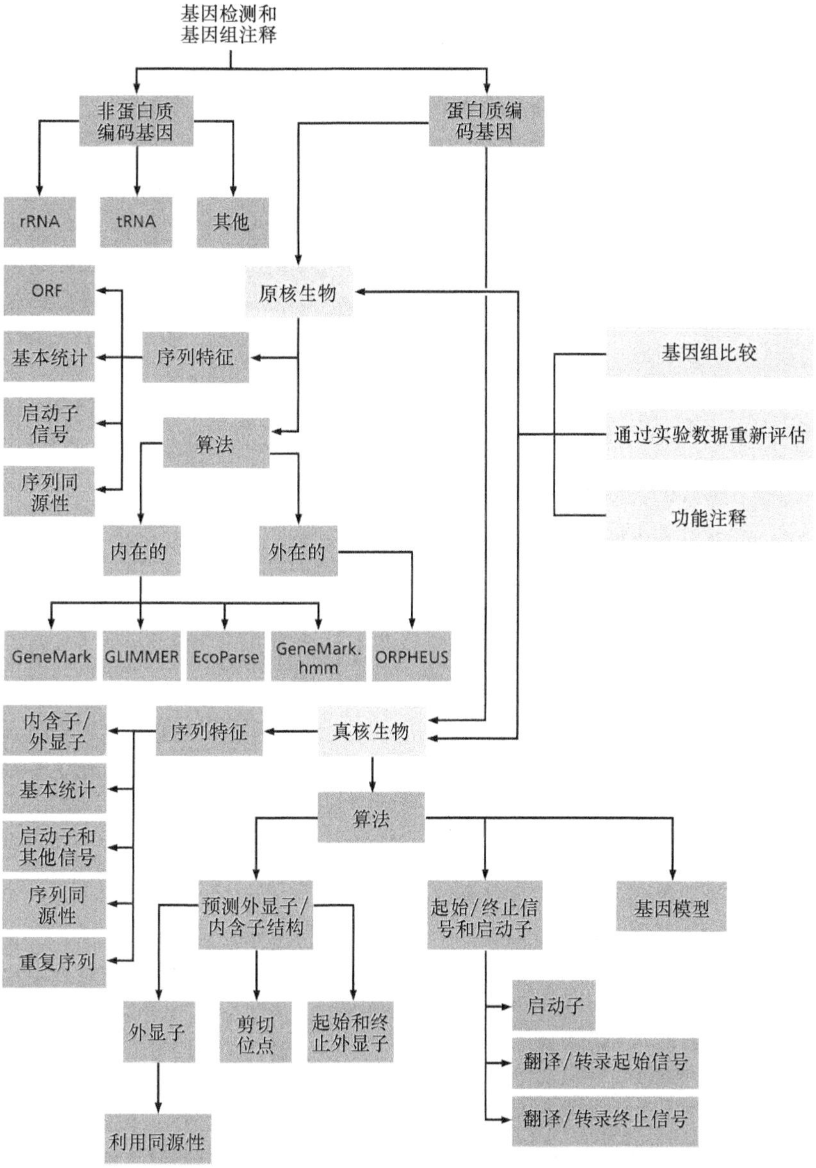

流程图 10.8　本节深入讨论了部分基因预测和基因组注释的方法。

真正能解释功能的方法是通过进一步的实验。因此，在测序之后需要做相当多的工作将单独基因进行干扰，从而揭示其表型。表型可以通过总体特征，如总体细胞大小来描述，但更多是与正常表型有所差异的基因或蛋白表达所描述的。这样的实验可以说明与其他基因在调控上的关联，而这些基因的功能可能是人们已有所了解的。这些方法可以产生对基因功能在多个水平上的描述。这些实验中许多包括基因表达芯片及（或）蛋白质组的研究，将在第 15 章和第 16 章中讨论。

基因组注释的一个很重要的方面在于基因本体（见 3.2 节）。在本文中，基因本体是指一系列受广泛认可的标准语言，其中包括对功能的描述。利用这些语言进行描述，将使得后续分析更为便捷，如寻找有相似功能的基因便是后续分析的一个。

对于预测基因组而言，除了基因以外还有很多其他内容，注释需要包括基因组的方方面面。前面已经讨论过 tRNA 分子位置的问题，rRNA 也同样需要定位。另外，重复序列也是人们关注的对象，并可能有一定功能。除这些之外，可能有些特征会涵盖多个基因，如操纵子和病原性基因岛。后者是指来源于其他物种的大范围插入片段，其中往往包含用于转运机制和生成毒素的基因。另外，其他基因可能出现有近期基因横向转移（lateral transfer）的现象，特别是人类和家养动物。在注释中包括这些特征是极其重要的，将为医学和兽医学研究提供帮助。关于这些注释方法，本书不再深入介绍。

在关于基因组注释信息的质量问题上，有两大学派。一些人认为只需将最可靠的信息包括其中，这样可以减少错误预测，从而减少对将来工作的错误引导。例如，Ensembl 人类基因组注释，就是采取了这样的思路。另外一种观点认为，包括越多的信息越好，尽管某些信息可能根本没有多少依据。当然对于这样的数据，需要将其可信程度标注出来。这样做的优点是，对于没有多少已知信息的基因而言，这样的预测可能会为鉴定基因功能和产物的实验指出方向。

通过比较相关基因组，可以减少难以确定的预测

当所需预测的基因组与一个已知物种的基因组很接近时，通过比较这两个序列对于确定未知基因预测状态是个非常有力的工具。该比较也可以帮助识别潜在的错误序列，可以通过对该区域重新测序以进一步确定。需要注意，因为常常存在大规模的重排，两个基因组的联配并不那么简单，但可以寻找**同线性（synteny）**的区域，在这些区域中基因结构相似性足够强，使得明显可以看出它们有共同进化的祖先。对于小鼠和大鼠的 X 染色体进行联配就是一个大规模重排的例子（图 10.21），几乎所有的序列在两个染色体中都存在（大鼠的染色体较小鼠的略大一些），然而顺序和方向常常不同。

比较具有同线性的区域可以揭示基因组注释中的错误（图 10.22）。注意到目前为止大部分对基因组的注释还没有通过实验证实，因此当把基因组注释的信息应用到其他基因组时需要比较谨慎。因此为了确定任何预测修饰，如果可能的话需要实验数据所支持。下面的讨论将基于图 10.22［一个对于啤酒酵母（*Saccharomyces cerevisiae*）基因组的研究］。因为该基因组中大多数为单 ORF 基因（single ORF gene）且一些基因只有少数几个外显子，它并

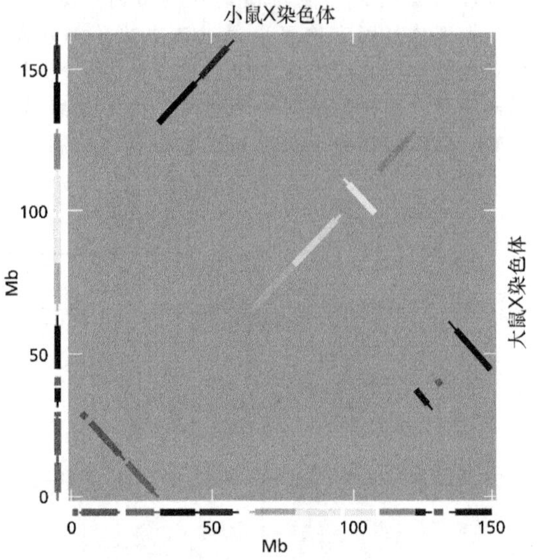

图 10.21 小鼠与大鼠 X 染色体大规模的序列联配。小鼠与大鼠最近的共同祖先在 12 亿～24 亿年前灭绝；对于进化来说并不是很长的时间，但已经可以看到基因组上的大规模重排，包括序列的倒置。自从它们分离，至少有 5 个大事件发生在两者身上。除了这些大事件以外，还有许多小范围的变化。因此对两条序列的联配并不像以往想象的那么简单。尽管序列长度和该问题的特定本质使得需要建立特定算法，然而，如 5.5 节所述，联配是很直接的（引自 R. A. Gibbs et al.，Rat Genome Sequencing Project Consortium：Genome sequence of the Brown Norway rat yields insights into mammalian evolution，*Nature* 428：493-521，2004）。

不能体现有更复杂基因结构的高等真核生物中的所有可能的情况。然而，可以比较直接地将其扩展到这样的基因组中。

在某物种的基因注释时，如果一个特定的 ORF 被鉴定为可表达的基因，且同时附近的区域也有成为 ORF 的可能（图 10.22A），那么将该 ORF 指定为一个基因的预测需要重新进行考虑。这是由于在某物种中该 ORF 被忽略，其原因可能是一个测序错误导致该 ORF 被分为两段序列而每一段对于基因而言都过短。在这种情况下，对该区域进行重新测序可以确定是否有测序错误，当然也有可能是由一个突变将基因中断。

图 10.22B 和图 10.22C 未能成功识别外显子 5′端和 3′端内含子的例子。该识别失败会导致前一个或后一个外显子遗漏。在基因组 B 中剪切位点识别的错误就会产生这样的情形。测序错误会使得 ORF 识别错

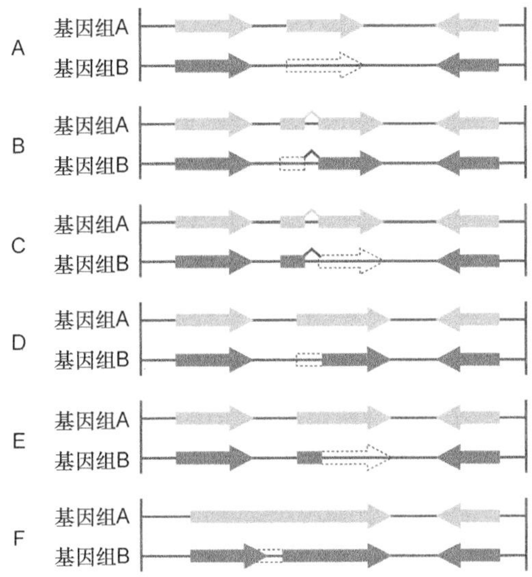

图 10.22　两基因组中同线区域（syntenic region）可能出现的注释差异。基因组 A 用于参照，并用于辅助鉴别基因组 B 中的基因。然而除非基因组 A 中特征经过详细实验证实，对基因组 A 的已有注释也是值得怀疑的。观测到的差异 A 至 F，在文中会详细讨论（引自 Figure 1 of Brachat et al., 2003）。

误，缺少 5′端或 3′端（图 10.22D 和图 10.22E），如前文所述，重新测序可以解决该问题。在某些情况下，该错误会把一个长 ORF 错认为两个短 ORF（图 10.22F）。关于这些问题从实验和计算层面如何解决，请参考扩展阅读部分。

以上讨论很大程度上基于对两个注释基因组的人工检验。即使对于 13Mb 的基因组而言，也需要大量工作。于是人们便试图通过构建算法来自动解决该问题。许多技术与此有关，但目前要在两个基因组上同时进行，本文不再详述，请参考扩展阅读部分。

基因检测方法的评估和再评估

至今还没有一个物种（除了少数病毒之外）的所有基因都经过实验证实而且有足够证据表明其他所有 ORF 缺乏表达。但是证据总是随时间不断积累，可以用来再次对预测方法及现有基因组注释进行评估。这样的数据大部分是来自非测序的实验，如基因表达分析。然而，可以通过相关物种新测得的序列进行比较获得额外信息。我们将简要介绍一些用于改进初步注释的方法。人们比较关注于较短的 ORF，因为它们更有可能出现错误；随即出现较长 ORF 的可能性较低。

从这个角度而言，啤酒酵母（*Saccharomyces cerevisiae*）是研究最为深入的基因组之一。它包含 5000～6000 个基因，但其中为我们熟知的基因的确切数量可能在 100 以内。在 2001 年 Valerie Wood 及其合作者的评估指出总共有 5570 个基因，而 1996 年在序列刚测出时的估计值为 5885 个基因。然而，这也不是最终的答案，特别是当相对临近物种的基因组序列发表以后，基因组注释一直被重新审视。

啤酒酵母注释时，人们试图通过将 ORF 限制为至少 100 个密码子长，从而减少较短 ORF 所引发的问题，在酵母基因组中 ORF 大约有 7500 个。如果将长度减少到 20 个密码子，那么 ORF 的数量就会达到 41 000。大量 ORF 在数据库中没有直系同源（homolog），而且没有发现其功能，这样的 ORF 被称为 orphan（或者 ORFan），如 PROSITE 模式（见 4.9 节）。这些可能真是基因，即使其同源基因没有被发现，或者演化出了新功能，当然它们也可能是错误的基因预测。

Wood 及其同事在 2001 年的基因组重新注释的工作中，注意到这样的基因，并考察了是否可以发现进一步数据以支持或反对预测结果。在某些例子中，发现其在新近测序所得基因组中的直系同源基因，或者有些实验证据支持这些基因有所表达。人们注意检验其与其他基因之间是否存在重叠，如果有所重叠往往被认为这不是一个基因。另外一个检验方法，是统计该 ORF 区域的 GC 成分，如果与该基因组基因的平均情况有所差异，那么就认为这个区域不是基因。一般来说，孤立的 ORF 被注释为推测的（193 个基因）或者假的（370 个基因）。另一个方面的重新评估在于仔细分析该序列与其直系同源序列的联配，通过联配可以发现潜在未发现的移码或者测序错误。总的来说，在基因组中共发现了 46 个应做的修饰，其中包括 3 个新基因。

总结

在本章中，我们讲述了从核苷酸序列中鉴定功能区域的问题。对于 RNA 分子，几乎可以无论物种，用同样的方法来处理，仅在针对较大真核生物基因组时需要降低假阳性率的额外方法。然而，当我们试图定外蛋白质编码基因时，真核生物与其他物种的情况有很大差异。

对两种情况而言，基因鉴定都需要基于它们的成分，而该成分多是通过没有多少信号的短序列模式（short sequence pattern）获得的。因此，每个组分很难完全准确地被检测出来，检测错误会被引入整个基因的模型中。在原核生物中，基因有较简单的结构，因此问题并不复杂。在真核生物中，现有的方法还会产生相当大量的预测错误，因此基因组注释就像艺术，常常需要相当多的专业知识，包括对程序和物种特异性的知识。相关单个基因和全基因组序列的获得，使得这一进程逐渐完善。

深入的实验工作和重复分析在逐渐提高基因组注释的准确率，并帮助发现了现有自动分析方法的问题。研究者一度将重点放在 ORFan（没有直系同源的序列）的注释上，试图为它们建立是否表达的注释）。同时，要解决可变剪切的问题，还需要对调控机制以及如何将其从核苷酸序列中鉴定出进行深入研究。这个领域至今还在迅速发展着，且将要继续发展一段时间，因为还有很多可以提高的地方。

名词解释

acceptor splice site（剪切受体位点）：剪切酶结合的内含子 3′端和外显子 5′端。一般来说这是外显子的起始位置。另见**剪切供体位点**。

annotation（注释）：对于数据库和基因组序列而言，是指额外信息。这些信息往往基于其关键部分与其他相似数据的比较，或者预测方法对其关键数据的分析结果。

decision tree（决策树）：一个用于从多个可能结果中选择其一作为最终结果的方法，其中总体决策可以被分为多个简单的检验所执行。其中每个检验都是从有限个互斥的结果中进行选择，其中的某些可能会直接决定最终结果，而另外一些还需要结合其他检验的结果共同评价。不同检验之间的关系由一个树状结构表示，该名称往往用于更为普遍的方法。对于任何给定的数据，仅有一条路径可以从决策树中最初的检验到达最后结果。

donor splice site（剪切供体位点）：核酸序列中标记外显子和内含子边界的位点。5′剪切位点位于内含子 5′端，被称为剪切供体位点。另见**剪切受体位点**。

Markov chain（马尔可夫链）：当系统变换状态时，由**马尔可夫模型**所产生的离散步骤。

Markov model（马尔可夫模型）：马尔可夫模型是一个系统的概率模型，该系统包括多个（可能是无限）状态，模型前进的每一步都是依据前面有限个状态而前进到下一个状态。最简单的马尔可夫模型（一序列）仅依据前面一个状态的结果发生状态转移。

nested gene（巢式基因）：位于其他基因内含子中的基因。

semi-Markov model, HMM With duration, or explicit state duration HMM（半马尔可夫模型、持续 HMM 或者精确状态持续 HMM）：是一个系统会在特定状态（或模型部分）中持续的隐马尔可夫模型，该模型由一个独立的方法决定。该模型经典的用途在于克服特定 HMM 依据长度的概率变化，如使模型对外显子长度产生合适的分布。

扩展阅读

10.1 利用决策树检测功能 RNA 分子

tRNA 鉴定

Fichant CA & Burks C (1991) Identifying potential tRNA genes in genomic DNA sequences. *J. Mol. Biol.* 220, 659-671.

Lowe TM & Eddy SR (1997) tRNAscan-SE: a program for improved detection of transfer RNA genes in genomic sequences. *Nucleic Acids Res.* 25, 955-964.

Pavesi A, Conterio F, Bolchi A et al. (1994) Identification of new eukaryotic tRNA genes in genomic DNA databases by a multistep weight matrix analysis of transcriptional control regions. *Nucleic Acids Res.* 22, 1247-1256.

其他 RNA 基因鉴定

Eddy SR (2002) Computational genomics of noncoding RNA genes. *Cell* 109, 137-140.

10.2 原核生物基因检测中有用的特征

Echols N, Harrison P, Balasubramanian S et al. (2002) Comprehensive analysis of amino acid and nucleotide composition in eukaryotic genomes , comparing genes and pseudogenes. *Nucleic Acids Res.* 30, 2515-2523.

Schneider TD & Stephens RM (1990) Sequence logos: A new way to display consensus sequences. *Nucleic Acids Res.* 18. 6097-6100.

利用碱基统计结果鉴定蛋白质编码区

Fickett JW & Tung C (1991) Assessment of protein coding measures. *Nucleic Acids Res.* 20, 6441-6450.

10.3 原核生物基因检测的算法

GeneMark, GeneMark. hmm 和其他算法

Besemer J, Lomsadze A & Borodovsky M (2001) GeneMarkS; a self-training method for prediction of gene starts in microbial genomes. Implications for finding sequence motifs in regulatory regions. *Nucleic Acids Res.* 29, 2607-2618.

Borodovsky M, Rudd KE & Koonin EV (1994) Intrinsic and extrinsic approaches for detecting genes in a bacterial genome. *Nucleic Acids Res*. 22, 4756-4767.

Lukashin AV & Borodovsky M (1998) GeneMark. hmm: new solutions for gene finding. *Nucleic Acids Res*. 26, 1107-1115.

GLIMMER

Delcher AL, Harmon D, Kasif S et al. (1999) Improved microbial gene identification with GLIMMER. *Nucleic Acids Res*. 27, 4636-4641.

Salzberg SL, Delcher AL, Kassif S & White O (1998) Microbial gene identification using interpolated Markov models. *Nucleic Acids Res*. 26, 544-548.

Salzberg SL, Pertea M, Delcher AL et al. (1999) Interpolated Markov models for Eukaryotic gene finding. *Genomics* 59, 24-31.

ORPHEUS

Frishman D, Mironov A, Mewes H-W & Gelfand M (1998) Combining diverse evidence for gene recognition in completely sequenced bacterial genomes. *Nucleic Acids Res*. 26, 2941-2947.

EcoParse

Krogh A, Mian IS & Haussler D (1994) A hidden Markov model that finds genes in *E. coli* DNA. *Nucleic Acids Res*. 22, 4768-4778.

原核基因组

Ermolaeva MD, White O & Salzberg SL (2001) Prediction of operons in microbial genomes. *Nucleic Acids Res*. 29, 1216-1221.

Lio P & Vannucci M (2000) Finding pathogenicity islands and gene transfer events in genome data. *Bioinformatics* 16, 932-940.

马尔可夫模型

Burge CB & Karlin S (1998) Finding the genes in genomic DNA. *Curr. Opin. Struct. Biol*. 8, 346-354.

10.4 真核生物基因检测中用到的特征

人类基因的初步分析

Burge C & Karlin S (1997) Prediction of complete gene structures in human genomic DNA. *J. Mol. Biol*. 268, 78-94. (*Genscan*)

Hebsgaard SM, Korning PG, Tolstrup N et al. (1996) Splice site prediction in *Arabidopsis thaliana* pre-mRNA by combining local and global sequence information. *Nucleic Acids Res*. 24, 3439-3452.

Stephens RM & Schneider TD (1992) Features of spliceo-some evolution and function inferred from an analysis of the information at human splice sites. *J. Mol. Biol*. 228, 1124-1136.

10.5 预测真核生物基因信号

核心启动子序列初步分析

Bucher P (1990) Weight matrix descriptions of four eukaryotic RNA polymerase Ⅱ promoter elements derived from 502 unrelated promoter sequences. *J. Mol. Biol*. 212, 563-578.

FitzGerald PC, Sturgill D, Shyakhtenko A et al. (2006) Comparative genomics of *Drosophila* and human core promoters. *Genome Biol*. 7, R53.

Penotti FE (1990) Human DNA TATA boxes and transcription initiation sites. A statistical study. *J. Mol. Biol*. 213, 37-52.

核心启动子检测的算法

Burge C & Karlin S (1997) Prediction of complete gene structures in human genomic DNA. *J. Mol. Biol*. 268, 78-94. (*Genscan*)

Matis S, Xu Y, Shah M et al. (1996) Detection of RNA polymerase Ⅱ promoters and polyadenylation sites in human DNA sequence. *Comput. Chem*. 20, 135-140. (*Grail*)

Reese MG (2000) Genome annotation in *Drosophila melanogaster*. PhD thesis. University of Hohenheim, Germany. (*NNPP*, *Genie*)

启动子识别

Hutchinson G (1996) The prediction of vertebrate promoter regions using differential hexamer frequency analysis. *Comput. Appl. Biosci*. 12, 391-398. (*ProFind*)

Ohler U, Harbeck S, Niemann H et al. (1999) Interpolated Markov chains for eukaryotic promoter recognition. *Bioinformatics* 15, 362-369. (*McPromoter*)

Prestridge DS (1995) Predicting Pol Ⅱ promoter sequences using transcription factor binding sites. *J. Mol. Biol*. 249, 923-932. (*PromoterScan*, *ProScan*)

Scherf M, Klingenhoff A, Werner T (2000) Highly specific localization of promoter regions in large genomic sequences by PromoterInspector: A novel context analysis approach. *J. Mol. Biol*. 297, 599-606. (*PromoterInspector*)

Uberbacher EC, Xu Y & Mural RJ (1996) Discovering and understanding genes in human DNA sequence using GRAIL. *Methods Enzymol*. 266, 259-281. (*Grail*)

Zhang MQ (1998) Identification of human gene core promoters in silico. *Genome Res*. 8, 319-326. (*CorePromoter*)

10.6 预测外显子和内含子

Zhang MQ (1997) Identification of protein coding regions in the human genome by quadratic discriminant analysis. *Proc. Natl Acad. Sci. USA* 94, 565-568.

10.7 完整真核生物基因模型

Howe KL, Chothia T & Durbin R (2002) GAZE: A generic framework for the integration of gene-prediction data by dynamic programming. *Genome Res*. 12, 1418-1427.

10.8 预测独立基因之余

重新对完整基因组的注释信息进行详细验证

Brachat S, Dietrich FS, Voegeli S et al. (2003) Reinvestigation of the *Saccharomyces cerevisiae* genome annotation by comparison to the genome of a related fungus: *Ashbya gossypii*. *Genome Biol*. 4, R45.

Wood V, Rutherford KM, Ivens A et al. (2001) A re-annotation of the *Saccharomyces cerevisiae* genome. *Comp.*

Funct. Genomics 2，143-154.

染色体上大规模的变化

Gibbs RA，Weinstock GM，Metzker ML et al.（2004）Genome sequence of the Brown Norway rat yields insights into mammalian evolution. *Nature* 428，493-521.

专栏 10.1　从核酸水平估计基因预测准确性

Burset M & Guigo R（1996）Evaluation of gene structure prediction programs. *Genomics* 34，353-367.

专栏 10.2　迅速测定多个基因组

Venter JC，Remington K，Heidelberg JF et al.（2004）Environmental genome shotgun sequencing of the Sargasso Sea. *Science* 304，66-74.

专栏 10.3　外显子水平基因预测准确性的描述

Burset M & Guigo R（1996）Evaluation of gene structure prediction programs. *Genomics* 34，353-367.

第 5 部分　二级结构

DNA、RNA 和蛋白质分子几乎总是需要一个特定的三维结构才能执行它们的功能。特别是蛋白质从称为二级结构的小的、规则的、重复的结构折叠成三维结构。这些结构信息有助于进一步了解分子的功能。同时，这些结构信息还能用于改善序列比对。

这部分章节主要介绍了如何预测生物分子的二级结构。第 11 章介绍了一些现有的方法，并讨论了如何实现它们以及解释它们的结果。这一章还涉及了一些特别的预测，如跨膜区域以及 RNA 二级结构的预测。

第 12 章深入介绍了一些用于二级结构预测的方法及它们的基本原理，如神经网络和隐马尔可夫模型等技术。

第 11 章　从序列中获得二级结构

当你读完第 11 章时，你应该能够：

从单独的蛋白质序列预测其二级结构各元素的位置；
评估预测程序的准确性；
比较预测算法如何对不同二级结构类型的蛋白质进行预测；
比较常用的预测方法和算法；
预测膜蛋白中跨膜区域的位置；
预测能够形成卷曲螺旋的螺旋的存在。

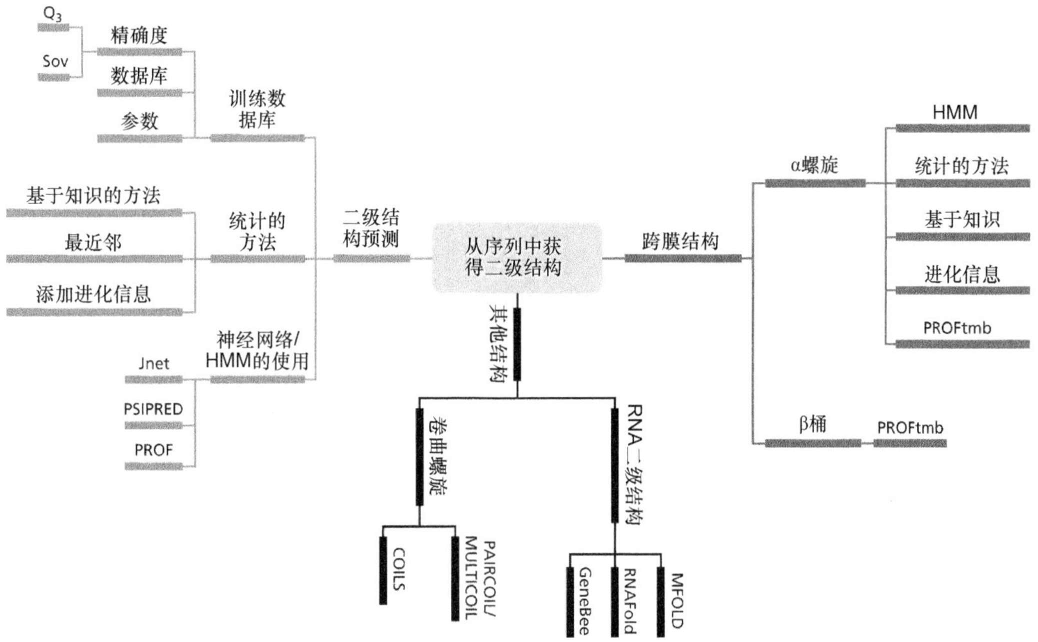

思维导图 11.1　显示本章中主要主题的构思图，介绍了如何从序列预测结构特征。

在第 2 章中已经介绍过蛋白质的活性或生化功能都是由它的三维形状或折叠所确定的。一个多肽链的折叠把这个链上不同部分的氨基酸汇聚了起来，如化学基团被放在一个可以在酶活性位点中赋予其催化活性的结构中，或者形成一个与其他蛋白质或小分子结合的结合位点。这种构型还可以提供蛋白质的结构整体性。

于是这就带来了一个重要的生物信息学问题：给出蛋白质的序列，它的结构是怎样的呢？目前阐明一个蛋白质的三维构象的唯一办法是通过实验的方法，如 X 射线晶体学或核磁共振（NMR）。然而，用实验来确定每个蛋白质的三维结构是不切实际的。另一方面，基因组测序计划使已知蛋白质序列的数量产生了爆炸性的增加。搜索数据库中已知结构或功能的序列同源性可以为一个未知蛋白质的结构及它的生化活性提供有用的信息。但是，许多蛋白质序列找不到和它有同源性的已知结构。在这种情况下，能够从蛋白质序列中预测出至少一些结构特征对为蛋白质的整体结构和功能提供线索也是有用的。

人们普遍认为一个蛋白质的氨基酸序列中包含了它折叠成原始形态所需要的必要信息。20 世纪 50 年代，Christian Anfinsen（图 11.1）在研究牛胰腺的核糖核酸酶（RNase）时发现这个蛋白质的氨基酸序列决定了它的三维结构。这一非常重要的观察结果于 1954 年发表在 *Journal of Biological Chemistry* 上。Anfinsen 将核糖核酸酶展开，然后观察酶在自然条件下如何自发地重新折叠回它原始的形态。1972 年他和他的同事因为这项蛋白质折叠的工作获得了诺贝尔奖。但是为什么特定序列采用一个特定的折叠的问题仍远远没有得到解决？可以被运用于序列准确地预测它的三级结构来演绎蛋白质折叠的一个计算方法还不存在。然而，预测二级结构要素——α 螺旋、β 折叠、β 转角和无规卷曲被一些成功利用分析大量已知结构序列的参数得到的统计和神经网络方法证明是可行的。

图 11.1　Christian Anfinsen 的照片。

在这一章中我们将首先论述目前使用的主要的二级结构预测方法，并在章节稍后的部分中描述预测特殊结构方面的方法，如一个蛋白质的跨膜区域。在随后第 12 章的内容中将深入描述构建预测程序的基础理论。预测蛋白质整体折叠的方法将在第 13 章中讨论。

用于确定蛋白质上其他重要生物学位点，如翻译后修饰的位点、信号序列，以及与其他蛋白质相互作用的位点的方法也已经被开发了出来。这些方法大多数可通过 ExPASy 网络服务器获得，由于它们基本上涉及了蛋白质序列基序的识别而不是从序列预测蛋白质的结构（如 4.8～4.10 节及 6.6 节所描述的），在这里就不进一步讨论了。

在这章中，我们也将涉及卷曲螺旋——由两个蛋白质链的 α 螺旋相互缠绕所形成的杆状结构的预测。卷曲螺旋是一类转录因子——**亮氨酸拉链（leucine zipper）** 转录因子的特点，同时预测形成卷曲螺旋的能力为未知蛋白质的功能提供了线索。

已经有了一些尝试从序列单独预测蛋白质的活性位点，更近的是蛋白质相互作用的位点。这些类型的预测与蛋白质的结构功能有关并将在第 14 章中涉及。最后，我们将以 tRNA 的结构为例来简要回顾一下核苷酸序列的二级结构预测。

11.1　预测方法的类型

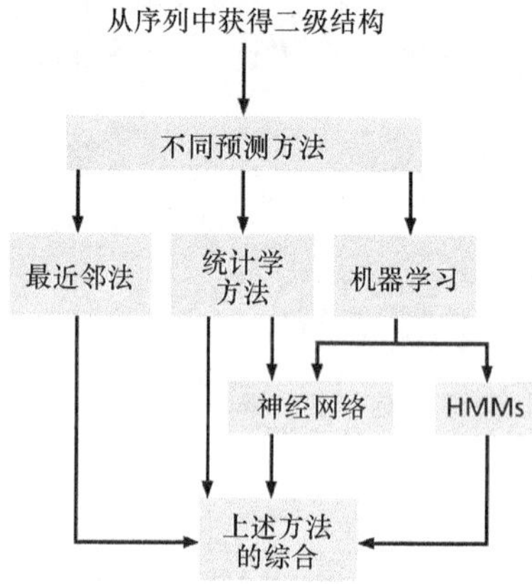

流程图 11.1　这节中介绍的主要概念是许多不同的方法被引入产生用于预测蛋白质二级结构的方法。

许多预测程序旨在识别仅仅 3 种不同的常规结构状态：α 螺旋、β 折叠和 β 转角（图 11.2）。因此，当预测二级结构时，通常会产生一个 4 个状态的预测，即残基被预测成 α 螺旋、β 折叠、β 转角或随机卷曲的构象。在这里，卷曲构象并不是 α 螺旋、β 折叠或 β 转角，它将包括非结构化的环以及蛋白质链上连接二级结构元素的不规则区域。其他程序使用不包括 β 转角的 3 种状态预测。例如，转角会出现在 β 片层中连续的 β 折叠之间。有些算法甚至尝试预测不同种类的螺旋或转角构象，如 π 螺旋、3_{10} 螺旋以及聚脯氨酸螺旋，以及 Ⅰ 型、Ⅱ 型及其他型的转角。

预测蛋白质二级结构的方法大体上可分为下列几类：统计分析，也称为概率分析；基于知识的分析；**机器学习法（machine-learning method）**；以及那些主要基于神经网络的方法。此外，还有一些一致法，采用一套不同预测方法的平均结果。目前使用的大多数自动化的方法都使用了这些技术的混合体，并都加入了某种形式的统计分析。

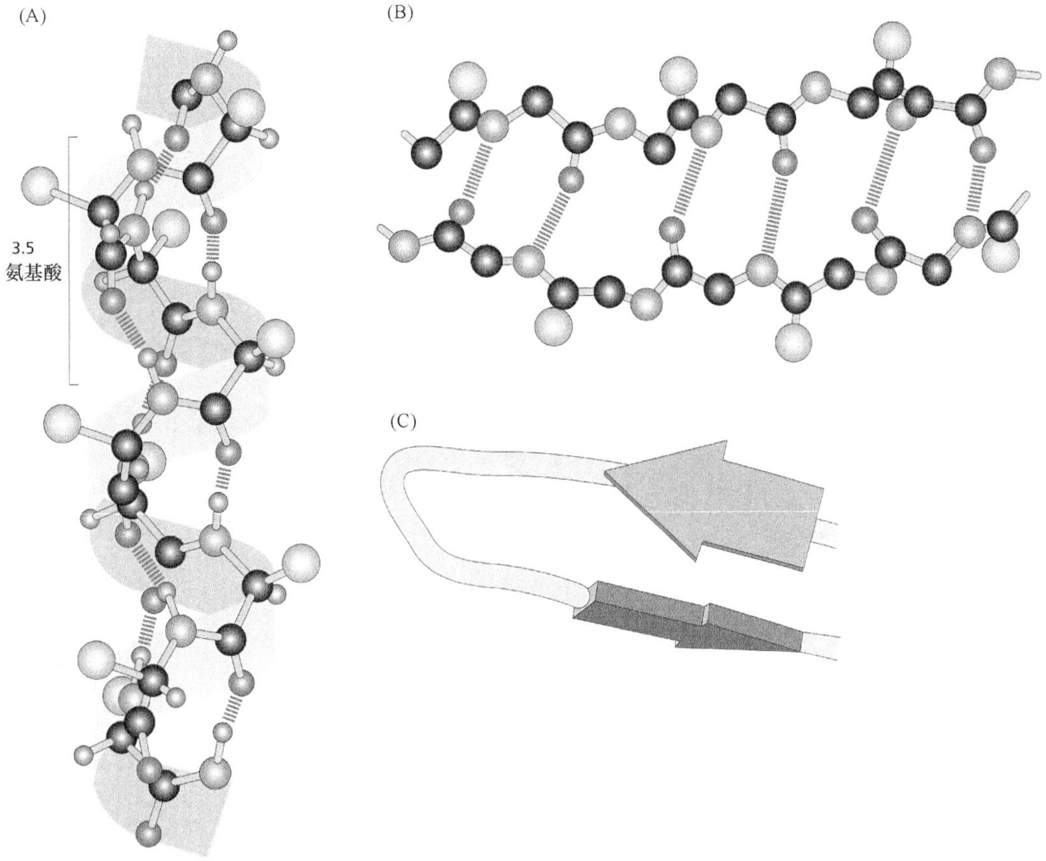

图 11.2 描述蛋白质中最常见的二级结构的图表。(A) 这个图描述了有 $i \sim i+4$ 氢键模式的 α 螺旋。(B) 这个图表明一个 β 折叠包含了两个反向平行的 β 折叠股。β 折叠股之间形成了特殊的氢键从而形成了 β 折叠。(C) 这个图显示了 β 转角。在 A 和 B 两部分中残基侧链用浅灰色大圆球形表示。

基于规则的统计方法使残基形成一个特定二级结构成为可能

概率源自于分析来自大量已知结构的蛋白质的结构和序列数据，以及相关的结构和序列特征，以形成二级结构分配的统计规律。由于很少数量的实验能解释三维结构，早期的统计方法受制于缺乏数据。如今这对于使用简单统计学模型研究球形蛋白而言已经不是什么问题了，但却仍然存在于其他的一些情况中。

很多年以来，这类方法中最常用的是 20 世纪 70 年代由 Chou 和 Fasman 开发的。它最初是基于一小套蛋白质数据分析——第一套数据集中只有 15 个结构，并且简单地确定氨基酸作为 α 或 β 形成子或者 α 或 β 破坏子 (图 11.3)。由形成子及缺少许多破坏子组成的短片段被指定为 α 螺旋或 β 折叠股的核心。二级结构元素的分界由强力破坏子的存在来划分。1989 年，初步数据集扩大到包括 64 个蛋白质，随后进一步扩大到有总共 33 118 个能从中获得新参数的残基的 144 个非同源蛋白。这最后的重新参数化改变了对一些残基的分配。最大的数据集的统计分析表明，仍有超过 10% 的参数值是不确定的 (请参阅 12.2 节)。在过去几年中，这种方法已被更精确的统计方法取代了，如稍后介绍的 GOR 方法，这种方法以残基的片段为基础进行分配，从而实现了能影响最终二级结构的残基之间的局部相互作用。最新版本的 GOR 法比原来的 GOR 法加入了更大数据集的统计信息，同时显示了一个更大的数据集并且的确增加了二级结构预测的准确性 (请参阅 11.4 节)。

最近邻法是结合了有关蛋白质结构额外信息的统计方法

基于知识的方法是最优化的统计方法：除了使用氨基酸的统计倾向来形成特定的结构外，他们加入了蛋白质结构的物理和化学的知识，如形状、大小，以及不同的氨基酸残基的理化性质。后面介绍的方法其中一个是 PREDATOR，它也采用了这种常被称为最近邻的方法，包括从数据库中找到与查询

氨基酸	螺旋			
	标记	*P*	标记	*P*
Ala	F	1.42	b	0.83
Cys	I	0.70	f	1.19
Asp	I	1.01	B	0.54
Glu	F	1.51	B	0.37
Phe	f	1.13	f	1.38
Gly	B	0.61	b	0.75
His	f	1.00	f	0.87
Ile	f	1.08	F	1.60
Lys	f	1.16	b	0.74
Leu	F	1.21	f	1.30
Met	F	1.45	f	1.05
Asn	b	0.67	b	0.89
Pro	**B**	**0.57**	**B**	**0.55**
Gln	f	1.11	h	1.10
Arg	I	0.98	I	0.93
Ser	I	0.77	b	0.75
Thr	I	0.83	f	1.19
Val	f	1.06	F	1.70
Trp	f	1.08	f	1.37
Tyr	b	0.69	F	1.4

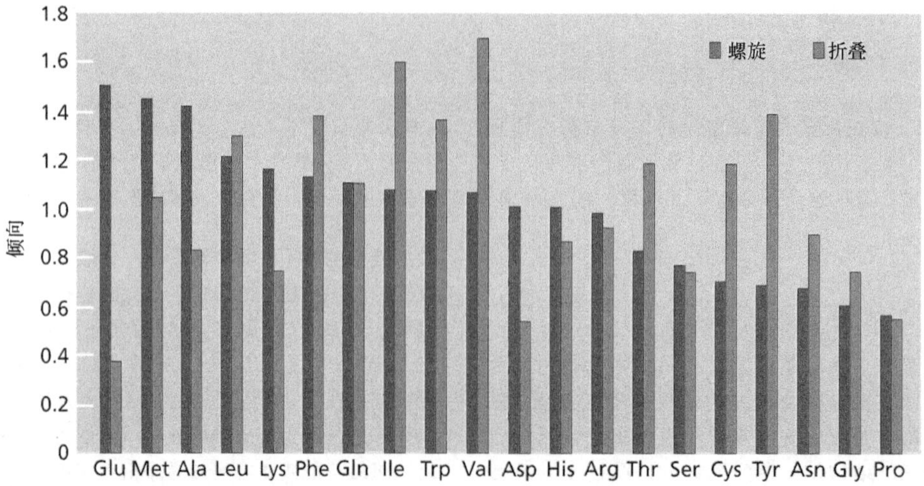

图 11.3　Chou 和 Fasman 倾向性（*P*）。 F 代表强形成子，f 代表弱形成子，而 B 和 b 分别代表了强弱破坏子。I（中性的）表示既不是形成又不破坏螺旋或链的残基。我们可以看到脯氨酸具有最低的形成螺旋和链的倾向。然而，自从这里显示的倾向性被更多可用的数据重新参数化，许多其他弱的及中性的残基已被重新分类（数据来源于 P. Y. Chou 和 G. D. Fasman，从蛋白质的氨基酸序列中预测其二级结构，*Adv. Enzymol.* 47：45-148，1978）。

序列片段最匹配的已知结构的短序列。这些方法中有些使用了多序列联配来考虑残基的保守性程度。从蛋白质序列的多序列联配进行预测是一个增加预测准确性的好方法，因为在进化过程中具有类似理化性质的残基是保守的，如果它们对蛋白质的折叠或功能是重要的。

主要利用神经网络及隐马尔可夫方法进行二级结构预测的机器学习方法

机器学习方法训练出一个神经网络或其他可以

获得结构序列之间关系的学习算法，可以被应用于从蛋白质序列中预测其结构。统计和基于知识的算法其本质区别是，作为输入的是从序列数据集中得到的神经网络而不是使用序列数据集得出的规则或参数，同时在学习期间输入和输出（参数）之间是相互调节的直到输出结构分配尽可能的准确为止。这种方法已经可以用来从氨基酸序列中预测二级结构的分配。神经网络没有必要与任何已有明确物理模型的序列和结构相适应。获得一个可以揭示新的基本概念的成功的预测网络是可能的，但这种网络不适合进行进一步的分析。然而，这些方法提供了一些目前来说最准确的预测结果。

11.2 训练和测试数据库

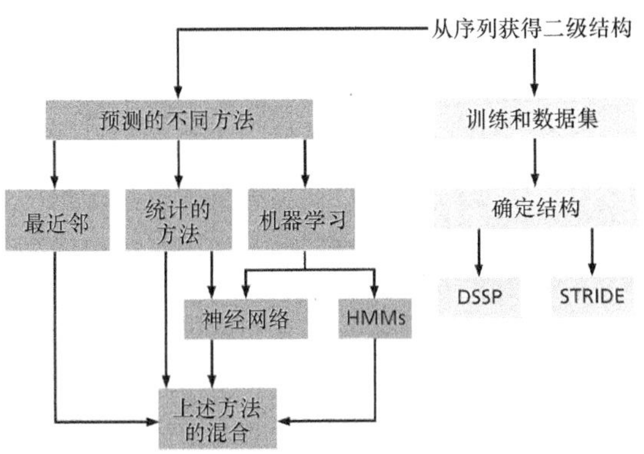

流程图 11.2 本章节所介绍的关键概念是没有普遍认可的蛋白质二级结构的定义以及用已知结构的蛋白质数据集进行参数化和测试的预测结构。

被任何方法用于进行预测的参数是从那些已知蛋白质结构的数据库中得出的，这些已知的结构称为**训练数据集（training dataset）**。接着，预测方法的性能和准确性在另一个独立的结构数据集上进行测试，这个独立的数据集称为**测试数据集（test dataset）**。训练数据集的适当选择对实现最大可能的预测精度是至关重要的，而一个好的测试数据集将说明预测程序的能力。

通常的目标是将各种不同的及无关的序列和结构包括在数据集中。训练集中许多类似的结构可能使预测算法的参数不适当地偏向于相对更准确地预测那些类型的结构。在实践中，蛋白质中 α 螺旋和无规卷曲的分布比 β 链和 β 折叠更广，这种不平衡在选择训练数据集需要避免。一个可用的简单的解决方案是在设计方法时使用神经网络。在这些情况中所使用的训练程序是过度采样 β 链结构以弥补其相对的稀缺。

此外，测试数据集中不需要有蛋白质在训练数据集中同源，因为这会产生一个不切实际的高精确度。一个方法准确性的真实估计只能通过检验那些没有被用于产生计算模型参数的预测结构而获得。预测方法仅适用于在没有已知的同源蛋白质进行比较的结构，所以必须在这种条件下进行测试。通常情况下，那些比训练集中蛋白质少 25%～30%序列特性的蛋白质可能被认为是不相关的，因此可以包括在测试集中。即便如此，很多有完全不同序列的蛋白质也有同样的折叠。为了帮助避免这些问题，可以用那些包含了序列或结构相似性的所有已知蛋白质结构（如PDB_SELECT 中 2004 年 10 月的非冗余蛋白质数据集包含了 2485 条少于 25%同源性的链）的非冗余结构数据库［如蛋白质数据银行（PDB）的 PDB_SELECT］。截至 2006 年 9 月，在 PDB 中共有大约38 882个通过实验验证的蛋白质结构。大约有 2500 个少于 25%同源性的蛋白质结构。因此，只有约 8%的验证的结构是真正的独立的数据。

确定蛋白质二级结构的几种方法

没有单一的从原子坐标确切的定义蛋白质二级结构元素的最佳方法。实验确定的蛋白质的二级结构是根据参数，如残基（ϕ，ψ）的扭角（二面角）、它们的氢键模式以及 C_α原子的位置（请参阅 2.1 节）。已开发了各种自动化的方法用于根据特定的距离，通过原子坐标分配二级结构，使用其中一个或多个参数。

这些程序中最常用的是 DSSP，它是根据氢键模式来分配二级结构。另一个是 STRIIOE，它同时使用了氢键键能和主链二面角。DEFINE 匹配了蛋白质中原子间相互作用的距离和那些理想化的二级结构。但是，这些程序并不是始终从相同的数据中产生相同的结果，而是给出了略有不同的二级结构

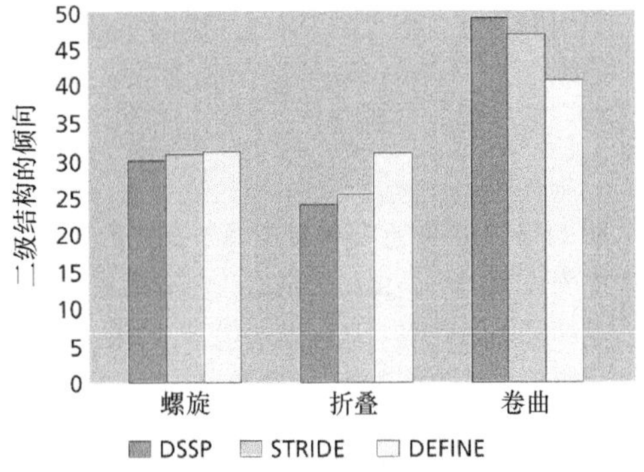

图 11.4 不同的二级结构分配方法。同一个蛋白质结构数据集用 3 种不同的自动的方法分配的二级结构的比例。

分配（图 11.4）。在结构元素两端的差异几乎是专有的。这些在确定二级结构元素中的差异可能会影响二级结构预测方法明显的准确性。预测方法应被训练并随后使用训练和测试数据集进行测试，那些数据集的结构特征都是使用相同的分配方法来确定的。

11.3　预测程序准确性评估

预测一个蛋白质的二级结构是非常有用的，但是我们必须对一个给定程序的预测准确性有预先的认识。一个预测算法的衡量精度是用来帮助我们估算其用于一个未知结构的序列时可能的表现。精度可以通过个别残基的分配或者正确预测的螺旋和折叠股来进行衡量。这里会提出 Q_3 和 Sov 两种衡量方法，并在之后的 12.1 节详细讨论。

Q_3 衡量个别残基分配的精度

一种通用的衡量精度的方法称为 Q_3。它应用于残基层次，通过计算正确预测的残基占已知二级结构中给定序列的比例得出。请注意，由基于测试数据集的平均 Q_3 给出的一个方法的精度不能用于训练或参数化。假如用了训练数据集，这方法将比真实值更精确。

Q_3 值的范围为 0～1，1 表示了完美预测。一个随机预测的值将取决于已知蛋白质结构中不同状态的百分比。假如螺旋、折叠和卷曲的比例相同，那么一个随机预测的 Q_3 值为 0.33。例如，在 Barry Robson 和他同事们的一项研究中，随机预测的 Q_3 值计算为 0.38（38%）。必须小心盲目使用 Q_3 值对一个预测方法的性能进行评估。如图 11.5 所示，有可能使两个预测得出相同的 Q_3 值，尽管一个是更没用的。

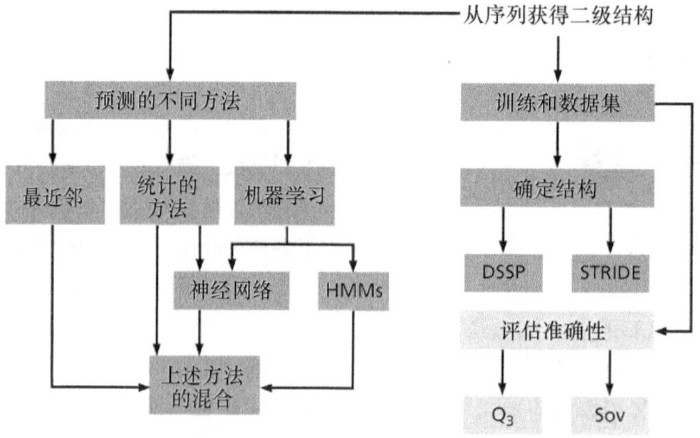

流程图 11.3　这一节介绍的关键概念是有不少衡量蛋白质二级结构预测精确度的方法，每一种方法都有优点和缺点。DSSP 是蛋白质二级结构定义算法，STRIDE 是结构鉴定算法。

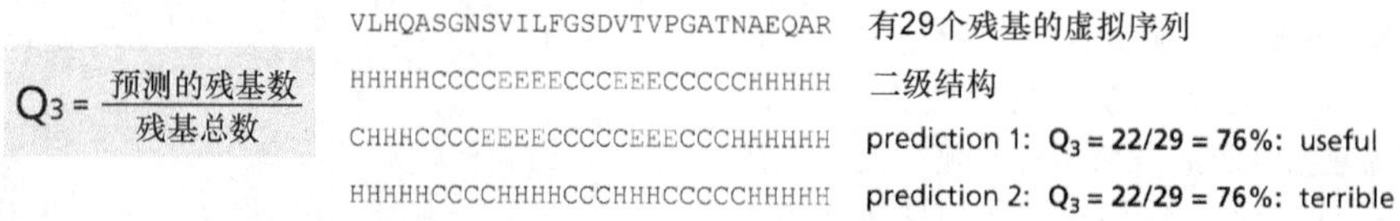

图 11.5　使用 Q_3 精确度衡量法有它的问题。 这里用了一个有实际二级结构的有 29 个残基的虚拟的序列作为例子。预测 1 给出一个有用的预测，预测在正确区域中二级结构的正确数量，只有预测的末端是不正确的。这个预测的 Q_3 值有 76%。预测 2 只是正确地预测了末端螺旋；链是作为螺旋来预测的。这个预测的 Q_3 值也是 76% [注意卷曲（环）区域的正确预测也计算了]。因此差的和有用的预测给出了相同的 Q_3 级别，不能表明哪个预测结果是正确的。E 表示链残基，H 表示螺旋残基，C 表示卷曲。

二级结构的预测不应该期望达到 100%的残基精度

虽然乍一看似乎一个序列中每个残基的二级结构 100%的正确预测结果是理想和可实现的目标，但是事实并非如此。这是由两个原因导致的，其一与确定二级结构的难度有关，另一个与同源性蛋白质结构的变异观察相关。

在 11.2 节讨论过的二级结构定义的不确定性意味着所有残基中少于 100%的残基能被完全准确定义。因此，一个预测程序（当运行于完整的数据库时）被期望获得的最大 Q_3 值将小于 100%。

同源性蛋白质确实显示了一些变异，尽管事实上在同源性蛋白质中几乎所有二级结构都是保守的。在常规元素末端的位置经常有一些小的差异（图 11.6）。另外，假如一个环状结构没有功能或结构的重要性，那么从它的一些同源性蛋白质中能发现小的二级结构元素。大的蛋白质数据集的计算结果显示，由于变异的原因，即使极好的二级结构预测也可能只给出 80%的 Q_3 值。

```
HQKVILVGD GAVGSSYAFAMVLQGI      AQEIGIVDI
GARVVVIGA GFVGASYVFALMNQGI      ADEIVLIDA
RCKITVVGV GDVGMACAISILLKGL      ADELALVDA   多序列联配
YNKITVVGV GAVGMACAISILMKDL      ADEVALVDV
DNKITVVGV GQVGMACAISILGKSL      TDELALVDV
PIRVLVTGAAGGQIAYSLLYSIGNGSVFGKDQPIILVLLDI

CCCBBBCCC CHHHHHHHHHHHHHCC      CCCBBBCCC
CCBBBBBCC CHHHHHHHHHHHCCCC      CCBBBBBCC
CCBBBBBCC CHHHHHHHHHHHCCCC      CCBBBBBCC
CCBBBBBCC CHHHHHHHHHHHHCCC      CCBBBBBCC   蛋白质二级结构定义的分配
CCBBBBBCC CHHHHHHHHHHHCCCC      CCBBBBBCC
CCCBBBCCC CHHHHHHHHHHHHHCC      CCCBBBCCC
CCBBBBBCCCCHHHHHHHHHHHCCCCCCCCCCBBBBBBCC

CCCBBBCCCCCHHHHHHHHHHHCCCCCCCCCCCBBBBCCC   最小一致序列

CBBBBBBCCCCHHHHHHHHHHHHHCCCCCCCCBBBBBBCC   最大一致序列
```

图 11.6　不是所有同源性蛋白质有相同的二级结构分布。链分布是浅灰色的，深灰色的是螺旋。这个差异会影响二级结构程序的训练（选自 R. B. Russell 和 G. J. Barton，从多序列联配中预测蛋白质二级结构的精确度的局限性，*J. Mol. Biol.* 234：951-957，1993）。

Sov 值衡量全元素的预测精度

预测正确的数量、类型以及二级结构元素比预测某些元素而完全错过其他的更为有用。对于一些与众不同的蛋白质折叠，二级结构元素的顺序可以是整体折叠以及蛋白质的类别及可能具有的功能的一个强有力的线索（见专栏 11.1）。这一方面结构预测的精确度是通过一种被称为部分节段一致性（Sov）的方法进行评估的。这个方法衡量了正确预测二级结构片段比例而不是单个残基位置，并且它并不怎么注意结构元素末端的小错误，而这些错误是预测算法的常见问题。Q_3 方法提供了一个预测可能的准确性的整体印象，而 Sov 值显示了一种方法在预测二级结构的正确类型时的表现有多好（图 11.7）。Q_3 和 Sov 计算的详细说明请参阅 12.1 节。

```
x-ray: CCCEEEECCHHHHHHHHHCCCCEEEEECCCCCCCCCCHHHHHHCCCC
pred:  CCCEEECCCCHHHHHHHHHCCCEECCECCCCCCCCCCHCHCHCHHCC
```

图 11.7　Sov 寻找正确的片段。Q_3 的精确度值将把所有匹配的残基预测对应于 X 射线的结构作为正确的结果。Sov 寻找正确类型的预测片段。因此，第一个链和螺旋将有相似的精确度值；第二链将有一个合理的 Q_3 值，而 Sov 将由于预测的片段化而有一个低的值。这同样适用于最后的螺旋。链通常表示为字母 B（图 11.6），或者字母 E。

专栏 11.1　二级结构预测是否有用?

简短的回答是肯定的：它们对在基因组分析背景下基于二级结构预测对蛋白质分类，基于二级结构的专业预测的蛋白质功能预测方面，以及可以使用二级结构预测以获得或改进三级结构都是有用的。一个成功的二级结构预测的应用实例将在本专栏中阐述。

Graham P. Davies 和同事们研究了那些没有多少结构知识的Ⅰ型 DNA 限制性内切酶。他们比对 *Eco*KI 酶的 R 结构域，并使用二级结构预测的 PHD 方法（请参阅正文）来制作了 *Eco*KI 的各种不同蛋白质的 R 亚基的联配。

这个预测提议了一种交替的 α 螺旋-β 链的结构，整个区域中包含了一个保守的并有功能的 DEAD-盒模体（DEAD-盒模体可能参与了 ATP 的水解）。从预测和联配中研究者们预测这些特定的 R 结构域包含了解旋酶折叠 1A 和 2A。虽然这一预测还没有存在结构性的证明，但通过结构数据库的序列搜索挑选出了其他包含有这种折叠类型的蛋白质。

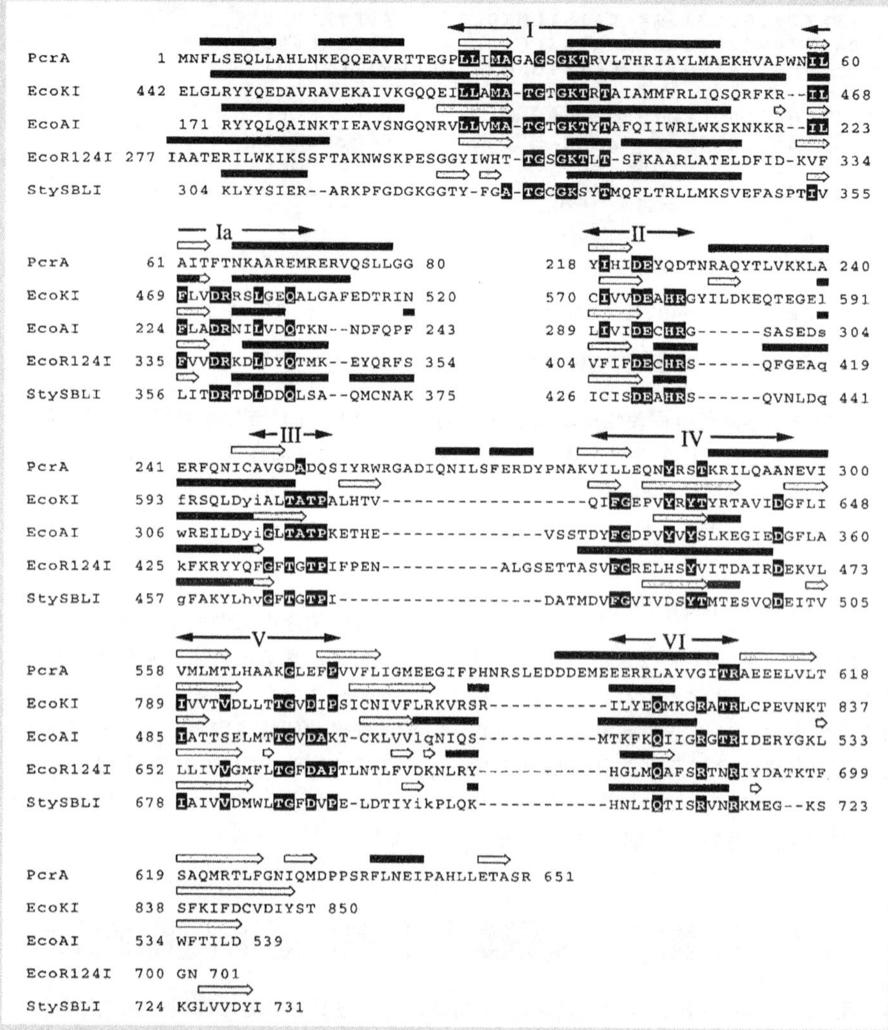

图 B11.1　从 EcoKI、EcoAI、EcoR124I 和 StySBLI 中预测Ⅰ型 R 亚基。一个氨基酸序列联配以及从 EcoKI、EcoAI、EcoR124I 以及含有 DEAD-盒模体的 StySBLI 中用 PcrA 解旋酶的 1A 和 2A 结构域预测的Ⅰ型 R 亚基区域的二级结构。该模体由上述有编号的黑色箭头表示，β 链由空箭头表示，α 螺旋由黑色矩形表示（转载自 *J. Mol. Biol.*，290，G. P. Davies et al.，On the structure and operation of type I DNA restriction enzymes，565-579，1999，with permissoin from Elsevier）。

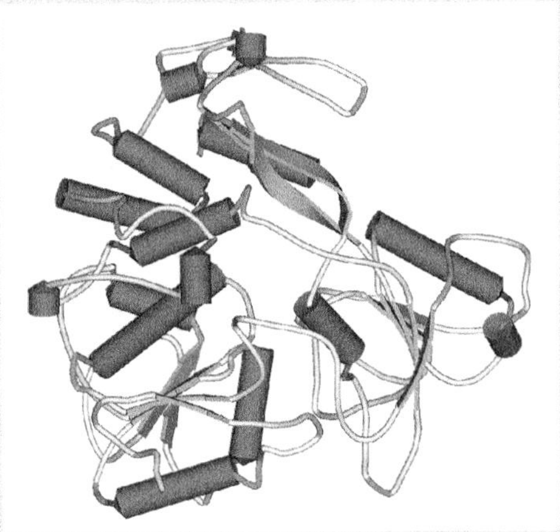

图 B11.2 包含解旋酶折叠 1A 和 2A 的晶体结构。

CAFASP/CASP：无偏的和随时可用的蛋白质预测评估

直到最近，在大多数情况下，当一种新的二级结构预测方法发表时，它的准确性仍常常根据与过去其他有不同用途的数据集有差异的参考数据集进行衡量，但是，很难将先前已公布的方法与这些新方法的准确性进行对比。这个问题现在已经随着国际评估方法的产生而解决，国际评估方法是整个大众都容易获得并且在设计上是尽可能没有偏差的，被称为 CAFASP（完全自动化结构预测的临界评估）和 CASP（结构预测的临界评估）。

CASP 和 CAFASP 利用刚刚被确定并且尚未发布的结构信息，仔细分析不同的序列以确定与已发布的蛋白质结构的同源性程度，用来评估可能的差异程度。该序列被用于进行二级结构和三级结构的预测，继而发表的结构预测能进一步与实验确定的结构进行比较。

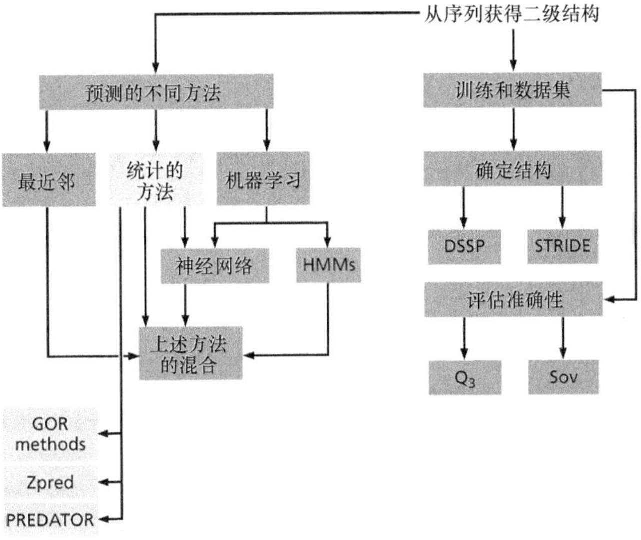

流程图 11.4 在本章节中讨论的一些统计和基于知识的预测方法。

11.4 统计和基于知识的方法

为了说明此方法，我们将使用 4 个已经确定了序列和结构并代表了 4 种蛋白质三级结构主要类型的小蛋白质作为例子（所有 α、所有的 β、α+β，以及 α/β）（图 11.8）。

图 11.9 至图 11.12 比较了所有在本章中描述的方法对 4 个样本蛋白质的二级结构预测结果。由 X 射线晶体学确定的二级结构分布在每个图的顶端位置。

表 11.1 给出了预测得到的二级结构的 Q_3 和

Sov 值。正如我们所看到的，没有一种方法能达到每个蛋白质已知的精确值，并且强调了已知数值是平均值这一事实，同时任何一个预测方法甚至是有很高已知精度的方法，通常都必须小心地使用。

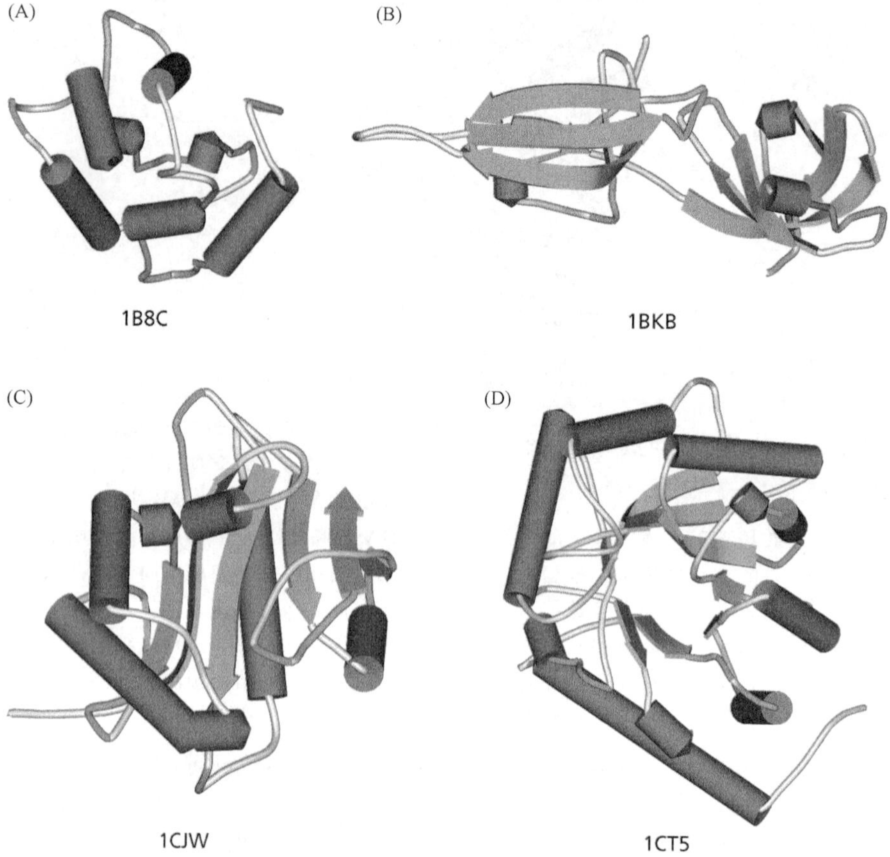

图 11.8 在这个预测例子中使用的蛋白质的三维结构。（A）小白蛋白（1B8C）是一种全 α 螺旋结构的钙结合蛋白（圆柱体代表螺旋）。（B）翻译起始因子 5A（1BKB）被分类为所有都是 β 折叠的结构（链是由箭头表示的）。（C）血清素 *N*-乙酰转移酶（1CJW）属于 α+β 类型，同时含有 α 螺旋和 β 链。（D）从面包酵母中发现的一个假定的蛋白质 YBL036C（1CT5），被分类为 α 螺旋/β 链交替与 TIM α/β 桶折叠（每个蛋白质后面的 4 个字符标识符是蛋白质数据银行 PDB 的注册名称）。

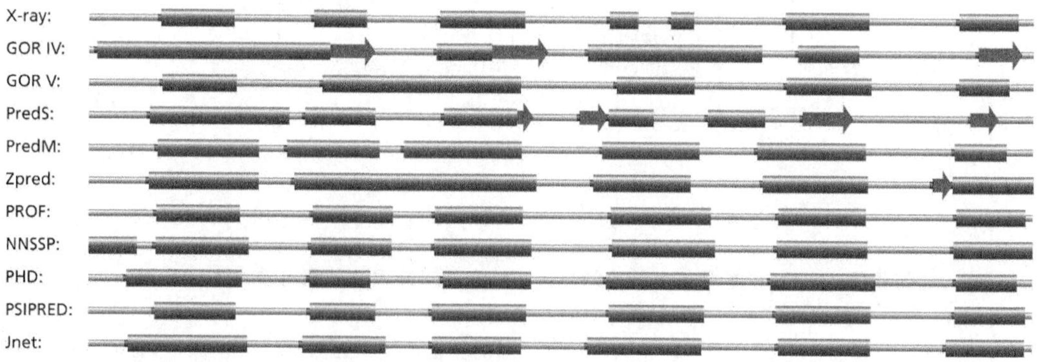

图 11.9 通过各种程序进行的二级结构预测与所有都是 α 折叠的蛋白质（1B8C）的可观测到的 X 射线结构进行比较的示意图。螺旋是由圆柱体表示的，箭头表示 β 链，灰色的棒表示一个卷曲。该预测算法显示是 GOR 算法（GOR Ⅳ）和包含进化信息的最新版本的 GOR 算法（GOR Ⅴ）、使用单一序列的 PREDATOR 算法（PredS）、使用多重序列的 PREDATOR 算法（PredM）、Zpred 多联配预测算法（Zpred）以及神经网络程序 PROF（DSC 的一员）NNSSP、PHD、PSIPRED 和 Jnet。

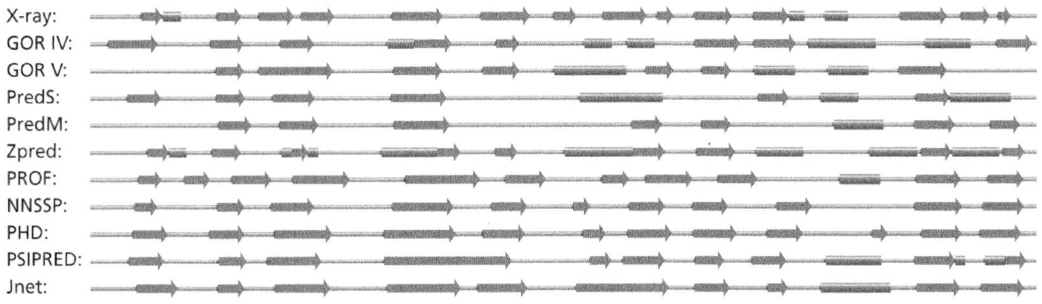

图 11.10 β 折叠（1BKB）蛋白质的二级结构预测。 一些方法可以看到受到了 α 螺旋的过度预测。但是，只有 Zpred 预测了所有其他方法都错过的小 N 端 α 螺旋，但由于剩余预测的不准确，Zpred 仅达到 45%。几乎所有的方法受到蛋白质 C 端的 α 螺旋的过度预测。这里最好的方法是 Jnet，可正确地预测 α 螺旋区域和末端链。

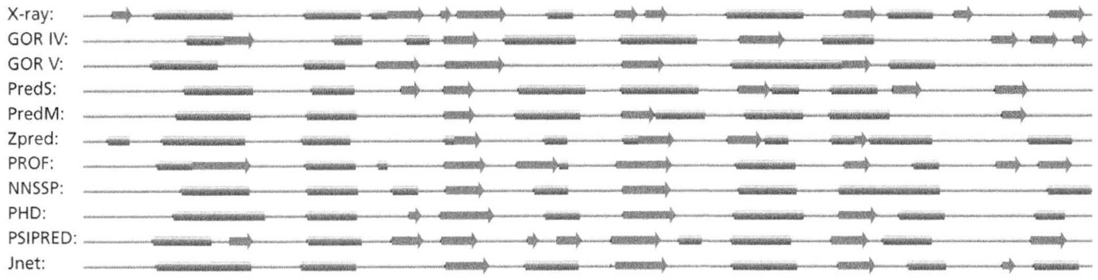

图 11.11 α+β 类蛋白质（1CJW）的二级结构预测示意图。

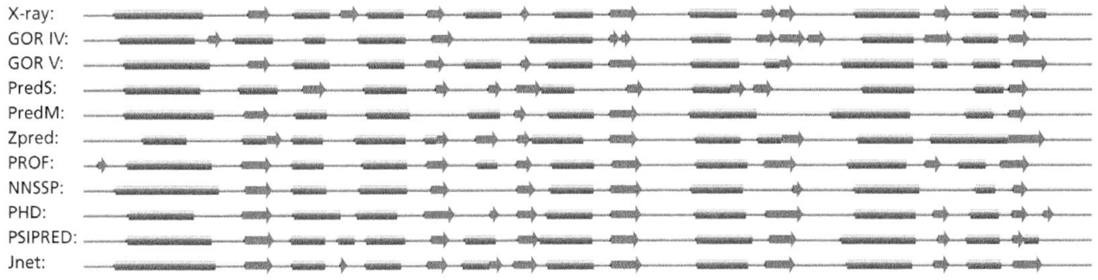

图 11.12 α/β-折叠蛋白质（1CT5）的二级结构预测示意图。

表 11.1 本章讨论的每个预测算法的准确性百分比（Q_3）及重叠部分百分比（Sov）。白色区域的预测方法是统计或中远距离参数的算法，不使用多个序列。浅灰色区域表示了预测算法中用到的多序列数据。深灰色区域显示了除了统计、中远距离相互作用以及其他参数的方法，使用神经网络技术以改善预测的准确性。

Method 方法		all α (1B8C)/%	all β (1BKB)/%	α+β (1CJW)/%	α/β (1CT5)/%
GOR V	Q_3	59.0	55.1	39.2	67.2
	Sov	46.4	53.3	34.3	62.3
Chou-Fasman	Q_3	50.9	42.6	38.0	52.4
	Sov	50.0	2.2	34.7	41.6
PREDATOR	Q_3	55.5	55.9	49.0	66.4
	Sov	52.7	51.0	45.1	67.8

续表

Method 方法		all α (1B8C)/%	all β (1BKB)/%	α+β (1CJW)/%	α/β (1CT5)/%
GOR Ⅴ	Q_3	84.3	60.3	69.9	73.8
	Sov	79.5	59.9	62.8	77.1
Predator Multiple Seq.	Q_3	80.5	64.0	54.2	80.1
	Sov	80.4	53.5	49.7	81.4
Zpred	Q_3	76.9	44.9	60.8	66.0
	Sov	73.2	48.1	63.6	71.3
PROF	Q_3	90.7	58.1	65.1	77.9
	Sov	91.7	57.3	63.2	83.7
NNSSP	Q_3	81.5	73.5	66.9	82.0
	Sov	85.0	72.9	65.6	81.4
PHD	Q_3	87.9	73.5	75.9	78.1
	Sov	92.6	72.9	76.0	85.0
PSIPRED	Q_3	94.4	65.4	67.8	82.8
	Sov	92.8	61.9	66.8	87.4
Jnet	Q_3	84.2	74.3	70.5	84.4
	Sov	91.5	72.2	65.8	91.5

GOR 方法用作信息论方法

GOR 方法是一种广泛使用的统计方法，由其作者 Jean Gamier、David Osguthorpe 和 Barry Robson 的名字命名。然而，最新的版本 GOR Ⅴ 不使用单独的统计参数。基于统计的 GOR 方法预测 3 种构象：螺旋（H）、扩展（β 链，E）以及卷曲（C），并且在报告公布时其 Q_3 值为 64.4%值（GOR Ⅳ）。

GOR 方法的基础在于通过采取 17 个氨基酸残基的连续窗口（Windows）以及考虑从位置 $j-8$ 到 $j+8$ 的残基对位置 j 的残基的构象的影响，将氨基酸残基局部相互作用的影响合并起来。因此，对于每个残基来说有一个 17 个残基的形象，它量化了每一个残基对 j 位置特定结构状态概率的贡献（图 11.13 和图 11.14）。

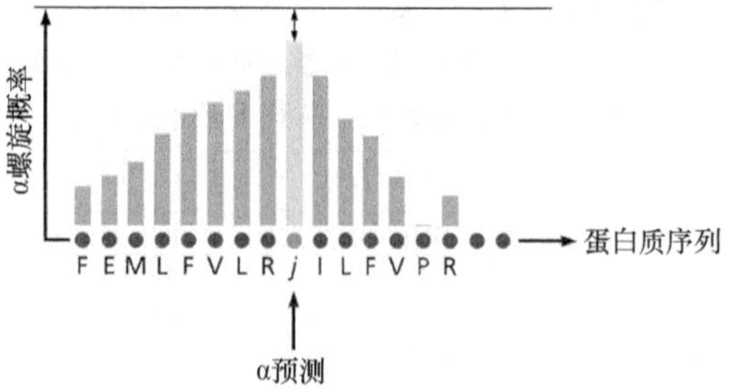

图 11.13　位点 $j+5$ 处的 α 螺旋破坏器（Pro）的影响。作为蛋氨酸替代品的脯氨酸减少了整体残基 j 形成 α 螺旋的倾向（由底部黑色箭头表示）。

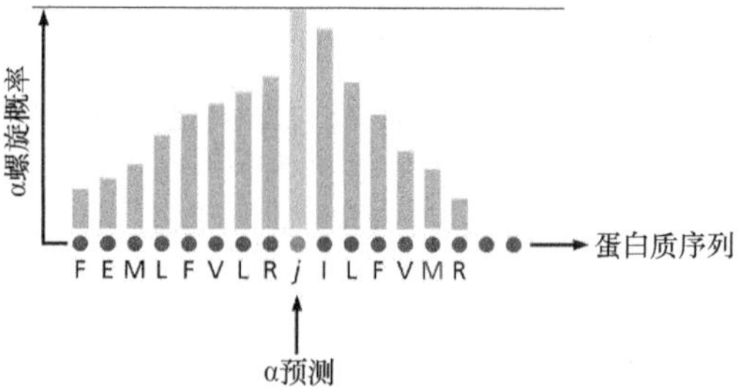

图 11.14　位点 $j+5$ 处的非 α 螺旋破坏器（Met）的影响。蛋氨酸改善了残基 j 形成螺旋的附加倾向（由底部黑色箭头表示）。

要确定这个形象，GOR 使用了 3 种类型的信息：**自我信息（self-information）**、**定向信息（directional information）**以及**成对信息（pair information）**。自我信息是一种残基有关其构象的信息，并且与 Chou-Fasman 倾向有关。定向信息是关于在位置 j 的构象通过一个 $i \neq j$ 位置的残基找到以及独立于 j 位置残基上找到的类型。成对信息考虑到 j 位置残基的类型。图 11.13 描述了对于位置 j 的残基采用 α 螺旋构象的概率受一个含脯氨酸残基的五残基羧基端到位置 j 的方向信息的影响。脯氨酸是一个螺旋破坏器，并与图 11.14 比较显示，它的存在会降低 j 位置采用 α 螺旋构象的概率，即使在位置 j 的残基是一个螺旋形成的残基。

原 GOR 方法多年来已有所改进，主要是利用更大的训练数据集和更详细的统计数据，不仅说明了氨基酸组成，而且也有氨基酸对和三联体。这些改进产生了 4 个版本的算法，最近的一个是 GOR Ⅳ。GOR Ⅳ是基于含有 267 个非同源结构数据库的统计数据。GOR Ⅴ额外包括了使用 PSI-BLAST 软件获得的进化信息（请参阅 6.1 节），用于先联配序列并使用联配结果以提高预测的精度（这种改进的类型已被使用于之前的 GOR 方法，并将在下面被描述）。GOR Ⅴ方法的 Sov 衡量值是 70.7%以及预测精度 Q_3 是 73.5%，之前的 Q_3 值为 64.4%。

为了说明一个单个程序是如何发展和完善的，图 11.15 显示了用原始 GOR 方法、GOR Ⅳ，以及最新 GOR Ⅴ方法预测的结果。在本章中 GOR Ⅳ的方法被用来阐述没有从联配序列中获得附加信息的信息论的使用。GOR Ⅳ是大大优于原始 GOR 的方法，这表明了拥有庞大的训练数据集的重要性。GOR Ⅴ法中用到的从联配序列中获得的进化信息大大提高了预测精度，表明了蛋白质结构保守性及预测算法及其作用的重要性。

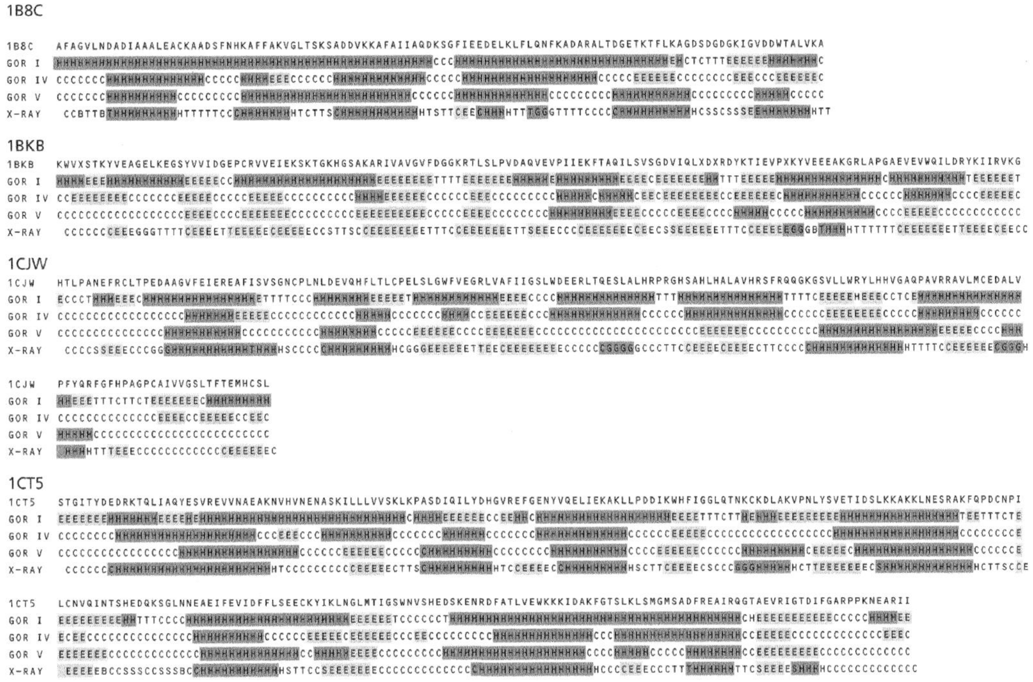

图 11.15　从 GOR 到 GOR Ⅴ方法的发展。这里将以下几种方法与 X 射线结构的分布进行了比较：最初的 GOR 方法、GOR Ⅳ，以及使用多重联配并纳入了来自进化信息的 GOR 方法（GOR Ⅴ）。这些预测改善了新版本的 GOR 方法。深灰色表示螺旋，浅灰色表示链。

所有 GOR 版本都易于使用并提供很容易解释的结果（图 11.16）。然而，总体来说精度还相对比较低（特别是 GOR 方法的早期版本），并驱动了可纳入统计预测算法编码的额外信息的搜索。随着更强大的计算机的出现，二级结构预测也逐步发展。然而，大多数二级结构预测方法使用已知蛋白质结构的统计分析部分或所有它们使用的参数。

Zpred 程序包括了同源序列和残基保守信息的多重联配

从同源序列联配获得的信息能提高预测结果已经被确认了一段时间。这是因为在进化过程中如果它们对蛋白质的功能或折叠起重要作用，残基通常是保守的。其影响是一些二级结构元素如 α 螺旋和 β 链比环更保守，除非环涉及了功能任务。出于同样的原因，插入或删除相对于在环中则更少可能发生在 α 螺旋和 β 链中。在一个多重序列比对信息中，目前可以利用两种方式来帮助提高预测的准确性。一个二级结构预测可从联配中的每个残基中获得。一个联配列中的每个残基的预测紧接着可以被平均化以得到在该位置的预测值。另外，在每个联配位点，某些估量类型，如保守值，可以被计算并用于调整预测（图 11.17）。

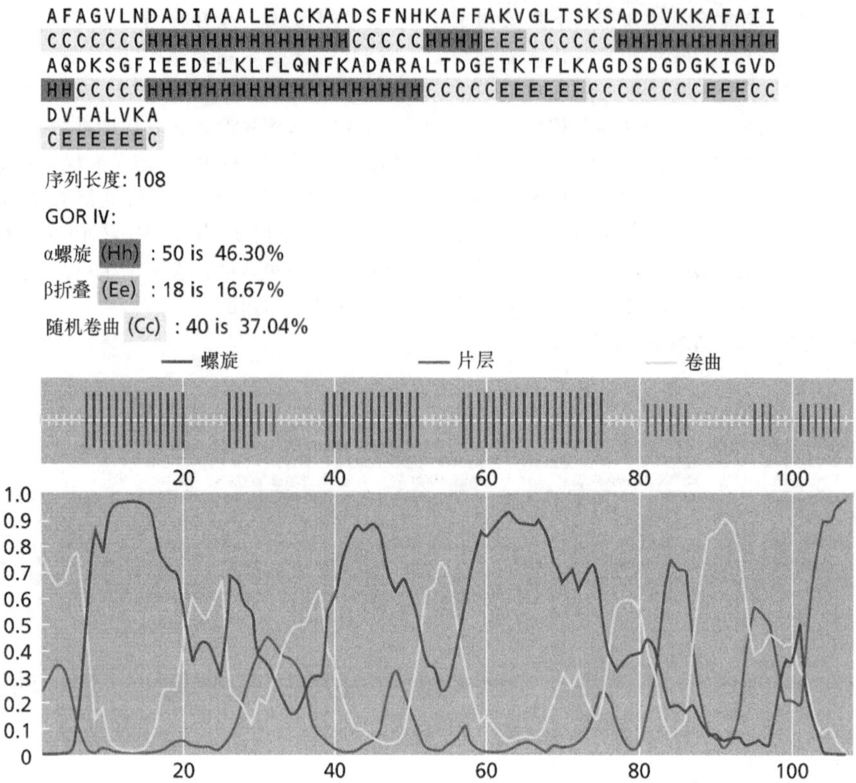

图 11.16　1B8C 的 GOR Ⅳ 预测的基于网络的结果快照。首先是显示了用三态预测的序列。其次是预测结构内容摘要、一个原理图和每个预测状态的概率曲线。概率曲线说明了预测的强度。在这个例子中有一些差异；大部分螺旋的预测高于其他的状态，并且只有在残基 95～105 的预测可以被不同的诠释。正是这一区域的 GOR 和 GOR Ⅳ 不符，在 GOR 中片段被预测为螺旋，而在 GOR Ⅳ 中其被预测为 β 结构。

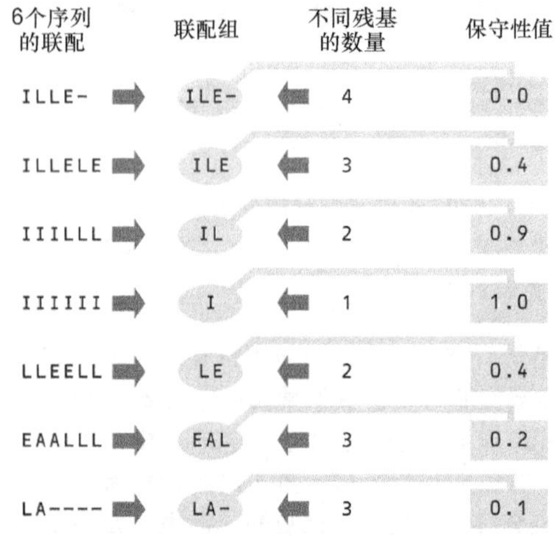

图 11.17　计算 Zpred 保守性值。最终的保存性值不仅仅取决于在联配中不同残基的数目，而且也取决于残基的类型。该保存性值的计算是基于残基（图 11.18）的理化性质的维恩图。这个保存性值接着可以用来修饰在一个联配位置的残基的预测。联配的残基分为不同的残基数（一个间隔也被算为一个残基，用一个破折号指出）。然后使用如表 11.2 所示的列表型维恩图节来计算组的保守性值。一个残基在组中出现的次数也被考虑到这个程序的更新的版本中。

Zpred 是一种基于 GOR 算法，并且当包含了多重联配信息时在预测准确性上比 GOR 有 9%的改善的自动化程序。它同时使用了平均预测和保守性值方法（图 11.17）。Zpred 预测中的第一步通过平均联配中每个位点的 α、β 和卷曲的参数合并了从同源序列联配获得的信息。联配中的插入和删除（间隙）被赋值为 0。除了在每个联配残基位置上取 GOR 预测的一个平均值外，Zpred 还使用编码的维恩图表示氨基酸保守性（图 11.18 和表 11.2）来计算保守性值以用于赋予平均预测。这个 **Zvelebil 保守数（Zvelebil conservation number）**（C_n）对于完全相同的所有联配残基是 1.0；如果所有联配的残基在同一个数据集中（如 positive＝KR）但不是完全相同，那么保守性值为 0.9。然后，保守性值随着氨基酸的相似性降低而降低（不同属性数量的增加）。例如，从表 11.2 中如果我们联配精氨酸（Arg）和亮氨酸（Leu），那么这两类残基之间将有 5 个区别。那么保守性值 $C_n＝0.9－(0.1×5)＝0.4$。由于间隙通常与蛋白质结构的可变部分相关，因此不太可能发生在保守的结构部分，它们被赋予所有的属性；这对减少保守性值有很大的影响。

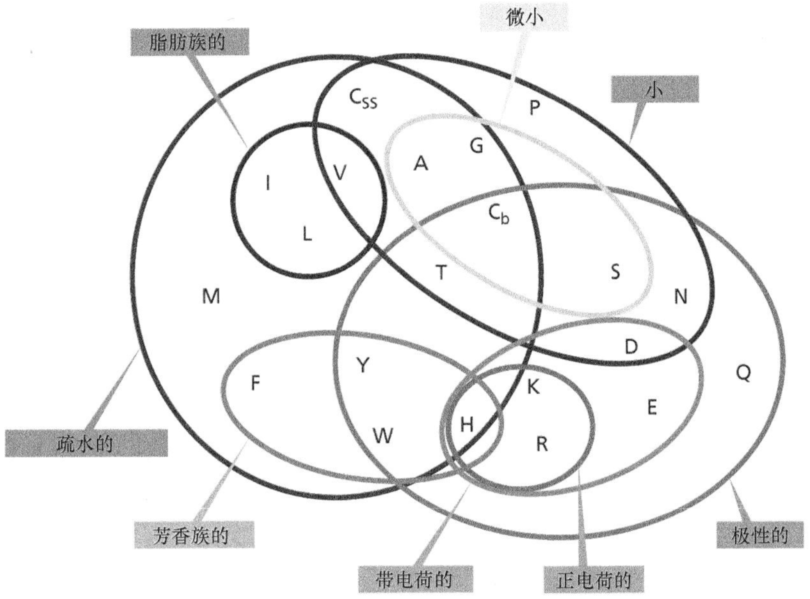

图 11.18　代表基于选定的理化性质的 20 种天然氨基酸的关系的维恩图。氨基酸分为两大组：亲水的和疏水的。包括完全电荷的氨基酸的集合分为正子集、负子集。由于其独特的主干特性，脯氨酸被从剩余的氨基酸中分开。C_{ss}是二硫化物形成的半胱氨酸，C_b 是单独的一个。

表 11.2　Zpred 预测程序中使用的氨基酸的物理化学性质。亮氨酸和精氨酸的属性在文中进行讨论。Unk 表示在氨基酸的序列中未确定残基的类型，并且与间隔一样处理。

氨基酸	属性									
	疏水的	正电荷的	负电荷的	极性的	带电荷的	小	微小	脂肪族的	芳香族的	脯氨酸
Ile	是							是		
Leu	是							是		
Val	是					是		是		
Cys	是					是				
Ala	是					是	是			
Gly	是					是	是			
Met	是									
Phe	是								是	
Tyr	是			是					是	
Trp	是			是					是	
His	是	是		是	是				是	
Lys		是		是	是					
Arg		是		是	是					
Glu			是	是	是					
Gln				是						
Asp			是	是	是					
Asn				是		是				
Ser				是		是	是			
Thr	是			是		是				
Pro						是				是
Gap	是	是	是	是	是	是	是	是	是	是
Unk	是	是	是	是	是	是	是	是	是	是

使用多个序列信息提高整体预测精度

除了全β类蛋白质的例子以外，从多重联配活动的信息和从联配残基的物理化学性质中获得的信息整合提高了二级结构的预测结果。相比使用单一的序列信息的方法，这种改善是特别明显相对于α+β类蛋白质折叠（图 11.11）的。该方法仍遭受到α螺旋残基的预测偏高和β链的预测偏低的情况，特别是当预测应用于全β折叠类时（图 11.10）。一般来说，Zpred 方法可正确地预测二级结构的位置（α螺旋或β折叠），但区分α-或β-二级结构是有问题的。

最近邻法：使用多个非同源序列

最近邻法（nearest-neighbor method）（有时错误的称为同源方法）是一种常用的二级结构预测方法，并且它被纳入几个不同的程序。它采用了以下原则：有相似序列的蛋白质分享相同的折叠以及将应用在序列的短伸展的级别。这个方法假设即使在一组非同源的蛋白质中类似序列的短伸展可能具有相同的二级结构。

短序列片段列表是通过沿已知结构的数据库序列集滑动给定长度（通常是 16 个残基）的窗口来产生的。在每个片段中央的氨基酸的二级结构被记录下来，产生了一个二级结构数据集。然后一个同样大小的滑动窗口被应用到查询序列，每个片段都与数据集片段进行比较，并且确定最佳匹配片段。接着在每个这些匹配片段中中间残基的已知二级结构出现的频率被用来预测查询片段中残基的各种二级结构的可能性。使用基于规则的办法或神经网络来进行每一个残留的最终预测。

PREDATOR 是一种综合了统计和基于知识的程序，其中包括了最近邻法

GOR 方法使用来自短片段的蛋白质序列分析形成结构的倾向，也就是局部的相互作用。然而，蛋白质的二级结构的形成不仅仅取决于局部的相互作用。特别是，β折叠可以由在多肽链中被分开一些距离的β链组成（图 11.19）。PREDATOR 程序是一个统计和基于知识的程序，利用了特定长距离的相互作用，或者序列信息，与二级结构的形成相关。它通过确定在氨基酸序列中可能的氢键结合残基来预测二级结构。通过基于已知结构中特定残基间氢键的分析来划定不同类型的β桥来预测β链。通过在 $i \sim i+4$ 位的相互作用中氢键对中残基的出现来确认α螺旋（参阅 2.1 节及图 11.2）。

使用最近邻法从序列相似性中也可以推断出二级结构的倾向。PREDATOR 计算了每个残留的 7 个独立的二级结构的概率：平行和反向平行的折叠以及由长程相互作用预测的螺旋；由最近邻法预测的折叠、螺旋和卷曲的倾向；以及弯曲的倾向。然后这些不同的倾向转化为最终的二级结构的预测结果。

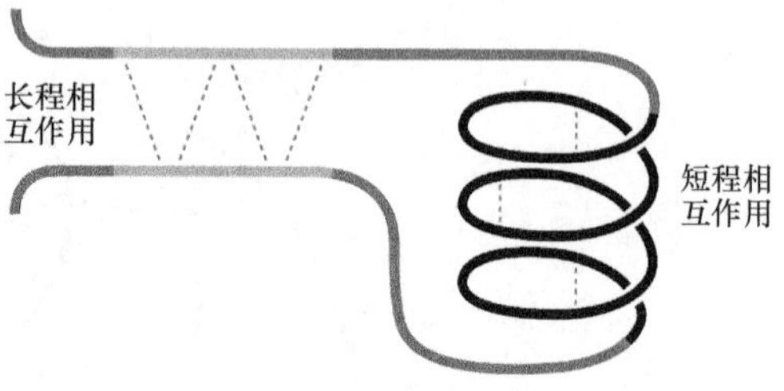

图 11.19　长程和短程相互作用示意图。β链（浅灰色线）之间的氢键可以包括由大段序列分开的相互作用，而那些α螺旋（黑色线圈）的不是。

此外 PREDATOR 可以使用同源序列数据集。然而，它不会创建一个多重联配，而是使用两两联配以提高结构预测。图 11.9 至图 11.12 都展示了单个和成对 PREDATOR 的结果。对于单序列预测，在长程相互作用、最近邻倾向以及弯曲倾向结合进预测程序使得在α+β蛋白质中的预测结果相对于 GOR Ⅳ得到了显著的改善（表 11.1）。对其他结构类型的预测并不比 GOR Ⅳ好很多。当使用了序列集时，就 GOR Ⅳ而言所有类型的预测都大大改善了。就 GOR Ⅴ而言结果在全α和全β类蛋白质中是相似的，但是似乎在α/β类中更好，而在α+β类中精确度低了点。一般来说，从 GOR Ⅴ、Zpred 以及成对 PREDATOR 中我们可以看到整合来自局部或整体的序列同源性的信息提高了二级结构预测的准确性。

11.5　二级结构预测的神经网络方法

我们将讨论剩余的预测程序使用神经网络方法。人工神经网络技术最初是用于模拟信息处理和大脑学习。它们是机器学习技术的例子，善于丢弃多余的信息。例如，神经网络可以储存适用于许多数据项目的共同特征，而不是将各个参数分配给单一序列模式。机器学习算法的目的是尽可能自动地将模型值拟合为已知值。换句话说，当应用于二级结构预测时，该算法将通过迭代的变化学习其参数直到预测的结构与观察到的二级结构尽可能的相似。

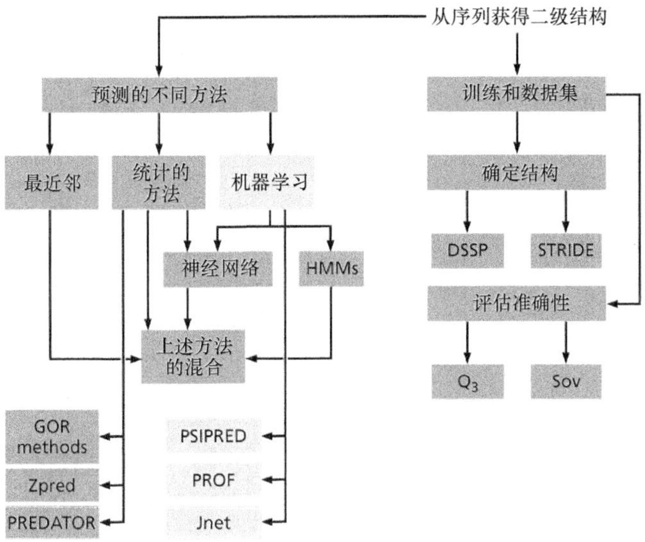

流程图 11.5　讨论在本章节中使用神经网络的一些预测方法。

神经网络通过处理通过所谓层（图 11.20）的信息进行操作。最简单的神经网络是一个两层的网络，称为**感知器（perceptrom）**。第一层是输入层，第二层是输出层。每一层都可以有很多**节点（node）**或**单元（unit）**。在一个神经网络中一个节点的激励是通过将 1 或 0 的二进制值分配给其输出来模拟的。输入的加权总和超过预定阈值时产生值 1。一个更复杂、更常用的神经网络是具有一个或多个在输入和输出层之间的层，即所谓的**隐藏层（hidden layer）**（图 11.20）。隐藏层使联合的且有条件的行为在通过输入层传递给它的信息上执行，因为对于一个输出节点有多个路径（图 11.20）。在任何层中的单元数由设计者决定并且不依赖于网络中的任何其他层的单元数。在这里考虑的大多数应用，输入层采用蛋白质序列的描述作为其输入，而输出是二级结构预测的描述。

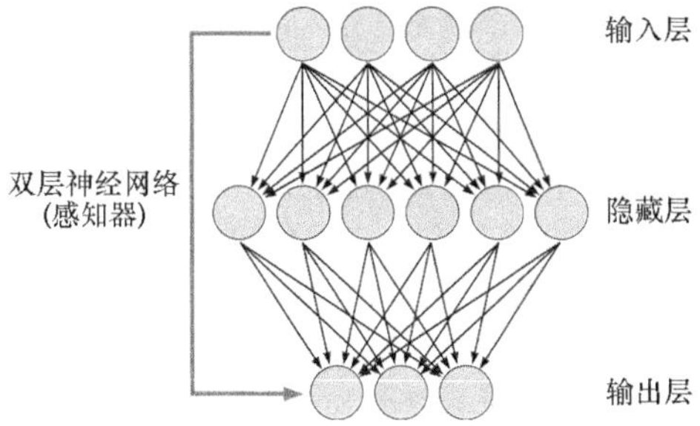

图 11.20　一个双层（浅灰色箭头）和多层的神经网络（NN）的描述示意图。第一层始终是输入层，其次是由一个或更多隐藏层组成的多层网络，最后是输出层。

对于一个氨基酸的输入信号往往是在输入层中一个含有 20 个单元的组。所有这些都将代表个别残基类型。在大多数预测程序中序列用滑动窗口来采样，滑动窗口中央残基的二级结构已被预测。采用连续 13 个残基的窗口作为输入的网络将有一个含260(13×20)个单元的输入层。当只有一个序列作为输入使用时，输入层单元的信号将为 0，除了代表特定的残基，这将有一个值为 1。当使用多重联配序列时，输入层的信号将与基于这些联配的档案相关（这些档案的细节请参阅第 6.1 节）。可选择的编码是可能的，如使用残基属性或其他单元来代表间隔。

输出层通常包括许多有可选择构象来预测（通常是 3）的单元。这些都将产生一个范围为 0～1 的信号，并且通常最高的信号被用于预测（图 11.21）。如果 3 个输出单元分别代表螺旋、链和卷曲，输出（1，0，0）将是一个完美的螺旋预测，但（0.76，0.55，0.37）也能预测出螺旋。预测的信心可能与最高值与 1 多接近相关，并且也与最高值和其他值之间的差异有关。

一个神经网络的参数化需要一个已知二级结构的数据集。为了训练一个网络需要分配初始分量，通常通过取随机数字。这个网络用于预测所有训练序列的二级结构。调整初始分量以至于预测变得更接近于实际的二级结构。反复进行预测和调整分量的过程直至有很好的协议或没有可以进一步改善的预测为止。这些神经网络的参数化和操作的进一步细节请参阅 12.4 节。

评估神经网络预测的可靠性

利用神经网络方法的可靠性是通过计算二级结构

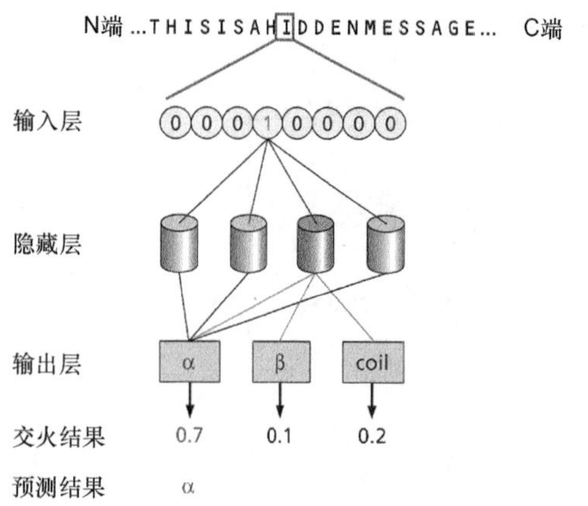

图 11.21 可以应用到一个实际的二级结构预测的前向多层神经网络配置的简化表示法。输入层的节点数量可以由某种类型的残基激励，如 D (Asp)。常常每个残基有 20 个节点，只有一个的值为 1（这意味着它被激活了）。被激活的节点接着传递一个信号到隐藏层，在隐藏层上对信息进行有条件的和附加的计算。节点在某个值上接收信号，如红色的那个，将激励到输出层。类似的计算都在输出层进行，在这种情况下在 α 节点中的结果产生了最高的信号；窗口的中央残基的二级结构预测结果为 α 螺旋。

预测的**置信度（prediction confidence level，PCL）**来判断的。这和预测方法的准确性——Q_3 不一样，但同时又像 Q_3，它是基于预测精度统计分析的。神经网络预测的 3 种二级结构（α、β 和卷曲）使用从构成的输出层的输出单元中得到的实际数量。一个给定残基的预测通过选择最多的单元来进行分配。然而，所有的数字都可以用来提取其他的信息。正是用这些数计算的置信度。它被定义为一个有最高值（冠军单元）的输出单元以及下一个最高值的输出单元之间差异的函数。这种差异是用来定义一个**可靠性（reliability）**或每个残基预测的**信心指数（confidence index）**。该指数的范围通常介于 0（最低的可靠性）和 9（最高）之间。实际上，信心指数是一个有用的指标，用于预计要求预测准确性较高的重点区域。例如，下面描述的 Jnet 方法获得的 5 或 5 以上的置信度通常意味着 84％的残基预测精度。

基于网络的神经网络二级结构预测程序的几个例子

在这一节中，我们将看到使用统计参数的组合、最近邻，以及神经网络技术的程序。下面阐述的这些程序使用了 4 个已经描述的蛋白质序列。

一个神经网络的输出可以很容易地被用来作为另一个的输入。预测方法，如 PHD，有一个第二神经网络，是以它第一个神经网络输出的二级结构信号作为输入的（图 11.22）。此结构的理由是它允许包含相邻残基构型之间的关系，这在第二级网络出现。PHD 程序（jury disicion 神经网络）使用来自联配的同源序列、局部统计资料，以及长程结构参数的信息来编码两个神经网络。第一个网络是一个**序列到结构的网络（sequence-to-structure network）**，它的输入相当于局部联配、残基保守型，以及额外的长程序列信息（图 11.22）。长程信息由整个蛋白质的残基组分、蛋白质的长度以及滑动窗口到每个蛋白质末端的距离组成。

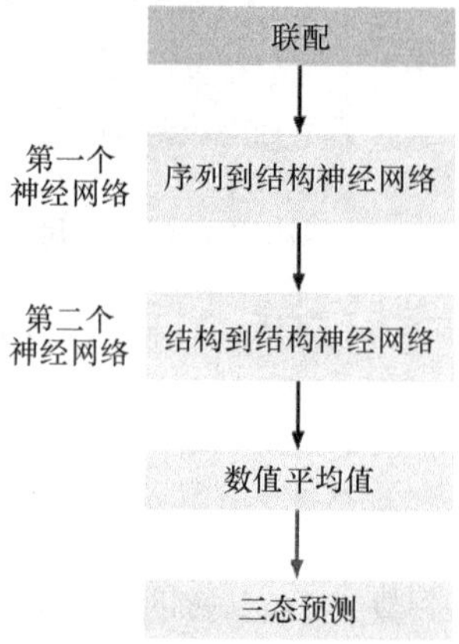

图 11.22 PHD 二级结构预测程序的步骤示意图。其中有两个神经网络，一部分采用从多重联配中获得的输入信息；然后第一个神经网络的输出提供给第二个神经网络。最后一个数值平均值（jury decision）接替了不同的第二等级网络的值，并给出最终的预测结果。

第一个神经网络输出的是在滑动窗口的中心的残基的结构性状态（α、β 或卷曲）。第一个网络的输出形成了第二个神经网络的输入，一个**结构到结构的网络（structure-to-structure network）**。其原因是它允许纳入相邻残基构型之间的关系。最后 PHD 使用预测结果的简单平均作为最终结果。

NNSSP（最近邻神经网络）是一种神经网络的发展，来自于统计和基于知识的程序，SSP，类似于 PREDATOR，使用最邻近方法。NNSSP 拥有先进的打分系统，将序列相似性、局部序列信息以及基于知识的信息结合于 β 曲折及 α 螺旋和 β 链的氨基和羧基端的属性。此外，该程序还将多重联配用于进一步提高精度。

PROF：蛋白质预测

PROF 是基于把不同类型的预测或联配算法串联

进一个使用神经网络的程序来选择最终的预测结果（图 11.23）。多种预测基本理论或分类器的使用是基于这样的理论：一个预测所有相关的证据都应当用于这一预测。因此，不同类型的算法、训练方法或训练数据集的组合应改善整体的预测，只要使用的分类器不倾向于受到同一类型的错误；因此，使用的预测算法不是所有都过度预测某种类型的结构。PROF 程序将 GOR 预测方法的所有原则与神经网络、多重序列联配信息、PSI-BLAST 联配结果（请参阅 6.1 节），以及二级结构的 3 个其他属性结合起来。

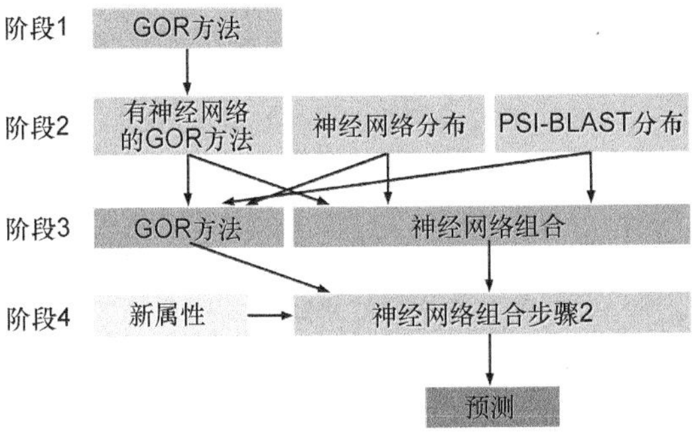

图 11.23　PROF 二级结构预测程序中使用的预测级联步骤的示意图。

PSIPRED

此方法类似于上面描述的 PHD 预测算法，它使用了一个多重联配文件为两个连续神经网络的第一个输入层单元获取值。PSIPRED 是一个三阶段的方法，首先生成多重联配结果以及查询序列的 PSI-BLAST 结果，然后产生初步的二级结构，最后是过滤初步预测结果。该程序使用了一个两个阶段的神经网络，使用 15 个残基的窗口作为输入和为中央残基输出一个三态的预测（螺旋、链和卷曲），并被用于第二个神经网络的输入。第二个神经网络同样也使用了 15 个残基的窗口，并给出了中央残基最终的三态预测结果（图 11.24）。输出包括了预测的置信水平（图 11.25）。

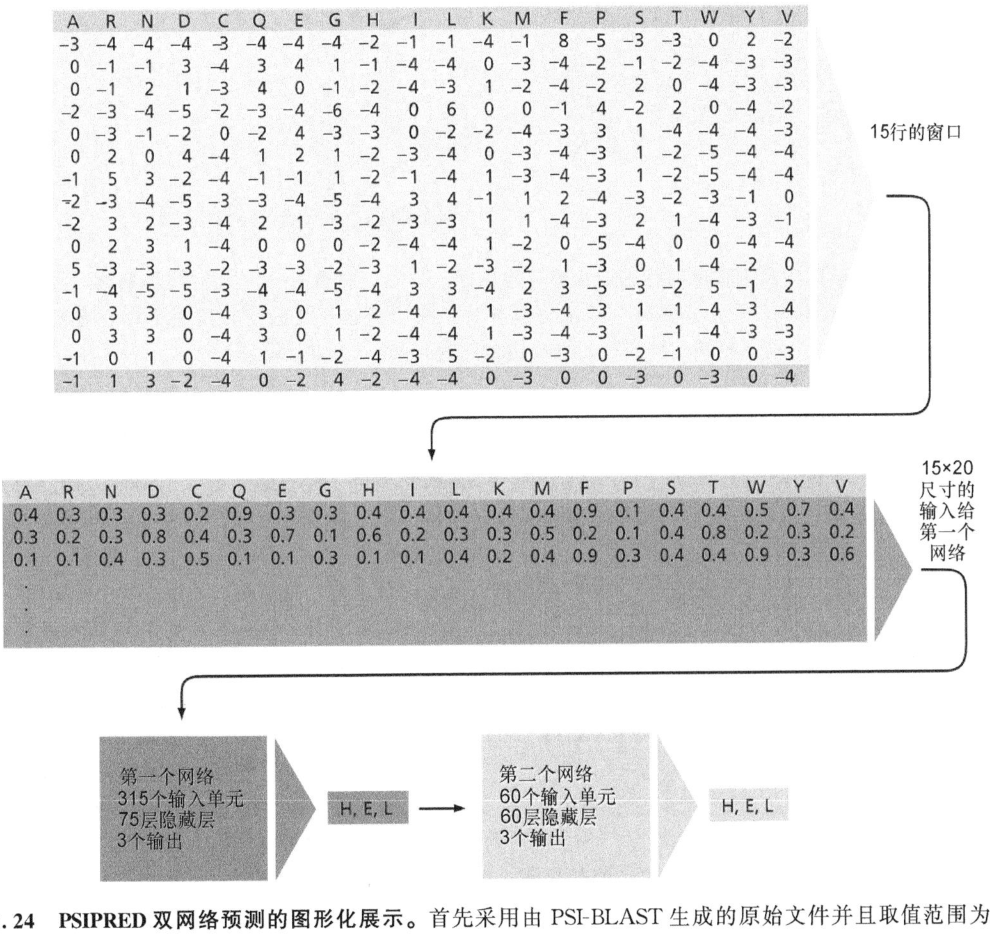

图 11.24　PSIPRED 双网络预测的图形化展示。 首先采用由 PSI-BLAST 生成的原始文件并且取值范围为 0～1。给第一个网络提供一个 15 个元素的窗口，它使用各种残基参数进行初步的二级结构预测。这一初步预测被提供给第二个神经网络，然后它被过滤以进行最后 3 个状态的二级结构预测（摘自 D. T. Jones, Protein secondary structure prediction based on position-specific scoring matrices, *J. Mol. Biol.* 292：195-202，1999）。

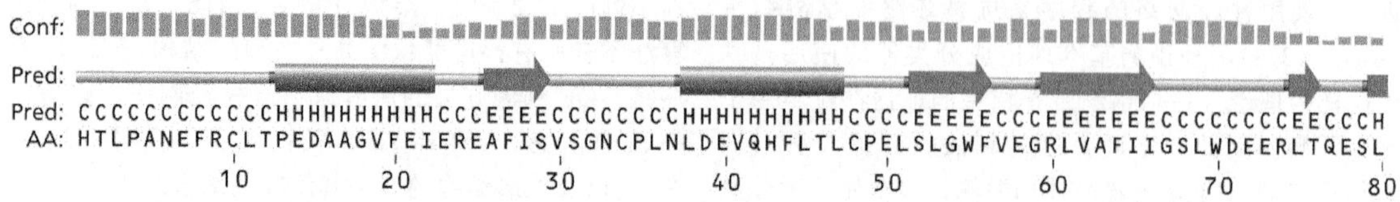

图 11.25 一个 PSIPRED 预测输出的例子。此外，三态预测下在每个残基（AA）下给出，也提供了卡通描述，其中箭头表示 β 链，圆柱体表示 α 螺旋。同样给出代表每个预测置信度（Conf）的柱状图。

Jnet：使用序列比对的几种可选描述

Jnet 是由 4 组序列对序列和结构对结构的神经网络组成的。4 个序列到结构的网络每个都接收来自 4 个联配序列集的可选描述的输入，使用 17 个残基的窗口以及每个残基一个保守数。这些的输出都输入结构到结构的网络（图 11.26），使用 19 个残基的窗口和保守数。从神经网络集中得到的一个给定残基的输出——一个三态预测结果，被定为最后的预测，假设它们是一致的。如果网络中预测之间有分歧，那最终的预测结果将被应用于第三个神经网络（图 11.26）。

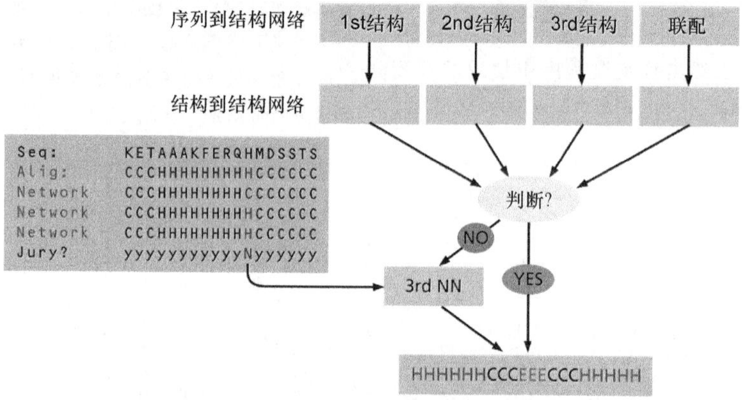

图 11.26 Jnet 神经网络预测程序的原理图和简化描述图。右侧方框表示 4 套成对神经网络，分别从一个序列比对的不同描述中接收输入。在每个残基位置都对预测结果进行比较。在这些不存在全部一致匹配（判断决定的极端形式）第三个神经网络被用来确定最终的预测。（见文后彩图）

一般来说，基于神经网络的程序预测得到的二级结构比其他方法更为准确，特别是在全 α 和 α/β 类（请参阅图 11.9 至图 11.12 以及表 11.1）。不过，这里讨论的和表 11.1 给出的例子只涉及每一个蛋白质类的一个代表，所以这不是预测方法的评估，仅仅只是学生的指南。图 12.6 显示了 PSIPRED 方法应用到大数据集的蛋白质的 Q_3 和 Sov 值的范围。该值的变化表明一个例子不能作为任何方式的一般性能指标。

11.6 一些需要特殊预测方法的二级结构

迄今为止在这一章中介绍的方法其目的是预测不与膜相关的球形蛋白质域的二级结构的常见类型。但是这些都不是蛋白质中出现的二级结构的唯一形式。例如，称为 3_{10} 和 π 螺旋的选择性螺旋结构已在短延伸中确定，并且通常被预测程序预测为 α 螺旋。另一种形式，更普遍与纤维蛋白质相关，是由几个密切相关的 α 螺旋卷曲形成的多链卷曲。横跨膜蛋白质使用 α 螺旋或 β 链，但这些属性和本章到目前为止研究的那些有很大的区别。最后，单链 RNA 分子也可以有二级结构，如 1.1 节中所述的。

在本章的剩余部分中，我们将首先调查在跨膜蛋白中采用的预测二级结构的方法，然后再看看旨在研究螺旋卷曲和 RNA 的方法。

在少数的几个已知的**跨膜蛋白（transmembrane protein）**结构中，蛋白质链的跨膜部分是以 α 螺旋型的形式存在，并且大多数预测方法的目的是寻找螺旋。然而，这不是唯一一种已发现的跨膜结构。例如，水转运孔蛋白，通道蛋白是由一种跨膜 β 折叠结构组成的，被弯成圆形以形成一个圆柱形的 β 桶。迄今为止，没有其他类型的二级结构在膜嵌入式蛋白质区域发现。

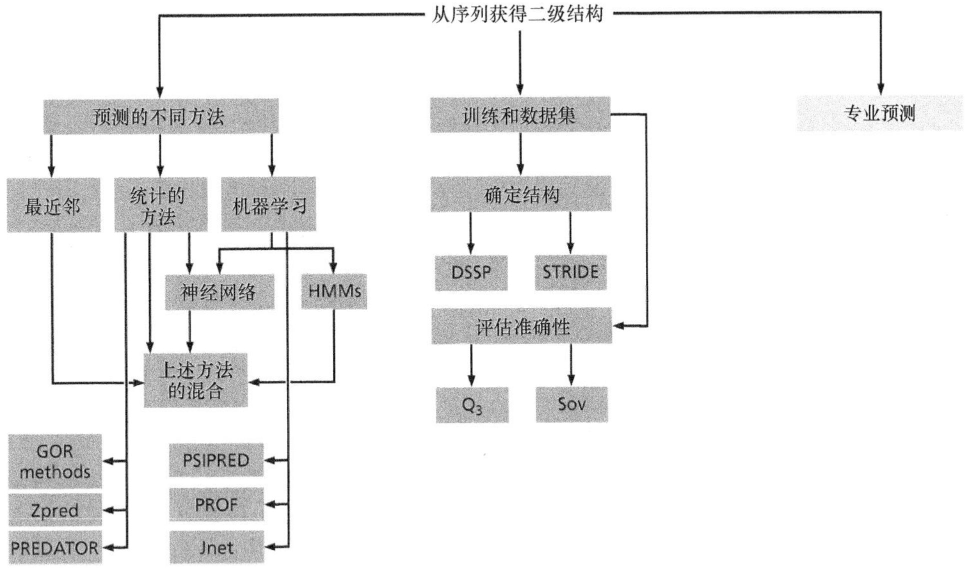

流程图 11.6 在剩余章节中讨论为更特殊的二级结构预测开发的一些方法。

在拓扑复杂性上跨膜蛋白的范围从那些如表皮生长因子受体（EGFR，其中蛋白质链穿过膜只有一次，有一个螺旋）到 G 蛋白偶联受体（其中蛋白质链来回穿过细胞膜给出 7 个跨膜螺旋）不等（见专栏 11.2）。

专栏 11.2 膜蛋白功能的重要性

表皮生长因子受体（EGFR）是一种受体酪氨酸激酶（RTK），存在于细胞表面跨膜糖蛋白，并且构成了发生在细胞内的复杂信号转导通路的一些起始位点。在结构上，RTK 由下列 3 个部分组成：①一个非常易变的胞外配体结合域，这给了该受体以特殊性；②由一个单一的 α 螺旋组成的跨膜生成的元件；③一个胞质区域，它具有酪氨酸激酶活性（图 B11.3A）。

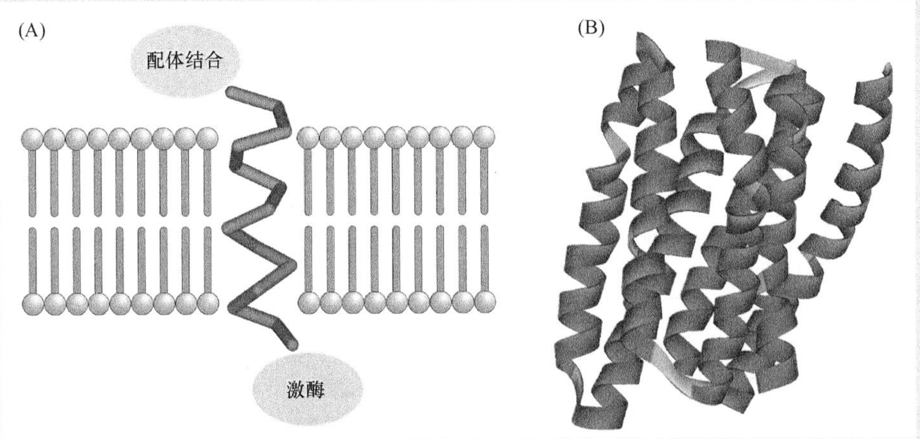

图 B11.3 （A）包括单个跨膜 α 螺旋的受体酪氨酸激酶的结构示意图；（B）一个 7-跨膜跨越分子的例子。

几乎所有的 RTK 在细胞膜中均有发现，直到它们结合各自的配体前都是单体和不活跃的。然后，连续分子活动随之发生，从而导致全面的激活。这些措施包括受体二聚化（即两个不同的受体分子联合起来）以及受体酪氨酸反式自磷酸化，激活蛋白质的酶的活性形式。

G 蛋白偶联受体是一种整合膜蛋白质，它属于拥有 7 个跨膜蛋白质元素的跨膜受体 7TM 超家族（图 B11.3B）。其他的例子还有结合气味和哺乳动物大脑中的神经递质血清素受体的嗅上皮受体。结合配体后，这些受体激活 G 蛋白。

在本节的剩余部分将探讨一些与预测二级结构相关的特定功能和跨膜区域的拓扑排列。

跨膜蛋白

膜蛋白同时存在于不同的环境，部分蛋白质存在于膜任何一侧的水环境中，而其他部分是在膜内部的疏水环境中。此外，膜的表面是高度离子化的。这些不同的环境将结构限制加于膜蛋白上，这些都反映在它们的序列上并且可用于区分细胞内蛋白质和膜蛋白质。这些属性也可以用来预测膜蛋白中二级和其他结构形态。

膜蛋白可通过其与膜的相互作用程度进行分类，如图 11.27 所示。有些只是锚定膜的一侧，通过离子的相互作用（图 11.27A）或是通过翻译后添加的碳氢链（图 11.27B）。这种类型的附着膜蛋白在最大程度上遵循细胞内蛋白质的结构规则并且在这一章中不将进一步讨论。

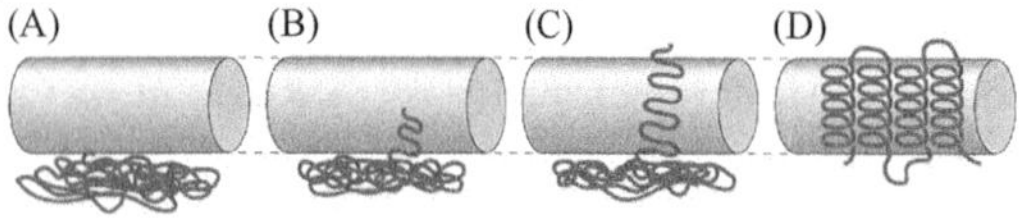

图 11.27　蛋白质附着到膜可能的 4 个主要途径。（A）通过蛋白质和脂质双层的胞质表面之间离子相互作用附着。（B）通过脂或异戊烯基锚，这是翻译后添加到蛋白质的，同时也是被插入进脂双层的胞质单张中附着。通过这种方法附着到膜上的蛋白质没有特定的结构或序列特性可供识别。（C、D）跨膜蛋白的一部分蛋白质链嵌入在脂双层中。（C）在双区域膜蛋白中蛋白质链只有一次穿过膜。（D）在多区域膜蛋白中蛋白质链来回穿过细胞膜多次。

其余的膜蛋白组成了完整的或跨膜的蛋白质，其中蛋白质部分是完全内嵌于脂双层中。跨膜蛋白可以是双区域的（图 11.27C）或多区域的（图 11.27D）。双区域的蛋白质穿过膜一次，在膜蛋白的每一侧都有一部分的蛋白质。多胞蛋白多次穿过膜。在表 11.3 中总结了跨膜蛋白的一般结构元件。

表 11.3　跨膜蛋白的一般结构元素

- 螺旋长 15～30 个残基
- 跨膜结构主要是非极性的
- 与一个多螺旋跨膜蛋白的核心相互作用的残基没必要是疏水的，因为它们相互间可以形成盐桥。因此，带电残基就可能出现一个协调的方式，其中一个位置中的一个正电荷残基辅之以一个负电荷的残基
- 螺旋是紧密包装并能够形成一个卷曲螺旋的结构
- 跨膜折叠中的 β 链每下一个位置都包含了一个面对着酯的疏水残基，而面向内（折叠内）的残基可以是极性或者非极性的
- 跨膜折叠中的 β 链往往两旁有芳香族残基

量化膜环境的属性

由于膜内部是疏水的，可以预期的是位于细胞膜内的残基实际上是非极性和疏水的。因此，确定氨基酸序列中疏水性的区域有助于预测跨膜蛋白质的结构并为它的一般功能提供一些线索。氨基酸不同侧链的疏水性是不同的。建立**疏水性尺度（hydrophobic scale）**给每一个氨基酸的疏水性进行赋值。许多疏水性尺度由解决方案研究、晶体学数据或两者结合产生。一般没有特别的比别的方法好的方法，都在跨膜螺旋预测程序中使用。

基于解决方案的疏水性尺度通常是通过测量由水溶剂转移到模仿膜环境的溶剂的转移自由能（ΔG_t）计算的。但是，这些估计有一些问题，因为有些氨基酸不溶于膜模仿溶剂。此外，决定哪个溶剂模仿膜环境最好也是不容易的。

从晶体学数据得到的疏水性尺度是利用计算机程序计算残基是多么疏水，通过在蛋白质的表面卷起一个防水球体（通常是 1.4Å 的半径）并确定可以使 van der Waals 与溶剂接触的残基（图 14.19A）。为了提高疏水性尺度的准确性一些科学家将晶体学方法和基于解决方案的方法两者结合在一起使用。

其他疏水性尺度可以从其他方法得到，如 GES 方法（Goldman、Engelman 以及 Steitz），它使用了在 20 个残基的多聚螺旋中的一个特定残基的溶剂曝光。另一种尺度是基于频率的，残基在一个跨膜部分被发现。还有一种方法使用了三肽或四肽的迁移自由能，其中中间氨基酸正在被测试。

11.7　跨膜蛋白结构的预测

大多数跨膜蛋白由一个或多个 α 螺旋的形式跨越膜，并且我们将最先讨论这些。如果存在多于一个螺旋，螺旋通常形成一个紧密的捆绑束。脂双层的性质使得在 α 螺旋跨片段上产生一些结构性限制。第一个是长度。膜平均厚度为 30Å，相当于一个有 15～30 残基的 α 螺旋。

跨膜区域通常通过寻找序列中特定长度的疏水区域进行预测。疏水性尺度被用来赋值给单独的残基同时这个值通过使用一个滑动窗口转换成一个**亲水性分布图（hydropathic profile）**以用于平均一些残基的值。这有效地识别了疏水拉伸。窗口设置为 15～30 个残基的长度，相当于一个跨膜片段的平均长度。当搜索跨膜螺旋的末端时使用一个较小的窗口。由于没有一个疏水性尺度是最好的，你最好把

序列提交给一些使用不同疏水性分布的跨膜预测程序。那些由所有程序一致预测为跨膜的区段最有可能是正确的。亲水性分布图通常足以预测在单通道膜蛋白中跨膜部分的正确位置。

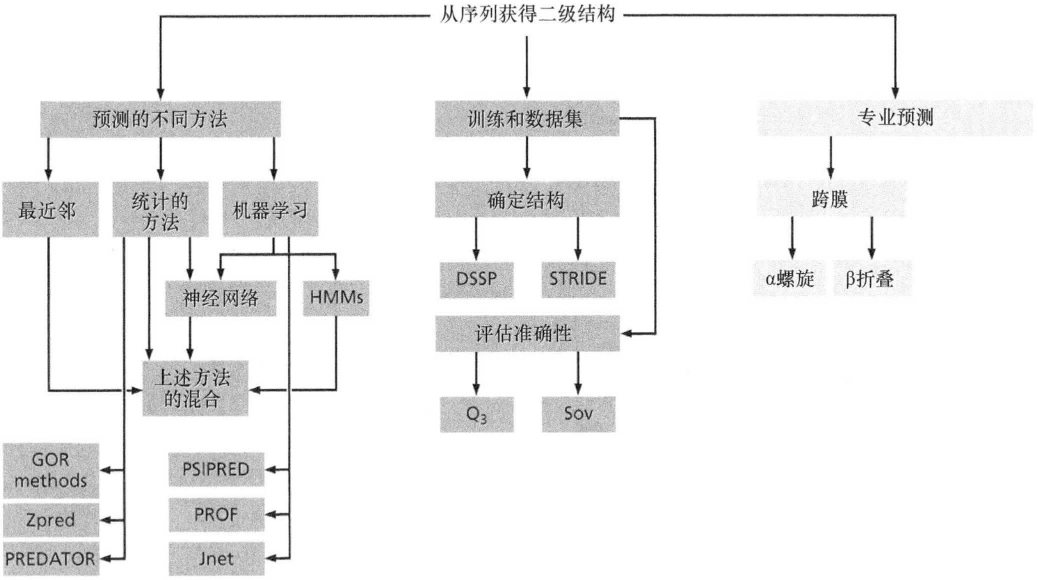

流程图 11.7　在本节对那些为预测跨膜蛋白质开发的方法进行讨论。

多螺旋膜蛋白

如果一个膜蛋白有多个跨膜部分，那么它不仅对预测哪些领域将成为跨膜螺旋而且还对预测在膜中螺旋的相对方向和侧链的相互作用都是重要的。与一个多螺旋跨膜蛋白质的核心相互作用的残基不需要是疏水的，因为它们相互之间可以形成盐桥。因此，带电的残基可能以协调的方式出现在螺旋中，其中一个螺旋中正电荷的残基和相互作用的螺旋中的负电荷的残基互补。

这种结构的螺旋同时包含疏水和带电的残基，形成了一个在每一边都有不同特点的结构元素——**两亲性螺旋（amphipathic helix）**。亲水性分布图的使用通常只是不会良好地预测出这些结构。在这种情况下，使用了一个螺旋的两亲性尺度，称为**疏水性矩（hydrophobic moment）**。疏水性矩是为每个残基旋转不同角度而测量的肽的疏水性。它是为所有从 0～180°的旋转角度而计算的。疏水性矩是通过确定何时结构一边的残基比另一边的更疏水来识别两亲性螺旋的一种辅助手段。疏水性矩对区分跨膜螺旋与在球状蛋白域中发现的两亲性螺旋是足够敏感的。通常，表面螺旋有高疏水性矩，而膜螺旋（单通道和多通道）有低疏水性矩和高疏水性，亲水性螺旋有低疏水性矩和低疏水性。

疏水性矩可以通过螺旋轮直观地表示。图 11.28A 和图 11.28B 显示了视紫红质蛋白质的第一个跨膜螺旋及其螺旋轮图。视紫红质是 G 蛋白偶联受体家族的一员，这个家族都有 7 个跨膜螺旋（见专栏 11.2 和图 11.29）。从图 11.28B 中我们可以看到在螺旋中有不带电荷的残基，并且只有 5 个极性（弱亲水性）残基。两亲性是显而易见的，因为这些亲水性残基主要是在螺旋的一边。亲水残基的侧链是从螺旋往外展现的，并且允许这些残基与邻近螺旋的氨基酸中的极性基团形成静电相互作用。螺旋轮疏水一侧的单丝氨酸靠近跨膜螺旋的末端。因此，螺旋轮可以用来研究跨膜螺旋的两亲性及其预测精确度。图 11.28C 显示了胞质磷酸肌醇激酶中非跨膜螺旋的螺旋轮图。跨膜螺旋与胞质螺旋之间两亲性的区别是相当明显。

膜内的 α 螺旋的方向的预测使用了由 von Heijne 和他同事们建立的**阳性内部规则（positive-inside rule）**。这个规则规定了跨膜螺旋间的胞内环比胞外环有更多含量的精氨酸（R）和赖氨酸（K）（图 11.30）。阳性内部规则反映了在细胞内的非膜区域比细胞外的区域有更多的带正电荷的残基的观点。这个规则同样应用于那些如内质网的内部膜的蛋白质，其中细胞内对应于膜的胞质侧而细胞外对应于膜的胞质腔侧。这条规则最初是在 TopPred 预测程序中被描述和使用的，并且至今已在许多更新的程序中使用。

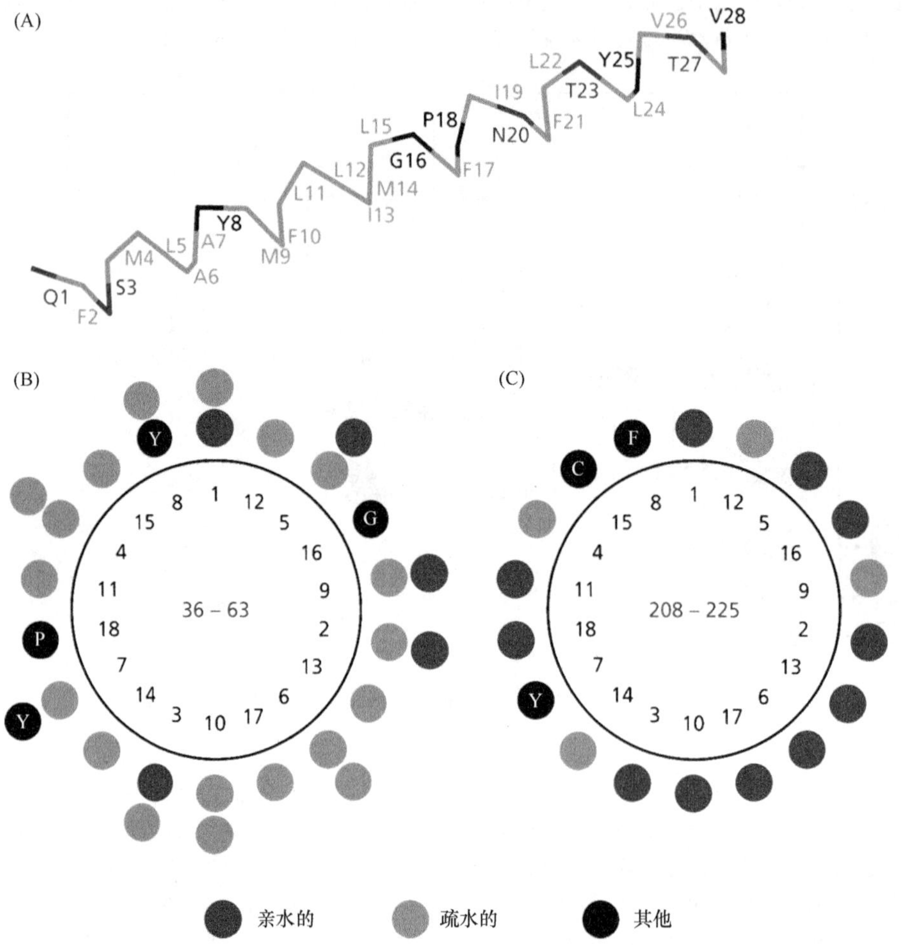

图 11.28 跨膜螺旋可以由螺旋轮图来表示。(A) 牛视紫红质的第一跨膜螺旋，浅灰色的是疏水残基、深灰色表示亲水残基，黑色表示其他残基。螺旋中的 27 个氨基酸是从膜内的第一个开始编号的。这个螺旋中根本没有强烈亲水的带电残基。这里指出的亲水的 5 个残基有不带电荷的侧链并且只有微弱的亲水性。(B) 同一螺旋的螺旋轮图，用和 (A) 图中一样的颜色表示氨基酸。除了螺旋起始处附近的丝氨酸外，亲水性的和中性的残基都在螺旋的一面，从而使螺旋两亲性。大部分亲水性残基都被聚集在链的一部分，并被排列好以使它们可以落在螺旋的一侧。这个亲水性区域是膜内这个螺旋和其他螺旋之间分界面的一部分。(C) 磷酸肌醇激酶的非跨膜螺旋的螺旋轮图。注意高电荷比例 (因此产生强烈亲水性) 的残基 [如天门冬氨酸 (D)、谷氨酸 (E)、赖氨酸 (K) 以及精氨酸 (R)]。

纳入不同的预测方法的补充意见包括发现位于每个膜区域（通常这个片段是 15 个残基的长度）侧面的残基（有时称为螺旋尾）与蛋白质的方向相关。如果位于跨膜片段侧面的蛋白质羧基末端部分比氨基末端部分正电荷更强，那么羧基末端部分将位于胞质一侧。

选择预测跨膜螺旋的预测程序

现如今已经开发了一些旨在从氨基酸序列中预测跨膜螺旋的算法，并且已有各种用户友好的基于网络的工具做到了这一点，同时还预测了在膜中螺旋的方向。这些方法可以识别所有跨膜片段中的 90%～95%。用疏水性分布图来预测可能的跨膜区域的方法已使用了很多年，但是直到大概 1992 年 von Heijne 才设计出第一个方法（TopPred）来预测完整的跨膜蛋白质的拓扑结构。TopPred 和其他一些算法通过哪个片段被确认为一个跨膜螺旋结构来设定疏水性阀值，但是这个方法有一些螺旋可能被错

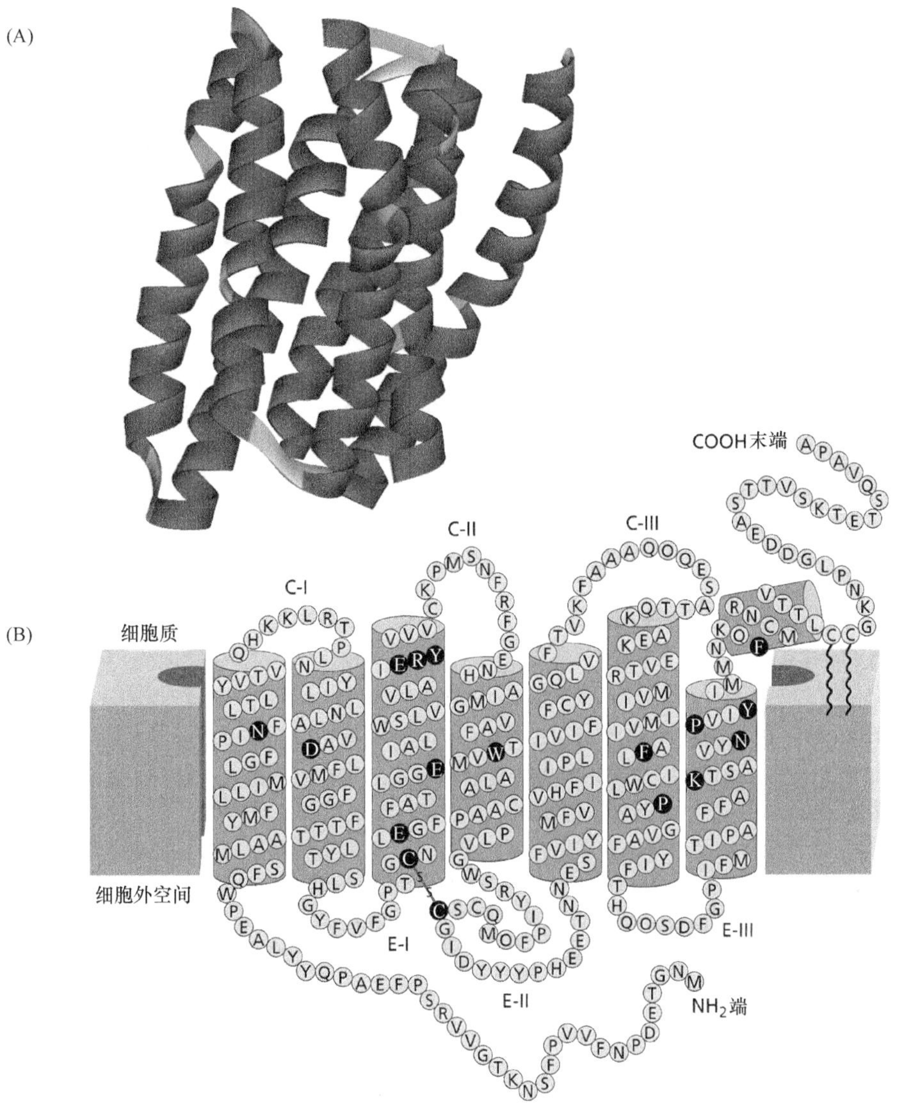

图 11.29　牛视紫红质的三维结构。（A）从实验中得到的结构的连续剖面图。7 个跨膜螺旋用红色表示。PDB 数据库号为 1F88。绿色是用来表明造成这些螺旋中扭曲的脯氨酸残基的位置。（B）膜中视紫红质拓扑排列示意图。注意连接螺旋的细胞质环和细胞外环。视紫红质位于杆感光细胞的末端膜，一种内质网的特殊形式，因此在这种情况下胞外与膜腔一致（B，from K. Palczewski et al.，Crystal structure of rhodopsin：a G protein-coupled receptor，*Science* 289：739-745，2000. Reprinted with permission from AAAS）。（见文后彩图）

过的缺点，因为它们和阈值只差了一点点。

大量的方法被设计用于改善这个缺点和一般的预测精度，包括诸如 MEMSAT 的程序，它包含了疏水性、位于膜的尾部和头部区域的氨基酸分离倾向量表以及模型参数，参数包括了跨膜片段的数量、拓扑结构、长度以及用于优化跨膜螺旋方向预测的位置。

在网上可用的通过其拓扑信息预测跨膜部分和任何其他信息的方法将会使用牛视紫红质的多面体膜蛋白质来进行阐释（图 11.29）。图 11.31 给出了许多常用程序的预测。

(A)

(B)

```
seq        MNGTEG PNFYVPFSNK TGVVRSPFEA PQYYLAEPWQ FSMLAAYMFL    46
pred       000000 0000000000 00000000oo oooooooooo ooHHHHHHHH

seq   LIMLGFPINF LTLYVTVQHK KLRTPLNYIL LNLAVADLFM VFGGFTTTLY    96
pred  HHHHHHHHHH HHHHHHHiii iiiiiiiiiH HHHHHHHHHH HHHHHHHHHo

seq   TSLHGYFVFG PTGCNLEGFF ATLGGEIALW SLVVLAIERY VVVCKPMSNF   146
pred  oooooooooo oooooooHHH HHHHHHHHHH HHHHHHHiii iiiiiiiiii

seq   RFGENHAIMG VAFTWVMALA CAAPPLVGWS RYIPEGMQCS CGIDYYTPHE   196
pred  iiiiiiiHHH HHHHHHHHHH HHHHHHHooo oooooooooo oooooooooo

seq   ETNNESFVIY MFVVHFIIPL IVIFFCYGQL VFTVKEAAAQ QQESATTQKA   246
pred  oooooooHHH HHHHHHHHHH HHHHHHHiii iiiiiiiiii iiiiiiiiii

seq   EKEVTRMVII MVIAFLICWL PYAGVAFYIF THQGSDFGPI FMTIPAFFAK   296
pred  iiiiiiiHHH HHHHHHHHHH HHHHHHHHHH HooooooooH HHHHHHHHHH

seq   TSAVYNPVIY IMMNKQFRNC MVTTLCCGKN PLGDDEASTT VSKTETSQVA   346
pred  HHHHHHHHHH HHHiiiiiii iiiiiiiiII IIIIIIIIII IIIIIIIIII

seq   PA   348
pred  II
```

图 11.30 与由 HMMTOP 程序为牛视紫红质预测的膜相关的跨膜螺旋以及尾巴和环的位置。（A）显示由 HMMTOP 预测程序区别开来的结构和位置的示意图。螺旋都位于膜中；环可以是在细胞的内部或外部。环被分为紧密位于螺旋两侧并且接近膜的片段（这里称为尾部）以及那些真正在膜外的。此外，蛋白质的氨基和羧基末端必须加以区别。（B）由预测程序 HMMTOP 给出的牛视紫红质的预测分布。预测分别由以下字母表示：o 表示在尾部外；O 表示在环外；H 表示膜螺旋；i 表示在尾部里；I 为环内。这个图还说明了由 von Heijne 和他的同事所建立的阳性内部规则，该规则显示了跨膜螺旋之间的细胞内环比胞外环有更高含量的精氨酸（R）和赖氨酸（K）。

```
X-RAY   MNGTEGPNFY VPFSNKTGVV RSPFEAPQYY LAEPWQFSML AAYMFLLIML    50
HMMTOP  MNGTEGPNFY VPFSNKTGVV RSPFEAPQYY LAEPWQFSML AAYMFLLIML
SOSUI   MNGTEGPNFY VPFSNKTGVV RSPFEAPQYY LAEPWQFSML AAYMFLLIML
DAS     mngtegpnfy vpfsnktgvv rspfeapqyy laepwqfsML AAYMFLLIML
TMHMM   MNGTEGPNFY VPFSNKTGVV RSPFEAPQYY LAEPWQFSML AAYMFLLIML
TMpred  MNGTEGPNFY VPFSNKTGVV RSPFEAPQYY LAEPWQFSML AAYMFLLIML
PHDhtm  MNGTEGPNFY VPFSNKTGVV RSPFEAPQYY LAEPWQFSML AAYMFLLIML
TMAP    MNGTEGPNFY VPFSNKTGVV RSPFEAPQYY LAEPWQFSML AAYMFLLIML

X-RAY   GFPINFLTLY VTVQHKKLRT PLNYILLNLA VADLFMVFGG FTTTLYTSLH   100
HMMTOP  GFPINFLTLY VTVQHKKLRT PLNYILLNLA VADLFMVFGG FTTTLYTSLH
SOSUI   GFPINFLTLY VTVQHKKLRT PLNYILLNLA VADLFMVFGG FTTTLYTSLH
DAS     GFPINFLTLY Vtvqhkklrt plnyILLNLA VADLFMVFGG FTTTLytslh
TMHMM   GFPINFLTLY VTVQHKKLRT PLNYILLNLA VADLFMVFGG FTTTLYTSLH
TMpred  GFPINFLTLY VTVQHKKLRT PLNYILLNLA VADLFMVFGG FTTTLYTSLH
PHDhtm  GFPINFLTLY VTVQHKKLRT PLNYILLNLA VADLFMVFGG FTTTLYTSLH
TMAP    GFPINFLTLY VTVQHKKLRT PLNYILLNLA VADLFMVFGG FTTTLYTSLH

X-RAY   GYFVFGPTGC NLEGFFATLG GEIALWSLVV LAIERYVVVC KPMSNFRFGE   150
HMMTOP  GYFVFGPTGC NLEGFFATLG GEIALWSLVV LAIERYVVVC KPMSNFRFGE
SOSUI   GYFVFGPTGC NLEGFFATLG GEIALWSLVV LAIERYVVVC KPMSNFRFGE
DAS     gyfvfgptgc nlegffatlg geIALWSLVV LAIERYVvvc kpmsnfrfge
TMHMM   GYFVFGPTGC NLEGFFATLG GEIALWSLVV LAIERYVVVC KPMSNFRFGE
TMpred  GYFVFGPTGC NLEGFFATLG GEIALWSLVV LAIERYVVVC KPMSNFRFGE
PHDhtm  GYFVFGPTGC NLEGFFATLG GEIALWSLVV LAIERYVVVC KPMSNFRFGE
TMAP    GYFVFGPTGC NLEGFFATLG GEIALWSLVV LAIERYVVVC KPMSNFRFGE
```

```
X-RAY  NHAIMGVAFT WVMALACAAP PLVGWSRYIP EGMQCSCGID YYTPHEETNN   200
HMMTOP NHAIMGVAFT WVMALACAAP PLVGWSRYIP EGMQCSCGID YYTPHEETNN
SOSUI  NHAIMGVAFT WVMALACAAP PLVGWSRYIP EGMQCSCGID YYTPHEETNN
DAS    nhaimGVAFT WVMALACAap PLVGWSRYIP EGMQCSCGID YYTPHEETNN
TMHMM  NHAIMGVAFT WVMALACAAP PLVGWSRYIP EGMQCSCGID YYTPHEETNN
TMpred NHAIMGVAFT WVMALACAAP PLVGWSRYIP EGMQCSCGID YYTPHEETNN
PHDhtm NHAIMGVAFT WVMALACAAP PLVGWSRYIP EGMQCSCGID YYTPHEETNN
TMAP   NHAIMGVAFT WVMALACAAP PLVGWSRYIP EGMQCSCGID YYTPHEETNN

X-RAY  ESFVIYMFVV HFIIPLIVIF FCYGQLVFTV KEAAAQQQES ATTQKAEKEV   250
HMMTOP ESFVIYMFVV HFIIPLIVIF FCYGQLVFTV KEAAAQQQES ATTQKAEKEV
SOSUI  ESFVIYMFVV HFIIPLIVIF FCYGQLVFTV KEAAAQQQES ATTQKAEKEV
DAS    esfVIYMFVV HFIIPLIVIF FCYGQLVftv keaaaqqqes attqkaekev
TMHMM  ESFVIYMFVV HFIIPLIVIF FCYGQLVFTV KEAAAQQQES ATTQKAEKEV
TMpred ESFVIYMFVV HFIIPLIVIF FCYGQLVFTV KEAAAQQQES ATTQKAEKEV
PHDhtm ESFVIYMFVV HFIIPLIVIF FCYGQLVFTV KEAAAQQQES ATTQKAEKEV
TMAP   ESFVIYMFVV HFIIPLIVIF FCYGQLVFTV KEAAAQQQES ATTQKAEKEV

X-RAY  TRMVIIMVIA FLICWLPYAG VAFYIFTHQG SDFGPIFMTI PAFFAKTSAV   300
HMMTOP TRMVIIMVIA FLICWLPYAG VAFYIFTHQG SDFGPIFMTI PAFFAKTSAV
SOSUI  TRMVIIMVIA FLICWLPYAG VAFYIFTHQG SDFGPIFMTI PAFFAKTSAV
DAS    tRMVIIMVIA FLICWLPYAG VAFYIfthqg sdfgpIFMTI PAFfaktsav
TMHMM  TRMVIIMVIA FLICWLPYAG VAFYIFTHQG SDFGPIFMTI PAFFAKTSAV
TMpred TRMVIIMVIA FLICWLPYAG VAFYIFTHQG SDFGPIFMTI PAFFAKTSAV
PHDhtm TRMVIIMVIA FLICWLPYAG VAFYIFTHQG SDFGPIFMTI PAFFAKTSAV
TMAP   TRMVIIMVIA FLICWLPYAG VAFYIFTHQG SDFGPIFMTI PAFFAKTSAV

X-RAY  YNPVIYIMMN KQFRNCMVTT LCCGKNPLGD DEASTTVSKT ETSQVAPA   348
HMMTOP YNPVIYIMMN KQFRNCMVTT LCCGKNPLGD DEASTTVSKT ETSQVAPA
SOSUI  YNPVIYIMMN KQFRNCMVTT LCCGKNPLGD DEASTTVSKT ETSQVAPA
DAS    ynpviyimmn kqfrncmvtt lccgknplgd deasttvskt etsqvapa
TMHMM  YNPVIYIMMN KQFRNCMVTT LCCGKNPLGD DEASTTVSKT ETSQVAPA
TMpred YNPVIYIMMN KQFRNCMVTT LCCGKNPLGD DEASTTVSKT ETSQVAPA
PHDhtm YNPVIYIMMN KQFRNCMVTT LCCGKNPLGD DEASTTVSKT ETSQVAPA
TMAP   YNPVIYIMMN KQFRNCMVTT LCCGKNPLGD DEASTTVSKT ETSQVAPA
```

图 11.31　用不同的预测程序：HMMTOP、SOSUI、DAS、TMHMM、TMpred、PHDhtm 以及 TMAP 比较牛视紫红质中跨膜螺旋的预测。由 X 射线晶体学确定的在蛋白质结构中的跨膜螺旋的位置在顶行给出（X 射线）。跨膜螺旋突出显示为黄色。细胞外的环是黑色的，而细胞质环是蓝色的。盒中框出的序列是那些基于 7 个预测方法的一致结果最终预测为跨膜的。（见文后彩图）

统计方法

像在前面几个章节中讨论的二级结构预测的统计方法一样，程序 TMpred 使用基于蛋白质数据库，在这个情况下是已知跨膜蛋白质序列的数据库（TMbase）的统计分析的算法来预测跨膜部分以及它们的方向。该预测是通过使用从 TMbase 分析得出的几个打分矩阵的组合来对序列打分而得出的。用户调用设置了用于预测的跨膜区的最小和最大长度；默认最小长度为 17 个残基，最大长度为 33 个残基。

输出给出了许多序列中可能的跨膜螺旋以及它们预测的拓扑结构；换言之就是螺旋是否从外到内穿过细胞膜，或者从内到外穿过。它还重点介绍了具有最高等级重要性的拓扑结构。一般来说这就是应该被使用的预测。

基于知识的预测

氨基酸序列的物理化学性质，譬如疏水性和电荷被用于预测方法，如 SOSUI。这个方法是基于某些假说；主要的一个假说指出膜蛋白必须有至少一个非常疏水的主要的跨膜螺旋。更多的跨膜螺旋可能存在于一个多次跨膜的蛋白质中，并且它们的疏水性可能和在水溶性蛋白中发现的疏水片段相似。主跨膜螺旋通过螺旋末端的两亲性侧链的组合稳定住，同时有一个疏水性中心区域。这个方法中使用了 4 个物理化学参数：亲水性指数、两亲性指数、氨基酸电荷指数以及每个序列的长度。

SOSUI 的输出给那些被预测为跨膜螺旋的片段以疏水性分布图、螺旋轮图以及膜拓扑方向图（图 11.32）。将由程序输出的跨膜拓扑结构图与由 X 射线结构产生的图进行比较（图 11.29）。由此可见，尽管 SOSUI 将表示第一个跨膜螺旋的片段定位到了正确的序列地区，但是螺旋的起始没有被准确预测（有 3 个残基太靠后）的实际情况影响了螺旋的折叠，并且因此影响了螺旋上的疏水和非疏水残基的排列（比较这个预测的螺旋轮图和图 11.28 上的螺旋轮图可以看到在预测中的两亲性丢失了）。因此，预测详细的拓扑结构比预测跨膜片段的大致位置以及那些告诉我们哪些循环是在细胞质一边、哪些在细胞外一方的全面的拓扑结构更为困难和更不准确。

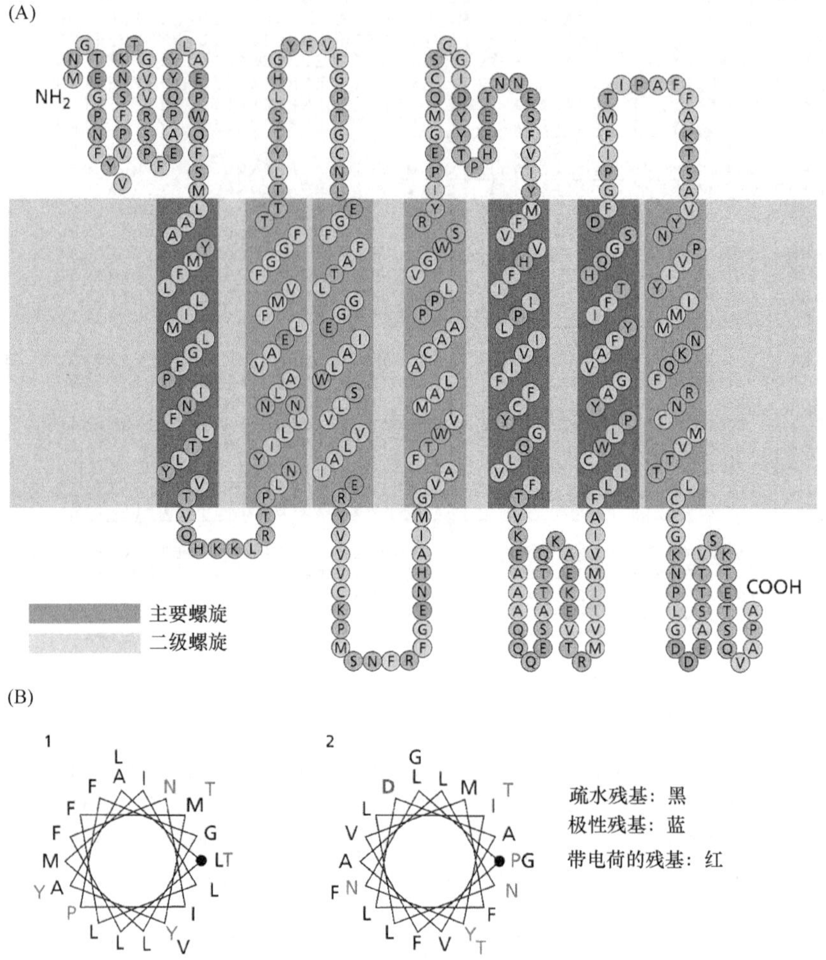

图 11.32 通过 SOSUI 程序获得的视紫红质的预测结果。(A) 由程序输出的跨膜螺旋的位置示意图。(B) 预测的第一和第二跨膜螺旋的螺旋轮图。注意从第一个螺旋起始的偏低预测中获得的结果的两亲性差别。(见文后彩图)

蛋白质家族的进化信息改善了预测结果

在二级结构预测时进化信息的使用普遍提高了预测结果。几个膜螺旋预测方法使用了从蛋白质序列联配中获得的信息。一种这样的方法是 TMAP，它可以使用一个单一的序列，或更好的查询序列及其同源序列的多重联配结果作为输入。这个方法中使用了两组倾向值，一组是用于假定跨膜螺旋的中等疏水部分，另一组用于末端区域。这些倾向值先赋值给联配的每个位置，然后计算一个平均值。平均值基于序列间的相似性进行加权。倾向值基于从 Swiss-Prot 数据库中被指定为跨膜片段的跨膜螺旋中发现的残基类型的统计分析结果。多重联配提高了预报精度。然而，所有的蛋白质中的 20%～30% 仍然没有在当前的数据库中找到同源序列。针对这种情况，开发了称为密度排列界面（DAS）的新方法。

密度排列界面方法（DAS）是用来改善非同源膜蛋白质集和使用基于氨基酸对的邻里选择性（NS）的一个特别的衍生打分矩阵的查询蛋白质之间的比较。矩阵只在联配两个跨膜螺旋片段时给出高分。每 10 个残基的窗口有一个最终的得分，它是与约 40 个膜蛋白质序列组的所有片段无间隙联配得分的平均值。如果分数超过某个阈值，那么这个片段被预测为跨膜的。

结果包括了一列预测的跨膜螺旋以及 DAS 分布得分曲线，其中跨膜螺旋是那些在 DAS 分布阈值峰之上的片段（图 11.33）。在更低的阈值上方的片段被用于代表跨膜螺旋。

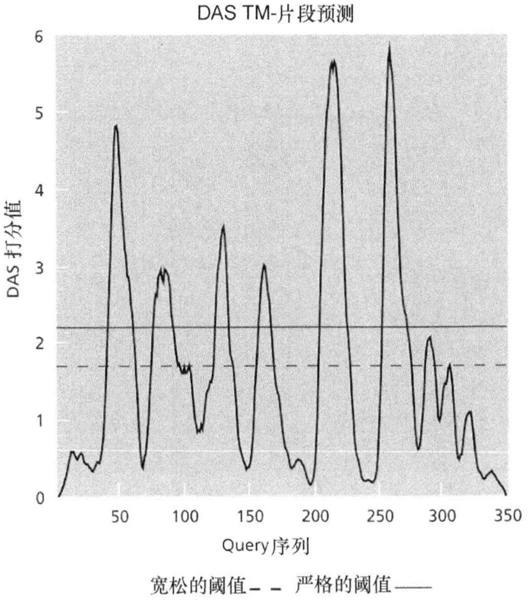

图 11.33 DAS 打分值的分布图。这显示了在 DAS 阈值上方或下方的牛视紫红质序列区域。在阈值上方的那些区域被预测为跨膜螺旋。

神经网络在跨膜预测中的应用

PHDhtm 是一种利用进化信息以提高跨膜片段预测的神经网络方法。在相同结构家族中的蛋白质序列间的氨基酸替换模式与那个家族的三级结构高度相关。PHDhtm 使用进化信息作为预测跨膜螺旋的神经网络的输入。PHDhtm 预测的第一步是找到查询序列的同源序列，然后生成一个多序列比对结果。输入一个神经网络的比对信息中跨膜位点有两种编码方式：一个是指定在跨膜螺旋中的残基，另一个是指定作为非膜范围的残基。使用这些参数作为一个选择最佳模式代表最佳跨膜定位的动态规划算法的输入。最后应用阳性内部规则来预测拓扑结构。

例如，由 PHDhtm 生成的多重联配也可以提交给 TMAP 服务器作出确定的预测。

使用隐马尔可夫模型预测跨膜螺旋

隐马尔可夫模型（HMM）是一种跨膜螺旋预测的良好技术，因为它可以将疏水性、电荷偏移、螺旋长度以及语法约束条件合并入一个模型，其算法的参数估计和预测已经存在。跨膜预测中 HMM 方法的基本原则是定义一组状态，每个残基被预测为这些状态中的其中之一。在简单的情况下，有 3 个状态可以指定：一个给胞内环、一个给胞外环、一个给跨膜片段。每个状态都有一个关于 20 个氨基酸的关联概率分布，它描述了每个建模区域中每个氨基酸的变化。这些状态以生物合理的方式相互连接，如胞内环的状态连接到它自己，因为在这样一个环上可能包含有多个氨基酸，同样也可能连接到跨膜螺旋的状态，因为通常在一个胞内环的后面紧接着另一个螺旋。然后，状态转换概率与每个转换相关。氨基酸和转换概率被 HMM 方法学习。通过定义状态并把它们连接成一个环，可以设计一个与进行建模的生物系统非常相似的体系结构模型。通过有最高计算概率状态的一个蛋白质序列的路径应该可以预测出真实的拓扑结构。

基于 HMM 的程序 TMHMM 指定许多可能的不同的 HMM 状态（图 11.34）：①核心跨膜螺旋；②、③每一侧上的螺旋尾部（帽）；④细胞质一侧的环；细胞外的⑤短环和⑥长环；以及⑦在每个环中间的类球状域结构。跨膜螺旋实际的预测是通过寻找由 HMM 给出的最有可能的拓扑结构完成的。这个程序返回了一组跨膜片段、内部或外部环、以及图形化的概率分布（图 11.35）。

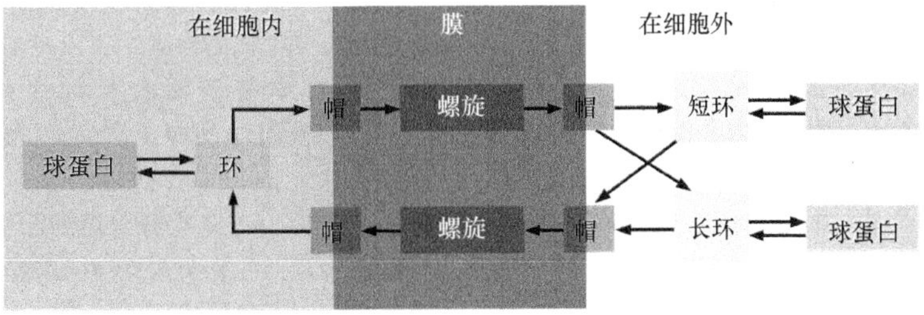

图 11.34 由 TMHMM 使用的 HMM 的状态。核心跨膜螺旋；膜任何一侧上的螺旋尾部（帽）；位于内部的环；细胞外短的和长的环；以及在每个环中间的类球状域结构。

另一个类似的基于 HMM 的程序 HMMTOP（拓扑结构预测的隐马尔可夫模型）。它建立于一个非常类似的隐马尔可夫模型的架构，但用于预测的方法是不同的。它定义了 5 个结构状态：①跨膜螺

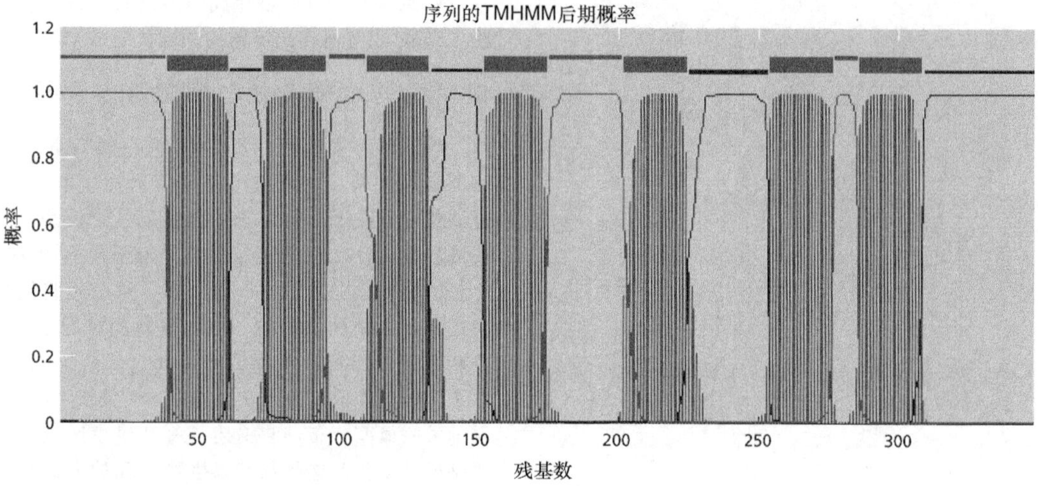

序列	外部	1	38
序列	TM螺旋	39	61
序列	内部	62	73
序列	TM螺旋	74	96
序列	外部	97	110
序列	TM螺旋	111	133
序列	内部	134	152
序列	TM螺旋	153	175
序列	外部	176	201
序列	TM螺旋	202	224
序列	内部	225	253
序列	TM螺旋	254	276
序列	外部	277	285
序列	TM螺旋	286	308
序列	内部	309	348

图11.35 牛视紫红质序列的TMHMM程序输出。表格列出了与每个预测片段相关的残基数范围。

旋；螺旋的②内部和③外部的尾巴；以及④内部和⑤外部环（图 11.36）。有几个预测的选项。首先，可以提交一个单个的查询序列或者一个作为一组同源序列集的一部分的查询序列。一般来说，最好是使用同源序列集。同样也可以选择使用一套标准的参数或者是一个优化的查询序列的参数来进行预测。

如果查询蛋白质一些部分的实际定位是已知的，那么在 HMMTOP 中序列部分定位的选项允许用户描述这些片段。然后预测将使用这些片段作为额外的限制条件。为确定某一给定片段的拓扑结构的语法是：起始位点-终止位点型，其中起始位点和终止位点是序列号，而类型是上述描述的结构部分的位置的一个字母的代码。例如，56-76-I 生成的预测是在位置 56 和 76 之间的序列片段将在胞质中（内部）。返回的结果仅仅包括氨基酸序列与下面每个氨基酸给出的预测（图 11.30B）。一般来说 O 或 o 表示外部，而 I 或 i 表示内部环或尾巴，H 编码跨膜。TMHMM 和 HMMTOP 的预测结果在图 11.31 中给出。

比较结果：选择哪个

通常，这些方法对我们用来作为例子的一种蛋白质都给出了类似的预测结果（见专栏 11.3）。有些方法往往倾向于预测较长的螺旋，如 HMMTOP、TMAP 以及偶尔 SOSUI。TMAP 预测蛋白质序列的氨基和羧基末端的较短的序列，从而导致第一个螺旋的起始和最后一个螺旋的末尾的预测不准确。DAS 方法总的来说似乎是预测更短的跨膜片段。大多数方法正确地预测了整体的拓扑结构。这里阐述了可用程序的选择以说明预测程序中使用的各种不同方法。

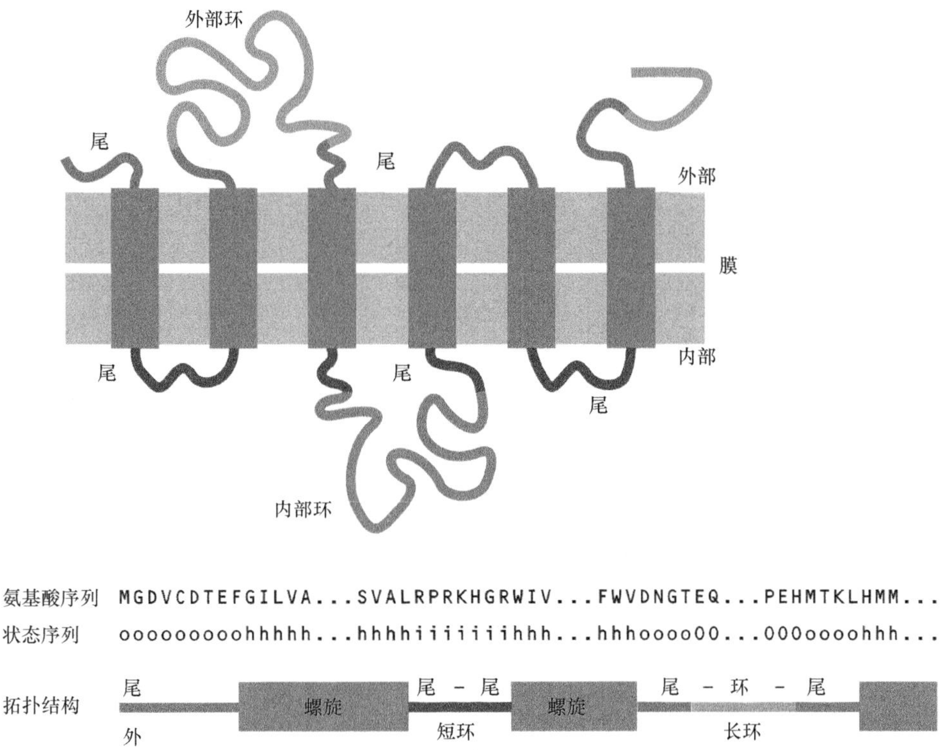

图 11.36 在 HMMTOP 程序中跨膜结构的 5 个状态。 这 5 个状态分别是内部环（I）、内部尾（i）、膜螺旋（h）、外部尾（o）和外部环（O）。尾巴被认为与膜的内部或外部的部分相互作用，而环没有。螺旋之间的两个尾巴可以形成短的环，但是更长的环是由尾-环-尾序列形成的（Adapted from G. E. Tusnady and I. Simon，Principles governing amino acid composition of integral membrane proteins：application to topology prediction，*J. Mol. Biol.* 283489：506，1998）。

专栏 11.3 预测跨膜的例子

维生素 K 环氧化还原酶（VKOR）催化维生素 K2，3-环氧化物转化为维生素 K。最近，编码 VKOR 催化亚基的基因被确定为一个整合的膜蛋白质在。这些维生素 K 依赖蛋白质作为凝血因子是很重要的，同时还涉及骨骼代谢以及信号转导。为了了解这些蛋白质的结构-功能关系，了解膜的拓扑结构是相当重要的。

Jien—Ke Tie 和他的同事们最先使用不同的预测程序来预测 VKOR 的跨膜结构，并且紧接着用实验确定了其拓扑结构。他们使用了 7 个程序来预测拓扑结构：PHD、TMHMM、TopPred、TMpred、DAS、SOSUI 以及 MEMSAT。其中有 5 个程序预测出了 3 个跨膜螺旋。PHD 仅仅预测出了两个而 MEMSAT 则预测出了 4 个（图 B11.4A）。5 个程序还预测出了 VKOR 的 C 端是在胞质中的。从这些结果中作者们预测说 VKOR 有 3 个跨膜螺旋，并且其 C 端位于胞质中，而 N 端在内部。这个跨膜预测通过使用体外糖基化测定进行验证。这些实验强烈地表明 VKOR 是一个 C 端在外表、N 端在内部的Ⅲ型膜蛋白。其他实验验证了第一个螺旋的 10～29 号残基跨膜，这与预测结果一致。他们还进行了更多的实验来测试不同的预测。总的来说，实验验证了有 3 个跨膜螺旋，这和大部分预测程序相一致。用预测程序和实验数据预测的拓扑结构在图 B11.4B 中展示。

(A)

程序	TM数	C端	TM1	TM2	TM3	TM4
PHD	2	In		85–109 (1.0)		119–143 (0.87)
TMHMM 2.0	3	In	10–29 (1.0)		101–123 (0.90)	127–149 (0.93)
TopPred 2	3	In	9–29 (0.65)	78–98 (0.67)	109–129 (1.0)	
TMpred	3	In	9–29 (0.81)	75–97 (0.57)	101–129 (1.0)	
DAS	3		12–27	83–96	102–146	
SOSUI	3		11–31 (主要的)	75–97 (次要的)		116–138 (主要的)
MEMSAT	4	In	13–29 (0.76)	81–97 (0.60)	104–124 (1.0)	131–148 (0.68)

(B)

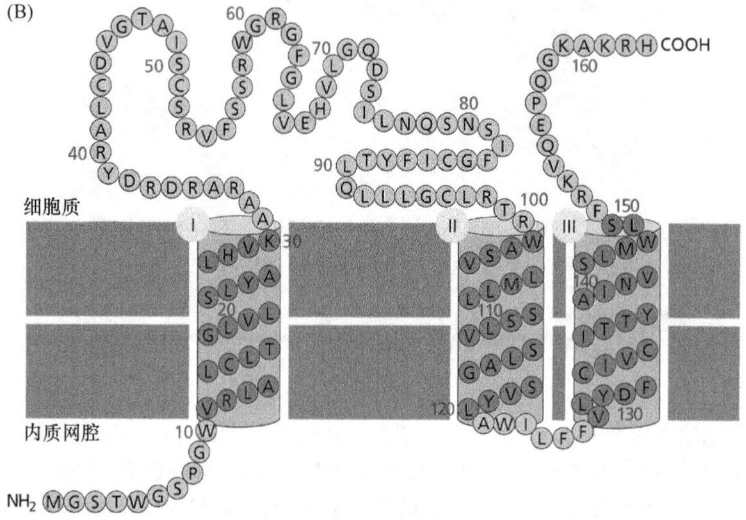

图 B11.4 (A) 显示不同程序的预测结果的表格，(B) VKOR 跨膜预测的示意图。（A. from J. K. Tie et al., Membrane topology mapping of vitamin K epoxide reductase by *in vitro* translation/cotranslocation, *J. Biol. Chem.* 280: 16410-16416, 2005）。

要获得最准确的预测，我们应该运行大量的预测算法，因为它们都使用不同的疏水性分布和（或）算法来预测两亲性，其中环进出胞质、螺旋的末端以及整体的拓扑结构。在图 11.31 中所示框出的片段显示了用户基于所有 7 种方法的预测选择的跨膜片段。这是通过联配结果和从每个残基出现最多的预测推测获得共识来获得的。此外，使用螺旋轮图来测试螺旋的可能性是很好的，主要从一侧寻找极性残基的模式而不是散布于各处。

如果提交一个非跨膜蛋白给跨膜预测程序会发生什么

如果一个序列不是编码一个跨膜蛋白的，如蛋白激酶 p110α，并且把它提交给跨膜预测程序，通常得到的结果是：

- 预测不出跨膜螺旋（HMMTOP、TMHMM 以及 SOSUI 等正确预测可溶性蛋白的程序）；
- 仅仅一个或非常少的螺旋被预测为跨膜的；
- 预测得到的螺旋通常很短，短得不足以跨过膜；
- 螺旋轮图有很大的不同；它们可能更带电并且极性/带电的残基分布并不像跨膜螺旋那样在一侧（图 11.28）。

含 β 链的跨膜结构的预测

膜中的 β 桶状结构包括一个大型反平行成圆筒结构的折叠。β 链的序列在序列的每个第二位点有一个疏水行残基，从而使圆筒外部呈非极性的而内部是极性的。此外，已观察到跨膜 β 链一般通过芳香族残基位于序列的两侧。单延伸链存在于双层的疏水环境中也是不大可能的，因为氢键的骨架 NH 和 CO 基团将被隔离。通常，为了确定跨膜 β 链，利用 Eisenberg 疏水性尺度 h 以及下面的公式计算一侧的疏水性 H_s：

$$H_s(i) = \frac{1}{4}[h(i-2) + h(i) + h(i+2) + h(i+4)] \quad (11.1)$$

如果在 $i-2$ 或 $i+4$ 位置的残基是芳香族的，那么疏水性值将提高到 1.6，从而使预测偏向末端有芳香族残基的链。

一个结构已得到解决的β链跨膜蛋白的例子是从红假单胞菌（*Rhodopseudomonas blastica*）（PDB 号 1PKN）中得到的膜通道蛋白膜孔蛋白（图 11.37A）。式（11.1）被用来为跨膜β片段做一个预测分布（图 11.37B）。结果显示，通常β链能被确定但并非十分准确。最近开发了一个新的被称为 PROFtmb 的方法用于预测跨膜β桶并在网上提供。这种预测方法是基于一个使用一组 56 个跨膜β桶结构来获得在 HMM 中使用的参数的 HMM 模型（详见第 12 章）。从图 11.37B 中我们可以看到预测结果比一个只使用疏水性分布的程序更好。

(A)

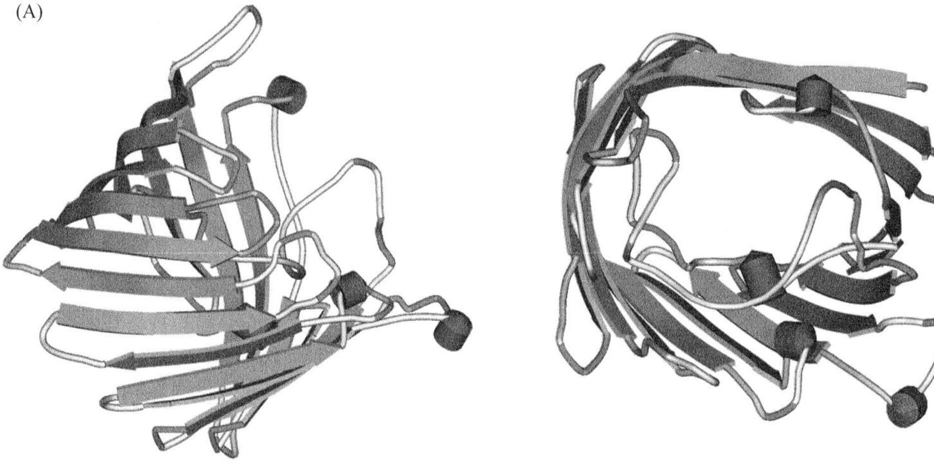

(B)

```
结构     : EISLNGYGRF GLQYVEDRGV GLEDTIISSR LRINIVGTTE TDQGVTFGAK
预测的   : EISLNGYGRF GLQYVEDRGV GLEDTIISSR LRINIVGTTE TDQGVTFGAK
PROFtmb : EISLNGYGRF GLQYVEDRGV GLEDTIISSR LRINIVGTTE TDQGVTFGAK

结构     : LRMQWDDGDA FAGTAGNAAQ FWTSYNGVTV SVGNVDTAFD SVALTYDSEM
预测的   : LRMQWDDGDA FAGTAGNAAQ FWTSYNGVTV SVGNVDTAFD SVALTYDSEM
PROFtmb : LRMQWDDGDA FAGTAGNAAQ FWTSYNGVTV SVGNVDTAFD SVALTYDSEM

结构     : GYEASSFGDA QSSFFAYNSK YDASGALDNY NGIAVTYSIS GVNLYLSYVD
预测的   : GYEASSFGDA QSSFFAYNSK YDASGALDNY NGIAVTYSIS GVNLYLSYVD
PROFtmb : GYEASSFGDA QSSFFAYNSK YDASGALDNY NGIAVTYSIS GVNLYLSYVD

结构     : PDQTVDSSLV TEEFGIAADW SNDMISLAAA YTTDAGGIVD NDIAFVGAAY
预测的   : PDQTVDSSLV TEEFGIAADW SNDMISLAAA YTTDAGGIVD NDIAFVGAAY
PROFtmb : PDQTVDSSLV TEEFGIAADW SNDMISLAAA YTTDAGGIVD NDIAFVGAAY

结构     : KFNDAGTVGL NWYDNGLSTA GDQVTLYGNY AFGATTVRAY VSDIDRAGAD
预测的   : KFNDAGTVGL NWYDNGLSTA GDQVTLYGNY AFGATTVRAY VSDIDRAGAD
PROFtmb : KFNDAGTVGL NWYDNGLSTA GDQVTLYGNY AFGATTVRAY VSDIDRAGAD

结构     : TAYGIGADYQ FAEGVKVSGS VQSGFANETV ADVGVRFDF
预测的   : TAYGIGADYQ FAEGVKVSGS VQSGFANETV ADVGVRFDF
PROFtmb : TAYGIGADYQ FAEGVKVSGS VQSGFANETV ADVGVRFDF
```

图 11.37　跨膜β桶的预测。（A）跨膜β桶膜孔蛋白的晶体结构。（B）膜孔蛋白的氨基酸序列。注意在膜β链侧面的芳香族残基（用粗体表示）。最上面一行显示了有根据 X 射线结构确定的跨膜链（用阴影表示）的颜色编码的序列。后面的行显示了用 Eisenberg 疏水性尺度和基于网络的程序 PROFtmb 预测的结构。

11.8　卷曲螺旋结构

当两个（或更多，往往是 3 个）α螺旋相互交织形成超螺旋弯曲是获得卷曲螺旋构象（图 11.38）。这样的卷曲在跨膜螺旋束和胞内蛋白质中都有发现。它们在螺旋之间形成并形成了特殊的疏水残基分布。一般来说，一个形成卷曲的α螺旋的序列将显示为一个由 7 个氨基酸重复出现组成

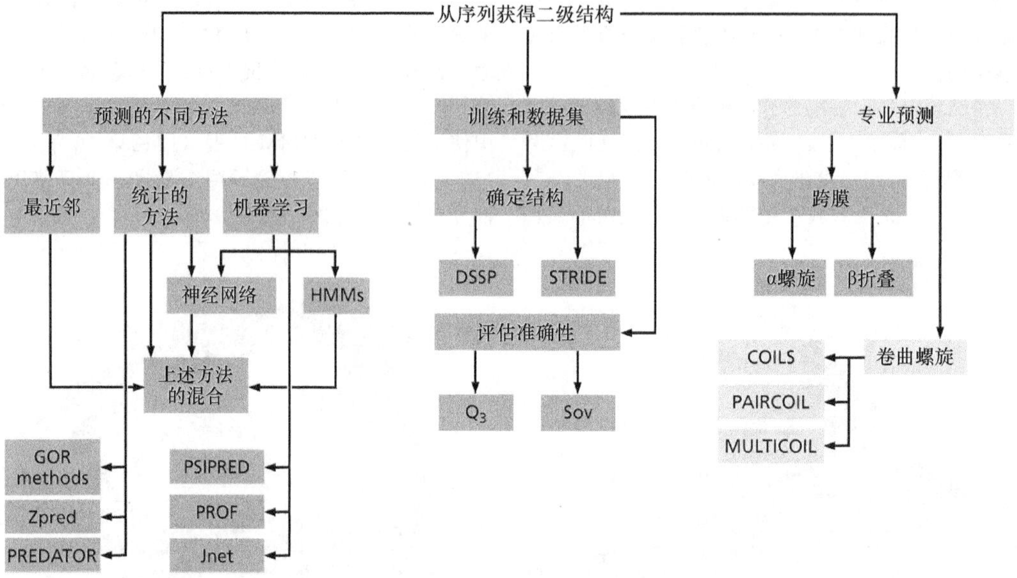

流程图 11.8　在本章节中一些为预测卷曲螺旋开发的方法将进行讨论。

的周期，这被称为七肽模式。如果这些位置用字母abcdef以及g表示，那么位置a和d通常是疏水的而e和g是带电荷的（图11.38A）。在残基a和d的疏水层中的这个排列结果沿着α螺旋的表面进入一个浅的螺旋。螺旋中一个转折的重复七残基模式结果，如a和d碰到一起从周围溶剂中隐藏它们疏水性质（图11.38B）。当螺旋组件紧靠在一起时，它们彼此相互缠绕形成一个严密的超螺旋，作为a和d残基的疏水性相互作用的结果。预测卷曲螺旋区域的算法正是根据这些属性。当a和d是重复的亮氨酸时，这个结构被称为亮氨酸拉链。在转录因子的亮氨酸拉链家族中，亮氨酸拉链二聚化区域沿着DNA结合域出现。

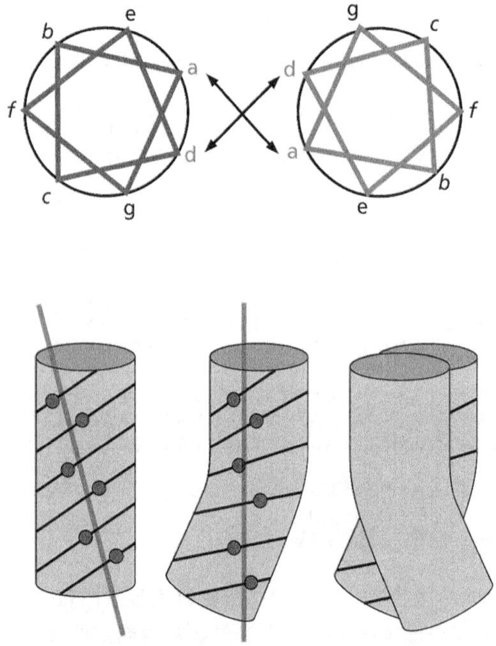

图 11.38　卷曲螺旋几何结构。由于α螺旋的每个转角有3.6个残基，残基a和d形成一个疏水层（用浅灰色字母和小点表示），由于每个七肽略低于两个转角，它慢慢地绕着螺旋扭曲。卷曲螺旋是由组件螺旋碰到一起隐藏疏水层而形成的。由于疏水层围着每个螺旋扭曲，所以螺旋也互相缠绕，隐藏疏水层并形成超螺旋。

卷曲螺旋通常是强大的结构并且在角蛋白（在细胞中形成中间纤维）、动力蛋白质肌球蛋白Ⅱ（一个通过卷曲螺旋尾巴结合在一起的二聚体）、纤维蛋白（在血液凝结中非常重要的蛋白质）中出现，并且在细胞外基质胶原蛋白中作为三螺旋。预测蛋白质中卷曲螺旋的结构并在网上可得的程序将用从蛋白质激酶PKN/PRK1的效应域的结构中得到的序列进行说明。这个卷曲螺旋结构域结合在G蛋白Rho上（图11.39和图11.40）。

COILS 预测程序

COILS将查询序列与已知的平行双链卷曲螺旋数据库相比较并且产生一个相似性分数。通过将这个分数和球状蛋白和卷曲螺旋蛋白中的分数分布进行比较，程序计算出查询序列将出现卷曲螺旋构象中的概率。

这个程序允许用户选择是否权衡卷曲螺旋的a和

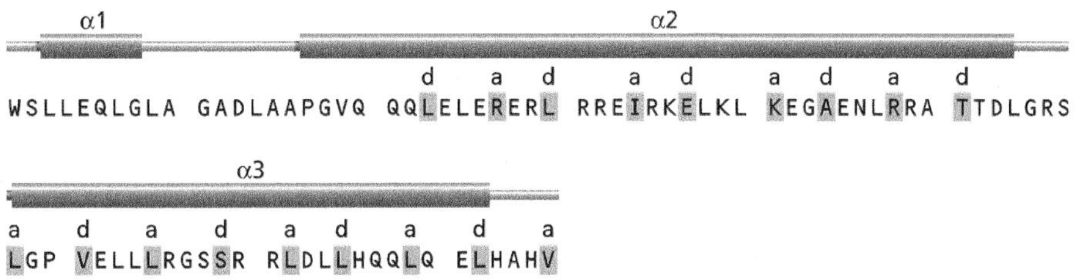

图 11.39 PKN1 卷曲螺旋结构域的序列。在顶部显示 PKN 结构域的二级结构元素（α1～α3）。螺旋 α2 和 α3 的 a～d 七肽重复高于卷曲螺旋结构域序列显示。

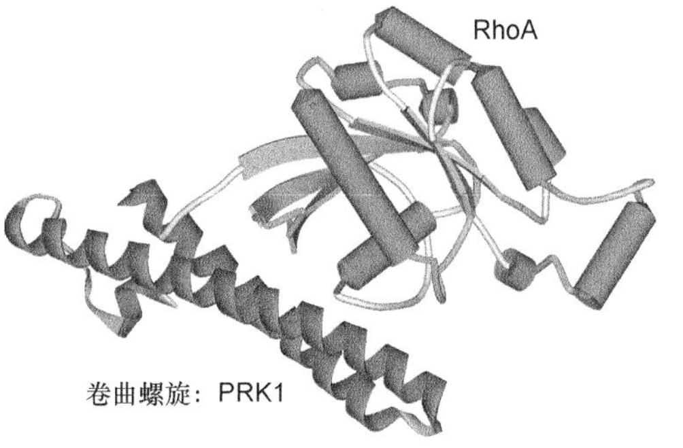

图 11.40 卷曲螺旋结构域 PRK1 结合于 RhoA 蛋白的 X 射线结构的带状图

d 的位置。这就允许用户分配相同的权重给两个疏水性位置就如给七肽重复中的 5 个亲水位置。同样权重的分配允许了假阳性的确定。一般来说，建议运行加权和不加权的预测并且比较输出结果。当运行一个不加权的预测时 20%～30%以上的概率落差表明由高度带电的蛋白质序列产生的假阳性预测。

COILS 输出的是卷曲螺旋预测概率的轨迹（图 11.41A）。使用不加权预测的效应域序列的轨迹显示长度为 14 个、21 个和 28 个残基的窗口。当使用 14 个或 21 个残基的窗口时这个程序明确地预测了两个螺旋的卷曲（在这种情况下加权预测没有多大的差别）。然而 28 个残基的窗口没有预测出第二个区域。在图 11.41B 中我们可以看到原因。晶体结构确定了两个螺旋：螺旋 A 有 38 个残基长，因此将确定使用所有的窗口长度；但是螺旋 B 只有 25 个残基长，因此当使用 28 个残基长的窗口时将无法被确定。图 11.39A 的轨迹只给出一个螺旋的大概位置，但是我们可以通过审视同样由程序提供的数值数据来研究详细的概率（图 11.41C）。分数越高，残基就越可能预测为一个卷曲螺旋的一部分。探索数字格式预测螺旋 A 从 19 号残基延伸至 49 号残基而螺旋 B 从残基 62 跨越至残基 82。

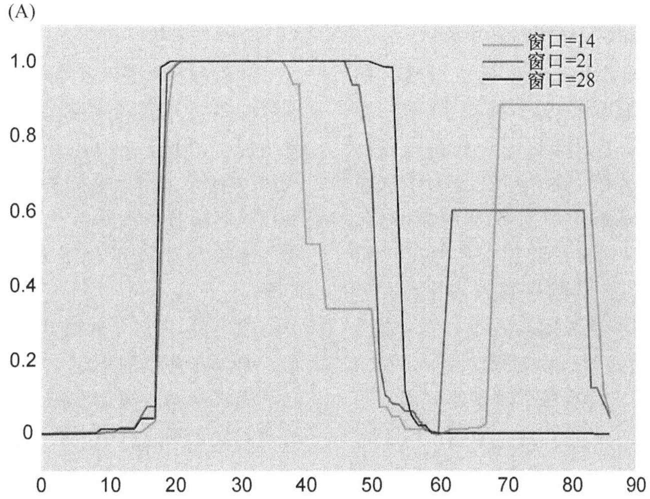

图 11.41 预测用于蛋白激酶 PKN/PRK1 的效应结构域的卷曲螺旋域的 COILS 程序的输出。(A) 使用 14 个（浅灰色）、21 个（深灰色）以及 28 个（黑色）残基的滑动窗口预测的卷曲螺旋区域的可能性轨迹。14 个和 21 个残基的窗口两个能够形成卷曲螺旋结构的区域预测；而 28 个残基的窗口只给出一个。(B) 从 X 射线结构（上线）和预测（底线）中获得的蛋白质序列和二级结构。现在可以看到 20 个残基窗口失败的原因；第二个螺旋只有 25 个残基长。(C) 由 COILS 给出的第一部分的列表结果。(B) 和 (C) 中螺旋部分由粉红色表示。

(B)

```
X-ray     WSLLEQLGLAGADLAAPGVQQQLELERERLRREIRKELKLKEGAENLRRA
COILS     WSLLEQLGLAGADLAAPGVQQQLELERERLRREIRKELKLKEGAENLRRA

X-ray     TTDLGRSLGPVELLLRGSSRRLDLLHQQLQELHAHV
COILS     TTDLGRSLGPVELLLRGSSRRLDLLHQQLQELHAHV
```

(C)

#	残基	窗口=14		窗口=21		窗口=28	
10	A	d	0.004	b	0.004	b	0.014
11	G	e	0.004	c	0.005	c	0.014
12	A	f	0.004	d	0.019	d	0.014
13	D	g	0.004	e	0.019	e	0.014
14	L	a	0.004	f	0.019	f	0.014
15	A	g	0.005	c	0.041	c	0.042
16	A	a	0.009	d	0.071	d	0.042
17	P	b	0.023	e	0.071	e	0.042
18	G	c	0.375	f	0.749	f	0.983
19	V	d	0.831	g	0.964	g	0.999
20	Q	a	0.994	a	0.982	a	1.000
21	Q	b	1.000	b	0.998	b	1.000
22	Q	c	1.000	c	0.999	c	1.000
23	L	d	1.000	d	0.999	d	1.000
24	E	e	1.000	e	0.999	e	1.000
25	L	f	1.000	f	0.999	f	1.000
26	E	g	1.000	g	0.999	g	1.000
27	R	a	1.000	a	0.999	a	1.000
28	E	b	1.000	b	0.999	b	1.000
29	R	c	1.000	c	0.999	c	1.000
30	L	d	1.000	d	0.999	d	1.000

图 11.41（续）

PAIRCOIL 和 MULTICOIL 是 COILS 算法的扩展

比 COILS 更新的程序是 PAIRCOIL 程序，这个程序使用从双链卷曲螺旋数据库获得的成对残基相关性来预测卷曲螺旋域的位置。如前所述，在 COILS 中卷曲螺旋主要是通过与每 4 个残基相隔的疏水残基出现事件来确定的。在 PAIRCOIL 中这被扩展到包括在已知卷曲螺旋中成对残基的相关性。卷曲螺旋数据库中每个序列被用于把七肽重复中每对位置的每一氨基酸对发生的频率制成表格。在卷曲螺旋数据库中的这些频率值被用来估计一个给定残基对在卷曲螺旋中给定的成对七肽重复位置中存在的概率。这个概率紧接着用于计算每个残基的分值，它对应于残基位于卷曲螺旋中的可能性。MULTICOIL 程序基于相同的算法，但已被修改用于定位二聚和三聚的卷曲螺旋。

拉上亮氨酸拉链：一个特殊的卷曲螺旋

亮氨酸拉链是一个特殊类型的卷曲螺旋，其中亮氨酸是重复的疏水残基（图 11.42A）。这个域主要出现于调节蛋白中并因此在许多致癌蛋白中出现。2ZIP 方法是一个网络服务器预测程序，专门设计为寻找亮氨酸拉链重复。2ZIP 程序将上文描述的标准卷曲螺旋预测技术与搜索特定的亮氨酸重复结合起来。

输出是一个文本格式的预测，如图 11.42B 所示。如果查询序列不包含亮氨酸拉链，那么程序仍会预测其他卷曲螺旋区域以及与亮氨酸拉链不相关的亮氨酸重复。

(A)

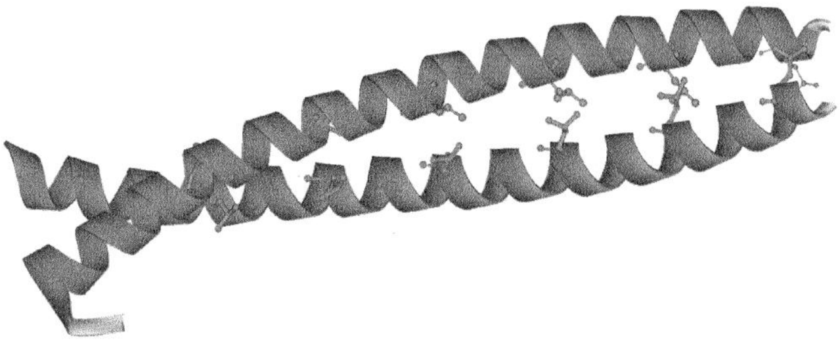

(B)

2ZIP预测结果
1) 可能的亮氨酸拉链的数目: 1

```
1---------11--------21--------31--------41--------51-------
RMKQLEDKVEELLSKNYHLENEVARLKKLVGDLLNVKMALDIEIATYRKLLEGEESRIS
 CCCCCCCCCCCCCCCCCCCCCCCCCCCCCCCCCCC
   L------L------L------L------L------L
   LZLZLZLZLZLZLZLZLZLZLZLZLZLZLZLZ
```

图 11.42 亮氨酸拉链的预测。（A）GCN4 亮氨酸拉链的晶体结构，其中七肽重复亮氨酸由球棒表示。（B）由程序 2ZIP 预测的结果。

11.9 RNA 二级结构预测

蛋白质不是唯一的形成非常复杂的三维结构的生物大分子。核糖核酸（tRNA、mRNA 以及 rRNA）是核苷酸长链，它作为链内碱基配对以及碱基堆积的结果折叠成不同的二级结构（参阅 1.1 节）。正如蛋白质、RNA 分子的三维结构影响其生物功能。信使核糖核酸（mRNA）运载信息并且涉及翻译控制。其他 RNA 似乎也在细胞的调控功能中起重要的作用。RNA 也能催化细胞过程。二级结构对这些功能中的一部分是很重要的，同时它能阐明 RNA 的结构功能关系，并在基因组 DNA 中为特定 RNA 的基因自动识别提供帮助（参阅 10.1 节）。

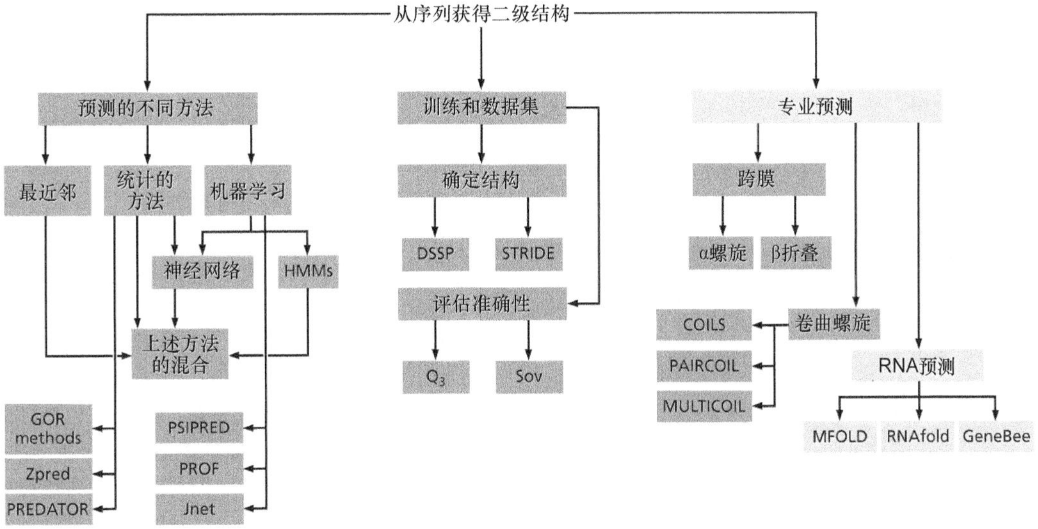

流程图 11.9 在本章节中，对一些为 RNA 的二级结构预测开发的方法进行了讨论。

在 RNA 中，出现大部分的经典的 Watson-Crick 碱基配对，通过腺嘌呤与尿嘧啶间形成三个氢键以及胞嘧啶和鸟嘌呤之间形成两个氢键。此外，鸟嘌呤和尿嘧啶之间可以形成一个氢键。链内碱基配对导致了二级结构的不同。最常见的是双螺旋结构（这将在两个 RNA 链超过几个核苷酸的完美配对时形成）、茎环、内部环、发夹环、凸起、多枝环（图 11.43）以及假结。单链 DNA 同样也可以形成这些类型的二级结构。

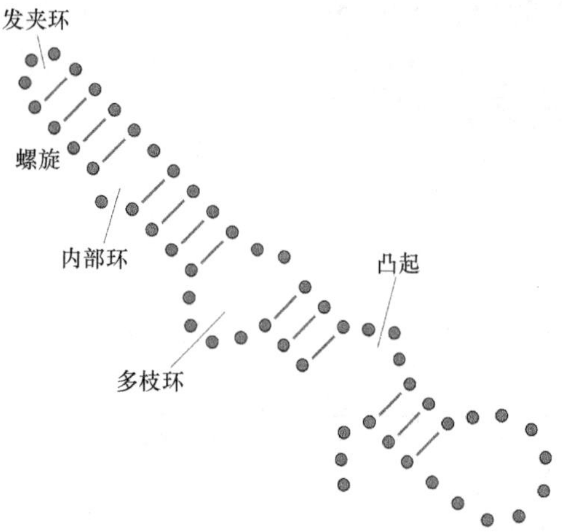

图 11.43　RNA 分子中存在的二级结构的类型。 核苷酸由蓝色的圆圈表示，具有单一的红色线连接两个圆圈显示的氢键。形成的结构包括双螺旋、内部环、发夹环、凸起，以及多枝环。

一般来说，形成一个特殊的 RNA 二级结构的可能性可以表示为形成碱基对释放或使用的自由能的量。需要越多自由能就需要越多的工作来形成特定的构象，因此，这种结构形成的可能性就越低。正如附录 B 和附录 C 中描述的分子自由能的计算是困难的，同时在实践中通常需要大量的假设。一个与 RNA 结构预测相关的关键假设是碱基对的能量不能孤立于剩余的结构而考虑。在现实中碱基对的能量由其附近其他碱基对进行修改。在实践中这种相互作用被忽略，并且碱基对的自由能只是简单地相加起来。

因此，一个特定二级结构的总自由能可以通过把构成它的碱基对的能量相加起来进行确定。结构的总的自由能越负（也就是越低），就越有可能形成这种结构。确定有最低自由能的总碱基对的构象是许多 RNA 结构预测方法的目的。这些类型的预测方法使用以观察或实验为依据的能源参数来计算自由能（见附录 B）。

往往几种方法结合起来预测 RNA 二级结构。一种方法是研究一套同源的核苷酸序列。如果没有同源序列，那么必须遵守一套限制和规则以帮助计算折叠的能量。以下部分或全部的基本规则被用于 RNA 二级结构预测的各种程序。第一，考虑二级结构作为构造结构的碱基对集合。如果 i 和 j 分别代表 RNA 序列中特定位置的一个碱基（图 11.44），那么二级结构是一个有序对 i、j 的集合，其中 $1\leqslant i<j\leqslant n$ 的规则适用并且应用后面的规则（图 11.44）。

• 在序列中 i 和 j 相隔超过 4 个核苷酸如果有

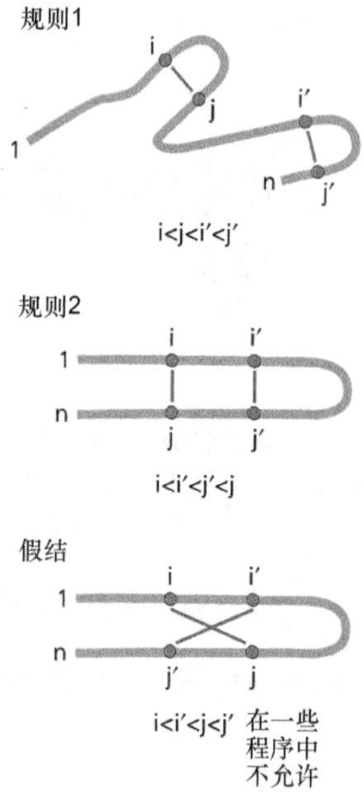

图 11.44　在 RNA 分子结构预测算法中最常用的规则。 圆点分别代表在位置 i、i′、j 和 j′的核苷酸。连接它们的线表示氢键。

两个碱基对（i. j 和 i′. j′），那么：

• i. j 和 i′. j′，碱基对 i. j 在 i′. j′前出现或者

• 由 i. j 形成的结构元素有一个由 i′. j′形成的碱基对。

最后的要求是防止形成假结。它们可能与两个碱基对和可能的交叉一起出现。不允许假结的规则已被合并，因为一些计算最低能量结构的程序不能应付这种类型的折叠。然而，假结确实出现了，并且是 RNA 中相当重要的结构元件，目前已有许多程序考虑到了假结的预测，如下面所述的 GeneBee。

大多数预测算法计算折叠能源的某种形式。最根本的办法是构造许多不同的可能的结构，为每个碱基对指定能量值，为每个结构计算它们的总数，然后选择有最低能量的结构。但是，这并不理想并且通常使用更复杂的能量计算，其中包括了以对已知的 RNA 结构观察为基础的规则。

目前基于网络的 RNA 预测服务主要是利用能量参数来计算可能的结构。所有都提供了有可能的碱基配对和各种自由能估算的二级结构图。酵母起始 tRNA 的序列已提交给 3 个不同的网络服务器：FOLD、RNAfold 以及 GeneBee。将 MFOLD（图 11.45A）、GeneBee（图 11.45B）和 RNAfold（图 11.45C）的预测结果与普通 tRNA 结构（图 10.2）进行了比较。3 个程序都正确地预测了反

密码子以及 T-Ψ-C 环。然而，GeneBee 还预测了在正确位置的氨酰臂和 D 环。一组进一步的 RNA 预测方法是提出了基于上下文无关的文法，由于过于复杂所以不在这里讨论。详情见扩展阅读。

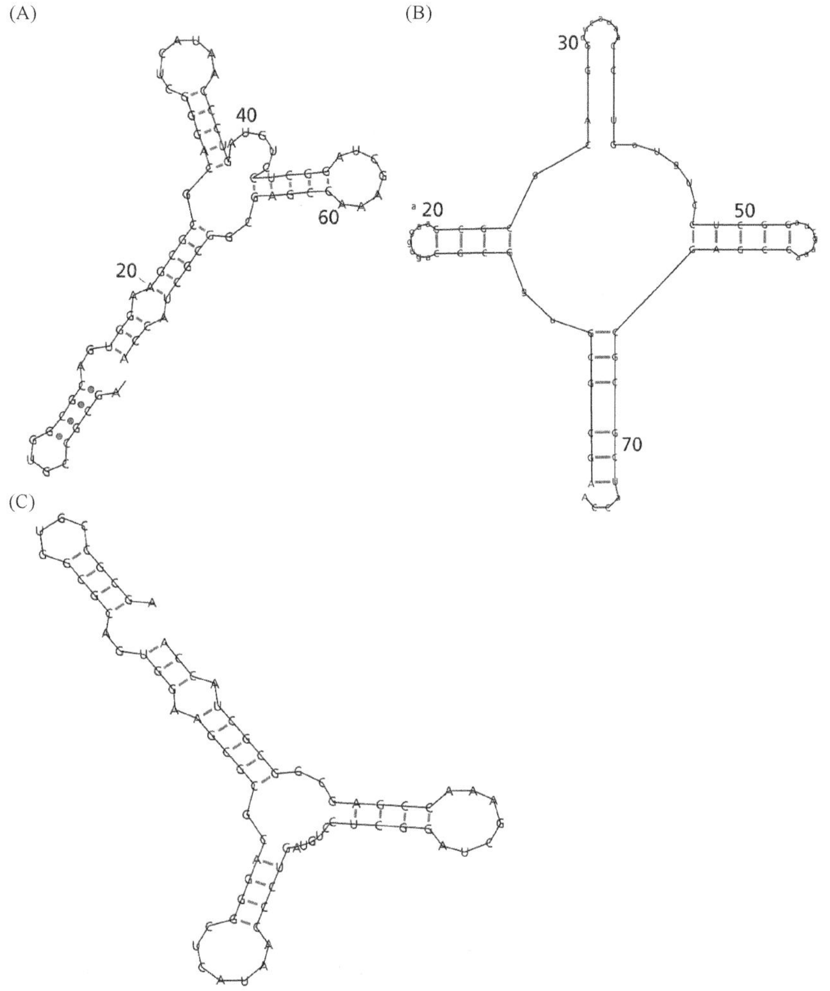

图 11.45 酵母起始 tRNA 的预测结构。（A）MFOLD；（B）GeneBee；及（C）RNAfold。碱基对中的氢键显示为一条短横。GeneBee 也给每个单独的部分计算了自由能。

总结

蛋白质二级结构预测是一个快速和相对容易的获得初步了解蛋白质结构信息的方法，并且如果没有已用实验确定结构的同源序列那么可能是唯一的信息来源。预测方法大致可以分为统计法、基于知识的方法、神经网络法以及一致法。这些划分说明了方法如何随着时间的推移进行发展以及随着计算机技术的改进如何纳入新的结构信息。在这一章中我们讨论的方法包括了包含周围残基附加信息的残基统计方法（GOR 方法）、长程相互作用参数和最近邻信息的整合（PREDATOR）、使用序列联配信息（Zpred、GOR Ⅴ）以及应用于二级结构参数和信息的神经网络/HMM 技术（NNSSP、PHD、PROE PSIPRED 和 Jnet）。Q_3 准确度中一大改善来自于在预测方法中使用多重联配。更先进的方法比只基于统计信息的方法要好得多。然而，所有的预测方法中包含了所有或高 α 螺旋含量的蛋白质比那些含 β 链的蛋白质要表现得更好。所有 α 结构以及所有 β 结构之间的差异用以下的事实进行了解释，即形成一个 α 螺旋折叠取决于短程（局部的）氨基酸相互作用，而含 β 折叠取决于长程的相互作用，这是更难预测的。

没有单一的最好的预测方法，因此最好使用不同的方法，尤其是那些使用多个序列信息的方法。PSIPRED 和在 NNSSP 预测服务器上找到的方法为二级结构预测形成了良好的起始点。常识应被用于预测结果，以及任何有关蛋白质的实验知识。如果从蛋白质的功能怀疑或推断出某一个折叠，那么那些知识可以用来选择最接近可疑结构的预测。二级结构方法调用只提供一个假定的结构排列，通常达到约 75%的准确度，但预测应被考虑为进一步实验或理论工作的踏脚石。

此外，在这一章中，我们有专门论述了在内膜蛋白质跨膜区以及卷曲螺旋折叠中发现的特殊蛋白质二级结构的预测。对于这样的结构，一般的二级结构预测算法是不够的。由于由脂双分子层的疏水性内部施加的限制条件，蛋白质跨膜区可能是疏水 α 螺旋形式或者膜内 β 桶的形式。没有发现其他类型的跨膜二级结构。目前，只有跨膜螺旋区有可靠的预测。提交有 7 个跨膜螺旋的视紫红质蛋白给各种常用的在网络上可得的预测程序显示最好的结果是通过运行许多程序并选择一致的预测结果。不同程序之间预测的差异主要是由于这样的情况：它们使用不同的方式计算序列的疏水性，也就是它的亲水性分布图，并使用不同的规则和方法来计算螺旋状态和构象。目前没有计算亲水性分布图的最佳方法。

当两个有特殊属性的 α 螺旋相互缠绕时形成卷曲螺旋和亮氨酸拉链。将能够形成卷曲螺旋的序列预测取决于疏水残基重复模式的识别。通过碱基配对以及从序列预测 RNA 结构来形成 RNA 分子的二级结构也简单地在本章中讨论。

名词解释

amphipathic helix（两亲性螺旋）：

confidence index（信心指数）：信心程度的一种数值度量，可以用于预测，通常在个别碱基或氨基酸的水平。

directional information（定向信息）：位置 j 处残基的蛋白质二级结构的信息由其他位置的残基携带，通常定义为不依赖于位置 j 处发现的残基的类型。

hidden layer（neural network）[隐藏层（神经网络）]：在神经网络中隐藏层是在输入层和输出层间的附加层。用户不会看到这些隐藏层的信号，但是它们转换输入层的信号并送入输出层，对网络输出有显著的影响。

hydropathic profile（亲水性分布图）：表示一个蛋白质序列的亲水性特征的图，通常用于确定可能的跨膜结构。

hydrophobic moment（疏水性矩）：基于疏水性尺度的每个氨基酸的矢量。

hydrophobic scale（疏水性尺度）：用于划分氨基酸疏水性的数值范围。

leucine zipper（亮氨酸拉链）：由一组连续的亮氨酸组成的蛋白质螺旋模体，每 7 个氨基酸重复一次。

machine-learning method（机器学习法）：描述包含用于确定优化参数方法的计算技术的一般术语。

nearest-neighbor method（最近邻法）：基于将一个邻近示例的已知特征分配给有未知特征的项目的分类算法。当用于二级结构预测中时这意味着根据有已知结构的最邻近的同源序列的结构状态来分配。

node（neural network）[节点（神经网络）]：参见单元。

pair information（成对信息）：在一些蛋白质二级结构预测方法如 GOR 中使用，这把出现的给定氨基酸类型的二级结构参数作为出现在一个序列分隔处的一个特定氨基酸类型的结果。

perceptron（感知器）：神经网络的最简单形式，只包含了一个输入层和一个输出层，没有隐藏层。

positive-inside rule（阳性内部规则）：跨膜螺旋的线索预测中使用的一种观察值。规则指出蛋白质的细胞质部分中的正电荷比细胞质外片段中的更多。这有助于预测和定位膜蛋白质的 N 端和 C 端。

prediction confidence level，PCL（置信度）：预测中信心的度量。

reliability（可靠性）：参见信心指数。

self-information（自我信息）：在 GOR 蛋白质二级结构预测方法的情况下，这是一个残基携带的有关其自身结构状态的信息。

sequence-to-structure network（序列到结构的网络）：一些二级结构预测神经网络的初始部分，其将蛋白质序列作为输出并被提供为输入，同时生成进行最后预测的结构到结构网络的输入。

structure-to-structure network（结构到结构的网络）：一些二级结构预测神经网络的最终部分，采用序列到结构网络的输出作为输入并产生最终的二级结构预测。(在某些方法中此输出被进一步处理为最后报告的预测。)

test dataset（测试数据集）：一种不是被用来像训练数据集那样对一种预测算法进行参数化、但却是被用来测量性能精度的数据集。

training dataset（训练数据集）：用于参数化一种预测算法的数据集，因为那些预测属性是已知的。

transmembrane protein（跨膜蛋白）：参见整合蛋白质。

unit (neural network)[单元（神经网络）]：一个神经网络的组件，从一个或多个源中接受信号并使用输入来生成一个输出信号发送给一个或多个单元或是网络的一个输出信号。

window（窗口）：在一个单一阶段内被多种程序分析的序列的一个滑动片段。有时，这是试图以包括在中央残基属性上的修改顺序相关残基。它还可用于确定窗口之间的平均属性。

zvelebil conservation number（C_n）[Zvelebil 保守数（C_n）]：一个基于氨基酸理化性质来衡量联配序列中的序列保守性的分值。

扩展阅读

11.1 预测方法的类型

Rost B & Sander C (2000) Third generation prediction of secondary structures. *Methods Mol. Biol.* 143, 71-95.

11.2 训练和测试数据库

PDB

Berman HM, Westbrook J, Feng Z et al. (2000) The Protein Data Bank. *Nucleic Acids Res.* 28, 235-242. 也可见 *http://www.wwpdb.org*

STRIDE

Frishman D & Argos P (1995) Knowledge-based protein secondary structure assignment. *Proteins* 23, 566-579.

DSSP

Kabsch W & Sander C (1983) Dictionary of protein secondary structure: pattern recognition of hydrogen-bonded and geometrical features. *Biopolymers* 22, 2577-2637.

DEFINE

Richards FM & Kundrot CE (1998) Identification of structural motifs from protein coordinate data: secondary structure and first-level supersecondary structure. *Proteins* 3, 71-84.

11.3 预测程序准确性评估

Brylinski M, Konieczny L & Roterman I (2005) SPI-structure predictability index for protein sequences. *In Silico Biol.* 5, 227-237.

11.4 统计和基于知识的方法

Chou PY & Fasman GD (1974) Prediction of protein conformation. *Biochemistry* 13, 222-245.

Frishman D & Argos, P (1995) Knowledge-based secondary structure assignment. *Proteins* 23, 566-579.

Frishman D & Argos P (1996) Incorporation of long-distance interactions into a secondary structure prediction algorithm. *Protein Eng.* 9, 133-142.

Frishman D & Argos P (1997) Seventy-five percent accuracy in protein secondary structure prediction. *Proteins* 27, 329-335.

Garnier J, Osguthorpe DJ & Robson B (1978) Analysis of the accuracy and implications of simple methods for predicting the secondary structure of globular proteins. *J. Mol. Biol.* 120, 97-120.

Garnier J, Gibrat JF & Robson B (1996) GOR method for predicting protein secondary structure from amino acid sequence. *Methods Enzymol.* 266, 540-553.

Gibrat JF, Garnier J & Robson B (1987) Further developments of protein secondary structure prediction using information theory. New parameters and consideration of residue pairs. *J. Mol. Biol.* 198, 425-443.

Kloczkowski A, Ting KL, Jernigan RL & Garnier J (2002) Combining the GOR V algorithm with evolutionary information for protein secondary structure prediction from amino acid sequence. *Proteins* 49, 154-166.

Sen TZ, Jernigan RL, Garnier J & Kloczkowski A (2005) GOR V server for protein secondary structure prediction. *Bioinformatics* 21, 2787-2788.

Zvelebil MJ, Barton GJ, Taylor WR & Sternberg MJE (1987) Prediction of protein secondary structure and active site using the alignment of homologous sequences. *J. Mol. Biol.* 195, 957-967.

11.5 二级结构预测的神经网络方法

Cuff JA & Barton GJ (2000) Application of enhanced multiple sequence alignment profiles to improve protein secondary structure prediction. *Proteins* 40, 502-511.

Rost B (1996) PHD: predicting one-dimensional protein structure by profile based neural networks. *Methods Enzymol.* 266, 525-539.

Salamov AA & Solovyev VV (1995) Prediction of protein secondary structure by combining nearest-neighbor algorithms and multiple sequence alignment. *J. Mol. Biol.* 247, 11-15.

11.7 跨膜蛋白结构的预测

Bagos PG, Liakopoulos TD & Hamodrakas SJ (2005) Evaluation of methods for predicting the topology of beta-barrel outer membrane proteins and a consensus prediction method. *BMC Bioinformatics*, 7.

Buchanan SK (1999) β-Barrel proteins from bacterial outer membranes: structure, function and refolding. *Curr. Opin. Struct. Biol.* 9, 455-461.

Cserzö M, Wallin E, Simon I et al. (1997) Prediction of transmembrane a-helices in prokaryotic membrane proteins: the dense alignment surface method. *Protein Eng.* 10, 673-676.

von Heijne G (1992) Membrane protein structure prediction. *J. Mol. Biol.* 225, 487-494.

Hirokawa T, Boon-Chieng S & Mitaku S (1998) SOSUI: classification and secondary structure prediction system for

membrane proteins. *Bioinformatics* 14, 378-379.
Hofmann K & Stoffel W (1993) TMBASE-a database of membrane spanning protein segments. *Biol. Chem.* 374, 166.
Jones DT, Taylor WR & Thornton JM (1994) A model recognition approach to the prediction of all-helical membrane protein structure and topology. *Biochemistry* 33, 3038-3049.
Krogh A, Larsson B, von Heijne G & Sonnhammer EL (2001) Predicting transmembrane protein topology with a hidden Markov model: application to complete genomes. *J. Mol. Biol.* 305, 567-580.
Kyte J & Doolittle RF (1982) A simple method for displaying the hydropathic character of a protein. *J. Mol. Biol.* 157, 105-132.
Ng P, Henikoff J & Henikoff S (2000) PHAT: a transmembrane-specific substitution matrix. *Bioinformatics* 16, 760-766.
Rost B, Casadio R, Fariselli P & Sander C (1995) Prediction of helical transmembrane segments at 95% accuracy. *Protein Sci.* 4, 521-533.
Sonnhammer EL, von Heijne G & Krogh A (1998) A hidden Markov model for predicting transmembrane helices in protein sequences. *Proc. Int. Conf. Intell. Syst. Mol. Biol.* 6, 175-182.
Tusnady GE & Simon I (1998) Principles governing amino acid composition of integral membrane proteins: application to topology prediction. *J. Mol. Biol.* 283, 489-506.
Tusnady GE & Simon I (2001) Topology of membrane proteins. *J. Chem. Inf. Comput. Sci.* 41, 364-368.
Tusnady GE & Simon I (2001) The HMMTOP transmembrane topology prediction server. *Bioinformatics* 17, 849-850.

11.8 卷曲螺旋结构

Berger B, Wilson DB Wolf E et al. (1995) Predicting coiled coils by use of pairwise residue correlations. *Proc. Natl Acad. Sci. USA*, 92, 8259-8263.
Bornberg-Bauer E & Rivals E (1998) Vingron Computational approaches to identify leucine zippers. *Nucleic Acids Res.* 26, 2740-2746.
Lupas A, Van Dyke M & Stock J (1991) Predicting coiled coils from protein sequences. *Science* 252, 1162-1164.
Maesaki R, Ihara K, Shimizu T et al. (1999) The structural basis of Rho effector recognition revealed by the crystal structure of human RhoA complexed with the effector domain of PKN/PRK1. *Mol. Cell* 4, 793-803.
Wolf E, Kim PS & Berger B (1997) MultiCoil: a program for predicting two-and three-stranded coiled coils. *Protein Sci.* 6, 1179-1189.

11.9 RNA 二级结构预测

Brodskii LI, Ivanov VV, Kalaidzidis IaL et al. (1995) GeneBee-NET: Internet-based server for analyzing biopolymers structure. *Biokhimiia* 60, 1221-1230.
Mathews DH, Sabina J, Zucker M & Turner H (1999) Expanded sequence dependence of thermodynamic parameters provides robust prediction of RNA secondary structure. *J. Mol. Biol.* 288, 911-940.
Zuker M (2003) Mfold web server for nucleic acid folding and hybridization prediction. *Nucleic Acids Res.* 31, 3406-3415.

专栏 11.1

Davies G P, Martin I, Sturrock SS et al. (1999) On the structure and operation of type I DNA restriction enzymes. *J. Mol. Biol.* 290, 565-579.

专栏 11.3

Tie JK, Nicchitta C, von Heijne G & Stafford DW (2005) Membrane topology mapping of vitamin K epoxide reductase by in vitro translation/cotranslocation. *J. Biol. Chem.* 280, 16410-16416.

第 12 章　二级结构预测

当你读完第 12 章时，你应该能够：

描述蛋白质二级结构的指定；
概括预测准确度的测度；
描述残基的结构偏好性和局部序列对其的修饰；
知道使用同源序列信息改进预测；
解释近邻预测是基于局部序列的相似性；
阐述神经网络结构和训练的基本概念；
说明神经网络如何应用于二级结构预测；
说明 HMM 方法如何应用于跨膜蛋白的预测；
说明支持向量机如何预测二级结构；
讨论其他特征的预测，如非折叠区域和功能位点。

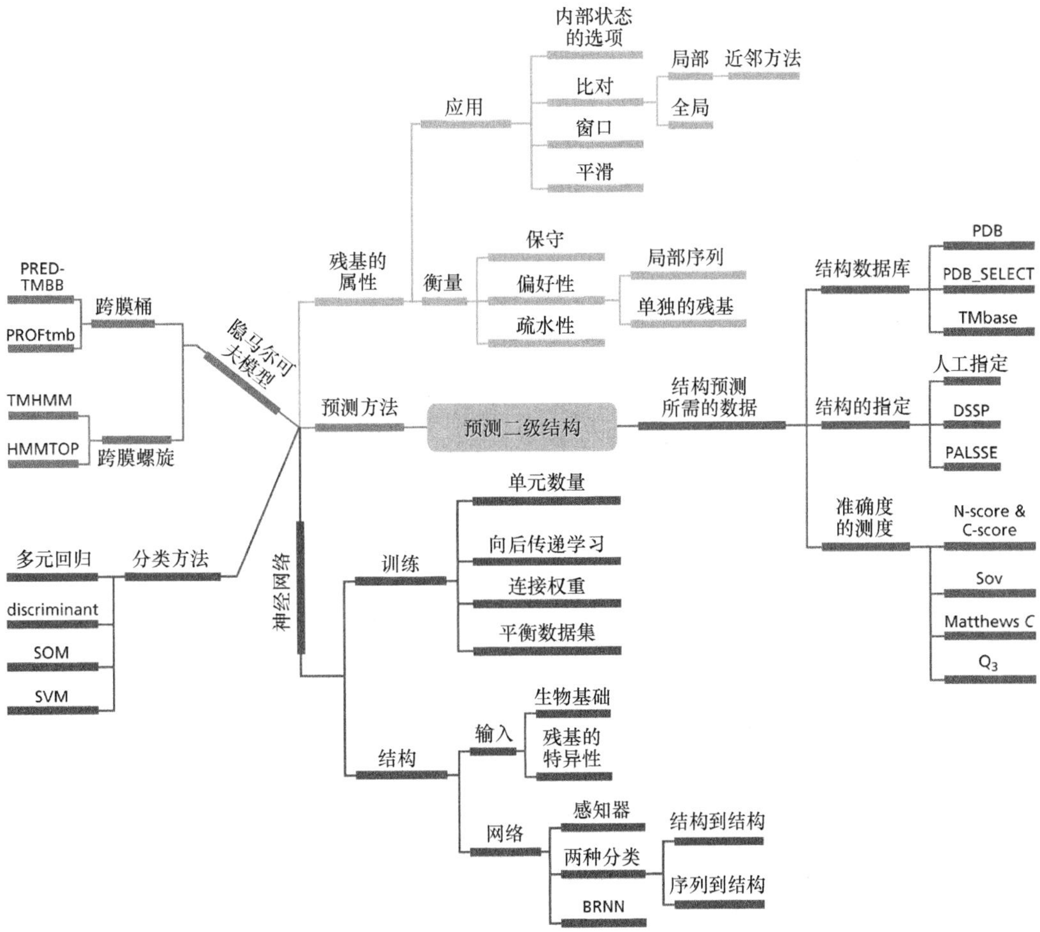

思维导图 12.1　有许多不同类型的一级结构预测二级结构的应用。此思维导图展示了在预测应用中的一些主要的程序和必需的数据。

充分了解蛋白质的功能需要涉及：催化的基础、底物的特异性、蛋白质调控的行为，这些都需要知道蛋白质的三维结构。这就是为什么人们在蛋白质结构的实验测定上做了这么多的努力。尽管有这些基础，但是已知结构的蛋白质仍然只占蛋白质序列的一个非常小的比例。使用第4章、第5章和第6章中介绍的序列分析，许多没有实验结构的序列也可以和已知结构的序列进行比对。采用这样的方法，基于这些序列的同源性，可以提出其结构，第13章中详细描述了这一过程。但是，仍然有许多序列没有已知结构的同源序列。对这些序列来说二级结构预测是尤其实用的。第11章是对这一领域的应用程序的一份实用指南。在这一章中我们将介绍蛋白质二级结构预测方法的许多不同的原理。

根据第2.1节中描述的二级结构元素，它们组装在一起形成了球状蛋白的折叠域。分析蛋白质的结构能揭示其调控。例如，α螺旋往往会以几个不同方向组装，且蛋白质折叠上的连续二级结构的组装也表明了其首选的偏好性。已有证据表明蛋白质折叠类型是有限的，这意味着如果已知序列的二级结构元素，预测其三维结构可能是可行的（在专栏13.1中讨论的，利用能量计算来确定蛋白质折叠 *ab initio*，虽然取得了一定进展，但除了可以预测可能的最小结构域，目前还没有其他可能性利用。二级结构的使用作为蛋白质折叠预测中的一个步骤，对于二级结构的预测发展来说仍旧是一个关键的动力。

随着越来越多的结构以及其他特征被确定，预测方法也得到进一步发展。这些特征中有些是功能性的，如位点的磷酸化。按照膜蛋白在生物系统和医药上的作用，人们已认识到了它们的重要性，并且也已经发展了对跨膜螺旋和完整链的拓扑结构的预测方法。最初没有预期到，但随后被认识到其重要性的另一个结构特点，是肽链的某些区域在特定的情况下的构象会不同，这可能和蛋白质的功能或调控有关，但也可能与相关的疾病的状态相关，如朊病毒。在这一章中，我们将讨论那些用以预测这些结构特征的技术。

在介绍预测方法前，有必要先定义其二级结构元素。第12.1节中提出的几何上的规律非常完美，但球状蛋白并不适用，且并不容易识别这些调控结构和其他区域间的边界。我们将描述几种指定二级结构的方法，和它们间存在的一定水平的差异。在此之后，将介绍计算预测准确度的方法，从几个方面上定义它们。

本章的下一部分将介绍关于二级结构和跨膜螺旋早期的预测方法。这些都是基于确定个别残基类型的结构偏好性（偏好性）和链附近其他残基对它们进行的修饰。人们认为，当考虑同源序列时，预测的准确性得到了极大的改善。这类方法之一是在已知结构的蛋白质上找出类似的较短的序列片段，用以在查询序列中预测相同的结构，这称为最近邻方法。

其中应用于二级结构预测问题的最成功的技术是神经网络的使用。我们将介绍这一技术的关键方面，以及经常应用的一些网络的细节。该技术也应用于其他问题，如β转角和非折叠区域。在此之后，我们还介绍了隐马尔可夫模型（HMM）的应用，这已被证明在预测二级结构和膜蛋白的拓扑结构上是特别成功的。本章的最后一部分介绍了其他较普遍的数据分类技术，可以在此领域使用，用以区别有一定结构属性和没有结构属性的序列片段。这种方法已应用于二级结构预测，也用于非折叠区域、磷酸化位点和其他的一些特征。

12.1　定义二级结构和预测精度

大多数生物化学教科书基于氢键结合的模型，如残基对间（i，$i+4$），给出了α螺旋和β折叠的简单定义。这些介绍中这些结构通常显示为完全规则的，有线性链和直轴上的螺旋。然而，这些二级结构在球状蛋白中通常是扭曲的，包括它们的轴和氢键的连接模式。特别是β链几乎总是弯曲的，并且插入的残基经常是不参加β折叠的相互作用（β凸起）。此外，在这些结构的末端将出现更多和正常不同的差异。因此，识别球状蛋白质折叠二级结构上的所有残基并不容易。往往认为目测检查这种二级结构的指定是最佳的，但是这将引入主观性和不可重复性。为了避免这个问题，需要自动进行二级结构的识别。

理论上，可以按照残基扭转的角度、氢键连接的模式、多肽骨架的整体弯曲、能量最优的相互作用，或者这些中的任意组合定义二级结构。根据这些最初的理想化的结构定义，利用氢键的定义初看似乎是最有成效的方法。然而，如前所述，观测到的扭曲可能导致非理想化的结合模式。由于缺乏关于氢键连接相互作用的明确定义，会进一步加剧这种情况。通常按照一些距离和角度限制以定义氢键，这其中应包括所有适度吸引能量的相互作用。但是在扭曲的结构中，这些相互作用往往会发生一些限制外的几何结构。其后果是，可能会丢失一些潜在的较弱的氢键。在本节中，我们将描述用于自动定义二级结构的一些方法，也比较了一些产生的指定。

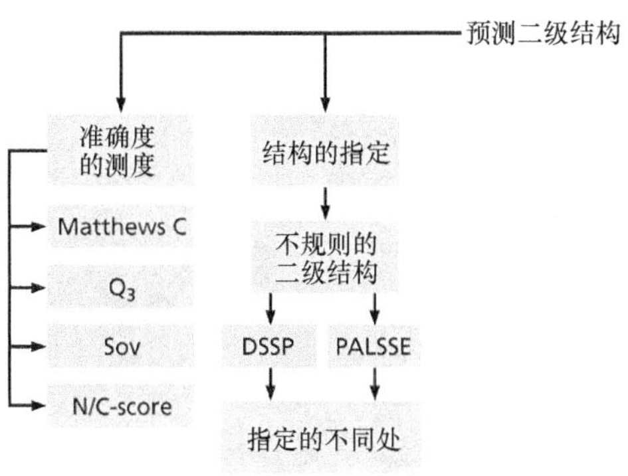

流程图 12.1　在本节中需要注意的两点是：①大多数蛋白质的二级结构不规则性使得其在球状蛋白中很难被确切的定义；②有几种不同的方法衡量二级结构预测的准确度。

球状蛋白折叠确定二级结构的困难在于衡量预测方法成功与否。此外，更为重要的是预测螺旋和链的正确数量和位置而不是确定到底包括了哪些残基。这种情况尤其发生在试图确定折叠时。已经发展了一些特殊的测度用于预测方法的准确度，这些方法更加重视螺旋和链而不是其中的残基，这些内容将在本节的最后部分进行介绍。

蛋白质二级结构指定定义不同给出结果也不同

球状蛋白折叠正常结构的最初定义非常强调氢键的模式，包括主链的基团。确定这些模式可以按照涉及的原子的几何条件来通过计算能量的相互作用定义一个氢键。只有在一个指定的距离范围内（如≤3.5Å）原子坐标有 O 和 N 原子，而且如果 C═O和 N ═H 间的键角落在一个指定的范围内（如≤60°），典型的定义将指定一个氢键。当定义涉及能量计算时，指定氢键中联合的相互作用将比给定一个界值更有优势。

理想的 α 螺旋的几何结构的残基有一个主链基团以氢键连接于另一个距离 4 个残基的主链基团；这是通常被称为（i，$i+4$）的一个相互作用。C ═O 基团的残基 i 连接于 N ═H 基团的第 $i+4$ 个残基。在起始处的螺旋的残基（N 端）只和 C ═O 基团相连接，而那些 C 端的残基只和 N ═H 基团相连接。较长的 α 螺旋中间部分的残基都有相互作用。不太常见的 3_{10} 和 π 螺旋分别有（i，$i+3$）和（i，$i+5$）相互作用。任何螺旋将有这些相互作用的连续残基。使用氢键模式的结构指定方法将有一个这样的最少的连续残基（通常为两个），定义了能指定的可能的最短螺旋。最常用的二级结构指定方法之一是 DSSP（define secondary structure of proteins）。它由 Wolfgang Kabsch 和 Christian Sander 在 1983 年提出，其中，采用了刚刚描述的方法指定螺旋。但是，如果对于残基对（$i-1$，$i+3$）和（i，$i+4$）确定的氢键，这一方法将定义一个最小的（即尽可能短的），由 i～($i+3$) 个残基组成的 4 个碱基的 α 螺旋。DSSP 也以类似的方式定义最小的 3_{10} 和 π 螺旋（分别为 3 个和 5 个残基）。当发现一对孤立的残基时，则定义为转角。经典的 β 转角包括一个（i，$i+2$）氢键。

从氢键的信息确定 β 链和前面描述的螺旋的方式相类似，除了现在单对的序列片段代替了一对残基。这两个部分可以发生在序列中的任何分离，因为 β 折叠往往是由顺序的较远 β 链间的相互作用形成的。在两个部分搜寻一个具体的氢键对，一对序列片段之间有 4 种不同的配对，分别定义为平行和反平行链（图 12.1）。在 DSSP，一对适合的氢链片段被称为桥梁，且每个桥梁形成了一个整体，称为阶梯，和具有相同类型的任何连续的桥梁连接在一起。阶梯是一对 β 链的相互作用。最后阶段，DSSP 连接了共享残基（如 β 链）的阶梯加入到 β 折叠中。

对 DDSP 来说上面所述的内容是不允许和完整的结构有太显著的差异。虽然允许这些不规则，如 β 凸起，对规则进行了修改，但是这仍然需要在螺旋或链的边缘处的更规则的结构。尽管存在着一些缺点，在定义二级结构时，DSSP 依然是非常流行的一种选择。部分因为该软件的广泛流行，而且还因为很长一段时间似乎没有一个程序能提供显著改进的指定。DSSP 报告了 7 种不同的结构状态和第八种状态（卷曲），即当残基不属于前 7 种状态任一种时（表 12.1）。通常合并这些状态，减少经常被预测的三种状态：螺旋（H）、链（E）和卷曲（C）。有几种方法可以减少这些状态，其中最常见的是指定 DSSP G 或 H 状态的残基到状态 H；DSSP B 或 E 状态的残基到状态 E；所有其他的 DSSP 状态的残基到状态 C。另一种方法是指定任何 DSSP G、H 或 I 状态到状态 H，从而包括所有已确定的 3_{10}、α 螺旋和 π 螺旋的残基。它也可能作出更复杂的指定，如通过定义任意两个残基的链或 4 作为卷曲状态 C，移除非常短的螺旋和链。

表 12.1　DSSP 方法报告的 8 种结构状态和其描述

结构状态	描述
B	β 桥
C	非 B、E、G、H、I、S 或 T（如卷曲）
E	β 折叠
G	3_{10} 螺旋
H	α 螺旋
I	π 螺旋
S	转角
T	β 转角

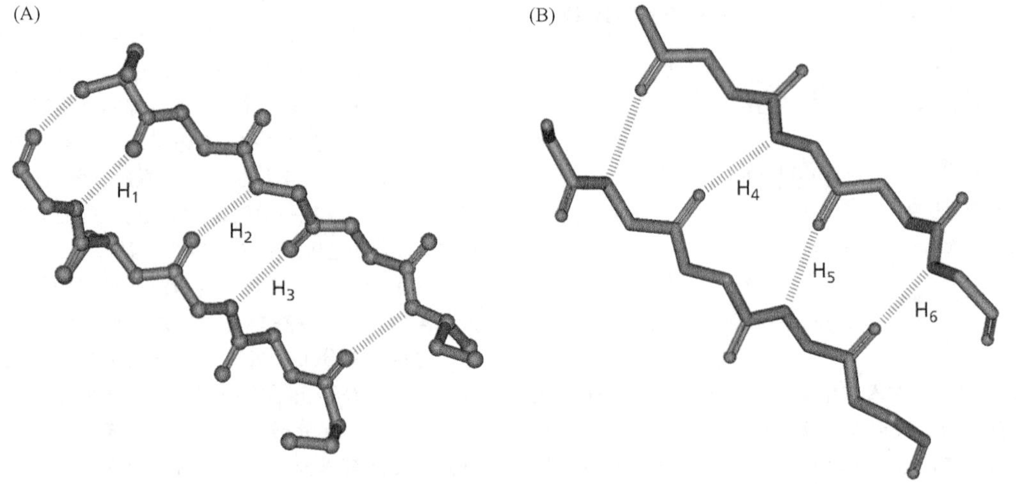

图 12.1　有些方法使用氢键类型的模式，如 DSSP 确定的 β 折叠。（A）反平行的 β 折叠部分，只显示了非氢键的原子，氢键画作虚线，并标记为 H_1、H_2 和 H_3，DSSP 查找通过 H_1 和 H_2 或 H_2 和 H_3 连接在一起的三肽，作为反平行 β 折叠的一个标志。（B）平行的 β 折叠的部分，又标记为 H_4、H_5 和 H_6。DSSP 查找通过 H_4 和 H_5 或 H_5 和 H_6 连接在一起的三肽，作为平行 β 折叠的一个标志。

正如在本节的介绍中提到的，有许多方法可以不使用氢键确定二级结构，主要涉及通过定义 C_α 原子分析几何结构。两种常用的基于 C_α 原子坐标的测度分别是残基对间的距离，如（i，$i+3$），以及定义连续 4 个的 C_α 原子的扭转角。许多这样的方法有可能区分 α 螺旋和 β 链（图 12.2）。从连续的残基构建个别螺旋和链采用了和上面提及的使用氢键的方法中类似的方式。β 链中的氢键通常由两条链间密切的 C_α 原子所取代。已提出的许多详细的协议中，大部分涉及几个步骤，这些步骤主要试图克服对理想的几何结构的扭曲的困难。其中最近期的是由 Nick Grishin 和他的同事提出的 PALSSE（predictive assignment of linear secondary structure elements）、Marc Parisien 和 Francois Major 的 β-Spider。

许多二级结构的指定方法指定了球状蛋白结构中所有残基的 50%～60% 为 α 螺旋和 β 链（图 11.4）（这涉及一个已知结构的蛋白质子集，设计这样一个子集是用于移除目前结构数据库中由于蛋白质家族同源体的存在所引起的已知偏差）。不同的方法在 α 螺旋残基部分的一致度常常接近于 30%，而在 β 链中的一致性较低。值得注意的是，在许多情况下，一些方法（如 DSSP）无法识别所有的 β 链（图 12.3）。这也许表明，这些方法设计地更为小心，不是过度得指定二级结构元素。最近出现了一些方法指定给 α 螺旋和 β 链以更多的残基，如 PALSSE 将所有残基中近 80%指定为属于一个二级结构元素。这可能确定所有的二级结构元素（图 12.3），但是也存在着一些虚假内容的风险。从识别折叠的角度来看，可能缺少一些元素更好，但是这些方法还没有得到恰当的评估。

图 12.4 显示了 DSSP 指定的非膜球状蛋白上 α 螺旋和 β 链的分布长度，最小的分别为 5 个和 3 个残基。这些数据是从一个无偏结构子集中抽出的。该数据显示，大多数的 β 链较短，很少超过 10 个残基的长度。而 α 螺旋则不同，平均长度约为 10 个残基，很少超过 20 个残基。虽然不同的指定方法大多数能确定相同的二级结构，但它们常常在每个螺旋和链的起始和最后的残基上不一致（在这种比较的讨论中，我们将不包括最近的一种方法，它能指定序列中约 80%到二级结构中，因为如图 12.3 显示的，它确定了额外的元素）。对于 α 螺旋，只有 70%～90%螺旋的残基被连续的指定到了。在 β 链中的例子中，链上的残基只有 50%～60%被连续地指定到了。正如图 12.3 所示的例子中说明的，普遍认为 β 链是较难被确定的。

缺乏一致的指定是为什么预测方法不能实现 100%准确率的原因之一，甚至建议任何这样的方法将是过分偏袒于一个特定的指定方法。另一个降低我们期望的预测精度的原因，是虽然在很长时间的进化中折叠是种保守的二级结构元素，但已观测到其精确位置出现了微小的变化（图 11.6）。然而在许多情况下这些变化可能更表明了结构指定的难度而不是折叠中的变化。再次使用不这么谨慎的方法回顾这一论题，如 PALSSE，那么这个问题可能

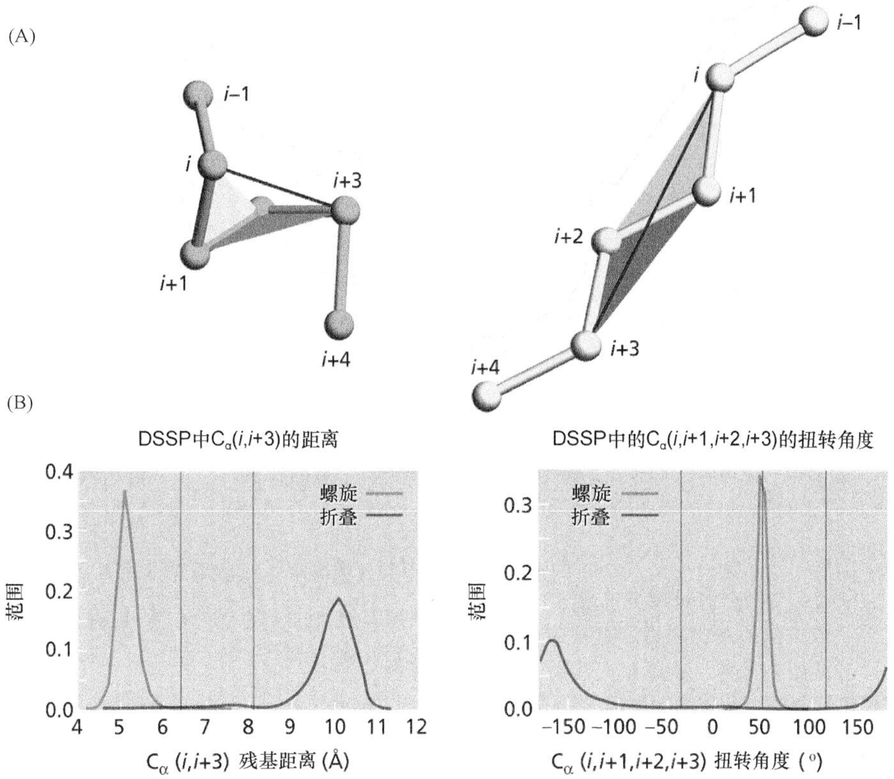

图 12.2　用 PALSSE 方法区分 α 螺旋和 β 折叠的两个几何参数。（A）C_α 原子与 i 残基和 $i+3$ 残基间的距离显示了两种结构状态的不同范围。分布显示了残基对（i，$i+3$）被指定为 α 螺旋或 β 折叠。（B）C_α 原子和 4 个残基 i～$i+3$ 的扭转角度也显示不同的范围。请注意，在这些图中结构状态的残基使用了 DSSP 方法进行了定义。DSSP 方法在指定时是相对谨慎的，并且如果使用了其他的指定，这些测度也没有差异（摘自 I. Majumdar，S. Sri Krishna and N. V. Grishia，PALSSE：a program to delineate linear secondary structural elements from protein structures，*BMC Bioinformatics* 6：202，2005.）。

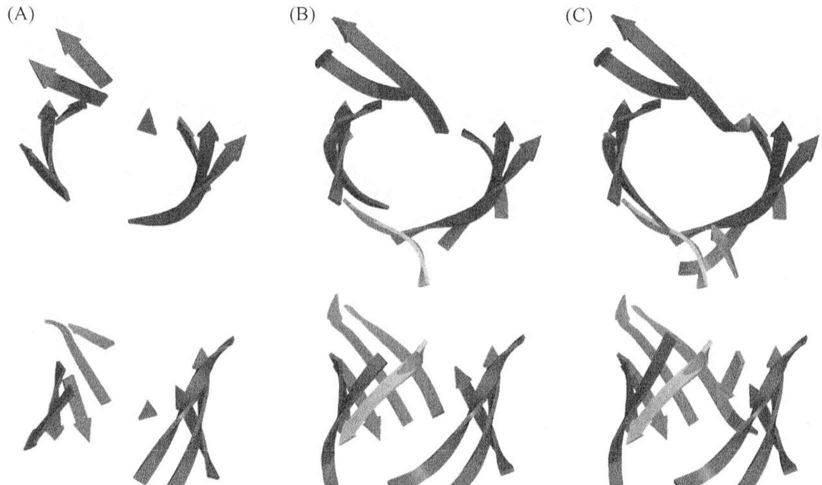

图 12.3　大肠杆菌中丙酮酸甲酸裂解酶（PDB entry 1H16）的 β 桶的不同 β 链的指定。使用了（A）DSSP、（B）PALSSE 和（C）β-Spider 的指定。这种蛋白质显示于两种正交方向。DSSP 遗漏了桶中的两个 β 链，其中一个（标记为绿色）被 PALSSE 所确定，且这两者都被 β-Spider 所确定。请注意，根据使用的不同方法，相同 β 链的长度差别很大。（见文后彩图）

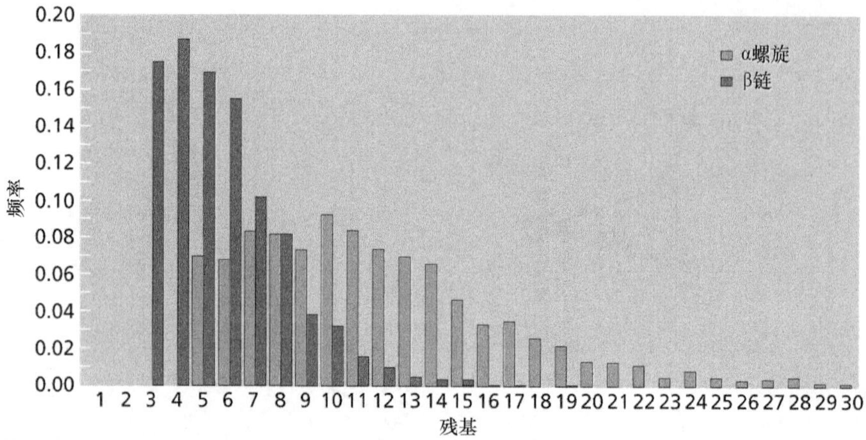

图 12.4 从实验确定结构的球状可溶性蛋白中的 α 螺旋（浅灰色）和 β 链（深灰色）的长度分布。使用 DSSP 定义二级结构，但是考虑 α 螺旋的最小长度为 5 个残基，β 链的长度是 3 个残基（数据来自于 S. C. Schmidler et al.，Bayesian segmentation of protein secondary structure，*J. Comput. Biol.* 7：233-248，2000.）。

会产生不同的结论。特别是，由于平均 PALSSE 的 β 链的长度也可能比 DSSP 的长度分布更广，如图 12.4 所示，当比较类似的高比例指定方法时，连续指定残基的比例可能会增加。然而，这需要基于这些新方法的指定重训练一些预测程序。

膜蛋白中的二级结构也是扭曲的，因此在指定中也遇到如前所述的相同困难。在膜蛋白中应用相同的指定方法，图 12.5 显示了使用 DSSP 注释的跨膜螺旋的长度分布，这些螺旋通常比球状可溶性蛋白中的 α 螺旋更长，这也使得预测它们变得更容易。

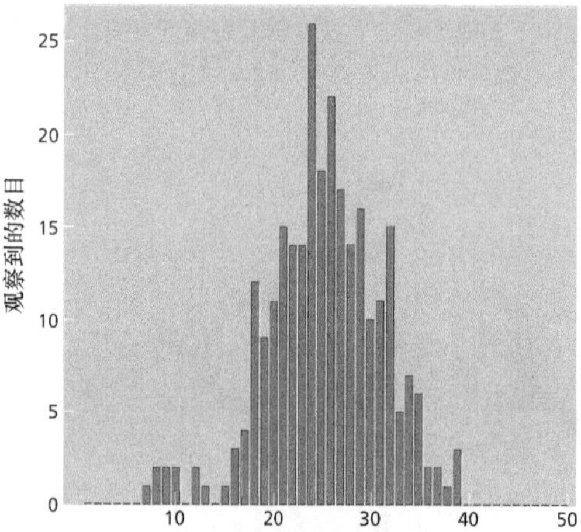

图 12.5 使用 DSSP 定义，跨膜蛋白的螺旋长度的分布。这些数据为非冗余结构的数据集，包含 268 个螺旋。平均长度为 25.3 个残基，标准差为 5.9 个残基。请注意存在一些较短长度的螺旋，它们是不能跨越膜的。当发现它们为全长的螺旋，有一个局部扭曲的非螺旋结构时，这些 half-TM 会成对的出现（转载自 J. M. Cuthbertson，D. A. Doyle and M. S. P. Sansom，Transmembrane helix prediction：a comparative evaluation and analysis，*Protein Eng. Des. Sel.* 18：295-308，2005.）。

对二级结构的预测精度存在着几种不同的测度

我们有必要对一些预测进行评估，以确定最准确的方法，当对新方法进行开发和拟合参数时，也可用来确定成功的改进。现已经提出了一些测度，其中一些着重在个别残基水平上，而其他一些在完整的螺旋和链上（这种情况类似于专栏 10.3 中的讨论外显子/内显子预测）。一般来说，测度指的是非同源结构的预测，它才是唯一有意义的，因为这些方法的目的是被广泛适用，而不是只适用于同源中。

最常用的残基测度为 Q_3，这是第 11.3 节中描述的，并定义为预测正确的残基和所有残基的比例，考虑到所有可能的状态，包括非预测状态，如卷曲，并且 Q_3 的范围通常为 0～100%。对一个有三种相同可能状态的结构数据集，一个完全的随机预测将分别给出 Q_3 值为 33%。注意，可以使用 Q_3 测度在任何可能数量的状态；预测跨膜螺旋时，往往只有两个状态，但是 Q_3 仍然可以作为恰当的测度。如前所述，缺乏连续的二级结构指定的结果时，假设预测方法对特定的指定方法是非偏的，当计算一个较大集合的结构时，远大于 80% 的 Q_3 值不能被使用。个别结构将会有更大范围的值。测试数据库中的一些蛋白质使用 PSIPRED 方法获得 Q_3 变化的范围，显示于图 12.6A。这清楚地说明了达到准确性的范围，因此 Q_3 值的平均值为 76%，此方法并不能保证对所有序列都达到此正确率。在这种情况下，Q_3 值的标准差为 7.8%。通常对整个测试数据集，只引用 Q_3 的平均值作为精确度。使用较谨慎的方法，如 DSSP 指定二级结构时，几乎一半残基的状态为卷曲。在这种情况下，卷曲的过度预测将明显比螺旋或链过度预测的 Q_3 值大。因此，必须注意用来确定 Q_3 平均值的一系列蛋白质的属性。如图 11.5 所示，此测度没有问题。

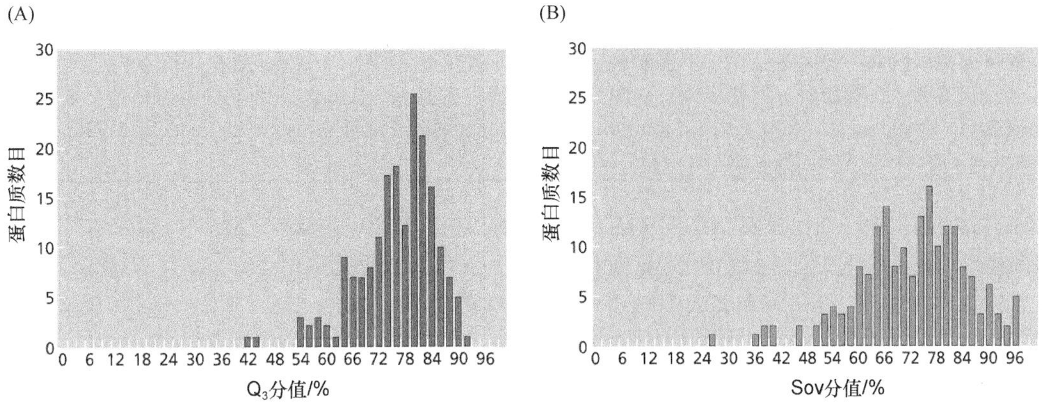

图 12.6 在 187 个蛋白质的数据集上使用 PSIPRED 预测二级结构的准确性，给出了 Q_3 值和 Sov 测度。 (A) Q_3 值对每个蛋白质值的分布，平均值为 76.0% 和标准差为 7.8%。(B) Sov 的值对每个蛋白质值的分布，平均值为 73.5% 和标准差为 12.7%（转载自 D. T. Jones，Protein secondary structure prediction based on position-specific scoring matrices，*J. Mol. Biol.* 92：195-202，1999.）。

经常使用的另一个测度，通常称为**马修斯相关性系数 *C* (Matthews correlation coefficient *C*，MCC)**，对每个预测的状态做定义，如对螺旋为

$$C_{螺旋} = \frac{TP.TN - FN.FP}{\sqrt{(TP+FP)(TP+FN)(TN+FP)(TN+FN)}} \quad (12.1)$$

式中，TP 为真阳性残基数据，如正确被预测为螺旋的残基数量；而被预测为不正确的残基数量为 FP，假阳性残基的数量；TN（真阴性）和 FN（假阴性）等同于非螺旋的残基数量。在平方根中的 4 项分别为：被预测为螺旋的残基总数量，实际的螺旋的残基数量，实际的非螺旋的残基数量，预测为非螺旋的残基总数量。这给出了预测结果的平均权重，范围为 −1～1，1 是最好的预测结果。一个完全随机预测的 $C_{螺旋}$ 值为 0，而 −1 对应为所有预测为螺旋的残基实际是非螺旋的，反之亦然。

这将更加有利于预测正确的数量、类型和二级结构元素的次序，而不是预测一些元素，却错漏了其他。这是因为它将使我们有更好的机会以确定蛋白质折叠从而决定其整体结构。Q_3 和 C 测度并不能解决这一问题。Burkhard Rost 和他的同事提出了一个基于重叠片段比值的测度（Sov）。它对预测得到的和观测得到的结构数量较敏感，但它的目的是试图允许观测值在上述讨论的元素边界中自由变化。类似于 Q_3，Sov 被定义为一个百分比范围，它对观测到的和预测的同等对待。

如果所有观测到的螺旋、链和卷曲片段标记为 s_{obs}，所有预测到的这些状态则标记 s_{pred}，那么 s_o 是 s_{obs} 和 s_{pred} 所有状态相同的片段（注意，如几个预测到的螺旋和一个观测到的螺旋，每个重叠会在 s_o 中产生一对，其中的每个都会包含一个观测到的螺旋）。集合 s_n 被定义为没有和预测得到的状态相同的所有 s_{obs} 片段，因此这些不会出现在集合 s_o 中。任何 s_{obs} 片段的残基长度给予 $\text{len}(s_{obs})$。对 S_o 中任一对给定状态的片段，其实际长度称为 $\text{minov}(s_{obs}, s_{pred})$，且至少有一个残基长度的总限度为 $\text{maxov}(s_{obs}, s_{pred})$。

基于这些定义，片段重叠测度被定义为

$$\text{Sov} = \frac{100}{N_{\text{Sov}}} \sum_{S_o} \left[\frac{\text{minov}(s_{obs}, s_{pred}) + \delta(s_{obs}, s_{pred})}{\text{maxov}(s_{obs}, s_{pred})} \text{len}(s_{obs}) \right] \quad (12.2)$$

总和中的项代表了观测的和预测的为相同片段对的限度比值，增设一个因子 $\delta(s_{obs}, s_{pred})$，以允许蛋白质结构中的观测片段边界处的变化。$\delta(s_{obs}, s_{pred})$ 定义为

$$\delta(s_{obs}, s_{pred}) = \min \begin{cases} (\text{maxov}(s_{obs}, s_{pred}) - \text{minov}(s_{obs}, s_{pred})) \\ \text{minov}(s_{obs}, s_{pred}) \\ \text{int}[\text{len}(s_{obs})/2] \\ \text{int}[\text{len}(s_{pred})/2] \end{cases} \quad (12.3)$$

式中，$\text{int}[x]$ 是 x 的整数部分，如 $\text{int}[3.9]=3$。求和项也用观测的片段长度范围作加权。N_{Sov} 是在 S_o（如果存在重复的话，包括重复）中所有的重叠片段中观察到的残基数量的总和（如 s_{obs}），加上 S_n 片段的残基数量。

表 12.2 显示了一些观测的和预测的 α 螺旋对和它们的 Sov 和 Q_3 值，说明了只有在近似准确位置上有着正确数目的螺旋数量的预测会得到较高的 Sov 值，而 Q_3 测度更容易漏掉这样的错误。图 12.6B 显

示了使用 PSIPRED 方法的 Sov 值的范围。与 Q_3 比较显示有更多的 Sov 值低于 60%，虽然在这种情况下，Sov 的平均值（73.5%）仅略低于 Q_3 的平均值。

表 12.2 两种预测精度的测度 Q_3 和 Sov 的比较。显示了一个观测螺旋的 5 种可能的预测。预测 1 和 2 拥有相同数量的螺旋残基，但是 1 是完全不真实的。虽然 Sov 认识到了这点，但 Q_3 没有。预测 2、3、4 和 5 表明，当只预测到一个螺旋时，即使很少正确的预测到螺旋中的碱基，Sov 也给出了更高的分值，而 Q_3 则相反（摘自 A. Zemla et al.，A modified definition of Sov，a segment-based measure for protein secondary structure prediction assessment，*Proteins* 34：220-223，1999.）。

		Sov	Q_3
观察到的	CHHHHHHHHHHC		
预测 1	CHCHCHCHCHCC	12.5	58.3
预测 2	CCCHHHHHCCCC	63.2	58.3
预测 3	CHHHCHHHCHHC	40.6	83.3
预测 4	CHHCCHHHHHCC	52.3	75.0
预测 5	CCCHHHHHHCCC	80.6	66.7

在预测跨膜蛋白螺旋的领域时，经常使用 Q_3 测度，但是也有一些特定的测度在螺旋水平上而不是残基水平上，这些测度在某些方面上类似于 Sov。正确预测的螺旋数量有时也被定义为和观测螺旋有最小数量重叠的预测螺旋。要求的螺旋数量经常是相对于跨膜螺旋长度非常小的残基数量（图 12.5），经常为 3 个和 5 个残基。最近的一项研究中使用螺旋末端预测中的残基数量的误差（图 12.7）来检验方法的准确性。图 12.7B 表明，使用 TMHMM2 方法预测容易错过第一个转角或螺旋。

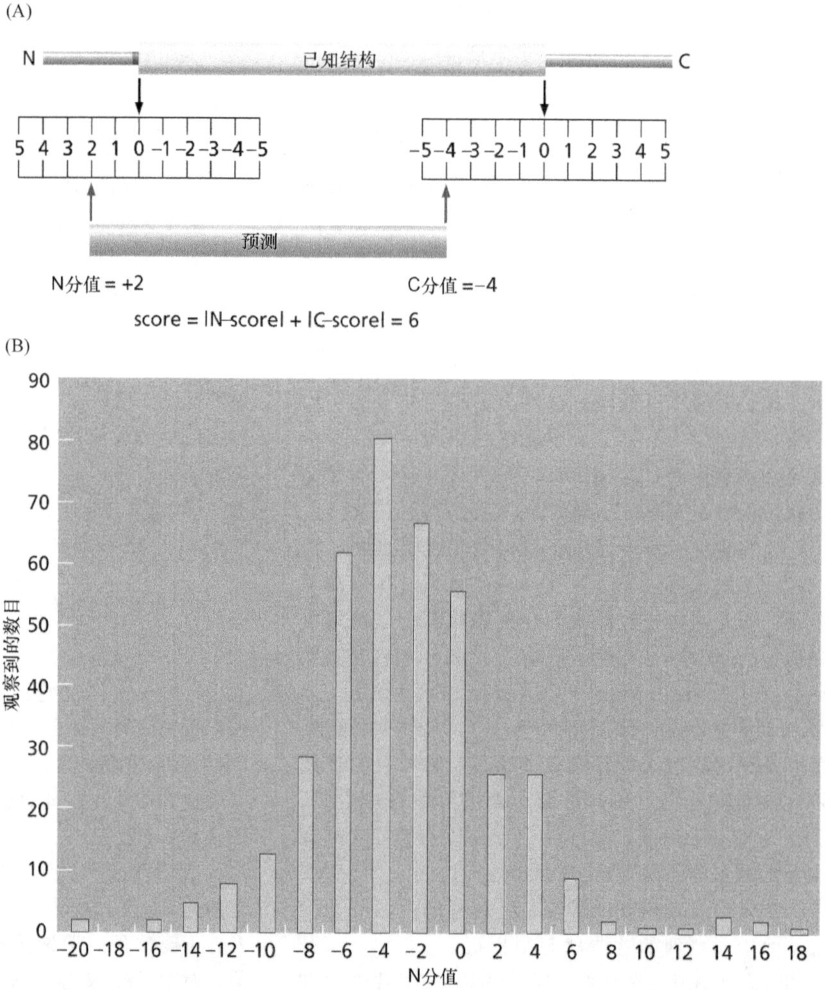

图 12.7 基于螺旋末端，跨膜螺旋预测精度的推荐测度。（A）按照不正确的螺旋开始和结束的条件对准确性测度的定义。评分是 N 端和 C 端的绝对值的总和。（B）应用 TMHMM2 方法预测的测度。对 N 端作点图，指出了螺旋的起始处的几个残基没有被正确地预测到相对于 C 端的正确位置。（摘自 J. M. Cuthbertson，D. A. Doyle and M. S. P. Sansom，Transmembrane helix prediction：a comparative evaluations and analysis，*Protein Eng. Des. Sel.* 18：295-308，2005.）。

12.2 二级结构预测基于残基的偏好性

只要存在着一些已被确定结构的蛋白质结构，知道了个别残基及二级结构元素的位置，这两者间的一些关联将会变得清晰。例如，经常在β转角处发现甘氨酸残基；脯氨酸残基很少在α螺旋中发现，但经常在β转角中发现。这些组成上的偏好随后被定量为残基的偏好性，这些确定的结构特征将用于如下所述的指定中。

残基偏好性指出了一个基于局部组成偏好以预测结构元素的可行方法。这个概念在1974年首次由Peter Chou和Gerald Fasman引入到实际应用中，预测了α螺旋和β链。其后这一原理被应用于其他许多结构状态中，包括膜蛋白的二级结构。基于局部序列，他们提出了残基偏好性的一个合理衍生，并于1978年应用在GOR方法中，其准确度大大超过了Chou-Fasman方法，并将在后面对其作详细描述。这是对足够长的一致序列片段在其单一的构象时的观测。不过，对此已发现了一些例外，并努力量化单独使用局部序列对二级结构的决定程度。由于这些方法的发展和完善，大量已知的序列和其结构，尤其这些已知序列和它们公认的同源序列，进一步改善了预测准确度。

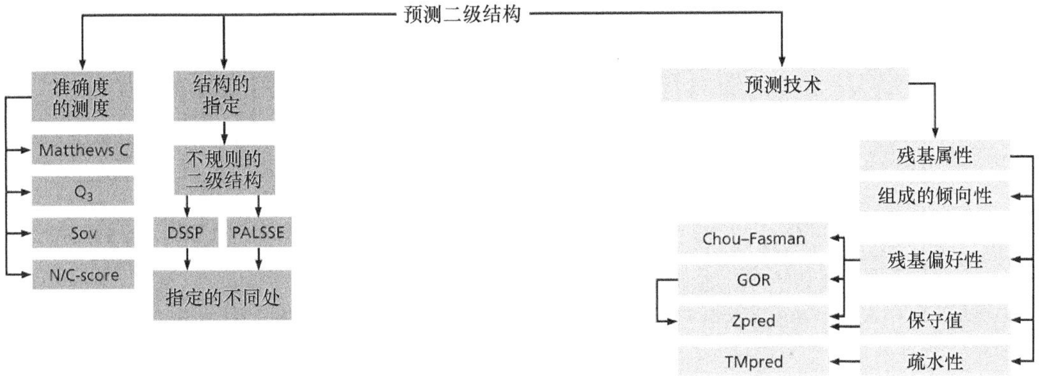

流程图 12.2 本节中介绍的关键概念是氨基酸具有的结构偏好性，可以以各种方式结合用以设计预测二级结构的方法。

本节所讨论的很多方法目前很少被使用，在本章后面将介绍的更为复杂的技术，被认为是更准确的方法。然而，许多这样的方法的一些特征和这里介绍的密切相关，因此有必要对其进行介绍性的比较。此外，在残基属性上的进一步工作而产生的新方法绝不是没有可能提高其准确度的，如其后在本节介绍的于2002年提出的GOR方法就是利用了同源序列的数据。

每个结构状态存在着氨基酸的倾向，这可以在指定时作为残基偏好性

对于一个给定的结构状态，计算氨基酸偏好性依赖于能够为一个蛋白质结构中每个残基明确地界定结构状态。我们已经在第12.1节中讨论了结构的指定问题，因此在这里将简要介绍一些偏好性对指定方法的选择依赖度。然而，更重要关注的是所使用的蛋白质结构，因为这些蛋白质具有最小的组成和结构偏差，而这些偏差可能会破坏我们试图测量的偏好性。理想的结构子集涵盖了各种已知的蛋白质折叠，以重现折叠蛋白质世界的组成，同时也避免了一些密切同源的结构。目前还无任何实验可以确定一些蛋白质的结构，虽然都产生了不可避免的结构性偏差，但可以减少存在于目前已知结构中的偏差。称为PDB-SELECT的方法试图获取这样的数据集，它使用序列相似性作为选择结构子集的基础。在此无偏的子集中包括了所有这些结构，要求在超过80个残基的子序列的比对中，序列一致度要小于一个阈值（通常为25%）。子集中包括的一部分对所选择的阈值的依赖度为1%～4%，这指出了已知结构中的较强偏好性。但是产生的数据库子集不是无偏的，如其中的许多免疫球状蛋白质。解决这个问题的另一种方法是使用折叠库作为冗余问题的指南。对于这些库的简要介绍见第14.1节。这个问题的进一步了解见扩展阅读。

与给定一个蛋白质结构和指定结构状态的数据集相比，推导残基的偏好性则相对简单，因为现在有足够的实验结构用以获得需要的准确值。这其中会出现一些可能的例外，如果出现许多不同的结构状态指定，或较稀有状态，如π螺旋，尤其是在研究膜蛋白时。如果出现数据不足的问题，可以使用

第 6.1 节所述的技术减少此种影响。下面的推导将假定有充足的数据。

首先计算所有数据集中残基部分的类型 a，如第 5 章和第 6 章，写作 P_a。然后，计算所有数据集中的相同残基类型 s，写作 $P_{s,a}$。给出了残基类型 a 发生在蛋白质的结构状态 s：

$$P_{s,a}=\frac{P_{s,a}}{P_a} \tag{12.4}$$

Peter Chou 和 Gerald Fasman 在 1974 年首先对 α 螺旋和 β 折叠计算了这些参数，当时并没有足够的数据（少于 2500 个残基）以精确确定这些值。研究者除了对这些性质获得数值，还对每个残基类型进行分类：能较强或较弱形成螺旋，或者中断螺旋，对链形成无关紧要的或者需要的（图 11.3）。随着可获得数据的增多，残基的偏好性被重新计算了多次，在 1998 年人们使用了一个超过 33 000 个残基的数据集（图 12.8）。1974 年和 1998 年的数值存在着一些显著差异，如 $P_{\alpha,Arg}$ 和 $P_{\beta,Met}$。这些差异可能是由于缺乏数据产生，或者是因为 1974 年的数据存在着较大的偏差，分析的 15 个蛋白质中有两个（血红蛋白和肌红蛋白）有一个共同的折叠域。

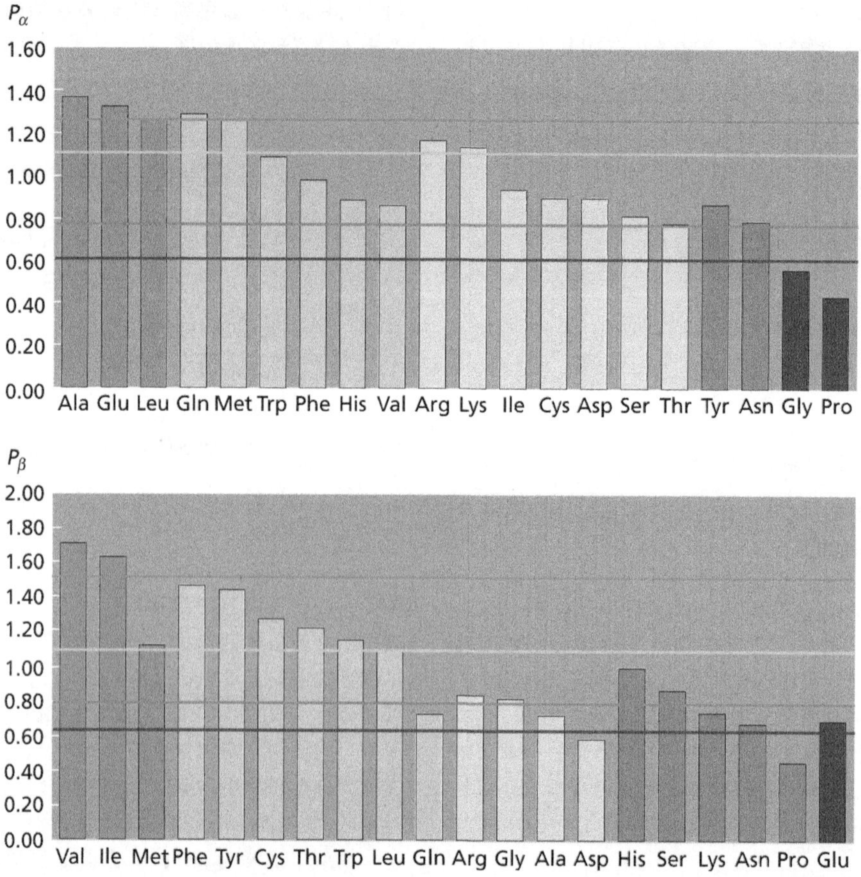

图 12.8　Chou-Fasman 在 1998 年使用了超过 33 000 个残基的数据集计算的 α 螺旋和 β 链的偏好性。在 1974 年这些残基类型由 Chou 和 Fasman 基于较强的形成、可形成、无关紧要的、可中断的和较强中断的二级结构，它们分别标注为深绿色、浅绿色、黄色、浅红色和深红色。彩色线指出了在不同组中和 1974 年时的分类值的不同处。虽然这两系列值密切相关，但仍然有些值不同，如 $P_{\beta,Asp}$。（见文后彩图）

到 2004 年拥有了足够大的蛋白质结构数据集，可在 α 螺旋的不同位置上获得残基偏好性，尝试改善 α 螺旋的两端预测。即使消除了序列一致度大于 25%的蛋白质序列，仍然有超过 8000 个 α 螺旋可作分析之用。使用式（12.4）计算偏好性，如螺旋起始处的甘氨酸残基除以完整数据库中的甘氨酸残基。许多残基类型显示了它们在偏好性上有明显的周期变化。螺旋的 N 端，图 12.9 给出的关于芳香残基位置依赖的螺旋偏好性，以及关于疏水残基平均 ln（偏好性），显示了一个清晰的长度为 3.6 残基的周期。这种变化被认为起源于许多 α 螺旋的一头埋入蛋白质的核，另一头则暴露于溶剂中。

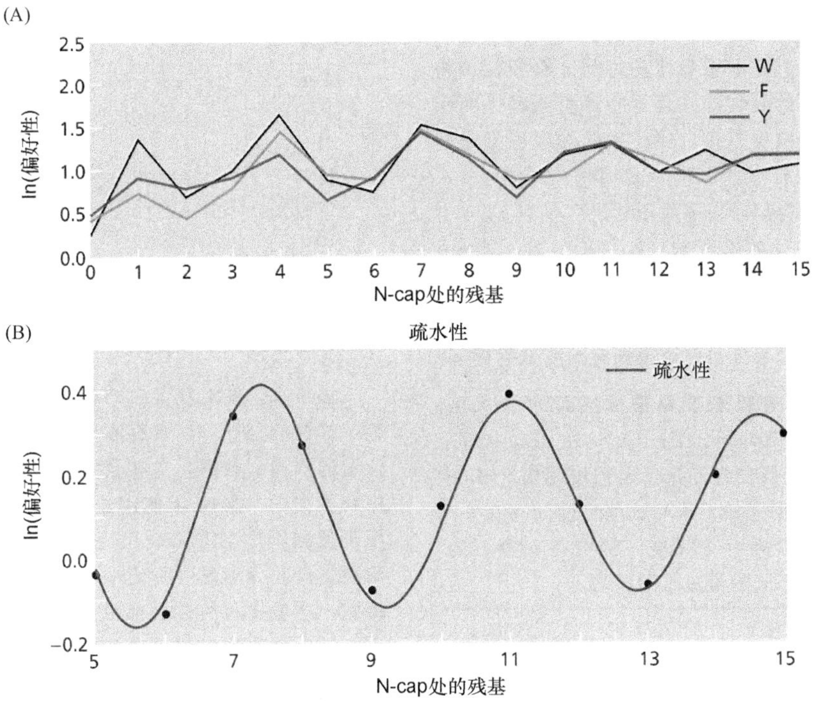

图 12.9 Chou-Fasman 的 α 螺旋偏好性距离 α 螺旋的 N 端的变化。 N-CAP 是 α 螺旋起始的第一个残基前的一个残基，并被计数为残基 0。(A) 芳香残基的位置特异的偏好性（由它们一个字母代码确定）位于 α 螺旋开始的 15 个残基处。可以观察到一个明显的周期性。(B) 对所有疏水残基的平均偏好型均显示了疏水残基倾向于出现在螺旋的一端作为第一个残基。在这种情况下，对 ln（偏好型）作图，更清晰的显示了其周期（转载自 *J. Mol. Biol.*，337，D. E. Engel and W. F. DeGrado，Amino acid propensities are position-dependent throughout the length of a-helices，1195-1205，2004，with permission from Elsevier.）。

对 β 转角也推导了残基偏好性，且 Chou-Fasman 预测中通常包括螺旋、链和转角。在转角中分了 4 种不同位置，分别标注为 i～$i+3$，通常发现在位置 $i+1$ 中脯氨酸是最常见的残基，甘氨酸通常是位置 $i+2$ 和 $i+3$ 共有的残基。残基偏好性的一个最准确的确定是在 1994 年由 Gail Hutchinson 和 Janet Thornton 基于约 4000 个 β 转角提出的（表 12.3）。由 Patrick Fuchs 和 Alain Alix 的进一步工作定义了不同类型的 β 转角的偏好性，同时还包括了转角位置处的残基数值。

表 12.3 β-转角的偏好性。 数据来自 Hutchinson & Thornton (1994)。

残基	i	$i+1$	$i+2$	$i+3$
Ala	0.81	0.96	0.66	0.89
Arg	0.69	0.93	0.75	0.93
Asn	1.54	1.02	2.14	1.06
Asp	1.56	1.24	1.86	0.99
Cys	1.42	0.73	0.98	1.20

续表

残基	i	$i+1$	$i+2$	$i+3$
Gln	0.89	0.94	0.93	1.01
Glu	0.87	1.35	0.92	0.89
Gly	1.09	1.04	2.14	1.64
His	1.25	0.95	1.16	0.93
Ile	0.66	0.61	0.42	0.68
Leu	0.73	0.67	0.47	0.78
Lys	0.80	1.22	0.94	1.10
Met	0.70	0.48	0.41	0.68
Phe	0.98	0.66	0.96	0.95
Pro	1.48	2.45	0.63	0.96
Ser	1.29	1.23	1.06	1.03
Thr	1.08	0.79	0.94	1.20
Trp	0.62	0.65	0.76	0.79
Tyr	1.04	0.75	0.83	1.07
Val	0.72	0.70	0.54	0.84

早期的方法用于预测跨膜螺旋并没有使用跨膜螺旋的残基偏好性，但倾向于使用残基的疏水性尺度。由于膜的内部是非常疏水的，预计跨膜螺旋将有一个疏水残基的延伸，并且这些疏水残基倾向于在膜内而不是溶液中，疏水性尺度的发现通常是基于一些物理化学实验，如在水和辛醇中的分层。

近年来人们提出了许多类似的尺度，表 12.4 中列出了其中两个比较流行的（KD 和 GES）。此外，人们还给出了另外一个尺度，它是针对预测需要进行优化而得到的。这个尺度也因此并没有直接的实验依据支持，但已被证明比跨膜螺旋预测准确得多。

表 12.4　三种具有代表性氨基酸的疏水性尺度。 KD 为 Kyte-Doolittle 尺度；GES 由 Engelman、Steitz 和 Goldman 所创建；Zvilling 尺度是由 Zviling、Leonov 和 Arkin 创立的。虽然这些尺度间存在一个显著的关联，但是在每个尺度间仍然存在着不同，如每个尺度拥有不同的最疏水的残基。

残基	KD	GES	Zvilling
Ile	4.5	3.1	9.9
Val	4.2	2.6	13.4
Leu	3.8	2.8	14.5
Phe	2.8	3.7	4.6
Cys	2.5	2.0	3.8
Met	1.9	3.4	7.0
Ala	1.8	1.6	4.3
Gly	−0.4	1.0	0.1
Thr	−0.7	1.2	−11.4
Ser	−0.8	0.6	−0.3
Trp	−0.9	1.2	−4.2
Tyr	−1.3	−0.7	−3.4
Pro	−1.6	−0.2	−35.3
His	−3.2	−3.0	−19.2
Glu	−3.5	−8.2	−49.4
Gln	−3.5	−4.1	−29.6
Asp	−3.5	−9.2	−40.7
Asn	−3.5	−4.8	−52.5
Lys	−3.9	−8.8	−44.8
Arg	−4.5	−12.3	−64.5

多年来，缺乏膜蛋白结构的实验阻碍了跨膜螺旋偏好性的推导。尽管存在相当多的部分跨膜螺旋位置的实验室数据，这些数据被集中在一些注释的序列数据中。1994 年使用这些信息推导了偏好性，用于预测程序 MEMSAT。由于比较关注数据的准确性，仅区分了蛋白质的一个跨膜螺旋和多个跨膜螺旋，这里显示的数据都只是和前者有关。这里利用 285 个单跨膜螺旋蛋白质推导了偏好性，而不是使用上面列出的式（12.4）中的定义，对比例取对数以获得对数似然比：

$$P'_{s,a} = \ln\left(\frac{P_{s,a}}{P_a}\right) \tag{12.5}$$

［请注意和式（5.2）中替代矩阵公式的相似性］。结果分为 5 种不同的结构状态：3 种跨膜螺旋（内、中、外）和 2 种非跨膜螺旋（内部和外部）。图 12.10 中显示了这些值。正如人们所预料到的，“螺旋中”的值和表 12.4 中 4 氨基酸疏水性尺度关联得较好。

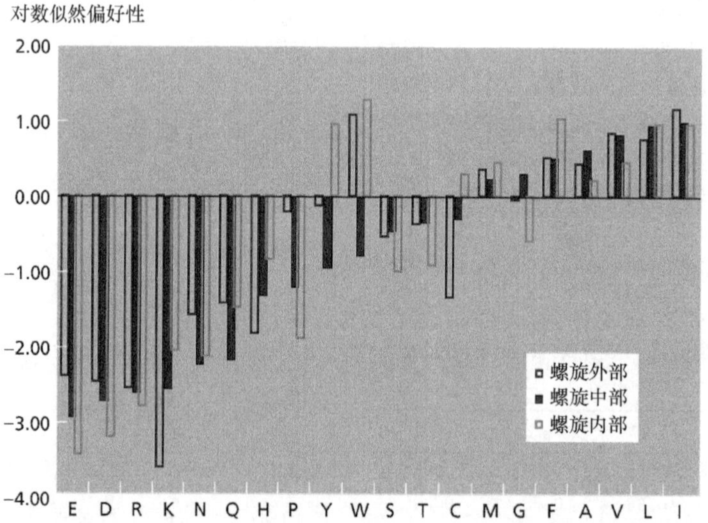

图 12.10　对不同氨基酸的跨膜偏好性计算对数似然比。 分为 5 种不同的结构状态（环境）：和跨膜螺旋不相关的环（肽片段）分为内部（细胞质）和外部，跨膜螺旋分为内部、中部和外部。请注意这两张点图的尺度是不同的（数据来自 D. T. Jones，W. R. Taylor and J. M. Thornton，A model recognition approach to the prediction of all-helical membrane protein structure and topology，*Biochemistry* 3：3038-3049，1994.）。

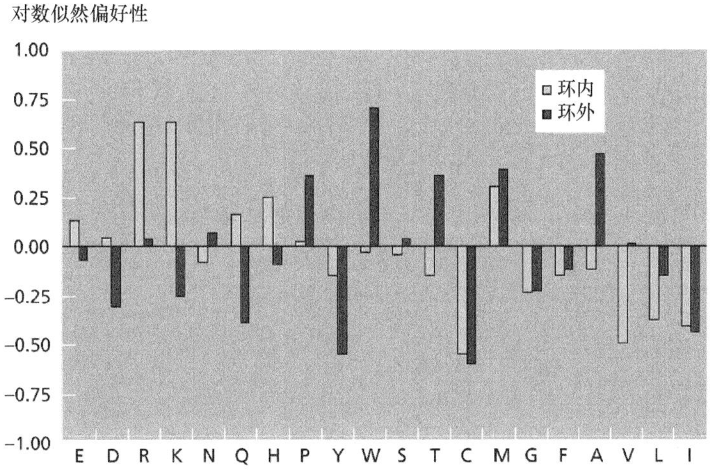

图 12.10（续）

这里显示的所有测度可以视为不同的氨基酸偏好性。这些定量氨基酸偏好性已被收集到一个称为AAindex的数据库中。其中有数百个指数，包括30多种疏水性尺度。

最简单的预测方法是基于在一个序列窗口中的平均残基偏好性

如果对一个结构状态存在较强的组成偏好性，且该状态包括数个连续的残基，则折叠成该状态的大部分区域很可能拥有对该结构高偏好性的残基。因此，如果发现一个片段中包含的残基具有合适的较高偏好性，那么可以预测在此区域有对应的状态。任何指定长度的片段，只要它拥有一个超过选定阈值的平均偏好性值，就可以被预测成具有该偏好性值对应的状态。因为即使具有很低的偏好性的残基偶尔也可能发生，所以我们需要细心地选择超过平均偏好性的残基数量，预测所需的阈值，以获得正确的预测。

平均的残基数量称为**窗口**（**window**），长度取决于所要预测的结构。窗口必须短到足以能检测到最短的结构，但如果太短也可能产生许多虚假的指定。β链的长度通常小于α螺旋（图12.4），因此它需要更短的窗口。例如，Chou-Fasman方法中使用4个或5个残基的窗口初步确定β链，而使用6个残基的窗口初步确定α螺旋。一般跨膜螺旋预测经常使用更大的窗口，为15～20个残基。

这种类型中最简单的预测方法是那些使用疏水性尺度预测跨膜螺旋的方法。超过了阈值的平均疏水性的所有窗口都被指定为跨膜螺旋。当窗口重叠时，合并它们为一个螺旋预测。图12.11所示的例子说明了一个比较成功的单个跨膜螺旋的预测，它的峰值在平均疏水性中，但并不完全位于正确的位置上。

对于预测α螺旋、β链和β转角的Chou-Fasman方法更为复杂。部分是因为他们使用不同的窗口大小和阈值初步确定α螺旋和β链，然后再延伸它们。不过，该方法也必须在不同的结果中做选择。例如，在跨膜螺旋中，唯一要做的选择是存在或不存在螺旋，Chou-Fasman方法则在同一窗口中调整对α螺旋和β链的预测。当我们最初发现一个螺旋或链时，作出的选择是依赖于哪个状态具有较大的平均偏好性。然而，结构片段的区域规则是相当复杂的。Chou-Fasman方法使用了不同的技术预测β转角。结构长度为4个残基，每个位置都有不同的偏好性，就如在表12.3中显示的不同偏好性。为了在给定位置预测β转角，相乘4个不同位置上碱基的偏好性，如果这个值大于阈值，则预测为β转角。

用于预测卷曲的COILS方法使用了类似的原理，取窗口中偏好性的几何平均数。由于卷曲有重复的七肽，分别定义每个七肽位置的偏好性，并且使用的窗口大小为14个、21个或28个残基。对每个残基检测了所有可能的七肽位置，选择具有最高

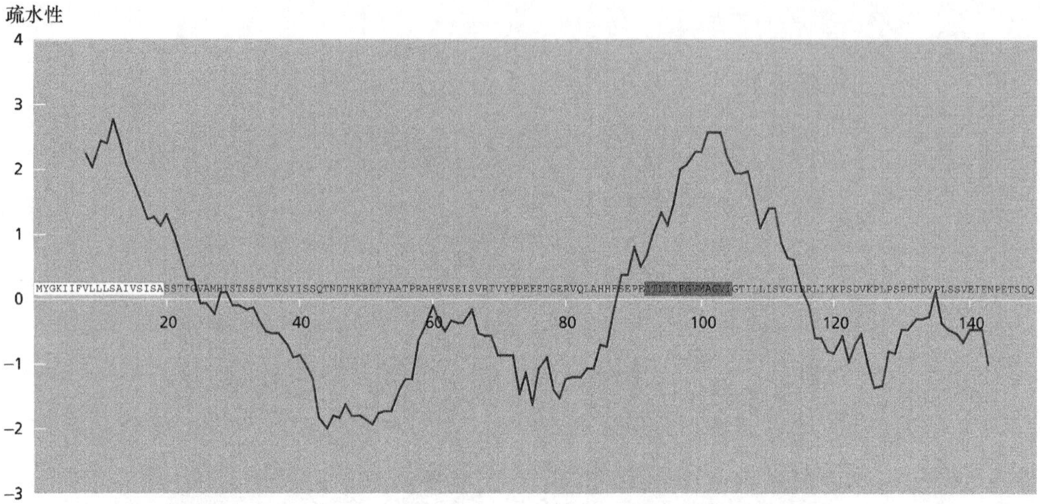

图 12.11　使用长度超过一个窗口的平均疏水性尺度预测跨膜螺旋的一个例子。 使用了 KD（Kyte-Doolittle）疏水性尺度，窗口长度为 15 个残基。在这个例子中，蛋白质为人血糖蛋白 A，它在 92～114 个残基处的跨膜螺旋显示为（深灰背景）。对于此序列，此段的位置较接近于疏水性的唯一峰值。除去 N 端的一个对应于非极性的信号肽的峰，在图上用白色背景表示。

分值的作为预测结果，然后转换此分值为概率。能形成一个卷曲的区域通常其概率接近 1。

用于跨膜螺旋预测的 MEMSAT 程序使用了图 12.10 所示的 5 种偏好性。正如 Chou-Fasman 方法的例子，通过残基偏好性总和最大的结构指定进行预测。为了确定此种指定，使用了动态规划法（如第 5.2 节所述）用以确定最佳预测。

虽然这些方法是首先被应用的，并获得了一定的成功。但一般而言，它们还不够准确，并很快被本章后面描述的更复杂的方法所取代。

残基偏好性由附近的序列所调控

虽然使用如上所述的残基偏好性来预测二级结构是相对成功的，但是残余的结构状态还受到附近序列的强烈影响。可以推理，如果一个完整的肽链总是折叠形成相同的结构，那么更短的片段也总会是此种结构。然而对于非常短的片段这显然是不成立的，当然个别的几个残基会存在于许多不同状态中。通过量化残基偏好性的局部调节，人们提出了一种新的预测方法，它的准确率明显高于那些基于个别残基偏好性的方法。

在描述这些预测方法前，我们首先介绍一些局部序列的已知影响。一个序列折叠为两种不同的结构时，很难清楚地定义，但存在着一个潜在的解决方案，一个残基在两个不同结构不能有相同的状态。这或许是过分严厉的定义，2000 年 Rita Casadio 和她的同事，在拥有不同结构的大量蛋白质数据中，利用 DSSP 指定发现了 1 个由 8 个残基组成的片段和 16 个由 7 个残基组成的片段，随后发现了 9 个残基组成的序列在两种蛋白质中有不同的结构（α 螺旋和 β 链）（图 12.12）。这些结果表明，附近序列的影响占局部结构的主导地位，而其中一种方法考虑一个中心残基任意两边 5 个或以上残基对其的影响，它能给出准确度较高的预测。

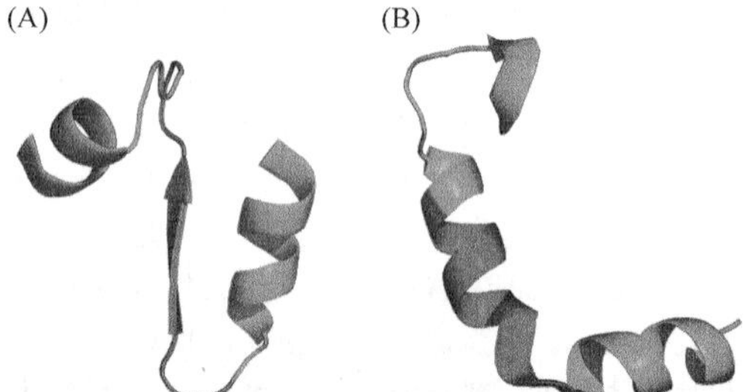

图 12.12　在两种不同折叠状态中发现一个短肽序列的例子。 在两种蛋白质中发现 9 个残基的序列 KGVVPQLVK，（A）mouse importin α（PDB entry 1IAL）和（B）*E. coli* pyruvate kinase（PDB entry 1PKY），但是有着完全不同的结构。在局部结构的较短区域内，相同的序列片段用红色表示。开始的两个残基后，显然形成了完全不同的结构。（见文后彩图）

其他的研究表明，在局部序列上肯定存在着结构状态的信息，尽管也清楚地表明，非局部或较长范围的影响也很重要。Gavin Crooks 和 Steven Brenner 分析了当前相邻残基中存在的信息，并得出结论认为残基距离有 4 个残基的位置可能会有影响。然而，他们也发现，使用这种局部信息的预测准确率不能接近 100%，这表明一些外来的影响必须参与其中。Daisuke Kihara 分析了二级结构预测的准确性和一些序列上距离较远的碱基在空间上的接触程度间的相关性。数据表明，拥有较少非局域空间接触的残基的平均预测准确率更高。

将以上这些研究综合在一起，局部序列存在着关于二级结构的重要信息，但也存在着更多的非局部信息。上文介绍的残基偏好性的定义，可以很容易地扩展到量化局部影响。这样的一个关于残基偏好性的例子见图 12.9。GOR 方法，其中包括这样的局部信息，是基于 Barry Robson 在 1974 年提出的信息理论，将在下面介绍。这些方法可能包括非局部影响的唯一方式是通过增加窗口大小。

GOR 方法的核心概念就是蛋白质序列中包含了形成蛋白质构象的信息。在 x 序列的第 j 个残基写作 x_j。残基 j 的结构状态写作 S_j。那么 x_j 是 20 种氨基酸中的一种，S_j 是 4 种或 3 种状态中的一种，取决于不同的 GOR 版本，因为某些版本中也预测 β 转角和 β 链、α 螺旋以及卷曲。残基 j 的结构状态的概率写作 $P(S_j=s)$。$P(S_j=s\mid\hat{\boldsymbol{x}})$ 是残基 j 在结构状态 s 下的概率，其序列包含残基 $\hat{\boldsymbol{x}}$。这里 $\hat{\boldsymbol{x}}$ 是指蛋白质序列的一个特定部分，如 x_j；x_jx_{j+1}；$x_{j-8}\cdots x_{j+8}$。如果 $\hat{\boldsymbol{x}}$ 上的残基对结构状态 S_j 上的所有残基没有影响的话，这两种概率是相同的。

序列 $\hat{\boldsymbol{x}}$ 包含的关于第 j 个残基的结构状态为 s 的互信息的 Fano 定义：

$$I(S_j=s;\hat{\boldsymbol{x}})=\log\left(\frac{P(S_j=s\mid\hat{\boldsymbol{x}})}{P(S_j=s)}\right)\tag{12.6}$$

（附录 A）。如果 $\hat{\boldsymbol{x}}$ 对 S_j 没有影响，则对数中的两项是相同的，且 $I(S_j=s;\hat{\boldsymbol{x}})$ 为 0；如果 $\hat{\boldsymbol{x}}$ 对 S_j 存在着有利的或不利的影响，则 $I(S_j=s;\hat{\boldsymbol{x}})$ 为正或负。

如果序列 $\hat{\boldsymbol{x}}$ 可以分成两部分 $\hat{\boldsymbol{x}}_1$ 和 $\hat{\boldsymbol{x}}_2$，如 x_i 和 $x_{i-1}x_{i+1}$，那么我们可以定义两个量。

给出的 $\hat{\boldsymbol{x}}_1$ 和 $\hat{\boldsymbol{x}}_2$ 中都包含的关于 S_j 等于 s 的信息，

$$I(S_j=s;\hat{\boldsymbol{x}}_1,\hat{\boldsymbol{x}}_2)=\log\left(\frac{P(S_j=s\mid\hat{\boldsymbol{x}}_1,\hat{\boldsymbol{x}}_2)}{P(S_j=s)}\right)\tag{12.7}$$

在已知 $\hat{\boldsymbol{x}}_1$ 出现的条件下，$\hat{\boldsymbol{x}}_2$ 包含的关于 S_j 的信息写作

$$I(S_j=s;\hat{\boldsymbol{x}}_2\mid\hat{\boldsymbol{x}}_1)=\log\left(\frac{P(S_j=s\mid\hat{\boldsymbol{x}}_1,\hat{\boldsymbol{x}}_2)}{P(S_j=s\mid\hat{\boldsymbol{x}}_1)}\right)\tag{12.8}$$

式（12.6）至式（12.8）的这三个条件通过下面的公式相关，由下面的替代很容易证明：

$$\begin{aligned}I(S_j=s;\hat{\boldsymbol{x}}_1,\hat{\boldsymbol{x}}_2)&=I(S_j=s;\hat{\boldsymbol{x}}_1)\\&+I(S_j=s;\hat{\boldsymbol{x}}_2\mid\hat{\boldsymbol{x}}_1)\end{aligned}\tag{12.9}$$

考虑到残基 j 的互斥，它存在于状态 s 或者不在此状态，可以写作 $\bar{s}$。对 $I(S_j=(s:\bar{s});\hat{\boldsymbol{x}})$ 可以写出表达式，对 s 和 $\bar{s}$ 的偏好性（在信息内容中）

$$\begin{aligned}I(S_j=(s:\bar{s});\hat{\boldsymbol{x}})&=I(S_j=s;\hat{\boldsymbol{x}})-I(S_j=\bar{s};\hat{\boldsymbol{x}})\\&=\log\left(\frac{P(S_j=s\mid\hat{\boldsymbol{x}})}{P(S_j=s)}\right)-\log\left(\frac{P(S_j=\bar{s}\mid\hat{\boldsymbol{x}})}{P(S_j=\bar{s})}\right)\end{aligned}\tag{12.10}$$

注意因为 s 和 $\bar{s}$ 互相排斥

$$P(S_j=\bar{s})=1-P(S_j=s)\tag{12.11}$$

和

$$P(S_j=\bar{s}\mid\hat{\boldsymbol{x}})=1-P(S_j=s\mid\hat{\boldsymbol{x}})\tag{12.12}$$

所以我们可以推导

$$\begin{aligned}I(S_j=(s:\bar{s});\hat{\boldsymbol{x}})&=\log\left(\frac{P(S_j=s\mid\hat{\boldsymbol{x}})}{1-P(S_j=s\mid\hat{\boldsymbol{x}})}\right)\\&-\log\left(\frac{P(S_j=s)}{1-P(S_j=s)}\right)\end{aligned}\tag{12.13}$$

当 $\hat{\boldsymbol{x}}$ 可以分成两部分 $\hat{\boldsymbol{x}}_1$ 和 $\hat{\boldsymbol{x}}_2$ 时，s 对 $\bar{s}$ 的偏好性的表达式，类似于公式（12.9）：

$$\begin{aligned}I(S_j=(s:\bar{s});\hat{\boldsymbol{x}}_1,\hat{\boldsymbol{x}}_2)&=I(S_j=(s:\bar{s});\hat{\boldsymbol{x}}_1)\\&+I(S_j=(s:\bar{s});\hat{\boldsymbol{x}}_2\mid\hat{\boldsymbol{x}}_1)\end{aligned}\tag{12.14}$$

图 12.13 显示了一个三肽序列 $x_{j-1}x_jx_{j+1}$ 包含残基 x_j 于状态 S_j 的信息的一个代表。例如，项 $I(S_j=(s:\bar{s});x_j)$ 和 $I(S_j=(s:\bar{s});x_{j+1})$ 分别用标记着 x_j 和 x_{j+1} 的圆表示。标记为 x_{j-1} 的圆中的浅灰色区域，在圆外标记为 x_{j+1}，代表项 $I(S_j=(s:\bar{s});x_{j-1}\mid x_j)$。这是因为，正如前面所解释的，这项是给定 x_i 时关于 S_j 包含在 x_{i-1} 中的信息。相似地，标记为 x_{j+1} 的圆中的深灰色区域，在圆外标记为 x_j，且 x_{j-1} 代表项 $I(S_j=(s:\bar{s});x_{j+1}\mid x_{j-1}x_j)$。图中确定这些项使我们不难发现，

$$\begin{aligned}I(S_j=(s:\bar{s});x_{j-1}x_jx_{j+1})&=I(S_j=(s:\bar{s});x_j)\\&+I(S_j=(s:\bar{s});x_{j-1}\mid x_j)\\&+I(S_j=(s:\bar{s});x_{j+1}\mid x_{j-1}x_j)\end{aligned}\tag{12.15}$$

通过重复应用式（12.14）也能推导出此公式。另外，存在着这个方程的许多其他形式，其中可以选择残基项。这个概念可以很容易地扩展到包括更多残基的影响，尽管不容易得到一个直观的图。

式（12.15）右边第一项指的是序列中的单一残基。正如前面写到的，这个项指的是关于其自身结构状态的残基的交互信息，但在公式的另一种形式中，它会和远处的残基构象有关。第二项和第三项分别涉及两个和三个残基。由于有 20 种不同的残

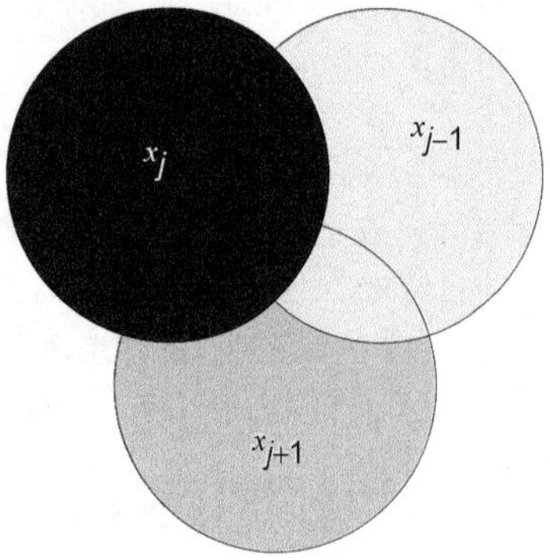

图 12.13 三个残基 x_{j-1}、x_j 和 x_{j+1} 位于它们其中一种状态 x_j 的信息图。在每三个连续的残基 x_{j-1} 到 x_{j+1} 的结构状态信息显示在图中重叠的圆中。黑色区域代表项 $I(S_j(s:\bar{s});x_j)$；浅灰色区域代表项 $I(S_j=(s:\bar{s});x_{j-1}\mid x_j)$；深灰色区域代表项 $I(S_j=(s:\bar{s});x_{j+1}\mid x_{j-1}x_j)$。图示了公式 12.15。

基，第二项将有 400 个残基和第三项将有 8000 个残基。考虑越多残基的影响，其中的项将变得更为复杂。从有限可获得数据中获得如此多的参数是不可行的，因此需要一些近似值。参考图 12.13，如果我们假设不存在重叠的话，我们得到表达式：

$$\begin{aligned}&I(S_j=(s:\bar{s});x_{j-1}x_jx_{j+1})\\&=I(S_j=(s:\bar{s});x_{j-1})+I(S_j=(s:\bar{s});x_j)\\&\quad+I(S_j=(s:\bar{s});x_{j+1})\end{aligned}\tag{12.16}$$

我们也可以假设所有的圆只和残基的结构状态为 x_j 的相重叠，得到：

$$\begin{aligned}&I(S_j=(s:\bar{s});x_{j-1}x_jx_{j+1})\\&=I(S_j=(s:\bar{s});x_j)+I(S_j=(s:\bar{s});x_{j-1}\mid x_j)\\&\quad+I(S_j=(s:\bar{s});x_{j+1}\mid x_j)\end{aligned}\tag{12.17}$$

三种类型的项可以分为：自身信息、方向信息和配对信息。一个残基携带关于其自身结构状态——$I(S_j=(s:\bar{s});x_j)$，称为自身信息。由残基 x_i 在第 j 个位置上结构状态（其中 $i\neq j$）——$I(S_j=(s:\bar{s});x_i)$，被称为方向信息，且依赖于第 j 个位置上的残基类型。与此不同，项 $I(S_j=(s:\bar{s});x_i\mid x_j)$ 还考虑了第 j 个位置的残基类型 x_j，因而可以称为配对信息。它定义了在给定第 j 个位置上残基类型为 x_j 的情况下，x_i 携带的关于在第 j 位置的结构状态的信息。

在 GOR 方法中，考虑中心残基 α 任意两边各 8 个残基。上述的两种近似现为：

$$\begin{aligned}&I(S_j=(s:\bar{s});x_{j-8}\cdots x_{j+8})\\&=\sum_{m=-8}^{8}I(S_j=(s:\bar{s});x_{j+m})\end{aligned}\tag{12.18}$$

和

$$\begin{aligned}&I(S_j=(s:\bar{s});x_{j-8}\cdots x_{j+8})\\&=I(S_j=(s:\bar{s});x_j)+\sum_{m=-8}^{8}I(S_j=(s:\bar{s});x_{j+m}\mid x_j)\end{aligned}\tag{12.19}$$

已经简化了式（12.19）中 m 的求和极限，用以包括条件 $m=j$，因为 $m=j$ 总是为零。在 GOR Ⅰ和 GOR Ⅱ方法使用式（12.18），而 GOR Ⅱ使用式（12.19）。请注意式（12.19）的第一项和式（12.18）中的第一项是相同的。GOR Ⅳ和 GOR Ⅴ使用了另一种近似值，其中每一项涉及两个残基，但和式（12.19）不同，式（12.19）中的项涉及了区域中 $j+8$ 个残基的所有可能残基对。

为了计算给定残基和结构状态的数值，我们回到前面给出的概率公式，并使用适当的结构数据库用以推导这些值。$P(S_j=s)$ 仅仅是数据库中结构状态为 s 的残基的一小部分，写作 p_s。为了获得项 $P(S_j=s\mid x_j)$的值，我们使用了

$$P(S_j=s\mid x_j)=\frac{P(S_j=s,x_j)}{P(x_j)}=\frac{p_{s,j}}{p_j}\tag{12.20}$$

其中第一个等式来自于附录 A 中的式 A.4。注意这个特殊项是 Chou-Fasman 偏好性［式（12.4）］。例如，自身信息项可以从式（12.13）和式（12.20）计算得到

$$I(S_j=(s:\bar{s});x_j)=\log\left(\frac{p_{s,j}}{1-p_{s,j}}\right)-\log\left(\frac{p_s}{1-p_s}\right)\tag{12.21}$$

$P(S_j=s\mid x_{j+m})$ 项包括部分残基对 m（指定的残基类型），其中 x_j 的状态为 s。为了对 GOR Ⅳ进行参数化，需要使用一个超过 63 000 个残基的数据库。

根据 GOR 的不同版本，在第 j 位置使用了近似值——式（12.18）、式（12.19）或其他。项或 $I(S_j=(s:\bar{s});x_{j-8}\cdots x_{j+8})$或 $P(S_j=(s;x_{j-8}\cdots x_{j+8})/P(S_j=(\bar{s};x_{j-8}\cdots x_{j+8})$在所有的序列位置上计算所有可能的结构状态 s。在给定的序列位置上，具有最大值的结构状态将作为预测的状态（图 12.14）。早期版本中，这些值的修改可以通过引入常量，试图对感兴趣的蛋白质引入其整体的结构状态组成的实验估计，这一选项现已消失。不同于其他版本，GOR Ⅴ也包括了来自同源序列的信息，将在下一节中讨论这方面的内容。

GOR 方法一次只考虑一个残基的结构状态。但是，由于序列上涉及的结构性质，序列上的螺旋和链上的残基，结构状态很明显是互相关联的。上文提出的理论已扩展至考虑连续的结构状态对。须对每对结构状态分别进行参数化，对三种结构会产生 9 种折叠参数，这对用于参数化的数据集大小提出了非常高的要求。更为复杂的是，它不再是简单地在每个残基位置计算每个状态值。为了克服这一问题，

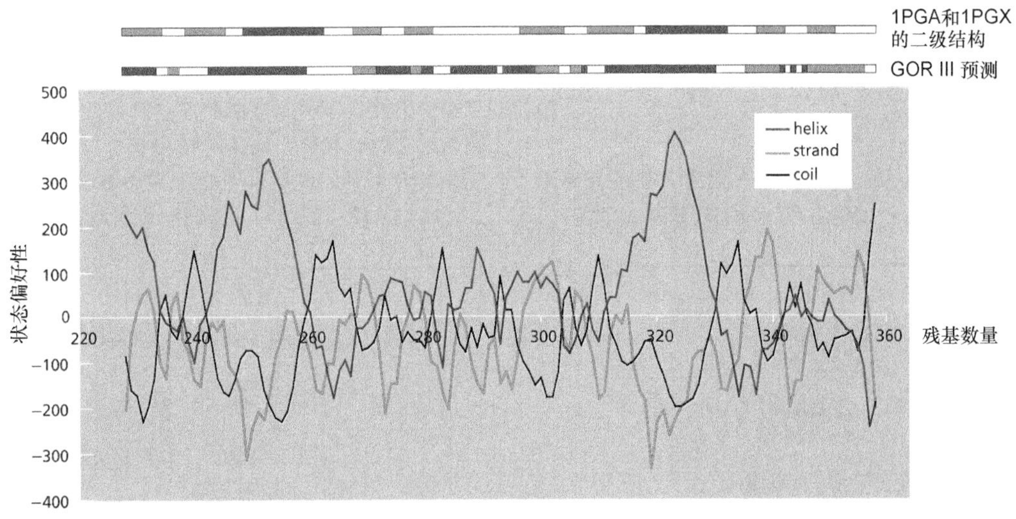

图 12.14 对链球菌（*Streptococcus*）的抗体结合蛋白 G（IgG binding protein G）中的 228～358 残基使用 GOR Ⅲ方法的预测（因为已经存在了实验的结构，因此选择此序列）。三种状态的偏好型绘制于图中，并且在下面显示了预测结果（每个残基位置上最大的偏好性），α 螺旋用蓝色表示，β 链用红色表示。上面一栏显示了实验发现的结构。请注意两个被正确预测的 α 螺旋比那些不正确的预测位于更加强大的信号位置上。几处二级结构被预测为只有一个残基长度，特别是位于 345 处的片段“HCHCH”。通常会使用过滤器从最终的预测结果移除这些片段。显示的实验结构使用了数据库中 ID 为 1PGA 和 1PGX 的来自对链球菌（*Streptococcus*）的抗体结合蛋白 G。(见文后彩图)

使用了动态规划技术用以优化预测问题。当应用于有 9 个残基的窗口时，按照平均 Q_3 测度，此方法改善了 GOR Ⅳ。此方法的细节见扩展阅读。

在每个序列位置选择最大的结构状态值可能导致二级结构的长度只有一个残基。通常预测会使用过滤器（**预测过滤器，prediction filtering**）进行修改。过滤器规定了螺旋和链的最小长度，通常为 4 个残基和 2 个残基。这通常是许多没有其他任何限制的预测方法的最后步骤，用以防止过短的二级结构。

通过从同源序列得到的信息可以大为改善预测

前面所述的 GOR 方法的准确性在连续的版本中不停增加，对 GOR Ⅳ平均 Q_3 达到了 64%。基于使用近似值计算项，如 $I(S_j=(s:\bar{s});x_{j-8}\cdots x_{j+8})$，缺乏结构数据是对进一步发展的严重限制。另一种显著改善了预测精度的方法，包含和序列相关的信息。该方法不仅是使用需要预测二级结构的蛋白质序列，还构建了多重比对其后搜索相似序列，然后使用多重比对信息用以预测二级结构。第一个这样的方法，出现于 1987 年，称为 Zpred。它在 GOR Ⅱ上作了改进。Zpred 使用多重序列比对的方式的详细情况见第 11.4 节。

证明这种方法一个关键的观测是蛋白质折叠比序列更为高度保守，因此多重比对的片段将对应相同的二级结构元素。正如有人所指出的（图 11.6），这种对应并不精确，但它显然是足够使用的。相比同样的基于单一序列的预测方法，平均 Q_3 可增加高达 9%。

GOR Ⅴ和 Zpred 方法都使用相同的方式将来自于同源序列的信息整合入预测。对每个同源序列，获得其二级结构的预测。然后使用序列比对合并，发现相同的残基，再查询序列的每个位置上的结构状态预测的分值取平均数。每个位点上的最终预测是有最高平均分值的结构状态。其后通过一个过滤器进行修改，移除较短的链和螺旋。

另一种方法是可行的，它需要对每条序列进行预测，即在每个序列预测位点处应用过滤器，得到关于每个残基状态的结果。在这一点上，使用比对发现序列上同等的位置，每个位置上预测出现最频繁的结构状态可以被作为最终的预测结果。此方法使用的概念，称为 jury or majority voting 技术。可对这一平均预测结果进一步应用过滤器。

从同源序列引入信息的一种方式是使用近邻方法（第 12.3 节）和神经网络（第 12.4 节）。

12.3 近邻方法是基于序列片段的相似性

本书到目前为止对二级结构预测方法的介绍涉及分析已知结构，以确定个别残基或残基对的偏好，且规定了一种技术用以合并以上两者称为一个预测。不同的是，近邻方法直接使用一个给定序列片段的观测结构的原始数据。如果周边的序列片段对所有存在于结构数据库的可能的序列片段足够短，完全能通过它们确定给定残基的结构状态，那么预测将变得极为简单。这足以在数据库中找到相关序列，这将确定片段中的中心残基的结构状态。

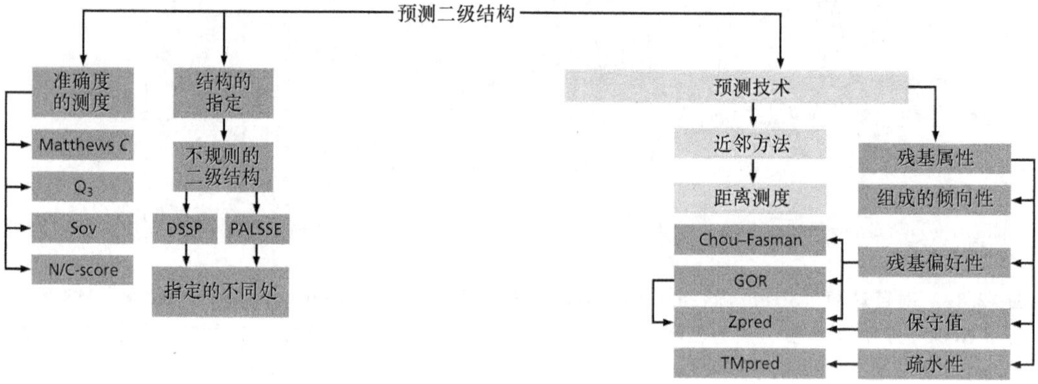

流程图 12.3 本节中的关键概念是可以应用短序列片段的相似性作为预测工具，如果至少存在着一个片段的结构是已知的。

这种方法的主要实际问题是缺乏所有可能序列片段的结构信息，因为需要检查相似序列。因此，会大量讨论这类方法的序列相似性的测度。此外，通常预测是基于一些相似片段结构的平均值，所以对这类平均方法也进行了讨论。

另外一个困难，将影响所有基于局部序列的二级结构预测方法，是非局部影响主导了蛋白质结构，因此难以界定所需的片段长度。在上一节有人指出的例子，存在着 7 个、8 个、9 个残基片段拥有不同的结构（图 12.12）。然而，更为严重的问题是，这些观测可能暗示已知有一些蛋白质，在不同条件下的一些区域会有显著不同的构象。研究者认为这种情况只是一小部分蛋白质而已。该淀粉蛋白在医学上非常重要，下面将介绍对它们行为的预测。一些其他例子可能有着正常生理功能，如图 12.15 所示的血凝素的例子，其中依赖 pH 的结构改变是流感病毒入侵宿主细胞所必需的。目前所有的二级结构预测方法只提出了一个单一的结构，显然无法重现

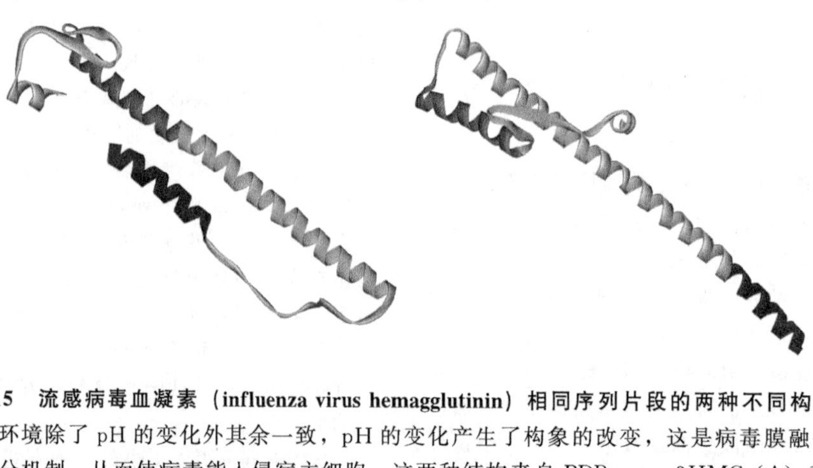

图 12.15 流感病毒血凝素（influenza virus hemagglutinin）相同序列片段的两种不同构象。蛋白质的环境除了 pH 的变化外其余一致，pH 的变化产生了构象的改变，这是病毒膜融合入宿主的部分机制，从而使病毒能入侵宿主细胞。这两种结构来自 PDB entry 3HMG（A）和 PUB entry 1HTM（B）。它们显示了相同的序列片段，用不同深浅的灰色标注了区域中的相似性，用以帮助识别两种构象的相同部分。

这些特征。在邻近方法的讨论中的难点是很明显的，因为它们直接使用了片段结构，所以在它们的数据库中将会有不同的构象或者只有一种。请注意，所有本章所述的数据库，是在已知结构中进行仔细选择过的，人为地删除了序列中非常相似的蛋白质序列。因此不可能包括这些不同的折叠。这也许不是巧合，近邻方法已被用来尝试预测淀粉蛋白质序列片段，它也可能存在着不同的折叠，具体内容将在本节后面介绍。

请注意，近邻方法所使用序列相似性是针对较短序列的，也许是 19 个残基，但往往较少，所以对两个序列是否真的是同源序列，并不作要求。这点和使用序列比对预测二级结构的方法是不同的。

在介绍近邻方法的详细技术前，我们将概述其基本流程（图 12.16）。对于每个序列片段（通常称为窗口），从已知结构的蛋白质数据库中寻找没有空缺的比对。这会涉及对具体目标的一个打分方法，介绍如下。使用了一个具有最高分值的序列比对（通常是 50 条或更多）用以预测窗口中的中心残基的结构状态。该预测可能涉及的比对后残基的 4 种最常见状态，但也可能包括通过打分进行加权。

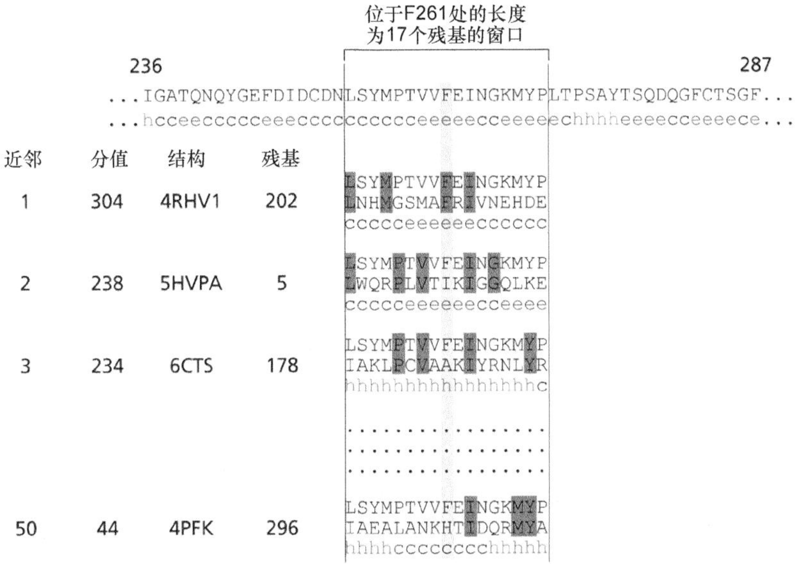

图 12.16 使用 NNSSP 近邻方法，窗口长度为 17 个残基，取 50 个近邻，对凝乳酶 B（chymosin B）的 Phe261 的二级结构预测。在每个序列片段下显示了它们三种状态的二级结构，h、e 和 c 分别代表 α 螺旋、β 链和卷曲。对每个近邻给出 N 端的残基数目。该打分方法考虑残基的环境和标准的比对打分方法。请注意，在这个例子中，中心窗口的残基出现了所有的三种状态。对于 Phe261 最后预测将取决于 50 个中心残基的状态的加权平均，在这个例子中是 β 链。

发现相似序列的短片段具有相似的结构

现有的同源蛋白质的相似蛋白质折叠都已存在于蛋白质结构数据库。尽管还有一些例外，如淀粉蛋白质，但这还是非常罕见的，即使不考虑明确的生理或医学的重要性。然而，最近才开始利用一般序列特征对蛋白质亚结构进行认定。

许多方法试图创建相关序列的结构片段数据库，在这里将介绍其中的一种。David Baker 和他的同事创立的 I 位点库包含了近 250 个被确定的短片段（长度为 3～19 个残基），在非冗余的蛋白质结构中，它显示了所有结构和序列间的明显相关性。如图 12.17 中关于末端以脯氨酸残基结束的一个 α 螺旋的例子。除了显示这一条目的片段在结构上的相似外，图 12.17 中也显示了序列相似性和其结构的相关性。I 位点的条目并不是完全独立的，条目间存在着很多关联。例如，给定一个结构的 α 螺旋有部分螺旋可以匹配到一个条目中，而此片段与螺旋的 N 端和 C 端相重叠的部分可能和其他条目相匹配，以这样的方式，数据库中的条目互相重叠。此外，被确定的条目并不能全部覆盖至所遇到的结构和序列，大约只有 1/3 的数据库残基被分为一个总数为 80 个条目的组，这个组具有最强的序列和结构间相关性。

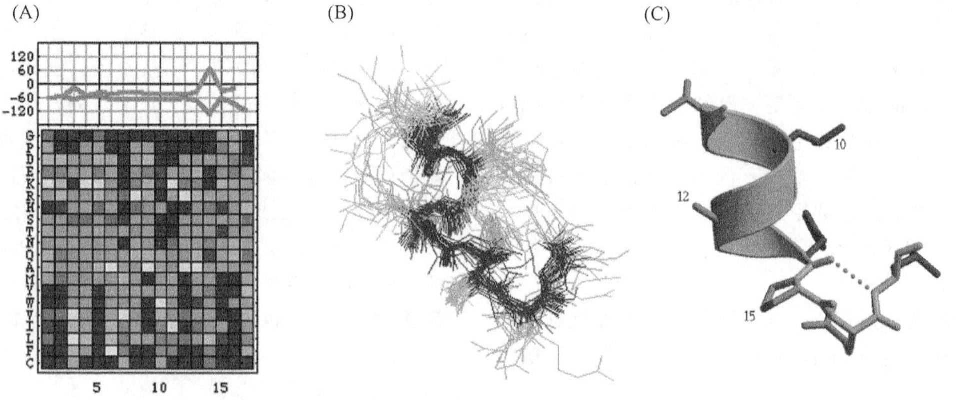

图 12.17　来自Ⅰ位点的序列结构膜序数据库，包含脯氨酸的 α 螺旋的 C-cap。（A）条目中 17 个残基的二面角，ϕ（红色）与和 ψ（绿色）和每个位置上对每个残基类型用不用颜色标注其 log-odds 分值的矩阵，如位置 15 处对脯氨酸的较强偏好性。深蓝色表示至少存在着偏好的氨基酸，红色表示在模体中的特定位置最优先的氨基酸残基。（B）叠加显示了数据集中的 30 个成员，骨架上的原子显示为黑色，侧链为绿色。（C）条目中的关键结构特征的图示，使用了从 PDB 条目 2CTC 中的 24～31 残基（对应于 A 部分中的位点 9～16），α 螺旋显示为一个宽的灰色丝带，在脯氨酸处结束。高度保守的极性残基用绿色表示，非极性用紫色表示。虚线表示了保守的氢键（转载自 *J. Mol. Biol.*，281，C. Bystroff and D. Raker，Prediction of local structure in proteins using a library of sequence-structure motifs，565-577，1998，with permission from Elsevier.）。（见文后彩图）

Ⅰ位点数据库和更早提出的 chameleon 序列结果表明，尽管序列和结构之间存在着一定的关系，但是对于片段很难界定这种关系。如果存在着不断增加的更多蛋白质结构，将使这种情况变得更为复杂，因为在许多情况下，一些非同源的序列折叠为相同的蛋白质结构域。因此许多相似的结构来自于完全不相关的序列，这模糊了序列和结构间的关系。尽管如此，正如现在将要讨论的，基于这种关联的二级结构预测方法是相当成功的。

使用了几种序列相似性的测度用以寻找近邻片段

近邻方法使用最多的是无空缺的比对，因此产生所有可能的比对是简单可行的。主要的困难是通过量化的测度对这些近邻序列进行定义。尽管存在着许多应用于序列比对中的替代打分矩阵（第 4.3 节和第 5.1 节），但大部分二级结构预测方法经常使用它们自己的打分方法。在本节中，我们将简要介绍一些使用的测度，限制结构数据库的搜索和选择预测中使用的近邻。请注意，这并不是一个详尽的清单，只是对使用方法的一个大概说明。

SIMPA96 打分方法是少数几个使用标准打分矩阵的方法，它使用的是 BLOSUM-62。所有的片段其比对分值超过一个截止值时将被包含在预测中。该方法使用长度为 15 个残基的窗口，截止值为 13。在这种方法中搜索所有已知的蛋白质结构。在 1996 年最初的工作中报道：对每个残基的预测，平均约有 3000 个残基作出了贡献。

Tau-Mu Yi 和 Eric Lander 限制了他们使用的方法，使用得分最高的 50 个长度为 19 残基的片段用以对中心残基进行预测。他们确定近邻所采用的打分方法为 Gonnet 替代矩阵的加权求分（从一般序列比对问题中衍生而来）和式（12.5）对数似然形中的偏好性组成的一个分值。偏好性是指每三种结构状态（螺旋、链和卷曲）的 5 种环境状态，共有 15 种不同状态。在以下的 3 种情况下使用已知结构确定偏好性，部分侧链表面残基是溶剂可通过的，侧链表面残基与极性原子或者溶剂分子接触。这种方法理论依据是基于这种环境分类的方法被证明在使用非同源蛋白质以预测蛋白质折叠上的实用性。

NNSSP 方法使用这一打分方法的改进版本，有 12 种结构状态，螺旋和链的 N-cap、C-cap 和中间部分，这些结构接于 N 端或 C 端的区域，β 转角和卷曲。此外 NNSSP 使用 6 种不同的环境状态，产生了 72 种不同的残基状态。但是它的主要区别还是在于，它严格限制着用于搜索近邻的蛋白质结构集。两种方法被提出用以选择搜索的蛋白质。一种是氨基酸组成不同的测度，定义为

$$D_{comp} = \sum_{a=1}^{20}(p_a^{query} - p_a^{database})^2 \quad (12.22)$$

式中，求和项中分别代表查询序列和数据库序列的残基类型 a 的出现频率。另一种测度是基于 Chou-Fasman 偏好性，给出了

$$D_{CF} = \sum_s \left(\frac{\sum_{j=1}^{N_{query}} P_{s,x_j}}{N_{query}} - \frac{\sum_{j=1}^{N_{database}} P_{s,y_j}}{N_{database}} \right) \quad (12.23)$$

式中，总和是对所有的结构状态 s（螺旋、链和卷曲），查询和数据库序列分别有 N_{query} 和 $N_{database}$ 个残基，它们在第 j 位上的残基分别写作 x_j 和 y_j。这项测度反映了整条序列上对每个结构状态的偏好性的平均差异。只有那些数据库结构中按照两种测度（如每种测度中 90 个最小的值）最接近查询序列的 90 条序列，将被包括在近邻片段的搜索中。氨基酸组成和蛋白质结构分类间关系的证据，或许可以解释为什么这个选择过程能轻微地改善二级结构预测的准确性。

Steven Salzberg 和 Scott Cost 提出了一种不同的距离测度，也是基于 Chou-Fasman 偏好性。对一对类型为 a 和 b 的残基，他们提出了一个距离测度

$$\delta_{ab} = \sum_s |P_{s,a} - P_{s,b}| \quad (12.24)$$

其中结构状态和以前一样标注为 s，且和是对偏好性差异的绝对值。请注意，δ_{ab} 值越小，则表明存在了更多相似的残基。对所有比对后位置增加项 δ_{ab}，给出了两条序列片段间的距离。但是对数据库片段而言，它也会乘以一个权重。此权重是基于先前正确预测中的片段影响，并定义为成功预测的片段数量和总的预测片段数量之比。因此对近邻片段的分值会是最小的。

上述所有提到的方法都使用固定长度的序列窗口，尽管一些例子中，独立的预测使用几个不同的窗口长度，对这些预测作平均以得到最终的预测结果。SSPAL 方法中近邻的长度是可变的，且得分最高的有空缺的局部比对。只搜索 90 个蛋白质结构，使用式（12.23）选择近邻。为每个结构确定 50 个得分最高的不相交的局部比对（可使用第 5.2 节中所介绍和图 5.17 所示的技术获得）。它所使用的打分方法非常类似于 NNSSP 方法。所有查询序列位置将在这些局部比对中对齐，并只使用 50 个得分最高的比对用于预测残基（图 12.18）。这种方法的优点是较长的比对，很可能暗示着相似的蛋白质折叠，并可能由于使用了较短的窗口，很容易被错过。

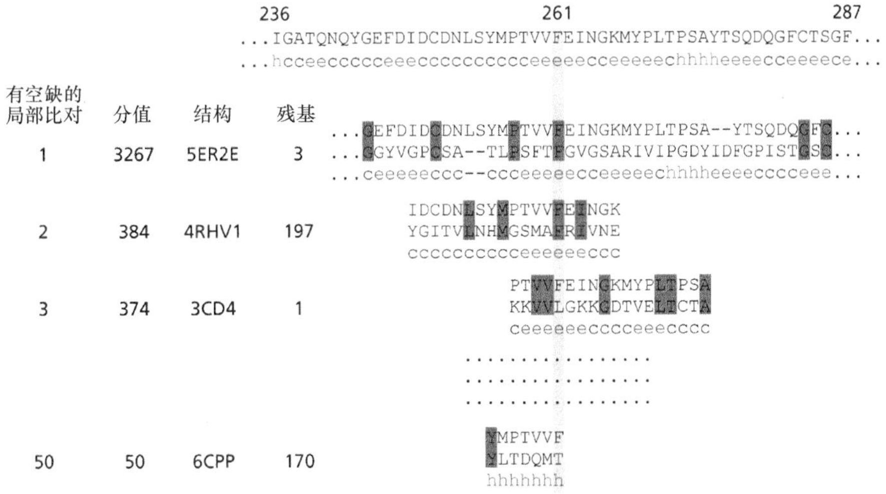

图 12.18 使用 SSPAL 近邻方法，50 个近邻，对凝乳酶（chymosin）B 的 Phe261 的二级结构进行的预测。每个位点的 50 个近邻是那些得分最高的无交错的局部比对，这些比对包括了这一位点，且来自于大量这样的比对（每 90 个数据库结构多达 50 个比对）。每个近邻给出了 N 端残基的数目。每个序列片段下面显示了三种状态的二级结构，h、e 和 c 分别表示 α 螺旋、β 链和卷曲。打分方法考虑了残基的环境以及标准的序列比对的打分方法。对于 Phe261 的最后预测将取决于 50 个不同的中心残基状态的加权平均，在这里是 β 链。这项预测中占主导地位的是得分最高的局部比对分值，它在预测中占得比例比其他高许多（改编自 A. A. Salamov and V. V. Solovyev, Protein secondary structure prediction using local alignments, *J. Mol. Biol.* 268: 31-36, 1997）。

由于其他一些方法使用了从同源序列中得到的信息显著地改进了预测准确度，近邻方法也可能使用这类信息。但是，这里应用的这种同源信息和其他二级结构预测方法中的存在着显著不同。所有其他这样的方法使用要预测二级结构的查询序列的同源序列。NNSSP 和 SSPAL 使用同源序列数据库和已知的蛋白质结构，用以增加数据库中潜在的近邻。对数据库结构，HSSP 条目中的每条比对后的序列为片段进行打分，使用其平均值而不是对结构本身的分值。SIMPA96 使用了一个类似的流程，但是它的平均是对所有比对后的序列，涉及了序列的权重，它使用了图 6.1 中介绍的打分方法。

使用近邻片段结构的加权平均用以预测

基于近邻的最简单的预测方法是只使用单独一个近邻序列，指定它的结构至查询蛋白质片段。Salzberg 和 Cost 使用了这种近似片段用以预测窗口中查询序列的中心残基的结构状态。此结果和残基状态预测并没有冲突。

大多数发表的方法只预测每个窗口的中心残基的结构状态。因此，每个序列窗口预测是独立于其他窗口的预测。在 SSPAL 中则不同（图 12.18）。因此，即使对一个给定窗口，考虑一些邻近片段时，需要定义一种方法，用于区分不同片段间的预测。一种方法是对每个近邻片段的中心残基，简单地计数它们对每个结构状态出现的次数，并预测查询序列的残基为最常见发现的状态。对所有的近邻除以相同的权重，即使存在对它们加以区分的测度，此测度已经被用于确定近邻中。NNSSP 和 SSPAL 方法，与其他一些方法相类似，使用相似性测度用以对预测作权重。

为预测只是选择最常见的结构状况，存在着一个潜在的问题，该状态并非以相同的概率出现于数据库中。例如，通常 α 螺旋会比 β 链出现得多。这种偏差可能会导致错误的预测。在 SIMPA96 中，α 螺旋、β 链和卷曲分别乘以 0.84、1.11 和 0.79，然后再选择最高值作出预测。发展 NNSSP 方法时发现，这个均衡化的预测提高了 β 链的预测结果，但代价是由 Q_3 衡量的整体的正确度。可以使用最高和次高间的差异用以构建一个对预测置信度的测度。

有些方法的预测是使用不同的窗口大小和相似度的测度，然后再合并不同的预测结果成为一个最终的结果。NNSSP 简单地以多数原则合并预测，也可使用一个过滤器分别移除少于 3 个残基的螺旋和 2 个残基的链。Yi 和 Lander 使用了神经网络以实现最终的预测。两种情况下这种方法都成功地改善了约 1%的平均 Q_3 值。

Leszek Rychlewski 和 Adam Godzik 开发了一种方法，使用了所有的近邻序列用以预测所有查询序列片段的状态。在预测中将使用 30 条长度为 16 个残基的近邻序列，但是因为预测了所有片段的残基，查询序列的每个残基将从 480 个近邻片段中进行预测（16 个集合，每个集合为 30 条）。每个近邻的预测由其比对分值进行加权，这些比对也被使用于初步的近邻检测中。发现边缘处的预测准确性只比中心部分的略低，这表明大多数其他方法也许无视了一些有用信息，这些信息是通过限制中心残基的预测所得到的。但是，它的平均 Q_3 预测精度约为

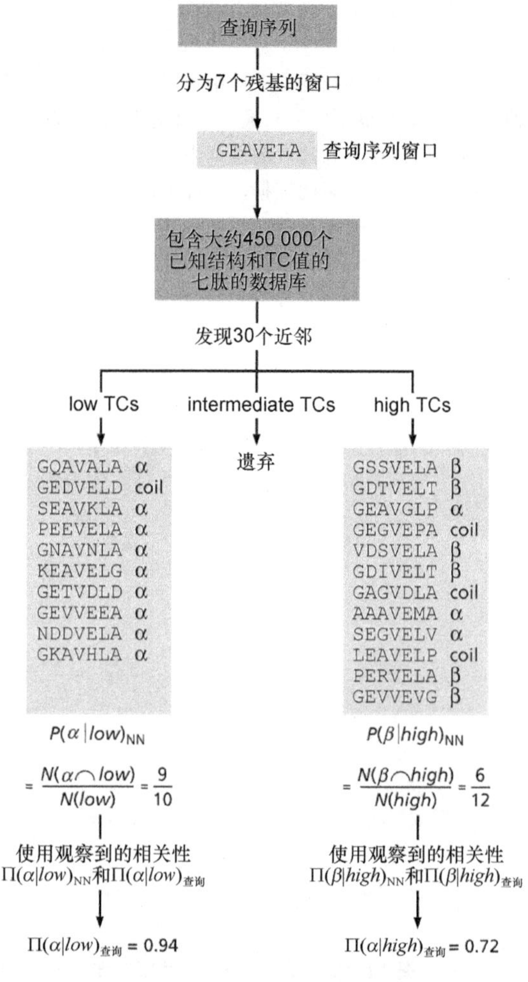

图 12.19 预测淀粉蛋白质区域的 HβP 方法。这是基于近邻方法的原理，其中按照 TC 值对近邻进行分类。使用低 TC 值的 α 螺旋偏好性和高 TC 值的 β 链偏好性用于预测。最后的预测是基于观察到的近邻数量和 α 螺旋或 β 链状态的比例和测试数据集中已知结构之间的相关性（摘自 S. Yoon and W. J. Welsh，Detecting hidden sequence propensity for amyloid fibril formation，*Protein Sci*. 13：2149-2160，2004.）。

72%，类似于 SIMPA96 和 NNSSP。这些方法中具有最高准确度，73.5%的方法是包括同源序列信息的 SSPAL 方法。

已发展了近邻方法用于预测那些较易发生错误折叠的区域

近邻方法的一个有趣应用：据报道它能检测那些错误折叠的序列片段。这些蛋白质具有医学重要性，一些疾病，如阿尔茨海默病，就是蛋白质错误折叠所产生的结果。据报道，错误折叠的区域经常折叠为富有β链。感兴趣的不仅是 HβP 方法崭新的应用，而且还因为它在近邻方法上作出了改进。

序列片段的远程紧密接触显然影响了折叠后的构象，这从基于序列窗口的方法不能对蛋白质数据库进行较好的预测中得到。通过找出所有≤4Å 的非氢原子的内部残基接触，其中涉及两个残基间的至少在序列上距离有 4 个残基以上，给出远程紧密接触对的一个简单测度。对每个残基的所有这些相互作用进行求和可以获得 TC（tertiary contact）测度。

HβP 方法寻找 7 个残基片段，具有不同的构象偏好性，对不同程度的远程紧密接触对由 TC 值衡量。片段的大小特意很短，使得其有机会对中心残基发现不同结构状态的近邻。该方法依赖于在近邻中发现这种结构的变化，以确定潜在的错误折叠区域。在结构数据库和查询序列中具有相同中心残基的近邻片段长度被限制为 7 个残基。对这些片段使用 PAM30 替代打分矩阵进行打分，选择其中最高的 30 个分值，且每个分值超过 15。

氨基酸侧链的不同大小和疏水性产生了不同的残基类型，它们有显著不同的 TC 值，在总的蛋白质结构数据库中 TC 值的平均值为 6～25。分析了每个近邻的中心 5 个残基的 TC 值，并按 TC 值的低、中、高分类（图 12.19）。低 TC 值的近邻有一中心残基在α螺旋状态，$P(\alpha|\text{low})_{\text{NN}}$，高 TC 值的近邻有一个中心残基在β链状态，$P(\beta|\text{high})_{\text{NN}}$。并非直接假设这些值适用于查询序列，广泛地分析测试数据发现，这些值和分别被指定为低 TC 或高 TC 的近邻数目间存在着显著相关性。使用相关性曲线以获取更准确的 $P(\alpha|\text{low})_{\text{query}}$ 和 $P(\beta|\text{high})_{\text{query}}$ 的值。预测序列片段存在较大潜力将错误折叠为β链富集结构，如果没有折叠为β链的天然状态，它们也会有较高的这两个计算值高值。一个例子预测显示为 hIAPP_{4-34} 序列和淀粉纤维在Ⅱ型糖尿病中构象（图 12.20）。

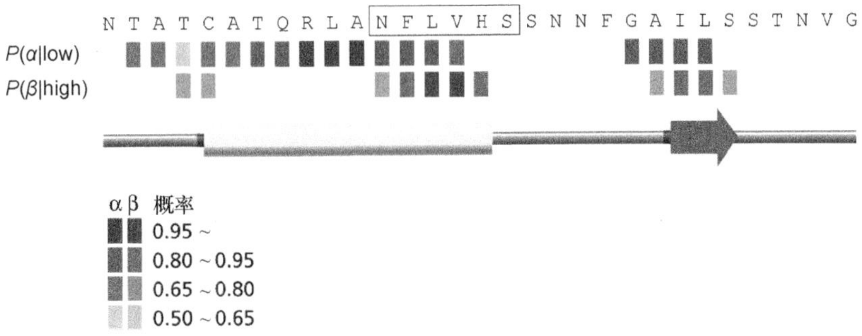

图 12.20　应用于 hIAPP_{4-34} 序列的 HβP 预测方法，这一序列和Ⅱ型糖尿病的淀粉样纤维的构象有关。在序列下面显示了 $P|\alpha|\text{low})$ 和 $P(\beta|\text{high})$ 的预测显示，更深的颜色表示更强力的预测。下面的线给出了 PHD 的二级结构预测，有一个α螺旋和一个β链。该方法预测了中心的一小部分淀粉样蛋白，因为 $P(\alpha|\text{low})$ 和 $P(\beta|\text{high})$ 值均很高。有证据表明，6 个框内的残基参与了纤维的构象，证实了预测结果（改编自 S. Yoon and W. J. Welsh，Detecting hidden sequence propensity for amyloid fibril formation，*Protein Sci.*，13：2149-2160，2004,）。

12.4　神经网络已经被成功应用于二级结构预测

现在我们将看看神经网络在这方面的应用，其中大部分都是前馈型。正如将在下面详细讨论的，这样的网络是由若干层单元组成，连续层的单元之间可以进行通信。在这一章中迄今讨论的所有预测方法都基于一些精心设计的模型和现有蛋白质结构数据的统计分析。从表面上看，神经网络技术似乎缺乏这样的设计元素，因此需要使用蛮力方式来实现。在设计网络结构时必须小心谨慎，虽然在大多数情况下，这似乎只与输入和输出层单元的概率有关。而单元

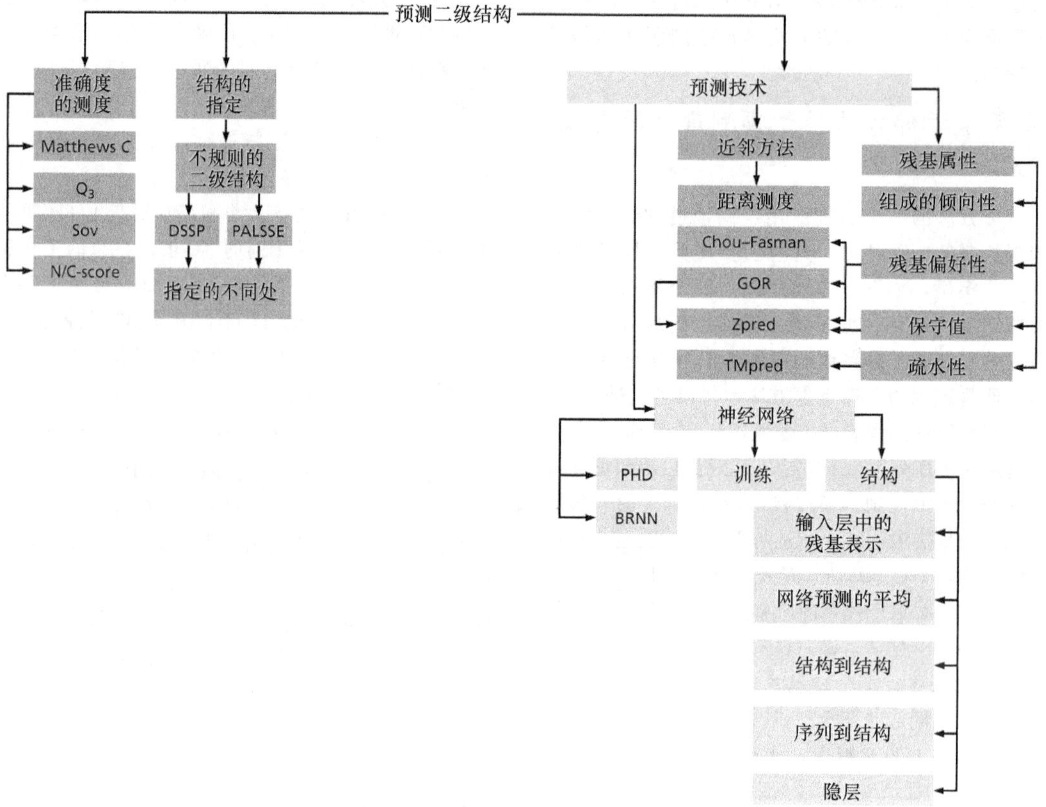

流程图 12.4　本节所介绍的关键概念是神经网络通过设计和合理定义参数，来成功预测蛋白质二级结构

之间的通信方式，似乎更加没有任何特别的设计元素。于是很多人会认为，神经网络应用程序似乎并不需要审慎考虑。本节所介绍的研究表明这是一种误解，当然还是可以用最小的努力来实现一定程度的成功。

神经网络的方法是非常强大的，因为一个 3 层前向网络原则上可以代表范围相当广的函数形式。函数形式一词在这里有一个宽泛的含义，表示输入数据和输出数据的关系。我们不能用确切地方程来代表蛋白质序列到它二级结构的联系，但这里神经网络被认为能够表示远比式（12.18）和式（12.19）复杂的形式。此外，神经网络的参数可以通过一系列测试序列和它们相应的正确的二级结构来学习，而不需要其他任何信息。神经网络表示序列和结构关系的能力，不受限于生物理论的表达能力。遗憾的是，对于成功的神经网络，我们即使并非不可能，也是非常困难的对其做理论解释。因此，尽管神经网络的使用推动了在准确预测二级结构方面的进展，但是它并没有帮助我们更深地理解序列与二级结构的潜在关系。

在本节中，我们将首先介绍分层前馈神经网络，包括其结构以及如何训练参数。之后，将介绍经常用于蛋白质二级结构预测中的神经网络结构，包括了序列作为输入层的方法综述。本节的最后一部分将讨论这方面应用的一些比较复杂的神经网络例子，尤其是其他网络结构的使用。

分层前馈神经网络可以将序列转变为结构预测

神经网络的基本结构元素是**单元**（**unit**）或**节点**（**node**）。单元与其他单元通信，接收信号，并对所收到的信号释放信号。我们首先将研究分层前馈网络，因为这是最常用和最容易理解的。在这种情况下，所有的单元都按层排列，并且限制了单元之间的通信，其中对单元信号的发送存在着一个明确的方向。从输入层的单元开始，通信从这些单元到下一层，直至达到输出层（图 11.20）。在大多数网络中，我们将详细地讨论一个层中的所有单元和下一层中的所有单元的通信，这些称为完全连接的网络。如果这些连接缺失了一部分，我们认为其影响很微小，因此在随后的讨论中忽略。编码输入数据（在这种情况下为蛋白质序列）到**输入层**（**input lay-**

er）单元，这些单元通过信号将信息传递到下一层中。**输出层**（output layer）单元的输出结果即是结果（在这种情况下为二级结构预测）。

最简单的分层前馈神经网络只有两个层，输入层和输出层，通常被称为**感知器**（**perceptron**）。它们的简单性限制了其潜在的应用，但也使得更容易理解其特征。随后我们将会介绍这些特征。任何额外层都被称为**隐藏层**（**hidden layer**），虽然可以使用几个这样的层，但是多数情况下，只有一个隐藏层，所以共有3个层。每一层有其特定数量的单元，且每层的单元数量通常都不同。输入层中的单元数目取决于输入数据的性质。例如，如果用一个单元代表蛋白质序列中的每种残基类型，对一个长度为13个残基的窗口，将有260（13 × 20）个单元。输出层中的单元表示预测中的每个可能的二级结构状态。在任一隐层中，单元的数量通常通过尝试决定用以产生最好的结果。

一个单元所发出的信号值会有一个范围，在这里取0～1，是它们收到信号后的反应。输入层中，输入数据可被视为信号。如何对蛋白质序列进行这一过程的细节将稍后讨论。图12.21显示了隐层中一个单元的通信，在第λ层上的第v个单元。这层拥有N_λ个单元，其中的每个接收来自前一层（标记为$\lambda-1$）中的所有的$N_{\lambda-1}$个单元的信号。前一层中的第u个单元对层λ中的每个单元发送一个为$\sigma_u^{(\lambda-1)}$的信号，发送到第v个单元的信号由一**权重**（**weight**）$w_{uv}^{(\lambda)}$进行修改。因此，第λ层上的第v个单元总的输入信号为

$$I_v^{(\lambda)} = \sum_{u=1}^{N_{\lambda-1}} w_{uv}^{(\lambda)} \sigma_u^{(\lambda-1)} \tag{12.25}$$

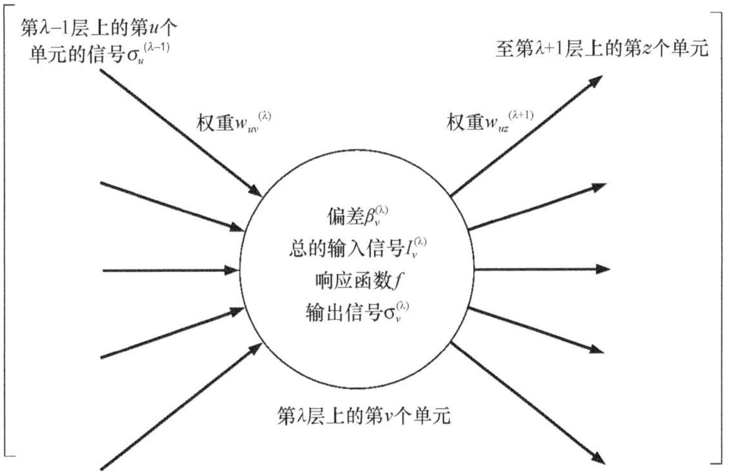

图12.21　分层前馈神经网络的中间层λ的一个单元，显示了此单元和其他单元间的联系以及其中涉及的一些信号和参数。

每个非输入层的单元也存在着一个偏差（有时称为阈值），这个偏差改变着总的输入；第λ层上的第v个单元的偏差为$\beta_v^{(\lambda)}$。此外每个非输入层中的单元存在着一个**响应函数**（**response function**）（也称为**传递函数 transfer function**），它能将移除偏移的输入信号传递到输出信号中，且并不要求网络中的所有单元都需使用相同的函数，但是对同一层中的单元使用不同的函数则是很少见的。在随后的讨论中，我们假设所有的单元具有相同的响应函数，因此这可以简单地写作f。因此关于输入和输出信号的方程为

$$\sigma_v^{(\lambda)} = f[I_v^{(\lambda)} + \beta_v^{(\lambda)}] \tag{12.26}$$

对于这里考虑的应用类型（归类为一个残基具有一系列结构状态中的其中之一），f通常为一个阶梯函数（图12.22）。那么这个信号会先发送到第$\lambda+1$层中的每个单元，由这层的每个单元对信号进行修改，对第z个单元将信号乘以一个权重$w_{vz}^{(\lambda+1)}$。

该层是为了处理输入到输出。输出的信号单元，其范围在这里一般为0～1，解释为所获得的结果。二级结构预测，通常每个可能状态和在输出层的每个单元相关，用该单元的信号强度衡量对该状态的支持度。这样预测三个状态的网络，其输出层将有三个单元，这可能会对α螺旋、β链和卷曲分别产生信号0.74、0.34、0.47。这一类型的网络预测结果是其单元信号最强的状态，有时称为**赢者通吃**（**winner takes all**）策略，在这里例子中预测的结构为螺旋。请注意，如果输出层单元存在着图12.22所示的响应函数，则输出信号的和并不一定是一个特定值，因而不能直接解释为概率。通过使用标准化的指数响应函数（也称为**SoftMax**），可以

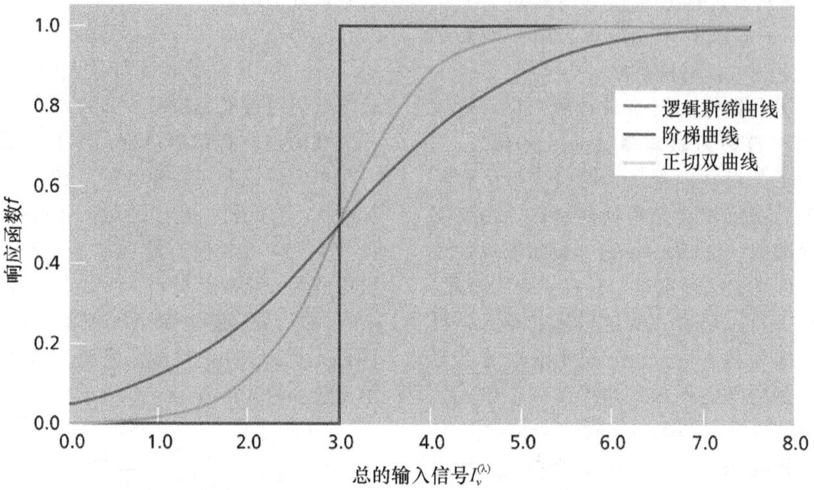

图 12.22　三种典型的神经网络单元的响应函数。显示网络第 λ 层上的第 v 个单元其偏差 $\beta_v^{(\lambda)}$ 为 -3。横轴是加入偏差前的总输入信号 $I_v^{(\lambda)}$。蓝线是逻辑函数，通过下式给出

$$f(x)=\frac{1}{1+e^{-sx}}$$

式中，参数 s 往往是一个常数，在这里取 1；红色线是阶梯函数的；黄色线是双曲正切函数

$$f(x)=\frac{\tanh(x)+1}{2}$$

式中，x 是调整偏差后的输入信号（即 $x=I_v^{(\lambda)}+\beta_v^{(\lambda)}$）。

使输出层信号的和为 1。

$$f[I_z^{(\text{output})}+\beta_z^{(\text{output})}]=\frac{e^{-(I_z^{(\text{output})}+\beta_z^{(\text{output})})}}{\sum_z e^{-(I_z^{(\text{output})}+\beta_z^{(\text{output})})}} \tag{12.27}$$

其中对所有输出层单元 z 求和。在这里，输出值可以解释为概率。这里描述的网络使用一个序列窗口作为输入，输出对中心残基的预测状态。

神经网络的参数，为单元的权重和偏差，需要在预测前先进行指定。除此之外还需决定网络的结构，如每一层有多少个单元和响应函数（s）。通常利用一组已知正确输出信号的数据训练网络以决定参数的值。这里具体需要的是蛋白质序列数据集和其相关的每个残基的二级结构状态。训练过程的具体内容见专栏 12.1。

专栏 12.1　神经网络在用于预测前必须通过训练将其参数化

神经网络包含了许多的参数，如偏倚 β_v 以及权重 w_{uv}，有时候甚至超过 10 000 个参数。通过在程序中使用由已知二级结构的序列组成的训练数据集将它们拟合称为监督学习。这包括了使用网络为训练数据集预测二级结构以及通过基于预测错误逐步地改良学习好的参数集。我们将对神经网络训练的两个方面将进行讨论。首先，将描述更新参数方案的详细信息。其次，将讨论拥有一个平衡的训练数据集的重要性，其中涉及二级结构内容及训练数据序列冗余的仔细考虑。

通常用于反复修改参数以提高预测精度的方法称为**反向传播方法**（**back-propagation method**）。这个方法的实质是使用网络预测已知二级结构的序列，从中可以计算出输出中的错误 E。更确切地说，一个序列窗口 W 是取自培训数据库，并且中央残基的二级结构被预测并与已知的状态相比较。如果我们能够计算出这个错误上权重的影响，即所有 $\partial E/\partial w_{uv}^{(\lambda)}$ 项，这些都可以用来获得新的导致错误减少的权重。这是一个采用一阶导数的标准函数优化问题（最小化 E），在附录 C 中论述，并且这里的讨论将限于特别为训练神经网络的方面。最速下降法将使用下面的公式：

$$\Delta w_{uv}^{(\lambda)} = -\eta \frac{\partial E}{\partial w_{uv}^{(\lambda)}} \tag{B12.1}$$

式中，η 是一个常数，这里称为学习率；$\Delta w_{uv}^{(\lambda)}$ 是应用于 $w_{uv}^{(\lambda)}$ 的校正值。然而，更为常见的是使用一个与共轭梯度相关的公式（因为通常存档更快的收敛）

$$\Delta w_{uv}^{(\lambda)}(t) = -\eta \frac{\partial E}{\partial w_{uv}^{(\lambda)}}(t) + \varepsilon \Delta w_{uv}^{(\lambda)}(t-1) \tag{B12.2}$$

式中，ε 是一个称为动量因子的常数，符号（$t-1$）和（t）表示权证的两个连续估计。在二级结构预测网络中用的典型的 η 和 ε 的值分别为 0.0001～0.05 和 0.2～0.9。注意相似的系统也可以由其他参数，如单位偏倚推导出，但在这里将不给出。

为了推导出导数 $\partial E/\partial w_{uv}^{(\lambda)}$ 的特殊方程，我们首先要注意误差 E 必须是输出信号的 $\sigma_v^{(\lambda)}$ 函数，相应地也是输入信号 $I_v^{(\lambda)}$ 的函数，它又是权重 $w_{uv}^{(\lambda)}$ 的函数。通过对以下连锁规则的应用

$$\frac{\partial E}{\partial w_{uv}^{(\lambda)}} = \frac{\partial E}{\partial \sigma_v^{(\lambda)}} \frac{\partial \sigma_v^{(\lambda)}}{\partial I_v^{(\lambda)}} \frac{\partial I_v^{(\lambda)}}{\partial w_{uv}^{(\lambda)}} \tag{B12.3}$$

式（12.25）推导出

$$\frac{\partial I_v^{(\lambda)}}{\partial w_{uv}^{(\lambda)}} = \sigma_u^{(\lambda-1)} \tag{B12.4}$$

注意这里包含了从网络的上一层来的信号。从式（12.26）中，式（B12.3）的右手边的中间项可以写成 $f_v'[I_v^{(\lambda)}]$，其中最先的符号表示函数 f 的第一个导数。这个通常是很容易计算的，在具体的逻辑反应函数（图 12.22）中为

$$\frac{\partial \sigma_v^{(\lambda)}}{\partial I_v^{(\lambda)}} = \frac{\partial}{\partial I_v^{(\lambda)}}\left(\frac{1}{1+e^{-(I_v^{(\lambda)}+\beta_v^{(\lambda)})}}\right) = \frac{e^{-(I_v^{(\lambda)}+\beta_v^{(\lambda)})}}{(1+e^{-(I_v^{(\lambda)}+\beta_v^{(\lambda)})})^2} = \sigma_v^{(\lambda)}(1-\sigma_v^{(\lambda)}) \tag{B12.5}$$

注意当计算偏置误差梯度 $\partial E/\partial \beta_v^{(\lambda)}$ 时，需要偏导数 $\partial \sigma_v^{(\lambda)}/\partial \beta_v^{(\lambda)}$ 与 $\partial \sigma_v^{(\lambda)}/\partial I_v^{(\lambda)}$ 相同。除去未特别说明的反应函数，式（B12.3）变为

$$\frac{\partial E}{\partial w_{uv}^{(\lambda)}} = \frac{\partial E}{\partial \sigma_v^{(\lambda)}} f'_v[I_v^{(\lambda)}]\sigma_u^{(\lambda-1)} \tag{B12.6}$$

$\partial E/\partial \sigma_v^{(\lambda)}$ 项还没有被定义。由于信号 $\sigma_v^{(\lambda)}$ 被传给了下一层网络的所有单元（除了输出层单元的信号外），最后一层网络输出中的误差 E 将包含来自所有这些单元的组分。所有这些组分必须被加到一起，因此 $\partial E/\partial \sigma_v^{(\lambda)}$ 可以根据最接近于输出层的层的单元的当量值使用类似于式（B12.3）的连锁规则来表示：

$$\frac{\partial E}{\partial \sigma_v^{(\lambda)}} = \sum_{\substack{\text{units } z \text{ of} \\ \text{layer } \lambda+1}} \frac{\partial E}{\partial \sigma_z^{(\lambda+1)}} \frac{\partial \sigma_z^{(\lambda+1)}}{\partial I_z^{(\lambda+1)}} \frac{\partial I_z^{(\lambda+1)}}{\partial \sigma_v^{(\lambda)}} \tag{B12.7}$$

使用式（12.25），最后一个右手边的项 $w_{vz}^{(\lambda+1)}$ 替代给出：

$$\frac{\partial E}{\partial \sigma_v^{(\lambda)}} = \sum_{\substack{\text{units } z \text{ of} \\ \text{layer } \lambda+1}} \frac{\partial E}{\partial \sigma_z^{(\lambda+1)}} f'_z[I_z^{(\lambda+1)}] w_{vz}^{(\lambda+1)} \tag{B12.8}$$

$\partial E/\partial \sigma_v^{(\lambda)}$ 的值很容易给输出层定义，并接着允许其他层单元的 $\partial E/\partial \sigma_v^{(\lambda)}$ 项通过这个公式的反向传播进行计算，由此得出这个技术的名字。

网络预测误差 E 有一个可供选择的定义，它导致了输出层单元的项的不同形式。E 的一个简单且常用的定义是从正确值中得到的平方偏差的和，预测一个特定序列窗口 W 的中心残基的结构状态的 E 由下面公式给出：

$$E_W = \sum_{\substack{\text{units } v \text{ of} \\ \text{output layer}}} (\sigma_{v,W}^{(output)} - c_{v,W})^2 \tag{B12.9}$$

式中，$c_{v,W}$ 是输出层单元 v 理想的输出，它的值 0 或 1 取决于单元是否与窗口 W 中心残基的实际结构状态一致。在某些情况下可以说信号与理想的输出之间的相对熵［式（A.9）］是一个更适当的量。使用每个窗口 W 来产生最新的参数不会导致稳定优化，并且通常要使用一批（成百上千个）窗口来合计误差。

为了训练一个网络，通常通过在一个范围内取随机数（如±0.2）来确定起始权重。使用网络预测训练数据，为每批工作更新参数。因为蛋白质序列中的连续残基的预测是高度相关的，通常为训练随机选择窗口的顺序。这个训练周期是重复的，预测训练数据许多次，直到误差足够小或者不能被进一步减小。

在选择训练数据时需要相当谨慎，除了确保通常的问题外，还包括了任何蛋白质之间的最小同源序列。该数据集将包含结构状态的不均匀比例，如47%的卷曲、32%的螺旋以及只有21%的折叠。如果使用这些比例的数据那么它将使网络有偏向性，因为相对于折叠误差训练可能有两倍的卷曲误差敏感性。为了避开这一问题，**平衡的训练**（balanced training）包含不同结构状态样本的相等数量的选择。数据的一个样本还需要为测试训练得到的网络而保留，从而获得预测精度的一个实际的评估。

我们将考查的最后一个训练的问题涉及过度训练的网络。特别是当网络包含了大量的参数时，除了再造一般的特征外还有一个训练网络的倾向，并且开始再造训练数据特殊的特征（图B12.1）。这个显著的标志是使用测试数据衡量的预测精确度降低了，尽管训练数据集预测的精确度提高了。有两个方面对这个问题作出了反应。系统可以被频繁地检测，并且最佳表现的网络被用作工作版本。或者，训练当测试数据表现降低时就被停止了。这两个都不是完全让人满意的，因为它们表明真实的精确度将比测试数据上测量的要来得少。最佳的解决方案是使用更少的参数重新塑造网络，这可以减少过度适应数据的能力。

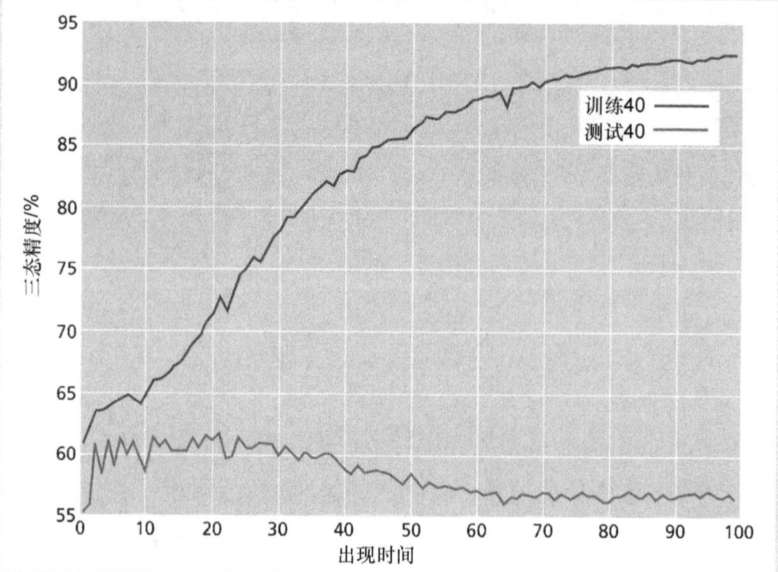

图 B12.1　过度训练网络的示意图。当网络被训练好时可以测试它以评估现有的精确度。训练时间由出现时间（epoch）来衡量，一个出现时间是完整训练数据集的展现。因此到图的最后，数据总共在网络中展现了100次。训练数据上衡量的精确度不断地增加，意味着参数仍然没有为适应训练数据而最优化。然而，测试数据上衡量的精确度（与训练数据完全独立的数据集）在大约20个时间点后达到了最大值，并且随后表现恶化了。这是由于网络学习了训练数据集的特殊特征而不是一般特征（摘自 S. K. Riis and A. Krogh, Improving prediction of protein secondary structure using structured neural networks and multiple sequence alignments, *J. Comput. Biol.* 3：163-183，1996）

神经网络的最重要的方面之一是输入数据在网络内的编码方式。在这一节中，我们将首先介绍单一序列，其后介绍多个序列。有一个简单的方法用以表示一个单独的蛋白质序列，尽管下面将讨论的这一方法并不是最佳的。输入层单元代表了序列窗口。每个序列位置存在着不同的残基类型，因此每个残基位置有20个输入层单元，用这种直接的方式编码残基类型。通常单元对应着该位置的残基会有一个为1的输出信号，其余的19个单元的信号将为0。这些信号将通过权重进行修改后传递到下一层中的单元。这种设计通常被称为**正交编码（orthogonal encoding）**。大多数网络也存在着一些其他单元，通常称为**间隔单元（spacer unit）**，是指每个位置上空缺的残基，这种情况会出现在N端或C端，虽然这也可以由输出为0的20种单元所编码。虽然这个代表包含所有的序列信息，它需要大量的输入层单元，而且往往产生了需要许多参数拟合的网络。以下将讨论的几个二级结构预测网络在输入层将有超过10 000个参数。使用正交编码分析一个核苷酸序列的神经网络的例子见图10.14。

Ning Qian和Terrence Sejnowski首次使用神经网络预测蛋白质的二级结构，他们仔细研究了感知器的应用和有隐层的全连接网络，对残基使用了正交编码（他们也尝试过其他编码方法，但未能增加准确性）。他们使用了 13 个残基的窗口，代表了 273 个输入层单元，13×21 个单元，所有这些都直接连接到三个输出层单元。原理上，该网络可以重现式（12.18）所描述的早期 GOR 方法。由此产生的网络平均 Q_3 达 62.5%，并且如图 12.23 所显示，输入层单元对 α 螺旋的输出层单元都有一权重。该网络的简易性能够按照 α 螺旋的偏好性对这些权重进行直接的解释。残基按照它们的权重在窗口中的中心位置（标记 0），如图 12.23 所示。图 12.8 中的比较显示了这种顺序和 Chou-Fasman α 螺旋的偏好性有着较强的联系，但它纯粹是通过训练网络而得到的。

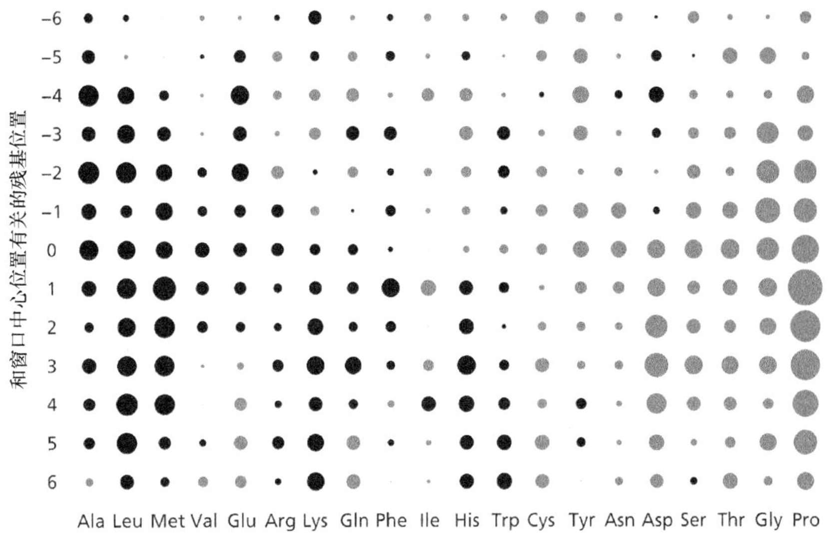

图 12.23 在 Qian 和 Sejnowski 神经网络中，从输入层单元到 α 螺旋的输出层单元中应用于信号的权重。圆的范围和权重值是成正比的，其中浅灰色圆代表负的权重值，黑色代表正的权重值。和第 12.2 节中介绍的残基的偏好性达成了一致，尽管数据上存在着差异，如 GOR 方法所使用的数据。权重的这种表现形式被称为 Hinton 图。

当网络包含一个隐层时，在平均 Q_3 上只有略微的改善，但是训练网络的方式更有效。最精确的网络有 40 个隐层单元。并没有一种网络方法关联了邻近残基和二级结构间的关系，一个方法试图弥补这一遗漏，它使用来自网络中的输出作为下一个网络的输入。这种网络结构的总体结构见图 12.24。一些研究应用了其改进版本，包括 PSIPRED 和 PHD 的几个版本。第一个网络通常被称为**序列到结构的网络（sequence-to-structure network）**，第二个称为**结构到结构的网络（structure-to-structure network）**，它们的名称来源于各自的输入和输出。使用这种级联网络架构，Qian 和 Sejnowski 获得的系统给出的平均 Q_3 值为 64.3%。

图 12.24 中基本方法的许多改进，涉及了对于序列到结构网络额外的输入数据和额外的输出层单元。PHDsec 的 1996 年版，除了 13 个残基序列窗口单元外，两个网络的输入层都存在着额外的 32 个单元，其中的 20 个描述了序列的残基组成，4 个提供了关于序列长度的信息，另外 8 个说明了特定序列窗口距离 N 端和 C 端的距离。后 12 个单元是简单的 0/1 信号。例如，4 个单元中只有一个说明了序列长度是非零的（它的值为 1），表明长度是否为 ≤60、≤120、≤240 或 >240 个残基。Thomas Petersen 和他的同事对序列到结构网络的输入层使用了类似的方法；他们也改进了相同网络中的输出层。除了尝试如图 12.24 中的 3 个输出层单元的结构外，他们还尝试了 9 个输出层单元，对应了窗口的中心残基的预测和两个紧邻的残基。他们称为**输出扩展（output expansion）**，并且在使用输出扩展时，所有 9 个信号作为输入进入到结构到结构的网络中。模型的另外一个改进显示于图 12.24 中，在输入中加入一个间隔单元到结构到结构网络中，其中对每个窗口位置产生 4 个单元。

理想情况下，输入层中序列的表示只包括那些和二级结构有较强关联的信息。例如，一个网络试图只预测一个 α 螺旋时，在每个窗口的位置有一个单元和一个输出信号的值 Chou-Fasman 螺旋偏好性，这种代表是有效且高效的。大量减少输入层

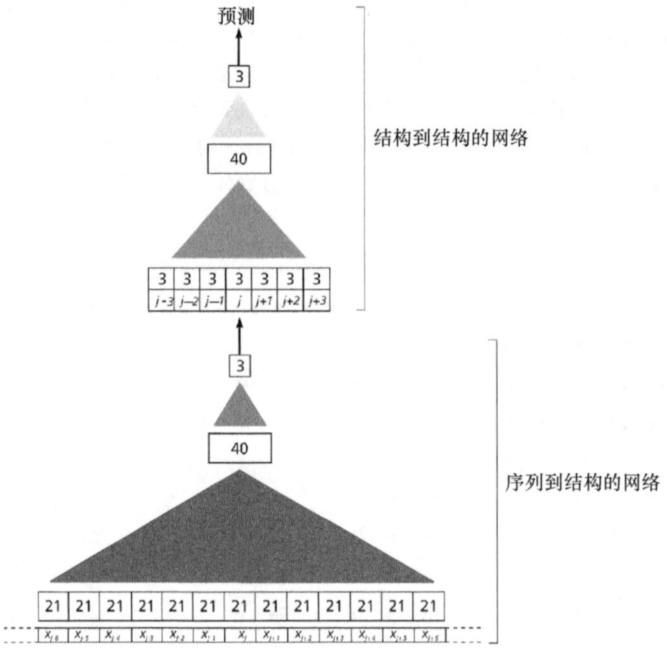

图 12.24　常用于蛋白质二级结构预测的双重神经网络的结构示意图。该网络架构的细节都取自 Qian 和 Sejnowski 的工作。三角形显示了所有连接图式（这是完全连接的网络）。下面黑色框代表一个网络层中的单元，且每个框中给出了单元的数量。显示了序列到结构的网络的一个 13 个残基的窗口（残基 $x_{i-6}\sim x_{i+6}$），产生了用黑色箭头表示的中心残基（x_i）的三种预测状态，α 螺旋、β 链和卷曲。网络中单元间的所有与此相关的通信用深色三角表示。7 个残基，$j-3\sim j+3$ 的中间预测结果，作为结构到结构网络的输入，这将对残基 x_i 产生最后预测。

单元，则参数应变得更易于训练网络。然而，这种方法给予我们对系统的简化和误解，理论上我们可以通过其他方式改进系统。其他方法能实现类似的效果，同时还能允许网络识别编码。Søren Riis 和 Anders Krogh 提出了一个网络，其中每 20 个输入单元代表一个窗口位置，由第一个隐层的三个单元表示（图 12.25）。所有 20 个输入单元对所有的三个隐层单元发送信号，涉及了 63 个参数— 有 60 个权重和 3 个偏差。由于三个隐层单元的目的在于提供氨基酸的编码，在所有窗口的位置都将重复这种结构，其中每次都使用相同的 63 个参数值。这种对网络的等效元件，使用相同权重的技术称为**权重共享（weight sharing）**。对一个 13 个残基的窗口，第一个隐层将包含 39 个单元，且这些单元将发送信号至第二个隐层，然后信号再至输出层（图 12.26）。这一额外的隐层只需要 63 个参数，正交编码的网络的 260 个单元被 39 个单元所替换。其结果，总的参数数量下降了 20 个或以上。

Riis 和 Krogh 采用一种新的方式应用这些网络于蛋白质二级结构的预测。独立的不同网络被用来预测三种状态 α 螺旋、β 链和卷曲，这三种网络间存在着微小的区别，如隐层中单元数目的不同或者不同的训练方式。在 α 螺旋网络中，使用了 3 个残基的连接方式，而不是全连接（图 12.26），这试图模仿螺旋结构的规律性。图 12.24 所示的结构到结构网络中以同样的方式合并这些预测，用以获得最后的预测及平均 Q_3，其准确性超过了 66%。

对几个网络预测进行平均有几种不同的方法，如 PHDsec，其中结构到结构网络的输出层有三个单元，分别代表螺旋、链和卷曲，计算所有网络中特定结构状态的信号值的算术平均数。这被称为**陪审团决定（jury decision）**，最终预测的残基的结构状态为具有最高平均值的状态。Thomas Petersen 和他的同事提出了一种不同方法，称为**抽签概率（balloting probabilities）**，利用从结构到结构网络中输出层最高的两个信号间的差异作为预测置信度的一个测度。只使用单独网络的一个子集用于最终的预测，从这些网络中选择对查询序列具有最高平均预测置信度的网络。对网络上的序列的平均置信度得到了权重，然后，最后的预测是对网络子集的输

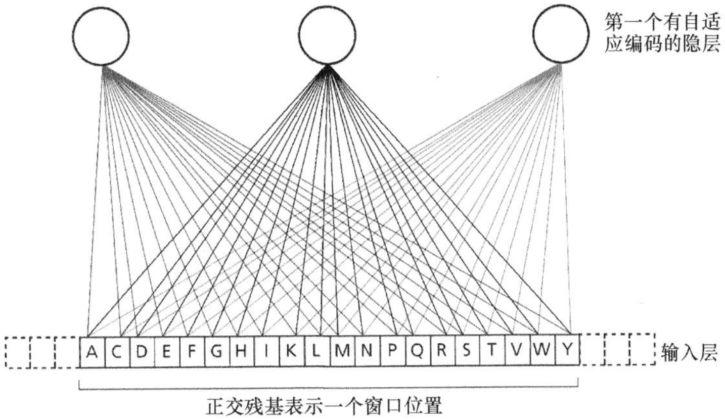

图 12.25　应用了适应性编码的 Riis 和 Krogh 的神经网络架构。编码转换一个窗口中的 20 个信号至三个隐层中的第一个隐层。三个隐层单元接收相同的输入层信号，但在信号上应用不同的权重。结构和权重在每个窗口位置中重复。

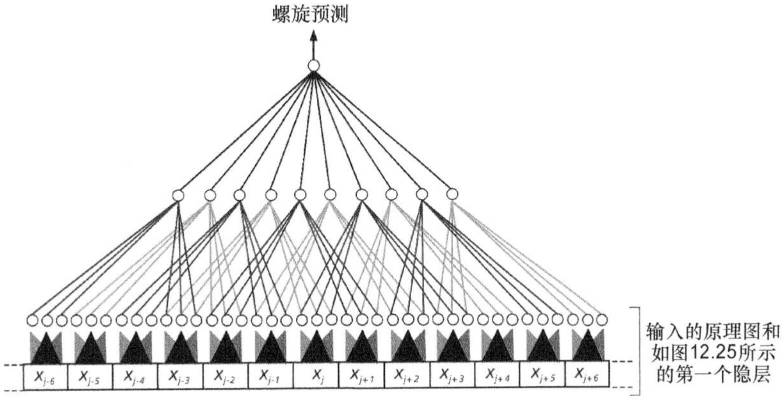

图 12.26　用以预测 α 螺旋、Riis 和 Krogh 的适应性编码的神经网络架构的例子。重复的红色、蓝色和黑色三角形代表图 12.25 所示的单适应性编码。从第一个隐层到第二个隐层间的通信，作为一个重复的模式用以模仿螺旋结构，并使用彩色以更清楚地进行表示。但权重都是独立的，与颜色无任何关系。（见文后彩图）

出信号的加权平均。

包括同源序列信息将改善神经网络的预测正确度

上面提到的所有神经网络方法都是应用于单一蛋白质序列的预测问题。正如先前已经解释的其他预测技术，包括了同源序列的信息，将大为改进它们的预测准确度。对神经网络也是同样的情况，上面介绍的许多网络已被改进，加入了同源序列的信息。例如，GOR Ⅴ和 Zpred 所使用的信息涉及了和查询序列有关的序列。这些序列必须作为一个包含查询序列的多重序列比对，然后提供至神经网络。

在探讨如何在预测中应用这方面的信息前，有必要简要地考虑如何得到这些信息。只有同源序列能被正确识别且正确地比对，才能改进二级结构，否则它们很可能会减少预测准确性。如果预测程序为真正自动化的，它首先需要确定查询序列的同源序列。这将涉及第 4 章、第 5 章和第 6 章中详细介绍的方法。必须注意不要错误地引入无关序列，同时也要试图包括所有的同源序列，因为在预测前将不会有任何的人工干预能发现这些问题。目前大多数方法使用的是 PSI-BLAST（第 6.1 节），并尽量避免刚才提到的问题，限制反复搜索，并且有严格 E 值作为阈值，并隐藏了低复杂序列片段（专栏 5.2）。一些研究人员提出隐藏所有预测的卷曲和跨膜螺旋片段，甚至在序列搜索数据库中移除有这些区域的条目。

存在两种根本不同的方式，用以在预测中包括序列同源性信息。分别使用每个同源序列用以获得二级结构的预测，基于比对对这些单独的序列预测进行平均，用以产生最终的预测。这是 GORⅤ和 Zpred 所使用的方法，并已在第 12.2 节中介绍，但是这也适用于下文讨论的 Riis 和 Krogh 的神经网络，然而，大多数神经网络预测方法使用了不同的技术，即使用所有序列信息来修正神经网络的输入会对整个比对产生一个独立的预测结果。

Riis 和 Krogh 使用独立的同源序列预测二级结构，他们认为，使用比对后序列作为神经网络的输入的任何其他方式，都将失去序列上相邻残基间的相关性信息。这些相关性正是 GOR 方法所使用的信息（第 12.2 节）。一旦对全部序列进行了预测，使用序列比对对全部序列进行平均，每个序列就被分配到一个权重，部分基于比对的测度。有两种预测平均的方式。一种是对个别结构状态信号，进行加权后平均，取每个位置上的最大值作为预测状态。另外一种方式由 Riis 和 Krogh 所使用，可以得到单独序列在每个位置的预测状态，然后使用每个位置的状态的加权平均，用于确定基于比对的预测。他们方法的最后一步是应用过滤器，在这种情况下，考虑了 15 个残基的窗口，三层的神经网络，考虑每个位置上保守程度以及插入缺失的存在。这种方法的 Q_3，在单个序列上的预测提高 5%以上，平均 Q_3 的准确性达到了 71.3%。

几乎所有其他神经网络二级结构预测的方法利用多重比对得到的同源序列信息，以修正输入层中的信号。当输入层对残基使用正交编码时，这样做的好处是，在一个单独序列的预测中，可以使用同一个网络结构输入所有的信息。PHDsec 预测方法 1996 年的版本中，每个序列位置由神经网络中的 24 个单元代表。每个比对位置的残基由它们的频率表示，直接取代了单一序列 0/1 的表示。还有另外 4 种其他单元，三种直接和多重比对有关，另一种是前面所述的一个间隔单元。一个单元有一个信号，对应着比对中这个位置上的空缺数量（删除）。另一个单元的信号，对应于这个位置上插入的数量，因为只有查询序列存在的比对位置在网络中被明确建模。另一个单元的信号是有关在那个位点上观测到的保守残基的信息。PHDsec 方法的平均 Q_3 的准确性已达到了 72%。

David Jones 的 PSIPRED 方法使用了 PSSM 创建的 PSI-BLAST，作为同源序列的信息来源，如图 11.24 所示。由于 PSSM 含有残基比对分值，而不是频率（第 6.1 节），将有正的和负的值，对输入层单元，这些值被转换为合适的信号。PSIPRED 方法对此使用了 scaled logistic function（图 12.22），其中 e^{-X} 由 e^{mX} 所取代，m 为常数。这种方法的平均 Q_3 的准确性超过了 75%。PSI-BIAST PSSM 是目前公认的引入同源序列到预测中的最佳方式，尽管在应用中存在着一些变化。

更复杂的神经网络已应用于预测二级结构和其他一些结构特点

一些研究用神经网络预测 β 转角，有的甚至试图预测 β 转角的分类。用于预测未分类 β 转角的 BTPRED 方法使用前馈单隐层网络，非常类似于前面所述的序列到结构的网络。但是，输入层（相当于 9 个残基的窗口）对每个残基使用 23 个单元—20 个是对序列使用正交编码序列（此方法不使用同源序列）；3 个来自于 PHDsec 对中心残基的输出。PHDsec 产生了一些可靠性的指标，最高和次高输出信号差异的规范的值，PHDsec 中为 0～9 的，但在这里是 0～1。在这个网络的训练中比较详细地讨论了平衡训练集的问题。

Betaturns 方法有独立的网络用以预测不同种类的 β 转角。这种方法可以使用 PSI-BLAST PSSM 数据作为输入，并使用了类似于图 12.24 中的两种网络系统。此方法也包括了二级结构预测，在此是来自于 PSIPRED，在第二个网络中包含信息和从第一个网络中的单独输出信号。因此，第二个网络的输入用 4 个单元表示每个残基的位置。

迭代架构称为级联相关性神经网络，DESTRUCT 方法中使用了它用以预测螺旋、链和卷曲。此方法还预测每个残基的 ψ 角度，这是能较好区分螺旋和链上残基的一种方式（图 12.27）。使用一个 15 个残基的窗口和 PSI-BLAST PSSM，两个独立的网络和一个隐层被用来取得三种结构状态和中心残基的 ψ 角的初步预测。然后，这些初始值被使用于迭代网络（图 12.28），以作出最后的预测。发现三个迭代能给出最准确的结果，比初步预测的平均 Q_3 提高了 5%。用于训练该网络的技术包括一个二阶导数（见附录 C），并涉及一个方法，用可控方式增加隐层单元以提高性能。据报道，这种方法的平均 Q_3 在 80%左右。

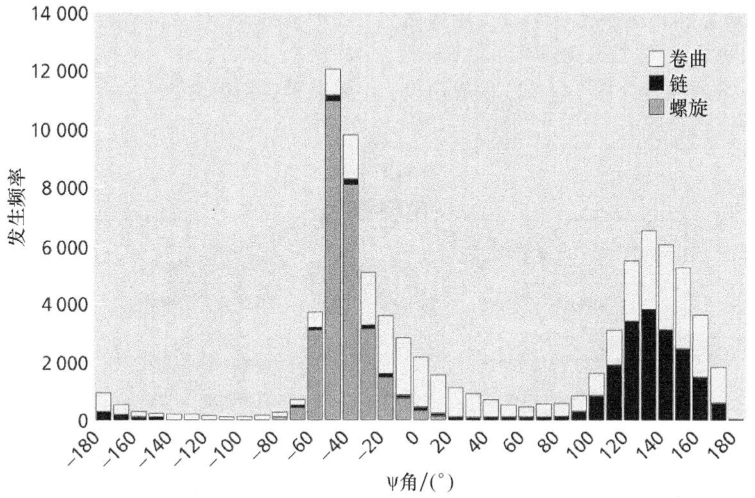

图 12.27　二级结构和 ψ 角度的关系。几乎所有的 α 螺旋的角范围都在 −60°～0°，且几乎所有的 β 链的 ψ 角范围都为 100°～180°（和图 12.2 比较）。

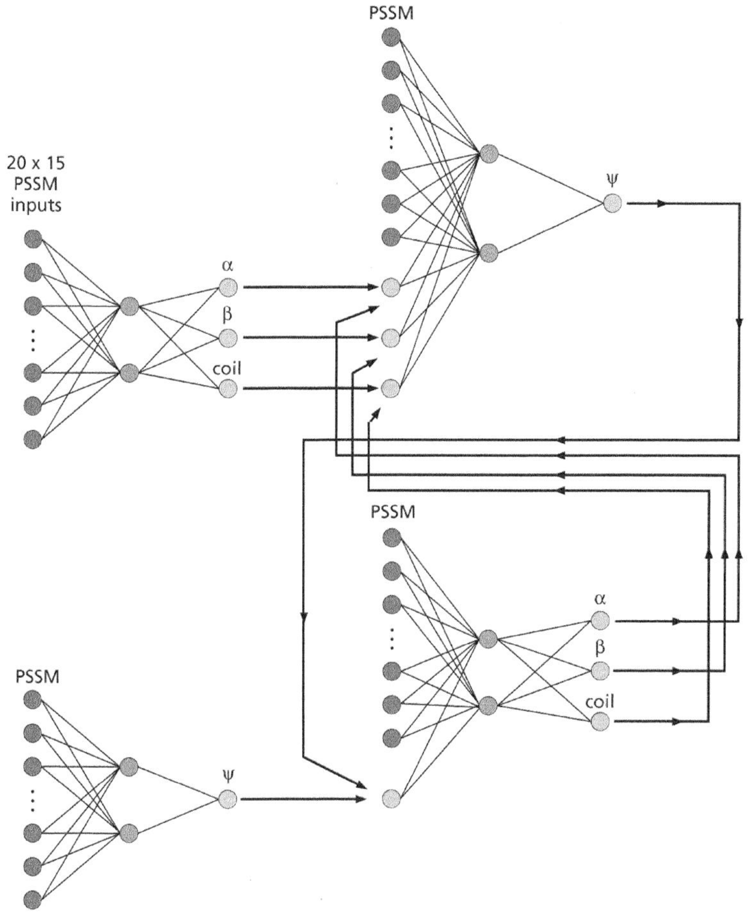

图 12.28　使用 DESTRUT 方法的神经网络的结构。左侧的两个网络产生（上面的网络）初步二级结构和（下面的网络）ψ 角的预测。它们同时都作为输入，只有来自 PSSM 的 15 个残基的窗口的序列信息除外。图的右侧显示了迭代的网络架构，其中包括了两个独立的网络。上面的网络预测了来自 PSSM 的 ψ 角预测和三种状态的二级结构预测。下面的一个网络预测了来自 PSSM 的三种状态的二级结构的预测和 ψ 角预测。这些网络会迭代的运行直至收敛（摘自 Wood & Hirst，2005 的图 1）。

研究发现在二级结构预测中另一个较有用的网络架构是双向回归神经网络（BRNN），并在 SSpro 中被应用。这个网络的设计（图 12.29）一般用于三种状态的预测，也用于预测所有的 8 种 DSSP 结构状态（表 12.1）。在这里我们只简单地进行介绍，要获得详细的内容，必须阅读原始论文。对一个窗

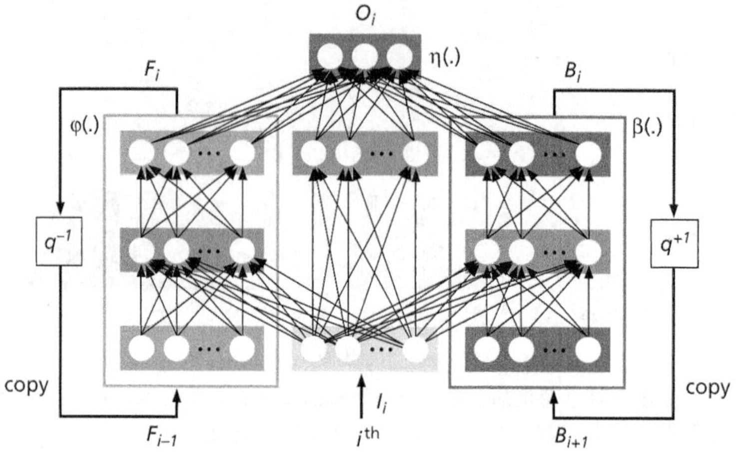

图 12.29　双向递归神经网络（BRNN）使用于 SSpro 预测方法，Pollastri et al.，2002。正文中简要介绍了这一复杂的神经网络工作。网络的左边部分称为（F），右边部分为（B）。输出层（O_i）有 3 个单元，对应于残基 i 的 α 螺旋、β 链或卷曲的预测。隐层都被标为蓝色（P. Baldi et al.，Exploiting the past and the future in protein secondary structure prediction，Bioinformatics 15937-15946，1999，by permission of Oxford University Press.）。（见文后彩图）

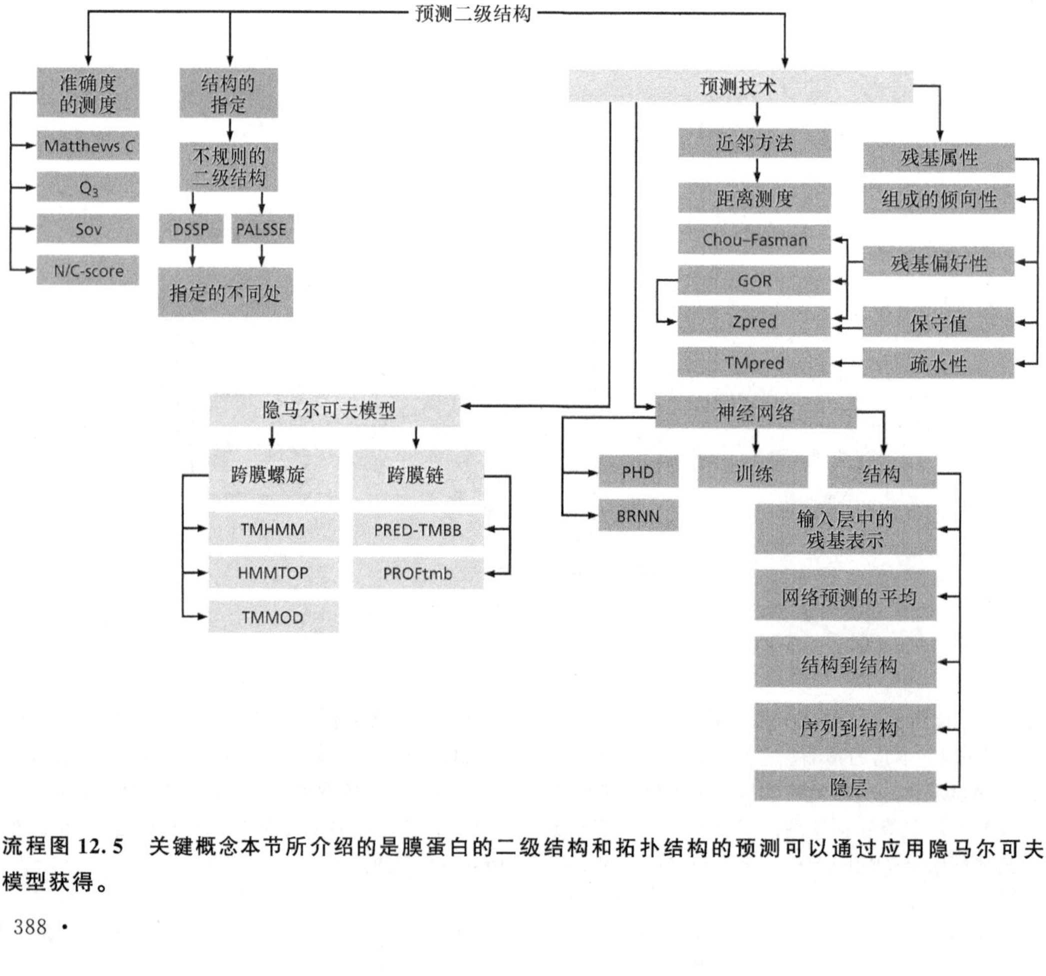

流程图 12.5　关键概念本节所介绍的是膜蛋白的二级结构和拓扑结构的预测可以通过应用隐马尔可夫模型获得。

口的中心残基的预测不仅取决于该窗口的序列，而且也依赖于2个隐层，分别使用序列N端和序列C端获得这两个隐层（F）和（B）。这两个隐层（称为前层和后层）是由序列迭代所产生的，从末端开始一次一个位置，并有个索引表示序列位置和其所直接影响的结构预测。残基 x_i 结构状态的预测，是由输出层单元的信号所决定，输出层单元直接连接隐层 F_i 和 B_i，隐层接收窗口输入 I_i。F_i 是通过从 F_0 开始迭代获得的，F_i 作为 F_{i-1} 和 I_i 的直接输出。B_i 也是通过迭代获得的，但是是从C端开始的，B_i 作为 B_{i+1} 和 I_i 的直接输出。这种方法的平均 Q_3 约为78%。

12.5 隐马尔可夫模型已应用在结构预测中

也可以使用隐马尔可夫模型（HMM）实现蛋白质的二级结构预测。第6.2节中的序列配置中已经出现了HMM模型的基本概念，但是在基因注释工作中介绍了这种模型的应用实例（图10.9和图10.19）。在此我们介绍一些用来预测不同特定结构的HMM模型。在这一领域，他们最常用于膜蛋白的二级结构预测，尽管也介绍了在球状蛋白中的应用。膜蛋白工作中使用的模型显著地代表了蛋白质结构在这种模型结构中的表示。

发现HMM方法对膜蛋白特别有效

膜蛋白通常有几个跨膜片段（螺旋或者链）的片段，这些片段连接至的片段位于细胞外（外部）或细胞质（内部）的空间。膜外的部分通常被预测方法称为环，这可能是类似于球状蛋白质中称为环的片段，但也可能是更长的片段，甚至多结构域的球状折叠。用于膜蛋白的HMM预测方法使用的模型，包括了这些不同的片段，此外还区分跨膜螺旋的中心和结束区域，这个区域通常称为帽。

Gábor Tusnády 和 István 对有跨膜螺旋的跨膜蛋白建立了HMMTOP模型（图12.30）。这种模型有三个主要组成部分，分别用以对螺旋、螺旋的任意两端的尾部和环区域建模（图11.36）。此外，对细胞外胞质部分加以区分。状态间的所有可能的转换见图12.30。对于螺旋和尾部分，这一结构执行了一个观测长度。环片段长度的分布类似于图6.10所示对图6.9的HMM模型的分布。使用已知的结构估计HMM模型的参数，和第6.2节中讨论的用比对序列的拟合HMM配置文件的方式类似。残基的发射概率是根据残基在不同状态下的频率加以平滑估计得到。通过乘以每个序列的预测概率，同源序列可以包含在该方法中。

TMHMM预测模型和HMMTOP有一个非常相似的结构，它们的主要不同之处在于对环的处理（图11.34）。TMHMM模型中整合了HMMTOP的尾部状态，但是对跨膜螺旋末端的5个残基（称为帽）进行了详细的建模。TMHMM的模型中螺旋除了这些帽外还具有5～25个残基长度。该模型中细胞质和细胞外的短环具有特定的状态和转变。这允许0～20个残基长度，和一个单独的球状蛋白的状态，类似于HMMTOP中的环状态。此外，还有长的外细胞的环模型，拥有长达100个残基，用于表示整个球状结构域。这10个环状态产生了三种状态的球状结构域的模型，其次是另外10个环状态。

有人指出，信号肽的功能是主导膜蛋白定位到膜中，和跨膜螺旋片段有相似之处。信号肽通常包含一个疏水残基的片段（图12.11），尽管通常只有7～15个残基长度，短于大多数跨膜螺旋。虽然长度存在差异，但是这种情况仍然经常导致它们被不正确的预测为跨膜螺旋。Phobius方法试图克服这一问题，它包括了一个针对信号肽的模型，是一个TMHMM增强版本。模型包括膜片段、N端区域和裂解位点。即使TMHMM和HMMTOP结合一个单独的信号肽预测方法，Phobius的准确度还是需要更高点。

近几年也出现了若干针对单链β桶膜蛋白质的模型。这些桶有偶数个（6～22个）残基长度的β链组成，平均长度为12个残基。图12.31显示了PROFtmb HMM模型，和其他方法相同的是它也包括了两条β链，一个穿过细胞膜的每个方向，以及对于非膜蛋白质的环和β转角的模型。模型的所有不同区域可以有可变长度试图模拟观测长度分布。PRED-TMBB的结构类似于这一点，但并没有β转角模型，而是对细胞质侧有N端和C端模型。

使用HMM，也可以成功地预测非膜蛋白的二级结构

隐马尔可夫模型也适用于球状蛋白二级结构预测。YASPIN是最准确的三种状态预测方法之一，并结合使用神经网络和HMM模型，称为**隐神经网络（hidden neural network，HNN）**。使用一个15个残基序列窗口，20个输入层单元表示PSSM和一个额外的间隔单位。这些反馈信号至隐层中的15个单元，然后对输出层的7个单元发送信号。神经网络输出的7种状态为一个α螺旋（H）、β链（E）、卷曲（C）、α螺旋的开始和结束（分别标为Hb和He）、β链的开始和结束（分别标记Eb和Ee）。这4种状态的开始和结束的长度为一个残基。HMM是

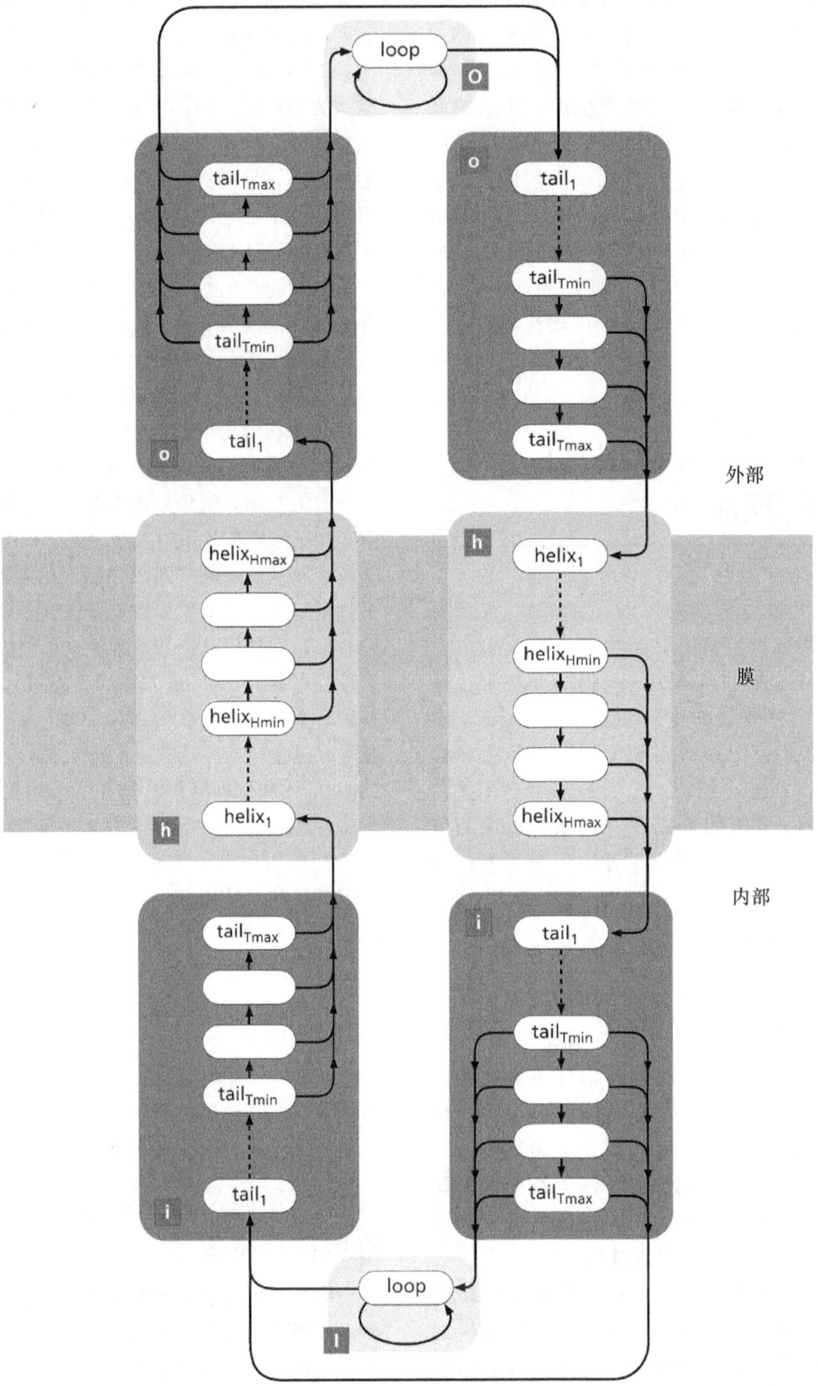

图 12.30　跨膜螺旋预测的 HMMTOP 模型的结构。跨膜螺旋的长度为 17～25 个残基，分别对应着 Hmin 和 Hmax。内部和外部尾的长度为 1～15 个残基，分别对应着 Tmin 和 Tmax。旁边的字母表示报道的结构状态，因此从一个内环到外环的片段可以写作“IIIiihhhhhhhhhhhhhhhhhhhooooo OOOO”。

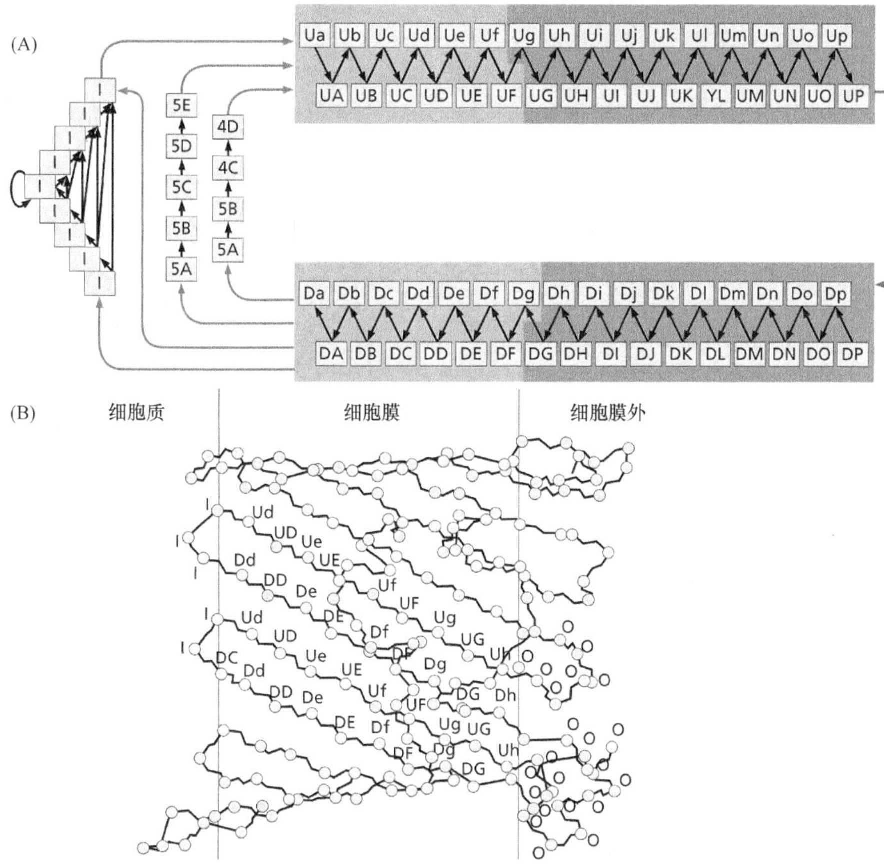

图 12.31 PROFtmb HMM 模型用于跨膜的 β 桶的预测。(A) PROFtmb HMM 模型的结构。表示了两条不同的 β 链,"上"链和"下"链,各自有不同的疏水和亲水环境。该模型可以对三种不同环境的环进行建模,为 4 个和 5 个残基的 β 转角和更大的环,所有的显示于模型的左侧。细胞外的模型不包括 β 转角的模型。要允许不同长度的 β 链,浅灰色框可以来自或转变为 β 转角,同样环的模型可以来自或直接变为浅灰色框中的任何状态。同样,外环直接和深灰色框中的任何状态相连接。(B) *R. blastica* 的外膜蛋白 (porin) 结构图,显示了对部分分子是如何分配结构状态给残基的。请注意,β 链明显小于模型的最大长度(A 和 B,来自 H. R. Bigelow et al., Predicting transmembrane beta-barrels in proteomes, *Nucleic Acids Res*. 32: 2566-2577, 2004, by permission of Oxford University Press.)。

作为神经网络输出的一个过滤器,转换这种 7 种状态的信号为三种状态的预测。HMM 的结构如图 12.32 所示。在这个模型中最短的螺旋和链为三个残基,这可能会产生一个问题,因为一些链的长度小于三个残基。

MARCOIL 程序中也应用了 HMM 方法用以预测卷曲。此 HMM 模型结构显示在图 12.33 中,尽管没有清楚地显示所有的转换。卷曲有个七肽重复,7 个位置有不同的残基偏好性。但是,这种结构能够在任意的 7 个位置上开始和结束。HMM 模型模拟了卷曲开始的 4 个残基和最后 4 个残基的状态,在七肽中分别标记为 1~4 和 6~9。用七肽的组 5 模拟卷曲的中心部分,这是唯一能在同组间转换的一个组。七肽连续组中发生所有可能的转换,但这种

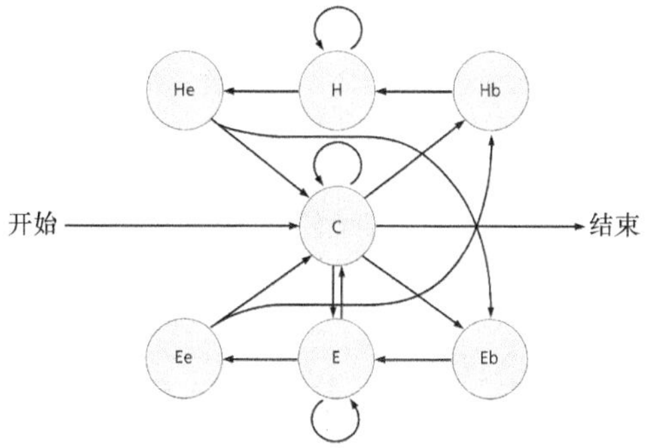

图 12.32 YASPIN 的隐神经网络的结构。最初的神经网络有 7 种状态的输出:分别为 α 螺旋 (H)、β 链 (E),卷曲 (C)、α 螺旋和 β 链的开始和结束处分别为 (Hb、He; Eb、Ee)。模型的输出只包含三个状态——H、E 和 C,其中 Hb 和 He 元素合并入状态 H,Eb 和 Ee 合并入状态 E(转自 Lin et al., 2005.)。

转换的概率很低，除了卷曲中通过七肽状态的循环外。在图中只绘制了这些标准的转换。这个模型的一个潜在优点是，它不使用序列窗口。其他卷曲预测方法通常会使用一个 28 个残基的窗口，以减少假阳性的预测，但是这限制了对短卷曲的检测灵敏度。原理上，该模型可以预测 9 个或以上残基的螺旋卷曲从组 5 的状态转变为组 6 的状态的概率将决定预测的卷曲的长度分布。该模型的转换概率是预先确定的，只有发射概率是从已知结构的数据中得到的。尽管没有进行充分的优化，与其他卷曲预测方法相比，MARCOIL 的准确度仍然具有竞争力。

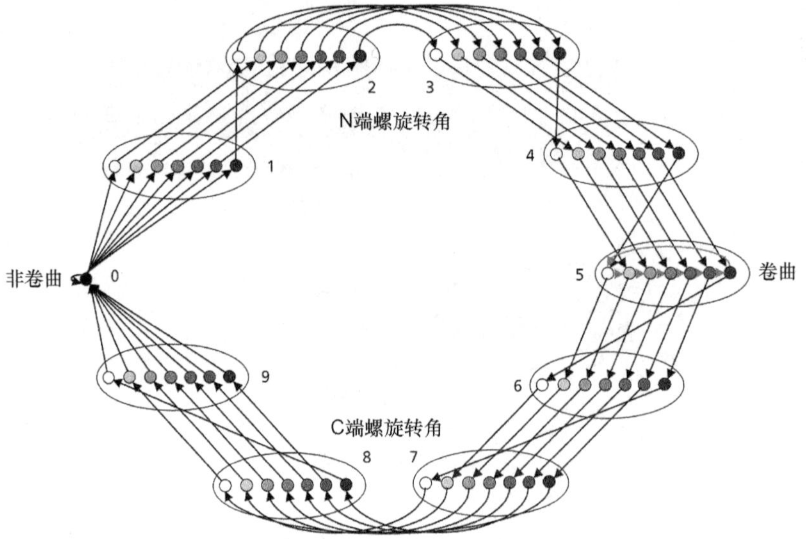

图 12.33 MARCOIL 预测卷曲的 HMM 结构。组 1～4 的状态代表了 4 个残基。组 1～4 中的状态表示在卷曲的第一个螺旋转角处的 4 个残基的位置，组 6～9 中的状态表示在卷曲的最后一个螺旋转角处。在每一组中有 7 个标记颜色的七肽状态。注意这里显示了那些对应于七肽状态标准发展过程的转换，而实际上除此之外，所有的七肽状态都有可能转换至下一个组中的其他 6 个七肽状态。标记为“5”的状态表示卷曲的中心部分，它的标准发展过程由浅灰色箭头表示。标记为“0”的状态对应所有不在卷曲中的残基，并且能自身转换。

12.6 可以预测结构特征的一般数据分类技术

蛋白质二级结构预测问题的实质是每个残基属于一个有限的状态集合之一的分类。因此，研究人员毫不奇特地发现了一些标准的分类方法在这一领域的使用，其中包括我们已经看到了神经网络的例子。这一节中，我们将讨论现有的一些方法的应用。16 章中详细介绍了其中的一些方法，其中的分类问题覆盖面较大，它能应用于基因表达分析问题。

支持向量机已成功地用于蛋白质结构预测

支持向量机（support vector machines，SVM）是一种分类工具，当给定的数据以一个向量形式输入，将产生一个输出预测该数据属于哪一个有限的集合的分类。在这里我们将侧重于该方法适用于蛋白质的二级结构预测这一方面。该技术的细节见第 16.5 节。支持向量机最常见的应用是二类分类器，它们能区分两种不同的类。在处理三种状态预测（螺旋、链和卷曲）时，采用的形式是 1 vs 1，如区分螺旋和卷曲，或者是 1 vs 其他，这将能区分螺旋和非螺旋。

在描述如何结合这些二进制向量机用以预测三种状态前，我们首先将讨论其输入。一个序列窗口作为输入，通常是 15 个残基片段。这类似于前面讨论的方法中窗口大小，并且这些方法分析的是相同的信息。每个残基位置由 20 个值表示，往往存在着一个附加值，相当于神经网络间隔单元。因此，一个 15 个残基的窗口有一个 315 维的向量。当使用单一序列作为输入时，表示残基的 20 个值，采用与神经网络相同的 0/1 的正交编码系统。通常使用来自 PSI-BLAST 的 PSSM 的规范化版本表示比对后的序列，虽然早期的工作中使用的是残基的频率，但这也可能是较早工作的低准确度的原因之一。

和神经网络不同，这些方法很少具有明确的参

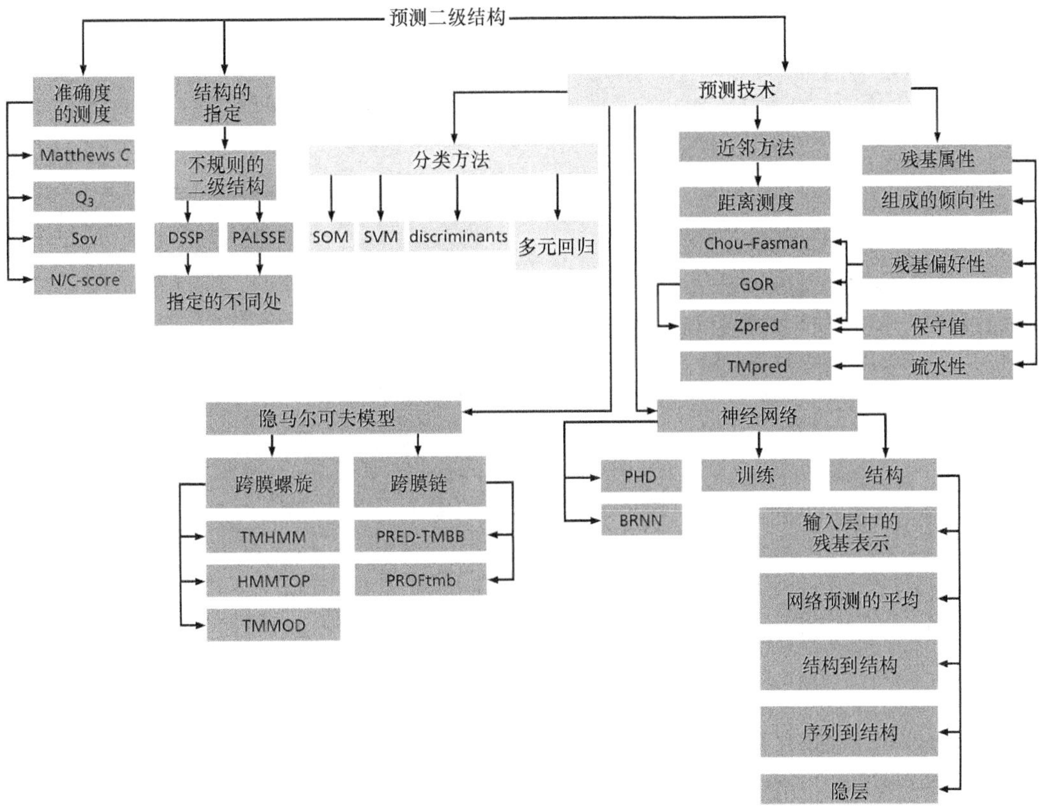

流程图 12.6　本节介绍的关键概念为可以在蛋白质的二级结构预测中有效应用一些普通的数据分类技术。

数，因此在确定它们的最优值时，通常会遇到更少的问题。需决定的关键参数之一涉及了核函数（kernel function）（见扩展阅读）。几乎所有的二级结构预测中，都使用了随机核函数。和以往一样，使用平衡训练数据集也是十分重要的。支持向量机的训练可能需要很高的计算要求，这在这一领域中有很多相关研究。支持向量机使用了有监督训练的方法，类似于神经网络，其中提供了正确的答案。

使用一种称为**有向无环图**（**directed acyclic graph，DAG**）的技术，可以合并一组二类支持向量机，用以给出三种状态的输入。这种技术是如图 12.34 所示的决策树的一种形式。分别和独立使用每个 SVM 用以分类窗口，合并它们的结果用以得到最终的状态预测。并不是唯一的使用二类支持向量机解决此问题的方式，最后的预测也可以根据图 12.35 所示直接比较三个向量机的输出结果。通常这些结构的输出需要应用一个过滤器，类似于神经网络，连续残基预测是没有关联的。这可以通过进一步应用支持向量机，或者类似于神经网络使用其他过滤器方法。发现这些模型中的最佳方法的准确度可以和前面所述的方法相媲美。支持向量机方法也适用于其他一些领域，如 β 转角的预测。

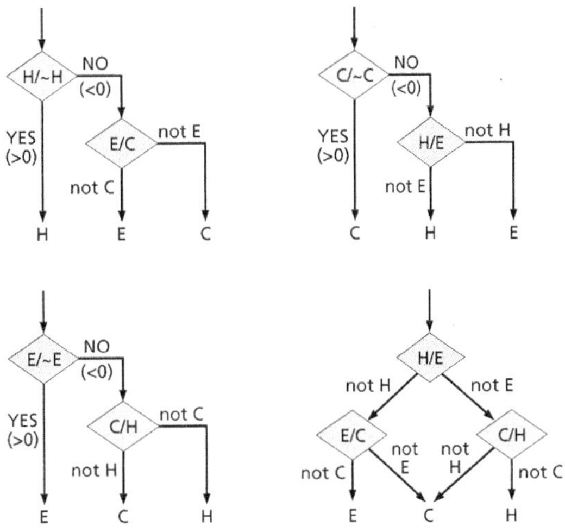

图 12.34　对于三种状态的二级结构预测的 SVM 方法的一些可能结构。菱形代表了 SVM，其中标注了分类器。例如，“E/C”是指 SVM 区别链和卷曲。箭头是注释不同条件将采取的路径。

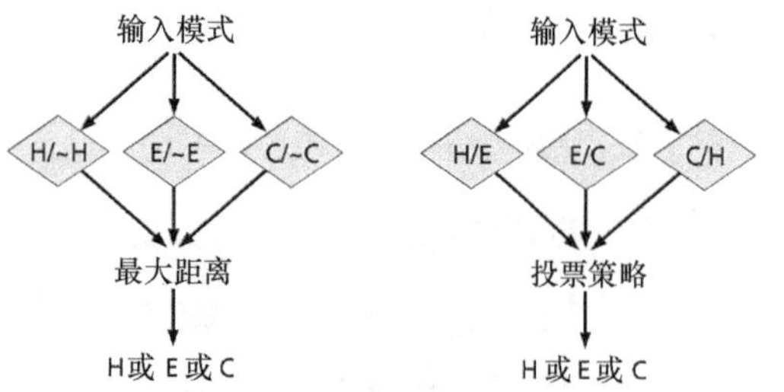

图 12.35 预测蛋白质二级结构的 SVM 方法的不同结构，结合了三种 SVM 的输出用以决定预测。 第一种例子中预测的是支持向量机计算距离决策的根部最远的情况。第二个例子中预测的是基于较强的表决。

Discriminates、SOM 和其他一些方法

DSC 方法使用线性判别函数（图 10.16）预测蛋白质的二级结构。首先使用 17 个残基的窗口，为每个残基得到其三种状态的预测 [GOR 类型预测方法，重新对式（12.18）进行参数化]。然后得到残基的属性，包括到 N 端或 C 端的距离，疏水性测度和残基保守性的测度，同源序列比对中的插入和删除。对每个残基共获得 10 个这样的测度，减去均值除以标准差（相当于统计中的正态分布的 z 值）。使用附近的残基平滑这些值得到另外的 10 个测度。对每个残基得到了 20 个测度。可以为螺旋、链和卷曲状态分别定义一个线性分类器，每个状态是 20 种测度的一个线性组合。最初的残基预测是判别函数返回值最大的状态。加入 7 个其他测度使预测结果得到优化，这些测度涉及整个蛋白质，某些极性残基的组成和最初预测的螺旋和链。使用这 27 项测度于第二组三个线性分类器，用以改进预测。最后一步中，通过应用基于规则的过滤器得到最后的预测。这一方法的平均 Q_3 准确性为 72%。

线性分类器对于预测蛋白质中的非折叠片段同样非常有用。最初的工作已表明一个简单的基于平均疏水性（使用 Kyte－Doolittle 尺度）和平均电荷的函数能够区分折叠蛋白和非折叠蛋白。FoldIndex 方法使用 51 个残基的窗口作出这样的预测，和其他方法相比，它显然是比较准确的。

另一个数据分类技术，是十分流行的 Kohonen 的**自组织映射（self-organizing map，SOM）**，第 16.3 节中对其进行了详细介绍。这是神经网络的一种形式，但其结构和本章前面讨论的神经网络的结构不同。输出层由一些单元组成，其中只有一个对给定的输入产生信号。在训练中，调整 SOM 的权重（如果成功的话），不同类别的数据在不同区域给出输出单元的信号。GPI-SOM 方法使用这种技术来识别序列中的糖基（GPI）的锚定信号。输出层为 40×40 的单元的网格（图 12.36），它能准确地识别这些信号。这一方法比这一章前面所讨论的方法需要更多的计算，这也说明了这一方法对这些问题的一种相对较新的应用。

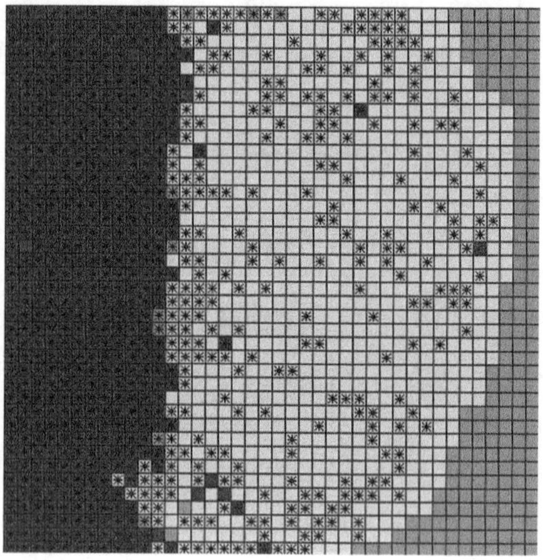

图 12.36 用于预测 GPI 锚定信号序列的 GPI-SOM 的输出层图。 它包括 40×40 个单元。浅灰色的标识，指出了 GPI 锚定信号的存在。黑色方块指出了这种信号的缺失，深灰色方块指没有预测。星号表示方块产生的 *Saccharomyces cerevisiae* 蛋白质的预测（来自 N. Fankhauser and P. Mäser, Identification of GPI anchor attachment signals by a Kohonen self-organizing map, *Bioinformatics* 21: 1846-1852, 2005, by permission of Oxford University Press.）。

在这里将介绍的最后应用于结构预测的分类方法是多元线性回归。该方法使用 PSI-BLAST PSSM，使用 logistic function 和 17 个残基的窗口。该预测是基于多元线性回归的两个状态的应用。三个结构状态都有其各自的线性方程，包括 PSSM 的窗口区域和代表窗口中的所有残基对的相互作用的项。第一个回归应用为每个残基预测其结构状态和可溶性。这些值将被添加到原始的项中和应用第二个回归，以得到最终的预测。这一方法据报道，其平均准确性可媲美最佳的神经网络方法。

总结

使用大量不同的技术，蛋白质的二级结构的预测达到了不同程度的成功。虽然实验的结构数据在

不断地增长中，但预测仍然具有其重要作用。因此，仍在不断地改进预测方法，而最新的方法试图提高预测的准确性。过去10年中，我们可以看到这些改进，但尚未实现最精确的预测。由于理想的几何结构上的扭曲，给明确指定二级结构带来了困难，从而限制了预测的准确度。

这些方法的原理最清楚的被认识到：涉及残基偏好性的统计分析和它们周边的改进方法。距离8～10个残基的局部序列带有关键信息，但是也影响二级结构的远程紧密接触较难进行建模。当直接使用GOR方法和近邻方法分析时，未能达到完美的效果，然后人们转向数据分类中通常采用的技术。神经网络可能达到一个更高的准确性，但其改进方法成功的原因还由于包括了来自同源序列的信息。

最近才开始了膜蛋白的二级结构预测是因为必须等到可获得用以参数化模型的结构信息。膜的厚度导致其α螺旋和β链的平均长度比非膜蛋白相关球状蛋白中的长，这使得较易认定这些结构。但是，这些方法更加雄心勃勃，它们试图预测拓扑结构以及定位结构。HMM方法证明了它对这一问题的有效性，并已取得了相当的成就。

还可以对许多其他的结构和功能进行预测，如淀粉样蛋白、卷曲和各种功能的信号。这些也都被各种方法所解决并取得了不同程度的成功。局部的序列片段所包括的任何蛋白质性质以及序列中包含的信号，在原理上，可以使用本章所讨论的方法对其进行预测。

名词解释

balloting probabilities（neural network）[抽签概率（神经网络）]：一种基于两个最高输出信号间的差异。

directed acyclic graph（DAG）[有向无环图（DAG）]：决定树的一种形式，其中不允许循环的拓扑结构形式，因此，任何测试只会相遇一次。

hidden layer（neural network）[隐藏层（神经网络）]：在神经网络中隐层是输入层和输出层中间的附加层。用户看不到这些隐藏层的信号，但是这些隐层转换输入层的信号并反馈至输出层，它们对神经网络的输出具有显著效果。

hidden neural network（HNN）[隐神经网络（HNN）]：结合了神经网络和隐马尔可夫模型特征的一个模型。

input layer（neural network）[输入层（神经网络）]：神经网络中第一层的单元，它从数据得到输入并发送输出信号至下一层进行进一步的处理。

jury decision（陪审团决定）：当合并几种预测方法的结果时，这一名词是指从一些独立的预测中取主要预测的方法，类似于在法庭上由陪审团投票的方式。但是在PHDsec方法中，这一名词是指在几个网络中将具有最高平均信号值的状态作为预测结果。

node（neural network）[节点（神经网络）]：见单元。

orthogonal encoding（正交编码）：一种特定神经网络的结构，它将序列信息作为输入信号。输入层中的每个单元对应着序列窗口中一个特定位置上的一种类型的碱基或者氨基酸。在此方法中，每个窗口的位置，必须至少代表许多单元，就像序列中存在的不同类型的碱基/残基。

output expansion（neural network）[输出扩展（神经网络）]：在一些神经网络二级结构预测中使用的一种结构，其中输出来自序列到结构网络，对应于不止一个的窗口中心残基。这一输出随后作为结构到结构网络的输入。

output Layer（输出层）：神经网络中给出输出的神经网络层。

perceptron（感知器）：神经网络的一种最简单形式，由一个输入层和一个输出层组成，没有隐层。

prediction filtering（预测过滤器）：在预测后对每个残基或碱基的预测进行修正的阶段，通常要对特定的特征施加最小长度。例如，当预测α螺旋时，通常所需最小长度为4个残基。

response function（neural network）[响应函数（神经网络）]：神经网络中的一个节点使用的代数函数，用以把接收到的信号转换为输出信号。

self-organizing map（SOM）[自组织映射（SOM）]：无监督的机器学习方法，被设计用以学习输入组间的关联，经常用于聚类技术。

sequence-to-structure network（序列到结构的网络）：一些神经网络二级结构预测的最初一步，将蛋白质序列作为输入，产生一个输出作为结构到网络结构的输入，这一网络会产生最后的预测结果。

softmax（neural networks）[标准化的指数响应函数（神经网络）] 用于一个神经网络的输出层信号的一个函数，使这些信号的总和为1，从而能将信号解释为概率。

spacer unit（间隔单元）：在神经网络预测程序中，在输入层中的一个间隔单位代表序列上在此位置上一个残基的缺失（即空缺）。

structure-to-structure network（结构到结构的网络）：一些神经网络二级结构预测的最后一步，接受序列到结构网络的输出作为输入，并产生最终的二级结构预测（在一些方法中，此输出将会进行一步处理以得到最终的预测结构）。

support vector machine (SVM)[支持向量机(SVM)]：一种机器学习方法，用于将数据分为几个类选择，经常分为两类。

transfer function (传递函数)：见响应函数。

unit (neural network)[单元 (神经网络)]：神经网络的一个组成部分，它接收来自一个或多个源的输入信号，并使用输入用以产生一个输出信号，此信号发送到一个或多个单元或者作为一个网络的输出信号。

weight sharing (neural networks)[权重共享 (神经网络)]：在神经网络中使用的一项技术，通过对一组单元使用相同的权重，用以减少参数的数量。

window (窗口)：各种程序单独分析的一条序列的一个滑动部分。有时，窗口试图包括对中心残基的性质有影响的邻近残基的修饰效果。也可以使用窗口用以确定在整个窗口中残基的平均性质。

winner takes all (neural networks)[赢者通吃 (神经网络)]：神经网络的最后预测有几个输出层单元，用其中具有最大信号的单元作为最后结果的一种方法。

扩展阅读

12.1 定义二级结构和预测精度

DSSP

Kabsch W & Sander C (1983) Dictionary of protein secondary structure: pattern recognition of hydrogen-bonded and geometrical features. *Biopolymers* 22, 2577-2637.

PALSSE

Majumdar I, Sri Krishna S & Grishin NV (2005) PALSSE: A program to delineate linear secondary structural elements from protein structures. *BMC Bioinformatics* 6, 202.

β-Spider

Parisien M & Major F (2005) A new catalog of protein β-sheets. *Proteins* 61, 545-558.

预测精度的限制

Russell RB & Barton GJ (1993) The limits of protein secondary structure prediction accuracy from multiple sequence alignment. *J. Mol. Biol.* 234, 951-957.

TM 的性质和其准确的测度

Cuthbertson JM, Doyle DA & Sansom MSP (2005) Transmembrane helix prediction: a comparative evaluation and analysis. *Protein Eng. Des. Sel.* 18, 295-308.

PSIPRED (Q_3 and Sov variation)

Jones DT (1999) Protein secondary structure prediction based on position specific scoring matrices. *J. Mol. Biol.* 292, 195-202.

Matthews correlation coefficient

Matthews BW (1975) Comparison of the predicted and observed secondary structure of T4 phage lysozyme. *Biochim. Biophys. Acta* 405, 442-451.

Sov

Zemla A, Venclovas C, Fidelis K & Rost B (1999) A modified definition of Sov, a segment-based measure for protein secondary structure prediction assessment. *Proteins* 34, 220-223.

SS 指定的比较

Colloc'h N, Etchebest C, Thoreau E et al. (1993) Comparison of three algorithms for the assignment of secondary structure in proteins: the advantages of a consensus assingnment. *Protein Eng.* 6, 377-382.

Length distributions (non-TM)

Schmidler SC, Liu JS & Brutlag DL (2000) Bayesian segmentation of protein secondary structure. *J. Comput. Biol.* 7, 233-248.

12.2 二级结构预测基于残基的偏好性

PDB-SELECT

Hobohm U, Scharf M, Schneider R & Sander C (1992) Selection of representative protein data sets. *Protein Sci.* 1, 409-417.

Hobohm U & Sander C (1994) Enlarged representative set of protein structures. *Protein Sci.* 3, 522-524.

无偏的结构数据集的深入分析

Chu CK, Feng LL & Wouters MA (2005) Comparison of sequence and structure-based datasets for nonredundant structural data mining. *Proteins* 60, 577-583.

疏水尺度

Engelman DM, Steitz TA & Goldman A (1986) Identifying nonpolar transbilayer helices in amino acid sequences of membrane proteins. *Annu. Rev. Biophys. Biophys. Chem.* 15, 321-353.

Kyte J & Doolittle RF (1982) A simple method for displaying the hydropathic character of a protein. *J. Mol. Biol.* 157, 105-132.

Zviling M, Leonov H & Arkin IT (2005) Genetic algorithm-based optimization of hydrophobicity tables. *Bioinformatics* 21, 2651-2656.

Chou-Fasman

Chou PY & Fasman GD (1974) Conformational parameters for amino acids in helical, β-sheet and random coil regions calculated from proteins. *Biochemistry* 13, 211-222.

Chou PY & Fasman GD (1974) Prediction of protein conformation. *Biochemistry* 13, 222-245.

Chou PY & Fasman GD (1978) Prediction of the secondary structure of proteins from their amino acid sequence. *Adv.*

Enzymol. Relat. Areas Mol. Biol. 47，45-147.
Engel DE & DeGrado WF (2004) Amino acid propensities are position-dependent throughout the length of α-helices. *J. Mol. Biol.* 337，1195-1205.
Kyngä J & Valjakka J (1998) Unreliability of the Chou-Fasman parameters in predicting protein secondary structure. *Protein Eng.* 11，345-348.

COILS

Lupas A (1996) Prediction and analysis of coiled-coil structures. *Methods Enzymol.* 266，513-525.

MEMSAT

Jones DT，Taylor WR & Thornton JM (1994) A model recognition approach to the prediction of all-helical membrane protein structure and topology. *Biochemistry* 33，3038-3049.

局部和非局部影响

Crooks GE & Brenner SE (2004) Protein secondary structure: entropy，correlations and prediction. *Bioinformatics* 20，1603-1611.
Kihara D (2005) The effect of long-range interactions on the secondary structure formation of proteins. *Protein Sci.* 14，1955-1963.

β 转角的性质

Hutchinson EG & Thornton JM (1994) A revised set of potentials for β-turn formation in proteins. *Protein Sci.* 3，2207-2216.

β 转角的性质和 PSSM 的使用

Fuchs PFJ & Alix AJP (2005) High accuracy prediction of β-turns and their types using propensities and multiple alignments. *Proteins* 59，828-839.

AAindex

Kawashima S & Kanehisa M (2000) AAindex: amino acid index database. *Nucleic Acids Res.* 28，374.

GOR 理论

Robson B (1974) Analysis of the code relating sequence to conformation in globular proteins. *Biochem. J.* 141，853-867.

GOR I

Garnier J，Osguthorpe D & Robson B (1978) Analysis of the accuracy and implications of simple methods for predicting the secondary structure of globular proteins. *J. Mol. Biol.* 120，97-120.

GOR II

Garnier J & Robson B (1989) The GOR method for predicting secondary structures in proteins. In: Prediction of Protein Structure and the Principles of Protein Conformation，chap. 10 (GD Fasman，ed.)，pp. 417-465. New York: Kluwer Academic/Plenum Press.

GOR III

Gibrat JF，Garnier J & Robson B (1987) Further developments of protein secondary structure prediction using information theory. New parameters and consideration of residue pairs. *J. Mol. Biol.* 198，425-443.

GOR IV

Garnier J，Gibrat JF & Robson B (1996) GOR method for predicting protein secondary structure from amino acid sequence. *Methods Enzymol.* 266，540-553.

GOR V（包含其他序列）

Kloczkowski A，Ting KL Jernigan RL & Garnier J (2002) Protein secondary structure prediction based on the GOR algorithm incorporating multiple sequence alignment information. *Polymer* 43，441-449.

使用连续的结构状态对

Sadeghi M，Parto S，Arab S & Ranjbar B (2005) Prediction of protein secondary structure based on residue pair types and conformational states using dynamic programming algorithm *FEBS Lett* 579，3397-3400.

Zpred

Zvelebil MJ Barton GJ，Taylor WR & Sternberg MJE (1987) Prediction of protein secondary structure and active sites using the alignment of homologous sequences. *J. Mol. Biol.* 195，957-961.

在预测中多重联配的空缺处理

Simossis VA & Heringa J (2004) The influence of gapped positions in multiple sequence alignments on secondary structure prediction methods. *Comput. Biol. Chem.* 28，351-366.

12.3 近邻方法是基于序列片段的相似性

Rychlewski L & Godzik A (1997) Secondary structure prediction using segment similarity *Protein Eng.* 10，1143-1153.

NNSSP

Salamov AA & Solovyev VV (1995) Prediction of protein secondary structure by combining nearest-neighbor algorithms and multiple sequence alignments. *J. Mol. Biol.* 247，11-15.

SSPAL

Salamov AA & Solovyev VV (1997) Protein secondary structure prediction using local alignments. *J. Mol. Biol.* 268，31-36.
Saltzberg S & Cost S (1992) Predicting protein secondary structure with a nearest-neighbor algorithm. *J. Mol. Biol.* 227，371-374.
Yi T-M & Lander ES (1993) Protein secondary structure prediction using nearest-neighbor methods. *J. Mol. Biol.* 232，1117-1129.

I-sites

Bystroff C & Baker D (1998) Prediction of local structure in proteins using a library of sequence-structrue motifs. *J. Mol. Biol.* 281，565-577.

SIMPA96

Levin JM (1997) Exploring the limits of nearest neighbor secondary structure prediction *Protein Eng.* 10，771-776.

氨基酸组成和蛋白质介结构间的关系
Chou KC & Zhang CT (1994) Predicting protein folding types by distance functions that make allowances for amino acid interactions. *J. Biol. Chem.* 269, 22014-22020.

HβP
Yoon S & Welsh WJ (2004) Detecting hidden sequence propensity for amyloid fibril formation. *Protein Sci.* 13, 2149-2160.

12.4 神经网络已经被成功应用于二级结构预测

PHDsec
Rost B & Sander C (1993) Prediction of protein secondary structure at better than 70% accuracy. *J. Mol. Biol.* 232, 584-599.
Rost B (1996) PHD: Predicting one-dimensional protein structure by profile-based neural networks. *Methods Enzymol.* 266, 525-539.

PHDpsi
Przybylski D & Rost B (2002) Alignments grow, secondary structure prediction improves. *Proteins* 46, 197-205.

PSIPRED
Jones DT (1999) Protein secondary structure prediction based on position-specific scoring matrices. *J. Mol. Biol.* 292, 195-202.
Petersen TN, Lundegaard C, Nielsen M, Bohr H et al. (2002) Prediction of protein secondary structure at 80% accuracy. *Proteins* 41, 17-20.
Qian N & Sejnowski TJ (1988) Predicting the secondary structure of globular proteins using neural network models. *J. Mol. Biol.* 202, 865-884.
Riis SK & Krogh A (1996) Improving prediction of protein secondary structure using structured neural networks and multiple sequence alignments. *J. Comput. Biol.* 3, 163-183.

Back-propagation learning
Rumelhart DE, Hinton GE & Willians RJ (1986) Learning representations by back-propagating errors. *Nature* 323, 533-536.

BTPRED
Shepherd AJ, Gorse D & Thornton JM (1999) Prediction of the location and type of β-turns in proteins using neural networks. *Protein Sci.* 8, 1045-1055.

Betaturns
Kaur H & Raghava GPS (2004) A neural network method for prediction of β-turn types in proteins using evolutionary information. *Bioinformatics* 20, 2751-2758.

DESTRUCT
Wood MJ & Hirst JD (2005) Protein secondary structure prediction with dihedral angles. *Proteins* 59, 476-481.

SSpro
Baldi P, Brunak S, Frasconi P et al. (1999) Exploiting the past and the future in protein secondary structure prediction. *Bioinformatics* 15, 937-946.
Pollastri G, Przybylski D, Rost B & Baldi P (2002) Improving the prediction of protein secondary structure in three and eight classes using recurrent neural networks and profiles. *Proteins* 47, 228-235.

12.5 隐马尔可夫模型已应用在结构预测中

HMMTOP
Tusnády GE & Simon I (1998) Principles governing amino acid composition of integral membrane proteins: Application to topology prediction. *J. Mol. Biol.* 283, 489-506.

TMHMM
Krigh A, Larsson B, von Heijne G & Sonnhammer ELL (2001) Predicting transmembrane protein topology with a hidden Markov Model: Application to complete genomes. *J. Mol. Biol.* 305, 567-580.

Phobius
Käll L, Krogh A & Sonnhammer ELL (2004) A combined transmembrane topology and signal peptide prediction method. *J. Mol. Biol.* 338, 1027-1036.

PROFtmb
Bigelow HR, Petrey DS, Liu J et al. (2004) Predicting transmembrane beta-barrels in proteomes. *Nucleic Acids Res.* 32, 2566-2577.

PRED-TMBB
Bagos PG, Liakopoulos TD, Spyropoulos IC & Hamodrakas SJ (2004) A Hidden Markov Model method, capable of predicting and discriminating β-barrel outer membrane proteins. *BMC Bioinformatics* 5, 29.

YASPIN
Lin K, Simossis VA, Taylor WR & Heringe J (2005) A simple and fast secondary structure prediction method using hidden neural networks. *Bioinformatics* 21, 152-159.

MARCOIL
Delorenzi M & Speed T (2002) An HMM model for coiled-coil domains and a comparison with PSSM-based predictions. *Bioinformatics* 18, 617-625.

12.6 可以预测结构特征的一般数据分类技术

Guo J, Chen H, Sun Z & Lin Y (2004) A novel method for protein secondary structure prediction using dual-layer SVM and profiles. *Proteins* 54, 738-743.
Hua S & Sun Z (2001) A novel method of protein secondary structure prediction with high segment overlap measure: Support vector machine approach. *J. Mol. Biol.* 308, 397-407.
Kim H & Park H (2003) Protein secondary structure prediction based on an improved support vector machines approach. *Protein*

Eng. 16, 553-560.

Nguyen MN & Rajapakse JC (2003) Multi-class support vector machines for protein secondary structure prediction. *Genome Inform*. 14, 218-227.

Ward JJ, McGuffin LJ, Buxton BF & Jones DT (2003) Secondary structure prediction with support vector machines. *Bioinformatics* 19, 1650-1655.

Zhang Q, Yoon S & Welsh WJ (2005) Improved method for predicting β-turn using support vector machine. *Bioinformatics* 21, 2370-2374.

DSC

King RD & Sternberg MJE (1996) Identification and application of the concepts important for accurate and reliable protein secondary structure prediction. *Protein Sci*. 5, 2298-2310.

FoldIndex

Prilusky J, Felder CE, Zeev-Ben-Mordechai T et al. (2005) FoldIndex: a simple tool to predict whether a given protein sequence is intrinsically folded. *Bioinformatics* 21, 3435-3438.

GPI-SOM

Fankhauser N & Mäser P (2005) Identification of GPI anchor attachment signals by a Kohonen self-organizing map. *Bioinformatics* 21, 1846-1852.

PSIMLR

Qin S, He Y & Pan X-M (2005) Predicting protein secondary structure and solvent accessibility with an improved multiple linear regression method. *Proteins* 61, 473-480.

第6部分　蛋白质三级结构

蛋白质的空间折叠形式是其形式生物学活性和功能的基本单位，并且能够提供蛋白质有关功能和结合特性等方面的信息。目前，在实验上有多种技术可以用来测定分子三级结构，如X射线衍射结晶方法和核磁共振方法等。然而，利用现有方法，我们不可能将所有生物大分子结构测定出来。因此，人们发展了一些算法，利用计算机来预测生物大分子，尤其是蛋白质的三级结构。

在这部分内容中，第13章首先将重点介绍在预测蛋白质结构中的一些基本概念。然后专门针对如何利用同源建模的方法和已知蛋白结构来构建未知蛋白质三级结构进行详细地描述。第14章主要对获得和进一步分析蛋白质三级结构的算法进行论述，其中包括：如何应用这些算法来预测蛋白质的功能；如何找到蛋白质的结合位点；如何将小分子对接到蛋白质中。

第13章　蛋白质结构预测

当阅读完第 13 章时，你应该能够：

总结出如何测定蛋白质的三级结构；
学会利用势能函数来描述蛋白质构象的能量；
学会在蛋白质结构预测中引用统计势能函数；
知道利用从头算法预测蛋白质三级结构的难点；
学会利用穿线法预测蛋白质折叠；
讨论在何种序列和结构下，可以成功的进行同源建模；
陈述同源建模的基本原理和具体步骤；
解释自动同源建模过程；
构建磷脂酰基醇激酶 p110α 亚基的三级结构。

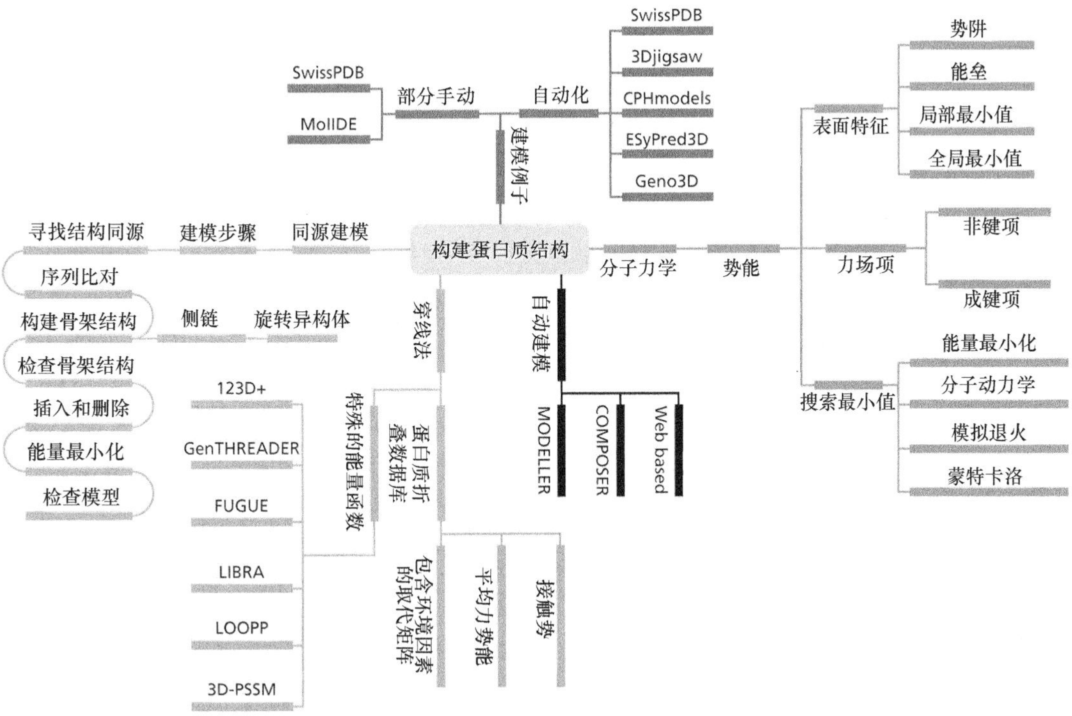

思维导图 13.1　如何从蛋白质序列出发来获得蛋白质的三级结构示意图。

蛋白质的三维结构或三级结构，能够比单独使用蛋白质序列信息更为有效地了解蛋白质的功能、活性机制及其结构与功能之间的关系。例如，尽管有些氨基酸残基在线性氨基酸序列上相距很远，但是它们在蛋白质实际折叠结构中的空间位置相近。蛋白质的三维结构知识对于合理设计定点突变和药物分子也是必不可少的，而且可以用来解释一些实验中观察到的现象，如结合特异性和抗原性质等。

目前在实验上主要由两种技术可以测定蛋白质分子三维结构：X 射线衍射结晶法和核磁共振（NMR）光谱法。这两种方法的优点在于它们能够提供详细而精确的结构信息。一般而言，X 射线衍射结晶法更为精确并且可以用来测定较大的分子结构，但是这种方法只能提供分子某一时刻的静态结构特征。相对于X射线衍射结晶法，核磁共振光谱法的精确度稍差，但是却可以测定一定时间内的分子结构坐标，从而得到蛋白质内部运动的信息。然而利用这两种技术来测定分子三级结构是烦琐而复杂的，需要昂贵的设备和精细的技术流程。此外，许多蛋白质无法满足X射线衍射结晶法的先决条件，即无法获得结晶，或者是通过核磁共振光谱法无法测定其三级结构。

由于已经获取的物种序列数据越来越多，而采用实验方法测定蛋白质结构费时费力，所以利用可靠的算法和序列信息来预测蛋白质三级结构能够有助于研究蛋白质结构及其与功能之间的关系。蛋白质的三维结构是由其氨基酸序列所决定的，但是一段特定序列如何折叠成特定结构还不得而知。

同源建模法和穿线法的基本原理都是建立在已知蛋白质折叠结构基础上的。在众多可能的结构中，蛋白质会采用稳定的**天然结构**（**native structure**）或者是自由能最低的**天然构象**（**native state**）。自由能的熵值是难以计算的，但是研究发现如果忽略熵值，也可以得到有意义的结果。在本书中，蛋白质的天然构象被定义为具有最低的焓值。这也可以被称为最小势能，而**势能**（**potential energy**）是以共价键能和非共价互作用能的形式储存于系统中的焓能。因此，理论上是可以通过**势能函数**（**potential energy function**）或者由蛋白质中所有原子间的相互作用及蛋白质和溶剂之间的相互作用产生的**力场**（**force field**）来计算蛋白质序列折叠成为天然结构的过程。

从头算法（***ab initio*** **approach**）预测蛋白质结构是基于热力学和物理化学理论中的第一原理。这种方法需要采集蛋白质序列所能产生的所有构象，并且评估哪些是能量最小的结构。而在实际操作中往往只是采集一部分的构象，但是在采集过程中所有的重要构象都需要被检查到以便有效地鉴定能量最小的构象。目前，这种方法只能精确的预测较小的单结构域蛋白质的三级结构。此外，由于对计算机的计算能力有较高的要求，这种方法往往很少被采用。然而，我们相信在不久的将来，这些限制从头算法使用和发展的困难会逐步减少。从头算法将会在本章的专栏13.1小节进行重点介绍。

专栏13.1　从头算法预测蛋白质三级结构计算量较大而不适于常规计算

本章主要内容是介绍如何利用同源蛋白或者已知折叠结构来预测蛋白质的三级结构。理论上来讲，如果我们能拥有一个精确的力场可以用来计算蛋白质构象的能量，那么蛋白质结构的预测就可以不依赖于同源结构或者已知折叠而独立进行。这就是所谓的从头算法，这种算法可以用来构建蛋白质全局能量最低的构象，并且不需要其他结构信息。

蛋白质的所有构象集合是十分庞大的，并且在其势能面上存在许多局部最小值。因此，在实际操作中就需要有更多的计算资源和行之有效的构象搜索算法。分子动力学和模拟退火方法是目前较为有效的构象采集算法，但是这些算法却需要消耗大量计算资源。因此，科学家们又开发了一种基于蒙特卡罗（Monte Carlo method）的算法，既可以有效地进行构象搜索又能保证计算速度（附录C）。通常情况下，与全原子模型包括溶剂分子相比，将蛋白质的几何结构简化，并且忽略溶剂分子可以有效地加速计算进程。所以，科学家们尝试了一些这样的简化计算，如将蛋白质的氨基酸残基或者其侧链当成是一个原子。即使这样，成功预测出蛋白质结构的例子还是有限的，这样的方法只能用来成功预测单个结构域蛋白质的三级结构。

一些研究小组已经可以运用从头算法来成功预测一些单结构域蛋白质的三级结构。从头算法一般包含了两个关键策略。首先是规定蛋白质中所有键长和键角都被固定在理想的几何位置上，只有骨架原子的旋转角可以变化，而其氨基酸残基的侧链被简化为一个原子。然后利用同源序列和蒙特卡洛方法对构象进行大规模搜索，并且寻找能够与目标序列匹配的所有折叠结构。然后将目标序列按照穿线法原理（13.2节）构建大约500个模型结构。此时，使用全原子模型和力场来模拟所得到的模型及溶剂化效应。随后利用进一步的蒙特卡洛模拟来找到能量最低的模型作为输出结果。一般这种做法需要很多天才能完成，其结果如图B13.1所示。

此外，还有一些方法是介于同源建模和从头算法之间的，如ROSETTA/HMMSTR方法等。这种方法是在I-sites数据库（图12.17）中搜索目标序列可能的折叠片段。然后利用分子力学计算就可以得到相应的最终模型。

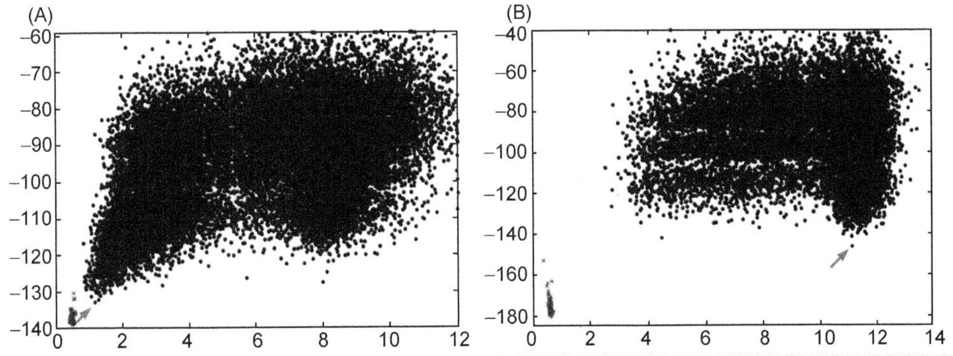

图 B13.1 双结构域蛋白质预测结构的能量和正确结构 RMSD 的散点图。
图中黑色点代表从头算法的预测结果；蓝色点代表正确结构的能量；能量最低的从头算法预测结果用红色箭头表示。在（A）中，正确结构出现在 1Å RMSD 以内，所以该预测是成功的。而在（B）中，能量最低的预测结构出现在 11Å RMSD 左右，所以是不成功的预测。图 A 和图 B 所研究的对象分别是大肠杆菌的 RecA 蛋白和人的酪氨酸激酶 Fyn 的 SH3 结构域（源自文献 P. Bradley et al., Toward high-resolution de novo structure prediction for small proteins, *Science* 309：1868-1871，2005）。（见文后彩图）

目前最为常用、发展最好的预测蛋白质三级结构的方法主要有两种。第一种是**同源建模法（homology modeling）**，也称为**半经验建模法（comparativeor knowledge-based modelling）**，未知蛋白质结构的构建依赖于与其同源的已知蛋白质结构。本章将重点介绍这种方法。第二种方法称为**穿线法（threading）**或者**折叠识别法（fold recognition）**，这种方法不需要找到同源的已知蛋白质结构，只是将蛋白质序列匹配到所有已知的蛋白质折叠中去寻找最为合适的折叠结构。一旦确定了合适的折叠结构，那么就可以利用同源建模方法将未知蛋白质结构建立起来。

在简要介绍如何计算蛋白质构象能量（13.1 小节）之后，我们将继续讨论在缺少同源结构模板的情况下，如何利用折叠识别方法来预测蛋白质折叠结构（13.2 小节）。在本章其余的小节里，我们将详细介绍同源建模的具体步骤：同源建模的原理（13.3 小节）、实施步骤（13.4 小节）和一些相关程序，如自动建模的工具等（13.5 小节）。本章的最后一部分（13.6 小节）是一个同源建模的实例，即以同源蛋白 p110γ 为模板建立磷脂酰环己六醇激酶 p110α 的三级结构。

13.1 势能函数和力场

在构建蛋白质结构时，不论是采用从头算法还是选择参考已知蛋白质折叠结构，我们的最终目标都是要获取能量最低的结构，这些结构必须要符合已知蛋白质结构的立体化学约束条件，[如蛋白质主链扭转角 Φ 和 Ψ 必须要在允许的范围内（2.1 小节）] 和适当的侧链填装。为了评估蛋白质构象是否为能量较低的构象及其出现的概率，我们可以根据蛋白质结构中的原子坐标将几何信息与已知的势能函数方程联系起来。这些方程可以用来描述蛋白质势能的所有成分，对于特定结构所有这些方程的组合就被称为力场。

力场大体上可以分成两种：一种是用来计算包含其他分子（如溶剂分子）的蛋白质构象的势能；而另一种是用来计算基于统计的平均环境效应能量。在这一小节内容中，我们将针对这两种力场进行讨论。

一旦制定好了力场，蛋白质的构象就可以被计算出来，那些势能较高和具有有利于降低势能的相互作用的构象都可以被鉴定出来。这样就有利于评价建立起来的蛋白质结构模型。目前已经有很多技术手段可以在识别势能最小化的基础上预测蛋白质天然构象，这些方法统称为**分子力学（molecular mechanics）**。下面将重点介绍这些方法的优缺点。

蛋白质的构象可以在势能面上观察到

分子的势能（或者焓）取决于其原子的坐标和原子类型，在此基础上可以定义出任何构象。对于小分子来说，其构象可以通过少数几个变量，通常是每个原子的三维坐标定义出来。对于大分子体系，如蛋白质，通常需要成百上千个变量来定义其构象。这样我们就可以用一个表面来表示出体系势能随着构象改变的变化，这个表面也被称为**势能面（potential energy surface）**。拉氏图就是其中一个例子（图 2.8）。尽管在拉氏图中，通常是只给出允许和

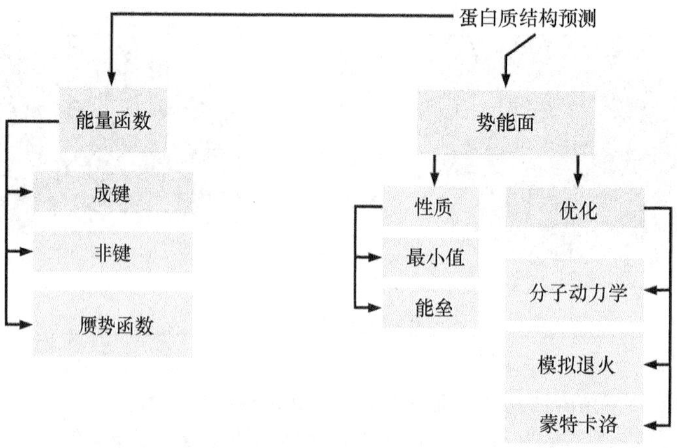

流程图 13.1　本节所介绍的重要概念是蛋白质系统的能量可以用一些简单的语言描述出来，而且这样的方法已经被用来鉴定蛋白质的最优构象。

禁止区域，但是这些区域分别对应着较低和较高的势能。

根据热力学理论，分子系统将采用自由能较低的构象。在这里，自由能包括了熵效应和势能两个部分。而系统的自由能面如图 13.1 所示。自由能面是复杂的，其波峰和波谷分别代表了局部势能最高和最低点出现的位置。出现最为频繁的构象处于自由能面最深的谷底，也就是自由能最小的一个或者几个值。在蛋白质体系中这一现象又被称为折叠漏斗，当蛋白质构象对应的势能点远离自由能最低点时，蛋白质将处于去折叠状态。即便是截取自由能面的表面横切图（图 13.1B），能量最小值所对应的位置也很明显。对于这个能量最低点将在本节的稍后部分和附录 C 中进行深入探讨。

自由能中的熵效应部分是很难计算的，尤其是对于溶液体系来说，因为计算熵值需要得到体系中众多构象的平均能量。尽管如此，在很多情况下可以将这部分熵值假设为常数，并且将其忽略之后仍然可以得到有用的结果。尽管在一些情况下，这个假设是不能成立的，如在构建蛋白质折叠结构时，但是在预测蛋白质结构中（也就是本节的重点），利用熵值的近似值也可以得到较好的结果。在上述假设成立的情况下，体系的势能可以用下列的几种简单方式计算。

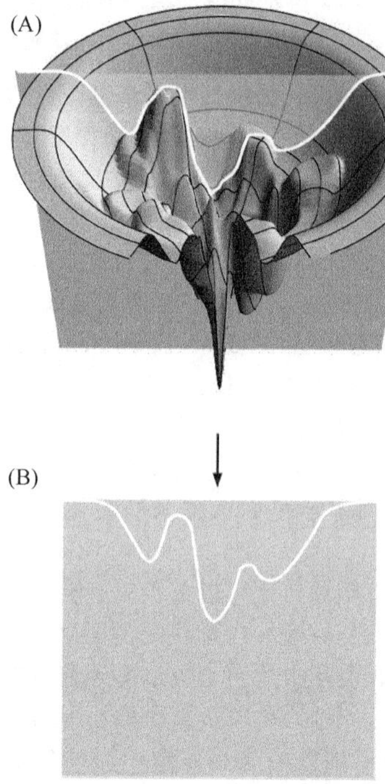

图 13.1　能量全景图，图中的能垒表示了多个能量最小值。此坐标体系是能量最小值为中心的，其中（A）任意构象坐标和垂直轴的水平面代表了体系的能量，（B）此能量全景图的截面图。

构象能量可以用简单的数学函数来描述

分子的几何构象可以用两种不同的方式来定义：由每个原子 x，y，z 坐标表示的外标法和基于简单化学概念，如键长、键角和旋转角等（2.1 小节）的内标法。分子的构象是几何构型和原子类型共同定义的共价结构。这里所说的共价结构是指该构象中哪些原子是通过化学键彼此相连的，它们的化学键属性如何（单键、双键和特殊的双键等）。分子的势能会随着其构象改变而变化。因此，所有用来定义分子构象的成分都可以成为定义分子势能的参数。

我们这里所谈到的能量计算并不涉及化学反应，势能则可以被分解成两个有效成分：一部分是由共价键结合所产生的；另一部分是至少被两个共价键隔离开的原子间的非键相互作用。在大多数情况下，氢键相互作用是采用不同于共价和非键相互作用的额外项来处理的，并且和其他项放在一起进行处理。非键项在蛋白质结构预测中往往被限制仅用原子间电荷的静电作用和扩散与排斥作用表示（具体内容见附录 B)。这些定义的使用对于内标和外标体系都是十分必要的。

另外，在计算蛋白质势能时，共价作用是通过内标体系建立的。这样做是非常有效的，内标体系中存在着与原子数目相等的键长参数和少量的键角和旋转角参数（如果采用外标体系，那么体系中每个原子都需要有一个参数来表示其与其他原子间的相互作用，从而增加许多参数)。科学家们已经发展了诸多计算共价作用的指导理论，如 **harmonic 近似法（harmonic approximation)**，利用这种方法我们可以用简单的数学形式来描述改变体系化学性质（如键长）所带来的能量变化（具体内容见附录 B)。小分子光谱试验已经证实在合理的近似条件下，这些参数可以分别独立地计算出分子能量。因此，分子势能中的共价键合部分可以用一些简单参数的加和来表示，每个参数可以表示出其特定的键长、键角或者旋转角。此外，这些光谱数据还表明在加入交叉项之后，利用这些参数计算分子势能中的键合部分的准确度。

在键合部分和非键部分中的代数项和参数的集合被称为力场。通常情况下，所有原子都被定义在一个有限原子类型的集合内，为了简化参数该集合中一般含有 20～30 种原子类型。这样做可以有效地区分同一元素的不同价态原子。两种已知类型原子之间的键长参数都是相同的。许多不同的力场已经被得到，其中包括了针对蛋白质而特殊设计的力场，如 CHARMM 和 AMBER。而经典的力场参数都采用了几乎相同的代数项和原子类型。

由于我们这里所阐述的能量计算的目的在于寻找势能最低的构象，所以就没有必要去获取能量的绝对值。我们只需要了解不同构象能量的差别。力场参数就可以实现这一目标，如键长参数计算出的能量与某个假定的理想键长有关，而这个假定的理想键长又是力场的另一个参数。

由于目前的力场不能够计算出能量的绝对值，所以我们可以采用不同的力场参数来计算体系的势能。但是对于同一体系必须采用相同的力场，因为利用不同力场参数计算得到的结果是没有可比性的。总的来说，不同力场之间只能通过比较其预测结果来进行相互比较。

相似的力场可以用来表示平均环境中的构象能量

上述的势能函数可以描述分子构象的焓能量，随之而来体系中所有原子也将被描述出来。因此，如果体系中仅仅包含有一个蛋白质分子而没有溶剂分子，那么就只能计算蛋白质在真空中的能量。计算蛋白质在溶剂中的能量就需要描述出相应的溶剂分子。当然也可以通过生成一个由统计平均影响值组成的能量参数来描述这些溶剂分子，也可以得到势能函数，这种势能函数又被称为**赝势函数（pseudo-energy function)**。

在蛋白质结构预测中，赝势函数通常用来表示体系的溶剂或者蛋白质周围的环境。溶剂环境的外在描述往往需要表示出几千个水分子和一些离子，因此在计算能量的过程中需要在较大的范围内采集溶剂分子的可能构象。通常情况下，在预测蛋白质结构的过程中，溶剂分子要么被忽略，要么就需要修改力场参数来得到溶剂化结构，而不是采用溶剂外在描述方法。对于力场参数的修改主要是在于修改非键项，这么做就会导致蛋白质结构更加紧凑。值得注意的是除非将这些溶剂分子用外在描述方法表示出来，否则这些势能并不适合于溶剂的深入研究及涉及溶剂相互作用的构象。

赝势函数在折叠识别方法中用来表示蛋白质结构的统计平均值，这方面内容将在 13.2 小节中详细讨论。这些势能函数携带了在特定的二级结构中特定氨基酸或者一小段氨基酸序列的倾向性，如特定氨基酸残基可以与其他的氨基酸形成疏水作用等信息。这些信息都可以从蛋白质结构数据库的统计分析中得到。这些势能函数基本上只能局限在折叠识别法中，因为其计算得到的能量不够精确，不能用来分析其他的相互作用。

势能函数可以用来评估构建的结构

当采用不含统计平均效应的势能函数时，其计算得到的各个能量项可以用来分析任何一个给定的结构。例如，如果其中一个键长严重背离了理想值范围（即力场参数中设定的值或范围)，那么该结构就会有一个较强的排斥能量。然而找到这么一个力场参数可以鉴定出蛋白质结构中任何一个区域是不现实的（在酶催化过程中有这样一些例子，配体以较高能量构象结合在酶的结合位点处，并且完成相应的催化反应，但是其几何构象，如键长、键角和旋转角都与理想值非常接近)。目前已经有一些程序，如 PROCHECK 或者 MolProbity 可以利用立体化学验证法来找到蛋白质结构中能量较高的区域。

这些软件如何应用将在 13.4 小节详细介绍。

对于给定构象的能量分析可以揭示哪些特定的相互作用可以稳定或者破坏蛋白质结构，从而反映其分子功能。特别是对于蛋白质和配体所形成的复合物体系，这种方法可以找到稳定蛋白质折叠的关键相互作用。这部分将在第 14 章中进行详细讨论。

能量最小化可以用来搜索建模结构和确定局部能量最小值

如将在 13.4 小节探讨的，即使利用同源蛋白质作为模板构建蛋白质结构时，其部分蛋白质骨架，尤其是 loop 区域，与模板有很大不同之处。也会在一些侧链位置上存在立体化学碰撞，这种情况通常发生在由不同氨基酸在**目标蛋白质**（**target protein**）和**模板蛋白质**（**template protein**）的同一个位置上时。为了解决这一问题，我们通常采用分子力学方法。这种方法是利用力场参数来计算体系能量，可以除去那些能量较高的相互作用因而改善分子的几何构象。此外，利用该方法还可以找到处于能量最小值的构象。

能量最小化是最为简单的探查势能面的分子力学方法。**能量最小化**（**energy minimization**）是由众多个步骤组成，每个步骤中体系将会采用一个局部能量相对最低的构象。通过采集一系列的局部能量最低的构象，使得体系无限接近于能量最低值，直至抵达能量面的谷底（图 13.2A）。一旦达到了能量最小值，程序将会停止，并且输出具有能量最小值的构象作为最佳的预测构象。这种方法较好的应用在同源建模中，因为它允许蛋白质核心的侧链松弛，从而减少侧链的重叠。通常情况下，最初构建的模型其蛋白质核心会存在一些侧链的重叠。能量最小化能够减少具有这种重叠的较差构象，而对蛋白质结构中的其他区域没有什么影响。

图 13.2　图例说明应用优化方法时体系在能量面上的运动。（A）能量最小化时势能面上的运动途径是通往最近的能量最低点处，在此例子中为局部能量最小值。图例中的途径是沿着能量面的一小部分，但是实际中不仅仅局限于这一条途径。（B）分子动力学或者模拟退火计算中势能面上的运动途径。此时途径更为接近全局能量最小值。

能量最小化是最为快速的分子力学优化方法，但是却失去了找到全局最小值的机会，也就是很难找到势能面上处于井底位置的构象。从图 13.1 中可以看出，蛋白质势能面有许多独立的井，每个井底都对应着一个能量，但是其不一定就是最低的能量。要想正确的预测蛋白质结构就需要知道全局的能量最小值。一种可以利用能量最小化增加找到全局最小值机会的方法是增加能量最小化的循环次数，增加至几百次或者几千次，每次都从不同的构象出发并且保留所有循环中的能量最低构象。

目前有许多计算方法可以选择来实现能量最小化。但是这些方法都需要对当前构象的**能量梯度**（**energy gradient**）进行估计，这个能量梯度可以表示随着构象中每个坐标上的微小改变而产生的能量改变。对照图 13.1 我们可以发现，这个能量梯度就是图中的势能面的斜度。用来产生新构象所用到的坐标改变量与能量梯度关系密切（详见附录 C）。最为常用而且是最为简单的能量最小化方法是**速降法**（**steepest descent method**）。这种方法包含了估计当前构象的能量梯度和改变体系坐标来直接降低梯度等内容。体系坐标改变量的大小对应了不同强度的梯度，越靠近能量最小值，梯度就越小。更为先进的能量最小化方法是**共轭梯度法**（**conjugate gradient method**），这种方法利用两个连续的梯度方向可以更为精确的预测能量最小值所处的位置。其他方法，如**牛顿-拉夫逊法**（**Newton-Raphson method**），需要计算梯度的梯度，即二阶导数，因此计算时间更长，但是却比前两种方法更为接近最小值。

我们定义能量最小值所对应的能量梯度是 0，那么当前的能量梯度值就可以用来衡量当前构象接近能量最小值构象的程度。通常这个搜索过程会一直持续到当前构象的能量梯度小于一个特定的界限，一般为 0.01 kcal mol/Å 左右。如果在循环中的梯度小于这个界限，那么计算就被认为是达到收敛并且被停止。有时候计算不能达到收敛，那么可以限制循环次数来停止计算程序。

分子动力学和模拟退火可以用来搜索全局能量最小值

在真实情况下，蛋白质并不是如通常折叠结构所表示的刚性结构。它们具有一定的柔性，并且由于热能蛋白质中的原子围绕某个位置进行振动。**分子动力学（molecular dynamics）**方法通过求解方法来预测分子中每个原子随着时间变化所产生的运动（详见附录 C）。因此在任意一个时间点上，体系中的每个原子都可以定义出其位置和速度，并且需要估计出其加速度以确定下一个时间点原子所处的位置。分子动力学的时间步长是飞秒级别的（10^{-15} s），而且一次计算需要进行数万步。利用这种方法需要相当大的计算工作量，每个计算任务都需要用大型计算机运行数十个小时。

分子动力学在同源建模中非常有用，因为这种方法可以跨越相邻的势能井中的能垒。这样，分子动力学方法就可以避免陷入局部最小值，并且具有更高的机会找到全局最小值（图 13.2B）。

在分子动力学中，决定体系振动能量的参数是温度，因为其与分子的动能有关。在标准的分子动力学计算中，体系温度在开始时就设定好了（通常是 300K），并且在模拟过程中保持恒定。而在**模拟退火（simulated annealing）**的过程中，体系温度是一直变化的。在初始的时候，体系温度被设定为一个很高的值，如 1000K，使得体系具有较高的振动能量来克服一些较高的能垒。这样，我们就可以采集到更多的势能面上的井，增加接近全局最小值的机会。随着计算的进行，体系温度逐步降低，使得体系进入势能井，从而有可能找到全局最小值。在模拟退火中，只采集最后一部分计算中的构象，而全局能量最小值的构象很可能就在其中。在计算条件允许的情况下，可以从几个不同的出发点来进行模拟退火计算，这样可以增加找到全局最小值的机会。

13.2 用折叠识别法预测蛋白质结构

在很多情况下，目标序列找不到已知结构的同源蛋白。这时就需要用到不依赖于同源蛋白的结构预测方法。从头算法由于需要消耗大量的计算资源而很少被采用（专栏 13.1）。通过分析实验上已经测定的蛋白质结构，科学家们猜想蛋白质的折叠方式只有有限的几种，大概不会超过 2000 种。如果这个假设成立的话，一些序列虽然没有同源性，但是却有着相同的结构。这一设想目前已经被证实，实验上已经找到了这样的例子。因此现在出现了一些蛋白质结构预测方法将目标序列匹配到已知的蛋白质折叠上，并且选择处于能量和立体化学上最优构象作为预测结果。

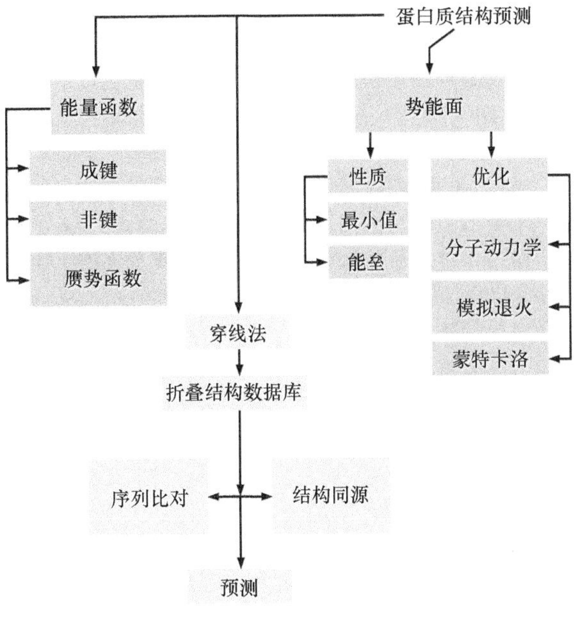

流程图 13.2 本节所介绍的关键概念是利用折叠识别方法预测蛋白质结构，这种方法可以从已知蛋白质折叠数据库中搜索到与目标蛋白质相匹配的折叠结构。

正如第 11 章所讲到的，相同的二级结构可以由多种不同的序列组成，同样的情况也可以出现在蛋白质三级结构中。众多的例子证实了即使没有同源性的两条序列，也可能具有极其相似的三级结构。例如，在不同的肿瘤蛋白和神经生长因子中有着相似的拉伸折叠，在完全不相关的蛋白质中有类似 SH3 的折叠结构（图 13.3）。还有许多超二级结构，由二级结构组成的、具有特色的联合体，如 β 桶，凝胶卷基序和希腊钥匙基序（第 2 章），存在于很多不同的蛋白质中。

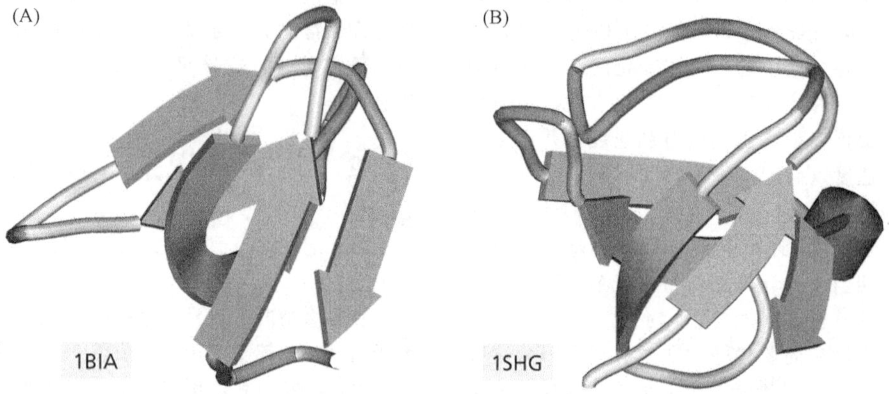

(C)

```
1BIA: ..FINRPVKLIIGDKEIFG-ISRGID-KQGALLLEQDGIIKPWMGGEISLRSAEK---------
1SHG:   MDETGKELVLALYDYQEKSPREVTMKKGDILTLLNSTNKDWWKVEVNDRQGFVPAAYVKKLD
```

图 13.3　SH3 结构域的三级结构示意图。（A）二氢叶酸还原酶 1BIA 和（B）激酶 1SHG。两个蛋白质的序列相似性为 14.5%。一般序列比对程序无法鉴定出这两个蛋白质具有相似的折叠结构。（C）基于结构叠合的序列比对。

由于折叠识别方法并不依赖于序列比对，即使是序列相似程度很低或者是不存在相似性，也可以识别其蛋白质结构之间的关系。由共同祖先进化而来和诸多物理方面限制了蛋白质折叠数目使得蛋白质具有一定的保守性。因此，相同的折叠结构可以出现在各种各样不同的蛋白质结构中。

折叠识别法或者称为**穿线法（threading）**试图寻找与目标蛋白质序列相匹配的折叠结构（图 13.4）。这种方法可以看成是将目标氨基酸序列按照某种折叠结构串联起来，对于序列比对之后的每个位置上的氨基酸检测其是否与该处的折叠结构相符。通常是将目标序列与已知的蛋白质折叠结构数据库进行比对，并且计算每个已知折叠结构与目标序列的匹配程度。如果可以找到一个模板结构拥有与目标序列较高的匹配程度，我们就认为目标序列是按照与模板序列相同的折叠方式形成的三级结构。这与逆蛋白质折叠方法的思路是一致的，该方法也是通过搜索已知蛋白质结构数据库来寻找目标序列最有可能采取的折叠形式。

在没有同源蛋白的情况下预测蛋白质结构折叠

在 PDB 数据库中存在许多蛋白质具有相似的折叠结构，其中包含了很多同源蛋白质。然而我们并不需要所有的这些结构来预测目标序列的折叠结构。因此，科学家们发展了只包含有特征折叠结构的蛋白质结构数据库，本节将对这部分内容做详细介绍。建立这样的蛋白质结构数据库就需要有相应的结构比对方法。目前已经发展起来了一些结构比对的算法，但是我们不会在本节内容中详细介绍其具体算法，因为这些算法与折叠识别没有什么直接关联（详见补充阅读）。衡量目标序列与已知蛋白质折叠结构的匹配程度需要用到特定的打分函数。这些打分函数虽然在前面的一些章节中介绍过，但是只是简单介绍，不够明确，我们会在本节中对其中的一些重要概念做详细讨论。当然目标序列与蛋白质折叠结构可以有很多匹配方式，那么利用穿线法我们就需要知道在蛋白质折叠数据库中哪个折叠是最佳匹配的。用来获得最佳折叠匹配的算法与序列比对的算法有些类似，但是还有存在着诸多不同之处。目前已经有许多方法能够预测目标序列的折叠结构，而且不仅仅局限于最佳匹配的分数。在本节的最后部分将讨论如何选择最终的预测结构。

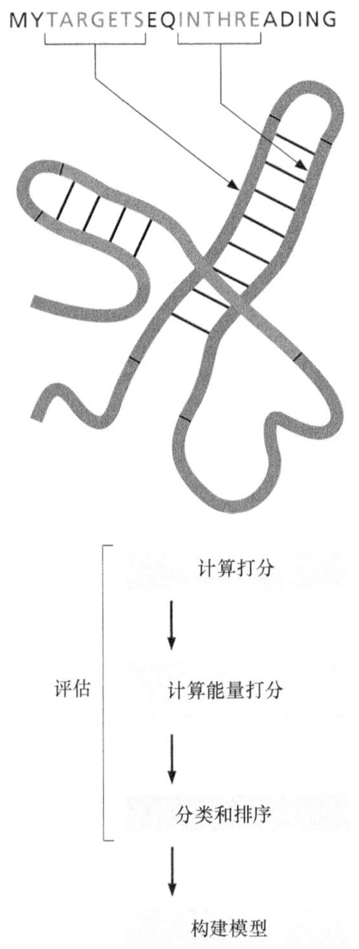

图 13.4 穿线法预测蛋白质结构流程示意图。首先目标序列被分割成若干片段，并且匹配到已知的折叠结构中，并且对每次匹配进行打分。然后通过动态规划方法找到得分最高的匹配。对于蛋白质折叠数据库中每个已知折叠结构都进行相同的操作，并且将所得到的结果排序。选择得分最高的结构作为模板来构建目标序列的三级结构。

非冗余蛋白质折叠数据库在穿线法中的应用

目前在 PDB/RCSB/MSD 等数据库中大概有35 000个蛋白质结构数据。如果我们每预测一个目标蛋白质的结构都需要搜索一遍这些数据库中的蛋白质结构，那么将耗费较长时间。然而，在这些数据库中，许多结构是由相同蛋白质和不同配体形成复合物或者不同的点突变组成的，或者是由具有相似折叠结构的蛋白质组成。因此，科学家们开发出仅含有特征蛋白质折叠结构的数据库。在预测蛋白质结构中使用这些数据库就可以大大减少需要搜索的结构信息数量。至今为止，我们只需要搜索700～1500个结构信息就可以利用穿线法构建目标蛋白质的三级结构。

目前已经有很多上述的非冗余蛋白质折叠数据库，我们将以 CATH 和 SCOP 为例进行介绍。这些蛋白质折叠数据库主要区别在于如何将蛋白质折叠进行分类和如何鉴定特征折叠结构。CATH 从 4 个层次上区分蛋白质折叠结构：种类（C）、构造（A）、拓扑结构（T）和同源超家族（H）(图 14.6)。本节主要聚焦于这 4 种层次中的拓扑结构部分，因为蛋白质的拓扑结构可以有效地描述出其折叠结构。在拓扑结构层次中，利用结构比对算法根据蛋白质的形状和其二级结构的连接，可以将蛋白质折叠结构进行分类。截至 2005 年中旬，CATH 数据库中收录了将近 900 种不同的拓扑结构类别。SCOP 数据库（也可以称为蛋白质结构分类数据库）将蛋白质结构分为三个层次：折叠结构、超家族和家族。这里所说的折叠结构层次与 CATH 数据库中的拓扑结构层次是一致的，截至 2005 年，SCOP 数据库中收录了超过 1000 种不同的折叠结构类型。图 13.5 显示了新发现的折叠结构数据正在逐步减少或者趋于平缓。这表明蛋白质折叠结构数据库基本上已经构建完整，至少对于非球形膜蛋白来说已经接近完成。

穿线法中采用的两种不同的打分机制

评价目标序列与已知蛋白质折叠结构匹配程度就需要对其结构环境进行定量测量。科学家们已经提出了许多测量方法，而这些方法基本上可以归为两类。第一类是基于氨基酸置换打分矩阵，如 5.1 节所讨论的。这些打分矩阵主要是考虑了周围环境所导致的氨基酸置换情况。第二类是明确描述出每个氨基酸残基附近的结构细节，如原子间的距离和在特定范围内氨基酸残基数量等。

穿线法所使用的置换矩阵在某方面来说与序列比对所使用的有所不同。在穿线法中，两个进行比对的残基并不是等位的，一个是位于已知折叠结构的特定位置上，而另一个是在目标序列中并且其所处的折叠结构是未知的。由于该置换矩阵具有不对称性，所有用目标序列中的赖氨酸来替换已知折叠结构中的丙氨酸所产生的效果与用目标序列中的丙氨酸替换已知折叠结构中的赖氨酸是不同的。在第一种情况下，折叠结构可能没有足够的空间或者极性环境来接纳赖氨酸。而在第二种情况下，氨基酸置换可能会造成一个口袋并且使疏水残基暴露在极性环境中。

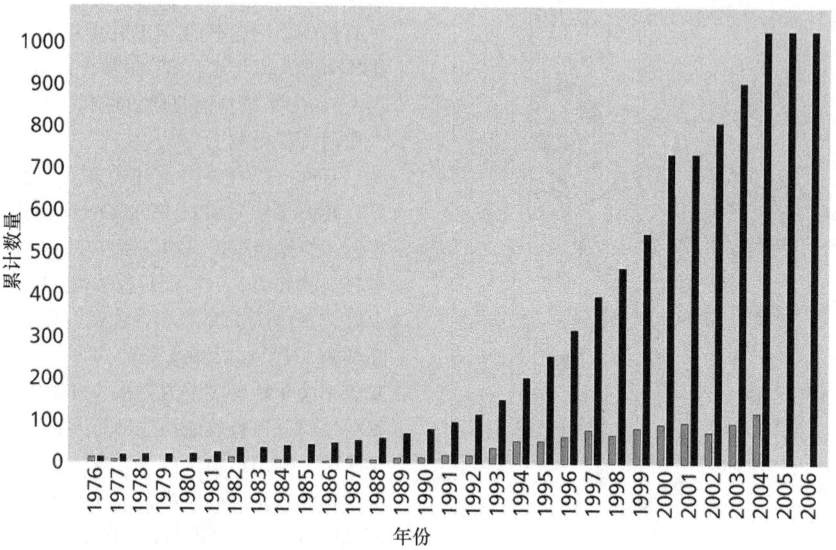

图 13.5 SCOP 中新蛋白质折叠结构数目的柱状图。图中所用到的数据来自 RSCB 网站，黑色柱状图代表蛋白质折叠结构累计数量，而浅灰色柱状图表示当年度发现的新蛋白质折叠结构数量。

由 Tom Blundell 及其同事提出的 FUGUE 法则使用了 64 个不同的打分矩阵，每个打分矩阵都对蛋白质折叠结构中的氨基酸残基定义了一个特殊环境。此特殊环境是由三方面属性定义的：4 类主链构象、2 类溶剂可及性和 8 类氢键，这些氢键可以用来区分侧链和主链的氨基基团与主链羧基基团之间所形成的键。这三种属性是相互独立的，因此就可以形成 64 个特定的环境。与定义 BLOSUM 矩阵的方式类似（5.1 小节），该打分矩阵也是由蛋白质结构数据库所定义的。Ron Elber 和其同事共同设计的 LOOPP 方法也使用了依赖于环境的置换矩阵，但是他们所得到的置换矩阵与 FUGUE 方法所得到的是不同的。

二级结构元件在模板序列中的定位可以用来定义可变的差异罚分。这些罚分可以用来判断目标序列是否在已知折叠结构中存在插入和删除部分。如果在二级结构元件中间位置存在结构插入和删除就会得到一个较高的罚分，相反，如果在二级结构元件以外位置存在结构插入和删除就会得到一个较低的罚分。

第二类打分机制中往往包含了全部或者一定程度上蛋白质折叠结构内氨基酸残基之间距离的功能。在 GenTHREADER 和 LOOPP 方法中就都存在定义平均力势的参数。这些参数可以得到一个依赖于两个特定原子之间距离的能量值。在这些参数中，使用每个氨基酸残基的骨架氮和氧原子以及侧链中的 C_β 原子来区分氨基酸残基之间的短程（小于 11 个残基）、中程和长程（大于 22 个残基）相互作用。并且将所观察到的特定原子对（如 $C_\beta \rightarrow C_\beta$）数目转化为能量（图 13.6）。

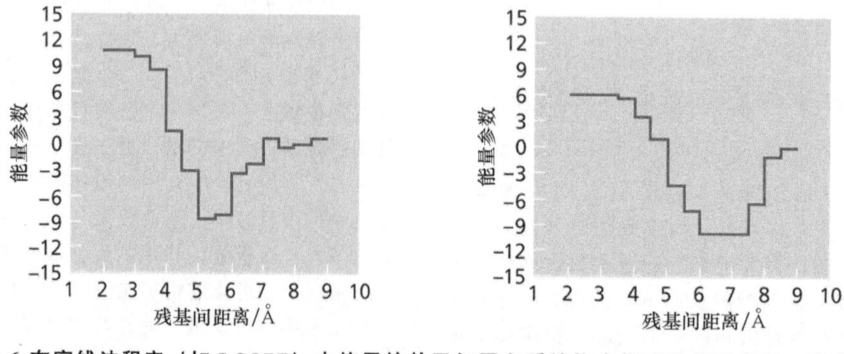

图 13.6 在穿线法程序（如 LOOPP）中使用的从已知蛋白质结构中得到的能量参数。该曲线显示了一对特定氨基酸残基的相互作用能是其残基间距离（单位为埃）的函数。(A) 缬氨酸与亮氨酸之间的相互作用能；(B) 苯丙氨酸与色氨酸之间的相互作用能。

此外，GenTHREADER方法对于每个氨基酸残基还计算了溶剂化势能，这个势能主要依赖于氨基酸残基 C_β 原子 10 Å 之内 C_β 原子数量。而据报道 C_β 原子的数目与氨基酸残基的溶剂可及性有很好的相关性。因而，科学家们设计了许多涉及特定范围内原子数目的打分函数。最为常用的是**配对接触势（PCP）**，这种方法有些类似于平均力势方法。另一种较为常用的是**接触容量势（CCP）**，这种方法主要是描述了疏水相互作用对于折叠结构自由能的贡献。这两种方法都会涉及氨基酸类型对与所有氨基酸对的比值。与式（12.5）中定义倾向性的方法类似，这些势能（配对接触势或者接触容量势）则被定义为这一比值的对数。而这些势能函数则被广泛的应用在穿线法程序中，如 LIBRA 和 123D+。

3D-PSSM 方法则实现了上述两种打分机制。在这种方法中 PSSM 用来代替置换矩阵被用来描述序列的环境因素（6.1 小节）。利用 PSI-BLAST 方法可以为蛋白质结构数据库中的每个折叠结构产生一个特征轮廓。对于数据库中的每一个特征非同源序列折叠结构，将会产生一个独有的特征轮廓。通过结构叠合，合并在不同折叠结构中的相同位置上的特征，从而得到最终的特征轮廓（图 13.7）。除了该特征轮廓，类似于 GenTHREADER 方法中的溶剂化势能函数也会被涉及。

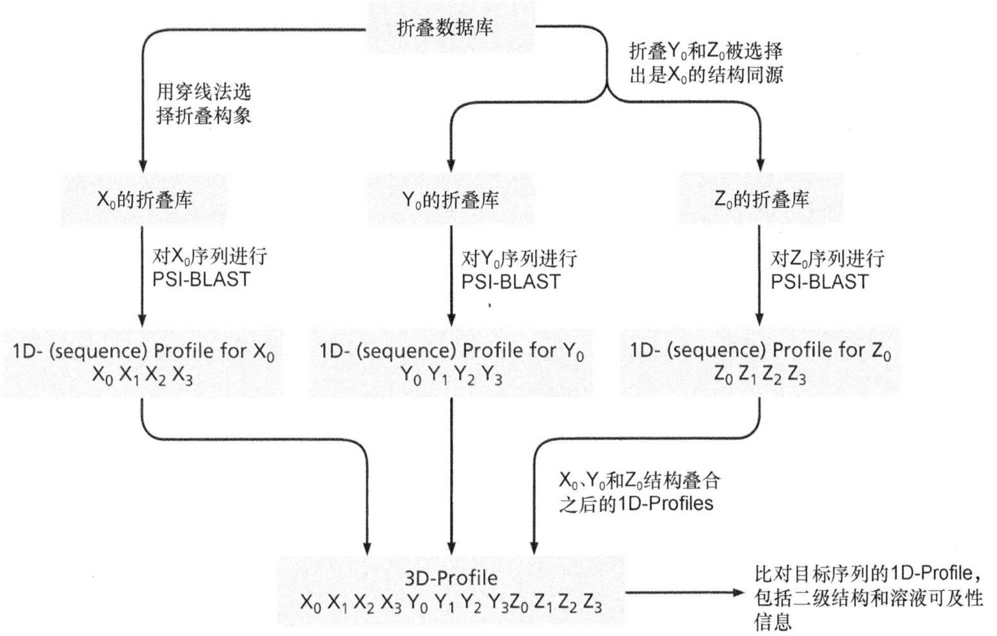

图 13.7　利用 3D-PSSM 方法产生 3D 特征轮廓的流程图。每个 X_0 序列都通过 PSI-BLAST 与蛋白质折叠结构数据库中的同源蛋白 X_1，X_2 等进行比对。SCOP 数据库用于搜索其他的同源结构 Y_0 和 Z_0，然后同样利用 PSI-BLAST 与其同源结构进行比对。与 X_0 具有相同蛋白质折叠的不同序列家族的 PSSM 就以这样的方式建立起来。再加上二级结构和溶剂可及性数据就可以产生折叠结构的 3D 特征轮廓。同样基于同源序列和二级结构也能为目标序列产生其特征轮廓。动态规划方法被用来对目标序列的特征轮廓和蛋白质折叠结构数据库中每个折叠结构的特征轮廓进行匹配。

动态规划方法搜索目标序列与已知折叠匹配的最佳方案

在穿线法中，用来搜索目标序列与数据库中每个已知折叠结构匹配的最佳方案的算法与 5.2 小节所介绍的动态规划方法类似。但是，如果在打分机制时考虑了平均力势，就需要对序列比对方法做一定的修改。

一些程序，如 3D-PSSM，仅仅是考虑了一个序列位置的打分函数。这些程序可以利用如 5.2 小节所述的标准动态规划方法来搜索目标序列与结构模板之间的最佳匹配方案。由于需要进行比对的两条序列通常是长度不等而缺乏对空缺部分的罚分。这样的作用一般称之为整体-局部动态规划。在 3D-PSSM 中，只有折叠结构和目标序列的特征轮廓是同时构建的。而后目标序列将会匹配到已知折叠结构的特征轮廓上，而模板序列将会匹配在目标序列的特征轮廓上。所得分数最高的匹配方式将会被保留下来。

利用依赖于多个序列位置的打分函数进行匹配的算法是不能直接使用标准动态规划方法的。例如，GenTHREADER 方法就采用了 Willie Taylor 与其同事所发展的双重动态规划方法。其他的方法也采用了修改后的动态规划方法来搜索最佳匹配方式。

评估折叠识别可信度的方法

在穿线法中，得分最高的匹配方式可以直接用来构建目标序列的蛋白质折叠结构。就如同序列比对一样，我们需要对穿线法所得分数的有效性进行评估，并且以此来估计结构预测的可信度。除了上述方法，还有一些其他更为复杂的方法可以用来预测蛋白质的折叠结构，如神经网络等。

打分的有效性一般是通过与一系列随即序列的打分进行比较来判断的。这也就是通常所说的**扰乱检验法（shuffle test）**。但是这种分析方法没有序列数据库检索中使用的基于正态分布方法严谨。

另一种检验方法是以穿线法创始人之一 Manfred Sippl 名字命名的 **Sippl 检验法（Sipple test）**。这种方法是通过产生一系列错误的结构来评估对于长度为 N 的目标序列的预测准确性。这些错误预测结构是将目标序列无视差别匹配到数据库中长度同样为 N 的折叠结构而产生的。如果已知折叠结构的序列长度超过 N，那么就将其切割成长度为 N 的片段，然后与目标序列进行匹配。同时计算出这些长度为 N 的片段与目标序列匹配程度的打分，然后利用其平均值和标准偏差构造出一个正态分布。并且将预测结构的打分匹配到此正态分布中。如果预测结构是正确的，那么其打分在此正态分布中就应该是分数最好的。

在 GenTHREADER 方法中，匹配打分仅仅是 6 个属性或者参数中的一个，这些参数可以输入到一个前馈神经网络中来评估目标序列与折叠结构的匹配程度（图 13.8）。此神经网络可以输出信号为 0～1，输出的信号如果是 1 就表示该折叠结构与目标序列匹配较好可以成为候选，其他的输出信号则表示匹配结果不好。如果输出的信号大于 0.34，则该预测的可信度是中等的；如果输出的信号大于 0.79，则该预测的可信度较高；如果输出的信号是 1.0，则表示预测结果准确。

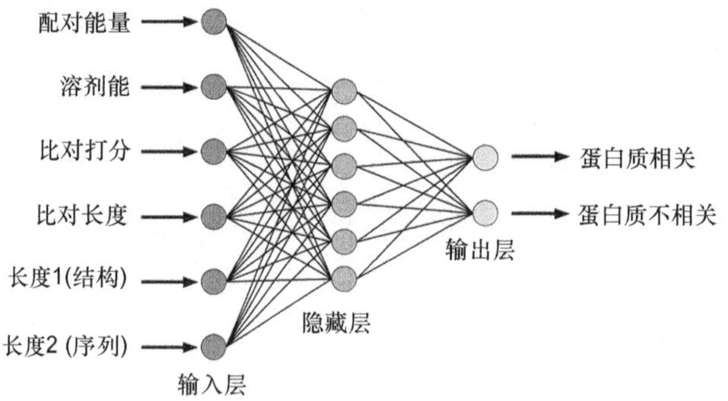

图 13.8　GenTHREADER 算法中的神经网络结构示意图。该算法用初始序列比对得分、目标序列长度和匹配的残基数目来代替仅使用能量打分的方法来改善折叠结构预测的准确度。这里所用到的神经网络是一个标准的前馈模型，如在 12.4 节所详细探讨的，它由 6 个隐藏的单元和 2 个输出单元组成。并且将输出那些打分较高的单元作为预测结果（出自 D. T. Jones，GenTHREADER：an efficient and reliable protein fold recognition method for genomic sequences，*J. Mol. Biol.* 287：797-815，1999.）。

穿线法实例：网柱黏菌中的 C2 结构域

我们将以如何预测 C2 结构域的折叠结构作为例子来讲述目前常用穿线法算法的优势和劣势。C2 结构域是全 β-磷脂结合结构域，它与 PI3 激酶的催化结构域有所不同。在许多不同的蛋白质中都存在 C2 结构域，并且可以调节相应蛋白质与细胞膜之间的相互作用。在这部分内容中，我们选取了网柱黏菌的 C2 结构域作为实例。并且通过 BLAST 序列比对，在 PDB 蛋白质结构数据库中没有找到其已知的同源结构。

我们利用一些网页工具来对 C2 结构域的折叠结构进行预测。首先，在运行这类预测工具的时候，在默认条件下，只需要输入一段目标序列即可。然后其预测结构将以多种形式返回：可以以电子邮件的形式返回文本文件或者是给出 HTML 格式的结果，其中可以包含图标和打分等信息。为了使预测结构言简意赅，这些工具除了会给出相应的打分，还会简单的描述出该预测的可信度，如在 GenThreader 中用“HIGH”而在 FUGUE 中用“CER-

TAIN”表示具有较高可信度。PHYRE 和 LOOPP 可以在比对之后提供最终的结构模型，这样如果我们对于该工具比对结构满意就不需要在利用其他工具来构建目标序列的折叠结构了。LOOPP 采用 MODELLER 工具（将会在本章稍后的内容中进行介绍）来完成穿线法预测折叠结构（图 13.9）。

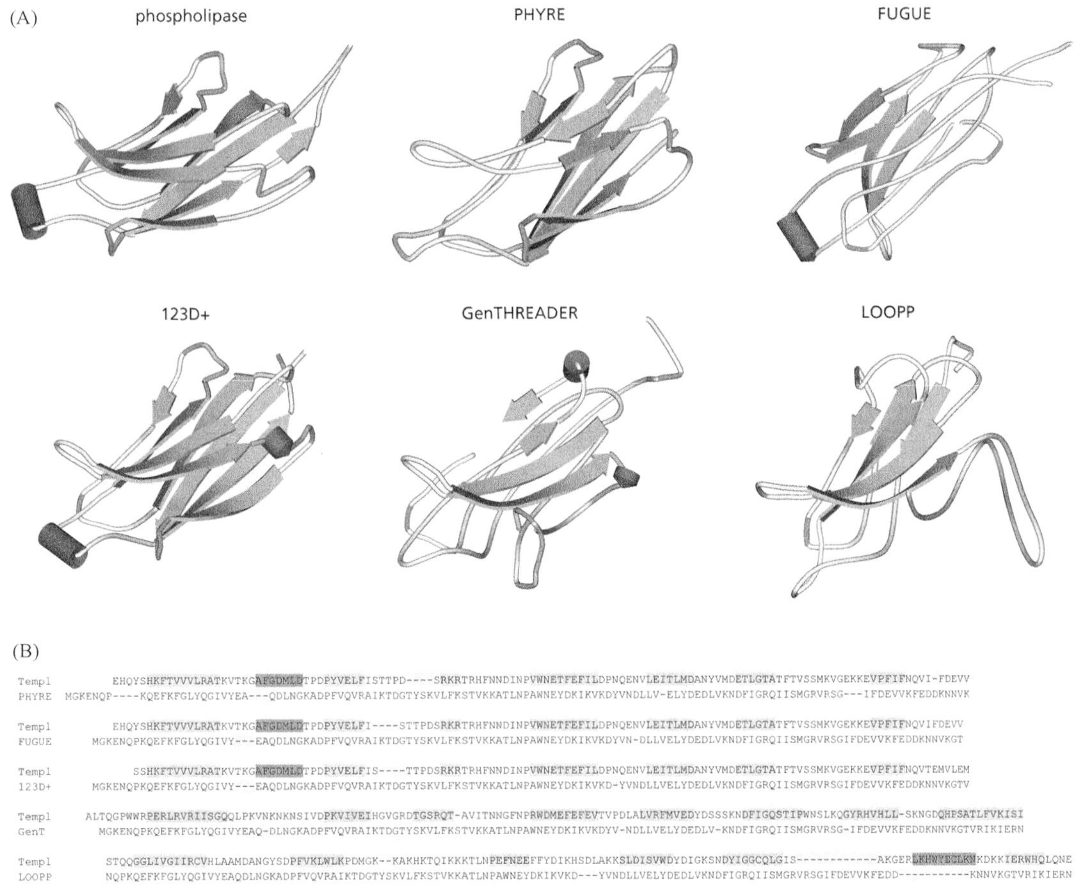

图 13.9 不同穿线法工具的预测结果。（A）不同穿线法工具预测的折叠结构与其模板磷脂酶 C2 结构域的空间结构；（B）每个工具的结构匹配结果。蓝色代表折叠片，红色代表螺旋结构，序列比对中的黄色部分表示缺失。（见文后彩图）

穿线法工具 PHYRE、FUGUE 和 123D＋都可以鉴定出胞质磷脂酶 A 的 C2 结构域。图 13.9B 展示了上述几种工具对目标序列和折叠结构匹配的结果。尽管在匹配过程中有一些微小的区别，这些工具对于其 β 折叠片结构的预测是基本相同的。然而，在预测螺旋结构中，PHYRE 所得到的结果与其他两个有所不同。而这个不同点使得 PHYRE 的预测结果丢失了部分螺旋折叠结构（图 13.9A）。可以说利用上述 3 种工具，我们基本上可以将所有的折叠片段都预测出来，但是在图 13.9A 中，由于对于二级结构显示方式的不同，使得并非所有的折叠片段都显示出来（图 12.3）。用 GenTHREADER 预测的打分最高的结构是磷脂酶 E 的 C2 结构域。尽管在匹配结果中存在少量插入，与前面的 3 种工具的情况类似，GenTHREADER 也将其 β 折叠片结构预测出来。利用 FUGUE、PHYRE 和 123D＋预测的 β 折叠片结构中的氨基酸残基是相同的。而 LOOPP 预测的打分最高的结构则是 Rab 亲和蛋白 a 的 C2 结构域。并且在其预测结果中，存在许多插入和删除现象。尽管其预测结构的 β 折叠片核心是保守的 C2 结构域，但是由于匹配结果中过多的插入和删除现象使得 LOOPP 的预测与其他结果不尽相同。此外，与其他方法相比，LOOPP 还将其他的一些区域预测为 β 折叠片结构。从图 13.9（A）我们可以看出，这些预测结果在蛋白质折叠的核心部分基本上是一致的，但是在 loop 区域存在着不同的构象。

然而有一种方法并没有能够辨认出目标序列的 C2 结构域折叠结构。LIBRA 将其预测成具有 α/β

Rossmann 折叠结构的半胱氨酸蛋白质-8。图 13.10 展示了其预测的折叠结构以及序列匹配结果。其结果与 C2 结构域折叠结构大相径庭。

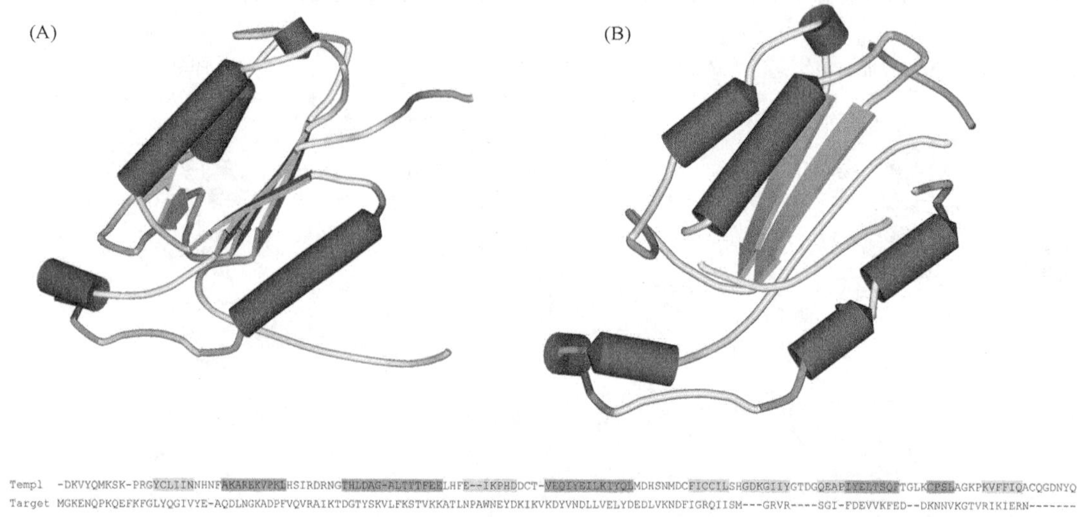

图 13.10 LIBRA 预测出的折叠结构示意图，图中的预测结果并没有鉴定出 C2 结构域折叠结构。图中的预测结果（B 图）是 α/β Rossmann 折叠结构（A 图）（见文后彩图）

即使目标蛋白与蛋白质结构数据库的所有序列没有明显的序列同源性，序列比对结果为 10%～16%，其折叠结构也是可以成功预测的。由于 C2 结构域折叠结构已经被多次鉴定出来。因此即使我们不知道目标蛋白是 C2 结构域折叠结构，也能用此折叠结构来预测蛋白质结构并且具有较高的可信度。一旦折叠类型被确定，我们就可以利用穿线法将目标序列匹配到该折叠结构中。如果多个穿线法工具匹配结果一致，那么该区域就被认为是核心区域（或者是保守区域）。那么其他序列就需要在这些核心区域的基础上进行匹配。一旦获得了较为准确的匹配结果，我们就可以用下面即将介绍的同源建模法来预测匹配序列的三级结构。

为了充分发挥穿线法的潜力，我们就必须注意如下要点。如果目标蛋白具有多个结构域，如在其氨基酸序列较长的情况下，那么该蛋白质需要划分成几个单一的结构域。在某些情况下，我们可以通过序列特征或者实验经验来辨别蛋白质的结构域。

通常来说，对于同一个目标序列，利用不同的穿线法工具会得到不同的结果，所以我们需要尽可能多地使用不同的工具来进行预测。如果一个折叠结构出现在多种工具的前 10 个或者 20 个结果中，那么它很可能就是正确的折叠结构。

如果目标序列存在同源蛋白质，那么也可以进行穿线法研究。不同的同源序列所得到的结果也不尽相同。所以，同源序列的同家族折叠结构是已知的，而且利用多种方法都可以被鉴定出来，那么这个折叠结构就很可能是正确的。即使利用不同的穿线法工具或者同源序列所得到的折叠结构差异很大，我们也可以从中选择出一个相对最好的折叠结构。

我们可以利用已经得到的蛋白质的有关信息，如蛋白质的功能，来评估穿线法所得到的预测折叠结构。如果其功能是相似的，那么就可以正确辨认蛋白质折叠结构的可能性。

在构建蛋白质折叠结构之前，一定仔细检查程序所产生的序列比对结果。尽可能的围绕核心结构来改进插入和删除区域的位置。人类的认知和知识是最有力的工具。

13.3 同源建模原理

在缺乏一个蛋白质实验结构的情况下，基于其已知三维结构的同源蛋白的建模是目前为止获得结构信息的最可靠的方法。这种**同源建模（homology modeling）**的方法又称为**比较建模（comparative modeling）**或者**基于先验知识的建模（knowledge-based modeling）**，该方法基于“进化过程中同源蛋白的结构比氨基酸序列更加保守”的理论事实。不仅仅是拥有很多相似序列的绝大多数蛋白具有几乎相同的骨架结构，甚至于那些拥有相当多不同序列的蛋白质也具有相似的构象。

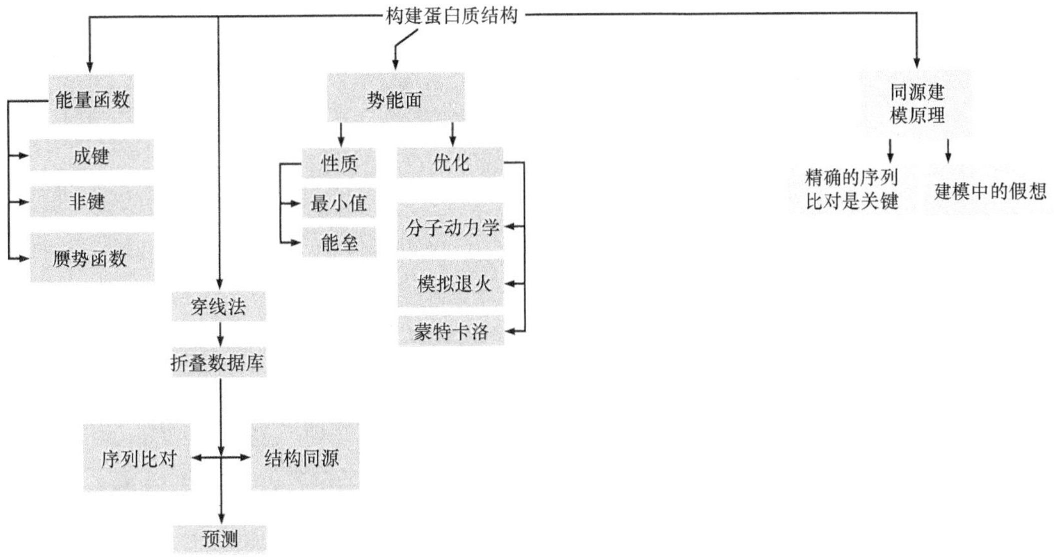

流程图 13.3　此流程图描述了部分同源建模的基本原理

第一个同源建模的例子发生于 20 世纪 60 年代，当时使用金属线和塑料模型代表化学键和原子（图 13.11）。1969 年，第一个通过同源建模得到的小型球蛋白 α-乳清蛋白的结构得以发表。该同源建模的模板蛋白结构来自于鸡蛋清溶菌酶，在建模术语中，α-乳清蛋白称为“目标蛋白”，而这两种蛋白质的序列相似度是 39%。为消除 α-乳清蛋白中那些与溶菌酶不匹配的氨基酸所带来的影响，溶菌酶的结构被手动地加以修饰。这两种蛋白质含有相同的半胱氨酸模式，这一点意味着它们拥有相似的二硫键的空间排布方式。通过同源建模得到的 α-乳清蛋白结构与后来通过 X 射线晶体衍射得到的结构除了羧基端不同（α-乳清蛋白与溶菌酶的羧基端结构不同），其他部分结构都基本正确。图 13.12 显示了 α-乳清蛋白 X 射线结构与溶菌酶结构的叠合图。其中二硫键在整个结构中用黄色高亮突出显示，可以从叠合图中看出两者的确拥有相同的结合模式。

(A)

(B)

图 13.11　由 John Cowdery Kendrew 及其同事建立的巨头鲸（sperm whale）肌红蛋白的金属线模型照片。此结构基于低分辨率的 X 射线数据。该照片显示了一个蛋白质结构的复杂性，并表明了要建立如此精确的模型是一件相当耗时的事。

(A)

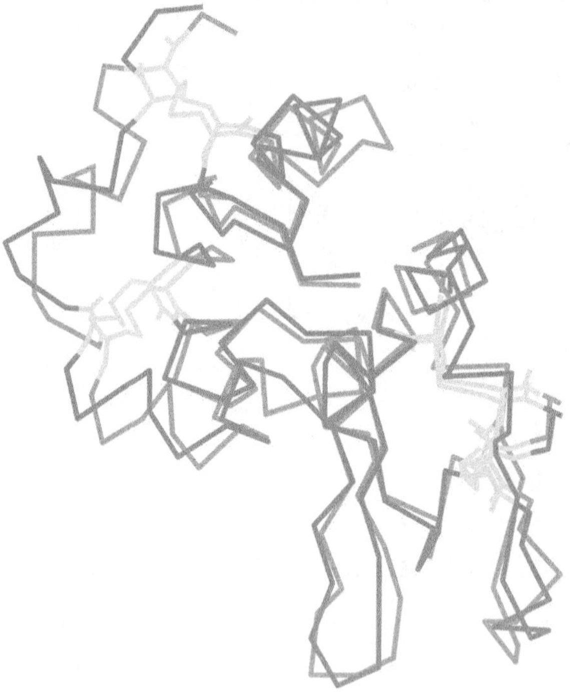

(B)

```
HEWL:     -KVFGR ELAAAMKRHGLDNYRGYSLGNWV AAKFESNFNTQATNRNTDGSTDYGILQINSRWW NDGRTP
LactB:    AEQLTK EVFRELK- DLKGYGGVSLPEWV TTFHTSGYDTQAIVQNND-STEYGLFQINNKIW KDDQNP

HEWL:    GSRNL NIP SALLSSDITASVN AKKIVSDGNGMNAWVAWRNR KGTDVQAWIRG R
LactB:   HSSNI NIS DKFLDDDLTDDIM VKKIL-DKVGINYWLAHKAL SE-KLDQWL-- E
```

图 13.12　溶菌酶与α-乳清蛋白的 C_α 骨架叠合图。（A）X射线晶体衍射得到的溶菌酶结构（绿色）与α-乳清蛋白结构（蓝色）叠合图。二硫键用黄色高亮显示，事实证明两种蛋白质正如序列比对结果预测的那样拥有相同的结合模式。（B）溶菌酶与α-乳清蛋白序列比对。两者相同的氨基酸残基用红色高亮显示，半胱氨酸用白色高亮显示。（见文后彩图）

目标序列与模板序列相关性越大，同源建模的结果越好

同源建模是一个多步骤流程（图 13.13）。几乎在每一阶段，无论使用的是自动化建模还是手动建模，作出合理选择都是基于以前的实验数据。需要作出多少次选择以及构建的模型是否准确往往取决于目标蛋白结构与模板蛋白结构的序列相似度大小。

因此，目标蛋白与模板蛋白序列相似度越大，构建的模型越准确，建模的过程也越简单。如果目标蛋白与模板蛋白的序列相似度超过90%，那么得到的模型骨架几乎与晶体衍射得到的结构一样好。当序列相似度低于25%时，同源建模往往会发生大的错误，此时同源建模的结果不可靠，除非有额外的实验数据存在能够帮助确定其三维结构。

关键序列一致性取决于整个序列的长度

序列相似度（sequence similarity）与球蛋白核心部分三维结构之间相关关系的研究表明，序列一致性（sequence identity）至少达到25%是成功同源建模的阈值（图 13.14）。但是，一致性的百分比取决于比对序列的长度，因此从结构可靠比对结果得出的同源性参数可表示为比对长度的一个函数表达式。从图 13.15 可以看出，只有那些由多于 100 个氨基酸组成的蛋白质其序列一致性水平达到25%以上才能被建模。对于那些小蛋白（由 60～100 个氨基酸组成），序列一致性水平必须超过30%方能建模。少于 30 个氨基酸组成的多肽建模时要特别谨慎，甚至序列一致性是100%时建模也要十分谨慎，因为即使序列一致性为45%时目标蛋白结构和模板

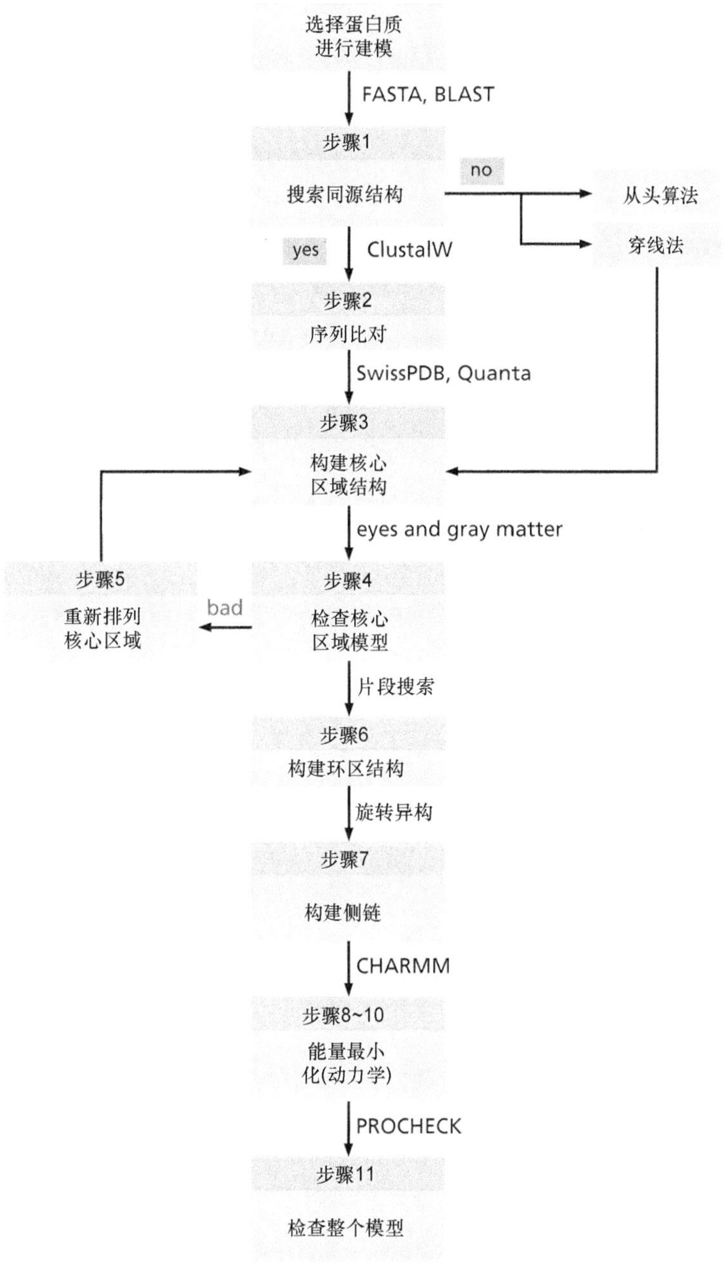

图 13.13　基于一个模板蛋白结构对同源蛋白进行同源建模的流程图，包括没有模板结构时可能采取的建模步骤。

蛋白结构之间可能还是有一定的相似性的。一种例外情况是当要建模的多肽是某蛋白质的配体，两者的结合位点以及周围环境会对建模推想出的结构有更多的限制条件。

针对目前可建模的大批量序列的同源建模已经实现自动化

同源建模正逐渐成为解译基因组数据和阐述各基因可能具有的功能的一种重要方法。一个构建出的结构模型在理解该蛋白质的生物功能中起着如此关键的辅助作用，以至于现在人们努力收集和保存所有的基因产物或拥有实验解析出来的结构，或拥有同源建模的模型结构。为了给众多的蛋白质建模，精确序列比对以及由序列比对结果构建三维结构模型已经实现了自动化。在酵母中，所有与已知结构模板蛋白具有相对高的序列一致性水平的可读框（ORF）都已经通过

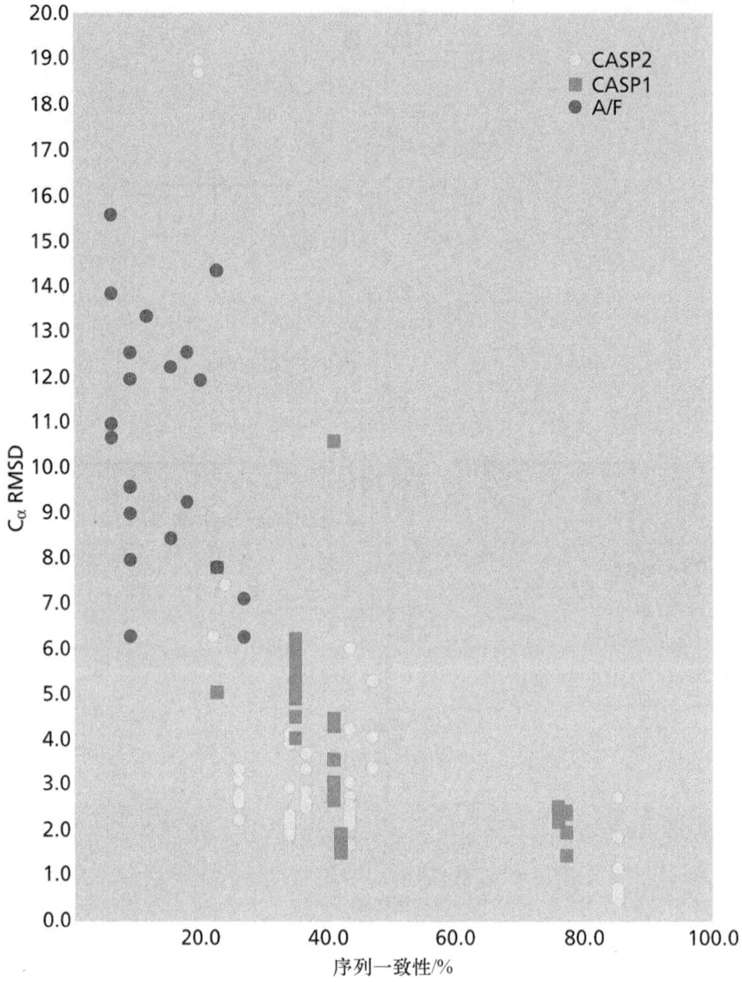

图 13.14　通过 CASP1（critical assessment of techniques for protein structure prediction）和 CASP2 进行同源建模的实验结果比较。通过从头预测和折叠识别对序列一致性低的目标蛋白进行建模的结果也用圆点表示出来。随着序列一致性上升，实验结构与预测结构之间的 RMSD 值逐渐减小。在从头预测中，没有一组模型的 RMSD 值低于 6Å.（节选自 A. C. R. Martin, M. W. MacArthur and J. M. Thornton, Assessment of comparative modeling in CASP2, *Protein Struct. Funct. Genet.* Suppl. 1:14-28, 1997）。

程序 MODELLER 同源建模出来。对于那些序列相似度低的蛋白质进行自动化同源建模仍然不可行，除非对建立的最终模型有更进一步的分析。

建模所基于的一系列假设

同源建模时基于两个主要假设。第一，我们假定模板蛋白与目标蛋白之间相似的保守区域的多肽骨架具有相同的空间坐标。尽管这个假设对于建模是适当的，但是实际要求无需如此苛刻。保守区域通常具有相似性，但往往不是完全相同的坐标体系。第二，假定序列比对中出现的插入和缺失（尤其是大量出现时），往往主要存在于 loop 区，而这些 loop 区由相对不定形的无规卷曲组成。这些 loop 区很有可能就是目标蛋白与模板蛋白构象上有差异的区域，也是在建模时可以采用比核心保守区域更加灵活的处理方法的部分。即使很近似的同源物之间在 loop 区存在不同的二级结构元素也是很常见的现象。

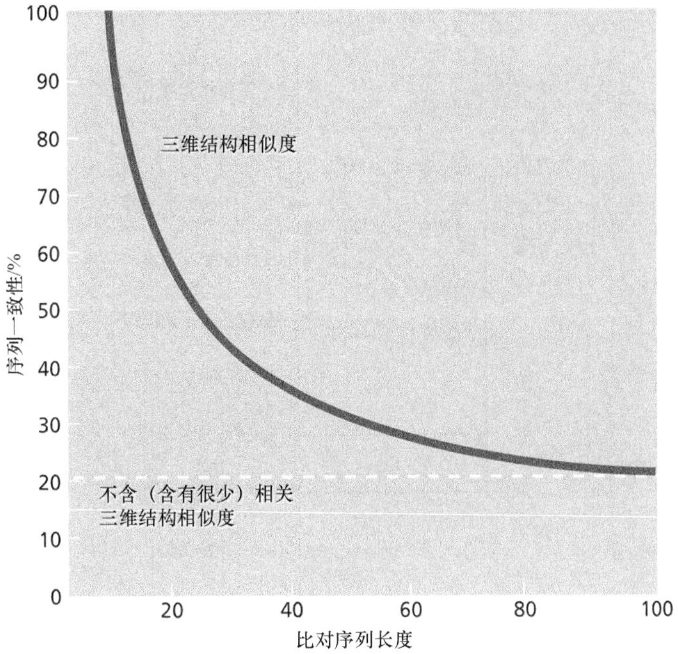

图 13.15　结构比对同时取决于序列一致性水平和比对长度。落在黑线右方的比对结果体现了三维结构相似度大小，而落在黑线左侧和下方的部分则不含有或含有很少相关三维结构相似度的信息。序列一致性水平为 20%的那条白线是是否可以采用同源建模序列比对（无论序列长短）的临界线，低于 20%的就不能采用。建模者从这种简单可视的长度—同源性相关关系可以方便快捷地衡量判断：从一个给定的序列比对出发是否能够构建可信模型（节选自 C. Sander and R. Schneider, Database of homology-derived protein structures and the structural meaning of sequence alignment, *Proteins* 9:56-68, 1991）。

13.4　同源建模的步骤

建立蛋白质三维结构模型的过程由一系列独立的步骤组成（图 13.13），现描述如下。为简便起见，我们将以一个简单的同源物作为模板。对一个蛋白质进行半手动化建模时可以使用程序 Swiss-Pdbviewer 或者 MolIDE，这两个都是免费软件但是需要下载安装到本地计算机上。

在正式开始建模过程之前需要做一些适当的选择或者设置。当同源物（都有实验结构）不止一个时，建模者需要做的主要选择就是如何选择建模的模板：是选择那个与目标蛋白序列最相似的同源物作为模板，亦或选择基于所有同源物计算出的平均结构作为模板，还是选择由每个同源物的不同结构片段组成新模板（后面会有所描述）。

每一个选项都各有利弊。若目标蛋白与模板在序列上相关度很高，由此模板结构构建出来的模型给出的结果可能是最精确的。只采用一个结构比采用几个结构的平均结构的优势在于源于不同结构构象的扭曲不会整合到欲建立的模型中。一些序列相似的结构（序列一致性为 45%～50%）在原子的相对位置上显示出 1.5～1.8Å 的均方根偏差值（RMSD）。

一个平均结构模板从本质上来说不代表任何一个真实的结构。另外，这也使得这个选项是一个更加合理的选择，因为建立的是一个未知蛋白的模型，而平均结构可能代表的是最接近的状态。由众多同源物的不同片段组成结构模型作为模板的方法有一个缺点：需要把这些独立分离的片段连接起来。而连接的过程是建模过程中出现错误最多的环节之一。当不止一个同源物结构可以参考时，也许最符合逻辑的方法是在目标蛋白与模板相似的保守区只采用其中一个同源物的结构进行建模，而 loop 区（插入与缺失）则尽可能多地采用来自其他剩余同源物的不同独立片段。

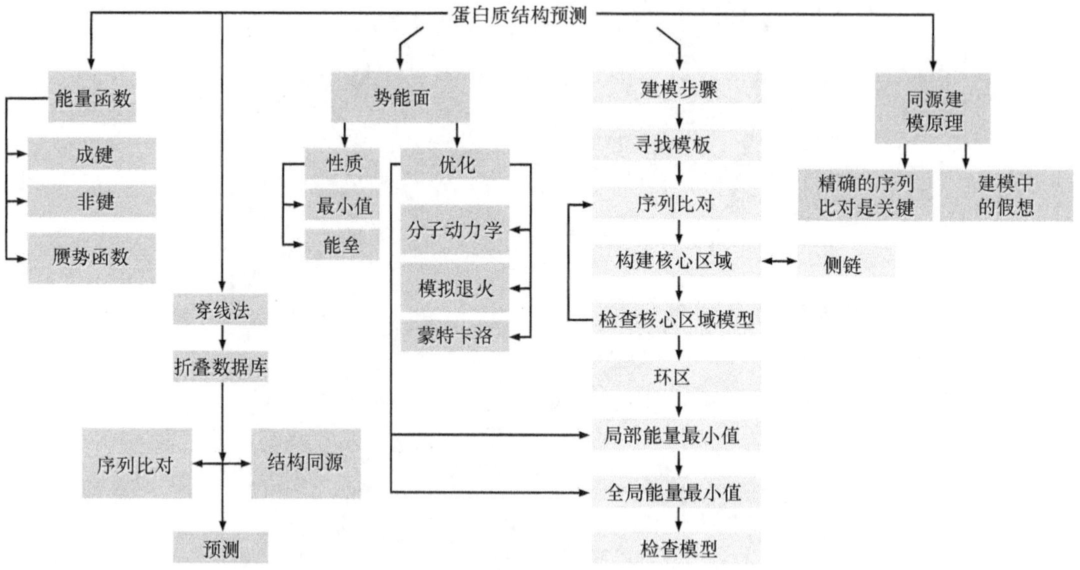

流程图 13.4　这一部分主要描述了同源建模过程中的重要步骤。

在 PDB 数据库中寻找目标蛋白质的同源结构

第一步是找到目标蛋白的结构同源物。大多数实验解构出来的结构已经被收藏至蛋白质结构数据库（Protein Data Bank，PDB）文库中。含有 PDB 结构序列的数据库可以以目标蛋白序列为提问序列，通过某一个序列搜索程序（如 BLAST、FASTA）来搜寻其对应的同源物，具体细节在 4.6 和 4.7 小节部分已有所描述。然后选择拥有最高相似性分数和拥有最广泛氨基酸序列一致性的蛋白质作为模板蛋白。若已知目标蛋白具体属于哪一个功能家族，则理想的模板蛋白应选择来自同一功能家族中的成员。

如果搜寻结果没有找到任何一个结构同源物，那么建模者有 4 个选择：放弃；采用从头预测法（见专栏 13.1）；尝试使用**穿线法**（threading）去找一个可能的模板蛋白；或者分区段寻找同源物，尤其是那些包含功能残基的序列区段（见 4.10 小节）。若最后一个选项方法能成功，你至少可以通过建立一个不完整模型来获得至少一部分结构信息。但是如果四种方法中最后两法都不可行的话，只能暂停建模而耐心等候目标蛋白结构或其某一同源物结构的发表了。

目标和模板蛋白序列的精确比对对于成功建模是必不可少的

一旦找到一个合适的模板蛋白，必须将目标蛋白序列与模板蛋白序列进行比对。比对这一步在建模过程中是非常关键的一环。将建立的蛋白质模型看作序列比对在三维空间上的表征。如果比对出错了，那么对应的三维结构也必然错了。即使一个氨基酸残基的错误比对都会导致不正确的分析。以图 13.16 所示情况为例，一个错误配对的残基导致了该误配下游处的一个精氨酸的单氨基酸错误比对。在模板蛋白结构中（图 13.16A），缬氨酸朝向疏水核，而目标序列模型中的精氨酸理应指向该蛋白质的外侧。正因为此区域的同源物结构如此，不正确的比对导致了建模出来的精氨酸侧链反而进入了这个主要疏水核结构，而实际上此区域容纳不下精氨酸侧链或者说精氨酸侧链在此区域无法正常“伸展”。

当蛋白质核心区域模型通过以下步骤创立时，很难比对的区域需要再次仔细复验。建模的核心区域应该服从一些基本的结构规则，如绝大多数带电荷的残基应该处于蛋白质的表面，除非它们能与蛋白质结构中其他带电荷元素相平衡或者出于蛋白质结构功能原因此带电残基必须包埋于蛋白质内部。假如蛋白质核心区域不遵从这些基本规则，那么必须重新进行序列比对及对核心区域重新建模。

一般来说，序列比对可以通过以下方法提高其效果。插入和缺失应尽可能地不被包含在二级结构元素之中。如果可能的话，应采用多重同源序列比对，即使最终只选择其中某一结构作为模板。其他任何有关蛋白质结构的已知信息都应充分利用，如组成蛋白质活性位点的是哪种类型的氨基酸残基等，这些先验知识（信息）应该将其融汇到模板之中。

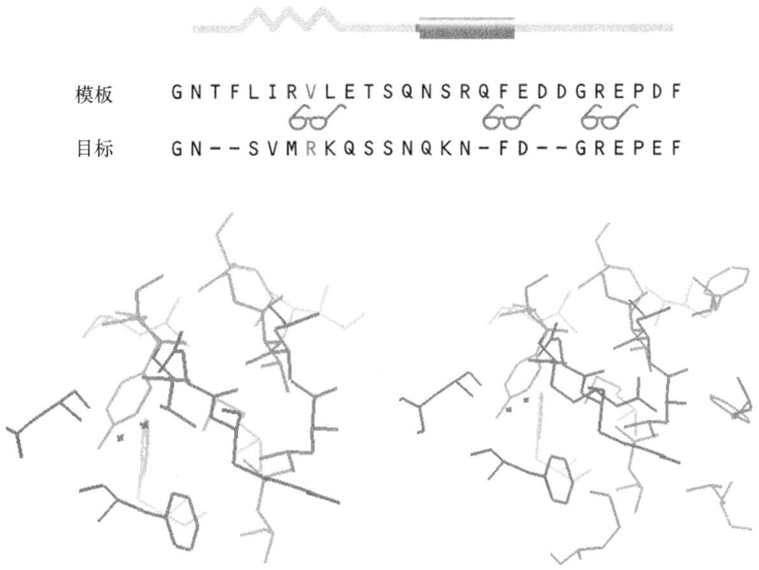

(A) (B)

图 13.16 序列比对在结构建模中发挥的作用。该图最顶部显示的是一个目标序列与其同源模板之间的假想比对结果。最上方的那条线显示了与模板序列相关的结构特征，Z 字形的线表示 β 折叠，圆柱表示 α 螺旋。比对中的第一副眼镜表示一个单点错误比对联配。目标序列中红色高亮显示的带正电的精氨酸被比对联配到一个疏水的缬氨酸（也是红色显示）而非缬氨酸左侧的精氨酸。这一错误比对联配源于在精氨酸的氨基端存在两个空隙的间隔。A 图显示的是模板蛋白的结构，B 图显示的是通过上述序列比对联配建模出来的目标蛋白质的模型。从 A 图可以看出，原始的缬氨酸（红色表示）朝向蛋白质的疏水核，所以在同一个坐标系中对精氨酸进行建模时，精氨酸也会朝向这个疏水核（图 B）。但现在在疏水核内部包埋了一个带电残基，这在能量上是不合理的，而且精氨酸的较大侧链也与周围其他的许多侧链相冲突。第二副眼镜所在位置显示了一个二级结构元素——α 螺旋中一个单点缺失的效应。最后一副眼镜所在位置显示了具有重要功能的氨基酸残基的正确比对结果。（见文后彩图）

蛋白质的结构保守区域最先建模

结构保守区域——蛋白质核心最先被建模。对蛋白质核心建模可以简单地通过将比对联配残基中每一个相匹配原子的 x、y、z 坐标从模板分子转换到目标分子上来实现。然后将骨架原子以正确的角度连接到一起以形成肽键。鉴于很多目标蛋白中的侧链与其模板分子中的不完全相同，通常可以只复制部分侧链的坐标。而将那些含有插入和缺失的区域留到后面处理。在大多数计算程序和图像处理包中，骨架结构和侧链的建模同时进行，但为了清楚说明起见，我们会先处理骨架结构，然后再描述对侧链进行建模的过程及其背后的理论基础。图 13.17 显示的是一个激酶催化结构域用 C_α 金属线表示的建模结构（蓝色）及其对应的模板激酶结构（红色）。需要注意的是此时插入和缺失区域还没有被建模，因此显示出来的蛋白质核心结构由一些不连续的链组成。

进入下一阶段前需检验建模的核心结构是否存在不适之处

现在检验建模的核心结构是否存在不合适之处很重要，因为这是进行非常耗时的 loop 区建模和能量最小化之前检验模型是否正确的最后一次机会。一旦蛋白质结构的核心区域确定被创建完毕，接下来就要检验审视插入/缺失区域和很难比对联配区域的骨架构象了。对于比对时需要进行插入的区域不应该用来结构建模或者成为建模结构的一部分，否则将会破坏二级结构元素（图 13.17）。对于那些很难进行比对联配的区域，应该试试将插入序列移动一两个残基位置是不是会得到更合适的构象。

序列重新比对和重新建模可能会提高建模结构的准确性

如果一些插入序列会破坏蛋白质核心结构或者二级结构，亦或稍稍不同的比对联配更有利于一个

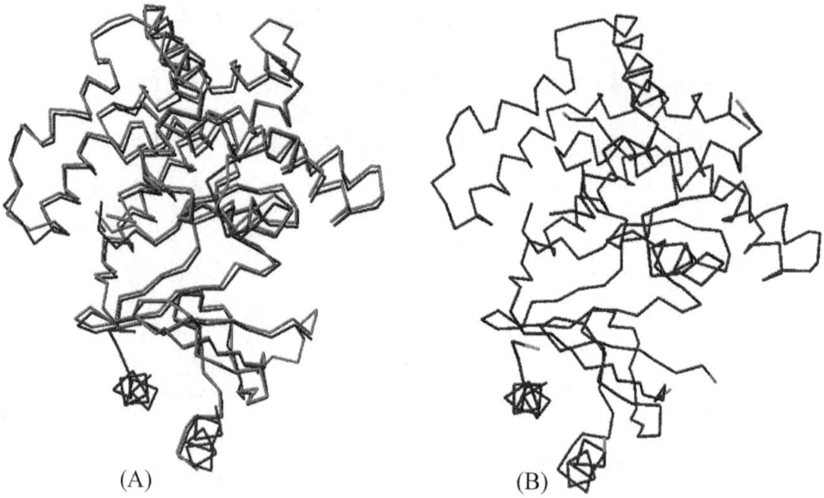

图 13.17 检验建模出来的结构保守区域（structurally conserved region，SCR）可以发现整合到序列比对中的插入和缺失相对于模板分子处于目标蛋白构象中的什么位置。（A）图显示了建模的目标蛋白结构与模板结构的叠合图。（B）图仅显示了目标蛋白的建模模型，其核心区域末端处的那些插入序列还有待建模。建模的核心区域应该仔细检查分析以确定任何插入序列（或缺失序列）是否会引起结构中断。（见文后彩图）

特定区域，那么很有必要退回到上一步骤并将目标序列与模板重新比对，重新对核心区域进行建模，再次检查所得结果。因此建议将所有建模出来的核心结构都加以保存，日后可以将其叠合在一起并按照之前描述的评判标准选择其中最好的核心结构模型。另外，如果一系列重新比对、重新建模尝试对一个特定区域的建模都没有提高，而且此特定区域似乎不与任何已知功能域相互影响，那么采用这些建模出来的核心结构中的任一个并继续下面的建模步骤。

插入和缺失序列通常建模成环区域

一旦获得一个好的比对结果，那么在整个建模过程中其他最主要的步骤就是对环区进行建模了。这些区域通常含有插入或缺失序列，也是序列中最多变的部分。因为其在序列和长度上的多变性，环区一般是建模难度最大的区域。但是，环区常常参与配体识别、配体结合过程甚至参与组成蛋白质活性位点。例如，参与组成蛋白激酶的活性位点环。因此，尽可能准确地对环区建模是非常重要的。使得问题更加复杂的是，环区经常是一个蛋白质结构中最灵活的部分，其晶体结构中甚至可能没有相应的坐标。

如果相对于模板结构，目标蛋白的环序列区含有一个插入位点，那么建模这个插入序列时就没有模板坐标系可以借鉴了。解决这个问题的最简单方法就是检查一下是否有其他结构同源物含有相同的插入序列。利用这些结构同源物的坐标就有可能对这些缺失部分进行建模。然而，对于目标蛋白来说一个插入序列常常是独一无二的。在这种情形下，建模环区使用最为广泛的方法（无论是手动的还是自动化程序）是在一个含高分辨率结构的数据库中搜寻相同长度的结构片段。

然后将该结构片段整合或并入到前面的核心结构中（图 13.18）。核心结构的两端，也就是环区被建模后与核心结构相衔接的部位，被称为**定位点(anchor point)**。定位点可以是一个氨基酸残基也可以是多个氨基酸残基，尽管定位点的标准长度是末端的 2 个氨基酸残基。接着进行片段搜索，片段长度为 loop 长度加上定位点长度。片段末端额外的氨基酸残基可以与定位点相匹配并计算它们之间 C_α 原子叠合的 RMSD 值。选择那些具有最低 RMSD 值的 loop 以作进一步评价（图 13.19）。例如，若要对 5 个氨基酸残基长度的插入序列进行建模，那么就要在片段数据库中搜索 9 个氨基酸残基长度的片段：其中 5 个残基代表 loop，定位点两端各 2 个残基。具有最低 RMSD 值、与核心结构之间相互影响最小，与目标蛋白序列相似性最高的片段被选中并整合到结构中。此过程可对所有的插入序列反复使用。

短的缺失可以采用局部能量最小化的方法来处理，该法可以将 loop 边界聚拢在一起。长的缺失则

```
Target:     VLVATY     HDFVLI ...
Template:   VLIISYFGNSGREFVIL ...
```

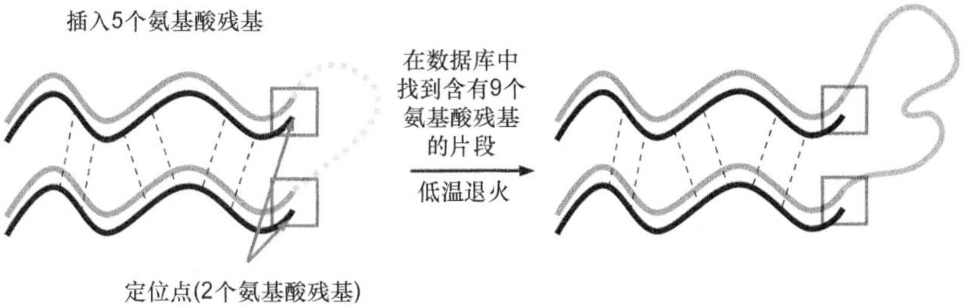

图 13.18　使用数据库搜索法对环状结构（loop）建模的示意图。上面部分显示的是目标蛋白序列与其同源模板之间的假设性比对结果，模板序列比目标序列多了 5 个氨基酸残基的插入序列。首先，识别出常规核心结构两端的定位点区域（两残基长度）（方框部分）。然后在数据库中搜索高分辨率的、9 残基长度的片段：5 残基代表插入序列，4 残基代表两侧的定位点区域。一旦找到与核心结构之间不相互影响的片段，就将该片段连接到已有结构中，展示建模后的 loop 区。

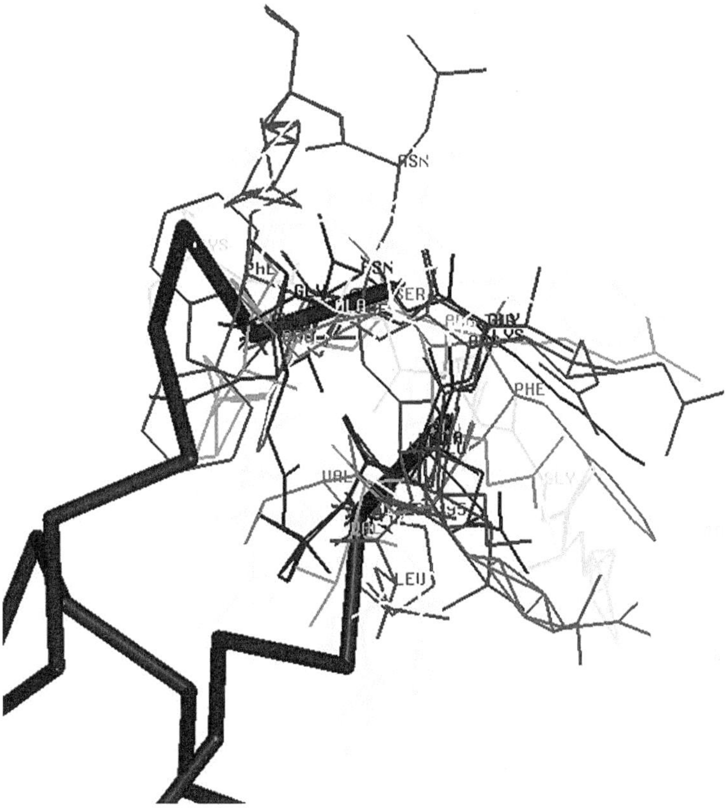

图 13.19　通过数据库搜索对环状结构建模的实例。具有最低 RMSD 值的 10 个环状结构被选中做进一步地分析，主要评价它们在构象（核破坏势）和序列上的同源性大小。然后用户选择这 10 个中最好的一个环状结构去参与形成建模结构。

非常难处理。一般来说，如果结构中相当大一部分缺失，那么它们很难被连接起来，除非位于缺失区域之侧的那些结构边界之间靠得很近。这可能暗示整个结构不正确。

一些程序，如 COMPOSER（本章稍后会有所描述），试着只采用同源结构来对环状结构进行建模。此法基于如下分析：来自同源结构的环状结构（loop）将比那些来自非同源物的环状结构提供更加准确的模型。为了对环区建模，COMPOSER 在所有同源结构中搜寻那些序列相似的环区，即使它们之间有一两个氨基酸的差别。剩下的一两个需要建模的残基则通过前面提过的片段搜索法来获得。

不等同氨基酸侧链的建模主要通过旋转异构体数据库来实现

氨基酸侧链赋予了一个蛋白质在结构和功能方面区别于其他蛋白质的特性。然而，为了能够对侧链进行建模，我们有必要对侧链能采取哪些构象有基本的认识。

在具有相似三维结构蛋白间展开的针对保守残基侧链原子坐标的调查中发现，多于 90%情况下两蛋白中的侧链采取相同的构象。因此，最简单的情形，也就是在模板和目标结构比对残基相同的区域，目标蛋白的侧链结构可以直接继承自模板结构相对应的原子坐标（图 13.20A）。

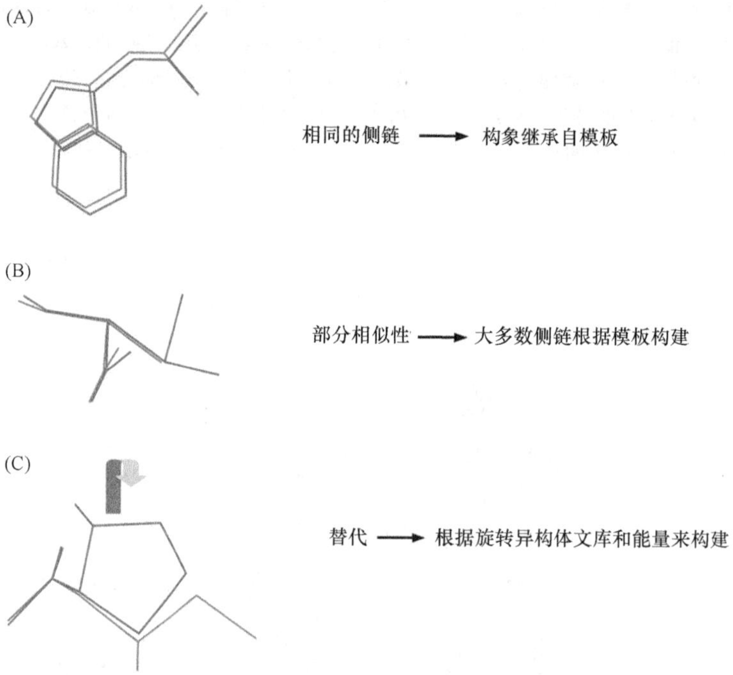

图 13.20　大多数程序对侧链进行建模时采用的各种方法。（A）给定位置的侧链相同时，目标蛋白侧链构象可直接继承自模板。（B）侧链与模板相似但不完全相同时，目标蛋白侧链的绝大部分可以基于模板进行建模。（C）侧链与模板差别很大时，目标蛋白侧链的构象需要从旋转异构体文库搜索和能量评价的综合结果来演绎推断。

当要针对比对残基不相同区域的侧链构象进行预测时，需要用到**旋转异构体文库**（**rotamer libraries**）。对已知结构蛋白侧链构象的广泛分析以及侧链填装的能量计算结果显示，绝大多数侧链局限于少数几种可能的**二面角**（**dihedral angle**）（χ_1，χ_2）能量最低点（图 13.21）。例如，虽然亮氨酸有 9 种可能的χ_1，χ_2构象异构体（conformers）（指侧链构象），但是在蛋白质中只发现了两种，这两种占据了亮氨酸侧链构象的 88%。一些侧链显示出依赖于主链二级结构的旋转异构体偏好（由一个单键的限制性旋转衍生出来的一系列构象异构体中的一种）。例如，色氨酸在 α 螺旋中其侧链二面角χ_1有 75%接近 180°，在 β 折叠中χ_1有 62%接近 −60°。Martin Karplus 及其同事证实了侧链构象也依赖于主链构象；换句话说，依赖于主链构象到底是 β 折叠、α 螺旋、转角或是无规则卷曲。接着，主链依赖型旋转异构体文库被搜寻，连同能量计算，使得模型填装成为可能，从而促进不等同侧链的建模过程（图 13.20C）。各种各样的侧链建模算法通过采用不同的旋转异构体文库和不同的能量函数都有了进一步的发展。实际使用中到底采取哪种方法往往依赖于建模程序中哪种方法可用。

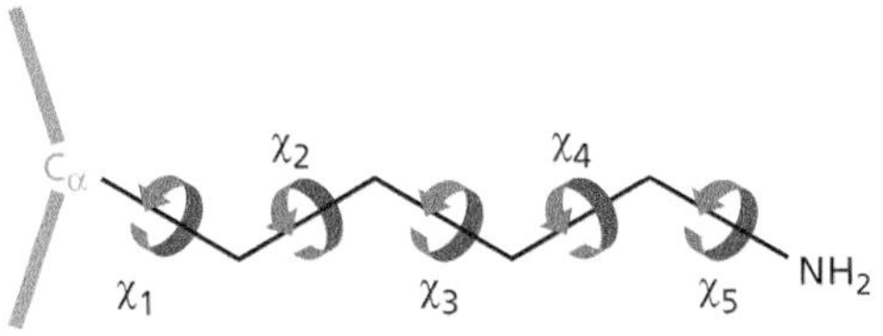

图 13.21　侧链扭转角（torsion angles）被称为 χ_1，χ_2 等。 图中显示的是骨架结构的一部分（浅灰色），从 C_α 原子开始用黑色线条表示的侧链（标出了所有的角度）。该图显示的是赖氨酸的侧链。

采用能量最小化来消除结构错误

当由核心结构和环区域组成的模型构建好了以后，能量最小化需要运用于建模好的环区域。这些区域由于是由来自两个不同蛋白质的结构拼接而成，所以往往含有不好的几何构型。这些区域的局部能量最小化（只允许环区、连接处及连接处两端较短延伸部分的原子可以自由移动），可使环区-核心结构连接区域的构象更加优化。有些程序还允许紧邻被选中环区的原子也可以移动。在此阶段往往需要进行 50～100 步前面有所描述的最陡下降法才能得到比较合理的几何构型。

全局能量最小化是用来减少不好的键角，改善局部几何构型和原子间的相互作用的。通常比较有效的做法是一开始采用 50～100 步最陡下降法能量最小化，接着再使用共轭梯度法（或类似方法）直至达到收敛状态。

分子动力学可以用来搜索可移动的 loop 区域可能采取的构象

简单的分子动力学可用来调研大的插入序列或可移动环区的可能构象。广泛使用的免费图像软件包 Swiss-Pdb Viewer（稍后会有所介绍）中不能做分子动力学计算，但是商业软件包，如 Quanta 和 Insight Ⅱ，还是提供分子动力学计算这一选项的。用户可以执行很多不同的计算，也有很多不同的物理模型可供选择，不过这些步骤细节不在本书的讨论范围内。

检查模型的准确性

检验模型的精确度、估计潜在错误的大小及其发生概率是十分重要的。估计一个模型的误差时，常常将模型的结构参数与那些通过晶体衍射解构结构得到的结构参数进行比较。

很多研究者试图寻求能够将不正确折叠的结构与正确折叠的结构区分开的能量判断标准。这些研究者故意将一蛋白质序列错误折叠成与其天然结构完全不同的构象。例如，一含有全都是 α 螺旋结构的蛋白质序列可以被人为地折叠成全都是 β 结构，反之亦然。然后计算该错误的、假想的折叠结构的能量，看看能量这一指标是否能将正确折叠的与错误折叠的蛋白质结构区分开来。可惜的是，这些能量标准不够灵敏。而其他可以区分正确折叠结构与错误折叠结构的方法还没有被发掘出来。此外，即使整个天然蛋白的全局能量处于最低点，也有可能其一个片段的局部能量相对较高。这种情况在环区域经常发生。一个环区的正确构象可能有相当高的局部相互作用能。

通过对大量已知结构进行经验性观察而衍生出的统计标准提供了评价一个模型好坏的标准判据。这些调研参数包括扭转角、键角、键长、极性和疏水性氨基酸残基的分布及残基之间的相互作用。有很多程序可以计算这些结构因子，然后将这些计算值与标准参数指标（也就是统计平均值）进行比较。

程序 PROCHECK 可以评价一个给定结构的立体化学性质的优劣，它主要查看一个给定蛋白结构中其残基的几何构型与那些来自高分辨率的优良结构中的立体化学参数相比是不是合理、正常。程序 PROCHECK 突出显示的不正常区域不一定就是结构错误的，但有可能是有特殊特征的，而该特征是可以合理解释的，如由于配体与蛋白质的活性位点相结合而引起的结构扭曲。尽管如此，这些突出显示的区域还是应该仔细检查的地方。一个比较好的做法是在预测结构和模板结构上同时运行 PROCHECK 这一类的程序。PROCHECK 突出显示的错误有可能是模板结构中固有的，因此不一定预示着建立的模型不好。类似 PROCHECK 的程序需要一个坐标文件和用户预期的结构精度。如果坐标文件来自于一个理论模型，那么预期的结构精度应该是模板结构精度加上建模固有的误差值（0.5～1.0Å，取决于目标蛋白与模板的同源性大小）。PROCHECK 的输出是一系列 PostScript 文件，其中包含描述 ϕ、Ψ 扭转角的图片，分别通过 Ramachandran 图（见第 2 章）、各独立残基的 Ramachandran 图、chi-squared 图、主链参数（图 13.22）、侧链参数、残基属性、主链侧链键长的分布、到残基型平面的均方根距离（root mean square distances from residue-type planarity）以及阐述扭曲几何构型的绘图。另一个相似的、基于网络的、检验一个结构的立体化学性质正确与否的程序是 MolProbity。此程序分析所有原子的相互作用及立体效应变量。

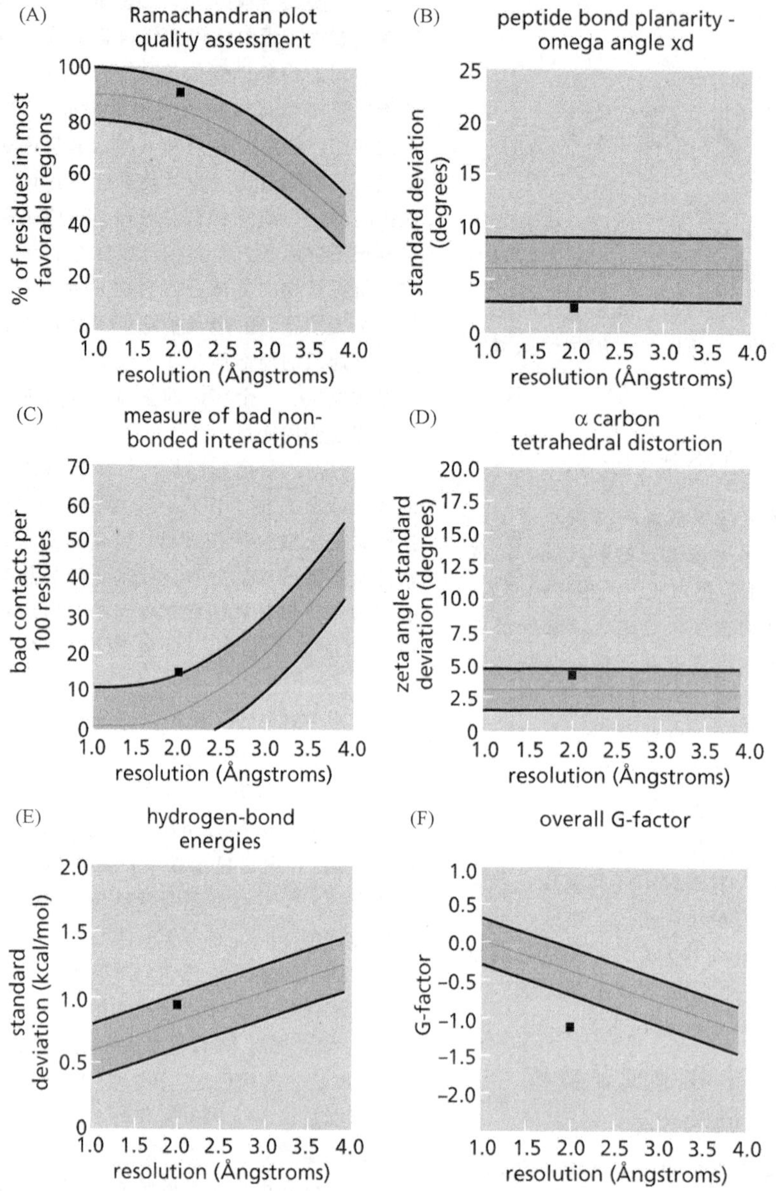

PLOT STATISTICS

stereochemical parameter	no. of data pts	parameter value	comparison values typical value	band width	no. of band widths from mean	
(A) % residues in A, B, L	256	71.9	83.8	10.0	−1.2	WORSE
(B) omega angle at dev	281	0.6	6.0	3.0	−1.8	BETTER
(C) bad contacts/100 residues	3	1.1	4.2	10.0	−0.3	inside
(D) zeta angle at dev	262	0.9	3.1	1.6	−1.4	BETTER
(E) H-bond energy at dev	173	0.7	0.8	0.2	−0.5	inside
(F) overall G-factor	282	0.2	−0.4	0.3	2.0	BETTER

图 13.22 PROCHECK 对一 SH2 结构域模型的主链参数进行检验评价后的输出示例。参数值落在深灰色条带之内的都在特定分辨率下该结构预期的取值范围内；参数值低于或高于深灰色条带的表示比预期值更好或更糟，这取决于具体的参数值。黑色方框表示预测的结构参数值所在的位置，离深灰色条带中心线越近，预测效果越好。

程序 WHAT _ CHECK（WHAT IF 软件套的一部分）将会把局部相互作用模式与数据库中类似的残基-残基作用的平均相互作用模式相比较。然后该程序会输出一个结果突出显示：那些具有异常键角、异常键长的氨基酸；不易进入溶剂且不在蛋白质内部形成氢键的氢键供体；与结构中其他氨基酸残基存在范德华半径范围的非键重叠的残基（碰撞）；不合适的手性；氨基酸中理应是平面基团之处建模成非平面基团部分；脯氨酸折叠；残基填装质量及对扭转角的分析。虽然所有检验项目的输出结果是个很长的列表，而不像 PROCHECK 输出的是很简洁漂亮的图表，但是把同一个所建模型坐标放到多个程序中去运行然后比较其输出结果，综合评价该模型的好坏是个很好的做法。表 13.1 列出了可以对三维结构预测结果进行评价的程序。

表 13.1　检验建模结构准确度大小的程序列表

程序	描述
ANOLEA	Atomic Non-Local Environment Assessment
BVSPS	Biotech Validation Suite for Protein Structures
EVA	EValuation of Automatic protein structure prediction
PROCHECK	检测计算模型的立体化学性质
MolProbity WHAT IF	检测立体化学性质

ANOLEA 运用一种基于先验知识的方法来评价所建模型的精确性。基本上它包含了真实蛋白质结构中各残基类型之间优势空间排布关系的信息。基于此信息，用户就可以从统计学角度评价模型中各残基的空间分布与在真实蛋白质中所观察到的有多少相似度了。采用非区域性相互作用（nonlocal interactions，图 13.23）的原子平均力势（atomic mean force potential，AMFP））得分将被计算。序列分离（sequence separation）和距离被用来区分区域性和非区域性相互作用。一般来说，所有原子间的短程相互作用能必须要计算，并以总能量或者能量打分的方式表达。高能量表示不正确折叠的蛋白质或蛋白质片段。ANOLEA 的输出结果是具有高能量的氨基酸残基列表和一条用颜色编码的序列。

最后一次检验就是用肉眼去看结构。如果看上去不太对，那么有可能确实存在一些错误。

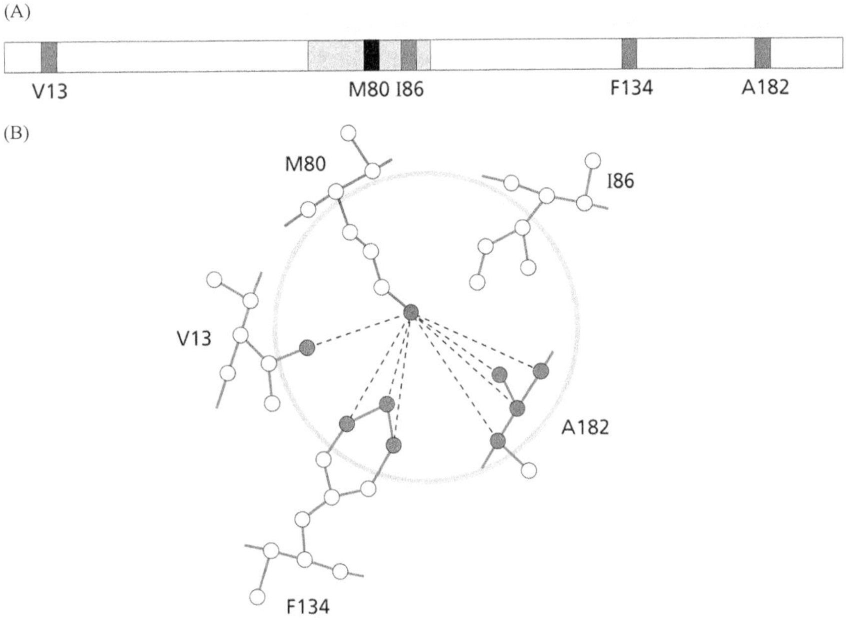

图 13.23　一个原子的非区域性环境。（A）一蛋白质序列示意图。Met80 的 C_ε 原子（B 图中的黑色球）就是那个被评价其非区域性相互作用能的原子。序列中的浅灰色区域代表 Met80 周围的区域性氨基酸残基（序列中 Met80 周围的 11 个残基），因此没有被包含在计算之中。V13、F134 和 A182 是 Met80 非区域性相互作用氨基酸残基很好的例子。（B）图（A）中蛋白质链的一部分示意图。圆圈代表以 Met80C_ε 原子为圆心，半径为 7Å 的一个球。Met80 位于球内的原子和区域性残基 Ile86 的原子用白球来表示且不参与计算。位于球内的非区域性氨基酸（Val13、Phe134、Ala182）的所有原子用深灰色球表示。这些原子将参与非区域性相互作用能的计算（节选自 E Melo and E. Feytmans，Assessing protein structures with a non-local atomic interaction energy，*J. Mol. Biol.* 277：1141-1152，1998）。

同源建模的可信度

不正确的序列比对是同源建模中发生严重错误的主要原因。因此，如果你相信自己的比对结果，那么你所建模型将会相当准确，至少序列保守区域的建模是准确的。即使是局部模型，对于揭示功能机制（稍后可通过实验加以证实的）也是有一定价值的。建立更加准确的模型对于配体或者药物设计常常是必要的，而且这样的模型已经被成功运用于配体设计实验中。例如，对 HIV 病毒序列的分析引导我们发现了该病毒含有一种天冬氨酸蛋白酶（HIV-PR）。使 HIV-PR 失活将会产生不成熟的、没有感染力的病毒颗粒。因此，HIV-PR 被公认为结构辅助药物设计中的主要靶标之一（见第 14 章）。但是一开始并没有 HIV-PR 的实验结构。HIV-1 PR 的结构是通过以那些已知结构的真核生物天冬氨酸蛋白酶和后来的劳氏肉瘤病毒蛋白酶作为模板结构建模得来的。这些模型可用作药物发现的出发点。当 HIV-PR 的实验晶体结构出来以后，事实证明之前所建模型基本正确，而且 HIV-PR 的活性位点与天冬氨酸蛋白酶的活性位点非常相似（图 13.24）。判断一个模型正确与否，只有与其相对应的实验结构做比较才有意义。

(A)

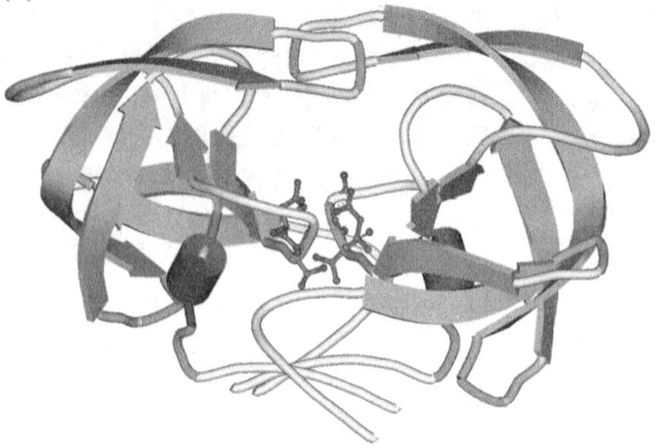

(B)

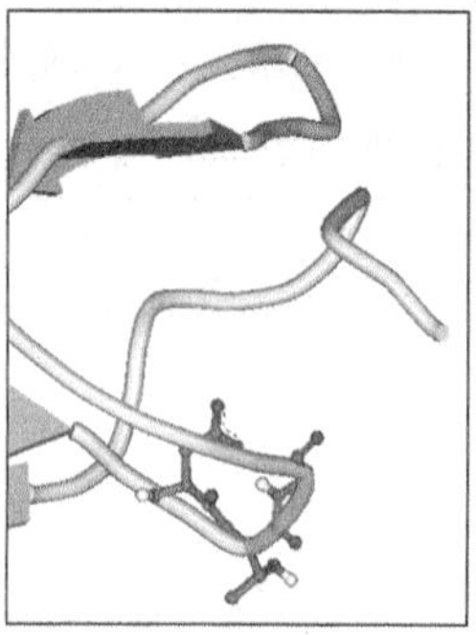

图 13.24 （A）HIV 蛋白酶的实验结构，其催化位点残基用球棍表示。（B）一真核生物天冬氨酸蛋白酶的催化残基。两结构在催化活性结构域含有相同的环状结构和氨基酸残基排布方式。

13.5 自动化同源建模

在 13.4 小节中概括的主要步骤在一定程度上对手动建模和自动化建模都是适用的。自动化同源建模使得建模过程发生了根本性的变化，几乎将建模转变成一项获取未知蛋白质三维结构信息（至少部分信息）的常规性技术。现在即使是手动建模也是通过图像软件包完成的，在特定的图像软件包中通过小工作量地手动输入子程序来执行建模中最耗时和最困难的部分。例如，从同源结构中继承、转换坐标；创建侧链；或者搜寻相似片段来创建 loop。

完全自动化建模程序，如 Swiss-Model 和 MODELLER，具有客观、迅速的优势，Swiss-Model 还有简洁的优势。但是，程序的运行往往需要用户介入，而且虽然绝大多数建模软件包允许对默认比对方式和截断值大小进行修改，但是一旦修改后整个流程对用户而言将会立即变得比完全自动化流程更加复杂。此外，采用黑盒子技术的建模过程不允许用户中途去观察、监测目标蛋白结构或相关的建模步骤。一旦问题出现，用户常常无法获知建模过程在哪个区域或者哪个步骤上发生了错误，因此往往比手动建模更难纠正错误、解决问题。

一些常用的建模软件包和程序将会在下面有简单的介绍。其中的部分程序是免费的但必须安装到一个本地机器上，如 Swiss-Pdb Viewer 和 MolIDE。部分程序可以远程运行，如 Swiss-Model，但不允许太多的用户交互。其他程序，如完整的 WHAT IF 建模软件包，需要支付小额费用；而剩下的就是昂贵的多功能商业软件包，如 Accelrys 公司的 Quanta、Insight Ⅱ，Chemical Design Group 公司的 MOE，或者 Tripos 公司的 SYBYL。

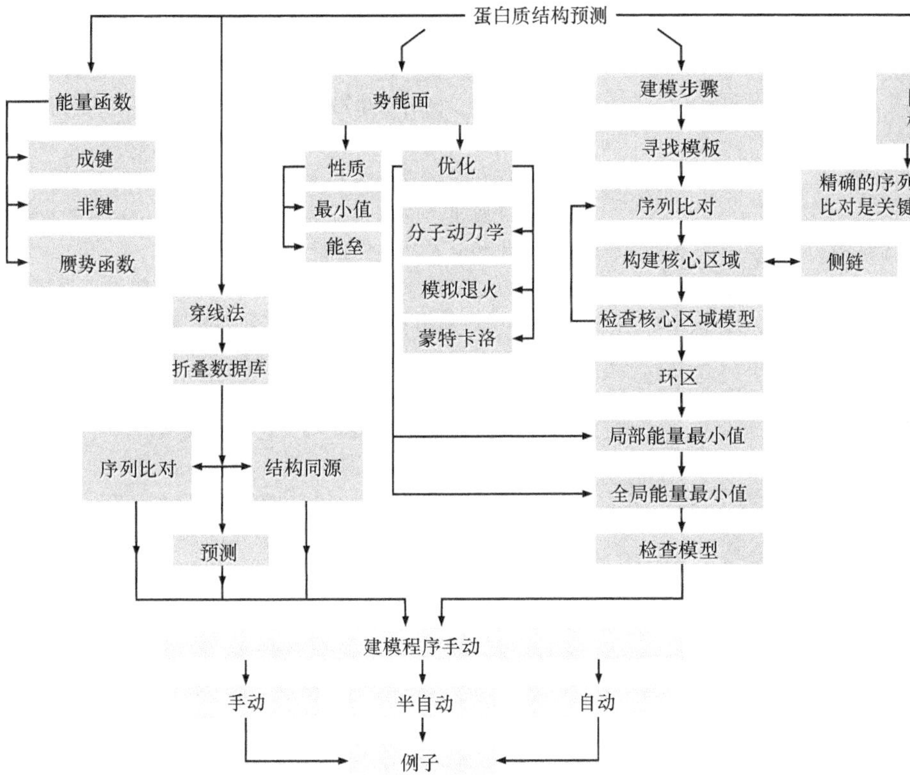

流程图 13.5　这部分阐述了蛋白质结构自动化建模的部分可行方法。

MODELLER 通过适当的蛋白质结构约束条件来建模

MODELLER 基于一个已知模板结构，采用适当的约束条件来创建目标蛋白的理论结构模型。首先，从模板结构中提取原子-原子间距离和二面角形式的空间约束条件并将其运用到目标蛋白结构中。将这些与蛋白结构的一般性规律（如键长、键角取值规律）综合起来使用。序列比对用来确定目标蛋白与模板之间等同的残基。最后，不断优化目标蛋白模型直到获得一个最符合空间约束条件的模型（图 13.25）。尽管 MODELLER 常常用于蛋白质三维结构的同源建模，但因为该程序是通过是否满足空间约束条件来推断结构的，所以也可在确定 NMR 实验结构过程中起一定辅助作用。一般来说，MODELLER 输出的是一个尽可能多地满足一系列约束条件的蛋白质三级结构。

COMPOSER 使用基于片段的建模方法来自动化生成相应的模型

另一种获得模型结构的方法是将来自一系列具有相似序列的蛋白质结构刚性片段组装到目标蛋白的相应位置上。这就是程序 COMPOSER 采用的方法。首先，COMPOSER 搜索三级结构数据库以找到与目标蛋白具有同源性的序列，然后进行比对联配。结构比对时，初始条件设置中需指明所有同源物至少含有三个拓扑结构等同残基。然后用这些等同残基去比对或叠合结构，找到其他拓扑结构等同残基，之后再重新比对结构以提高结构之间的匹配。重复此过程直到再也找不到更多的拓扑结构等同残基。这时即可采用这些残基定义**结构保守区域（structurally conserved region，SCR）**，多个结构保守区域共同定义一个平均结构框架。

每个结构模板对这个平均结构框架的贡献大小都会被计算出来并赋予该结构模板相应的权重值。权重值最高的片段其结构将被采用于目标蛋白序列相应的保守区域。衡量每个模板片段的权重时常常也会考虑目标蛋白与模板之间的序列一致性百分比，赋予最相似的序列最高的权重。然后通过配置同源物的各片段到模板的相应位置并将其转变成目标蛋白的序列从而构建模型的结构保守区域。最后，按照 13.4 小节中描述的方法建模 loop 区域。COMPOSER 中对侧链的建模是在与前面类似的能量计算法基础上额外增加一些 COMPOSER 发展起来的特殊规则（1200 条规则，定义了同源物等同位置上出现各空间取向的概率，且取决于是否位于一个 α 螺

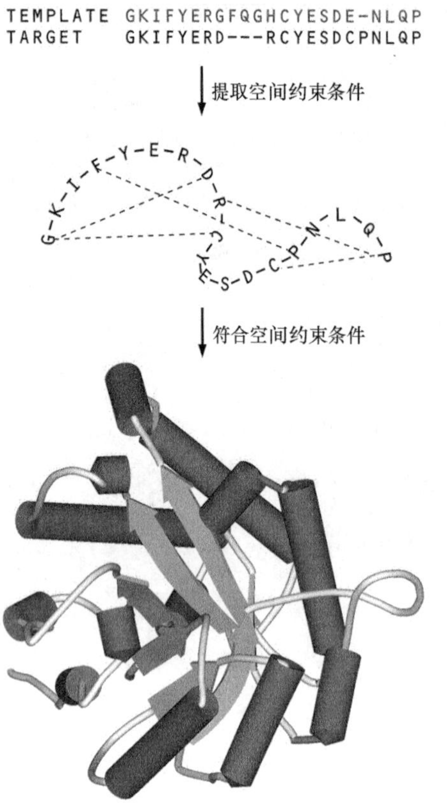

图 13.25 自动化建模程序 MODELLER 进行建模的步骤简化示意图。首先，目标蛋白与模板比对联配；接着从模板中提取约束条件并将其用于目标蛋白中；然后用比对联配识别目标蛋白中与模板等同的原子，最后不断优化目标蛋白结构模型直到获得一个最符合所有约束条件的模型。

旋或者 β 折叠中）。最终的模型可以通过能量最小化、动力学或者基于约束条件的建模法加以改善、提高。

网络中可用于比较建模的自动化方法

现在网络上有很多同源建模服务器可用：Swiss-Model、3Djigsaw、CPHmodels、ESyPred3D、Geno3D 和 SDSC1。Swiss-Model，一流同源建模服务器中的一种，是一种自动化的基于先验知识的蛋白质建模软件包。Swiss-Model 首先使用 BLASTP2 搜索 ExNRL-3D 序列数据库（源自于 PDB）以识别那些具有结构坐标的、与目标蛋白相似的序列。该搜索可以通过程序 SIM 纯化，SIM 选择序列一致性大于 25%、序列长度大于 20 个氨基酸残基的序列作为模板。然后 Swiss-Model 使用 ProMod Ⅱ 软件包生成模型。这其中包括将相关三维结构进行叠合的流程。同时也生成一个与目标序列的多重比对结果，创建对应于新序列的框架结构，建模 loop 区域，完成并纠正主链的建模，纠正并创建侧链的模型，验证所建模的结构，检验填装效果，并通过能量最小化和分子动力学优化结构。

当找到一个具有相似序列的结构时，程序 Geno3D 采用空间约束条件，如距离和二面角，来建立模型。找到结构同源物后，用户来选择其中的一个或多个作为模板。然后对于每个模板，Geno3D 先进行二级结构预测，再计算模板与目标序列之间在二级结构上的百分比一致性。因此，即使序列同源性很低但二级结构一致性较好时，仍会生成一个模型。

CPHmodels 和 ESyPred3D 是基于神经网络的建模服务器。ESyPred3D 使用神经网络方法进行比对，然后使用 MODELLER 建立三维结构。

结构预测结果的评价

Critical Assessment of Structure Prediction (CASP) 和 Critical Assessment of Fully Automated Structure Prediction (CAFASP)（见 11.3 小节）是两个公开的竞赛，旨在衡量、评价各种结构预测方法的进展。竞赛内容为定量衡量对于未知结构的蛋白质所作出的一系列预定义、建模结构的预测成功性（吻合度）大小。一个独立团体或个人可以在蛋白质正式发表前的一段时间提前获得用于 CASP 和（或）CAFASP 竞赛的这些目标蛋白。这些目标物是 NMR 或 X 射线蛋白结构，由一个或多个（亦或已测定未发表，亦或不久将要被复核测定的）结构域组成。这些目标物的序列将会分发给参加 CASP/CAFASP 竞赛的团队。然后各独立团队基于蛋白质序列作出一些有关其三维结构的预测，并将预测结果提交给 CASP 评价人员进行独立地比较性检阅、复核，或者提交给 CAFASP 的自动化评价程序。在美国的 Asilomar 会召开一年一次的会议去讨论和比较这些竞赛结果。这种年度评价有利于发现需要进一步发展的领域，有助于认识从头预测方法、同源建模、穿针引线法在三维结构预测方面的进展。这种阶段性的评价不仅能识别出更好的预测和建模技术，而且突出强调了那些仍需要解决的问题。此外，它还突出了一般用于评价结构预测结果的最好标准。

专栏 13.2　抗体建模

抗体是免疫系统中的一些可溶性蛋白，它们可以与病原体及其有害产物结合，从而将这些对人体有害的物质标记出来并且保护人体免受其有害活动的侵扰。能够与抗体结合的分子被称之为**抗原**（**antigen**），每个抗体都有一个唯一的分子结构或者**抗原决定基**（**epitope**）作为其**抗原结合位点**（**antigen-binding site**）（图 B13.2）。每个抗体分子只能识别一个抗原决定基，但是总的来说抗体可以识别多种多样的化学结构，如蛋白质表面结构、碳水化合物、磷脂分子，甚至一些小的人造分子。在人体中，可能的抗原结合位点高达数十亿。

为了能够了解为什么抗体能够特异性地与其抗原结合，抗体分子（图 B13.2）中**可变区**（**variable region**）的不同氨基酸序列怎样产生不同结合能力和特异性的结合位点，我们就需要比较多种不同的抗原结合位点结构及其抗原决定基结构。只有一小部分的抗体结构被 X 射线晶体衍射实验所测定出来，而在这些结构中，抗原-抗体复合物结构更是少之又少。但是，在数据库中已知的抗体序列确实成百上千，因此同源建模方法可以用来构建抗原结合位点的结构。构建抗原结合位点结构将会有助于指导合成新的抗体可变区，并且将其应用于治疗和实验中。

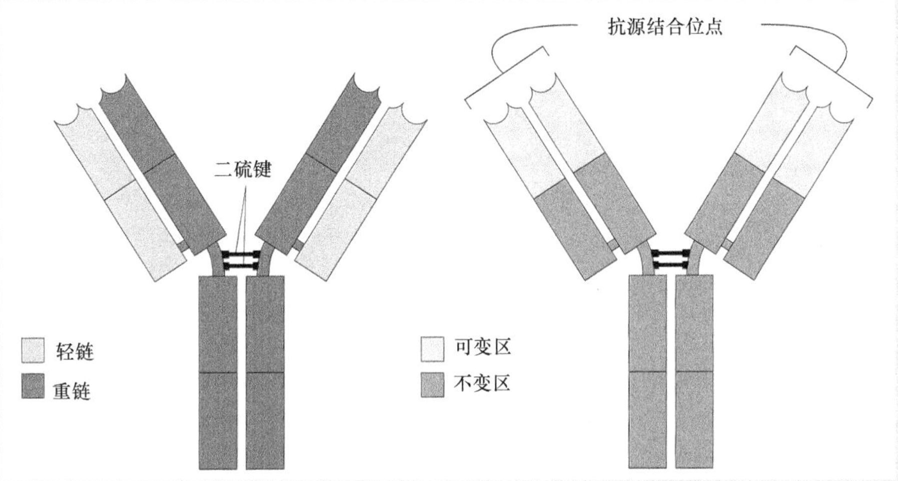

图 B13.2　免疫球蛋白的 Y 形结构图。

抗体或者免疫球蛋白分子大体上来说是 Y 形的，由通过二硫键连接的 4 条蛋白质链组成（图 B13.3）。每个抗体分子有两个相同的抗原结合位点，它们分别位于 Y 形两个手臂的末端，不同的抗体分子之间其抗原结合位点也不尽相同。而对于同一族的抗体而言（如 IgG），其中剩下的部分不论是序列还是结构都是相同的。

组成抗体分子的 4 条蛋白质链共有两种：两条相同的重链和两条相同的轻链。而每条链是由一些不连续的结构域组成，该结构域由 110 个氨基酸组成并且具有特定的结构，被称之为免疫球蛋白折叠。根据重链和轻链的氨基端结构域在抗体间链长度和氨基酸序列的不同，我们可以划分出其可变区结构域（分别用 V_H 和 V_L 表示）。这些可变区形成了抗体 Y 形结构的底部，并且含有抗原结合位点。而抗体的其他结构域也被称为不变区或者 C 区。

抗体的抗原识别位点是由一些环区结构组成，也被称为 CDR 区（互补决定区）。CDR 区一般由 6 个 V_L 和 V_H 环区结构组成：3 个位于重链的环区结构（H1 到 H3），3 个位于轻链的环区结构（L1 到 L3）。尽管这些环区结构的序列在不同抗体中变化很大，但是其空间结构却存在一定的相似性，并且可以以此对 CDR 区进行分类。同一类中的成员在此区域具有相似的捆绑限制，并且在此基础上形成特异的模型构造。但是 CDR 区的 H3 环区结构却不符合这一规则，而这部分结构在抗体结合到抗原的过程中有着重要作用。虽然一些 CDR-H3 结构类已经被鉴定出来，但是仍然存在一些 H3 CDR 由于含有 13 个或者更多的氨基酸而不能归到这些已知的结构类中。CDR 的分类是商业的抗体建模软件 AbM 的一部分，但是我们却可以通过访问抗体建模服务器 WAM 来免费实现 CDR 分类。

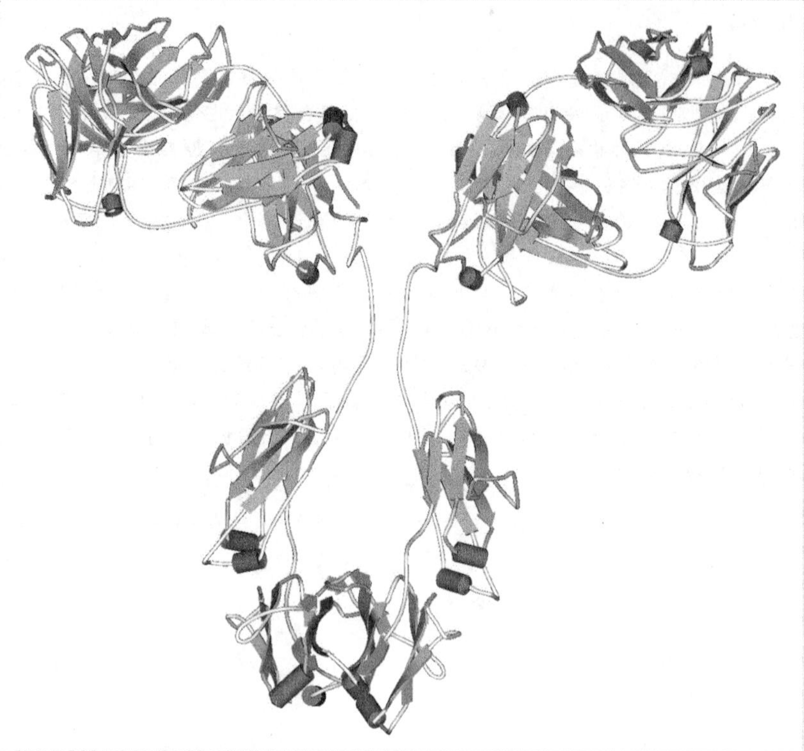

图 B13.3　免疫球蛋白的二级结构示意图。

一般而言（当然也经过证实），当考虑各种类型的目标蛋白时，目前没有一种单独的预测方法是绝对准确的。但是，基于高分辨率结构模板的同源建模给出的是目前为止最好的预测结果。此高质量的预测结果可用于后续进一步的理论和实验分析。若找不到结构同源物，从头预测法和较少使用的穿针引线法是唯一的选择。

13.6　PI3 蛋白激酶 p110α 的同源建模

磷酸肌醇 3-激酶（PI3K）是一类能够给细胞膜上的磷脂分子添加磷酸基团的信号转导酶。这些磷脂分子能够启动进一步的蛋白质接到的信号转导途径，从而改变细胞的行为，如启动或者抑制细胞分裂。这些通路的错误调控可以导致癌症。PI3 激酶和其他的激酶，如蛋白激酶，在催化结构域中有保守的氨基酸，但是在其他的区域两者之间的序列差异很大。人类 PI3 激酶中的 p110α 亚基由于参与了许多和包括癌症在内的疾病相关的信号通路而备受关注。这个蛋白质早期的模型由于是基于与之序列相似程度很低的蛋白激酶的结构而构建出来的，所以并不可靠。与之相关的猪 PI3 激酶 p110γ 的结构被解析出来了（PDB code 1E8X）。所有的 PI3 激酶都是多结构域的蛋白质（图 13.26），但是我们现在只用 p110γ 的催化结构域为模板来构建 p110α 的催化结构域。

图 13.26　p110γ 结构的缎带模型。蛋白质不同的结构域用不同的颜色表示。蓝色的部分是结合了一个 ATP 分子的催化结构域。这个催化结构域是书中同源建模的例子中使用到的结构域。（见文后彩图）

Swiss-Pdb Viewer 能够用于手工或者半手工建模

首先搜索 PDB 序列数据库查找 p110α 催化结构域序列的结构同源物。这个工作可以通过一些网页服务来做，如欧洲生物信息研究所（European Bioinformatics Institute，BEI）或者 NCBI 的 BLAST 工具。搜索找到了 10 个结构，其中 3 个是人 p110γ 同源物，而另外 7 个是猪 p110γ 同源物。这些序列被保存下来，并且使用一些序列比对软件，如 ClustalW 与 p110α 进行序列比对，保存比对结果。

为了构建结构模型，我们要首先使用 Swiss-Pdb Viewer 和 MolIDE 工具。这两个软件都可以免费得到。Swiss-Pdb Viewer 软件比较适合于小规模的半手工的建模，尽管它不具备商业软件的强大能力。图 13.27 显示了使用 p110γ 构建 p110α 时候的界面。

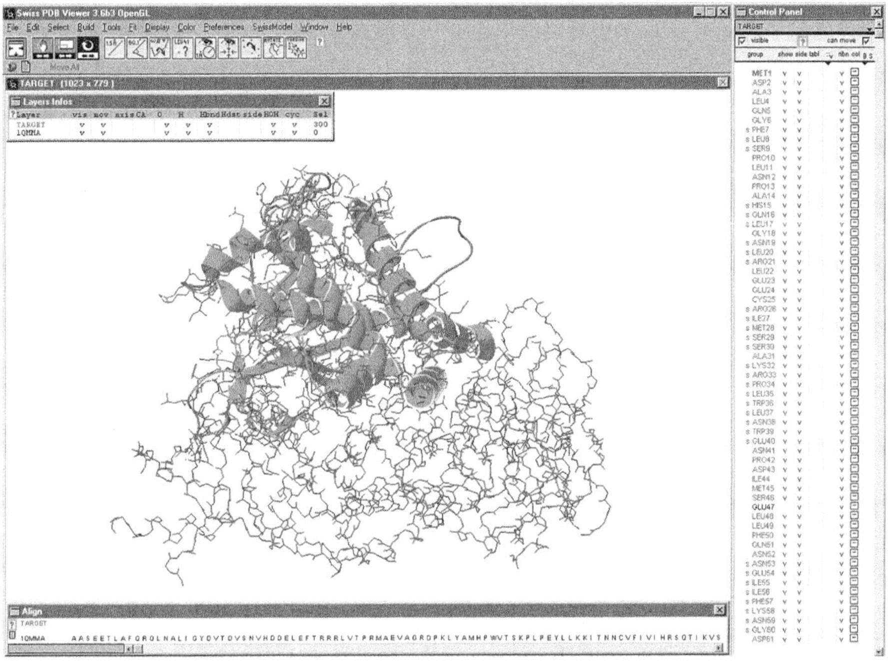

图 13.27 Swiss-Pdb Viewer 软件的界面。主窗口显示了模板结构和同源建模的结构。主窗口的右边是一个控制面板，通过这个控制面板可以容易地选择一些显示的参数。

同时做序列比对、核心结构建模和侧链建模

使用 Swiss-Pdb Viewer 软件打开模板结构（p110γ）的坐标文件。由于这是一个多结构域的蛋白质，因此有必要在建模之前对坐标文件进行编辑只保留催化结构域。使用“Load Raw Sequence to Model”命令载入目标序列。目标序列和模板序列的序列比对可以使用“Fit Raw Sequence”或者“Magic Fit”命令实现。第一步“Fit Raw Sequence”完成以后，应该手工检查比对结果。当你改变序列比对结果的时候，结构也发生了变化。这同时也生成了序列匹配部分的骨架和侧链原子坐标。保存模建的 p110α 坐标。这样，你得到了 p110α 的核心结构，其中有一个插入的区域没有被建模。如图 13.28 所示，图中只采用了骨架 C_α 原子。

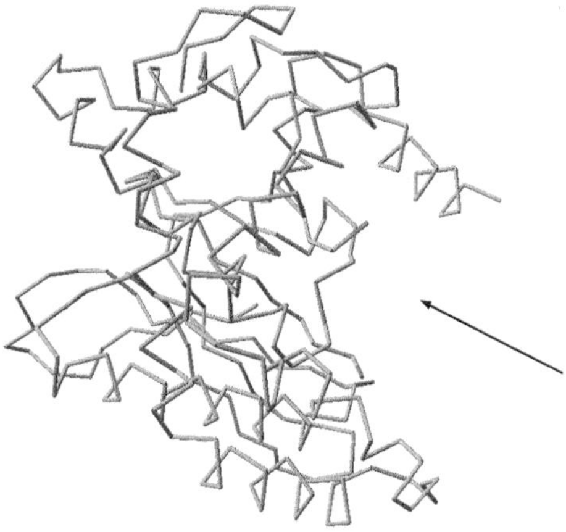

图 13.28 用 α 骨架碳原子表示的 p110α 的催化结构域的模型。柔性区域还没有被建模。p110α 序列中有一大段插入，这部分的结构用红色表示，并且用箭头标出。（见文后彩图）

柔性区域（loop）通过数据库中可能的结构建模

柔性区域也需要被建模，在这个例子中有 4 个这样的区域，3 个插入和 1 个删除。这时候，构建的同源模型和序列比对的结果应该仔细地检查，以确定插入和删除的位置被正确的确定了。序列中包含一个比较长的插入（15 个残基）。目标结构中的这个插入是由于这样一个事实，p110γ 中特定的柔性区域非常无序以至于不能通过晶体结构的电子密度图谱解析出来。因此，这个柔性区域存在于 p110γ 中，但是并没有相应的结构数据。从菜单栏中选择“Build Loop”这一选项，可以从一系列可能的柔性区域候选物中确定柔性区域两端的氨基酸。这些柔性区域的候选物需要单独的从 Swiss-Model 网页上下载。用户可以通过一个对话框来选择合适的柔性区域。基于转角的数目，能量信息和平均力势能选择可能的柔性区域（图 13.29）。另外一种可行的柔性区域建模方式是选择扫描柔性区域数据库，它提供一系列的有不同参数的柔性区域结构。这个过程不断地重复，直到所有的柔性区域都完成建模。

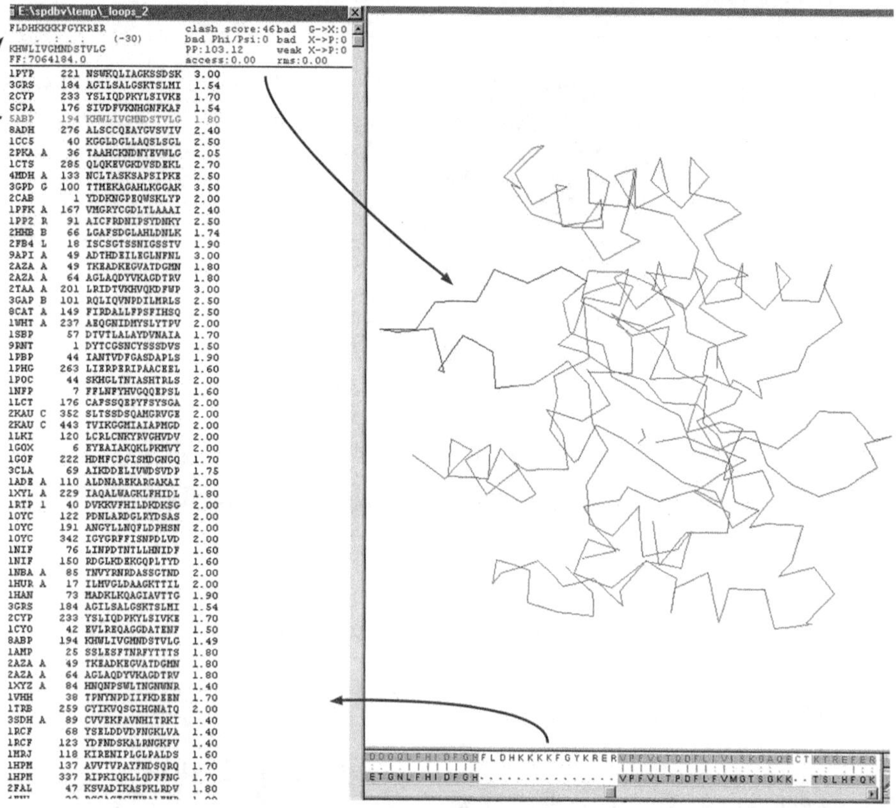

图 13.29 使用 Swiss-Pdb Viewer 软件构建柔性区域结构模型。一旦插入区域确定了，“Scan Loop Database”选项提供一系列可能的柔性区域的结构。p110α 蛋白选择的柔性结构用左侧浅灰色表示。在顶部的窗口中，柔性片段的序列和 p110α 的序列进行序列比对，同时提供了一些其他的参数，如能量、坐标重合的数目以及不合适的二面角的数目。被选择的柔性结构自动匹配到模型结构上去。可以尝试所有的柔性结构以找到最好的那一个。在所有的柔性区域完成建模之后，有必要做能量最小化。箭头标出了用作例子的那个柔性区域。

Swiss-Pdb Viewer 软件可以实现能量最小化和质量评估

一旦所有的插入区域都完成建模并且保存了结果，就可以做能量最小化了。在 Swiss-Pdb Viewer 软件中，一旦所有的柔性区域完成建模就对蛋白质做全局的能量最小化。能量最小化之后，一些侧链可能处于能量上不利的状态。使用“Fix Selected Side Chains”来自动地改善，然后再做能量最小化。

Swiss-Pdb Viewer 软件能够用于评估模型的质量。第一步是观察所有残基的拉氏图（参见 2.1 节），找到哪些残基的值落在允许值的范围之外。在

p110α模型中，有 6 个氨基酸的值落在了允许的范围之外（图 13.30A）。所有这些都在柔性区域内，尽管这种情况并不理想，但是通常并没有更好的改进方法，因此，这些都被忽略掉了。查找那些和结构上其他部分的原子有重叠的氨基酸。也可以查看每一个氨基酸的势能，但是这个工具必须审慎使用。打开序列比对的窗口，会有一条曲线描述每一个氨基酸结构的可信程度（图 13.30B）。通常，同源建模得到的结果可以被保存下来然后输入到其他软件包中，如 PROCHECK，以评价它的准确性。

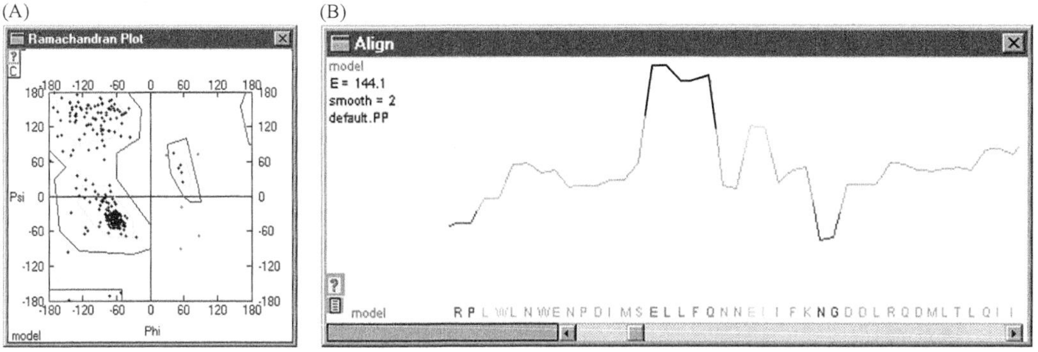

图 13.30 （A）p110α 的拉氏图结果。有 6 个氨基酸的值落在了允许的范围之外，这些氨基酸都是柔性区域的氨基酸。（B）结构势能对于序列的函数。在 0 以上的部分用黑色标记出来了，这一部分的结构可能是不正确的。这些氨基酸同样是位于柔性区域内的。

MolIDE 是一个可下载的半自动的建模软件包

MolIDE 是一个新的图形界面建模软件，相对于 Swiss-Model 而言，这个软件手工程度更低，因而也更容易。图形的终端提供了合理的用户友好的界面和它使用的一系列软件进行交互，并且整合几种不同的功能。使用这个软件建模的过程也是基于以上提到的几条：找到一个模板，序列比对，构建一个初始的模型，构建柔性区域，最后修整模型。MolIDE 简单地使用特定的程序，如 PSI-BLAST 来完成每一步，或者依赖于用户的输入来完成。

为了确定一个合适的模板，MolIDE 使用 PSI-BLAST 程序分两步走。首先它搜索序列数据库，生成查询序列的分布图。然后使用这个分布图扫描基于 PDB 数据库的序列数据库。这样找到一系列的和目标足够相似的结构来完成建模。然后使用 PSIPRED 二级结构预测方法预测目标蛋白的二级结构（见第 11 章、第 12 章）。这些信息被用于模板和目标蛋白的序列比对。

所有这些步骤都是在用户输入尽可能少的情况下完成的。开始时需要在 MolIDE 界面中打开目标序列，然后开始进行 PSI-BLAST 的序列搜索和 PSIPRED 的二级结构预测。所有的输出文件都可以被 MolIDE 读取并且分析。一旦这两个程序完成了，用户可以打开生成的“PDB Hits Alignment File”文件，从所有可能的目标结构中选择一个。程序可以显示模型，以及模板和目标序列之间的序列比对（图 13.31）。

侧链的结构可以使用 SCWRL3 软件生成，这是一个根据骨架结构和序列预测侧链构象的软件。这里 SCR 完成了建模，但是插入和删除的部分仍然需要特别对待。通过软件的界面，用户可以编辑序列比对的结果，并且确定每一个柔性区域生成的位置。所有的柔性区域同时通过 Loopy 程序生成。被选择部分的结构允许移动，从而改善这些区域结构的真实和可靠程度。如果结构的大部分都被允许移动的话，就很容易产生错误。

基于网络的自动化建模（以 p110α 激酶为例）

尽管 Swiss-Model 是第一个通过网页服务完全自动建模的程序，MolIDE 能够在几乎不需要任何用户输入的情况下完成建模。其他的自动建模程序包括 3Djigsaw、CPHmodels、ESyPred3D 和 Geno3D。

最简单的和以最少互动方式构建 p110α 同源模型的方式是选择 Swiss-Model 网页上的“First Approach Mode”选项。粘贴目标序列，输入你的邮件地址，然后等待。

在等待的同时，让我们来看一些可以修改的参数。首先是 BLAST 限制，这个参数能够限制 p110α 序列和不相关的序列匹配的可能性。它和 4.7 节及 5.4 节中讨论的显著性有关。如果开始时使用 0.000 01的值没有找到任何的匹配序列，那么，可以尝试增大这个参数的值，尽管这样可能构建一个错误的结构。但是，如果和目标序列相关的蛋白质

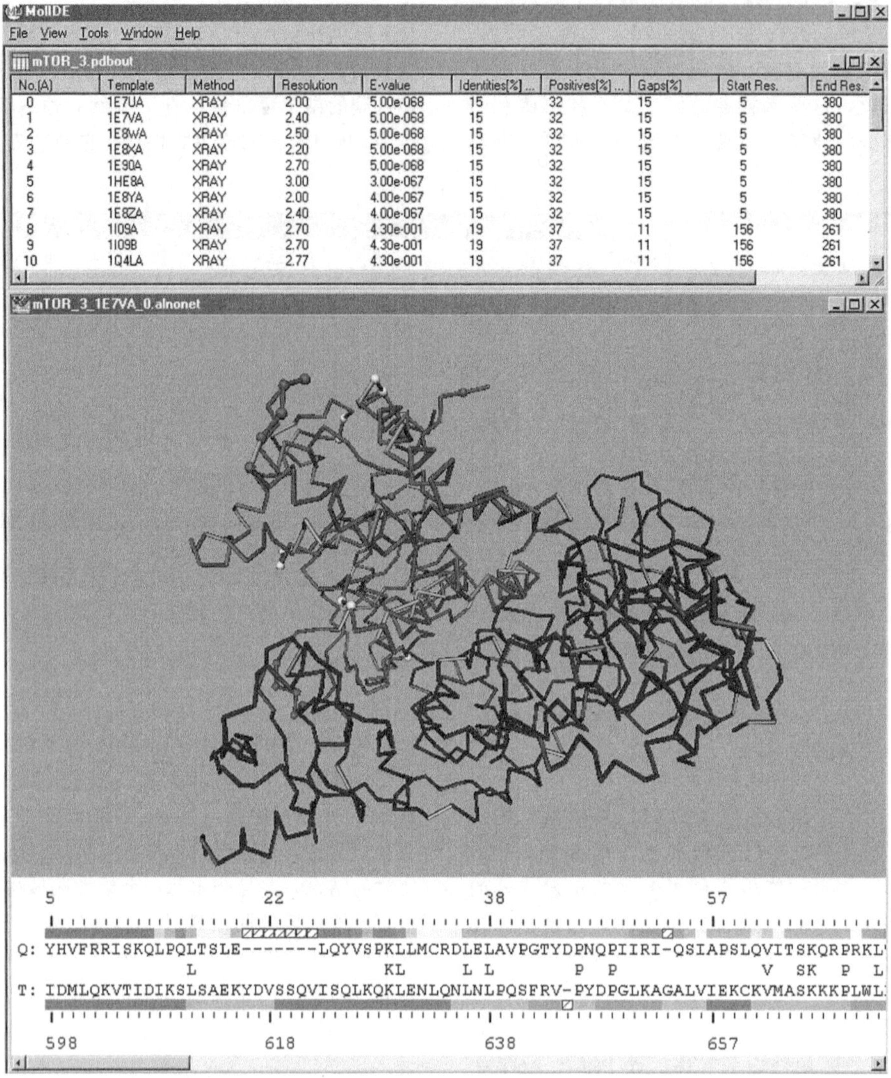

图 13.31 建模程序和用户之间的 MolIDE 界面。

是已知的，如这个例子中是 p110γ，可以通过使用“Provide One Or More Of Your Own Templates”选项来制定结构的代号，然后程序可以使用指定的结构来构建同源模型。

Swiss-Model 的结果通过单独的邮件发送给你。第一个邮件通知用户，找到了 p110γ 的结构作为模板并且和目标蛋白之间的序列相似程度是 47.8%。另外一封邮件的附件中包括同源建模的结果文件，序列比对文件及模板和目标蛋白的坐标文件。你需要本地安装 Swiss-Pdb Viewer 软件来查看 Swiss-Model 的结构。其他的结构文件包括结构分析程序 WHAT IF 软件的输出结果。

打开 Swiss-Pdb Viewer 软件，载入结果文件。图 13.32 显示了同源建模的结构（绿色）和模板结构（红色）之间的结构叠合，用 α 骨架碳原子表示。可以看到，即使最大的插入片段的同源模型都被构建出来了。但是，这样大的插入片段应该被慎重考虑，因为在我们这个例子中 p110γ 蛋白上这个柔性区域柔性如此高以至于不能通过电子密度谱解析它的结构。在 Swiss-Pdb Viewer 软件中可以通过重新叠合序列来检查目标蛋白结构的可靠性。如果叠合结构有变化，那么应该重新提交序列比对结构做进一步地建模。

所有其他的预测软件（3Djigsaw、CPHmodels、ESyPred3D 和 Geno3D）都能够产生 p110α 的模型。其中一些允许交互式的设置参数，有些甚至允许改变叠合结果。在最为自动化的软件中，用户需要做的只是粘贴序列然后按下提交按钮。Geno3D 软件不仅返回模型的坐标文件，而且返回所有 PROCHECK 的输出文件，从而允许用户检查模型的正确性。

图 13.32 同源建模的结构（绿色）和模板结构（红色）的结构叠合。最大的柔性区域，也就是底物结合的柔性区域的一部分，也通过 Swiss-Model 软件构建出来了。但是在 X 衍射结构中，这一部分的结构由于它的运动幅度比较大而没有被测定。因此较大柔性片段的模型应该审慎使用。（见文后彩图）

构建一个功能上相似但是序列不相似的蛋白质：mTOR

所有的自动建模程序通过 p110γ 的结构来构建 p110α 的结构。但是，我们尝试使用上述自动的程序来构建相似程度比较低（约 15% 相似性）的 mTOR 蛋白的结构的时候，Geno3D 和 Swiss-Model 软件都不能找到令人满意的模板。表 13.2 显示了那些软件可以返回 mTOR 的同源模型。RMSD 值显示了这些模型和 p110γ 及彼此之间的相似程度。这说明，不同的方法产生的结果有显著不同，因此这些同源模型需要通过一些检查程序进一步分析。

表 13.2 （A）p110γ 模板结构和 p110α 的同源建模的结构之间的 RMSD 值。

（A）

p110α	Swiss-Model	ESyPred3D	Geno3D	CPHmodels
p110γ	2.96	2.94	3.69	1.64
Swiss-Model		1.49	2.23	1.66
ESyPred3D			2.71	2.81
Geno3D				3.18

（B）

mTOR	Swiss-Model	ESyPred	Geno3D	CPHmodels
p110γ	X	4.54	X	4.76
Swiss-Model		X	X	X
ESyPred3D			X	7.33
Geno3D				X

模型结构彼此之间的 RMSD 值也列出来。这些结构之间存在差别（表现在不同的 RMSD 值，这个值越高，结构之间的区别越大）。这些区别主要出现于模型结构的柔性部分。非柔性部分的 RMSD 值大约在 1.4Å。这意味着模型结构之间有细微差别。在使用这些模型之前，仔细地检查它们是非常必要的。表 13.2（B）与上边相同，但是使用 mTOR 为目标蛋白。因为 mTOR 是一个同源程度很低的模型，因此模型结构和模板结构之间的差别更大一些。X 表示使用该方法不能生成同源模型。

使用 MolIDE 软件能够建立一个足够精确的，可以在与药物设计相关的分子对接中使用的模型。尽管 MolIDE 软件的许多步骤都是自动的，但重要的是它确定了 p110γ 蛋白作为同源物。用户可能使用这个界面，以及软件的功能来修改序列比对，确定插入和删除的位置，进而得到一个可靠的模型。因此，如果没有一个序列相似程度非常高的模板的话，同源建模需要至少部分地手工进行。

从序列生成一个多结构域三维结构

可以通过指定整个复合物已知结构为单独结构域的方法，成功地构建多结构域的蛋白质。完整的 p110γ 蛋白按一种可调控的方式组织，一个磷脂结合 C2 结构域，催化结构域和细胞间信号转导蛋白 Ras 的结合结构域排布在一个螺旋骨架周围。早期的同源建模预测了催化结构域和磷脂结合结构域的结构。有了 p110γ 的结构之后，所有的这些结构域都能构建同源模型，并且组合到一起形成完整的多结构域复合物。

总结

为了更好地了解日益增长的序列数据库中的蛋白质结构-功能关系，构建这些序列的三维结构非常重要。实验测定结构的方法，如 X 射线衍射和 NMR 方法相对于序列数量的增长来讲很慢并且花费很高。因此从单独的序列出发预测结构的方法非常必要。通过第一性原理计算得到蛋白质三维结构的方法目前仍然不可靠（由于决定蛋白质折叠的规则还不清楚）并且不现实（这要求非常大的计算资源）。但是基于折叠识别的通过序列构建蛋白质的三维结构模型，也就是所说的线性方法，目前可以实现，并且相对容易使用。本章中讲述了这种方法。

同源建模避免了从头计算蛋白质结构的方法，使用已知的同源蛋白作为模板构建三维结构。当仅知道序列的时候，这是最可靠的得到蛋白质四级结构的方法。这种技术要求至少有一种和目标蛋白同源的蛋白质（模板）的三维结构被实验（X 射线或者 NMR）测定。最开始和最重要的一步是在目标序列和模板蛋白的序列之间做精确的序列比对。如果能找到多条同源序列的话，序列比对的精确性会明显提高，模板和目标之间的同源性越高，得到的结果越精确。

序列比对中保守的部分首先建模，通过简单地拷贝模板骨架原子的坐标。骨架结构中保守的结构构建之后，核心部分的侧链结构被构建出来。当保守部分的结构完成建模之后，多变区域的模型可以被构建。要特别注意的是，那些相对于模板序列的插入和删除序列很可能形成柔性区域。这部分通常通过搜索短片段结构数据库，然后匹配到同源模型上去。

可以通过能量最小化改善不利的原子间相互作用，从而达到改善模型的目的。能量最小化通过使用热力学和物理化学的原理找到最低能量的最好构象。

同源建模可以使用图形交互界面的程序，如 Swiss-Pdb Viewer 或者 MolIDE 程序一步一步地手工或者半手工地进行，也可以使用网页服务工具自动完成，用户所需要做的仅仅是输入目标序列。不同软件的使用方法已经在以 p110γ 结构为模板构建 p110α 的同源模型的例子中说明了。

随着无数基因组测序项目的完成及越来越多的代表性结构在实验解构其结构后被用作模板，同源建模将变得越来越重要。大规模自动化或半自动化建模正日益成为一种获取当前发现的绝大多数蛋白质结构初始信息的常规性手段。

一旦获得一个好的模型，该模型可以像一个真实结构一样被仔细研究；突变可以被整合进去以探索结构-功能关系；该模型结构可以指引后续实验项目，同时相应的实验结果也可用建模的结构进行分析、解释。若模型相当准确，可将其用于配体对接、配体-蛋白质相互作用及潜在药物设计的研究。

名词解释

anchor point（定位点）：蛋白质中保守区域中的一个或多个残基，在搜索插入时用来做定位。

antigen（抗原）：用来产生抗体产物的蛋白质。

antigen - binding site（抗原结合位点）：抗体在抗原上的结合位点，通常对于特定抗原具有特异性。

comparative modeling（“比较建模”）或“基于先验知识的建模”（knowledge-based modeling）：基于与实验测定三级结构蛋白质序列比对的预测蛋白质三级结构的方法

conjugate gradient method（共轭梯度法）：在能量最小化中寻找最近的局部最小值的一种方法。

dihedral angle（二面角）：在蛋白质中，二面角是由骨架和侧链原子所形成的。二面角共有 3 种：φ（$C_{i-1}-N_i-C_{\alpha,i}-C_i$）、$\varphi$（$N_i-C_{\alpha,i}-C_i-N_{i+1}$）和 ω（$C_{\alpha,i}-C_i-N_{i+1}-C_{\alpha,i+1}$）。而 φ 和 φ 则定义了蛋白质链的二级结构。二面角也被称为扭转角（torsion angle）。

energy gradient（能量梯度）：系统坐标的能量

一阶导数。

energy minimization（能量最小化）：使体系坐标落在势能井里的方法。

epitope（抗原决定基）：分子或者体系中被抗体所识别的部分。

fold recognition method（折叠识别法）：从氨基酸序列出发来预测某个蛋白质三级结构的方法，这种方法通常是利用从折叠数据库中选取最匹配折叠结构来进行结构预测的。

fold（折叠）：见蛋白质折叠（protein fold）。

force field（力场）：用来描述分子体系中焓能与系统中原子左边关系的数学项。

free energy（自由能）：系统总能量中对外做功的部分。

harmonic approximation（harmonic 近似法）：一种估算体系在基态下产生位移所需能量的标准方法。而这个能量假定是与位移的平方成比例。

homology modeling（同源建模法）：见比较建模法（comparative modeling）。

molecular mechanics（分子力学）：用来描述分子构象和能量等性质的方法。

molecular dynamics（分子动力学）：一种模拟分子体系运动的方法。这种方法中涉及了可以反复求解也可以估计一段短时间内的体系原子运动的方程。

Monte Carlo method（蒙特卡罗方法）：通过用随机方法微扰体系来生成新构象的方法，而新构象是否被采纳则是通过新老构象能量来判断的。通常体系性质可以通过适当的平均构象得到。

native structure or native state（自然结构）：蛋白质自然状态下的结构，通常是能量最低的结构。

Newton-Raphson method（牛顿拉夫逊法）：一种利用一阶和二阶能量函数导数来进行能量最小化的方法。

potential energy function（势能函数）：见力场（force field）。

potential energy surface（势能面）：用来描述体系势能的表面。

potential energy（势能）：用力场计算出来的系统某个构象的能量，但是不包括与原子运动和熵相关的动力学能量。

protein fold recognition（蛋白质折叠识别）：见穿线法（threading）。

protein fold（蛋白质折叠）：蛋白质序列所对应的三级空间拓扑结构。

pseudo-energy functions（赝势函数）：基于蛋白质统计分析生成的，不含有力场中相关能量项的函数

rotamer（旋转异构体）：内旋异构体的简称，用二面角自由度来描述一个简单蛋白质侧链构象。

shuffle test（扰乱检验法）：用来估计折叠识别匹配准确度的方法。这种方法通过与随机扰动序列进行比较来给出打分。

simulated annealing（模拟退火）：分子力学中通过设定较高的初始温度，如 1000 K，来产生一系列新构象然后降低温度使体系进入最小化状态，从而加速寻找全局最小化的方法。

Sipple test（Sippl 检验法）：穿线法中用来评估势能准确度的方法。Sippl 检验法可以通过比对目标序列和数据库中所有不含插入的可能折叠序列，包括目标序列本身，来计算一个打分。所有序列比对都会得到打分，而自然状态打分则是通过与其的标准差来表示的。

steepest descent method（速降法）：利用函数梯度来进行最小化的一种方法，可以用来鉴定函数表面的移动方向。

target protein（目标蛋白质）：用来描述利用已知同源蛋白结构来预测未知结构蛋白的术语。

template protein（模板蛋白质）：用来描述在蛋白质结构建模中用来做结构模版的已知结构同源蛋白的术语。

threading（穿线法）：通过取代已知折叠骨架结构中的侧链来预测输入蛋白结构的方法。每个预测结构都会被打分，而打分最高的比对和折叠将会被视为输入序列的最佳匹配结构。

torsion angle（扭转角）：也被称为二面角，是由 A—B 键和 C—D 键的 A—B—C 和 B—C—D 平面所形成的。在蛋白质结构中，扭转角被定义为 $-180°\sim+180°$，通常是指肽键之间蛋白质骨架的 ϕ 和 φ 角。

variable region（可变区）：基于同源蛋白比较的，结构和序列可变的片段。

扩展阅读

分子建模

Forster MJ（2002）Molecular modelling in structural biology. *Micron* 33，365-384.

13.1　势能函数和力场

Bowie JU，Luthy R & Eisenberg D（1991）A method to identify protein sequences that fold into a known three-dimensional structure. *Science* 253，164-170.

Dill KA & Chan HS（1997）From Levinthal to pathways to funnels. *Nat. Struct. Biol.* 4，10-19.

从头算法建模

Bradley P，Misura KMS & Baker D（2005）Toward

highresolution de novo structure prediction for small proteins. *Science* 309, 1868-1871.

Klepeis JL, Wei Y, Hecht MH & Floudas CA (2005) *Abinitio* prediction of the three-dimensional structure of a de novo designed protein: a double-blind case study. *Proteins* 58, 560-570.

13.2 穿线法建模

Jones DT & Hadley C (2000) Threading methods for protein structure prediction. In Bioinformatics: Sequence, structure and databanks. (D Higgins, WR Taylor eds), pp 1-13. Heidelberg: Springer-Verlag.

123D+

Alexandrov NN, Nussinov R & Zimmer RM (1996) Fast protein fold recognition via sequence to structure alignment and contact capacity potentials. *Pac. Symp. Biocomput.*, 53-72.

Thiele R, Zimmer R & Lengauer T (1999) Protein threading by recursive dynamic programming. *J. Mol. Biol.* 290, 757-779.

GenTHREADER

Jones DT, Taylor WT & Thornton JM (1992) A new approach to protein fold recognition. *Nature* 358, 86-89.

Jones DT (1999) GenTHREADER: an efficient and reliable protein fold recognition method for genomic sequences. *J. Mol. Biol.* 287, 797-815.

3D-PSSM

Kelley LA, MacCallum RM & Sternberg MJE (2000) Enhanced genome annotation using structural profiles in the program 3D-PSSM. *J. Mol. Biol.* 299, 499-520.

FUGUE

Shi J, Blundell TL & Mizuguchi K (2001) FUGUE: Sequence-structure homology recognition using environment-specific substitution tables and structure-dependent gap penalties. *J. Mol. Biol.* 310, 243-257.

LIBRA

Ota M & Nishikawa K (1997) Assessment of pseudo-energy potentials by the best-five test: a new use of the three-dimensional profiles of proteins. *Protein Eng.* 10, 339-351.

Ota M & Nishikawa K (1999) Feasibility in the inverse protein folding protocol. *Protein Sci.* 8, 1001-1009.

LOOPP

Meller J & Elber R (2001) Linear programming optimization and a double statistical filter for protein threading potentials. *Proteins* 45, 241-261.

Teodorescu O, Galor T, Pillardy J & Elber R (2004) Enriching the sequence substitution matrix by structural information. *Proteins* 54, 41-48.

Tobi D & Elber R (2000) Distance-dependent, pair potential for protein folding: results from linear optimization. *Proteins* 41, 40-46.

LIBELLULA

Juan D, Graña O, Pazos F, Fariselli P, Casadio R & Valencia A (2003) A neural network approach to evaluate fold recognition results. *Proteins* 50, 600-608.

SCOP

Andreeva A, Howorth D, Brenner SE, Hubbard TJP, Chothia C & Murzin AG (2004) SCOP database in 2004: refinements integrate structure and sequence family data. *Nucleic Acids Res.* 32, D226-D229.

Brenner SE, Chothia C, Hubbard TJP & Murzin A (1996) Understanding protein structure: using SCOP for fold interpretation. *Methods Enzymol.* 266, 635-643.

Murzin A, Brenner SE, Hubbard TJP & Chothia C (1995) SCOP: Structural Classification of Proteins database for the investigation of sequences and structures. *J. Mol. Biol.* 247, 536-540.

13.5 自动化同源建模

Blundell TL, Carney D, Gardner S et al. (1988) Knowledge-based protein modeling and design. *Eur. J. Biochem.* 172, 513-520.

Srinivasan N & Blundell TL (1993) An evaluation of the performance of an automated procedure for comparative modelling of protein tertiary structure. *Protein Eng.* 6, 501-512.

Sutcliffe MJ, Haneef I, Carney D & Blundell TL (1987) Knowledge-based modeling of homologous proteins, Part I: Three-dimensional frameworks derived from the simultaneous superposition of multiple structures. *Protein Eng.* 1, 377-384.

Sutcliffe MJ, Hayes FR & Blundell TL (1987) Knowledge-based modeling of homologous proteins, Part II: Rules for the conformations of substituted sidechains. *Protein Eng.* 1, 385-392.

MolIDE

Canutescu AA & Dunbrack RL Jr (2005) MolIDE (Molecular Integrated Development Environment): a homology modeling framework you can click with. *Bioinformatics* 21, 2914-2916.

SCWRL

Canutescu AA, Shelenkov AA & Dunbrack RL Jr (2003) A graph-theory algorithm for rapid protein side-chain prediction. *Protein Sci.* 12, 2001-2014.

PSIPRED

Jones DT (1999) Protein secondary structure prediction based on position-specific scoring matrices. *J. Mol. Biol.* 292, 195-202.

LOOPY

Xiang Z, Soto CS & Honig B (2002) Evaluating conformational free energies: the colony energy and its application to the problem of protein loop prediction. *Proc. Natl Acad. Sci. USA* 99, 7432-7437.

MODELLER

Fiser A & Sali A (2003) Comparative protein structure

odeller with MODELLER: a practical approach. *Methods Enzymol*. 374, 463-493.
Sali A & Blundell TL (1993) Comparative protein modelling by satisfaction of spatial restraints. *J. Mol. Biol.* 234, 779-815.
Sanchez R & Sali A (2000) Comparative protein structure modeling. Introduction and practical examples with MODELLER. *Methods Mol. Biol.* 143, 97-129.

模型评估

Lund O, Nielsen M, Lundegaard C & Worning P (2002) CPHmodels2.0: X3M a computer program to extract 3D models. Abstract presented at the Second Biennial UCSC-QB3 Symposium on Bioinformatics: Predicting the structure and function of proteins (Informal post-CASP Workshop) Earth & Marine B206 University of California, Santa Cruz. http://www.cbs.dtu.dk/services/CPHmodels/
Melo F, Devos D, Depiereux E & Feytmans E (1997) ANOLEA: a www server to assess protein structures. *Proc. Int. Conf. Intell. Syst. Mol. Biol.* 5, 187-190.
Melo F & Feytmans E (1997) Novel knowledge-based mean force potential at atomic level. *J. Mol. Biol.* 267, 207-222.
Meol F & Feytmans E (1998) Assessing protein structures with a non-local atomic interaction energy. *J. Mol. Biol.* 277, 1141-1152.
Sander C & Schneider R (1991) Database of homology-derived protein structures and the structural meaning of sequence alignment. *Proteins* 9, 56-68.

MolProbity

Lovell SC, Davis IW, Arendall WB 3rd et al. (2003) Structure validation by C-alpha geometry: phi, psi, and C-beta deviation. *Proteins* 50, 437-450.

PROCHECK

Laskowski RA MacArthur MW, Moss DS & Thornton JM (1993) PROCHECK: a program to check the stereochemical quality of protein structures. *J. Appl. Cryst.* 26, 283-291.
Morris AL, MacArthur MW, Hutchinson EG & Thornton JM (1992) Stereochemical quality of protein structure coordinates. *Proteins* 12, 345-364.

CASP

Fischer D, Barret C, Bryson K et al. (2003) CAFASP-1: critical assessment of fully automated structure prediction methods. *Protein Eng*. 16, 157-160.
Martin ACR, MacArthur MW & Thornton JM (1997) Assessment of comparative modelling in CASP2. *Proteins* (Suppl 1), 14-28.

抗体和 HIV 例子

Blundell T & Pearl L (1989) Retroviral proteinases. A second front against AIDS. *Nature* 337, 596-597.
Lesk AM & Tramontano A (1993) Antibody structure. In Structure of Antigens (MHV Van Regenmortel ed.), Ann Arbor, MI: CRC Press.
Pearl LH & Taylor WR (1987) A structural model for the retroviral proteases. *Nature* 329, 351-354.
Whitelegg NRJ & Rees AR (2000) WAM: an improved algorithm for modelling antibodies on the WEB. *Protein Eng*. 13, 819-824.

第 14 章　结构-功能关系分析

当你读完第 14 章时，你应该能够：

比较序列不同的蛋白质在结构上的保守性；

使用折叠数据库对蛋白质分类；

确定蛋白质的结构域；

解释通过结构比较得到的功能信息；

讨论如何通过结构探索蛋白质的功能；

讨论不同的比较结构的方法；

通过数据库寻找蛋白质的结构和功能信息，以 Cbl 蛋白作为例子；

确定结合位点。

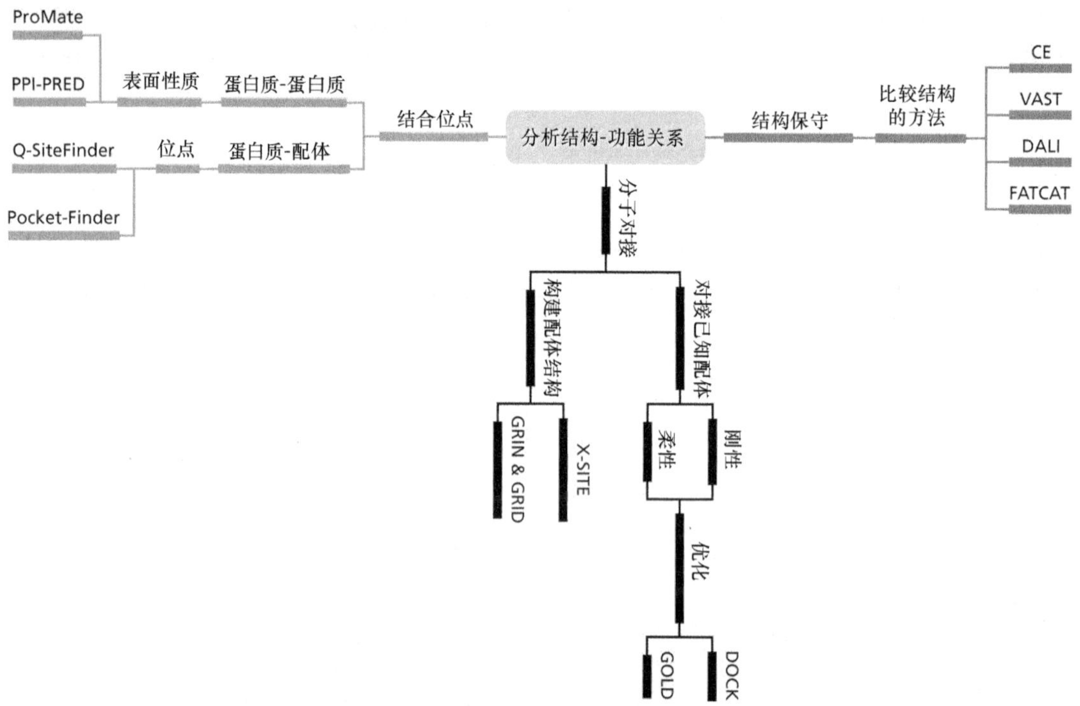

思维导图 14.1　在获得蛋白质三级结构之后可以进行多种分析。本图涵盖了本章中所涉及的一些分析方法。

在以前的章节中，我们学习了如何预测蛋白质的三维结构。蛋白质的结构本身能够提供很多关于其功能的信息。在许多情况下，通过与其他结构和结构-功能关系已知的蛋白质做细节上的比较，能够快速地得到关于未知蛋白质功能上的信息。在本章中，我们将会看到，蛋白质的结构和进化关系相关的知识，如何能够回答和蛋白质的结构-功能关系有关的问题。

如果蛋白质发挥功能所需要的氨基酸都按正确的几何构型排布，那么，蛋白质的活性和功能就被它的三维结构唯一地确定。一旦三维结构已知了，那么我们就可以探索序列和结构是否给出了蛋白质的生物学功能及其发挥此种功能的机制信息。知道蛋白质的三维结构，能够更好地理解它的功能。例如，其结构可以提供诸如哪些氨基酸参与了底物的结合，或者其他的相互作用之类的信息。一旦结构确定了，与之结构上同源的蛋白质就能够被找到，而这些蛋白质是无法通过序列比较确定其同源性的。蛋白质的活性位点可以因此被确定，在某些情况下蛋白质的生物化学功能，甚至是它在细胞中的功能都能够被推断出来。

当单独通过序列搜索确定蛋白质功能的时候，如通过 BLAST 搜索确定了一段 cDNA 和激酶相关的序列同源，那么我们可以推断目标序列可能具有激酶的功能，并且可以通过实验验证这个推论。然而，结构上的信息能够提供关于蛋白质功能更多细节上的信息，并且能够帮助确定结合区域或者是催化中心。这就是为什么当缺乏实验结构的时候，人们开发了第 13 章中所讲述的方法来构建蛋白质的同源模型。在本章中，我们将看到如何通过分析蛋白质的结构得到更多关于它的生物学功能的信息。

14.1　功能保守性

蛋白质的结构主要取决于它的功能。随着越来越多的蛋白质结构被 X 射线衍射技术或者 NMR 技术所测定，人们对蛋白质的结构和功能之间关系的理解也越来越深刻。除此之外，由于一些大规模基因组测序项目的完成，序列数据也越来越多。这其中的许多蛋白质的结构在不久的将来都不会被试验所测定或者不会通过试验研究它们结构上的细节。但是，确定特定基因组蛋白质的三维结构的工作已经开始，这些工作通常被称为结构基因组学。除此以外，仍然有很多蛋白质的结构目前无法得到，因此它们功能的阐明来源于对它们序列和结构信息的分析。

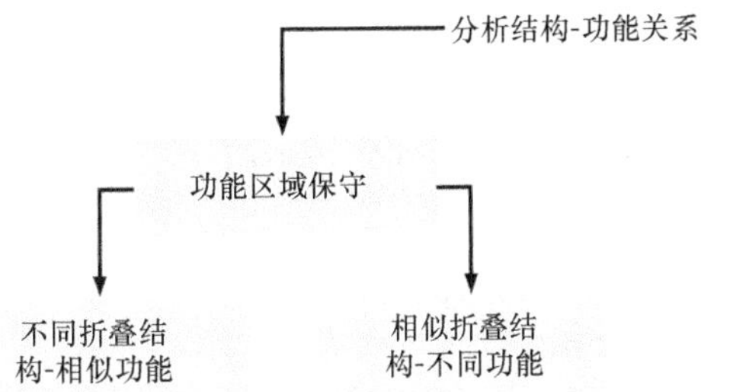

流程图 14.1　本节所介绍的重要概念是尽管具有相似结构的蛋白质可能具有相似的功能，但是这不是绝对的，也存在相反的例子。

正如以下即将描述的，具有相似折叠方式的蛋白质通常具有相似的功能。包含已知蛋白质结构和序列的数据库能够很大程度上帮助在没有试验数据的情况下预测蛋白质的功能。但是，这项工作必须谨慎地进行，因为有很多具有相同折叠方式的蛋白质具有不同的功能，反之亦然。

发挥功能的区域通常结构上是保守的

在前面的章节中，我们描述了序列和结构的同源性。但是，还存在另外一种同源性，即功能的同源性。结构同源的蛋白质催化相似的反应，具有相同的折叠模式，具有相同的催化机制，并且具有相同的底物结合位点。很多情况下，许多序列上不同源的蛋白质在结构上是同源的。这意味着，结构上的比较能够揭示功能重要的区域和模式，而这些仅仅通过序列是无法做到的。

这样的一个例子是果糖 1,6-二磷酸酶（FBPA）。通过 FBPA 作用于 3-磷酸甘油醛和 DHAP 产生 1，6-二磷酸果糖的过程是糖酵解的重要步骤。有两类 FBPA 被确定了，这两类蛋白质几乎没有序列上的相似性：Class Ⅰ和 Class Ⅱ。Class Ⅰ主要存在于真核生物中，而 Class Ⅱ主要存在于细菌中。这两种酶的活性都在古细菌中被检测到了，但是在已经测序的古细菌的基因组中却没有找到同源性的序列。通过生物化学、克隆和重组表达技术一个编码类似于 Class Ⅰ FBPA 的基因被确定了。这个蛋白质被称为 FBPA ⅠA，它属于古细菌蛋白中多样化家族中的一员，在所有古细菌的成员中，这个蛋白质的序列相似性低于 20%。

最近，高耐热菌 *Thermoproteus tenas* 中的 FBPA ⅠA 蛋白的晶体结构被测定出来了（Tt-FBPA，PDB code 1OJX）。这个蛋白质的单体折叠成平行的 αβ 桶装结构（图 14.1），和 Class Ⅰ、Class Ⅱ的结构相似。随着这个晶体结构的解析，人们发现这三种 FBPA 蛋白都具有 TIM 的折叠方式（图 14.2）。

但是，必须明确的一点是，尽管具有相似折叠方式的蛋白质通常功能上是相关的，相似的折叠方式对于功能的相关并不是必要的。许多蛋白质具有相似的拓扑结构，但是并不具有功能上的关系。具有相同折叠方式的蛋白质也仍然会有二级结构或者转角区域上的不同，主要表现为插入序列或者是一个全新的结构域（图 14.3）。具有相同的折叠模式并不意味着在进化上的同源性。蛋白质结构上的相似性很可能来源于这样一个事实：蛋白质合适的折叠方式可能有无穷多种。TIM 的折叠模式提供了一个这样的例子。尽管这些蛋白质都是代谢酶，但是它们催化不同的反应，存在于不同的代谢途径中（图 14.4）。尽管它们催化不同的反应，但是它们的代谢位点都存在于桶结构的 C 端，这表明，这些蛋白质的确与普通的古细菌 TIM 桶装结构的蛋白质不同。除此以外，这些酶通常在桶装结构的开端，结尾或者是中间有其他的结构域，这说明在进化过程中结构域经常会重新洗牌。因此，对于一个具有 TIM 桶装结构的蛋白质而言，如果没有一定的序列同源性，它的功能很难被预测。

(A)

(B)

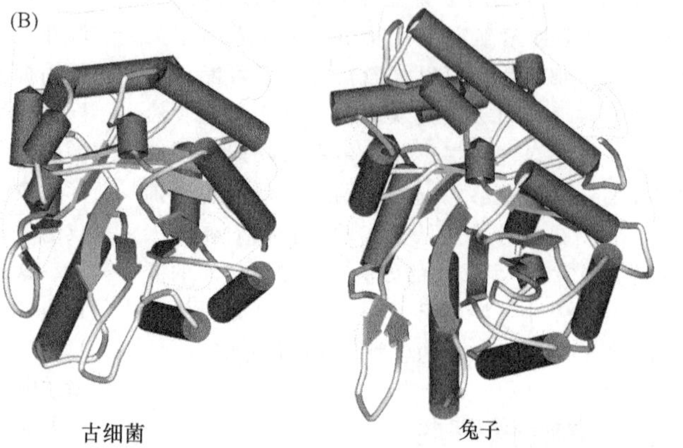

(C)

```
Rabbit :    1 KELSDIAHRIVA-PGKGILAADESTGSIAKRLQSIGTENTEENRRFYRQLLLTADDRVNPCIGGVILFHE
              11111111111 111111111111111111111        111111111 1111  11111111
Archaea:    1 NLTEKFLRIFARRGKSIILAYDHGIEHGPADFMDNPDS-------ADPEYILRLARDAG--FDGVVFQRG

Rabbit :   70 TLYQKADDGRPFPQVIKSKGGVVGIKVDKGVVPLAGTNGETTTQGLDGLSERCAQYKKDGADFAKWRCVL
              11111      11111     1111111111         1111111      11111111111111111111
Archaea:   62 IAEKY------YDGSV-----PLILKLNGKTTLYN---GEPVSVANC----SVEEAVSLGASAVGYTIYP

Rabbit :  140 KIGEHTPSALAIMENANVLARYASICQQNGIVPIVEPEILPDGDHDLKRCQYVTEKVLAAVYKALSDHHI
                     1 11111111111111111111111111111111    11  1111111111111111
Archaea:  114 -------GSGFEWKMFEELARIKRDAVKFDLPLVVWSYPRGGKVVNE-TAPEIVAYAARIALELGA----

Rabbit :  210 YLEGTLLKPNMVTPGHACTQKYSHEEIAMATVTALRRTVPPAVTGVTFLSGGQS--EEEASINLNAINKC
                  111111111                   1111111111 11111 1111111111  11111111111111
Archaea:  172 ----DAMKIKYTG--------------DPKTFSWAVK-VAGKV--PVLMSGGPKTKTEEDFLKQVEGVLEA

Rabbit :  278 PLLKPWALTFSYGRALQASALKAWGGKKENLKAAQEEYVKRALANSLACQ
                   111111111111111                 11111111111111
Archaea:  222 -----GALGIAVGRNVWQRR----------------DALKFARALAELVY
Sequence id = 19.7%
```

图 14.1 古细菌和兔子的 FBPA 结构域的比较。（A）两个蛋白质的结构叠合，用 α 碳表示其骨架。（B）两个蛋白质结构域的二维结构示意图。螺旋用圆柱体表示，折叠用箭头表示，左边的是古细菌的结构域，右边是兔子的蛋白质。（C）两个结构域序列的叠合，深灰色氨基酸表示螺旋，浅灰色氨基酸表示折叠。可以看到，两者的二维结构匹配得相当好，但是两者几乎没有序列上的同源性。

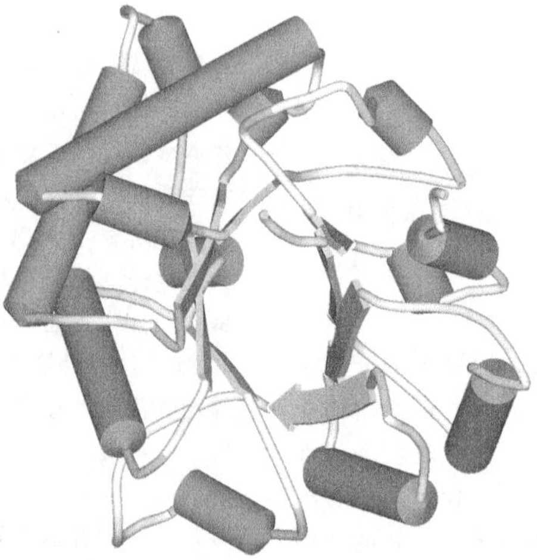

图 14.2 FBPA 蛋白含有经典的 TIM 桶状折叠模式。TIM 桶状模式，最初是从磷酸丙糖异构体中发现的。图中显示了二级结构的示意图。其结构中含有一系列的平行的 β 折叠片。这类蛋白质属于 α/β 类型的蛋白质。

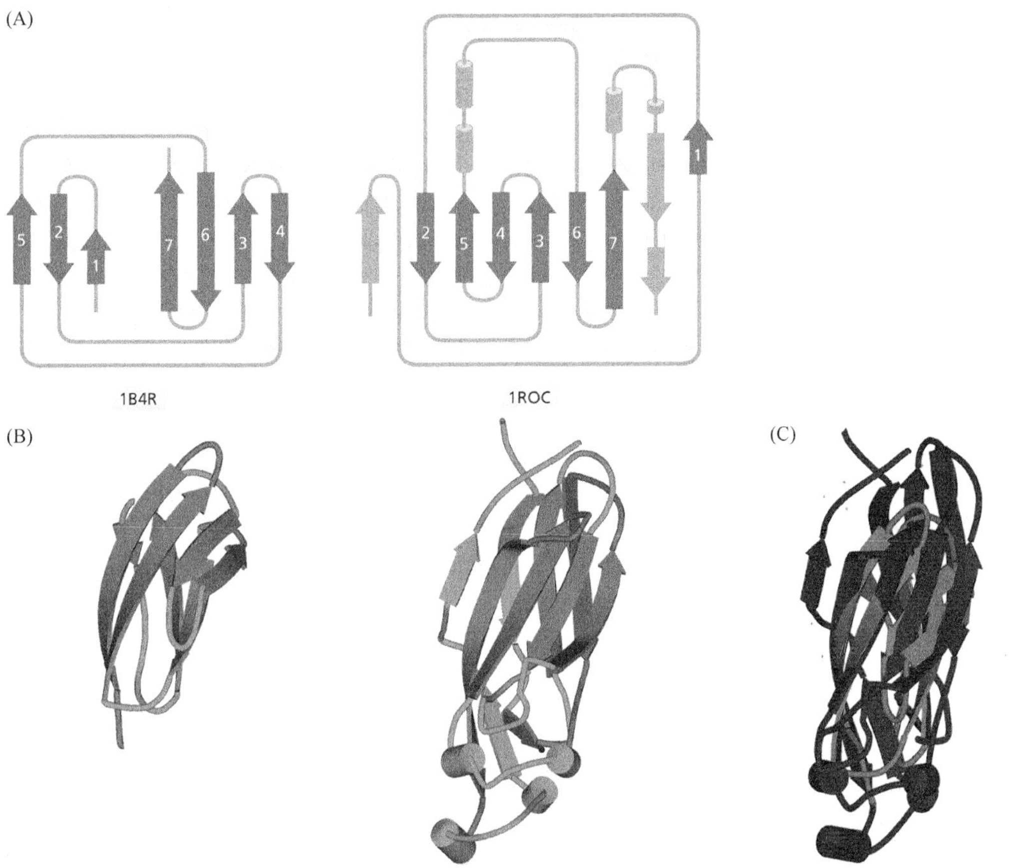

图 14.3　两个免疫球蛋白类似的 β 三明治式的折叠结构。免疫球蛋白的折叠模式存在于许多蛋白质中。这张图片显示的是和人类多囊肾疾病相关的 1B4R 蛋白（polycystein-1）以及组蛋白沉积蛋白（1ROC）的 PKD 结构域的折叠模式。(A) 折叠模式的示意图。圆柱表示 α 螺旋，箭头表示 β 折叠。在两个蛋白质中都参与形成免疫球蛋白折叠模式的 β 折叠片标有序号。两个蛋白质都含有相同的折叠模式，并且属于同一个折叠家族。但是 1ROC 蛋白有两个大结构域插入到折叠形成的结构中（无序号）。(B) α 碳原子骨架的卡通模型。(C) 两个结构的叠合。

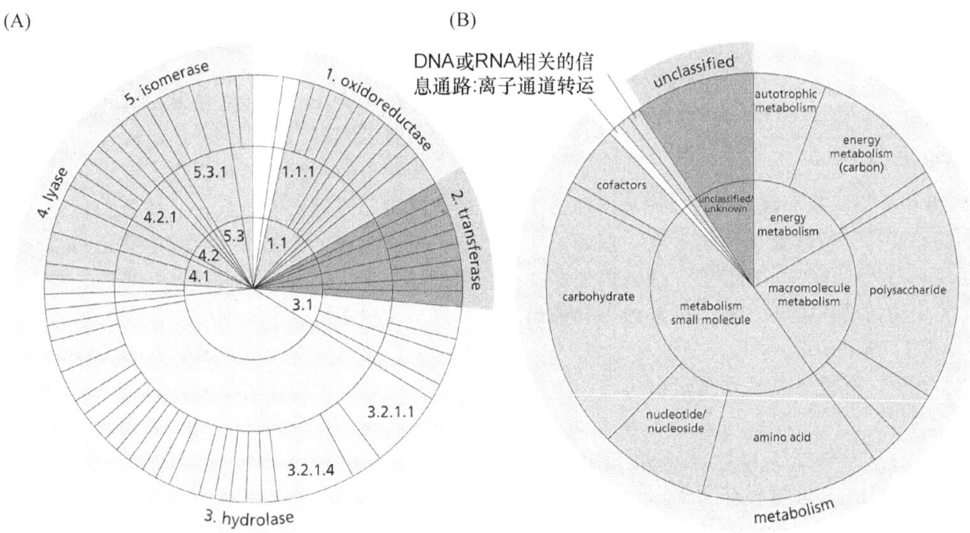

图 14.4　TIM 折叠模式蛋白质的不同功能。(A) 具有 TIM 折叠模式蛋白质的功能分布的饼状图。通过反应类型分类。用不同颜色标识的部分表示具有不同的酶学功能，白色的部分表示一部分 TIM 没有任何功能。(B) 不同的 TIM 蛋白生物学功能的饼状图。

因此，只有当两个蛋白质同时具有序列和结构相似性的时候，它们才具有功能上的相似性。这说明它们是同一个祖先的后代。对于来源于不同物种的蛋白质，就是这样的情况。它们的序列在物种形成过程中出现了一定的差别，但是结构和功能却保持下来了。类似地，基因组中通过基因扩增所形成的蛋白质，如哺乳动物的 α-或 β-球蛋白，保持着相同的功能。

相似的生物学功能存在于具有不同折叠模式的蛋白质上

与上述 FBPA 的例子不同，存在这样的情况：具有相似生物学功能的蛋白质有非常不同的三维结构。这样的例子包括丝氨酸蛋白酶和磷酸吡哆醛转移酶。在这些例子中，酶作用的机制相似，但是活性位点却不同。

另外一个说明相似的功能可以有不同的蛋白质结构域来实现的例子是磷酸化的酪氨酸的识别和结合。通过一个磷酸化的酪氨酸使一个蛋白质结合到另外一个蛋白质上去，是信号转导途径中活化的受体和信号转导蛋白能够被调控或者召集下游蛋白的一种重要的通用机制。

有两个非常不同的蛋白质结构质域可以结合磷酸化的酪氨酸：Src 同源家族 2（SH2）和磷酸化的酪氨酸结合结构域家族（PTB)（图 14.5A 和图 14.5B）。这两个结构域的功能有些许不同。SH2 结构域能够识别那些在羧基端的有特定的氨基酸序列的磷酸化酪氨酸，而 PTB 的特异性则是基于磷酸化酪氨酸氨基端的氨基酸序列。尽管这两类结构域的功能类似，它们的序列和结构上并没有明显的同源性。相反地，PTB 结构域被发现和 PH 结构域（pleckstrin homology domains）具有结构上的同源性（图 14.5C），而 PH 结构域可以结合磷脂分子。生物化学实验证实了 PTB 结构域同样能够结合磷脂分子。

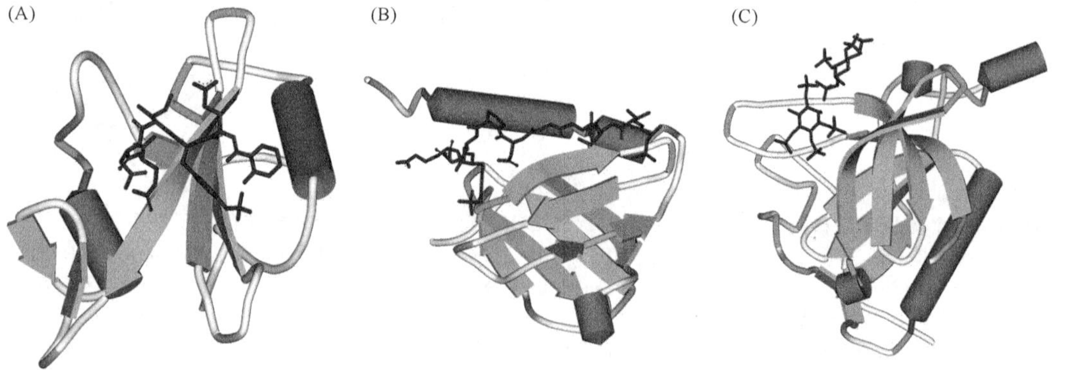

图 14.5 不同类型的磷酸化多肽结合蛋白。（A）Src 同源结构域（SH2）。（B）磷酸化酪氨酸结合结构域（PTB)。（C）pH 结构域。这些不同的折叠模式都结合含有磷酸化酪氨酸的多肽（浅灰色）。

折叠数据库确定了结构上相似的蛋白质而无论其功能

第 13 章中介绍了折叠数据库可以用来辅助预测蛋白质的四级结构。折叠数据库也含有大量的关于蛋白质功能和结构-功能关系的信息，因而也能够被用于确定特定结构的生物学功能。通常的折叠数据库包括 CATH、SCOP 和 FSSP。

通常情况下，折叠数据库通过蛋白质结构的排布方式和它们的序列同源性对蛋白质进行分类。SCOP 数据库通过专家手工比较蛋白质结构建立，并且支持自动方法。它的目标在于提供一种详细的易于理解的关于已知结构蛋白的结构和进化关系的描述。蛋白质通过家族、超家族和折叠模式来分类。同一个家族中的蛋白质确定是进化上相关的。在 SCOP 数据库中，这意味着蛋白质之间的氨基酸对的相似性在 30% 以上，但也有例外。在某些情况下，当相似的功能和结构提供了充分的证据说明蛋白质具有共同祖先的时候，这些蛋白质也被划分为同一个家族，尽管在这些时候这些蛋白质的序列相似性并不高，如血红蛋白。这些来自于同一个家族的蛋白质很多情况下序列的相似程度低于 15%。位于同一个超家族中的成员被认为有可能起源于同一个祖先。这些蛋白质的序列相似程度不高，但是有相似的结构和功能性质。被划分到同一个折叠模式类中的蛋白质的主要结构具有相似性。也就是说，这些蛋白质的主要二级结构相同，这些二级结构的排布方式和拓扑结构也相同。

CATH 数据库通过一种分等级的方式把那些分辨率好于 3.0Å 的晶体结构和 NMR 结构进行分类。

CATH把蛋白质在4个水平上分类：种类、构造、拓扑结构（折叠家族）和同源超家族，因此它被称为CATH。蛋白质根据它们二级结构的成分和排布方式被分类（图14.6 C）。蛋白质的类别是自动指定的。蛋白分成三个主要的类：α类、β类和α-β类。α-β类包括α/β交替的结构和α+β的结构。除此之外还有第四种类别：蛋白质中二级结构的含量很少。位于同一个体系结构类中的蛋白质具有相似的总体形状，这些形状和二级结构之间的拓扑结构无关（图14.6A）。位于同一个拓扑家族（topological families）中的蛋白质具有相似的整体形状和相同的二级结构连接方式（图14.6T）。这和SCOP中的折叠家族是相同的。这个水平中位于同一类中的蛋白质有相同的祖先，因而能够被称为同源物。它们之间的相似性通过序列比较和结构比较获得。

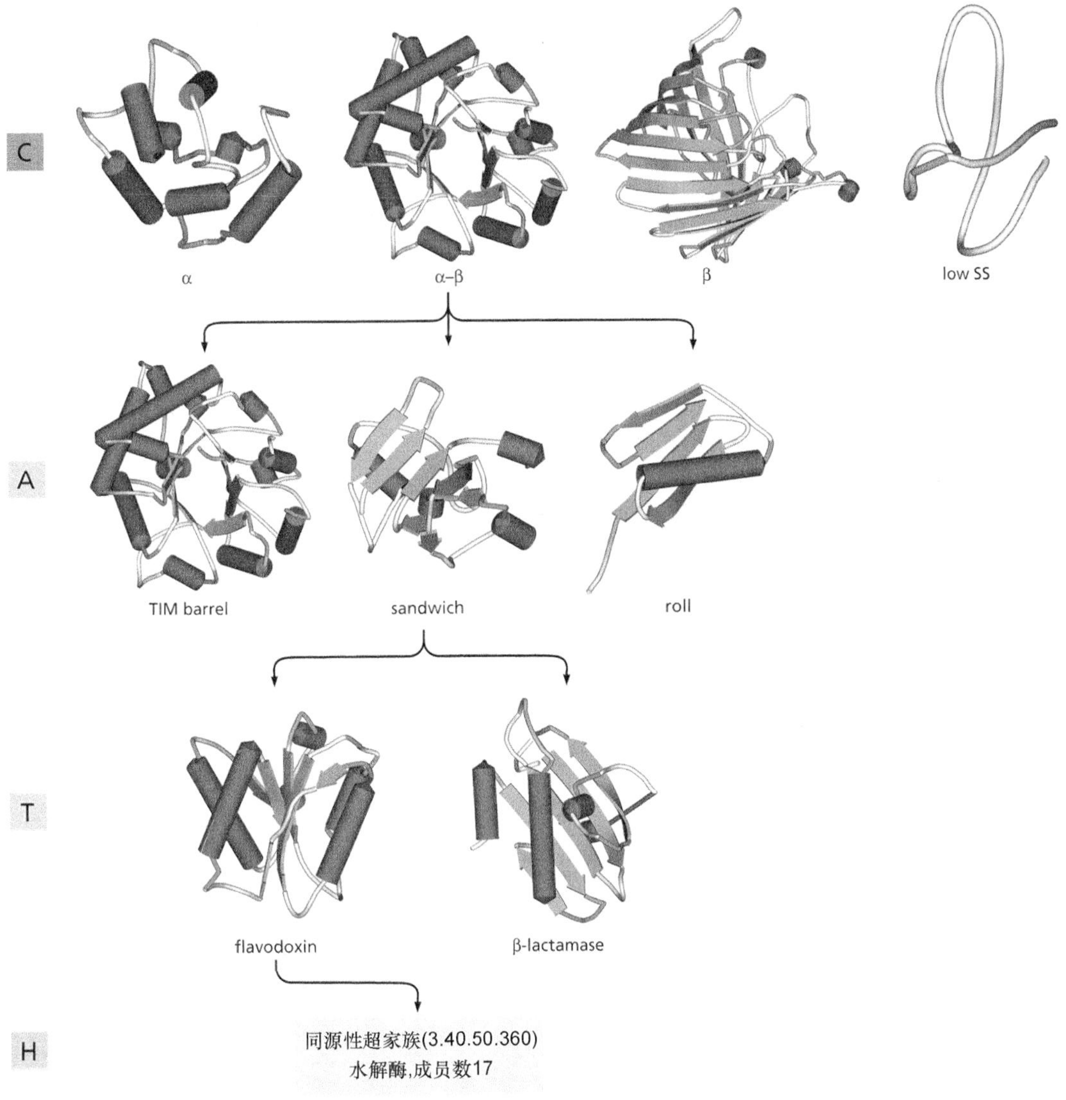

图14.6 CATH数据库对蛋白质折叠模式分类的方法。C代表Class，A代表Architecture，T代表Toplogy，H代表Homologous superfamily。Class的分类基于4种不同的折叠模式：蛋白质主要包含α螺旋（α），同时包含α螺旋和β折叠（α-β），主要包含β折叠（β）以及含有很少的或者几乎没有规则的二级结构（SS）。以α-β这一类为例，这一类中的蛋白质能够根据它们的形状分成体系结构类，如TIM桶状结构、三明治结构、卷筒结构及其他。位于同一个Architecture类中的蛋白质又能根据拓扑（topology）结构分类。这一水平的分类中，位于同一类的蛋白质具有相同的形状和连接方式。例如，三明治结构在黄素氧化还原蛋白家族和β-内酰胺酶家族中都存在。黄素氧化还原蛋白在同源性超家族中属于水解酶。

在 FSSP 数据库中蛋白质在 4 个水平上分类。最高水平的折叠模式分类基于二级结构的组成和超二级结构模式，分为 5 个不同的类型。第二个水平的分类是折叠类型，第三个水平的分类揭示了蛋白质在进化上的关系，这些进化上的关系是基于结构相似性、功能相似性和序列相似性的。最后一个水平是在蛋白质结构数据库中至少具有 25%序列相似性的蛋白质集合。所有的结构比较都是在这些蛋白质集合中进行的。FSSP 中的结构比对有利于后续的分析。利用相似方法建立的和其他折叠数据库（如 3DEE 和 Dali），还收录了已用实验方法测定结构的蛋白质的结构域定义。

14.2 结构比较方法

本节将集中讨论比较蛋白质结构的方法。在比较蛋白质的结构之前，有必要确定每个结构域并对其进行独立分析。这可以通过人工检查实现，也可以通过自动化的方法实现。

简单的结构叠合方法把结构当成刚性的来对待，找出能够在特定的精确度下能叠合到一起的最大的原子数目（见 CE 和 VAST）。另外一个方法是基于确定相应的刚性片段，不考虑这些片段在蛋白质上的排布顺序（见 DALI）。最后一种结构比较的方法不认为蛋白质的折叠是刚性的，通常选定一些区域作为柔性的折叠链，这些区域把刚性的区域分开。一个典型的情况是结构域之间的片段。这使得具有多结构域的蛋白质的比较更加精确。这样的方法能够通过确定多个相应的刚性区域而把蛋白质叠合起来（见 FATCAT）。

找到蛋白质的结构域可以帮助结构比较

通过肉眼观察的方式可以确定蛋白质的结构域。但是，这样的方法耗时、主观，并且需要专业的知识。自动地能够把蛋白质分成不同结构域的计算机程序可以使工作更加高效，并且减少了人工错误。有许多种可以通过原子坐标自动确定结构域的方法，如 PDP（the protein domain parser server）、DIAL，这些软件通过对二级结构之间距离的聚类分析确定结构域。两个程序都需要上载蛋白质的坐标文件到服务器上。PDP 返回结构域的列表，而 DIAL 返回一个结构域的列表和用颜色标记的坐标文件。

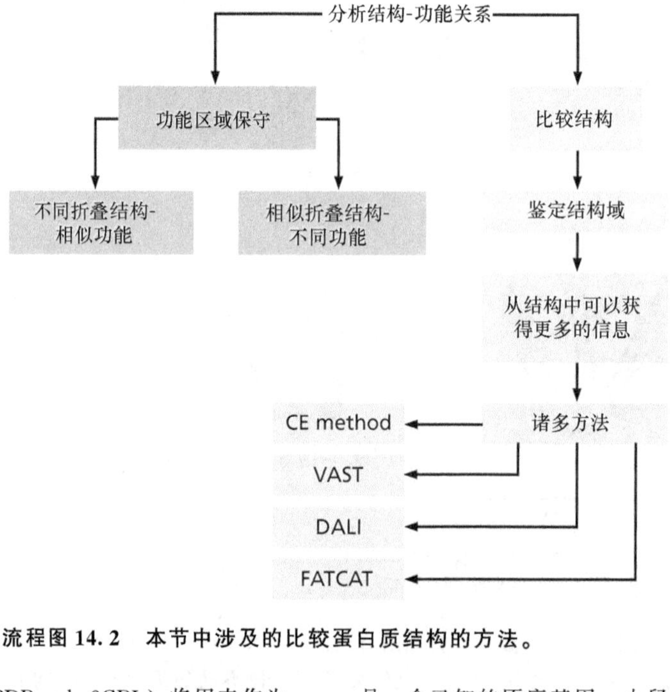

流程图 14.2 本节中涉及的比较蛋白质结构的方法。

人类蛋白 Cbl（PDB code 2CBL）将用来作为一个例子来阐明确定结构域，通过数据库搜索相似结构的蛋白质，以及如何通过这些结构比较的信息推测蛋白质功能的方法。Cbl 及它在其他物种中的同源蛋白是细胞间的信号蛋白，它们的一个作用是阻断 T 细胞上的抗原-受体信号转导途径。Cbl 基因也是一个已知的原癌基因：小鼠的肿瘤病毒中携带有一个截断的可致癌的 Cbl 基因。因此它在细胞中的作用引起了人们的极大兴趣。Cbl 蛋白保守的氨基端区域的三维结构于 1999 年被发表，从那之后，结构比较、序列比较以及生物化学和细胞生物学实验揭示了许多关于它的活性的信息。

这个蛋白质的氨基端是一个不寻常的与 SH2 类似的结构，这是序列分析没有发现的。当这个 Cbl 蛋白的结构被用来指导 Cbl 蛋白序列和其他 SH2 结构域的序列匹配的时候，可以在 Cbl 序列中找到典型的对 SH2 结构域发挥功能非常重要的功能单元。这解释了为什么这个蛋白质能够结合诸如 ZAP-70 蛋白酪氨酸激酶这类细胞间信号转导蛋白上磷酸化的酪氨酸。Cbl 蛋白的另外一个结构域，指环结构域（the RING-finger domain），可以说明这个蛋白质是一个可能的 E3 泛素连接酶。后续的实验证明，这个结构域具有泛素连接酶的活性。这个功能被后来的实验所证实，现在 Cbl 被认为是一个以受体酪氨酸激酶和其他蛋白质为底物的 E3 泛素连接酶，可以降解上述蛋白质。

Cbl 的氨基端结构域显示，它包含三个结构域：一个上下相互平行的 α 螺旋束、一个相互垂直的 α 螺旋束和一个 α-β 三明治结构（图 14.7）。我们将使用第三个结构域来说明如何确定它是一个 SH2 结构域。因此，我们必须确定蛋白质的每一个结构域并对其进行独立分析。将 2CBL 蛋白的坐标提交到 DIAL 程序包当中，DIAL 找到了 3 个不同的结构域，但是，它把平行的 α 螺旋所组成的结构域分成了两部分，并且把其中的一部分归为第三个结构域（图 14.7B）。在这种情况下，折叠识别的程序很难确定第三个结构域是一个 SH2 结构域。通过肉眼检查程序预测的结构域的组织形式，可以发现，程序划分的第三个很大的结构域应该按图 14.7B 的箭头所示分成两个不同的结构域。尽管这样结构域的数目就不对，但是能够正确地找到哪个是 SH2 结构域。PDP 程序也确定了三个结构域：从 47～175 的残基是第一个结构域，这个结构域被正确地预测了；但是预测的结构域 2 和结构域 3 比真实的结构域更早地结束了。

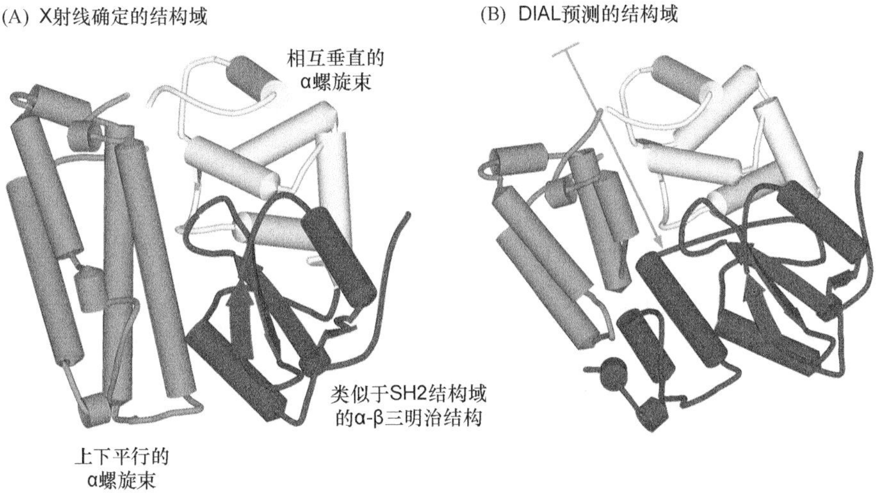

图 14.7 Cbl 蛋白结构域的不同定义。（A）通过 X 射线衍射的晶体结构确定的三个结构域。第一个结构域（深灰色）主要是上下平行的 α 螺旋束。第二个结构域（浅灰色）是相互垂直的 α 螺旋束。第三个结构域（黑色）是结构上类似于 SH2 结构域的 α-β 三明治结构。（B）DIAL 方法预测的结构域。第一个结构域的一部分被软件预测为第三个结构域。红色箭头显示了第三个结构域能够通过肉眼观察分为两部分。

一旦结构域的数目确定了，并且每个结构域的起始位置确定了，每个结构域就可以单独地提交到如下所述的程序中来确定它的类别和折叠方式。

结构比较能够揭示序列比较不能辨别的保守功能

为了确定 Cbl 蛋白中的 SH2 结构域，我们可以按如下的步骤进行。首先，通过序列数据库对 Cbl 的序列进行分析，找到相似序列（参考 4.6、4.7 两节）。因为之前我们使用 DIAL 软件包确定了 Cbl 的结构域，为了简化序列搜索，我们仅使用已经确定包含 SH2 结构域的那部分序列（250～350 号氨基酸）。除了其他物种的 Cbl 蛋白之外，没有找到其他的同源序列（图 14.8）。因此，序列本身不能够提供任何关于功能上的信息。下一步是使用已经测定的 Cbl 蛋白保守的氨基端区域的结构去寻找类似的结构。

CE 方法通过匹配蛋白质片段把两个蛋白质叠合到一起

组合延伸方法（combinatorial extension，CE）

通过把蛋白质切成 8 个氨基酸左右的小片段来比较两个结构。这种方法比较来自于两个蛋白质上的局部几何构型相似的蛋白质片段。通过不断延伸可能的叠合路径，我们可以得到一个最优的叠合。

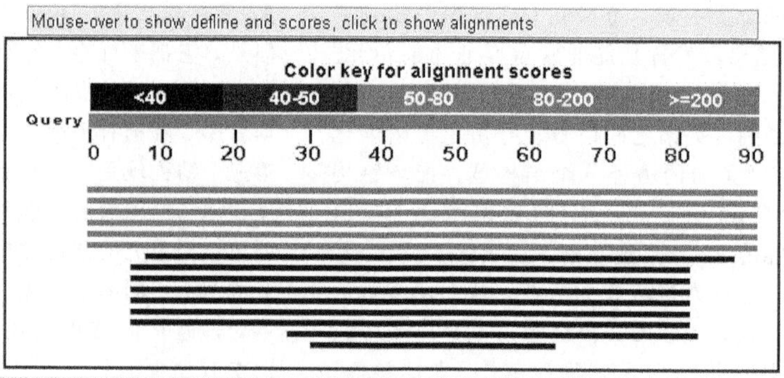

叠合得分比较好的序列：

			Score (Bits)	E Value	
gi|115855|sp|P22681|CBL_HUMAN	CBL E3泛素蛋白连接酶	...	192	2e-49	G
gi|38605691|sp|P22682|CBL_MOUSE	CBL E3泛素蛋白连接酶	...	192	2e-49	G
gi|115856|sp|P23092|CBL_MLVCN	转录蛋白Cbl		192	2e-49	
gi|8928017|sp|Q13191|CBLB_HUMAN	信号转导蛋白	...	175	3e-44	G
gi|46397888|sp|Q9ULV8|CBLC_HUMAN	信号转导蛋白	...	145	3e-35	
gi|73619714|sp|Q80XL1|CBLC_MOUSE	信号转导蛋白	...	144	8e-35	G
gi|2500903|sp|Q24151|STAT_DROME	Signal transducer and transcr	...	32.7	0.25	G
gi|2507430|sp|P07395|SYFB_ECOLI	苯丙氨酸转运RNA合成蛋白质	...	29.6	2.1	
gi|30316261|sp|Q8Z6I4|SYFB_SALTI	苯丙氨酸转运RNA合成蛋白质	...	29.6	2.1	
gi|17865720|sp|P15434|SYFB_SALTY	苯丙氨酸转运RNA合成蛋白质	...	29.6	2.1	
gi|30316253|sp|Q8XE32|SYFB_ECO57	苯丙氨酸转运RNA合成蛋白质	...	29.6	2.1	G
gi|66773857|sp|Q5PH85|SYFB_SALPA	苯丙氨酸转运RNA合成蛋白质	...	29.6	2.1	
gi|30316194|sp|P59664|SYFB_ECOL6	苯丙氨酸转运RNA合成蛋白质	...	29.6	2.1	
gi|114944|sp|P23780|BGAL_MOUSE	牛乳糖苷酶信号肽	...	28.1	6.2	G
gi|50403710|sp|P03878|SCE2_YEAST	内含子编码的核内DNA分子	...	27.7	8.1	

图 14.8 用 Cbl-SH2 结构域的序列在 Swiss-Port 数据库中用 BLAST 方法进行序列搜索的结果。没有找到具有 SH2 功能的蛋白质。只有 Cbl 的同源蛋白有比较高的得分。这个结果可能会随着数据库的更新而改变。

在这里讨论的这个例子当中，Cbl 蛋白中的 SH2 结构域的三维坐标提交到程序中和整个数据库中的蛋白质进行结构上的比较。程序返回了 153 个在结构上能够与之叠合到一起的蛋白质，其中有 135 个是 SH2 结构域。结果返回了蛋白质之间的 z-statistic 和 RMSD（均方根误差）值。我们应该选择那些有很高的 Z 得分和很低的 RMSD 值的蛋白质，一般而言，Z 得分在 3.5 或以上的蛋白质具有相似的折叠模式。除此之外，还应该检查相互匹配的结构的长度，越多的残基匹配，效果越好。图 14.9（A）显示了 Cbl 蛋白在 CE 网页上搜索得到的比较好的结果。最好的搜索结果是 SHP2 蛋白上的 SH2 结构域（Syp）。这个蛋白质含有三个结构域，只有第一个结构域含有 SH2 结构域的折叠模式，这就是 CE 方法所找到的那个结构域。图 14.9B 显示了 Cbl 的第三个结构域和 SHP2 的 SH2 结构域叠合的图像。如果我们的例子中只包含第三个结构域，那么搜索得到的蛋白质是一个多结构域的蛋白质，这一点能够提供给我们许多额外的信息。SH2 结构域中和其他结构域相互接触的部分就不能够和该结构域的受体蛋白相互结合。

向量叠合搜索工具（vector alignment search tool，VAST）能够叠合二级结构

向量叠合搜索工具（vector alignment search tool，VAST）算法通过计算得到具有相似的二级结构构象，相似的取向和连接方式的二级结构的相似程度。这种方法用一种基于图论的算法确定两个蛋白质上对应的二级结构，然后对得到的叠合结构进行优化。VAST 方法预先计算的结构叠合储存在 Entrez 3D 三维数据库中。

VAST 可以作为一种工具，从一组给定的三维结构中搜索结构同源的蛋白质。VAST 程序找到的和 Cbl 蛋白结构最相近的蛋白质是 STAT-1 SH2 结构域（图 14.10）。

(A)

GET ALIGNMENT

Use the checkboxes to select one or more chains to align with USR1:A. In the ID column select the ID to get further information on that structure. In the ID column select "Neighbors" to display the structure neigbors matching that ID.

?	ID	Z-Score	RMSD (Å)	Seq. (%)	Aligned / Size	Gap	Exp.	Name
	USR1:A	Query					X-Ray	
☑	2SHP:A Neighbors	6.0	1.9	14.7	75 / 525	26	X-Ray	MOL_ID: 1; MOLECULE: SHP-2; CHAIN: A, B; SYNONYM: SYP, SHPTP-2; EC: 3.1.3.48; EN
☐	2SHP:B Neighbors	6.0	1.9	14.7	75 / 525	26	X-Ray	MOL_ID: 1; MOLECULE: SHP-2; CHAIN: A, B; SYNONYM: SYP, SHPTP-2; EC: 3.1.3.48; EN
☑	1A81:K Neighbors	5.6	2.1	16.2	74 / 254	24	X-Ray	MOL_ID: 1; MOLECULE: SYK KINASE; CHAIN: A, C, E, G, I, K; FRAGMENT: TANDEM SH2 D
☐	1A81:A Neighbors	5.6	2.1	16.2	74 / 254	24	X-Ray	MOL_ID: 1; MOLECULE: SYK KINASE; CHAIN: A, C, E, G, I, K; FRAGMENT: TANDEM SH2 D
☐	1A81:C Neighbors	5.6	2.1	16.2	74 / 254	24	X-Ray	MOL_ID: 1; MOLECULE: SYK KINASE; CHAIN: A, C, E, G, I, K; FRAGMENT: TANDEM SH2 D
☐	1A81:I Neighbors	5.6	2.1	16.2	74 / 254	24	X-Ray	MOL_ID: 1; MOLECULE: SYK KINASE; CHAIN: A, C, E, G, I, K; FRAGMENT: TANDEM SH2 D

(B)

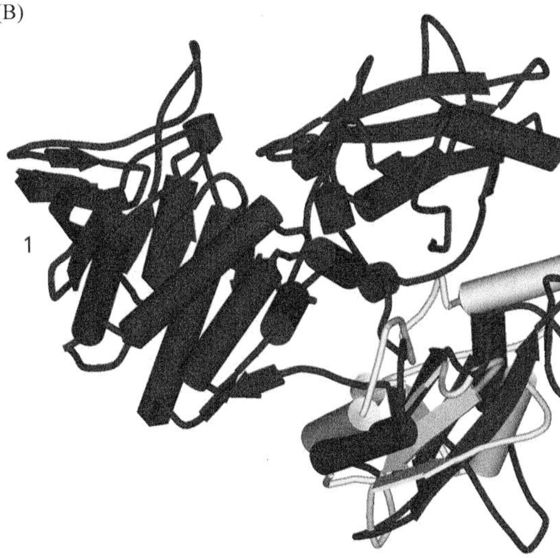

图 14.9　使用 CE 程序以 Cbl 蛋白的 SH2 结构域进行结构相似性搜索的结果。（A）CE 程序的输出结构，以 z 分值的高低排序。所有的结果都是包含有 SH2 结构域的蛋白质。得分最好的结果是酪氨酸磷酸酶（SHP2）。（B）SHP2 蛋白包含三个结构域，如图所示。Cbl 蛋白上的 SH2 结构域（浅灰色）和 SHP2 上的 SH2 结构域的叠合示意图。

结构叠合的结果分析表明，对 SH2 结构域与配体蛋白质磷酸化的酪氨酸相结合起关键作用的精氨酸残基（Cbl 蛋白上的 R294）周围的氨基酸，有一种保守的模式（图 14.10A）。但是，仅仅用 Cbl 的序列进行搜索的话，并不能发现这个蛋白质有任何类似于 SH2 的地方（见 4.9 节）。在这种情况下，只有知道这个蛋白质的三维结构，并且通过结构搜索的方法，才能够找到 Cbl 蛋白中类似于 SH2 的结构域。

DALI 确定蛋白质结构的叠合方式，但是并不保持片段之间的相对顺序

DALI 算法使用晶体结构的原子坐标计算并且比较蛋白质的残基-残基的距离矩阵（Cα-Cα 的距离矩阵）。这可以同时得到许多种可能的叠合方式，从中可以找到最优的或者是次优的叠合方式。这种方法允许在刚性的片段中插入任意长度的片段。这种方法的一个不同寻常的性质是，它允许序列反向，或者叠合的片段按照不同于序列上的顺序组合在一起。

DALI 程序计算的 PDB 数据库中所有蛋白质的结构上的相邻性质，可以从 FSSP 数据库得到，FSSP 数据库可以通过 DALI 网页访问。用户的三维结构坐标在结构数据库中进行搜索，结果返回得分比较高的蛋白质的列表和这些蛋白质与用户的蛋白

(A)

```
Cbl_A   YMAFLTYDEVKARLQKFihKPGSYIFRLSCTRl-GQWAIGYVTAD-----GNILQTIphn
SH2_A   IMGFISKERERALLKDQ--QPGTFLLRFSESSreGAITFTWVERSqnggePDFHAVEpyt

Cbl_A   ------kpLFQALIDGfr-------eGFYLFPDGRNQNPD
SH2_A   kkelsavtFPDIIRNYkvmaaenipeNPLKYLYPNIDKDH
```

(B)

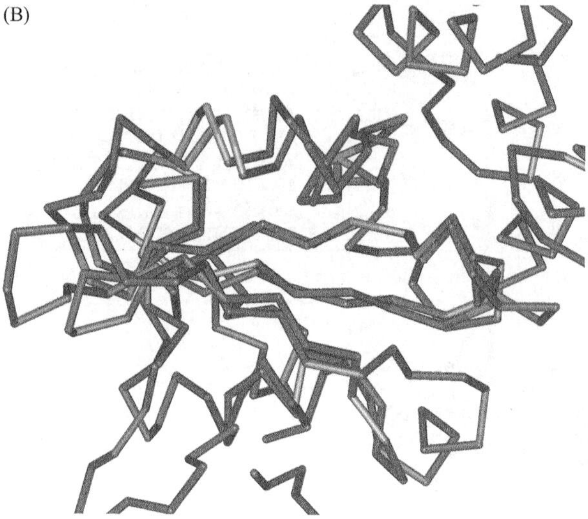

图 14.10 VAST 结构结合算法得到的结果。(A) Cbl 蛋白和 STAT-1 SH2 结构域的序列叠合。结构上叠合到一起的氨基酸用蓝色表示，那些保守的氨基酸用红色表示。在结构上没有叠合到一起的氨基酸用小写的黑体字母表示。(B) 两个 SH2 结构域的 α 骨架的叠合结果。不同颜色表示的含义和 (A) 中相同，灰色的部分表示结构上未能叠合到一起的部分。(见文后彩图)

质之间的结构叠合结果。对于 Cbl 蛋白而言，得分最高的搜索结果是 Grb10 蛋白的 SH2 结构域。它们的序列相似性只有 9%，但是 81 个叠合到一起的氨基酸的均方根偏差（RMSD）只有 2Å。图 14.11 显示了 Cbl 和 Grb10 蛋白的结构示意图，图中二者的取向相同。

FATCAT 在刚性的片段之间引入了旋转

另外一个结构叠合程序 FATCAT，首先在两个结构中确定它们相对应的刚性片段，这些片段至少包含 8 个氨基酸。然后使用一种动态的算法（参考第 5 章）把这些片段组合起来，如果必要的话可以对铰链部分做旋转。这种优化相应的原子，序列叠合中插入或删除的部分，以及引入旋转的 RMSD 值。

当 Cbl 的结构提交到 FATCAT 程序中去的时候，找到的得分最高的蛋白质仍然是 Grb10 的 SH2 结构域。前 19 个结构都是 SH2 结构域，并且这些结果中的蛋白质没有引入任何的旋转，这意味着这些结构是被当作刚性结构来对待的。第 20 个结果是 HPr-相关的折叠模式，并且和 Cbl 蛋白的序列相似性只有 1%，同样地，没有引入任何旋转。第 21 个结果把 Cbl 蛋白和 OB-相关的折叠模式的蛋白质叠合到一起，这是第一个在结构比较中引入了旋转的结果。为了把这两个蛋白质叠合到一起，程序在一个螺旋附近引入了旋转（图 14.12）。

在 Cbl 的例子当中，所有的程序都得到了类似的结果：把 SH2 结构域作为与之最相近的结构域，打分最高。通常情况下有必要使用多种不同的算法以保证结果的正确性。如果把目标结构提交到了多个程序中，但是产生了不同的结果，采取多数的那些结果。

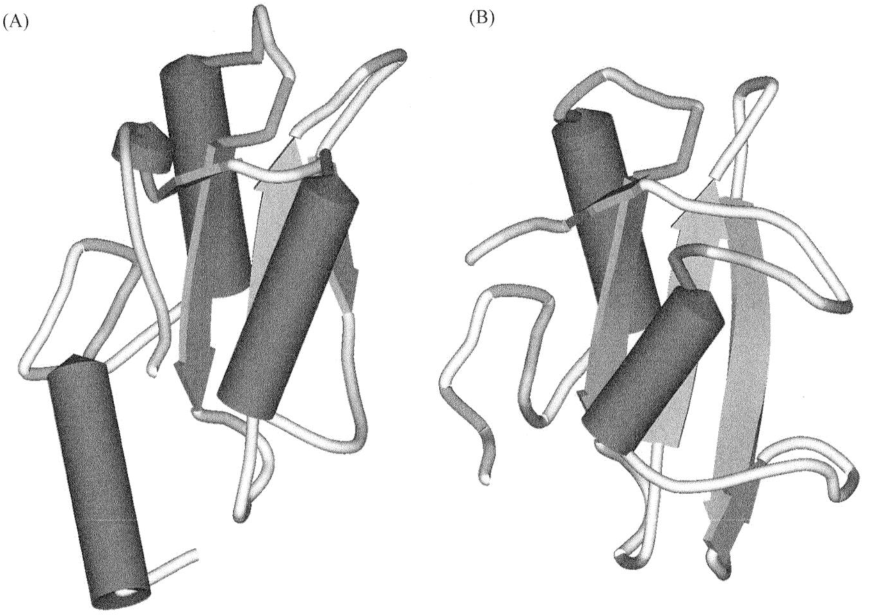

图 14.11　DALI 搜索的结果。计算得到的与 CBL 蛋白（A）最相近的结构是 Grb10 的 SH2 结构域（B）。图中表示的是两个蛋白质的二级结构的示意图，其中两个蛋白质的取向相同。从图中可以明显地看到这两个结构的相似性。

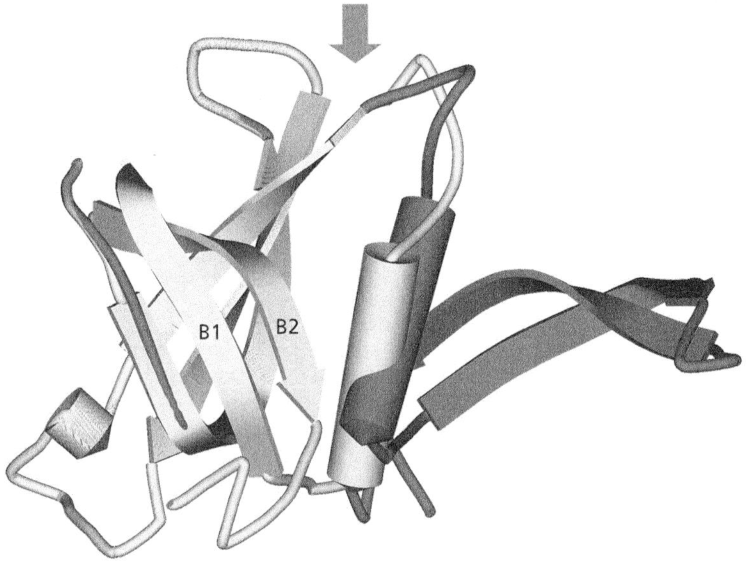

图 14.12　图中显示了 FATCAT 软件包允许蛋白质二级结构的元素之间发生旋转。在第 21 个结果-OB 类型的折叠模式中，在一个螺旋附近引入了旋转，从而使它周围的 B1、B2 折叠片发生翻转，使之能够与 Cbl 叠合。图中显示了原来的折叠方式和旋转之后的折叠方式。

14.3　找到结合位点

蛋白质并不是单独起作用的。为了发挥功能，它们必须和其他的分子组成暂时的或者是稳定的复合体，这些其他的分子可能是其他的蛋白质、小分子底物或者调控分子、DNA、RNA 或者是磷脂小分子，这取决于特定的蛋白质。通常情况下，蛋白质包含特定的结构域，这些结构域用来和特定的小分子结合，从而使蛋白质发挥其作用。例如，许多细胞间的信号蛋白都包含蛋白质间相互作用的结构域，通过这些结构域的作用，蛋白质可以定位到正确的细胞间位置，或者和正确的受体相互作用。基因调节蛋白通过特定的结构多样的 DNA 结合结构域和 DNA 结合，并且通过其他的结构域结合其他的调节蛋白或者小分子。

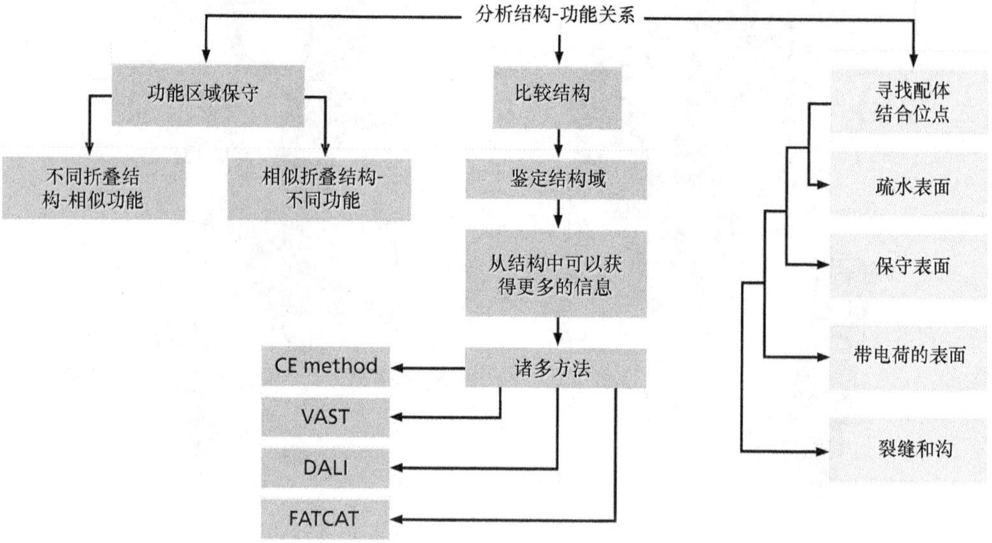

流程图 14.3　本节中涉及的鉴定蛋白质中结合位点的方法。

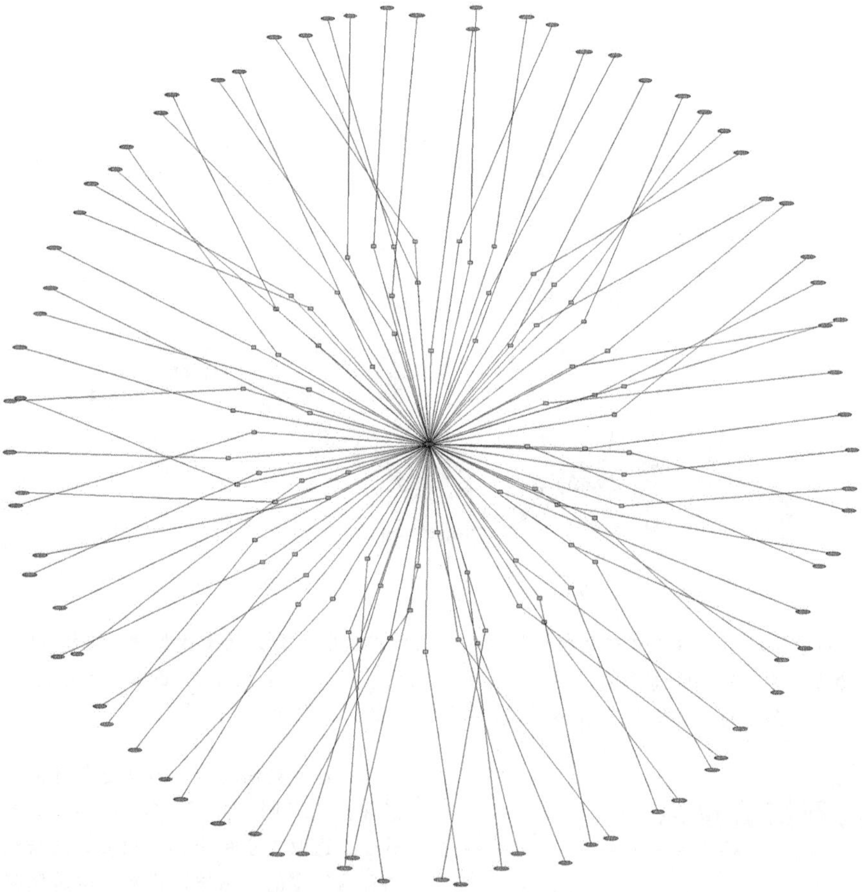

图 14.13　p53 和许多种蛋白质通过不同的模式相互作用的示意图。每一条线连接到一个不同的蛋白质，该蛋白质被实验证实可以和 p53 相互作用。中心点表示 p53，外围椭圆形表示和 p53 相关联的蛋白质。

p53蛋白是一个转录因子，通常情况下在细胞核中含量很低，并且处于没有活性的状态。在DNA损伤、组织缺氧或者缺少核苷酸的情况下，这个蛋白质的含量急剧上升，并且通过一些特定的相互关联的基因激发一系列分子水平的事件。这些分子水平的活动可以减慢细胞周期，从而使得细胞中的DNA修复机制可以发挥作用，或者在细胞中的DNA严重损坏的情况下启动细胞凋亡机制。p53在超过50%的肿瘤中发生了突变，因此是一个重要的癌症研究目标。大约有88种和p53直接相关的蛋白质相互作用及87种转录相关的相互作用（图14.13）。这么多的相互作用不可能同时发生，也不可能都通过同一个结合位点发生。p53是一个多结构域的蛋白质，和其他不同的结构域有着不同的结合模式（图14.14）。相同的结构位置在图14.15中表示出，其中一种RNA Ⅱ型聚合酶结构（灰色）可以与DNA以及其他RNA聚合酶同时结合。因此，了解蛋白质相互作用模式是分析结构与功能关系以及增加时该蛋白质功能了解的重要组成部分。

图 14.14　p53蛋白结构上不同区域的示意图，以及可以和这些区域结合的蛋白质。这么多的蛋白质不可能同时结合到相同的区域上。

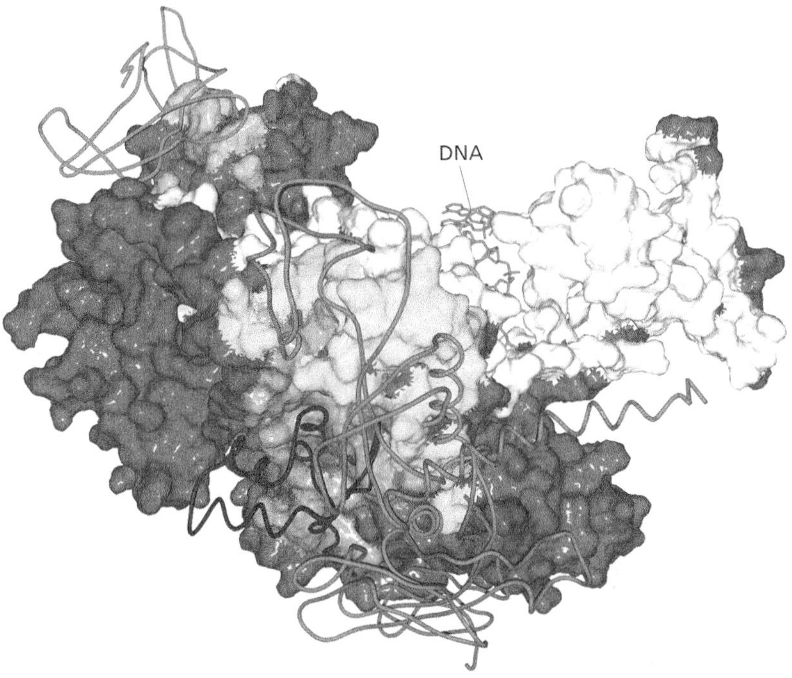

图 14.15　RNA聚合酶Ⅱ亚基的结合方式。其他结合到这个蛋白质上的RNA聚合酶用不同颜色的α碳原子骨架表示。RNA聚合酶Ⅱ上和这些蛋白质相互作用的部分用相应的颜色表示。例如，红色表示的RNA聚合酶Ⅱ表面和红色的蛋白质相互作用。这能够在某些情况下清楚地表示蛋白质之间复杂的相互作用。（见文后彩图）

结合位点通常有两种主要的类型。第一种类型主要出现在蛋白质-蛋白质或者蛋白质-DNA相互作用的表面，通常是蛋白质结构表面的很大一部分区域。另外一种类型是小分子的结合口袋。这些结合口袋可以在蛋白质结构的内部，但是通常有通道沟通其和表面。除此之外，许多蛋白质结合金属离子。金属离子在生物学工程中非常重要，因为它们可以介导蛋白质和配体的相互作用，或者可以作为亲核进攻的催化剂或电子转移的中间体。

高度保守的、带电荷的或者疏水的表面是相互作用位点的标志

折叠数据库的搜索可以通过和同源蛋白的相似性来推测蛋白质相互作用的位点。但是，同时存在许多种其他的方法可以用来确定蛋白质的结合位点。如果蛋白质的底物或者结合模式已知，那么我们可以通过蛋白质的表面性质来确定可能的结合位点。可以通过基于序列或者结构的方法构建多个相关蛋白质的叠合。当叠合结果和查询蛋白的结构叠合到一起的时候，我们可以推测表面的氨基酸所具有的共同性质。任何叠合结果显示的保守的小部分氨基酸在蛋白质的三维结构上都被标记出来。这样的结果通常会显示出许多在序列上被分开的保守氨基酸在三维结构上非常接近。如果这样的保守区域出现在蛋白质的表面，那么它们可能就是一个或者多个相互作用的位点。在某些情况下，相互作用的方式能够从蛋白质表面的性质推断出来。例如，如果蛋白质表面包含许多带电荷的氨基酸，尤其是带同一种电荷的时候（正电或负电），我们可以推断，这些相互作用主要是电荷的相互作用。另外，通常出现在典型的球状蛋白表面保守的疏水表面，通常能够通过疏水作用和其他的蛋白质相互作用。例如，survivi 蛋白（1XOX），一个能抑制细胞凋亡的哺乳动物细胞周期调节蛋白，通过疏水表面的相互作用使得单体形成二聚体，另外还包含有一个能够结合硫酸盐或者磷酸盐的区域和一个可以和 Smac/Diablo 多肽相互作用的羧基端溶液可接触的酸性疏水表面（图 14.16）。

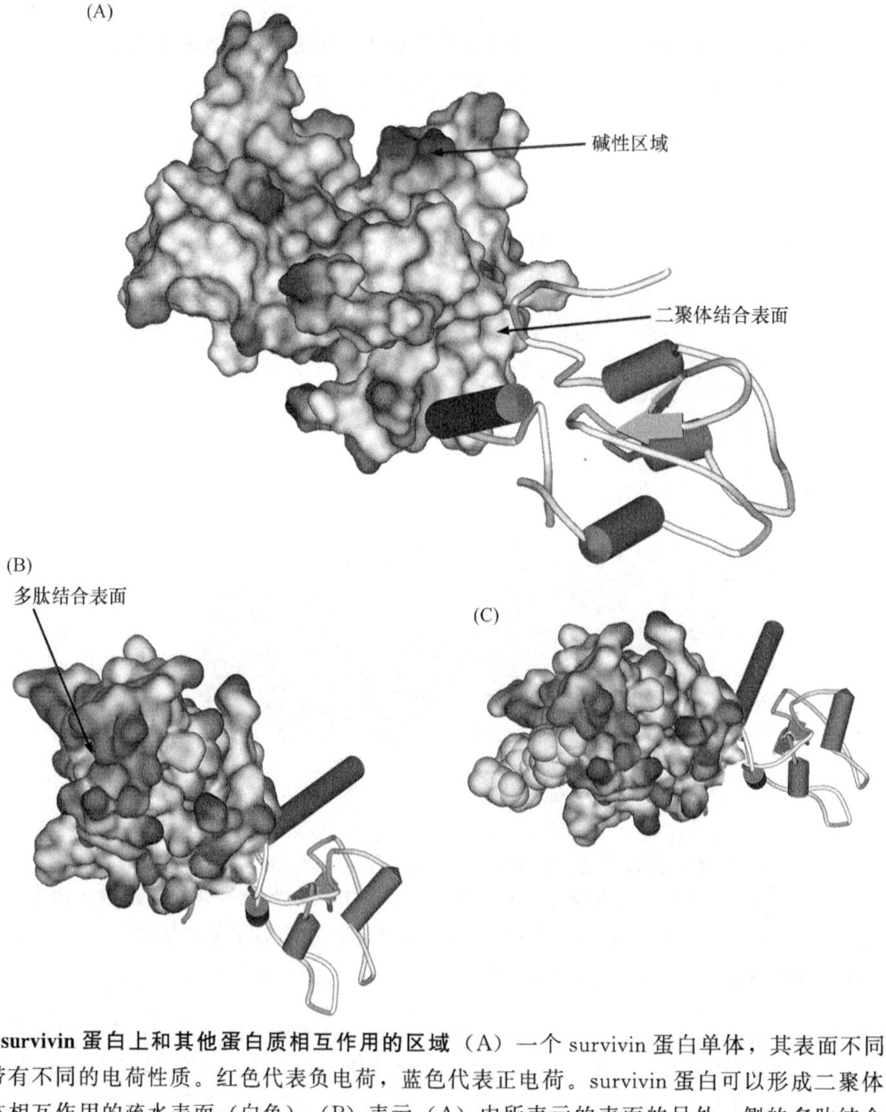

图 14.16　survivin 蛋白上和其他蛋白质相互作用的区域（A）一个 survivin 蛋白单体，其表面不同的颜色表示氨基酸带有不同的电荷性质。红色代表负电荷，蓝色代表正电荷。survivin 蛋白可以形成二聚体，箭头表示了二聚体相互作用的疏水表面（白色）。（B）表示（A）中所表示的表面的另外一侧的多肽结合表面，这个部分的氨基酸是带负电荷的。（C）survivin 蛋白和多肽的复合体，多肽用黄色/绿色表示。（见文后彩图）

为了分析表面性质，我们需要一个交互的可以显示结构的软件（参考 2.2 节）。用合适的软件，我们可以把蛋白质表面的氨基酸根据它们的物理化学性质或者保守的程度用不同的颜色标记出来。保守的、疏水的或者带电荷的表面可以作为可能的结合位点做进一步的研究。由于底物的结合位点是活性中心的一部分，同样的技术也可以用来寻找酶的活性位点。许多种软件可以用来分析表面性质或者预测蛋白质-蛋白质、蛋白质-小分子相互作用的位点。以下介绍其中的几种。

通过表面性质寻找蛋白质-蛋白质的相互作用位点

通过对 57 个已知的参与异源多聚体的蛋白质-蛋白质相互作用的蛋白质结构表面的分析发现，只有 β 折叠或者长的无结构区域（loop）参与形成蛋白质-蛋白质相互作用，α 螺旋则不参与。除此之外参与蛋白质-蛋白质相互作用的氨基酸更倾向于是带芳香环的氨基酸，因为在蛋白质相互作用的表面，通常是成簇的芳香环氨基酸或者是疏水氨基酸。这些发现整合到了自动预测蛋白质-蛋白质相互作用位点的软件 ProMate 中去。p53 的结构（PDB 序列号 1YCS）被提交到 ProMate 软件上来预测结合位点，软件预测了一个可能的蛋白质-蛋白质相互作用的位点（图 14.17A）。ASPP2 蛋白是一个已知的可以和 p53 蛋白相互作用的蛋白质，这个蛋白质和 p53 蛋白复合物的结构已经被测定了。如图 14.17B 所示，ASPP2 蛋白结合在了 ProMate 软件所预测的 p53 蛋白的结合位点上。这个结合位点也能够和 DNA 结合。

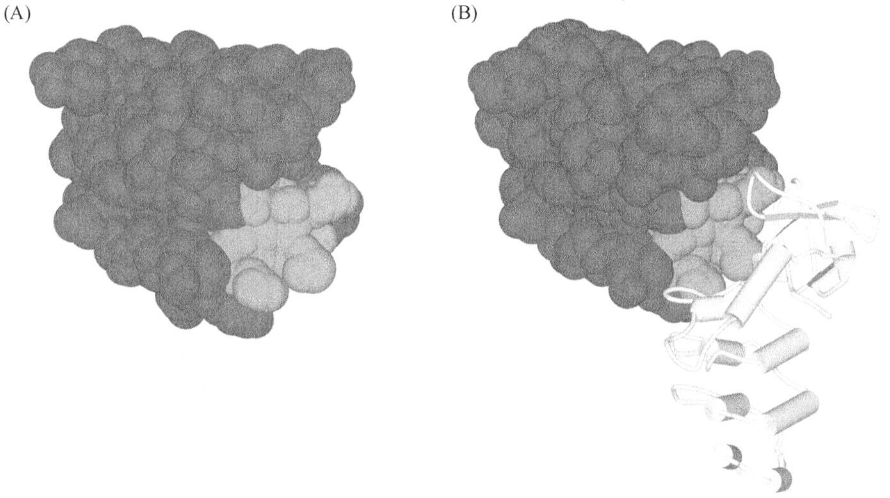

图 14.17 ProMate 软件预测了 p53 蛋白的 DNA 结合结构域上的蛋白质-蛋白质相互作用的位点。（A）被预测为结合位点的区域（浅灰色），p53-ASPP2 的复合物的结构已经被测定了。（B）可以看到，ASPP2 蛋白结合到了预测的结合位点上去，这个位点也可以结合 DNA。

另外一个类似的软件是 PPI-PRED，这个软件基于 180 个蛋白质-蛋白质复合物和 56 个蛋白质-DNA 复合物相互作用位点的性质。当 p53 用这个软件来分析的时候，两个主要的结合位点被确定了（图 14.18）。其中一个是与 ASPP2/DNA 结合的位点，另外一个结合位点可能用于结合其他蛋白质，或者形成三聚体。

通过计算蛋白质的表面，可以找到那些可能是结合位点的裂缝和洞

许多计算方法通过分析蛋白质的表面来找到可以作为结合位点的口袋。首先，计算蛋白质的溶液可及化表面（图 14.19），然后从这个表面上寻找可以容纳小分子的口袋。通常最大的口袋被认为是结合位点。许多这方面的软件，如 SURFNENT 可以免费下载。有两个预测可能的结合位点的程序——Pocket-Finder 和 Q-SiteFinder 通过网页服务。

Pocket-Finder 基于 LigSite 算法。这个算法完全通过受体的几何形状来确定潜在的结合位点。这个方法基于这样一个事实：当一条直线穿过一个口袋的时候，它的一部分在蛋白质中，与之相连的一段在口袋或裂缝中，接下来相连的一段仍然位于蛋白质中。这样的一种模式说明存在一个口袋，口袋的位置就在中间那段线段附近。对于蛋白质中的每一个格点，程序会在 7 个方向上检查是否具有这种模式。这些格点如果在 7 个方向上具有这种模式，那么

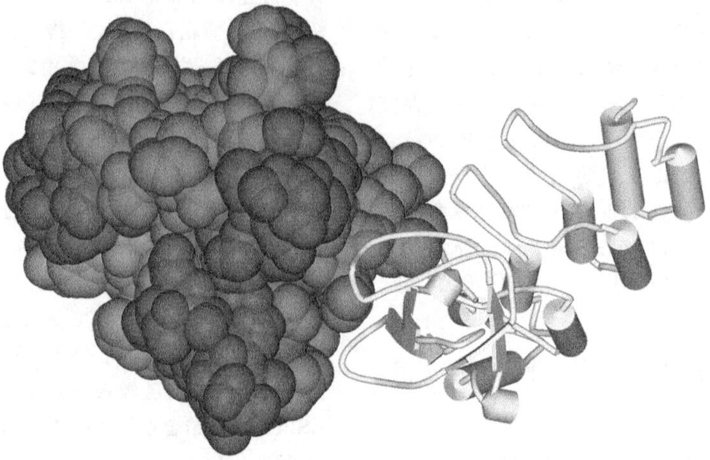

图 14.18　PPI-PRED 软件预测了 p53 蛋白的 DNA 结合结构域上的蛋白质-蛋白质相互作用位点。这个软件比 ProMate 软件预测了更多的结合位点（三个），这些位点根据它们是结合位点的可能性用不同的颜色表示出来，红色表示最可能是结合位点的区域。其中的一个结合位点是 ASPP2/DNA 结合位点。另外一个位点的真实的结合模式目前还不知道，因为这是 p53 蛋白唯一的 DNA-结合结构域，此位点可能被 p53 蛋白的其他结构域所占据。但是整个蛋白质的结构目前还未被测定。（见文后彩图）

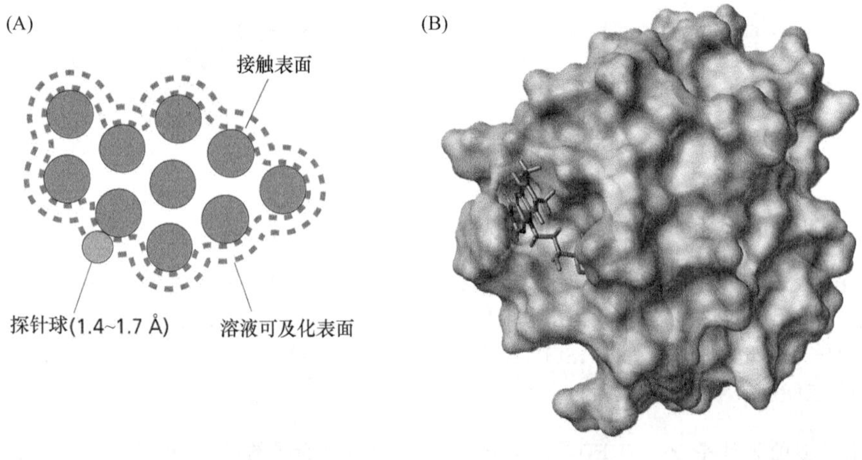

图 14.19　计算溶液可及化表面：一个分子的表面可以定义为这个分子上能够被溶液接触到的部分。（A）一个计算表面的方法是，将溶液分子（水分子）用一个半径为 1.4～1.7Å 的球表示。这被称为探针球（the probe sphere）。当探针球沿着分子表面滚动的时候，它的球心连成的轨迹被称为溶液可及化表面（外侧的虚线表示）。探针球的边缘能够接触到的分子表面被称为接触表面（内侧的虚线）。计算表面的方法有许多种。（B）用半径为 1.4Å 的球状探针确定的 Clostridium Beijerinckii 的黄素氧化还原蛋白的溶液可及化表面。结合到蛋白质上的配体也表示出来了。

这个格点就被认为在口袋中。如果在多于 0 个方向上具有这种模式，那么这个格点可能位于活性口袋周围。具有这样模式的互相联通的格点组成口袋。

Q-SiteFinder 软件也适用格点来确定活性口袋，但是与 Pocket-Finder 不同的是，这个软件通过确定那些和代表小分子的探针具有好的相互作用能量的区域确定可能的活性口袋。探针和蛋白质的相互作用定义为甲基的非键相互作用。只有那些具有高于阈值相互作用能量的格点被保留下来。最后，整个活性口袋通过把在一定距离内的各点连接起来而确定。

把二氢叶酸还原酶不带有其抑制剂和辅酶 NADPH 的结构提交给 Pocket-Finder 程序或者 Q-SiteFinder 程序，这两个程序找到的最可能的结合位点都是抑制剂的结合位点或者辅酶 NADPH 的结合位点（图 14.20）。Q-SiteFinder 找到的活性口袋的体积比其他的软件（包括 Pocket-Finder）找到的口袋的体积要小（图 14.20D 和图 14.20E）。通常对于比较大的蛋白质，那些只基于蛋白质表面性质分析的算法找到的结合位点太大。Q-SiteFinder 找到的比较小的结合位点，通常比这些蛋白质所结合的小分子要小，并且和蛋白质的大小无关。两个软件都可以确定部分的活性口袋的氨基酸。这些信息可以应用在下述的程序中，用来把小分子对接到蛋白质上去。

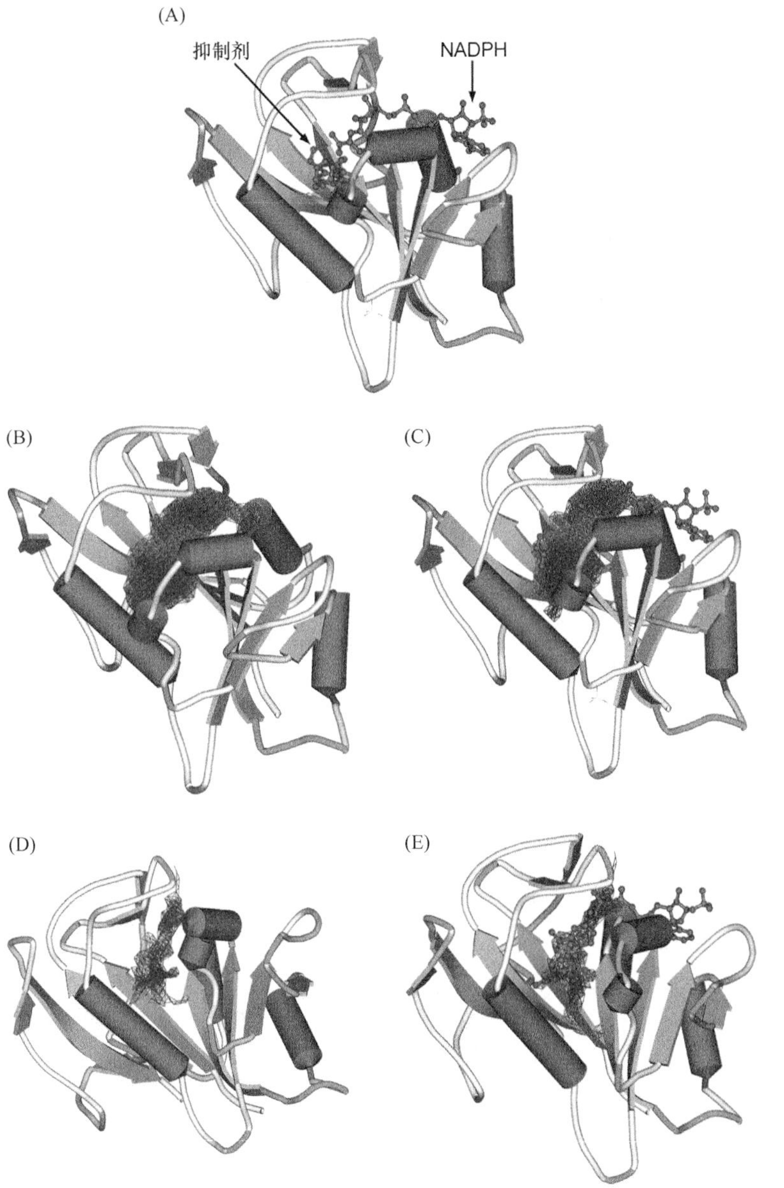

图 14.20 预测配体结合位点的程序找到的可能的口袋是配体能结合的位置。图中显示的是 Q-SiteFinder 和 Pocket-Finder 的结果。(A) 二氢叶酸还原酶和它的抑制剂及辅酶 NADPH 的复合物的结合位点。(B) Q-SiteFinder 找到的最好的结合位点及蛋白质上 (C) 辅酶 NADPH 的位置。(D) Pocket-Finder 找到的最好的结合位点及蛋白质上 (E) 辅酶 NADPH 的位置。结合位点被非常准确地预测了。

通过分析氨基酸的保守性可以确定结合位点

那些功能上重要的氨基酸及对于结合小分子重要的氨基酸通常在不同的物种中是进化保守的。这个现象被用来预测结合位点的氨基酸或者发挥功能的氨基酸，被称为进化轨迹方法（evolutionary trace method）。目前有许多种方法可以通过一个家族的蛋白质的序列叠合来计算每一个氨基酸的保守性得分。这种打分通常基于研究发现的蛋白质之间的进化关系和替代矩阵揭示的同源蛋白（参见 5.1 节）。例如，ConSurf 程序使用提交的蛋白质序列在 Swiss-Prot 数据库中做 PSI-BLAST 搜索（参见 6.1 节）。当把那些通过序列搜索得到的序列下载之后，它使用 ClustalW 程序做多重序列比对（参见 6.4 节）。基于这种序列比对构建一棵进化树（参考第 7 章和第 8 章）。最终对于每一个位点计算保守性的得分，并根据得分把序列划分成 9 个梯度，并用不同的颜色表示出来方便观察。目前的研究集中在如何把蛋白质表面搜索（如 SURFNET）和保守性分析（如 ConSurf）结合起来从而得到更加精确的结果。

把 p53 蛋白提交到 ConSurf 程序中去，计算其进化得分，并且根据这些得分把其结构上的氨基酸标记成不同的颜色（图 14.21）。那些 p53 家族中最保守的氨基酸位于上述的 ASPP2/DNA 结合区域上。这种方法也被用来分析 DHFR 蛋白的序列（参考扩展阅读）。用这种方法成功地确定了辅酶和叶酸的结合位点。

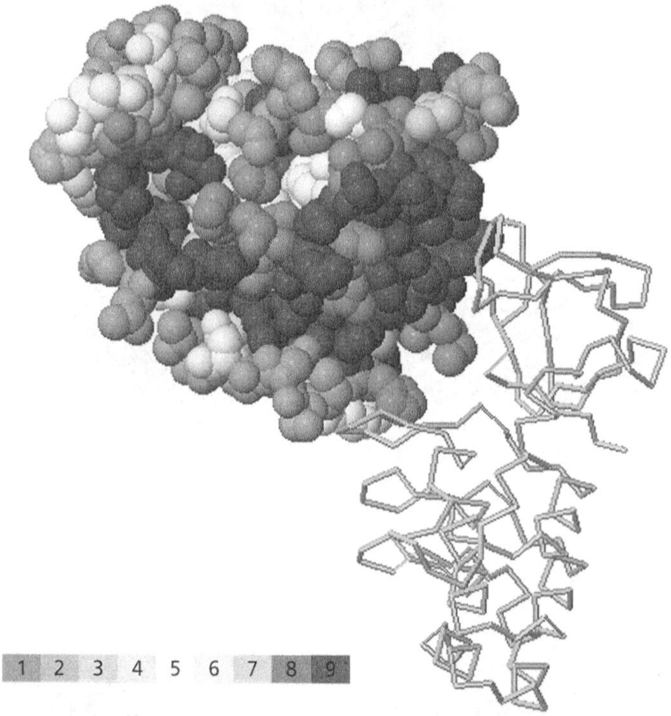

图 14.21 通过 ConSurf 确定结合位点。 ConSurf 软件用来显示 p53 上那些进化上保守的区域，这些区域可能是相互作用的位点。深色的部分表示保守的区域。ASPP2/DNA 的结合位点位于保守的区域之内。

14.4 分子对接方法和程序

一旦活性位点或者可能的结合位点确定了，那么蛋白质和小分子配体，如酶底物、抑制剂和辅酶的结合方式就可以通过建模来预测了。如果小分子的类型已知，那么我们可以构建小分子的模型或者从数据库中找到小分子的结构，并且把它对接到结合位点上去。除此之外，还有一些程序可以针对特定的结合位点来设计小分子。分析配体和蛋白质的相互作用可以更好地了解配体的结合如何影响蛋白质的结构和功能。通常通过结合位点和配体的形状、化学性质及配体的取向可以确定结合的强弱。除此之外，通过分析对接的小分子和与之相互作用的氨基酸，可以找到可能修饰小分子的方式，以使它具有更好的治疗效果（参见专栏 14.1）。这种分子建模的方式目前是一种高通量的探索小分子和目标蛋白相互作用的方法，以确定所研究的小分子是否值得做进一步的研究。本书没有足够的篇幅来讨论用于预测分子结合的那些分子模拟技术。一些能量项和方法的细节可以参考附录 B 和附录 C。对于更多的细节，可以参考附录中的引用文献。

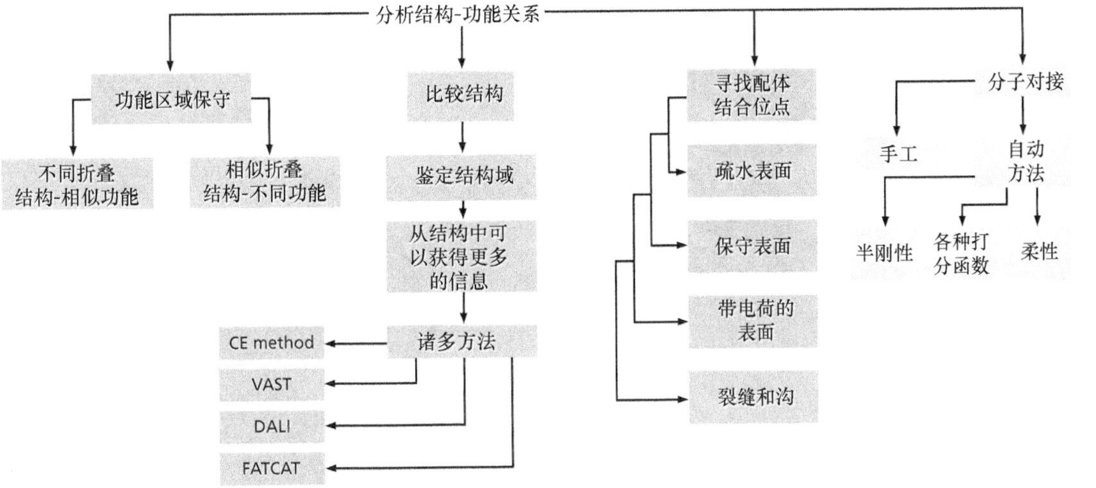

流程图 14.4　本节中涉及的预测蛋白质与配体结合模式的方法。

专栏 14.1　药物分子的合理设计

药物是一些结合在特定蛋白质上的配体分子，它们或者增强蛋白质的活性（激动剂）或者抑制蛋白质的活性（拮抗剂）。那些能够降低或者抑制蛋白质活性的配体分子也被称为抑制剂。配体分子经常以可逆的方式结合到蛋白质上，并且与天然配体分子形成竞争关系（竞争结合），但是它们也可以采取不可逆的结合方式。除了可以结合到靶蛋白上之外，还有很多特征可以用来判断一个配体分子能否成为药物，如分子的水溶性如何，其选择性和稳定性如何。大多数化合物除了能够结合到其靶蛋白上之外，还可以结合到其他分子上；换句话说，这些分子的选择性比较差，具有一些不可预见的风险，从而导致危险的不良反应。

大多数药物是通过实验和计算机辅助（虚拟）大规模筛选方法所发现的。在虚拟筛选方法中，从小分子数据库中搜索出可能与靶点结合的小分子（也可以称为先导化合物），然后将其自动地对接到靶蛋白上，并且对其所形成的复合物进行打分。用这种合理设计方法所得到的打分最高的化合物将会被用来进行体外和体内试验。在虚拟筛选中所用到的小分子数据库中往往包含了成百上千的不同小分子以保证筛选过程中的小分子多样性。

在药物分子的合理设计中，靶蛋白的结构和其天然配体分子可以用来鉴定或者设计其他配体分子。潜在的药物分子可以用从头算法设计或者是对大规模筛选所得到的先导化合物进行修饰。

第一个应用此方法设计得到的药物是 Relenza®，这是一种治疗流感的药物。这种药物是从能够与神经氨酸酶保守区域结合的小分子中筛选出来的［图 B14.1（A）］。神经氨酸酶是流感病毒中用来释放被感染细胞中新产生病毒的一种蛋白酶。类似于这种基于结构的设计方法也被用来设计副流感病毒血凝素——神经氨酸酶抑制剂。

这种方法也被用来设计治疗 HIV 的药物分子，如 ritonavir［图 B14.1（B）］和 indinavir，药物分子的合理设计方法被用来寻找能够抑制病毒蛋白酶的配体分子，而病毒蛋白酶与病毒的正确装备关系密切。Viagra 最初是利用此方法开发出来抑制磷酸二酯酶从而治疗高血压的药物分子，它能够增强血管舒张。然而不论是意外发现或者是设计出来的潜在药物分子都需要经过严格的试验验证才能在市场上进行销售。测试 Viagra 能否作为治疗高血压的药物及其对心绞痛患者的效果是令人失望的。但是，与此同时的进一步实验证实这种药物分子具有较强的副作用，能够增强男性测试者的勃起时间。这一发现使得 Viagra 研发小组开始尝试用其来治疗男性性无能，并且取得了成功。

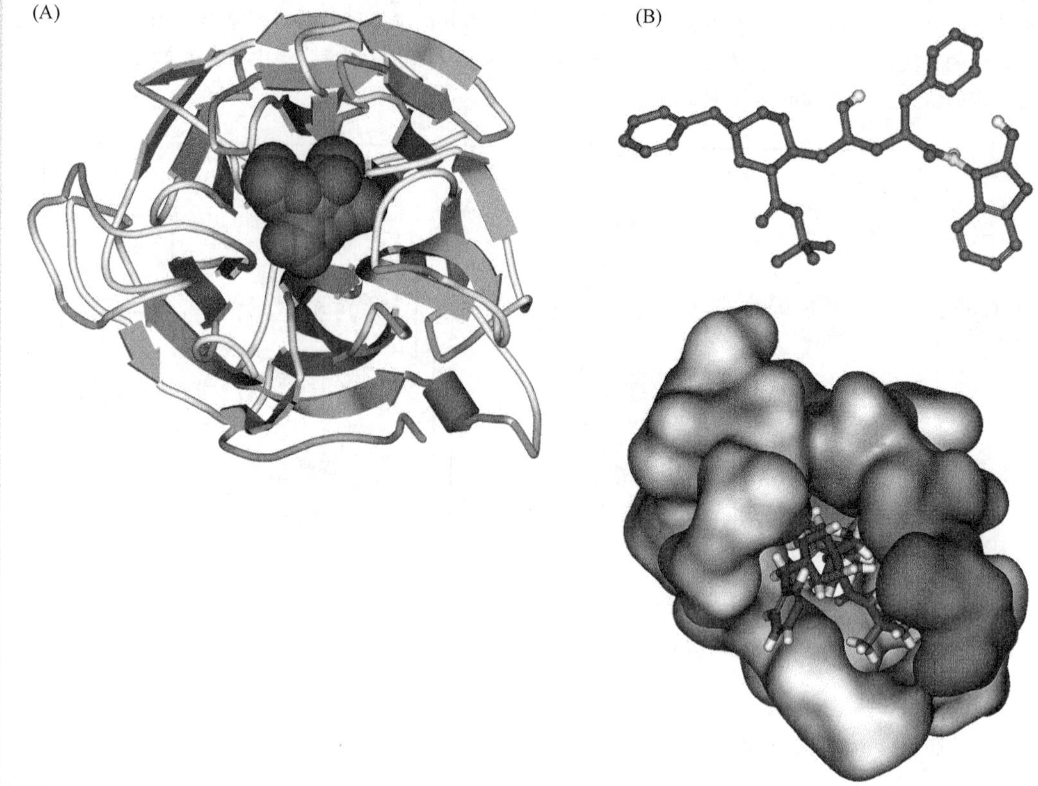

图 B14.1 两个蛋白质-配体复合物模型。（A）神经氨酸酶与 Relenza 的结合示意图（B）HIV 蛋白酶与潜在药物分子结合示意图。

当同源蛋白和类似的小分子复合物的结构已知的时候，可以作简单的分子对接

分子对接（docking）可以模拟蛋白质和配体复合物的结构。最简单的是手工对接，这可以用许多计算机图形界面的程序实现。为了得到有用的结果，这要求一些同源蛋白配体的结合信息已知。因为这些结构上同源的蛋白质通常保留了相同的折叠模式用来结合相同的小分子，通过比较这些同源蛋白质的结构可以揭示活性口袋结构上的保守性。

通过目标蛋白和其同源蛋白与其配体复合物结构上的叠和，可以把相同的小分子或者同源的小分子叠和到目标蛋白上。一旦两个蛋白质的结构叠和到了一起，一个可能与蛋白质结合的小分子可以通过参考模板分子和同源蛋白的结合方式而对接到目标蛋白上去。得到的结构可以通过能量最小化或者分子动力学的方法得到优化（如附录 C 中所述）。但是，这种对接方法非常主观，并且得到的结构中，小分子的取向通常和同源蛋白中的不同。

一些专用的分子对接程序可以自动地把配体对接到蛋白质结构上去

在传统的药物筛选的过程中，需要对几千个小分子做体外筛选已得到有限的几个先导化合物进行下一步的工作。这浪费时间又花钱。因此，开发一些自动的计算机程序来计算配体和给定结构的结合强弱具有重要的商业价值。

用计算机表示的小分子可以从化学或结构数据库中下载，或者根据结合位点从头设计。确定小分子先导化合物的工作并不轻松，因为酶或底物的结构在结合的过程中都有可能发生变化。描述这些分子间相互作用的数学模型通常在计算上比较复杂，所以问题通常被简化了（参考附录 B）。在早期的分子对接程序中配体和蛋白质通常都是刚性的。而在实际中，配体和蛋白质都是柔性的。现在绝大多数技术都至少允许小分子是半柔性的。

在更加成熟的对接方法中，通常被称为**结构柔性的对接（conformational flexible docking）**，配体不是刚性的，并且考虑到了构象的自由度。蒙特卡罗方法和模拟退火方法（参考附录 C）被用来搜索小分子的可能构象。在每一步的蒙特卡罗过程中，通

过化学键的旋转或者整个小分子的位移和旋转来改变小分子的构象。通过计算小分子在结合口袋中的能量来确定这个构象改变是接受还是舍弃。一些程序可以记住已经搜索过的构象空间，从而避免计算相同的构象。最新的一些程序不固定蛋白质结合口袋的结构，允许残基侧链和化学键有一定的自由度。

通过打分函数来确定最可能的对接结果

自动的分子对接方法产生大量可能的配体结构和配体-蛋白质复合物的结构，并且对每一个结构打分。这些打分结果被用来分析小分子和蛋白质结合得好坏，从而选择最可能的结合模式。因此，分子对接程序包含一个搜索算法和一个打分函数。

打分函数通常包括很多描述子，包括蛋白质和配体的相互作用能量。打分函数对于选择哪个对接的结构至关重要。但是，一个严格的打分函数计算上比较耗时，因此许多打分方法都被简化了。有两类基本的打分函数。第一种方法基于蛋白质和配体的结合能量，这通常通过分子力场来计算。另外一种打分方法使用抑制的蛋白质-配体复合物的统计信息来估计结合能量，因此被称为**基于知识的打分方法（knowledge-based scoring）**。软件可以联合使用这两种方法来确定哪一个的对接结果最好。

DOCK 软件采用半刚性的方法，通过分析配体和结合位点形状和化学性质的互补来做对接

蛋白质-配体复合物的一个重要的基本特征是配体和结合位点在形状上是互补的。DOCK 是采用这种方法的一个软件，这个软件也考虑到了化学相互作用。DOCK 软件搜索配体和蛋白质可能的结合方式。它在用户指定的蛋白质结构区域中生成配体的不同取向和构象的结构。然后通过结合或者化学的互补性给每一个构象打分。根据这个打分可以筛选一组分子中和蛋白质结合的最好的分子，或者一个分子和蛋白质结合得最好的构象。

DOCK 软件首先使用原子的坐标计算目标蛋白的溶液可及化表面。只有那些结合位点的表面需要被计算出来。蛋白质表面里边的活性口袋的形状所决定的球被放到结合口袋中去。然后计算目标蛋白的格点能量。每一个格点能量都对应一个得分和电荷。球心的位置作为配体上原子可能的位置。配体上的原子位置和球心位置重合，从而确定配体的取向，每一个分子都有很多种可能的取向。然后小分子的每种取向通过形状的匹配、静电势能和力场势能（参考附录 B）打分。每一个小分子得分最高的构象被保存下来，从而可以比较不同分子的最好结果。

片段对接方法可以通过预测结合位点处的原子类型和功能基团确定可能的底物

有一些对接方法首先找到配体与结合位点之间不同的相互作用的最合适位置，然后搜索含有能与这些位置匹配的功能基团的小分子。

GRIN 和 GRID 程序可以找到活性位点中那些与具有特定物理化学性质的探针具有很高亲和力的位点，这些探针包括单个原子或者具有某种化学功能的基团，这些基团含有不同的电荷和疏水性质，如甲基和羧基。这样可以得到结合位点处的三维的能量轮廓线，从中可以确定与不同探针具有最好结合能的区域。GRID 程序成功地使用流感病毒蛋白的晶体结构设计了抑制剂，并最终产生了葛兰素史克公司的抗流感药物 Relenza®（见专栏 14.1）。

LUDI 方法使用小分子碎片库分析这些碎片和特定蛋白质的活性位点处的结合能力。这个程序通过把碎片与蛋白质结合位点匹配起来，从而使两者形成氢键或者使它们的疏水区域相互匹配。最终，这些碎片被连接到一起，形成一个完整的分子，这个分子可能是潜在的抑制剂，或者能够为化学家设计更好的抑制剂提供帮助。

X-SITE 软件也是基于这种小分子碎片方法的，不同的是，这个程序使用的数据来源于 PDB 数据库中具有高分辨率的晶体结构。这个软件使用的数据是基于分子不同的原子类型和 20 种氨基酸的 3 个原子的分子碎片的相互作用的强弱。从而得到一个这些三原子碎片周围特定原子类型的分布

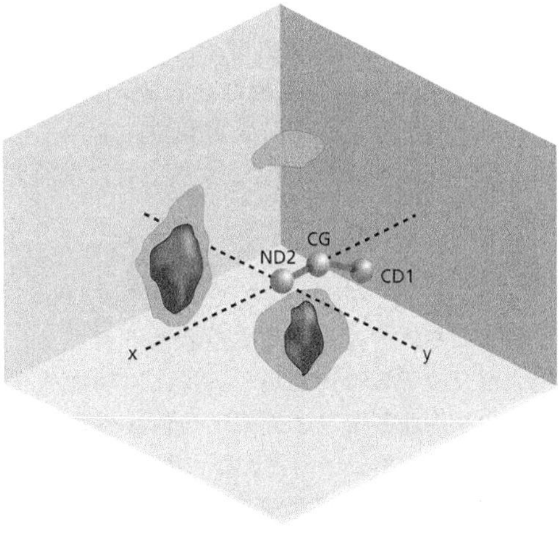

图 14.22 精氨酸 ND2 原子附近的三维分布：黑色的云团显示了 ND2 原子附近的氧原子的分布。

(图 14.22)。这些信息用来预测结合位点处特定原子最可能出现的位置。这些原子的位置信息既可以用来预测已知分子的取向，也可以用来设计新的分子。

GOLD 是一个柔性的对接程序，它使用遗传算法

更多的、更快的分子对接技术被开发出来，以便更快地应用在药物设计中，寻找可能的先导化合物。一些方法使用遗传算法。遗传算法利用进化的基本原理找到一些计算问题的最优解，这在 6.5 节中有详细的讨论。GOLD (genetic optimization for ligand docking) 对接程序使用遗传算法找到分子的最好的对接构象，它允许小分子是完全柔性的以及蛋白质氨基酸是半柔性的。

作为一个例子，用 GOLD 软件把抑制剂对接到 Q-SiteFinder 找到的二氢叶酸还原酶的结合位点上去（参考 14.3 节）。结果在图 14.23 中显示。得到的 10 个构象中有 7 个很好的和结构中的抑制剂重合，另外 3 个结合到了 NADPH 的结合位点上去。

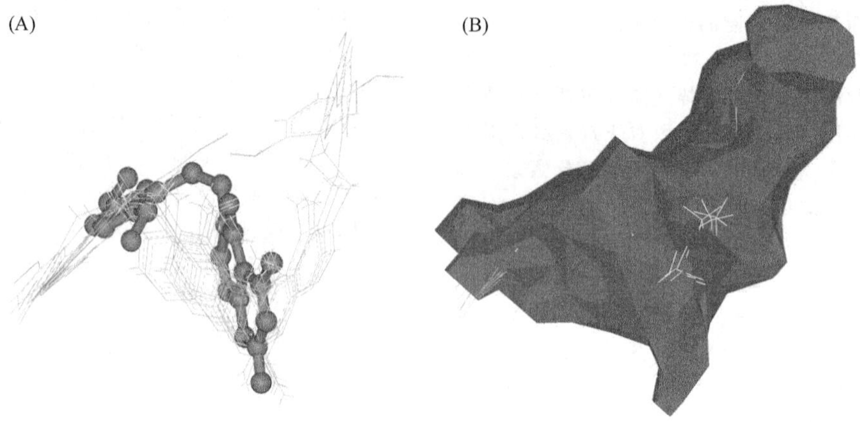

图 14.23　GOLD 软件把 NADPH 对接到二氢叶酸还原酶上去的结果。(A) 对接上去的 NADPH（细线）和实验测得的结构吻合得很好（球棍模型）。(B) 结合的活性口袋是使用 Q-SiteFinder 软件找到的。

还有其他许多分子对接及优化其结构的方法。目前还在开发许多新的方法，但是这些方法都是在原有的算法上稍加扩展。通常，这种方法允许根据活性口袋进行从头设计，如 X-SITE，或者把一个已知的分子整个对接到活性口袋中去，如 GOLD。分子对接方法通常搜索可能的结合构象，优化它们，然后用一个打分系统去评价这些构象。这些方法在 Richard Taylor 及其同事的综述文献中有详细的描述（参考扩展阅读）。

结合位点的水分子也应该考虑

蛋白质在体内并不是在真空状态下存在的，而是绝大部分位于溶液的环境中。蛋白质周围的水分子和蛋白质表面侧链或者骨架上边的极性原子形成氢键。在许多生物分子的界面处，也有水分子存在。有些时候小分子配体结合到蛋白质上之后，这些水分子被配体的一些基团所取代，但并不总是这样。蛋白质结合的水分子在很多情况下对于底物识别、配体结合和催化有着非常重要的作用。它们可以作为配体原子和结合位点的原子之间相互作用的桥梁。在研究得比较充分的细菌色氨酸操纵子的抑制蛋白与 DNA 复合物中，抑制蛋白通过碱基和蛋白质之间的水分子介导的氢键识别并且结合。

结合到蛋白质上的水分子通常通过形成氢键相互作用的网络或者占据暴露于溶液中的蛋白质表面的沟，来达到稳定蛋白质和小分子复合物的作用。水分子还可以帮助实现多种结合模式。对于组织相容性复合物来说，就是这种情况。这些复合物是免疫活动的核心成分，并且决定了组织的类型。组织相容性复合物蛋白有许多种，每一种都可以结合多种不同的多肽配体。为了允许这种多态性的实现，水分子填充了结合位点和多肽之间的空隙。

当把小分子对接到结合位点上的时候，水分子仍然发生作用，但在这之前水分子发生的作用可以忽略掉。一个有用的软件是 CONSOLV，它可以预测水分子结合到配体结合位点上的保守性，即确定那些没有结合配体的活性口袋中的水分子，有哪些在配体结合上去之后仍然在原来的位置。

总结

在这一章中，我们看到蛋白质的折叠模式能够非常好地确定蛋白质可能的作用。这种三维结构和功能之间的密切关系通常被称为结构-功能关系。但是，这种关系非常复杂，所以经常会有相似的结构但具有不同功能的情况，反之亦然。尽管如此，如果小心处理，通常可以得到很多有用的信息。

为了分析结构-功能关系，比较蛋白质的结构是必要的。所以 14.2 节中描述了许多种比较蛋白质结构的方法。比较的结构可以用于研究诸如蛋白质属于哪个家族，具有催化活性的氨基酸是否在结构上是保守的，结合口袋如何结合配体之类的蛋白质的作用。例如，如果我们的蛋白质属于含有催化三联体的蛋白酶家族，我们可以检查这个蛋白质是否在类似的区域也含有催化三联体。这比序列分析更加有说服力，因为最终是空间结构起到了关键作用。这种类型的结构比较也能够确定特定蛋白质相互作用的结构域，而这些是序列分析无法得到的。

一旦蛋白质的功能确定了，那么我们非常渴望能够确定影响蛋白质功能的配体结合位点，通过这些，可以得到一系列的结论。例如，诺华公司的一个药物——Gleevec® (Novartis)，是 *abl* 酪氨酸激酶的抑制剂，可以用于治疗白血病。最近发现对风湿性关节炎也有作用。一旦结合位点确定了，通过模拟配体如何结合到蛋白质上去能够更好地研究配体结构的微小改变如何影响二者的结合。这能够为开发新的药物提供帮助。

名词解释

conformation（构象）：构成特定分子的原子空间排列。

topological families（拓扑家族）：具有相似二级结构元素拓扑的蛋白质三级结构集合。

docking（分子对接）：用来鉴定蛋白质复合物的计算方法，蛋白质复合物由 2 个或者更多分子组成，通常是 1 个配体分子和 1 个蛋白质结合在一起。

conformational flexible docking（结构柔性的对接）：在对接两个分子时，至少有 1 个分子能够改变构象的对接方法。通常在蛋白质一配体对接中，较小的配体分子可以改变其构象。

conformer（异构体）：具有不同扭转角的结构。

扩展阅读

通用文献

Andersen JN, Del Vecchio RL, Kannan N et al. (2005) Computational analysis of protein tyrosine phosphatases: practical guide to bioinformatics and data resources. *Methods* 35, 90-114.

Bajorath J (2001) Rational drug discovery revisited: interfacing experimental programs with bio-and chemo-informatics. *Drug Discov. Today* 6: 989-995.

Leach A. (2000) Molecular Modelling: Principles and Applications. Harlow: Prentice Hall.

Taylor RD, Jewsbury PJ & Essex JJW. (2002) A review of protein-small molecule docking methods. *J. Comput. Aided Mol. Des.* 16, 151-166.

14.1 功能保守性

结构-功能关系

Choi KH, Shi J, Hopkins CE et al. (2001) Snapshots of catalysis: the structure of fructose-1, 6- (bis) phosphate aldolase covalently bound to the substrate dihydroxy-aectone phosphate. *Biochemistry* 40, 13868-13875.

Liu Z, Sun C, Olejniczak ET et al. (2000) Structural basis for binding of Smac/DIABLO to the XIAP BIR3 domain. *Nature* 408, 1004-1008.

Lorentzen E, Pohl E, Zwart P et al. (2003) Crystal structure of an archaeal class I aldolase and the evolution of (βα) 8 barrel proteins. *J. Biol. Chem.* 278, 47253-47260.

Lorentzen E, Siebers B, Hensel R & Pohl E. (2004) Structure, function and evolution of the Archaeal class I fructose-1,6-bisphosphate aldolase. *Biochem. Soc. Trans.* 32, 259-263.

Nagano N, Orengo CA & Thornton JM. (2002) One fold with many functions: the evolutionary relationships between TIM barrel families based on their sequences, structures and functions. *J. Mol. Biol.* 321, 741-765.

折叠识别程序

Gibrat JF, Madej T & Bryant SH. (1996) Surprising similarities in structure comparison. *Curr. Opin. Struct. Biol.* 6, 377-385.

Madej T, Gibrat JF & Bryant SH. (1995) Threading a database of protein cores. *Proteins* 23, 356-369.

Shindyalov IN & Bourne PE. (1998) Protein structure alignment by incremental combinatorial extension (CE) of the optimal path. *Protein Eng.* 11, 739-747.

Ye Y & Godzik A. (2004) FATCAT: a web server for flexible structure comparison and structure similarity searching. *Nucleic Acids Res.* 32, W582-W585.

结构域鉴定

Sowdhamini R & Blundell TL. (1995) An automatic method involving cluster analysis of secondary structures for the identification of domains in proteins. *Protein Sci.* 4, 506-520.

Sowdhamini R, Rufino SD & Blundell TL. (1996) A database of globular protein structural domains: clustering of representative family members into similar folds. *Fold. Des.* 1, 209-220.

Vinayagam A, Shi J, Pugalenthi G et al. (2003) DDBASE2.0: Updated domain database with improved methods for the identification of structural domains. *Bioinformatics* 19, 1760-1764.

可视化程序

Krieger E, Koraimann G & Vriend G. (2002) Increasing the precision of comparative models with YASARA NOVA-a self-parameterizing force field. *Proteins* 47, 393-402.

Pettersen EF, Goddard TD, Huang CC et al. (2004) UCSF Chimera-a visualization system for exploratory research and analysis. *J. Comput. Chem.* 25, 1605-1612.

14.3 找到结合位点

Bradford JR & Westhead DR. (2005) Improved prediction of protein-protein binding sites using a support vector machines approach. *Bioinformatics* 21, 1487-1494.

Klon AE, Heroux A, Ross LJ et al. (2002) Atomic structures of human dihydrofolate reductase complexed with NADPH and two lipophilic antifolates at 1.09 a and 1.05 a resolution. *J. Mol. Biol.* 320, 677-693.

Laurie AT & Jackson RM. (2005) Q-SiteFinder: an energy-based method for the prediction of protein-ligand binding sites. *Bioinformatics* 21, 1908-1916.

Neuvirth H, Raz R & Schreiber G. (2004) ProMate: a structure based prediction program to identify the location of protein-protein binding sites. *J. Mol. Biol.* 338, 181-199.

进化追踪方法

Glaser F, Morris RJ, Najmanovich RJ et al. (2006) A method for localizing ligand binding pockets in protein structures. *Proteins* 62, 479-488.

Landau M, Mayrose I, Rosenberg Y et al. (2005) ConSurf 2005: the projection of evolutionary conservation scores of residues on protein structures. *Nucleic Acids Res.* 33, W299-W302.

Lichtarge O, Bourne HR & Cohen FE. (1996) Evolutionarily conserved Galphabetagamma binding surfaces support a model of the G protein-receptor complex. *Proc. Natl Acad. Sci. USA* 93, 7507-7511.

Lyons T Evolutionary trace analysis of dihydrofolate reductase (DHFR). A pharmaceutical case study. Accelrys (http://www.accelrys.com/reference/cases/studies/dhfr.pdf). San Diego.

Mihalek I, Res I & Lichtarge O. (2006) Evolutionary trace report maker: a new type of service for comparative analysis of proteins. *Bioinformatics* 22, 1656-1657.

14.4 分子对接方法和程序

Jones G, Willett P & Glen RC. (1995) Molecular recognition of receptor sites using a genetic algorithm with a description of desolvation. *J. Mol. Biol.* 245, 43-53.

Kuntz ID, Meng EC & Shoichet BK. (1994) Structure-based molecular design. *Acc. Chem. Res.* 27, 117-123.

Laskowski RA, Thornton JM, Humblet C & Singh J (1996) X-SITE: use of empirically derived atomic packing preferences to identify favourable interaction regions in the binding sites of proteins. *J. Mol. Biol.* 259, 175-201.

Meng EC, Shoichet BK & Kuntz ID. (1992) Automated docking with grid-based energy evaluation. *J. Comput. Chem.* 13, 505-524.

Shoichet BK, Bodian DL & Kuntz ID. (1992) Molecular docking using shape descriptors. *J. Comput. Chem.* 13, 380-397.

Sousa SF, Fernandes PA & Ramos MJ. (2006) Protein-ligand docking: current status and future challenges. *Proteins* 65, 15-26.

第7部分　细胞和组织

在生物医学研究中，观察细胞和组织如何工作及如何应对外界刺激对于我们了解细胞、器官以及有机体如何行使功能，以及疾病状态下功能有何改变有着重要的作用。精巧的实验技术已经能检测特定样本中每个基因（或蛋白质）的表达量。伴随实验产生大量的数据，用于辅助分析这些数据的计算方法也应运而生。本部分前两章介绍实验技术及其常见数据分析方法背后的原理。第一章简单介绍涉及的方法和应用，而第二章对这些技术和统计分析方法作详细的数学解释。

知道系统的组分及其表达水平是有益的，但还不足以揭示系统的全貌。如果知道每个组分对其他组分的影响就会对此有帮助。我们需要一个可以操作的方法对系统动态进行描述。此类研究的方法与理论在最后一章——“系统生物学研究”中介绍。

第15章 蛋白质谱和基因表达分析

当你读完第15章时，你应该能够：

解释什么是基因表达分析；

描述大规模数据的聚类；

鉴定共表达的基因集合；

解释什么是蛋白质表达分析；

总结在表达实验中对蛋白质的鉴定；

解释如何在实验中发现表达差异。

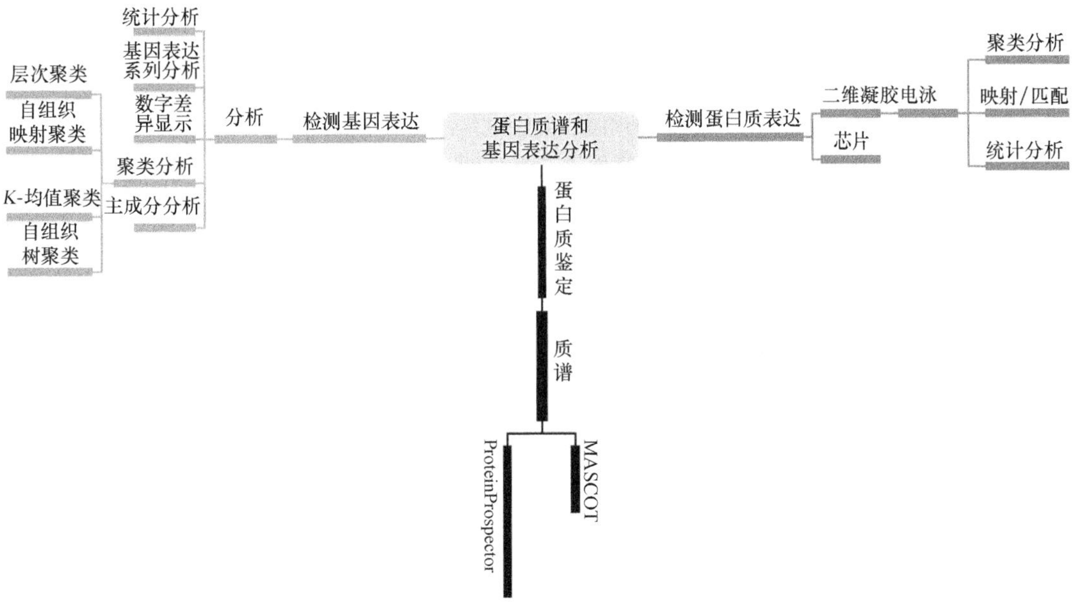

思维导图 15.1 本图表示了如何从芯片或蛋白质表达实验数据分析中分析表达数据

最近出现许多能产生大量定量生物数据的技术，如RNA干涉（RNAi）、各种基因表达技术和各种蛋白质表达分析。我们将以常用的基因表达（微芯片、微阵列）和蛋白质表达（二维凝胶电泳）方法作为例子略窥可用于分析高通量数据的各种方法。本章涉及这些实验生成的大规模数据的分析。我们将关注各种分析方法的应用以及通过这些分析所能得到的结论。下一章将会对这些分析技术的原理详加阐述。

基因组测序计划生成的大规模数据若不能与检测基因表达时间和表达量的技术联系起来，便不能发挥太大用处。在某一感兴趣条件下对一群特定基因进行表达分析已成为细胞生物学和发育生物学中最核心的研究手段。最近技术的发展已经允许对上千个基因同时检测表达水平，由此产生一个细胞或组织的瞬时总基因表达快照。比较不同条件下的基因表达模式，如健康组织和疾病组织，应当能揭示不同基因的功能及预测它们在特定疾病中的表达改变。人们期望对特定基因表达模式的发现能与疾病的诊断、治疗和预后联系起来。

基因表达始于从基因向信使RNA（mRNA）的转录，后者进而被翻译为蛋白质成品（见第1.2节）。在培养的细胞或组织样本中总共表达的基因可以通过两种主要的途径检测。一是借助**DNA微阵列芯片技术（DNA microarray technology）**定量检测总信使RNA——转录组；另一种途径旨在确定样本中总蛋白质的成分——**蛋白质组（Proteome）**，首先使用**二维凝胶电泳（two-dimensional gel electrophore-**

sis）或**色谱**（**chromatography**）分离基因的蛋白质产物，随后使用**质谱技术**（**mass spectrometry**）确认它们的多肽组分。无论是哪种途径，任何一个单独的实验便能产生庞大的原始数据，因此人们不得不发明用于收集、存储和分析这些数据的新技术。与基因组不同的是，转录组和蛋白质组为应对不同的条件会发生相应的改变，它们会随着不同阶段的发育、环境改变、组织分化而变化。

大规模功能基因组学研究的成功，需要一个稳健和有效的材料、信息流追踪管理系统：数据必须存储在数据库中，此外还必须拥有一个实验室信息管理系统（LIMS）来追踪所有样本被提交后所经历的各项分析。

比起检测一个或少数几个基因，并行地检测大量基因的表达可以提供更多的信息。例如，通过揭示哪些基因是同时表达的［或称**“共表达”**（**co-expressed**）］，从而鉴定在功能上相关的基因，它们的表达产物可能是组成某个蛋白质复合物的组分，或参与了同一代谢或信号通路，诸如此类。这种信息帮助人们对具有相同表达模式的未鉴定基因标注其可能行使的功能。共表达也能帮助提示哪些基因从属于同样的转录系统的控制。微阵列芯片的另一个功能是能在同一个实验中比较两个不同样本中的mRNA。

不过，检测mRNA并不能揭示基因表达的完整画面。在形成有功能的蛋白质之前，mRNA必须被翻译成蛋白质，而且蛋白质产物还得经历各种永久的或临时的翻译后修饰，这些翻译后修饰能影响蛋白质的功能。并行检测大批量的不同蛋白质分子并对其进行分析属于蛋白质组学的范畴，其一些应用列在表15.1。在一个基因组中，蛋白质的数目比基因的数目多：由于许多转录物可经可变剪接生成不同的mRNA，因此同一基因可能产生不同的蛋白质产物；此外翻译后的蛋白质修饰阶段也会引入更多的变异性（参见第1章）。

表 15.1　蛋白质组的应用

- 检测蛋白质成分和蛋白质含量，在正常与疾病等不同组织类型中比较它们；
- 分析不同细胞类型中蛋白质的差异表达；
- 分析在刺激后或一段时间中蛋白质的表达变化；
- 分析受药物或其他配体诱导的蛋白质表达变化；
- 确定在不同细胞中表达或不表达的蛋白质；
- 检测蛋白质的转录后修饰，如糖基化和磷酸化；
- 描绘在各种组织中的蛋白质表达谱；
- 发现未知蛋白质并对它们给予功能注释。

基因组和蛋白质组技术正在和即将发现许多过去未知的蛋白质及它们的异构体（isoform）。技术产生了大量的庞大数据集，储存蛋白质组信息的数据库规模正在扩增，其存储的内容也越来越复杂和精妙。

15.1　大规模基因表达分析

高通量、全基因组DNA芯片已经成为生物研究领域十分有用的工具。然而，芯片实验产生的大量数据解释起来却十分费时。由于不同方法会得出不同结论，因而分析任务就更加困难。这些实验通过发现可能对生物效应起作用的关键基因，从中寻找特定模式并对每个基因给予注释，从而挖掘出隐含的生物学过程并抽提出生物学的或功能层面上的意义（流程图15.1）。

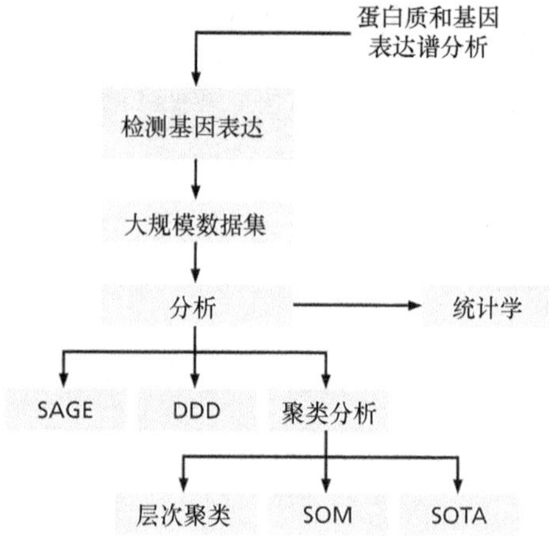

流程图 15.1　在本节中，基因表达和结果数据分析将被描述。

大量不同基因的表达可同时被DNA芯片检测

DNA微阵列和芯片由黏附于或直接合成于某个表面（如显微镜玻片）的DNA短片段构成，这些DNA片段在表面上的排列方式已预先设定，因此在表面上任何位置的DNA短片段的身份是已知的。在最基本的芯片实验中，待检测的样本中的mRNA被用荧光标记后与芯片混合。样本中与芯片上的DNA片段序列互补的RNA就会与其配对**杂交**（**hybridize**）。未被杂交固定的样本被洗脱掉，芯片被一个荧光扫描仪扫描。芯片上某个位置的探针结合上了样本中的互补RNA，就在该位置显现出一个荧光点，此位置提示基因的身份，而荧光强度则提示了原始样本中该RNA水平的高低。在实践中，样本mRNA首先被反转录成cDNA（在此过程中同时被标记荧光），或RNA经离体转录得以扩增，然后被荧光标记进而与芯片杂交。对于强调高灵敏度的小规模 DNA 芯片，样本 RNA 也可不经扩增而直接被放射性同位素标记。

根据芯片的使用目的，一张芯片可能包括数十、数百甚至数十万的不同序列。组成芯片的 DNA 片段可以是从细胞 mRNA 中反转录的 cDNA，被分离后通过“接触印刷”（contact printing）或“喷墨印刷”（ink-jet technology）点样到表面上；也可以是在表面上原位合成的寡核苷酸链，如著名的 Affymetrix Gene Chip® 芯片。DNA 分子黏附的表面可以是玻片（如 cDNA® 芯片），上面常常带有化学涂层以便与 DNA 片段分子共价结合；也可以是硅片（如 Affymetrix GeneChip® 芯片）。被排成阵列的 DNA 片段通常被称为探针或探针集，而样本 RNA（或 cDNA）则被称为靶标。芯片技术不只用于检测基因表达，也可用于描述人和动物群体中的单核苷酸多态性，这时样本和探针都来源于基因组 DNA。

基因表达芯片主要用于检测基因在不同条件下的表达差异

许多基因表达芯片实验的目标并不是简单地检测基因在某个特定时刻的表达水平，而是检测在不同条件下基因表达的差异情况，如正常组织和疾病组织；一种组织与另一种组织；不同的发育阶段；或在给予药物或其他方式的治疗前后。在一种使用 cDNA 点样探针芯片来比较基因在两个不同条件下的表达的常规做法中，两个样本（如处理过与没处理/对照）被用两种不同荧光标记（图 15.1）。一个样本的 cDNA 被用 Cy5（一种显示为红色的染料）标记，另一个样本被用 Cy3（一种显示为绿色的染料）标记。这两种荧光标记的样本被混合，然后与芯片上的探针竞争杂交。

如果我们假定一个特定基因的转录水平可由样本中的 mRNA 数量准确估计，那么基因的转录水平就与芯片上互补探针捕捉的荧光信号强度成正比。一个激光扫描仪用不同的波长去检测每种荧光，并把信号转化为电子图像。在商业化软件中，这些图像被叠加制成伪彩色图，其中红色表示 Cy5，而绿色表示 Cy3。从芯片图像可抽提出每个靶标一个荧光相对另一种荧光的强度比值。如果一个靶标位点显红色，说明 Cy5 标记的样本比 Cy3 标记的样本表达了更多的该基因，而颜色强度提示这种表达差异的程度（图 15.2）；如果一个靶位点显绿色，情况则正好相反；如果一个靶位点显黄色，说明两个样本中的表达水平相当。可以取得每个位点的像素强度，将它减去图像的背景水平后保存以备后续分析。由于特定芯片上探针的排列是已知的，因此每个位

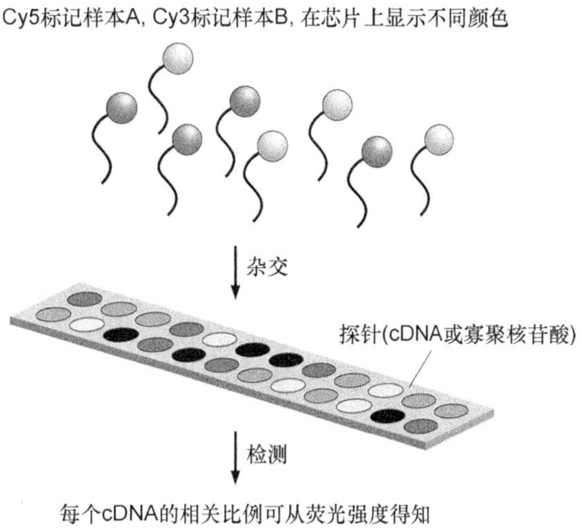

图 15.1　双染色 DNA 微阵列实验的原理。微阵列本身是一个固定着 cDNA 或寡核苷酸阵列的玻璃片或其他载体，阵列中的各已知序列（探针）被定位在预设的位置上。在一个检测两个不同条件下基因表达差异的典型实验中，从两个样本（A 和 B）中获得的细胞总 RNA 被反转录成 cDNA，一个样本用荧光染料 Cy3 标记，另一个样本用荧光染料 Cy5 标记，这两种染料在不同的波长激发荧光。例如，Cy3 可显示为绿色点，而 Cy5 显示为红色点。用 Cy3 和 Cy5 分别标记的 cDNA 被混合，然后与微阵列杂交。洗去未结合的 cDNA 后，用激光扫描仪检测被荧光标记的探针，形成的荧光位点图谱可用特殊软件分析，这种软件计算每个位点结合的 cDNA 在 A 样本与 B 样本间的相对比例。这些数据被进一步分析，如用于确定哪些基因在 A 样本中表达量更多或在 B 样本中表达量更多。

图 15.2　一张典型的微阵列扫描草图。这是如图 15.1 描述的实验产生的图像。红色点表示 Cy5 标记的 cDNA（样本 A），绿色点表示 Cy3 标记的 cDNA（样本 B）。一个红色位点表示该基因在样本 A 中过表达，一个绿色位点表示该基因在样本 B 中过表达，而一个黄色位点表示该基因在两个样本中表达量相当。（见文后彩图）

点上的基因身分能够轻易识别。对此类数据的下一步分析是聚类分析，形成具有一致的独特表达模式的基因集或样本集。

在芯片技术中有两种基本方法：单染色技术和双染色技术。前者是将一个样本经一种荧光标记后单独杂交到一张芯片上，后者是把两个样本用不同荧光标记然后一起杂交到同一张芯片上。两种方法各有优缺点。当使用双染色方法时，将两个样本与同一张芯片杂交便于进行直接的比较，这有助于减小数据变异性，因而提高对两样本作差异表达分析时的准确率。而单染色技术的主要优势在于它简单的实验设计。将一个样本单独与一张芯片杂交使人们可以在多张芯片之间进行比较。这种实验技术导致数据变异增大，但它可通过进行重复实验得以减少。

然而，生物学变异和技术障碍（探针固定、荧光信号强度的检测）使得从噪音中辨别信号比较困难。因此进行重复实验非常重要，并在细致的聚类分析之前通过统计分析（见第 16 章）来估计基因表达差异的显著性。在斯坦福大学芯片数据库（Stanford Microarray Database）网页上列出了可帮助用户去除误差来源的程序，包括 BioConductor 或其他多种软件包。

基因表达系列分析也被用于研究基因表达的总体模式

研究基因表达模式也可采用一种被称为**基因表达系列分析（serial analysis of gene expression，SAGE）**的技术。这种技术既包含实验部分也包含信息学部分，它是基于如下事实：首先，从基因序列的独特位置获得序列标签（tag），这种序列标签包含足以区分基因的信息；其次，从细胞总 RNA 中得到的序列标签经过反转录成 cDNA 后可被连接成称为连接子（concatemer）的长 DNA 分子。这种长 DNA 分子被读取和计数。在连接子中特定序列标签总共出现的的次数近似于相应基因的表达水平（图 15.3）。基因表达系列分析输出的数据包括一个 NCBI 网站上的 SAGE 程序 SAGEmap 和 xProfiler 允许用户设定所研究的生物器官，并进一步提供基于组织类型或细胞类型的基因列表选项，关于序列标签及它们的计数的列表，这是细胞基因表达的电子输出，便于后续分析。NCBI 网站上提供了允许用户设定所研究的生物器官的 SAGE 程序 SAGEmap 和 xProfiler，这些程序提供了按不同组织或细胞系分类组织的基因列表作为进一步选项，用户可以把这些基因在不同来源中的表达值分为两组并相互比较。SAGE 的输出包括 SAGE 序列标签，UniGene ID

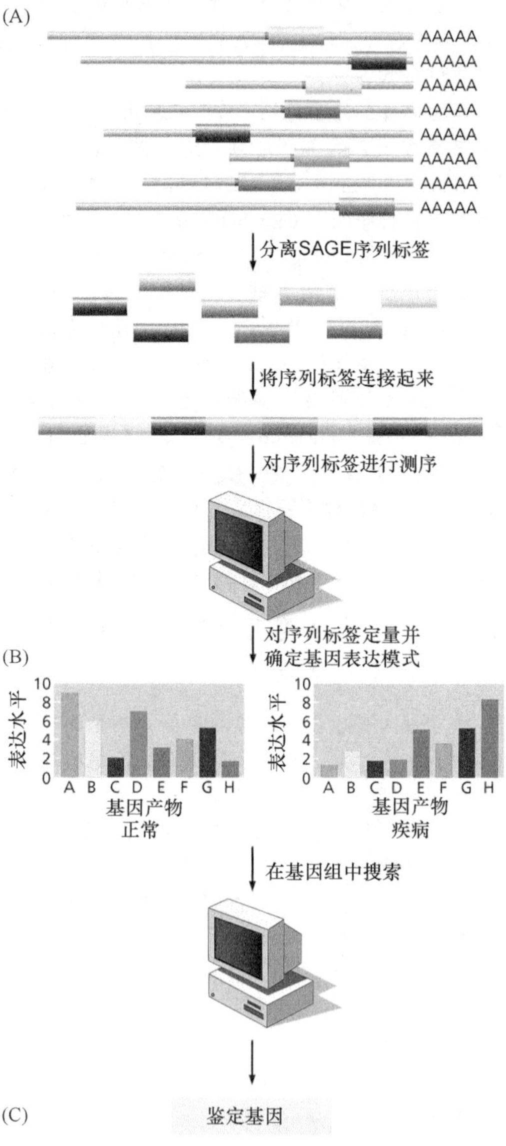

图 15.3 用于比较基因表达水平的 SAGE 方法的梗概。（A）从每个转录本的特定位置获得短序列标签（10～14 个碱基）。这些序列标签被分离并被连接，形成可被克隆和测序的 DNA 长分子。（B）DNA 长分子被测序后，可计算每个序列标签的丰度，此丰度转换成表示基因表达水平的数值。例如，转录物 A（绿色柱子）在疾病状态中表达量低于正常状态，而转录本 H（红色柱子）则在疾病状态中比正常状态中更丰富。（C）在合适的基因组中搜索序列标签以鉴定相应基因。（见文后彩图）

（识别号码），基因描述和以颜色和字母编码的基因表达差异。

数字差异显示：应用生物信息学和统计学来检测不同组织中基因的差异表达

某些情形下人们用另一种纯粹计算的方法“数字差异显示”研究基因差异表达。数字差异显示（digital differential display，DDD）基于来自多个EST文库或文库池（pool）的EST水平比较不同组织或条件之间的基因表达。一个EST文库包含一组短序列，这些短序列是将特定组织或条件的细胞总RNA经反转录为cDNA后克隆得到的。“数字差异显示”的原理是，相比于表达水平低的基因，表达水平高的基因会表现为更多的EST。表达水平在一个EST文库集与另一个EST文库集之间有显著差异的基因可通过统计检验识别出来。

NCBI的UniGene数据库是DDD方法的核心。在UniGene中的所有人类EST序列都被分类整理到不同的序列簇（cluster）中，每一个序列簇代表一个单独的基因。DDD方法于是比较各个EST文库分配到特定UniGene序列簇的序列个数，进而识别出在文库之间具有生物学显著意义的差异。用户可以从DDD网站上的EST文库列表中选择特定的EST文库，也可以将选定的文库合并为特定的文库池。图15.4显示DDD对三个选定的文库池的分析。左面三列的每一列表示一个特定的文库池，而各行代表各个UniGene序列簇。左边是基因描述，给出了序列簇的名称及UniGene标识号。点击这个标识号会得到对该序列簇的一个总结报告。

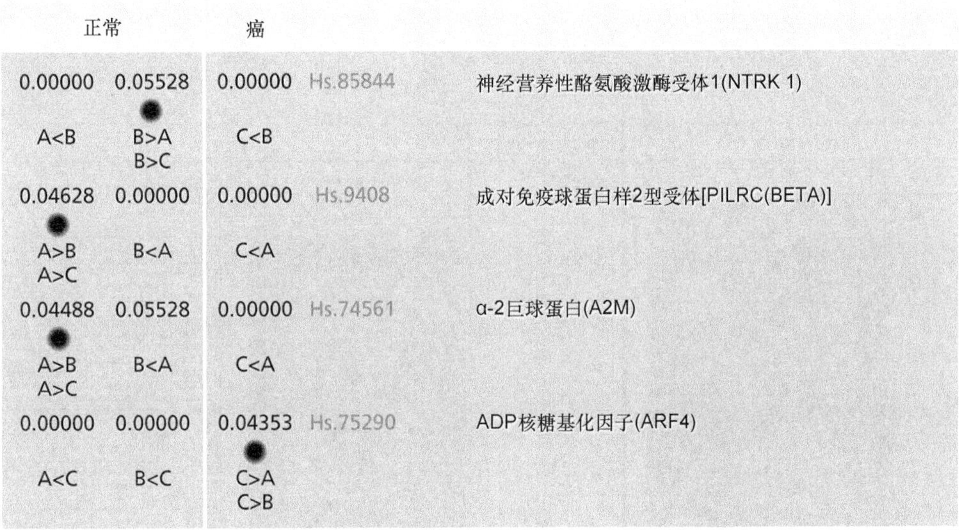

图15.4 DDD程序返回的结果。结果来自于DDD对于两个正常前列腺EST文库池（显示为左边的列A和右边的列B）和一个前列腺癌EST文库池（C）的计算。每行显示每个文库池中映射到特定UniGene序列簇的序列数目，UniGene序列簇由最右边的基因名和UniGene号码表示（蓝色）。每个圆圈上面的数值显示该文库池映射到显示的基因簇的序列的比例，圆圈的大小的颜色深度是这个数值的可视化反映。在每个圆圈下总结了该基因在不同文库池之间的表达水平的关系。例如，从第二行显示的数据点可以看到，相比于文库B或C，文库A包含更多的immunoglobulin-like receptor beta基因的序列。

图15.4显示DDD在两个正常前列腺组织EST文库池和一个前列腺癌组织文库池上的示例分析结果。对于所显示的4个序列簇，只有ADP-ribosylation factor 4基因在癌组织文库池中的表达数量比在正常组织中显著增多，其他基因（序列簇）反而在两个正常组织文库池之间显示显著的表达差异。无论在数字世界还是在基因/蛋白质表达的真实世界中，选出多个相似的文库集来进行比较都是很好的做法，因为它能避免假阳性结果。

推动不同地方和不同实验的数据整合

一般来说要比较和整合不同实验室和不同实验的数据是比较困难的。因此一群科学家成立了一个联盟（MGED学会）来规范化微阵列数据的输出和注释，促进数据共享和统一数据库的建立。所制定的标准化规则称为MIAME，表示“关于一个微阵列实验的最少信息量”，包含了使他人理解实验结果甚至重复实验所需的最少信息量。*Nature*和其他

Nature 研究系列期刊一般只接受遵循 MIAME 规则的微阵列数据论文。已经建成的 EBI 的 ArrayExpress 和 NCBI 的 GEO 等公开资源库可用于存储和发布与 MIAME 相容的微阵列数据。此外，一个旨在评估 DNA 微阵列数据的微阵列质量控制（MAQC）项目正在进行中。该项目最近做出结论：经过仔细的实验设计、数据转换和分析，微阵列数据能够在不同实验室、不同格式之间进行比较。

分析基因表达微阵列数据的最简单方法是层次聚类分析

基因表达分析的主要目的是发现基因表达中的一致模式。例如，哪些基因是共表达的，哪些基因在一个样本中的表达相对另一个样本上调或下调了。**层次聚类分析（hierarchical clustering）**是用于分析微阵列数据中基因表达模式最广泛的方法。

基因表达微阵列数据的层次聚类分析结果通常被展示为色码栅格的系统树。色码栅格的各行表示在各种样本中具有不同表达情况的各个基因，各列表示不同样本或条件（图 15.5）。每个方格的精确色阶表示一个基因在特定样本中相对某个参考水平的表达上调倍数或下调倍数，该参考水平通常是该基因在所有样本的表达值的中位数。一般地，表达值升高用红色表示，降低用绿色或蓝色表示，而与参考水平差不多则用黑色表示。在这种图形展示中，可以很容易地看出一些基因聚集成特别的区块，这些基因在共同的组织中具有相似的表达模式。图 15.5 和图 15.6 展示了一个实验，其目的是发现其表达情况能提供关于眼的各组织——晶状体、视网膜、角膜以及其他的独特标识（signature）的基因集，并进一步使用这些标识基因集来鉴定关于眼科遗传疾病的可能相关基因。在这个例子中，很明显，角膜的基因表达就非常有别于晶状体的基因表达。

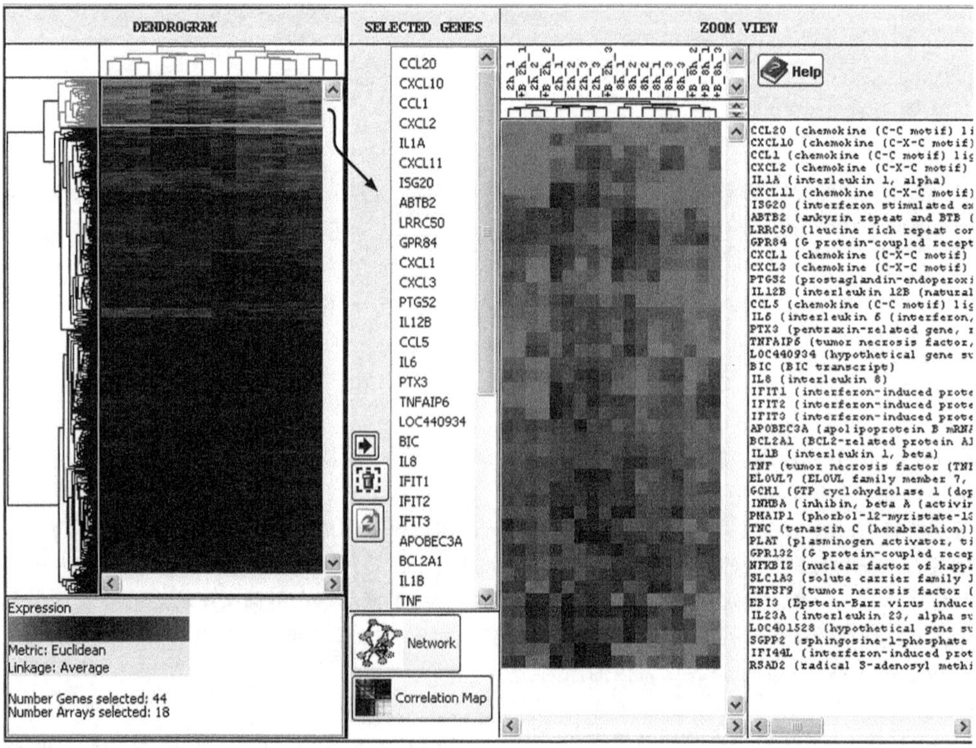

图 15.5　层次聚类分析。对样本和基因都进行聚类产生的有色栅格系统树。数据的每列对应于一个不同的样本，每行对应于一个不同的基因。红色显示基因上调而蓝色显示基因下调。一个基因子集被选中，在右边放大显示。（见文后彩图）

我们已经在第 8.2 节中看到如何用层次聚类分析来构建系统进化树。UPGMA 方法（图 8.3）尤其接近下面将要讲述的那些方法。在微阵列等任何表达谱研究中，两个维度的对象（基因与样本）可以单独或同时地以类似的方式组织在树形结构中，其中的树枝长度表征不同类之间的相似度。图 15.5

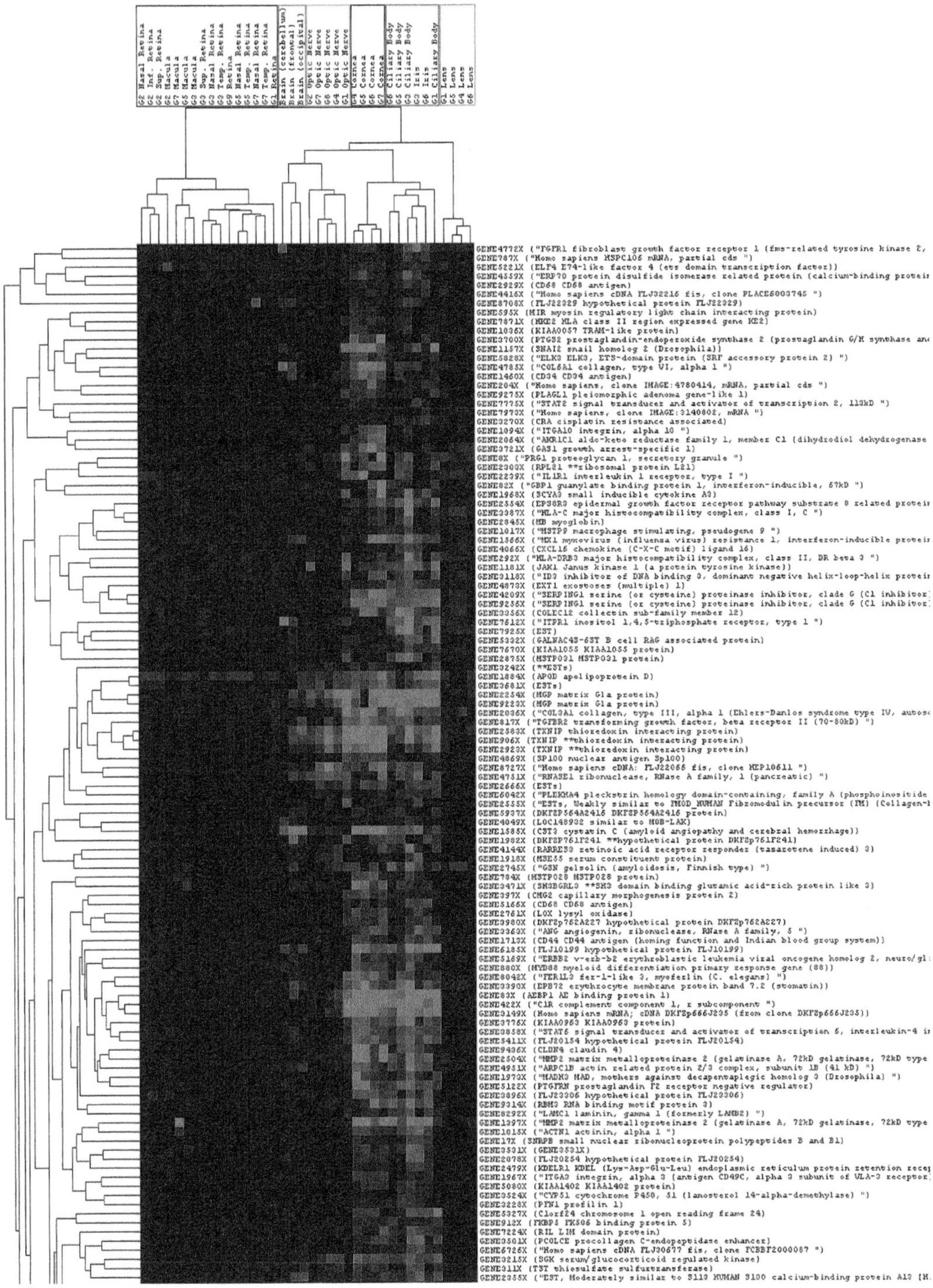

图 15.6 眼的组分的聚类。Diehn 及其同事研究各种眼的组分并试图发现特征基因，此为对它们实验的层次聚类分析。眼的各组分都分别聚到一起，其相互间的区别很明显，如角膜和视网膜之间的差异(数据来自 J. J. Diehn 等，Differential gene expression in anatomical compartments of the human eye. *Genome Biol*. 6：R74，2005)。

和图 15.6 的系统树显示基于基因表达谱对样本聚类的结果。

其他一些更复杂的聚类方法也被用于基因表达分析，其中 ***k*-均值聚类**（***k*-means clustering**）、自组织图（SOM）和**自组织树算法**（**SOTA**）这些技术在所有方法中只占很小比例。

基于自组织映射网络的技术可被用于分析微阵列数据

自组织映射网络（SOM）是一种包含固定数目的结点的无监督神经网络，这些结点通常构成一个二维栅格，其中每个结点代表一个“基因类”或“基因簇”。与第 12.4 节中描述的网络不同，SOM 的网络不包含“层”。在训练阶段，数据被一个一个地加入到网络中，用于调节结点的位置（图 15.7)。当所有表达数据都被处理过后，生成的网络确定出哪些基因与每个结点相联系，由此确定了最终的各基因类的表达模式在网络中肉眼可见。基本 SOM 技术（以及 *k*-均值聚类方法）的一个劣势是，基因类别数目需要提前确定。不同于层次聚类算法，SOM 能清晰地确定出各个基因类别，这是它优于层次聚类技术的地方。SOM 和 *k*-均值算法在第 16.3 节中详细介绍。

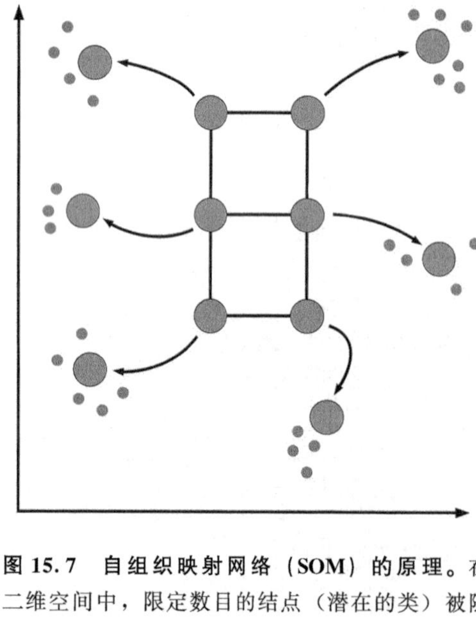

图 15.7 自组织映射网络（SOM）的原理。在二维空间中，限定数目的结点（潜在的类）被随机地初始化排列，在此例中形成一个 3×2 的矩阵，其中的结点由小圆点表示。数据点（大圆点）被连续地投射到图中，每次结点可以基于相似性朝着数据点的方向移动。这个过程重复许多次直到每个结点确定一个数据点的类。

一个称为 GeneCluster2 的用于基因表达微阵列数据分析的免费 SOM 工具包可以从开发者的网站上下载，下载的内容还包括例示数据，可以用来试用和展示方法。其他免费 SOM 软件包也可以获得，如基于 JAVA 的程序 Cladist。图 15.8 显示将 SOM 聚类技术用于分析一套表达谱数据，该数据产生于脂多糖（LPS）刺激的巨噬细胞（脂多糖在这种细胞中起到 Toll 样受体拮抗剂的作用)。巨噬细胞是在动物体内激发起防御反应的白色血细胞。Toll 样受体是一种结合在膜上的蛋白质，它识别病原体并启动细胞的应答，进而激活免疫系统。这项研究测量了各个基因在脂多糖刺激后的多个时间点的表达。聚类分析可显示基因在一个时间序列（如本例中）或一个不同刺激的系列中的表达模式。图 15.8A 中使用了 3×3 栅格（最多允许 9 个类），而图 15.8B 中使用了 2×2 栅格（最多允许 4 个类）。图上显示了构成每个类的基因个数，如图 15.8A 中包含 13 个基因。点击某个特定类，得到一个基因列表，包括每个基因的描述。这些可以被送进蛋白蛋白互作网络程序等后续分析，这将在后面讲述。

可以通过变换 SOM 几何形状的方式探索基因表达模式的结构，也就是说，将基因组织在具有不同数目结点的栅格中，如比较 3×3 或 6×4。不同实验的最佳预设类别数目是不同的。在本例中，具有 9 个类的 SOM 的类别太多了，因为其中一些模式是重复的。例如，结点 1、2、4 和 5 全都显示出类似的表达模式。2×2 的几何形状给出了 4 个相互不同的基因表达模式类。随着结点的增加，独特的、紧致的类产生。当增加栅格尺寸不能带来任何显著的新模式时，就不应该增加结点了。为了进一步分析这些类，有必要查看分配到每个特定类别中的一个个基因。

使用简单的层次聚类方法分析数据时也经常遇到问题，其中之一就是要判断系统树上的一组基因是否确实构成了有别于其他基因的一个基因类。层次聚类技术并不对“层次聚类技术并不推荐一个树枝长度阈值用以分割类别”做出推荐，但下面将要介绍的自组织树算法（SOTA）则正好相反。

自组织树算法（SOTA）自上而下地对类别进行连续分割

一种同时使用层次聚类与神经网络技术的聚类方法是自组织树算法（SOTA）。它通过连续分割实现自上而下的聚类（从将所有数据整个视作一个类开始)，这有别于简单层次聚类的自底向上的聚类路线。最高层的聚类最先解决，然后才考察更低水平的细节。

(A)

(B)

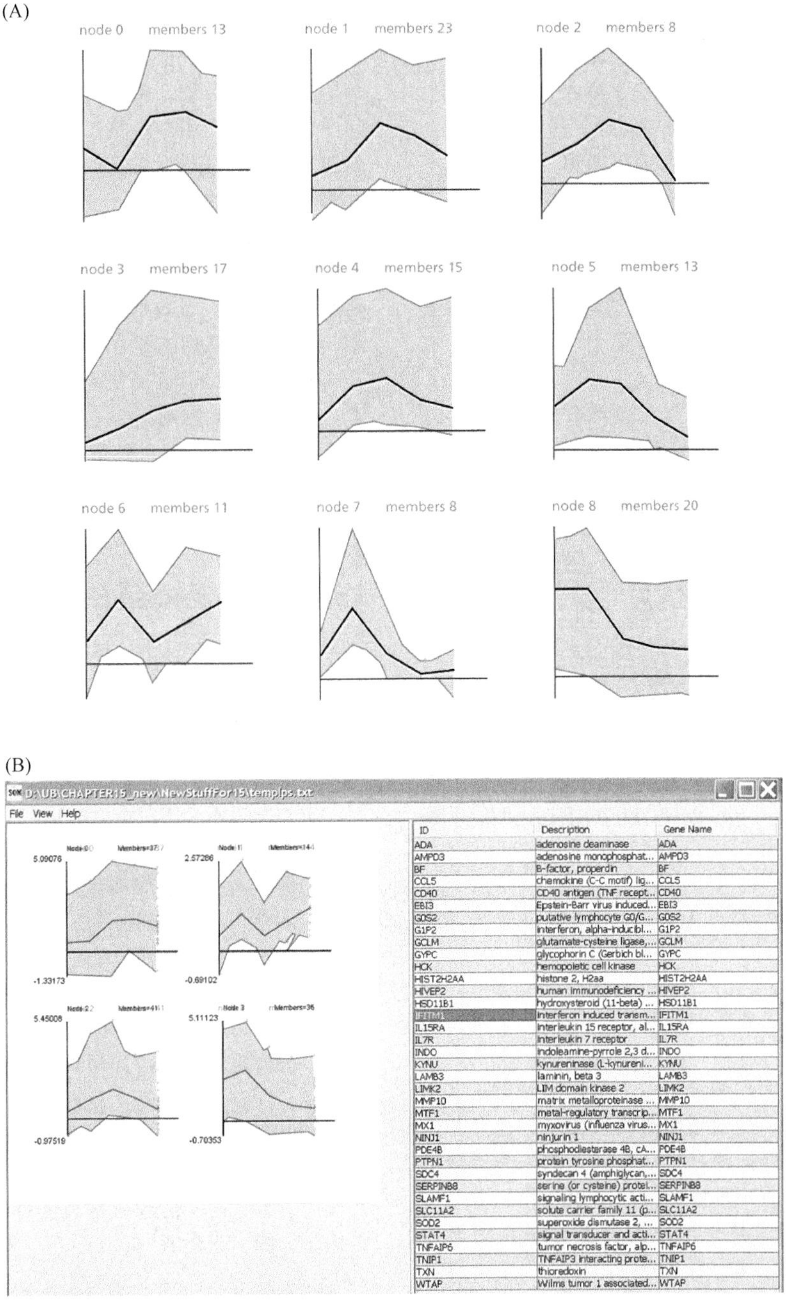

图 15.8 程序 Cladist 的 SOM 模块的输出示例。这里使用 SOM 方法对不同基因的表达模式进行聚类。(A) 这个实验包括 5 个样本，分别对应于用脂多糖刺激巨噬细胞后的 5 个不同时间点。一个 3×3 的栅格相当于设定类的总数为 9，由此得到 9 个最终聚类。每个方框（box）确定一个类，显示了一组基因（黑色）在各个样本上的平均表达谱及真实基因表达谱的界限（灰色）。类别被编号为结点 0、结点 1 等。每个类别也显示了它包含的基因总数，如结点 0 包含 13 个基因。(B) 当使用一个较小的栅格（2×2）时，基因被聚到更少的类中，这可能导致每个类不具有足够的独特性或相似的类被合并。文字窗中给出了一个选定类（结点 3）中所有基因的名称和查询号。

在自组织映射网络（SOM）方法里，类的数目是预先设定的，这使得 SOM 多少像是一个主观练习。此外，树结构的缺少阻碍了对高水平关系的发现，也就是说，SOM 中的基因类之间的关系是不太明确的。SOTA 方法结合了层次聚类和 SOM 的优势。一开始，在一个二叉树中安排了一系列的结点，这些结点随后根据数据特点进行调整。输出结点—各个类—逐渐生长，直到所有枝上的变异度水平都低于一个预设阈值，或得到预设数目的类别。图 15.9 显示一个 SOTA 输出的例子，其中 800 个基因被划分到 13 个类中，每个类的平均基因表达谱被显示出来。

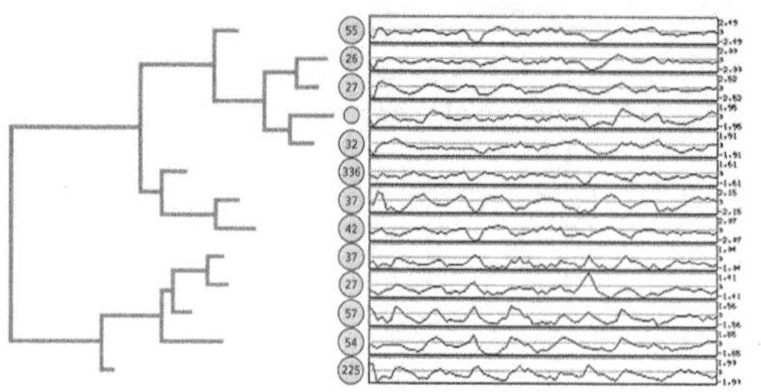

图 15.9　SOTA 的一个例子输出。在这个例子中，800 个基因的表达谱被削减为 13 个类。每个类的平均表达谱画在一边。与 SOM 不同，SOTA 各类之间的关系可以用层次树的方式可示化显示。

基因表达数据的聚类结果是进一步研究的工具

基于基因表达微阵列或基因组信息学的基因表达模式聚类结果可作为一种预测工具用以发现新的转录因子或其他细胞调控蛋白。调控因子通过基因表达模式和基于功能的基因聚类被发现，这些功能注释从实验或序列同源分析获得。经过表达谱聚类的基因（或蛋白质）可针对蛋白质相互作用数据进行分析，观察基因是否形成功能上有联系的通路（pathway）。例如，图 15.10 显示如何将 SOM 聚类形成的一个类的基因（图 15.8B 的列表，结点 0）用 pSTIING 数据库分析以获得一个互作图。我们看到，提交的基因中许多都能直接互联，或经过一个媒介互联。因此这些基因可能构成一个特定功能的通路的一部分。另外图中还形成一些分离的基因簇，它们可能经由一个没有被识别为显著差异表达的基因或不出现在事实芯片上的基因产物（蛋白质）而相互联通。可以延伸这个图以观察是否能发现其他的连接（图 15.10B）。如此能产生一个更全面的通路或互作图。如同第 17 章阐述的那样，这些互作图也成为系统生物学建模的起点。

从基因表达和蛋白质表达实验中收集的大量数据集合现在能从互联网上免费获得，可用来再度挖掘、进行生物学分析，也可用作开发新的生物信息学工具的参考数据。例如，L2L 工具是微阵列数据的一个资源库，用户可基于自有的上调或下调基因列表从中对其进行搜索，以便查看是否别人也得到过相似的基因表达模式。

现在有许多数据库，其中既有专门收集表达谱实验数据的，如酵母（*S. cerevisiae*）全基因组微阵列实验数据库，也有收集各种实验数据的数据库。可以用不同的准则搜索这些数据资源，如 ORF 名或基因名。图 15.11 示例使用 ORF 名 YDL037c 的搜索，返回了在微阵列上包括这个基因的所有实验的结果。斯坦福基因组资源（Stanford Genomic Resources）或 EBI 的 ArrayExpress 是其他的杰出资源库例子。

15.2　大规模蛋白质表达分析

“蛋白质组”（proteome）表示组成一个生物体的所有蛋白质，狭义情况下，则指在一特定时间点或某个特定条件下一种特别细胞类型中的蛋白质总和。一个生物体身体各部分的蛋白质表达是不同的。在生物体的生命周期中的各阶段，在它经历不同的环境条件时，蛋白质表达也是不同的。想要理解一个生物体或一个细胞如何在正常或非正常（如疾病）条件下工作，知道蛋白质表达的受影响情况是非常重要的。

通过使用二维凝胶电泳及其他技术，人们发现了许多蛋白质和它们的异构体，然而数以千计的蛋白质还有待于未来发现。人们已经产生众多数据集，并开发出越来越多的数据库来存储蛋白质组信息。大量的数据集需要整合起来进行适当的数据挖掘，并与代谢组数据、信号通路和蛋白质互作信息等进行比较分析（流程图 15.2）。

二维凝胶电泳是分离细胞内各种蛋白质的一种方法

旨在描述特定时间的某种细胞类型或组织的蛋白质组实验常常使用二维凝胶电泳，这种技术要么单独使用，要么与后续的质谱技术配套使用（质谱用于鉴定已分离的蛋白质）。二维凝胶电泳根据两个独立的属性在两个维度上分离蛋白质。第一步，等电聚焦基于蛋白质的等电点（pI/pH）将蛋白质混和物分离；第二步，借助清洁剂十二烷基硫酸钠

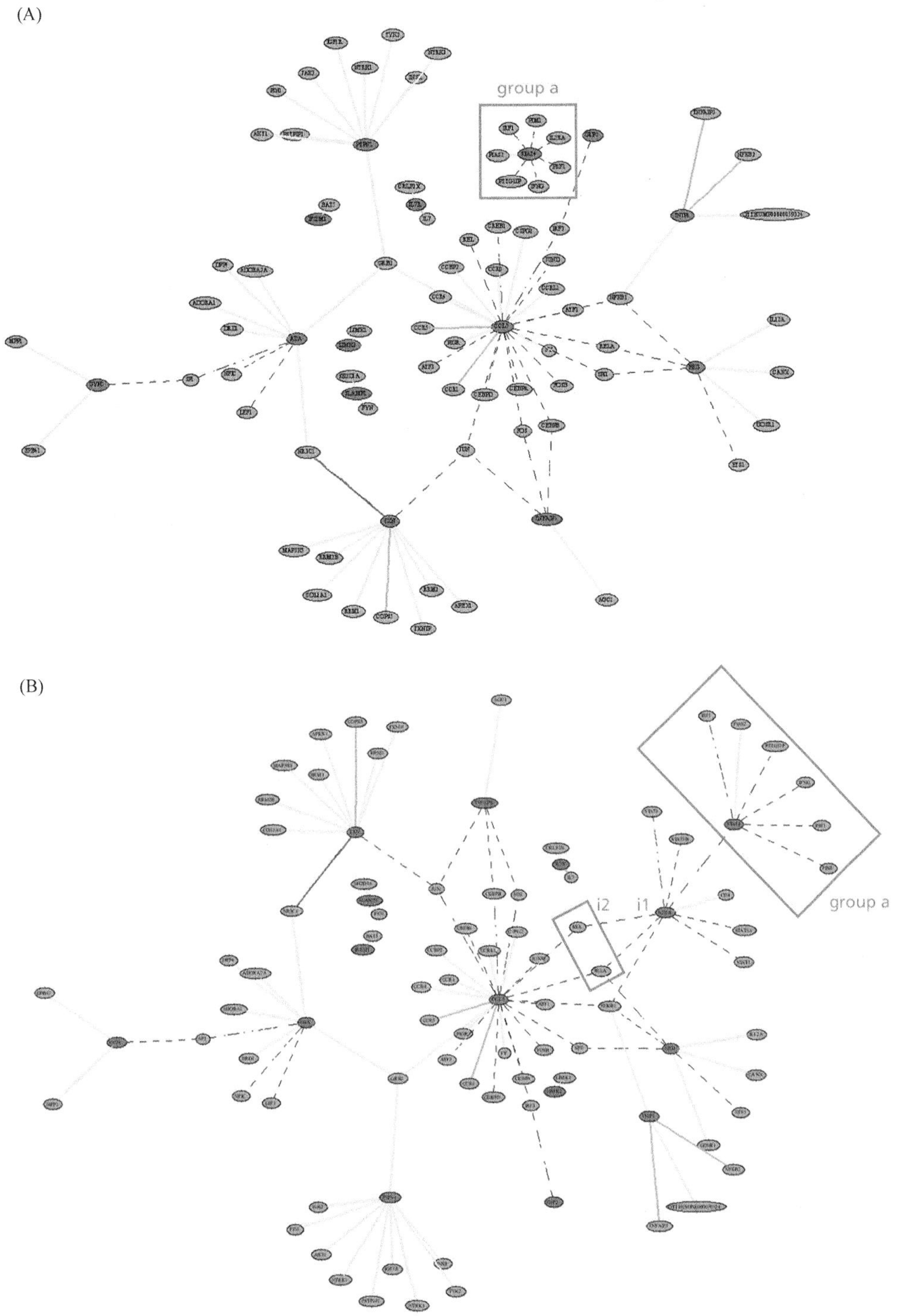

图 15.10 来源于聚类结果的蛋白质网络。获得一组感兴趣的基因（或蛋白质）后，可将它们提交给蛋白蛋白（基因基因）相互作用绘图工具，如 Psting。(A）显示将图 15.8B 的结点 0 的基因（红色圈）提交的结果。通过直接互作（实线）或转录激活（虚线）相联系的基因被认为是功能上相关联的，可能构成一个特定通路的一部分。有时，基因会通过间接的媒介实现联系，因此有必要延伸这张图。(B）这里显示如何两个不同的基因簇通过纳入进一步关系而实现互联。通过媒介 i1 与媒介 i2，基因簇 a 加入了现有网络。(见文后彩图)

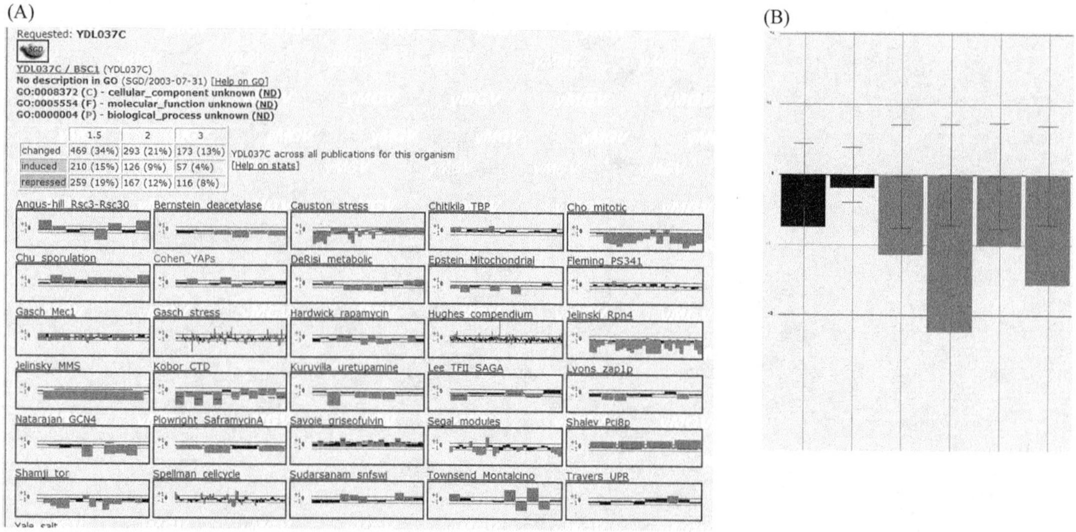

图 15.11　从酵母基因表达微阵列数据库 yMGV 中得到的一个输出。（A）可以用 ORF 名称或基因名称对数据进行检索，得到在每个实验中基因表达情况的图形化展示。（B）点击任何一个方框会得到该基因在一个特定实验中的表达谱的详细视图；点击每个实验的标题会展示该研究本身的进一步细节。

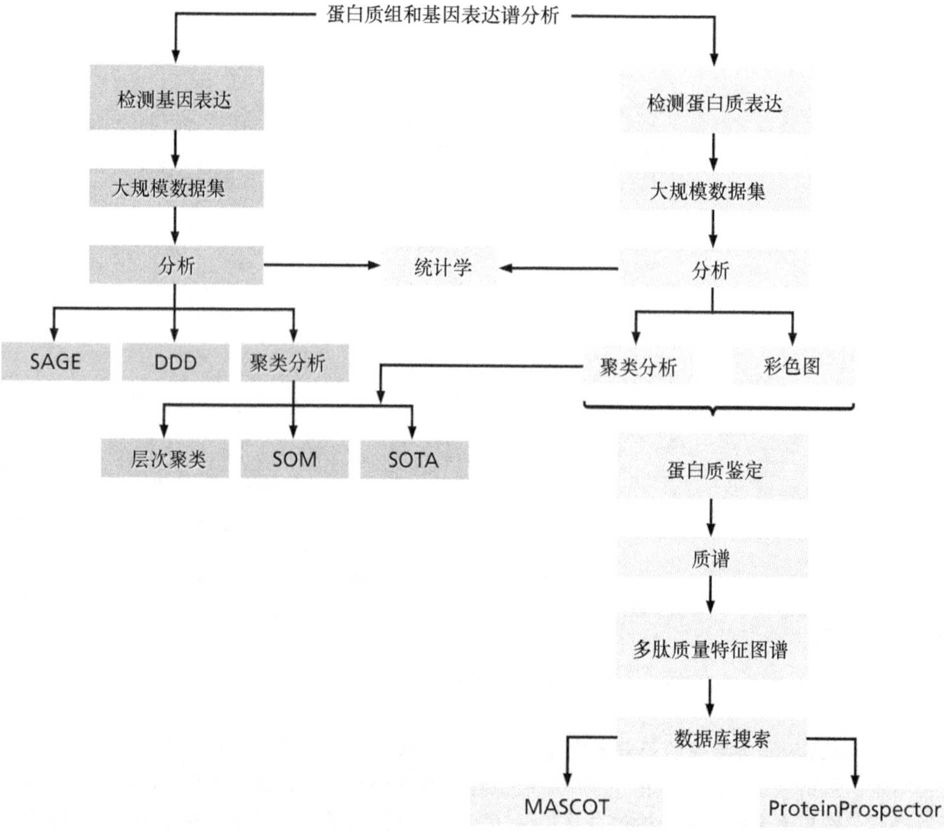

流程图 15.2　本节描述了蛋白质表达的实验及结果的分析，图中展示了基因表达与蛋白质表达的重合部分。

(SDS) 在与等电聚焦电泳成直角的方向上再进行一次基于蛋白质分子质量的电泳，从前一次电泳形成的每个点中分离出成分蛋白（图 15.12）。二维凝胶电泳由此产生一张 pH 为一个坐标轴而分子质量为另一个坐标轴的图。理论上，无论分析的样本是什么，任何特定蛋白质都会成为图上同一个位置的一个点。跑胶结束、蛋白质被分离开后，电泳图谱就被染色和扫描，由图像分析程序检测和鉴定图上的各个位点。

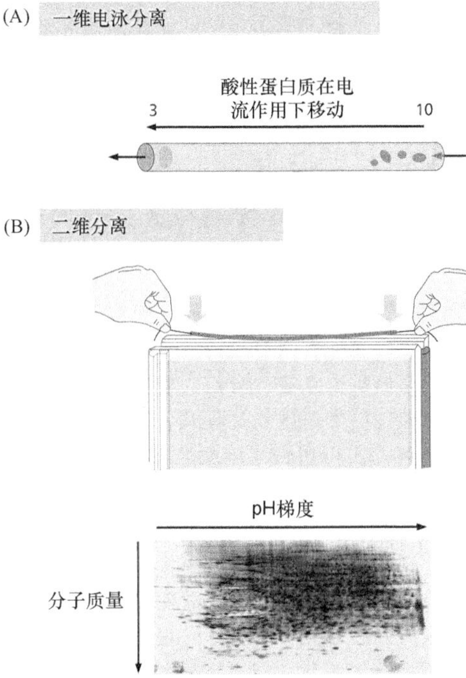

图 15.12 二维凝胶电泳实验的示意图。（A）在管状凝胶上施加一个电流，酸性的蛋白质会沿如图所示方向在凝胶中迁移，于是蛋白质基于它们的等电点（pI）被分开。（B）管状凝胶被放到另一个凝胶上，蛋白质基于它们的分子质量在另一个维度上被分开。

这种技术的问题是，即便在最好的凝胶上，也只有大约 3000 个点可分辨。而细胞里有更多的不同的蛋白质（某些细胞估计蛋白质种类高达 100 000 种）。二维凝胶电泳的缺陷有许多因素，其中之一是凝胶不能大到允许具有相似分子质量或 pH 范围的蛋白质被分离。此外，膜蛋白常常在进行第一个方向电泳时不可溶，而凝胶上低含量的蛋白质常常是检测不出的。

检测二维凝胶中显示的表达水平

二维凝胶电泳结束后，凝胶需要被扫描以获得可被计算机分析的图像。在获得结果之前，图像需要经过许多步骤的处理，这常常由一个实现二维凝胶位点探测和图像分析的程序来完成。有相当多的商业程序可担当此任务，在这章的例子中使用了 Melanie 以及免费视图程序 Flicker。

第一步是探测位点，这在使用了肉眼不可见的染料的情形下尤为重要。有许多探测蛋白质位点的程序，它们具有大小不一的成功率。这些程序要么探测位点的边缘，要么先定位位点的中心再向外拓展至浅色的边界。大多数位点探测程序都存在的一个问题是对非蛋白质位点的染色区域（如尘粒等）的误判，另外就是不能分辨在一组凝胶中位置相互靠近的多个位点（图 15.13）。

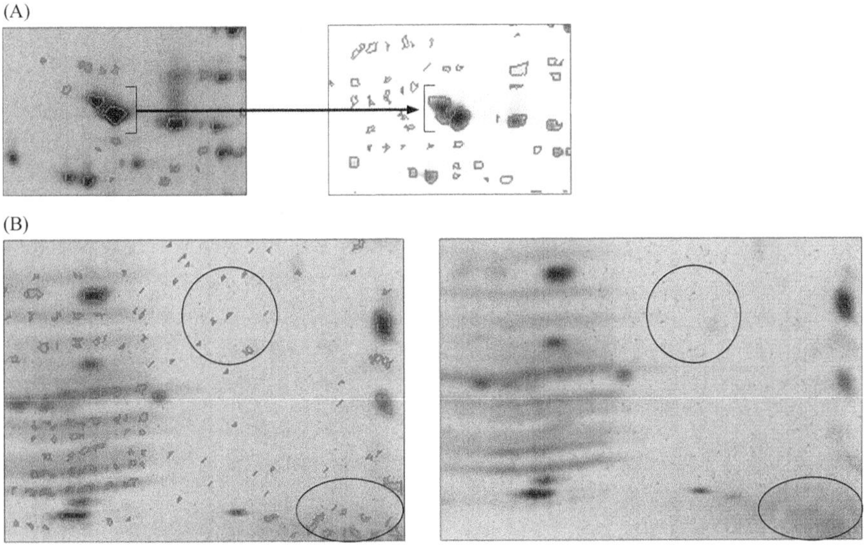

图 15.13 二维凝胶位点探测的问题。（A）在一张凝胶上（左）两个位点被正确识别出来（由黑色方弧表示），而在第二张凝胶上（右）相同的位点却被识别为一个连续的位点。这在匹配两张凝胶时造成一个误配。（B）凝胶上的尘粒或污迹可被错误识别为蛋白质位点（左图和右图，圈出的区域）。

为了便于定量比较许多不同凝胶间同一蛋白质的表达水平，有必要将位点的像素强度转化为某种有意义的数值，如蛋白质含量。这是由量化算法完成的。量化基于蛋白质位点的信号强度（探测出的位点形状之内的像素强度）。这个强度与位点面积相结合，用以估计蛋白质含量。例如，Melanie 将位点的面积计算作像素区域的像素个数。

蛋白质位点可由不同的方法显示出来，如银盐、荧光或放射性同位素。不同方法给出不同的强度读数。因此要比较两个用不同染色方法得到的凝胶是很困难的。不过这个问题可以一定程度上回避，方法就是读取相对数值，如含量比例（位点含量除以所有位点含量的总和）或相对光学密度。

如果要比较两个或多个凝胶上的蛋白质位点，就需要匹配凝胶以确定对应的位点。二维凝胶的一个主要应用就是通过比较对各个样本分别操作的凝胶上对应位点的相对强度来比较不同样本中的蛋白质表达。这要求对应位点的正确匹配。凝胶图像分析程序最重要同时最困难的任务之一就是匹配。不同程序用不同的方法匹配位点：有一些先校准凝胶，使用一组易于分辨的位点作为路标来匹配其他位点。Melanie 首先校准各张凝胶图像，由于凝胶变形的原因，各图像的尺寸或形状常常不完全一致，因此程序要对各张图像稍作变形以达到校准目的。一张凝胶的 4 个角落里的位点先被选作路标，其他待校准凝胶上的对应位点被相应地识别出来。然后 Melanie 基于这些固定的位点，通过最小二乘法原则和图像变换来校准各凝胶。

凝胶被校准后，就可以对上面的各位点进行匹配了。Melanie 使用了一种将每个位点（称作“中心位点”）与其固定半径的周围位点相结合形成“群落”的办法。半径的取值取决于图像大小、图像上位点数目和如此确定的各群落所含的最少位点数。此后通过比较这些群落来进行位点匹配。会出现不同程度的位点误配，这取决于所分析的样本的复杂度。

二维凝胶能发现不同样本间的蛋白质表达差异

二维凝胶电泳实验的目的是计算不同样本中不同的蛋白质表达水平。有一种类似于此前描述过的双染色微阵列的策略能够避免上述匹配问题。两个不同样本中的蛋白质被用不同的染料染色，然后两个样本在同一张凝胶上跑胶（图 15.14）。凝胶接着由位点探测和图像分析工具以及能够从每个位点提取出不同标记的蛋白质含量的软件分析。这个技术回避了位点误配的问题，但一张凝胶上只能跑两三个样本。

在初步分析两个或两组凝胶间对应位点的蛋白质含量差异时，最简单的方法恐怕就是**散点图**（图 15.15）了。配对的值作为图中各点，一条回归直线穿过散点。数据间的关系由一组数据相对另一组匹配数据的线性依赖关系所估计，而回归线穿过散点的最优拟合直线表现了这种线性依赖关系。相关系数可被用于评估该回归线的拟合优度。于是，当寻找有差异表达的位点时，人们寻找偏离该回归线、相关系数倾向于零的位点。

用聚类方法识别具有相似表达模式的蛋白质位点

如同对于基因表达数据一样，聚类方法对蛋白质表达数据也是一种很有用的方法，可用来对类似的凝胶或蛋白质位点进行分组、抽提出能提示样本差异或相似性的蛋白质表达模式。许多用于微阵列数据的聚类方法可用在二维凝胶数据上。图 15.16 显示一棵对二维凝胶数据分析得到的无根层次聚类树，数据采自在不同时间经不同生长因子刺激的 Swiss 3T3 细胞。不同刺激方案或不给刺激条件下的蛋白质合成先由二维凝胶电泳检测和比较，然后经层次聚类方法分析，代表不同刺激的各凝胶很明显形成两大类（图 15.16）。聚类树的一个主要枝干包括了无刺激样本，这提示纳入该枝干的几种刺激方案对蛋白质合成的影响效果不明显。另一个主枝干包含那些刺激更长时间的样本和那些受血小板来源生长因子（PDGF）或其他两种以上因子刺激的样本。进一步研究显示，由第二组凝胶表示的那些刺激的确比第一组刺激对蛋白质合成产生了更深刻的影响。

ChiClust 程序首先在一个各位点蛋白质含量之间定义一个阈值，超过这个阈值各位点被称为“表达相似”。在一组相互间有生物学相关性的凝胶，如某种特定癌症的一组样本中，表达相似的蛋白质位点根据上述阈值被选定。这就确定了该组凝胶的相似表达谱。接下来，根据选定的在一组凝胶中表达相似的蛋白质位点在所有凝胶中的表达水平，将所有凝胶进行聚类，结果可显示为一个简单的表示关系的树形结构。在这个树中，短树枝确定了一组相似的凝胶，而长枝将比较不相似的凝胶连接起来（图 15.17A）。这样一种聚类能显示用所有位点聚类所不能显示的凝胶组合，因为任何有关信息都可能被所有位点的大量数据变异性所掩盖。这样的一组位点子集可被提交给自组织映射聚类（SOM）等其他类型的聚类方法进行表达模式分析（图 15.17C），也可提交给一些程序进行位点表达模式的可视化。

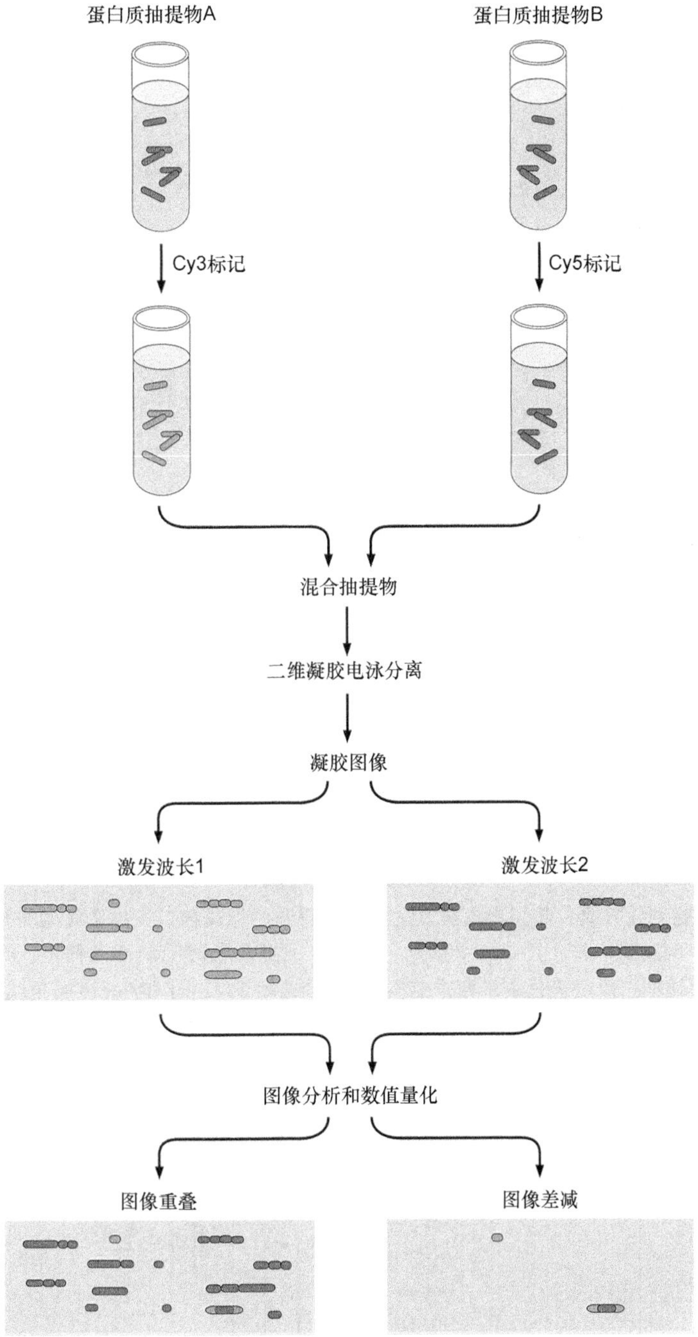

图 15.14 在二维凝胶电泳中使用两种不同的荧光标记研究蛋白质表达差异。一个样本中的蛋白质用 Cy5 标记，另一个样本中的蛋白质用 Cy3 标记。样本混合后放到二维凝胶电泳中跑胶，基于分子质量和等电点得以分离。图像由不同波长的激发光扫描，一个波长检测 Cy3 标记的蛋白质而另一个波长则检测 Cy5 标记的蛋白质。图像接着由计算机分析程序分析，在匹配和重叠图像后，高亮显示发生改变的位点。

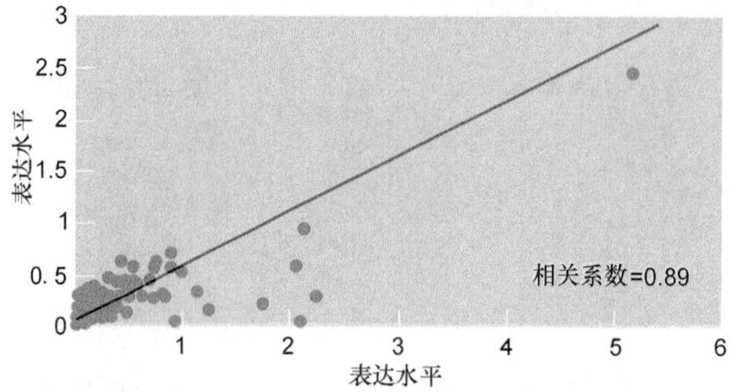

图 15.15 用不同的生长因子组合处理的蛋白质表达数据的散点图。用表皮生长因子（EDG）、胰岛素生长因子（IGF）、血小板来源生长因子（PDGF）及上述各因子的组合处理细胞。每个细胞样本在二维凝胶电泳后估计其中的蛋白质成分及含量。离群点表示表达水平在两张凝胶间有非常大差异的蛋白质位点。这张散点图告诉我们，总的来说，大多数蛋白质在两个样本间的表达是相似的，因为相关系数接近 1。

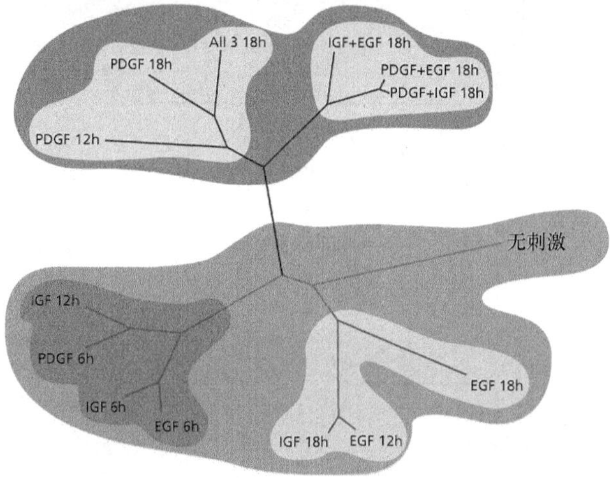

图 15.16 对不同细胞刺激方式引起的蛋白质表达谱分析得到的聚类树。数据清晰地分成两组。第一组（红色）样本与无刺激样本聚在一起；另一组（蓝色）中包含了受较长时间刺激的样本、受 PDGF 刺激或其他两种以上因子刺激的样本（用浅蓝色表示两个亚类）。请参见图 15.15 了解生长因子的定义。（见文后彩图）

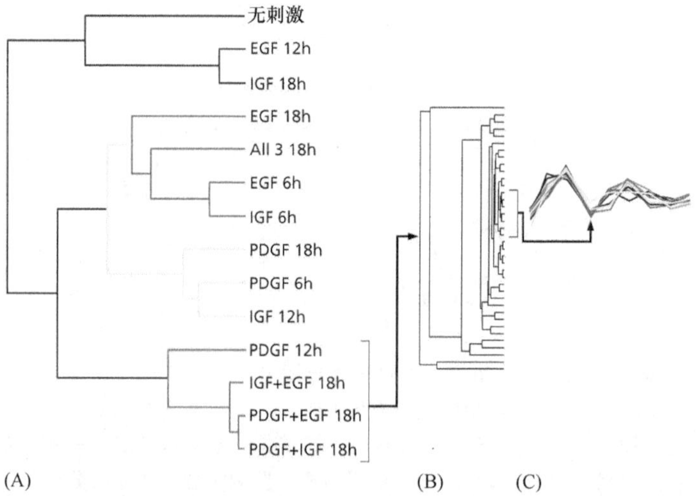

图 15.17 选出的蛋白质位点子集可用于对样本的重聚类和重分析。（A）对一个相似的样本组（如包含两种生长因子刺激与 PDGF 12h 刺激的样本组）的重聚类。（B）使用个别蛋白质表达能挑选出更细节的表达模式。（C）可对这些表达模式作图以显示实际的表达谱。表达模式与用 SOM 或 SOTA 技术得到的结果是相似的。

主成分分析(PCA)是分析微阵列和二维凝胶数据除聚类分析之外的又一选择

无论对基因或蛋白质而言，大多数表达数据分析的目的是发现具有生物学显著性的关于基因、蛋白质或样本的“类”或“组”。这些“组”是一系列属性所描述的对象集合。在蛋白质表达数据中，对象可能是蛋白质位点，而属性则可能是该位点在特定条件下（也就是一个凝胶中）的表达水平。这些属性包含了定义类/组的基本信号，但往往任何单个属性的信号都不够强。主成分分析组合这些属性以形成另一组属性，其中大多数信号只存在于少数属性中。因此可以只用两三个具有最强信号的新组合属性来为数据作图（主成分分析会在第 16.1 节中详细描述）。这种将属性减少的做法常常能带来使人能用肉眼看出对象类归属的好处。图 15.18 显示对上述生长因子刺激实验部分数据的主成分分析的二维表达。明显出现了两个组：一组集中在 y 轴上端，另一组位于 x 轴靠近 1 的位置。这个分组现象可通过用其他的聚类方法分析主成分结果复现出来（图 15.18)。类似地，主成分分析可用于分析 DNA 微阵列数据（图 16.7）和其他任何定量数据。

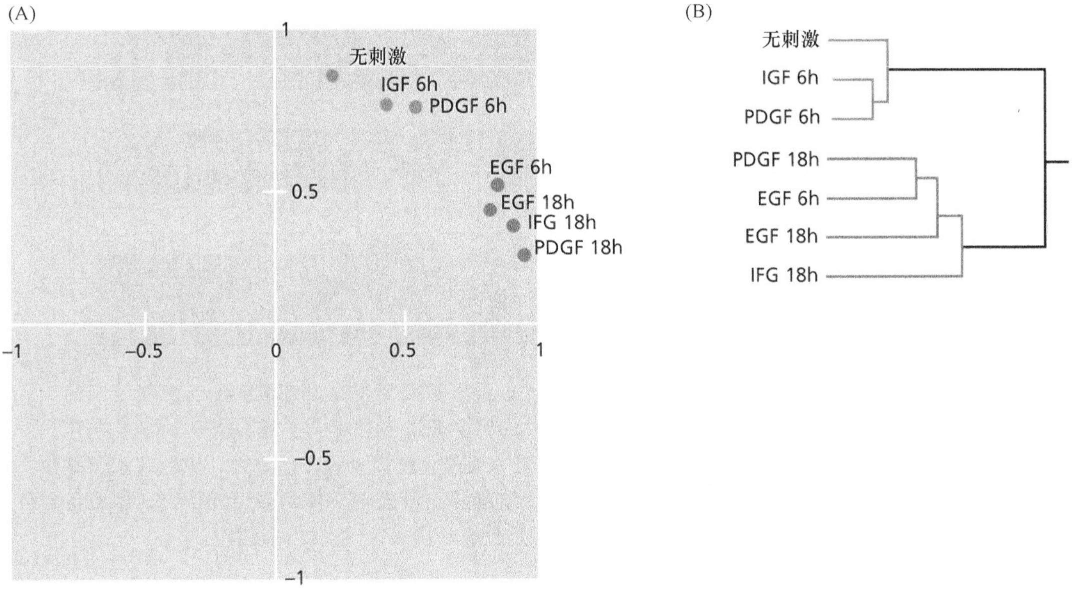

图 15.18　从主成分分析（PCA）得到的结果。（A）分为两组的现象非常明显。（B）该划分在层次树中也表现出来。只被短时间处理的样本（凝胶）与无处理的样本紧密地聚在一起，而长时间处理的样本则总体上形成单独的一个聚类。

跟踪一组蛋白质位点在一系列样本间的差异

随着持续的技术改进，二维凝胶电泳检测信息量不断提高，能够确定有质谱鉴定价值的蛋白质位点的用户界面友好的工具成为研究任务的关键。许多现有的程序在两个凝胶间计算一组位点的差异；然而，如果计算能在多于两个凝胶间进行，就会推动蛋白质表达差异分析。这对于人们跟踪蛋白质在一组确定的参数（如药物诱导活化或简单的时间点）上的表达很重要。ChiClust 和 ChiMap 是能担此任务的一组程序，它们使用位点的绝对含量和含量百分数来记录在一系列凝胶中特定位点的蛋白质的表达水平。程序计算许多凝胶中一组对应起来的位点相对于一个参考凝胶的差异百分数，该差异值既以数字方式也以图形方式给出（图 15.19)。图 15.19展示使得人们能轻易识别相对于参考凝胶表达上调（红色方框）或下调（蓝色方框）的蛋白质位点。输出结果可根据蛋白质表达的平均增加或减少及其标准误来排序。高于或低于一个设置阈值的蛋白质位点可被选去进行质谱分析。一个蛋白质与另一个可比较的蛋白质之间的差异根据欧氏距离或皮尔逊相关系数距离等距离测度简单计算出来（见第 16.2 节）。

(A)

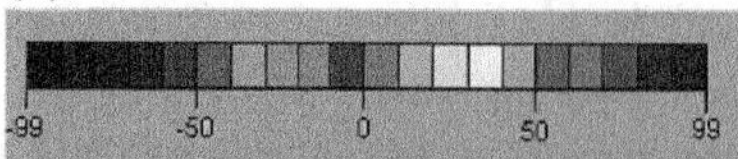

Basket	Group ID	Average	Stdev	%Vol/Ref	S006G1	S005G1	S004G1	S003G1	S002G1
□	535	11.954	36.196	0.010	-16.53	-30.99	54.25	2.48	55.51
□	833	12.682	63.058	0.006	9.90	9	77.97	-1000	66.54
□	117	14.164	38.15	0.015	-21.31	-39.34	29.89	61.39	40.2
□	478	[illegible]	29.050	0.007	-24.81	-23.31	-1000	[illegible]	[illegible]
□	493	23.036	29.588	0.013	22.69	26.71	-31.98	49.44	48.33
□	497	41.842	10.409	0.022	26.60	38.93	42.47	59.18	42.02
□	523	39.399	6.757	0.041	39.46	28.21	42.12	49.09	38.12
□	533	23.986	16.344	0.546	7.75	21.56	5.07	41.78	43.78
□	535	11.954	36.196	0.010	-16.53	-30.99	54.25	2.48	55.51
□	704	-31.832	13.383	0.037	-17.28	-25.13	-20.94	-46.6	-49.21
□	740	35.173	11.454	0.008	24.09	25.81	47.00	51.06	27.9
□	808	17.893	26.725	0.014	18.31	-16.14	43.54	51.23	7.47
□	826	24.919	18.548	0.016	18.97	0.43	48.01	13.60	44.44
□	877	35.43	10.067	0.032	39.14	22.87	24.05	46.22	44.88
□	926	-35.934	23.826	0.011	-12.86	-4.98	[illegible]	-40.25	-53.94
□	978	32.108	28.821	0.013	7.29	10.98	70.61	7.71	63.94
□	1143	-34.226	8.423	0.013	-18.45	-33.56	-42.83	-37.57	-38.72
□	1189	29.478	19.415	0.011	1.32	18.18	52.73	25.5	49.66

(B)

□	497	41.842	10.409	0.022	26.60	38.93	42.47	59.18	42.02
□	1607	42.609	9.109	0.018	25.18	47.16	50.96	47.16	42.58
□	1286	46.711	29.39	0.083	11.40	12.36	56.42	77.52	75.85

(C)

□	2682	[illegible]	56.921	0.018	27.82	2.19	-1000	-1000	-1000
□	1447	-45.764	15.149	0.013	-35.45	-29.97	-38.04	[illegible]	[illegible]
□	1880	-39.430	11.236	0.056	-19.74	-34.77	-45.87	-51.57	-45.19
□	2079	-38.949	6.691	0.013	-28.44	-35.88	-40.24	-41.43	-48.76
□	1474	-38.830	7.31	0.022	-29.25	-31.48	-40.39	-47.08	-45.96

图 15.19 程序 ChiMap 的一个例子输出。ChiMap 给出对照凝胶与任意数量的匹配凝胶间的蛋白质表达差异。表达差异以百分数形式给出。50%上升或下降对应于两倍差异。(A) 蓝色(浅蓝至深蓝)表示相对对照水平蛋白质表达下降,而红色色谱表示表达上升,绿色表示无显著差异。显示一个很大的负数值的白色格子表示该凝胶上没发现对应的蛋白质位点。结果可根据平均上升或下降(B 和 C)排序,同时标准差也显示出来。(见文后彩图)

数据库和在线工具可用来辅助二维凝胶数据的解释

许多网站维护着来自二维凝胶实验的数据和相应的蛋白质注释,这些信息有助于对将来的实验结果的解释(见第 3 章关于数据库和 Garland Science Web site)。也有不少网站提供对二维凝胶数据的在线分析工具,如二维凝胶的视图和比较软件,等电点(pI)和分子质量计算程序,以及序列搜索。

由瑞士生物信息学研究所(SIB)维护的蛋白质组服务器 ExPASy(expert protein anlysis system)是发掘二维凝胶数据分析的数据宝藏的一个很好的出发点。此外,该站点还提供一个免费凝胶视图程序 Melanie-Viewer,可下载到用户自己的机器上。通过 Melanie-Viewer 用户可以浏览 ExPASy 维护的二维凝胶数据库 SWISS-2D-PAGE 数据库中有注释信息的许多位点和注释信息都确定的凝胶图像。除了浩大的二维凝胶数据库,ExPASy 还在网络上提供相当多的二维凝胶数据分析工具。

Flicker 是一个基于 JAVA 的可下载程序,用于用户比较自己的凝胶图像或来自于互联网上不同来源的凝胶图像。作为一个凝胶视图软件,Flicker 能读入和展示 SWISS-2D-PAGE 这样的凝胶数据库中得到的任何两个图像。程序会在同一个窗口中轮流显示两个凝胶,或将两个图像并排显示,以帮助用户比较它们(图 15.20)。图像是通过校准具有相似形态的特征点得到整体校准的。这个程序也提供有限的凝胶分析,如对信号的量化。

蛋白质微阵列芯片能同时检测大量不同蛋白质的存在或活性

蛋白质微阵列是 DNA 微阵列的类同物,它能同时检测数以千计的蛋白质的存在或功能活性。人们把纯化的蛋白质共价结合到化学处理过的玻璃片表面,这就制造出蛋白质阵列或蛋白质芯片。如同在溶液中一样,结合到玻璃片上的蛋白质保留着与

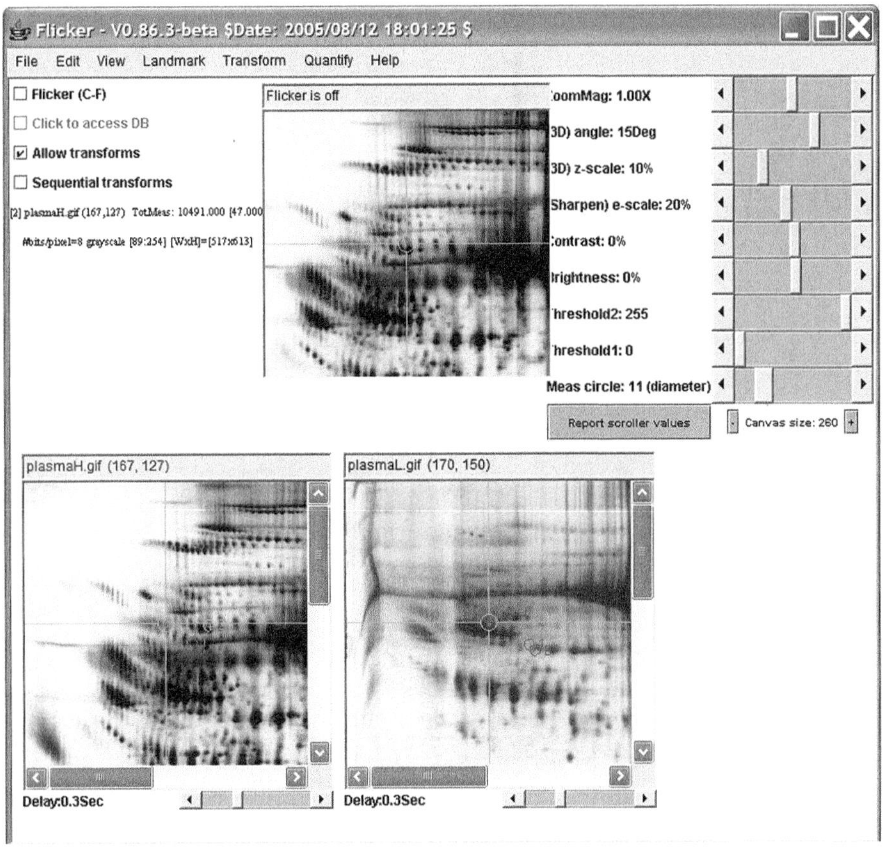

图 15.20 Flicker 的展示图。Flicker 程序正在比较两张凝胶。

其他蛋白质或小分子特异结合的能力。在蛋白质芯片技术中，借助抗体对特定范围的蛋白质或底物对某个酶家族的这类亲和性，固定在玻璃片上的已知蛋白质可用于探测包含许多已知和未知蛋白质的生物样本。

芯片的设计使得特异的结合或一个酶在它的底物上的活动能被检测。这种互作能用于量化蛋白质的含量或分析细胞与组织中蛋白质的修饰情况。例如，人们使用蛋白质芯片来鉴定一组已知蛋白质激酶的底物。在这个例子中，底物被固定到三张玻片上，每张玻片与一个不同的激酶一起孵育，而底物的磷酸化被监控。只有每个酶的特定底物才会被该酶所磷酸化。类似地，人们正在开发有助于药物发现的小分子芯片以及全细胞芯片（whole cell arrays），这将使人们能够研究细胞通路及药物对这些通路的作用效果。

可用质谱来鉴定已经由二维凝胶或其他技术分离和纯化的蛋白质

将一个样本中的蛋白质在一张凝胶上分离开后，我们想要鉴定每个位点的蛋白质，或至少那些在样本间有差异表达的蛋白质。目前大规模鉴定蛋白质身份的方法是质谱。鉴定蛋白质通常使用离子阱（ion trap）或飞行时间（time-of-flight，TOF）质谱仪，而将样本离子化并注入质谱仪的常见方法包括电喷雾电离（electrospray ionization，ESI）或基质辅助激光解析电离（matrix-assisted laser desorption/ionization，MALDI），这些技术被缩写为 MALDI-TOF、ESI 离子阱或 Q-TOF（定量 TOF）。另一种常见的更灵敏的技术是连续 MS（MS/MS），这种技术在一轮 MS 之后再用一轮 MS 分析分子碎片。无论哪种质谱，都需要将一种蛋白质的一小份样本（如凝胶上的一个位点）用胰岛素的蛋白酶消化，获得多肽片段的混合物，然后由质谱分析这些多肽片段。图 15.21 示意了用 MS 鉴定从凝胶得到的一个蛋白质位点的步骤。

质谱仪将每个肽段打碎成为带电的分子离子，测量每个带电碎片分子的质荷比（mass-charge ratio），产生一个谱，其中每个肽段的分子质量可以计算。为了鉴定蛋白质，可将每个蛋白质位点得到的多肽质量特征图谱针对一个蛋白质序列数据库进行搜索，该数据库中的蛋白质序列理论上被各种蛋

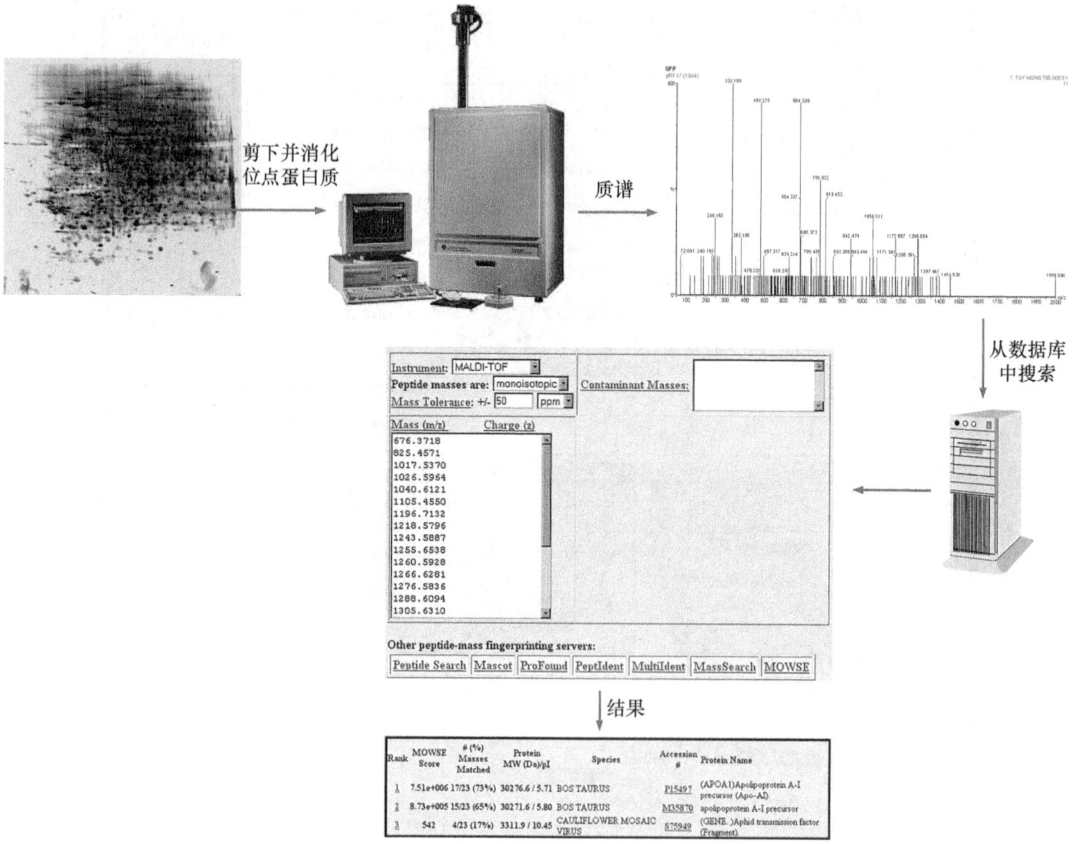

图 15.21 对二维凝胶进行质谱分析的大致步骤。首先，用户将凝胶上每个感兴趣的蛋白质位点剪下，用酶消化和处理，以便质谱能对进行分析以得到对应于该位点蛋白质的质谱图。来自于质谱的数据被提交到一个特殊的数据库中，搜索程序将片段质量与对蛋白质计算出的理论片段质量进行匹配。在本例中，片段质量以高得分（73）和高匹配片顶百分比（65%）两次与 bovine apolipoprotein precursor 相匹配。结果中的下一个匹配得分较低，只有列表中的 17%的质量被匹配上。

白酶消化所产生的多肽质量都已经被计算出来，人们将从质谱得到的特定多肽质量特征图谱与基于数据库中蛋白质序列预测出的多肽质谱进行匹配。一个好的匹配意味着所研究的蛋白质包含着相应的多肽。当蛋白质的许多成分肽段与数据库的一个蛋白质的多个理论肽段相匹配时，这个蛋白质的身份就可以确定了。这种搜索程序的一个问题是，这些数据库中的蛋白质分子质量是从基因组序列翻译后计算的，但许多蛋白质会经过翻译后修饰，意味着它们的质量与数据库中计算的数值不同，因此这些蛋白质很难被鉴定。不少试图解决这个问题的程序已经被开发出来。

其中一个算法将所比较的质谱的峰之间的质量差异纳入考虑。如果多肽之间的差异只是一个突变或一个小的修饰，那么质谱中的质量也会出现固定数目的差异。程序发现意外的质量差异并用这个质量差异大小来确定修饰的类型。另一个方法关注质谱的匹配。它使用了传统的序列匹配方法，将它用在对质谱的匹配上。两个待匹配的质谱的峰被表示为一个两维矩阵中的点，匹配算法使用动态规划方法在矩阵中寻找最合适的路径（见第 5.2 节）。如此，算法容许由突变或其他修饰所造成的误配。

对质谱进行蛋白质鉴定的程序可从网上免费获得

从网上可获得许多质谱搜索程序，如 ProteinProspector 和 MASCOT。它们允许用户搜索和匹配一系列的质谱峰，以及寻找具有相同或相似质量的肽段。实验所得的质量值与对数据库中的序列进行理论消化计算得到的多肽质量或片段离子质量进行比较。借助合适的打分算法，可以发现最接近的匹配。如果一个未知蛋白质存在于序列数据库中，那么分析目的就是识别那个特定的数据库对象；如果该数据库并不包含该未知蛋白质，那么分析目的就是匹配具有最近同源性的序列，它们通常是不同物种中的相同或相似蛋白质。

MASCOT 是一个强大的在线工具，它使用质谱数据从基本的序列数据库中鉴定蛋白质。程序将许多已知的搜索方法整合成一个算法，用以进行基于多肽特征质谱的序列数据库搜索，多肽特征质谱提供了非常独特的“指纹”信息。通常只要这种“指纹”就足以在数据库中鉴定出蛋白质来，尽管当数据库不包括所搜索的蛋白质序列时就无法实现蛋白质鉴定了。MASCOT 所用的另一个方法是序列搜索，它将一个或多个肽段的分子质量与序列、成分和片段离子数据相结合。序列信息由对连续质谱（MS/MS）的特别解释所得到，这种质谱的分析通常能提供序列的三四个残基的信息。MASCOT 所用的最后一种方法与第一种方法相似，不过使用 MS/MS 离子，并包含质量和信号强度（intensity）对信息。这种搜索模式常常用于分析包含多个肽段的液相色谱或 MS/MS。获得 MS/MS 数据与一个蛋白质的多个肽段的匹配能增加蛋白质鉴定的可靠水平。ProteinProspector 的搜索程序包也提供同样的搜索方法。

质谱能用于检测蛋白质浓度

目前，在质谱分析之前的分离蛋白质步骤（二维凝胶电泳）经常被液相色谱所代替。质谱可被用来检测蛋白质浓度，而借助液相色谱可以回避二维凝胶电泳实现蛋白质的消化、分离和浓度检测。在这种技术中，来自一个特定条件的样本用一种同位素标记，来自其他条件的样本用另一种同位素标记，然后将它们混合。由此，可相对于一个参考水平检测每种蛋白质的数量，也可检测蛋白质表达的数量差异。如同对于目标为蛋白质鉴定的质谱分析一样，同类的数据库搜索和质谱匹配也会在这类分析中出现。

总结

本章介绍了正在迅速变革的测量大量基因或蛋白质表达的技术。目前，并行测量基因表达的主要方法是 DNA 微阵列，它能给出细胞或组织在特定时间或特定条件的转录组鸟瞰。微阵列的一个常见用途是在不同组织或条件中比较基因表达谱，如比较不同的癌症类型，这时研究的目的往往是发展更好的诊断或治疗方法。这种实验产生大量数据，人们已经开发出特别的分析方法，用以将原始数据转化为基因或蛋白质的表达水平，并分析表达差异的生物学显著性。用以分析微阵列或蛋白质表达结果的方法包括层次聚类、自组织映射网络和主成分分析。其他检测基因并行表达和探索基因在不同样本间的表达差异的方法包括基因表达系列分析（SAGE）和被称作为数字差异分析（DDD）的计算方法，后者在不同的 EST 文库中寻找基因丰度的差异。

由一个特定细胞或组织所表达的全部蛋白质（蛋白质组）可由二维凝胶电泳或液相色谱等分离技术检测。对于二维凝胶电泳，有时可简单地根据蛋白质在凝胶上的位置鉴定分离的蛋白质的身份。大规模地鉴定蛋白质现在则通常由质谱这种强大的技术来实施。质谱技术通过比较产生的质谱与特殊的蛋白质质谱数据库鉴定蛋白质的身份。

名词解释

chromatography（色谱）：一种用于分离和分析蛋白质等复合物的方法。

co-expressed（共表达）：基因同时的，并且在相似条件下被转录。

DNA microarray technology（DNA 微阵列芯片/DNA 芯片/基因阵列）：一组与蛋白质编码序列互补的已知寡聚核苷酸链被粘连到固相表面并用于探测蛋白质编码序列在不同样本中的存在性。这种技术使得人们能够检测在不同条件下或不同组织中的基因表达。也被称为 DNA 芯片或基因阵列技术。

hybridize（杂交）：两条 DNA 的互补区域形成碱基对的过程。在基因表达芯片等多种实验技术中被用以识别具有相同或非常相似核酸序列。

***k*-means clustering（*k*-均值聚类）**：一种对数据分组的方法，由用户设定类别个数（k），随后数据被聚到 k 个类中。

mass-spectrometry（质谱）：一种基于质量和带电量，可用于分子成分鉴定的实验技术。

proteome（蛋白质组）：一个细胞、一种组织或一个有机体中全部的蛋白质。

scatterplot（散点图）：一种能图像化地显示两个变量间的关联的图。

self-organizing map，SOM［自组织映射网络（SOM）］：用于学习对输入的各分组之间的关联的无监督机器学习方法，经常用在聚类分析中。

self-organizing tree algorithm，SOTA［自组织树算法（SOTA）］：一种少见的能基于数据自动确定合适的类别数目的分类方法，它跟踪每个分割出来的类别中的数据分歧度，将分歧度超过一个预设阈值的类别继续分割。

serial analysis of gene expression（基因表达系列分析）：一种用于测量细胞内转录物数量的实验技术。

two-dimensional gel electrophoresis/2D-gels（二维凝胶电泳）：依据蛋白质的分子质量和带电量对其在两个方向上进行分离的实验技术。

transcriptome（转录组）：一个特定基因组产生的全部转录物。

扩展阅读

15.1 大规模基因表达分析

功能基因组学

Bork P & Eisenberg D（2000）Sequences and topology: genome and proteome informatics. An overview. *Curr. Opin. Struct. Biol.* 10，341-342.

Diehn JJ，Diehn M，Marmor MF & Brown PO（2005）Differential gene expression in anatomical compartments of the human eye. *Genome Biol.* 6，R74.

Nau GJ，Richmond JFL，Schlesinger A et al.（2002）Human macrophage activation programs induced by bacterial pathogens. *Proc. Natl Acad. Sci. USA* 99，1503-1508.

Newman JC & Weiner AM（2005）L2L: a simple tool for discovering the hidden significance in microarray expression data. *Genome Biol.* 6，R810.

Hunt S & Livesey F（eds）（2000）Functional Genomics: A Practical Approach，p 256. New York: Oxford University Press.

微阵列质量控制焦点

There is a variety of articles in *Nature Biotechnology* 2006；24，1115-1162.

关于一个微阵列实验的最少信息量（MIAME）

Brazma A，Hingamp P，Quackenbush J et al.（2001）Minimum information about a microarray experiment（MIAME）—toward standards for microarray data. *Nat. Genet.* 29，365-371.

15.2 大规模蛋白质表达分析

蛋白质组学

Pennington SR & Dunn M（eds）（2000）Proteomics: From Protein Sequence to Function. Oxford: BIOS Scientific Publishers.

蛋白质微阵列

MacBeath G（2002）Protein microarrays and proteomics. *Nat. Genet.* 32，526-532.

Tomlinson IM & Holt LJ（2001）Protein profiling comes of age. *Genome Biol.* 2，1004.1-1004.3.

Zhu H，Klemic JF，Chang S et al.（2000）Analysis of yeast protein kinases using protein chips. *Nat. Genet.* 26，283-288.

MASCOT 软件

Perkins DN，Pappin DJ，Creasy DM & Cottrell JS（1999）Probability-based protein identification by searching sequence databases using mass spectrometry data. *Electrophoresis* 20，3551-3567.

ProteinProspector 软件

Clauser KR，Baker PR & Burlingame AL（1999）Role of accurate mass measurement（+/−10ppm）in protein identification strategies employing MS or MS/MS and database searching. *Anal. Chem.* 71，2871-2882.

数据库和软件

Harris RA，Yang A，Stein RC et al.（2002）Cluster analysis of an extensive human breast cancer cell line protein expression map database. *Proteomics* 2，212-223.

Ng A，Bursteinas B，Gao Q et al.（2006）pSTIING: a 'systems' approach towards integrating signalling pathways，interaction and transcriptional regulatory networks in inflammation and cancer. *Nucleic Acids Res.* 34，D527-D534.

第16章　聚类方法和统计学概念

当你读完第 16 章时，你应该能够：

准备好表达数据以用于分析；
陈述出各种将测量值差异定量化的方法；
通过聚类分析鉴定出相似的表达模式；
描述由不同的聚类方法生成的可选聚类方案；
评价聚类类群的价值；
使用统计学方法鉴定表达水平上的显著差异；
在对一个数据集应用多次统计检验时采用特定技术来控制假阳性率；
基于一组表达值对样本进行分类。

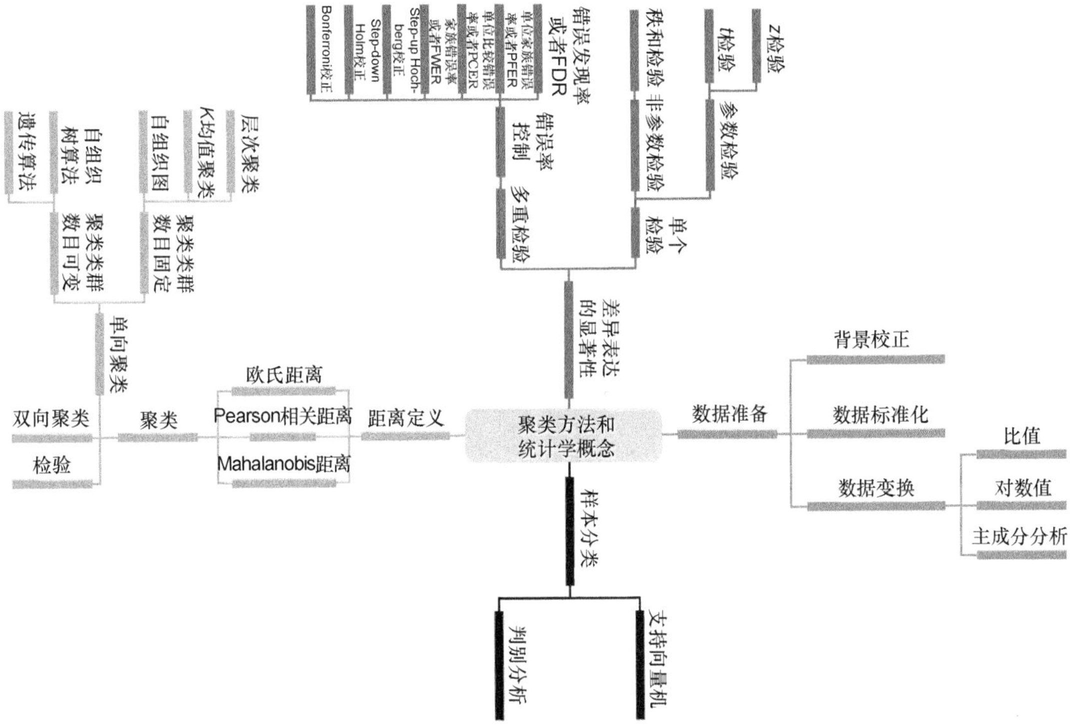

思维导图 16.1　前一章中描述的很多分析方法都用到了统计学和数学分析的知识，本章将对这些方法进行深入探讨。这里的思维导图用于帮助读者记住对表达谱数据进行仔细分析所需要的所有步骤。

在第 15 章中，我们讨论了测定蛋白质和基因表达水平的实验，并初步介绍了一些数据分析方法。在本章中，我们将继续深入探讨这类数据的分析方法及其背后的基本原理。许多分析技术依赖于一个前提假设：数据服从理想化的统计分布，通常是正态分布。但是原始数据往往偏离此假设，所以我们先介绍将原始数据标准化并将之转换以更好地近似理想分布的技术。然后我们将探讨数据分析过程中的三个关键方法：用聚类分析来确定相似的表达模式和相似的样本或实验条件；应用统计检验来确定从数据中观测到的相似性和差异性的显著水平；定义分类函数来区分未知样本的类别。

不管是实验手段还是分析技术，这个研究领域的发展都非常迅速。对该领域做全面论述超出了本书的范围，因此这里的重点将通过一些具体实例来讲解已有分析方法的基本原理。本章没有涵盖有关实验设计的内容，但需要特别指出的是，在前期对实验进行精致的设计可以减少**系统误差**（**systematic errors**）并使得数据校正更为容易，而且对最终的结果将有深远的影响。关于分析技术的更详细的信息可以在扩展阅读中列出的参考文献中获取。

16.1　分析表达数据之前的准备工作

测定表达水平的实验会对实验中的每一个基因或者蛋白质都测出一个值。大多数情况下，对这些数据的分析将是比较该系统的两个或更多状态下单个基因或者蛋白质表达水平的改变（在这里，系统指的是基因表达事件所处的生物体、组织或者细胞）。可执行的两种主要的量化分析包括：鉴定基因表达水平上的显著改变；鉴定随系统状态的改变而展现相似的表达水平变化模式的基因或者蛋白质群体。直接测定的表达水平若不做预处理并不适合进行这些分析。所以在本小节，我们将先了解一些数据标准化和数据转换等预处理技术。如图 16.1 中的方案所示，数据准备工作可按照几个不同的阶段来进行，但需注意，实际操作中还有其他方法可选，可能采纳和该图示不同的分析方案。

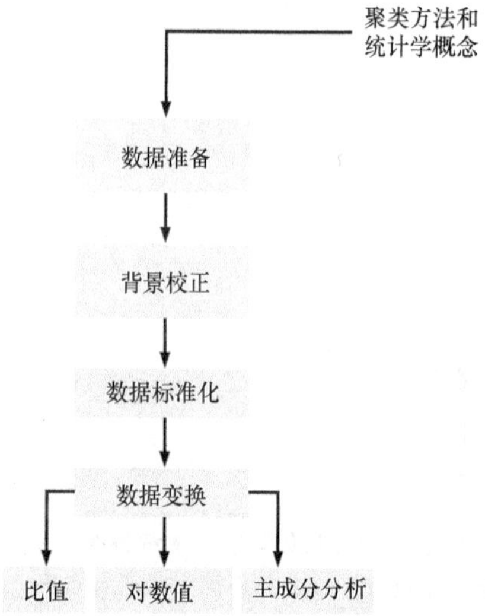

流程图　16.1 本节描述了一些准备表达数据用于后续分析的必要关键步骤。

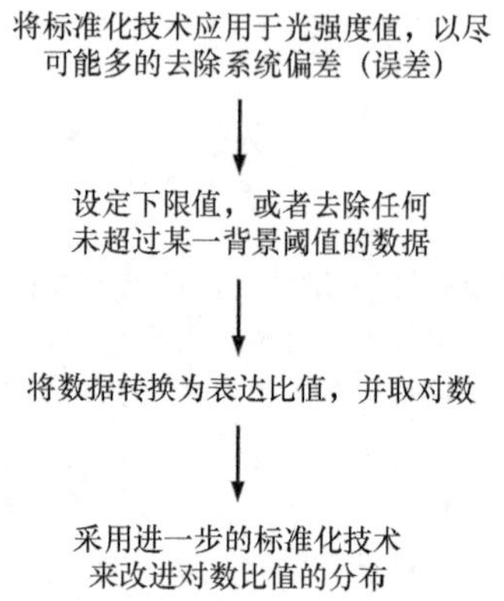

图 16.1　本节中描述到的准备数据用于进一步分析的框架。

这些预处理操作的目标是消除数据中的误差，并使得数据足够接近正态分布（高斯分布），这样数据分析过程中就可采用参数统计检验并具有一定的置信度。正态分布关于其均值对称，并且在远离均值时按照特定的方式衰减。定义正态分布仅需两个参数——均值和方差，并且来自同一个分布的足够大的样本子集的这两个参数也是相似的。这些特征可用于判定数据能否进行下一步分析。

值得提出的是，这里描述的方法和 Cy5/Cy3 双色标记基因表达实验数据关系最密切。其他实验手段，如 Affymetrix 芯片（单色芯片）所得数据采用不同的标准化流程，但是其基本思想一样。

测量蛋白质和基因的表达有很多不同的实验方法。在大多数芯片实验中，一个单个的基因或者蛋白质的表达水平通过测定一个特定点的光强度值而获得。由于这类实验的异质性，这个特定点的值必须得做些修正以反映背景光强度的影响。校准背景光强度可能需要测定每一个点附近的光强度值或者不表达基因的光强度平均值。有时扣除背景后，这个点的值可能变为负值。从这些负值点上获得的数据有时会被扔掉，但通常会被替换成一个最小的正值从而得以保留，并标记为缺失或者无观测值。这种处理方案常常影响到很大一部分测量点，因为通常在给定条件和给定某个时刻，只有小部分基因是表达的，也可能是因为一部分表达产物具有很短的半衰期。这种处理方式允许将来对这些点进行重新分析。观测到表达缺失的基因和鉴定出高水平表达的基因通常具有同样显著的意义，因此这两类数据都是非常有价值的。

数据标准化用于去除实验中的系统误差

选择何种手段进行数据标准化的主要依据是特定实验技术的先验知识和潜在的系统误差（如不同的样本使用了不同的样本量）。具体操作中通常只涉及一些简单操作，如取均值，但却能够获得足够好的结果。许多标准化技术，如扣除背景因素，能够有助于校正均值，但对方差没太多影响。在通常的实验工作中往往可以观察到这样的情况：方差随着信号强度的增加而增加。这是伴随着测量过程本身的一种**随机误差（random error）**（非系统误差），在芯片数据中可以看到这种效应。已经有好几种标准化手段用于校正这种对正态分布的偏离。值得注意的是，虽然系统误差在最好的情况下能够从数据中完全去除，但对于随机误差，我们只能近似的了解其表现形式，无法完全从数据中去除。

David Roche 和同事们提出的模型将随机误差表示为两种来源。一种来源是一个可加项 ε，可以假设其服从均值为 0、标准差为 σ_ε 的正态分布（一个可加的误差指的是可以简单加到真值上以获得测量值的项）。他们提出的第二种来源是一个倍增项 e^η，它和表达的水平成比例，均值为 0，标准差为 σ_η。如果实际的表达水平记为 χ，那么按照这个模型，观测到的表达水平可以写为

$$X = \chi e^\eta + \varepsilon \quad (16.1)$$

而测量到的光强度值 I 和 X 成正比，可以写为

$$I = \beta_1 + \beta_2 \chi e^\eta + \varepsilon \quad (16.2)$$

式中，β_1 和 β_2 是常量；并且可加误差项 ε 已调整为考虑了 β_2 影响之后的值。基于此模型可推导出一种数据标准化的方法，该方法能够将不同光强度下的标准差调整为一致（详细内容参见扩展阅读）。

表达水平通常用比值表示并取对数转换后再分析

图 16.2 显示了在一次基因表达谱实验中光强度值出现的频率。它们并不服从正态分布，因此在进一步的统计分析之前需要进行调整。实际上，几乎所有测定基因和蛋白质表达水平的实验，如每个细胞中 10 个基因的转录或者 150 个蛋白质分子的表达，都不要求确定表达绝对量的值。相反，我们感兴趣的量通常是某个特定基因或者蛋白质在该条件下的表达量相对于系统在另一个条件（参考条件）下表达量的比值。除此以外，使用这样的比值还有两个好处。首先，可以去除在实验条件下不同蛋白质或者基因产生光信号能力不同所带来的误差，如结合荧光染料的能力不同所带来的误差。其次，在表达文库中，表达水平绝对值的范围跨度总是很大，但是系统的敏感性却倾向于只与表达值的改变比率有关系，如相对于参考条件表达量翻番。综上所述，使用比值将有助于确定表达值的改变是否显著。

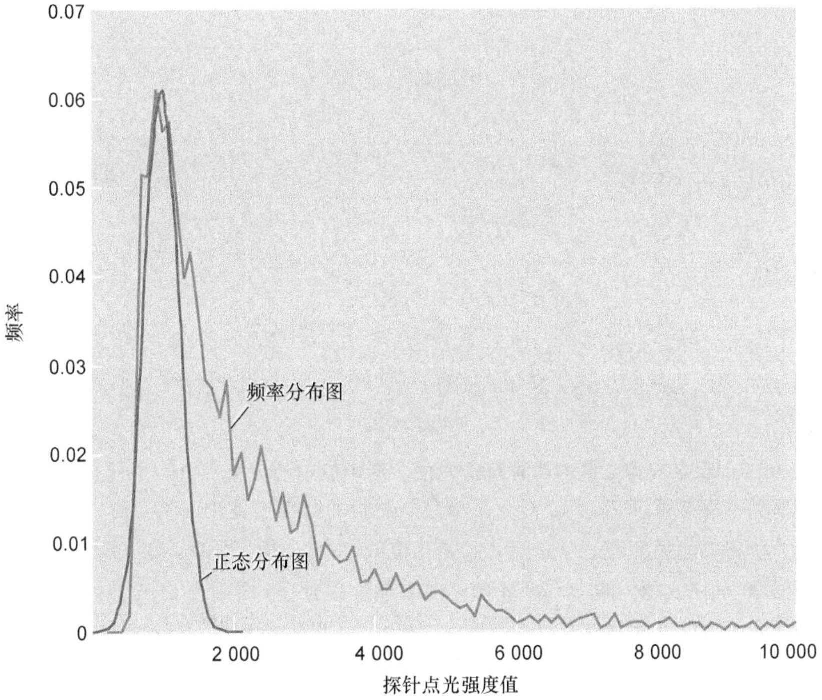

图 16.2 光强度测量值的频率分布图和近似等同的正态分布图。假定光强度值取自正态分布，那么这里比预期要多出非常多数量的高强度值（数据来自 Courcelle et al., Comparative gene expression profiles following UV exposure in wild-type and 50S-deficient *Escherichia coli*, *Genetics* 158：41-64，2001. 中的一个小样本）。

虽然表达水平的比值比绝对值已经具有很明显的优点，但是要进行进一步的分析还不够理想。在大多数实验中，表达水平的上升和下降都是生物学响应的重要特征。然而表达水平的比值并未对二者等同对待。相对于参考状态的表达量有增加时，比值大于1，且可能特别大；而表达量有减少时，比值却位于0～1的狭小区间。这种情况可参见图16.3A中的数据，这是表达数据中的一个典型情况，因为大多数基因或者蛋白质相对参考状态并没有表达差异，也就是说，比值非常接近1。这里展示了和表达水平成比例的光强度的比值与双色光强度乘积的平方根之间的散点图。该种形式的散点图显示了比值的分布如何随着表达水平的变化而变化。在各个表达水平上，比值的分布都有明显的偏移，其中有少数点超过2，但是显然没有小于0的（需要相应的光强度是负值）。

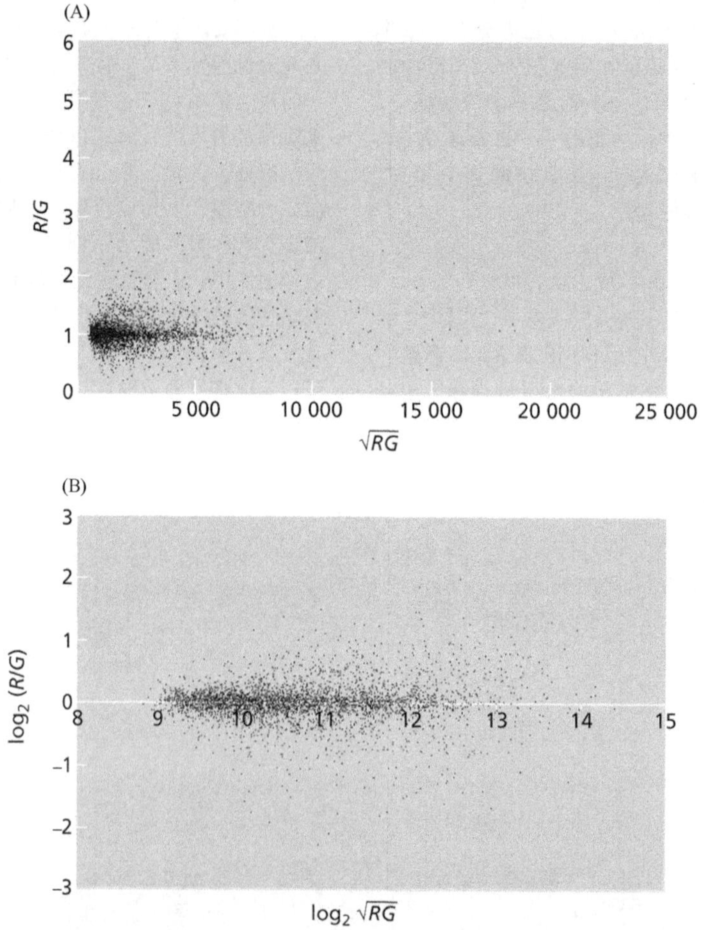

图 16.3　观察表达数据的两种可选方法。图中展示的数据来自一个双色荧光标记实验（参见第15.2节）。Cy3是绿色，测得的光强度值记为G，而Cy5是红色，测得的光强度值记为R。（A）是比值R/G对$\sqrt{RG}$作图，而（B）则是比值对数$\log_2 R/G$对$\log_2\sqrt{RG}$作图。图B通常称为R-I图或者M-A图。横坐标上通常有两种对数函数可用——本图中的$\log_2\sqrt{RG}$或者$\log_{10}(RG)$，但是二者只相差一个倍数因子。本图的数据和图16.2中的数据相同。

对这个问题的一个简单解决方案就是对比值取对数，通常以2为底。这是因为对数具有性质$\log(X)=-\log(1/X)$，如$\log_2(2)=1$而$\log_2(1/2)=-1$，所以进行对数变换以后，表达水平的升高和降低都投射在了同样的尺度上。比值1（没有表达水平的改变）在取对数后变成了0。图16.3B显示了和图16.3A相同的数据，不同之处是取了对数。这些数据现在以0为中心，而且在0两侧基本上对称分布。值得注意的是，如果测定的表达强度比值中出现了负值，那么取对数时就会出问题，不过在后续的分析中这些负值数据往往不再做考虑。

对表达水平的比值取对数的好处很明显，因为表达水平的升高和降低是同等对待的（对称），并且数据看起来更加接近正态分布。图 16.4 显示了比值在取对数前后的频率分布，并且在这两种情况中还分别比较了相应的正态分布。在这些比值的分布中，尾区要比正态分布大很多，可以想到的是，尾区应是包括了那些被上调和下调的基因。对尾区数据的仔细检查表明在取对数后，比值的分布更加对称。

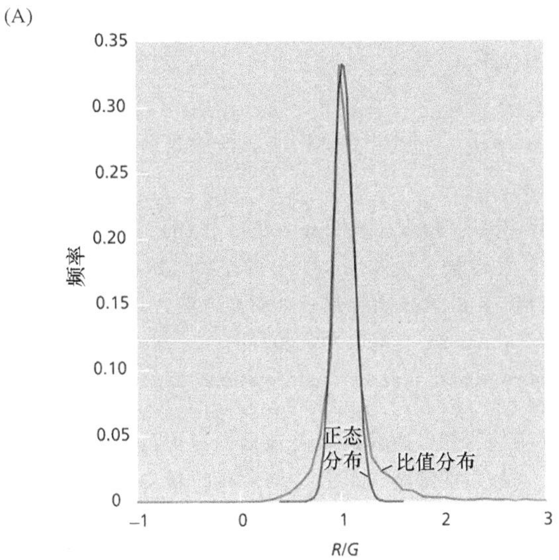

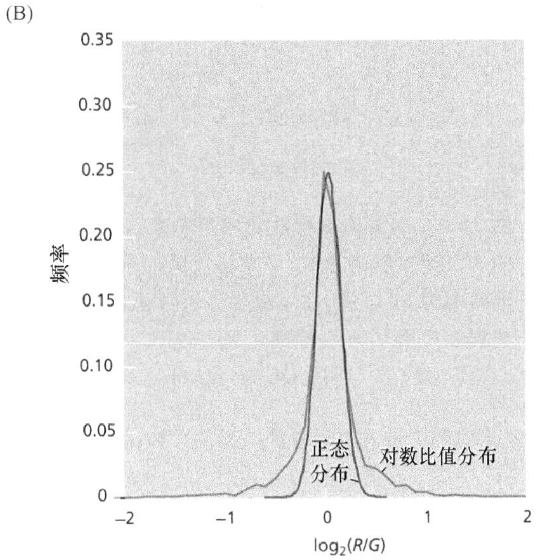

图 16.4　将表达数据的比值和对数比值分别与正态分布做比较。表示比值的分布（A 图）和对数比值的分布（B 图）。这些数据分别以 1 和 0 为中心，并且和近似等同的正态分布进行比较。对数比值的分布在尾区更加对称。本图数据和图 16.2 的数据相同。

图 16.3B 也显示了实验数据偏离理想分布的情况：在图中，极值点在横轴两侧的位置并不一致，而是依赖于总体的表达水平。在那些表达水平很低的蛋白质或者基因中（图的左侧），没有出现表达差异超过 2 倍的情况；而在那些表达水平很高的蛋白质或者基因中，这种情况很多。而且，在表达水平最高的那些基因或者蛋白质中（图的右侧），接近于 0 的对数比值要少得多。这些都是标准差和表达水平之间存在相关性的征兆。前文已经提到有一些方法可校准这种相关性。

有时在数据转换后再进行标准化不无裨益

在考虑各种不同程度表达水平（$\log_2 \sqrt{RG}$）的情况下，图 16.3B 中对数比值的行为看起来一切良好，因为对数比值的分布中心总是接近于 0。但在图 16.5A 中的另一个例子却不是这种情况，更严重的是，数据不是简单地偏离 0，而是显示出明显的弯曲（如果只有一个简单的偏离，它们仍然可能服从正态分布）。校准这种数据的最常见方法之一是 lowess 标准化。Lowess 是 LOcally WEighted Scatterplot Smoothing（局部权重散点平滑）的缩写，是回归分析方法的一种。该技术也常被写作 loess 并被称为局部权重回归（locally weighted regression）。回归分析的最基本形式仅仅是确定一条最好的直线来代表所有的数据。而 lowess 方法则将该手段分别应用到每一个小范围（局部）的数据，通常采用直线或者二次曲线拟合。这种局部回归分析的方法会对每一个局部都算出一个均值，从而可用于将相应局部的数据调整到想要的均值（在这里是 0）。在图 16.5A 的数据上使用这种技术后得到的结果如图 16.5B 所示。

采用类似的局部处理过程，可校准数据方差对表达水平的依赖。这些方法通常在采用 lowess 标准化（lowess normalization）后进一步对局部数据点进行简单的放缩。在完成这些操作后，数据应已足够接近正态分布，从而可以以一定的置信度来进行统计学上的参数检验。

主成分分析用于合并被分析对象的某些属性

在一次表达谱实验中测得的不同属性之间可能并不独立。一个简单的例子是一组共表达基因在两个样本中测得的相对表达水平。另一个难以避免数

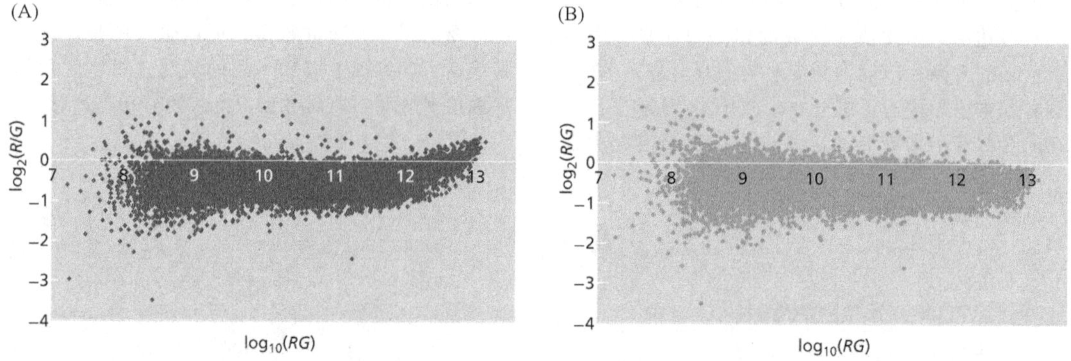

图 16.5　将 lowess 标准化应用于表达数据的效果展示。（A）$\log_2 R/G$ 对 $\log_{10}(RG)$ 作图，其中 R 和 G 的含义请参照第 15.2 节中描述的 Cy5/Cy3 测量实验。注意横坐标和图 16.3B 的差异。这种作图形式通常称为 H-I 图。在本例中，对数比值的均值明显偏离 0，并且还能看到一个明显弯曲。（B）同样的数据在应用 lowess 标准化之后作图（来自 Macmillan Publishers 有限公司的重印许可：*Nature Genetics* 32：496-501，J. Quackenbush，Microarray data normalization and transformation，2002.）。

据依赖的例子是采用来自许多不同个体的组织样本。这样的样本具有其固有的异质性，会导致随机误差或者意料不到的数据依赖。**主成分分析（principal component analysis，PCA）**方法能够鉴定出这些数据依赖并将数据简化以最小化这些依赖带来的影响。主成分分析也能用于鉴定数字数据中的某些特定模式。该方法将测量值变换为一些新的彼此独立的变量（成分）。每一个新变量都是实际测量值的线性组合。除此之外，该技术还能够确定每一个新变量所能够解释的整个数据中变异的比例。变化最大从而能够解释最大比例变异的新变量就是所谓的主成分。

主成分分析通常用于将数据归约到能够解释大部分数据变异的两三个主成分上，不再理会其他成分。当然，如果其他成分解释了数据中的重要变异，那么我们就错失了这些信息。留下来的少数几个主成分能用于样本作图和样本分类（图 16.6）。

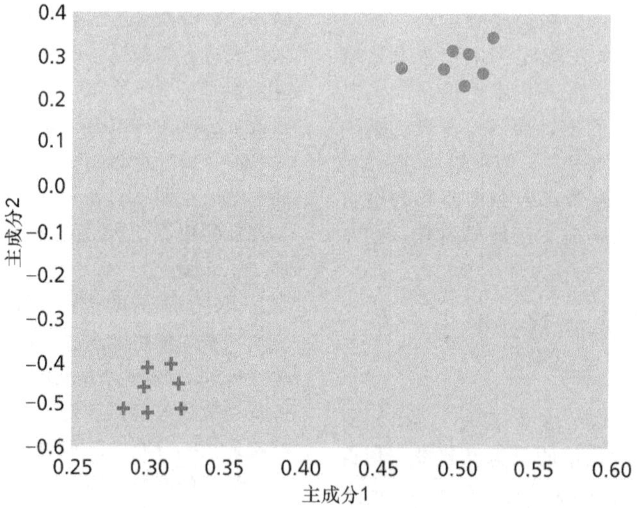

图 16.6　在一个理想化的 PCA 结果中，不同组的数据距离很远。按照 PCA 的结果，将每个数据点的前两个主成分（主成分 1 和主成分 2）值作为横纵坐标作图。按照这两组数据的已知组别将其标记为圆点和加号，可见它们在该图中位于明显分开的区域。在结果不是很好的情况下，两个聚类类群不会像图中一样截然不同，相反，数据可能会在图中呈现为一个单一的类群。

主成分分析的计算过程实际上是将包含有表达数据的矩阵 X 对角化的过程。如果一次表达谱实验包含 N 个基因或者蛋白质和 M 个不同的样本（或者条件），X 将是一个 $N\times M$ 的矩阵（图 16.7）。矩阵的一行对应一个不同的基因或者蛋白质，一列则表示一个特定的样本。那么对于基因来说，一个矩阵元素 $X_{i,A}$ 表示的是基因 i 在条件 A 下面测得的表达值与基因 i 在另一个条件（参考条件）测得表达值的比值。对于蛋白质，则表示的是蛋白质 i 在条件 A 下测得的表达值与其在另一个条件（参考条件）下测得表达值的比值。

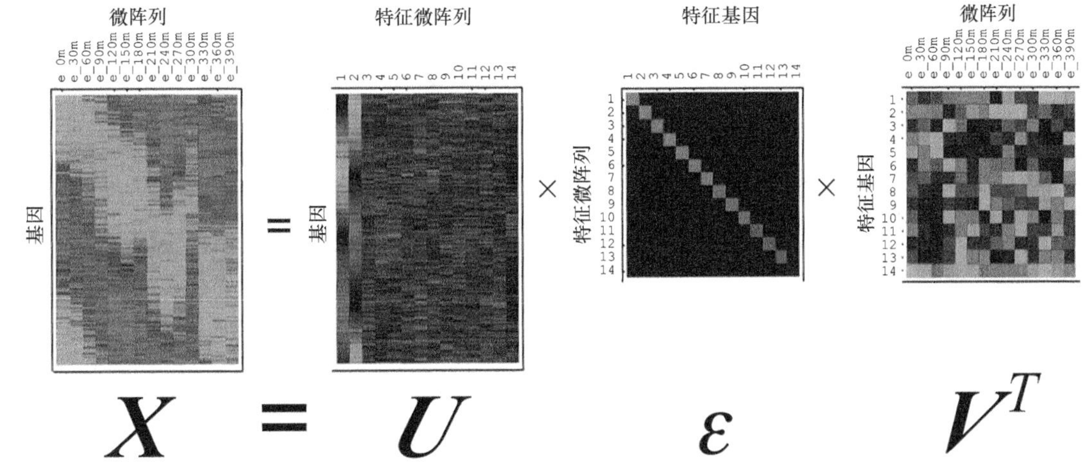

图 16.7　PCA 中主方程的展示。采用的数据来自 14 个 cDNA 芯片（样本）上的 5981 个基因，用于测定在同步培养基中 *S. saccharomyces* 的转录组 mRNA 表达水平。在一个完整的细胞周期上按照特定的时间间隔进行取样（在图的上端标记有以分钟为单位的取样时间），以期鉴定出与细胞周期相关的基因。用于对照的 mRNA 取自非同步培养基。标准化好的数据显示在左边的矩阵 X 中。对方程右边三项的说明请参考正文中的描述（取自 O. Alter et al.，Singular value decomposition for genome-wide expression data processing and modeling，*Proc. Natl Acad. Sci. USA* 97(18)：10101-10106，copyright(2000) National Academy of Sciences，USA.）。

在具体的计算过程中，矩阵 X 将被重新表示为 3 个新矩阵的乘积：第一个是 $N\times M$ 的矩阵 U；第二个则是维度为 $M\times M$（假定 $M<N$）的方阵 ε；第三个矩阵 V^T 的维度也是 $M\times M$（图 16.7）。

$$\boldsymbol{X}=\boldsymbol{U}\varepsilon\boldsymbol{V}^{\mathrm{T}} \tag{16.3}$$

该计算的结果是两个具有 M 个元素的集合。一个集合是基因的或者蛋白质的（有时类比矩阵数学里的特征向量被称为特征基因或者特征蛋白质），另一个则是样本的（有时被称为特征样本或者特征微阵列）。为了简单起见，本段的余下部分我们将仅提及基因表达（而不提及蛋白质表达）。特征样本中每一个基因的表达水平在矩阵 U 中给出，而每一个样本中特征基因的表达水平则在矩阵 V^T 中给出。第 A 个特征基因只在第 A 个特征样本中表达（不在其他 $A-1$ 个物征样本中表达），表达值是 ε_A（类似于特征值）。

每一个特征向量定义一个主成分。每个基因/蛋白质 i 就可根据表达谱数据在每个主成分 p 定义的轴上定位，同样的，每个样本 j 也可根据表达谱数据在每个主成分 p 定义的轴上定位。图 16.8 显示了用两个主成分对样本作图的情况。图 16.6 则显示了

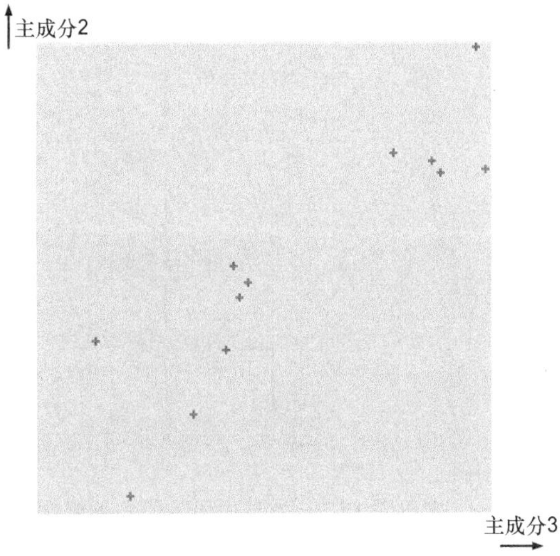

图 16.8　PCA 实例。在该例中，使用第二和第三主成分（主成分 2 和主成分 3），12 个样本看起来分入了两个组，其中 5 个样本位于右上角，似乎可与其他样本明显区分开。数据没有颜色标记，因为这是到目前为止唯一知道的分组证据。对样本的进一步研究有可能会得到关于分组的进一步证据。

一个理想化的 PCA 结果，其中数据落入两个截然分开的集合。图 16.8 显示的是来自一系列二维凝胶电泳（样本，不同条件）的蛋白质表达数据进行主成分分析的情况，虽然这些样本没有预先进行分类，但是主成分分析确实将它们分成了两个类群。在这个案例中，样本并没有经过事先分类鉴定，因此还得观察 PCA 做出的分组提示是否真的与这些样本的分类有关系。这种情形在临床诊断实验中有可能出现——诊断实验将试图鉴定取样来自于什么实验条件而不是探索该条件下的样本特征。

16.2 聚类分析的先决条件是定义所有数据点之间的距离

所有的聚类技术都是按照每一对数据点之间的距离来鉴定聚类类群，因此首先需要对距离的度量进行明确定义。之后本章将要论及的是，聚类分析既可以用于鉴定按照相似方式改变表达水平的基因，也能够鉴定具有相似表达模式的实验样本，这些实验样本可能是不同的物种或者不同的实验条件，甚至是二者的混合。由于距离必须用数字来定义，因此实验中的每一个基因或者样本相应地需要提供一组量化的参数。

用于定义基因之间距离的参数几乎肯定都是如上所述表达量的对数比值。两个基因表达数据之间距离的常规定义需要这两个基因分别在该次实验中每一个样本中所测得表达量的对数比值。样本参数则会涉及更多形式的一些属性。例如，在许多实验中，测量值是在施加一个特定的刺激后每隔一段时间所获得的，所以这里时间可以作为一个样本的参数。样本可能有非常多的参数。以一项在感染之后人基因表达改变的研究为例，每一个样本（人）可用一组定义感染阶段或者严重程度的测量值来描述，如体温、白细胞计数或者出现症状以来的时间。此外，其他关于年龄或者体重的测量值也可被包括进来。任何非量化的参数都需要进行合适的转换。例如，性别不是量化参数，但是将雄性设定为－1，雌性设定为＋1 就可以解决这个麻烦。

需要计算的距离通常是两种可选方案中的一种。大多数情况下，我们比较两个基因或者蛋白质的表达水平差异（距离），是通过比较该实验中每一个不同样本（状态）下两个基因的差异表达进行的。该类情况的一个例子是比较两个基因在细胞分裂不同阶段下的表达模式。另一个常见的距离则是比较两个样本或者状态，该距离通过在跨样本间比较所有基因或者蛋白质的表达水平而获得。

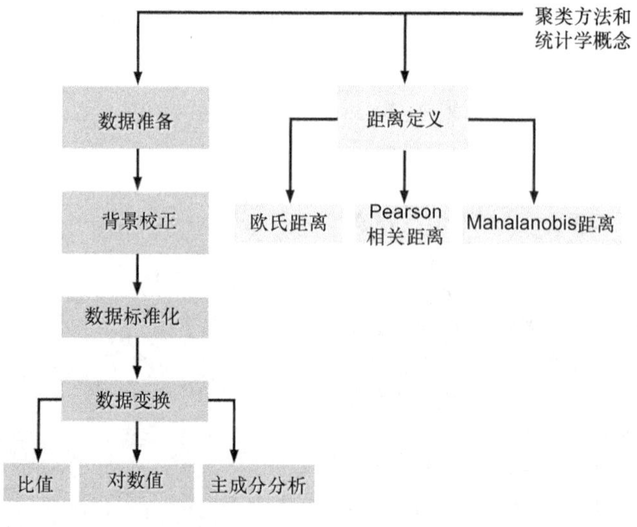

流程图 16.2 本节中引入的关键概念就是在两组测量值之间的距离定义有多种选择。

有了一组量化的参数就可以计算距离了，但是距离的度量有好几种方法。在本节我们将探讨一些常用的距离度量，并讨论它们的优缺点。

欧氏距离在日常生活中广泛使用

如果三维空间中的两个点 A 和 B 的坐标是 (X_A, Y_A, Z_A) 和 (X_B, Y_B, Z_B)，那么它们的距离通常定义为

$$d_{AB} = \sqrt{(X_A - X_B)^2 + (Y_A - Y_B)^2 + (Z_A - Z_B)^2} \tag{16.4}$$

式（16.4）是欧氏距离定义的一个实例。现在来看表达数据，从上文的讨论中我们已经知道表达

数据中对应上述公式中坐标的参数可能超过 3 个。假设对于 M 个样本中的每一个，都测定了 N 个不同的参数（基因或者蛋白质的表达水平），那么第 A 个样本中的第 i 个基因具有值 $X_{i,A}$。那么第 A 个和第 B 个样本之间**欧氏距离（Euclidean distance）**定义如下：

$$d_{AB} = \sqrt{\sum_{i=1}^{N}(X_{i,A} - X_{i,B})^2} \qquad (16.5)$$

式（16.5）综合了所有基因或者蛋白质上的差异。值得注意的是，基因或者蛋白质之间距离的定义可以简单地通过在上述公式中使用下标 A 和 B 来表示基因，用下标 i 表示样本（现在 i 总共是 M 个而不是 N 个）来实现。这种定义的关键特征是所有参数不加修饰的等同对待，但对表达谱数据，这种处理方式并不一定总是合适。在理想情况下，表达谱数据中的距离度量应该能够和表达差异的生理学相关性成比例。但是这个概念并未进行明确定义，而且在分析完成之前通常并不知道，因为它和实验想要的特定结果通常密切相关。几乎可以肯定的是，不同系统的敏感性会有很复杂的波动，这些波动不仅可能由基因或者蛋白质的不同造成，也可能由某状态的相对表达水平（相对常态）的不同所造成，还可能由系统本身所处的状态造成。凭什么认为一个激酶的表达翻番和一个细胞色素的表达翻番会对距离的贡献等同？从计算的角度来看，预先假定敏感性和表达比值的差异成比例不失为方便之策，但可能并不能反映生物学的真实。此外，采用表达比值和对数表达比值得到的距离显然是不同的（一种距离量度不可能简单的是另一种距离量度的对数），并且我们并不清楚采用哪一种方式定义距离更好。

这个问题在考虑样本间距离的时候可能会变得更加严重，因为此时不同的坐标表示的是完全不同的属性。例如，如果体重按照千克单位来测定而温度按照开尔文单位来测定，那么体重上的 1kg 的差异和温度上 1K 的差异对距离的贡献真的是相同的吗？

由于容易计算，欧氏距离的使用非常普遍。但对于一个真实的生物系统，欧氏距离得到的结果可能和实际情况相去甚远，从而后续进行的聚类分析可能会使相应的生物学问题得到明显歪曲的结论。我们将看到，对这类分析产生的结论需要保持一定程度的怀疑，直到我们看到它们和其他实验知识相互印证为止。

Pearson 相关系数表征的距离能衡量表达响应的形状相似性

如前所述，欧氏距离的一个问题是对所有基因表达比值的改变等同处理。转录受到严格控制的基因不一定会和其他基因一样产生相同程度的响应，所以把重心放到表达改变具有相关性的两个基因上将更有意义。换言之，两个这样的基因其表达水平可能不会增加同样的程度，但是它们之间的相关性仍然是一个重要和有用的现象。

衡量两列数字之间相关性的一个常用度量方法是 Pearson 相关系数（r_{AB}）。让我们像之前一样考虑两个样本 A 和 B 之间的距离。两组表达值 X_A $\{X_{1,A}, X_{2,A}, \cdots, X_{N,A}\}$ 和 X_B $\{X_{1,B}, X_{2,B}, \cdots, X_{N,B}\}$ 之间的相关系数 r_{AB} 的定义如下：

$$r_{AB} = \frac{1}{N-1}\sum_{i=1}^{N}\left(\frac{X_{i,A} - \overline{X}_A}{s_A}\right)\left(\frac{X_{i,B} - \overline{X}_B}{s_B}\right) \qquad (16.6)$$

式中，$\overline{X}_A$ 为 X_A 中所有值的均值；s_A 则为这些值的标准差；$\overline{X}_B$ 和 s_B 的定义类似。注意每个括号中的项都只和一个样本有关，且是以标准差为单位表示这个特定值偏离均值的程度。该种数学形式将在介绍统计学检验的内容中再次见到（参见第 16.4 节）。在一次典型的表达实验中，X_A 和 X_B 将是两个基因或者蛋白质在一系列不同样本中表达量的对数比值。该公式计算出的相关系数范围为－1～＋1，其中－1 表示 X_A 和 X_B 之间完全负相关，0 表示不相关，而＋1 表示完全正相关。

Pearson 相关系数度量的距离表征表达模式在形状上的差异，而不是表达量的绝对值，所以它会把两个在不同样本中绝对表达值不同但表达模式相似的基因鉴定为相似。但这并不一直都是优点，因为有时我们可能会想要把两个都高表达的基因赋予比两个都低表达的基因更强的意义。图 16.9 显示了采用不同的距离定义来分析健康人和癌症患者的蛋白质表达模式的情况。采用不同的距离定义在树状聚类图（dendrograms）中并不总是会出现如此大的差异，但是一旦出现，相应的结论就会显著不同。

Mahalanobis 距离综合考虑表达响应之间的变异性和相关性

在讨论欧氏距离的时候，我们提到了它的一个严重问题：虽然有些变量相对其他变量会显示出大得多的变异，但是它们仍然被同等对待。克服该问题的一个方案是将每一个变量都按照其变异程度来进行放缩，如按照第 i 个基因或者蛋白质的方差 s_i^2 来进行放缩。有时，这种方法被称为标准化的欧氏距离，定义如下：

$$d_{AB} = \sqrt{\sum_{i=1}^{N}\frac{(X_{i,A} - X_{i,B})^2}{s_i^2}} \qquad (16.7)$$

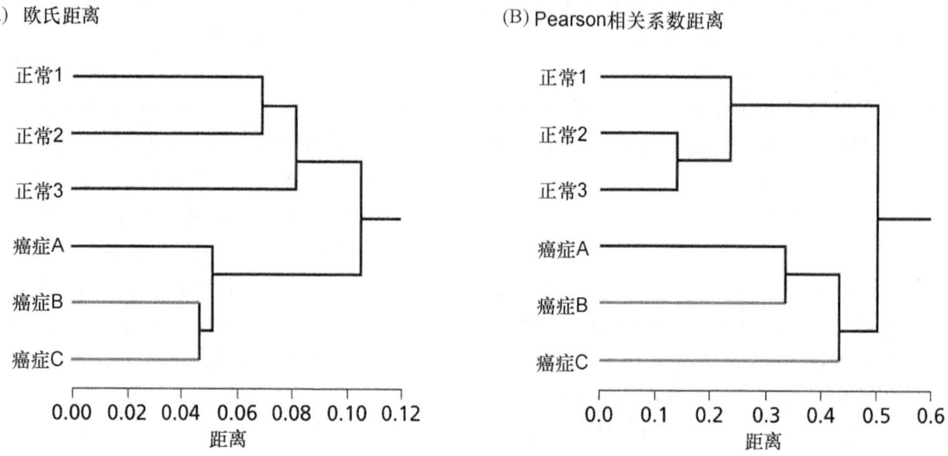

图 16.9 不同距离度量能够影响分析结论。这里分析了取自二维凝胶电泳实验的 6 个样本，用于比较健康人和乳腺癌患者的蛋白质表达模式。样本用正常 1 到正常 3 和癌症 A 到癌症 C 表示。在该例中，所有的蛋白质表达水平用来定义样本与样本之间的距离，然后用这些距离按照第 16.3 节所述可以画出一个树状图。在图（A）中用的是欧氏距离［式（16.5）］，而在图（B）中用的是 Pearson 相关系数距离［式（16.6）］。在这些树状图中可看到两处关键的差别。首先，在树状图（A）中，标记为癌症 A 的样本先于癌症 B 和 C 分支出来，而在树状图（B）中，则是标记为癌症 C 的样本先分支出来。另一个主要的差别是树状图（A）中正常样本相比疾病样本，在较大的距离值处发生分支；而在树状图（B）中则恰恰相反。

请注意，这些项并不是 Pearson 相关系数公式中各项的简单平方，因为它们既涉及了样本 A 又涉及了样本 B，并且方差是一个特定基因或者蛋白质表达水平的方差。同样的，基因或者蛋白质之间距离也可写一个同样形式的定义，只是其中的求和是对两个基因或者蛋白质在所有不同的样本或者条件上进行。

如果不同基因或者蛋白质的表达之间存在相关性，如共用启动子或者位于同一个代谢通路中的基因，人们提出了另一种距离的定义——考虑了相关性的 **Mahalanobis 距离（Mahalanobis distance）**。该距离的定义和式（16.7）类似，但是还包括了项 $(X_{i,A}-X_{i,B})(X_{j,A}-X_{j,B})/\mathrm{cov}_{i,j}$，其中 $\mathrm{cov}_{i,j}$ 是基因或蛋白质 i 和 j 表达值之间的协方差。

16.3 聚类方法能鉴定出内部相似且彼此间不同的表达模式

用最简单的方式来描述，聚类可以定义为将 N 个对象分类到 k 个类群，使得组内的对象彼此相似，而组间的对象却彼此差异较大。这一组聚类类群和它们的成员称为对这 N 个对象的一个划分。可能的划分数目通常非常庞大，但可采取多种手段来产生恰当和有用的划分。如果一个划分鉴定出来的聚类类群数目相对较少，并且在相应的实验中具有生物学意义（通常通过衡量组成聚类类群的对象是否共有一些重要特性来判断），那么就认为这个划分是恰当且有用的。这些共有的特性可能是表达水平的变化模式，也可能是实验样本所来源的患者的医学诊断。不管采用何种聚类手段，都应该预先定义一个如前节所描述的距离测度。

在详细描述本节的聚类话题之前，先粗略了解几种主要的**数据分类（data classification）**方法彼此之间的关系也颇有价值（图 16.10）。在本章中描述的所有分类方法中，都是将每一个对象只归入一个单一的类群，通常被称为**排他式分类（exclusive classification）**（互斥式分类）。将动物按照年龄或者高度来分类是该分类方法的一个例子，因为在一个给定的时间点，一只动物只能有一个年龄值或者高度值。此外，还有将一个对象同时归入多个类群的分类方法。例如，将患者按照对应的疾病分类或者在其身上所使用的药物分类——既然患者可以同时患多种疾病，也可能同时使用多种药物，那么一个患者就可能会被同时分入多个类群。这通常被称为**重叠式分类（overlapping classification）**，不过这里我们暂不讨论。

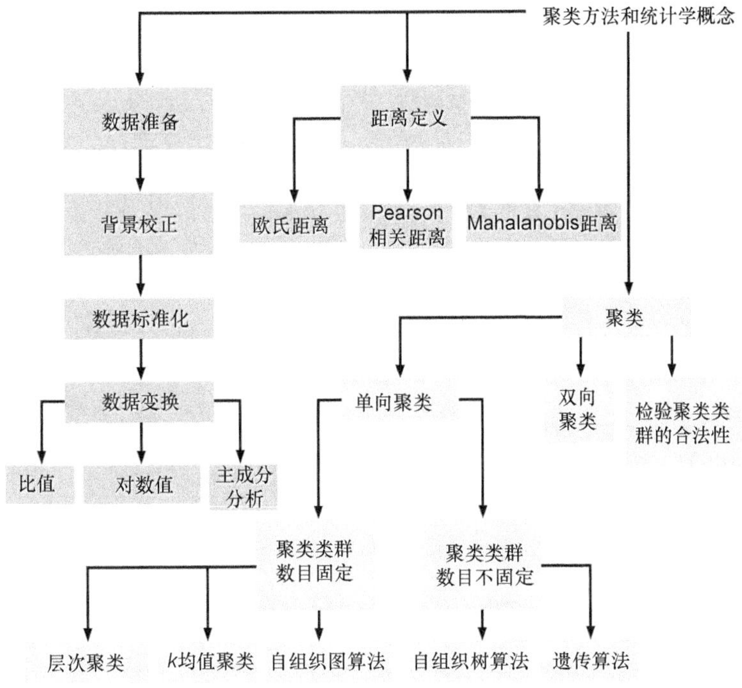

流程图 16.3　本节中描述了多种可对表达数据进行聚类分析的方法。

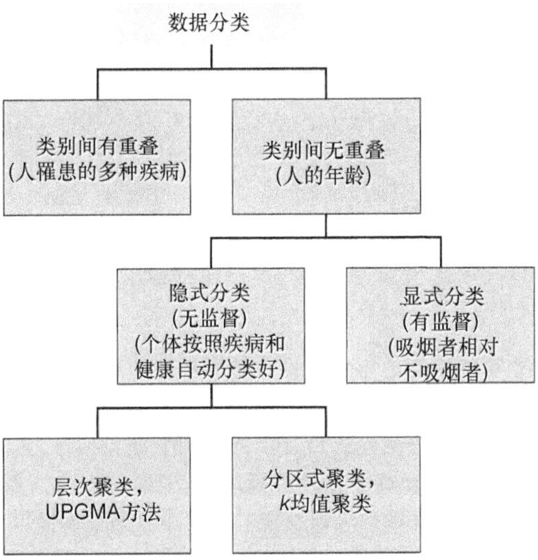

图 16.10　不同类别的数据分类方法彼此之间的联系。 对于层次聚类和分区式聚类之外的其他所有分类方法，都给出了可适用的数据实例。

排他式分类可进一步分为**隐式分类**（**intrinsic classification**）和**显式分类**（**extrinsic classification**），分别对应于无监督和有监督的学习。在显式分类中，数据对象按照已知的标准来进行分类，如抽烟或者不抽烟、雌性或者雄性，接着进一步分析已分好的类群从而找到可用于鉴别的特征，进而可用于预测未知样本的归属。在第 12.4 节中描述的一个有监督学习的例子是训练一个神经网络模型来预测蛋白质二级结构。这类方法在第 16.5 节还有进一步的描述。在本节中，我们只关注隐式分类方法，亦即通常所说的聚类（clustering）。

聚类可分为两种主要的类型。层次聚类会生成很多可选的划分方案，这些方案可分别对应 1～N 个不同数目的聚类类群。通过一个树状图，可以明确的表述每一种划分和聚类类群之间的对应关系。**而分区式分类（partitional classification）**则只产生一个唯一的数据分割方案。当然，采用不同的参数重新运行该方法可得到不同的分割。在下文中两种方法我们都有例子来阐述。

通常，在数据之外我们并不清楚该数据集用多少个聚类类群是合适的，也不知道众多聚类方法孰优孰劣。因此选择合适的算法并不是一个简单的任务，不同的算法可能对分析结果的解释产生很大影响。具有相似表达模式的基因或者蛋白质聚类类群可称之为共表达。此外，这些模式还可能很好的相似于在预设响应条件下的理想化模式。图 16.11 显示的是 8 个在时间过程或者剂量调控研究中经常遇到的特征模式，其中基因或者蛋白质按照特定的模式发生上调或者下调。在这类实验的数据分析中，我们通常会预期某些聚类类群所有成员会展示出这几种典型模式之一。评估该分割是否良好代表了数据的内在特点是一个难点，将在本节的末尾简单讨论。

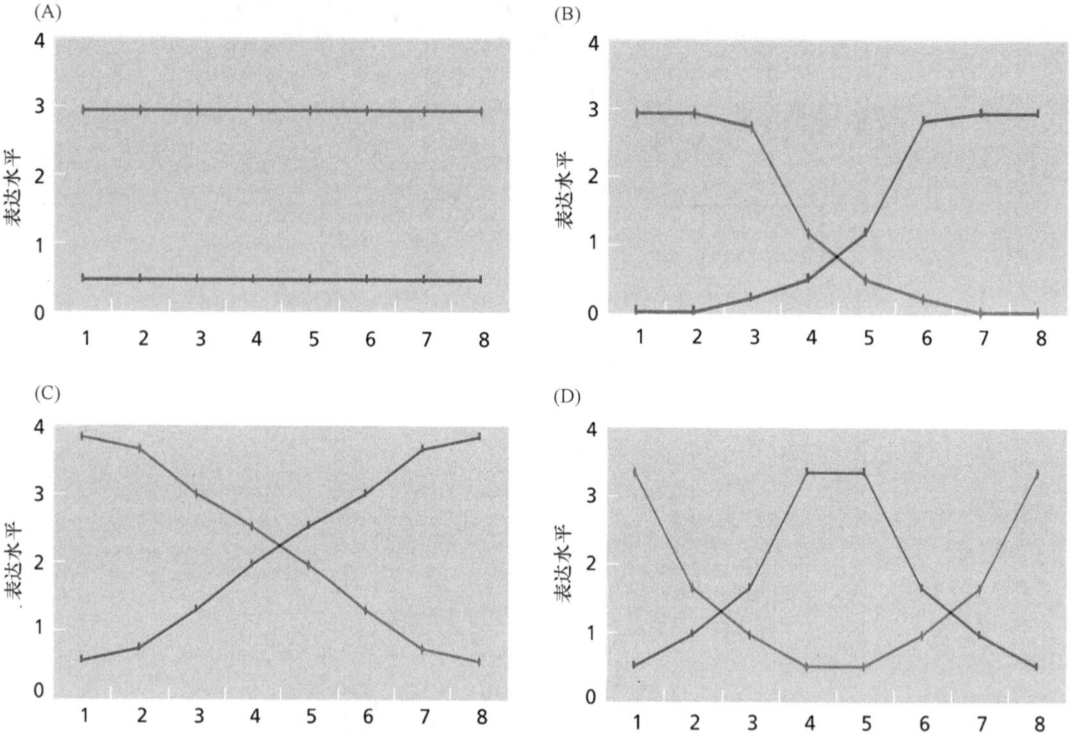

图 16.11 在基因表达实验中可能出现的各种模式，其中不同的样本可能是来自不同的时间、不同大小的刺激强度或者剂量。这些图的水平轴是时间、剂量或者在特定实验中任何其他可定量的变量。这些表达模式互为补充。在（A）中，表达模式没有上调或者下调，换言之，无论什么刺激或者时间改变都没有影响表达。这两条线一直呈现高表达或者低表达。在（B）中，有一个突然而且快速的效应作用于上调或者下调。在（C）中，这种效应则是随着时间或者剂量缓慢增加的，而在（D）中，作用在表达水平上的效应只是暂时的，或者只持续很短的时间，或者增加的剂量抵消了初始阶段的效应。

层次聚类对数据生成一组彼此关联的备选划分方案

层次聚类方法生成大量的可选数据划分方案。其中至少两种极端划分方案用处不大：所有数据都分入同一个聚类类群的划分方案和 N 个数据每个都独占一个聚类类群的划分方案。其他的划分方案所拥有的聚类类群数目位于 1 和 N 之间。在所有的划分方案之间存在着特定的相关性，从而允许将它们通过一个统一的结构图来表现（图 16.12）。我们将其称为树状图，用以和进化树区别。较大的聚类类群（按照其中的数据数目来衡量）总是通过合并其他划分方案中的较小聚类类群而得到。通过这种方式可从聚类类群中鉴定出可能重要的子类群。用肉眼直接观察树状图允许我们将数据分到几个不同的类群中。但是，如果没有额外的知识（如样本状态是正常的还是癌变的），这样的划分就可能带有很大的主观性。

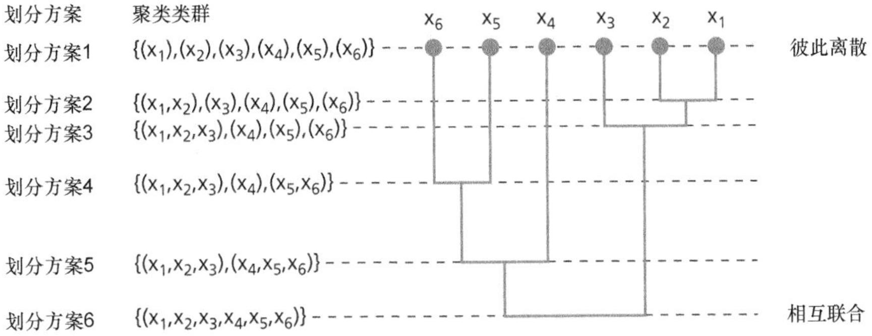

图 16.12 解读由层次聚类获得的树状图。对 X_1 到 X_6 总共 6 个对象进行了聚类。树状图的每一个层次定义一个不同的数据划分方案，相邻层次定义的数据划分方案之间关系明确。在树状图的顶部（划分方案 1），聚类是彼此离散的，意味着每个对象本身都是一个聚类类群。在树状图的底部（划分方案 6），聚类类群是彼此联合的，意味着所有的对象都位于同一个聚类类群中。这两个划分方案都没有太多信息量，但是剩余的 4 个则可能是有用的。

要进行层次聚类，必须先定义数据对象和聚类类群之间邻近程度的度量方式。采用前节已介绍的一个合适的距离度量方式，可以对整个数据集中的数据对象计算一个初始邻接矩阵。接下来必须定义有聚类类群（包含多个数据对象）掺杂的距离计算方法。如同下文中将要描述的，总共有好几种选择，但是所有情况下的关键步骤都是相同的。

计算从 N 个数据对象分别都位于不同的聚类类群（disjoint partition）开始。距离最近的两个聚类类群（差异最小）首先被选中，合并为一个新的聚类类群，从而定义出一个具有 $N-1$ 个聚类类群的数据划分方案。邻接矩阵中和合并前的这两个聚类类群相关的部分替换为这个新形成的聚类类群，并且必须重新计算其和所有其他聚类类群之间的距离。重复该过程直到所有的聚类类群合并为一个最终聚类类群（conjoint partition）。在第 8.2 节中讨论的进化树构建的 UPGMA 方法也是这种形式（图 8.3 的例子）。实际上，UPGMA 是一种标准的层次聚类方法，可应用在通用的数据分类问题中。

广泛采用的定义聚类类群之间距离的方法有很多种，我们将介绍其中的 4 种。不同的距离定义虽然不会影响上述的操作过程，但是却可能最终生成不同的树状图结构，如图 16.13 所示。**单连接聚类（single linkage clustering）**［图 16.13（A）］采用两个类群中彼此间距离最近的两个对象的距离来当做聚类类群的距离。假定有两个聚类类群 Y 和 Z，其中的成员对象分别用 A 和 B 表示，则它们之间的距离可以定义为

$$\delta_{YZ} = \min\{d_{AB}\}_{A\in Y, B\in Z} \qquad (16.8)$$

但是与之相反的是，**全连接聚类（complete linkage clustering）**（图 16.13B）采用两个类群中彼此间距离最远的两个成员的距离来当做聚类类群的距离。

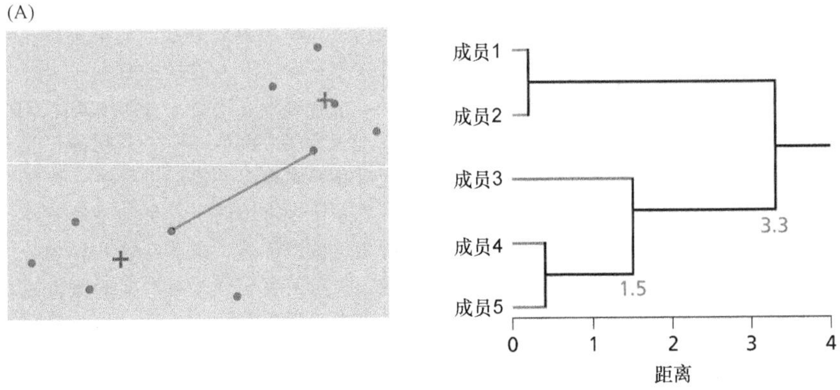

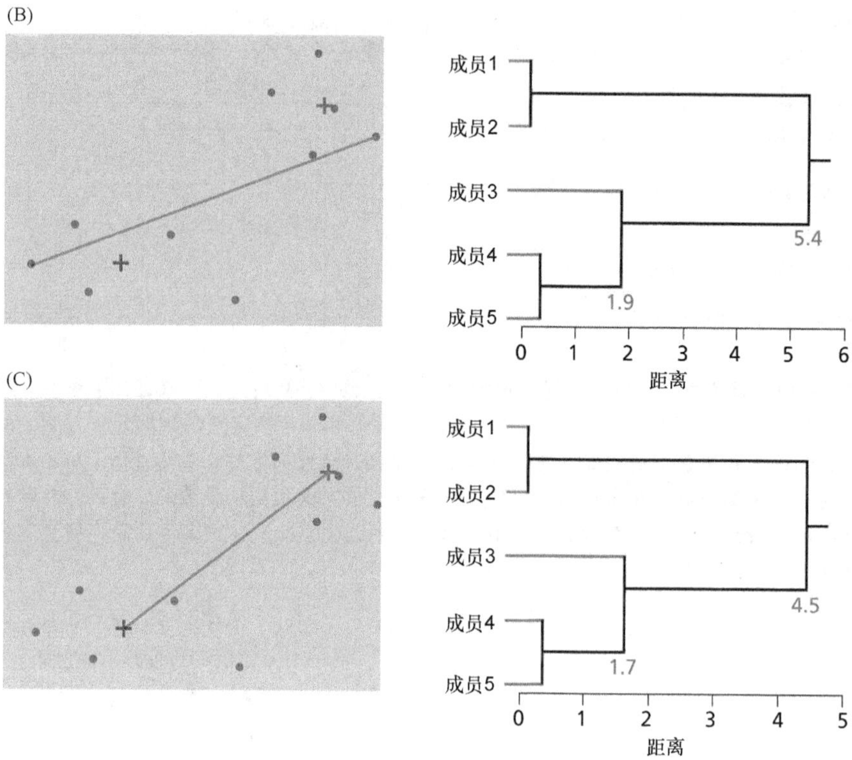

图 16.13 两个聚类类群之间的距离可采纳多种不同的定义方式，会导致不同的层次聚类结果。左边显示的是带有不同颜色的聚类类群，类群的重心用十字叉表示，并用直线标出两个类群之间可选的距离定义方式。(A) 单连接聚类采用两个类群之间的最短距离［式 (16.8)］。(B) 全连接聚类采用两个类群之间的最大距离［式 (16.9)］。(C) 重心法聚类则采用两个类群的重心之间的距离［式 (16.10)］。右边的图通过 5 个测得的表达水平，展示了不同的距离设定对结果树状图的影响：成员 1=2.0，成员 2=2.2，成员 3=5.5，成员 4=7.0，成员 5=7.4。在该例子中，所有的树状图具有同样的拓扑，但是聚类类群合并在不同的距离值处。如果采用真实的表达数据，不同的类群间距离定义可能会生成拓扑结构不同的树状图，从而可能从数据中得到不同的结论。

$$\delta_{YZ} = \max\{d_{AB}\}_{A\in Y,B\in Z} \tag{16.9}$$

在式 (16.8) 和式 (16.9) 中，d_{AB} 是如前节所述的两个数据点 A 和 B 之间的距离度量，如欧氏距离等。最大值和最小值则是定义在穷举两个聚类类群中所有 A 和 B 数据对象的基础上。另一个使用非常广泛的距离计算方案是使用（平均）重心法［图 16.13 (C)］，其距离或者相似性采用聚类类群的重心来计算

$$\delta_{YZ} = d_{\hat{Y}\hat{Z}} \tag{16.10}$$

式中，$\hat{Y}$ 为聚类类群 Y 的重心，通过 Y 中的 M_Y 个对象 A 的平均位置来确定；相应的，$\hat{Z}$ 为另一个聚类类群 Z 的重心。Y 的重心第 i 个分量定义如下：

$$\hat{Y}_i = \frac{1}{M_Y}\sum_{A\in Y} X_{i,A} \tag{16.11}$$

这里描述的重心法称为 UPGMC，是无权重配对类群重心法的英文缩写（unweighted pair group method using centroids）。第四种方法 UPGMA 在这里不做具体描述，其距离定义是将两个聚类类群中的所有数据对象两两计算距离然后取平均。即便是采用了同样的距离测度，如果聚类类群的距离计算方式不一样，输入同样的数据也会产生不同聚类结果。没有哪种方法会一直都比其他方法好。

因为层次聚类产生一系列的可选划分方案，因此有必要在聚类完成后进行进一步的分析来决定哪一种方案是有用的。有可能一些聚类类群和其他一些相比截然不同，而且在好几种划分方案中都有体现。采用何种划分方案对实验数据进行阐释几乎总是带有某种程度的主观性，但是可以通过采纳在聚类过程中没有使用过的额外信息来提供导向。例如，如果同一个聚类类群中的一组基因具有可能类似的

功能，则提示我们该聚类类群可能具有某种生物学意义。

k 均值聚类将数据分成预先指定数目的类群，但不能确定类群间彼此的远近关系

本节描述的聚类方法使用固定数目的聚类类群，这也是一种普遍使用的分区式聚类方法。k 均值聚类方法的一轮计算只能产生一个单一的划分方案，将数据分入 k 个聚类类群。虽然下文将要讨论到有办法在一轮计算中改变 k 均值，但是通常聚类类群的数目 k 在开始时就确定了且不作改变。对于 k 均值的选择可能是完全主观的。例如，某人可能用 5 个聚类类群来分析一个特定的基因表达实验，但是其他技术可能提示该数据需要更多的聚类类群才能给出令人满意的分类结果。

该算法先生成 k 个数据点，作为 k 个聚类类群的重心。这些数据点可能是随机生成的，也可能是从数据中随机选出的样本点。随后，采用指定的距离计算方法，将每一个数据点归入离其最近的重心所代表的聚类类群。在所有的数据点都归入了相应的聚类类群后，按照式（16.11）中计算类群成员均值的方法，对每一个聚类类群重新确定重心。该过程不断重复，直到所有聚类类群的成员稳定收敛为止。该方法应用的一个简单例子如图 16.14 所示。

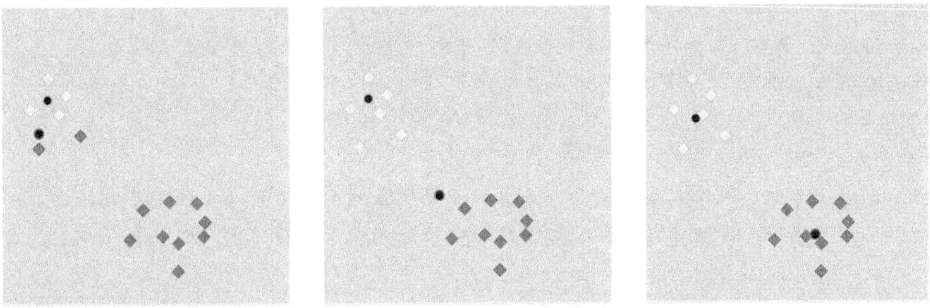

图 16.14　k 均值聚类的一个简单例子：应用于来自两个不同聚类类群的数据。在本例中，该方法运行于 2 个聚类类群上，也就是 $k=2$。这里显示了 3 个阶段，在每个阶段，k 均值聚类类群的重心位置用彩色圆圈包围的黑点表示，数据点则根据这些重心位置先设定好它们对应的聚类类群，然后用相应的颜色表示。这样某个颜色的数据点平均起来就给出了下一个图中同一颜色的重心位置。（A）2 个 k 均值聚类类群重心在开始时随机进行设定（不参考任何实际数据），在本例中正好位于同一个数据类群中。然后将数据按照离哪个重心近归入不同的聚类类群中。一个数据类群完全都被归入红色的 k 均值聚类类群，但是和黄色的相比，二者的边界很近。（B）在一轮运算之后，k 均值聚类类群的重心已经处于可将数据进行正确划分的位置。（C）在最后一步，k 均值聚类类群的重心位于真实数据类群的重心上。获得正确聚类结果所需要的步骤数目依赖于多个因素，包括聚类类群的分割面位置和聚类类群半径的大小。（见文后彩图）

如果初始聚类重心的位置不同，会导致最终数据划分方式不同，所以一般建议采用好几个不同的起始点，生成多个不同的备选划分方式。尽管该方法非常简单，但却是令人惊奇地稳健，如图 16.14 所示。虽然初始设定明显不好，可是该例子中本方法还是非常迅速的找到了一个很好的数据划分方案。不幸的是，在大多数的真实数据中，我们无法奢求都达到这样的效果，所以需要尝试很多不同的初始设定。因此可能有多个来自 k 均值聚类的结果需要考虑和比较。在实际操作中，人们还往往采用不同的参数（包括不同的 k 值）来反复进行 k 均值聚类。但是，和层次聚类不一样，这里产生的多个备选划分以及其相应的聚类类群彼此间并无任何联系。

虽然上文的描述中并没有明确指出，但实际上 k 均值聚类同时也是一种优化算法，其中使用了一个误差函数来计算数据点到聚类类群重心的距离平方和。该平方误差项可用来粗略地评估聚类类群表征其包含数据的可靠程度。通过设定不同的聚类类群数目 k 可计算多个数据划分方式，然后将平方误差项对 k 作散点图，通常可以看到平方误差在超过某个 k_{opt} 值后几乎不再降低。在这样的情况下，我们

就有理由认为该 k_{opt} 值下得到的分割方案是最合适的。

对 k 均值算法进行修改可允许其自动对聚类类群数目进行修改。一旦一组 k 个聚类类群被确定，就可以对所有数据进行计算找出离所有 k 个重心都相对较远的数据点。这样我们可以在该较远的数据点处添加一个新的重心。人们也提出了鉴定并忽略异常值的方法，但是在表达谱数据分析中，这样的异常值往往是我们感兴趣的，所以最好留着进行分析。

至于层次聚类，一旦获得了数据划分方案，就必须去检查该种划分在加入了其他信息的情况下是否有意义。此外，值得建议的是，我们还应该去检查一个聚类类群中的数据确实具有共同的特征，因为有时候为了获得具有典型表达模式的数据划分，有必要采用更多的聚类类群。手工检查对于从聚类类群中找出普适的特征是必要的。在专栏 16.1 中，同一个数据集采用了三种不同的聚类分析并进行比较：上文提到的层次聚类和 k 均值聚类，以及下文将要提到的自组织图算法 SOM。

专栏 16.1　一个比较层次聚类，k 均值聚类和自组织图算法聚类的实例

天蓝色链霉菌（*Streptomyces coelicolor*）常用于研究抗生素生成过程中的基因表达调控。它能生产出很多化学性质不同的抗生素，包括 Red、CDA 和 Act。Stanley Cohen 和同事们采用 DNA 微阵列芯片研究了其抗生素生物合成的通路。他们收集了生长周期上 9 个时间点的样本用于芯片实验。前 6 个时间点处于快速生长期，而第 7、第 8、第 9 个时间点则位于平台期。此外，合成不同抗生素的起始点也用仪器进行了监控。作者对这些数据进行了层次聚类、自组织图聚类和 k 均值聚类，并且对结果进行了比较。该 DNA 芯片实验表明：抗生素合成通路相关基因在天蓝色链霉菌的生长过程中，其表达水平受到了相应的调控。

图 B16.1 左边显示的是层次聚类结果的一部分，该结果采用的是 Pearson 相关系数距离，而聚类类群之间的距离则采用了平均距离的计算方式。该图顶部的树状图表示不同时间点的样本之间的聚类关系，而

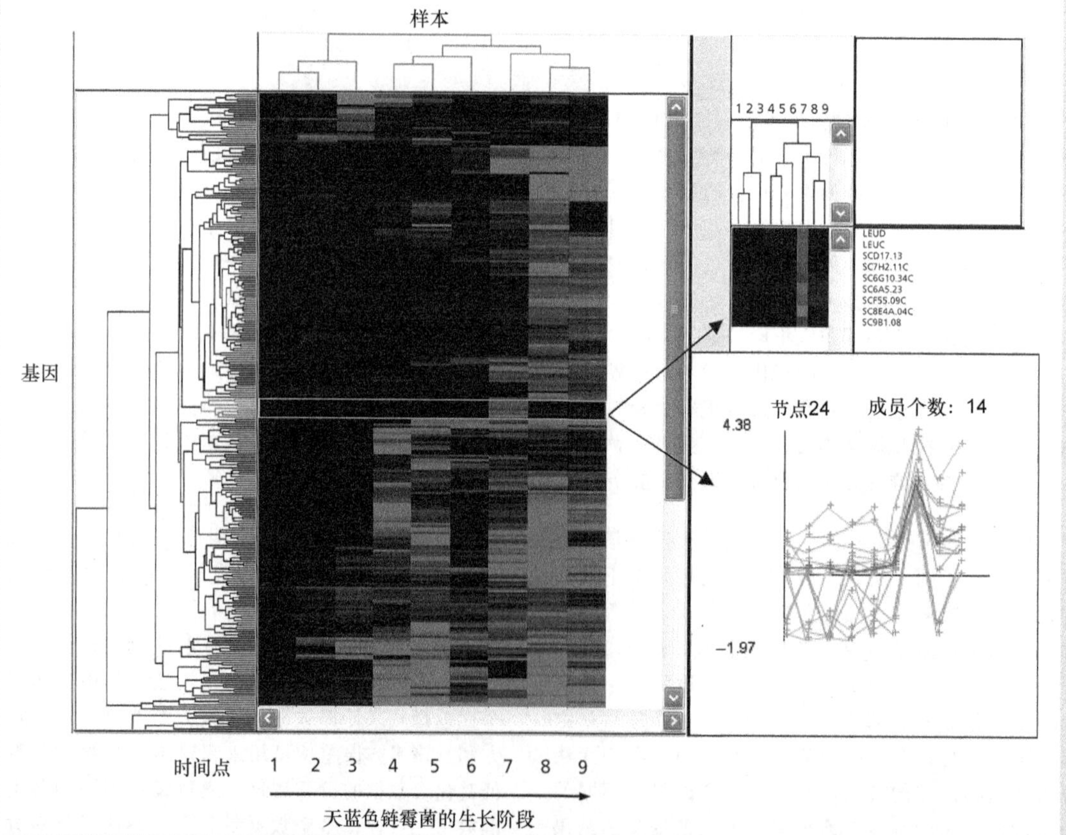

图 B16.1　用一个树状结构和相应图谱展示一组基因表达数据的聚类情况。(见文后彩图)

旁边的树状图表示不同基因之间的聚类关系。我们可以看到树状图将不同时间点的样本归入 3 个组，这在一定程度上和生长阶段以及抗生素生成相关。在旁边的树状图中用红色标记的一小组基因在时间点 7 表达上升，然后又再次下降。这一小部分数据放大后在右上角展示，并且还显示了每个基因的标识符号。图 B16.1 的右下部分则是对数据进行自组织图算法聚类的结果，总共有 14 个组成部分，包括了层次聚类中找到的所有 9 个基因。

图 B16.2 的左边是应用 k 均值聚类到同样数据上的结果，每个聚类类群按照左侧竖直的颜色条进行标识。暗洋红色标出的聚类类群中包括一组相似基因，它们在时间点 7 表达上调。这组基因有 12 个成员，包括了所有那 9 个在层次聚类中发现的基因，也包括在相应的 SOM 聚类类群中的 10 个基因。这个例子表明，在某些情况下三个不同的方法可能能够得出一致的结果，但是也告诉我们它们会按照不同的方式来呈现。但有些时候采用这些方法获得的结果可能会有很大的不同，甚至有可能都找不到相对应的可比较之处。

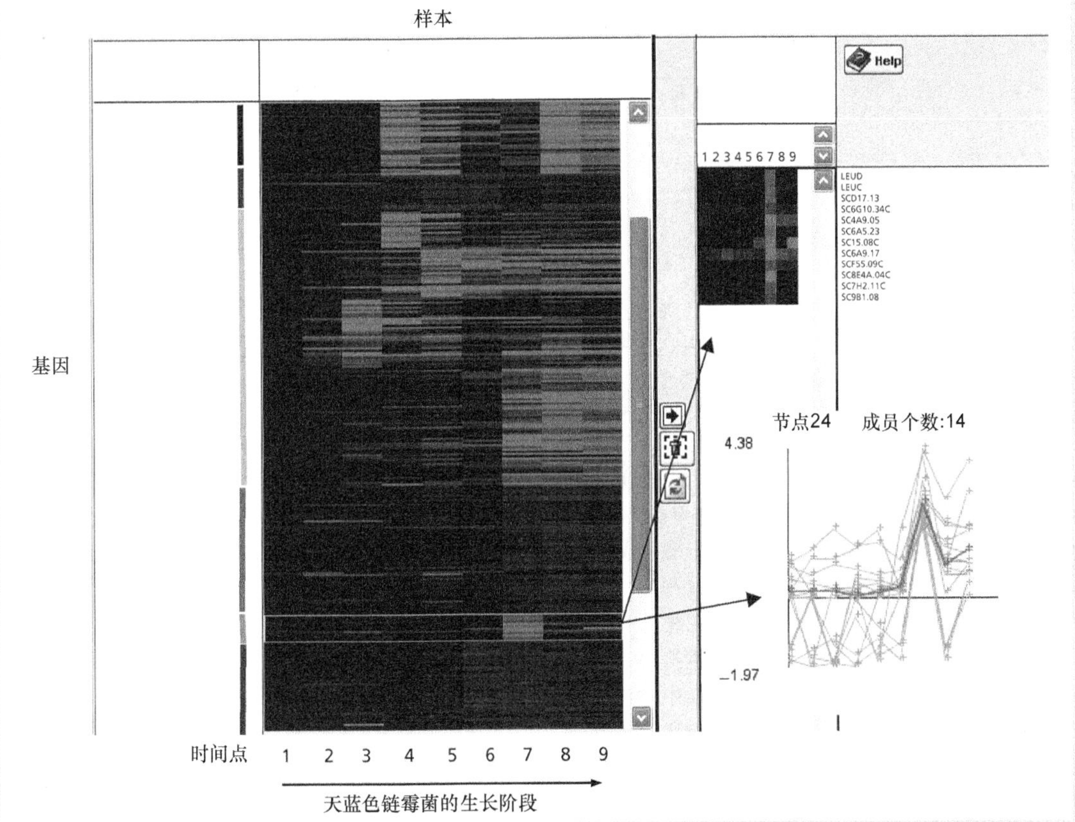

图 B16.2 *k* 均值聚类得到的结果图，以及和图 B16.1 中同样一组基因的表达谱。(见文后彩图)

自组织图（SOM）采用神经网络算法将数据聚类成预先指定数目的类群

许多科研人员已经研究了采用神经网络作为一种备选方案来聚类大型数据集的可能性。自组织图[SOM 或者 **Kohonen 网络**（**Kohonen network**）——以其发明者命名]就是这样一种方法，在第 15.1 节中已经简要提到。和第 12.4 节中提到的用于二级结构预测的神经网络不同，SOM 采用的是非监督学习。这意味着该网络的参数由数据本身确定，没有额外提供的信息（在有监督的学习，如后向传播算法中，参数是根据输出信号的误差来调整的，这里要求该数据集的真实二级结构是已知的）。

SOM 的结构和本书中其他章节描述的神经网络不同。普通神经网络中有一种称为“层”的结构，由排成行的单元点构成；而 SOM 则是在其单元点（称为节点）之间有典型的网格拓扑，具有二维层面上的连接性（如图 16.15 中的节点组成 2×3 网格）。尽管在几何学上看起来很简明，但每一个节点实际上表示一个聚类类群的所有数据点，并且定义在和数据一样的变量空间上。变量空间是由表达数据的变量所定义出的坐标系统，如第 16.2 节总结所示。

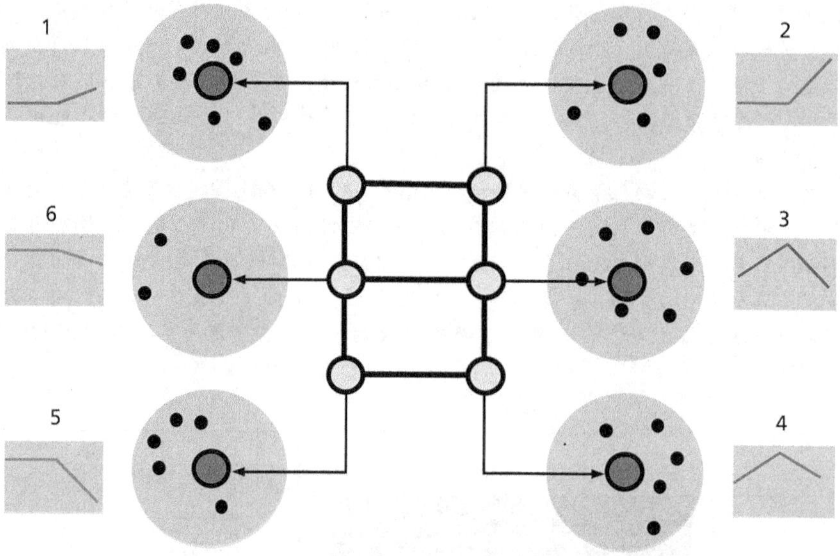

图 16.15 自组织图算法的一个示意图。 节点的初始几何位置由一个 3×2 的长方形网格确定，在图中以实线连接的黑色圆圈（节点）表示。在 SOM 训练算法的连续迭代过程中，节点会自适应的拟合实际数据从而逐渐移动（箭头和深灰色的圆圈）。单个的数据点用黑点表示，与节点最终位置相应的 6 个聚类类群用大灰圆表示。每个节点还显示了其中基因表达的平均趋势。在几何位置上接近的节点 3 和节点 4，所对应的聚类类群的表达模式也是相似的。本图取自 Tamayo et al.，1999 的图 1。

在使用数据训练 SOM 的过程中，每个节点自身朝附近的数据点移动，同时在网格上彼此紧密相连的其他节点也随之移动。这和 k 均值聚类不一样，在 k 均值聚类中，一个数据点在一个步骤中只影响一个单独的聚类类群。在 SOM 训练过程中，一个接一个地考虑数据点所带来的效应，在整个数据集上循环从而将所有节点的效应都考虑进来，并且迭代多次。一旦训练完成，那么聚类类群中的成员就可以按照所有离某个特定节点最近（相比离其他节点）的数据点来确定。因此该过程会产生和 SOM 中节点数目一样多的聚类类群。SOM 网格中邻近的节点所对应的聚类类群的数据将倾向于拥有相近的行为模式（图 16.15），它们在变量空间中所占有的位置也是临近的。

第 j 个表达数据记为 X_j，它包含多个分量，其中第 A 个分量记为 $X_{j,A}$，对应的是第 j 个基因或蛋白质在第 A 个样本或条件下的表达水平。第 n 个 SOM 节点的初始位置记为 $S_n(0)$，由一组坐标分量所确定，其中每一个分量对应一个样本或条件。该节点在第 itn 轮迭代中，位置记为 $S_n(itn)$。在训练过程中，离数据点 X_j 最近（通常按照欧氏距离来计算）的节点记为 $S_{near\,j}$。接下来我们定义一个近邻函数 $h_{n,near\,j}(itn)$，它实际上是定义在节点 S_n 上的一个系数，用以调整 X_j 改变 S_n 位置的影响力。该函数对于节点 $S_{near\,j}$ 的值是 1，对于远离 $S_{near\,j}$ 的节点迅速衰减到 0，通常具有高斯函数的形状。除了不同节点不一样之外，$h_{n,near\,j}(itn)$ 还依赖于迭代次数 itn——随着迭代次数的增加，其值也会下降，且到训练过程

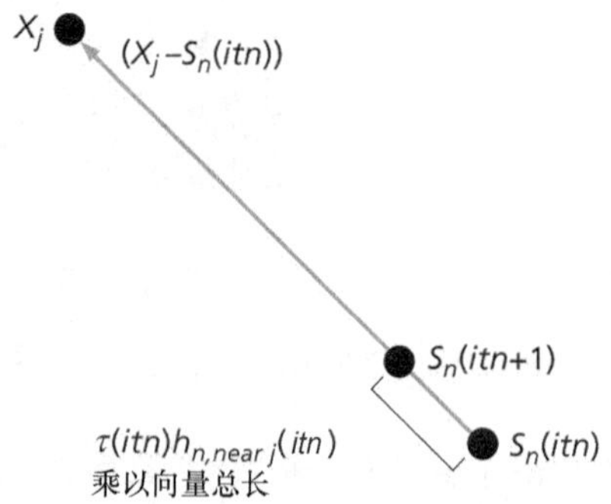

图 16.16 调整 SOM 节点位置的公式用几何学表示［式 (16.12)］。 在训练过程的第 itn 轮迭代中，SOM 节点 $S_n(itn)$ 离数据点 X_j 足够近，从而可以对该节点的位置进行调整。节点和数据点的位置差异用蓝色向量表示，节点仅仅沿着该向量挪动一部分：$\tau(itn)h_{n,near\,j}(itn)$。该部分所占的比例随着迭代次数的增加而递减，也随着节点 $S_n(itn)$ 和 $S_{near\,j}(itn)$ 之间的距离增加而递减。

结束的时候，只有 $S_{near\ j}$ 响应 X_j 的影响而做移动。

在第 itn 轮迭代时，所有的 SOM 节点在数据点 X_j 的影响下朝 X_j 的移动量按照如下公式确定：

$$S_n(itn+1)=S_n(itn)+\tau(itn)h_{n,nearj}(itn)(X_j-S_n(itn)) \quad (16.12)$$

式中，学习速率 τ 随着迭代次数 itn 而衰减。式(16.12)可以从几何学角度进行表示（图 16.16），从中可以看出 SOM 节点朝邻近的数据节点移动。最近的节点 $S_{near\ j}$ 移动得最多，而其他节点则按照它们离 $S_{near\ j}$ 的远近和迭代次数而做少量移动。

通常 SOM 训练过程可区分为两个阶段。第一个阶段中节点会发生较大规模的位置移动，自组织表现得很明显。在该阶段中用较大的 τ（通常在开始时为 0.1，最后降低到 0.01），并且近邻函数作用到绝大多数节点上。第二阶段中节点的位置移动较小，理论上讲应该能达到收敛。虽然 τ 值可能一直保留在 0.01 不变，但近邻函数可能在开始时就只能作用到一些最近的节点上，并且最终只会作用于节点 $S_{near\ j}$。

对每一个 SOM 节点所对应的一组数据点的性质进行研究可用于鉴定它们的共有属性和内部变异程度。图 16.17 显示了一个例子，该例子将数据分类到一个 3×3 SOM 的 9 个聚类类群中。如果预设的节点数太少了，某些甚至所有聚类类群中的数据属性都将会显示出很大的变异，提示我们应该用更多的节点来训练一个新的 SOM。图 16.17 中，节点 0 和 3 的数据显示出了相当大的变异，有可能意味着需要更多的节点。在理想情况下，所有的聚类类群内部应该有一致的特征，如节点 5 中所展示的，这样就说明分类过程圆满完成。通过这种方法，SOM 能够确定一个特定数据集所需要的节点数目。

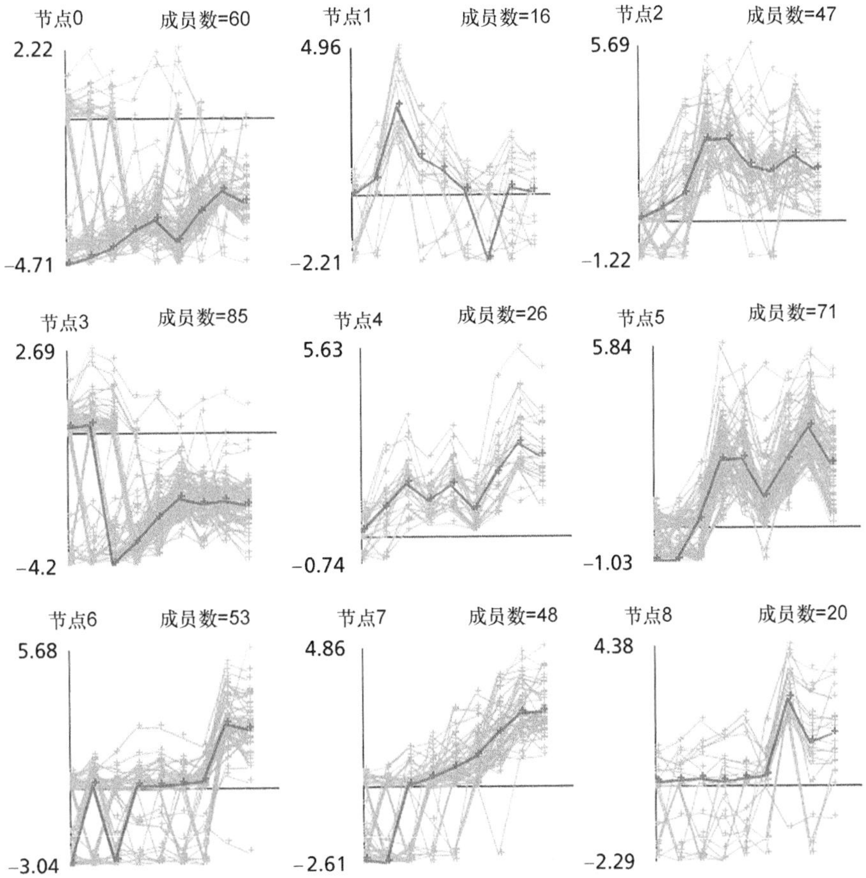

图 16.17 SOM 分析结果的一个实例。 在该例子中，SOM 的几何结构按照 3×3 的网格进行排布，用节点 0～8 进行标记。对每一个节点，节点中所有成员的表达水平模式用灰色显示，而平均表达模式则用直线表示。从图中可见，每个节点所包含的成员个数和表达模式的差异相当大。

进化聚类算法用选择、重组和突变等概念来搜索问题的可能最优解

遗传算法借用生物进化的原理来搜寻优化问题的解，这我们已经在介绍多序列比对的内容时看到了一个例子（第 6.5 节中的 SAGA 算法）。该过程模仿生物进化过程中的一些因素，如自然选择、重组和突变等来搜寻问题的解。遗传算法采用种群的概念（同种个体的集合），其中每一个体代表该问题的一个可能解。在每一“世代”，该算法通过选择符合适应度的个体（适者生存），并对其进行适当的修改或者完全保留原样（部分个体发生突变或者重组），然后将它们和其他个体进行组合生成下一世代的一个新种群（图 16.18）。适应度指标体现的是个体的“健康程度”：在聚类蛋白质或者基因表达数据时，适应度就是对聚类结果质量的一个评价指标。随着世代的交替，当更高质量的结果出现时，种群的适应度指标也就更高。遗传算法可以通过多种方式应用到聚类分析中。我们将简要介绍其中一种将 N 个对象分入 k 个聚类类群的方法。

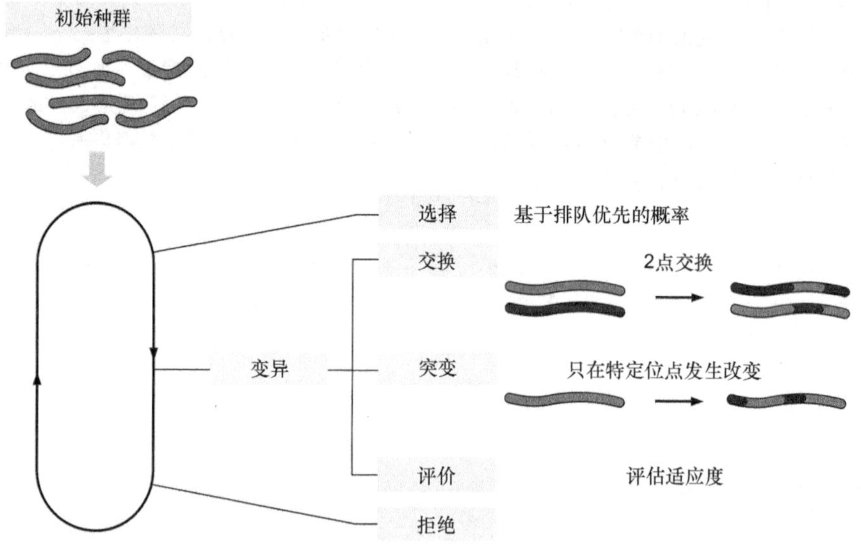

图 16.18 进化聚类算法的具体过程。初始种群会进入一个多次循环往复的过程，包括调整种群获得下一代种群和评估适应度。对已有聚类类群进行调整有两种方式：交换和突变。这两者都包含有随机因素，如随机选定一个聚类类群进行调整。调整之后，必须进行适应度评估以确定新的聚类结果是否优于之前的结果，如果新的聚类没有提高对数据的拟合度，那么就拒绝这个新的聚类方案。最终在获得了预设的适应度后循环迭代将终止，当然更常见的终止情况是达到了预先设定的迭代次数。

贪婪排列编码法（greedy permutation encoding method）可以通过一个包含 N 个对象的有序列表，如（x_1，x_2，…，x_n）来定义。这些对象的前 k 个用于 k 个聚类类群的初始成员。余下的对象一个一个按顺序加入可使总体聚类效果优化的聚类类群。在这里，所谓优化的聚类效果，通常是指对类群内部对象到类群重心的距离平方和进行控制，所以处理某个对象的时候，总是将其加入最近的聚类类群（按重心计算）。按照这种方式，聚类方案总是可以由对象的顺序完全确定。但是并不一定是最优的聚类方案。若要应用遗传算法搜索优化方案，那么可将组成一个世代的不同个体对应着不同的对象顺序，通过修改部分或全部已有个体所对应的对象顺序，就可能形成新的世代。

这里通过基于顺序的交换操作（order-based crossover operator）来展示对象顺序的修改过程，该方法从两个已有的亲代个体生成出两个子代新个体。简要来说就是从两个亲代各复制一个子序列到对应的子代个体，每个子代个体中缺失的对象则从另一个亲代个体中获取并保留它们在该亲代个体中的相对顺序。在下面的例子中，子序列用管线（|）符号来界定。给定两个亲代个体：

$$P_1 = (123 \mid 4567 \mid 89)$$
$$P_2 = (452 \mid 1876 \mid 93) \qquad (16.13)$$

交换操作按照如下方式产生子代个体。首先每个亲代个体的子序列复制到子代个体：

$$O_1 = (xxx \mid 4567 \mid xx)$$
$$O_2 = (xxx \mid 1876 \mid xx) \qquad (16.14)$$

然后从一个亲代个体（P_2）的第二个管线“|”开始，该亲本中的对象按照其原有的顺序复制出来，但是忽略掉那些已经在 O_1 中出现了的符号。如果到达了字符串的末尾，那么就折回来从 P_2 的第一个位置开始。从 P_2 中第二个管线“|”开始的对象排列如下：

9—3—4—5—2—1—8—7—6

在第一个子代 O_1 已经有了的对象（4，5，6，7）去掉后剩下：

9—3—2—1—8

这些对象按照这个顺序转移进第一个子代个体（从第二个管线“|”开始，如果到达末尾则折回来从头开始）：

$$O_1 = (218 \mid 4567 \mid 93) \qquad (16.15)$$

按照同样的方式，第二个子代的生成如下：

$$O_2 = (345 \mid 1876 \mid 92) \qquad (16.16)$$

这样就定义出了新的聚类方案，可使用已经介绍过的指标来评估。因为该交换操作保留了一部分对象的顺序，所以由子代所定义的聚类方案在大多数情况下和亲代聚类相比都只有较小的改变。也可采用其他修改个体获得新世代的方法，包括与点突变对应的小修改。通常在每一轮世代交替中，每一种修改个体获得新世代的方法都会采用，但对特定的个体所采用的方法则是随机的。

每一个世代都会评价其适应度。设计出来产生连续世代的方法应该倾向于提高个体的适应度。在世代交替达到特定的数目后，或者测得的适应度指标超过了某个阈值，遗传算法过程就会停止，此时得到的种群就被用于获取相应的聚类方案。

自组织树算法（SOTA）确定所需要的聚类数目

上面描述的所有聚类方法都有一个共同的局限，那就是使用者在开始时就得自行随意设定聚类类群的数目，导致数据分析带有了一定程度的主观性。k 均值聚类和自组织图这类算法可以选定不同数目的聚类类群，所以在某种程度上可以检查结果对该选定数目的依赖性。即便如此，在这些情况下最后选择出的聚类类群数目还是会比下面将介绍到的方法客观性要低，该方法通过一种可控的方法调节聚类类群的数目，从而规避了上述问题。

自组织树算法（SOTA）是对前面描述的 Kohonen 网络（SOM）和一种可选择性增加节点数的技术的组合，其中 Kohonen 网络允许网络节点按照数据的不同而进行移动（适应）。该方法对基因和蛋白质表达数据都可以适用。每一个基因都用包含其一组表达值的向量来表示，而每一网络节点也用一个相应的向量来表示。第 j 个基因表达向量 X_j 和第 n 个网络节点 S_n 之间的距离一般采用前面所提到的某种度量方式来表示，并记为 $|X_j - S_n|$。SOTA 网络的组织方式和 SOM 的组织方式不一样，因为它具有层次性：每一个内部节点都是两个子节点的祖先节点（图 16.19）。另一个显著的差别是，在训练网络的某个阶段，只有少数几个节点能够拟合到表达数据上。外部节点被称为元胞（cell），在网络的进一步训练过程中，只有元胞和它们的直接祖先节点能够被修改。

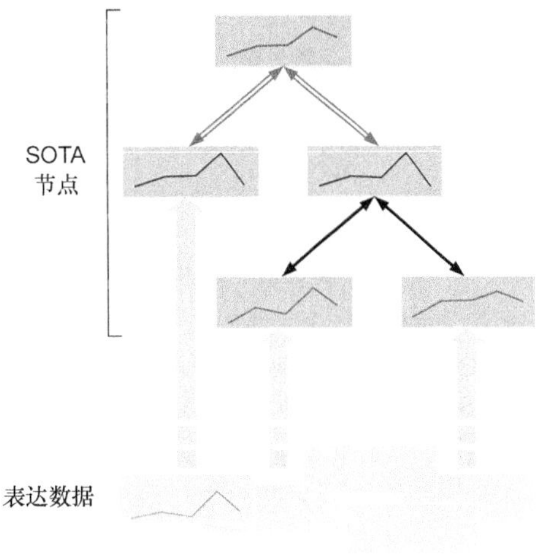

图 16.19　自组织树算法示意图。在起始阶段定义 3 个节点，其向量是所有数据的平均。然后用数据来拟合这些节点，从而将基因数据与离其最近的元胞关联起来。结果就是祖先节点具有红色的表达模式，而两个子节点具有棕色的表达模式。拟合这 3 个节点的时候，只有两个子节点是有数据表示的元胞（在图的底部用黄色盒子表示），但是所有 3 个节点都按照式(16.17) 进行拟合，用它们之间的双向箭头表示。在这一轮初始拟合后，右边的子元胞中的表达模式具有较大的变异［资源 R_n，式(16.18)］，所以就在其上进一步添加两个子节点（蓝色的表达模式）。该示意图还显示出了目前正在进行的拟合阶段，如黄色箭头所示，数据已经拟合到 3 个元胞（外部节点）上了。按照规则，当最左边的元胞拟合好后，由于其姐妹节点不是元胞，从而其母节点和姐妹节点不再变动。灰色的双向箭头表示这些交互目前并未处于活跃状态。但是，具有蓝色模式的姐妹节点以及它们的母节点确实一起进行拟合，如黑色的双向箭头所示。图片源自 Herrero et at.，2001 的图 1。（见文后彩图）

起始 SOTA 网络包括 3 个节点，并且其向量被初始化为所有数据的平均值。其中一个节点作为另外 2 个互为姐妹节点的祖先节点。这两个后代节点是外部节点，如前所述，又可称为元胞。在 SOTA 的训练过程中，网络的元胞（外部节点）和内部节点的处理方式不同。该算法包括一系列可选步骤，先将网络节点朝数据移动，并且还将创建新的节点。

首先，和在 SOM 中的处理方法类似，所有的表达向量都关联到与其最近的元胞上，然后这些元胞朝数据移动进行调整。全体表达向量会呈现多次，每次都被称为一个“世代”（epoch）。在第 itr 个“世代”时，假定最近的元胞（获胜的元胞）[位置为 $S_n(itr)$] 将按照如下公式朝表达向量 X_j 进一步靠拢：

$$S_n(itr+1) = S_n(itr) + \tau \mid X_j - S_n(itr) \mid \tag{16.17}$$

式中，τ 为一个很小的常数，通常取为 0.01。如果 S_n 的姐妹节点也是一个外部节点（图 16.19），那么它和它的直接祖先都会朝 X_j 进一步移动，但是会采用一个稍小的 τ，以使得其移动的效果要小于元胞 S_n。适用于姐妹节点和其祖先节点的典型 τ 值分别是 0.001 和 0.005。如果 S_n 的姐妹节点是内部节点，则只有 S_n 才会进行适应性的移动。

在这种自适应的过程中，通常可通过一个特定的函数来监测是否已经收敛，该函数计算的是每一个元胞 S_n 到其相应的表达向量之间的平均距离，称为资源 R_n，定义为

$$R_n = \sum_{j \in S_n} \frac{\mid X_j - S_n \mid}{\| S_n \|} \tag{16.18}$$

式中，求和是针对元胞 S_n 所对应的所有表达向量；而 $\| S_n \|$ 则为该元胞所对应的所有基因的数目。这个值度量的是相应元胞所对应的表达向量的异质性。在每一个“世代”中，网络中所有元胞的资源将被求和，通过比较资源总和与一个预设阈值来判定网络是否已经收敛。

一旦网络已经收敛，它就会用于鉴定新节点的合适位置，具体是通过每一个元胞的资源和一个预设阈值来决定的。如果某一个元胞的资源超过了阈值，就从具有最大资源的元胞生成两个新的子元胞。创建好新的子元胞后，自适应的步骤将重复运行，并且将重新评估所有的元胞资源。将 SOTA 应用到基因表达数据上的结果就是一个层次分明的树状图，包含多个聚类类群。每一个聚类类群的异质性程度都不会超过预设的资源阈值。向量 S_n 其实就是与之相应的一组基因向量的平均值。如果资源阈值选为 0，那么网络将不断的进行自适应，直到最后每个元胞都只包括一个表达谱数据，因为只有在该情况下，所有元胞的资源才会变成 0。

双向聚类可鉴定出在部分样本中呈现相似表达模式的一组基因

在很多场合下，使用基因或者蛋白质表达的模式将样本进行聚类可以给我们提供很多信息。一个例子就是对处于某种特定医学条件下的患者组织样本的研究，其中样本按照临床症状和化验等医学诊断进行分类。不同来源的患者通常有相当大的异质性（年龄、生活习惯、吸烟与否、生活条件、是否罹患其他疾病等），这些都会影响样本，可能暗中误导我们的分析。将这些样本进行聚类可以确认样本的分类情况（参见第 16.5 节）；也就是说，不同的样本类型将按照我们的期望组成不同的聚类类群。在研究表达水平的特征时进行这样的分析常常不无裨益，从而将基因层面和样本层面的聚类结合起来效果将会更好。进行聚类时同时联合考虑表达水平模式和样本这两个方面的聚类技术称为**双向聚类**(**biclustering**)。

在大多数系统里，只有相对较少的一组基因或者蛋白质会在不同的条件下显示出显著不同的表达水平。如果可以鉴定出这样的一组基因或者蛋白质，它们就可以提供能区分不同样本条件的明确信号。没有显示出显著差异的部分就只能和随机噪声一样起掩盖信号的作用了。双向聚类的一个主要用处就是鉴定出和特定样本条件高度相关的基因或者蛋白质。

近年来出现了非常多的针对表达数据进行双向聚类的方法，将所有方法进行详细介绍超出了本书的范围（参见扩展阅读）。这些方法可以分成两个大类：第一大类采用一个统一的算法在两个维度（样本和表达值）上进行完全的聚类分析；第二大类则在每个方向上分别进行聚类，然后再综合起来。所有双向聚类方法的结果中都可以看到一小群样本中的一小组基因或蛋白质表达值因为相近而组成的区块图案。在理想的情况下，这些技术应该包括能够自动确定出合适聚类类群数目的聚类方法。

我们将通过一个例子来展示双向聚类的过程。在该例子中，将反复在两个维度上分别进行 SOM 聚类和综合（图 16.20）。在第一轮循环中，表达水平和样本按照前面所述的方法各自独立聚类，对所有表达水平和样本分别生成两组聚类类群（图 16.20A）。这些聚类类群用于将数据划分然后进行进一步分析。每一对聚类类群（一个表达水平上的聚类类群和一个样本上的聚类类群）的交集所对应的数据，在第二轮循环中被再次分析以获得在表达

水平和样本上的子聚类类群（图 16.20B）。这个过程只要有效果可以重复多次。这种分析有可能从数据中找到新的发现，而且是前面提到的简单聚类方法所可能错过的新发现。

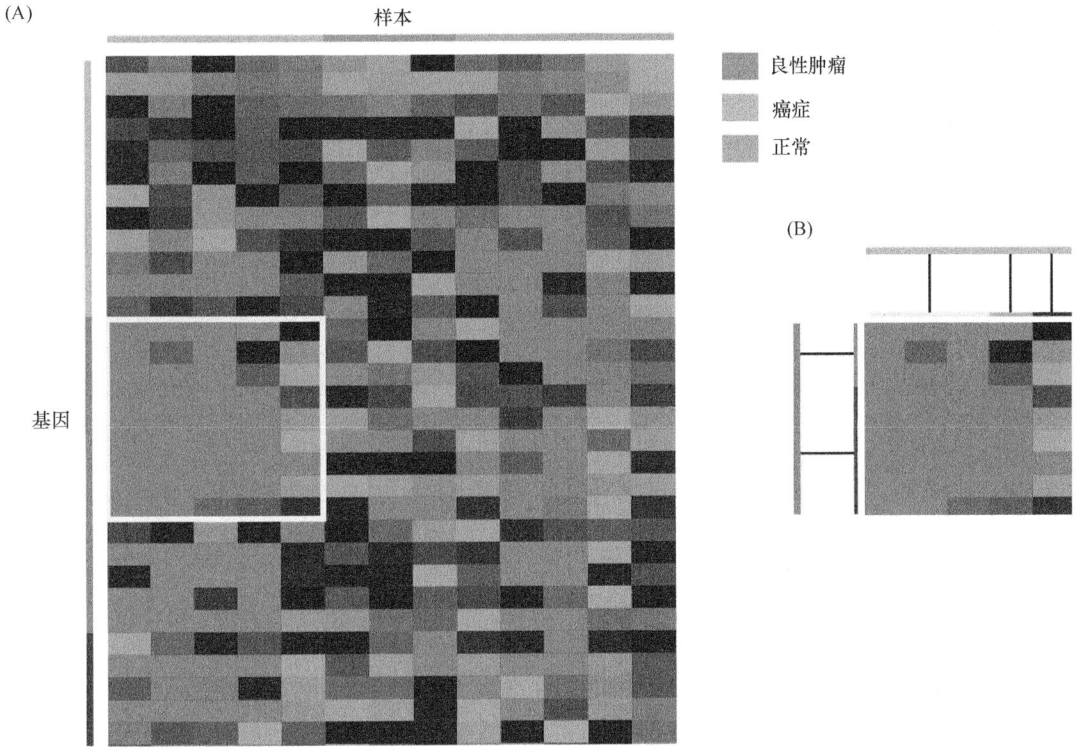

图 16.20　一个在两个维度都采用 SOM 的双向聚类例子。在该例子中，表达数据的样本来自正常组织、癌症组织和良性肿瘤。(A) 第一轮聚类的结果，在样本上得到 3 个聚类类群，正好和已知的样本条件相关，如颜色标识所示。在基因层面则得到 4 个聚类类群。用颜色编码的表达值网格旁边的有色条带显示了相应的 SOM 聚类类群。黄色的矩形标出了一部分综合考虑基因聚类类群和样本聚类类群的结果，该部分结果的进一步分析显示在 (B) 中。(B) 对该矩形区域的数据进一步聚类的结果显示出在样本层面有 3 个子聚类类群，而在基因层面有 2 个子聚类类群。如果想获得更多的子聚类类群，同样的步骤可以继续进行下去。(见文后彩图)

聚类类群的合理性可由其他方法独立验证

所有的聚类方法都是探索性的数据分析工具，主要用于对数据进行审视并提取新发现。对所有的聚类结果都应该评估其对数据的拟合程度。值得注意的是，对实际上并不真正聚集的数据，聚类算法也会生成聚类的结果。因此，应该小心对待聚类的结果。大多数情况下，对聚类类群的评价依赖于通过其他知识找出有意义聚类的能力。有意义的聚类类群通常会包含在某个生物学过程中共同发挥作用的一组蛋白质或者基因，如一个调控通路。因此，一旦鉴定出聚类在一起的蛋白质或者基因，就得进一步了解它们的生物学特征以确定该聚类结果是否有生物学意义。常用的一种办法是采用基因本体论 (GO) 术语来评价聚类类群中的基因或蛋白质是否共享同样的已知功能。关于 GO 的进一步信息参见第 3.3 节。

已经有一些量化的度量方式可用于检验一种聚类结果是否比另一种结果具有优势。一个例子就是 SOTA 中的"总资源"，其他聚类方法也有和"总资源"类似的度量方法。但是，这些度量方法通常只在最简单的情况下才能给出明确的选择倾向。例如，如果数据聚类后形成彼此间明确分开的聚类类群，那么数据距离其相应的类群中心的平均距离将显著的小于聚类类群中心之间的平均距离。而对于真实数据，这样的评估通常就不能给出明确的结论。欲知一些评估聚类类群和双向聚类结果合理性的进一步细节，请参考扩展阅读。

16.4 统计分析可量化观测到的差异表达的显著性水平

鉴定出在不同样本中呈现差异表达的基因或者蛋白质通常是一个很重要的问题。但是，所有测得的表达水平都有可能显示出差异，甚至在只存在测量误差的时候也有这种情况。所以需要我们鉴定出那些在不同实验样本中表达水平确实不同的基因或者蛋白质。另外一个经常需要做的分析是比较两个样本来看它们是否显著不同。这牵涉对这两个样本中非常多数目的基因或者蛋白质的表达水平进行比较。能确定出真实和显著的差异表达的方法以及用于比较样本的方法是本节内容的主题。

我们所面对的数据是对同一个属性（一个特定基因或者蛋白质的表达水平）在不同条件或者在不同样本中的测量值。我们想知道的是一个给定基因/蛋白质/条件/样本的测得的表达值是否真的不同。这样的分析结果是一组在各种实验条件下被鉴定为差异表达的基因或者蛋白质。这个基因列表只是后续计算或者实验分析的起点。我们希望得到尽可能精确的差异基因列表，这样就既不会因为假阴性而错过重要的差异表达，也不会把时间浪费在假阳性上。

确定差异表达最简单的技术就是看不同样本中表达水平的比值。当一个基因或者蛋白质的表达比值超过一个给定的阈值时，它就可以认为在不同的样本之间差异表达。该阈值通常设为 2，表示表达水平有 2 倍增加或者减少。如果采用的阈值足够大（如 10），我们对鉴定出的差异表达就更加确信，但是许多表达差异不是很大的基因就会漏掉。反过来，如果设定的阈值较小，虽然能够鉴定出更多的差异表达，却会以较高概率引入假阳性。假阳性的表达差异很多时候其实都是来自于随机因素所引起的测量值波动。

为了更有效的鉴定出真实的表达差异，我们需要采用统计检验方法。采用这类检验的好处是它们能够为差异的显著性提供一个量化的描述。对一个特定的表达水平进行反复的测量通常被视为从一个统计分布中进行随机抽样，所以这些测量值的均值和方差可视为该分布的均值和方差的估计值。如果在不同的样本中或者在不同的条件下，两个表达水平实际上是一致的，那么每个测量值就应该是来自同一个分布的随机抽样。我们即将描述的统计检验，实际上是估算两组表达水平测量值来自同一个分布的概率，也就是先认定没有差异表达。如果该概率值足够小，如 0.01，那么就可以视为存在显著的差异表达，也就是说，这两组测得的表达值，实际上是来自两个不同分布的抽样。

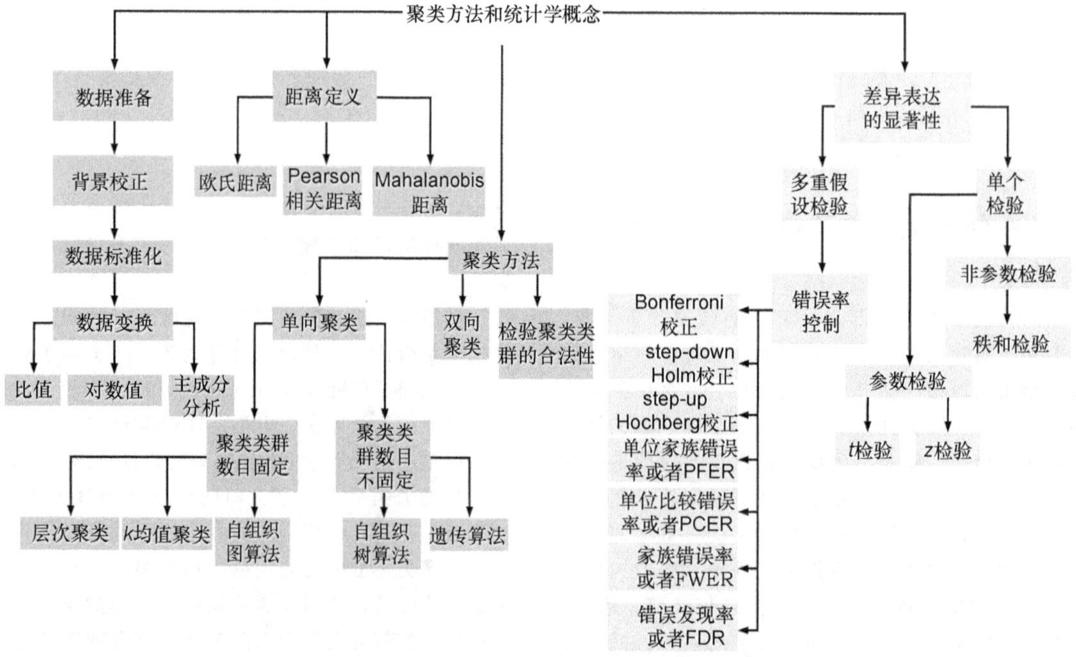

流程图 16.4　本节中介绍一些能用于表达谱数据分析以确定差异表达是否显著的统计检验方法。

我们需要确定同一个基因或者蛋白质在不同样本中测得的表达水平均值是否真的不同。如果两个分布重叠较小，那么差异表达的可能性就更高。两个分布的重叠程度不仅依赖于均值的差别，也在某种程度上依赖于方差（图 16.21）。实际上，重叠的面积和以标准差（方差的平方根）为单位表示的均值差异成比例（图 16.22）。这里描述的检验涉及该量的好几种不同形式，通常称为检验统计量。在特定的检验假设下（通常是假定测量值服从某种统计分布，以及对方差相同与否做出预先的假定），检验统计量自身服从某个已知分布。通过计算检验统计量在该分布中两个尾区的面积，就可以评估测量值均值差异的显著性，如图 16.23 所示。这个面积就是两个测量值均值差异仅由随机因素造成，没有真实差异的概率。面积越小，也就是二者无差异的概率越小，从而实际上也就是表示测得的差异越显著。为了确定哪些检验鉴定出了差异表达，需要将该面积和一个预设的值进行比较，通常是 0.05，也就是 5% 的显著性水平。

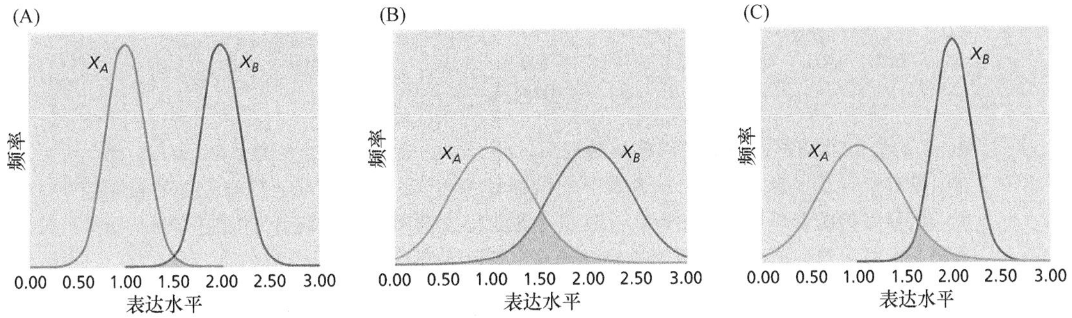

图 16.21　在检测显著差异时方差的重要性。改变 2 倍的平均表达水平，只在分布的方差足够小时才是一个显著的差异。显著性和两个分布的重叠面积有关。在所有 3 个例子中，两个分布都具有同样的均值（$\overline{X_A}=1.0$，$\overline{X_B}=2.0$）。(A) 测量值 A 和 B 的分布明显不同（方差 $S^2=0.04$）；(B) 当方差较大时，重叠面积也较大（$S^2=0.16$）；(C) 即使其中一个测量值的方差较小，如果另一个测量值有大方差，二者的重叠面积也使得分布的差异不如 (A) 中的显著。

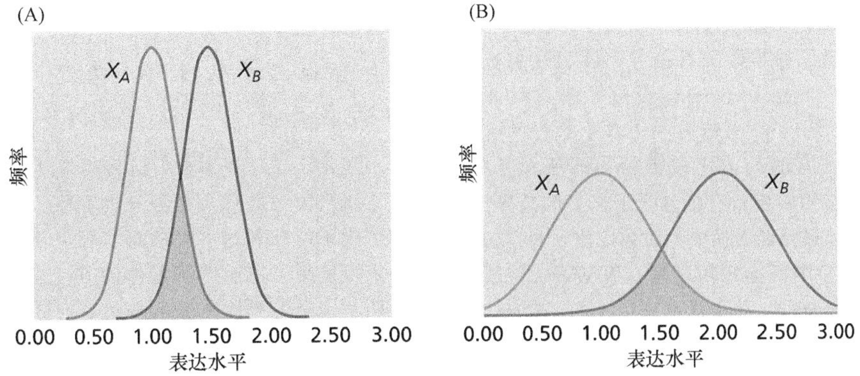

图 16.22　两个分布的重叠程度与用标准差作为单位表示的均值差异成比例。(A) 两个分布其均值分别是 $\overline{X_A}=1.0, \overline{X_B}=1.5$，方差 $s^2=0.04$；(B) 两个分布其均值分别是 $\overline{X_A}=1.0, \overline{X_B}=2.0$，方差 $s^2=0.16$。在两种情况下都有 $(\overline{X_A}-\overline{X_B})/s=-2.5$，并且两个分布的重叠面积占有同样的大小比例。

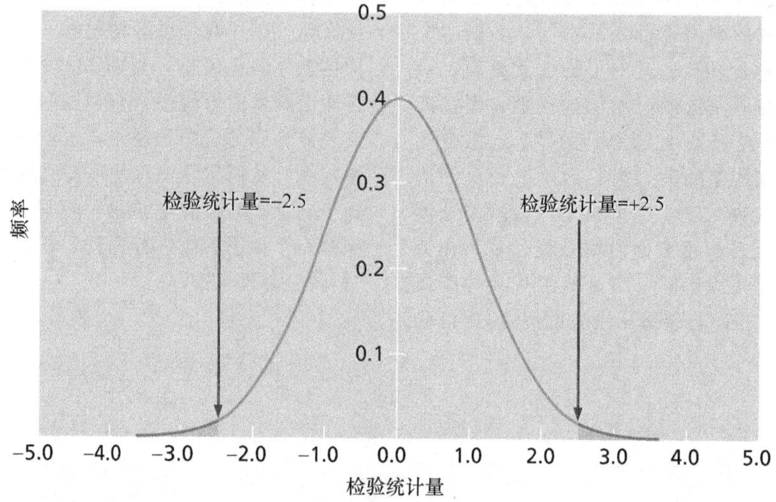

图 16.23 计算测得的均值没有差异的概率。 一个检验统计量，在本例中是−2.5，画在了检验统计量本身的分布上。曲线下面的面积等于1。均值实际上没有差异的概率可以从分布的两个尾区面积得到。在这里尾区边界由测得的检验统计量的正值和负值确定，这就是我们所熟知的双侧检验或者双尾检验。

检验均值是否不同和检验一个均值是否小于另一个均值，这二者是不同的：前者称为**双尾检验（two-tailed test）**，而后者则是**单尾检验（one-tailed test）**，只涉及图16.23中一侧的面积。下面描述的所有应用都是双尾检验，因为我们对于任何差异都感兴趣，不管表达水平是上升还是下降。计算出来的检验统计量离0越远，那么两个测量值的均值就越有可能在统计学上具有显著差异。显著性水平用来设定我们所能够接受的假阳性率。在这里，**假阳性（false positive）**指的是两个实际上不存在显著差异的均值，被错误的推断为有差异。假阳性也被称为**第一类错误（type I error）**。假阳性率（用 α 表示），通常设定为5%，意味着在100个这样的统计检验中，即便所有的均值比较实际上都没有差异，也会有5个会被检验出具有统计学上显著的差异。

如果表达数据已经转换成为对数比值，并且已经采用在第16.1节中所描述的过程，如lowess将数据转为了近似正态分布，那么就可用标准的 ***z* 检验（*z*-test）**来确定出显著的差异表达。在这种情况下，z 检验基于观测到的对数比值，计算一个基因在状态 A 和状态 B 具有同样表达水平的概率。该检验假定对数比值服从正态分布，且该分布的均值是0。方差 s^2 则基于一组和待检验基因具有相近表达水平的基因的表达值计算得到（图16.5B）。为了应用 z 检验，每一个基因需计算一个相应的 z 统计量，定义为

$$z = \frac{\log(X_A/X_B)}{s/\sqrt{n}} \qquad (16.19)$$

式中，n 为重复测量的次数。根据正态分布的特性，我们能够计算出（通常是查表）在随机波动下表达值差异超过 z 值的期望比例。如果该比例小于一个预设的阈值 α，那么就意味着该值是一个显著的差异，也就是说该基因在状态 A 和状态 B 的表达水平确实具有差异。

这样的检验依赖的前提是对数比值服从均值为0的正态分布。通常情况下我们并无理由做这样的假设，所以最好采用下面描述的检验，这些检验可能能够比 z 检验更准确的鉴定出差异表达。

t 检验能用于估计两个表达水平之间差异的显著性

通常，在每个样本中对每个基因或者蛋白质的表达水平都会进行几次独立的测定。这些测量值的均值用于估计表达水平的真实值，而该真实值的不确定程度则可用这些测量值的方差来表示。用于比较两个这样的平均测量值并估算它们来自同一个分布的概率所用到的标准统计检验就是 ***t* 检验（*t*-test）**。注意这里隐含了一个假定：测量值是来自正态总体的抽样。

t 检验有好几个不同的版本，需要根据具体情况来选择：是否是一组测量值和一个给定的已知值相比较；是否是两组测量值彼此比较；两组测量值的方差是否不同。我们这里所考虑的问题都需要对两组测量值进行比较。为了进行该检验，需要计算一个称为 t 统计量的值。该值和另一个称为**自由度（degree of freedom，*df*）**的参数一起去和该统计量

的理论分布（Student t 分布）进行比较，从而估算出两组测量值真正不同的概率。一般采用该概率的某个阈值来评价二者的差异是否具有统计学上的显著性。

当每组数据中都有 n 个测量值且两组数据具有相同的方差 s^2 时，t 统计量可按如下定义：

$$t = \frac{\bar{x}_A - \bar{x}_B}{s/\sqrt{n}} \tag{16.20}$$

式中，$\bar{x}_A$ 和 $\bar{x}_B$ 分别为两组测量值的均值。在该式中，分子是均值的简单作差，而分母则是该差值的标准误。注意 $\log(A/B) = \log(A) - \log(B)$，当我们采用对数比值而不是绝对表达水平时，应用这些检验方法就变得简单了。在采用对数比值时，我们比较一下该 t 统计量和 z 统计量［参见式（16.19）］。关键的不同在于，z 检验中一组测量值是和表达分布的已知均值进行比较，而 t 检验中则是两组测量值彼此比较。

通常在表达谱实验中，我们会意识到两组测量值的方差并不能总是假定为相同。当实验设计中给每个表达水平设定了相同数目 n 的测量时，t 统计量的计算可按照下式进行调整：

$$t = \frac{\bar{x}_A - \bar{x}_B}{\sqrt{\frac{s_A^2 + s_B^2}{n}}} \tag{16.21}$$

在两组测量值个数不同的情况下，如分别是 n_A 和 n_B，那么 t 统计量按下式计算：

$$t = \frac{\bar{x}_A - \bar{x}_B}{\sqrt{\frac{(n_A-1)s_A^2 + (n_B-1)s_B^2}{n_A+n_B-2}\left(\frac{1}{n_A}+\frac{1}{n_B}\right)}} \tag{16.22}$$

在所有这些情况下，自由度（df）的计算如下：

$$\mathrm{d}f = n_A + n_B - 2 \tag{16.23}$$

该式在两组测量值数目相同时变为$2(n-1)$。方差不等情况下的 t 检验有另一种替代形式（有时被称为 Welsh's t 检验），其中 t 统计量按下式计算：

$$t = \frac{\bar{x}_A - \bar{x}_B}{\sqrt{\frac{s_A^2}{n_A} + \frac{s_B^2}{n_B}}} \tag{16.24}$$

相应地，该式需要对自由度重新定义，按下式计算（有时可能得到一个非整数的值）：

$$\mathrm{d}f = \frac{(s_A^2/n_A + s_B^2/n_B)^2}{(s_A^2/n_A)^2/(n_A-1) + (s_B^2/n_B)^2/(n_B-1)} \tag{16.25}$$

比较式（16.22）和式（16.24），前者的分母正好是均值差值的标准误，后者也依然服从 Student t 分布，只是需要修改自由度的计算方式以恰当地评估显著性水平。

下面的例子说明了 t 检验是如何应用到实验数据上的。在该例子中，有来自两组的 8 个电泳胶图，每组 4 个：一组是对照样本（C_i），另一组是处理过的样本（T_i）。表 16.1 中列出了同一个蛋白质在不同胶图中测得的斑点大小。要想知道该蛋白质的量在这两组间是否有显著差异，我们需要对表中的数据进行分析。按照式（16.21）计算得到的 t 统计量是

$$t = \frac{0.076175 - 0.1037}{\sqrt{\frac{0.019499^2 + 0.007775^2}{4}}} = -2.625 \tag{16.26}$$

将该值（-2.625）和 t 检验表中自由度 6、显著性水平 0.05 的值进行比较。表中该值是 2.447，由于我们计算得到的值在绝对值上大于该值，所以在 5%的显著性水平上，可判定这两组值具有差异。

非参数检验用于规避对数据采样方式做假定

上文描述的统计检验依赖于一个假定：测得的表达水平值是来自正态总体的抽样。但是在许多表达实验中，测量值的数目较少，背景误差也较大，使得该假定不能通过检验来确定是否成立，从而基于此假定的统计检验的合法性就有很大问题。另外一个经常遇到的情况是研究两组个体（通过其状态是健康还是处于某种疾病来区分）的基因表达水平（另一种常见情形是两组患者个体接受或者不接受某一特定的医学处理）。在该种情形下，可用的患者数目可能相当小，并且可能还有其他未知的遗传和健康水平的差异。在这样一组患者里，若是假定任何特定的基因或者蛋白质的表达水平服从正态分布就很不符合实际了。但是，它们还是可能显示出我们感兴趣的差异表达，所以也就需要相应的检验手段来处理这类数据。

实际上已经有一些检验方法不要求对数据抽样进行假定。通常这些假定指的是数据服从由均值和方差等参数确定的分布，由于该类方法不依赖于这些假定，所以统称为非参数检验。非参数检验又可细分为两类：一类试图采用数据在数学上重构经验分布，另一类则采用数据中更普适的性质，如秩。

研究人员特意发展了专门针对表达谱实验数据的非参数方法。在前述的参数检验中，需要先计算出一个检验统计量，然后在假定表达水平无差异的前提下得到该统计量的期望分布，并将该检验统计量和此分布进行比较。因为和该检验的零假设（也就是两组测量值相同）对应，所以该分布通常称为**零分布（null distribution）**。目前有好几种技术可利用已有的表达观测值来估计出零分布或者相关的量，如对测量值进行重复采样（微阵列数据的显著性分析 SAM 方法）或者贝叶斯分析（在这里是非参数

分析，和专栏 16.2 中提到的不同）等方法。欲知这些方法的详情，请参考扩展阅读中的文献资料。

专栏 16.2　贝叶斯技术可用于处理缺少重复测量的情况

本节中的许多讨论都假定我们有足够多的重复，能精确的确定单个表达水平测量值的标准差。但是实际中通常不满足此条件，原因可能是开销太大或者缺乏足够的实验材料。已经有好几个方法可以用于估计出更合适的标准差。在其他好几处地方已经提到，贝叶斯技术很适合处理这种缺乏数据的情况，详情请见附录 A。在这里，我们可以用基于正态分布的先验数据和对每个基因或蛋白质在不同条件下分别设定的不同参数来估计出更合适的后验数据。计算标准差的方法可修改为如下形式

$$\sigma^2 = \frac{\upsilon_0\sigma_0^2 + (n-1)s^2}{\upsilon_0 + n - 1} \tag{B16.1}$$

式中，σ 是新估计出的标准差，σ_0 是先验的标准差，n 是本次实验中的重复次数，s 是单独从该次实验数据中计算出的标准差。υ_0 表示对 s 的可信程度，在 n 较小时应该调大以提高先验数据的权重。σ_0 通常是取自几个甚至所有基因的 s 的平均值。

和参数检验中的 t 检验相对应的标准非参数统计检验是**秩和检验（rank-sum test）**。该种检验有好几种变体，也就是我们通常所知的 Mann-Whitney U 或者 Wilcoxon 检验。我们将通过对一个基因在 n_A 个健康人和 n_B 个罹患某疾病的患者中测得的表达水平进行差异表达检测来展示该方法的具体应用。测量值的总数是 $n=n_A+n_B$。将这些值从大到小排序后可获得它们的秩：最大值的秩为 1，而最小值的秩为 n。对每一组个体，求测量值的秩和 R_A 和 R_B。如果在两组个体中该基因的表达水平相同，那么可以预期在抽样误差允许的范围内这两个秩和应该是相等的。该检验通过比较秩和的差（通常记为 U）和一组预期的值来获得该基因差异表达的概率（采用该检验的哪个具体版本依赖于可用的测量值数目，细节可在标准的统计学资料中查到）。一旦选定了一个特定显著性水平 α，我们就可鉴定出差异表达。将秩和检验应用于表 16.1中的数据，我们发现即使在 10%的低显著性水平下也检验不到差异表达，而在参数检验中，5%的高显著性水平下也能检验出差异表达。这说明非参数检验不如参数检验强大，很多实际上差异的表达检验不出，因此在能够用参数检验的地方，就应该尽量采用参数检验。

表 16.1　用 t 检验、秩和检验分析蛋白质电泳数据。分析的数据来自 8 个胶图。其中一组 4 个用于对照（C_i），另一组则是处理过的样本（T_i）。数据是同一个蛋白质在每一个胶图上测得的点大小。

样本	C_1	C_2	C_3	C_4	T_1	T_2	T_3	T_4
表达水平	0.0766	0.0644	0.0602	0.1035	0.1138	0.0981	0.0971	0.1058
排序	6	7	8	3	1	4	5	2
t 检验统计量	$\bar{x}_1 \equiv \bar{C}_i = 0.076175$ $s_1=0.019499$					$\bar{x}_2 \equiv \bar{T}_i = 0.1037$ $s_2=0.007775$		
秩和检验统计量	$R_1=24$					$R_2=12$		

对差异表达的多重假设检验需要采取特殊的技术来控制错误率

上文描述的检验都是针对单个基因差异表达的。但是在表达谱实验中，通常会涉及成百上千个基因或者蛋白质。如果每一个都按照上文描述的办法，那么在 5%的显著性水平下（$\alpha=0.05$），每做 1000 个检验我们可以预期有 50 个假阳性结果（把在两个状态下本无差异表达的基因错误地鉴定为有显著差异）。可见，这么高的错误率在实验分析中是会导致严重问题的。但是可通过对基本的 t 检验方法进行一些修正来改良这种情形，下文将详述。在正式开始之前，我们有必要先定义一些名词术语，从而便于描述各种不同的错误和它们出现的比例。

让我们考虑一个测定两个样本中 N 个不同基因或者蛋白质表达水平的实验。假定我们采用某一指定的显著性水平 α。再假设在两个样本间表达水平实际上并无显著差异的基因或者蛋白质有 N_0 个，但采用统计学检验时却找到了 R 个具有差异表达。关于这些检验的数据综合列在表 16.2 中，其中只有 N 和 R 是已知的。注意下文中描述的不同方法对应的合适 α 值可能会有所不同。

表 16.2　为确定差异表达水平而进行的 N 个统计检验的总结，其中 N_0 个本身并没有差异表达，检验结果得出了 R 个显著的差异表达。假定已经设定好一个特定的显著性水平。

	检验结果认为无显著差异表达	检验结果认为有显著差异表达	总数
实际上确实没有显著差异表达	U （i. e.，真阴性数）	V （i. e.，假阳性数）	N_0
实际上确实有显著差异表达	T （i. e.，假阴性数）	S （i. e.，真阳性数）	$N-N_0$
	$N-R$	R	N

假阳性错误率（第一类错误）有多个不同的定义。**单位家族错误率（per-family error rate，PFER）**是指在所有检验中假阳性的期望数目，记为 $E(V)$（家族这个术语在这里的上下文中指的是所有的 N 次检验）。**单位比较错误率（per-comparison error rate，PCER）**定义为 $E(V)/N$，是指所有检验中假阳性出现的比例。如果考虑的情形需要避免哪怕仅仅一次假阳性结果，那么可用**家族错误率（family-wise error rate，FWER）**的概念，定义为 $P(V\geqslant 1)$，也就是在所有检验中遇到至少一次假阳性的概率。最后介绍一下**错误发现率（false discovery rate，FDR）**，按照式 $E(V)/R$ 来定义，实际上指的是，在所有被宣称是显著差异表达的检验中，实际上并不是差异表达（假阳性）的比例。当然，前提是一定会得到某些显著性的检验结果（$R>0$）。如果所有检验都没有得到显著性结果（$R=0$），那么 FDR 定义为 0。

我们将要介绍的可用于在多重假设检验中控制错误率的第一个修正方案是 **Bonferroni 校正（Bonferroni correction）**。如果需要进行 N 个 t 检验，则将总体显著性水平 α 除以 N 用于单个检验，使得所有检验结果放到一起出现假阳性的机会控制在 α（比如 5%）附近。这样，需要满足的条件实际上就是 N 个 t 检验中的每一个都必须用概率 p 来控制：

$$p\leqslant\frac{\alpha}{N} \tag{16.27}$$

如果某个检验满足了该条件，就认为该检验检测出了显著的差异表达。这样就把 FWER 控制在 α 或者更小。但该方法必须慎用，它会过多地减少鉴定出差异表达的机会，因为若要检验出显著差异，表达均值的差异必须要非常大才可以。

实际上，可对该法进行一点小的改动，仍然可以将 FWER 控制在 α 或者更小，但是却能够提高检测到真阳性的机会。N 个检验中的每一个都可计算出没有显著差异表达的概率值。**step-down Holm 校正（step-down Holm）**将这些算出的概率值从小到大排序，排在第 i 位的检验所对应的概率值记为 p_i。从最小的 p_1 开始，逐个检查所有的 p_i 值在下式中是否成立：

$$p_i>\frac{\alpha}{(N-i+1)} \tag{16.28}$$

如果该条件满足，则判定对应的检验没有找到显著的差异表达。如果找到了第一个 p_i 满足该条件，那么所有比该值更小的 p_i（$p_1\sim p_{i-1}$）对应的检验都可直接认为找到了显著的差异表达，而所有其他的检验都认为没找到显著的差异表达。值得注意的是，第一轮比较和 Bonferroni 校正类似，但是之后对 p_i 的限定条件没有那么苛刻。用统计学术语来讲，该方法比 Bonferroni 校正更“强”。

另一个可用于控制 FWER 的类似方法是 **step-up Hochberg 校正（step-up Hochberg）**。在该方法中，p_i 仍然是从小到大排序，但是这次比较条件的时候，是从大到小进行比较。从最大的 p_N 开始，逐个检查所有的 p_i 是否满足如下条件：

$$p_i\leqslant\frac{\alpha}{(N-i+1)} \tag{16.29}$$

一旦找到了最大的满足此条件的 p_i，那么该 p_i 和所有更小的 p_i 值（$p_1\sim p_i$）就都可认为找到了显著的差异表达，而所有其他检验则认为没找到差异表达。

在表达谱实验中，我们一般为了不错过太多真阳性而宁愿接受一定数量的假阳性，所以按照上文所述的 FWER 来控制检验结果通常显得有些过于谨小慎微。Yoav Benjamini 和 Yosef Hochberg 提出控制 FDR 比控制 FWER 要更合适。和 step-up Hochberg 方法一样，将所有的 p_i 值按照从大到小（从 p_N 到 p_1）的顺序看下式是否满足：

$$p_i\leqslant\frac{i}{N}\alpha \tag{16.30}$$

一旦满足此条件的最大的 p_i 找到了，该值和所有更小的 p_i 值（$p_i\sim p_1$）就认为找到了显著的差异表达，而所有其他检验则认为没找到差异表达。通过这种方法可以将 FDR 控制为 α 或更小。如果 α 设定为 0.05，那么就意味着每 100 个被鉴定为显著差异表达的检验中，将预期有 5 个实际上没有显著差异表达（假阳性）。John Storey 和他的合作者们报道了基于 FDR 来提高统计检验显著性的更深入内容，具体可查看扩展阅读中的参考文献。

还有许多其他统计方法也已经应用到了甄别显著差异表达的问题中，包括各种不同的参数检验，如方差分析（ANOVA）和协方差分析（ANCOVA）。另外，像贝叶斯模型这类更复杂的方法也有应用，可确定出最优的表达水平的类别数。这有点类似 SOTA 等方法中的自动确定聚类类群的数目。这些技术超出了本书的范围，读者可在扩展阅读中找到大量相关文献。

16.5 基因和蛋白质表达数据能用于样本分类

在前面的内容中介绍了可以鉴定不同样本中显著的差异表达基因。这类分析的结果有两个不同的用处。一组差异表达的基因或者蛋白质可助于了解相应的生理学反应或者样本间不同的症状，从而更好地理解相关的生物学过程。另外，这组差异表达的基因或者蛋白质，按照其表达水平的指标，可用于建立自动区分样本类型的方案，这在医学诊断领域非常引人注目。这里非常重要的是，需要充分意识到，显著差异表达的基因或蛋白质与能够区分样本类型的基因或蛋白质还是有很大不同的（图 16.24）。

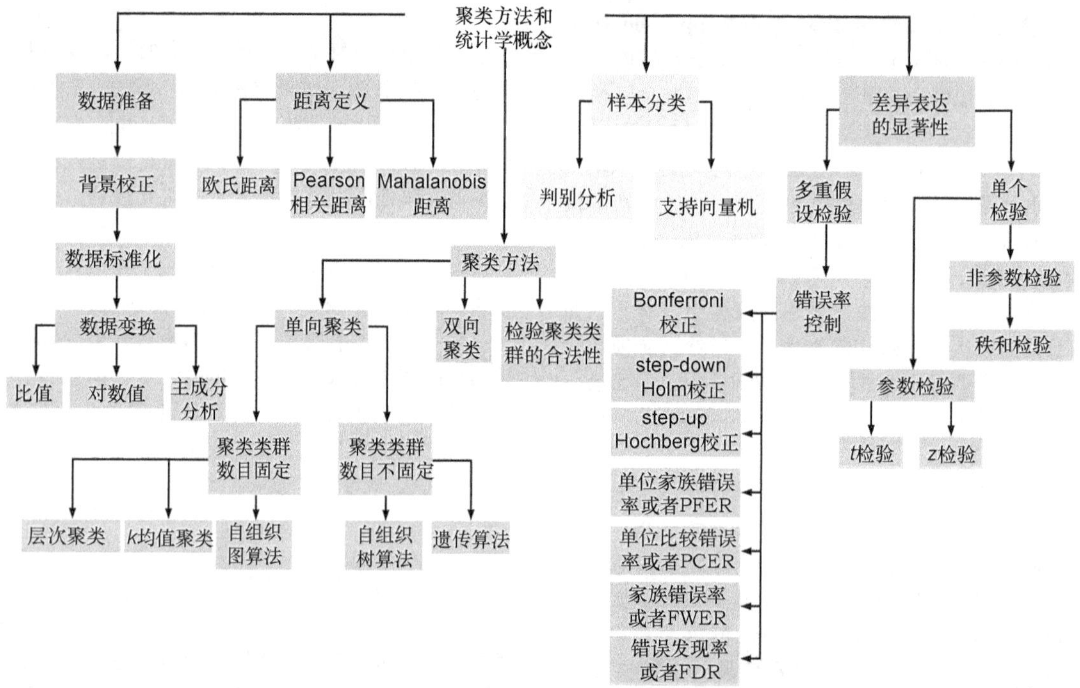

流程图 16.5　在本节中介绍了一些样本分类的方法，可基于表达数据将一个样本分入少数几个类别中的一个。

实际的应用案例一般是这样的：实验样本取自于一些疾病个体，这些个体分成好几个组，每组个体对应某种特定的医学状态，从而可用这些样本建立一个分类方法，应用该方法可将来自未知医学状态的疾病样本分入特定的类。另外一个可能特别有用的应用情形是，疾病个体虽然具备同样的症状，但是对于特定医学处理具有不同反应。表达分析有可能鉴定出一些信号，可用于建议合适的治疗手段。这些信号也可用于设计**样本分类器**（**sample classifier**），实际上是采用表达水平预测未知样本分类归属的一种代数方法。通常增加相关参数的数目可能获得稍微精确一些的分类器，但是，一个理想的分类器在只有少数参数时也会具有良好的性能和较高的准确率。

这样的分类器有一个值得注意的问题，它总是会将未知样本分入当初建立分类器时所用的样本类型中的某一类。举例来说，如果在建立分类器时所用的样本只来自于两类不同的肿瘤，那么未知样本总是会被预测为来自这两类肿瘤之一，哪怕该样本根本就不是肿瘤样本。这就提示我们要注意，在训练分类器的时候，应该尽可能包括一部分正常的对照样本来降低该潜在问题的影响程度。

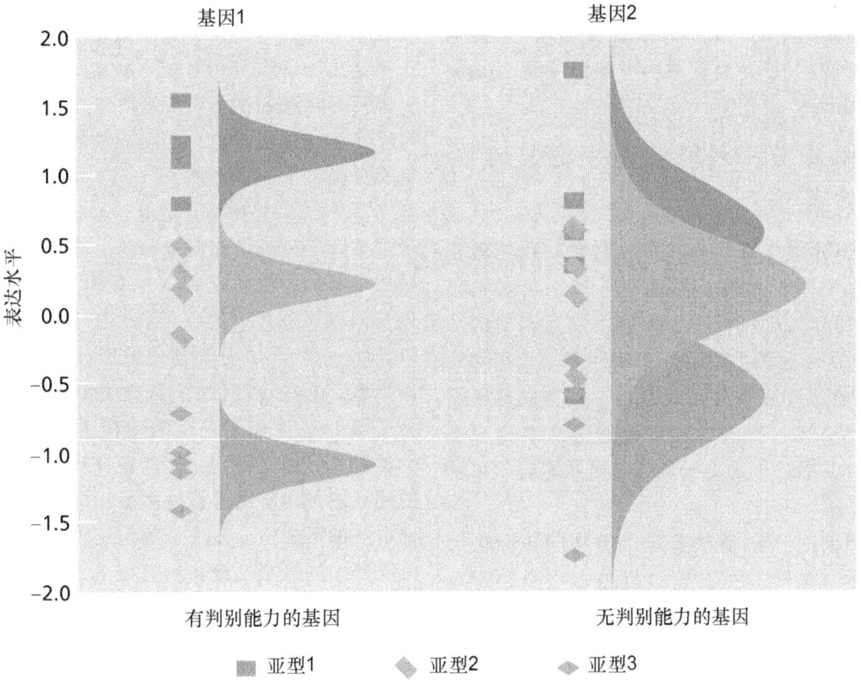

图 16.24 显著差异表达基因和具有判别能力基因之间的差别。两个基因 1 和 2 测定了在 3 种不同亚型的样本中的表达值。在这 3 个亚型中，两个基因都显示出了差异表达，并且在有足够数量的样本时，这些差异都是具有统计显著性的［测量数目的大小会改变式（16.20）中的 t 统计量］。但是基因 2 在不同亚型中的表达水平具有很大程度的重叠，使得该基因不能像基因 1 那样很好地区分各个亚型。这是因为未知的样本某个基因只能得到单一的测量值，若是该值落在重叠的分布可能会得到含糊的预测结果（源自 D. Hwang et al.，Determination of minimum sample size and discriminatory expression patterns in microarray data，*Bioinformatics* 18：1184-1193，2002.）。

有许多可选手段能用于样本分类

我们现在详述某些建立分类器的方法。可用的技术很多，但是这里只挑选两种进行介绍。其实值得注意的是，本章前面提到的某些方法，如 PCA 和双向聚类，也能用于样本分类。前文提到的另一个可用方法是最近邻或者 k 近邻算法，这在第 12.3 节中预测粥样硬化基因序列的时候有详细的描述。在最近邻算法中，比较未知样本的表达水平和已知类型样本的表达水平，按照某种指定的距离定义鉴定出和其最相似的已知类型样本，然后将该未知样本的类型指定为和其距离最近的已知样本的类型。而 k 近邻算法是对该算法的改进，鉴定的是前 k 个最相似的已知样本，综合考虑这些样本的类型来确定未知样本的类型。

有时也可用另一个方法——决策树来进行样本分类。决策树的相关内容在第 10.1 节和图 10.3 中关于鉴定 tRNA 基因的内容中已经清楚描述。决策树通常需要按照特定的顺序进行一系列的检验判断。在这里，这些检验是指比较同一个样本中两个基因或者蛋白质的表达水平。通过比较，我们挑选出那些在不同类别的样本之间显示出明显差异表达的基因，如在某个样本类别中比其他基因表达水平高出很多的基因，或者低出很多的基因。有的时候前一个检验的结果决定了后面几步具体进行什么样的检验。在决策树的某个终端节点上，进行了最后一次检验后得到的结果就可以用于将样本定出分类的归属。目前已有报道成功的决策树样本分类器一般只包含 2～20 个基因。

还有一个常用的分类手段是**判别分析法（discriminant analysis）**，这在图 10.16 基因组序列分析应用中已有简要介绍。该方法的关键概念就是找到一个数据变换的方案，使得变换后的数据能够按照不同的样本类别清晰的分开。而检验区分程度是否良好的一个简单指标就是组间样本的距离平方和除以组内样本的距离平方和所得的比值。理想的数据变换应该能够将此比值最大化，而且可以证明通过代数方法操作组间的协方差矩阵能做到这点。最终的计算结果是原始数据线性或者二次方后组合的一个公式。对于未知样本该公式的值就可用于预测其类别归属。实际计算中的情形可能比图 10.16 中的要复杂，因为数据维度可能要更高，但是相应的代数形式依然相当简单。能够分开两个组别的“线”，通常称为**分类超平面**（**separating hyperplane**）。

支持向量机是另一种能生成分类器的有监督学习算法

在 12.6 节介绍二级结构预测的时候，我们看到支持向量机（SVM）能够将数据分入两个可选类别中的一个。可以组合多个 SVM 来解决超过两类的分类问题（图 12.34 和图 12.35），但是实际上也可将单个 SVM 推广普适到多类分类问题中。支持向量机通过训练包含已给定类标签的实例数据集来获得分类器，然后该分类器对待定类标签的数据计算后就可预测其类别。

训练过程中，SVM 算法鉴定出类别间边际最大的分类超平面（图 16.25）。该过程包括一个相对可控的优化过程。这里给出的例子完整地将所有数据都正确地分入了两个类别，但实际上 SVM 方法允许在可控范围内一定数目的分类错误，也就是有些数据点会出现在分类超平面错误类别的一边。超平面不一定是线性的，可以采用非常复杂的形式来提高准确分类

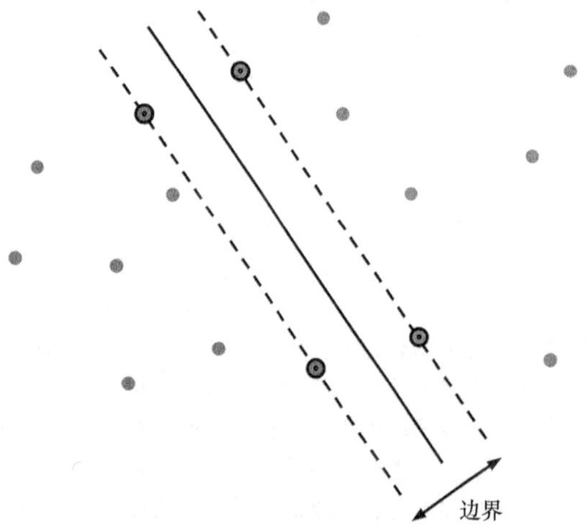

图 16.25 支持向量机中的关键概念。在这个简化的例子中，所有数据（用圆圈表示）可分为两个类别。这两类被一个线性的分隔超平面分开，如黑实线所示。用间断线表示的两个平行的超平面标识出了所有数据点中离分类超平面最近的点。这些最近的数据点称为支持向量，用双圆圈表示。支持向量机方法能够找到一个最佳的分类超平面，使得两个支持向量超平面之间的距离最大，该距离称为边界（margin）。

的机会。关于该算法的细节可参见扩展阅读中的参考文献。可只用那些鉴定为显著的基因或者蛋白质进行训练，也可使用所有的数据。相应的公式中常包含一些可被解释为基因或者蛋白质权重的系数，它们可用于挑选出一些权重相对较小的基因，从而将这些基因去除后可训练新的 SVM 分类器。通过这种方法，没有真实信号仅仅贡献一些噪声的数据就可以去掉从而提高分类器的表现性能。

图 16.26 中展示了使用 SVM 的一个实例，也展示了实际中分类是如何进行的。在该例中，样本取自罹患了某种肿瘤的患者（总共有 14 种肿瘤类型，每个个体只罹患其中的一种）。对每一种肿瘤类型，可以训练一个 SVM 分类器用以区分某个样本是否属于该类型。这些 SVM 按照肿瘤类型命名为分类器 1 到分类器 14。当来了一个未知样本时，该样本与每个分类器的分类超平面之间的距离和该样本落入超平面的哪一边可用于决定该样本最后的类型归属以及该预测本身的可靠性。在这里的例子中，测试样本在多个分类器中均表现一致，从而可见该样本应该是来自于一个罹患乳腺癌的患者。

总结

大规模的 DNA 微阵列实验和质谱-二维凝胶电泳偶联实验可分别用于同时测定大量基因或者蛋白质的表达水平。这些技术可用于检测在不同样本中具有相似表达模式的基因或者蛋白质，从而捕捉到在不同时间点和不同实验条件下（如健康和疾病组织）基因表达的改变。这种类型的实验会伴随一些问题，主要是由数据的统计学属性导致的，如误差和方差。通过合适的标准化和数据变换可在一定程度上克服这些困难。

为了进一步分析已变换好的数据，通常将其组织到包含相似数据的聚类类群或类群中。层次聚类方法能够将数据（如单个基因或者蛋白质的表达模式）通过树状图的形式组织到最终的一个大聚类类群中，树状图的结构表示数据彼此之间的相似程度。另外的聚类方法可分为许多不同的类型，分类依据主要是看这些方法能否确定数据集可形成的聚类类群数目，是否能够体现出不同聚类类群之间的关系。单从理论上来看，我们应该更倾向于使用那些可自动确定聚类类群数目的方法，但是在实际应用中自动确定聚类数目所带来的好处可能非常有限。通常，同一套数据应该采用不止一种聚类算法来进行分析，并且在有可能的情况下，得到的任何结论都应该被好几个独立的分析方法同时支持。

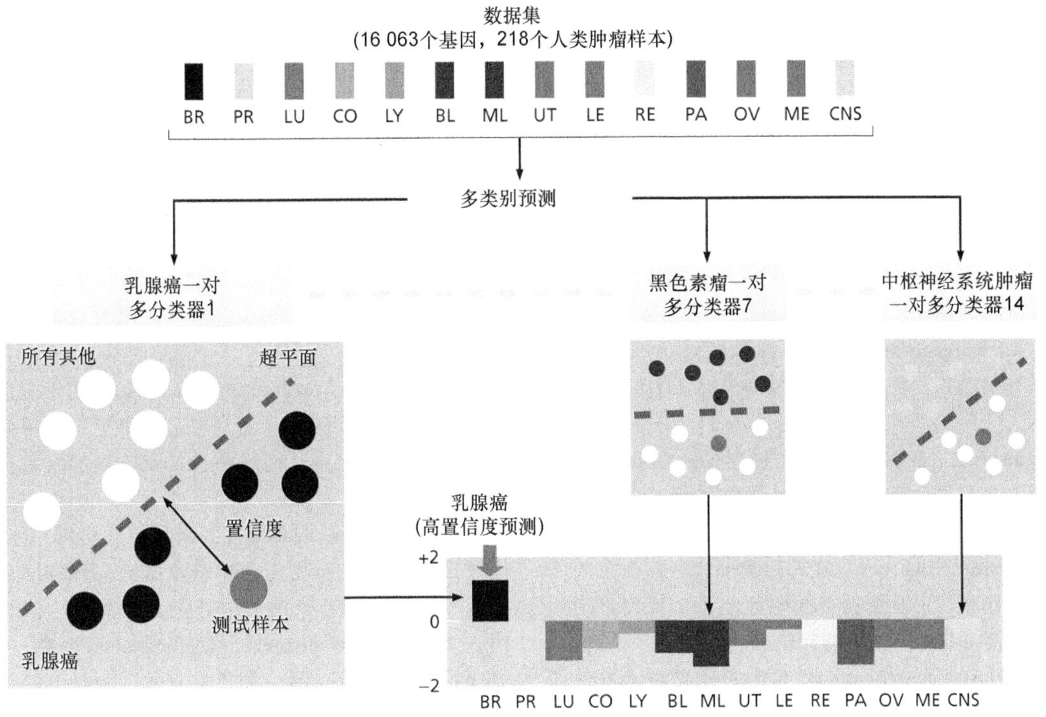

图 16.26　应用 SVM 分类器将一个未知样本分类到 14 类人类肿瘤之一。先基于 14 种肿瘤的数据训练出支持向量机分类器。在图的顶部，肿瘤的类型用不同的颜色表示。图中展示了对一个测试样本的分类过程。所有的这些 SVM 分类器都是一对多类型（one-versus-all，OVA），能区分 X 和非 X，其中 X 指的是某一种人类肿瘤。分类器 1 预测的是该样本来自乳腺癌患者的可能性，这里得到了一个很强的信号。其他 13 个分类器得到的是负值，如图底部所示。所以在这个例子中，我们有很强的信心预测该测试样本来自乳腺癌患者。肿瘤类型缩写如下：BR. 乳腺癌；PR. 前列腺癌；LU. 肺癌；CO. 直肠癌；LY. 淋巴瘤；BL. 膀胱过渡性细胞癌；ML. 黑色素瘤；UT. 子宫癌；LE. 白血病；RE. 肾细胞癌；PA. 胰腺癌；OV. 卵巢癌；ME. 胸膜间皮瘤；CNS. 中枢神经系统肿瘤（源自 S. Ramaswamy al.，Multiclass cancer diagnosis using tumor gene expression signatures，*Proc. NatlAcarl. Sci. USA* 98:15149-15154,2001.）。

为了研究一组基因或者蛋白质之间差异表达程度的高低，我们需要采纳统计学方法来评估差异的显著性。评估方法从最简单的检测（如表达比值是否超过一个特定的阈值），到广泛采用的 t 检验，到很复杂的贝叶斯模型技术都有应用。所有这些检验应该都能够鉴定出差异表达最明显、最极端的基因。但是要找到所有差异表达又不引入大量的假阳性，则需要一些复杂的分析方法。

差异表达数据分析的研究领域里，关键应用之一就是基于表达水平分类未知样本。在不久的将来，特别是在表达谱分析手段变得更加常规和物美价廉的时候，该应用将对医学诊断产生深远影响。

名词解释

biclustering（双向聚类）：基于两个不同的特征同时对数据进行聚类，如表达谱数据聚类中既在基因之间聚类，也在样本条件之间聚类。

Bonferroni correction（Bonferroni 校正）：进行多重假设检验时可采纳的一种对显著性水平的校正方法，这种校正方法会过多地减少假阳性数目，通常也会导致很多假阴性。

cluster analysis（聚类分析）：基于观测数据的共同性质而将它们组织或聚合到特定含义的类群的过程。

complete linkage clustering（全连接聚类）：聚类

过程中两个类群之间的距离由类群间距离最远的一对数据来确定，和单连接聚类相反。

data（数据）：一组测量值、观测值、变量等类似成分组成的集合。

data classification（数据分类）：按照一个特定的描述属性对数据进行分组。

degrees of freedom，Df（自由度）：一个系统中所包含的可自由变化值的参数个数。

dendrogram（树状图）：展示多组成员之间聚类关系的树状图形。

discriminant analysis（判别分析）：给定一组预定义好的类别，将一个新的观测值归入其中某类的技术。

distance（距离）：对差异程度的一种度量或者打分（参见进化距离——和序列数据相关的一个特殊例子）。

euclidean distance（欧氏距离）：两个点在欧氏空间的距离，由两点在系统坐标上每个维度之间差异的平方和再取平方根得到。

exclusive classification（互斥式分类或者排他式分类）：将数据分类到互不重叠的类群，这样每一个数据项都仅属于一个类群。

extrinsic classification（显式分类）：对数据的一种分类方式，其中每一个数据项都打上了它属于哪个类群的标记，并且这个信息用于告诉系统区分类群（参见隐式分类）。

false discovery rate，FDR（错误发现率）：在一组多个成对检验中（假定其中某些检验具有统计显著性），假阳性预测占所有阳性预测的比例。

false negative（假阴性）：将一个对象预测为没有某种特定的性质或者不属于某一个特定的类群，但实际上此对象具有这种性质或者属于这个类群。

false positive（假阳性）：将一个对象预测为具有某种特定的性质或者属于某一个特定的类群，但实际上此对象并不具有这种性质或者并不属于这个类群。

family-wise error rate，FWER（家族错误率）：在一组多个统计学检验（一个检验家族）中出现一个或多个假阳性的概率。

genetic algorithms（遗传算法）：一种计算方法。通过一个模拟生物进化和适者生存法则的随机过程来试图解决计算问题。

greedy permutation encoding method（贪婪式排列编码算法）：聚类方法的一种。将待聚类数据按照某种方式排序后，前 k 个数据用于初始化 k 个类群，然后通过有序的加入剩下的数据将这些类群进行修正和优化。

hierarchical clustering（层次聚类）：一种聚类方法。此过程中，一系列的类群被定义好，数据被分入前后相继的更小和更相似的类群。参见分区式分类。

intrinsic classification（隐式分类）：仅依赖于数据本身对其进行分类，即非监督的分类。显式分类和其相反，其中数据是有类别标签来标示其属于哪个类群的。

***k*-means clustering（*k* 均值聚类）**：聚类方法的一种，使用者事先需要指定数据将被分成的类群的数目（k）。

Kohonen network（Kohonen 网络）：用于非监督聚类的一种神经网络算法。它是使用了人工神经元的一种自组织网络，网络中神经元连接的权重与输入数据相对应。

Lowess normalization（Lowess 标准化）：常用于基因表达谱双色荧光芯片实验数据的一种标准化方法，用于平滑数据和去除信号强度依赖型变异。

Mallalanobis distance（Mallalanobis 距离）：两组测量值之间距离的一种定义方式，测量值的统计分布被考虑了进来。

null distribution（零分布）：在零假设成立的前提下，待检验统计量的分布。

one-tailed test（单侧检验或者单尾检验）：一种统计检验的方法，显式的考虑待检验统计量是否显著的大于（或者小于）零假设中的统计分布。参见双侧检验或者双尾检验。

overlapping classification（重叠式分类）：和很多其他形式的分类方法不同，在重叠式分类中，一个数据对象可以同时归入一个以上的类群。所以，设定好的类群之间并不是截然不同的。

partitional classification（分区式分类）：一种隐式分类方法，设定一组互不交叠的类群，每一个数据样本被分入一个单独的类群。参见层次聚类。

Pearson correlation coefficient（Pearson 相关系数）：两个变量之间线性依赖关系的度量。

per-comparison error rate，PCER（单位比较错误率）：一组多个统计学检验的结果中，假阳性结果所占的比例（分母是所有成对检验的个数）。

per-family error rate，PFER（单位家族错误率）：一组多个统计学检验中，在给定显著性水平阈值情况下的假阳性的期望数目。

principal components analysis，PCA（主成分分析）：一种数学方法，在某些情形下，如基因表达实验数据分析中，能用于鉴定数据中变异或变差的主要特征。

random error（随机误差）：由随机效应所造成

的误差，和系统误差相反。

rank-sum test（秩和检验）：又称为 Mann-Whitney U 检验或者 Wilcoxon 检验。一种可用于检验两组数据是否具有显著差异的非参数方法，不要数据来自正态总体，不需使用均值和方差等参数，只需要数据项彼此之间的相对大小。

sample classifier（样本分类器）：将样本数据归入某个类群的方法。给定几个已经预先分好的类群，从中挑选一个将未知的数据样本归入其中。此方法在实践中的可能应用是鉴定一个样本是否来自于癌症患者。

self-organizing map，SOM（自组织图）：是一种非监督的机器学习算法，用于获取输入数据类群之间的关联程度。常用于聚类技术中。

self-organizing tree algorithm，SOTA（自组织树算法）：一种分类方法。此方法监测每一个已被划分类群中数据的分歧程度，并将分歧程度超过特定阈值的类群进行进一步的划分。这是几种分类方法中一种能够通过输入数据自动确定合适的分类类群数目的方法。

separating hyperplane（分类超平面）：与支持向量机有关的一个术语，描述了来自两个不同类别的数据在转换到高维空间后的分隔边界。

single linkage clustering（单连接聚类）：两个类群之间的距离由类群间距离最近的一对数据来确定，和全连接聚类相反。

step-down holm（step-down holm 校正）：在多重统计检验中用于校正显著性水平从而降低假阳性率的一种方法。

supervised learning（有监督的学习）：一种使用训练数据将预测或者分类过程参数化的技术。通过对比训练数据和输出结果可以获得预测或者分类错误的信息，使用这些信息可以反过来调整参数降低预测错误率。

support vector machine，SVM（支持向量机）：一种用于将数据分类到几种（通常是两种）备选类别之一的机器学习方法。

systematic error（系统误差）：由实验方法所导致的误差，影响所有的测量值，如由于仪器被错误校准导致的误差。

***t*-test（*t* 检验）**：一种统计检验方法，基于测量值来自正态分布抽样的假设，它用于检验两个群体的均值是否具有统计学上的显著差异。

two-tailed test（双侧检验或者双尾检验）：一种用于确定检验统计量是否和零假设有显著差异的统计检验方法（参见单侧检验或者单尾检验）。

type I error（第 1 类错误）：参见假阳性。

***z* test（*z* 检验）**：一种统计检验的方法，它基于测量值是来自正态分布样本的假设，计算 *z* 统计量并使用它来评估测量值偏离期望分布的显著性水平。

扩展阅读

专题

Baldi P & Hatfield GW (2002) DNA Microarrays and Gene Expression. Cambridge: Cambridge University Press.

Causton H, Quackenbush J & Brazma A (2003) Microarray Gene Expression Data Analysis: A Beginner's Guide. Oxford: Blackwell Science.

Jain AK & Dubes RC (1988) Algorithms Clustering Data. New Jersey: Prentice Hall.

16.1 分析表达数据之前的准备工作稳定方差的数据变换手段

Durbin BP, Hardin JS, Hawkins DM & Rocke DM (2002) A variance-stabilizing transformation for gene-expression microarray data. *Bioinformatics* 18, S105-S110.

Geller SC, Gregg JP, Hagerman P & Rocke DM (2003) Transformation and normalization of oligonucleotide microarray data. *Bioinformatics* 19, 1817-1823.

Lowess 标准化

Cleveland WS & Devlin SJ (1988) Locally weighted regression: an approach to regression analysis by local fitting. *J. Am. Stat. Assoc.* 83, 596-610.

关于数据标准化和转换的常见综述

Quackenbush J (2002) Microarray data normalization and transformation. *Nat. Genet.* 32, 496-501.

用于生成图 16.2 到图 16.4 的数据

Courcelle J, Khodursky A, Peter B et al. (2001) Comparative gene expression profiles following UV exposure in wild-type and SOS-deficient *Escherichia coli*. *Genetics* 158, 41-64.

主成分分析

Alter O, Brown PO & Botstein D (2000) Singular value decomposition for genome-wide expression data processing and modeling. *Proc. Natl Acad. Sci. USA* 97, 10101-10106.

16.2 聚类分析的先决条件是定义所有数据点之间的距离

距离定义

Quackenbush J (2001) Computational analysis of microarrays. *Nat. Rev. Genet.* 2, 418-427.

16.3 聚类方法能鉴定出内部相似且彼此间不同的表达模式

自组织图算法（SOM）

Tamayo P, Slonim D, Mesirov J et al. (1999) Interpreting patterns of gene expression with self-organizing maps:

Methods and application to hematopoietic differentiation. *Proc. Natl Acad. Sci. USA* 96, 2907-2912.

将遗传算法用于聚类分析

Jones DR & Beltramo MA (1991) Solving partitioning problems with genetic algorithms, Proceedings 4th International Conference on Genetic Algorithms (KR Belew, LB Booker, eds), pp 442-449. San Francisco: Morgan Kaufman.

Lu Y, Lu S, Fotouhi F et al. (2004) Incremental genetic K-means algorithm and its application in gene expression data analysis. *BMC Bioinformatics* 5, 172.

Mitchell M (1999) An Introduction to Genetic Algorithms. Cambridge, MA: MIT Press.

自组织树算法（SOTA）

Herrero J, Valencia A & Dopazo J (2001) A hierarchical unsupervised growing neural network for clustering gene expression patterns. *Bioinformatics* 17, 126-136.

双向聚类技术

Madeira SC & Oliveira AL (2004) Biclustering algorithms for biological data analysis: a survey. *IEEE/ACM Trans. Comput. Biol. Bioinform.* 1, 24-45. *And references therein.*

对双向聚类方法生成的数据划分方案进行验证

Handl J, Knowles J & Kell DB (2005) Computational cluster validation in post-genomic data analysis. Bioinformatics 21, 3201-3212.

Preliae A, Bleuler S, Zimmermann P, Wille A et al. (2006) A systematic comparison and evaluation of biclustering methods for gene expression data. *Bioinformatics* 22, 1122-1129.

Suzuki R & Shimodaira H (2006) Pvclust: an R package for assessing the uncertainty in hierarchical clustering. *Bioinformatics* 22, 1540-1542.

16.4 统计分析可量化观测到的差异表达的显著性水平

对方差进行贝叶斯估计

Baldi P & Long AD (2001) A Bayesian framework for the analyses of microarray expression data: regularized t-test and statistical inferences of gene changes. *Bioinformatics* 17, 509-519.

非参数检验

Efron B, Tibshirani R, Storey JD & Tusher V (2001) Empirical Bayes analysis of a microarray experiment. *J. Am. Stat. Assoc.* 96, 1151-1160.

Tusher VG, Tibshirani R & Chu G (2001) Significance analysis of microarrays applied to the ionizing radiation response. *Proc. Natl Acad. Sci. USA* 98, 5116-5121.

Zhao Y & Pan W (2003) Modified nonparametric approaches to detecting differentially expressed genes in replicated microarray experiments. *Bioinformatics* 19, 1046-1054.

多重假设检验

Benjamini Y & Hochberg Y (1995) Controlling the false discovery rate: a practical and powerful approach to multiple testing. *J. R. Stat. Soc. B* 57, 298-300.

Dudoit S, Shaffer JP & Boldrick JC (2003) Multiple hypothesis testing in microarray experiments. *Stat. Sci.* 18, 71-103.

Storey JD (2003) The positive false discovery rate: A Bayesian interpretaion and the q-value. *Ann. Stat.* 31, 2013-2035.

Storey JD, Dai JY & Leek JT (2005) The optimal discovery procedure for large-scale significance testing, with applications to comparative microarray experiments. *UW Biostatistics Working Papers* 260.

16.5 基因和蛋白质表达数据能用于样本分类

Dudoit S, Fridlyand J & Speed TP (2002) Comparison of discrimination methods for the classification of tumours using gene expression data. *J. Am. Stat. Soc.* 97, 77-87.

Hwang D, Schmitt WA, Stephanopoulos G & Stephanopoulos G (2002) Determination of minimum sample size and discriminatory expression patterns in microarray data. *Bioinformatics* 18, 1184-1193.

Tan AC, Naiman DQ, Xu L et al. (2005) Simple decision rules for classifying human cancers from gene expres-sion profiles. *Bioinformatics* 21, 3896-3904.

支持向量机

Brown MSP, Grundy Wn, Lin D et al. (2000) Knowledgebased analysis of microarray gene expression data by using support vector machines. *Proc. Natl Acad. Sci. USA* 97, 262-267.

Burges CJC (1998) A tutorial on support vector machines for pattern recognition. *Data Min. Knowl. Disc.* 2, 121-167.

Ramaswamy S, Tamayo P, Rifkin R et al. (2001) Multiclass cancer diagnosis using tumor gene expression signatures. *Proc. Natl Acad. Sci. USA* 98, 15149-15154.

第 17 章　系统生物学

当你读完第 17 章时，你应该能够：

叙述系统生物学的渊源；
概述系统生物学的用途；
列举不同类型的系统生物学分析；
说明网络怎样作为系统生物学研究的起点；
展示如何用各种信息拓展网络；
论述系统为何同时具备鲁棒性和脆性；
解释模块性对于鲁棒性的重要意义；
解释为何冗余的系统适应性更强。

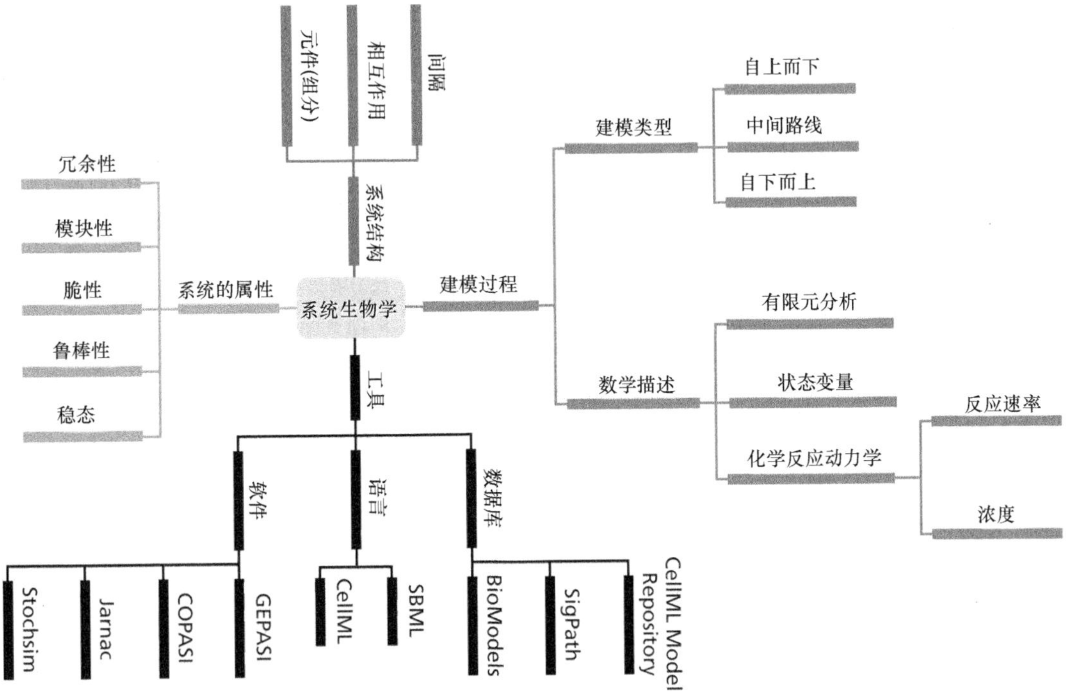

思维导图 17.1　系统生物学是计算生物学领域中飞速发展的一部分。此图展示了本章介绍的部分主题，有助于记忆该领域的要点。

经过短短几年时间，系统生物学已经成为一个经常被谈论的非常流行的概念。与生物信息学的其他领域不同，系统生物学实际上起源于 20 世纪的前半叶。早在 1934 年，奥地利生物学家贝塔朗菲（Ludwig van Bertalanffy）就将一般系统论（general systems theory）的理论框架应用于生物学领域，阐述了他所倡导的机体系统论（organismic systems theory）。他提出，将系统拆分成单个元件（component，也译作组分）来解释某个现象的研究思想已经过时，当前更先进的科学思想强调系统的重要性。他通过一些属性定义了“全体”（wholeness）的概念。例如，动力学相互作用组织，当系统的元件彼此分离或相互组合时在该特征上表现出明显差异。换句话说，仅研究系统的元件不可能真正地了解系统。贝塔朗菲对系统生物学的定义沿用至今。

把功能指向单个基因、蛋白质或者其他细胞组分显然远远不能充分理解细胞过程以及细胞、器官乃至机体的运转。我们需要通过研究基因或蛋白质之间的动态相互作用网络，以整合的方式分析系统的组织方式和调控机制。这些相互作用通路构成复杂的动力学系统，通常呈非线性自适应的行为方式。**非线性（nonlinearity）**的含义可以通过一个简单的例子说明——刺激信号（输入）加倍时，应答信号不一定加倍，甚至可能引发完全不同的应答。**自适应系统（adaptive systems）**则意味着系统能够根据曾经受到的刺激进行自我调整。理论系统生物学的目标是发展计算模型，用以预测生物体内自适应的、相互联系的大型网络的特征。举例来说，建模便于人们研究细胞外的信号怎样逐级演化并最终产生胞内的功能应答。建模还可用于研究更大规模的多细胞系统，如器官或个体水平的发育学或生理学。

系统生物学研究既需要对生物学过程进行数学表述，也需要工程学、物理学以及现代计算机技术的辅助。所有这些技术都用于获得对系统组分及其相互作用的详尽描述，进而将它们重组为具有相互作用的系统。换句话说，将数学模型应用于生物学过程，以识别分子或细胞之间相互关联的规则。当前基因组学以及蛋白质组学提供了大量描述生物学过程中各组分行为的数据。心肌细胞和心脏模型、基因调控网络、发育遗传学网络以及代谢通路是目前系统生物学计算建模技术较多涉及的生物学系统。

一些国际项目正在对完整的单个细胞进行计算建模，如 E-Cell。该项目致力于程序开发，帮助研究者从分子组分出发对完整的细胞功能进行模拟。在另一个由太平洋西北国家实验室（Pacific Northwest National Laboratory，PNNL）多个研究组合作进行的项目中，生物学家负责研究成千上万个蛋白质以及其他胞内组分，而生物信息学家则与这些生物学家合作进行数据整合，以便理解细胞信号转导、代谢通路以及胞间通讯所涉及的基因或蛋白质网络。还有很多研究机构都在做类似的尝试，不同方向的科学家通力合作，利用计算技术研究复杂生物学系统。

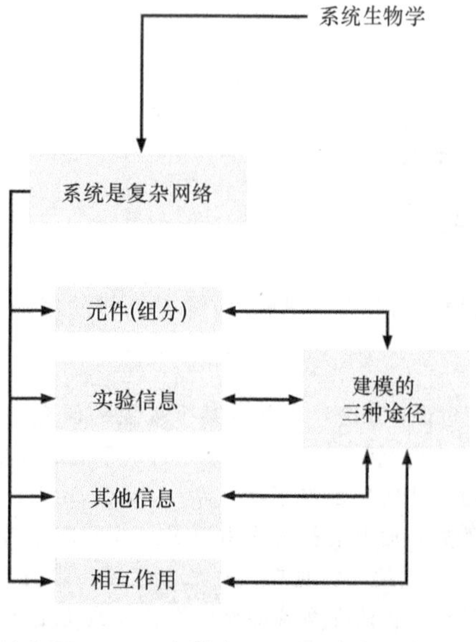

流程图 17.1　本节介绍了系统的概念，并且描述了一些构建系统模型的类型和方法。

本章将对系统生物学进行概述，回答两个问题——系统生物学到底能够提供什么，为什么它很重要。这些内容建立在数学建模的基础之上，需要本书范围之外的知识和技术。希望了解更多细节的读者可以参考本章末的扩展阅读。我们在这里将讨论几个生物学过程的建模工作，借此阐述这个领域的基本内容。

17.1　什么是系统

系统生物学研究方法有很多益处。首先，生物学系统往往相当复杂，如果不采用建模方法，我们很难认识它们的行为规律并且理解背后的调控机制。其次，系统具有单个组分所不具备的更高级的属性（higher-order properties），这些属性才是系统主要的生物学功能。这好比我们无法通过一本书的无序的词汇集合来理解原书的含义。

系统通过其组分的相互作用而产生的更高等级的属性和功能被称为涌现性（emergent properties）。例如，人的大脑能够思考，这一功能需要其中所有的细胞以及它们之间的相互作用。单个脑细胞显然不能完成思考。因此，思考就是大脑中所有细胞所表现出的涌现性。反过来，由于大脑是由众多相互联系的细胞构成，因此单个细胞又是这个复杂系统的重要组分。

系统大于部分之和

研究复杂系统的单个组分固然重要，但是对系统的研究终归是希望能够理解其中的组分如何实时的共同发挥作用，又如何受到调控（图 17.1）。而这又有助于理解单个组分对系统的贡献。无论是一个细胞还是一个汽车引擎，任何一个运行的系统都不只是各个组分的静态组合。这个系统有特定的结构特征（组分之间相互联系的方式）和动力学属性（系统随时间变化的规律）。因此，对于一个完整的功能系统的描述必须涉及组分的空间组织特征、相互作用方式以及对外界刺激的应答模式，包括用于调节和稳定系统的生物学过程。

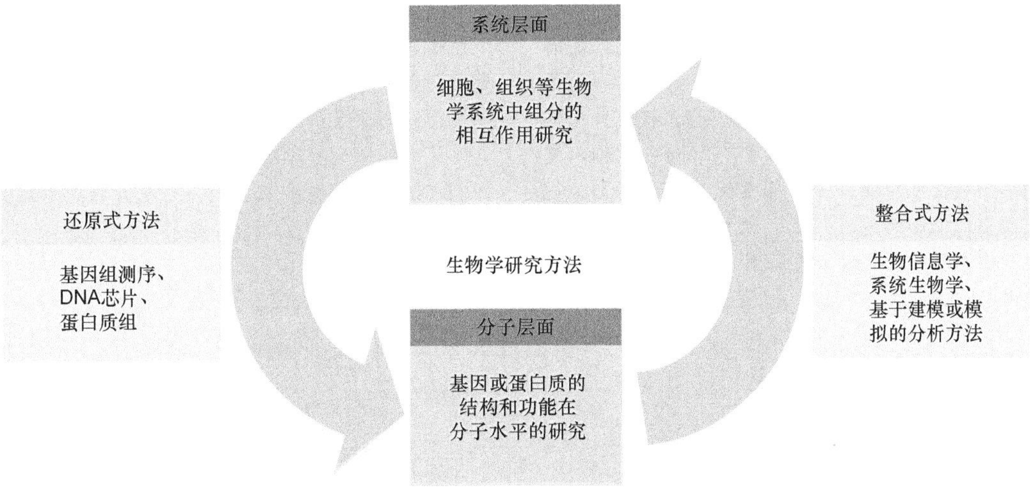

图 17.1　系统生物学中还原式研究方法和整合式研究方法的示意图。

我们姑且来考察地下交通系统，如伦敦地铁（London underground）或者纽约地铁（New York subway）。我们假定地铁包含许多元件（车站），它们由相互作用（轨道线路）所联通（图 17.2）。这

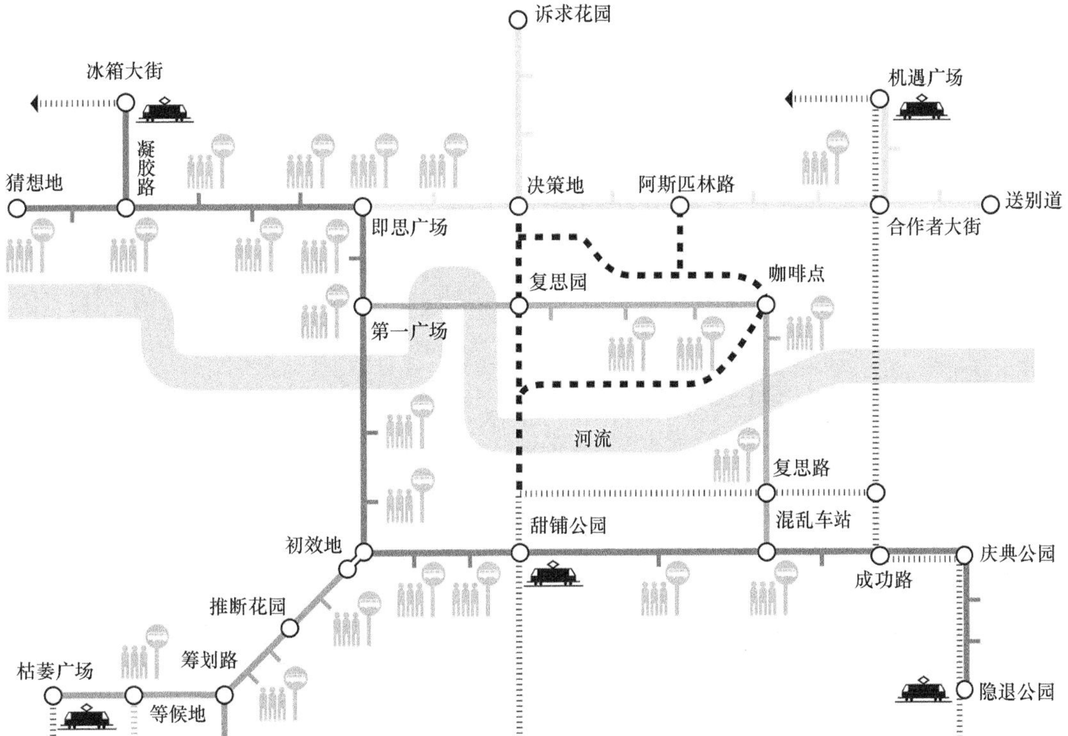

图 17.2　虚构的城市运输系统。实线代表地下铁路；虚线代表地上铁路（rail tracks）；圆圈代表与地上铁路有连接的大站；短线代表小站；火车标志代表大的地上火车站；一列行人代表汽车站。机场位于城市的南边。

些信息定义了一个关联网络的结构，但是我们还需要更多的信息才能理解铁路运转的模式。我们需要知道什么样的信号沿着相互作用传递（乘客），信号的载体又是什么（火车），运行速度有多快，什么因素控制火车运行，并且避免两列火车同一时刻出现在同一个轨道上。此外一个非常重要的问题是，扰动因素是如何影响这一切的。例如，供电或工人罢工对地铁系统的运转将产生怎样的影响。不同的系统之间还可以发生相互作用。例如，地铁系统与地上轨道运输以及公共汽车系统之间存在相互作用。外界的干预会对系统产生强大的影响。例如，人们的工作时间决定了交通运输系统的高峰期和低谷期。针对系统的研究必须在定量的水平展开，只有这样我们才能回答如何给乘客提供充足的火车等诸如此类的细节问题。

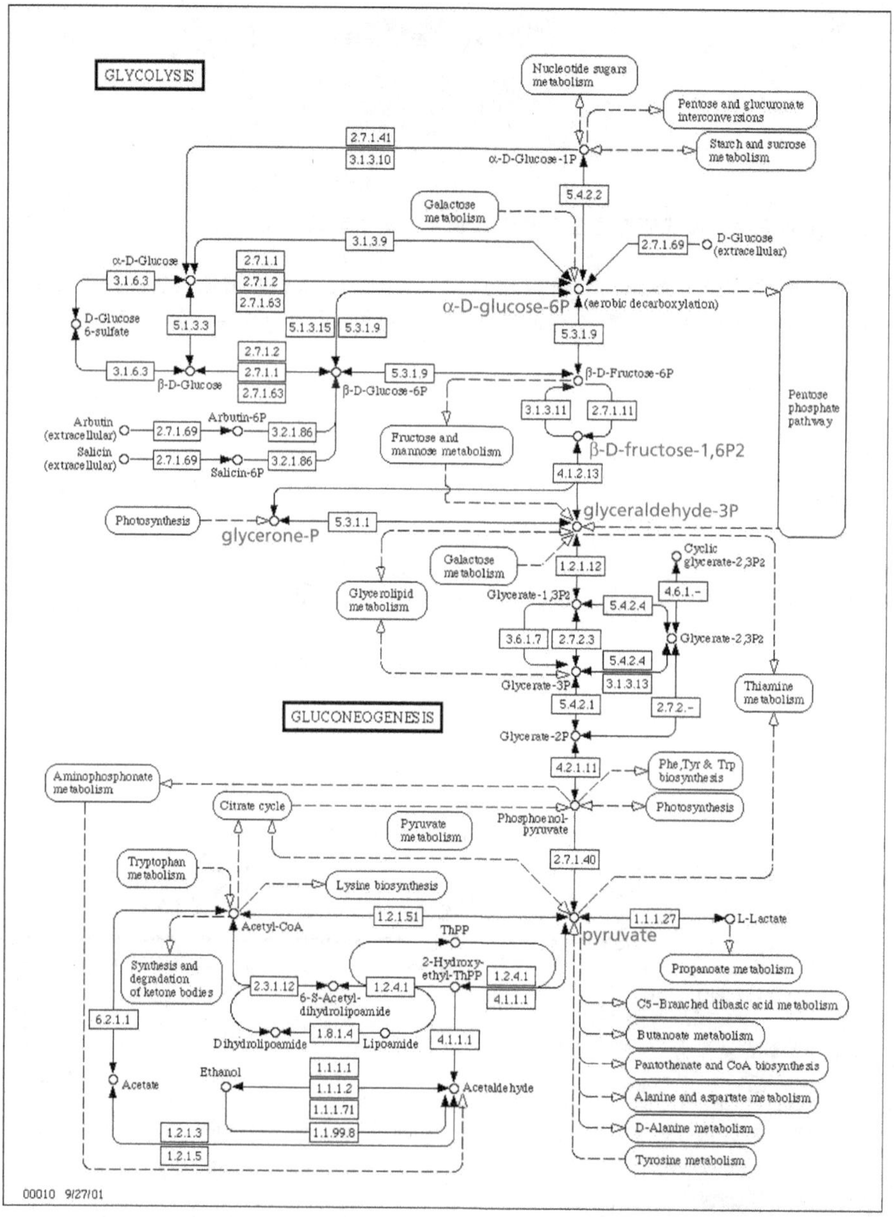

图 17.3 KEGG 中的糖酵解通路。其中的元素包括酶号（方框内）、代谢产物以及酶反应的类型。箭头指示反应方向。圆框里的标注（如 Glycerolipid metabolism）代表其他通路。

生物学系统是有生命的网络

生物学网络，如胞内信号转导通路或代谢通路，与上文所提到的交通运输系统具有很多相似之处。生物学网络也是组分的集合，组分是通路中的单个蛋白质和小分子，它们通过相互作用实现关联，而信号正是通过这些关联在网络中传递，并且对整个网络的功能产生影响。这些生物学网络也蕴含着激活或者中止特定信号的机制。生物学网络同样可以被外界刺激所扰动，如食物或药物。因此，为了正确的理解单个蛋白质或基因的功能和效应，以及它们相互作用和产物的因果关系，我们需要研究这些蛋白质或基因所参与的整个系统。一旦我们掌握了可操作的定量的数学模型，理解了系统的正常机能，我们就可以模拟不同扰动的效应。以制药工业为例，这种研究可以用于发现新药的效应，如识别可能抵消部分药物效应的反馈机制，预测药物的副作用等。

建立简单的分子间相互作用网络是对复杂实体（如细胞）进行建模的第一步。生物学系统具有分层的结构，如分子通路、细胞器、单个细胞等，针对子系统的研究可以在不同的层次展开。蛋白质相互作用网络是研究细胞机制的起点。为了实现网络的动态建模，我们首先需要建立这样一个基本的网络结构。目前有不少数据库可用于建立这样的初始结构。

数据库是网络构建的有效起点

构建网络需要多种类型的信息。很多网站提供特定通路中所有的或大多数相互作用蛋白质的信息，如京都基因与基因组百科全书（Kyoto Encyclopedia of Genes and Genomes，KEGG）。KEGG 中的基因目录把基因组织成功能的层次化描述，它的依据是基因的蛋白质产物在生化通路中的分类。KEGG 包含了功能蛋白、结构蛋白、RNA 以及小分子配体的信息。图 17.3 展示了其中的糖酵解通路。EcoCyc 针对一个特定物种——大肠杆菌（*E. coli*）做了类似的工作。它描述了大肠杆菌的基因组信息和生化机制。图 17.4 是 EcoCyc 对大肠杆菌糖酵解通路的描述，其中与图 17.3 一致的代谢物标记为红色。还有其他一些网站提供蛋白质相互作用信息，如生物分子相互作用网络数据库（Biomolecular Interaction Network Database，BIND）（图 17.5）。pSTIING（Protein，Signaling，Transcriptional Interaction & Inflammation Networks Gateway）是另一个公共数据库，它提供蛋白质-蛋白质，蛋白质-脂，蛋白质-小分子，以及配体-受体相互作用；此外，它还把转录调控关系整合进了蛋白质相互作用信息（图 17.6），并且允许蛋白质相互作用信息与实验数据，如表达谱数据的整合。表 17.1 提炼了一部分构建通路时常用的数据库。

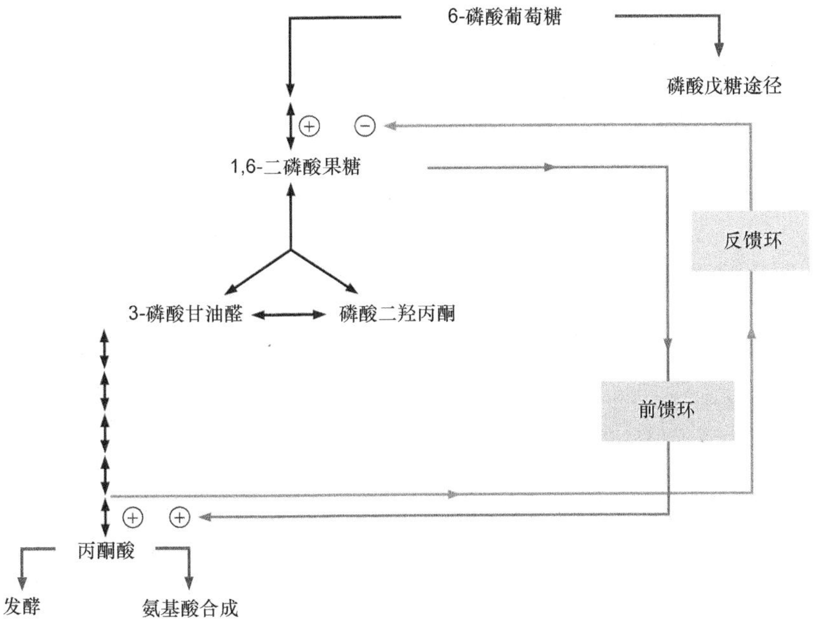

图 17.4　EcoCyc 包含大肠杆菌的基因组和生化系统方面的信息。本图是糖酵解通路最粗略的一张轮廓图，只给出最重要的分子的名称。黑色箭头代表反应方向；浅灰箭头代表控制信息；深灰色箭头代表与其他通路的相互作用。

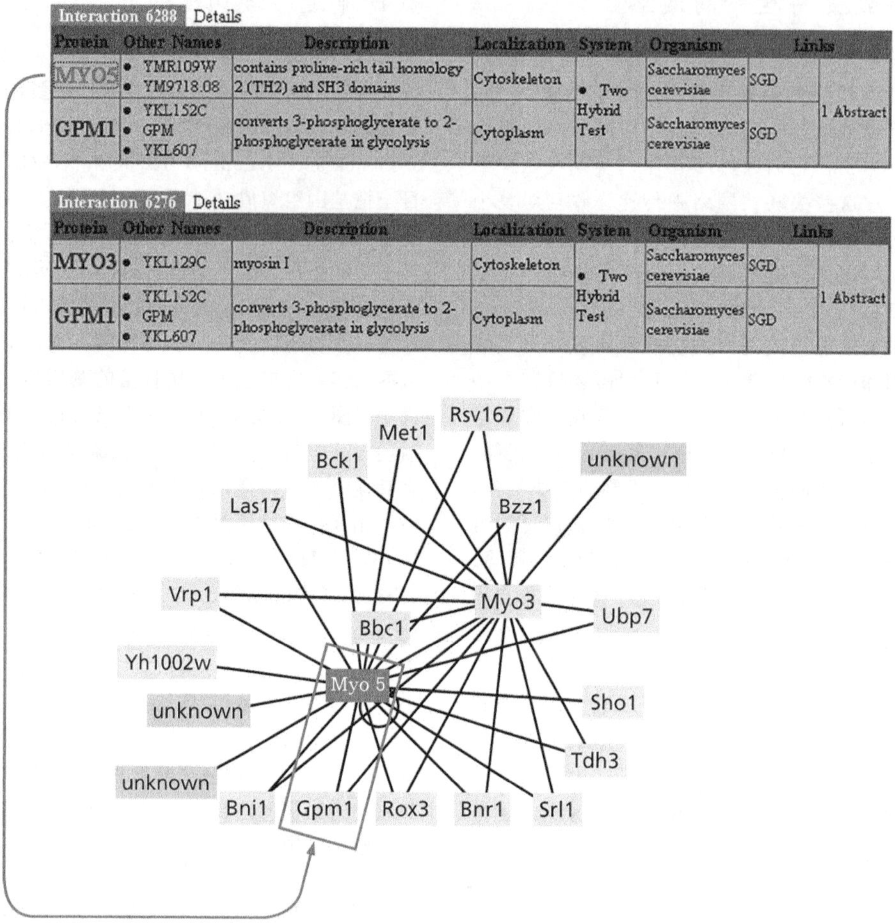

Interaction 6288 Details							
Protein	Other Names	Description	Localization	System	Organism		Links
MYO5	• YMR109W • YM9718.08	contains proline-rich tail homology 2 (TH2) and SH3 domains	Cytoskeleton	• Two Hybrid Test	Saccharomyces cerevisiae	SGD	1 Abstract
GPM1	• YKL152C • GPM • YKL607	converts 3-phosphoglycerate to 2-phosphoglycerate in glycolysis	Cytoplasm		Saccharomyces cerevisiae	SGD	

Interaction 6276 Details							
Protein	Other Names	Description	Localization	System	Organism		Links
MYO3	• YKL129C	myosin I	Cytoskeleton	• Two Hybrid Test	Saccharomyces cerevisiae	SGD	1 Abstract
GPM1	• YKL152C • GPM • YKL607	converts 3-phosphoglycerate to 2-phosphoglycerate in glycolysis	Cytoplasm		Saccharomyces cerevisiae	SGD	

图 17.5 BIND包含组分之间的相互作用，包括细胞定位、实验条件、保守序列、相互作用的分子定位等信息。本图概括了糖酵解中 MYO5 与 GPM1 两个蛋白质的相互作用，该相互作用被可视化并且被拓展到 MYO5 的其他相互作用蛋白质，以及所有这些蛋白质之间的相互作用，如 GPM1 和它的相互作用蛋白质（如 MYO3）。（见文后彩图）

构建模型需要比网络更加丰富的信息

我们可以利用以上数据库的信息得到网络结构，但是当我们需要构建一个动力学模型，无论是基于动力学参数还是统计信息（如某个基因的打开或关闭），我们都需要从已经发布的实验数据中继续寻找可用的信息。为了完成网络的定义，组分之间相互作用的定义是必不可少的，包括哪些组分发生相互作用，以及这些相互作用的动力学定量信息。例如，一个反应进行的是快还是慢，各组分的初始浓度怎样等。由于动力学参数的实验定量并非常规技术，所以往往很难获取，有时候只能根据一个类似的、已被更好地定量描述的系统进行估算。因此动力学模型的构建依赖于对酶反应平衡以及相关参数的信息积累。考虑到参数值的大小又与很多因素有关，如组织类型或生理状态以及实验条件，一个准确的模型则需要所有的参数都来源于同样的条件、同种组织类型。另一个问题是，很多酶的动力学速率常数值来源于体外实验，而我们并不能确定它们在体内是否相同。此外，影响网络的外界信号也需要被定义，独立的描述信号应答的知识可以用于检查我们构建的模型是否真实的描述了系统行为。

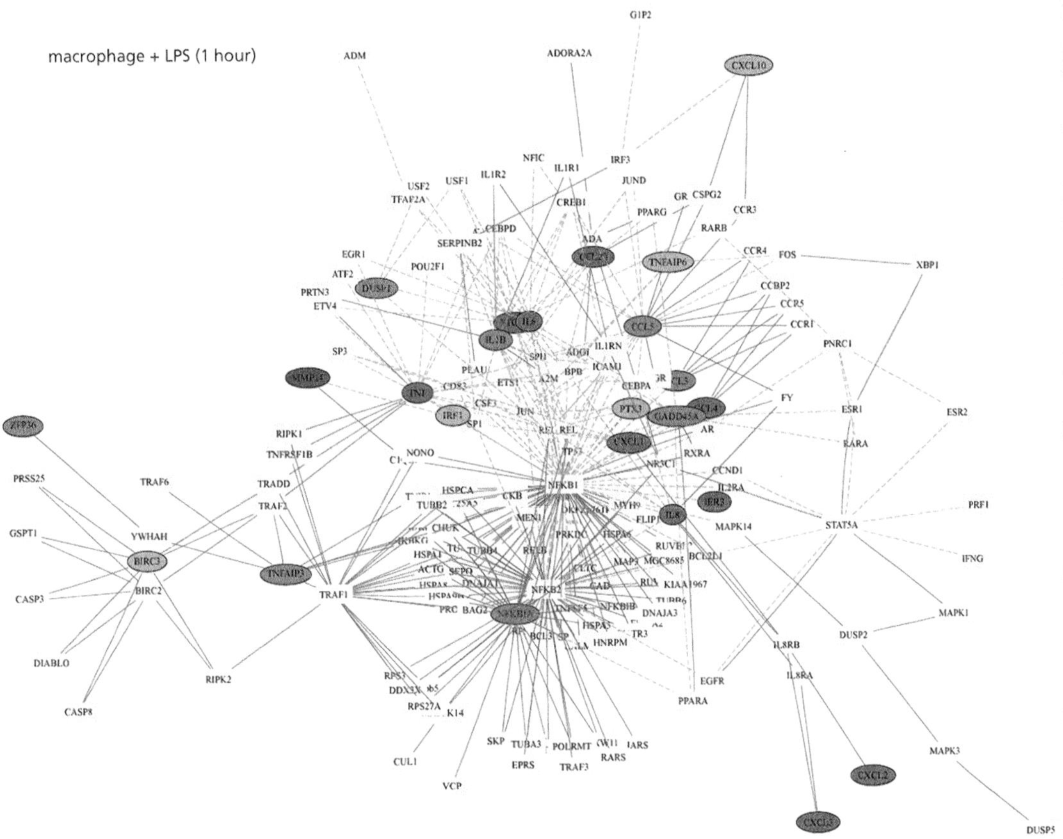

图 17.6 pSTIING 包含了蛋白质相互作用（实线所示）更加丰富的信息。它还提供蛋白质/基因转录调控其他蛋白质/基因的信息（虚线所示）。用户可以把自己的实验结果投射到 pSTIING 所提供的相互作用图中。在本图中，基因/蛋白质的颜色由表达谱数据决定，红色代表 6 倍以上的上调；深橙色代表 4 倍以上的上调；浅橙色代表 2 倍以上的上调；而绿色则代表下调。（见文后彩图）

表 17.1 系统生物学研究中的一小部分在线工具和数据库。

http://pstiing.icr.ac.uk	pSTIING
http://wwwmgs.bionet.nsc.ru/mgs/gnw/genenet/	GeneNet
http://string.embl.de/	STRING
http://www.ebi.ac.uk/intact/index.jsp	IntAct
http://mint.bio.uniroma2.it/mint/	MINT
http://www.bind.ca/Action	BIND
http://dip.doe-mbi.ucla.edu/	DIP
http://www.hprd.org/	HPRD
http://mips.gsf.de/proj/ppi/	MIPS/MPPI
http://www.biocyc.org/	BioCyc
http://metacyc.org/	MetaCyc
http://www.pantherdb.org/	PANTHER
http://www.genome.jp/kegg/	KEGG
http://biozon.org/	Biozon
http://www.biocarta.com/genes/index.asp	BioCarta
http://www.genmapp.org/	GenMAPP

http://stke. sciencemag. org/	STKE
http://www. signaling-gateway. org/	AfCS
http://www. grt. kyushu-u. ac. jp/spad/	SPAD
http://biodata. mshri. on. ca/osprey/servlet/Index	Osprey
http://www. cytoscape. org/	Cytoscape
http://strc. herts. ac. uk/bio/maria/NetBuilder/index. html	NetBuilder
http://vlado. fmf. uni-lj. si/pub/networks/pajek/default. htm	Pajek
http://visant. bu. edu/	VisANT
http://sbw. kgi. edu/software/jdesigner. htm	Jdesigner/SBW
http://projects. villa-bosch. de/bcb/software/software/Ulla/SimWiz/	SimWiz
http://pavesy. mpimp-golm. mpg. de/PaVESy. htm	PaVESy
http://www. genomicobject. net/member3/index. html	Genomic Object Net
http://www. celldesigner. org/	CellDesigner
http://www. ncbs. res. in/～bhalla/kkit/index. html	Genesis/Kinetikit
http://www. e-cell. org/	E-Cell
http://page. mi. fu-berlin. de/～trieglaf/PNK2e/index. html	PNK 2e
http://www. bii. a-star. edu. sg/research/sbg/cellware/index. asp	Cellware
http://www. biouml. org	BioUML
http://www. nrcam. uchc. edu	Virtual Cell
http://icb. med. cornell. edu/services/sp-prod/sigpath/mainMenu. action	SigPath
http://www. cellml. org/	CellML
http://sbml. org/index. psp	SBML
http://www. ebi. ac. uk/biomodels/	BilModels
http://jjj. biochem. sun. ac. za/index. html	JWS
http://jigcell. biol. vt. edu/index. html	JigCell
http://www. biospice. org	Bio-SPICE
http://www. mcell. psc. edu	MCell
http://sbw. kgi. edu/software/jarnac. htm	Jarnac
https. //biodynamics. indiana. edu/CellModeling/AboutCellX. html	CellX
http://sbml. org/software/sbmltoolbox/	SBMLToolbox
http://sbml. org/software/mathsbml/index. html	MathSBML
http://wishart. biology. ualberta. ca/SimCell/	SimCell

构建模型的三种可行的方法

目前存在多种用于构建动力学网络数学模型的方法。最主要的三种方法包括自下而上（bottom-up）、自上而下（top-down）以及中间路线（middle-out）(图 17.7)。自下而上（bottom-up）的方法从搜集实验数据出发进行网络构建，预测网络行为。首先汇集系统中各个组分的各种信息，然后整合出描述系统的蓝图。图 17.8 中的例子用自下而上的方法对合成的大肠杆菌 O_RO_{lac} 启动子进行建模，研究该启动子在不同条件下的行为。O_RO_{lac} 启动子被 LacI 蛋白抑制，被 CI 蛋白激活。绿色荧光蛋白（green fluorescent protein，GFP）编码序列装在 O_RO_{lac} 启动子的下游，使得启动子的激活和抑制能够被定量检测。这个模块的行为可以用一个数学模型来考察。图 17.8 给出的预测实例表明该方法可以用于基因调控的预测。图中的红线代表实验结果，蓝线代表预测结果。很明显，在这个例子中模型预测结果与系统的真实行为吻合得很好。

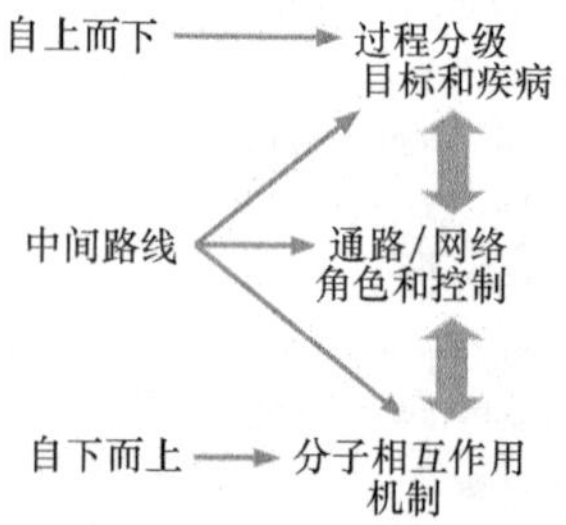

图 17.7　表征自上而下、自下而上、中间路线三种系统建模方法关系的示意图。

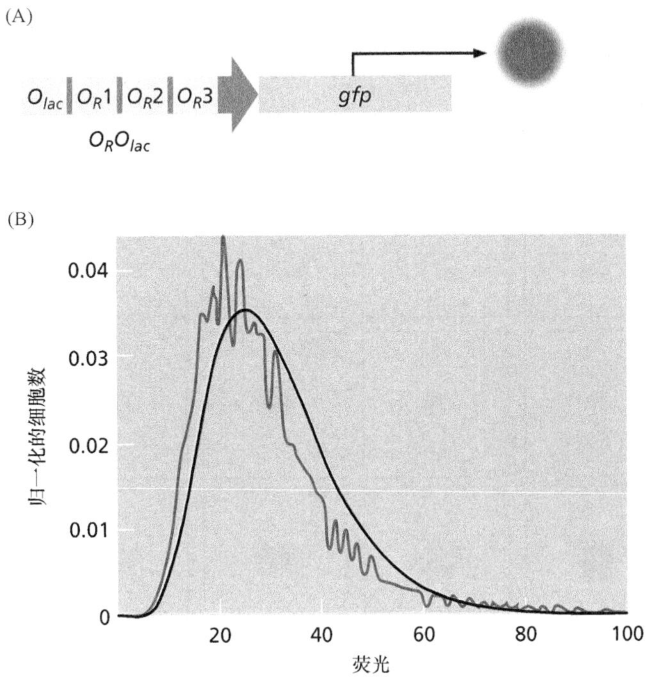

图 17.8 合成的大肠杆菌 O_RO_{lac} 启动子。（A）该启动子控制绿色荧光蛋白基因 *gfp* 的表达，而该产物能够被荧光检测，因此启动子的活力可以定量。CI 蛋白和 LacI 蛋白能够结合启动子。（B）浅灰色曲线和黑色曲线分别表明实验检测到的和模型预测出的细胞计数（改编自 N. J. Guido et al., A bottom-up approach to gene regulation, Nature 439:856-860, 2006）。

自上而下（top-down）的方法是从观察到的行为出发，通过迭代的实验与模拟逐步补充系统中必要的组分及其相互作用，使模型能够呈现观察到的现象。这个过程丰富、优化了模型中有关机制的细节。很多模型都采用自上而下的方法入手，如蛋白质-蛋白质相互作用、酶反应通路、信号转导通路。这类网络的整体构架是很重要的属性。构架是系统中组分的相互联系方式，能够决定网络的行为。网络中同样的节点可以以不同的方式彼此联系。例如，节点可以只与邻近节点发生关联（图 17.9A），也可以随机的与其他任何节点发生关联（图 17.9B）；一部分节点可以生发出很多关联，而其他的节点则只涉及很少的关联，这样的网络通常被称为无尺度网络（scale-free network）（图 17.9C）。无尺度网络引起了人们很多关注，其中具有很多连接的蛋白质作为网络的核心（hub）对于网络的行为往往具有重要意义。

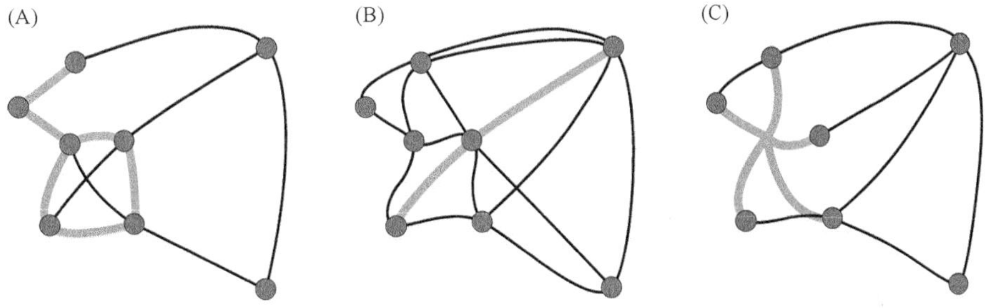

图 17.9 网络的不同组织构架。（A）邻近节点发生联系；（B）节点之间随机关联；（C）部分节点涉及较多关联。

肿瘤侵袭的数学定量模型（图 17.10）是一个自上而下的例子。在这个模型中，肿瘤侵袭行为依赖于细胞外基质（extracellular matrix，ECM）的成分、可分解细胞外基质的金属蛋白酶（metalloproteinase，MMP）以及肿瘤细胞等多种因素。小肿瘤在模拟初始阶段均匀增长，随后导致侵袭发生。这个模拟再现了肿瘤的转移行为。

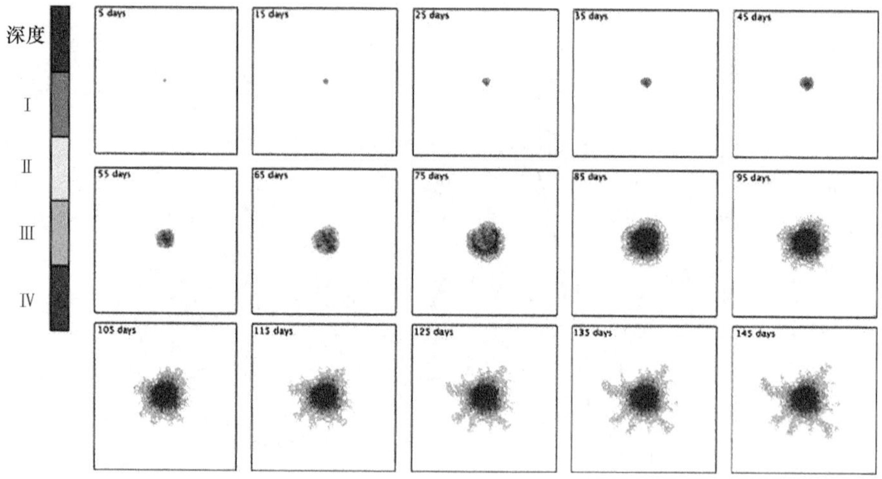

图 17.10 基于细胞外基质模拟的肿瘤扩散模拟。起初肿瘤很小，形成小巧的圆。随着时间的推移，细胞开始增殖，部分细胞死亡（棕色）。随后，一部分细胞变得具有侵袭性（蓝色）。从第 85 天起，包含死细胞和侵袭性细胞的肿瘤发生更快的侵袭（来自 Clinica Chimica Acta，357，V. Quaranta et al.，Mathematical modeling of cancer：the future of prognosis and treatment，173-179，2005，获得 Elsevier 出版社许可）。（见文后彩图）

中间路线（middle-out）比以上两种方法更灵活。由于用于构建数学模型的数据既可以来自于分子水平的实验，也可以来自于系统水平的行为观察，因此只要模型能够被一个假设所支持，我们可以根据可采纳数据的水平，从任何阶段起步进行建模，然后对模型进行向下或向上的拓展，从而提高其分辨率或覆盖度。在当前的生物学数据积累程度以及实验条件下，中间路线是使用最频繁的方法。

虚拟心脏项目（见扩展阅读）是一个很好的例子，用于描述心肌维持心脏搏动功能的数学模型相当复杂，其中包含了各类主要的心肌细胞的模型。整个模型汇总了大量方程，它们分别描述心脏中的各种蛋白质、细胞以及组织。模型能够展现心脏中特定部位（如心房）中大量基因表达的变化，以及心脏功能扰动的后果等。这些基因表达改变对于理解心电图的含义非常重要，同时也有助于认识各种类型的心脏病。图 17.11 展示了一部分心脏发生机械力诱导的持续性心律不齐的模型。这类模拟可以帮助人们认识起搏器的行为等。

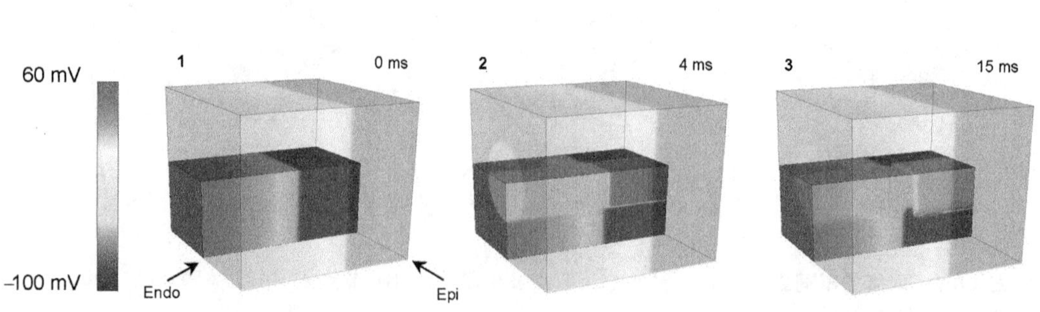

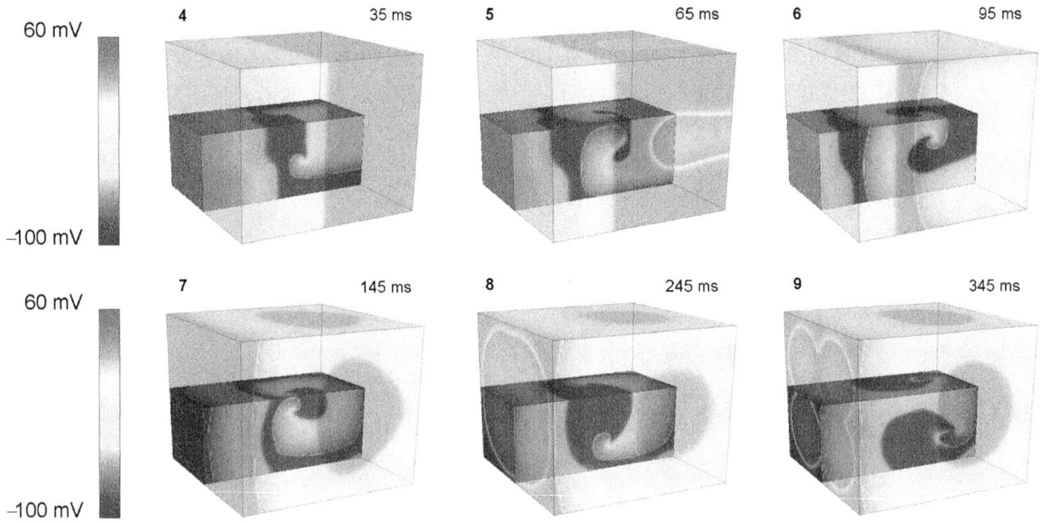

图 17.11 立体展示的心室壁机械力诱导的持续性心律不齐模型。模型包含跨膜电压信息，蓝色代表 −100 mV，红色代表 60 mV（来自 Prog. Biophys. Mol. Biol.，87，A. Garny et al.，Dimensionality in cardiac modeling，47-66，2005。获得 Elsevier 出版社许可）。（见文后彩图）

动力学模型并非系统生物学研究的唯一途径

本章随后的内容将主要涉及动力学模型，但并不意味着动力学模型是分析大规模网络的唯一途径。数据驱动的基于约束的模型（拓扑模型）也可以很成功。由于所有的生物学过程都依赖于特定的物理化学约束（如渗透压、热力学等），因此拓扑学模型

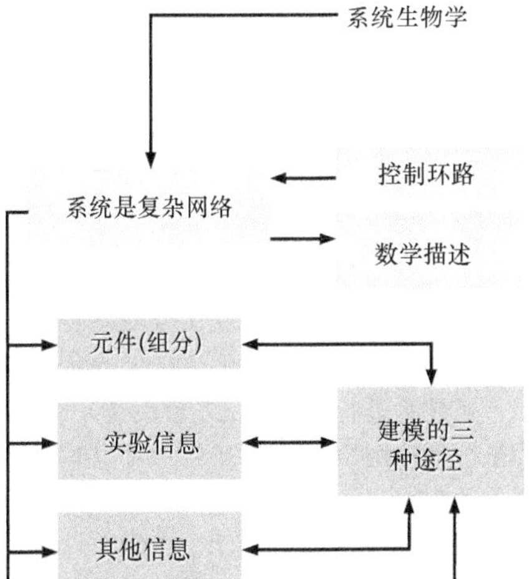

流程图 17.2 一部分类型的系统模型在本章有详细描述。

通过将这些约束施加给基于计算的重构网络，推断该网络可能的功能。拓扑建模的方法尤其适用于缺乏充足的动力学数据构建动力学模型时。用于分析拓扑模型的方法包括流平衡分析（flux balance analysis，FBA）和极端路径分析（extreme pathways）。前者采用线性方法优化模型参数（parameters），而后者则考察所有可能的流分布。本书不再详细描述这些方法，有兴趣的读者可以参考扩展阅读。FBA 方法已经成功地应用于大肠杆菌细胞代谢等系统的模拟。

建模过程中需要注意的另外一点是，代谢模型主要研究稳态的动力学，而信号转导模型则是时间依赖的。

17.2 模型的结构

这部分我们将讨论系统结构的定义以及生物学系统中发现的一些典型的子结构（substructures）。先简短地讨论作为结构组成单元的元件（组分）和参数，然后详细讨论几个简单的分子系统。我们将基于组分及其相互作用对系统结构进行描述。

正如前文所述，系统建模的第一步是根据组分及其相互作用刻画系统的结构。组分可以是蛋白质、基因、代谢物或者其他分子，也可以是更大尺度的对象，如细胞膜、整个细胞甚至是整个器官或生物体。相互作用可以是基因之间的调控关系、蛋白质复合体的组成关系、酶和底物的催化关系，以及组

分之间的其他任何相互关系（图 17.3 中的例子）。

系统的相互作用是通过参数来定义的，如组分浓度、每个步骤的反应速率等（图 17.12）。一部分参数可以看作常数，如反应速率，而另外一些参数则随着系统的发展而变化，如温度、组分的浓度等。在一些案例中，参数（如反应速率）在特定物种中是恒定的，但是在不同物种中会发生变化。而对于那些反映受控系统特征的参数，如温度、特定化合物的浓度、特定基因或基因产物的激活水平等，应当予以特别的重视。这样的参数［有时称为**状态变量（state variables）**］在系统的响应过程中往往会发生波动。

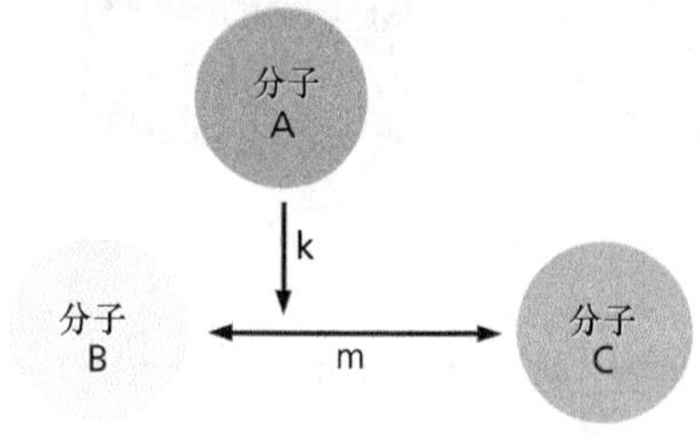

图 17.12　B 分子和 C 分子的相互作用由参数 m 描述，而 k 是与修饰 B、C 相互作用相关的参数。 C 的产率与 k［B］呈正相关，k 可正可负。若 k 为负，则 A 为抑制因子；若 k 为正，则 A 为刺激因子。

系统功能对状态变量（如温度）的依赖可以通过特定术语清晰地定义。例如，化学反应理论定义了反应速率对温度的依赖关系。将这个公式纳入模型就可以考虑到反应的温度效应。需要注意的是，不同组分的温度效应由各自特定的公式来描述。

此外，系统结构还可以包含细胞的物理结构以及其他方面因素。例如，当系统的某些组分与细胞膜关联时，这个因素也应当被考虑在内。

控制环路是生物学系统的必要组成部分

大多数真正的生物学系统以特定的应答［**输出（output）**］响应特定的刺激（输入）。为了维持系统的功能，该应答受到严格的调控。调控功能的实施需要通路中晚期效应组分和早期效应组分之间特定的相互作用，但它们不一定是直接的作用，可以涉及并非处于通路主线的较远缘的组分群。调控的存在意味着环路（circuits）在系统结构中的必要性。

生物学系统中有两类主要的控制机制：前馈（feedforward）和反馈（feedback）（图 17.13）。在前馈控制（feedforward control）中，一系列反应被一个特定的反应或输入所激活。反馈控制（feedback control）则更加复杂而精确，它能够探测到实际输出与理想输出之间的差别，并且补偿这个差别。有两种不同类型的反馈控制：正调控（刺激型）和负调控（抑制型）。一个通路中可以同时存在前馈调控和反馈调控（图 17.13）。图 17.14 展示了一个更加复杂的系统，这个复杂的通路由多个小的闭合环路构成，如被 DNA 损伤或胞内压力激活的 p53 模块（module）。

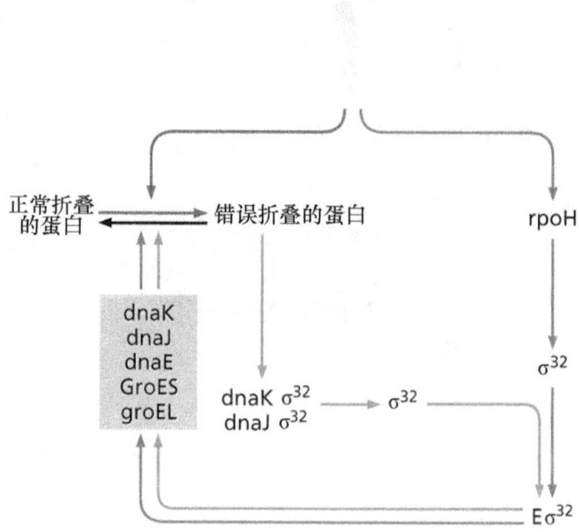

图 17.13　大肠杆菌热休克反应的简化图。 热休克发生后，快速的翻译调控作用于编码 σ^{32} 的 rpoH mRNA，加速 σ^{32} 蛋白的合成。随后 σ^{32} RNA 聚合酶全酶（$E\sigma^{32}$）形成，它激活蓝框中的热休克蛋白（HSP），而热休克蛋白能够修复错误折叠的蛋白质。这个过程是一个前馈调控，由图中蓝色箭头指示。与此同时，绿色箭头所标识的第二种机制也在发生作用，它依赖于错误折叠蛋白的检出。dnaK 和 dnaJ 能够检测到错误折叠蛋白，并释放出绑定的 σ^{32} 蛋白，这些自由的 σ^{32} 激活热休克蛋白的转录。在第二种机制中，错误折叠蛋白的水平被监控，它们的水平决定 σ^{32} 的活力，是反馈调控。（见文后彩图）

网络中的相互作用可以被表述为简单的微分方程

模型中组分之间的所有相互作用都需要数学描述，由此定义组分之间的关系以及状态变量。系统中非分子结构的组分可以用来源于工程技术领域的有限元分析技术进行模拟（见扩展阅读）。而分子组分则用微分方程网络中的相互作用可以被表述为简单的微分方程（simple differential equations）描述。

我们用表皮生长因子受体（EGFR）通路（图 17.15A）作为分子组分所构成系统的一个案例。代谢和信号转导网络调节很多生物学过程，它们的紊乱伴随着多种疾病的发生。研究这些网络的动力学有助于揭示它们的运作方式及其与癌症、心脏病等疾病的关系，并且提出新的治疗方案。

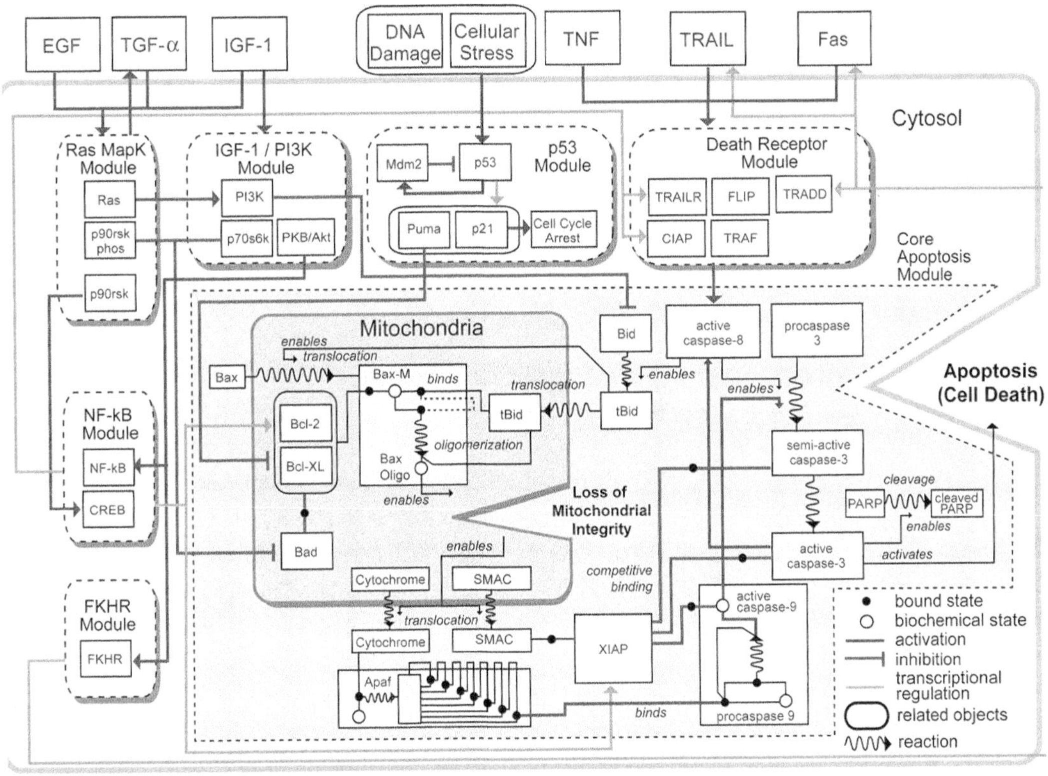

图 17.14　描述成电路板形式的凋亡通路。这种类型的图有助于理解各种胞内组分调控细胞凋亡所涉及的定量的相互作用。当大多数组分及其相关参数已知时，数学建模就能够预测通路对细胞内外不同扰动的应答。

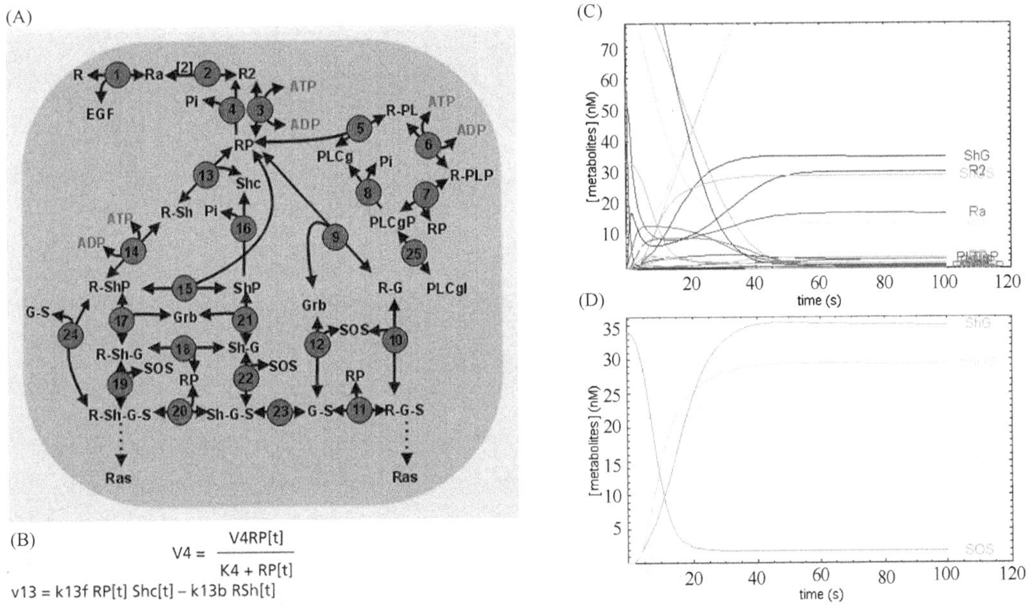

图 17.15　EGFR 通路在癌症发生过程中非常重要。EGFR 酪氨酸激酶的磷酸化导致下游多个蛋白质和酶的激活，继而引发一系列级联反应（interacting cascades）进行信号传递。可验证的计算模型对于预测信号转导的动力学具有非同寻常的重要意义。(A) EGFR 网络的机制模型首次发表于 1999 年，它解释了肝细胞应答 EGF 刺激的一部分信号转导的动力学。通路中的组分在模型中被命名，相关的反应和方程式由圆圈内的数字指代。(B) 该图展示了通路中的第 4 和第 13 个方程式。(C) 图和 (D) 图展示了一部分模拟结果，其中一些组分在消耗的过程中浓度下降；而另外一些组分浓度则在上升。这些图是用 JWSAPPLET（http://www.jjj.bio.vu.nl）生成的。

代谢通路和信号转导通路中主要的相互作用发生在不同的蛋白质之间或者蛋白质和小分子（如代谢物）之间［图 17.15（A）和图 17.15（B）］。相互作用的反应方程式来源于化学和生化基本理论。假定两个组分 A 和 B 相互作用生成了 C 和 D，正反应速率常数为 k_1，负反应速率为 k_{-1}，记为

$$A+B \underset{k_{-1}}{\overset{k_1}{\rightleftharpoons}} C+D \tag{17.1}$$

组分 C 随时间积累的速率示为一阶导数：

$$\frac{\mathrm{d}[C]}{\mathrm{d}t}=k_1[A][B]-k_{-1}[C][D] \tag{17.2}$$

式中，$[A]$、$[B]$ 等为各组分的浓度。第一项对应于正反应，第二项对应于负反应。类似地，我们还可以有以下表述：

$$\frac{\mathrm{d}[A]}{\mathrm{d}t}=-k_1[A][B]+k_{-1}[C][D] \tag{17.3}$$

该表述同样适用于 $[B]$ 和 $[D]$。给定 4 个组分的初始浓度和 k_1、k_{-1} 值，就可以计算各组分随时间的变化。

假定组分 C 又参与其他相互作用，如解离成两个构成亚基：

$$C \underset{k_{-2}}{\overset{k_2}{\rightleftharpoons}} E+F \tag{17.4}$$

则有：

$$\frac{\mathrm{d}[C]}{\mathrm{d}t}=-k_2[C]+k_{-2}[E][F] \tag{17.5}$$

这两个相互作用彼此独立，因此可以综合两个方程式（17.2）和式（17.5），得到［C］随时间变化的方程：

$$\frac{\mathrm{d}[C]}{\mathrm{d}t}=k_1[A][B]+k_{-2}[E][F]-k_{-1}[C][D]-k_2[C] \tag{17.6}$$

这个步骤适用于包含很多组分和相互作用的系统，**常微分方程组（ordinary differential equations，ODE）**可以定义整个系统。图 17.15（B）展示了两个常微分方程的例子，它们描述图 17.15（A）中的系统。解出所有方程即得到系统的特征。图 17.15 是最近被模拟的一个更大更完整的网络（图 17.16）的一部分。

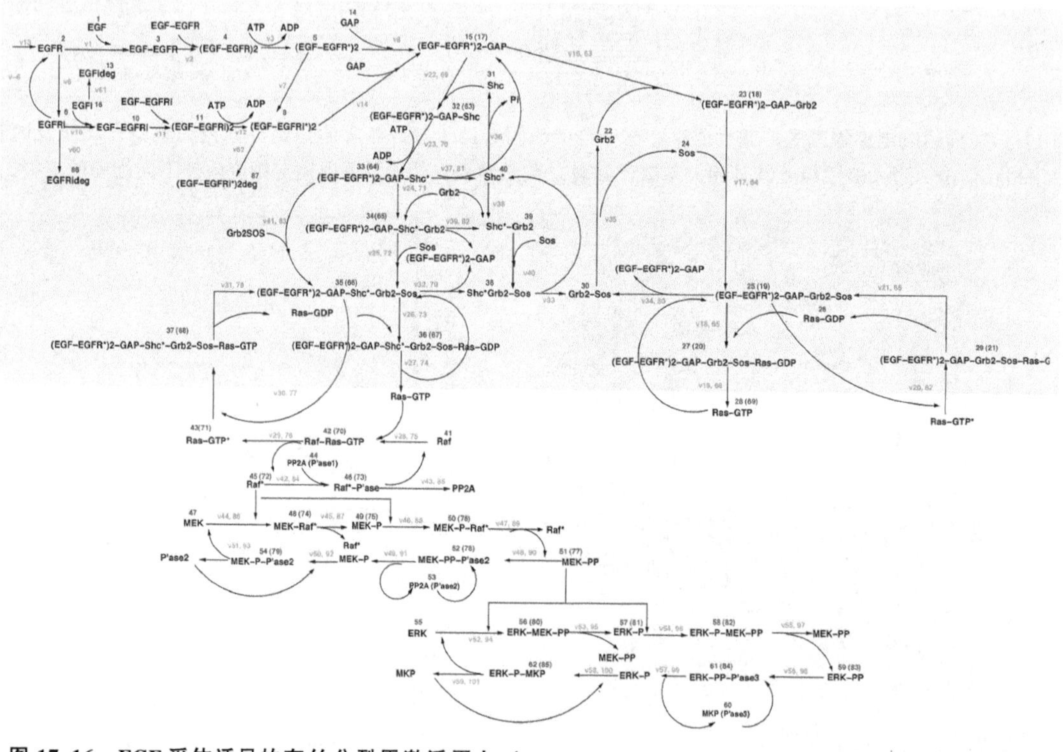

图 17.16　EGF 受体诱导的有丝分裂原激活蛋白（mitogen-activated protein，MAP）激酶系统的结构。 蓝色数字标识不同的组分（共 94 个）。绿色数字代表反应速率（共 125 个）（来自 Nature Biotechnology 20：370-375，B. Schoeberl et al.，computational modeling of the dynamics of the MAP kinase cascade activated by surface and internalized EGF receptors，2002. 获得 Macmillan 出版社许可）。（见文后彩图）

这些概念化的简单的方程组可以用于描述高度复杂的分子系统，如跨膜通道蛋白与被转运物之间的相互作用。这也是模拟更高层次细胞功能的基础，如分泌、电活动（electrical activity）、多细胞功能（如心肌传导通路等）（参见专栏 17.1）。

专栏 17.1　心脏的细胞建模

仅仅描述上文所述的简单的生化反应或者结合信息，并不足以精确模拟多细胞系统。多细胞系统，如心脏，还包含了发生在多种时间尺度和空间尺度上的机械的和电生理的相互作用，涉及分子间以及细胞间相互作用。举例来说，对于正在运转的心脏，至少需要细胞和器官两个层面的数据进行模拟。细胞层面组分（如被转运离子）的相关数据用于模拟心肌的行为；而器官层面的数据，如心肌纤维结构，则用于构建精细的三维解剖模型。两个层面相互关联即可生成针对心脏及其功能的有效的预测模型。

例如，细胞水平的模拟有助于解释心脏的起搏功能，以及更好地诠释心电图（心脏电活动的记录）的含义。它进而可用于阐明一些心脏病的机制，如心率不齐，这类患者表现为心脏电活动失控，从而导致高度紊乱的心跳，极端情况下可致死（图 17.11）。

细胞层面与器官层面的关联可以实现对电冲动在心脏中的扩散行为的模拟，它可以在分子、细胞事件上精确地重现心律不齐。图 B17.1 展示了模拟心脏的图像。

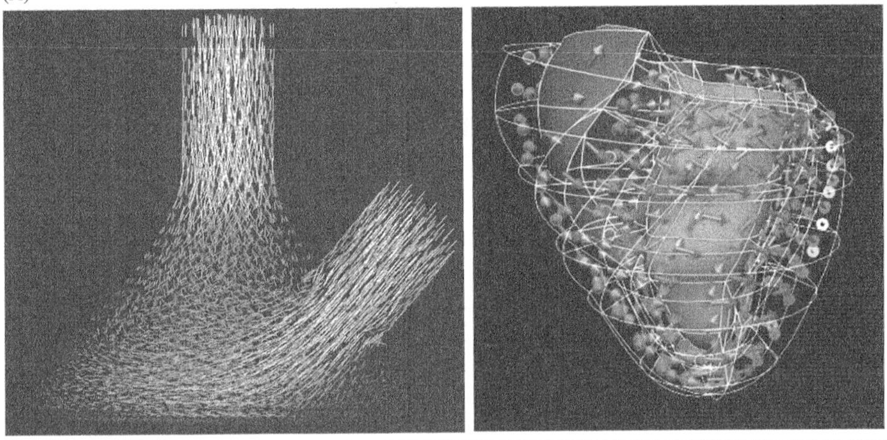

图 B17.1　器官水平的心脏模拟。（A）心室模型中液体（血液）流的模式。（B）心肌纤维（网线中的箭头）如何排布（本图承蒙 Andrew Pullan 提供）。

17.3　生物学系统的鲁棒性

无论是单个细胞，还是正在发育的胚胎，任何生物学系统都具备的一个特征是鲁棒性（robustness）。简单的说，鲁棒性是指系统在其内部组分或者外界环境发生变化时仍然能够维持特定功能的一种属性。正是由于这一属性的存在，当系统组分浓度、胞内反应速率发生改变，或营养条件、温度等外部因素发生扰动时，胚胎的发育、脑的正常功能，乃至生命才能够继续。

鲁棒性是生物体复杂性的一个独特属性

理解鲁棒性及其机制具有重要的意义，因为它有助于在机制水平认识系统如何在扰动条件下维持功能。系统生物学应当去阐明细胞和生物体怎样应对环境的变化（如营养缺乏、化学物质接触、温度改变等），以及怎样克服自身功能的故障（如 DNA 损伤、代谢通路中的遗传缺陷等）。如果我们最终希望攻克疾病，理解系统的本质功能就成为非常关键的环节。鲁棒性并非总是一个受欢迎的属性，尤其是当我们想要破坏或者杀死一个细胞时，如一个鲁棒的癌细胞对于患者来讲绝不是一件好事。类似于工程系统（engineered systems），生物学系统的鲁棒性和稳定性同样可以通过一些特有的元件得以实现。

有一些细胞生命，如支原体（*Mycoplasma*，哺乳动物细胞内的一种专性寄生物），依赖于几百个基因得以生存。它们在特定环境条件下能够存活，但是对于波动格外敏感，不够鲁棒。稍微复杂一些的生命形式则需要更多的基因。例如，大肠杆菌有 4000 个基因，根据一个比较粗糙的标准——基因对于大肠杆菌在标准实验条件下的存活是否必需，其中只有 300 个被鉴定为必需基因。其他基因被认为或者有关备份功能，或者有关复杂调控，正是这些基因赋予大肠杆菌鲁棒性，使之能够适应可能面临的各种压力。与支原体相比，大肠杆菌能够应对其正常生境（哺乳动物肠道）的扰动。

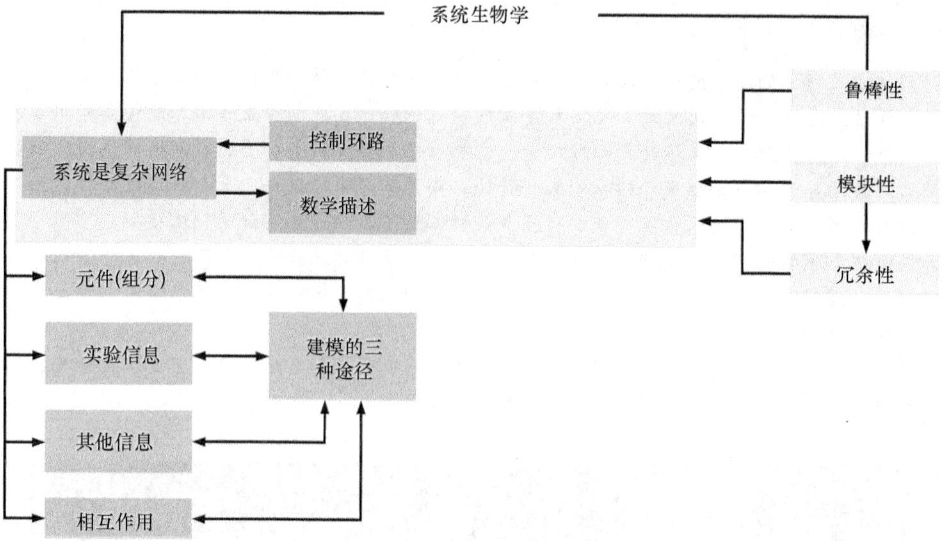

流程图 17.3　本节描述了系统的一些主要属性，尤其是鲁棒性。

与鲁棒性并存的是系统的复杂性和与之相对的脆性（fragility）。生命的复杂性和脆性之间的关系可以用一个例子很好的解释——部分生命体怎样适应了以分子氧作为能量生成系统的电子受体。由于氧气很容易被转化为高活性自由基和高活性化合物，这些化合物能够与生物体内的分子进行反应并产生损伤，因此氧气对生命具有潜在的危害。以氧气为电子受体的生命体演化出了复杂的反馈调节机制，一方面确保细胞接受充分的氧气从而能够正常生存，另一方面氧气的浓度又被控制在毒性限度之内。一套复杂的调控网络赋予机体必要的鲁棒性——无论外界的氧气浓度如何变化，机体内的氧气水平始终保持恒定。但是，对于这个复杂调控系统的依赖又使得该系统的故障会引发致死效应。也就是说，正是调控网络的复杂性带来了系统的脆性。

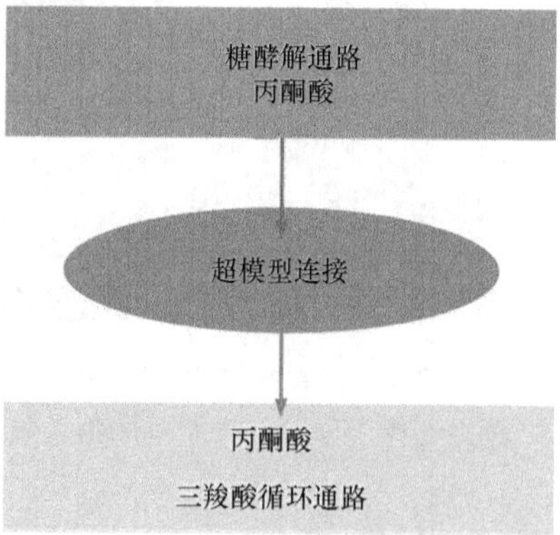

图 17.17　构成三羧酸循环模型的三个模块。整个模型包含糖酵解通路、三羧酸循环模块，它允许丙酮酸的交换。

模块性在鲁棒性中扮演重要角色

模块是指系统中单个的组分群或亚系统。模块从系统中剥离后，仍然维持至少一部分原有的特性；模块还从系统的其他部分获得附加的属性。图 17.17 展示了分子系统模块的一个例子，细胞呼吸系统中的 Krebs 循环或三羧酸循环（TCA cycle），该循环可以被归纳成单反应步骤的形式：

$$C_6H_{12}O_6 + 10NAD^+ + 4ADP + 4P_i + 2FAD + 2H_2O \longrightarrow 6CO_2 + 10NADH + 10H^+ + 4ATP + 2FADH_2$$

由于模块中的每个组分都可能与系统中的其他元件发生相互作用，因此模块与系统中其他元件的相互作用可以很复杂。以三羧酸循环为例，它不但生成高能产物输入下游的呼吸模块，还生成一些代谢物，能够被其他模块用于合成氨基酸、脂肪酸以及其他小分子（图 17.18）。

在系统生物学领域里，不同模块之间的相互作用也被称为**协议规则（protocols）**。模块间的作用尽可能简单是很有好处的。只要模块间的协议规则能够维持，模块内的调整对于整个系统的影响则微乎其微。而模块间的协议越简单，就越容易维持。因此，模块化对于系统的鲁棒性意义重大。

我们用乐高（LEGO®）插件玩具来解释模块性、简单的相互作用协议规则及其赋予系统的灵活性（见扩展阅读）。LEGO® 组件相当于基本模块，它们通过可逆的插接连接（snap-connection）协议

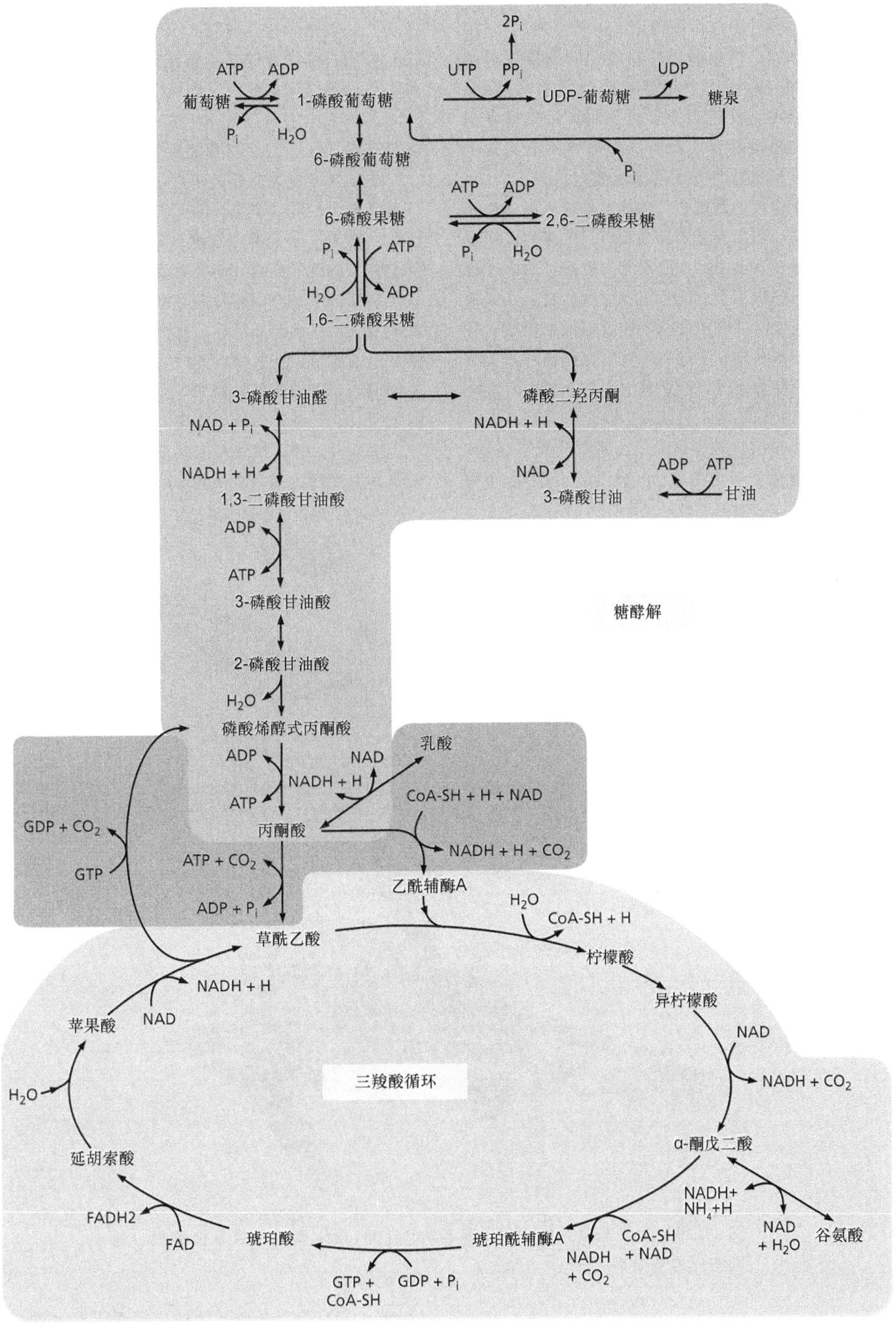

图 17.18　图 17.17 的详细版本，介绍两个模块如何通过丙酮酸相互联系。

发生相互作用（可逆性在生物学系统中通常也很重要，各组分之间的相互作用理论上讲是可逆的）。很多不同形状和大小的乐高插件通过相同的协议规则发生相互作用，从而可以搭建出变化多端的结构。不同插件可以在新的组合中重复使用，丢失或者损伤的插件很容易被替代，新的插件源源不断地被推出。系统正是通过这种方式逐渐地演化。

尽管插接连接创造出一个鲁棒的系统，但这种相互作用的协议规则存在其固有的脆性。连接界面很少量的损伤即可导致整个结构变得支离破碎，而非连接界面的大量损伤却不会造成系统鲁棒性的丧失。如果我们拿插接连接与一些更鲁棒的协议规则相比较，我们会发现用胶水粘连在一起的玩具抵抗损伤（如在房间里投掷）的能力更强，但是其组件并不能用于组合成新玩具，因此它基本不可能发生演化。

可插接连接的轮轴和车轮使乐高玩具能够运动，从而更加多样化。与动力化（motorization）相伴而生的是复杂性的提高，这需要新的协议规则，用于发动机和电池的相互连接以及齿轮传动装置。所有相互作用规则联合起来能够组装出复杂的动力化模块，进而整合到系统中（图 17.19），而系统的复杂性对用户基本上是隐蔽的。但是，系统的脆性也随着复杂性，尤其是控制系统复杂性的增加而增加。

生物学系统也同样是建立在协议规则和调控反馈环路基础上的复杂系统，因此具有鲁棒性，并且能够演化。对于一个大型多细胞生物体而言，单个细胞、甚至多个细胞的死亡并不会造成整个机体的死亡，但是控制系统中单个细胞特定类型的功能异常却可能发展成致死性疾病，如癌症，这个例子说明了生物学复杂系统的脆性。在生物世界中，常见的协议规则包括基因调控、蛋白质共价修饰（如磷酸化）、动作电位的发生（这是神经元用于传递大量不同类型信号的唯一规则）等。相关模块可以涉及基因表达调控，包含转录抑制或激活蛋白以及其他因子。

(A)

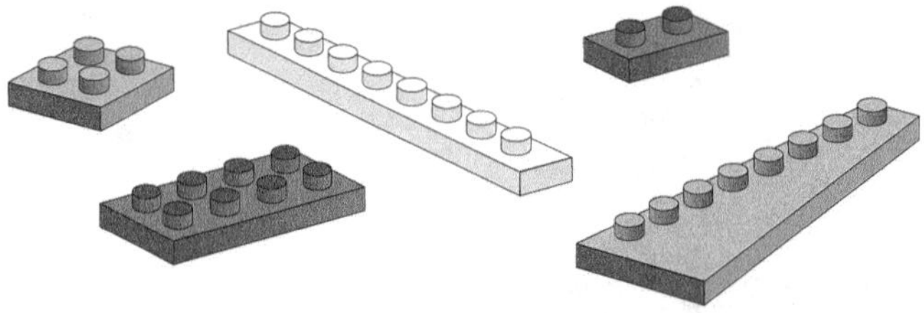

(B)

图 17.19　(A) 乐高系统中的建筑组件。(B) 由乐高组件及其协议规则构成的复杂系统。

系统中的冗余性能够提供鲁棒性

多数生命系统具有高度的内在冗余性（redundancy），它有益于提高系统的鲁棒性。冗余性是指一种功能可以通过多种不同的通路实现的现象。它意味着，当系统的一个元件被损伤后，相应的功能仍然可以通过其他不涉及该元件的通路来执行。小鼠的一系列单个基因敲除实验表明生物学系统中冗余现象的重要性是显而易见的，超乎想象的大量重要基因的缺失所产生的影响微乎其微。冗余性通常通过多个执行相同或类似功能的重复基因（duplicated genes）得以实现。此外，冗余性也发生在环路水平，如不同条件下功能互补的代谢通路和信号转导通路的存在。

冗余性一样存在于地铁交通（图 17.2），我们可以通过不同的路径到达同一站。在核心区域，即便某条线路被关闭，不同线路之间充分的相互联系也能确保出行通畅。图 17.13 展示的大肠杆菌热休克反应是一个生物学案例，它是部分独立并且具有一定冗余性的。

生命系统可以通过双稳态开关实现从一个状态到另一个状态的转换

尽管生物学系统所包含的反应是可逆的，但是系统的变迁显然是不可逆的。一个很常见的例子是细胞分裂周期，它在所有的生物中都是不可逆的。它可以被阻断，但是不能后退。这样的状态转换可以很简单地用双稳态开关来实现（图 17.20）。在严格控制的条件下，系统会向另一个状态发生全或无的转换。以真核细胞周期为例，当细胞内一群必需因子未能达到特定水平时，细胞始终处于 G_1 期。必需因子的累积完成后，细胞则不可逆地进入分裂期。

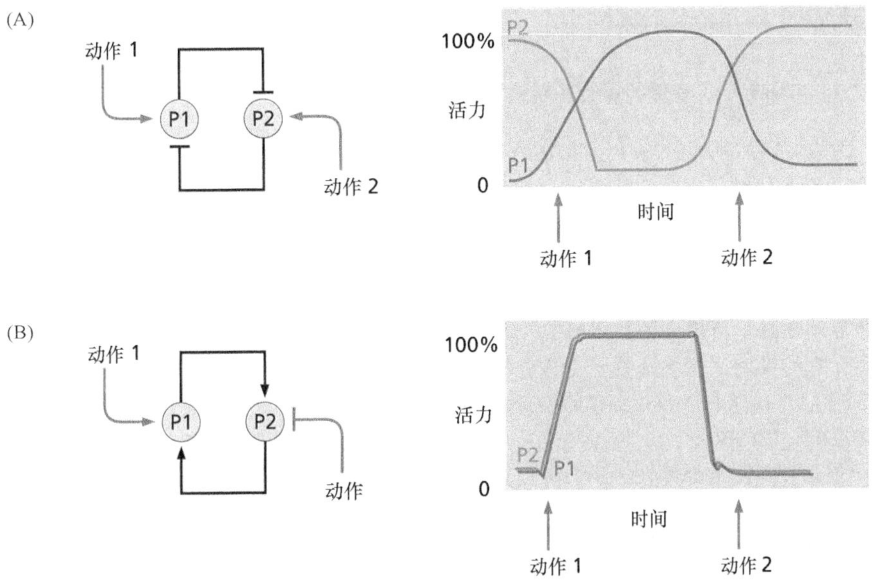

图 17.20　双稳态环路示意图。（A）双负反馈环路，其中蛋白质 1（P1）抑制蛋白质 2（P2），反过来 P2 也能抑制 P1（抑制效应由（⊣ 表示）。当且仅当一个蛋白质表达关闭时系统达到稳态。（B）正反馈环路，其中 P1 激活 P2，P2 也激活 P1。因此系统达到稳态时 P1 和 P2 必然同时关闭或同时打开；而两者中一个打开另一个关闭时，系统则无法达到稳态（改编自 J. E. Ferrell Jr，Self-perpetuating states in signal transduction：positive feedback，double-negative feedback and bistability，*Curr. Opin. Chem. Biol.* 6：140-148，2002.）。

母细胞复制 DNA，经历有丝分裂（核分裂和染色体分离），最终分裂成两个子细胞。一旦细胞从生长相跃迁到了分裂相，就不再回头，也不能略过其中某个阶段。当内部或外部环境不适宜时，细胞周期可以阻断在某个时相；但是如果这个阻断状态不能被解除，细胞通常会死亡。不完成 DNA 复制和分裂，重返 G_1 期的事件是绝对不会发生的。细胞周期也能够说明系统如何呈现高层次的涌现性，而该涌现性不可能通过单独观察其各个元件来进行预测。

17.4　存储和运行系统模型

模拟生物学系统不仅需要建模工具，也需要定量数据。模拟网络行为是系统生物学的主要问题之一。精确的模型对于理解生物学系统的动力学非常关键，同时也是整个工作设计的关键部分。

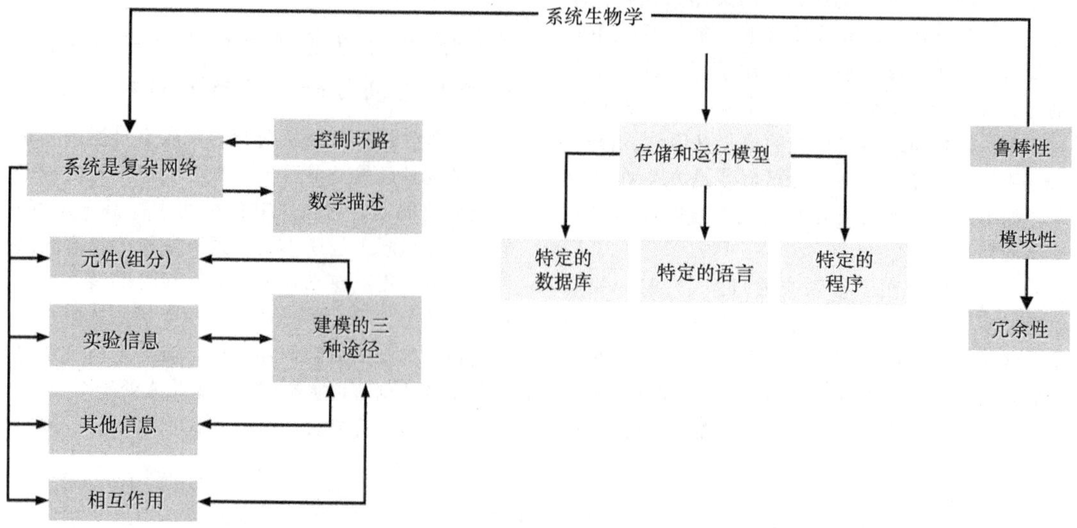

流程图 17.4　本图描述了存储和运行系统模型的部分实践意义。

17.2 节（图 17.15A 和图 17.16）所描述的分子系统被一系列微分方程组、速度常数值以及初始条件所定义。初始条件可以是每个组分的初始浓度或状态变量，如温度的初始值。我们需要计算浓度随时间的改变，以及其他一些变量随时间的变化，如时间依赖的外界刺激等。所用到的技术来自于数值计算领域，待计算的系统往往涉及数千个方程和变量。图 17.15C 和 17.15D 中的 EGFR 通路模拟结果展示了组分浓度随时间的变化。

系统的一个重要属性是鲁棒性，我们可以通过计算系统的稳态来描述其鲁棒性。稳态可以定义为各组分浓度不再随时间波动的状态。在式 17.6 中，令方程的左边项为零，方程的解即为系统稳态。这样就可以从单个组分入手检查系统的敏感性（鲁棒性）。

特定的程序使得系统模拟更加便捷

通用的模拟器，如 GEPASI、Jarnac，能够预测代谢通路的行为。它们根据用户定义的化学反应构建微分方程组，然后用数值积分法求解。Jarnac 运行于基于文本的语言环境，可用于描述通路模型（图 17.21）。GEPASI 能够模拟一系列反应的稳态和时序行为。两个程序都需要通路结构信息、每个反应的动力学参数以及化合物的初始浓度。GEPASI 构建微分方程并求解（图 17.22）；而 Jarnac 实际上是一种语言，用于描述整合的分子系统，如多细胞系统，建立一个强大的系统建模环境。

还有其他工具提供了更多模拟技术。例如，取代 GEPASI 的 COPASI，它采用微分方程和随机方法。另外有一些程序用于模拟组织器官，如 CMISS（Continuum Mechanics，Image Analysis，Signal processing and System Identification），它是一个用于模拟各种生物工程学复杂问题的数学建模环境。类似的还有 EMAP，它是一个心电映射系统工具。

标准化的系统描述有助于存储和再利用

为了获得系统的精确表述以及不同系统之间的比较，用标准途径来描述模型及其数据是很有必要的。这样的描述能够充分容纳附加信息，因此模型可以很方便的重新生成，或者用于进一步研究。以下这些因素，如具有良好结构的、有控制的词汇表的制订，标准化数据交换格式的采纳，模型展示语言的使用等，使得灵活的数据整合和模型交换成为可能。

目前主要存在两种标记（descriptor，makeup）语言。其中，系统生物学标记语言（systems biology makeup language，SBML）是一种机器可读的、用于描述生物学网络定性或定量模型的语言。SBML 的主要目的是实现不同程序间的模型交换，已被将近 100 个软件系统和数据库系统广泛采纳。另一种被广泛应用的语言是细胞标记语言（cell makeup language，CellML），它主要用于细胞模型和亚细胞过程模型的描述和数据交换。

生化模型注释信息最小化（minimum information requested in the annotation of biochemical models，MIRIAM）原则是检查生物学系统定量模型的一个准则。为了通过这个准则，模型必须用标准的标记语言编写，初始条件和参数必须给定。此外，针对模型的注释文档还有一套严格的规定。例如，需要提供整个模型的 PubMed 标识符。有一些数据

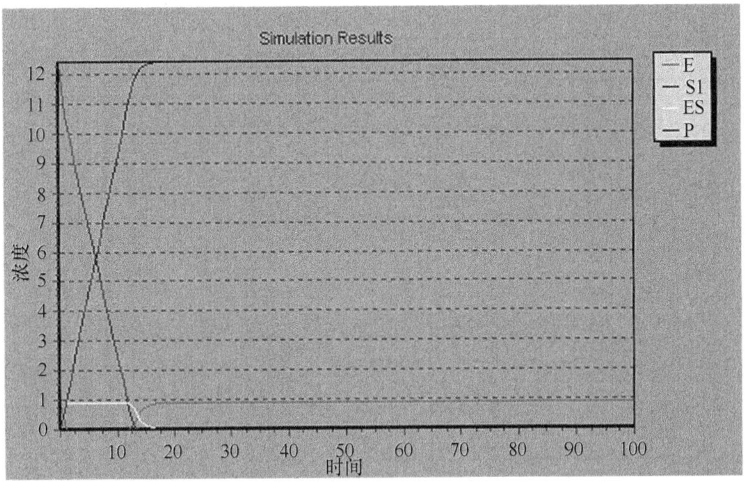


```
DefaultModel Simple
    var S1, ES, P, E;

    E + S1 -> ES; k1*E*S1 - k2*ES;
    ES -> E + P; k3*ES;

end;

println "Model exhibiting two conserved cycles", nl;
println "E + S1 -> ES";
println "ES -> E + P";

k1 = 130.0;
k2 = 1.0;
k3 = 1.0;

E = 0.9; ES = 0.0;
S1 = 12.4241;  P = 0;

m = sim.eval (0, 100, 100, [<Time>, <E>, <S1>, <ES>, <P>]);
graph (m);
```

图 17.21　酶动力学的一个简单模拟提交给 Jarnac 程序： $E+S1 \underset{k2}{\overset{k1}{\rightleftharpoons}} ES \xrightarrow{k3} E+P$，相应的代码在 Boxed area 中展示。

库提供模型的存储和使用功能。CellML 模型库（CellML Model Repository）采用 CellML 格式，是目前最大的模型库，其中包含 188 个模型，它们描述了不同类型的细胞过程，如电生理、代谢、信号转导、力学等。其他的模型库使用 SBML 格式，如 BioModels Database 和 SigPath。SigPath 还提供一个交互作用界面，用户能够自己定义组分、反应以及定量数据构建感兴趣的通路模型。还有一些模型库，如 JWS 在线细胞系统建模也提供模拟工具，另外一些（如 CellML）模型库提供模型的可视化。

总结

生物学系统包含大量彼此相互作用的元件。由于系统的复杂性，我们仅仅对众多反应进行肉眼观察远不足以充分认识系统，其中一些属性只有通过模拟才能够被挖掘。生物学系统已经进化到可以精细地调节其细胞环境，从而在险象环生的环境中稳健地存活。在这种情形下，系统建模的必要性更加不容置疑。

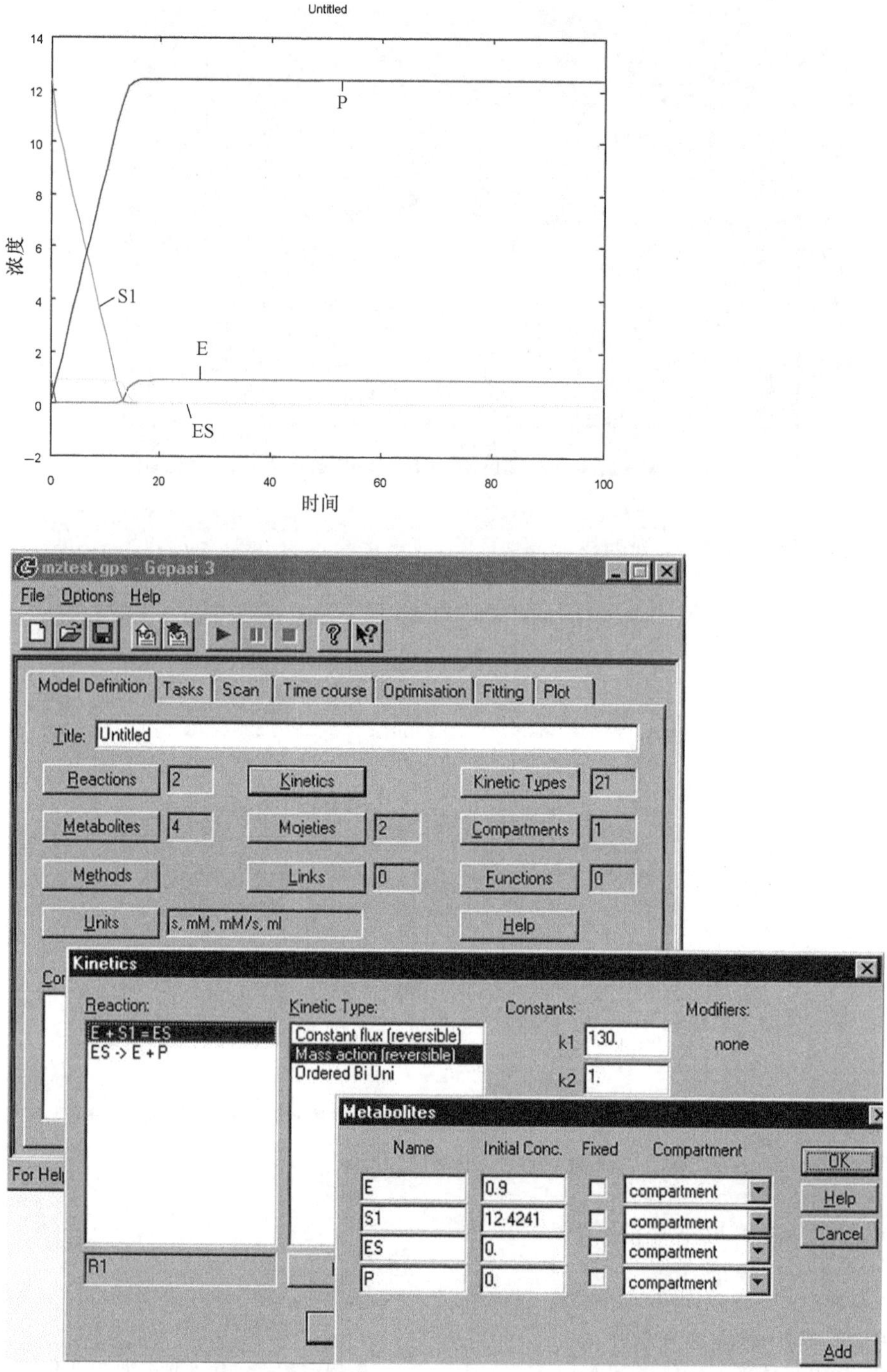

图 17.22　GEPASI 建模的一个例子。酶反应同图 17.21 所示。本图展示了化合物 E、S1、ES 和 P 的浓度随时间的波动。各组分、初始量、方程以及其他细节均通过图中所示的一系列窗口输入程序。

我们已经看到如何在分子水平、细胞水平以及器官水平进行系统建模。虽然后边的两个层次的案例还相对较少，但近年来基因组水平的实验大大简化了定义分子系统的问题，至少在解析相互作用这一点上贡献显著。因此第一个层面的建模问题研究得很频繁，于是人们相应的对模拟所需参数的定量检测也投入了更多精力。此外，数值计算技术通常来源于其他领域，它们已经发展得相当成熟。

定量模型的重要性未来会越发凸显，尤其在疾病的研究和治疗领域。系统生物学已经开始应用于合成生物学，其目的是为了实现新的功能重新设计细胞及其组分。系统生物学首先用于研究已经存在的系统，下一步就是重新设计系统。系统生物学并不仅仅局限于生物学领域。例如，科学家们正在通过研究生物能源系统，意图改善环境。

名词解释

adaptive systems（自适应系统）：受到刺激后能够以有利于系统的方式进行自我修正的系统。

emergent properties（涌现性）：系统通过其中组分的相互作用而产生的更高等级的功能和属性。

module（模块）：系统生物学中的术语。是指大系统中子系统的所有组分，当剥离于系统之外时，仍然能够保持其特性。

nonlinearity（非线性）：是指系统的应答与输入的刺激信号不成简单比例关系的一种属性。

ordinary differential equations，ODE（常微分方程组）：一套涉及独立变量和相应导数（并非偏导数）的方程组。

protocols（协议规则）（系统生物学领域）：模块之间的相互作用。

redundancy（冗余性）：是指系统生物学中完成一种功能的多种可替代机制的存在。

robustness（鲁棒性）：是一个系统水平的现象，也译作稳健性。是指系统对变化的适应性。

state variables（状态变量）：系统生物学模拟中受外界调控的参数，如温度。

扩展阅读

17.1 什么是系统？

von Bertalanffy L（1976）General System Theory：Foundations，Development，Applications. New York：George Braziller Inc.

Kholodenko BN（2006）Cell-signalling dynamics in time and space. *Nat. Rev. Mol. Cell. Biol.* 7，165-176.

Takahashi K，Ishikawa N，Sadamoto Y et al.（2003）E-Cell2：Multi-platform E-Cell simulation system. *Bioinformatics* 19，1727-1729.

Genomics：GTL. Systems Biology for Energy and Environment. US Department of Energy. http：//genomicsgtl. energy. gov/

Science（2002）295，1661-1682 *Includes papers by Csete and Doyle and Denis Noble on heart modeling. Also see*：http：//www2. auckland. ac. nz/esc/Images/Heart/TOP. html *and* http：//paterson. physiol. ox. ac. uk/research/CardiacMapping/

数据库

Bader GD，Donaldson I，Wolting C et al.（2001）BIND—The Biomolecular Interaction Network Database. *Nucleic Acids Res.* 29，242-245.

Kanehisa M（1997）A database for post-genome analysis. *Trends Genet.* 13，375-376.

Kanehisa M & Goto S（2000）KEGG：Kyoto Encyclopedia of Genes and Genomes. *Nucleic Acids Res.* 28，27-30.

Kanehisa M，Goto S，Hattori M et al.（2006）From genomics to chemical genomics：new developments in KEGG. *Nucleic Acids Res.* 34，D354-D357.

Ng A，Bursteinas B，Gao Q et al.（2006）pSTIING：a 'systems' approach towards integrating signalling pathways，interaction and transcriptional regulatory networks in inflammation and cancer. *Nucleic Acids Res.* 34，D527-D534.

EcoCyc. Encyclopedia of *Escherichia coli* K-12 Genes and Metabolism：http：//ecocyc. org/

17.2 模型的结构

Bray D（2003）Molecular networks：The top-down view. *Science* 301，1864-1865.

拓扑模型

Edwards JS & Palsson BØ（2000）Metabolic flux balance analysis and the *in silico* analysis of *Escherichia coli* K-12 gene deletions. *BMC Bioinformatics* 1，1.

Price ND，Famili I，Beard DA & Palsson BO（2002）Extreme pathways and Kirchhoff's second law. *Biophys. J.* 83，2879-2882.

17.3 生物学系统的鲁棒性

Brandman O，Ferrell JE Jr，Li R & Meyer T（2005）Interlinked fast and slow positive feedback loops drive reliable cell decisions. *Science* 310，496-498.

Chen B，Wang Y，Wu W & Li W（2005）A new measure of the robustness of biochemical networks. *Bioinformatics* 21，2698-2705.

Cseste ME & Doyle JC（2002）Reverse engineering of biological complexity. *Science* 295，1664-1669.

分子系统模型

Barrett CL，Kim TY，Kim HU et al.（2006）Systems biology as a foundation for genome-scale synthetic biology. *Curr. Opin. Biotechnol.* 17，488-492.

Feist AM，Scholten JCM，Palsson BØ et al.（2006）Modeling methanogenesis with a genome-scale metabolic reconstruction of *Methanosarcina barkeri*. *Mol. Syst. Biol.* 2，2006. 0004.

Ferrell JE Jr（2002）Self-perpetuating states in signal transduction：positive feedback，double-negative feed-back and bistability. *Curr. Opin. Chem. Biol.* 6，140-148.

Garny A, Noble D & Kohl P (2005) Dimensionality in cardiac modelling. *Prog. Biophys. Mol. Biol.* 87, 47-66.

Guido NJ, Wang X, Adalsteinsson D et al. (2006) A bottomup approach to gene regulation. *Nature* 439, 856-860.

Helm PA, Younes L, Beg MF et al. (2006) Evidence of structural remodeling in the dyssynchronous failing heart. *Circ. Res.* 98, 125-132.

Hunter P & Nielsen P (2005) A strategy for integrative computational physiology. *Physiology* 20, 316-325.

Le Novere N, Bornstein B, Broicher A et al. (2006) BioModels Database: A free, centralized database of curated, published, quantitative kinetic models of biochemical and cellular systems. *Nucleic Acids Res.* 34, D689-D691.

Quaranta V, Weaver AM, Cummings PT & Anderson ARA (2005) Mathematical modeling of cancer: The future of prognosis and treatment. *Clin. Chim. Acta* 357, 173-179.

Schoeberl B, Eichler-Jonsson C, Gilles ED & Muller G (2002) Computational modeling of the dynamics of the MAP kinase cascade activated by surface and internalized EGF receptors. *Nat. Biotechnol.* 20, 370-375.

Winslow RL, Greenstein JL, Tomaselli GF & O'Rourke B (2001) Computational models of the failing myocyte: Relating altered gene expression to cellular function. *Philos. Trans. R. Soc. Lond.* A 359, 1187-1200.

附　录　A

在这个附录中，我们将探讨概率论和贝叶斯分析的一些领域的基础知识，以理解本书介绍的一些技术。我们只介绍了很小一部分，对读者给出了建议阅读的扩展阅读文献。

概率论、熵和信息

为了了解第 6.1 节中序列的标记表示和介绍的其他几个方法，需要知道下面给出的一些内容。此外，这些符号也用于贝叶斯分析，将在下一节中介绍。

互斥事件

假设有 n 个不同事件，其中只能有一个会发生，则这些事件通常称为互斥事件。如果每个可能的事件标记为 x_i，其概率写作 $P(x_i)$，那么

$$\sum_i \mathrm{P}(x_1) = 1 \qquad (\mathrm{A}.1)$$

其中的和是所有的 n 个可能事件。例如，考虑蛋白质序列中的一个特定位置上的氨基酸，可能发生的事件是 20 种氨基酸。

哪些事件会发生将取决于概率 $\mathrm{P}(x_i)$。如果其中一个可能事件发生的概率为 1（即是一定会发生），则其他所有事件的可能性将为零，这种结果永远是已知的。此外，所有可能发生的事件可能会有一个相同的概率 $1/n$，在这种情况下，其结果将是未知的。已经提出了对这种不确定性的测度，通常称为 Shannon 熵，定义为

$$\mathrm{H}(X) = -\sum_i \mathrm{P}(x_i)\log_2 \mathrm{P}(x_i) \qquad (\mathrm{A}.2)$$

式中，X 为所有可能的事件集。如果 $\mathrm{P}(x_i)$ 为零，那么 $\mathrm{P}(x_i)\log_2\mathrm{P}(x_i)$ 也为零。因此，其中一个事件是确定的，$\mathrm{H}(X)$ 为零，表示在结果中没有任何不确定性。当所有的事件都相等时，不确定性取 $\mathrm{H}_{\max}(X)$ 的 $\log_2 n$ 的最大值。由于对数的底为 2，按照式（A.2）定义的不确定性使用单位比特衡量，但是使用其他对数底用以定义也同样是有效的。序列中具有最大的不确定性 $\mathrm{H}_{\max}(X)$ 中的一个位置对核苷酸是 2 比特，蛋白质序列大约为 4.32 比特。请注意熵这个词，尽管在这里经常使用这个词，但是不能与热力学和自由能讨论中使用同样术语相混淆。

信息可以看作是一个不确定性的丢失，因此，在给定的序列位置上的信息量可以等同于 $\mathrm{H}_{\max}(X)$ 和 $\mathrm{H}(X)$ 的差异。第 6.1 节中介绍的序列标识，并如图 6.5 和图 10.4 所示的，$[H_{\max}(X) - \mathrm{H}(X)]$ 在每个序列位置上的差异的点图（如第 6 章中提到，由于缺乏数据，对公式做了修改）。

发生两个事件

我们现在考虑的是两个事件的概率并不相互排斥。在下面我们将把事件 X 发生的概率写作 $\mathrm{P}(X)$，事件 Y 的发生概率为 $\mathrm{P}(Y)$。这也称为边缘概率，一个事件发生的概率不顾其他事件。

如果 X 和 Y 事件彼此间独立，这两者都会发生的联合概率写作 $\mathrm{P}(X, Y)$，由 $\mathrm{P}(X)\mathrm{P}(Y)$ 得到。然而，X 和 Y 的事件可能不是相互独立的。事件 Y 发生的概率，在事件 X 已经发生时，写作 $\mathrm{P}(Y \mid X)$。这是给定 X 时，Y 的条件概率。相似地，事件 X 发生的概率，给定事件 Y 已经发生时，写作 $\mathrm{P}(X \mid Y)$。如果这两个事件是独立的，则 $\mathrm{P}(Y \mid X)$ 的 $\mathrm{P}(Y \mid X)=\mathrm{P}(Y)$ 和 $\mathrm{P}(X \mid Y)=\mathrm{P}(X)$。否则，事件 X 的边缘概率事件可以写作

$$\mathrm{P}(X) = \sum_Y \mathrm{P}(X \mid Y)\mathrm{P}(Y) \qquad (\mathrm{A}.3)$$

事件 X 和 Y 同时发生的联合概率 $\mathrm{P}(X, Y)$ 由下式得到

$$\mathrm{P}(X,Y) = \mathrm{P}(Y \mid X)\mathrm{P}(X) \qquad (\mathrm{A}.4)$$

如果 X 先发生，或

$$\mathrm{P}(X,Y) = \mathrm{P}(X \mid Y)\mathrm{P}(Y) \qquad (\mathrm{A}.5)$$

如果 Y 先发生。那么这两种结果是相同的，给出

$$\mathrm{P}(Y \mid X)\mathrm{P}(X) = \mathrm{P}(X \mid Y)\mathrm{P}(Y) \qquad (\mathrm{A}.6)$$

得到

$$\frac{\mathrm{P}(Y \mid X)}{\mathrm{P}(Y)} = \frac{\mathrm{P}(X \mid Y)}{\mathrm{P}(X)} \qquad (\mathrm{A}.7)$$

两个随机变量的发生

假设事件 X 和 Y 分别都有一个输出的分布 x 和 y。在本书中，上述两种或其中一种可能对应着许多不同的事物，如一条蛋白质序列、一条蛋白质序列的二级结构的指定或者表达水平。在某些情况下，分布将是相互排斥的有限选择的集合，如 20 种氨基酸，但在其他情况下，分布将是一个连续分布的随机抽样统计。

一个称为互信息 $\mathrm{I}(X, Y)$ 的量，可以定义为是

对分布 X 和 Y 的是否独立的测度，这定义为

$$\mathrm{I}(X,Y)=\sum_{x\in X}\sum_{y\in Y}\mathrm{P}(x,y)\log\frac{\mathrm{P}(x,y)}{\mathrm{P}(x)\mathrm{P}(y)} \quad (\mathrm{A}.8)$$

当 X 和 Y 独立时，$\mathrm{P}(x,y)=\mathrm{P}(x)\mathrm{P}(y)$，对数项变为 0，互信息为 0。互信息表示了当一个变量已知时另一个变量的不确定性的减少，因而大于或等于 0。如果项 $\mathrm{P}(x, y)$ 是由式（A.6）中的任意一边替代，对数项可以简化为式（A.7）相应的一边。这一对数项和发展 GOR 蛋白质二级结构预测方法［见式（12.6）］中采用的项是相同的。此外，若将对数项转变为式（A.7）形式，可以清楚地看到 $\mathrm{I}(X, Y)$ 等于 $\mathrm{I}(Y, X)$。

另一个术语，相对熵，又称为 Kullback -Leibler 距离，是两个分布 X，Y 之间距离的一种度量。当两个分布 X 和 Y 的输入可配对为 x_i，y_i，相对熵被定义为

$$\mathrm{H}(X,Y)=\sum_{i}\mathrm{P}(x_i)\log\frac{\mathrm{P}(x_i)}{\mathrm{P}(y_i)} \quad (\mathrm{A}.9)$$

相对熵同样也是大于或等于 0 的，但是 $\mathrm{H}(X, Y)$ 不等于 $\mathrm{H}(Y, X)$。这一项出现于 log-odds 替代打分矩阵中，它对矩阵而言是一个预期分值［见式（5.12）和图 5.7］。

贝叶斯分析

生物信息学中经常会发生这种情况，一组数据需拟合于一个具有不确定参数的模型。此外，在许多情况下，没有足够的数据用以拟合大量的模型参数。贝叶斯分析是常用于解决这些问题的一项技术，在这里将对这项技术作简要介绍。这一领域是十分复杂的，而且越来越具有重要性。我们提供了参考文献，将引导读者对这一技术及其应用有更全面的了解。

贝叶斯定理

考虑一个情况，其中有一些系统或模型，它们的性质上有细微的区别，这可以通过在每个系统中的一个参数 y 定义它们间的不同。在这些系统中存在着 y 的一个分布，这样的随机选择得到一个特定 Y 值的系统的概率可以写成 $\mathrm{P}(Y)$。通常关于分布 y 会有一个假设。这些系统产生的观测数据 X 在某种程度上取决于参数 y 的值。通常情况下，我们要使用观测数据来推断出该系统的 Y 值（或更复杂的情况下，我们希望得到 y 的分布）。

我们可以将系统取参数值 Y 和产生数据 X 作为两个分开的事件，这个我们就可以计算 $\mathrm{P}(Y \mid X)$，在系统产生观察数据 X 的条件下参数 y 取 Y 值的概率。然后利用贝叶斯定理，并使用式（A.4），将 $\mathrm{P}(Y \mid X)$转换为

$$\mathrm{P}(Y \mid X)=\frac{\mathrm{P}(X \mid Y)\mathrm{P}(Y)}{\mathrm{P}(X)} \quad (\mathrm{A}.10)$$

$\mathrm{P}(Y \mid X)$ 被称为系统使用参数 Y 的后验概率，相对于所谓先验概率 $\mathrm{P}(Y)$。先验指的是这是在系统产生数据之前得到的概率，而后验概率则包括了系统产生的数据信息。$\mathrm{P}(X \mid Y)$，在系统取参数值 Y 的条件下产生数据 X 的概率称为在系统取参数值 Y 假设下的似然。

通常，先验概率是根据系统使用的模型，选择一个标准的概率分布。很多情况下，我们是不知道参数真实分布的先验知识，但如果有了足够的数据，式（A.10）还是有很强的鲁棒性，因而即使是简单的均匀分布有时也能被用作先验分布。然而有时我们由于计算似然的分布（给定模型，数据的条件分布）形式，更倾向于选择特定类型的先验分布。由于后验是先验与似然相乘所得，这两种分布的某一特定组合可以产生特定形式的后验分布。使产生的后验分布与先验分布具有相同形式的先验与似然称为一对共轭分布。在这样的情况下，先验分布与观测数据有着相同的形式，因而可以被看作是一些额外的数据。这样，共轭分布可以和 6.1 节所描述的用以数据稀疏问题的伪计数思想联系起来。

三个共轭分布的例子可以是：高斯分布与自身共轭、二项式分布与 beta 分布共轭、多项式分布与 Dirichlet 分布共轭。这样，如果似然分布为多项式分布，如在 6.1 节讨论的随机序列模型，选择 Dirichlet 分布作为先验分布就比较合适。然而，由于先验分布包含了对于模型的一些正确性未知的假设（如倾向性），贝叶斯方法中的客观性问题被提了出来。所以对于依靠先验得到的贝叶斯分析的结论，我们需要谨慎使用。

参数值的推导

通常情况下，我们用上述介绍的理论通过据和先验分布的推导来估计模型的参数。统计推断的标准方法 使用最大似然性的值（即模式）用以预测模型的参数 Y，一个被称为最大似然法或者 ML 的方法。但是获得的似然性为一统计分布，也可以采用其他其他方式使用它以估计参数。例如，可以使用平均似然性或者整个分布上的均值。这些方法的详细讨论已经超出了本书的范围。

扩展阅读

这个附录仅仅说明本书中的一些基本的概念之间的联系，并没有充分展开。许多教材值得仔细研读，但它们主要关注于更深的内容。对于贝叶斯理论，有以下教材：

Gelman AR, Carlin JB, Stern HS & Rubin DB (2004) Bayesian Data Analysis, 2nd ed. Boca Raton, FL: Chapman & Hall/CRC Press.

Durbin R, Eddy S, Krogh A & Mitchison G (1998) Biological Sequence Analysis. Cambridge, UK: Cambridge University Press.

Baldi P & Brunak S (2001) Bioinformatics: The Machine Learning Approach 2nd ed. Cambridge, MA: MIT Press.

Eddy SR & MacKay DJC (1996) Is the Pope the Pope? *Nature* 382, 490.

Liu JS & Logvinenko T (2003) Bayesian methods in biological sequence analysis. In Handbook of Statistical Genetics, 2nd ed, chap. 3 (DJ Balding, M Bishop, C Cannings eds), pp 66-93. Chichester, UK: John Wiley & Sons.

Eddy SR (2004) What is Bayesian statistics? *Nat. Biotechnol.* 22, 1177-1178.

附录B 分子能量函数

该附录将介绍一些用于表示分子系统能量，特别是蛋白质能量的代数函数形式。量子力学对分子轨道的计算为计算分子系统能量提供了最准确的方法。然而，由于计算需求等限制，本书涉及的问题实际上很难用量子力学的方法解决。因此，就需要一些相对简单的函数来求分子能量的确切值的近似值。

量子力学根据分子的构成（通常包括裸核和自由电子）计算分子形成的能量。然而，与计算分子形成能量相比，本书涉及的内容更偏向于计算相对能量，即系统两状态之间的能量差。其中，两状态既可指同一分子的两种可变构象，也可指多个分子组成复合物与否这两种状态。后者的两状态可用于决定分子间相互作用的能量。将能量计算的焦点从绝对能量转移到能量差意味着我们可以在能量尺度上任意选取零坐标。这对开发简单的能量函数有着非常重要的作用。例如，我们不再需要知道形成一个共价键的确切能量。取而代之，可以设形成具有理想几何结构的键的能量为零。这样，只需计算将一个键从理想的几何结构开始扭曲后的能量的改变就可以了。这可通过以下所介绍的公式来实现，既简单又准确。

只考虑系统相对能量的另一好处在于可以忽略那些在所有状态下都保持恒定的相互作用。一个典型的例子便是系统的平均溶剂相互作用，一般认为它是恒定的。需注意的是，这一假设并不是在所有情况下都成立的。但即便如此，它也可以起到调整的作用，达到省略溶剂能量计算的目的。如果可以忽略溶剂相互作用或至少使其极大地简化，那么计算需求也会大幅降低。这是因为分子相互作用的距离较远——至少间隔 8Å，即使有相互作用也很弱，所以对一个准确的水溶环境模型来说，即使没有上千个，也需要有好几百个的水分子。虽然在一些比较活跃的研究领域，如分子功能模拟中，溶剂因素是必须清晰准确地表示的，但是对于本书描述的模拟问题，溶剂能量通常可忽略或作极大地近似。因此，在这里我们只介绍少数几条相关知识。若读者对溶剂能量的准确表示和计算感兴趣，可参考扩展阅读中的相关文献。

分子能量方程的导出有两种不同的方法。第一种方法试图重建感兴趣的分子构象中所有成键和非成键相互作用的能量。第二种方法则试图表示所观察的多个系统的平均能量。使用第一种方法可得到一系列代数形式的项，它们都是以特定相互作用的复杂物理性为基础的。这些用于表示一个系统的项所组成的集合被称为一个力场。第二种方法则通过拟合观察数据，得到系统代数表示的经验公式，该方法常用于穿线法。接下来我们将逐一描述两种方法所产生的项。

用力场计算分子内部和分子间相互作用的能量

在本节，我们将详细讨论一些用于表示特定的原子间相互作用的函数。该方法在分子模拟领域的应用始于对小分子的研究，尤其是小分子振动光谱学的研究，随后才逐步扩展到大分子的研究中。可即便是用于小分子，分子构象和相互作用能量的表示形式也是很复杂的。但后来发现，我们可以将其拆分成较为简单的项。而把这些项加和在一起，它又能很好地表示整个系统。最初的项是指分子内能量函数，都与单个分子内的共价键结构相关，称为成键项，如模拟键长拉伸和键角弯曲的项等。随着该研究领域的发展，现在已出现了更多描述非共价相互作用的项，通常称为非成键项。

所有的项都有一些共同特征。对分子光谱的分析发现，个别的化学基团有准独立能量（quasi-independent energetics）（这些化学基团通常都很小，如—OH、—CH 或 CO_2H）。这意味着我们可以把整个分子的能量表示成一系列的项，其中每一项对应这样的一个基团。由于在一个分子中，不同化学基团的能量并非完全相互独立，因此在计算准确性要求较高的情况下，还需包含涉及两个或多个基团的能量项。但这里所描述的蛋白质研究工作中，这一步可省略。每个成键项倾向于包含 2 个、3 个或 4 个原子，但仅限于相互成键的原子。虽然非成键项只涉及两个原子，但由于通常系统中的每对原子都对应一个项，因此对蛋白质来说，非成键项的数目非常大。虽然，一个蛋白质的完整力场可能包含数千个力场项，但是每个力场项相对都比较简单，且只涉及少量原子。

这种方法的一个特征是可以把整个系统的能量表示成大量项的加和，通常称为一个加和力场。这在很大程度上是凭直觉的。例如，虽然系统的氢键能量可以很准确地用系统中所有氢键能量的总和表示，但这只是一种近似，因为在很多情况下还存在协作因素，如一个氢键的能量还受到周围其他键的影响等。要准确表示的唯一方法是将系统表示成非加和力场，但这样通常会导致计算时间的增加。由于协作效应往往只占总能量的10%甚至更少，因此我们通常只使用加和项。

力场已经过多次参数化，并适用于多种类型的分子。蛋白质计算常用的力场有CHARMM和AMBER，相关资料详见扩展阅读。在所有情况下，力场的定义不仅包括一组公式，还包括一系列参数，且这些参数通常会定期更新。

在以下内容中，我们将讨论本书描述的蛋白质能量计算中所用到的主要的一些项。但对其理论背景将不作介绍，读者若对这些项的来源感兴趣，并想深入了解其优缺点，可参考扩展阅读中列的文献。

成键项

分子间能量可有效地拆分成一些小的独立组分，它们分别对应表征分子几何结构的元素，如键长、键角和扭转角的变化等。如上文所述，当对分子能量计算的准确性要求较高时，交叉项也须包含进来，如表示一定键角的两个共价键长度的项等。但对于本书涵盖的问题，使用单独的组分就足够了。一些研究者还根据交叉项的存在与否将力场分成两类，不含交叉项的称为类型Ⅰ，含有交叉项的称为类型Ⅱ。

键长变化的能量可以有几种简单的表示形式。具体选择哪种形式，在一定程度上是根据所需模拟的过程来定的。当键长 l 接近它的参照键长 l_0 时，键能 E_l 可由以下公式表示：

$$E_l = \frac{k_l}{2}(l - l_0)^2 \tag{B.1}$$

式中，k_l 为力常量。力常量决定了键长变化的范围，该参数通常从振动光谱学中得到。这便是谐波近似，且能量最小值出现在参照键长下，值为零，所以能量差值为正值（图B.1）。对于不同类型的键，参数 k_l 和 l_0 的值不同。对于一个给定的力场，必须定义键的类型并提供相应参数。

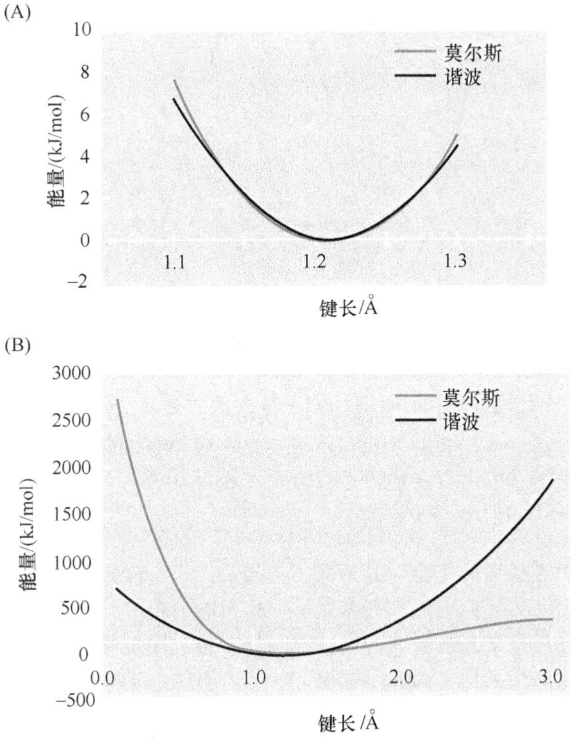

图B.1 用于表示能量随键长变化情况的两种可选项。莫尔斯势能（Morse potential）能够模拟键的分解以及平衡动力学。谐波近似（harmonic approximation）虽然使用较简单，但准确性有限。该图以分子氧（O_2）为例，其中参数 $D_e = 493.50$ kJ/mol，$l_0 = 1.21$Å，$k_l = 1176.8$ N m^{-1}。在式（B.2）中指数系数 a 由 $\sqrt{\frac{k_1}{2D_e}}$ 给出。（A）两个公式有相同的能量最小值，且在邻近区域计算值相似。（B）在离最优键长较远的区域，两公式得到的值有很大差异。

对于本书所感兴趣的应用，通常式（B.1）已能满足对准确度的要求。然而，在扭曲度（distortion）较大时，就不能用谐波近似（harmonic approximation）很好地表示了。这时，可通过在表达式中增加更多形式为 $(l-l_0)^n$ 的项来增大能量范围，使其能准确地表示。但是，需注意的很重要的一点是，式（B.1）不允许模拟键的解离。摩斯电位（Morse potential）为大扭曲度和键分离提供了更准确的表示形式，其公式如下：

$$E_l = D_e\{1-\exp[-a(l-l_0)]\}^2 \tag{B.2}$$

式中，D_e 和 a 为由力场提供的参数（D_e 事实上是这一项的能量最小值）。由图 B.1 可见，在远离能量最小值点的位置，两函数的形式差异很大。

键角通常用谐波近似表示，设参照键角为 θ_0，则键角能量 E_b 可表示为

$$E_b = \frac{k_b}{2}(\theta-\theta_0)^2 \tag{B.3}$$

对于一个给定力场的不同类型键角，需分别定义参数 k_b 和 θ_0。

在分子力学以外，扭转角几乎特指由 4 个成键原子构成的角，如图 2.6（A）所示。扭转角势能 E_ω 的一般形式如下：

$$E_\omega = \sum_{n=0}^{N}\frac{V_n}{2}\{1+\cos(n\omega-\alpha)\} \tag{B.4}$$

式（B.4）求和（$N=2$）公式可能包含三个项。其中每个扭转角 ω，根据类型的不同，都有自己的 V_n 和 α 值。图 B.2 给出了这类项的一个例子。此外，在分子力学中，用 4 个非成键原子定义假扭转角（也称为不当扭转角）往往很有用。该应用的一个例子是平面环，这些项通常用于保证环处在同一个平面上。

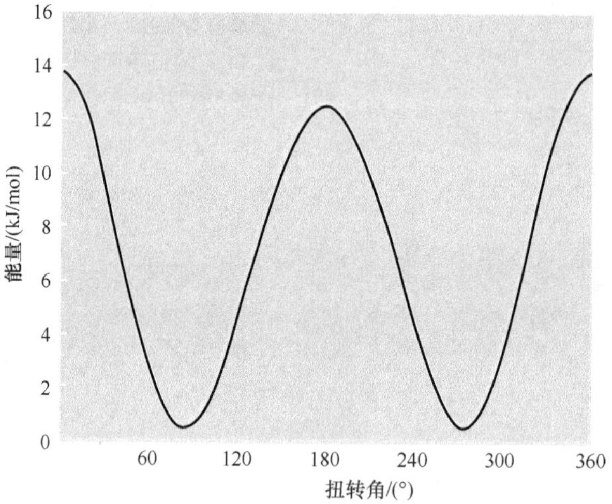

图 B.2　扭转角势能示例。该项描述了羟脯氨酸中扭转角 N-C_δ-C_γ-O_δ 的能量，使用的公式为 $0.625\{1+\cos3\omega\}+\{6.23\{1+\cos\omega\}$ kJ/mol。需注意的是在 180°时的能量最大值与在 0°时的值不同（公式来自：S. Park et al., A new set of molecular mechanics parameters for hydroxyproline and its use in molecular dynamics simulations of collagen-like peptides, *J. Comput. Chem.* 26:1612-1616, 2005）。

上文提到的交叉项是指这些项的组合，其形式通常是这些项的简单乘积。但交叉项中的一些参数可能跟那些简单项无关。有几种交叉项被认为比较有用，包括组合两个相似项的交叉项，如表示共享一个原子的两个键的键拉伸度的项等。由于一般情况下我们只组合共享原子的项，所以交叉项的数量相对有限，不会造成计算量的大幅增加。

非成键项

当所处理的分子多于一个，或者该分子含有两个通过非共价键相互作用的区域时，除了上文所述的成键项，我们还需引入非成键项。与成键项不同的是，这些情况必须用表征系统内每对原子间相互作用的项表示。一个含 N 个原子的系统，通常约有 N 个键、键角和扭转角，然而却约有 N^2 个非成键项。因此，非成键项占了计算的绝大部分资源。但是，当距离超过 8～10Å 时，相互作用便很弱了。所以，在大多数情况下，可以忽略两个距离超过这个界值的原子间的相互作用。对于较大的系统，如蛋白质，这样做可起到显著降低计算量的作用。

静电相互作用构成了一类主要的非成键项。表示一个分子电荷分布的方法有很多，这里我们只列举最常用的一种：原子电荷。每个原子都有特定的电荷，一般为－1～＋1。通常原子都带有非零电荷，

即使很小的原子也如此。在蛋白质力场中，骨架在所有残基中的表示基本相似，且对于一个给定的残基所有实例都含有相同的原子电荷。根据残基离子化的状态，一个残基内原子电荷的累加值可以为−1、0或者+1。

计算静电能量 E_q 的公式表示如下：

$$E_q = \sum_{i=1}^{N} \sum_{j>i} \frac{q_i q_j}{4\pi\varepsilon r_{ij}} \qquad (B.5)$$

式中，r_{ij} 为两个分别带 q_i、q_j 电荷的原子 i 和 j 间的距离；ε 为介质的介电常数，介电常数是衡量介质在电荷间屏蔽能力的一个参数，它与介质的极化率有关。在蛋白质中它的值通常为1、2或4；极性溶剂的介电常数较大。除了某些特定的静电势能和基团 pK 值的计算由于要用到基于泊松-波尔兹曼(Poisson-Boltzmann)等式的特殊技术外，一般情况下蛋白质和溶剂间 ε 值的差异可以忽略。读者可参考扩展阅读了解更详细的信息。

目前，一些能更准确表示蛋白质内电荷分布的方法已纷纷被提出。特别是多极（主要为偶极或四级）的使用，它将重点由每个原子转移到基团上，如羧酸盐等。其优点是减少了所需考虑的相互作用位点数，但同时也提高了函数形式的复杂性。另一些工作则研究如何通过引入原子或基团的极化度来改进表达式，对于这种情况，介电常数应设为1。由于计算局部场所引起的偶极是计算密集型的工作，因此很少有方法尝试此类计算。在本书讨论的所有方法中，除了原子电荷外，没有用到其他更高级的表示方法。读者可参阅扩展阅读进行深入了解。

另一种所需的非成键项就是我们常说的范德华项。它发生于系统内每对原子之间，包括两组分：相斥作用（即正能量）和相引作用（即负能量）。其中，所模拟的斥力发生于两个高度电荷化且距离很近的核之间；而引力能则是由一种称为色散的效应引起的，其最简单的形式可解释为是由于每个原子的电子被其他原子瞬间极化所引起的。引力的作用距离比斥力更大，且最强组分变化幅度为 r^{-6}。在基态，原子间的作用通常为引力。

依赖于相斥组分的表示形式，还存在少数几个常见的变体。其中最常用的是 Lennard-Jones 项，它可写成以下任一种形式：

$$E_{LJ} = \sum_{i=2}^{N} \sum_{j>i} \left[\frac{A_{ij}}{r_{ij}^{12}} - \frac{B_{ij}}{r_{ij}^{6}} \right] \qquad (B.6)$$

或

$$E_{LJ} = \sum_{i=1}^{N} \sum_{j>i} \varepsilon \left[\left(\frac{\overline{r_{ij}}}{r_{ij}} \right)^{12} - 2\left(\frac{\overline{r_{ij}}}{r_{ij}} \right)^{6} \right] \qquad (B.7)$$

式中，A_{ij} 和 B_{ij} 为常量，其取值依赖于所涉及原子的类型；ε 为能量的最小值；$\overline{r_{ij}}$ 为能量最小时原子的间隔（此外还存在一些涉及距离 σ 的形式，其中距离为 σ 时，能量为零）。事实上，将幂的取值设为12不仅与其理论有关，也是出于计算方便性的考虑。图 B.3 给出了一个 Lennard-Jones 势能的例子。对于相斥组分的表示，有些力场会使用其他数值的幂，如9。此外，还有另一种涉及一个指数函数的表示形式，它从理论角度看更为合理。

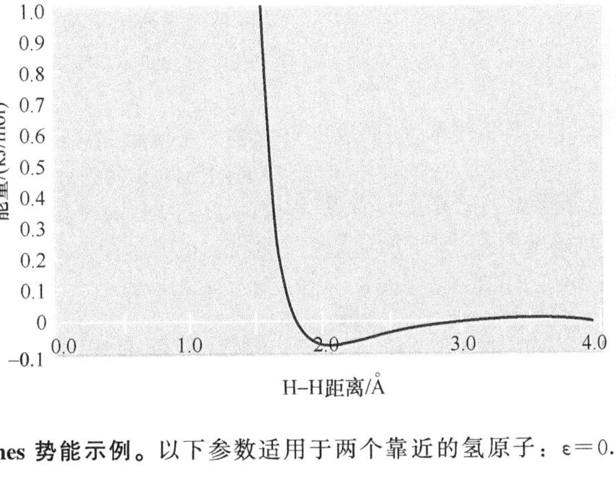

图 B.3 Lennard-Jones 势能示例。以下参数适用于两个靠近的氢原子：ε=0.084 kJ/mol，$\overline{r_{ij}}$=2.0Å［式(B.7)］

范德华力的表示还可有更复杂的形式，包括表示高阶色散力的额外项，以及与两个以上原子色散能相关的项等。但至今，任何一种方法都没法应用于大分子系统。

势能在穿线法中的使用

以上所描述的力场都可相当准确地计算分子能

量。但由于涉及了系统中的所有（或绝大部分）原子，计算量相当大。此外，虽然所用的项能直接计算系统自由能中的焓组分，但是由于用这些能量项来计算熵组分相当耗时且很少能完成，所以无法计算熵组分。在研究自然折叠状态下的蛋白质时，这种办法尚可以接受。但当我们想要预测一个蛋白质的折叠时，熵的贡献就不能被忽略了。

对于第 13.2 节介绍的穿线法，要使该方法能切实可行地用于预测蛋白质序列所采用的折叠方式，我们还需要一个在计算上更有效的能量函数。这可通过使用下面将介绍地径向平均函数来实现，但效率的提高必定伴随着函数准确性的降低。类似的粗糙表达式（crude expressions）也常用于预测熵的贡献。所有使用的函数都是通过分析所观察蛋白质的结构而得到的，为尽量避免偏差，蛋白质结构通常来源于一个经过仔细校对且含有最小序列相似性的结构数据库。

平均力的势能

Manfred Sippl 提出将可观察到的蛋白质结构视为平衡状态的一个代表集合，这样的话任何两种类型残基间相互作用的发生率便与它们的波尔兹曼（Boltzmann）分布呈比例。根据统计热力学，能量为 E_j 的某一状态 j 的出现频率与以下量呈比例：

$$e^{-\frac{E_j}{kT}} \quad (\text{B.}8)$$

式中，k 为波尔兹曼常数；T 为系统的绝对温度。该量被称为波尔兹曼因子。我们称比例常数为分割函数 Z，它是通过将代表系统所有可能状态的因子加和得到的，即

$$Z = \sum_j e^{-\frac{E_j}{kT}} \quad (\text{B.}9)$$

当状态是一个连续集合时，该加和被一个积分所代替。

我们用间隔距离来定义所考虑的状态，间隔距离通常是指一对特定氨基酸残基的 C_α 原子间的距离。为了减少状态的数量，我们只定义 C_α 距离在一定范围内的状态，这使得每对残基类型间的状态数在 20 个左右。从前面的方程可见，状态 r 的相互作用观测到的概率可以写成：

$$f(r) = \frac{e^{-\frac{E(r)}{kT}}}{Z} \quad (\text{B.}10)$$

式中，状态 r 为 C_α 距离在定义好的范围 r 的两个特定的残基，且该状态的能量为 E（r）。以上方程还可表示为

$$E(r) = -kT\ln[f(r)] - kT\ln[Z] \quad (\text{B.}11)$$

从式（B.11）可见，理论上，我们能够通过观察状态出现的频率来得到能量。

在蛋白质序列中，我们可为每对被特定数量 k 的其他残基分隔的残基确定这些方程。在该过程中，残基类型会被区分，并检验方程 $\Delta E_k^{ab}(r)$。其中，方程 $\Delta E_k^{ab}(r)$ 定义的是类型 a 和类型 b 的残基对间的能量与所有类型残基的平均能量间的距离-依赖的差值。其表示形式如下：

$$\Delta E_k^{ab}(r) = E_k^{ab}(r) - E_k(r) = -kT\ln\left[\frac{f_k^{ab}(r)}{f_k(r)}\right] - kT\ln\left[\frac{Z_k^{ab}}{Z_k}\right] \quad (\text{B.}12)$$

虽然计算分割函数比较复杂，但是我们可以论证式（B.12）中的最后一项是可以省略的。首先，可以发现最后一项是不依赖于残基间的分隔距离的，即这一项是构象独立的，因此对于特定的 a、b 和 k 该项相当于一个常数。其次，对于一个给定的序列，相同残基对的出现间隔一定，所以无论蛋白质如何折叠，同样的项总会重复出现，所以可以不予考虑。因此，对于通过穿线法得到的一个给定序列的所有折叠，这些项只相当于增加了一个相同的常数值而已。

由于缺乏可用的数据来确定这些函数，我们可以使用在 6.1 节中所述的虚计数（pesudocount）法来修改在给定分割范围 r 内特定残基对观察到的概率，以解决该问题。

虽然理论上，对 C_α 以外的其他原子对，如骨架 N 原子和 O 原子以及侧链 C_β 原子，也需获得穿线势能，但是通常我们只对所有可能原子对的一个有限子集计算穿线势能。在一些工作中氨基乙酸残基的 C_β 原子的位置会被构建，对于该例子 THREADER 程序会使用 7 种原子对：C_β 到 C_β、C_β 到 N、C_β 到 O、N 到 C_β、N 到 O、O 到 C_β 和 O 到 N（原子对中的第一个原子表示靠近 N 端的残基）。此外，函数通常是使用一系列不同序列间隔 k 的数据得到的。THREADER 使用三种范围：短程（$k \leqslant 10$）、中程（$11 \leqslant k \leqslant 30$）和长程（$k > 30$）。虽然这会丢失一些细节，但是却显著改善缺乏数据的问题。图 13.6 给出了样本势能。

与溶剂效应相关的势能项

溶剂效应和疏水性对蛋白质结构有显著的影响，这很大程度上是熵驱动的。因此，除了以上讨论的平均力势能外，很多研究者还为此引入了特定的能量项。在这里我们将描述两种此类项，第一种明确地使用溶剂可接触表面积，第二种则基于残基接触面的数目。

若一个残基倾向于处于蛋白质内部，则它较倾向于位于蛋白质表面的残基有更大的平均残基接触面数。通常当两个残基的 C_β 原子处于一个特定距离

内，如7Å时，便认为这两个残基有接触面。通常，所有有接触面的残基，无论类型如何，都会被计数。其能量可通过观察含有一定数量这类接触面的残基的比例得到。例如，接触面容积势能（contact capacity potential）便是根据如下公式从一个结构数据库中计算得到的：

$$E_{cc}(i,n) = -\log\left[\frac{f_{in}}{f_i N_n}\right] \tag{B.13}$$

式中，f_i 为类型为 i 的残基的比例；$f_{i,n}$ 为这些残基中与任何其他残基有 n 个接触面的残基的比例；N_n 为所有类型残基中正好有 n 个接触面的残基的比例。更多细节可通过区分产生接触面的残基在序列上的位置是临近的（即局部）还是被很多其他残基或由Ⅰ类残基构成的二级结构间隔的来获得。若势能的获得只包含了被至少5个其他残基间隔的残基接触面，则称为长程接触面容积势能。通常，为了有较大的接触面，疏水残基有较低的能量，而极性残基则相反（图B.4）。若要进一步研究参与接触面形成的残基类型，可定义一个势能的修改形式，它称为成对接触面势能（pairwise contact potential）。这在穿线法计算中也应用过。

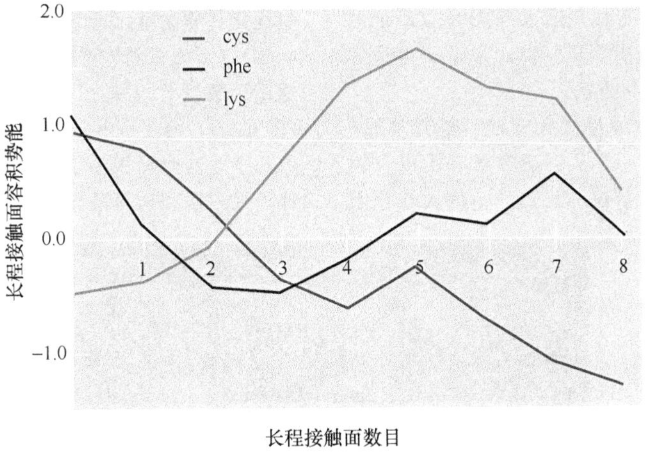

图B.4　长程接触面容积势能示例。由于残基较倾向于形成多个具有低势能的长程接触面。因此赖氨酸残基偏向于含有0个或1个接触面，也就是说它不可能位于蛋白质核心，这也与根据其亲水特性预测的一致。相反地，半胱氨酸残基则偏向于位于蛋白质的核心。苯丙氨酸残基虽然常被发现位于蛋白质的核心，但也被发现能位于蛋白质的表面，其势能也反映了这一点（数据来自：N. N. Alexandrov et al. Biocomputing: Proceedings of the 1996 Pacific Symposium (L. Hunter and T. Klein, eds), Singapore: World Scientific Publishing Co., 1996.）。

扩展阅读

以下文献描述了分子力场：

Field MJ (1999) A Practical Introduction to the Simulation of Molecular Systems. Cambridge, UK: Cambridge University Press.

Leach AR (2001) Molecular Modelling, 2nd ed. Upper Saddle River, NJ: Prentice Hall.

Park S, Radmer RJ, Klein TE & Pande VS (2005) A new set of molecular mechanics parameters for hydroxyproline and its use in molecular dynamics simulations of collagen-like peptides. *J. Comput. Chem.* 26, 1612-1616.

穿线势能相关文献：

Alexandrov NN, Nussinov R & Zimmer RN (1996) Fast protein fold recognition via sequence to structure alignment and contact capacity potentials. In Biocomputing: Proceedings of the 1996 Pacific Symposium (L Hunter L and T Klein eds) pp 53-72, Singapore: World Scientific Publishing Co.

Sippl MJ (1993) Boltzmann's principle, knowledge-based mean fields and protein folding. An approach to the computational determination of protein structures. *J. Comput. Aided Mol. Des.* 7, 473-501.

附录C 功能优化

在生物信息学研究中，有很多地方会遇到找函数极大值和极小值的问题，这类函数包括：序列联配时的联配分值（见第 5、第 6 章）；极大似然法产生系统发育树时估计树出现可能性的函数（见第 8 章）；以及在比较模拟和穿线法中用到的各种能量相关函数（见第 13 章以及附录 B）等。这些问题都含有一些值得讨论的共同特性，这也是撰写本附录的目的。需注意的是在新技术开发中，为了获得最好的参数，也会用到最优化方法。

本书还介绍过另一种最优化方法：遗传算法。由于这部分内容已在第 6.5 节讲述多重联配以及第 16.3 节描述数据聚类时描述和讨论过，因此在该附录中将不再多作介绍，唯一要提的是它较接近蒙特卡罗算法，即在每一步都产生随机改变，并根据特定阈值只接受其中一部分。

上述问题所涉及的函数形式通常比较复杂，包含了很多的变量。对于通用函数，除非是函数形式非常简单、只包含少数几个变量，一般情况下其数量优化并非易事（即求代数解只适用于非常简单的问题）。因为在函数空间内根据所定义的变量，一个通用函数通常含有很多局部最小值和局部最大值（图 C.1），而在这些局部极值中通常只有一个或少数几个才是全局极值。在该附录，我们将分别对局部最优方法和全局最优方法进行讨论。

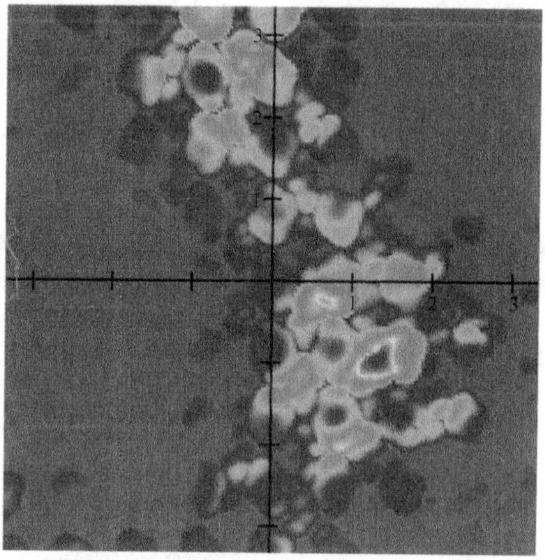

图 C.1　含有多个局部极值的复杂函数的例子。这是多维空间的一个剖面，根据函数值大小被染上相应的颜色。在该剖面中全局极值点用红色表示。虽然该图所示的函数与本书描述的所有系统都没有联系，但很好地展示了这些系统的复杂性。真正的全局极值区也可能不在该剖面上，而处于多维空间的其他地方。（见文后彩图）

在第一部分我们将分析一些用于在函数空间定位局部极值点的技术。这些方法可根据是否需要计算函数梯度分为两类，如第 5 章介绍的用于序列联配的动态规划方法便不需要计算函数梯度。虽然通常我们能很明确地鉴定一个局部最优点，但要定位全局最优点却困难得多，且往往很难保证得到的就是全局最优点。在第二部分，我们将介绍在分子力学中用于确定全局最优点的一些常用技术。

对于这些方法，虽然这里只以其最基本的形式展开讨论。但是很多修改形式也已纷纷被提出，且这些修改形式能得到更令人满意的性能。关于详细内容及函数优化在具体应用时的一些建议详见扩展阅读所提供的文献资料。

全搜索（full search）方法

理论上，至少有一种鉴定函数全局极值点的方法，即对函数空间所有点都计算函数值，并保留所找到的最高和（或）最低的值。然而这种方法只适用于有限几种情况，如求序列联配分值等含有离散变量的函数，对于含有连续变量的函数，如原子配位等则显然不合适。该附录的重点在于介绍含连续变量函数极值的寻找方法。由于有些全搜索方法已在本书讨论过，因此在这里只稍作提及，以保证内容的完整性。

动态规划和分支界限法（branch-and-bound）

本书第 5.2 节描述的用于序列两两联配的动态规划技术是一个能有效考虑所有可能联配的优化方法，因此它是一个全搜索方法。两两联配分值可通过将每个联配片段的分值相加得到。根据这一特点，一旦某一非最优联配片段被鉴定出来，则所有包含这种联配片段的联配方式都可以不予考虑。通过这种方式，动态规划方法能将所需考虑的联配数目降低到一个能够使用全搜索的水平。

类似地还有第 8 章分析过的用于系统发育树重构建的分支界限法，它能有效地对树空间进行全搜索并鉴定最优树。与序列两两联配类似，树的分值也能拆分成几个可加和的部分，这使得该方法能安全的忽略那些含有非最优拓扑结构的树。对这些方法我们将不再继续讨论，欲了解详细内容，读者可参考第 7 章和第 8 章。

局部最优（local optimization）

寻找局部最优点有很多不同的方法，它们都需在函数空间移动离散步以指向最近的最优点，其区别在于对计算的需求以及达到收敛所需移动步数的不同。有些方法即使开始时离最优点很远也能成功地定位最优点，这些方法被认为比较稳健，即通常所指的有较大的收敛半径。然而不幸的是，对于复杂函数我们很难预测这些方法是否有效。

移向最优点的过程可以通过观察移动每一步得到函数的值以及在该点的函数梯度来监控。虽然在极值点函数梯度应为零，但在实际应用中若函数梯度已达到一个非常小的非零数值，且梯度的组分不再高于给定阈值时，我们便认为它已经收敛了。对于涉及大分子结构的问题，这是因为计算准确性以及大多数分子能量函数特性的缘故。通常定义极值的变量值的获得需要高度准确，甚至允许小的残差梯度（residual gradient）。

为了方便起见，在以下讨论中，我们都将以求函数极小值问题为例分析每种方法。任何求极大值的问题都可以简单地通过 $\hat{f}=-f$ 转换成求极小值问题。

下降单纯形（downhill simplex）法

单纯形法可以为一个含 n 个变量的函数定义一个称为单纯形的结构，它是由函数空间中 $n+1$ 个点所确定。其中所有点通过直线成对连接，并由此确定面。对于一个含有两个变量的函数，单纯形是一个三角结构。对一个三变量的函数，单纯形是一个四面体结构。初始的单纯形是通过在函数空间随机选点得到的，但算法可以定义一些步，使其移动到函数极值所在位置。

对于一个给定的单纯形，每一点的函数值都可以计算得到，从而可鉴定最高值、次高值以及最低值等。最高值和最低值点分别用 X_h 和 X_l 表示。新的单纯形通过图 C.2 所示的三步得到。最高值点（X_h）被从 X_h 到质心（X_0）构成的向量上的另一个点（X_{new}）所代替（质心是通过取其他点的算数平均值确定的）。开始时，X_r 的位置通过镜射得到（即 $X_h-X_0=X_0-X_{new}$）[图 C.2（B）]。若函数在 X_{new} 的值小于在 X_l 的值，则说明极小值很可能位于往该方向延伸的更远处。此时，可尝试扩展（expansion）(即 $k_e\{X_h-X_0\}=X_0-X_{new}$，其中 $K_e>1$)[图 C.2（C）] 并观察是否能进一步降低函数值。若 X_{new} 的函数值大于次高点的函数值，则说明极小点很可能已在该单纯形中了。此时可尝试缩并（contraction）（即 $k_c\{X_h-X_0\}=X_{new}-X_0$，其中 $0<K_c<1$)[图 C. 2（D）]。k_e 和 k_c 的值通常在开始计算时就已被固定。如果缩并不能使在 X_{new} 的值有所改进，则单纯形将从所有点缩并到最低点 X_l［图 C.2（E)］。整个过程需重复数次，直到所有点都含有足够相似的值或单纯形在定义的容差（tolerance）下保持稳定后才可终止。

开始单纯形法时，首先要设定 $n+1$ 个不同的初始点，这通常是通过先在函数空间中随机选取一个点，然后分别在 n 个变量坐标上选取离该点距离为 λ 的另一点实现的。λ（对每个变量，λ 的值可能不同）的选定决定了单纯形的初始大小，需反映对函数空间尺度的最初认识。

虽然与下面将要描述的方法相比较，单纯形法效率较低，通常需好多步才能获得函数最优值。但是单纯形法具有简单易用、结果相对稳健等优点。特别是它还有不需要计算梯度这一优点，但是由于它在特定点以及很多步都需进行独立的函数值计算，所以其代价就是效率的降低。

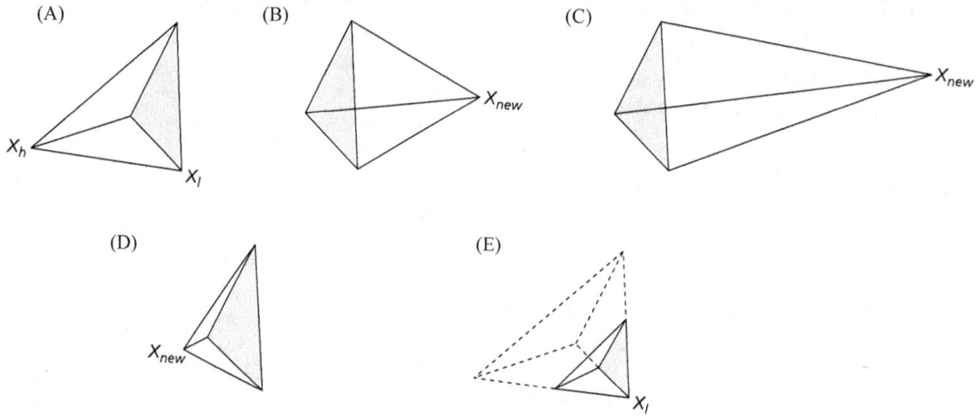

图 C.2 阐述了用于下降单纯形法的可能移动步。（A）在最初步的初始单纯形，其中函数的最高和最低值分别位于点 X_h 和 X_l，如图所示。新位置 X_{new} 可在（B）镜射步中得到；（C）镜射和扩展步；或（B）缩并步。（E）可以通过多重缩并得到新的单纯形（来自：WH Press et al.，Numerical Recipes in C：The Art of Scientific Computing，2nd ed. Canbridge：Cambridge Universitgy Press，1992.）。

最速下降（steepest descent）法

该技术基于的原理是认为找局部极小值可以简单地通过在函数空间中将点从目前所在位置沿负梯度方向移动实现。每次移动时，下一个点的位置在沿梯度方向延展的线上使函数值达到极小的那个位置。每次迭代产生的新位置都是对极小点的更好估计。

假设我们有函数 $f(X)$，其中 X 含 n 个变量：$x_1 \sim x_n$。在求蛋白质能量极小值时，变量数 n 可能有数千。若第 j 次估计的局部极小值坐标为 X_j，该点的函数值为 $f(X_j)$，则函数在该点的梯度如下式所示：

$$\nabla f\left|_{X_j}\right. = \left\{\begin{matrix} \partial f/\partial x_1 \\ \partial f/\partial x_2 \\ \vdots \end{matrix}\right\}\Bigg|_{X_i} \qquad (C.1)$$

从该式可见，梯度是根据变量在 X_j 的值计算得到的，该梯度定义了一个指向使函数值以最快速度升高的方向的向量。

为使函数极小化，我们需要沿梯度的负方向移动，并沿该方向搜索使函数达到极小值的点。因此表征该搜索方向的向量 S 可以简单地用下式表示：

$$S = -\nabla f\left|_{X_j}\right. \qquad (C.2)$$

如果极小值出现在该搜索方向离点 $X_j\lambda S$ 处，那么局部极小点新的估计的坐标可以表示如下：

$$X_{j+1} = X_j + \lambda S \qquad (C.3)$$

式中，λ 为一个标量，其大小取决于沿 S 方向找到的极小点离 X_j 的距离。在新的估计点我们再次计算函数值以及函数梯度。在函数梯度没有达到足够小时，整个过程需不断重复从而得到一系列的点，其中每次得到的点都更接近极小点。当函数梯度低于预先设定的阈值时迭代终止，所得的点便可认为是极小点所在的位置。

对于附录 B 描述的势能函数，我们可以很容易地写出梯度的解析形式，这样一来梯度的计算就变得相对容易了。然而，沿搜索方向获得极小值却困难很多。一个近似的方法是在搜索方向找另两个点并计算函数值，这样总共得到 3 个点和对应函数值，就可以用二次型来拟合并估计极小值。在该极小估计点的函数值还可与下两个极低值点一起继续用于二次估计。事实上，沿搜索方向估计极小点的稳健方法都相当复杂，已超出本书讨论的范围，详细内容可参考扩展阅读。通常在实际应用中，沿搜索方向移动的步长有最大值限制，从而保证点仍在我们定义的坐标空间内。

图 C.3 展示了用最速下降法求两变量三次函数极小值的例子。在该例子中，极小点很好地往水平方向延展，且经过多步后到达真正的极小点。

共轭梯度（conjugate gradient）法

最速下降法的一个特征是搜索向量呈直角交替出现，从而形成一条锯齿状搜索路径。在定位极小点时这样的搜索路径非常低效，需经过很多次迭代才能收敛。而共轭梯度法就是希望通过对搜索向量定义的修改来解决这个问题。

搜索向量通常由 Fletcher-Reeves 公式给出：

$$S_{j+1} = -\nabla f_{j+1} + \frac{|\nabla f_{j+1}|^2}{|\nabla f_j|^2} S_j \qquad (C.4)$$

式中，下标 $j+1$ 和 j 为第 $j+1$ 次和第 j 次迭代，而不是变量。除 Fletcher-Reeves 公式外，还有其他一些相关的可选公式被提出，详见扩展阅读。由公式

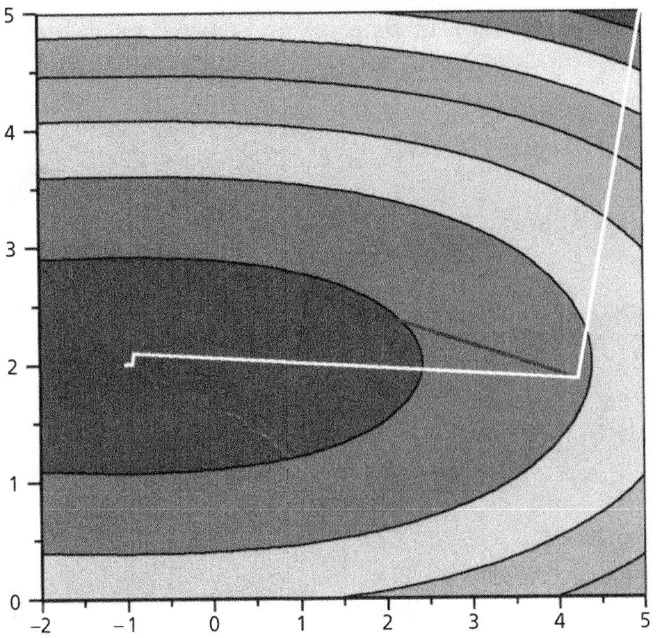

图 C.3　用实际例子比较最速下降法和共轭梯度法。最速下降的路径由红线显示，每个直线段表示一步。共轭梯度的路径用白线表示，第一步在两种方法中都一样。（见文后彩图）

可见，若不把 S_0 设为零的话，就无法得到第一个搜索向量 S_1。这使得该法在第一次迭代时与最速下降法类似。使用该方法时也需在每个搜索方向定位极小点，这个问题可以用在最速下降法中所用的方法解决。

对于一个 n 维问题，如果要进行精确计算，该法至多需要 n 步迭代便能收敛到极小值。然而在基于电脑的计算中，化整误差等效应会降低该方法的效率，甚至可能出现无法收敛的情况。而且，在处理较大的大分子结构系统时，n 可能有数万，要迭代这么多次便不太现实了。因此，通常当梯度以及所有组分都低于预先设定的阈值后，便可认为它已经收敛了。在大多数情况下，使用该法定位极小点时所产生的搜索路径的步数要比最速下降法少，见图 C.3。

使用二阶导数的方法

最速下降法和共轭梯度法都只需要计算函数的一阶导数。此外，一些使用二阶导数求极小值的方法也有被提出。因为当梯度的不同组分在量上有很大差异时，使用一阶导数法会遇到一些问题，所以二阶导数法更为稳定。但其代价是这些方法需要更多的计算资源。

虽然二阶导数法有很多变体，但从某种角度上看，它们都是基于以下公式的：

$$X_{j+1} = X_j - H_j^{-1} \nabla f_j \tag{C.5}$$

式中，下标 j 和 $j+1$ 为第 j 和第 $j+1$ 步；H_j 为二阶导数矩阵（称为 Hessian），它由以下公式定义：

$$H_j = \begin{bmatrix} \partial^2 f/\partial x_1^2 & \partial^2 f/\partial x_1 \partial x_2 & \cdots \\ \partial^2 f/\partial x_1 \partial x_2 & \partial^2 f/\partial x_2^2 & \cdots \\ \vdots & \vdots & \ddots \end{bmatrix} \tag{C.6}$$

由公式可见，该公式没有涉及在搜索方向确定极小点位置的步骤。

Hessian 矩阵的计算本身就很耗时，而其逆矩阵的计算，尤其是在解决蛋白质力场相关问题中更是一个艰巨的任务。大部分优化算法在实际应用时都会运用一些技术来近似得到 Hessian 逆矩阵。关于实用的二阶导数法的详细内容，已经超出本书的讨论范围（见扩展阅读），这些方法的优点是它们有更好的稳健性。

热力学模拟和全局优化

本书感兴趣的所有函数可能都含有几个局部极小值和（或）极大值，而其中全局极小值或极大值却只有一个。在多数情况下，我们希望能定位全局极值点。与以上几节类似，为了方便起见我们假设所感兴趣的是求极小值的问题。

一个函数空间可以被分割成不同的区域，且在每个区域都能鉴定一个局部极小值。对于一个简单的一维函数，如图 C.4 所示，函数空间被分割成 3 个区域，每个区域对应的极小值分别为 A、B 和 C。对区域中的每一点，至少存在一条这样的路径，它将该点与局部极小点相连，且当点沿这一路径往极小点移动时，函数值只减不增。定义区域边界的线通过脊线顶端（the tops of ridges）连接局部极大值。

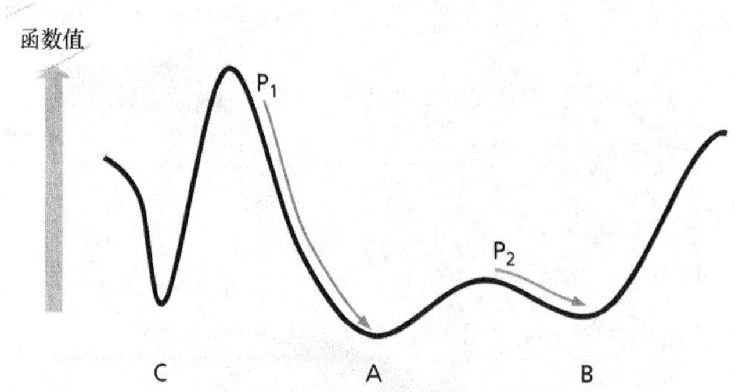

图 C.4　阐述一维最小化问题的图例。所示的函数有 3 个极小点 A、B 和 C，其中 A 是全局极小点。用优化算法找极小点依赖于初始点的选择以及表面的拓扑结构。对于一个优化方法，若从点 P_1 开始运行，它将到达点 A。然而，若从 P_2 出发，由于 P_2 正好位于 A 和 B 之间的极大点的右侧，经过计算它将找到极小点 B。这里假设这些方法总是选择往函数值降低的方向移动，这与大部分遇到的情况相符。

前几节描述的局部最优化方法，由于在每一步都不允许函数值的增加，所以经过一系列迭代步后它定义的是一条通向局部极小点的路径。但需注意的是，这些方法在实际应用时，有时会做些修改，偶尔允许迭代时函数值的增加。因此，在图 C.4 若从 P_1 出发，我们能到达点 A，但若从 P_2 出发，则会到达点 B。若要从 P_2 出发到达全局极小点 A 则需先越过局部极大点，然后才能一路往下到达点 A。

一种将局部最优法用于定位全局极值的方法是随机选取大量起始点，分别求局部最优值。幸运的话，这些点中会有一个点位于全局极值所在的区域，这可以简单地从它的函数值来判断。对于变量较少的问题，这是一种比较可靠的鉴定全局极值的方法。但我们所关心的问题往往太过复杂而使得这些方法无法真正起到作用。

解决这类问题的要素我们已经暗示过了，那就是在方法中需允许函数值升高的迭代步。以下讨论的方法都在一定约束条件下允许这样的移动。蒙特卡罗及分子动力学方法在分子和原子系统的应用始于热力学模拟。在热力学模拟中，这些方法根据热力学状态函数为系统的特侦计算特定的值，如温度等。然而这不影响它们在其他方面的应用，且将模拟退火修改后能使两种方法都用于计算全局极值。

蒙特卡罗和遗传算法

从坐标空间的某个特定点出发，我们想知道往哪个方向移动、移动多远才能到达极小点。如上所述，一些局部优化算法使用函数梯度来确定合适的搜索方向，并使用一维搜索确定步长。最速下降法和共轭梯度法定义的是唯一路径，而蒙特卡罗和遗传算法则不同，它们允许朝多个方向移动，并为每个方向确定一个概率。需注意的是，标准蒙特卡罗模拟法并不定位局部极小值，而是根据定义好的概率分布在邻近区域对状态进行采样。

我们首先来分析蒙特卡罗法，蒙特卡罗法最常用于能量函数。它基于的原理来自统计热力学，即系统状态的出现概率，这已在附录 B 讲述平均力势能时讨论过了。一个状态 1 是根据系统中所有原子的位置来定义，其能量 E_1 可以使用合适的立场来给定。当系统处于平衡状态时，给定状态 1 出现的相对概率可以通过波尔兹曼加权（boltzmann weighting）$E^{-E_1/kT}$ 给出，其中，k 为波尔兹曼常数，T 为绝对温度。

状态 1 的确切概率可通过用相对概率除以分割函数 Z［式（B.9）］给出。虽然计算 Z 是不可行的，但蒙特卡罗方法可通过观察两状态的概率比而灵巧地绕过这个问题。如果设第二个状态，状态 2 的能量是 E_2，则两状态的概率比如下所示：

$$\frac{e^{-E_2/kT}/Z}{e^{-E_1/kT}/Z}=e^{\frac{-E_2-E_1}{kT}}=e^{-\frac{\Delta E_{21}}{kT}} \qquad \text{(C.7)}$$

因此从状态 1 出发，我们能很方便地确定新状态 2 是否更可能在平衡态时出现。如果 ΔE_{21} 是负值

（即状态 2 的能量更低），则上式的值大于 1（即状态 2 更有可能），于是接受新状态并移至该状态。如果状态 2 的能量高于状态 1（即移动是在能量表面移动向上走的），则上式的值介于 0 和 1 之间。在这种情况下，蒙特卡罗方法并不拒绝状态 2，而是从 0～1 均匀分布中随机抽取一个数，若该数小于上式计算的比值，则接受新状态，否则拒绝（图 C.5）。

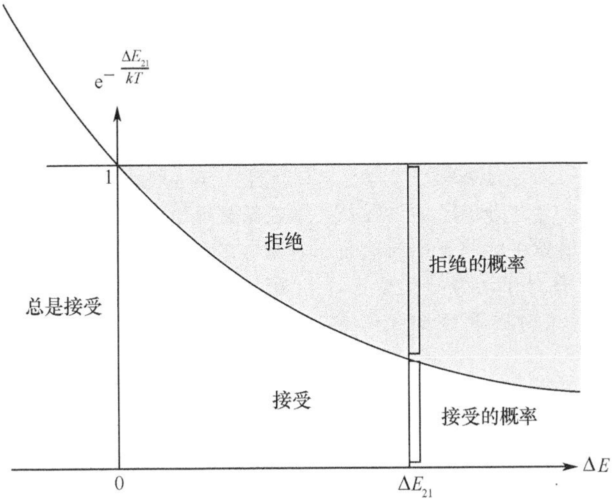

图 C.5　阐述了蒙特卡罗的接受/拒绝的临界线。

通过用这种方式选择移动，蒙特卡罗方法便能（在合适的条件下）定位区域的全局能量极小值了，它对应的是在平衡态出现概率最高的状态。所需的合适条件是指：移动的尺度需合适，以便能有效收敛到可用的状态（将在以下内容讨论）；低能量状态间应可互达，而不需跨越过高的能量屏障。满足后一条件的系统称为各态遍历系统（ergodic system）。从理论上讲，蒙特卡罗方法也可用来处理非各态遍历系统，即在各低能量状态区域分别运用蒙特卡罗程序。但事实上，我们很难确定这些区域的数目和分布。

在蒙特卡罗方法中，从当前状态出发的移动方向和移动距离是随机选取的。对于原子系统，所移动的原子或整个分子是随机选取的，移动的距离和（或）绕轴扭转的度也是在限定范围内随机选择的。通常，一个新状态的定义是通过单个原子的移动实现的，但需注意的是这并不是改变状态的必要条件。通常我们会调整对移动的限制，使新状态的接受概率为 50％，这是因为一般认为这样最利于有效地搜索状态空间。通常原子系统的每个原子都要经历成千上万次移动才能定位系统的能量极小值。

极小值是通过监控系统能量变化，观察它何时趋于平稳来确定的。一般认为趋于平稳时所处的点便是系统的能量极小点（但若继续运行程序，很可能会找到另一组能量更低的状态，而发现之前找到的点只是一个局部极小点。与所有这类方法一样，我们没有足够的证据证明找到的点是全局极值点）。

蒙特卡罗方法常用于分子能量和结构特性的模拟，所测量的属性通常是在所有状态间的平均值，而非用于定位极小值。统计热力学告诉我们，在温度为非零时分子系统存在很多对这些属性有贡献的低能量状态，而蒙特卡罗方法能为它们给出准确的相对权重。在计算这些属性时，若我们拒绝某一次移动，那么在尝试另一次移动前，当前状态需被再次计数。

虽然遗传算法并不像蒙特卡罗算法那样与热力学有着紧密联系，但两者却有很多共同特征。在这种情况下，所需优化的目标函数与能量没有太多联系（如第 6.5 节描述的用于计算序列联配分值的 SAGA 方法）。两种方法都允许存在多种可选的移动方式，其中一些移动方式可能会使目标函数值升高，但是两者都会为每种移动设定权重和接受概率。

这两种方法本质的区别在于：蒙特卡罗算法涉及的是一系列单独的系统状态，而遗传算法涉及的则是一系列状态世代，其中每一世代都包含成百甚至更多的状态。遗传算法是从真实遗传学类推得来的，即同一世代的两种（或更多）状态通常会通过某种方式组合产生下一世代的成员。一些特别有利的状态通常能毫无改变地从一个世代传递给下一个世代。上一世代成员间的随机组合为这一代产生新状态。

对于手头的问题，组合方法往往具有高度专一性，如在 SAGA 序列联配方法中用的是交叉运算子（图 6.22）。类似地，选择新世代的方法也很多，如允许存在不利的移动等，这通常是根据具体问题而设定的。为了改进目标函数，通常需要产生很多世代，并监控整个过程。我们将最后一个世代中含有最优目标函数值的状态视为最终结果。但是，同样地我们还是不能完全肯定该点是真正的极值点。

分子动力学

如果分子系统没有处于能量极小状态，那么系统就会受到与能量梯度相关的力的作用。这些作用力会导致原子运动，并产生一条经过系统多个状态的轨迹。任何给定状态都是通过组分原子的位置及速度来定义的。与蒙特卡罗模拟中的状态不同的是蒙特卡罗模拟不考虑速度。在分子动力学模拟中，为确保准确性，轨迹是利用短时增量逐步计算得到的。

一个热力学状态的定义不仅包括原子的坐标和速度，还包括其他一些在整个模拟中稳定不变的状态特征。在大多数蒙特卡罗模拟中，这些固定特征通常包括原子或分子数目（N）、系统容积（V）以及温度（T），我们将它们称为正则系综或 NVT 系综。在形式最简单的分子动力学系统中，这些常量被称为微正则系综或 NVE 系综，其中 E 表示系统的总能量，它是系统势能和动能的总和。其中，势能由所有力场项的加和给出，其函数表面展示于图 C.4，该函数定义了全局极小值，也是我们想要优化的目标。动能与系统速度的平方成正比，对单个质量为 m、速度为 v 的物体，动能的基本表示形式为 $1/2mv^2$。

根据经典力学，系统只有在和其他外力相互作用时，总能量才可能改变。在没有与外界发生相互作用的情况下，系统的总能量保持恒定，但是势能和动能的相对比例却可以发生变化。一般来讲，可以通过将动能转化为势能的方式使轨迹越过合适的低能量屏障。当轨迹朝屏障顶端移动时，速度成比例下降，而当轨迹越过屏障往下移动时，速度又开始增加。

需注意的是，NVE 系统是充分确定的，即对一条轨迹只能有一种路径可选，因此它与优化中的梯度法比较类似。而从这个角度讲，与蒙特卡罗方法就很不同了。事实上，由于所有我们感兴趣的系统都或多或少与外界存在一些相互作用，因此 NVE 模拟很少被用到。

对于大多数感兴趣的分子动态模拟，我们更希望确定系统温度而不是总能量（NVT）。温度事实上是由动能决定的，所以这就等同于模拟一个动能恒定的系统。这可以通过多种方法实现，其共同特征就是增加一个系统外热浴，使其能与系统相互交换能量。不同方法的区别仅在于动能调节频率的不同以及系统不同是否受到等同的影响。需注意的是，如果动能基本保持不变，且系统处于足够低的温度，那么系统就不可能到达势能较高的区域，这使系统保持在最低点附近。

模拟过程中，每一步都需使用简单的代数公式计算新的位置、速度以及加速度。由于这些公式只适用于时间段很短的情况，且通常一个步长被设为 1fs（10^{-15}），所以一个模拟往往涉及上千步。若要完全了解这些计算的实用性，还有很多其他相关内容需要阐述。关于各态遍历系统及其计算性质的问题与在蒙特卡罗算法中提到的很类似。其中各态遍历是指轨迹最终能经历低于某个能量阈值的所有可能状态。详细内容读者可参考扩展阅读。

模拟退火

无论是蒙特卡罗还是分子动力学，都不是为函数优化而设计的，它们主要用于计算一些特性在状态间具有普通性的属性。然而，无论用哪种方法，系统的温度都决定了所能跨越的能量屏障的大小。在温度很低的情况下，任何一种方法都不能远离所找到的能量最低点。

无论是蒙特卡罗方法还是温度恒定的分子动态学都可通过简单修改转换成可进行全局优化的模拟退火方法。在模拟开始时，系统被设定一个很高的温度（如 1000K），这使系统能越过相对较高的能量屏障。然后系统温度渐渐降低，最终导致系统陷入一个能井中。由于这些方法在低能量状态花的时间较多，因此找到能量最低状态的可能性较高。然而，对此我们还是不能完全肯定，因此我们最好从多个初始点出发，将方法重复几次，看能否得到更低的值。在模拟退火法中，温度下降速度以及初始温度的选择对计算成功与否有着重要影响，但其影响程度根据系统的不同而不同。

总结

了解函数优化的相关技术在生物信息学的很多方面都有着重要的作用，本附录重点在于阐述这些方法的核心思想，而不是解释算法具体如何实现。

局部优化相对比较简单，而全局极值的寻找则复杂很多。虽然在某些情况下找局部最优点就已能解决问题了，然而对于大多数情况这还是不够的。求全局最优的技术可以分为两类，第一类涉及梯度（一阶或二阶）的确切计算，第二类则仅依赖于函数估计。两者相比较，第一类虽然较第二类更为强大，但需要消耗更多计算资源。不过用于全局优化和模拟的技术所需的计算时间总比局部优化算法高好几个数量级。

鉴于这部分内容的重要性，市面上已有很多详尽描述其理论和实践的专业书了，因此，本书只对此作简要描述。上述提到的所有相关技术在实际操作中都很容易出错，而且有些错误并不是当即就能发现的。因此，若读者需要自己写相关的代码，我们强烈建议您再进一步参考以下所列的书目。同样地，由于本书对热力学部分的介绍也相当简单，需用到相关技术的读者我们也建议您参考文末所列的参考书目。

扩展阅读

分子力场和热力学模拟技术相关的资料：

Allen MP & Tildesley DJ (1987) Computer Simulation of Liquids. Oxford: Oxford University Press.

Field MJ (1999) A Practical Introduction to the Simulation of Molecular Systems. Cambridge: Cambridge University Press.

Leach AR (2001) Molecular Modelling, 2nd ed. Harlow: Prentice Hall.

Rao SS (1984) Optimization Theory and Applications, 2nd ed. New Delhi: Wiley Eastern Ltd.

Press WH, Teukolsky SA, Vetterling WT & Flannery BP (1992) Numerical Recipes in C: The Art of Scientific Computing, 2nd ed. Cambridge: Cambridge University Press.

Nelder JA & Mead R (1965) A simplex method for function minimization. *Comp. J.* 7, 308-313.

Shewchuk JR (1994) An Introduction to the Conjugate Gradient Method Without the Agonizing Pain. Available at: http://www.cs.cmu.edu/~quake-papers/painless-conjugate-gradient.pdf

字 符 表

这些符号是对标准氨基酸和核酸的一个字母和三个字母的代码的补充。以下表格列出了在这本书中使用的每个符号、它的定义、在书中的哪个公式或图里特别出现以及提到的某（些）章。

符号概念

序列将被称为 **x**，**y** 并且有残基 xi，与指数 i，j

序列比对将有列/位置 u，v

残基有类型 a，b 并且组成是 pa

打分矩阵是 $sa.b$ 而间隙 g 给出的总比对得分 S

期望值写成 E（x），概率是 P（x），信息内容是 I（x），相对熵是 H

符号	定义	章号
a	残基型	5，10
a	伽马分布参数；伽马校正［式（8.4）、式（8.13）］	8
a	在链接中使用的索引数组	5
A	可观测点突变矩阵；PAM/MDM 矩阵理论（图 5.1C）	5
［A］	物种 A 的浓度［式（17.1）］	17
$A_{a,b}$	残基型 a 和 b 的可观测点突变矩阵 A 的元素；PAM/MDM 矩阵理论［式（5.4）］	5
A（x，y）	从多序列比对中提取的序列 x 和 y 成对比对；COFFEE 打分函数［式（6.38）］	6
|A（x，y）|	在 A（x，y）中包含至少一个来自于序列 x 和 y 中的残基的比对位置数；COFFEE 打分函数［式（6.38）］	6
AC	基因预测的近似相关系数［式（B10.4）］	10
ACP	平均条件概率［式（B10.4），式（B10.5）］	10
AE	实际外显子；外显子水平基因预测的准确性［式（B10.6）］	10
b	残基型	5
b	在链接中使用的索引数组	5
b	分支长度的列向量；最小二乘法［式（8.36）］	8
B	在 Dirichlet 混合密度元件 PSSM 中使用的 Beta 函数［式（6.17，式（6.18）］	6
B	BRNN 的后面部分，它使用来自序列 C 端的信息（图 12.29）	12
$b_1b_2b_3b_4b_5$	一个特定的核苷酸五聚体；GeneMark 和 CorePromoter 方法［式（10.1），式（10.9）］	10
$b_1b_2b_3b_4b_5b_6$	一个特定的核苷酸六聚体；PromFind 方法［式（10.8）］	10
b_i	系统发育树中分支 i 的长度［式（8.17），式（8.18），图 8.4］	8
b_{ij}	系统发育树中连接两个结点 i 和 j 之间的长度；邻近法［式（8.19），式（8.21）］	8
b_u（xi）	已将序列 x 的所有残基发出至位置 x_i，并在发展到 HMM 最终状态过程中发生序列的剩余残基的所有可能的起始于状态 μ 的 HMM 路径的总概率；后向算法（式 6.33）	6
c	一个元件（核苷酸或氨基酸）在一个序列中发生的次数；SEG 算法［式（B5.3），式（B5.6），式（B5.7）］	5
C	比对序列聚类时的百分比阈值；BLOSUM 矩阵发生（图 5.4，图 5.7）	5
c_i	哈希表中的 k-tuple 的数字表示［式（5.28）］	5

续表

符号	定义	章号
C_n	Zvelebil 保守数	11
C_{helix}	精确预测螺旋二级结构的 Matthews 相关系数值［式（12.1）］	12
c_u	推导权重矩阵中的调节常数［式（10.7）］	10
${}^nCr$	从 n 各对象中选出 r 个不同的对象的组合系数［式（6.21）］	6
CE	正确的外显子；外显子水平基因预测精度［式（B10.6），式（B10.7）］	10
$cov_{i,j}$	基因/蛋白质之间的协方差值；Mahalanobis 距离	16
d	动态规划矩阵中的反动角指数；X-drop 算法（图 5.18）	5
d	根据每序列位点中发生突变的平均数量计算的进化距离	8
d	数据的列向量距离；最小二乘法［式（8.39）］	8
D	无间隙成对局部比对（对角线）；DIALIGN 法	6
D	比对两条序列时残基对齐的位点数量［式（8.1）］	8
D	不同碱基的节点间长度为 3at 的分支的概率；最大似然法（式 8.55）	8
d_{JC}	Jukes-Cantor 修正的进化距离；Jukes-Cantor 模型［式（8.9）］	8
$d_{JC+\Gamma}$	Jukes-Cantor 加 Gamma 修正的进化距离；JC+Γ 模型［式（8.13）］	8
d_{JCprot}	Jukes-Cantor 类型蛋白质模型修正的进化距离；Jukes-Cantor 类型蛋白质模型［式（8.14）］	8
d_{K2P}	Kimura 两因素修正的进化距离；K2P 模型［式（8.11）］	8
d_N	非同义突变比例［式（B7.2）］	7
d_P	Poisson 修正的进化距离［式（8.3）］	8
d_S	同义突变比例［式（B7.1）］	7
d_{sum}	所有插入序列的进化距离之和；邻近法［式（8.26）］	8
d_Γ	Gamma 修正的进化距离［式（8.4）］	8
D_1（$b_1b_2b_3b_4b_5b_6$）	在启动子区和非编码区的六聚体量差异；PromFind 算法［式（10.8）］	10
D_2（$b_1b_2b_3b_4b_5b_6$）	在启动子区和编码区的六聚体量差异；PromFind 算法［式（10.8）］	10
d_{AB}	样本 A 和 B 之间的欧拉距离［式（16.4），式（16.5）］和归一化欧拉距离［式（16.7）］	16
d_{ij}	样本 i 到 j 之间的距离［式（16.8）～式（16.10）］	16
d_{ij}	序列 i 到 j 之间的进化距离	8
d_{XY}	X 群和 Y 群之间的进化距离；UPGMA 法［式（8.15）］	8
d_{j-i}	动态规划矩阵中的第（$j-i$）对角线；FASTA 算法（图 5.21）	5
D_{CF}	查询序列和数据库序列中氨基酸组成差异值，使用 Chou-Fasman 倾向值；NNSSP 算法［式（12.23）］	12
D_{comp}	查询序列和数据库序列中氨基酸组成的差异值［式（12.22）］	12
D_u	HMM 文件中删除第 u 个比对位置的状态（图 6.6～图 6.8）	6
df	自由度；t 检验［式（16.23），式（16.25）］	16
E	线性缺口参数［式（5.13），式（5.1）］和缺口延长惩罚（GEP）［式（5.14），式（5.15），式（5.22），式（5.24），式（5.25），式（6.8），图 6.16］	5，6
E	相同碱基的节点间长度为 3at 的分支的概率；最大似然法（式 8.54）	8

符号	定义	章号
E	训练人工神经网络时的输出误差［式（B12.1）～式（B12.3），式（B12.6）～式（B12.9）］	12
E	一系列测试中的假阳性数量的期望	16
E（$s_{a,b}$）	使用替代矩阵 s 时校正误差类型 a 和 b 的期望值［式（5.3）］	5
e_u（a）	在 HMM 中的 u 状态时残差 a 的排放概率［式（6.25）～式（6.27）］	6
e_u（a）	一个信号序列中 u 位置发生 a 的估计概率［式（10.7）］	10
$e_{a,b}$	误差类型 a 和 b 的随机排列的估计概率；BLOSUM 矩阵发生［式（5.11）］	5
f	人工神经网络的转移函数相应［图 12.26，式（12.27）］	12
F	使用序列 N 端信息的 BRNN 网络前向部分（图 12.29）	12
f'	函数 f 的第一重衍生响应［式（B12.6），图 B12.8］	12
f_a	归一化的 a 类误差（近似组合频率）；PAM/MDM 矩阵理论［式（5.6），式（5.7）］	5
f_{av}（$b_1b_2b_3b_4b_5$）	在窗口 $w_{i;1}$ 和 w_{i+l} 产生五聚体 $b_1b_2b_3b_4b_5$ 的平均频率；CorePromoter 算法［式（10.9）］	10
f_i（$b_1b_2b_3b_4b_5$）	在窗口 w_i 内产生五聚体 $b_1b_2b_3b_4b_5$ 的频率；CorePromoter 算法［式（10.9）］	10
$f_{\text{non-coding}}$（$b_1b_2b_3b_4b_5b_6$）	非编码区六聚物 $b_1b_2b_3b_4b_5b_6$ 的观察频率；PromFind 算法［式（10.8）］	10
f_{promoter}（$b_1b_2b_3b_4b_5b_6$）	启动子区六聚物 $b_1b_2b_3b_4b_5b_6$ 的观察频率；PromFind 算法［式（10.8）］	10
F（i）	一个内部结点可选择得基集；贪心法（图 8.14）	8
$f_{a,b}$	发生比对误差类型 a 和 b 的加权频率；BLOSUM 矩阵发生［式（5.8），式（5.9）］	5
$f_{u,b}$	b 型 PSSM 比对列 μ 中残基的分数（式 6.1）	6
$f'_{u,b}$	从 PSSM 打分 $m_{c,a}$ 得到的 $f_{u,b}$ 修正值［式（6.3）］	6
$f''_{u,b}$	组成 $f_{u,b}$ 的序列权重［式（6.9）］	6
$f^A_{u,b}$	a 型中间比对 A 列 μ 中残基的分数（式 6.1）	6
f_u（xi）	所有可能到达 u 状态的 HMM 路径产生的序列 x 中到 x_i 所有残差的总概率；前向算法［式（6.31）］	6
F_u（x_i）	所有可能到达 u 状态的 HMM 路径的产生的序列 x 中到 x_i 所有残差对数差异值总和；前向算法［式（6.32）］	6
f（$x_ix_{i+1}x_{i+2}$）	在 ORF 集中每个密码子 $x_ix_{i+1}x_{i+2}$ 的发生频率；ORPHEUS 方法［式（10.4），式（10.5）］	10
FN	假阴性残基数量［在基因预测中式（10.1），式（10.5）］［在二级结构里，式（12.1）］	10，12
FP	假阳性残基数量［在基因预测中式（10.1），式（10.3），式（10.5）］［在二级结构里，式（12.1）］	10，12
g	序列比对打分中的缺口惩罚［式（5.16），式（5.17）］	5
g（n_{gap}）	长度为 n_{gap} 序列比对打分中的缺口惩罚［式（5.18）～式（5.23），式（5.27），式（5.29）］	5
$g'u$	比对文件中第 u 列的缺口惩罚的位置特异性乘数［式（6.8）］	6
$g_{u,a}$	比对一个 PSSM 中第 u 列时对于误差类型 a 的 pseudocounts 的合适估计值［式（6.14），式（6.15）］	6
G	HMM 比对中的缺口状态；HHsearch 方法（图 6.12）	6

符号	定义	章号
H	相对熵［式（5.12），图 5.7）］	5
$h(i)$	残基 i 的 Eisenberg 疏水范围值	11
H_u	对序列比对中第 u 列的熵相关残差分布；序列标志［式（6.19），式（6.20）］	6
$H(i)$	一个内部结点 i 的备选基数；贪心算法（图 8.14）	8
$h_{n,\mathrm{near}\,j}(itn)$	结点 S_n 的临近函数，当结点 $S_{\mathrm{near}\,j}$ 是距离 X_j 最近的结点；SOM 算法［图 16.16，式（16.12）］	16
i_L	反对角线的下限；X-drop 算法（图 5.18）	5
i_U	反对角线的上限；X-drop 算法（图 5.18）	5
I	空位开放罚分（GOP）［式（5.14），式（5.15），式（5.24），式（5.25），式（6.8）］	5，6
I	表达谱测量方法中基因/蛋白质的表达量强度［式（16.2）］	16
$I(S_j=s\mid\hat{x})$	序列 $\hat{x}$ 中包含的第 j 个残疾是 s 的结构信息的 Fano 互信息［式（12.6），式（12.9），式（12.10）］	12
$I(S_j=(s;\bar{x});\mid\hat{x})$	$\hat{x}$ 序列中 s 覆盖 $\bar{x}$ 的偏好程度（在信息容量中）［式（12.10），式（12.13）～式（12.19），式（12.21）］	12
I_u	一个 HMM 文件的 M_u 和 M_{u+1} 状态之间的插入状态（图 6.6～图 6.8）	6
$I_u^{(\lambda)}$	神经网络 λ 层中第 u 个单元的输入信号和［式（12.25）～式（12.27），式（B12.3）～式（B2.8）］	12
I_c	对序列比对中低 c 列的信息容量；标志［式（6.20）］	6
I_{SEG}	描述一个特定序列的每个序列位点的信息量；SEG 算法［式（B5.5）］	5
I'_{SEG}	在算法第一步中信息量 I_{SEG} 的估算值 SEG 算法［式（B5.6）］	5
$int[x]$	截断法对 x 取整数［式（12.2），式（12.3）］	12
K	评估取决于使用的打分矩阵和序列组成的比对得分显著性时使用的一个常数	5
k	k-tuple 或 k-mer 的简称；FASTA 或 BLAST 方法	4，5，6
k	聚集堆数；k-means 聚类算法	16
k_i	反应 i 的正反应速率常数［式（17.1）］	17
k_{-i}	反应 i 的逆反应速率常数［式（17.1）］	17
k_{opt}	类的最可能数目；k 均值聚类法	16
l	同一对角线中 k 个元组之间的 gap 长度；FASTA 法［式（5.29）］	5
l	对角线 D 的长度；DIALIGN 法	6
$\mathrm{len}(S_{\mathrm{obs}})$	二级结构 S_{obs} 任意片段的长度；Sov 测量［式（12.2），式（12.3）］	12
L	序列长度	2，5
L	讨论序列复杂度时序列的长度；SEG 法［式（B5.2）～式（B5.7）］	5
L	HMM 谱发射出的序列长度［式（6.21），式（6.22）］	6
L	排除缺失位置后两条序列的比对长度［式（8.1）］	8
L	已知序列数据的情况下树拓扑结构的总体可能性；极大似然法［式（8.53）］	8
L_{aln}	序列比对的长度	5
L_i	已知进化树结构 T，观察到的碱基在比对位置 i 的可能性［式（8.52）］	8
L_x	序列 x 的长度；MEME 法；	6

续表

符号	定义	章号
m	与长度为 n 的另一条序列或数据库进行比对的序列长度［式（5.30），式（5.34）］	5
m	数据与树距离之间的差异的幂；最小二乘法［式（8.34）］	8
m_a	残基 a 的相对突变性；PAM/MDM 矩阵衍生［式（5.4）～式（5.6）］	5
$m_{u,a}$	在比对列 u 中残基 a（行 a）的 PSSM 分数［式（6.2），式（6.3），式（6.4），式（6，7）］	6
$m_{u,b}^{A}$	将残基型 b 与中间比对 A 的列 u 进行比对的得分［式（6.37），式（6.39），式（6.40）］	6
$\vec{m}_{u,b}^{A}$	中间比对 A 的列 u 中所有残基行 b 的 $m_{u,b}^{A}$ 的平均值；LAMA 方法［式（6.37）］	6
$m_{u,v}$	训练集中 HMM 状态 u 和 v 之间观察到的转移数目［式（6.24）］	6
M	突变概率矩阵；PAM/MDM 矩阵衍生	5
M	基因/蛋白质表达水平已经被测定的样本/条件的数目；PCA 法［式（16.3）］	16
M_u	HMM 谱中第 u 个比对位置的匹配状态（图 6.6～图 6.8）	6
M_Y	类 Y 中的目标数目；聚类方法［图（16.11）］	16
M_{ins}	比对的两条序列中，插入数目之间所允许的最大差值；限于矩阵带的计算	5
$M_{a,b}$	矩阵 M 中针对残基类型 a 和 b 的突变概率元素；PAM/MDM 矩阵衍生［式（5.4）～式（5.7）］	5
ME	缺失外显子；外显子水平的基因预测准确率［式（B10.6）］	10
MM	HMM 比对中比对上的匹配状态；HHsearch 法（图 6.12）	6
maxov（S_{obs}，S_{pred}）	来自于至少有一个残基是那个状态的集合 S_0 中的一个二级结构部分的交叠对的残基总范围；Sov 法（式 12.2，式 12.3）	12
minov（S_{obs}，S_{pred}）	集合 S_0 中二级结构片段的重叠部分的真实重叠残基的长度；Sov 法［式（12.2），式（12.3）］	12
N	HMM 中的匹配状态数［式（6.22）］	6
N	用来重构一棵进化遗传树的序列总数	8
N	表达水平已经被测定的基因/蛋白质的数目；PCA 方法与距离定义［式（16.3），式（16.5）～式（16.7）］	16
N	被聚类的目标数；k 均值聚类法	16
N	实施 t 检验时的数目［式（16.26）～式（16.29）］	16
N'	在 PSSM 比对列中，观察到的不同残基类型（包括缺失）的数目；PSI-BLAST	6
N_X	在类 X 中序列的数目；UPGMA 法［式（8.15）］	8
N_{database}	数据库中残基的总数；NNSSP 法［式（12.23）］	12
N_{exp}	N 条序列中某种模式出现的期望数；MEME 法	6
N_{query}	查询序列中残基的数目；NNSSP 法［式（12.23）］	12
N_{type}	序列中不同组分的数目（对蛋白质而言是 20，对 DNA 而言是 4）	5
N_{seq}	多重比对/PSSM 或者模式搜索中序列的数目［式（6.1），式（6.3），式（6.10），式（6.11），式（6.16）～式（6.18），式（6.38），式 6.41）］	6
N_{SOV}	集合 So 的所有交叠对中可见的残基数加上集合 S_n 中的残基数；Sov 法（式 12.2）	12
N_λ	前馈神经网络中 λ 层的单元数［式（12.25）］	12

符号	定义	章号
n	序列的长度或者用来与长度为 m 的查询序列相比的数据库中所有序列的总长［式（5.30），式（5.34），式（6.11）］	2，5
n	序列中给定位点的突变数；Poisson 校正	8
n	用于定义正规化的编码势能 R（$x_m \cdots x_{m+3n_i1}$）的密码子数；ORPHEUS 法［式（10.6）］	10
n	X_A 重复检测数［式（B16.1），式（16.19）～式（16.21）］	16
n	SOTA 网络节点 S_n 的索引［式（16.17），式（16.18）］	16
n	X_A 重复检测数［式（16.22）～式（16.25）］	16
n_A	中间比对 A 中的序列数［式（6.40）］	6
n_A	在比对中对缺失进行罚分时的缺失长度［式（5.13）～式（5.15），式（5.18）～式（5.23），式（5.27），式（6.8）］	5，6
n_a	序列中第 a 个成分出现的次数；SEG 法［式（B5.2），式（B5.4）～式（B5.7）］	5
n_i（k）	内部节点 i 的子节点 j，其 F（j）中碱基 k 出现的次数；简约法（图 8.14）	8
n_{ident}（R（x，y），A（x，y））	两两比对 R（x，y）和 A（x，y）中出现相同比对列的数目；COFFEE 打分函数［式（6.38）］	6
$\vec{n}_i$	在 PSSM 比对列 l 中残基 b 的所有出现的向量 $n_{l,b}$［式（6.16）～式（6.18）］	6
$n_{b_1b_2b_3b_4b_5a}$	训练集中核苷酸 a 后面紧跟 5 个碱基 的次数；GeneMark 法［式（10.1）］	10
n_u（a）	信号序列比对中，位置 u 上出现碱基 a 的次数［式（10.7）］	10
n_ua	在 PSSM 比对 u 列中残基属于类型 a 的数目［式（6.1），式（6.10），式（6.11），式（6.16）～式（6.18）］	6
n_ua	训练集中观察到残基 a 从 HMM 状态 u 发射出的数目［式（6.25），式（6.27）］	6
n_ua	位于其他序列中的模式，在位置 u 处发现残基 a 的次数；GIBBS 法［式（6.41）］	6
O_1	聚类产生的子代 1；贪婪排列编码法［式（16.14），式（16.15）］	16
P	比对位置处两个碱基互为转换突变时的比例；K2P 模型［式（8.11）］	8
P_{SEG}	基于序列复杂度一条序列出现的概率；SEG 方法［式（B5.7）］	5
P_{splice}	剪切效率；SplicePredictor 方法［式（10.10）］	10
P（x）	HMM 模型中观察到整条序列的概率［式（6.34）～式（6.36）］	6
P（$\alpha \mid low$）$_{\text{NN}}$	α 螺旋状态下，与中心残基处最近邻的含量较低的 TC 比例；NN 法（图 12.19）	6
P_{nc}（$x_1x_2x_3x_4x_5$）	序列 x 非编码区中发现连续 5 个碱基 $x_1x_2x_3x_4x_5$ 的概率；GeneMark 方法	10
P（$a \mid b_1b_2b_3b_4b_5$）	在双密码子中已知前 5 个碱基为 $b_1b_2b_3b_4b_5$ 时第六个碱基为 a 的概率；GeneMark 方法［式（10.1）］	10
P_1（$a \mid x_1x_2x_3x_4x_5$）	序列 x 编码阅读框 1 中连续 5 个碱基 $x_1x_2x_3x_4x_5$ 后面紧跟着碱基 a 的概率 P（$a \mid b_1b_2b_3b_4b_5$）；GeneMark 方法［式（10.2）］	10
P_{nc}（$i \mid x_1x_2x_3x_4x_5$）	序列非编码区的 P（$i \mid x_1x_2x_3x_4x_5$）；GeneMark 方法	10
P（nc）	非编码模型的一个先验概率；GeneMark 方法［式（10.3）］	10
P（3）	编码框 3 模型的一个先验概率；GeneMark 方法式（10.3）	10
P（3 | x）	在拥有序列 x 时，使用模型 3 的概率；GeneMark 方法［式（10.3）］	10
P（x | 3）	在使用模型 3 的情况下，获得序列 x 的概率；GeneMark 方法［式（10.3）］	10

符号	定义	章号
P（$S_i=s$）	第 i 个残基属于二级结构状态 s 时的概率［式（12.6），式（12.7），式（12.10），式（12.11），式（12.13）］	12
P（$S_i=s\|\hat{x}$）	在序列 x 包含残基 $\hat{x}$ 时第 i 个残基属于二级结构状态 s 时的概率［式（12.6），式（12.8），式（12.10），式（12.12），式（12.13），式（12.20）］	12
P_1	聚类生成时的亲本 1；贪婪排列编码法［式（16.13）］	16
$P_{s,a}$	在蛋白质中类型为 a 的残基出现在结构类型 s 中的倾向［式（12.4），式（12.23），式（12.24）］	12
$P'_{s,a}$	在蛋白质中类型为 a 的残基出现在结构类型 s 中的倾向的对数似然形式［式（12.5）］	12
p	p-距离，不同残基比对时所处比对位置的比例［式（8.1）］	8
p	多重检验中 Bonferroni 校正后所使用的显著性水平［式（16.26）］	16
pa	氨基酸 a 在序列/数据库中的比例（也称作背景残基频率）［式（5.1）～式（5.3），式（5.10），式（5.12），式（5.38），式（6.4）～式（6.7），式（6.11）～式（6.14），式（6.28）～式（6.32），式（12.4），式（12.5），式（12.20），式（12.21）］	5，6，12
pa	残基 a 不在特定模式中的背景残基频率；GIBBS 法［式（6.41）］	6
p（t）	两条相关序列经过时间 t 后位点不同的数目所占比例；Jukes-Cantor 模型［式（8.6）］	8
pa^{database}	数据库序列中残基 a 发生的频率；NNSSP 方法［式（12.22）］	12
pa^{querv}	查询序列中残基 a 发生的频率；NNSSP 方法［式（12.22）］	12
pi	在多重检验中对第 i 个检验校正后使用的显著性水平；NNSSP 方法［式（16.27）～式（16.29）］	16
P_N	序列比对中观察到非同义突变的比例［式（B7.2）］	7
P_S	序列比对中观察到同义突变的比例［式（B7.1）］	7
$P_{s,a}$	数据库中处于二级结构状态 s 且氨基酸残基为 a 的比例［式（12.4），式（12.5），式（12.20），式（12.21）］	12
P_{yi}	已知 Pa 的情况下，在第 y 条序列中随机得到起始于 yi 的模式的概率；GIBBS 方法	6
$P_{k,m}$	已知 qi，j 的情况下，在序列 k 中得到起始于位置 m 的模式的概率；MEME 法	6
PE	预测的外显子；外显子水平基因预测准确度［式（B10.7）］	10
Q	两个碱基与转换突变有关的比对位点的分数；K2P 模型（EQ8.11）	8
Q_3	二级结构预测精度的量度	11，12
Q_{yi}	开始于第 y 个序列的 yi 处观察到的模式概率给出 $q_{u,a}$；GIBBS 方法	6
Q（$X_m\cdots X_{m+3n_i1}$）	开始于碱基 xm 的一个序列 n 编码区的编码可能性；ORPHEUS 方法［式（10.6）］	10
q（t）	经过时间 t 后两个相关序列间相同位点的分数；Jukes-Cantor 模型［式（8.6），式（8.8）］	8
q_a	整个基因组的核苷酸类型的碱基组成；ORPHEUS 方法［式（10.4），式（10.5）］	10
$q_{i,j}$	被比对的两个残基型 i 和 j 的非随机模型的概率［式（5.1），式（5.2），式（5.8），式（5.10）～式（5.12）］	5
$q_{u,a}$	模式中位置 u 处的残基型 a 的概率；GIBBS 方法［式（6.41）］	6
$q_{u,a}$	在一个 PSSM 的比对列 u 处出现的残基型 a 的概率［式（6.4）～式（6.7），式（6.10）～式（6.16），式（6.14），式（6.15）］	6

续表

符号	定义	章号
$q'_{u,a}$	用 Dirichlet 混合密度元件导出的在 PSSM 比对列 u 处残基型 a 的 $q_{u,a}$ 的非标准化集合[式(6.17)]	6
R	识别差异表达的差异表达测试数	16
R	转变转换率	7，8
r	单位时间每个序列位点的统一突变率；距离校正	8
r_c	在一条给定序列中出现 c 次的元件个数；SEG 方法[式(B5.3)，式(B5.4)，式(B5.7)]	5
r_{AB}	样本 A 和 B 间的皮尔逊相关性系数[式(16.6)]	16
R_A	有关条件/样本 A 测量的排名；秩和检验	16
R_n	第 n 个 SOTA 节点 S_n 的资源；SOTA 方法[式(16.18)]	16
$R(X_m \cdots X_{m+3n;1})$	开始于碱基 x_m 的一个序列 n 编码区的标准化的编码可能性；ORPHEUS 方法[式(10.6)]	10
r_{A_u}, B_v	多序列比对 A 的列 u 和比对 B 的列 v 的皮尔逊相关系数；LAMA 方法[式(6.37)]	6
$R_{1,j}$	在节省空间的动态规划法中使用的行向量的第 j 个元素[式(B5.1)]	5
$R(x, y)$	在参考比对库中序列 x 和 y 的成对比对；COFFEE 打分函数[式(6.38)]	6
s	比对相同 k-元祖的得分；FASTA 方法[式(5.29)]	5
s	残基二级结构状态[式(12.4)～式(12.21)，式(12.23)，式(12.24)]	12
s^2	一组数据的方差[式(B16.1)，式(16.19)，式(16.20)]	16
$\bar{s}$	非残基二级结构状态 s [式(12.10)～式(12.19)，式(12.21)]	12
s	替代打分矩阵(图 5.3，图 5.5，图 5.6)	5
S	成对序列比对的整体得分[式(5.2)，式(5.32)～式(5.34)]	4，5
S	多序列比对的得分；COFFEE 打分函数[式(6.38)]	6
S	进化树分支长度的总和；邻接法	8
S	表示最优的进化树的基于树结构函数的最优值	8
S	不完全比对的最佳成绩的动态规划矩阵	5
S_g	避免击中而被丢弃的最低 HSP 得分；BLAST 方法	5
S_i	序列的第 i 个残基的二级结构状态[式(12.6)～式(12.21)]	12
$S_i(b_1b_2b_3b_4b_5)$	五聚体 $b_1b_2b_3b_4b_5$ 在窗口 w_i 的得分；CorePromoter 方法[式(10.9)]	10
$S(i)$	一个内部节点 i 的得分；简约法[(图 8.14)，式(8.48)]	8
S_m	S 的当前最优值；枝干法	8
S_n	没有和同一状态的预测片段重叠的所有片段 s_{obs} 的集合；SOV 法	12
$\|\|S_n\|\|$	与第 n 个 SOTA 节点相关的基因数；SOTA 方法[式(16.18)]	16
$S_{\mathrm{near}\ j}$	与 SOM 节点最近的基因/蛋白质 j 表达率集合；SOM 方法[式(16.12)]	16
$S_n(itn)$	在迭代 itn 的第 n 个 SOM/SOTA 节点的位置；SOM/SOTA 方法[(图 16.16)，式(16.12)，式(16.17)]	16
S_0	在相同状态的片段处的所有 s_{obs} 和 s_{pred} 重叠对的集合；SOV 法[式(12.2)]	12
$S_{\mathrm{acceptor}}(j)$	序列位置 j 处受体剪接位点的得分；GeneSplicer [式(10.12)]	10
$S_{\mathrm{code}}(j)$	始于碱基 j 的编码区的得分；GeneSplicer [式(10.11，式(10.12)]	10

续表

符号	定义	章号
S_{donor} (j)	序列位置 j 处贡献剪接位点的得分；GeneSplicer [式 (10.11)]	10
$S_{noncode}$ (j)	始于碱基 j 的非编码区的得分；GeneSplicer [式 (10.11)，式 (10.12)]	10
S_a (i)	当碱基 i 被分配给它的祖先节点时的最低成本；加权简约 [式 (8.49)]	8
S_{d1} (i)	当碱基 i 被分配给它的子女节点 d1 时的最低成本；加权简约 [式 (8.49)]	8
S_{12}	图 8.7B 的进化树分支长度的总和 [式 (8.20)，式 (8.27)]	8
s_A	所有 i 的值 $X_{i,A}$ 的标准偏差 [式 (16.6)，式 (16.21)～式 (16.25)]	16
s_i	所有 A 的值 $X_{i,A}$ 的标准偏差 [式 (16.7)]	16
s_{j-i}	第 d_{j-i} 个对角线的得分；FASTA 方法 [式 (5.29)]	5
s_{obs}	二级结构观察得的片段的集合；SOV 法 [式 (12.2)，式 (12.3)]	12
s_{pred}	二级结构预测片段的集合；SOV 法 [式 (12.2)，式 (12.3)]	12
S_{A_u}，B_v	比对中间比对 A 得到的列 u 和中间比对 B 得到的列 v 的得分 [式 (6.40)]	6
$s(a_i, b_j)$	残基型 a_i 和 b_j 的替代得分矩阵 s 的元素 [式 (5.16)，式 (5.18)，式 (5.26)，式 (5.27)，式 (B5.1)]	5
$s_{a,b}$	残基型 a 和 b 的替代得分矩阵 s 的元素 [式 (5.2)，式 (5.3)，式 (5.7)，式 (5.11)，式 (5.12)，式 (5.31)，式 (6.2)，式 (6.3)，式 (6.5)，式 (6.6)，式 (6.13)]	5，6
$S_{i,j}$	不完全比对的最佳成绩的动态规划矩阵的元素（图 5.16～图 5.27）	5
S_n	基因预测的敏感性——真实基因中碱基的部分在基因中被正确预测 [式 (B10.1)]	10
Sov	一个由结构段水平预测二级结构的准确性的量度 [式 (12.2)]	11，12
Sp	基因预测特异性；那些在基因中确实存在的被预测的碱基部分 [式 (B10.2)]	10
T	当前最佳得分；X-drop 法	5
T	k-mer 得分的最低阈值；BLAST 方法	5
T	树的拓扑结构；最大似然法 [式 (8.51)]	8
t	HMM 状态间的转变概率 [式 (6.22)，图 6.9]	6
t	进化的时间；泊松校正	8
t	自祖先序列分化成两个相关序列的时间；Jukes-Cantor 模型 [式 (8.6)，式 (8.8)]	8
t	t-检验的测试统计 [式 (16.20)～式 (16.22)，式 (16.24)]	16
T	树的拓扑结构矩阵；最小二乘法 [式 (8.36)，式 (8.37)]	8
T_N	完全解决的含 N 个叶子的无根树拓扑结构的数量 [式 (8.33)]	8
t (u, v)	在 HMM 中由状态 u 到状态 v 的转变概率 [式 (6.23)，式 (6.24)，式 (6.28)～式 (6.35)]	6
TN	真阴性残基预测数 [基因预测：式 (B10.3)，式 (B10.5)] [二级结构：式 (12.1)]	10，12
TP	真阳性残基预测数 [基因预测：式 (B10.1)～式 (B10.3)，式 (B10.5)] [二级结构：式 (12.1)]	10，12
u	比对中的位置 [式 (5.1)，式 (5.2)]	5
u	HMM 中的状态 [式 (6.23)，式 (6.24)，式 (6.28)～式 (6.35)]	6
U	在无间隙局部比对得分的极值分布的最高处的得分 [式 (5.30)，式 (5.32)，式 (5.33)]	5
U	矩阵；主成分分析 [式 (16.3)，图 16.7]	16

续表

符号	定义	章号
U_i	从序列 i 到所有其他序列的进化距离的总和；邻接法［式（8.24），式（8.28）］	8
V	矩阵；主成分分析［式（16.3），图 16.7）］	16
ν_o	数据 s 标准差的准确性中的置信度［式（B16.1）］	16
$\nu_u(x_i)$	最有可能的 HMM 路径结束于放出序列 x 的所有残基至 x_i 的状态 u 的概率；Viterbi 算法［式（6.28），式（6.29）］	6
$V_u(x_i)$	最有可能的 HMM 路径结束于放出序列 x 的所有残基至 x_i 的状态 u 的对数差异；Viterbi 算法［式（6.30）］	6
$V_{i,j}$	高效仿射间隙序列比对所使用的矩阵元素［式（5.19）～式（5.24），式（5.26）］	5
w	权重矩阵；最小二乘法［式（8.38），式（8.40）］	8
w_i	CorePromoter 方法中的序列滑窗	10
w_{yi}	用于选择序列 y 的模式的新的开始位置 y_i；GIBBS 方法	6
$w_u(a)$	信号序列中位置 u 的碱基 a 的权重矩阵［式（10.7）］	10
$w_u^{(\lambda)}$	神经网络层 λ 的第 u 个单位的偏差［式（12.25）］	12
w'_{xi}	起始于序列 x 的位置 x_i 的模式的 $N_{\exp}$ 倍概率；MEME 方法	6
$w_{R(x,y)}$	在参考库中分配给成对序列比对 $R(x,y)$ 的权重；COFFEE 打分函数［式（6.38）］	6
w_u^x	在 PSSM 中分配给比对列 u 的序列 x 的权重［式（6.9）］	6
w_{ij}	用于度量序列 i 和 j 之间距离的权重；最小二乘法［式（8.34）］	8
w_{ij}	用于突变的权重；简约法（图 8.49）	8
$w_{uv}^{(\lambda)}$	用于由上一层的第 u 个单位到达神经网络层 λ 的第 v 个单位的信号的权重［式（B12.1）～式（B12.4），式（B12.6），式（B12.8）］	12
W	搜索的序格模式的长度；GIBBS 方法	6
W_{signal}	剪接位点周围的 3 个上游碱基和 4 个下游碱基的量度；SplicePredictor 方法［式（10.10）］	10
$W_{i,j}$	高效仿射间隙序列比对所使用的矩阵元素［式（5.25）式（5.26）］	5
WE	错误的外显子；外显子水平基因预测准确性［式（B10.7）］	10
x	无间隙局部比对的得分［式（5.32）～式（5.34）］	5
x	一条序列	6，10
$\hat{x}$	序列 x 的区域［式（12.6），式（12.10），式（12.12），式（12.13）］	12
$\hat{x}_1$	序列 x 的 $\hat{x}$ 区域的部分［式（12.7）～式（12.9），式（12.14）］	12
X	加或乘以比对得分的任意常数	5
X	沿对角线得分低于目前最佳值中最大允许下降；X-drop 法	5
X	表达测量分析中一个基因/蛋白质的度量表达水平［式（16.1）］	16
X	在不同样本/条件下一个基因/蛋白质的度量表达水平矩阵［式（16.3），图 16.7）］	16
x_A	条件/样品 A 中的基因表达的量度［式（16.19）］	16
$\bar{x}_A$	n 个度量 x_A 的集合的平均值［式（16.20）～式（16.22），式（16.24）］	16
x_i	在序列 x 的第 i 个位置的残基	5，6，10，12
x_i	N 的第 i 个对象；贪婪置换编码方法	16
x_s	表明序列 x 中模式开始的残基；GIBBS 方法	6

符号	定义	章号
x_u^A	中间比对 A 的第 x 个序列的第 U 列的残基［式（6.40）］	6
X_A	一组在关于控制条件的样本/条件 A 中所有的基因/蛋白质 i 的表达率［式（16.6）］	16
$\overline{X}_A$	所有 i 中值 $X_{i,A}$ 的平均数；Pearson 相关系数［式（16.6）］	16
X_g	在间隙命中延伸中低于目前最佳值的最大允许得分下降；BLAST 方法	5
X_j	一组在关于控制条件的所有样本/条件 A 中的基因/蛋白质 j 的表达率；SOM/SOTA 的方法［式（16.17），式（16.18），图 16.12）］	16
X_u	在无间隙命中延伸中低于目前最佳值的最大允许得分下降；BLAST 方法	5
$X_{i,A}$	有关控制条件下条件 A 下基因 i 的表达率，矩阵 X 的一个元素［式（16.5）～式（16.7），式（16.11）］	16
y	序列	6
y_i	比对的序列 y 中第 i 个位置的残基	5
$\hat{Y}$	含元件 $\hat{Y}$ 的集群 y 的矩心［式（16.11）］	16
z	z 检验的检验统计［式（16.19）］	16
α	当包含 pseudocounts 时所观察到的数据的加权参数［式（6.12），式（6.15）］	6
α	单位时间内的核苷酸替换率；Jukes-Cantor 模型［式（8.5），式（8.8）］	8
α	单位时间内的核苷酸转变替换率；K2P 模型［式（8.10）］	8
α	假阳性率，也称为显着性水平［式（16.26）～式（16.29）］	16
β	单位时间内的核苷酸转换替换率；K2P 模型［式（8.10）］	8
β	在 PSSM 的一个比对列中 pseudocounts 总数的比例参数［式（6.11），式（6.12），式（6.15）］	6
β	加权 pseudocounts；GIBBS 方法［式（6.41）］	6
β_1	表达测量分析常数［式（16.2）］	16
β_2	表达测量分析常数［式（16.2）］	16
β_i	Dirichlet 混合密度元件 i 中所有残基型 a 的所有 $\beta_{i,a}$ 的总和［式（6.16）～式（6.18），图 6.2）］	6
$\vec{\beta_i}$	由所有 Dirichlet 混合密度元件 i 的所有 βi 组成的向量［式（6.16）～式（6.18）］	6
$\beta_{i,a}$	Dirichlet 混合密度元件 i 中残基型 a 的氨基酸组成［式（6.16）～式（6.18），图 6.2）］	6
Γ	用于确定用于 Dirichlet 混合密度元件 PSSM 中的 Beta 函数 B 的伽马函数［式（6.18）］	6
Δ	树距离的列向量；最小二乘法［式（8.36）］	8
ΔG_t	由亲水环境转移至疏水环境的残基的自由能	11
Δ_{GC}	剪接位点上游 50 个碱基和下游 50 个碱基间的局部 GC 含量的差异；SplicePredictor 方法［式（10.10）］	10
Δ_U	剪接位点上游 50 个碱基和下游 50 个碱基间的局部 U 含量的差异；SplicePredictor 方法（EQ10.10）	10
δ（s_{obs}，S_{pred}）	描述二级结构段边界定义灵活性的术语；SOV 方法［式（12.2），式（12.3）］	12
δ_{ab}	使用 Chou-Fasman 倾向的查询和数据库序列之间的氨基酸组成的差异；NNSSP 方法［式（12.24）］	12
δ_{ij}	序列之间的修改距离；邻接法［式（8.28）］	8

续表

符号	定义	章号
δ_{YZ}	集群 Y 和 Z 的接近度；聚类方法［式（16.8）～式（16.10）］	16
$\delta^{x}_{u,b}$	假如序列 x 在 PSSM 的比对列 u 处有残基型 b，那么值为 1，否则为 0［式（6.9）］	6
Δ_{ij}	序列 i 和 j 间的树距离；直接从进化树计算；最小二乘法［图 8.5，式（8.35）］	8
$\Delta w^{(\lambda)}_{uv}$	在训练一个神经网络过程中应用到 $w^{(\lambda)}_{uv}$ 的校正［式（B12.1），式（B12.2）］	12
ε	训练神经网络中的动量项［式（B12.2）］	12
ε	表达测量分析中的累计随机误差项［式（16.1），式（16.2）］	16
ε	方形矩阵；主成分分析［式（16.3），图 16.7）］	16
λ	无间隙局部比对得分的极值分布的参数［式（5.30）～式（5.34），式（6.6），式（6.7），式（6.13）］	5，6
λ	前馈神经网络层指数［式（12.25），式（12.26），式（B12.1），式（B12.8）］	12
Λ	在 PAM/MOM 矩阵推导中用的常数［式（5.4）～式（5.6）］	5，6
μ	$\log$［f（$x_i x_{i+1} x_{i+2}$）］的平均值；ORPHEUS 方法［式（10.5）式（10.6）］	10
π_a	核苷酸类型 a 在序列数据中的比例；HKY85 模型［式（8.12）］	8
ρ_a	当不在模式中时的 a 型残基的概率；在整个数据集中的 GIBBS 方法；GIBBS 方法	6
σ	数据的估计标准差［式（B16.1）］	16
σ_0	先验分布的标准偏差［式（B16.1）］	16
σ_ε	表达测量分析中累积随机误差项 ε 的标准偏差［式（16.1）］	16
σ_η	表达测量分析中累积随机误差项 η 的标准偏差［式（16.1）］	16
σ^2	$\log$［f（$x_i x_{i+1} x_{i+2}$）］的方差；ORPHEUS 方法［式（10.5），式（10.6）］	10
$\sigma_v^{(\lambda-1)}$	从 $\lambda-1$ 层的第 v 个单位发送到 λ 层所有单位的信号［式（12.25），式（12.26），式（12.3～12.9）］	12
η	神经网络参数的学习率［式（12.1），式（12.2）］	12
η	表达测量分析中的乘法随机误差项［式（16.1），式（16.2）］	16
θ	Dirichlet 混合密度元件的参数［式（6.16）］	6
Φ	蛋白质链扭角（图 2.6C）	2
ψ	蛋白质链扭角（图 2.6C）	2
τ	SOM/SOTA 节点的学习率；SOM/SOTA 方法［式（16.17），图 16.12）］	16
ω	多肽键扭角（图 2.68）	2
χ	表达测量分析中基因/蛋白质的实际表达水平［式（16.1），式（16.2）］	16
Ω（$x_m \cdots x_m+3_n$；1）	开始于碱基 x_m 的序列的密码子区域 n 的编码质量；ORPHEUS 方法	10

索　引

（按汉语拼音顺序排列）

A

B

C

D

E

F

G

H

J

K

L

M

N

O

P

Q

R

S

T

W

X

Y

Z

其他